WIE FUNKTIONIERT DAS?

DER MODERNE STAAT

NACHSCHLAGEWERKE
AUS MEYERS LEXIKONVERLAG:

Meyers Enzyklopädisches Lexikon
in 25 Bänden

Meyers Großes Universallexikon
in 15 Bänden

Meyers Großes Standardlexikon
in 3 Bänden

Meyers Großes Taschenlexikon
in 24 Bänden

Meyers Taschenlexikon
in 10 Bänden

Meyers Großes Handlexikon in Farbe

Meyers Taschenlexikon Biologie
in 3 Bänden

Meyers Taschenlexikon Geschichte
in 6 Bänden

Meyers Taschenlexikon Musik
in 3 Bänden

Meyers Handbücher
der großen Wissensgebiete

Meyers Kleine
Lexika

Meyers Enzyklopädie der Erde
in 8 Bänden

Meyers Geographische Führer
zu Naturschönheiten

Die Erde: Meyers Großkarten-Edition

Meyers Großer Weltatlas

Meyers Neuer Handatlas

Wie funktioniert das?

Meyers Kinder-Sachbücher

Meyers Jahresreport

»Schlag nach!«

WIE FUNKTIONIERT DAS?

DER MODERNE STAAT

Bearbeitet von
Professor Dr. Hans Boldt, Düsseldorf,
Privatdozent Dr. Dieter C. Umbach,
Richter am Landessozialgericht, Karlsruhe,
Dr. Wolfgang Haus, Berlin,
Professor Dr. Rudolf Schäfer, Berlin,
Professor Dr. Gerd Schmidt-Eichstaedt, Berlin, und
Meyers Lexikonredaktion
unter Leitung von Werner Digel

Dritte, vollständig überarbeitete Auflage

MEYERS LEXIKONVERLAG
Mannheim/Wien/Zürich

Graphische Gestaltung:
Gabriele Kuhnke

Redaktion:
Klaus M. Lange, Mathias Münter, Peter Neulen

239 meist zweifarbige Schautafeln
245 Textseiten
9 Registerseiten
10 Seiten Bibliographie

Vorgeschlagene Zitierweise für Bibliotheken
und wissenschaftliche Arbeiten:
Boldt/Umbach/Haus/Schäfer/Schmidt-Eichstaedt,
Der moderne Staat, 3. Aufl.
Mannheim/Wien/Zürich 1988

CIP-Titelaufnahme der Deutschen Bibliothek
Wie funktioniert das? Der moderne Staat
Bearb. von Hans Boldt ... u. Meyers Lexikonred.
unter Leitung von Werner Digel. 3., vollst. neu bearb. Aufl.
Mannheim; Wien; Zürich: Meyers Lexikonverl., 1988
ISBN 3-411-02388-0
NE: Boldt, Hans [Bearb.]; Digel, Werner [Hrsg.];
Der moderne Staat

Satz: Bibliographisches Institut &
F.A. Brockhaus AG (DIACOS Siemens)
und Mannheimer Morgen Großdruckerei und Verlag GmbH
Druck: Pfälzische Verlagsanstalt GmbH, Landau/Pfalz
Einband: Klambt Buchbinderei GmbH, Speyer
Printed in Germany
ISBN 3-411-02388-0

VORWORT

Die rasche Entwicklung des Staatslebens und – damit verbunden – des Staats- und Verwaltungsrechts machte auch für die vorliegende dritte Auflage eine umfassende Neubearbeitung notwendig. Hinzugefügt wurde vor allem ein umfangreicher, nach verfassungspolitischen Schwerpunkten gegliederter historischer Teil, der die Staatsentwicklung der Bundesrepublik Deutschland bis in die Gegenwart hinein verdeutlicht. Weitere Artikel, u. a. aus den Bereichen Umwelt und Wirtschaft, sind hinzugekommen, andere mußten gekürzt und zusammengefaßt werden. Die Verwendbarkeit des Buches, so hoffen wir, leidet darunter nicht. Grundsätzlich wurde seine Anlage beibehalten; die weiterführende Literatur ist nun jedoch am Ende des Werkes zusammengefaßt.
Mit Richard Bartlsperger, dessen Einsatz und Ideen das Buch seit der ersten Auflage viel verdankt, ist die Konzeption der Neuauflage noch erarbeitet und abgesprochen worden. Leider war er verhindert, an ihrer Bearbeitung bis zum Ende teilzunehmen.
Bei der Aktualisierung und Überarbeitung hat nur noch ein Teil der Autoren der früheren Auflage mitgewirkt; die Bearbeiter konnten sie aufgrund der von ihnen geleisteten Vorarbeit weitgehend entlasten. Andererseits sind auch für diese Auflage eine Reihe weiterer Mitarbeiter gewonnen worden. Ihnen gilt unser Dank für die Bereitschaft, sich an einem bewährten Konzept auszurichten. Zu danken haben wir auch Frau Gabriele Kuhnke, die die graphische Gestaltung zusammen mit ihrem Team übernommen hat.

Mannheim, im September 1988 — Verlag und Bearbeiter

Inhaltsverzeichnis

Mitarbeiterverzeichnis

Dr. Hans Achtnich, Stuttgart
Dr. Werner Barfuss, Würzburg
Prof. Dr. Dr. Kuno Barth, Mannheim
Rechtsanwalt Dr. Erhard Bauschke, Berlin
Leitender Stadtverwaltungsdirektor Georg Bender, Köln
Richter am Verwaltungsgericht Uwe Berlit, Hannover
Dr. Hans-Albrecht Bischoff, Ludwigshafen
Richter am Hanseatischen Oberlandesgericht Hans-Ernst Boettcher, Bremen
Prof. Dr. Armin Bohnet, Gießen
Rechtsanwalt Dr. Tomas Brinkmann, Frankfurt am Main
Richter am Verwaltungsgericht Dr. Bernd Brunn, Wiesbaden
Richter am Verwaltungsgericht Dr. Thomas Clemens, Hamburg/Karlsruhe
Bundesverfassungsrichter a. D. Prof. Dr. Hans Joachim Faller, Karlsruhe
Dr. Gottfried Feger, München
Rechtsanwalt Dr. Hans C. Fickert, Ratingen
Regierungsdirektor Klaus Peter Fleck, Berlin
Direktor des Arbeitsgerichts Dr. Hans-Wolf Friedrich, Freiburg
Rechtsanwalt Dr. Günter Fromm, Köln
Privatdozent Akademischer Oberrat Dr. Ralph L. Ganter, Mannheim
Prof. Dr. Kay Hailbronner, Konstanz
Beigeordneter Dr. Hans-Jürgen von der Heide, Bonn
Dr. Michael Henkel, Berlin
Wolfgang Hesse, Mannheim
Rechtsanwalt Hans-Peter Hillig, Köln
Wissenschaftlicher Referent Dr. Rainer Hofmann, Heidelberg
Prof. Dr. Heinrich Hubmann, Erlangen
Dr. Jochen Hucke, Berlin
Ausländerbeauftragte Barbara John, Berlin
Prof. Dr. Max Kaase, Mannheim
Rechtsanwalt Dr. Hermann Kienscherf, München
Senatsrat Horst-Dietrich Kitscha, Berlin
Ministerialdirigent a. D. Dr. Kurt Kodal, Bonn
Dr. Paul von Kodolitsch, Berlin
Diplomvolkswirtin Anne-Lore Köhne, Bonn
Prof. Dr. Friedrich-Wilhelm Krause, Würzburg
Ministerialdirigent Dr. Michael Krautzberger, Bonn
Beigeordneter Hans-Georg Lange, Köln
Roland Lhotta M. A., Düsseldorf
Vorsitzender Richter am Landgericht Dr. Bernfried von Löbbecke, Mannheim
Botschaftsrat Friedrich L. Löhr, Brüssel
Franz-Werner Mausberg, Düsseldorf
Torsten Mick, Neustadt a. d. Weinstraße
Ministerialrat Dr. Detlev Müller-Using, Bonn
Regierungsdirektor Ulrich Näke, Bonn
Dr. Damian Nowak, Berlin
Dr. Manfred Onnen, Mainz
Richter am Finanzgericht Dr. Hans Jürgen Pezzer, Düsseldorf
Prof. Dr. Hedwig Prehl, Mannheim
Oberregierungsrat Jürgen Raabe-Zimmermann, Berlin
Dr. Werner Reh, Düsseldorf
Diplomvolkswirt Michael Reidenbach, Berlin
Regierungsdirektor Dr. Rüdiger Reinhardt, Bonn
Leitender Senatsrat Dr. Eckhard Ripke, Berlin
Privatdozent Dr. Gerhard Robbers, Freiburg
Senatsrat Severin Robinski, Berlin
Prof. Dr. Manfred Röber, Berlin
Dr. Ekkehart Rudolph, Mainz
Senatsrat Dr. med. Götz Sankowsky, Berlin
Dipl.-Ing. Wolfgang Sauer, Frankfurt am Main
Beigeordneter Hans-Joachim Schäfer, Köln
Assessor Eckart Scharmer, Berlin
Prof. Dr. Heribert Schatz, Duisburg
Regierungspräsident Erwin Schleberger, Münster
Dr. Peter Schmidt, Ebenhausen
Prof. Dr. Dietmar Schössler, Mannheim
Prof. Dr. Jochen Schulz zur Wiesch, Berlin
Beigeordneter Dr. Günter Seele, Bonn
Bundesverfassungsrichter a. D. Prof. Dr. Helmut Steinberger, Heidelberg
Prof. Dr. Udo Steiner, Bielefeld
Prof. Dr. Hans-Christoph Storm, Berlin
Patentanwalt Dr. Dieter Thoenes, München
Dr. Peter Trummer, Mannheim
Senatsrat Walter Weise, Berlin
Prof. Dr. Hans-Dietrich Weiß, Berlin
Prof. Dr. Heinz Wendt, Berlin
Prof. Dr. Günther Wiese, Mannheim
Diplomvolkswirt Sigmund Wimmer, Köln
Prof. Dr. Günther Wüst, Mannheim
Richter am Landgericht Günther Zöbeley, Mannheim

Nicht alle der hier genannten Mitarbeiter haben an allen Auflagen mitgearbeitet.

Der neuzeitliche Staat in Deutschland

In der allgemeinen Staatslehre bezeichnet man als Staat eine dauerhafte Herrschaftsordnung *(Staatsgewalt)* für eine bestimmte Bevölkerung *(Staatsvolk)* in einem bestimmten Territorium *(Staatsgebiet)*. Schon in griechischer Zeit unterschied man nach der Zahl der Herrschenden Monarchie (Einherrschaft), Oligarchie oder Aristokratie (Herrschaft weniger bzw. der Besten, des Adels) und Demokratie (Volksherrschaft) sowie Mischformen. Aus derselben Tradition stammt die Unterscheidung von „guten" Staaten, in denen die Herrschenden für das Gemeinwohl sorgen, und „schlechten", in denen sie ihrem Eigeninteresse nachgehen.

Eine weitere grundsätzliche und für die deutsche Staatsentwicklung wichtige Unterscheidung ist die von Einheitsstaat und Staatenverbindungen, dem Staatenbund und dem Bundesstaat. Unter einem *Staatenbund* versteht man die dauerhafte Verbindung mehrerer Staaten, die ihre gemeinsamen Belange in einer Versammlung der Regierungen oder deren Bevollmächtigter regeln, dabei aber ihre Selbständigkeit, insbesondere auch nach außen hin, wahren. Aus diesem Grunde gilt für Abstimmungen in der Regel das Einstimmigkeitsprinzip. Der Bund kann Interventionsrechte gegenüber Mitgliedsstaaten besitzen, die sich bundeswidrig verhalten. Er hat im allgemeinen aber keine unmittelbaren Anordnungsbefugnisse gegenüber den Bürgern der Mitgliedsstaaten. Eine gemeinsame Bundes-Staatsangehörigkeit gibt es nicht. Im Gegensatz dazu ist der *Bundesstaat* durch die Bildung eines besonderen Zentralstaats neben den Gliedstaaten mit eigenem Parlament und eigener Regierung für bestimmte allgemeine Aufgaben gekennzeichnet. Die Gliedstaaten haben eine Vertretung im Bund, die entweder von den Regierungen bestellt (Bundesratsprinzip) oder von den Landesparlamenten entsandt oder von der Bevölkerung gewählt wird (Senatsprinzip). Meist bestimmt der Bund die Zuständigkeitsverteilung zwischen ihm und den Gliedstaaten (Kompetenz-Kompetenz). Seine Anordnungen gelten für die Bürger des Bundes unmittelbar; diese besitzen eine gemeinsame Bundes-Staatsangehörigkeit.

Neben den generellen Staatsformen der allgemeinen Staatslehre gibt es historische Staatstypen, von denen die Verfassungsgeschichte handelt. Die historische Entwicklung des Staates ist durch seine immer stärkere Heraushebung aus der Gesellschaft gekennzeichnet. Im *Lehnsstaat* des Mittelalters waren öffentlicher und privater Bereich noch kaum unterschieden. Die Erledigung der öffentlichen Aufgaben (gerichtliche Streitschlichtung, allgemein: Schutz und Aufrechterhaltung der Ordnung) lag beim König, der sie vielfach dem Feudaladel, den Inhabern von Grundherrschaften, delegierte. Der Feudaladel erhielt dafür Herrschaftsbefugnisse, Ämter und Güter in Form einer eigentumsähnlichen, praktisch erblichen Leihe (Lehen, feudum). Die adligen Leiheverhältnisse konnten mehrfach gestuft sein und hatten idealiter im König als dem obersten Lehnsherrn ihre Spitze (Lehnspyramide).

Seit dem späten Mittelalter wurden zur Erfüllung der öffentlichen Funktionen in vermehrtem Maße eigens ausgebildete und bezahlte Agenten (Beamte, Söldner) eingestellt. Es entwickelte sich eine umfangreiche, hierarchisch strukturierte Bürokratie, die in einer straffen Gehorsamsbindung zu ihrem Herrn stand und deren Ämter nicht mehr vererblich waren. An der Spitze des *frühmodernen* oder *neuzeitlichen Staates* in Deutschland stand – umgeben von Ratgebern (Rat, Geheimer Rat) – ein Fürst, der die insbesondere durch das Aufkommen der Städte und städtischer Berufe differenzierte soziale Schichtung (Sozialstände) mit Hilfe allgemeiner Anordnungen (Gesetzgebung) zu reglementieren trachtete. Dabei besaßen bestimmte Stände, in der Regel die Angehörigen bzw. Vertreter des Adels, der Geistlichkeit und der Städte, ein politisches Mitspracherecht, das sie auf Landtagen wahrnahmen. Zentrales Thema war die Bewilligung von Steuern für den fürstlichen Hof, den Verwaltungsapparat und das Heer. Meist besaßen die Stände für die von ihnen aufzubringenden Geldleistungen eine eigene (Finanz-)Verwaltung (sog. *dualistischer Ständestaat*).

Gegen die ständischen Mitspracherechte und Herrschaftsbefugnisse im lokalen Bereich (z. B. adlige Grundherrschaften) richteten sich die Versuche der Fürsten, eine monarchische Alleinherrschaft zu errichten *(Absolutismus)*, wie es überhaupt zu den Tendenzen des frühmodernen Staats gehört, die Ausübung der öffentlichen Gewalt zu monopolisieren und nach außen unabhängig zu werden *(Souveränität)* sowie die heterogenen Besitztümer der Fürsten zu einer gebietsmäßigen Einheit zu arrondieren *(Territorialstaat)* und die Einwohner des Landes zu einer allgemeinen Untertanengesellschaft zu nivellieren. Verbunden mit einer staatlichen Förderung der Wirtschaft *(Merkantilismus)*, führten diese Bestrebungen allmählich zu einer Einebnung der Ständegesellschaft im modernen Verfassungsstaat (vgl. S. 14) mit einer neuen Gesellschaftsidentifikation *(Nationalstaat)*.

Im Gegensatz zur Nationalstaatsbildung in Frankreich und England ist in Deutschland diese Entwicklung durch das *Reich* aufgehalten worden. Kern des drei Länder (Deutschland, Italien, Burgund) umfassenden, traditionell „römisch" genannten Reichs ist das regnum teutonicum gewesen (daher auch: „Heiliges Römisches Reich deutscher Nation"). An der Spitze des Reichs stand ein von Kurfürsten gewählter deutscher König und römischer Kaiser, von dem die Landesfürsten ihre Territorien als Reichslehen empfingen. Auch das Reich ist ein Ständestaat gewesen mit einem Reichstag, in dem fast alle reichsunmittelbaren Stände (nicht aber die Reichsritterschaft), die Kurfürsten und anderen Fürsten des Reichs, der hohe weltliche und geistliche Adel sowie die Reichsstädte Sitz und Stimme hatten. Im Gegensatz zu den Landtagen war der Zuständigkeitsbereich des Reichstages recht umfassend; dem Kaiser standen nur wenige Reservatrechte zu. Darüber hinaus fehlten ihm eine effiziente Verwaltung sowie militärische und finanzielle Mittel, um das Reich als Ganzes in einen modernen Staat umzuwandeln. Große Bedeutung für die staatliche Entwicklung in Deutschland hatten dagegen die Reichsgerichte (Reichskammergericht, Reichshofrat), die den Landständen gegen die absolutistische Politik der Landesherren Schutz gewährten. Je mehr sich die Reichsstände, insbesondere nach dem Dreißigjährigen Krieg, zu selbständigen Staaten entwickelten, desto mehr verwandelte sich das Reich in einen Staatenbund. Es ist daher kein Zufall, daß nach seinem Auseinanderfallen 1806 an seine Stelle 1815 der Deutsche Bund (vgl. S. 16) trat, während sich in eben dieser Zeit die ständischen Monarchien in Deutschland zu modernen Verfassungsstaaten (vgl. S. 14) entwickelten.

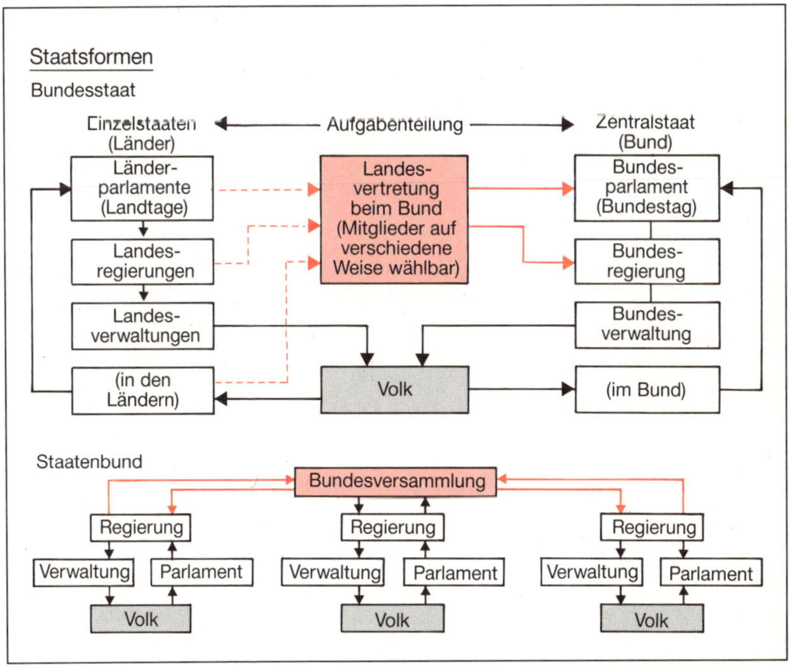

Die territoriale Entwicklung der deutschen Länder

Das ältere Deutsche Reich ist durch den Zerfall des karolingischen Frankenreichs entstanden. Aus den Adelsfamilien der Stämme hoben sich um die Wende vom 9. zum 10. Jahrhundert einzelne mächtige Adlige als Herzöge der Franken, Sachsen, Bayern, Schwaben und (ohne eigentliche stammesmäßige Bindung) von Lothringen hervor, aus deren Reihen der deutsche König gewählt wurde. Da Herrschaft im Mittelalter primär nicht Herrschaft über ein Gebiet, sondern über einen Verband von Personen bedeutete *(Personenverbandsstaat),* waren die Herzogtümer und anderen Herrschaften keine territorialen Einheiten. Es gab keine einheitliche Herrschaftsgewalt, sondern mannigfaltige Herrschaftsrechte, die durch Privilegien und konkurrierende Rechte eingeschränkt wurden. Erst im Laufe des Hochmittelalters bildeten sich territorial bestimmte Herrschaften aus. Die in dieser Zeit auftauchenden „domini terrae" begründeten *Landesherrschaften,* indem sie ihre Machtpositionen – v.a. die Grafengewalt (Hoch- und Blutgerichtsbarkeit), Grundherrschaften, Vogteirechte (Schutzbefugnisse gegenüber Kirchen und Klöstern) und Regalien (vom König stammende Ämter, Güter und Hoheitsrechte) – ausbauten und andere Herrschaftsträger ihrem Einfluß unterwarfen.

Aus diesen Ansätzen entwickelten sich eine Fülle von Ländern in Deutschland, große wie das Herzogtum Bayern und die Landgrafschaft Thüringen und kleinere, bis hin zu den Zwergterritorien der Reichsritter. Neben den Territorien weltlicher und geistlicher Fürsten gab es in Deutschland auch selbständige Städte, die in Städtebünden (norddeutsche Hanse, Rheinischer Städtebund) zeitweilig eine große wirtschaftliche und politische Bedeutung erlangten. Zur Zeit des Dreißigjährigen Krieges zählte man etwa 2000 territoriale Herrschaften, darunter rund 1500 Reichsritterschaften, etwa 100 Reichsstädte und an die 400 kleinere und größere fürstliche Territorien. Sie konnten durch Erbteilung verkleinert und durch Heiraten, Erbschaften oder Eroberungen zusammengelegt werden. Häufig besaßen Fürsten mehrere über Deutschland verstreute Besitzungen, die sie unter Ausschluß konkurrierender Rechte anderer Potentaten zu einem geschlossenen Herrschaftsbezirk zu arrondieren trachteten („territorium clausum").

Eine neue Etappe in der territorialen Entwicklung bildete die Annexion des linken Rheinufers durch Frankreich im Frieden von Lunéville 1801. Sie führte zu Entschädigungen der dort depossedierten weltlichen Fürsten durch rechtsrheinische geistliche Fürstentümer, Reichsstädte und Reichsritterschaften im *Reichsdeputationshauptschluß* 1803, durch den über 100 Reichsstände aufgehoben wurden. Weitere territoriale Veränderungen folgten, insbesondere zugunsten der nunmehr mit Frankreich verbündeten süddeutschen Staaten Bayern, Württemberg und Baden, die 1805/06 zu Königreichen bzw. zum Großherzogtum erhoben wurden. Mit dem Ende des älteren Deutschen Reichs 1806 entfiel der reichsrechtliche Schutz der kleineren Territorien endgültig; der Weg zu staatlichen Neubildungen unter Napoleons Regie wurde vollends frei. Nicht alle der damals neu geschaffenen Staaten haben indessen überdauert. Als sich die deutschen Staaten 1815 auf dem Wiener Kongreß zum Deutschen Bund (vgl. S. 16) zusammenschlossen, zählte man nur noch 41 Mitglieder, darunter vier Städte (Bremen, Hamburg, Lübeck und Frankfurt am Main).

Das territoriale Bild wurde weiter verändert durch die preußischen Annexionen im Krieg um die Vorherrschaft in Deutschland 1866. Nunmehr schied Österreich mit seinen Landen aus dem deutschen Verband aus. Preußen übernahm mit etwa zwei Dritteln des Staatsgebietes eine hegemoniale Position im Norddeutschen Bund (vgl. S. 20). Das Deutsche Reich von 1871 (vgl. S. 22) setzte sich aus 25 Staaten (darunter drei Stadtstaaten: Hamburg, Bremen und Lübeck) zusammen. In der Weimarer Republik (vgl. S. 28) wurden u.a. auch die thüringischen Kleinstaaten zu einem Land vereinigt, so daß nur noch 18 bzw. (ab 1928) 17 Länder bestanden. Durch das nationalsozialistische Gesetz vom 7. 4. 1934 wurden die Länder gleichgeschaltet; das bedeutete das Ende ihrer Eigenstaatlichkeit.

Nach 1945 wurden unter dem Besatzungsregime (vgl. S. 32) von den Besatzungsmächten Länder unter Berücksichtigung der Grenzen der Besatzungszonen neu geschaffen. Sie sind in der DDR 1952 wieder aufgehoben worden. Die Bundesrepublik ist dagegen noch heute aus Ländern dieser Zeit zusammengesetzt. Sie haben ein beachtliches Eigenleben entwickelt, obwohl nur wenige (Bayern, Bremen, Hamburg) auf eine ungebrochene Tradition zurückblicken können (vgl. S. 162).

Hessen-Kassel: Territoriale Entwicklung 1567–1866

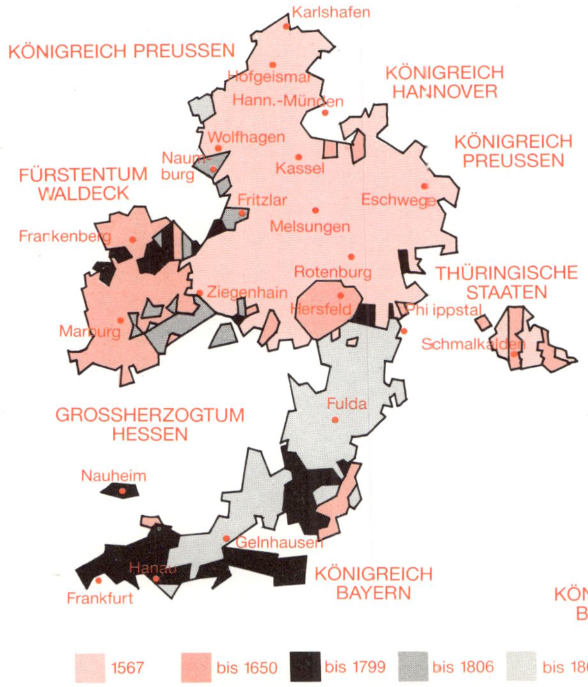

Hessen-Darmstadt: Territoriale Entwicklung 1567–1866

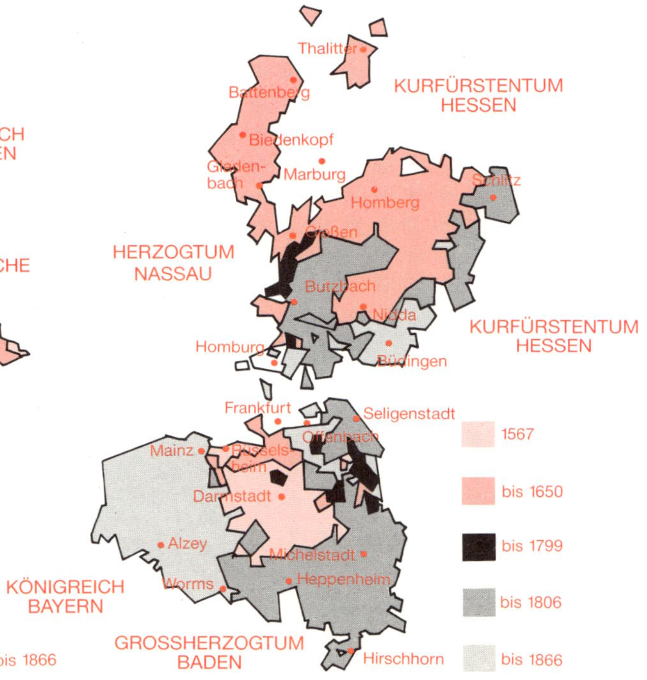

Der Verfassungsstaat in Deutschland

Alle Staaten besitzen Verfassungen, nämlich eine bestimmte politische Ordnung. Verfassungsstaaten verfügen dagegen über *Verfassungen* in einem besonderen Sinne. Sie werden – in der Regel von verfassunggebenden Nationalversammlungen – gegeben und in einer Verfassungsurkunde aufgezeichnet. Meist genießen die dort aufgenommenen Bestimmungen eine erschwerte Abänderbarkeit; Teile einer Verfassung können auch als unabänderlich bezeichnet werden. Nach amerikanischem Vorbild gilt das Verfassungsrecht anderem Recht gegenüber häufig als höherrangig.

Gegenüber der modernen Diktatur ist der *Verfassungsstaat* dadurch charakterisiert, daß seine Verfassung über einen Katalog von Grundrechten (vgl. S. 96) verfügt und dem Prinzip der Gewaltenteilung (vgl. S. 66) folgt. Er ist historisch aus der Abwehr des monarchischen Absolutismus entstanden. Verfassungsstaatliche Ansätze gab es in England schon im 17. Jahrhundert. Verfassungen im modernen Sinne sind zum ersten Mal in den 70er Jahren des 18. Jahrhunderts in verschiedenen Einzelstaaten der USA fixiert worden. Die Bundesverfassung der USA (1787) ist ebenso wie die erste französische Revolutionsverfassung von 1791 nach dem Prinzip der Gewaltentrennung konstruiert worden (als präsidentielles System bzw. als konstitutionelle Monarchie). Im Gegensatz dazu entwickelte sich in England ein System der Gewaltenteilhabe zwischen König und Parlament („king in parliament"), aus dem mit der Zeit das auf enger Kooperation zwischen Regierung und Parlament beruhende parlamentarische Regierungssystem (vgl. S. 74) entstand.

In Deutschland erfolgte der Übergang zum Verfassungsstaat durch eine *„Revolution von oben"*, ins Werk gesetzt durch eine Reformbürokratie, der es in erster Linie um eine Erhöhung der Leistungsfähigkeit von Staat und Gesellschaft ging. Erste Reformansätze gab es in den Staaten des 1806 von Napoleon geschaffenen Rheinbundes und in Preußen. Getragen von der Idee staatsbürgerlicher Gleichheit und Freiheit, richteten sie sich gegen die Vielfalt überkommener Privilegien und betrieben z. B. die Bauernbefreiung (Aufhebung persönlicher Abhängigkeit, freier Grundstücksverkehr), die Abschaffung der Zünfte (Gewerbefreiheit) und der Binnenzölle (Handelsfreiheit). Weitere Befreiungen wie z. B. die Judenemanzipation und die Religionsfreiheit folgten. Umgekehrt nahm der Staat seine Bürger auch stärker in die Pflicht (z. B. Einführung der allgemeinen Wehrpflicht). Der Reformprozeß erstreckte sich über längere Zeit. Erst 1848 wurden die Reste grundherrlicher Gerichtsbarkeit über Bauern und gutsherrlicher Polizei auf dem Lande beseitigt. Im staatlichen Bereich wurde die moderne, in der Regel dreistufige Verwaltungsorganisation (vgl. S. 244) eingeführt mit Fachministern (zunächst für Inneres, Äußeres, Justiz, Finanz und Krieg), mit Bezirksregierungen als Mittelbehörden und mit unteren Verwaltungsstellen, an die sich die lokale Selbstverwaltung anschloß. Eine Vertretung der Bürgerinteressen sollte auch auf zentraler Ebene stattfinden (Nationalrepräsentation), konnte aber zunächst nicht durchgesetzt werden. Zur Verfassungsgebung in Deutschland kam es daher erst nach 1815 in Vollzug des Art. 13 der Bundesakte des Deutschen Bundes (vgl. S. 16). Abgesehen von Nassau (1814) und anderen Kleinstaaten sind es hier v. a. die süddeutschen Mittelstaaten Baden und Bayern (1818), Württemberg (1819) und Hessen-Darmstadt (1820) gewesen, die eine neue Verfassung erhielten. Neben ihnen existierten weiterhin Staaten mit altständischen Verfassungen (z. B. Mecklenburg) und andere, die die überkommene Ständevertretung den neuen sozialen Verhältnissen anzupassen versuchten (z. B. Hannover 1819, Provinzialstände in Preußen 1823).

Im Unterschied zu ihnen adaptierten die süddeutschen Staaten Verfassungen nach dem Vorbild der Charte der französischen Restaurationsmonarchie von 1814. In ihnen blieb der Monarch, der in der Regel die Verfassung selbst erließ (Oktroi), Inhaber der gesamten Staatsgewalt (monarchisches Prinzip), wurde aber in ihrer Ausübung durch Mitspracherechte beschränkt. Seine Anordnungen galten nur als verbindlich, wenn sie von Ministern gegengezeichnet waren, die dafür die Verantwortung übernahmen und bei Rechtsbruch angeklagt werden konnten (Ministeranklage). Eine weitere Beschränkung stellte die Mitsprache der Landtage dar, die nunmehr nach englischem Vorbild aus zwei Kammern konstituiert wurden. In der 1. Kammer versammelten sich die Prinzen, Hochadlige und vom Monarchen Ernannte, in der 2. Kammer im wesentlichen gewählte Abgeordnete, wobei – außer in Baden – die Wahlkörper noch von ständischen Gesichtspunkten geprägt waren. Die Kammern hatten das Recht zur Steuer- und Kreditbewilligung sowie der Zustimmung zu solchen Gesetzen, die in Freiheit und Eigentum der Untertanen eingriffen. Das Recht zur Gesetzesinitiative besaßen sie in der Regel ebensowenig wie das Recht zur Ausgabebewilligung. Die Rechtsstellung der Abgeordneten (vgl. S. 72) entsprach mit dem freien Mandat und später der Immunität modernen Auffassungen. Die Abgeordneten waren in ihrer Tätigkeit aber von der Einberufung der Landtage durch den Monarchen und in ihrer Beratung von Regierungsvorlagen abhängig. Der Monarch legte die Geschäftsordnung der Landtage fest; er konnte sie vertagen, schließen und auflösen. Er blieb der eigentliche Gesetzgeber und Herr der Exekutive; auch die Rechtsprechung wurde in seinem Namen ausgeübt, von unabhängigen, nur dem Gesetz unterworfenen Richtern. Auch eine Anzahl von Grundrechten waren den Bürgern eingeräumt. Man kann den älteren Verfassungsstaat in Deutschland als *konstitutionelle Monarchie* mit *monarchischem Prinzip* und *parlamentarischer Gewaltenteilhabe* bezeichnen.

Veränderungen ergaben sich v.a. durch die Revolutionen von 1830 und 1848. Die größeren mitteldeutschen Staaten Hannover, Sachsen, Braunschweig und Kurhessen erhielten nach 1830 Verfassungen, die nunmehr den Landtagen auch die Gesetzesinitiative und die Haushaltsbewilligung einräumten. In der Revolution von 1848 (vgl. S. 18) gelang es der liberalen Opposition, ihre im Vormärz erhobenen Forderungen nach Preß-, Vereins- und Versammlungsfreiheit, nach Abschaffung feudaler Relikte sowie nach modernen Volksvertretungen in Bund und Ländern durchzusetzen (Märzforderungen). Die allenthalben neu gebildeten Ministerien wurden von Landtagen abhängig, die nach allgemeinem und gleichem Wahlrecht bestellt waren. Das Scheitern der Revolution führte zu erneuten Restriktionen, besonders im Wahlrecht (z.B. Dreiklassenwahlrecht in Preußen). Zwar hatte im Zuge der Revolution auch Preußen eine moderne Verfassung erhalten, aber weder dort noch in dem von Preußen aus gegründeten Deutschen Reich (vgl. S. 22) kam es zu einer Parlamentarisierung der Regierung.

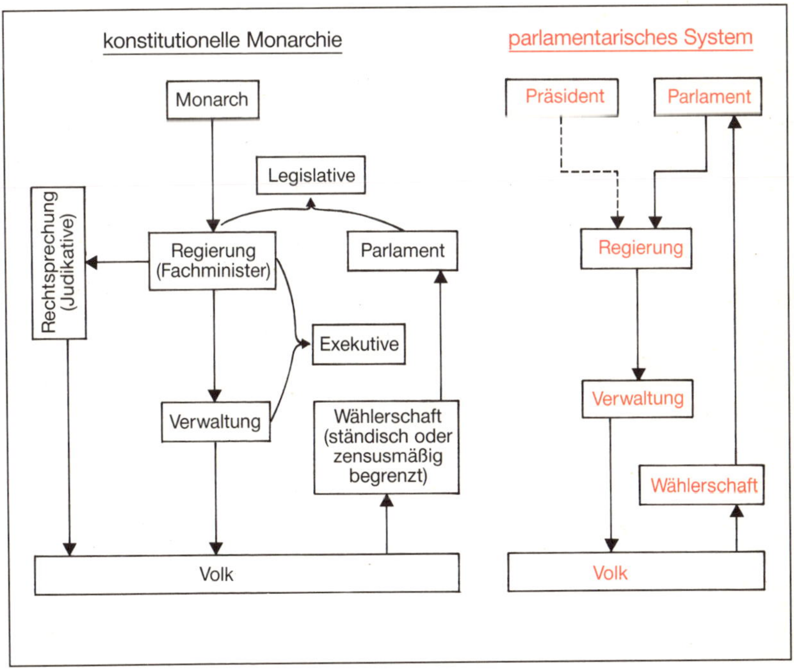

Der Deutsche Bund

Nach dem Zusammenbruch der Vorherrschaft Napoleons in Deutschland 1813/1814, unter dessen Protektorat 1806 der *Rheinbund* an die Stelle des verfallenen älteren Deutschen Reiches getreten war, wurde eine politische Neuordnung Deutschlands notwendig, die im Rahmen des Wiener Kongresses erfolgte. Mit der Unterzeichnung der *Deutschen Bundesakte* am 8. Juni 1815 durch 39 Staaten trat so der Deutsche Bund ins Leben, der bis 1866 Bestand hatte.

Der *Deutsche Bund* war eine Vereinigung souveräner (Art. 1 der Deutschen Bundesakte) und gleichberechtigter Fürsten und freier Städte (Art. 2 und 3) und damit ein Staatenbund (vgl. S. 10). Er hatte den Zweck der „Erhaltung der äußeren und inneren Sicherheit Deutschlands" (Art. 3) und besaß den Charakter eines Schutz- und Verteidigungsbündnisses. Für die Wahrnehmung gemeinsamer Bundesangelegenheiten wurde eine Bundesversammlung (Bundestag) – ein permanenter Gesandtenkongreß mit Sitz in Frankfurt am Main – unter Vorsitz Österreichs eingerichtet. Der Bundestag kannte zwei Gremien: Engere Versammlung und Plenum. In der Engeren Versammlung besaßen die größeren Staaten jeweils eine Stimme, während kleinere über gemeinsame (Kuriat-)Stimmen verfügten. Gültige Beschlüsse bedurften der einfachen Mehrheit. Im Plenum, dem seine Gegenstände von der Engeren Versammlung zugewiesen wurden, besaßen die Staaten je nach Größe zwischen vier und einer Stimme. Das Plenum entschied mit Zweidrittelmehrheit. Den Mitgliedsstaaten wurde die Einführung „landständischer" Verfassungen durch Art. 13 der Deutschen Bundesakte vorgeschrieben.

Mit ihren 20 Artikeln bildete die Deutsche Bundesakte eine ausfüllungsbedürftige Rahmenordnung, die durch die *Wiener Schlußakte* vom 8. Juli 1820 Konkretisierungen erfuhr. In der Wiener Schlußakte wurde der Bund auf den Charakter eines „völkerrechtlichen Vereins" festgelegt und so sein institutioneller Ausbau zu einem Bundesstaat (vgl. S. 10) unterbunden. Daneben erhielt die Schutzfunktion des Bundes nach innen durch Regelungen zur Beilegung von Streitigkeiten zwischen Bundesgliedern (Schiedsgerichte) und zur Sicherung der inneren Ruhe und Ordnung der Staaten im Rahmen gegenseitiger Hilfsverpflichtungen und durch Präzisierung der Bundesexekution eine Verstärkung. Für die Einhaltung der Bundespflichten durch die Bundesglieder sah die Wiener Schlußakte Normierungen zur Sicherung der Konformität von Landesverfassungen und Bundesverfassung vor. So wurde die monarchische Staatsform vorgeschrieben (Ausnahme: freie Städte). Bestehende Verfassungen waren durch den Bund in ihrem Umfang garantiert, jedoch durften sie den Monarchen nicht an der Erfüllung der Bundespflichten hindern. Der Monarch blieb daher im Besitz der gesamten Staatsgewalt, deren Ausübung jedoch an die Normen der einzelstaatlichen Verfassungen gebunden wurde (*monarchisches Prinzip*, Art. 57 der Wiener Schlußakte).

Die außenpolitische Wirksamkeit des Bundes war durch den Dualismus der beiden Großmächte Preußen und Österreich sehr beschränkt. Dieser Dualismus und der Partikularismus der Mittelstaaten haben bis 1866 Schritte zur politischen Einigung Deutschlands verhindert (vgl. S. 20). Die Beilegung von Streitigkeiten zwischen Bundesgliedern durch Schiedsgerichte war häufiger. Bundesinterventionen erfolgten z. B. 1833 infolge des Frankfurter Wachensturms in der Freien Stadt Frankfurt und 1850–52 zugunsten der kurhessischen Regierung, die sich mit ihren Kammern in einem Budget- und Verfassungskonflikt befand.

Zu den bekanntesten Maßnahmen des Bundes gehörte sein Vorgehen gegen die liberale und demokratische Opposition in Deutschland. Dazu zählten die Karlsbader Beschlüsse von 1819 (Verbot der Burschenschaft, Demagogenverfolgung, Einführung der Zensur) sowie die nach 1830 erfolgende Verschärfung dieser Ausnahmegesetze als Reaktion auf die Wirkungen der französischen Julirevolution 1830 auf Deutschland, die in Nord- und Mitteldeutschland (z. B. im Königreich Sachsen) zu revolutionären Erhebungen führte. Auch eine Beschränkung der verfassungsmäßigen Rechte der Landtage wurde vom Bund verfügt (sog. „Sechs Artikel"). Ohne Beteiligung des Bundes entstand unter der Führung Preußens 1834 der Deutsche Zollverein, dem 1847 42 deutsche Staaten unter Ausschluß Österreichs angehörten. Er hat die wirtschaftliche Entwicklung Deutschlands (Industrialisierung) erleichtert und wurde Anknüpfungspunkt für die Bildung des deutschen Nationalstaats. Dagegen hat der Deutsche Bund hindernd auf verfassungspolitische Entwicklungen und die staatliche Einigung Deutschlands gewirkt.

Die Bundesversammlung des Deutschen Bundes

Zusammensetzung nach der Deutschen Bundesakte vom 8. Juni 1815

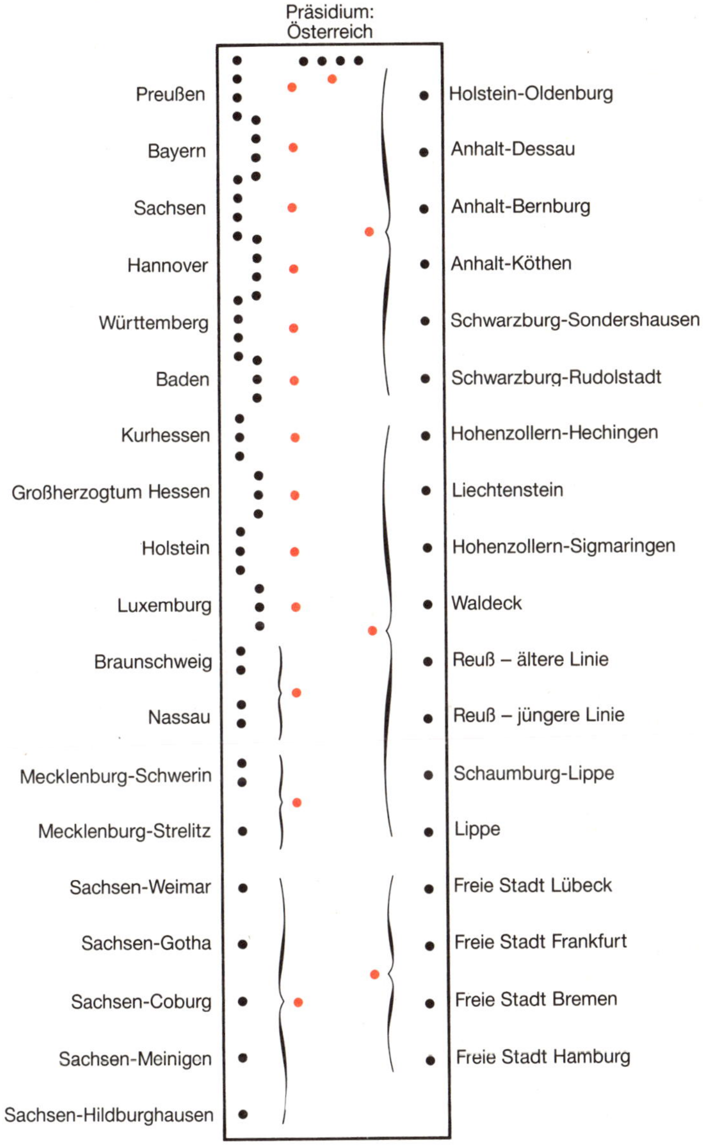

● Zahl der Stimmen im Plenum (insgesamt 69)
● Zahl der Stimmen in der Engeren Versammlung (insgesamt 17)

Revolution und Reichsverfassung von 1848/49

Die Revolution von 1848/49 in Deutschland wurde durch Nachrichten vom Ausbruch der französischen Revolution Ende Februar 1848 ausgelöst, die im Deutschen Bund (vgl. S. 16) auf ein Klima wachsender politischer und sozialer Spannungen trafen. In spontanen Volksversammlungen, insbesondere in Süddeutschland, flossen Wünsche nach sozialen Reformen wie der Abschaffung feudaler Relikte auf dem Lande, nach Abschaffung der Zensur und Verbesserung politischer Partizipationschancen in das Verlangen nach „volkstümlichen" Regierungen zusammen. Der Systemwechsel zu einer Politik liberaler Reformen, verkörpert durch die sog. „Märzministerien", wurde z. T. durch flexibles Nachgeben der alten Gewalten ermöglicht oder wie in Preußen und Österreich durch den Druck bürgerkriegsähnlicher Ereignisse erzwungen. Die innenpolitische Neuorientierung machte in den Einzelstaaten den Weg zu Verfassungsberatungen zwischen den Regierungen und gewählten Volksvertretungen (z. B. in Preußen) oder, wo solche Verfassungen bestanden, zu deren Revision in liberalem Sinne frei.

Da die neuen bürgerlich-liberalen Regierungen das Ziel eines Ausgleichs zwischen den bestehenden Gewalten (Monarchie, Bürokratie und Militär) und den liberaldemokratischen Forderungen zugleich mit der Absicht verfolgten, eine Radikalisierung der Revolution zu verhindern, haben sie es unterlassen, die Kräfte der Beharrung nachhaltig zu schwächen. So gelang es der politischen Reaktion, sich neu zu formieren. In Preußen führte dies zur Ablösung der liberalen Minister durch Exponenten eines bürokratischen Absolutismus, zur Auflösung der preußischen „Nationalversammlung" und zur Oktroyierung einer Verfassung (Dezember 1848). Diese Entwicklung wurde für den gesamtdeutschen Schauplatz der Revolution Frankfurt am Main von Bedeutung.

Die Schaffung eines deutschen *Nationalstaats* war eine Hauptforderung des Liberalismus im Vormärz. Die Initiative zur Neugestaltung des Deutschen Bundes, die zunächst bei den einzelnen Regierungen lag (Siebzehnerausschuß), ging bald an eine Versammlung von Liberalen und Demokraten über, das vom 31. März bis 3. April 1848 in Frankfurt tagende sog. *Vorparlament,* dessen Bemühungen auf eine völlige Revision des Deutschen Bundes zielten. Die Wahlen zu einer deutschen *Nationalversammlung* erfolgten nach allgemeinem und gleichem Wahlrecht. Die Nationalversammlung konstituierte sich am 18. Mai 1848 in der Frankfurter *Paulskirche.*

Die 586 Abgeordneten, die in ihrer Mehrzahl der Schicht des Bildungsbürgertums entstammten, schritten zunächst zur Einsetzung einer provisorischen Zentralgewalt (Regierung) und eines *Reichsverwesers* (Erzherzog Johann). Zwischen den Fraktionen waren die Ausdehnung des künftigen Reichs (mit oder ohne Österreich) und die Staatsform (Monarchie oder Demokratie) umstritten, aber auch die Gestaltung des Vetos des Staatsoberhaupts (absolut oder suspensiv), die Einrichtung des Parlaments (Ein- oder Zweikammersystem) und des Wahlrechts (allgemein oder beschränkt).

Als erstes Verfassungsgesetz wurden am 27. Dezember 1848 die *Grundrechte der Deutschen* verabschiedet, die einen breiten Katalog klassisch-liberaler Grund- und Freiheitsrechte umfaßten. Die *Reichsverfassung* vom 28. März 1849 sah ein Erbkaisertum, „verantwortliche" Minister und ein Zweikammersystem vor. Die Abgeordneten des Staatenhauses wurden zur Hälfte von den Regierungen, zur Hälfte von den Parlamenten der Einzelstaaten bestimmt, während die Mitglieder des Volkshauses aus allgemeinen, gleichen und direkten Wahlen hervorgehen sollten. Die Abgeordneten beider Häuser besaßen ein freies Mandat.

Die Ablehnung der Kaiserkrone durch den preußischen König Friedrich Wilhelm IV. (3./28. April 1849) ließ die Pläne der Paulskirche scheitern. Die Reichsverfassung und ihre Grundrechte fanden nur bei einigen deutschen Staaten (z. B. Württemberg) Anerkennung. Ihre verfassungsrechtliche Wirksamkeit wurde bald wieder beseitigt (Reaktionszeit). Das Scheitern der Paulskirche und ihrer liberalen Mehrheit führte zu radikal-demokratischen Aufstandsbewegungen (Baden), die jedoch mit Hilfe preußischer Truppen niedergeschlagen wurden.

Die Revolution 1848 hat trotz ihres Scheiterns in Deutschland eine liberaldemokratische Verfassungstradition begründet, aber auch zur Entfremdung zwischen der liberalen und der demokratischen politischen Bewegung geführt. Daneben wurde Preußen zum Verfassungsstaat – eine wichtige Voraussetzung für die preußisch-deutsche *Reichsgründung* 1866–71 (vgl. S. 20).

Übersicht über die politische Zusammensetzung der Deutschen Nationalversammlung von 1848/49

Die Fraktionen der Paulskirche[1)]

Bezeichnung	politische Stellung	Mitglieder
Café Milani	konservativ	40
Casino (Rechtes Zentrum)	liberal-konservativ	120
Landsberg (Zentrum)	liberal	40
Württemberger Hof (linkes Zentrum)	entschieden liberal	100
Deutscher Hof	liberal-demokratisch	60
Donnersberg	demokratisch	40
ohne Fraktionszugehörigkeit		150

Die soziale Gliederung der Abgeordneten und ihrer Stellvertreter in der Paulskirche

1. Geistige und freie Berufe	
Professoren	94
Lehrer	30
Geistliche	39
Advokaten	106
Ärzte	23
Bibliothekare, Verleger, Buchhändler	10
Schriftsteller	20
sonstige Akademiker	35
	357

2. Staats- und Kommunalbeamte	
Offiziere	18
Diplomaten	11
Richter und Staatsanwälte	110
höhere Verwaltungsbeamte	115
Bürgermeister	21
Mittlere Beamte	37
	312

3. Wirtschaftsberufe	
Landwirte	46
Kaufleute	35
Fabrikanten	14
Handwerker	4
ohne Berufsangabe	44
	143

1 Die Zahlen geben nur ungefähr die Stärkeverhältnisse im Parlament wieder. Feste Bindungen von Parlamentariern an Parteien oder Fraktionen sind in der Revolution 1848 in Deutschland noch unbekannt.

Norddeutscher Bund und Reichsgründung von 1870/71

Der am 1. Juli 1867 ins Leben getretene Norddeutsche Bund war eine seit dem Ende der Befreiungskriege 1814/15 anstehende, aber auf die Staaten nördlich des Mains beschränkte Teillösung des *nationalen Verfassungsproblems* in Deutschland. Die bestimmenden Faktoren der Entwicklung zum Nationalstaat waren die machtpolitischen Interessen Preußens und Österreichs, auf die eine national und liberal gesinnte Öffentlichkeit nur bedingt Einfluß gewann. So sicherte vor 1848 das gemeinsame Interesse der beiden deutschen Großmächte an der Aufrechterhaltung des politischen Status quo die Stabilität des Deutschen Bundes (vgl. S. 16), während der preußisch geführte *Deutsche Zollverein* seit 1834 Deutschland wenigstens zu einem zunehmend einheitlichen Wirtschaftsraum verband. Der Versuch des Liberalismus, in der Revolution von 1848 (vgl. S. 18) einen freiheitlichen deutschen *Nationalstaat* zu begründen, scheiterte an den 1849 wiedererstarkten konservativen Monarchien. Doch herrschte nun darüber Klarheit, daß die deutsche Einheit nur unter Führung Preußens, ohne Österreich möglich war („kleindeutsche Lösung"). Die zurückhaltende Politik Preußens in dieser Hinsicht änderte sich nach der Ernennung Otto von *Bismarcks* zum preußischen Ministerpräsidenten 1862. Vor dem Hintergrund schwerer innenpolitischer Konflikte mit einer liberalen Parlamentsmehrheit *(Verfassungskonflikt)* verfolgte er eine offensive Nationalpolitik, die Preußen schließlich in den offenen Konflikt mit Österreich führte. Gegenüber dem Axiom Bismarckscher Politik, eine Identität der Interessen zwischen dem Militär- und Beamtenstaat Preußen und der deutschen Nation herzustellen, erwiesen sich die Versuche der Donaumonarchie, den Deutschen Bund als Staatenbund aufrechtzuerhalten, als erfolglos. Ihre Niederlage im preußisch-österreichischen Krieg von 1866 besiegelte die Sprengung des Bundes und das Ausscheiden Österreichs aus Deutschland.

Durch den Vorfrieden von Nikolsburg mit Österreich (26. Juli 1866) und den Prager Frieden (23. August 1866) erhielt Preußen, das Hannover, Kurhessen, Nassau und Frankfurt am Main annektierte und damit über ein von West nach Ost geschlossenes Staatsgebiet verfügte, freie Hand für eine föderative Neuordnung Norddeutschlands. Deren Grundlage wurden Verträge zwischen den norddeutschen Staaten und Preußen (August bis Oktober 1866), die ein Militärbündnis und die Grundlagen der späteren Verfassung des Norddeutschen Bundes enthielten. Den verbündeten Regierungen wurde ein Verfassungsentwurf nach den Vorstellungen Bismarcks vorgelegt, der schließlich mit einem aus allgemeinen und gleichen Wahlen hervorgegangenen Parlament beraten und von diesem angenommen wurde.

Der Norddeutsche Bund beruhte so auf einem Bündnis souveräner Monarchen. Die wichtigsten Verfassungsinstitutionen waren das Präsidium (ab 1871 der Deutsche Kaiser in Personalunion mit der preußischen Krone), der Kanzler (später Reichskanzler), der zumeist auch preußischer Ministerpräsident war, und ein Bundesrat aus instruierten Vertretern der Regierungen, welche die Rechte der monarchischen *Souveränität* wahrnahmen. Daneben bestand der Reichstag, der aus allgemeinen, gleichen und direkten Wahlen hervorging. Er nahm an der Gesetzgebung gleichberechtigt teil, bewilligte die Staatsausgaben und die Erhebung neuer Steuern. Einfluß auf die Ernennung des Kanzlers besaß er jedoch nicht.

Die Verfassung des Norddeutschen Bundes bestand wenig geändert als Verfassungsrecht des Deutschen Reiches von 1871 bis 1918 fort. Der in der Verfassung angelegte Spannungsbogen zwischen den starken föderativen Elementen, die dem größten Einzelstaat – Preußen – und seinen konservativen Traditionen eine hegemoniale Stellung einräumten, und dem demokratisch gewählten, unitarischen Reichstag hat die politische Entwicklung Deutschlands entscheidend geprägt.

Der Norddeutsche Bund war mit den süddeutschen Staaten durch geheime Schutz- und Trutzbündnisse verbunden. Daneben erhielt der Deutsche Zollverein eine neue politische Struktur mit Zollparlament und Zollbundesrat. Diese Bindungen wurden zur Vorstufe des 1870/71 gegründeten Deutschen Reiches (vgl. S. 22).

Deutscher Bund und Norddeutscher Bund 1864–1867

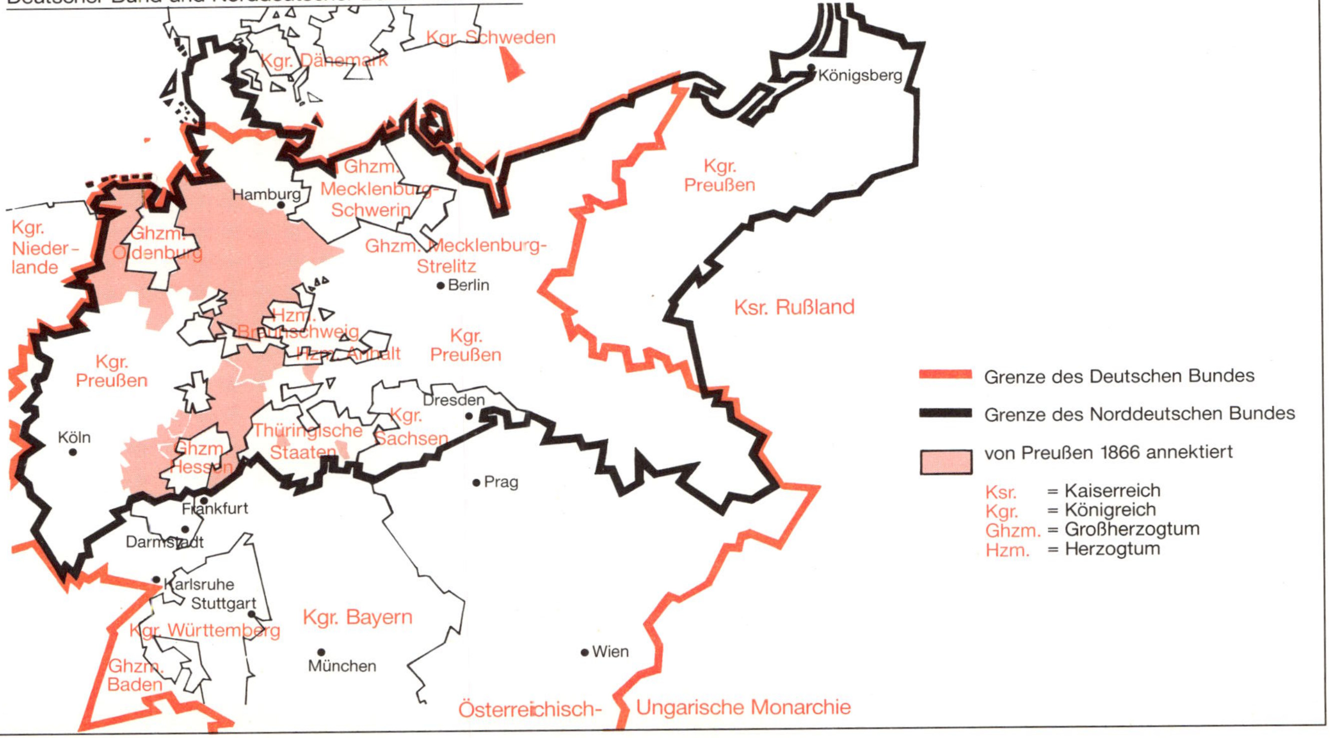

Das Deutsche Reich von 1871

Die Niederlage Frankreichs gegen Preußen und seine deutschen Verbündeten im Krieg von 1870/71 machte den Weg zur Gründung eines deutschen Nationalstaats frei. Diese vollzog sich, anders als von der bürgerlich-liberalen Nationalbewegung erhofft, auf dem Weg einer „Revolution von oben" unter der Führung des konservativen Militär- und Beamtenstaats Preußen, indem nun die süddeutschen Staaten dem bereits bestehenden Norddeutschen Bund (vgl. S. 20) beitraten. Die Verfassung des neuen Deutschen Reiches übernahm die Institutionen des Norddeutschen Bundes bis auf geringe Modifikationen.

Die Merkmale dieser Verfassung, das Nebeneinander von föderativen und unitarischen Strukturelementen sowie ein labiles Verhältnis von Reichsleitung und Reichstag, haben die politische Entwicklung des Kaiserreichs nachhaltig bestimmt. So sicherte das *föderative* Element den Einfluß des größten Einzelstaats – Preußen – auf die Politik im Reich, indem der Reichskanzler als einziger „verantwortlicher" Reichsminister auf die Unterstützung Preußens angewiesen blieb. Andererseits mußte der Kanzler, der formell nicht vom Vertrauen des Reichstags abhing, in diesem Parlament Mehrheiten für die Gesetzgebung und für den Reichshaushalt finden, ohne selbst in Abhängigkeit von Parlamentsmehrheiten zu geraten, da dies tendenziell zu einer Verselbständigung der Reichspolitik und damit zur Beseitigung der preußischen Hegemonie geführt hätte (Ansätze zur *Parlamentarisierung*). Die Kanzler haben dabei im wesentlichen drei unterschiedliche Wege beschritten: Zum einen suchten sie sich auf feste Mehrheiten zu stützen (z. B. der sog. Bülow-Block), zum anderen suchten sie sich von Fall zu Fall Mehrheiten, und schließlich haben sie durch Mobilisierung der Öffentlichkeit und organisierter Interessen gegen den Reichstag auf die Bildung von Mehrheiten zu ihren Gunsten erfolgreich eingewirkt. Innerhalb des Regierungssystems des Kaiserreichs wurde der Reichstag so gehindert, eine politisch dominierende Stellung zu gewinnen. Zudem hat die parteipolitische Zersplitterung im Reichstag die Bildung fester Mehrheiten, eine Grundvoraussetzung für die Steigerung des parlamentarischen Einflusses, behindert (vgl. S. 24).

In der *Innenpolitik* lassen sich verschiedene Phasen unterscheiden: Die Periode von 1871 bis 1878 wurde geprägt durch die *Liberalisierung* und Vereinheitlichung des Wirtschafts- und Rechtssystems, über die sich eine konservativ-liberale Mehrheit und der Kanzler Bismarck verständigten. Zugleich war dies die Zeit der schärfsten Auseinandersetzung zwischen preußischem Staat und katholischer Kirche *(Kulturkampf)*. Nach 1878 regierte Bismarck mit wechselnden Mehrheiten. Neben dem Kampf gegen die Sozialdemokratie (*Sozialistengesetz* 1878), wurden der Übergang zum Wirtschaftsprotektionismus *(Schutzzölle)* vollzogen und erste Grundlagen des *Sozialstaats* (vgl. S. 78) gelegt (Krankenversicherungsgesetz 1883, Unfallversicherungsgesetz 1884, Alters- und Invaliditätsversicherungsgesetz 1889). In der Zeit Kaiser Wilhems II. wurde eine Politik, die einen Ausgleich der wirtschaftlichen und sozialen Gegensätze suchte (Neue Ära, 1890–94), bald wieder durch das Bemühen um die Erhaltung des politischen und sozialen Status quo verdrängt. Ansätze zu vorsichtigen Reformen in der Zeit des Kanzlers Bülow (Bülow-Block, 1907–09) scheiterten an den Interessengegensätzen der beteiligten Parteien.

Vor dem Hintergrund innenpolitischer Stagnation und des Aufstiegs Deutschlands zu einer führenden Wirtschaftsmacht vollzog sich gleichzeitig eine expansive, auf Gewinnung von Kolonien ausgerichtete und auf die Betonung der deutschen Großmachtstellung gegründete Außenpolitik *(Imperialismus)*. Ihr sichtbarstes Zeichen war der Aufbau einer deutschen Hochseeflotte. Diese Politik führte das Reich in wachsende Konflikte mit den übrigen Großmächten. Bei zunehmenden Spannungen wurden die Ermordung des österreichischen Thronfolgers in Sarajevo 1914 und der zur Vergeltung durchgeführte Einmarsch Österreichs in Serbien zum Auslöser des Ersten Weltkriegs.

Die drohende Niederlage im Krieg hat dann 1917/18 noch einmal das Bemühen um eine Revision des politischen Systems des Kaiserreichs geweckt. Ansätze, im Reich noch im Oktober 1918 ein parlamentarisches Regierungssystem einzuführen, wurden jedoch durch die Novemberrevolution 1918 und den militärischen Zusammenbruch überholt. Diese führten zur Beseitigung der Monarchie in Deutschland und zum Übergang zur republikanischen Staatsform der Weimarer Republik (vgl. S. 26 und S. 28).

Die Verfassung des Deutschen Reiches (1871–1918)

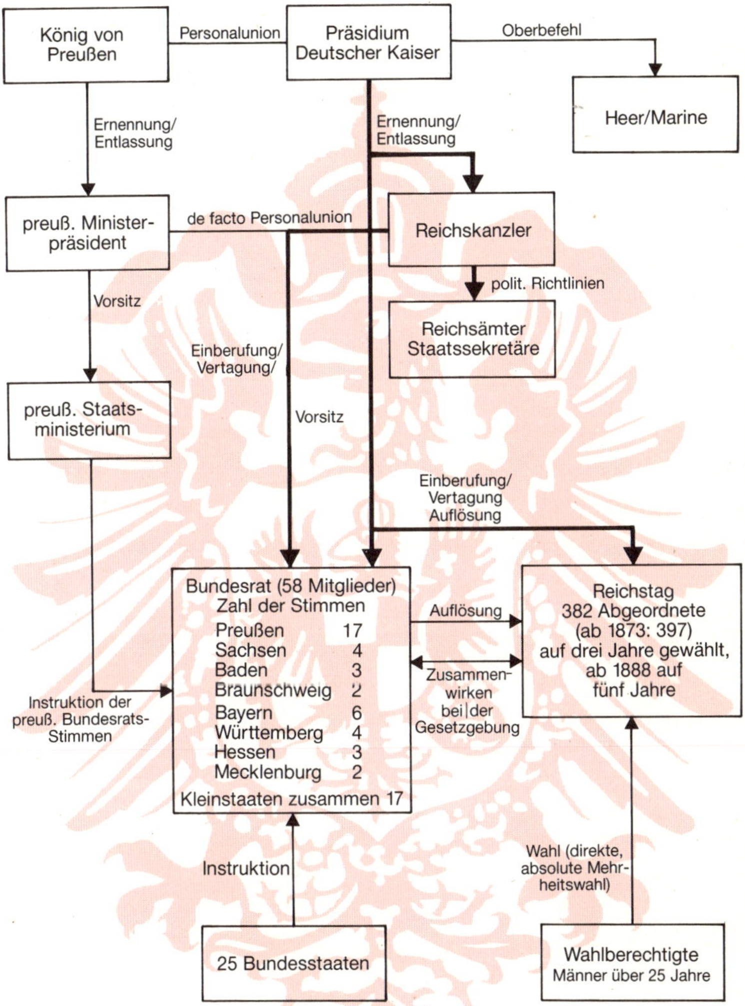

Die Entwicklung zum Parteienstaat

Die Ausbildung eines Parteienstaats, d.h. eines politischen Systems, in dem Parteien im Rahmen einer parlamentarisch-demokratischen Verfassung die entscheidenden Träger des politischen Willensbildungsprozesses darstellen, erfolgte in Deutschland erst seit dem Zusammenbruch der Monarchie 1918. Diese im Vergleich zu den westeuropäischen Staaten, insbesondere Großbritannien und Frankreich, verspätete politische Modernisierung hatte unterschiedliche strukturelle Ursachen, die auch auf das Scheitern der Weimarer Republik 1933 ausstrahlten.

Einer dieser Gründe ist die für Deutschland im 19. Jahrhundert charakteristische Form des Verfassungsstaats (vgl. S. 14), die konstitutionelle Monarchie. Ihr Kennzeichen war die Gegenüberstellung einer allein vom Monarchen abhängenden Regierung und einer repräsentativen Volksvertretung ohne Einfluß auf die Regierungsbildung, deren Kompetenzen sich weitgehend auf die Teilhabe an der Gesetzgebung und die Budgetbewilligung beschränkten. In diesem System blieben die monarchischen Regierungen, gestützt auf den Staatsapparat, der politisch führende Faktor, auch wenn sie im letzten Drittel des Jahrhunderts zunehmend auf die Vorstellungen der Parlamente Rücksicht nehmen mußten. Versuche der Parlamente, die Regierungen in größere Abhängigkeit von aktuellen Mehrheiten zu setzen, wie z.B. im preußischen Verfassungskonflikt 1862–66, führten nicht zum Ziel der Parlamentarisierung.

Neben der institutionellen Schwäche der Parlamente waren der traditionelle Parteienpluralismus (Vielparteiensystem) und das hierdurch bedingte Fehlen fester Mehrheiten in den Volksvertretungen Ursache der ausgebliebenen Parlamentarisierung. Dies stand mit den Grundlagen der Parteibildung in Deutschland im Zusammenhang. Bis zum Jahre 1848 waren die deutschen Parteien lose gefügte Gesinnungs- und Weltanschauungsparteien, in denen das Bekenntnis zu liberalem, konservativem oder demokratischem Gedankengut Parteizugehörigkeit konstituierte. Erst seit der Märzrevolution begannen die politischen Richtungen auch organisatorisch unterscheidbar zu werden. Die erste Partei im modernen Sinne wurde die preußische „Deutsche Fortschrittspartei" 1862.

Für die Ausprägung des deutschen Parteiensystems nach der Reichsgründung 1871 (vgl. S. 20) wurden die Entwicklungen in Preußen entscheidend. Hier hatte der Gegensatz zwischen Stadt und Land, östlich-agrarischen und westlich-industrialisierten Provinzen stabile Verbindungen zwischen politischen Vorstellungen und Sozialmilieus geschaffen, die sich in konservativ-agrarischen und bürgerlich-liberalen Parteibildungen niederschlugen. Im Zusammenhang mit der Reichsgründung erlebten beide Lager Spaltungen, indem sich die Konservativen in die Deutschkonservative Partei (1876) sowie die gemäßigt konservative Deutsche Reichspartei (1871) und die Liberalen in die gemäßigt liberale Nationalliberale Partei (1867) sowie die linksliberale Fortschrittspartei differenzierten. Neben diese Parteien traten seit 1871 die Parteien eines spezifisch katholischen Sozialmilieus (Zentrum) und der Arbeiterschaft (ab 1890 unter dem Namen SPD). Daneben waren im Reichstag Vertreter nationaler Minderheiten (Polen, Dänen, Elsässer und Lothringer) sowie Parteien vertreten, die die parteipolitischen Konstellationen und Konflikte der Einzelstaaten auf Reichsebene widerspiegelten (z.B. Welfenpartei, Bayerische Patriotenpartei, [württembergische] Deutsche Volkspartei). In den 1880er Jahren wurden auch Antisemiten in den Reichstag gewählt. Dieses Parteienspektrum blieb auch in der Weimarer Republik (vgl. S. 28), jedoch um die extremen Flügelparteien KPD und NSDAP erweitert, bestehen. Organisatorisch blieben die deutschen Parteien bis 1918 Honoratiorenparteien, deren Organisationskern die Fraktionen der Parlamente und lokale politische Vereine bildeten. Eine Ausnahme bildete die SPD, die bereits früh die Gestalt der Massenpartei annahm.

Das Parteiensystem spiegelte tiefe soziale, konfessionelle und regionale Gegensätze, die auch das Verhalten der Parteien zueinander bestimmten und die Bereitschaft zur festen Koalitionsbildung verhinderten. Aber zu ihrer Überwindung bot auch das Regierungssystem, das den Parteien die Übernahme von Regierungsverantwortung verwehrte, kaum Anreize. Denn die Mehrheitsbildung in den Parlamenten und der Ausgleich der Interessen blieb Sache der Regierungen und die scharfe Betonung der Gegensätze und eigener Ziele die wichtigste Waffe der Parteien in der politischen Auseinandersetzung. Die Entwicklung zu einem parlamentarischen Regierungssystem und zum Parteienstaat blieb so in Deutschland auf Dauer blockiert.

Stimmenanteile und Mandate der Parteien bei den Reichstagswahlen 1871 bis 1912

Parteien	1. Reichstag 1871, Wahlbeteiligung 51,0%		2. Reichstag 1874, Wahlbeteiligung 61,2%		3. Reichstag 1877, Wahlbeteiligung 60,6%		4. Reichstag 1878, Wahlbeteiligung 63,4%		5. Reichstag 1881, Wahlbeteiligung 56,3%		6. Reichstag 1884, Wahlbeteiligung 60,6%		7. Reichstag 1887, Wahlbeteiligung 77,5%	
	Stimmenanteil v.H.	Mandatszahl	Stimmenanteil v.H.	Mandatszahl	Stimmenanteil v.H.	Mandatszahl	Stimmenanteil v.H.	Mandatszahl	Stimmenanteil v.H.	Mandatszahl	Stimmenanteil v.H.	Mandatszahl	Stimmenanteil v.H.	Mandatszahl
Konservative	14,1	57	6,9	22	9,7	40	13,0	59	16,3	50	15,2	78	15,2	80
Reichspartei (Freikonservative)	8,9	37	7,2	33	7,9	38	13,6	57	7,4	28	6,9	28	9,8	41
Nationalliberale	30,1	125	29,7	155	27,2	128	23,1	99	14,7	47	17,6	51	22,3	99
Liberale	7,2	30	1,0	3	2,5	13	2,7	10	–	–	–	–	–	–
Liberale Vereinigung*	–	–	–	–	–	–	–	–	8,4	46	17,6	67	12,9	32
Deutsche Fortschrittspartei*	8,8	46	8,6	49	7,7	35	6,7	26	12,7	60				
Deutsche Volkspartei*	0,5	1	0,4	1	0,8	4	1,1	3	2,0	9	1,7	7	1,2	–
Zentrum	18,6	63	27,9	91	24,8	93	23,1	94	23,2	100	22,6	99	20,1	98
Welfen	1,6	7	1,8	4	1,6	4	1,7	10	1,7	10	1,7	11	1,5	4
Sozialdemokraten	3,2	2	6,8	9	9,1	12	7,6	9	6,1	12	9,7	24	10,1	11
Polen	4,5	13	3,8	14	4,0	14	3,6	14	3,3	18	3,6	16	2,8	13
Dänen	0,5	1	0,4	1	0,3	1	0,3	1	0,3	2	0,3	1	0,2	1
Elsaß-Lothringer			4,5	15	3,7	15	3,1	15	3,0	15	2,9	15	3,1	15
Antisemiten	–	–	–	–	–	–	–	–	–	–	–	–	0,2	1
Sonstige	2,0	–	0,9	–	0,5	–	0,3	–	0,3	–	0,2	–	0,6	2
insgesamt	–	382	–	397	–	397	–	397	–	397	–	397	–	397

Parteien	8. Reichstag 1890, Wahlbeteiligung 71,6%		9. Reichstag 1893, Wahlbeteiligung 72,5%		10. Reichstag 1898, Wahlbeteiligung 68,1%		11. Reichstag 1903, Wahlbeteiligung 76,1%		12. Reichstag 1907, Wahlbeteiligung 84,6%		13. Reichstag 1912, Wahlbeteiligung 84,9%	
	Stimmenanteil v.H.	Mandatszahl	Stimmenanteil v.H.	Mandatszahl	Stimmenanteil v.H.	Mandatszahl	Stimmenanteil v.H.	Mandatszahl	Stimmenanteil v.H.	Mandatszahl	Stimmenanteil v.H.	Mandatszahl
Konservative	12,4	73	13,5	72	11,1	56	10,0	54	9,4	60	9,2	43
Reichspartei (Freikonservative)	6,7	20	5,7	28	4,4	23	3,5	21	4,2	24	3,0	14
Nationalliberale	16,3	42	13,0	53	12,5	46	13,9	51	14,5	54	13,6	45
Liberale	–	–	–	–	–	–	–	–	–	–	–	–
Liberale Vereinigung*	16,0	66	3,9	13	2,5	12	2,6	9	3,2	14	12,3	42
Deutsche Fortschrittspartei*			8,7	24	7,2	29	5,7	21	6,5	28		
Deutsche Volkspartei*	2,0	10	2,2	11	1,4	8	1,0	6	1,2	7		
Zentrum	18,6	106	19,1	96	18,8	102	19,8	100	19,4	105	16,4	91
Welfen	1,6	11	1,3	7	1,4	9	1,0	6	0,7	1	0,7	5
Sozialdemokraten	19,8	35	23,3	44	27,2	56	31,7	81	28,9	43	34,8	110
Polen	3,4	16	3,0	19	3,1	14	3,7	16	4,0	20	3,6	18
Dänen	0,2	1	0,2	1	0,2	1	0,2	1	0,1	1	0,1	1
Elsaß-Lothringer	1,4	10	1,5	8	1,4	10	1,1	9	1,0	7	1,3	9
Antisemiten	0,7	5	3,5	16	3,3	13	2,6	11	3,9	16	2,9	3
Sonstige	1,0	2	1,7	5	4,5	18	3,5	11	3,0	17	2,0	16
insgesamt	–	397	–	397	–	397	–	397	–	397	–	397

* Liberale Vereinigung und Deutsche Fortschrittspartei schlossen sich 1884 zur Freisinnigen Partei zusammen, die sich 1893 wieder in Freisinnige Volkspartei und Freisinnige Vereinigung spaltete. Letztere führte die Tradition der Liberalen Vereinigung fort. 1910 schlossen sich dann die beiden Parteien mit der Deutschen Volkspartei zur Fortschrittlichen Volkspartei zusammen.

Die Weimarer Reichsverfassung

Die Niederlage Deutschlands im Ersten Weltkrieg führte am 9. November 1918 zum Ende der Monarchie. Schon einige Tage zuvor war es zu inneren Unruhen und zur spontanen Bildung von Arbeiter- und Soldatenräten gekommen. Führende Sozialdemokraten und Unabhängige Sozialdemokraten übernahmen die Regierungsgewalt und bildeten den sog. „Rat der Volksbeauftragten". Zwischen den Sozialdemokraten und den Unabhängigen, die sich im Krieg wegen der Frage der Bewilligung der Kriegskredite abgespalten hatten, war es allerdings strittig, ob der zukünftige deutsche Staat eine sozialistische Räterepublik oder eine repräsentativ-parlamentarische Republik werden sollte. Die Frage wurde im Dezember 1918 vom Reichskongreß der Arbeiter- und Soldatenräte in Berlin durch Festsetzung von Wahlen zu einer verfassunggebenden Nationalversammlung im traditionellen Sinne entschieden. An den Wahlen am 19. Januar 1919 nahmen erstmals auch die Frauen teil. Das Ergebnis war eine überwältigende Mehrheit für die Parteigänger der parlamentarischen Republik, die Sozialdemokraten (SPD), die Deutschen Demokraten (DDP) und das Zentrum. Die am 6. Februar wegen der Unruhen in Berlin in Weimar zusammengetretene Nationalversammlung (daher: „Weimarer Republik") wählte den Sozialdemokraten Friedrich Ebert zum ersten deutschen Reichspräsidenten. SPD, DDP und Zentrum bildeten eine vorläufige Reichsregierung (sog. „Weimarer Koalition"). Die Verfassung wurde im folgenden halben Jahr beraten. Am 11. August 1919 wurde sie vom Reichspräsidenten unterzeichnet.

Die Weimarer Reichsverfassung ist von der Bemühung geprägt, die verschiedensten Ströme der republikanisch-demokratischen und rechtsstaatlichen Verfassungstradition Europas zu einer Einheit zu verschmelzen. Sie bekennt sich zum Prinzip der Volkssouveränität (Art. 1). Vom Volk wird das Parlament, der Reichstag, nach den Grundsätzen der Verhältniswahl gewählt (Art. 20 und 22), aber auch das Staatsoberhaupt, der Reichspräsident (Art. 41). Reichstag und Reichspräsident stehen sich, der Idee der Gewaltenteilung (vgl. S. 66) folgend, in einem eigentümlichen Balancesystem gegenüber. Der Reichspräsident ernennt und entläßt den Reichskanzler und die Reichsminister (Art. 53). Diese bedürfen zu ihrer Amtsführung jedoch auch des Vertrauens des Reichstags und müssen bei einem Mißtrauensvotum zurücktreten (Art. 54). Der Reichspräsident darf den Reichstag auflösen und Neuwahlen anordnen (Art. 25); umgekehrt kann der Reichstag ihn bei einer Verletzung der Verfassung zur Rechenschaft ziehen (Art. 59). Die Abhängigkeit der Reichsregierung vom Vertrauen des Reichstags führte in der Weimarer Republik – erstmals in Deutschland – zum parlamentarischen Regierungssystem; die Befugnisse des Reichspräsidenten ließen aber auch ein präsidentielles System als möglich erscheinen.

Der Reichstag ist das zentrale Gesetzgebungsorgan (Art. 68) des Reichs. Die Weimarer Reichsverfassung kennt jedoch auch verschiedene Möglichkeiten des Plebiszites (Art. 73 ff.; vgl. S. 62). Außerdem kann der Reichspräsident bei einer Störung oder Gefährdung der öffentlichen Sicherheit und Ordnung die zu ihrer Wiederherstellung nötigen Maßnahmen treffen, insbesondere sog. Notverordnungen, d. h. Gesetze anstelle des Reichstags, erlassen (Art. 48). Neben der parlamentarischen, präsidentiellen und plebiszitären Komponente tritt die bundesstaatliche etwas zurück. Zwar ist die Gesetzgebung nach wie vor zwischen Reich und Gliedstaaten („Ländern") aufgeteilt, doch steht dem Reich der Zugriff auf die wichtigsten Gesetzesmaterien offen (Art. 7 ff., sog. konkurrierende Gesetzgebung). Die politische Organisation der Länder ist in den Grundzügen festgelegt (Art. 17), ihr Gebietsstand kann verändert werden (Art. 18). Sie führen, der deutschen bundesstaatlichen Tradition entsprechend, in der Regel die Gesetze des Reichs aus (Art. 14) und sind durch Mitglieder ihrer Regierungen im Reichsrat an der Reichsgesetzgebung beteiligt (Art. 60 ff.), doch hat der Reichsrat nur ein suspensiv wirkendes Einspruchsrecht (Art. 74). Die Entwicklung vom Bundesstaat zum „dezentralisierten Einheitsstaat" deutet sich damit schon in der Weimarer Reichsverfassung an. Streitigkeiten zwischen den Ländern und zwischen Reich und Ländern schlichtet ein besonderer Staatsgerichtshof.

Die Weimarer Reichsverfassung wird beschlossen durch einen umfangreichen Grundrechtskatalog (Art. 109–165), der nicht nur die klassischen Menschenrechte enthält, sondern auch zahlreiche Gewährleistungen bestimmter Ordnungen des Gemeinschaftslebens, der Bildung und Schule sowie des Wirtschaftslebens (sog. institutionelle Garantien, die vielfach nur programmatischen Charakter besitzen).

Das Verhältnis von Reichstag und Reichspräsident nach der Weimarer Reichsverfassung

Alle Männer und Frauen über 20 Jahre wählen

mit absoluter bzw. (im 2. Wahlgang) mit relativer Mehrheit

den Reichspräsidenten – auf sieben Jahre – (Art. 41)

nach den Grundsätzen der Verhältniswahl

den Reichstag – auf vier Jahre – (Art. 22)

Der Reichspräsident

ernennt und entläßt die Reichsregierung (Art. 53)

kann Gesetzesbeschlüsse des Reichstags zum Volksentscheid bringen (Art. 73 f.)

kann selbst legislative Maßnahmen („Notverordnungen") bei Störung oder Gefährdung der öffentlichen Sicherheit und Ordnung treffen (Art. 48 Abs. 2)

kann den Reichstag auflösen (Art. 25)

Der Reichstag

kann jedem Mitglied der Reichsregierung das Vertrauen entziehen, worauf es zurücktreten muß (Art. 54)

gibt Gesetze (Art. 68)

kann verlangen, daß die Maßnahmen außer Kraft gesetzt werden (Art. 48 Abs. 3)

kann den Reichspräsidenten vor dem Staatsgerichtshof anklagen (Art. 59) und seine Absetzung durch Volksabstimmung beantragen (Art. 43 Abs. 2)

Die Weimarer Republik

Die erste deutsche Republik ist im November 1918 durch einen revolutionären Bruch mit der monarchischen Tradition Deutschlands entstanden. Der von inneren Unruhen begleitete militärische Zusammenbruch und politischer Druck des Präsidenten der USA, Woodrow Wilson, führten zum Ende des Kaiserreichs, ohne daß es revolutionäre Kräfte gab, die zielbewußt eine neue Ordnung an die Stelle der alten zu setzen wußten. Für die Weimarer Republik und die Weimarer Reichsverfassung (vgl. S. 26) ist vielmehr charakteristisch, daß Altes und Neues sich miteinander verbanden. Existenz und Stabilität der Republik hingen weitgehend vom Bündnis der neuen sozialdemokratischen Regierung mit dem Militär ab (sog. Bündnis Ebert – Oberste Heeresleitung) sowie von der loyalen Fortsetzung der Verwaltungstätigkeit durch die Beamtenschaft und vom Funktionieren der im November 1918 gegründeten Zentralarbeitsgemeinschaft zwischen Unternehmerverbänden und Gewerkschaften (Abkommen Stinnes – Legien, Übergang zur „Sozialpartnerschaft"). Kontinuität überwog auch bei den Parteien, obwohl nur zwei das Kaiserreich überdauerten, das Zentrum (Z; in Bayern: Bayerische Volkspartei, BVP) und die Sozialdemokraten (SPD). Neben ihnen sammelte sich die nationalistische, neokonservative Rechte in der Deutschnationalen Volkspartei (DNVP), der von der Schwerindustrie unterstützte Rechtsliberalismus in der Deutschen Volkspartei (DVP) und die liberale Linke in der Deutschen Demokratischen Partei (DDP). Dazu traten als Abspaltung der sich bald auflösenden Unabhängigen Sozialdemokraten (USPD) die Kommunistische Partei Deutschlands (KPD) und die allmählich zum Sammelbecken des Rechtsextremismus werdende Nationalsozialistische Deutsche Arbeiterpartei (NSDAP).

Trotz einer anfänglich starken Unterstützung der die Republik tragenden Parteien („Weimarer Koalition": SPD, DDP, Z) fehlte ein hinreichender Grundkonsens. Bald brachen von Links- und Rechtsextremisten geschürte Aufstände los (z. B. Kapp-Putsch 1920, Hitler-Putsch 1923). Sowohl der den Ersten Weltkrieg beendende Versailler Vertrag vom 28. Juni 1919, mit Abtretung größerer Teile des Reichsgebiets und Reparationsverpflichtungen in unbestimmter Höhe, als auch die Besetzung des Rheinlands und des Ruhrgebiets und die viele Vermögen vernichtende Inflation, die 1923 ihren Höhepunkt erreichte, belasteten die Politik der Weimarer Politik stark. Große Teile der Reichswehr und der Beamtenschaft verharrten in Distanz. Durch die Verhältniswahl gelangten zahlreiche Splitterparteien in den Reichstag. Stabile Mehrheitskoalitionen zu bilden war praktisch unmöglich. Das wurde zunächst weniger durch die Existenz extremer Flügelparteien (KPD, NSDAP) verhindert als durch die geringe Koalitionsfähigkeit der Mittelparteien, die es in der Regel nur zu kurzfristigen Minderheitskoalitionen brachten. So war es insbesondere wegen grundsätzlicher Divergenzen in der Wirtschafts- und Sozialpolitik kaum möglich, eine größere Koalition zu bilden, der sowohl die Sozialdemokraten wie die Rechtsliberalen (DVP) angehörten. Die meisten Regierungswechsel der Weimarer Republik beruhten nicht auf einem Mißtrauensvotum der Opposition, sondern auf einem Zerfall schwacher Regierungsbündnisse. Unfähigkeit zur Koalitionsbildung und Verantwortungsscheu führten dazu, daß die Regierungen einschneidende Maßnahmen zur Beseitigung der Kriegsfolgen ohne das Parlament treffen mußten, zum Teil mit Hilfe präsidentieller Notverordnungen, wie sie die Weimarer Reichsverfassung im Falle einer Gefährdung der öffentlichen Sicherheit vorsah (vgl. S. 26), zum Teil aufgrund von Ermächtigungsgesetzen, mit denen der Reichstag selbst der Regierung (befristete) legislatorische Vollmachten übertrug.

Nach einer kurzen Zeit der Normalisierung (1924–1930) wurden, gefördert durch die Weltwirtschaftskrise, die parlamentarischen Regierungen durch sog. Präsidialkabinette abgelöst, die der Reichspräsident (seit 1925 der ehemalige Feldmarschall Paul von Hindenburg) ohne Rücksicht auf die Mehrheitsverhältnisse im Reichstag ernannte und die wiederum mit Notverordnungen regierten – zum Teil vom Reichstag toleriert, zum Teil gegen ihn und seine Mißtrauensvoten durch Reichstagsauflösungen geschützt. Die Zunahme der extremistischen Parteien bei den Neuwahlen verstärkte den Konflikt zwischen Parlament und Regierung indessen nur; der Versuch, die seit Juli 1932 stärkste Reichstagspartei, die NSDAP, in eine neue Koalition aufzunehmen, führte schließlich zur nationalsozialistischen „Machtergreifung" (30. Januar 1933) und zum Ende der Weimarer Demokratie.

Wahlergebnisse in der Weimarer Republik (Mandate)

	19. 1. 1919 Nationalversammlung	6. 6. 1920	4. 5. 1924	7. 12. 1924	20. 5. 1928	14. 9. 1930	31. 7. 1932	6. 11. 1932	5. 3. 1933
NSDAP	–	–	32	14	12	107	230	196	288
DNVP	44	71	95	103	73	41	37	52	52
DVP	19	65	45	51	45	30	7	11	2
BVP	–	21	16	19	16	19	22	20	18
Z	91	64	65	69	62	68	75	70	74
DDP	75	39	28	32	25	20	4	2	5
SPD	163	102	100	131	153	143	133	121	120
USPD	22	84	–	–	–	–	–	–	–
KPD	–	4	62	45	54	77	89	100	81
Sonstige	7	9	29	29	51	72	11	12	7
insg.	421	459	472	493	491	577	608	584	647

Regierungskoalitionen in der Weimarer Republik

Die Koalition tragende Parteien:	Zeitspanne:	Reichskanzler:
SPD – Z – DDP (Weimarer Koalition)	1919–1922 (unterbrochen 1920)	Philipp Scheidemann, SPD (Febr.–Juni 1919); Gustav Bauer, SPD (Juni 1919–März 1920); Hermann Müller, SPD (März–Juni 1920)
Z (BVP) – DDP – DVP (bürgerliche Koalition)	1920, 1922–1926 (mit Unterbrechungen)	Konstantin Fehrenbach, Z (Juni 1920–Mai 1921); Joseph Wirth, Z (Mai 1921–Nov. 1922); Wilhelm Cuno (Nov. 1922–Aug. 1923); Gustav Stresemann, DVP (Nov. 1923); Wilhelm Marx, Z (Nov. 1923–Dez. 1924)
Z (BVP) – DDP – DVP – DNVP (Rechtskoalition)	1925/26, 1927/28	Hans Luther (Jan. 1925–Mai 1926); Wilhelm Marx, Z (Mai 1926–Juni 1928)
SPD – Z (BVP) – DDP – DVP (große Koalition)	1923, 1928–1930	Gustav Stresemann, DVP (Aug.–Nov. 1923); Hermann Müller, SPD (Juni 1928–März 1930)
Präsidialkabinette	1930–1933	Hermann Brüning, Z (März 1930–Mai 1932); Franz von Papen (Juni–Nov. 1932); Kurt von Schleicher (Dez. 1932–Jan. 1933)
NSDAP – DNVP	1933	Adolf Hitler

Der Staat des Nationalsozialismus

Die Betrauung Adolf Hitlers mit dem Amt des Reichskanzlers am 30. Januar 1933 ist von den Nationalsozialisten als erster Schritt zu einer vollständigen und dauerhaften *Machtergreifung* verstanden worden. Zu diesem Zweck bedienten sie sich der rechtlichen Instrumente, die ihnen die Weimarer Verfassung (vgl. S. 26) zur Verfügung stellte (sog. „legale" Revolution). Nach Auflösung des Reichstags im Februar wurden im Wahlkampf eine Reihe von Notverordnungen erlassen, denenzufolge Versammlungen und Zeitungen verboten sowie politische Gegner ohne Gerichtsverfahren inhaftiert werden konnten (Suspension der Grundrechte durch die „Verordnung zum Schutz von Volk und Staat", die sog. Reichstagsbrandverordnung, vom 28. 2. 1933). Der neugewählte Reichstag räumte mit dem *Ermächtigungsgesetz* vom 23.3. 1933 der Reichsregierung die Befugnis ein, selbst Gesetze, auch unter Abweichung von der Verfassung, zu erlassen. Ermächtigungsgesetz und Notverordnung vom 28.2. 1933 gaben die Grundlage zur *Gleichschaltung* der Länder („Gesetz zur Gleichschaltung der Länder mit dem Reich" vom 31.3. 1933), Beamten und Verbände ab (Auflösung der Gewerkschaften im Mai 1933). Nach der Illegalisierung der KPD schon im Februar wurde am 22. Juni 1933 die SPD verboten; die anderen Parteien lösten sich Ende Juni/ Anfang Juli 1933 selbst auf, mit dem Gesetz gegen die Neubildung von Parteien vom 14. 7. 1933 wurde diese Entwicklung abgeschlossen. Ein im Oktober neugewählter, rein nationalsozialistischer Reichstag ermächtigte die inzwischen umgebildete Reichsregierung zu weiteren Verfassungsänderungen. Dem folgte die Auflösung des Reichsrats im Februar 1934. Nach dem Tod des Reichspräsidenten P. von Hindenburg wurde sein Amt mit dem des Reichskanzlers vereinigt (Gesetz über das Staatsoberhaupt des Deutschen Reichs vom 1. 8. 1934).

Damit war der Übergang zum absolutistischen *Führerstaat* vollzogen. Als „Führer und Reichskanzler" vereinigte Adolf Hitler nunmehr die gesamte Staatsgewalt in seiner Hand. Die Reichswehr wurde auf ihn persönlich vereidigt. Wie schon vorher die NSDAP, wurde jetzt auch der Staat nach dem *Führerprinzip* organisiert (Stellenbesetzungen nur noch „von oben", keine Wahlen, keine Kollegialentscheidungen, unbegrenzter Gehorsam der Untergebenen und unbedingte Verantwortlichkeit). In entsprechender Weise wurde auch der gesellschaftliche Bereich in Zwangskorporationen gefaßt, so z. B. die Landwirtschaft im Reichsnährstand und die „geistig Schaffenden" in der Reichskulturkammer. Die Grundrechte blieben aufgehoben. Zwar existierte altes Recht noch, doch konnte in bestehende Rechtszustände willkürlich, u.a. mit einfachen Führererlassen eingegriffen werden (dual state). Die Justiz war nicht mehr imstande, z. B. Einweisungen in Konzentrationslager durch ein gerichtliches Verfahren abzuwehren. Terror und eine allgegenwärtige Propaganda verliehen dem Regime die Züge einer *totalitären Diktatur.*

Obwohl zur Staatspartei geworden, regierte die NSDAP nicht selbst. Sie war mit dem Staatsapparat vielmehr durch zahlreiche Personalunionen, zum Teil auch institutionell verbunden, so z. B. SS und Polizei *(SS-Staat).* Verschiedene Parteiorganisationen wie die Hitlerjugend, der alle 10–18jährigen Jugendlichen angehörten, oder die „Deutsche Arbeitsfront", eine anstelle der Gewerkschaften getretene Vereinigung „aller Schaffenden der Stirn und Faust", dienten der Infiltration und Kontrolle der Bevölkerung. Neben den staatlichen Funktionären galten auch die der Partei als „öffentliche Amtsträger". Da außerdem viele Sonderbehörden ad hoc geschaffen wurden (z. B. zur Durchführung des Vierjahresplans der Wirtschaft), kam es häufig zu Kompetenzkonflikten und Konkurrenzkämpfen, die der scheinbar monolithischen Diktatur ein institutionell chaotisches Gepräge verliehen. Zusammengehalten wurde das System durch den Führer und die unbedingte Treue zu ihm sowie durch eine völkische, rassistische und imperialistische *Ideologie,* die sich gegen Juden, Marxisten und den Liberalismus wandte und durch die die Welt in einen Krieg gestürzt wurde, um dem deutschen Volk „Lebensraum" bei gleichzeitiger Unterjochung anderer Nationen zu verschaffen.

Unterstützung fand das Regime aufgrund seiner nationalen Propaganda und wirtschaftlicher Erfolge zeitweilig in weiten Kreisen der Bevölkerung. Seine Großmachtideologie stieß bei der Reichswehr, der Großindustrie und in der Reichsbürokratie lange Zeit auf Kooperationsbereitschaft. Von Anfang an regte sich aber auch der *Widerstand* in der Arbeiterschaft, der Kirche und zuletzt auch im konservativen Offizierskorps. Besiegt wurde es indessen nicht von innen, sondern durch die alliierten Nationen im Zweiten Weltkrieg.

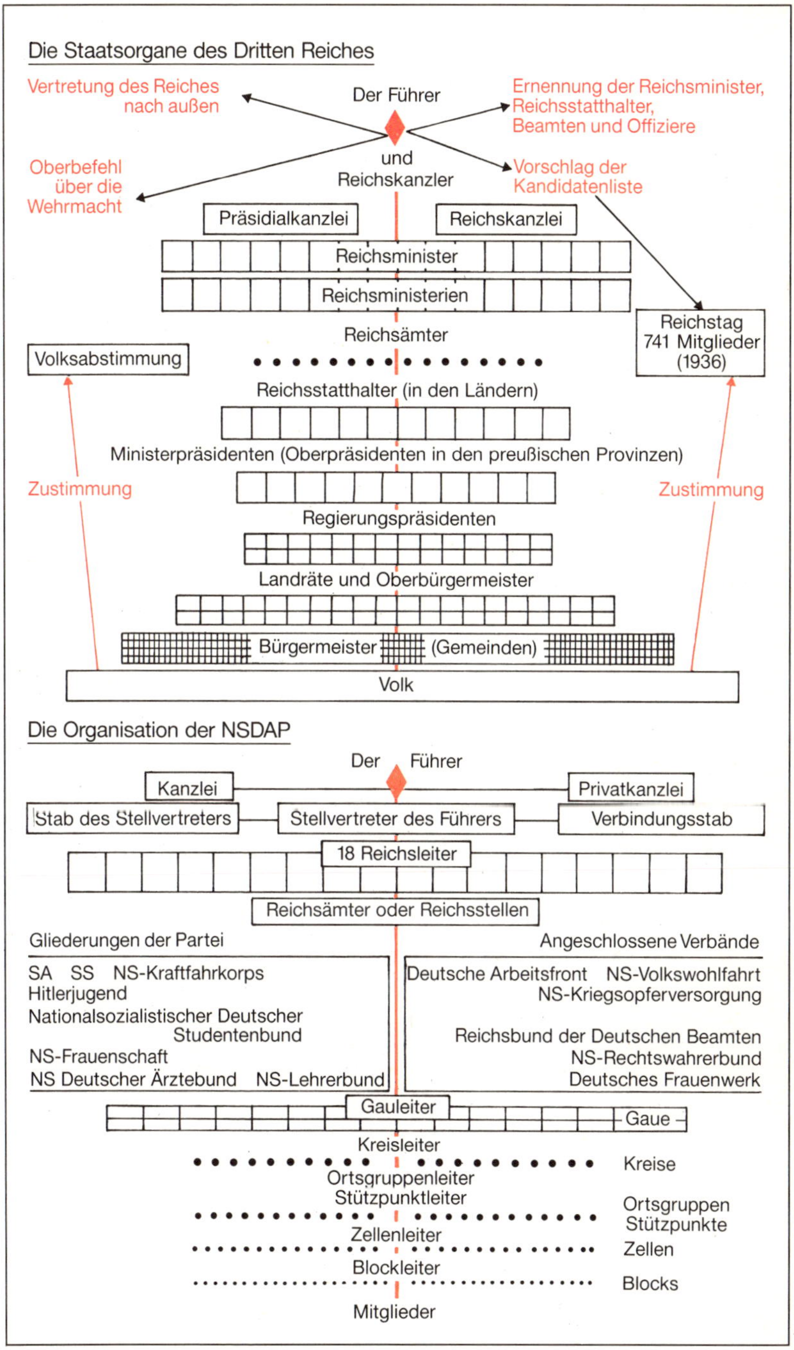
Die Staatsorgane des Dritten Reiches
Vertretung des Reiches nach außen
Der Führer
und
Reichskanzler
Ernennung der Reichsminister, Reichsstatthalter, Beamten und Offiziere
Oberbefehl über die Wehrmacht
Vorschlag der Kandidatenliste
Präsidialkanzlei
Reichskanzlei
Reichsminister
Reichsministerien
Reichsämter
Reichstag 741 Mitglieder (1936)
Volksabstimmung
Reichsstatthalter (in den Ländern)
Ministerpräsidenten (Oberpräsidenten in den preußischen Provinzen)
Zustimmung
Zustimmung
Regierungspräsidenten
Landräte und Oberbürgermeister
Bürgermeister (Gemeinden)
Volk
Die Organisation der NSDAP
Der Führer
Kanzlei
Privatkanzlei
Stab des Stellvertreters
Stellvertreter des Führers
Verbindungsstab
18 Reichsleiter
Reichsämter oder Reichsstellen
Gliederungen der Partei
Angeschlossene Verbände
SA SS NS-Kraftfahrkorps
Hitlerjugend
Nationalsozialistischer Deutscher Studentenbund
NS-Frauenschaft
NS Deutscher Ärztebund NS-Lehrerbund
Deutsche Arbeitsfront NS-Volkswohlfahrt
NS-Kriegsopferversorgung
Reichsbund der Deutschen Beamten
NS-Rechtswahrerbund
Deutsches Frauenwerk
Gauleiter
Gaue
Kreisleiter
Kreise
Ortsgruppenleiter
Stützpunktleiter
Ortsgruppen
Stützpunkte
Zellenleiter
Zellen
Blockleiter
Blocks
Mitglieder

Am 7. und 8. Mai 1945 kapitulierte die deutsche Wehrmacht bedingungslos. Die alliierten Streitkräfte besetzten ganz Deutschland. Die letzte deutsche Reichsregierung unter Großadmiral K. Dönitz, den Hitler zu seinem Nachfolger ernannt hatte, wurde am 23. Mai verhaftet. Am 5. Juni erklärten die vier Besatzungsmächte Frankreich, Großbritannien, Sowjetunion und USA, daß sie die oberste Regierungsgewalt („supreme authority") in Deutschland übernähmen *(Juni-Deklaration)*. Sie teilten Deutschland in vier *Besatzungszonen* und die Hauptstadt Berlin in vier *Sektoren*. In ihnen übten die Militärbefehlshaber der Besatzungsmächte separat die höchste Gewalt aus. Zur gemeinsamen Regierung wurde ein *Alliierter Kontrollrat* geschaffen, dem die vier Oberbefehlshaber angehörten und der Kontrollratsbeschlüsse mit Gesetzeskraft erließ. Die Beschlüsse waren einstimmig zu fassen. Die Ziele der Besatzungsherrschaft wurden auf der Potsdamer Konferenz (17. Juli bis 2. August 1945) der drei Regierungschefs von Großbritannien, der Sowjetunion und der USA im *Potsdamer Abkommen* verkündet:

Entmilitarisierung, Entnazifizierung, Demokratisierung und Dezentralisierung der Wirtschaft sowie Entnahme von Reparationen. Die Gebiete östlich der Oder-Neiße-Linie wurden unter polnische Verwaltung gestellt, Nordostpreußen unter sowjetische, das Saarland (bis 1957) unter französische.

Deutschland wurde zunächst als politische Einheit behandelt. Es sollte eine deutsche Zentralverwaltung eingesetzt werden, was jedoch am Veto Frankreichs scheiterte. Im Rahmen der Kontrollratsbeschlüsse verwaltete jeder Militärbefehlshaber seine Besatzungszone selbständig. Zu diesem Zweck wurden die Zonen neu in *Länder* eingeteilt mit Ministerpräsidenten an der Spitze, die von den Militärbefehlshabern eingesetzt und ihnen verantwortlich waren.

Das politische Leben formierte sich wieder. Unter alliierter Lizenz wurden Parteien (vor allem: SPD und KPD, FDP als liberaler Zusammenschluß und CDU als neue, im Gegensatz zum Zentrum allgemein christlich orientierte Partei) sowie Verbände neu gebildet, Zeitungen zugelassen und das Rundfunkwesen neu geordnet. Schon bald wurden wieder Wahlen abgehalten, zuerst auf Gemeindeebene, dann in den Ländern. Landtage entstanden, und die Länder erhielten ihre zum Teil bis heute bestehende Verfassungen. Nur zur Bildung einer deutschen Zentralregierung kam es nicht. Zwar hatte man 1947 die amerikanische und die britische Besatzungszone zur *Bizone* verbunden, doch scheiterten weitere Vereinigungsbemühungen an den unterschiedlichen politischen Auffassungen der Besatzungsmächte. 1949 bildeten sich mit der Bundesrepublik Deutschland und der DDR stattdessen zwei deutsche Staaten.

Vereinzelt ist angenommen worden, daß das Deutsche Reich schon 1945 untergegangen sei, weil es seitdem keine deutsche Regierungsgewalt mehr gegeben habe. Indessen haben die Alliierten Deutschland nicht annektiert. Es gab auch weiterhin ein deutsches Volk, eine deutsche Staatsangehörigkeit, ein deutsches Staatsgebiet (in den Grenzen vom 31. 12. 1937) und deutsches Staatsvermögen. Das Deutsche Reich war demnach 1945 als Rechtssubjekt noch vorhanden, wenn auch nicht selbst handlungsfähig, solange die deutsche Staatsgewalt von den Alliierten ausgeübt wurde. Fraglich ist dagegen, ob es nicht 1949 mit der Gründung der Bundesrepublik und der DDR untergegangen ist. Während die DDR diesen Untergang annimmt und sich – wie auch die Bundesrepublik – als staatliche Neugründung versteht *(Zwei-Staaten-Theorie)*, geht die Bundesrepublik von der Fortexistenz des Deutschen Reichs aus, und betrachtet sich mit ihm als teilidentisch (gebietsmäßig reduziert), nicht als seinen Rechtsnachfolger. Das Deutsche Reich wird sozusagen als „Dach" über den beiden Teilstaaten fortexistierend gedacht *(Dachstaatstheorie*, vgl. dazu das Urteil des Bundesverfassungsgerichts vom 31. Juli 1973). Aufgrund dieser eigenartigen Situation bestehen heute noch besondere Beziehungen zwischen der Bundesrepublik und der DDR (vgl. S. 42), auch der Status Berlins (vgl. S. 34) beruht auf der gemeinsamen Verantwortung, welche die Siegermächte 1945 übernommen haben. Die Forderung nach einer künftigen *Wiedervereinigung* kann sich auf das Selbstbestimmungsrecht des deutschen Volkes stützen. Sie wird wachgehalten im Grundgesetz, das sich insofern als ein Provisorium versteht (vgl. Präambel, Art. 23 und Art. 143 GG).

Deutschland nach 1945

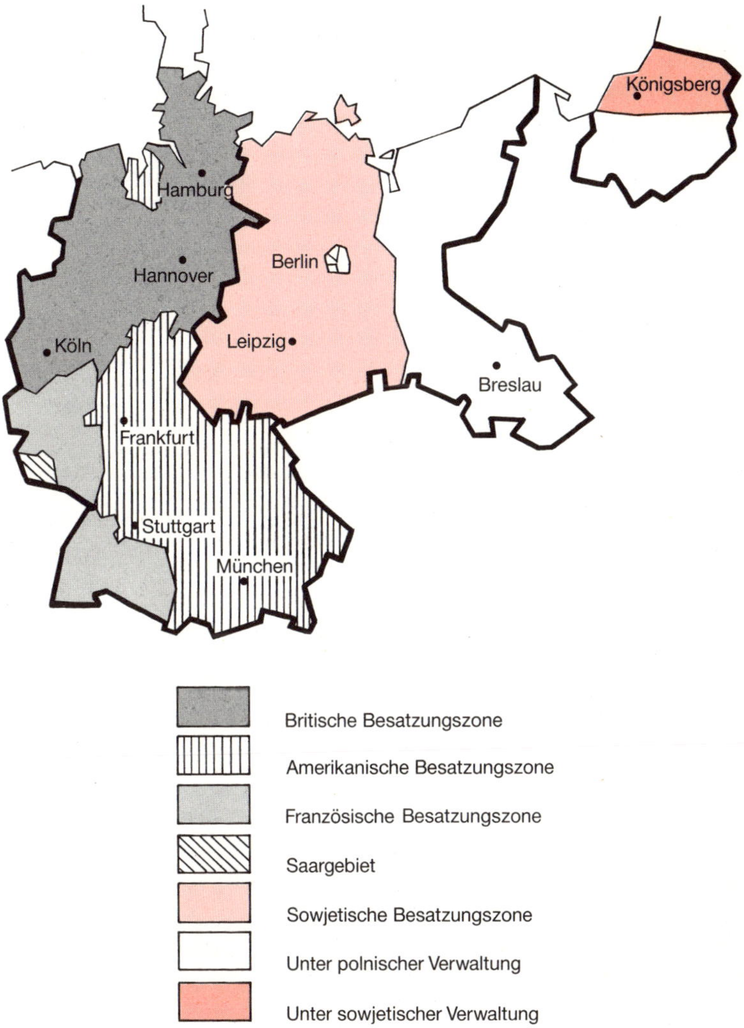

In den Verträgen von Moskau und Warschau 1970 verpflichtet sich die Bundesrepublik Deutschland, die Unverletzlichkeit der Oder-Neiße-Linie als westliche Staatsgrenze Polens und der Grenze zur DDR zu respektieren. Die endgültige Festlegung der Grenzen Deutschlands ist einer Friedensregelung vorbehalten.

Der Status Berlins

Berlin war ab 1871 die Hauptstadt des Deutschen Reichs. 1920 wurde für den Großraum Berlin eine Einheitsgemeinde mit 20 Bezirken gebildet (1943 mit ca. 4,5 Mill. Einwohnern). Nach der Besetzung Deutschlands durch die alliierten Siegermächte 1945 wurde Berlin in vier Besatzungssektoren aufgeteilt, die von der Berliner Alliierten Kommandantur gemeinsam verwaltet wurden. Berlin erhielt 1946 eine vorläufige Verfassung.

Die politischen Gegensätze zwischen den Alliierten führten am 16. Juni 1948 zum Rückzug der Sowjetunion aus der Kommandantur. Die drei westlichen Sektoren (West-Berlin) wurden in die westdeutsche, der sowjetische Sektor (Ost-Berlin) in die ostdeutsche Währungsreform einbezogen. Mit der Blockade der Zugangswege nach Berlin versuchte die Sowjetunion, aus ihrer Sicht eine Lösung der Berliner Situation zu erzwingen. Es bildete sich im Herbst 1948 eine separate Ostberliner Stadtverwaltung; seit dieser Zeit ist Berlin verwaltungsmäßig zweigeteilt. Der Erfolg der westlichen Luftbrücke führte im Mai 1949 zur Aufhebung der Blockade. Der Mauerbau durch die DDR (13. Aug. 1961) unterband fast vollständig den innerstädtischen Verkehr.

Nach Art. 23 GG und Art. 1 der Verfassung von Berlin vom 1. 9. 1950 ist Berlin ein Land der Bundesrepublik Deutschland. Seine Zugehörigkeit zum Bundesgebiet ist von den Westalliierten jedoch eingeschränkt worden. Dem trägt Art. 144 Abs. 2 GG Rechnung (auch Art. 87 der Verfassung von Berlin). Zwar entsendet das Abgeordnetenhaus von Berlin Vertreter in den Deutschen Bundestag und der Senat von Berlin in den Bundesrat, diese sind aber nicht voll stimmberechtigt. Bundesgesetze bedürfen einer besonderen Übernahme, um im Land Berlin gültig zu sein (vgl. S. 168).

Auch Ost-Berlin ist nicht integraler Bestandteil der DDR, wenngleich frühzeitig damit begonnen wurde, die statusbedingten Besonderheiten im Ost-Sektor abzubauen (z. B. 1962 durch Einführung der Wehrpflicht, die gegen den entmilitarisierten Status von Groß-Berlin verstößt, und durch die Direktwahl der Ost-Berliner Abgeordneten in die Volkskammer der DDR seit 1981). Da die Regierung der DDR bereits seit 1949 ihren Sitz in Ost-Berlin hat, wird die östliche Stadthälfte – als Hauptstadt der DDR – praktisch wie ein 15. Bezirk der DDR behandelt – allerdings unter Beachtung gewisser alliierter Vorbehaltsrechte (z. B. der Bewegungsfreiheit von alliiertem Personal in allen vier Sektoren).

Die sowjetische Abkehr von der Vier-Mächte-Verwaltung Groß-Berlins nach 1948 führte 1958 zum Ultimatum N. Chruschtschows, mit dem der Abzug der alliierten Truppen und die Umwandlung West-Berlins in eine selbständige politische Einheit gefordert wurde. Dem begegnete der Westen mit den drei Grundsätzen seiner Berlin-Politik (Recht auf Zugang, Verteidigung der westlichen Anwesenheit, Gewährleistung der Selbstbestimmung der Berliner im Westteil der Stadt).

Die Berliner Situation wurde dann durch das *Berlin-Abkommen* vom 3. 9. 1971 zwischen den vier Besatzungsmächten nachhaltig verbessert. Es bestätigt, unbeschadet unterschiedlicher Rechtsauffassungen über den räumlichen Anwendungsbereich (die Sowjetunion verneint die Geltung für Ost-Berlin), die Verantwortung der vier Mächte für Berlin. Die Sowjetunion übernahm eine Garantie für den freien Zugang des zivilen Verkehrs über Land- und Wasserwege. Die deutschen Behörden wurden ermächtigt, Vereinbarungen über den zivilen Verkehr zu schließen; dies ist geschehen durch das *Transit-Abkommen* vom 17. 12. 1971 zwischen der Bundesrepublik Deutschland und der DDR und durch die *Vereinbarung über den Reise- und Besucherverkehr* vom 20. 12. 1971 zwischen dem Senat von Berlin und der DDR. Diese Regelungen traten mit dem Vier-Mächte-Abkommen, an dem die beiden deutschen Seiten nicht direkt beteiligt waren, am 3. 6. 1972 in Kraft. Seit dieser Zeit sind wieder – zeitlich beschränkte – Besuche von Berlinern im Ostteil der Stadt und in der DDR möglich.

Die Westmächte erklärten im Vier-Mächte-Abkommen ausdrücklich, daß die Bindungen zwischen den Westsektoren Berlins und der Bundesrepublik Deutschland aufrechterhalten und entwickelt würden. Diese Sektoren seien wie bisher kein konstitutiver Bestandteil der Bundesrepublik Deutschland und würden auch weiterhin nicht von ihr regiert. Diese Formulierungen lassen es zu, daß Bundesbehörden und -gerichte in Berlin residieren und der Bund enge Bindungen zum Land Berlin unterhält. So ist die Bundesregierung z. B. im Einvernehmen mit den Westmächten befugt, die Interessen des Landes Berlin – mit Ausnahme von Status- und Sicherheitsfragen – in ihren auswärtigen Beziehungen wahrzunehmen.

Der Berlin-Status

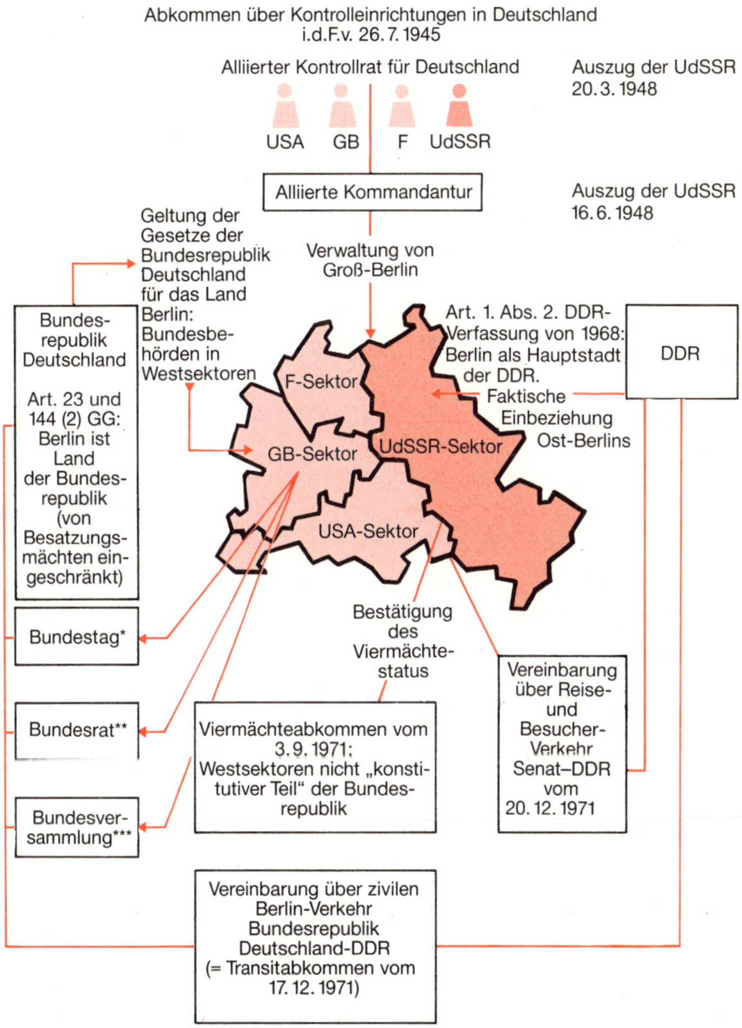

* 22 Berliner Abgeordnete mit eingeschränktem Stimmrecht
** Land Berlin: 4 Vertreter mit eingeschränktem Stimmrecht
*** Berliner Mitglieder mit vollem Stimmrecht

Die Entstehung der Bundesrepublik Deutschland

Deutschland wurde von den Siegermächten, trotz aller während des Krieges entstandenen Zerstückelungspläne („dismemberment"), nach dem Zweiten Weltkrieg zunächst als eine politische Einheit behandelt, für die der Alliierte Kontrollrat zuständig war (vgl. S. 32). Zwar betrieben die Militärbefehlshaber in ihren Besatzungszonen gemäß den Direktiven ihrer Regierungen eine unterschiedliche Politik – so wurden z. B. in der Sowjetischen Besatzungszone schon 1945 der Großgrundbesitz enteignet und damit die Grundlagen für die spätere Kollektivierung der Landwirtschaft geschaffen, Banken und viele Betriebe als „Volkseigentum" verstaatlicht – doch sind es nicht diese Maßnahmen gewesen, ebensowenig wie Streitigkeiten über Höhe, Zeitpunkt und Art der Reparationen oder über die Kontrolle des Ruhrgebiets, die schließlich zur Spaltung Deutschlands führten. Schuld war vielmehr der *Kalte Krieg*, das Entstehen weltweiter Spannungen zwischen der Sowjetunion und den Westmächten, der beider Herrschaftsbereiche zu Blöcken erstarren ließ und gemeinsame Problemlösungen unmöglich machte.

In diesem Zusammenhang wurden die westlichen Besatzungszonen 1948 in den wirtschaftlichen Wiederaufbau Westeuropas einbezogen *(Marshall-Plan, Währungsreform)*, die sowjetische Besatzungszone in das östliche Blocksystem. Von deutscher Seite war diese Entwicklung kaum zu verhindern. Wohl hat es hier seit 1945 deutsche Überlegungen gegeben, doch war schon durch die Zwangsvereinigung von SPD und KPD zur SED in der Sowjetischen Besatzungszone 1946 die gesamtdeutsche Parteientwicklung abgestoppt worden, die SPD keine gesamtdeutsche Partei mehr. Viele Politiker schickten sich in das unvermeidlich Erscheinende und hofften auf eine spätere Wiedervereinigung aufgrund der Attraktivität eines westdeutschen Staates (Magnettheorie). Auch von den Ministerpräsidenten, den höchsten deutschen staatlichen Funktionären, ging damals keine nennenswerte Initiative zur Erhaltung der deutschen Einheit aus (*Münchner Ministerpräsidentenkonferenz* vom 6.–8. Juni 1947).

Nach dem Scheitern der Außenministerkonferenz (25. Nov. bis 15. Dez. 1947) mit der Sowjetunion in London, beriefen die USA und Großbritannien die Londoner Sechsmächtekonferenz (23. Febr. bis 5. März und 20. April bis 1. Juni 1948) westlicher Staaten ein, die eine westdeutsche Staatsbildung in demokratischer und föderativer Form mit individuellen Grundrechten, die Einbeziehung dieses Staates in das Marshallplan-Programm und eine internationale Kontrolle des Ruhrgebiets beschloß.

Aufgrund dieser Vereinbarungen legten die westlichen Militärbefehlshaber den Ministerpräsidenten der westzonalen Länder am 1. Juli 1948 die drei *Frankfurter Dokumente* vor, denenzufolge eine verfassungsgebende Versammlung zur Ausarbeitung einer Verfassung für Westdeutschland gewählt und eine Neubestimmung der Ländergrenzen vorgenommen sowie ein Besatzungsstatut zur Fixierung der Rechte der Besatzungsmächte gegenüber dem neuen Staat verkündet werden sollte. Die Ministerpräsidenten sträubten sich zunächst gegen diese Forderungen, da sie eine endgültige Spaltung Deutschlands durch ihre Erfüllung befürchteten, gingen dann aber doch darauf ein, indem sie der Staatsneugründung einen mehr provisorischen Charakter gaben: Es sollte keine volksgewählte verfassungsgebende Nationalversammlung zusammentreten, sondern nur ein *Parlamentarischer Rat*, delegiert von den Landtagen, es sollte keine Verfassung erarbeitet werden, sondern nur ein (provisorisches) *Grundgesetz*, und dies sollte nur von den Landtagen, nicht vom deutschen Volk gebilligt werden. Auf Geheiß der Ministerpräsidenten wurde ein Verfassungsvorentwurf durch Sachverständige in Herrenchiemsee (Verfassungskonvent von Herrenchiemsee, 10. bis 23. Aug. 1948) ausgearbeitet *(Herrenchiemseer-Entwurf)*. Der Parlamentarische Rat trat am 1. September 1948 in Bonn unter dem Vorsitz Konrad Adenauers zusammen. Es gelang ihm, trotz mancher Schwierigkeiten, auch mit den Besatzungsmächten, in relativ kurzer Zeit, bis zum 8. Mai 1949, eine Verfassung zu erarbeiten. Nach ihrer Genehmigung durch die Militärbefehlshaber stimmten ihr die Landtage mit Ausnahme des Bayerischen zu. Das *Grundgesetz* wurde am 23. Mai 1948 verkündet, am 12. August fand die Wahl zum ersten Bundestag mit einer Wahlbeteiligung von 78,5% statt. Entsprechend den Vorbehalten der Ministerpräsidenten wurde die Staatsgründung als eine provisorische aufgefaßt, die zur Wiedervereinigung aller Deutschen führen sollte, wenn es ihnen allen möglich sei, frei ihren politischen Willen kundzutun.

Der Parlamentarische Rat

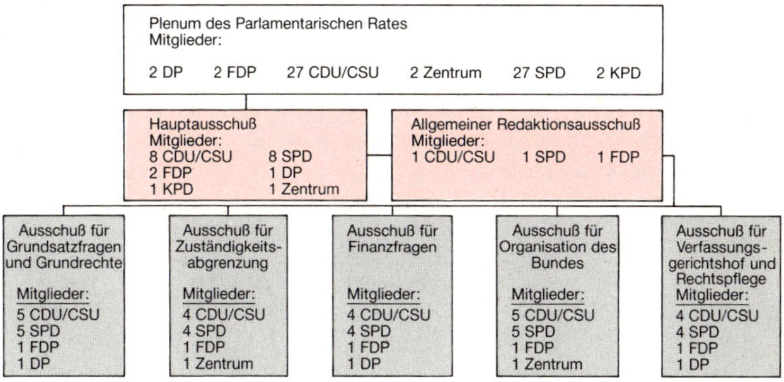

Der Weg zum Grundgesetz

1.7.1948	Die drei westalliierten Militärgouverneure übergeben in Frankfurt die „Londoner Empfehlungen“ den elf deutschen Ministerpräsidenten: 1. Einberufung einer verfassunggebenden Versammlung bis zum 1.9.1949 mit dem Ziel der Bildung eines föderativen Staates; 2. Neugliederung der Länder; 3. Erlaß eines alliierten Besatzungsstatuts. Das Treffen war die erste Trizonenkonferenz in Westdeutschland.
8.–10.7.1948	Konferenz der westdeutschen Ministerpräsidenten in Koblenz über die „Frankfurter Dokumente“. Mitglieder der verfassunggebenden Versammlung sollen von den Landtagen – nicht direkt – gewählt werden.
15./16.7.1948	Konferenz der westdeutschen Ministerpräsidenten in Rüdesheim.
20.7.1948	Konferenz der westlichen Militärgouverneure in Frankfurt/Main mit den westdeutschen Ministerpräsidenten über die „Londoner Empfehlungen“.
21./22.7.1948	Konferenz der westdeutschen Ministerpräsidenten in Rüdesheim: Gründung eines westdeutschen Staates dürfe spätere Reichseinheit nicht blockieren; sie sei vielmehr nur Provisorium, eine Etappe zur Wiederherstellung Deutschlands in den Grenzen von 1937.
26.7.1948	Einigung zwischen Militärgouverneuren und westdeutschen Ministerpräsidenten in Frankfurt/Main über „Frankfurter Dokumente“.
10.–23.8.1948	Verfassungskonvent in Herrenchiemsee zur vorbereitenden Beratung des Grundgesetzes.
15.–30.8.1948	Wahl der Delegierten für den Parlamentarischen Rat in den Landtagen.
1.9.1948	Konstituierung des Parlamentarischen Rates in Bonn.
15.9.1948	Wahl Adenauers zum Präsidenten des Parlamentarischen Rats. Einsetzung eines Hauptausschusses unter Vorsitz von Carlo Schmid.
22.11.1948	Memorandum der Westalliierten an den Parlamentarischen Rat über ihre Forderung nach einer föderativen Struktur des künftigen westdeutschen Staates.
11.2.1949	Entwurf des Grundgesetzes wird in Dritter Lesung vom Parlamentarischen Rat verabschiedet.
8.–10.3.1949	Verhandlungen des Parlamentarischen Rats mit den alliierten Verbindungsoffizieren über das Grundgesetz.
25.4.1949	Einigung der Militärgouverneure mit Delegierten des Parlamentarischen Rats unter Führung Adenauers über das Grundgesetz.
8.5.1949	Das Grundgesetz wird in der Schlußabstimmung vom Parlamentarischen Rat angenommen.
12.5.1949	Die westalliierten Militärgouverneure billigen das vom Parlamentarischen Rat verabschiedete Grundgesetz vorbehaltlich der Bestimmung des Besatzungsstatuts und der Anerkennung West-Berlins als zwölftes Bundesland.
18.–20.5.1949	Alle westdeutschen Länder außer Bayern billigen durch ihre Landtage das Grundgesetz.
23.5.1949	Feierliche Verkündigung des Grundgesetzes in Bonn durch den Parlamentarischen Rat; das Grundgesetz tritt damit in Kraft.

Die Deutsche Demokratische Republik

Die Deutsche Demokratische Republik (DDR) ist aus der Sowjetischen Besatzungszone – den ehemaligen Ländern Mecklenburg, Sachsen, Thüringen, den preußischen Provinzen Sachsen, Brandenburg und dem Westteil der Provinz Pommern – im Zuge der Teilung Deutschlands (vgl. S. 32) entstanden. Ihre erste Verfassung vom 7. 10. 1949 war noch gesamtdeutsch orientiert. Erst in den 1950er Jahren begann der eigentliche „Aufbau des Sozialismus", die Übernahme des sowjetischen Staats- und Gesellschaftsmodells. Dazu war allerdings schon nach 1945 mit der Enteignung des Großgrundbesitzes von mehr als 100 ha sowie der Verstaatlichung von Industriebetrieben und Banken (Überführung in „Volkseigentum") der Grund gelegt worden. Nunmehr wurde auch die Landwirtschaft kollektiviert (Bildung von landwirtschaftlichen Produktionsgenossenschaften, LPGs). In Handwerk und Handel kam es ebenfalls zu Genossenschaftsbildungen, einer zweiten Form des „sozialistischen Eigentums" neben dem „Volkseigentum". Die sukzessive Zurückdrängung des Privateigentums und privater Produktionsweisen ging Hand in Hand mit dem Ausbau der staatlichen Planwirtschaft. Dem hier deutlich werdenden Zentralisierungstrend fiel in den 1950er Jahren auch die föderative Ordnung zum Opfer. An die Stelle der Länder traten 15 Verwaltungsbezirke. Der auf der Bevölkerung lastende ideologische und wirtschaftliche Druck führte zu einer spektakulären Fluchtbewegung (ca. 3 Mill. Übersiedler in die Bundesrepublik), die erst 1961 durch den Mauerbau quer durch Berlin unterbunden werden konnte, nachdem schon früher die Grenzen zur Bundesrepublik unpassierbar gemacht worden waren. Auf diese Weise und durch wirtschaftliche Reformen gelang es, das sozialistische System in der DDR fest zu installieren.

Nach der neuen *Verfassung* vom 6. 4. 1968 (i. d. F. vom 7. 10. 1974) ist die DDR ein „sozialistischer Staat" unter „Führung der Arbeiterklasse und ihrer marxistisch-leninistischen Partei", die ein Bündnis mit der „Klasse der Genossenschaftsbauern, den Angehörigen der Intelligenz und den anderen Schichten des Volkes" eingegangen ist. Die politische Macht wird durch staatliche Organe, vor allem die *Volkskammer,* ausgeübt. Die Volkskammer besteht aus 500, auf fünf Jahre aufgrund einer Einheitsliste gewählten – und absetzbaren – Abgeordneten. Die Kandidaten werden von der *Nationalen Front,* dem Zusammenschluß der in der Volkskammer vertretenen Parteien und Massenorganisationen, aufgestellt. Parteien und Massenorganisationen sind daran nach einem bestimmten Schlüssel beteiligt. Da die Angehörigen der Massenorganisationen in der Regel Mitglieder der SED sind, ist deren absolute Mehrheit in der Volkskammer gesichert. Ihr Führungsanspruch wird auch von den anderen Parteien vorbehaltlos anerkannt. Eine Opposition gibt es nicht. Dementsprechend dienen die Wahlen in der DDR nicht der Auswahl zwischen konkurrierenden Parteien, sondern der bloßen Akklamation. Das kommt auch dadurch zum Ausdruck, daß selten geheim abgestimmt wird.

Von der Volkskammer werden die Gesetze verabschiedet und die weiteren obersten staatlichen Organe besetzt, insbesondere der seit 1961 an die Stelle des Präsidenten der Republik getretene *Staatsrat* und der *Ministerrat,* die Regierung der DDR. Die Vorsitzenden beider Gremien werden von der „stärksten Fraktion" der Volkskammer vorgeschlagen. Ein Beamtentum im traditionellen Sinne gibt es in der DDR nicht. Auch die Richter werden gewählt und können abberufen werden; eine Gewaltenteilung im klassischen Sinn findet nicht statt. Es herrscht vielmehr das Prinzip des *demokratischen Zentralismus,* der Wahl „von unten nach oben" bei gleichzeitiger strikter Bindung der Wähler an die Beschlüsse der Gewählten.

Ideologischer Anspruch und ihm entsprechende staatliche Organisation sichern die diktatorische Herrschaft der Sozialistischen Einheitspartei (SED) als „Avantgarde" der Arbeiterklasse ab. Das politische Entscheidungszentrum der DDR ist daher das *Politbüro* der ebenfalls nach dem Prinzip des demokratischen Zentralismus organisierten Partei. Dieses Führungsgremium bestimmt letztlich die Ordnung von Staat und Gesellschaft, in die die Bürger mit vom Staat verliehenen Grundrechten und Grundpflichten eingebunden sind.

Die DDR ist Mitglied des *Rats für gegenseitige Wirtschaftshilfe* (RGW) und des *Warschauer Paktes,* der wirtschaftlichen und der militärischen Organisation des Ostblocks. Sie bekennt sich zu den Prinzipien des *sozialistischen Internationalismus* als Teil der sozialistischen Staatengemeinschaft unter Führung der Sowjetunion (Art. 6 DDR-Verfassung).

Das System der Staatsorgane der DDR

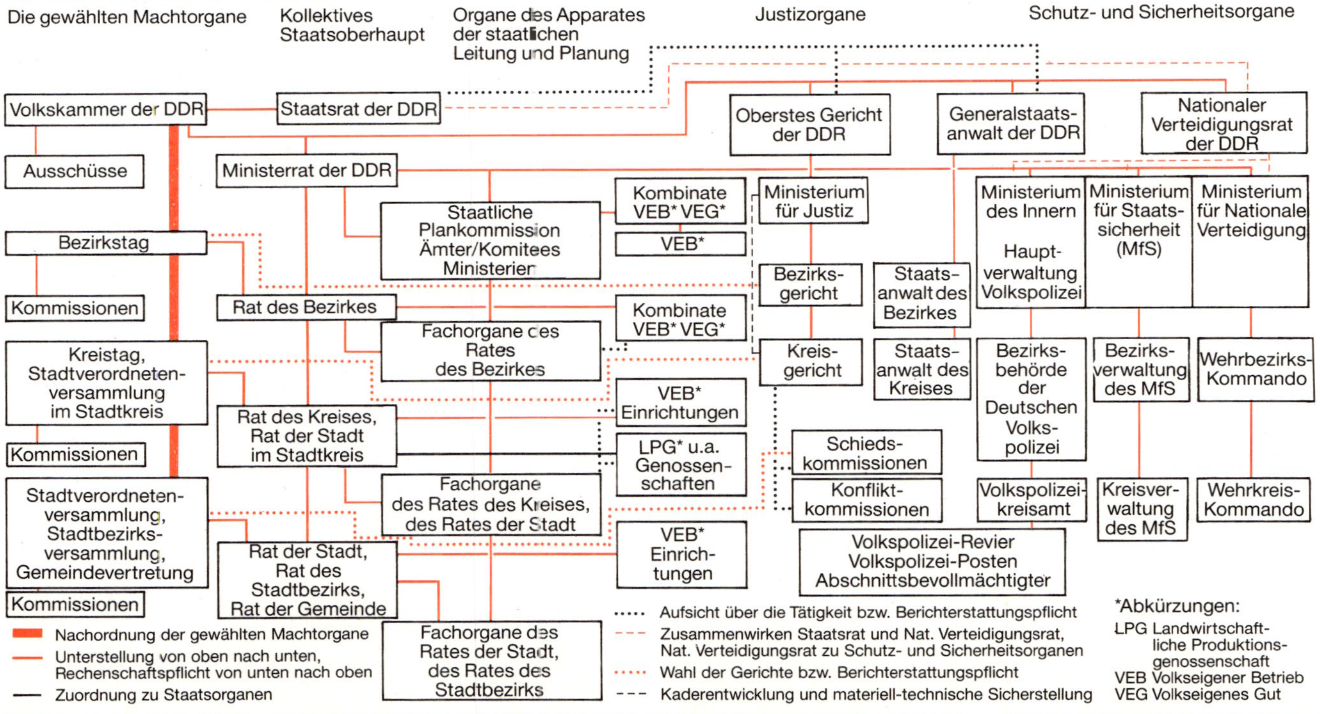

Die Bundesrepublik Deutschland im internationalen Zusammenhang

Die Bundesrepublik Deutschland ist nicht von Anfang an ein souveräner Staat gewesen. In dem am 21. Sept. 1949 in Kraft getretenen *Besatzungsstatut* behielten sich die westlichen Alliierten vielmehr die „supreme authority" ausdrücklich vor. Zwar wurde die Militärregierung von einer zivilen *Hohen Kommission* abgelöst, die drei Westmächte blieben aber weiter für die auswärtigen Angelegenheiten des neuen Staates zuständig. Grundgesetzänderungen mußte von ihnen zugestimmt werden. Der Bundesrepublik waren u. a. Beschränkungen im Außenhandel und in der Entwicklung ihrer Industrie auferlegt; Kohle und Stahl an der Ruhr wurden von einer internationalen Behörde, der Ruhrbehörde, kontrolliert.

Schon bald gelang es der Bundesrepublik jedoch, weitere Abmilderungen der Besatzungsherrschaft zu erreichen, zuerst in dem über Demontagefragen zustandegekommenen *Petersberger Abkommen* vom 22. Nov. 1949. Seit dem März 1951 war es ihr gestattet, selbständig diplomatische Beziehungen zum Ausland aufzunehmen. Die internationale Ruhrkontrolle entfiel mit der Gründung der Europäischen Gemeinschaft für Kohle und Stahl (EGKS; *Montanunion*) im April 1951. Vor allem aber wurde die Frage der Gleichberechtigung der Bundesrepublik angesichts der sich zuspitzenden internationalen Lage zu Beginn der 1950er Jahre akut (Koreakrieg). Im *Deutschlandvertrag* vom 26. Mai 1952 wurden die Aufhebung des Besatzungsstatuts und der Hohen Kommission für den Fall eines Beitritts der Bundesrepublik Deutschland zur geplanten Europäischen Verteidigungsgemeinschaft vereinbart. Die Bundesrepublik sollte ihre Souveränität erhalten, die Alliierten wollten sich Rechte nur noch im Hinblick auf die Stationierung ihrer Truppen im Bundesgebiet, auf Berlin und auf Fragen, die Deutschland als Ganzes betrafen (Wiedervereinigung und Friedensvertrag) vorbehalten. Da der Vertrag über die Europäische Verteidigungsgemeinschaft jedoch 1954 am Veto des französischen Parlamentes scheiterte, wurde für den deutschen Militärbeitrag eine andere Konstruktion notwendig: Die Bundesrepublik wurde nunmehr in die *Westeuropäische Union* (WEU – ein aus dem Brüsseler Pakt hervorgegangenes westeuropäisches Verteidigungsbündnis) und in die *Nordatlantische Vertragsorganisation* (NATO) aufgenommen (vgl. S. 460). Anstelle des Besatzungsregimes traten damit vertragliche Regelungen der Beziehungen zu den Westmächten. Sie bestanden u. a. aus dem Deutschlandvertrag, der am 5. Mai 1955 in modifizierter Form in Kraft trat, einem Truppenvertrag, der die weitere Stationierung der alliierten Streitkräfte im Bundesgebiet betraf, und einem Überleitungsvertrag für das ehemalige Besatzungsrecht; auch die Rechtslage an der Saar (Saarstatut) wurde in diesem Zusammenhang neu geregelt (*Pariser Verträge* vom 23. Okt. 1954). Der Sicherheitsvorbehalt, den die alliierten Mächte für ihre in der Bundesrepublik stationierten Truppen in Art. 5 Abs. 2 des Deutschlandvertrages für Notsituationen gemacht hatten, wurde durch eine Änderung des Grundgesetzes am 29. Mai 1968 abgelöst (sog. Notstandsverfassung [vgl. S. 158]). Fragen des Umfangs des Truppenstationierungsrechts tauchten auf, als die Amerikaner Atomraketen auf dem Gebiet der Bundesrepublik Deutschland installierten.

Die Beziehungen zu den östlichen Staaten wurden Anfang der 1970er Jahre im Zusammenhang mit der neuen Ostpolitik der Bundesregierung in vertragliche Abmachungen überführt (Moskauer Vertrag mit der Sowjetunion vom 12. Aug. 1970, Warschauer Vertrag mit Polen vom 7. Dez. 1970, Grundlagenvertrag mit der DDR vom 21. Dez. 1972; dazu das Viermächteabkommen über Berlin vom 3. Sept. 1971). Gleichzeitig mit der DDR trat die Bundesrepublik Deutschland am 18. Sept. 1973 den Vereinten Nationen bei.

Die Bundesrepublik ist in umfangreichem Maße Mitgliedschaften in internationalen Organisationen eingegangen. Sie reichen von den Vereinten Nationen und ihren Zweigorganisationen über die NATO bis zu spezifisch europäischen Vereinigungen, wie dem Europarat und den Europäischen Gemeinschaften (EG). Unter ihnen kommt der Mitgliedschaft in den EG eine besondere Bedeutung zu, da diese Gemeinschaft *supranationale* Entscheidungseinheiten ausgebildet hat (vgl. S. 482). Aufgrund Art. 24 Abs. 1 GG hat die Bundesrepublik Deutschland eigene Hoheitsrechte auf sie übertragen. Sie werden nunmehr in einer für die Bundesrepublik und ihre Bürger verbindlichen Weise von den Organen der EG wahrgenommen. Die Bundesrepublik ist zwar an diesen Entscheidungen beteiligt, kann aber in vielen Fällen überstimmt werden. Mit dem Eintritt in die EG hat sie wie andere Staaten teilweise auf ihre Souveränität verzichtet.

Die Verflechtung der Bundesrepublik Deutschland in den Europäischen Gemeinschaften

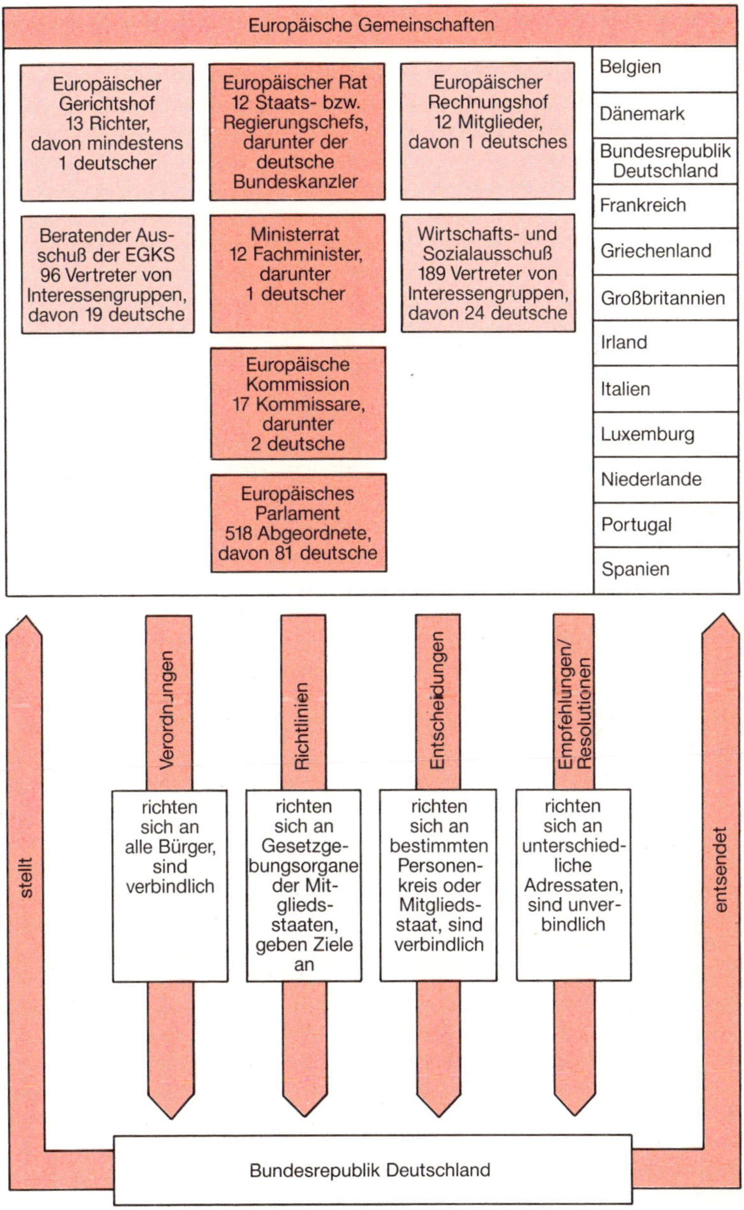

Die Rechtsbeziehungen zur DDR

Die Spaltung Deutschlands hat ihre Ursache in den politischen Gegensätzen der Siegermächte, die Deutschland 1945 besetzten. Versuche einer einheitlichen Behandlung Deutschlands, wie sie das Potsdamer Abkommen vorsah, scheiterten an grundsätzlichen Meinungsverschiedenheiten. 1949 kam es im Zuge des „Kalten Krieges“ zur Bildung der Bundesrepublik Deutschland und der Deutschen Demokratischen Republik (DDR [vgl. S. 38]), die in der Folgezeit in die westlichen bzw. östlichen Militär- und Wirtschaftsbündnisse einbezogen wurden.

Die innerdeutschen Beziehungen verschlechterten sich immer mehr. Die 1949 noch vorhandene Rechts- und Verwaltungseinheit wurde schrittweise abgebaut. Aufrechterhalten blieben der Post- und teilweise der Rechts- und Amtshilfeverkehr; der Handels- und Zahlungsverkehr wurde nach dem Abkommen zwischen den beiden Währungsgebieten (DM-West und DM-Ost) von 1951 abgewickelt *(Interzonenhandel).*

Beide Staaten empfanden sich zunächst als Teile eines weiter existierenden Gesamtdeutschlands. Weil die DDR keine demokratische Legitimation durch einen frei bekundeten Willen der dort lebenden Bevölkerung aufwies, betonte die Bundesrepublik, allein legitimiert zu sein, für Deutschland zu sprechen *(Alleinvertretungsanspruch).* Dementsprechend wurde die Aufnahme diplomatischer Beziehungen zur DDR durch dritte Staaten als unfreundlicher Akt empfunden und mit dem Abbruch der eigenen Beziehungen beantwortet (sog. *Hallstein-Doktrin,* angewandt z. B. gegenüber Jugoslawien 1957, Ausnahme: die Beziehungen zur Sowjetunion seit 1955). Für die Wiedervereinigung beider deutscher Staaten wurden freie Wahlen gefordert.

Die DDR vertrat demgegenüber seit 1955, dem Jahr, in dem die Besatzungsherrschaft in beiden Staaten beendet wurde, die Theorie von der Existenz zweier souveräner deutscher Staaten (*Zwei-Staaten-Theorie* [vgl. S. 32]). Dementsprechend sah sie für die Wiedervereinigung paritätisch besetzte Kommissionen beider Staaten bzw. deren Konföderation als ersten Schritt vor (Konföderationsplan 1957). Bis 1967 ging auch sie von einer einheitlichen deutschen Staatsangehörigkeit aus; seitdem gilt in der DDR ein eigenes Staatsbürgergesetz. Noch die neue Verfassung von 1968 erinnerte an die gesamtdeutsche Verantwortung und die Wiedervereinigung. Erst in der Neufassung von 1974 wurden die Passagen über die „deutsche Nation“ getilgt. Seitdem geht die DDR davon aus, daß es nicht nur zwei deutsche Staaten, sondern auch zwei deutsche Nationen gäbe – eine Strategie, die das Selbstbestimmungsrecht der Völker und deren Anspruch auf eine staatlichnationale Vereinigung unterläuft.

Die Phase der Entspannung zwischen den Weltmächten führte auch in der Bundesrepublik zu einer neuen *Ostpolitik.* In der Erklärung vom 28. 10. 1969 ging die Bundesregierung zum ersten Mal von der Existenz zweier deutscher Staaten aus. Nach dem Moskauer Vertrag von 1970 wurde mit der DDR am 21. 12. 1972 der *Grundlagenvertrag* (Vertrag über die Grundlagen der Beziehungen zwischen der Bundesrepublik Deutschland und der DDR) geschlossen. In ihm verpflichteten sich beide Staaten, unbeschadet ihrer unterschiedlichen Auffassungen, wie z. B. in der nationalen Frage, gutnachbarliche Beziehungen zu unterhalten und unter anderem ihre Grenzen und territoriale Unversehrtheit zu achten. Schon am 17. 12. 1971 war ein Abkommen über den Transitverkehr von und nach den Westsektoren Berlins geschlossen worden. Weitere Verträge folgten, wie z. B. der Verkehrsvertrag vom 26. 5. 1972. Eine im Grundlagenvertrag vorgesehene Grenzkommission bereinigte zahlreiche strittige Fragen der Grenzziehung. Beide deutsche Staaten sind 1973 den Vereinten Nationen beigetreten.

Aufgrund des noch bestehenden Viermächtestatus für Deutschland, wie er insbesondere in der Rechtslage Berlins (vgl. S. 34) deutlich wird, und aufgrund des Selbstbestimmungsrechts der Völker stellen die Rechtsbeziehungen zur DDR ein Sonderverhältnis dar (Urteil des Bundesverfassungsgerichts vom 31. 7. 1973).

Die Bundesrepublik geht nach wie vor von dem im Grundgesetz verankerten Gebot der Wiedervereinigung beider Staaten aus und kennt nur eine einheitliche deutsche Staatsangehörigkeit, die es Bewohnern der DDR erlaubt, jederzeit ihren Wohnsitz in der Bundesrepublik Deutschland zu nehmen und sich unter ihren Schutz zu begeben. Auch der Handel zwischen der Bundesrepublik Deutschland und der DDR wird noch in herkömmlicher Weise als *„innerdeutscher Handel“* ohne staatliche Zollgrenzen abgewickelt, was besonders der DDR Vorteile bietet.

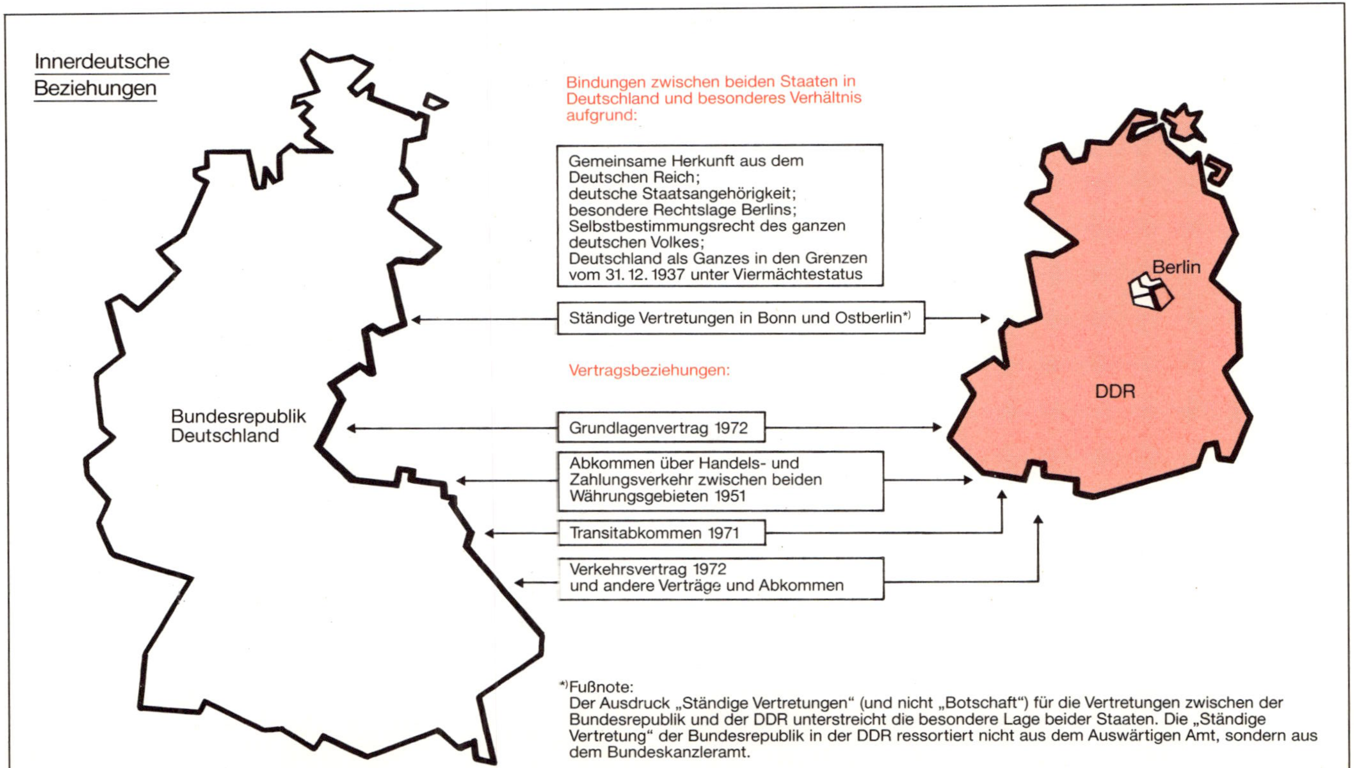

*) Fußnote:
Der Ausdruck „Ständige Vertretungen" (und nicht „Botschaft") für die Vertretungen zwischen der Bundesrepublik und der DDR unterstreicht die besondere Lage beider Staaten. Die „Ständige Vertretung" der Bundesrepublik in der DDR ressortiert nicht aus dem Auswärtigen Amt, sondern aus dem Bundeskanzleramt.

Grundgesetz und Staatsform der Bundesrepublik Deutschland

„Die Bundesrepublik Deutschland ist ein demokratischer und sozialer Bundesstaat“ (Art. 20 Abs. 1 GG). Im Bund und in den Ländern muß die verfassungsmäßige Ordnung „den Grundsätzen des republikanischen, demokratischen und sozialen Rechtsstaates“ entsprechen (Art. 28 Abs. 1 GG). In diesen Formulierungen des Grundgesetzes ist die *Staatsform* der Bundesrepublik Deutschland fixiert.

Das am 8. Mai 1949 vom Parlamentarischen Rat angenommene und am 23. Mai 1949 verkündete *Grundgesetz* war zunächst als ein Provisorium gedacht. Es steht unter dem Vorbehalt der Wiedervereinigung Deutschlands (Präambel und Art. 146 GG). Der Sinn seiner Regelungen ergibt sich aus einer bewußten Abkehr vom diktatorischen Staat des Nationalsozialismus (vgl. S. 30) und aus dem Bestreben , die Fehler der Weimarer Reichsverfassung (vgl. S. 26) zu vermeiden. Das Grundgesetz bekennt sich daher zu den klassischen Menschenrechten, die es den staatsorganisatorischen Ausführungen voranstellt und denen es einen umfassenden gerichtlichen Rechtsschutz gewährt (Art. 1–19, grundrechtliche Ordnung). Die grundlegenden Verfassungsprinzipien sind von einer Änderung der Verfassung ausgenommen (Art. 79 Abs. 3 GG). Erstmals in der deutschen Staatstradition ist die Wahrung der Verfassung einer unabhängigen Verfassungsgerichtsbarkeit (vgl. S. 216) anvertraut. Gegnern der freiheitlichen demokratischen Grundordnung kann der Schutz von Grundrechten entzogen werden (Grundrechtsverwirkung, Art. 18 GG), verfassungswidrige Parteien können verboten werden (Art. 21 Abs. 2 GG). Das darin liegende dezidierte Eintreten für den Schutz individueller Freiheit und der *Rechtsstaatlichkeit* (vgl. S. 68) hat der Bundesrepublik den Ruf einer „streitbaren“ oder „wehrhaften“ Demokratie eingetragen.

Neben dieser Betonung der Rechtsstaatlichkeit steht das Bekenntnis zur *repräsentativ-parlamentarischen Demokratie* (vgl. S. 58): „ Alle Staatsgewalt geht vom Volke aus“ (Art. 20 Abs. 2 GG). Sie wird im Bund vorwiegend durch gewählte Repräsentanten ausgeübt. Im Gegensatz zu den Ländern hat man hier von der Einführung des Plebiszits (vgl. S. 62) abgesehen (Ausnahme: Neugliederung des Bundesgebietes, Art. 29 GG). Im Unterschied zur Weimarer Reichsverfassung (vgl. S. 26) wurden auch die Funktionen des Staatsoberhauptes, des Bundespräsidenten, stark beschnitten, um eine politische Konkurrenz zwischen ihm und dem Parlament zu vermeiden. Dadurch und durch das Verbot, die Verantwortung durch weite Gesetzgebungsermächtigungen auf die Bundesregierung (vgl. S. 148) abzuwälzen (Art. 80 Abs. 1 GG), soll die Funktion des Bundestags (vgl. S. 142) als des zentralen politischen Entscheidungsorgans erhalten werden. Gleichzeitig wurde versucht, einer Instabilität der Regierung durch zu große Abhängigkeit von wechselnden Mehrheiten im Parlament vorzubeugen. Dem dienen das konstruktive Mißtrauensvotum (vgl. S. 150) sowie die gegen Splitterparteien gerichtete Fünfprozentklausel im Bundeswahlgesetz.

Alle diese Regelungen haben dazu beigetragen, in der Bundesrepublik das *parlamentarische Regierungssystem* (vgl. S. 74) zu festigen, in dem, wie überhaupt in den modernen Verfassungsstaaten, Parteien die ausschlaggebende politische Rolle spielen. Sie bestimmen – nach Maßgabe der Wählerpräferenzen – die Staatswillensbildung in Parlament und Regierung (*Parteienstaat* [vgl. S. 80], Art. 21 Abs. 1 GG).

Der deutschen Staatstradition entsprechend ist auch die Bundesrepublik ein *Bundesstaat.* Die Betonung des Föderalismus und der Selbstverwaltung (vgl. S. 186) ist ebenso wie das Bekenntnis zur freiheitlich-rechtsstaatlichen Demokratie eine Antwort auf die nationalsozialistische Diktatur. Der bundesstaatlichen Kompetenzverteilung (vgl. S. 50) ist der größte Teil des Grundgesetzes gewidmet. Auf diesem Gebiet hat es – neben der Erweiterung der Notstandsverfassung 1968 (vgl. S. 158) – die meisten Verfassungsänderungen gegeben. Trotz über 30 solcher Änderungen kann das Grundgesetz als eine ausgereifte, unterschiedliche Verfassungsprinzipien sinnvoll kombinierende Verfassung angesehen werden, deren Regelungen, zusammen mit einer im großen und ganzen disziplinierten politischen Kultur, der Bundesrepublik bisher eine beachtliche Stabilität verliehen haben.

Politisches System der Bundesrepublik Deutschland

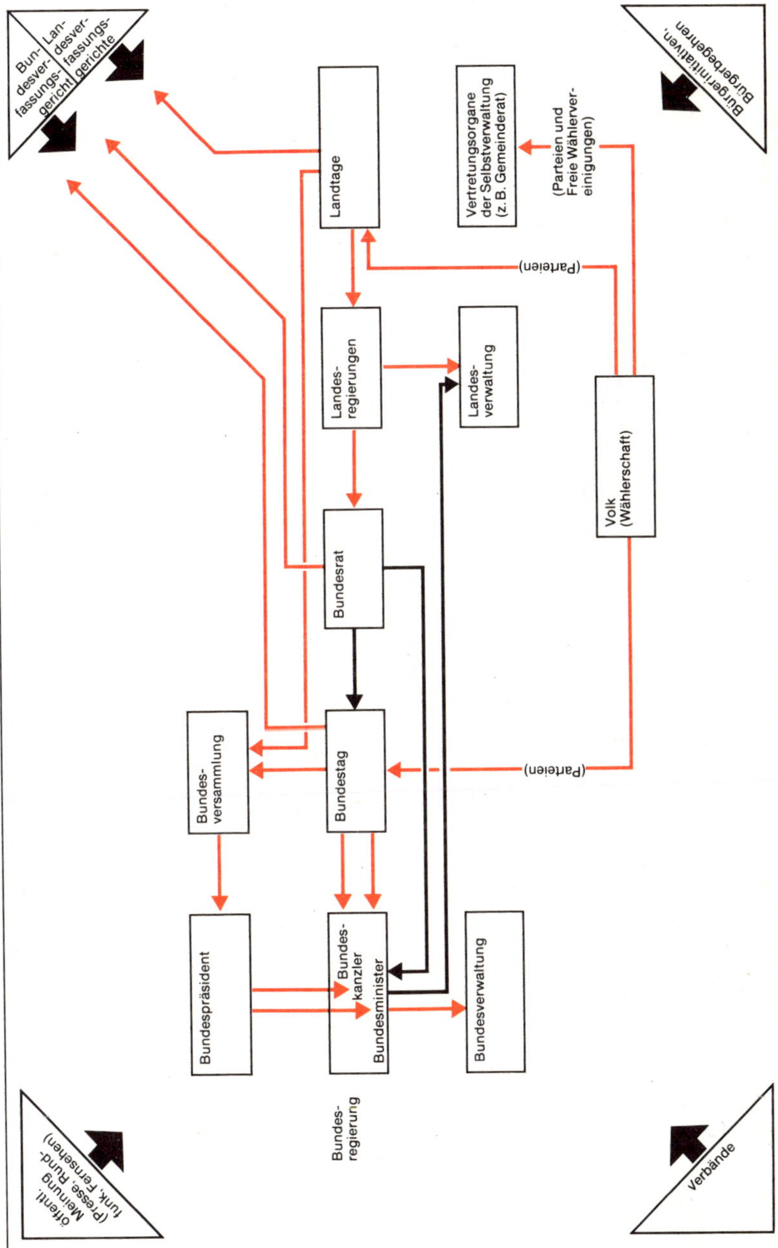

Die Staatsangehörigkeit in der Bundesrepublik Deutschland

Durch die Staatsangehörigkeit werden bestimmte Rechte und Pflichten im Verhältnis Bürger – Staat begründet. Der Staatsangehörige genießt z. B. den konsularischen Schutz seines Landes im Ausland. Grundrechte stehen häufig nur ihm zu (Bürgerrechte, vgl. S. 96). Andererseits treffen ihn besondere Pflichten. Von den Staatsangehörigen zu unterscheiden sind Ausländer und Staatenlose (vgl. S. 284). Den Erwerb und Verlust der Staatsangehörigkeit regelt jeder Staat nach seinem Recht selbst. Um unter völkerrechtlichen Gesichtspunkten gültig zu sein, muß ein nationales Staatsangehörigkeitsrecht zur Verleihung der Staatsangehörigkeit jedoch auf objektiven Kriterien einer tatsächlich bestehenden Verbindung zum jeweiligen Staat („effective link") beruhen (z. B. Abstammung, Geburtsort, langjähriger Aufenthalt, Integration im Aufnahmestaat). Es kann auf diese Weise zu Fällen mehrfacher Staatsangehörigkeit kommen. In der Bundesrepublik gilt grundsätzlich noch das Staatsangehörigkeitsgesetz von 1913, zuletzt abgeändert durch das Adoptionsgesetz vom 2. 7. 1976 und das Gesetz zur Neuregelung der elterlichen Sorge vom 18. 7. 1979. Danach gibt es nur eine deutsche, keine spezielle bundesrepublikanische Staatsangehörigkeit. Das bedeutet, daß Bürger der DDR nicht als Ausländer gelten; in der DDR eingebürgerte Ausländer erwerben die deutsche Staatsangehörigkeit, es sei denn, die Einbürgerung widerspräche offensichtlich allgemeingültigen Rechtsmaßstäben.

Die deutsche Staatsangehörigkeit wird erworben durch Geburt, Legitimation, Adoption oder Einbürgerung. Durch *Geburt* erwirbt die deutsche Staatsangehörigkeit das eheliche Kind, wenn ein Elternteil die deutsche Staatsangehörigkeit besitzt und das nichteheliche Kind einer Deutschen (Abstammungsprinzip – ius sanguinis), aber auch das im Bundesgebiet aufgefundene Kind (Findling) unbekannter Eltern (Gebietsprinzip – ius soli). Durch *Legitimation* erwirbt ein nicht-deutsches Kind die deutsche Staatsangehörigkeit bei Anerkennung durch einen deutschen Vater, durch *Adoption* erwirbt es sie, wenn es von einem Deutschen als Kind angenommen wird. Durch *Einbürgerung* können die deutsche Staatsangehörigkeit Ehegatten von Deutschen , nichteheliche minderjährige Kinder eines deutschen Vaters und andere Ausländer auf Antrag erwerben. Sie erfolgt in der Regel, wenn der Antragsteller sich im Inland niedergelassen hat und weitere Voraussetzungen wie z. B. Geschäftsfähigkeit, unbescholtener Lebenswandel und anderes mehr gegeben sind. In manchen Fällen bestehen erleichterte Voraussetzungen.

Der *Verlust* der deutschen Staatsangehörigkeit tritt ein 1) auf Antrag durch *Entlassung,* die jedoch in bestimmten Fällen (z. B. bei Beamten oder Wehrpflichtigen) verweigert werden kann; 2) bei mehrfacher Staatsangehörigkeit durch *Verzicht* auf die deutsche Staatsangehörigkeit, vorbehaltlich einer behördlichen Genehmigung; 3) bei *Legitimation* eines nichtehelichen Kindes durch einen ausländischen Vater; 4) durch *Adoption,* wenn dadurch eine ausländische Staatsangehörigkeit erworben wird; 5) in der Regel auch beim *Erwerb* einer ausländischen Staatsangehörigkeit überhaupt. Doch darf die deutsche Staatsangehörigkeit grundsätzlich nicht entzogen werden. Ihr Verlust gegen den Willen des Betroffenen darf nicht zu dessen Staatenlosigkeit führen (Art. 16 Abs. 1 GG).

Eine besondere Regelung trifft Art. 116 Abs. 1 GG. Danach ist *Deutscher* im weiteren Sinne, wer als Flüchtling oder Vertriebener deutscher Volkszugehörigkeit im Gebiet des Deutschen Reichs nach dem Stande vom 31. 12. 1937 Aufnahme gefunden hat, ohne die deutsche Staatsangehörigkeit zu besitzen. Für ihn und andere deutsche Volkszugehörige besteht nach Maßgabe des Staatsangehörigkeitsregelungsgesetzes von 1955 ein besonderer Einbürgerungsanspruch. Auch frühere deutsche Staatsangehörige, denen zwischen dem 30. 1. 1933 und dem 8. 5. 1945 aus politischen, rassischen oder religiösen Gründen die deutsche Staatsangehörigkeit entzogen wurde, sind auf Antrag wieder einzubürgern. Sie gelten nicht als ausgebürgert, sofern sie nach dem 8. 5. 1945 ihren Wohnsitz in Deutschland genommen haben (Art. 116 Abs. 2 GG). Viele Grundrechte des Grundgesetzes, insbesondere das *Auslieferungsverbot* (Art. 16 Art. 2 GG), gelten nicht nur für deutsche Staatsangehörige, sondern für alle *Deutschen.* Dasselbe gilt auch für das Wahlrecht und die Wählbarkeit zum Bundestag sowie mit Einschränkungen für die Wehrpflicht.

Erwerb und Verlust der deutschen Staatsangehörigkeit

Erwerb

durch Geburt
- eheliches Kind, wenn mindestens ein Elternteil deutscher Staatsangehöriger
- nichteheliches Kind einer deutschen Staatsangehörigen
- Findling

durch Legitimation
- nichteheliches Kind eines deutschen Staatsangehörigen

durch Adoption
- Annahme als Kind durch einen deutschen Staatsangehörigen

durch Einbürgerung (auf Antrag)
- Ausländer
  Ehegatten eines deutschen Staatsangehörigen
- Deutsche im Sinne von Art. 116 Abs. 1 GG
- andere deutsche Volkszugehörige
- Ausgebürgerte nach Art. 116 Abs. 2 GG

} erleichterte Voraussetzungen

Verlust

- durch Erwerb ausländischer Staatsangehörigkeit auf eigenen Antrag (Beibehaltung deutscher Staatsangehörigkeit auf Antrag möglich)
- durch Adoption durch einen Ausländer (wenn dadurch eine ausländische Staatsangehörigkeit erworben wird)
- bei Legitimation durch einen ausländischen Vater (nichteheliches Kind)
- durch Entlassung auf Antrag (wenn keine besondere Versagungsgründe vorliegen)
- durch Verzicht bei mehrfacher Staatsangehörigkeit (vorbehaltlich behördlicher Genehmigung)

Rechtsstellung

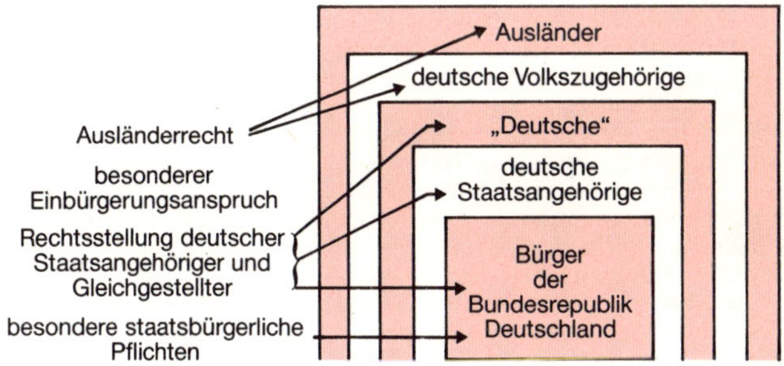

Das Bundesgebiet

Nach der allgemeinen Staatslehre wird ein Staat durch die Elemente „Staatsvolk" (Staatsangehörige), „Staatsgewalt" (hoheitliche Funktionen ausübende politische Institutionen) und „Staatsgebiet" konstituiert. Das Staatsgebiet (in der Bundesrepublik Deutschland: „Bundesgebiet") ist der von einer Staatsgewalt beherrschte Teil der Erdoberfläche. Zu ihm gehören der darüber befindliche Luftraum und der Raum unter der Erdoberfläche sowie nach alter, heute aus wirtschaftlichen und politischen Überlegungen oft durchbrochener Regel ein Meeressaum von drei Seemeilen (Küstengewässer).

Das Staatsgebiet der Bundesrepublik ist 1949 durch den Zusammenschluß der Besatzungszonen der drei westlichen Besatzungsmächte (vgl. S. 32) entstanden. Es besteht aus den Gebieten von elf Ländern (Präambel und Art. 23 GG), wobei Berlin einen besonderen Status hat (vgl. S. 34). Die Staatsgebiete der Länder sind mit dem Bundesgebiet (partiell) identisch, Bund und Länder üben über sie Hoheitsrechte gemäß der bundesstaatlichen Kompetenzverteilung (vgl. S. 50) aus. Bei der Gründung der Bundesrepublik Deutschland wurden auch die Grenzen der Besatzungszonen zu den Nachbarstaaten übernommen. Sie sind später durch Grenzverträge zum Teil abgeändert worden. Der Grenzverlauf zur DDR richtet sich nach dem Londoner Protokoll über die Errichtung von Besatzungszonen in Deutschland vom 12. September 1944.

Mit 248 706 km^2 gehört die Bundesrepublik zu den kleineren Staaten der Erde, größenmäßig vergleichbar mit Ghana oder Guyana. Mit ca. 61 Mill. Einwohnern ist sie jedoch bevölkerungsmäßig den größeren Staaten mit dichter Besiedlung (245 E/km^2) zuzurechnen. Wirtschaftlich nimmt sie eine Spitzenstellung ein. Im Außenhandel liegt sie an zweiter Stelle hinter den USA. War es früher das Ruhrgebiet, dessen Kohle-, Eisen- und Stahlproduktion die Bundesrepublik ihre wirtschaftliche Bedeutung verdankte, so sind es heute eher die in Süddeutschland (Baden-Württemberg, Bayern) angesiedelten neuen Technologien, mit denen die Bundesrepublik eine internationale Spitzenstellung wahrt. Das frühere wirtschaftliche Nord-Süd-Gefälle hat sich in letzter Zeit umgekehrt.

Größere Disparitäten zwischen den Ländern hat es in der deutschen territorialen Entwicklung schon immer gegeben (vgl. S. 12). Von den alten Ländern blieb 1945 – außer den Stadtstaaten Bremen und Hamburg – nur noch eines erhalten: Bayern. Alle anderen Länder sind, insbesondere im Zusammenhang mit der Auflösung Preußens, von den Besatzungsmächten nach ihren Bedürfnissen in zum Teil recht willkürlicher Form neu geschaffen worden. Aus diesem Grunde schrieb Art. 29 GG eine *Neugliederung* des Bundesgebietes vor, die sogar, in einer komplizierten Prozedur, die Möglichkeit des Volksbegehrens und des Volksentscheides vorsah. Für eine Neugliederung sollten die Gesichtspunke der „landsmannschaftlichen Verbundenheit", der „geschichtlichen und kulturellen Zusammenhänge", der „wirtschaftlichen Zweckmäßigkeit" und des „sozialen Gefüges" ausschlaggebend sein. Es kam auch zu mehreren erfolgreichen Volksbegehren und sogar zu Volksentscheiden mit dem Ziel der Wiederherstellung früherer Länder bzw. der Angliederung an ein anderes Land (im Verwaltungsbezirk Oldenburg, im Landkreis Schaumburg-Lippe, in den Regierungsbezirken Montabaur, Trier, Koblenz und in Rheinhessen). Allen diesen Wünschen wurde jedoch durch an die Volksbegehren anschließende Volksentscheide bzw. durch anschließende Bundesgesetze nicht entsprochen. Auch die von Expertenkommissionen erarbeiteten Gesamtkonzepte für eine Neugliederung (Luther-Gutachten 1955, Ernst-Bericht 1972) blieben folgenlos. Nur die Länder Baden, Württemberg-Baden und Württemberg-Hohenzollern schlossen sich 1952 aufgrund einer Sonderregelung zum Land Baden-Württemberg zusammen (vgl. Art. 118 GG). Durch Vertrag zwischen der Bundesrepublik Deutschland und Frankreich wurde das Saarland mit Wirkung vom 1. Januar 1957 wieder zurückgegliedert.

1969 und 1976 wurde der Art. 29 GG geändert. Einerseits wurde das Volksentscheidsverfahren (das einzige, das im Grundgesetz vorgesehen ist) gestrafft, andererseits das Gebot zur Neugliederung in eine „Kann-Vorschrift" umgewandelt. Zwar ist damit der Bestand der Länder in der Bundesrepublik weiterhin nicht garantiert („labiler Bundesstaat"), doch haben die derzeitigen Länder eine solche Eigenständigkeit entwickelt, daß es zu einer Änderung des Gebietsstands in absehbarer Zeit nicht kommen dürfte.

Vorschläge des Ernst-Berichts zur Neugliederung des Bundesgebietes

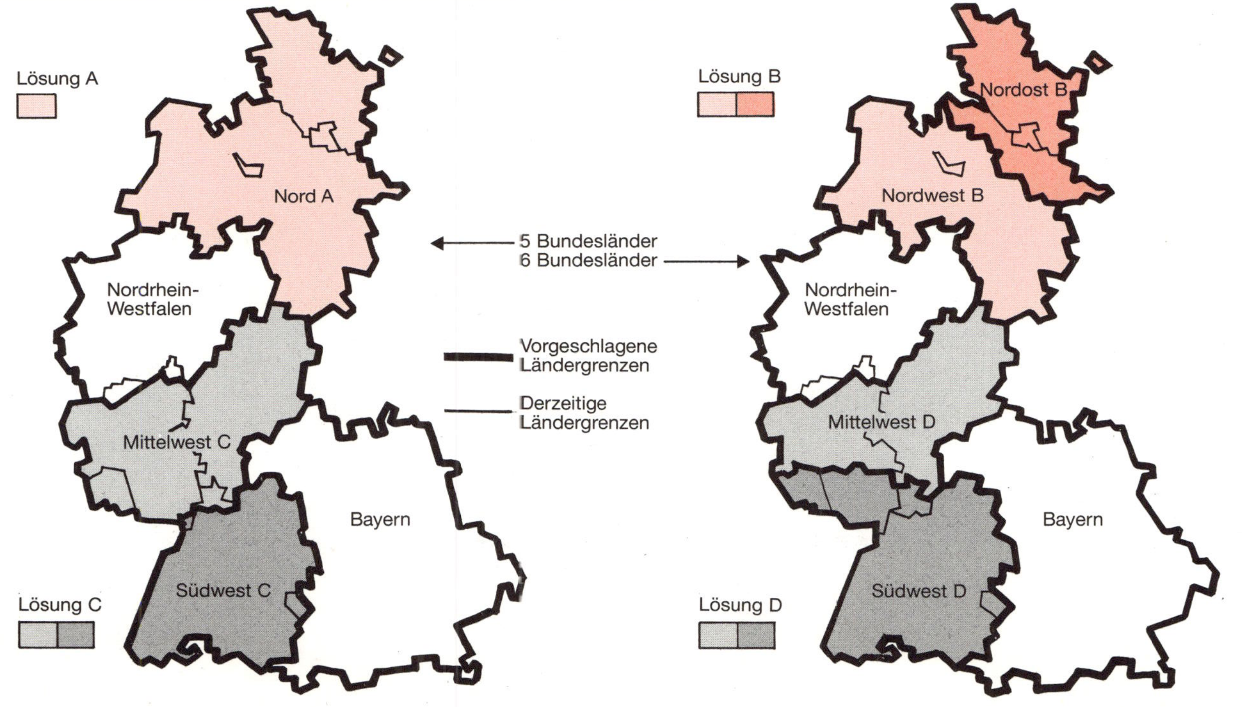

Bundesstaatliche Kompetenzverteilung

Die Bundesrepublik Deutschland besteht aus einer Reihe von Gliedstaaten (Ländern) und einem Zentral- oder Gesamtstaat, dem Bund. Die Erledigung der Staatsaufgaben ist zwischen Bund und Ländern geteilt. Sie sind grundsätzlich von den Ländern zu erfüllen (Art. 30 GG). Die Zuständigkeiten des Bundes sind dagegen im Grundgesetz speziell aufgeführt. Eine ungeschriebene Bundeskompetenz besteht darüber hinaus nur dann, wenn sie kraft Sachzusammenhangs gegeben ist.

Diese Grundsatzregelung täuscht indessen über die tatsächlichen Verhältnisse hinweg. So besitzt der Bund zwar im Bereich der *Gesetzgebung* nur eine eng umgrenzte ausschließliche Kompetenz (Art. 73 GG), in vielen wichtigen Fällen wie dem Wirtschafts- und Arbeitsrecht, dem bürgerlichen Recht und dem Strafrecht ist seine Zuständigkeit aber mit der der Länder konkurrierend (Art. 74 GG); er hat hier ein Gesetzgebungsrecht, soweit – z. B. zwecks Wahrung der Einheitlichkeit der Lebensverhältnisse im Bundesgebiet – ein Bedürfnis nach Bundesregelungen besteht (Art. 72 GG). Aus dem selben Grunde kann er in anderen Fällen Rahmenvorschriften, z. B. für das Hochschulwesen, erlassen (Art. 75 GG). Regelmäßig gilt dabei: „Bundesrecht bricht Landesrecht" (Art. 31 GG). Da das Vorliegen eines „Bedürfnisses" für eine einheitliche Regelung gerichtlicher Prüfung nicht unterworfen ist, hat der Bund es in der Hand, Länderkompetenzen an sich zu ziehen. Die Länder besitzen insoweit nur die Möglichkeit, über den Bundesrat (vgl. S. 144) zu intervenieren. Der Bund hat von den ihm eingeräumten Zuständigkeiten weitgehend Gebrauch gemacht. Da ihm überdies im Wege der Verfassungsänderung zusätzliche Kompetenzen überantwortet wurden, ist die Gesetzgebungszuständigkeit der Gliedstaaten heutzutage stark ausgehöhlt. Über den Bundesrat sind ihnen allerdings beim Erlaß von Vorschriften durch den Bund Mitsprachemöglichkeiten eröffnet.

Im Gegensatz dazu ist die *Verwaltung* weitgehend Sache der Gliedstaaten geblieben. Sie führen die Bundesgesetze in der Regel als eigene Angelegenheit aus (Art. 83 GG), zuweilen auch im Auftrag des Bundes (Art. 85 GG). Fälle bundeseigener Verwaltung gibt es dagegen selten. Für die Einheitlichkeit der Gesetzesausführung sorgt der Bund, indem er von seinem Recht, Verwaltungsvorschriften zu erlassen und die Einrichtung von Behörden und das Verwaltungsverfahren zu bestimmen (Art. 84 Abs. 1 und 2 GG), häufig Gebrauch macht (vgl. S. 156). Eine weitere Möglichkeit, zu einem einheitlichen Vorgehen zu kommen, besteht in der bundesstaatlichen Kooperation (vgl. S. 52).

Wie die Verwaltung liegt auch die *Rechtsprechung* (vgl. S. 206) grundsätzlich in der Hand der Gliedstaaten. Hier sorgt der Bund – von wenigen Ausnahmen abgesehen – lediglich durch oberste Gerichtshöfe als Revisionsinstanzen für eine einheitliche Anwendung des Rechts.

Wiederum anders ist der Bereich der *auswärtigen Beziehungen* geregelt. Der Abschluß von Verträgen mit anderen Staaten ist grundsätzlich Sache des Bundes. Soweit die Länder für die Gesetzgebung zuständig sind, also z. B. auf dem Kultursektor, können sie jedoch ebenfalls mit Zustimmung der Bundesregierung Verträge abschließen (Art. 32 GG).

Der bundesstaatlichen Aufgabenverteilung entsprechen die Lastenverteilung (vgl. S. 54) und der *Finanzausgleich* (vgl. S. 56), die jeden Kompetenzträger in die Lage setzen sollen, seine Aufgaben zu erfüllen. Bund und Länder sind zur gegenseitigen Rechts- und Amtshilfe sowie zu einem bundesfreundlichen Verhalten verpflichtet. In Streitfällen kann das Bundesverfassungsgericht (vgl. S. 216) angerufen werden. Kommt ein Land seinen Bundespflichten nicht nach, kann die Bundesregierung mit Zustimmung des Bundesrates es im Wege des *Bundeszwanges*, eventuell durch Einsetzung eines Staatskommissars, zur Erfüllung seiner Pflichten anhalten (Art. 37 GG, Bundesexekution). Wird ein Land mit inneren Unruhen nicht allein fertig, darf die Bundesregierung ebenfalls, im Wege der *Bundesintervention*, eingreifen (vgl. S. 158). Die föderative Ordnung der Bundesrepublik Deutschland ist grundsätzlich unaufhebbar (Art. 79 Abs. 3 GG), dagegen sind der Bestand der einzelnen Länder und die Aufgabenverteilung veränderbar.

Kompetenzen von Bund und Ländern

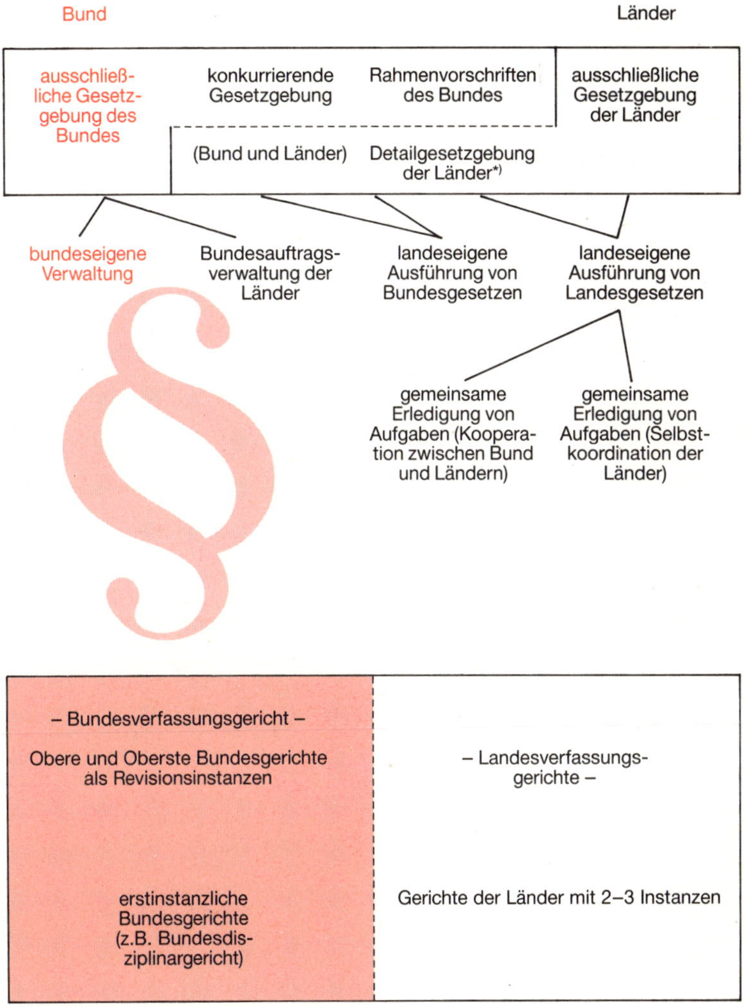

*) bei der sog. Grundsatzgesetzgebung des Bundes (z.B. Haushaltsgrundsätzegesetz), die Länder und Bund verpflichtet, auch Detailgesetzgebung des Bundes (z.B. Bundeshaushaltsordnung).

Bundesstaatliche Kooperation

Der klassische Bundesstaat (vgl. S. 10) beruht auf einer klaren Scheidung der Aufgaben von Bund und Gliedstaaten durch eine bundesstaatliche Kompetenzverteilung (vgl. S. 50). Dabei besitzen die Länder eine Möglichkeit zur Mitsprache auf Bundesebene (z. B. durch den Bundesrat [vgl. S. 144]). In der deutschen föderativen Tradition hat es überdies immer auch eine Verschränkung von Bundes- und Landesebenen („Politikverflechtung") dadurch gegeben, daß die Länder in der Regel die Gesetze des Bundes mit ihrer Verwaltung ausführen. Inzwischen hat jedoch der moderne Trend zur Vereinheitlichung staatlichen Handelns und staatlicher Anordnungen neben einer verstärkten Zentralisierung, d. h. der Übertragung von Zuständigkeiten auf den Bund, auch zu Formen der Unitarisierung durch Kooperation zwischen Bund und Ländern bzw. zwischen den Gliedstaaten selbst geführt (sog. *kooperativer Föderalismus*).

So ist man z. B., um wirtschaftliche Schäden abzuwenden, in der Konjunkturpolitik (vgl. S. 388) zu einer zwischen Bund und Ländern koordinierten Konjunktursteuerung übergegangen. Ein einheitliches Vorgehen wird ferner vielfach durch formlose Koordinierungseinrichtungen wie z. B. Ministerkonferenzen und Fachausschüsse hergestellt. Zum Teil erfolgt die Kooperation auch über privatrechtliche Einrichtungen wie z. B. die Deutsche Forschungsgemeinschaft, deren Aufgaben die finanzielle Förderung von Forschungsvorhaben und die Förderung des wissenschaftlichen Nachwuchses sind. Die finanziellen Mittel für sie werden überwiegend von Bund und Ländern aufgebracht.

Dieser Art von Zusammenarbeit liegen meist Verwaltungsabkommen zugrunde. Schon recht früh hat der Bund aber auch begonnen, einzelne Länderaufgaben durch finanzielle Hilfen (Dotationen) zu fördern und mit Auflagen für ihre Erfüllung in seinem Sinne zu sorgen. Diese Praxis ist 1969 durch Einführung des Instituts der *„Gemeinschaftsaufgaben"* (Art. 91 a und b GG) verfassungsrechtlich legitimiert worden. Der Bund beteiligt sich nunmehr an der gemeinschaftlichen Planung und Finanzierung von Landesaufgaben wie z. B. dem Bau von Hochschulen, der Verbesserung der regionalen Wirtschaftsstruktur oder der Agrarstruktur und des Küstenschutzes sowie an der Bildungsplanung und an der Förderung der wissenschaftlichen Forschung. Die Länder können diesbezügliche Projekte bei einem gemeinschaftlichen Planungsausschuß anmelden, wenn sie deren finanzielle Förderung durch den Bund wünschen. Sie können ihre Projekte aber auch auf eigene Kosten durchführen.

Neben der Kostenbeteiligung bei den Gemeinschaftsaufgaben vergibt der Bund auch weiterhin Finanzhilfen an Länder aufgrund bilateraler Absprachen (vgl. Art. 104 a Abs. 4 GG). Sie dienen der Förderung besonders bedeutsamer Investitionen der Länder oder ihrer Gemeinden, und zwar zur Abwehr einer Störung des gesamtwirtschaftlichen Gleichgewichts oder zum Ausgleich unterschiedlicher Wirtschaftskraft in den einzelnen Ländern oder zur Förderung des wirtschaftlichen Wachstums überhaupt. Fälle dieser Art sind z. B. die Förderung des Städtebaus und die Verbesserung des Verkehrs in den Gemeinden.

Neben der Bund-Länder-Kooperation steht die *Selbstkoordination* der Länder. Auch sie findet u. a. auf Ministerkonferenzen statt, z. B. auf der Ständigen Konferenz der Kultusminister (KMK), und führt häufig zu Verwaltungsabkommen zwischen den Ländern. Die Länder unterhalten außerdem gemeinsam finanzierte Einrichtungen in einem Land (Sitzland), z. B. die Hochschule für Verwaltungswissenschaften in Speyer oder die Filmbewertungsstelle in Wiesbaden. Gelegentlich sind es nur wenige Länder, die sich einer gemeinsamen Einrichtung bedienen wie z. B. Schleswig-Holstein und Niedersachsen des gemeinsamen Oberverwaltungsgerichts in Lüneburg. Verschiedentlich sind die Länder sogar dazu übergegangen, durch gemeinsame Ausschüsse einheitliche Gesetzesentwürfe (z. B. für Gemeindeordnungen oder das Polizeiwesen) ausarbeiten zu lassen, die sie mit geringfügigen Änderungen übernehmen. Die Vorteile dieses Vorgehens liegen darin, daß einheitliche Vorschriften geschaffen werden, ohne daß die Länder ihre Regelungskompetenz und die Möglichkeit, ihre regionalen Besonderheiten zu berücksichtigen, verlieren. Die durch solche Länderabsprachen eingeführte „dritte Ebene" zwischen der des Bundes und des Einzelstaates dürfte so lange verfassungskonform sein, als die Länder damit nicht ihre Selbständigkeit aufgeben oder solche Angelegenheiten gemeinschaftlich regeln, die zur (ungeschriebenen) Regelungskompetenz des Bundes gehören.

Die Kooperation von Bund und Ländern bei den Gemeinschaftsaufgaben (am Beispiel des Gesetzes über die Verbesserung der regionalen Wirtschaftsstruktur)

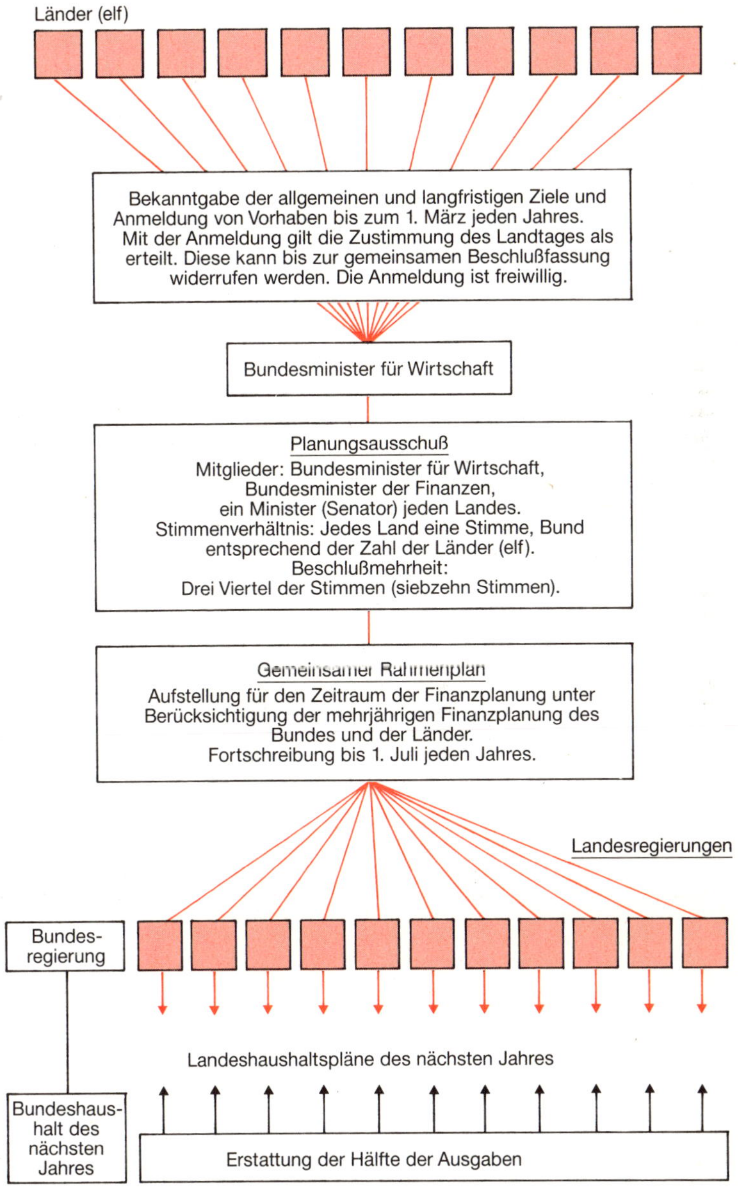

Bundesstaatliche Haushaltszuständigkeit und Lastenverteilung

Die bundesstaatliche Kompetenzverteilung (vgl. S. 50) zwischen Bund und Ländern verlangt eine Regelung der Frage, wer die bei der Aufgabenerfüllung entstehenden Kosten zu tragen hat und wie sie zu finanzieren sind. Grundsätzlich gilt im Bundesstaat das Prinzip selbständiger Lastentragung und Finanzierung. Es kann aber nur solange aufrecht erhalten werden, als zwischen Bund und Ländern eine klare Trennung der Aufgaben besteht und ihre Finanzierung durch eigene Steuererhebung ohne gegenseitige Abstimmung möglich ist (sog. Konkurrenzsystem). Anders liegen die Dinge dagegen in den Fällen, in denen eine Verschränkung der Aufgaben oder sogar eine gemeinsame Aufgabenerledigung stattfindet und die steuerliche Belastung der Bürger zwischen Bund und Ländern (sowie Gemeinden) abgestimmt werden muß, um eine Überbesteuerung der Bürger zu vermeiden.

Zwar geht das Grundgesetz auch heute noch von einer selbständigen und unabhängigen *Haushaltswirtschaft* des Bundes und der Länder aus (Art. 109 Abs. 1 GG). Es erlaubt ihnen demzufolge die Aufstellung eigener Haushaltsordnungen (vgl. S. 384) sowie das Verhältnis von Einnahmen und Ausgaben regelnder – meist jährlicher – Haushaltspläne. Dabei ist jedoch die Erhaltung des gesamtwirtschaftlichen Gleichgewichts zu beachten (Art. 109 Abs. 2 GG). Um hier ein abgestimmtes Vorgehen zu ermöglichen, hat der Bund 1969 ein *Haushaltsgrundsätzegesetz* erlassen, das neben Grundsätzen für das Haushaltsrecht solche für eine konjunkturgerechte Haushaltswirtschaft und eine mehrjährige Finanzplanung (vgl. S. 386) von Bund und Ländern enthält (Art. 109 Abs. 3 GG). Das Haushaltsgrundsätzegesetz stellt demnach eine Rahmenvorschrift dar, die auch für den Bund verbindlich ist. Darüber hinaus darf der Bund zur Abwehr einer Störung des gesamtwirtschaftlichen Gleichgewichts bestimmte Eingriffe in den Haushalt der Länder vornehmen, z. B. die Bildung von Konjunkturausgleichsrücklagen verlangen (vgl. Art. 109 Abs. 4 GG). Daneben besteht eine Abhängigkeit der Länder (und Gemeinden) vom Bund auch im Hinblick auf die haushaltsmäßigen Einnahmen, deren Art, Höhe und Verteilung durch das Grundgesetz und spezielle Bundesgesetze bestimmt werden (vgl. S. 56). Vergleichbares gilt für die Kostentragung.

Nach Art. 104 a Abs. 1 tragen Bund und Länder die Ausgaben, die sich aus der Wahrnehmung ihrer Aufgaben ergeben, grundsätzlich gesondert. Lastenträger ist dabei nicht derjenige, der bestimmte, Kosten verursachende Gesetze erläßt, sondern wer die *Verwaltungszuständigkeit* für die Ausführung dieser Gesetze besitzt. Da die Bundesgesetze (wie übrigens auch die Erlasse der Europäischen Gemeinschaften) in der Regel von den Ländern ausgeführt werden (vgl. S. 50), haben sie auch die damit verbundenen Lasten zu übernehmen. So lautet die Grundsatzregelung. Ausnahmen davon gibt es 1. bei der Bundesauftragsverwaltung (vgl. S. 156), bei der die Länder nur die Kosten für die Unterhaltung des Verwaltungsapparats tragen *(Verwaltungsausgaben),* der Bund dagegen die Kosten für die in seinem Auftrag durchgeführten Maßnahmen *(Zweckausgaben)* übernimmt, und 2. bei sog. *Geldleistungsgesetzen* (z. B. Wohngeldgesetz, Ausbildungsförderungsgesetz), die der Bund zur finanziellen Subvention bestimmter Bevölkerungsgruppen erläßt (Art. 104 a Abs. 2 und 3 GG). Neben diesen Sonderregelungen für die Ausführung von Bundesgesetzen gibt es noch die Fälle, in denen der Bund Finanzhilfen für Länder und Gemeinden (vgl. S. 52) zur Erfüllung ihrer eigenen Aufgaben leistet (so z. B. nach dem Städtebauförderungs- und dem Gemeindeverkehrsfinanzierungsgesetz). Solche Hilfen können bei einer Störung des gesamtwirtschaftlichen Gleichgewichts, zum Ausgleich unterschiedlicher Wirtschaftskraft im Bundesgebiet oder überhaupt zur Förderung des wirtschaftlichen Wachstums gegeben werden (Art. 104 a Abs. 4 GG). Insbesondere werden auf diese Weise die sog. Gemeinschaftsaufgaben (vgl. S. 52) des Art. 91 a und b GG vom Bund mitfinanziert *(Mischfinanzierung).* In allen diesen Fällen des sog. kooperativen Föderalismus ist der ursprüngliche Grundsatz separater Kostentragung durchbrochen worden.

Überblick über die Haushaltswirtschaft von Bund und Ländern

Prinzip der selbständigen Haushaltswirtschaft
von Bund und Ländern

aber

allgemeinverbindliche Haushaltsgrundsätze des Bundes
(Haushaltsgrundsätzegesetz)

↓

Haushaltsordnungen des Bundes und der Länder

|

(Mittelfristige Finanzplanungen)

↓

(jährliche) Haushaltspläne

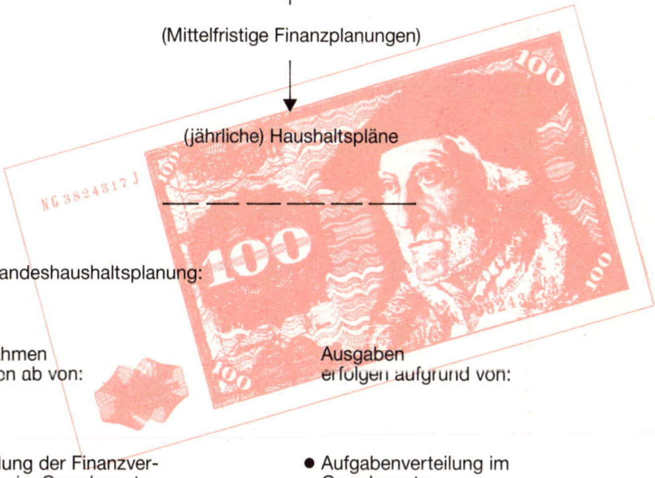

Zur Landeshaushaltsplanung:

Einnahmen hängen ab von:	Ausgaben erfolgen aufgrund von:
• Regelung der Finanzverteilung im Grundgesetz, speziellen Finanzgesetzen des Bundes	• Aufgabenverteilung im Grundgesetz, Ausführung von Gesetzen des Bundes und Anordnungen der EG
• Erschließung eigener Finanzquellen	• Ausführung eigener Gesetze
• Finanzhilfen des Bundes (auch: Ergänzungszuweisungen)	• Geldleistungsgesetzen des Bundes
• tatsächlichem Aufkommen aus den Abgaben der Bürger (Steuereinnahmen u.a.)	• allgemeiner Kostenentwicklung (für Bauten, Unterhaltung von Einrichtungen, Personal u.ä.)

Bundesstaatliche Ordnung der Steuern und des Finanzausgleichs

Die Finanzierung der Kosten, die Bund, Ländern und Gemeinden bei der Erledigung ihrer Aufgaben entstehen, kann auf verschiedene Weise erfolgen. Heutzutage steht bei Bund und Ländern die Besteuerung der Bürger im Vordergrund. Sie macht ca. 70–80% ihrer Haushaltseinnahmen aus. Demgegenüber treten die Einnahmen aus dem Vermögen, aus Verwaltungsgebühren u. a. deutlich zurück. Eine nicht unbedeutende Rolle spielt die Schuldenaufnahme auf dem Kreditmarkt (ca. 10%). Etwas anders strukturiert sind die Einnahmen der Gemeinden und Gemeindeverbände. Sie bestehen nur zu etwa 30% aus Steuern und sind stärker von Zuweisungen der Länder abhängig. Auch aus Gebühren und sonstigen Entgelten ziehen die Gemeinden beträchtliche Einkünfte (ca. 20%).

Die Steuereinnahmen der öffentlichen Hand resultieren in der Bundesrepublik Deutschland aus über 50 verschiedenen Steuerarten. Unter ihnen machen die Einnahmen aus der Einkommensteuer, der Körperschaftsteuer und der Umsatzsteuer (Mehrwertsteuer) allein gut zwei Drittel aus. Durch vier weitere Steuern, die Gewerbe-, Mineralöl-, Kfz- und Tabaksteuer, werden bereits 90% des Gesamtsteueraufkommens erbracht (vgl. S. 378).

Die Regelung des Steueraufkommens nach Art und Höhe liegt vor allem beim Bund. Er besitzt die ausschließliche *Gesetzgebungshoheit* über Zölle und Finanzmonopole. Außerdem hat er von der Möglichkeit Gebrauch gemacht, die Regelung auch der anderen bedeutenden Steuern an sich zu ziehen (vgl. Art. 105 GG). Den Ländern ist dagegen nur die Befugnis zur Gesetzgebung über einige örtliche Verbrauch- und Aufwandsteuern wie die Vergnügung-, Getränke-, Hunde- oder Jagdsteuer geblieben. *Verwaltet* (veranlagt und erhoben) werden die Steuern indessen im wesentlichen durch die Finanzämter der Länder.

Von der Gesetzgebungs- und Verwaltungszuständigkeit wiederum zu unterscheiden ist die *Verteilung der Erträge* (Art. 106 GG). Die Einnahmen aus den Zöllen, Finanzmonopolen und fast allen Verbrauchsteuern fließen dem Bund zu. Direkte Steuern wie die Vermögen- und Erbschaftsteuer oder die Kfz-Steuer erhalten die Länder. Die Gemeinden bekommen neben örtlichen Verbrauch- und Aufwandsteuern das Aufkommen aus den Realsteuern (Gewerbe- und Grundsteuer), das sie durch Hebesätze variieren können.

Für drei Viertel aller Steuereinnahmen besteht ein Steuerverbund. Danach werden die Erträge der Umsatzsteuer auf Bund und Länder nach wechselnden Quoten aufgeteilt und die Erträge der Einkommen- und Körperschaftsteuer je zur Hälfte – nach einem Vorwegabzug von derzeit 15% für die Gemeinden bei der Einkommensteuer. Die Gemeinden führen dafür einen Teil des Gewerbesteueraufkommens an Bund und Länder ab. Die Zolleinnahmen des Bundes und einen Teil der Umsatzsteuer erhalten die Europäischen Gemeinschaften.

Die allgemeine Steuerverteilung wird ergänzt durch den horizontalen und vertikalen Finanzausgleich, um Steuerkraftunterschiede zwischen reichen und armen Ländern bzw. Gemeinden zu neutralisieren (vgl. Art. 107 GG). Im *horizontalen Finanzausgleich* geben steuerstarke Länder Ausgleichsbeträge an steuerschwache ab. Ähnliche Ausgleichszahlungen in Höhe von mehreren Milliarden DM finden zwischen Gemeinden und Gemeindeverbänden statt. Im *vertikalen Ausgleich* zahlt der Bund neben den Finanzhilfen im Bereich der Gemeinschaftsaufgaben und der Lastenverteilung des Art. 104a GG (vgl. S. 54) Ergänzungszuweisungen an steuerschwache Länder. Daneben sind von großer Bedeutung die Ausgleichszahlungen der Länder an ihre Gemeinden. Sie werden zum größten Teil als Schlüsselzuweisungen zur Verringerung der Finanzkraftunterschiede zwischen den Gemeinden gegeben. Eine bemerkenswerte Rolle spielen jedoch auch zweckgebundene Zuweisungen, die den Gemeinden für bestimmte, vom Land erwünschte Ausgaben zufließen. Auch der Finanzausgleich zwischen dem Bund und den Europäischen Gemeinschaften nimmt zu. Zu dem vorgelegten Haushalt der Europäischen Gemeinschaften für das Jahr 1987 hatte die Bundesrepublik Deutschland 26,6%, das sind 20,6 Mrd. DM, beizusteuern.

Aufstellung der kassenmäßigen Einnahmen 1986

	insgesamt Mrd. DM	v.H.	EG Mrd. DM	Bund Mrd. DM	Länder Mrd. DM	Gemeinden (GV) Mrd. DM
Steuern von Einkommen	(222,5)	(49,2)				
davon: Lohnsteuer	152,2	40,3		77,4 (= 42,5%)	77,4 (= 42,5%)	27,3 (= 15%)
veranlagte Einkommensteuer	29,9					
nicht veranlagte Steuern vom Ertrag	8,1	8,9		20,2 (= 50%)	20,2 (= 50%)	
Körperschaftssteuer	32,3					
Umsatzsteuer (MwSt.)	58,6	24,6	12,8 (= 11,5%)	57,8 (= 52%)	40,6 (= 36,5%)	
Einfuhrumsatzsteuer	52,6					
Gewerbesteuer (einschl. Umlagen)	32,0	7,1		2,3	2,3	27,3
Grundsteuer	7,6	1,7				7,6
Vermögenssteuer	4,4	1,0			4,4	
Zölle	5,2	1,1	5,2			
Verbrauch- und Aufwandsteuern						
davon: Mineralölsteuer	25,6	5,7		25,6		
Tabaksteuer	14,5	3,2		14,5		
KFZ-Steuer	9,4	2,1			9,4	
Branntweinabgaben	4,1	0,9		4,1		
Biersteuer	1,3	0,3			1,3	
Kaffeesteuer	1,7	0,4		1,7		
Sonstige Steuern	12,9	2,9		5,3	6,2	1,6
insgesamt	452,4	100,0				
davon Gemeinschaftssteuern	333,7	73,8	18,0	208,9	161,8	63,8

Das demokratische Prinzip

Die Demokratie galt lange Zeit nur als eine Staatsform für Kleinstaaten, da man von der Vorstellung direkter Volksherrschaft, ausgeübt durch alle stimmberechtigten Bürger in einer Volksversammlung, ausging. Erst seit der Französischen Revolution am Ende des 18. Jahrhunderts sind Demokratien auch in größeren Staaten durch ihre Verbindung mit dem Prinzip der Repräsentation möglich geworden. Die *indirekte* oder *repräsentative Demokratie* beruht darauf, daß auch hier zwar alle Gewalt vom Volk ausgeht (Grundsatz der Volkssouveränität, demokratisches Prinzip, vgl. Art. 20 Abs. 2 GG), diese aber von seinen Vertretern ausgeübt wird, die durch demokratische Wahlen (vgl. S. 60) bestellt werden und ihre Legitimation anderen, von ihnen abhängigen Staatsorganen vermitteln.

In parlamentarischen Systemen (vgl. S. 74) wird das Parlament, in präsidentiellen auch der Staatschef vom Volk gewählt. Die gewählten Abgeordneten (vgl. S. 72) gelten als Repräsentanten des ganzen Volkes und sind daher an Aufträge und Weisungen nicht gebunden (*freies Mandat*, vgl. Art. 38 Abs. 1 GG). Moderne Demokratien sind Parteienstaaten (vgl. S. 80). In ihnen sind zwischen die Wähler und die Abgeordneten politische Parteien getreten, neben denen Verbände (vgl. S. 88) partikulare Interessen bestimmter Gruppen fördern (pluralistische Demokratie).

Die Kritik an der repräsentativen Demokratie hat hier angesetzt mit dem Vorwurf, daß es sich bei ihr um eine Herrschaft nicht des Volkes, sondern konkurrierender Eliten handele. Sie fordert demzufolge eine stärkere *Partizipation* der Bürger an politischen Entscheidungen, mehr innerparteiliche Demokratie und größeren Einfluß auf die Kandidatenaufstellung, Ausgleichsmaßnahmen für die Gruppen, die ihre Interessen nicht selbst durchsetzen können, und als Voraussetzung dafür mehr Öffentlichkeit und Transparenz des staatlichen Handelns. Die Forderung der *Demokratisierung* wird auch auf Institutionen des gesellschaftlichen Bereichs ausgedehnt (Mitbestimmung [vgl. S. 410]). In der Theorie wurde dabei häufig auf Prinzipien der Rätedemokratie, unter Preisgabe verfassungsstaatlicher Sicherungen wie der Gewaltenteilung (vgl. S. 66) und der Parteienkonkurrenz, zurückgegriffen. Problematisch daran ist, daß auf diese Weise von den Bürgern ein hohes politisches Engagement, Informiertheit und Sachverstand gefordert werden, wie sie unter den Bedingungen einer komplexen, arbeitsteiligen Industriegesellschaft nicht gegeben sind. Auch drohen die Selbst- und Mitbestimmungsansprüche von Gruppen oft in Widerspruch zu den Entscheidungen der vom ganzen Volk legitimierten Staatsorgane zu treten. Gruppenresolutionen sind nicht schon deshalb „demokratisch“, weil sie abstimmungstechnisch nach der Mehrheitsregel zustande gekommen sind.

Bund und Länder in der Bundesrepublik Deutschland verkörpern den Typ der repräsentativ-parlamentarischen Demokratie (vgl. Art. 20 Abs. 2 GG). Die Parteien haben einen politischen Mitgestaltungs-, aber keinen Alleinvertretungsanspruch (Art. 21 Abs. 1 GG [vgl. S. 82 und S. 84]). Besonderes Augenmerk hat das Grundgesetz auf den rechtsstaatlichen Aspekt der Demokratie gerichtet, den Schutz des einzelnen und der Minderheiten gegenüber der Mehrheit (vgl. S. 64). Gegnern der *freiheitlichen demokratischen Grundordnung* kann die politische Betätigung untersagt werden (sog. *wehrhafte* oder *streitbare Demokratie*, vgl. Art. 18 und 21 Abs. 2 GG). Zu den Prinzipien dieser Ordnung zählt das Bundesverfassungsgericht, die Achtung vor den Menschenrechten, die Volkssouveränität, die Gewaltenteilung, die Verantwortlichkeit der Regierung, die Gesetzmäßigkeit der Verwaltung, die Unabhängigkeit der Gerichte, das Mehrparteiensystem, die Chancengleichheit für alle politischen Parteien und das Recht auf verfassungsmäßige Bildung und Ausübung einer Opposition. Demokratie ist nach diesem Verständnis eine rechtsstaatliche Herrschaftsordnung, die jede Willkür- und Gewaltherrschaft einer Mehrheit oder Minderheit ausschließt.

Demokratiemodelle

Repräsentative Demokratie Grundzüge:	Einwendungen/Probleme:		Rätedemokratie Grundzüge:
1) grundsätzliche Legitimierung der Staatsorgane durch Wahlen (alle Gewalt geht vom Volke aus) Volkabstimmungen nur in besonderen Fällen	1) Reduzierung der Volksherrschaft auf Legitimierungs- und Kontrollfunktionen (Neuwahlen)	1) Überforderung der Basis mit politischen Stellungsnahmen und Entscheidungen	1) Beratungs- und Beschlußkompetenz für grundsätzlich alle Angelegenheiten bei Basisgruppen
2) Einteilung der Wählerschaft nach geographischen Kriterien in Wahlkreise	2) Probleme der Einheitlichkeit der Wahlkreise (Wahlkreisgeometrie) und der Stimmengleichwertigkeit bei verschiedenen Wahlsystemen (Verhältnis-, Mehrheitswahl)	2) Problem der Bildung unterster (Basis-) Einheiten (Kriterien?)	2) Einteilung des Volkes in Basiseinheiten (z.B. Betriebe)
3) Wahlen von Vertretern in staatliche und kommunale Vertretungskörperschaften	3) Beschränkung des demokratischen Prinzips auf den staatlichen Bereich	3) Ausdehnung demokratischer Prinzipien auch auf ihnen nicht zugängliche Bereiche (Schulen, Militär)	3) Wahlen von Vertretern in Organe des staatlichen und gesellschaftlichen Bereichs (z.B. Arbeiterselbstverwaltung)
4) direkte Wahlen auch und vor allem zu den höheren staatlichen Vertretungsorganen (direktes Mandat), Vermittlung der Delegation durch Parteien	4) Mediatisierung des Volkes durch die Parteien, Problem echter Parteien-Alternativen	4) Mediatisierung des Volkes durch Stufendelegation, keine Parteienkonkurrenz	4) indirekte Wahlen zu den höheren staatlichen Einheiten über gewählte Vertreter der unteren Einheiten (indirektes Mandat), Vermittlung über Stufendelegation
5) freies (repräsentatives) Mandat (Abhängigkeit der Abgeordneten von Wählerschaften durch periodische Neuwahlen)	5) nur beschränkter Einfluß auf Abgeordnete	5) kein Verhandlungs- und Entscheidungsspielraum für Abgeordnete	5) gebundenes (imperatives) Mandat (Bindung der Abgeordneten an Aufträge der unteren Einheit, jederzeitige Abberufbarkeit – recall)
6) Kontrolle der Bürokratie nach den Prinzipien der Gewaltenteilung und des parlamentarischen Systems, insbesondere Unabhängigkeit der Richter	6) zu wenig direkte, effektive Kontrolle derBürokratie	6) Aufhebung der Organisation und Handlungsfähigkeit des Staatsapparates, Fehlen der Gewaltenteilung (unabhängiger Kontrollinstitutionen)	6) Wahl und Kontrolle (Abberufbarkeit) der Beamten auf jeder Stufe der staatlichen Organisation durch (Kreis-, Bezirks- usw.) Räte, keine Gewaltenteilung
7) Entscheidung nach Mehrheitsprinzip bei grundsätzlichem Schutz der Minderheit (Chance, selbst Mehrheit zu werden)	7) ungenügende Berücksichtigung von Minderheiten und nicht durchsetzungsfähiger Interessen (z.B. Randgruppen, Verbraucher)	7) Kopflastigkeit des Systems durch strikte Bindung an „oben“ gefaßte Beschlüsse zwecks notwendiger Wahrung der gesellschaftlichen Einheit im Widerspruch zum eigentlichen Aufbauprinzip von „unten“ nach „oben“, kein Minderheitenschutz	7) Entscheidungen nach dem Prinzip des demokratischen Zentralismus: Wahlen von unten nach oben, Bindung der Basis an Beschlüsse von oben (evt. Fraktionierungsverbot)

Wahlen sind ein Bestellungsverfahren zur Besetzung von Ämtern. Sie sind vom (Personal-)Plebiszit (vgl. S. 62), der Entscheidung über eine allein zur Wahl stehende Person, und vom Referendum, der Entscheidung über eine Sachfrage, zu unterscheiden. In allen demokratisch verfaßten Gesellschaften sind Wahlen das wesentliche Verfahren zur Besetzung repräsentativer Körperschaften wie z. B. von Parlamenten. Sie finden periodisch statt und gelten manchmal der Bestellung nur eines Teils der Abgeordneten (z. B. jeweils ein Drittel). Früher war das Wahlrecht häufig auf bestimmte Personengruppen, z. B. auf Männer oder auf Steuerzahler mit einer bestimmen Abgabehöhe *(Zensuswahlrecht)*, beschränkt. Als demokratisch gelten dagegen in der Regel folgende *Wahlprinzipien:* Die Wahlen sind *allgemein* und *gleich*. Grundsätzlich darf jeder Bürger wählen *(aktives Wahlrecht)* und sich wählen lassen *(passives Wahlrecht)*. Jeder Abstimmende verfügt über dieselbe Anzahl von Stimmen („one man – one vote", im Gegensatz zum Pluralstimmenwahlrecht). Die Wahlen sind *unmittelbar* (ohne Zwischenschaltung von Wahlmännern), *geheim* (keine öffentliche Stimmabgabe) und *frei* (ohne Zwang). Unter diesen Prinzipien besitzt das Kriterium der freien Wahl eine besondere Bedeutung; denn von einer echten Wahl kann nur dann gesprochen werden, wenn der Wahlberechtigte sich mindestens zwischen zwei Alternativen frei entscheiden kann. Vorgänge in Staaten, in denen eine Entscheidung nur zugunsten eines Wahlvorschlags möglich ist, sind daher nicht als Wahl, sondern als Akklamation zu bezeichnen.

Die Ausgestaltung des Wahlverfahrens unterliegt komplizierten technischen Regelungen, die ihrerseits politisch bedeutsame Konsequenzen haben. Grundsätzlich wird zwischen dem System der *Mehrheitswahl* (Persönlichkeitswahl) und dem der *Verhältniswahl* (Listenwahl) unterschieden. Bei der Mehrheitswahl konkurrieren mehrere Bewerber um ein Amt oder Abgeordnetenmandat in einem Wahlkreis. Bei der relativen Mehrheitswahl ist gewählt, wer die meisten Stimmen – d. h. mehr Stimmen als der nächstplazierte Bewerber – auf sich vereinigt. Bei der absoluten Mehrheitswahl ist gewählt, wer die absolute Mehrheit der Stimmen erhält; wird diese von keinem der Kandidaten erreicht, muß ein zweiter Wahlgang stattfinden, in dem die relative Mehrheit genügt oder eine Stichwahl zwischen den beiden bestplazierten Kandidaten vorgenommen wird. Bei der Verhältniswahl konkurrieren verschiedene Parteien mit Kandidatenlisten um die verfügbaren Mandate. Sie erhalten diese entsprechend den für ihre Liste abgegebenen Stimmen aufgrund bestimmter Auszählverfahen, z. B. dem von d'Hondt oder dem von Hare-Niemeyer. Mit der Mehrheitswahl läßt sich in der Regel eine klare Mehrheitsbildung in der zu wählenden Körperschaft erreichen. Allerdings kann hier eine stimmenschwächere Partei u. U. mehr Mandate erringen als eine insgesamt stimmenstärkere. Die Verhältniswahl zielt dagegen auf eine präzisere proportionale Abbildung der Stimmstärke der an der Wahl beteiligten Gruppen im Parlament. Dabei begünstigt das Auszählverfahren nach d'Hondt eher die größeren, das nach Hare-Niemeyer tendenziell die kleineren Parteien. Die Verhältniswahl erleichtert den Einzug von Splitterparteien in das Parlament und kann auf diese Weise die Mehrheitsbildung dort erschweren.

Das Grundgesetz verlangt, daß die Vertretungskörperschaften des Volkes in Bund, Ländern, Kreisen und Gemeinden nach den Prinzipien der allgemeinen, unmittelbaren, freien, gleichen und geheimen Wahl gewählt werden (Art. 28 Abs. 1 und Art. 38 Abs. 1 GG). In der Wahl zum Bundestag (vgl. S. 142) wie auch vielfach in den Ländern wird ein Mischsystem zwischen Mehrheitswahl und Verhältniswahl angewandt (sog. *personalisierte Verhältniswahl*) mit einer Fünfprozentklausel zur Ausschaltung von Splitterparteien. Eine Stimme wird hier für einen Wahlkreiskandidaten (Direktmandat), die Zweitstimme für eine Liste (Listenmandat) abgegeben. Für die Zahl der Mandate, die eine Partei erhält, ist ihr Anteil an den Zweitstimmen entscheidend. Die erzielten Direktmandate werden auf sie angerechnet. Hat eine Partei mehr Direktmandate erworben als ihr nach der Zweitstimmenauszählung zustehen, erhält sie sog. Überhangmandate. Manche Wahlgesetze, z. B. für Kommunalwahlen (vgl. S. 196), erlauben dem Wähler eine stärkere Differenzierung seiner Präferenzen. Er kann z. B. so viele Stimmen haben, wie Abgeordnete zu wählen sind, und sie wenigstens z. T. auf einen Bewerber häufen *(kumulieren)* oder Kandidaten verschiedener Wahlvorschläge berücksichtigen *(panaschieren)*, ist also nicht an die Liste einer Partei gebunden.

Wahlsysteme

Beispiel zur relativen Mehrheitswahl:
drei Parteien, fünf Wahlkreise zu je 10000 Wahlberechtigten

Wahlkreis	Parteien			
	A	B	C	
I	8000	1000	1000	Stimmen
II	6000	1500	2500	Stimmen
III	3000	5000	2000	Stimmen
IV	3000	4000	3000	Stimmen
V	2000	4500	3500	Stimmen
insgesamt:	22000	16000	12000	Stimmen

Gewählt sind die Kandidaten, die in einem Wahlkreis die höchste Stimmzahl erzielten. Danach entsenden die Partei A zwei, die Partei B drei Abgeordnete ins Parlament und die Partei C keinen, obwohl sie über ein Fünftel der Stimmen insgesamt auf sich vereinigen konnte, nicht viel weniger als die Partei B. Dagegen verfügt die Partei B über die absolute Mehrheit im Parlament, obwohl sie insgesamt weniger Stimmen erhielt als die Partei A.

Beispiele zur Verhältniswahl:
fünf Parteien, 100000 Stimmberechtigte, zehn Mandate
1. nach dem Auszählverfahren von d'Hondt: Die auf eine Liste entfallenen Stimmen werden fortlaufend durch 1, 2, 3 usw. geteilt. Die zu vergebenden (10) Mandate werden den höchsten Quotienten (Höchstzahlen) zugeordnet:

Divisoren	Parteien					
	A	B	C	D	E	
1	48000	24000	15500	7500	5000	=100000
2	24000	12000	7750			
3	16000	8000				
4	12000	6000				
5	9600					
6	8000					
7	6857					

Gewählt sind die sechs ersten Kandidaten auf der Liste der Partei A, drei der Partei B und einer der Partei C. Die Partei A hat mit weniger als der Hälfte der Stimmen die absolute Mehrheit erreicht. Partei B hat mit drei (statt zwei) Mandaten verhältnismäßig besser abgeschnitten als Partei C mit einem (statt zwei) Mandaten. Partei E erhielt kein Mandat, aber auch Partei D nicht.

2. nach dem Verfahren von Hare-Niemeyer:
Für jede Partei wird berechnet:

$$\frac{\text{Gesamtzahl der Sitze x Stimmenzahl der Partei}}{\text{Gesamtzahl der Stimmen aller Parteien}}$$

Das ergibt für die Parteien				
A	B	C	D	E
4,8	2,4	1,55	0,75	0,5

Bei der Mandatsverteilung werden zunächst die Ziffern vor dem Komma berücksichtigt. Demnach erhalten A 4, B 2 und C 1 Mandate. Die (3) restlichen Sitze werden nach der Höhe der Zahlenbruchteile hinter dem Komma vergeben. Es erhalten also A, D und C noch je ein Mandat. Die endgültige Verteilung sieht also so aus:

A	B	C	D	E
5	2	2	1	0

Volksabstimmungen *(Plebiszite)* ergänzen in repräsentativen Demokratien die übliche Form der Volksbeteiligung am politischen Willensbildungsprozeß durch Wahlen (vgl. S. 60) von Entscheidungsträgern. Ihre Abhaltung wird bei wichtigen politischen Angelegenheiten, wie z. B. Verfassungsänderungen, zuweilen ausdrücklich verlangt. Sie werden entweder von einem Teil der Stimmbürger eingeleitet *(Volksbegehren)* oder von den staatlichen Instanzen selbst. Man unterscheidet Sach- und Personalplebiszite sowie *obligatorische* (verbindlich vorgeschriebene) und *fakultative* (in bestimmten Fällen freigestellte) Volksentscheide. Das Problem des *Volksentscheides (Referendums)* in einer repräsentativen Demokratie liegt darin, daß er nur einfache Ja-Nein-Stellungnahmen und keine differenzierten Bewertungen der zur Abstimmung gestellten Gegenstände zuläßt. Insbesondere Personalplebiszite führen leicht zu hoch emotionalisierten, mit Manipulationen der Bürger verbundenen Entscheidungen. Die Erfahrungen in der Schweiz lehren, daß durch Plesbizite häufig konservative Strömungen begünstigt werden.

Im Gegensatz zur Schweizer Eidgenossenschaft bilden Volksabstimmungen in der Bundesrepublik Deutschland die Ausnahme. Für den Bund sind sie im Grundgesetz nur für die Neugliederung des Bundesgebiets (vgl. S. 48) vorgesehen (Art. 29 GG). In den Ländern ist die Möglichkeit eines Volksentscheides häufiger eingeräumt, in manchen sogar die Auflösung des Landtags durch ein Volksbegehren erzwingbar (vgl. S. 164 und S. 168). Ähnliches gilt für die Gemeinden *(Bürgerbegehren, Bürgerentscheid)*.

Ein Volksbegehren wird in den Ländern in der Regel so durchgeführt, daß auf schriftlichen Antrag einer bestimmten Anzahl von Wahlberechtigten das Landesinnenministerium nach Prüfung formaler Voraussetzungen innerhalb einer kurzen Frist in den Gemeinden Listen auslegen muß, in die sich die am Volksbegehren interessierten wahlberechtigten Bürger eintragen können. Wird eine bestimmte Anzahl von Eintragungen, das *Quorum*, erreicht, so ist das damit zustande gekommene Volksbegehren zur Volksabstimmung zu stellen. Auch hier sind bestimmte Quoren (Beteiligungshöhen) und Mehrheiten bei der Abstimmung vorgesehen, die erreicht werden müssen, wenn das Volksbegehren Erfolg haben soll. Bei einem auf Gesetzgebung gerichteten Volksbegehren wird in der Regel verlangt, daß ihm ein ausgearbeiteter und begründeter Gesetzesentwurf beigefügt wird. Dessen Annahme durch den Landtag kann die Durchführung der Volksabstimmung erübrigen. Andernfalls hat vor der Abstimmung eine Stellungnahme der betroffenen Verfassungsorgane (Regierung, Parlament) zum Volksbegehren, gegebenenfalls unter Publizierung eines eigenen Gegenvorschlags, zu erfolgen. Der Zwang zur Gesetzesausarbeitung und -begründung sowie die Hürde hoher Quoren (in der Regel $^1/_5$ der Stimmberechtigten beim Volksbegehren) erschweren vielfach die erfolgreiche Durchführung des Volksbegehrens.

Regierungsreferenden können obligatorisch vorgeschrieben sein, so in Bayern bei einer vom Landtag beschlossenen Verfassungsänderung. Fakultativ sind sie z. B. dann zugelassen, wenn eine Landesregierung gegen einen Gesetzesbeschluß des Landtags oder gegen eine durch diesen erfolgte Ablehnung eines Regierungsentwurfs vorgehen will. In Gemeindeordnungen findet sich überdies die Regel, daß auch die Gemeindevertretung, der Gemeinderat, wichtige Angelegenheiten den Stimmbürgern zur Beschlußfassung vorlegen kann. Außerdem können *Bürgerversammlungen* zur Erörterung wichtiger Gemeindeangelegenheiten einberufen werden, deren Vorschläge und Anregungen innerhalb einer bestimmten Frist von den zuständigen kommunalen Organen zu behandeln sind. Ausgeschlossen vom Referendum sind allerdings meist den Haushalt betreffende Gesetze bzw. Satzungen.

Das Interesse an einer stärkeren Beteiligung des Volkes an politischen Entscheidungen in der Demokratie hat vielfach zu Forderungen nach einer Verminderung der Quoren geführt. Gelegentlich wird verlangt, daß im Bund wenigstens Volksbefragungen zu grundlegenden politischen Entscheidungen durchgeführt werden. Trotz ihres rechtlich unverbindlichen, konsultativen Charakters könnte von ihnen jedoch, wenn sie ein repräsentatives Meinungsbild ergeben, ein unzulässiger Druck auf den verfassungsmäßigen Gesetzgeber, den Bundestag, ausgehen.

Erfolgreich waren z. B. in Nordrhein-Westfalen das Volksbegehren gegen die kooperative Schule 1978 und in Bayern das Volksbegehren für „Rundfunkfreiheit" 1972.

Durchführung eines Volksbegehrens nach der Bayerischen Verfassung (Art. 74 f. BV und Landeswahlgesetz)

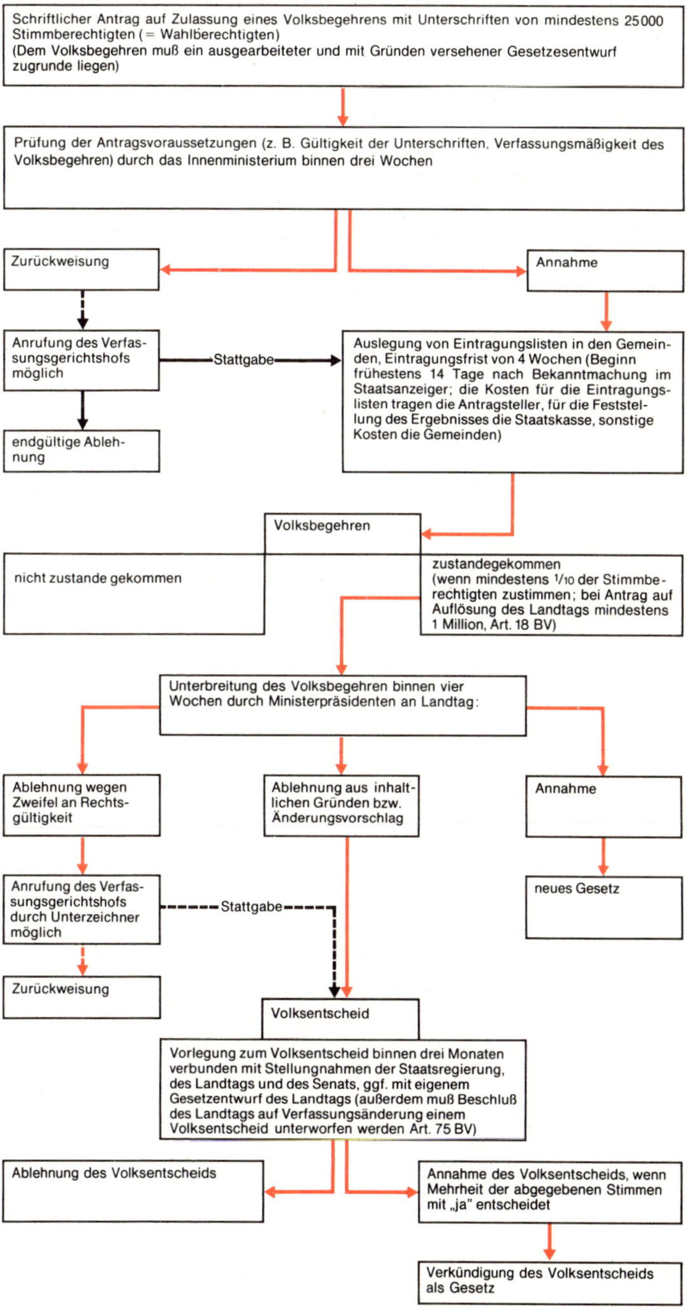

Das Mehrheitsprinzip

In modernen Demokratien spielen Entscheidungen nach dem Mehrheitsprinzip eine zentrale Rolle. Häufig werden solche Entscheidungen schlechthin als „demokratisch" angesehen. Das ist jedoch nicht unproblematisch; denn man muß zwischen dem Mehrheitsprinzip und der besonderen Bedeutung, die die „Mehrheit" für die Demokratie hat, unterscheiden. Das Mehrheitsprinzip im engeren Sinne ist lediglich eine formale Regel bei Abstimmungen, an der mehr als zwei Personen teilnehmen. Bei kontroverser Meinung soll derjenigen Absicht gefolgt werden, die mindestens eine Stimme mehr als 50% der Abstimmenden auf sich vereinigt *(einfache Mehrheit).* Gelegentlich wird auch die Zustimmung einer größeren Anzahl gefordert, z. B. eine Zweidrittelmajorität *(qualifizierte Mehrheit).* Bei Mehrheitsentscheidungen kommt es darauf an, ob die Zustimmung der Mehrheit aller Abstimmungsberechtigten verlangt wird oder nur die Mehrheit der tatsächlich Abstimmenden (Anwesenden), wie Stimmenthaltungen gewertet werden und ob für die Entscheidung die Teilnahme wenigstens eines bestimmten Prozentsatzes der Abstimmungsberechtigten erforderlich ist *(Quorum).* Da häufig nicht alle abstimmen, ein Teil sich der Stimme enthält und zuweilen, z. B. bei Personalwahlen, über mehrere Alternativen zugleich abgestimmt wird, kann auch eine Minderheit eine ausreichende Mehrheit bilden *(relative Mehrheit).* Mehr-Alternativen-Entscheidungen und Entscheidungspatts werfen besondere Probleme auf.

Das formale Mehrheitsprinzip ist auch in Oligarchien anwendbar und daher nicht von vornherein „demokratisch". Auch drei Tyrannen, die ein ganzes Volk unterjochen, können ihre Maßnahmen nach der Mehrheitsregel treffen. Die Idee der demokratischen Mehrheit bezieht sich dagegen auf den *Kreis der Abstimmungsberechtigten.* Bei ihr geht es nicht um die Frage, wer Sieger einer Abstimmung sein, sondern wer an ihr beteiligt werden soll. Eine demokratische Abstimmung liegt nur dann vor, wenn ein ganzes Volk (mit Ausnahme der Kinder, Entmündigten u. ä., also die Volks-„Mehrheit") daran beteiligt ist (im Gegensatz zur Entscheidung durch einen einzelnen oder wenige Personen).

Gerechtfertigt wird diese *Beteiligungsregel* meist mit dem Hinweis darauf, daß prinzipiell alle von einer Entscheidung Betroffenen an ihr teilzunehmen ein Recht hätten – und dies in gleicher Weise (one man, one vote). Dagegen wird die Majoritätsregel im engeren Sinne durch das Prinzip individueller Freiheit legitimiert. Als ideal (im demokratischen Sinne) gilt daher die *Einstimmigkeit,* die Zustimmung aller Beteiligten. Da sie aber schwer zu erreichen ist und das Einstimmigkeits*prinzip* zur Tyrannei kleiner, dissentierender Minderheiten führen kann, wird ihm im allgemeinen die Mehrheitsregel vorgezogen, da sie wenigstens die Freiheit der mehreren verbürgt.

Eine solche Mehrheitsherrschaft kann indessen nicht unter allen Umständen als gerechtfertigt angesehen werden. Gerade weil zur Idee der Demokratie auch die rechtsstaatlichen Prinzipien der individuellen Freiheit und Toleranz gegenüber anderen gehören, muß die Anwendung der Mehrheitsregel Grenzen haben *(Minderheitsschutz).* Solche Grenzen werden im allgemeinen darin gesehen,

- daß eine Mehrheit die Minderheit nicht von der Teilnahme an Abstimmungen ausschließen darf,
- daß die Chancen der Minderheit gewahrt werden müssen, selbst zur Mehrheit zu werden,
- daß man einer Minderheit keine unzumutbare, sie existenziell treffende Mehrheitsentscheidung aufdrängt *(Toleranzprinzip),*
- daß Entscheidungen im allgemeinen reversibel für eine später zur Mehrheit gewordene Minderheit sein sollen und
- daß Entscheidungen nicht rigoros, also ohne Rücksicht auf die Belange der Minderheit gefällt werden, da sie für alle und nicht nur für die Mehrheit verbindlich sind.

Bei besonders gravierenden Entscheidungen (z. B. Verfassungsänderungen) werden daher qualifizierte Mehrheiten (z. B. eine Zweidrittelmehrheit) verlangt, die zur Berücksichtigung auch der Interessen von Minderheiten zwingen *(Kompromiß).* Letztlich setzt die Möglichkeit einer Koexistenz von Mehrheit und Minderheit das Vorhandensein eines von allen geteilten Grundkonsenses voraus, der Überstimmungen erträglich macht.

Mehrheitsbildung bei Abstimmungen

Beispiele mit jeweils 100 Abstimmungsberechtigten:

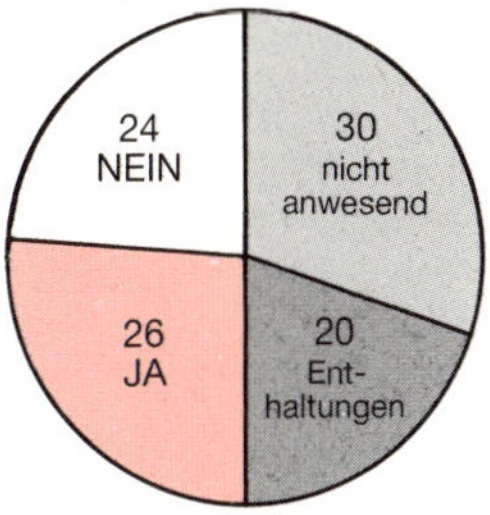

einfache (relative) Mehrheit

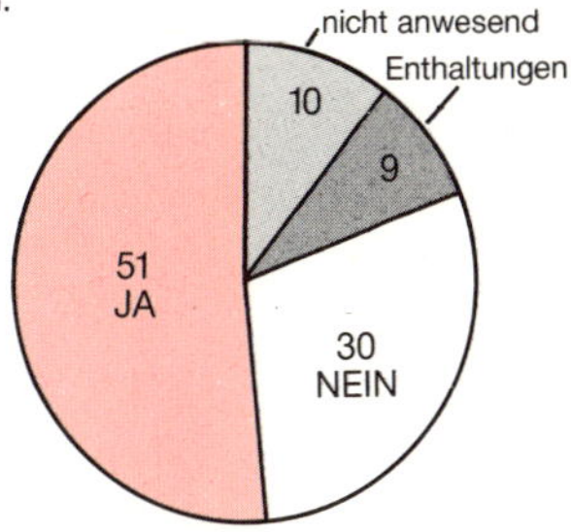

absolute Mehrheit der Abstimmungsberechtigten

qualifizierte Mehrheiten:

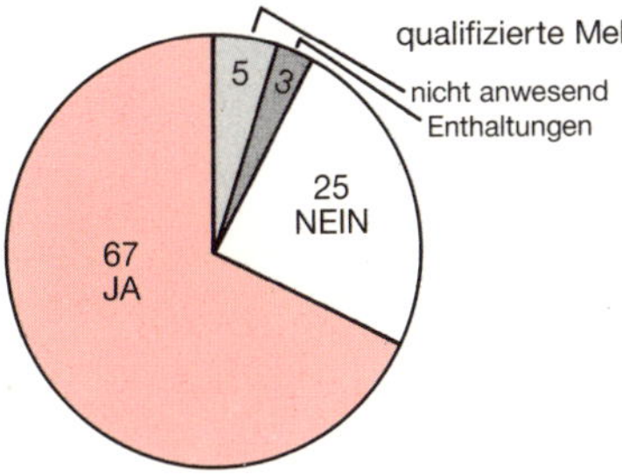

Zweidrittelmehrheit der Abstimmungsberechtigten

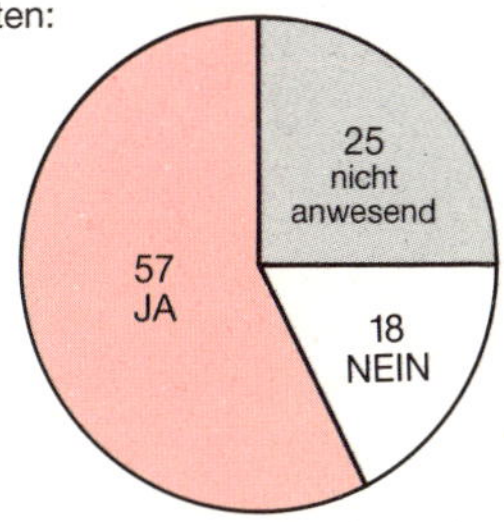

Quorum: mindestens drei Viertel der Abstimmungsberechtigten anwesend; von den Anwesenden eine Dreiviertelmehrheit

Erforderliche Mehrheiten im Deutschen Bundestag

einfache Mehrheit:

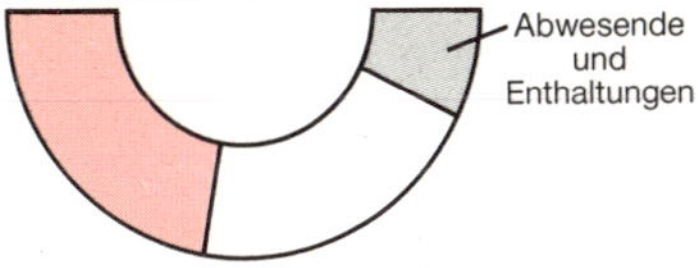

Regelfall;
Gesetzesbeschluß;
Kanzlerwahl im 3. Wahlgang

absolute Mehrheit der gesetzlichen Mitglieder:

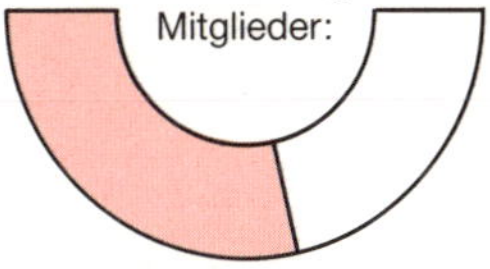

Kanzlerwahl im 1. und 2. Wahlgang; Vertrauensfrage; Konstruktives Mißtrauensvotum; Zurückweisung eines Einspruchs des Bundesrates, den dieser mit der Mehrheit seiner Stimmen beschlossen hat

Zweidrittelmehrheit, mindestens Mehrheit der gesetzlichen Mitglieder:

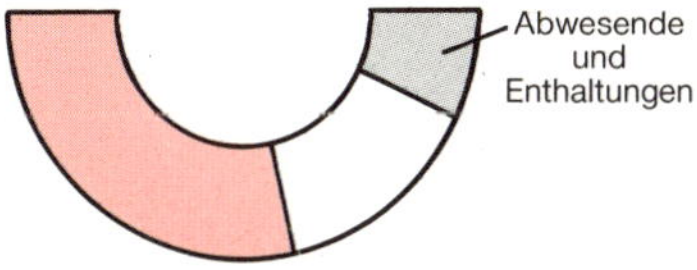

Zurückweisung eines Einspruchs des Bundesrates, den dieser mit zwei Dritteln seiner Stimmen beschlossen hat; Feststellung des Verteidigungsfalls

Mehrheit von zwei Dritteln der gesetzlichen Mitglieder:

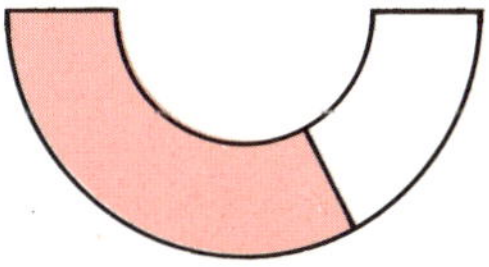

Änderung des Grundgesetzes; Anklage des Bundespräsidenten vor dem Bundesverfassungsgericht

Gewaltenteilung

Die Aufteilung der staatlichen Gewalt auf verschiedene Träger ist eines der wichtigsten Prinzipien des Verfassungsstaats (vgl. S. 14). Sie dient der Verhütung von Machtmißbrauch durch gegenseitige Kontrolle. Des näheren unterscheidet man Gewaltentrennung und Gewaltenteilhabe. Die *Gewaltentrennung* teilt die Staatsgewalt nach Funktionen in Gesetzgebung (Legislative), vollziehende Gewalt (Exekutive) und Rechtsprechung (Judikative; vgl. Art. 20 Abs. 2 GG). Jeder Funktion werden verschiedene Träger (Parlament, Regierung und Verwaltung, Gerichte) zugeordnet *(horizontale Gewaltenteilung)*. Sie sollen nicht zugleich Funktionen einer anderen Gewalt ausüben (Grundsatz der Unvereinbarkeit: *Inkompatibilität*). Dementsprechend bestimmt z. B. Art. 55 Abs. 1 GG, daß der Bundespräsident weder der Regierung noch einer gesetzgebenden Körperschaft des Bundes oder eines Landes angehören darf. Entsprechendes gilt für die Bundesverfassungsrichter (Art. 94 Abs. 1 GG). Auch die Wählbarkeit von staatlichen Funktionären (z. B. Beamten und Berufssoldaten) kann gesetzlich eingeschränkt werden (Art. 137 Abs. 1 GG). Derzeit gilt, daß sie bei Annahme ihrer Wahl in den Bundestag in den Ruhestand treten. Sie erhalten neben ihren Abgeordnetenbezügen ein Ruhegehalt und haben nach Beendigung ihrer parlamentarischen Tätigkeit einen Anspruch auf Wiederverwendung im öffentlichen Dienst. Regelungen dieser Art haben zu einem hohen Anteil von Beamten unter den Abgeordneten in den Parlamenten der Bundesrepublik geführt, was unter dem Gesichtspunkt der Gewaltenteilung nicht unbedenklich ist.

Im Gegensatz zur Gewaltentrennung wird nach dem Prinzip der *Gewaltenteilhabe* dieselbe staatliche Funktion von verschiedenen, sich gegenseitig kontrollierenden Organen ausgeübt, so in der Bundesrepublik z. B. die Gesetzgebung durch Bundestag und Bundesrat (vgl. S. 142, S. 144, S. 154). Eine entsprechende Gewaltenbalance findet aber auch bei der Gewaltentrennung statt. So gibt die Legislative den anderen Gewalten, die an Gesetz und Recht gebunden sind (vgl. Art. 20 Abs. 3 GG), den Rahmen ihrer Tätigkeit vor und hat sie auf diese Weise unter Kontrolle. In parlamentarischen Systemen (vgl. S. 74), in denen die Regierung sogar in ihrer personellen Zusammensetzung von der Legislative abhängig ist, geht die parlamentarische Verwaltungskontrolle in der Regel noch weiter. So können bei einem Wechsel der parlamentarischen Mehrheit nicht nur die Minister, sondern auch leitende Beamte der Verwaltung ausgewechselt werden (sog. „politische", in den einstweiligen Ruhestand versetzbare Beamte). Umgekehrt besitzt die Regierung gegenüber der Gesetzgebung vielfach ein Vetorecht, so z. B. der Präsident im Präsidialsystem der USA oder die Bundesregierung bei finanzwirksamen Gesetzen nach Art. 113 GG. Darüber hinaus hat sie häufig das Recht zur Gesetzesinitiative und – unter bestimmten Umständen – zur Parlamentsauflösung.

Die Organe der Rechtsprechung werden einerseits von der Exekutive ernannt, z. T. auch von der Legislative (oder vom Volk) gewählt, sind andererseits aber an keine Weisungen, sondern nur an Recht und Gesetz gebunden und daher zur Kontrolle der Exekutive und der Legislative befähigt. Eine Kontrolle der Gesetzmäßigkeit der Verwaltung erfolgt vor allem durch die Verwaltungsgerichtsbarkeit (vgl. S. 238); die Verfassungsmäßigkeit der Gesetzgebung wird durch die Verfassungsgerichtsbarkeit (vgl. S. 216) überprüft. Die Wahl und Bestellung der Verfassungsrichter (vgl. S. 218) wie auch anderer Richter durch Angehörige der Legislative und Exekutive verstößt nicht gegen das Gewaltenteilungsgebot, weil die richterliche Unabhängigkeit gewahrt bleibt (Art. 97 GG).

Auch in der bundesstaatlichen Kompetenzverteilung (vgl. S. 50) liegt ein gewaltenteilendes Moment, da hier ebenfalls eine Teilung staatlicher Funktionen mit vielfältigen gegenseitigen Kontrollen stattfindet *(vertikale Gewaltenteilung)*. Nicht übersehen werden darf, daß das Funktionieren der Gewaltenteilung ein echtes Kontrollinteresse unter den sich gegenüberstehenden Gewaltenträgern voraussetzt. In parlamentarischen Systemen ist dies im Verhältnis von Regierung und Parlamentsmehrheit nicht immer gegeben, weswegen dort die Kontrollfunktion vielfach auf die *Opposition* übergegangen ist. Wichtige Kontrollfunktionen üben heute die Presse (vgl. S. 92) und andere Medien (vgl. S. 94) sowie die miteinander konkurrierenden Parteien (vgl. S. 80) und Verbände (vgl. S. 88) untereinander aus. An die Stelle der Konkurrenz der Staatsorgane ist heute weitgehend die Parteienkonkurrenz getreten *(politische* oder *soziologische Gewaltenteilung)*.

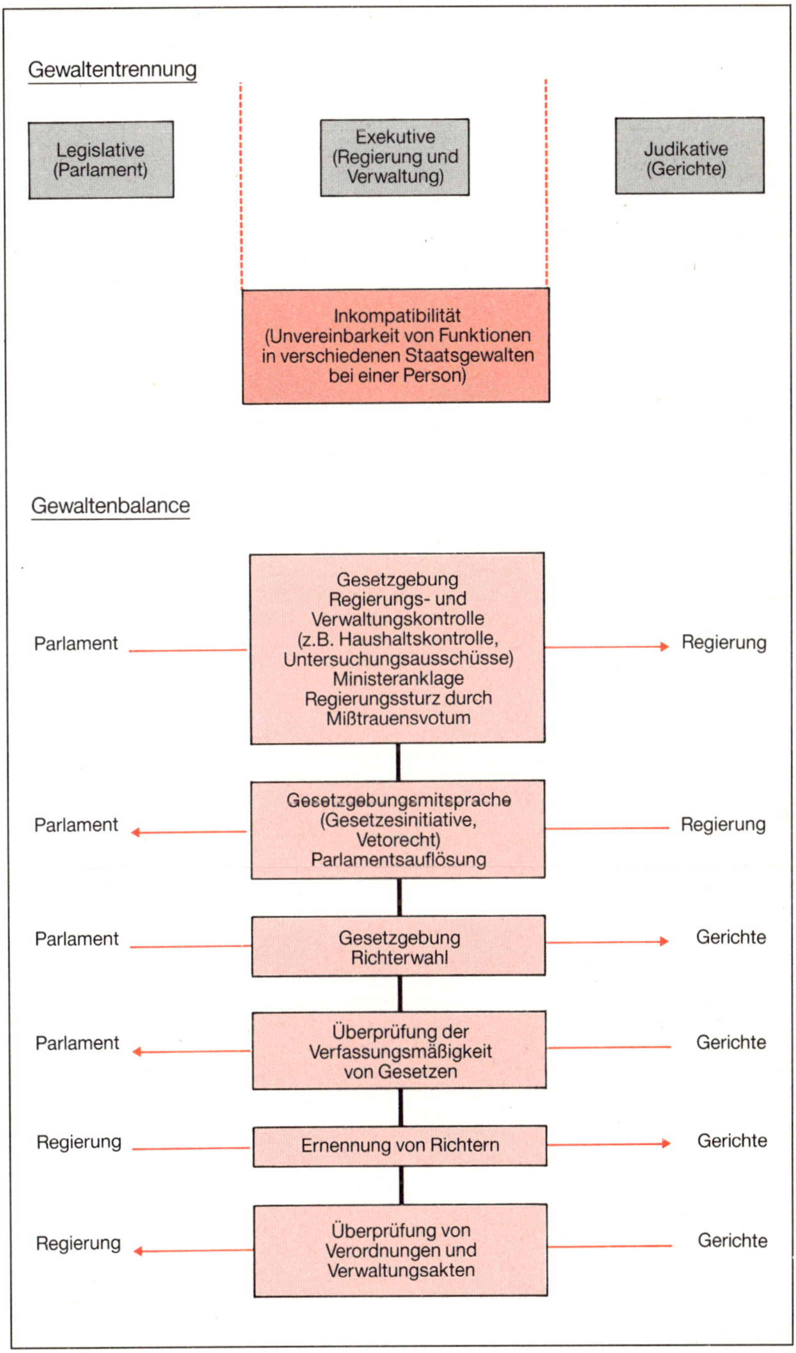
Gewaltentrennung
Legislative (Parlament)
Exekutive (Regierung und Verwaltung)
Judikative (Gerichte)
Inkompatibilität (Unvereinbarkeit von Funktionen in verschiedenen Staatsgewalten bei einer Person)
Gewaltenbalance
Parlament
Gesetzgebung Regierungs- und Verwaltungskontrolle (z.B. Haushaltskontrolle, Untersuchungsausschüsse) Ministeranklage Regierungssturz durch Mißtrauensvotum
Regierung
Parlament
Gesetzgebungsmitsprache (Gesetzesinitiative, Vetorecht) Parlamentsauflösung
Regierung
Parlament
Gesetzgebung Richterwahl
Gerichte
Parlament
Überprüfung der Verfassungsmäßigkeit von Gesetzen
Gerichte
Regierung
Ernennung von Richtern
Gerichte
Regierung
Überprüfung von Verordnungen und Verwaltungsakten
Gerichte

Rechtsstaatlichkeit und Kontrolle der Herrschaft durch Gewaltenteilung und Konkurrenz von Parteien sind die markantesten Kennzeichen westlicher Demokratien. Forderungen nach einem „Rechtsstaat“ wurden in Deutschland im 19. Jahrhundert laut. Sie waren bestimmt von der Idee eines nach Vernunftsprinzipien eingerichteten Staatswesens und wandten sich gegen absolutistische Herrscherwillkür und gegen den alles reglementierenden „Polizeistaat“. Zu den Forderungen nach Rechtsstaatlichkeit gehörten: 1. die Gewährung einer Freiheitssphäre in Gestalt von Menschenrechten, in die der staatliche Machtapparat (die Exekutive) nur aufgrund einer vorangegangenen gesetzlichen Anordnung eingreifen durfte (Gesetzesvorbehalt, Gesetzmäßigkeit der Verwaltung); 2. die Bestimmung des Gesetzes als einer allgemeinen, für die Betroffenen in gleicher Weise geltenden Regelung des Eingriffes in „Freiheit und Eigentum“, wobei auch allgemeine Prinzipien der Rechtssicherheit wie das Rückwirkungsverbot bei gesetzlichen Belastungen (z. B. im Strafrecht) zu beachten waren (Grundsatz der Berechenbarkeit des Rechts); 3. die Kontrolle der Eingriffe der Verwaltung auf ihre Gesetzmäßigkeit durch eine unabhängige, weisungsfreie und nur am Gesetz orientierte richterliche Gewalt (zunächst durch ordentliche Gerichte, später durch besondere Verwaltungsgerichte, besetzt mit unabhängigen nur dem Gesetz unterworfenen Richtern).

„Rechtsstaat“ bedeutete im 19. Jahrhundert mithin etwa dasselbe wie „Verfassungsstaat“: Gewährleistung von Freiheitsrechten und Gewaltenteilung mit Bindung der Exekutive und Judikative an die gesetzgebende Gewalt (Herrschaft des Gesetzes, Gesetzgebungsstaat). Angelpunkt des Systems war das Gesetz, worunter man eine Regel der Vernunft im Gegensatz zu einer willkürlichen Setzung verstand – im Vertrauen auf das Parlament als dem zu solchen Regelungen fähigen Gesetzgeber bzw. als einer neben dem Monarchen bei der Gesetzgebung mitwirkenden Institution. Da jedoch der Gesetzesbegriff keine verbindlichen inhaltlichen Festlegungen aufwies außer der der „Allgemeinheit“ (als Kennzeichen für das Gesetz im materiellen Sinne), blieb der Rechtsstaat eine allen möglichen Intentionen gegenüber offene Einrichtung, durch die nur das Verfahren der Rechtserzeugung und -anwendung geregelt war (formaler anstatt materialer, „inhaltlicher“, Rechtsstaat). Dies zeigte sich besonders, als durch die Einführung des allgemeinen Wahlrechts die soziale und interessenmäßige Heterogenität des parlamentarischen Gesetzgebers zunahm und damit die Schwierigkeit zu bestimmen, was als eine allen einleuchtende „vernünftige“ Regelung zu gelten habe. An die Stelle einer inhaltlichen Bestimmung dessen, was ein Gesetz ist, trat die am Verfahren orientierte Betrachtungsweise: Gesetz ist, was das Parlament im dafür vorgesehenen Verfahren beschließt (Gesetz im formellen Sinne). Versuche, den Rechtsstaat über bestimmte Verfahrensanordnungen hinaus inhaltlich zu bestimmen (z. B. als „sozialer Rechtsstaat“ in der Weimarer Republik), schlugen fehl. Von der nationalsozialistischen Diktatur wurde der Rechtsstaat überhaupt beseitigt: Grundrechte wurden nicht mehr respektiert, die Gewaltenteilung wurde aufgehoben, nicht einmal ein, wenigstens formale, Rechtssicherheit garantierender Gerichtsschutz gegen staatliche Übergriffe existierte. Möglichkeiten zu einem sich über rechtsstaatliche Prinzipien hinwegsetzenden Vorgehen hatten die Nationalsozialisten durch die Erklärung des Ausnahmezustands und durch ein Ermächtigungsgesetz für die nationalsozialistische Regierung im März 1933 erhalten (Unrechtsstaat [vgl. S. 30]).

Angesichts der nationalsozialistischen Diktatur hat das Grundgesetz in betonter Weise auf rechtsstaatliche Grundsätze zurückgegriffen, deutlicher noch als auf das demokratische Prinzip (vgl. S. 58):

1. Vollziehende Gewalt und Rechtsprechung sind wieder strikt an Gesetz und Recht gebunden (Art. 1 Abs. 3, Art. 20 Abs. 3 GG). Das dezidierte Bekenntnis zur Gewaltenteilung verbietet es dem Parlament, seine legislative Gewalt ohne weiteres an die Bundesregierung zu delegieren. Der Bundestag darf sich nicht seiner Aufgabe entledigen, die Regierung zu kontrollieren. „Ermächtigungsgesetze“ zum Erlaß von exekutiven Rechtsverordnungen dürfen daher keinen Blankoscheck-Charakter tragen, sondern müssen Inhalt, Zweck und Ausmaß der Ermächtigung genau umreißen (Art. 80 Abs. 1 GG).

2. Grundrechte werden garantiert. Das Grundgesetz bekennt sich zu den klassischen liberalen Menschen- und Bürgerrechten und zur Unantastbarkeit der Würde des Menschen. Es hat die Bedeutung der Grundrechte dadurch herausge-

hoben, daß es sie im Gegensatz zur Weimarer Reichsverfassung den übrigen Bestimmungen voranstellt. Grundrechte (Art. 1-19 GG) sind nicht nur Programmsätze für staatliches Handeln, sondern unmittelbar geltendes Recht.

3. Exekutive und Judikative dürfen in die Grundrechtssphäre nur aufgrund eines Gesetzes eingreifen (im Strafrecht: nulla poena sine lege, keine Strafe ohne Gesetz, Art. 103 Abs. 2 GG). Das gilt auch für jene speziellen Beziehungen zwischen Staat und Bürgern, die früher als „besondere Gewaltverhältnisse" von dieser Regelung ausgenommen waren, weil in ihnen Bürger in stärkerem Maße als üblich der staatlichen Gewalt unterworfen sind, z. B. im Schulbereich oder beim Militär. Auch Soldaten genießen heute Grundrechtsschutz. Darüber hinaus wird die Ansicht vertreten, daß auch Leistungen des Staates an die Bürger (z. B. Subventionen) einer gesetzlichen Grundlage bedürfen, da alle wesentlichen staatlichen Akte vom demokratisch gewählten Gesetzgeber ausgehen müßten.

4. Aber auch für den Gesetzgeber ist die Möglichkeit, in die Freiheitssphäre der Bürger einzugreifen, reduziert. Einige Grundrechte, z. B. die Glaubensfreiheit (Art. 4 Abs. 1 GG) oder das Asylrecht (Art. 16 Abs. 3 GG) sehen überhaupt keine gesetzliche Einschränkung vor. In anderen Fällen darf der Gesetzgeber ein Grundrecht zwar einschränken, aber nur soweit nötig (Übermaßverbot) und keinesfalls in seinem Wesensgehalt antasten. Die gesetzliche Beschränkung muß das betroffene Grundrecht benennen (Art. 19 Abs. 1 und 2 GG). Sie muß allgemein sein und darf nicht nur für den Einzelfall gelten.

5. Auch der zur Verfassungsänderung befugte Gesetzgeber ist an die Grundprinzipien der vorgegebenen Verfassungsordnung gebunden (Art. 20 Abs. 3 GG). Er darf bestimmte, in Art. 20 GG gewährleistete Verfassungsgrundsätze, u. a. das Rechtsstaatsprinzip, nicht antasten (Art. 79 Abs. 3 GG). Nicht nur die Exekutive und Judikative, auch die Legislative ist bei ihrer Tätigkeit an das Gleichbehandlungsgebot des Art. 3 GG gebunden, ebenso wie an das Gebot der Rechtssicherheit, das z. B. rückwirkende Belastungen der Bürger (z. B. rückwirkende Belastung mit Abgaben) untersagt und von staatlichen Handlungen Klarheit und Widerspruchslosigkeit, Berechenbarkeit und Meßbarkeit fordert. Weitere Vorstellungen, die das Rechtsstaatsprinzip inhaltlich beherrschen und die den Gesetzgeber binden, enthält z. B. das Bekenntnis zum „sozialen Rechtsstaat" in Art. 28 GG.

6. Gegen Rechtsverletzungen steht jedermann der Rechtsweg zu den Gerichten offen (Art. 19 Abs. 4 GG), d. h. zu unabhängigen, nicht ohne weiteres absetzbaren oder versetzbaren Richtern (Art. 97 GG). Jedermann hat Anspruch auf rechtliches Gehör (Art. 103 Abs. 1 GG). Niemand darf seinem gesetzlichen Richter, der durch eine im voraus verabschiedete allgemeine Geschäftsverteilung bestimmt und nicht ad hoc für einen bestimmten Fall eingesetzt wird, entzogen werden. Die Errichtung von Ausnahmegerichten ist verboten (Art. 101 GG). Das Grundgesetz hat auch diese und andere sog. judiziellen Grundrechte, z. B. die Bindung des Freiheitsentzuges an einen richterlichen Entscheid (Art. 104 GG) oder das Verbot mehrmaliger Bestrafung wegen einer Tat (ne bis in idem, Art. 103 Abs. 3 GG), besonders abgesichert. Zur allgemeinen Rechtsschutzgarantie gehört auch die – in Deutschland erstmalige – Kontrolle des Gesetzgebers durch das Verfassungsgericht (Art. 93 GG).

7. Auch vor Gefährdungen durch die Bürger ist das Rechtsstaatsprinzip abgesichert (Schutz der freiheitlichen demokratischen Rechtsordnung [vgl. S. 202]). Die Betonung des Rechtsstaatsprinzips im Grundgesetz wirft eine Reihe von Problemen auf: So ergibt sich ein Spannungsverhältnis zum Sozialstaat (vgl. S. 78), zwischen Sicherung der Freiheit und erworbenen Rechtspositionen einerseits, Inpflichtnahme der Bürger und Güterumverteilungsforderungen aber andererseits. Auch zum Demokratieprinzip (vgl. S. 58) besteht insoweit eine Spannung als fraglich sein kann, inwieweit das Bundesverfassungsgericht befugt ist, Gesetze des den das Volk repräsentierenden Bundestags zu korrigieren. Auch die strikte Beachtung des Rechtsstaatsprinzips selbst führt zu Problemen: Zur Überlastung des Gesetzgebers, der vieles selbst regeln muß, zu einer bürokratischen Verklausulierung der Gesetze, die in ihrem Bemühen um soziale Gerechtigkeit und um Rechtsprechungsfestigkeit nicht selten zu einer Unübersichtlichkeit und Unverständlichkeit der Regelungen führen, durch die das rechtsstaatliche Gebot der Rechtssicherheit und am Ende auch die bürgerliche Freiheit verletzt wird.

Parlamente sind Versammlungen von (gewählten) Abgeordneten. Sie nehmen zentrale Aufgaben der Staatsleitung und Regierungskontrolle wahr. Beruht ihre Zusammensetzung nicht auf echten Wahlen (vgl. S. 60) und üben sie ihre Befugnisse nur formal, ohne wirkliche Entscheidungsmacht aus, spricht man von Scheinparlamentarismus.

Als Vorläufer der Parlamente kann man die *Ständeversammlungen* des frühneuzeitlichen Staats (vgl. S. 10) betrachten, deren Mitglieder neben Deputierten der Städte meist Angehörige der oberen Stände (Adel, Geistlichkeit) waren, die kraft Geburt oder kraft Amtes in den Landtagen Sitz und Stimme hatten. Dagegen beruht die Mitgliedschaft in modernen Parlamenten auf sich periodisch wiederholenden Wahlen von Abgeordneten (vgl. S. 72), die von frei gebildeten *Parteien* (vgl. S. 82) gestellt werden. Zwar kannte der ältere Verfassungsstaat in Deutschland (vgl. S. 14) noch neoständische Elektionsweisen, auch blieb die Idee einer berufsständischen Zusammensetzung des Parlaments lange (z. B. im Faschismus) lebendig, dessen ungeachtet sind Parlamente heute durchweg von Parteien und ihren Parlamentsfraktionen beherrschte Volksvertretungen.

Während es die Hauptaufgabe der Ständeversammlungen war, aus besonderen Anlässen erforderlich gewordene Steuern zu bewilligen, gehört heute neben der Kontrolle des Staatshaushalts die Gesetzgebung zu den zentralen Tätigkeiten der Parlamente. In *parlamentarischen Systemen* (vgl. S. 74) fällt ihnen mit der Wahl des Regierungschefs auch ein wichtiger Part bei der Regierungsbildung zu.

Die Parlamente regeln ihre Verhältnisse, soweit die Verfassung nichts vorschreibt, selbst *(Parlamentsautonomie)*, und zwar für jede Legislaturperiode neu (Grundsatz der *Diskontinuität*). Zum Parlamentsrecht gehören z. B. Diätengesetze, Wahlprüfungsgesetze und vor allem die *Geschäftsordnungen*, die die Arbeitsweise der Parlamente bestimmen. Neben Präsidium und Ältestenrat, die den parlamentarischen Betrieb leiten, verfügen moderne Parlamente über Plenum, Ausschüsse und Fraktionen als arbeitende Gremien. Man unterscheidet Rede- und Arbeitsparlamente, je nachdem ob der Akzent ihrer Tätigkeit auf der öffentlichen Artikulierung unterschiedlicher politischer Ansichten liegt oder auf der Verabschiedung von Gesetzen und der Kontrolle von Regierung und Verwaltung. Letzteres spielt in der Bundesrepublik eine große Rolle, wobei es einen Unterschied macht, ob es sich, wie beim Deutschen Bundestag (vgl. S. 142), um Großparlamente mit über 500 Abgeordneten handelt oder um Versammlungen, die, wie die Landtage, nur 50 bis 200 Mitglieder aufweisen.

Das zentrale, Mehrheitsbeschlüsse mit verbindlicher Wirkung nach außen fällende Gremium ist das *Plenum*. Die Vorbereitung der Gesetze und die Kontrolltätigkeit wird indessen vor allem in den *Ausschüssen* geleistet, die zu Beginn jeder Wahlperiode meist spiegelbildlich zu den Ministerien gebildet und von den Fraktionen entsprechend ihrer Größe beschickt werden. Die Ausschüsse sind mit sachverständigen, häufig aufgrund ihrer außerparlamentarischen Bindungen an der betreffenden Materie interessierten Abgeordneten besetzt. Sie tagen nichtöffentlich und ziehen zu ihrer Arbeit regelmäßig Vertreter der Ministerialbürokratie hinzu. Neben den ständigen Ausschüssen gibt es ad hoc zu parlamentarischen Untersuchungen (vgl. S. 76) eingesetzte *Hearings* und *Untersuchungsausschüsse* sowie weitere Hilfsorgane des Parlaments, z. B. den Wehrbeauftragten des Bundestages. Von zentraler Bedeutung sind die von den Abgeordneten einer Partei gebildeten *Fraktionen* und *Arbeitskreise*. In ihnen werden die Parteimeinungen und das Verhalten im Plenum abgeklärt sowie die Verbindung zu den Parteizentralen und (bei den Regierungsfraktionen) zur Regierung hergestellt. Zunahme und Komplizierung der gesetzgeberischen Tätigkeit sowie der Übergang zu mittelfristigen Planungen (vgl. S. 386) erschweren die Kontrollfunktionen der Parlamente, was man durch Maßnahmen der Parlamentsreform zu verbessern sucht.

Moderne Parlamente verfügen über einen bürokratischen Apparat, der dem Parlamentspräsidenten und den Abgeordneten zuarbeiten soll. Der Direktor des Parlaments z. B. berät den amtierenden Parlamentspräsidenten in Fragen der Geschäftsordnung, der Wissenschaftliche Dienst sorgt u. a. für Gutachten und das Archiv, der Stenografische Dienst besorgt die Mitschriften der Debatten. Daneben verfügen die Fraktionen oft noch über eigene Assistenten.

Beispiel der Organisation eines Parlamentes

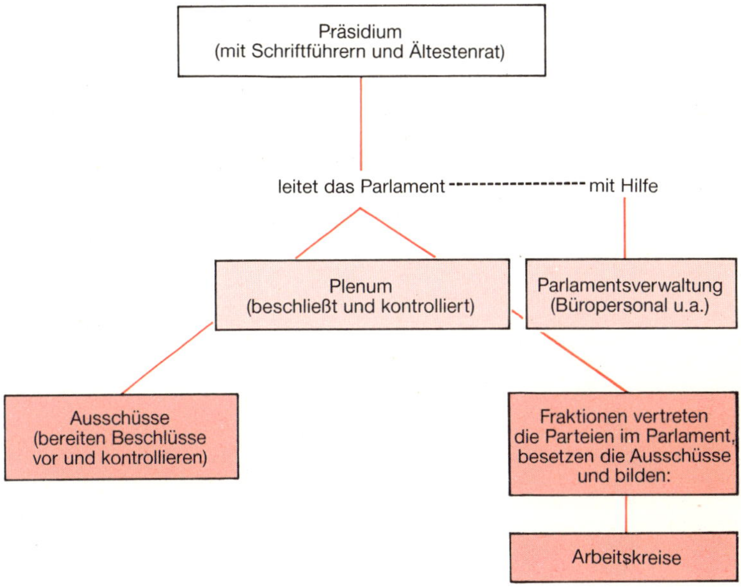

Ständige Parlamentsausschüsse im Bundestag

(11. Legislaturperiode)

Bundestagsausschüsse: Zahl der Mitglieder	Gesamt	CDU/ CSU	SPD	FPD	Grüne
1. Ausschuß für Wahlprüfung, Immunität und Geschäftsordnung	13	6	5	1	1
2. Petitionsausschuß	29	13	11	3	2
3. Auswärtiger Ausschuß	37	17	14	3	3
4. Innenausschuß	33	15	12	3	3
5. Sportausschuß	17	8	6	2	1
6. Rechtsausschuß	27	12	10	3	2
7. Finanzausschuß	33	15	12	3	3
8. Haushaltsausschuß	37	17	14	3	3
9. Ausschuß für Wirtschaft	33	15	12	3	3
10. Ausschuß für Ernährung, Landwirtschaft und Forsten	27	12	10	3	2
11. Ausschuß für Arbeit und Sozialordnung	35	16	13	3	3
12. Verteidigungsausschuß	29	13	11	3	2
13. Ausschuß für Jugend, Familie, Frauen und Gesundheit	31	14	11	3	3
14. Ausschuß für Verkehr	31	14	11	3	3
15. Ausschuß für das Post- u. Fernmeldewesen	13	6	5	1	1
16. Ausschuß für Raumordnung, Bauwesen und Städtebau	27	12	10	3	2
17. Ausschuß für innerdeutsche Beziehungen	25	12	9	2	2
18. Ausschuß für Forschung und Technologie	27	12	10	3	2
19. Ausschuß für Bildung und Wissenschaft	19	8	7	2	2
20. Ausschuß für wirtschaftliche Zusammenarbeit	25	12	9	2	2
21. Ausschuß für Umwelt, Naturschutz und Reaktorsicherheit	31	14	11	3	3

Abgeordnetenmandat und Rechtsstellung der Abgeordneten

Abgeordnete sind in Parlamente (vgl. S. 70) gewählte Volksvertreter, die mit der Wahrnehmung eines öffentlichen, den Aufgaben ihres Parlamentes entsprechenden Amtes beauftragt sind („Mandat"). Sie gelten als „Vertreter des ganzen Volkes" und haben sich in erster Linie um dessen Wohl zu kümmern (Prinzip der Repräsentation). Zu diesem Zweck besitzen sie ein *freies Mandat,* sind sie im Gegensatz zum imperativen Mandat an „Aufträge und Weisungen nicht gebunden, sondern nur ihrem Gewissen unterworfen" (Art. 38 Abs. 1 GG).

Entsprechend ihrer bedeutsamen politischen Aufgabe ist ihre Rechtsstellung im 19. Jahrhundert gegen Zugriffe von anderen staatlichen Gewalten abgesichert worden. Noch heute genießen die Abgeordneten in Bund und Ländern *Indemnität,* d.h., sie dürfen wegen einer Abstimmung oder Äußerung im Parlament im allgemeinen nicht verfolgt und außerhalb des Parlamentes zur Verantwortung gezogen werden (vgl. Art. 46 Abs. 1 GG). Wenn sie eine mit Strafe bedrohte Handlung begangen haben, dürfen sie deswegen nur mit Genehmigung des Parlamentes belangt und verhaftet werden, es sei denn, daß sie bei Begehung der Tat oder im Laufe des folgenden Tages festgenommen worden sind (*Immunität,* vgl. Art. 46 Abs. 2 GG). Die Abgeordneten haben zum Schutz des zwischen ihnen und den Staatsbürgern bestehenden Vertrauensverhältnisses ein *Zeugnisverweigerungsrecht* (vgl. Art. 47 GG). Sie dürfen nicht gehindert werden, ihr Amt anzunehmen und auszuüben; so darf z. B. einem Angestellten, der Abgeordneter wird, aus diesem Grunde von seinem Arbeitgeber nicht gekündigt werden (vgl. Art. 48 Abs. 2 GG). Für ihre Tätigkeit erhalten sie eine Entschädigung (sog. *Diäten*), die nicht mehr lediglich Ersatz für den mit der Wahrnehmung des Mandats verbundenen Aufwand ist, sondern zur Bestreitung des Lebensunterhalts dienen soll. Damit wird dem Umstand Rechnung getragen, daß die Tätigkeit eines Abgeordneten heute kein Nebenamt mehr ist, sondern einen Full-time-Job darstellt. Sie umfaßt nicht nur die Arbeit im Parlament, sondern auch Wahlkreispflege und ähnliche Verpflichtungen.

Die besondere, u.a. im Abgeordnetengesetz des Bundes geregelte Rechtsstellung der Abgeordneten wird vielfach kritisiert; insbesondere ist das freie Mandat mit dem Hinweis auf die Fraktionsabhängigkeit der Abgeordneten angegriffen worden. Tatsächlich hat sich die Stellung der Abgeordneten im Wandel vom ehrenamtlich tätigen Honoratioren des beginnenden 19. Jahrhunderts zum *Berufspolitiker,* der seine Aufstellung bei der Wahl in einem Wahlkreis oder auf einem Listenplatz heute in der Regel einer Parteikarriere verdankt, gründlich verändert. Doch hat das freie Mandat deswegen seinen Sinn nicht verloren. Ihm widerspricht nicht die *Fraktionsdisziplin,* die parteigebundene Abgeordnete beachten, und wohl auch nicht die Rotation, das vorzeitige Ausscheiden von Abgeordneten einer Fraktion, sofern der Verzicht auf das Mandat freiwillig erfolgt. Auch hat das Bundesverfassungsgericht die enge Beziehung von Partei und Abgeordneten anerkannt, indem es im Fall des Verbotes einer Partei auch das Mandat ihrer Anhänger für erloschen erklärt. Dagegen ist durch das freie Mandat die Ausübung des *Fraktionszwanges,* das mit Sanktionen verbundene Verlangen, in von der Fraktion vorgeschriebener Weise abzustimmen, untersagt. Auch dürfen Abgeordnete nicht gegen ihren Willen zum Rücktritt gezwungen werden. Selbst der Austritt aus einer Partei und der Parteiwechsel führen nicht zum Verlust des Mandats, wie sehr es der Abgeordnete auch seiner ehemaligen Partei verdanken mag. Der Grundgedanke dieses weitgehenden Schutzes ist der, daß Abgeordnete nicht als bloßes Anhängsel oder „Stimmvieh" einer Partei zu behandeln sind, sondern daß man von ihnen erwarten und verlangen kann, daß sie bei ihrer Tätigkeit ihrer ihrer Überzeugung folgen und nach eigenem bestem Wissen und Gewissen entscheiden.

Nach ihrer politischen Rolle lassen sich Abgeordnete in Fraktionsführer, Spezialisten für bestimmte Fragen und sog. Hinterbänkler unterscheiden, die oftmals für die Pflege der Wahlkreise wichtig sind.

Damit die Unabhängigkeit der Abgeordneten gewahrt bleibt, hat der Bundestag Verhaltensregeln erlassen. Sie sehen u.a. vor, daß die Abgeordneten ihre wirtschaftlichen oder anderen Tätigkeiten angeben, wenn diese auf eine Interessenverknüpfung hinweisen können, ihre Einkünfte offenlegen und Spenden anzeigen, wenn bestimmte Mindestbeträge überschritten werden und Angaben über sich im Amtlichen Handbuch des Deutschen Bundestages veröffentlichen.

Berufsstruktur der Bundestagsabgeordneten

Berufliche Tätigkeit bzw. Erwerbsstellung — Wahlperiode:	I.	VII.	VIII.	IX.	X.	XI.
Angehörige des öffentlichen Dienstes (Angestellte und Beamte)	89 22,1%	215 41,5%	217 41,9%	207 39,9%	208 40,0%	196 37,7%
Inhaber von Regierungsämtern (einschl. parlamentarische Staatssekretäre)	– –	13 2,5%	12 2,3%	36 6,9%	42 8,1%	46 8,9%
Pfarrer (katholisch oder evangelisch)	– –	6 1,2%	4 0,8%	2 0,5%	4 0,8%	2 0,4%
Angestellte politischer und gesellschaftlicher Organisationen	100 24,9%	82 15,8%	66 12,7%	63 12,1%	65 12,5%	59 11,4%
Angestellte in der Privatwirtschaft (Industrie, Handel, Handwerk, Gewerbe)	34 8,5%	67 12,9%	69 13,3%	55 10,6%	55 10,6%	63 12,1%
Selbständige (Fabrikanten, Unternehmer, Kaufleute, Handwerker, Landwirte u.a.)	90 22,4%	68 13,1%	57 11,0%	73 14,1%	62 11,9%	54 10,4%
Freie Berufe (Rechtsanwälte, Notare, Ärzte Ingenieure, Journalisten u.a.)	83 20,7%	45 8,7%	54 10,4%	63 12,1%	57 11,0%	60 11,6%
Hausfrauen	4 1,0%	9 1,7%	5 1,0%	8 1,5%	7 1,3%	10 1,9%
Arbeiter	2 0,5%	7 1,4%	11 2,1%	12 2,3%	14 2,7%	11 2,1%
Sonstige (z.B. junge Akademiker ohne bisherige Berufsausübung)	– –	6 1,2%	14 2,7%	– –	– –	7 1,4%
Ohne verwertbare Angaben	– –	– –	9 1,7%	– –	6 1,1%	11 2,1%
Gesamtzahl der Abgeordneten	402	518	519	519	520	519

Quelle: Gegenwartskunde 1/88, S. 57

Zu den zentralen Aufgaben moderner Parlamente (vgl. S. 70) gehört die Kontrolle der Regierung. Sie ist historisch mit der Bewilligung des Haushalts (vgl. S. 384), der staatlichen Einnahmen und Ausgaben, verbunden. Daraus entwickelte sich, zuerst im 18. und 19. Jahrhundert in Großbritannien, das *parlamentarische Regierungssystem* – anfangs in der Gestalt, daß vom Monarchen ernannte Regierungen bzw. einzelne Minister zurücktreten mußten, wenn die Mehrheit des Parlaments ein Mißtrauensvotum gegen sie abgab. Allmählich wurde es üblich, daß auch die Bildung der Regierung auf das Parlament, d. h. auf die Parteien, die in ihm die Mehrheit stellen, überging. Diese Art von *Regierungsbildung* (vgl. S. 150) und das *Mißtrauensvotum* sind auch heute noch typische Kennzeichen des parlamentarischen Systems. In Deutschland wurde es im Oktober 1918 eingeführt (vgl. S. 22) und anschließend in die Weimarer Reichsverfassung (vgl. S. 26) übernommen.

Die im parlamentarischen System statuierte Abhängigkeit der Regierung von der Parlamentsmehrheit bedeutet nicht ohne weiteres ihre politische Unterordnung. Das Verhältnis von Parlament und Regierung hängt vielmehr von den Bedingungen ab, die Parteiensystem, Wahlrecht und politische Kultur (die Einstellungen und Verhaltensweisen der Wähler und Abgeordneten) schaffen. So mußten z. B. im Frankreich der Dritten und Vierten Republik sowie in der Weimarer Republik (vgl. S. 28) Regierungen aus heterogenen Parteien gebildet werden. Sie waren vom schnellen Zerfall der Koalitionen bedroht und daher von den Parlamentsfraktionen stark abhängig. Anders in Großbritannien: Dort steht in der Regel eine Mehrheitspartei unter straffer Führung des Premierministers, der meist zugleich Parteichef ist. Es ist offenbar vorteilhaft, daß Parteiführung, Fraktionsvorsitz und Regierungsleitung im parlamentarischen System eng miteinander verbunden sind.

In der Bundesrepublik wird der Regierungschef in Bund und Ländern vom Parlament gewählt, in den Stadtstaaten sogar die gesamte Regierung. Im allgemeinen ist die Amtsübernahme der Regierung an eine Bestätigung durch das Parlament gebunden. Mißtrauensvoten sind möglich, jedoch oft nur in reduzierter Form. Teilweise ist von den Ländern das konstruktive Mißtrauensvotum des Bundestags übernommen worden. Ein Mißtrauensvotum darf in diesem Fall nur gegen den Regierungschef ausgesprochen werden und auch das nur dann, wenn ein neuer Regierungschef gewählt wird. Es führt zum Rücktritt der ganzen Regierung und zur Übernahme ihrer Geschäfte durch eine neue Regierung. Das Mißtrauensvotum richtet sich auch sonst in der Regel gegen die gesamte Regierung; in manchen Ländern kann es auch gegen einzelne Minister ausgesprochen werden.

Anders als im Bund findet man das Gegenmittel gegen den parlamentarischen Regierungssturz, die *Parlamentsauflösung* durch das Staatsoberhaupt oder die Regierung, in den Ländern selten. Verbreiteter ist hier das schon in der Weimarer Republik bekannte Selbstauflösungsrecht der Landtage. Auch ihre Auflösung durch Volksentscheid ist in einigen Verfassungen vorgesehen. Manche Verfassungen haben überdies die Tradition, daß in besonderen Situationen die Regierung selbst Gesetze (sog. Notverordnungen) geben kann, übernommen. Auf Bundesebene ist dieser Fall so geregelt, daß eine Regierung, die für ihr Vorhaben im Bundestag keine Unterstützung findet, vom Bundespräsidenten die Erklärung des *Gesetzgebungsnotstands* verlangen kann, worauf sie unter besonderen Kautelen sechs Monate lang Gesetze selbst beschließen darf (Art. 81 GG).

Parlamentsauflösung und Gesetzgebungsnotstand sind, wie umgekehrt der Regierungssturz durch Mißtrauensvotum, äußerste Mittel in einem Konflikt zwischen Regierung und Parlament. Normal ist in einem parlamentarischen System dagegen das Zusammenspiel von Regierung und Parlamentsmehrheit, das eher die Kontrollfunktion des Parlaments beeinträchtigt als die Regierung in Schwierigkeiten bringt. Die Regierungskontrolle ist daher im parlamentarischen System weitgehend auf die *Opposition* übergegangen; Prinzip und Zweck der Gewaltenteilung (vgl. S. 66) werden dabei dadurch gewahrt, daß die im Gegensatz von Regierungsmehrheit und Opposition zum Ausdruck kommende *Parteienkonkurrenz* für die Überwachung der staatlichen Tätigkeit sorgt und gegebenfalls zu einem Regierungswechsel führt.

Schema des parlamentarischen Systems

Parlament		Regierung
Wahlen ↓ Parlament	→	Regierung
↓ Gesetzgebung (mit eigener Initiative)	←	↓ Gesetzesinitiative (evtl. suspensives Veto, Anrufung eines Volksentscheids, Notgesetzgebung)
Mittelbewilligung	←	Aufstellung des Haushalts
und Vollzugskontrolle	←	Rechnungslegung
diverse Kontrollmittel (z.B. Interpellationen, Untersuchungsausschüsse)		Rederecht im Parlament
		Vertrauensfrage
Regierungssturz (Mißtrauensvotum)		Parlamentsauflösung

Der Gesetzgebungsnotstand nach Art. 81 GG

Bundeskanzler stellt Vertrauensfrage nach Art. 68 GG

Bundestag spricht das Vertrauen nicht aus

Bundesregierung bringt (evtl. schon verbunden mit der Vertrauensfrage) eine als dringlich bezeichnete Gesetzesvorlage ein

Bundestag lehnt Gesetzesvorlage ab

Bundeskanzler schlägt keine Auflösung des Bundestags nach Art. 69 GG vor bzw. Bundespräsident kommt Auflösungsvorschlag nicht nach

Bundesregierung stellt Antrag auf Erklärung des Gesetzgebungsnotstands

Bundespräsident kann Gesetzgebungsnotstand erklären, aber nur mit Zustimmung des Bundesrats (andernfalls muß Bundesregierung auf ihre Vorlage verzichten, evtl. zurücktreten)

Erneute Einbringung Gesetzesvorlage

Bundestag lehnt Gesetzesvorlage erneut ab, oder verabschiedet sie nicht binnen vier Wochen, oder nimmt sie in einer von der Bundesregierung als unannehmbar bezeichneten Fassung an

Gesetzesvorlage der Bundesregierung wird dennoch Gesetz, soweit ihr der Bundesrat zustimmt (Jedoch: keine Verfassungsänderung auf diesem Weg möglich)

Bundesregierung bringt weitere Gesetzesvorlagen ein, die sie als dringlich bezeichnet

Bundestag lehnt die Gesetzesvorlagen ab

Wiederholung der Erklärung des Gesetzgebungsnotstandes und der außerordentlichen Gesetzgebungsprozedur möglich, jedoch nur innerhalb von sechs Monaten nach der ersten Erklärung des Gesetzgebungsnotstandes und nur einmal während der Amtszeit eines Bundeskanzlers

Parlamentarische Untersuchungen

Nach Art. 44 GG hat der Bundestag (vgl. S. 142) das Recht und auf Antrag eines Viertels seiner Mitglieder die Pflicht, einen Untersuchungsausschuß (UA) einzusetzen, der in öffentlicher Verhandlung die erforderlichen Beweise erhebt. Die historischen Vorbilder sind im englischen Unterhaus einerseits und im französisch-belgischen Parlamentarismus andererseits zu finden. Der UA ist ein parlamentarisches Hilfsorgan des Bundestags und wird als Kontroll- und Informationsmittel benutzt. Die Aufgaben eines UA sind nach dem Untersuchungsthema zu unterscheiden. Bei *Legislativenquêten* dient der UA dem Parlament als Informationsmittel zur Vorbereitung schwieriger Gesetzesvorlagen, z. B. die Enquêtekommission „Chancen und Risiken der Gentechnologie“ in der 10. Legislaturperiode. Die Exekutivkontrolle *(Verwaltungsenquête)* dient der Überwachung der Verwaltung durch das Parlament. Schließlich kann ein UA die Aufgabe der Ansehenswahrung des Parlaments (Bestechungsfälle, unkorrektes Verhalten von Abgeordneten) wahrnehmen. Die politische Wirksamkeit des parlamentarischen UA bei der Durchführung von Untersuchungen öffentlicher Mißstände und Skandale ist bis heute zweifelhaft geblieben.

Die *Einsetzung* des UA erfolgt entweder auf einen gewöhnlichen Mehrheitsbeschluß des Bundestags hin oder aber in Auswirkung des in Art. 44 GG verbrieften Minderheitenrechts, wenn der Antrag von mindestens einem Viertel aller Abgeordneten unterstützt wird.

In ihrer *Zuständigkeit* sind Untersuchungsausschüsse als Hilfsorgan an die Zuständigkeit des Bundestags selbst gebunden, da der Bundestag keine Rechte an einen UA übertragen kann, die er nicht selbst besitzt. Insbesondere darf ein UA nicht in die Rechte der Länder oder Gemeinden eingreifen oder das Prinzip der Gewaltenteilung durchbrechen. Die Untersuchung wird durch die Thematik des Einsetzungsbeschlusses oder des Minderheitenantrags begrenzt. Das Bundesverfassungsgericht hat dazu entschieden, daß es das Minderheitenrecht auf Einsetzung eines UA grundsätzlich der Mehrheit verwehrt, das Untersuchungsthema der Minderheit durch Zusatzfragen zu erweitern. In erster Linie soll sich der UA nur mit der Tatsachenermittlung beschäftigen, doch haben in den meisten Fällen die bisher eingesetzten UA des Bundestags auch eine Wertung vorgenommen. Die politischen Folgerungen allerdings bleiben in jedem Fall dem Parlament vorbehalten.

Für das *Verfahren* der UA bestehen keine gesetzlichen Vorschriften; eine Reform ist seit langem gefordert und beabsichtigt, um den Ablauf der Untersuchung durch ein Verfahrensgesetz wirksamer zu gestalten. Auf Beweiserhebungen finden gemäß Art. 44 GG die Vorschriften über den Strafprozeß sinngemäß Anwendung. Die Sitzungen finden öffentlich statt, die Öffentlichkeit kann jedoch ausgeschlossen werden. Der Vorsitzende des UA hat entsprechend den Regelungen der Strafprozeßordnung und des Gerichtsverfassungsgesetzes die Zuständigkeiten des Vorsitzenden des Gerichts in einem Strafprozeß. Die Ermittlungs- und Erzwingungsrechte eines UA sind problematisch und haben mehrmals zu Verfahren vor dem Bundesverfassungsgericht geführt (z. B. im Ausschuß zur Untersuchung der Parteispendenaffäre [Flick-Ausschuß] und im Ausschuß zur Untersuchung der Affäre um die Wohnungsbaugesellschaft Neue Heimat). Im Dezember 1987 räumte das Bundesverfassungsgericht dem UA des Bundestages Beschlagnahme- und Aussageerzwingungsrechte ein. Der UA kann Durchsuchungen, Beschlagnahmen und Verhaftungen allerdings nicht selbst vornehmen. Nach Art. 44 Abs. 3 GG haben die Verwaltungsbehörden dem UA Amtshilfe zu leisten, die allerdings hinsichtlich der Pflicht zur Herausgabe von Akten, z. B. aus Staatsschutzgründen, nicht uneingeschränkt ist. Nach Art. 44 Abs. 4 GG sind die Beschlüsse des UA der richterlichen Erörterung entzogen. Andererseits sind die Ergebnisse des UA für die Rechtsprechung der Gerichte unverbindlich.

Das Verfahren des UA endet in der Regel mit der Beratung eines Entwurfs des *Schlußberichts* durch die Ausschußmitglieder. Einigen sich diese nicht auf einen gemeinsamen Schlußbericht, so erfolgt ein eigentlicher Ausschußbericht und ein Minderheitenbericht. Beide werden als Bundestagsdrucksache dem Plenum des Bundestags vorgelegt, das den Ergebnissen zustimmen oder diese ablehnen kann.

Ablauf einer parlamentarischen Untersuchung

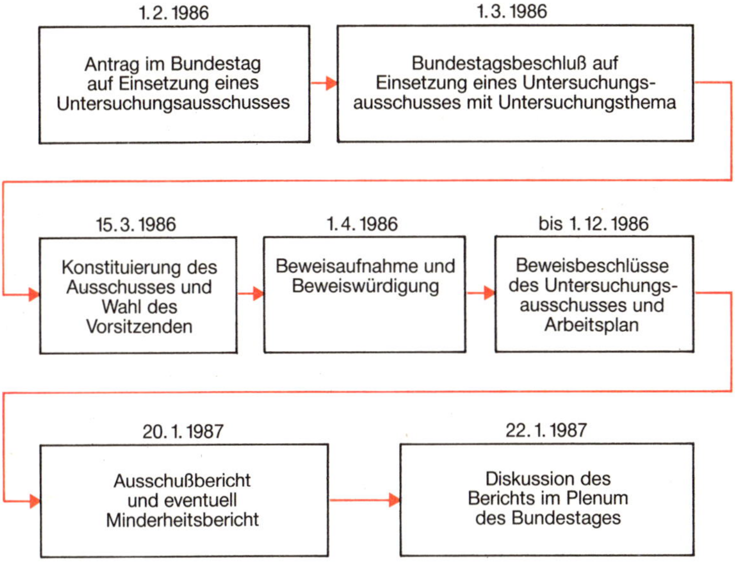

Zahl der Untersuchungsausschüsse im Deutschen Bundestag (1949–1987)

Das Sozialstaatsprinzip

Nach Art. 20 GG ist die Bundesrepublik Deutschland ein „sozialer Bundesstaat" (Art. 28 GG: „sozialer Rechtsstaat"). Damit bekennt sich das Grundgesetz zum Sozialstaat als einem nicht aufhebbaren Verfassungsprinzip (Art. 79 Abs. 3 GG). Grundlegendes Anliegen des Sozialstaats ist die Verwirklichung einer gerechten Sozialordnung.

Sozialer Hilfe diente in älterer Zeit die „Fürsorge" für die Armen durch Kirchen und Gemeinden. Mit der Industrialisierung begann das Armutsproblem eine ganze Klasse, das Proletariat, zu erfassen *(soziale Frage).* Ihm versuchte die Arbeiterbewegung mit Selbsthilfemaßnahmen zu begegnen (Bildung von Arbeiterparteien, Gewerkschaften, Konsumgenossenschaften u. a.). Von staatlicher Seite wurden Fabrikinspektionen angeordnet, Kinderarbeit verboten und erste Arbeitszeitregelungen erlassen. Vor allem wurden Vorsorgemaßnahmen für die Fälle der Krankheit, Invalidität und des altersbedingten Ausscheidens aus dem Produktionsprozeß geschaffen (Bismarcksche *Sozialversicherung* 1881–89 [vgl. S. 420]). Dem fügte die Weimarer Republik die Arbeitslosenversicherung hinzu. Die Weimarer Verfassung kannte auch eine Reihe *sozialer Grundrechte.* Doch sind Rechte dieser Art (z. B. das „Recht auf Arbeit"), da sie Leistungen vom Staat erfordern und nicht auf Abwehr staatlicher Eingriffe zielen wie die klassischen Menschenrechte, in der Regel nicht einklagbar, sondern habern nur einen programmatischen Charakter. Das Grundgesetz hat daher, im Gegensatz zu einigen Länderverfassungen, von der Aufnahme solcher Rechte in den Grundrechtskatalog abgesehen. Es verpflichtet in seinen *Sozialstaatsklauseln* den Gesetzgeber lediglich, einem Sozialstaat entsprechend zu handeln. Zu dessen Aufgaben zählt man heute: Maßnahmen der Existenzsicherung, Wohlstandsförderung und soziale Gerechtigkeit.

Die *individuelle Existenzsicherung* erfolgt neben der Sozialhilfe (vgl. S. 428), die in besonderen Notfällen gewährt wird, vor allem durch die Sozialversicherung. Dazu treten Maßnahmen des Arbeitsschutzes, z. B. Regelungen zur Sicherheit des Arbeitsplatzes und der Arbeitszeit (vgl. S. 406). Dieser traditionell sozialstaatliche Bereich wird ergänzt durch kommunale Maßnahmen der allgemeinen *Daseinsvorsorge,* die eine immer größere Bedeutung erhält, je weniger der moderne Mensch selbständig zu existieren in der Lage ist. Zur *kollektiven Existenzsicherung* zählen Infrastrukturmaßnahmen z. B. zur Versorgung mit Wasser und Elektrizität. Der darüber hinausgehenden *Wohlstandsförderung* dient u. a. das Stabilitätsgesetz von 1967, das Bund und Länder verpflichtet, in ihren wirtschafts- und finanzpolitischen Tätigkeiten zugleich für Preisstabilität, hohen Beschäftigungsstand, stetiges und angemessenes Wirtschaftswachstum sowie ein außenwirtschaftliches Gleichgewicht zu sorgen. Andere Gesetze verpflichten den Staat zur Gesundheitsvorsorge, zur (strukturellen) Wirtschaftsförderung und zum Umweltschutz (vgl. S. 312). Dem Gesichtspunkt der *sozialen Gerechtigkeit* tragen die Umverteilung finanzieller Mittel (z. B. Lastenausgleich, Kindergeld), die Förderung des Bildungswesens (Chancengleichheit) und das Verfassungsgebot, für eine Vereinheitlichung der Lebensverhältnisse zu sorgen, Rechnung.

Um diese Ziele zu erreichen, steht dem Staat ein umfangreiches Instrumentarium zur Verfügung mit Planung, Maßnahmegesetzgebung, allgemeiner Verhaltenssteuerung, generellen Sozialisierungsmaßnahmen (Art. 15 GG) und Subventionierungen von Unternehmen oder ganzen Wirtschaftszweigen. Mit über 30% Anteil am Etat ist der Titel *soziale Sicherung* der umfangreichste im Bundeshaushalt. Allerdings zwingen zunehmende soziale Ansprüche bei sinkenden oder stagnierenden Staatseinnahmen zu Sparmaßnahmen oder sogar zum Abbau sozialer Vergünstigungen.

Das Sozialstaatsprinzip verpflichtet nicht nur den Staat zu Leistungen an seine Bürger, sondern er legt umgekehrt auch diesen bestimmte soziale Verhaltenspflichten auf, z. B. im Bereich der Gesundheitskontrolle durch Impfzwang oder Röntgenreihenuntersuchungen (vgl. auch Art. 14 Abs. 2 GG). Richtschnur aller sozialer Leistungen und Verpflichtungen ist der Grundsatz der Würde des Menschen (Art. 1 GG; [vgl. S. 98]). Sozialstaatliche Maßnahmen sollen im Gegensatz zum planwirtschaftlichen Sozialismus nicht zur Einordnung in ein Kollektiv führen, sondern der Sicherung individueller Freiheit dienen.

Sozialbudget 1980-1990

Leistungen nach Institutionen

	1980	1984	1985	1986	1990	1980	1984	1985	1986	1990
	in Mill. DM					Anteile am Bruttosozialprodukt in %				
Sozialbudget*)	475730	554574	572297	603782	688622	32,0	31,6	31,1	31,0	29,4
Allgemeines System ..	281718	343215	353588	368705	427194	19,0	19,5	19,2	18,9	18,3
Rentenversicherung	142585	171377	175237	179584	214273	9,6	9,8	9,5	9,2	9,2
– Rentenv. der Arbeiter	80216	94863	96020	97240	112390	5,4	5,4	5,2	5,0	4,8
– Angestellten-versicherung	57137	71211	77390	81540	98020	3,9	4,1	4,2	4,2	4,2
– Knappschaftliche Rentenversicherung	13319	14670	14740	14 970	16720	0,9	0,8	0,8	0,8	0,7
Krankenversicherung	90066	108944	114543	118535	138690	6,1	6,2	6,2	6,1	5,9
Unfallversicherung .	10019	11395	11673	11 986	13874	0,7	0,7	0,6	0,6	0,6
Arbeitsförderung	22844	37968	38990	43654	45263	1,5	2,2	2,1	2,2	1,9
Kindergeld	17609	14967	14464	14590	13 600	1,2	0,9	0,8	0,8	0,6
Erziehungsgeld				1705	2900				0,1	0,1
Sondersysteme	3695	4411	4590	4940	5813	0,3	0,3	0,3	0,3	0,3
Altershilfe für Landwirte	2775	3190	3327	3631	4283	0,2	0,2	0,2	0,2	0,2
Versorgungs-werke	920	1221	1263	1309	1530	0,1	0,1	0,1	0,1	0,1
Beamtenrechtliches System	46331	50911	52039	54220	59585	3,1	2,9	2,8	2,8	2,6
Pensionen	32947	36104	36793	38055	41270	2,2	2,1	2,0	2,0	1,8
Familienzuschläge ..	7617	7966	8206	8915	10415	0,5	0,5	0,5	0,5	0,4
Beihilfen	5767	6841	7040	7250	7900	0,4	0,4	0,4	0,4	0,3
Arbeitgeber-leistungen	44953	47804	50000	53267	62825	3,0	2,7	2,7	2,7	2,7
Entgeltfortzahlung ..	27880	25000	26000	27 302	32501	1,9	1,4	1,4	1,4	1,4
Betriebliche Altersversorgung	8100	11220	11570	11940	13110	0,6	0,6	0,6	0,6	0,6
Zusatzversorgung ..	5883	7934	8205	8510	9942	0,4	0,5	0,5	0,4	0,4
Sonstige Arbeitgeberleistungen	3090	3650	4225	5515	7272	0,2	0,2	0,2	0,3	0,3
Entschädigungen	17761	17589	17058	17354	16738	1,2	1,0	0,9	0,9	0,7
Soziale Entschädigung (KOV)	13480	13826	13435	13792	13575	0,9	0,8	0,7	0,7	0,6
Lastenausgleich	1713	1404	1297	1227	954	0,1	0,1	0,1	0,1	0,0
Wiedergutmachung	2156	2016	1980	2000	1770	0,2	0,1	0,1	0,1	0,1
Sonstige Entschädigungen ...	412	343	346	335	439	0,0	0,0	0,0	0,0	0,0
Soziale Hilfen und Dienste	40771	43997	45286	47166	50781	2,8	2,5	2,5	2,4	2,2
Sozialhilfe	14972	20677	22182	23536	26984	1,0	1,2	1,2	1,2	1,2
Jugendhilfe	6789	7602	7761	7863	8090	0,5	0,4	0,4	0,4	0,4
Ausbildungs-förderung	3149	698	449	454	457	0,2	0,0	0,0	0,0	0,0
Wohngeld	2009	2594	2648	3068	3150	0,1	0,2	0,1	0,2	0,1
Öffentlicher Gesundheitsdienst .	1669	1880	1930	2000	2300	0,1	0,1	0,1	0,1	0,1
Vermögensbildung .	12183	10546	10296	10245	9800	0,8	0,6	0,6	0,5	0,4
Direkte Leistungen insgesamt	433840	506327	520825	543363	621045	29,2	28,8	28,3	27,9	26,5
Indirekte Leistungen ..	41890	48247	51472	60419	67577	2,8	2,8	2,8	3,1	2,9
Steuerliche Maßnahmen	35930	43177	46052	54879	61357	2,4	2,5	2,5	2,8	2,6
Vergünstigungen im Wohnungswesen ...	5960	5070	5420	5540	6220	0,4	0,3	0,3	0,3	0,3

*) Darin sind enthalten an Ehegattensplitting (in Mrd. DM): 23,3 in 1980, 25,0 in 1984, 26,9 in 1985, 27,8 in 1986 und 33,0 in 1990.

Der Parteienstaat

Das politische System der Bundesrepublik Deutschland ist, wie andere westliche Demokratien auch, als Parteienstaat organisiert. In Art. 21 GG werden die Parteien als verfassungsrechtliche Institutionen anerkannt („Die Parteien wirken bei der politischen Willensbildung des Volkes mit. ...“). Sie sollen an der politischen Willensbildung des Volkes mitwirken, deshalb gelten für sie besondere Maßstäbe z. B. hinsichtlich ihres inneren Aufbaus (vgl. S. 82). Ein Monopol auf die politische Willensbildung besitzen die Parteien jedoch nicht. Trotz ihrer hervorgehobenen Stellung durch ihre Erwähnung im Grundgesetz werden sie nicht zu Teilen der Staatsorganisation oder gar zu Staatsorganen. Aus diesem Grunde ist auch eine allgemeine Finanzierung der Parteien aus öffentlichen Mitteln unzulässig (vgl. S. 86), obgleich durch die enge Verbindung zwischen Parteien und staatlichen Organen (z. B. im Parlament oder den Ministerien) die Versuchung dazu sehr hoch ist und sie verdeckt praktiziert wurde.

Die zentrale Bedeutung der Parteien im politischen Prozeß der Bundesrepublik zeigt sich vor allem darin, daß nahezu alle politischen Entscheidungen personeller wie sachlicher Art von den Parteien bzw. ihren Funktionären getroffen werden. Daraus folgt jedoch keineswegs, daß andere gesellschaftliche Gruppen, z. B. Verbände oder Bürgerinitiativen, keine politische Bedeutung besitzen, allerdings müssen sie diese innerhalb des Parteienstaates zur Geltung bringen, indem sie auf die Parteien in ihrem Sinne Einfluß ausüben.

Eine faktische Monopolstellung besitzen die Parteien bei *Wahlen*. Durch ihre Teilnahme an den Wahlen unterscheiden sich Parteien von anderen Verbänden. Mit Ausnahme der kommunalen Ebene, auf der örtliche Wählergemeinschaften und Einzelbewerber eine Rolle spielen, werden Kandidaten nur von den Parteien aufgestellt. Folglich ziehen auch nur Parteivertreter in die Parlamente ein. Dennoch bestimmt Art. 38 GG, daß die Abgeordneten Vertreter des ganzen Volkes sind, an Aufträge und Weisungen nicht gebunden und nur ihrem Gewissen unterworfen sind (vgl. S. 72). Diese klare Absage an ein imperatives Mandat steht in einem Spannungsverhältnis zur tatsächlichen Abhängigkeit der Abgeordneten von ihren Parteien. In der Regel legen die Parlamentsfraktionen eine politische Linie fest, die für die Abgeordneten faktisch verbindlich ist *(Fraktionsdisziplin)*.

Da in der Bundesrepublik Deutschland auf Bundes- und Landesebene die Regierungen aus den Parlamenten hervorgehen (parlamentarisches System [vgl. S. 74]), wirkt sich das Monopol der Parteien bei den Wahlen auch auf die Rekrutierung der Regierungen aus. Mit wenigen Ausnahmen werden die Regierungsmitglieder den Reihen der Mehrheitsfraktionen entnommen, woraus sich der starke Einfluß der Mehrheitsparteien auf die jeweilige Regierungspolitik ebenso erklärt, wie das Verlangen, die von ihnen gestellte Regierung vor kritischen Fragen und Anträgen der Oppositionsparteien zu schützen. Ähnlich ist das Bild bei den kommunalen Wahlämtern. Zugehörigkeit oder politische Nähe zur Mehrheitspartei ist meistens unabdingbare Voraussetzung z. B. für die Wahl zum Bürgermeister oder Landrat.

Da die Parteien die politischen Sachentscheidungen fällen sollen, ist die Besetzung leitender politischer Positionen durch sie zu akzeptieren. Anders hingegen ist die Praxis zu bewerten, freie Stellen in der öffentlichen Verwaltung weniger nach Eignung als nach Parteizugehörigkeit zu besetzen. Diese *Ämterpatronage* hat in der Vergangenheit dem Ansehen des Parteienstaates und der Parteien in der Bundesrepublik geschadet. Die Personalpolitik der Parteien reicht aber über den Bereich der Verwaltung hinaus. Erwähnenswert ist die Mitwirkung der Parteien bei der Besetzung von Positionen im Bundesverfassungsgericht und in den obersten Bundesgerichten (vgl. S. 218), den Zentralbanken und den staatlichen Wirtschaftsunternehmen. Auch auf Hörfunk und Fernsehen mit ihren Möglichkeiten der politischen Meinungsbildung versuchen die Parteien über die Rundfunk- bzw. Fernsehräte personalpolitisch und inhaltlich Einfluß zu nehmen. Doch gibt es Bereiche wie z. B. die Presse, in denen die Parteien nur vereinzelt vorherrschen. Aber auch dort, wo sie stärkeren Einfluß haben, stehen sie unter dem Druck von Interessenverbänden und der öffentlichen Meinung. Ihre Konkurrenz untereinander und die Wahlmöglichkeit zwischen mehreren Alternativen im Mehrparteiensystem wirken als machtbegrenzendes Element im Parteienstaat. Darin unterscheiden sich westliche Demokratien von den sog. Volksdemokratien, deren Mehrparteiensysteme keine Konkurrenz kennen, sondern bei denen die Führung des Staates und der Gesellschaft durch eine Partei festgelegt ist.

Rolle der Parteien in Gesellschaft und Staat

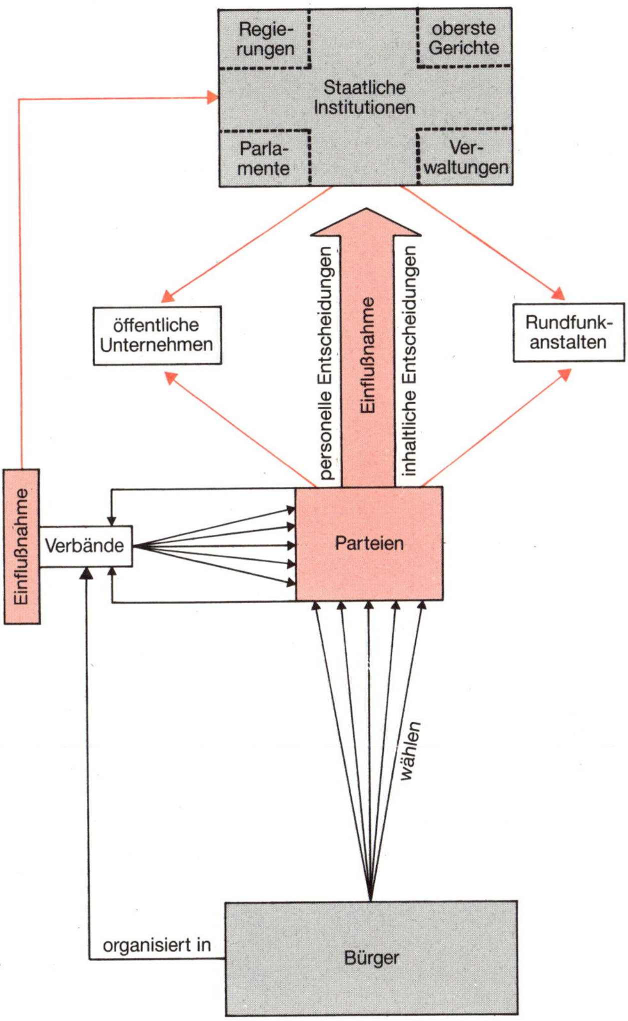

Die politischen Parteien in der Bundesrepublik Deutschland

In einer parlamentarischen Demokratie spielen politische Parteien eine zentrale Rolle. Sie wird in der Bundesrepublik Deutschland neben einer Vielzahl wenig bekannter, kleinerer Parteien von der Sozialdemokratischen Partei Deutschlands (SPD) und der Christlich-Demokratischen Union (CDU) bzw. der Christlich-Sozialen Union (CSU) sowie der Freien Demokratischen Partei (FDP) übernommen. Inzwischen sind noch Die Grünen als weitere bedeutende Gruppierung hinzugekommen.

In den drei westlichen Besatzungszonen und später in der Bundesrepublik bildete sich zunächst ein Parteiensystem aus vier größeren (CDU/CSU, SPD, FDP und KPD) und zahlreichen kleineren Parteien heraus. Ihre Zahl reduzierte sich jedoch sehr bald. Waren im 1. Bundestag noch zehn Parteien mit eigenen Abgeordneten vertreten, so waren es im 2. Bundestag noch sechs und im 3. Bundestag nur noch vier. Seit der Wahl zum 4. Bundestag 1961 konnte sich neben CDU/CSU und SPD lediglich die FDP behaupten. Diese Entwicklung vom Viel- zum Mehrparteiensystem mit drei Parteien wurde vor allem durch die Fünfprozentklausel (vgl. S. 60), die günstige Wirtschaftsentwicklung und die Sogwirkung der beiden großen Parteien gefördert.

Das *Parteiensystem* der Bundesrepublik wird von einem *Dualismus* von SPD und CDU/CSU geprägt. Beide sind viel größer als FDP und Grüne. Zusammen kommen sie auf einen Stimmenanteil zwischen 80 und 90%. Mit Ausnahme von 1972 erzielte die CDU/CSU die meisten Stimmen, ohne allerdings – abgesehen von 1957 – die absolute Mehrheit zu erringen. Dies läßt die FDP als „Mehrheitsbeschaffer" eine weit stärkere Stellung erlangen, als es ihr Stimmenanteil vermuten ließe. Seit 1961 war die FDP – nur unterbrochen durch die große Koalition von CDU/CSU und SPD von 1966–69 – an allen Bundesregierungen beteiligt. Sie ging von 1961–66 und seit 1982 mit der CDU/CSU und von 1969–82 mit der SPD eine Koalition ein und entschied damit, welche der beiden großen Parteien mit ihr die Regierung bildete.

CDU/CSU und SPD verstehen sich als *Volksparteien,* d.h., sie sind nicht an bestimmte Klassen- oder Gruppeninteressen gebunden und versuchen, Menschen unterschiedlicher sozialer Herkunft und Denkrichtung für sich zu gewinnen. Dennoch sind zwischen beiden Parteien Unterschiede festzustellen. Die CDU – wie ihre bayerische Variante, die CSU, eine neue Parteigründung nach 1945 – hat ihren stärksten Rückhalt in katholischen Gebieten, bei Selbständigen und auf dem Lande. Die SPD, die aus der Arbeiterbewegung des 19. Jahrhunderts hervorging und sich erst mit dem Godesberger Programm von 1959 zur Volkspartei entwikkelte, findet noch immer in der Arbeiterschaft und in industriellen Ballungsgebieten den größten Anklang. Die FDP dagegen, in der sich nach 1945 fortschrittlich-liberale und liberal-konservative Gruppierungen zusammenfanden, vertritt spezifische Interessen des Mittelstandes und der leitenden Angestellten und rekrutiert ihre Wähler aus diesen Schichten.

Radikale Parteien des linken und rechten Spektrums sind zwar noch immer vorhanden, erlangten aber so gut wie keine Bedeutung. Während die Deutsche Kommunistische Partei (DKP) als Nachfolgerin der 1956 verbotenen Kommunistische Partei Deutschlands (KPD [vgl. S. 84]) bei Wahlen aus einem Schattendasein nicht herauskam, konnte die Nationaldemokratische Partei Deutschlands (NPD) immerhin Ende der 1960er Jahre bei einigen Landtagswahlen Erfolge erzielen und 1969 fast in den Bundestag einziehen.

Die Konzentration auf nur drei Parteien trug zur *Stabilität des Parteiensystems* ebenso bei wie die programmatische Annäherung, die sich nach heftigen Konflikten in den ersten Jahren der Bundesrepublik über Fragen der Wirtschaftsordnung, der Wiederbewaffnung und der Westintegration vollzog. Da zwischen CDU/CSU, SPD und FDP ein auf die Verfassung gestützter Konsens über die demokratischen Grundprinzipien besteht, waren die Parteien bislang untereinander koalitionsfähig. Diese Stabilität des Parteiensystems hat wesentlich zum Funktionieren der parlamentarischen Demokratie in der Bundesrepublik beigetragen. Andererseits ist jedoch eine gewisse Erstarrung des Parteiensystems eingetreten, so daß echte Alternativen vermißt werden. In diese Lücke sind 1980 Die Grünen gestoßen. Als *Protestpartei,* die aus der Bürgerinitiativbewegung der 1970er Jahre hervorging (vgl. S. 90), versteht sie sich als grundlegende Alternative. Sie hat ihren Schwerpunkt im ökologischen Bereich und spricht v.a. jüngere Menschen an. Nachdem sie den Sprung in den Bundestag geschafft hatte (1983), gestaltet sich das Parteiensystem wieder offener.

Ergebnisse der Bundestagswahlen 1949-1987 (ohne Berlin [West])

Wahlen	14. Aug. 1949		6. Sept. 1953		15. Sept. 1957		17. Sept. 1961	
Wahlberechtigte (Mill.):	31,2		33,1		35,4		37,4	
Wahlbeteiligung (%):	78,5		85,8		87,8		87,7	
	Stimmen in %	Mandate	Stimmen in%	Mandate	Stimmen in%	Mandate	Stimmen in %	Mandate
CDU/CSU	31,0	139	45,2	243	50,2	270	45,3	242
SPD	29,2	131	28,8	151	31,8	169	36,2	190
FDP/DVP	11,9	52	9,5	48	7,7	41	12,8	67
DP, ab 1961 GDP	4,0	17	3,3	15	3,4	17	2,8	–
GB/BHE	–	–	5,9	27	4,6	–	–	–
Zentrum	3,1	10	0,8	3	0,3	–	–	–
Bayernpartei (BP)	4,2	17	1,7	–	0,5	–	–	–
KPD	5,7	15	2,2	–	–	–	–	–
DFU	–	–	–	–	–	–	1,9	–
DRP	1,8	5	1,1	–	1,0	–	0,8	–
sonstige	9,1	16	1,5	–	0,5	–	0,2	–
insgesamt	100	402	100	487	100	497	100	499

Wahlen:	19. Sept. 1965		28. Sept. 1969		19. Nov. 1972		3. Okt. 1976	
Wahlberechtigte (Mill.):	38,5		38,6		41,4		42,1	
Wahlbeteiligung (%):	86,8		86,7		91,1		90,7	
	Stimmen in%	Mandate	Stimmen in%	Mandate	Stimmen in%	Mandate	Stimmen in%	Mandate
CDU/CSU	47,6	245	46,1	242	44,9	225	48,6	243
SPD	39,3	202	42,7	224	45,8	230	42,6	214
FDP/DVP	9,5	49	5,8	30	8,4	41	7,9	39
GDP	–	–	0,1	–	–	–	–	–
Bayernpartei	–	–	0,2	–	–	–	–	–
DFU	1,3	–	–	–	–	–	–	–
DKP	–	–	–	–	0,3	–	0,3	–
NPD	2,0	–	4,3	–	0,6	–	0,3	–
sonstige	0,3	–	0,8	–	–	–	0,3	–
insgesamt	100	496	100	496	100	496	100	496

Wahlen:	5. Okt. 1980		6. März 1983		25. Jan. 1987	
Wahlberechtigte (Mill.):	43,2		44,1		45,3	
Wahlbeteiligung (%):	88,6		89,1		84,3	
	Stimmen in %	Mandate	Stimmen in %	Mandate	Stimmen in %	Mandate
CDU/CSU	44,5	226	48,8	244	44,3	223
SPD	42,9	218	38,2	193	37,0	186
FDP/DVP	10,6	53	7,0	34	9,1	46
Grüne	1,5	–	5,6	27	8,3	42
DKP	0,2	–	0,2	–	–	–
NPD	0,2	–	0,2	–	0,6	–
sonstige	0,1	–	0,1	–	0,7	–
insgesamt	100	497	100	498	100	497

Parteienrecht

Parteien sind Organisationen, die sich kontinuierlich durch Aufstellung von Kandidaten am Wettbewerb um die Stimmen der Bevölkerung zur Besetzung von politischen Ämtern beteiligen. Sie unterscheiden sich damit von Interessengruppen (die sich nicht an Wahlen beteiligen), von Wählervereinigungen (die sich nur auf kommunaler Ebene oder nur für eine Wahl bilden) und von Bürgerinitiativen (vgl. S. 90). Der Sonderstellung der Parteien trägt das Grundgesetz in Art. 21 dadurch Rechnung, daß es den Parteien die Mitwirkung an der politischen Willensbildung überträgt. Die Gründung von Parteien ist frei. Ihre innere Ordnung muß demokratischen Grundsätzen entsprechen. Über ihre Mittel und ihr Vermögen haben sie öffentlich Rechenschaft abzulegen. Die näheren Einzelheiten regelt das Parteiengesetz vom 24. 7. 1967 in der Fassung von 1984. Nach diesem Gesetz haben die Parteien verschiedene Aufgaben zu erfüllen, insbesondere zwischen den Bürgern und den staatlichen Institutionen zu vermitteln. Sie verlieren ihre privilegierte Stellung als Partei, wenn sie sechs Jahre lang weder an Bundestags- noch an Landtagswahlen teilgenommen haben.

Für die innere Ordnung der Parteien schreibt das *Parteiengesetz* zwingend einen demokratischen Aufbau vor, um eine oligarchische Elitenbildung und bürokratische Verkrustung zu verhindern. Parteien sind regional so weit in kleine Einheiten zu untergliedern, daß auch einzelnen Mitgliedern eine angemessene Mitwirkung an der innerparteilichen Willensbildung ermöglicht wird. Hauptorgan eines Ortsverbandes ist die Mitgliederversammlung. Gebietsverbände höherer Stufen können Vertreterversammlungen bilden, deren Delegierte durch die unteren Verbände zu wählen sind. Leitungs- und Geschäftsführungsorgan eines Gebietsverbandes ist der Vorstand, der grundsätzlich von den Verbandsversammlungen zu wählen ist und dem nicht mehr als ein Fünftel auf andere Weise bestellte Mitglieder angehören dürfen. Die Wahlen zum Vorstand und zu den Vertreterversammlungen sind geheim. Eine Bindung an Beschlüsse anderer Organe, d. h. ein innerparteiliches imperatives Mandat, ist bei Wahlen und Abstimmungen unzulässig. Zwingend vorgeschrieben sind ferner bestimmte Wahlperioden und Rechenschaftspflichten.

Über die Aufnahme von Mitgliedern wird nach Maßgabe der jeweiligen Parteisatzung entschieden. Ein Ausschluß darf nur erfolgen, wenn ein Mitglied vorsätzlich gegen die Satzung oder erheblich gegen Grundsätze oder Ordnung der Partei verstoßen und ihr damit schweren Schaden zugefügt hat. Über den Ausschluß entscheiden Parteischiedsgerichte.

Ein Problem besonderer Art stellt die *Parteienfinanzierung* dar (vgl. S. 86). Nach Art. 21 GG und dem Parteiengesetz müssen die Parteien über die Herkunft und Verwendung ihrer Mittel sowie über ihr Vermögen öffentlich Rechenschaft geben. Dies geschieht in jährlichen Rechenschaftsberichten, die nach Einkunftsarten aufzuschlüsseln sind und bei Spenden über 20 000 DM den Namen des Spenders nennen müssen. Spenden können bis zu einer bestimmten Höhe bei der Steuer geltend gemacht werden. Neben Spenden und Mitgliedsbeiträgen ist die staatliche Wahlkampfkostenerstattung eine wichtige Finanzierungsquelle der Parteien.

Parteien dürfen nur unter bestimmten erschwerten Voraussetzungen verboten und aufgelöst werden. Ein *Parteiverbot* kommt dann in Frage, wenn Parteien nach ihren Zielen oder dem Verhalten ihrer Anhänger darauf ausgehen, die freiheitliche demokratische Grundordnung zu beeinträchtigen oder zu beseitigen oder den Bestand der Bundesrepublik Deutschland zu gefährden (Art. 21 Abs. 2 GG). Im Unterschied zu anderen ungesetzlichen Vereinigungen, über deren Verbot die Regierung zu befinden hat, entscheidet über die Frage der Verfassungswidrigkeit und des Verbots einer Partei das Bundesverfassungsgericht. Der Antrag hierzu kann nur vom Bundestag, dem Bundesrat oder der Bundesregierung gestellt werden. In der Geschichte der Bundesrepublik Deutschland kam es erst zu zwei Parteiverboten: 1952 gegen die neonazistische Sozialistische Reichspartei (SRP) und 1956 gegen die Kommunistische Partei Deutschlands (KPD). Seitdem hat man aus politischen Gründen auf weitere Verbotsverfahren verzichtet. Folge der Feststellung der Verfassungswidrigkeit sind die Auflösung der Partei, das Verbot, eine Ersatzorganisation zu schaffen, der Mandatsverlust von Abgeordneten, u. U. auch die Entziehung des Parteivermögens. Die Mitgliedschaft in für verfassungsfeindlich gehaltenen Parteien kann u. a. zur Nichtaufnahme in den öffentlichen Dienst bzw. zur Entfernung aus ihm führen.

Parteiorganisation – Parteimitgliedschaft

a) Schema einer Parteiorganisation nach Parteiengesetz

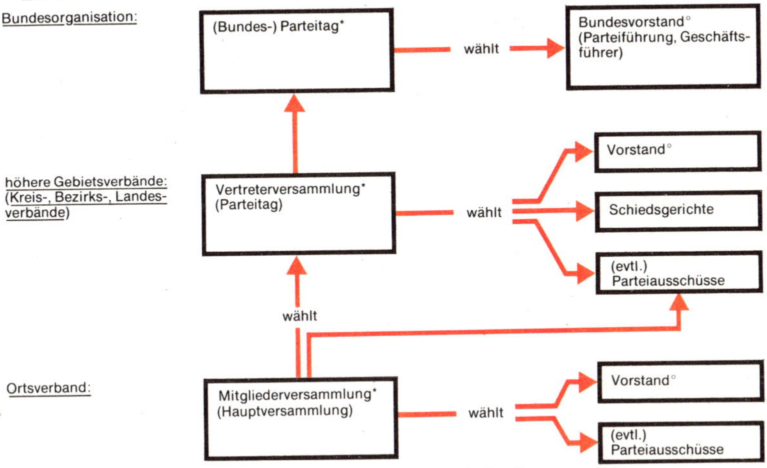

*) tritt mindestens in jedem 2. Kalenderjahr einmal zusammen, beschließt über Programme, Satzung, Beitragsordnung, Schiedsgerichtsordnung, Parteiverschmelzung und -auflösung.

°) wird mindestens in jedem 2. Kalenderjahr gewählt, muß mindestens aus drei Mitgliedern bestehen, darf nicht mehr als ein Fünftel auf andere Weise bestellte Mitglieder besitzen, muß mindestens alle zwei Jahre einen Tätigkeitsbericht erstatten.

b) Aufnahme – Austritt (Ausschluß)

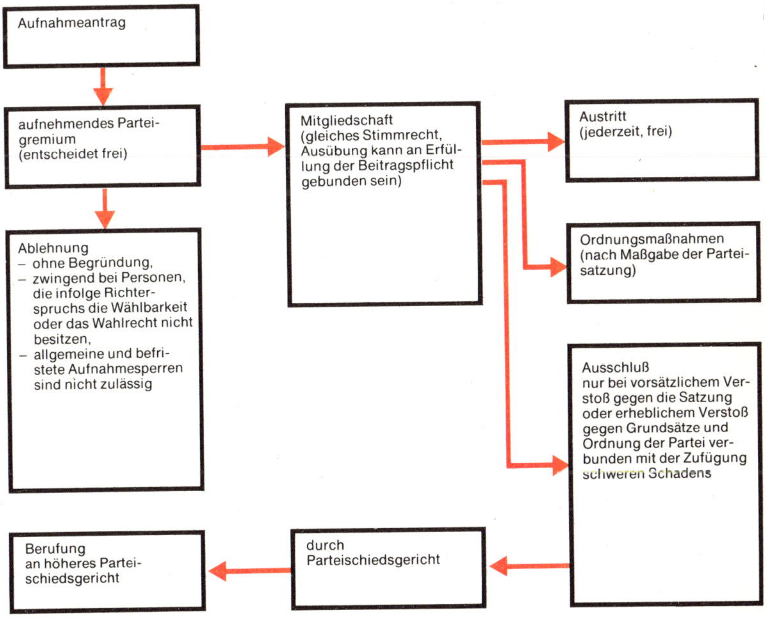

Parteienfinanzierung

Parteien benötigen für die allgemeine Parteiarbeit, die Bezahlung ihres Personals und die Durchführung von Wahlkämpfen finanzielle Mittel. Diese fließen in der Bundesrepublik Deutschland aus fünf Quellen: *Mitgliedsbeiträgen, Spenden, staatlicher Wahlkampfkostenerstattung, indirekten Zuwendungen aus öffentlichen Mitteln* und aus *Krediten*. Das Grundgesetz schreibt in Art. 21 vor, daß die Parteien über die Herkunft und Verwendung ihrer Mittel sowie über ihr Vermögen öffentlich Rechenschaft geben müssen. Das Nähere regelt das Parteiengesetz, das gerade hinsichtlich der Parteienfinanzierung mehrmals geändert wurde, ohne allerdings die mit der Parteienfinanzierung bis heute verbundenen Probleme politisch und verfassungsrechtlich befriedigend zu lösen.

Die Brisanz der Parteienfinanzierung läßt sich schon daran ersehen, daß Interessengegensätze der Parteien in dieser Frage bis 1967 eine Verabschiedung des Parteiengesetzes verhinderten. Erst das Bundesverfassungsgericht gab 1966 den Anstoß zur überfälligen gesetzlichen Regelung. Das Gericht hatte die bis dahin übliche Praxis der allgemeinen Finanzierung der Parteien aus öffentlichen Mitteln für verfassungswidrig erklärt. Zulässig sei lediglich die Erstattung notwendiger Kosten eines angemessenen Wahlkampfes. Das Parteiengesetz von 1967 baute auf dieser Entscheidung auf und führte eine *Wahlkampfkostenpauschale* je Wahlberechtigten ein. Andere Bestimmungen des Gesetzes (z. B. der Mindeststimmenanteil für erstattungsberechtigte Parteien) wie seiner Neufassungen wurden vom Bundesverfassungsgericht noch mehrfach korrigiert.

Nach dem Parteiengesetz in der Fassung vom 15. 2. 1984 erhalten Parteien, die sich an Bundestagswahlen beteiligen, aus dem Bundeshaushalt eine Pauschale von 5 DM je Wahlberechtigtem im Verhältnis der erzielten Stimmen. Voraussetzung ist, daß mindestens 0,5 % der Zweitstimmen im Bundesgebiet oder 10 % der Erststimmen in einem Wahlkreis erreicht werden. Ähnliche Regelungen gelten für Landtags- und Europawahlen. Insgesamt dürfen die Erstattungen der Wahlkampfkosten jedoch nicht mehr als die Hälfte der Gesamteinnahmen einer Partei ausmachen.

Daneben gibt es noch mehrere Formen indirekter Parteienfinanzierung aus öffentlichen Mitteln: 1. *Zuschüsse* zur Arbeit der Parlamentsfraktionen, 2. *Abgaben* von Mandats- und Amtsträgern an ihre Parteien, 3. *steuerliche Begünstigungen* durch die Absetzung von Spenden und Beiträgen von der Einkommensteuer, 4. *Zuschüsse* an parteinahe Stiftungen für die politische Bildungsarbeit der Parteien.

Ein besonderes Problem der Parteienfinanzierung stellt die gerade in letzter Zeit ins politische und rechtliche Zwielicht geratene Spendenpraxis dar. Obwohl *Spenden* grundsätzlich in unbeschränkter Höhe zulässig sind, ergaben sich bei Großspenden im wesentlichen zwei Probleme: Bei Spenden über 20 000 DM sind die Parteien verpflichtet, den Namen des Spenders im Rechenschaftsbericht offenzulegen. Dieser Verpflichtung kamen die Parteien aus eigenem Interesse und im Interesse des Spenders in vielen Fällen nicht nach. Außerdem konnten aus Gründen der Chancengleichheit Spenden und Beiträge nur bis 1 800 DM (3 600 DM bei Ehegatten) steuerlich abgesetzt werden. Indem zahlreiche Großspender ihre Zuwendungen an Parteien auf dem Umweg über gemeinnützige Organisationen fließen ließen, konnten sie in erheblichem Maße Steuern einsparen und damit einen wesentlichen Teil ihrer Spende den Staat leisten lassen. Diese illegalen Praktiken führten zu staatsanwaltlichen Ermittlungen und zu Gerichtsverfahren sowie zum Verdacht, industrielle Großspender könnten politische Entscheidungen in ihrem Sinne beeinflussen (z. B. Flick-Spendenaffäre 1983). Dies veranlaßte 1983 den Gesetzgeber, vor allem die steuerliche Behandlung von Spenden und Beiträgen neu zu regeln. Danach werden Spenden und Beiträge an Parteien mit solchen an gemeinnützige Organisationen gleichgestellt. Sie sind bis zu 5 % des Einkommens oder 2 ‰ der Summe der Umsätze, der Löhne und Gehälter steuerlich abzugsfähig. Die Gewährung dieser Vergünstigung ist aber bei Spenden über 20 000 DM von der Veröffentlichung des Namens abhängig. Da diese steuerliche Regelung Großspender bevorzugt, erhalten Kleinspender eine zusätzliche Steuervergünstigung. Schließlich soll ein finanzieller Chancenausgleich Parteien mit relativ geringen Spendeneinnahmen zugute kommen. In Teilen wurde diese Neuregelung vom Bundesverfassungsgericht 1986 beanstandet. Ein Gesetzentwurf vom Juni 1988 sieht u. a. vor, daß die Parteien einen jährlichen Grundbetrag (1,5 % der Wahlkampfkostenpauschale) erhalten sollen und Großspender erst ab Spenden von 40 000 DM zu nennen sind.

Einnahmen der Parteien 1985 und 1986
(in Mill. DM)

	CDU		CSU		DIE GRÜNEN		FDP		SPD	
	1985	1986	1985	1986	1985	1986	1985	1986	1985	1986
Mitgliedsbeiträge und ähnliche regelmäßige Beiträge	83,825	88,219	14,196	14,327	3,964	4,489	8,736	8,239	101,215	108,838
Einnahmen aus Vermögen	4,356	5,292	0,932	0,961	0,949	1,501	0,316	0,328	7,215	5,799
Einnahmen aus Veranstaltungen, Druckschriften und sonstiger Tätigkeit der Partei	3,414	2,995	0,254	0,440	0,133	0,289	0,177	0,243	2,604	3,266
Einnahmen aus Spenden	22,888	37,514	8,898	18,087	8,649	10,901	9,805	14,151	15,212	21,532
Einnahmen aus dem Chancenausgleich	2,761	3,860	1,905	3,734	2,987	1,745	1,663	1,064	–	–
Einnahmen aus der Wahlkampfkostenerstattung	54,208	47,950	12,309	21,770	9,096	10,498	9,055	8,307	61,075	55,283
Zuschüsse von Gliederungen	5,499	7,214	0,575	1,003	7,662	7,590	0,455	0,972	12,554	19,907
sonstige Einnahmen	5,200	6,274	1,045	0,873	1,063	0,947	0,544	0,768	6,389	4,441
Gesamteinnahmen	182,151	199,317	40,114	61,195	34,504	37,962	30,751	34,073	206,263	219,066

Quelle: Drucksachen des Deutschen Bundestages 10/6194 und 11/977

Parteimitglieder 1970–1987
(in Tausend)

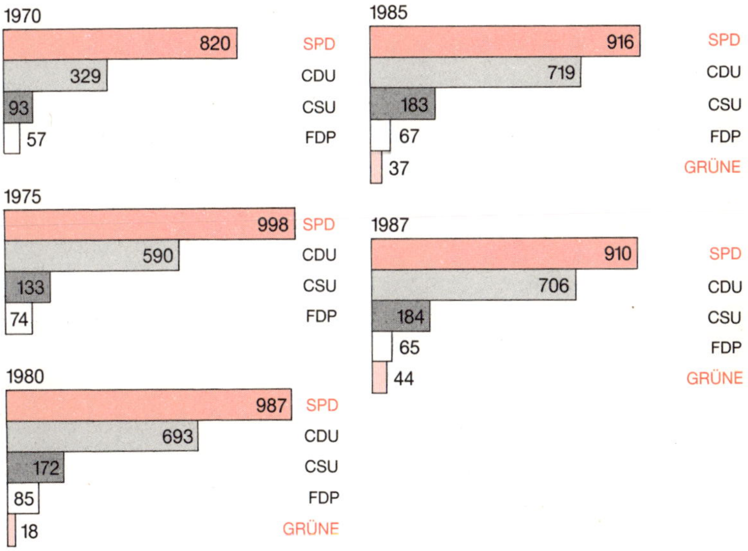

Verbände – Verbändestaat

Der Begriff „Verband“ wird meist gleichbedeutend mit dem der organisierten Interessengruppe *(Pressure-group, Lobby)* gebraucht. Bezeichnet werden damit fest organisierte Zusammenschlüsse von Personen und Personengruppen mit dem Ziel, gemeinsame Interessen zu artikulieren und durchzusetzen. Das moderne Verbandswesen entstand im Zuge der Industrialisierung in Deutschland seit der zweiten Hälfte des 19. Jahrhunderts auf freiwilliger Basis, im Rahmen der Vereinigungsfreiheit (vgl. S. 116). Daneben existieren bis heute gesetzlich vorgeschriebene Zusammenschlüsse von Angehörigen eines Berufszweiges in sog. Kammern (vg. S. 354).

Verbände streben die Berücksichtigung ihrer Interessen im politischen Willensbildungsprozeß an. Im Unterschied zu den Parteien (vgl. S. 82) beteiligen sie sich jedoch nicht unmittelbar an den Wahlen mit Aufstellung eigener Kandidaten. Sie versuchen vielmehr, z. B. durch Mobilisierung ihrer Mitglieder und der Massenmedien evtl. auch durch Leistungsverweigerung (Streik), Druck auf die Politik auszuüben. Andererseits sind sie als Sachverständige für Entscheidungen in bestimmten Bereichen unverzichtbar. Deshalb sind die Bundesministerien aufgrund ihrer gemeinsamen Geschäftsordnung verpflichtet, bei der Vorbereitung von Gesetzen die betroffenen Verbände zu konsultieren. Auch in öffentlichen Anhörungen (z. B. parlamentarische Hearings) und als Beiräte der Ministerien geben Verbände regelmäßig Stellungnahmen ab. Viele auf bestimmte Politikbereiche spezialisierte Abgeordnete sind zugleich Verbandsvertreter.

Aus der außerordentlichen Vielzahl der Verbände ragen drei Arten heraus: die *politischen Verbände* im engeren Sinne (z. B. die kommunalen Spitzenverbände), die *Religionsgemeinschaften* und die *Wirtschaftsverbände*. Letztere sind von besonderer Wichtigkeit, da sie aufgrund des Rechts, zur Wahrung und Förderung der Arbeits- und Wirtschaftsbedingungen Vereinigungen zu bilden (sog. Koalitionsfreiheit, Art. 9 Abs. 3 GG), gegebenenfalls als Tarifparteien (vgl. S. 412) ökonomisch bedeutsame Entscheidungen selbst fällen können. Hierzu sind einerseits *Gewerkschaften* als Zusammenschlüsse der Arbeitnehmer, andererseits die *Arbeitgeberverbände* berechtigt.

Aufgrund der negativen Erfahrungen in der Weimarer Republik mit vielen, politisch unterschiedlichen Richtungsgewerkschaften ging man in der Bundesrepublik zum Prinzip der *Einheitsgewerkschaft* über: Im 1949 konstituierten *Deutschen Gewerkschaftsbund (DGB)* als Dachorganisation sind 17 Einzelgewerkschaften nach dem Industrieverbandsprinzip zusammengefaßt. Die Angehörigen eines Betriebes gehören hiernach nur einer Gewerkschaft an. Neben dem DGB gibt es jedoch noch andere Zusammenschlüsse der Arbeitnehmer wie z. B. die *Deutsche Angestellten-Gewerkschaft (DAG)*, den *Deutschen Beamtenbund* und die *Christlichen Gewerkschaften*. – Die Arbeitgeberverbände sind in der *Bundesvereinigung der Deutschen Arbeitgeberverbände (BDA)* zusammengefaßt. Neben dieser Vereinigung haben der *Bundesverband der Deutschen Industrie (BDI)* als Vertretung industrieller Interessen und der *Deutsche Industrie- und Handelstag (DIHT)* Gewicht.

In einer Demokratie ist die Artikulation von Interessen und das Eintreten für sie legitim. Der Umstand, daß Verbände heute nicht nur versuchen, Einfluß auf staatliche Entscheidungen zu gewinnen, sondern oft auch mit staatlichen Behörden verhandeln und Absprachen treffen, hat vielfach den Eindruck erweckt, daß die wesentlichen politischen Entscheidungen durch sie getroffen würden *(Verbändestaat)* und daß dabei die Berücksichtigung vieler Gruppen *(Pluralismus)* der Rücksichtnahme auf wenige etablierte, mit bestimmten staatlichen Instanzen eng verzahnte Verbände gewichen sei *(Korporatismus)*. Tatsächlich hängt die Durchsetzung von Interessen von ihrer Organisierbarkeit, ihrer gesellschaftlichen Bedeutung und Konfliktfähigkeit ab. Dabei spielen unter anderem die Zahl der organisierbaren Interessenten, die finanziellen Möglichkeiten eines Verbandes und seine Streikfähigkeit eine Rolle, wobei zu beachten ist, daß der politische Streik, z. B. gegen die Entscheidungen des parlamentarischen Gesetzgebers, als illegal gilt. Trotz ungleicher Artikulationschancen finden in gut funktionierenden Demokratien aber auch die Interessen schwacher Gruppen (z. B. Rentner, Hausfrauen), die für die Parteien als Wähler wichtig sind, Berücksichtigung.

Arbeitnehmerorganisationen in der Bundesrepublik Deutschland

(Stand: 31. 12. 1986)

Deutscher Gewerkschaftsbund mit 7,765 Mill. Mitgliedern in 17 Einzelgewerkschaften:

DGB

IG Bau – Steine – Erden	485 055
IG Bergbau und Energie	355 201
IG Chemie – Papier – Keramik	653 776
IG Druck und Papier	143 384
Gewerksch. d. Eisenbahner Deutschlands	351 408
Gewerksch. Erziehung und Wissenschaft	192 519
Gewerkschaft Gartenbau, Land- und Forstwirtschaft	42 865
Gewerkschaft Handel, Banken und Versicherungen	376 498
Gewerkschaft Holz und Kunststoff	142 954
Gewerkschaft Kunst	28 134
Gewerkschaft Leder	48 332
IG Metall	2 598 323
Gewerkschaft Nahrung – Genuß – Gaststätten	266 088
Gewerkschaft Öffentliche Dienste, Transport und Verkehr	1 198 567
Gewerkschaft der Polizei	162 552
Deutsche Postgewerkschaft	463 152
Gewerkschaft Textil – Bekleidung	255 969

DAG – Deutsche Angestellten-Gewerkschaft 496 000 Mitglieder

DBB – Deutscher Beamtenbund 782 000 Mitglieder

CGB – Christlicher Gewerkschaftsbund 307 000 Mitglieder

DBwV – Deutscher Bundeswehr-Verband 250 000 Mitglieder

Der DGB und seine 17 Einzelgewerkschaften

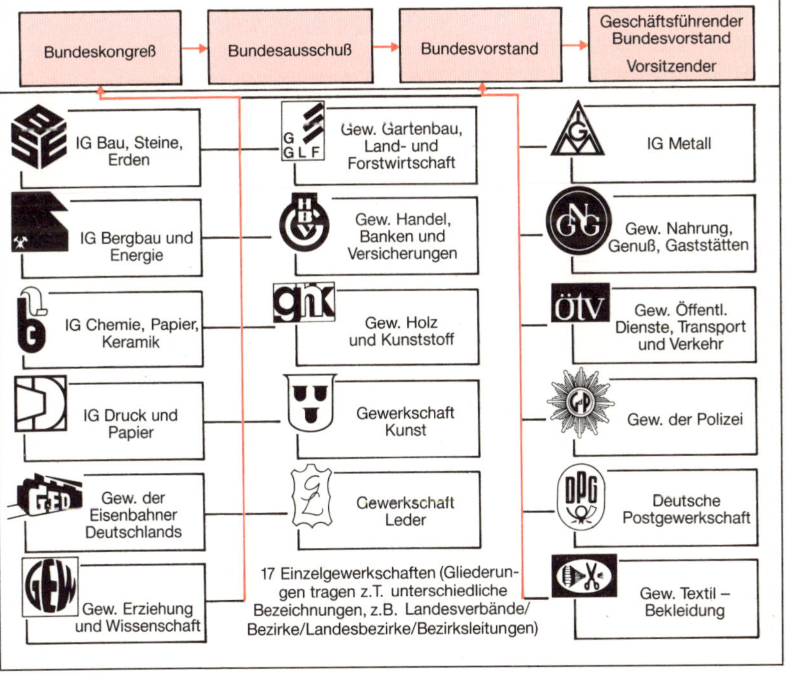

Bürgerbeteiligung – Bürgerinitiativen

Bürgerbeteiligungen und Bürgerinitiativen treten seit Ende der 1960er Jahre in verstärktem Maße auf. In dem Streben vieler Bürger nach einer Beteiligung an der politischen Willensbildung manifestiert sich ein neues, auf Partizipation angelegtes Demokratieverständnis, das Elemente der unmittelbaren Demokratie einbringt. So sehen zahlreiche Gesetze und Verordnungen (z. B. das Baugesetzbuch vom 1. 7. 1987 oder die Bundesfernstraßenplanung) *Bürgerbeteiligungen* an den von ihnen normierten amtlichen Verfahren vor und tragen auf diese Weise den damit verbundenen Eingriffen in die private Sphäre Rechnung. Die Mitwirkungsbefugnisse der Bürger reichen hier von der bloßen Beratung staatlicher Stellen bis zur Mitentscheidung. Von staatlichen Maßnahmen betroffene Bürger sind dadurch nicht mehr nur auf den Weg zu den Gerichten, vor allem zu den Verwaltungsgerichten (vgl. S. 206 und S. 238), angewiesen.

Zu den traditionellen Formen der Bürgerbeteiligung gehört außer der (kommunalen) Selbstverwaltung (vgl. S. 188) und dem Parlamentarismus (vgl. S. 74) die in den Verfassungskämpfen des 19. Jahrhunderts durchgesetzte Mitwirkung von Laienrichtern (Schöffen) in der Rechtsprechung (vgl. S. 208). Auch die Möglichkeit einer Volksabstimmung kann man hierzu zählen (vgl. S. 62).

Heute steht dagegen die Partizipation an Entscheidungsverfahren der öffentlichen Verwaltung im Vordergrund. Dabei sind zwei Arten der Bürgerbeteiligung zu unterscheiden. Bei der sogenannten *Anhörung* geht es um die Beteiligung solcher Bürger, die durch eine Verwaltungsentscheidung in ihren individuellen Rechten oder Belangen konkret betroffen sind. Das ist z. B. bei Planungs- und Genehmigungsverfahren wie der gemeindlichen Bauleitplanung (vgl. S. 304) oder bei immissionsrechtlichen Genehmigungen von Kohlekraftwerken und Ölraffinerien oder bei Genehmigung und Planfeststellungsverfahren für Kernkraftwerke und Anlagen der Zwischen- oder Endlagerung radioaktiver Abfälle der Fall. Die Anhörung dient hier zugleich dem Rechtsschutz der Betroffenen. Auch die Beteiligung anderer Bürger und Verbände (z. B. von Verbraucherzentralen) kann vorgesehen sein, doch haben diese nicht dieselben rechtlichen Durchsetzungschancen. Eine generelle Möglichkeit von Verbänden, gegen staatliche Maßnahmen vorzugehen *(Verbandsklage)*, gibt es nicht.

Eine andere Form der Bürgerbeteiligung dient dem Zweck, die Allgemeinheit und bestimmte interessierte und sachverständige Gruppen der Öffentlichkeit an Entscheidungen der Verwaltung teilnehmen zu lassen. Beispiele hierfür sind die Bundesprüfstelle für jugendgefährdende Schriften, die Verwaltungsräte von Bundesbahn und Bundespost sowie die Rundfunk- und Fernsehräte (vgl. S. 94). In diesen Fällen werden Bürgerinteressen oder Anliegen der Allgemeinheit in der Regel über Partei- und Verbandsvertreter geltend gemacht. Auch einige Landesverfassungen sprechen von der ehrenamtlichen Mitwirkung von Bürgern an Verwaltungsentscheidungen, haben sie aber nur in sehr geringem Umfange realisiert.

Über diese formell geregelten Beteiligungsverfahren hinaus haben die Aktionen sog. *Bürgerinitiativen* gegenüber der öffentlichen Verwaltung zunehmende Bedeutung erlangt. Die Bürgerinitiativen unterscheiden sich von Verbänden und Parteien dadurch, daß sie keine dauerhaften und festen Organisationen besitzen, sondern sich vielfach spontan und kurzfristig bilden und in den meisten Fällen nur ein einziges Ziel oder die Lösung eines bestimmten Problems anstreben. Aus diesem Grunde sind genaue Angaben über ihre Anzahl, über Mitgliedergröße und Organisationsweisen nicht möglich. Die Anzahl der Bürgerinitiativen in der Bundesrepublik wird auf 3 000–5 000 geschätzt. Die Schwerpunkte ihrer Tätigkeit sind (in dieser Rangfolge): Umweltschutz, Kindergärten und Spielplätze, Verkehrsprobleme, Stadtentwicklung, Randgruppen und Jugendfragen.

Die Zusammenarbeit zwischen der Verwaltung und engagierten Bürgern kann den Informationsstand der Behörden heben, ihr Reflexionsvermögen anregen und so zu einer Verbesserung staatlicher Entscheidungen führen. Bürgerinitiativen können aber auch von Sonderinteressen geleitet sein, die die Durchführung wichtiger Aufgaben behindern und die Bildung eines allgemeinen Konsens in bestimmten Fragen erschweren. Die Durchsetzungsfähigkeit von Bürgerinitiativen hängt stets von ihrer hinreichenden Unterstützung durch die am Entscheidungsprozeß beteiligten Kräfte und der Beteiligung an diesem Prozeß zu einem möglichst frühen Zeitpunkt (Problemformulierung, Entscheidungsvorbereitung) ab.

Rechtliche Stellung von Bürgerinitiativen im System der öffentlichen Verwaltung

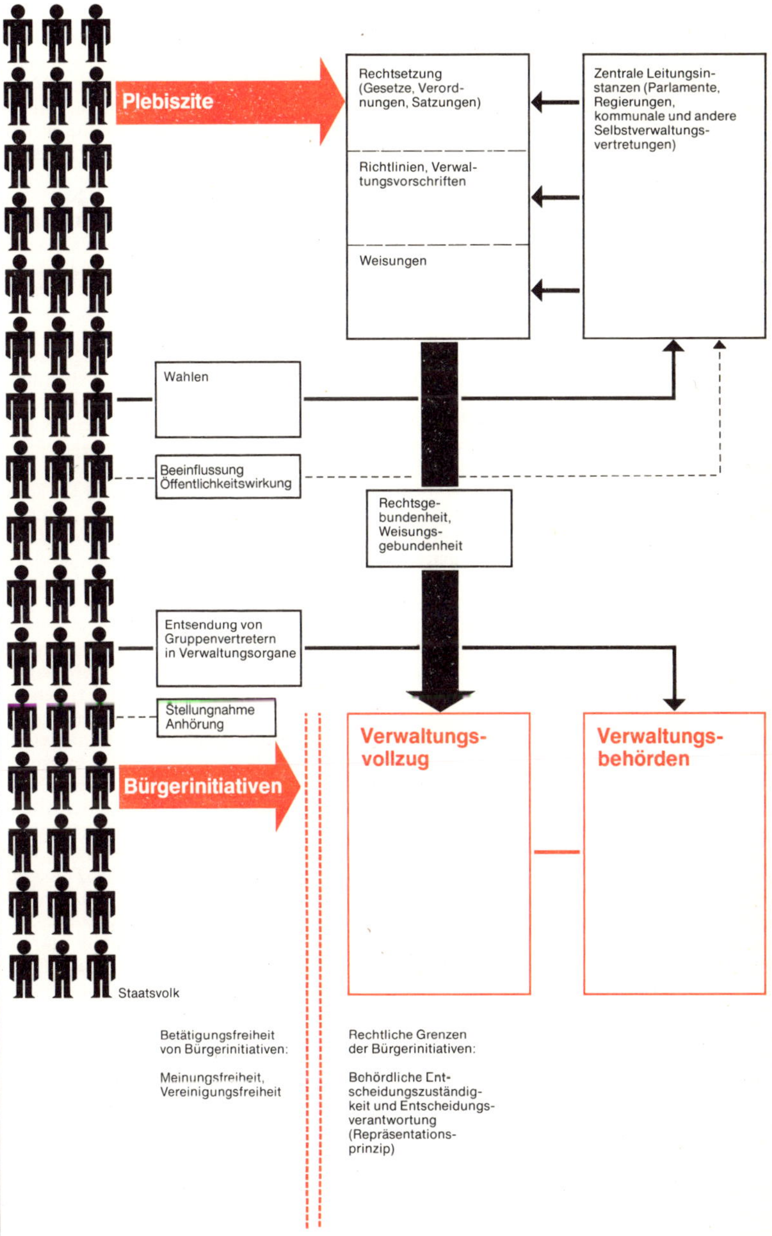

Presse

Durch Art. 5 GG ist die *Pressefreiheit* zusammen mit der Informations- und Meinungsfreiheit als Grundrecht geschützt (vgl. S. 106). Konkretisiert wird die Pressefreiheit im wesentlichen in den Landespressegesetzen. Ein nach Art. 75 GG mögliches und von der Bundesregierung Mitte der 70er Jahre avisiertes Presserechtsrahmengesetz wurde bisher nicht erlassen. Dem Schutz der Pressefreiheit dienen insbesondere die in der Strafprozeßordnung stark eingeschränkten Möglichkeiten der Beschlagnahme von Presseerzeugnissen und ein, allerdings beschränktes, Zeugnisverweigerungsrecht von Presseangehörigen vor Gericht.

Bei *Herstellung und Vertrieb von Druckerzeugnissen* müssen bestimmte Formen eingehalten werden, vor allem müssen im Impressum Verleger und Drucker genannt sein, beim Selbstverlag Verfasser oder Herausgeber, bei periodischen Druckwerken (Zeitungen, Zeitschriften u. a.) auch der verantwortliche Redakteur. Außerdem müssen bei diesen Presseerzeugnissen redaktioneller und Anzeigenteil deutlich unterscheidbar sein. Anzeigen sind in der Regel als solche kenntlich zu machen.

Wenn die Presse in Angelegenheiten von öffentlichem Interesse Nachrichten beschafft und verbreitet, Stellung nimmt, Kritik übt oder sonst an der Meinungsbildung mitwirkt, nimmt sie eine öffentliche Aufgabe wahr. Dazu hat die Presse gegenüber staatlichen Behörden ein *Recht auf Auskunft*. Auskünfte können allerdings verweigert werden, wenn ein überwiegendes öffentliches oder schutzwürdiges privates Interesse verletzt würde oder wenn ihr Umfang das zumutbare Maß übersteigt.

Bei der *Verbreitung von Nachrichten* muß die Presse diese mit der gebotenen Sorgfalt auf Inhalt, Herkunft und Wahrheit prüfen. Sie kann nämlich bei ihrer Berichterstattung in Kollision mit der geschützten Privatsphäre des einzelnen geraten. Jeder hat grundsätzlich den Anspruch auf Beachtung des allgemeinen Persönlichkeitsrechts, der Ehre und der Intimsphäre. Nur wenn ein öffentliches Interesse an Informationen aus dem Privatleben des einzelnen besteht, darf die Presse überhaupt berichten. Persönlichkeitsrecht und Pressefreiheit sind hier in jedem Einzelfall gegeneinander abzuwägen. Bei dem Persönlichkeitsrecht (vgl. S. 100) zuwiderlaufenden unerlaubten Eingriffen ist der einzelne in verschiedener Weise geschützt. Er kann, wenn er beleidigt oder verleumdet wurde oder nicht erweislich wahre Tatsachen behauptet wurden, im Wege der Privatklage die Verantwortlichen durch die Strafgerichte zur Rechenschaft ziehen lassen. Er kann im Wege der einstweiligen Verfügung das Erscheinen des Druckwerks vorläufig verhindern. Er hat unter Umständen einen Anspruch auf Schadensersatz, auch auf Schmerzensgeld. Vor allem hat er ein *Gegendarstellungsrecht*, wenn er durch eine Tatsachenbehauptung in einem Presseorgan betroffen wurde. Bei berechtigtem Interesse kann er ohne weiteren Nachweis verlangen, daß seine eigene Darstellung in angemessenem Umfang in der Ausgabe abgedruckt wird, die nach Eingang der Gegendarstellung in Druck geht, sofern dies technisch noch möglich ist, andernfalls in der folgenden Ausgabe. Hierbei darf die Gegendarstellung so lang sein wie die Darstellung selbst, grundsätzlich muß sie an entsprechender Stelle in der Ausgabe eingerückt werden. Die Gegendarstellung darf mit einem redaktionellen Kommentar versehen werden.

Ein besonderes Problem stellt die sogenannte *innere Pressefreiheit* dar, d. h. das Verhältnis zwischen Redaktion und Verleger. Presseunternehmen gelten als *Tendenzbetriebe*. Die Tendenz wird vom Inhaber und den von ihm ausgewählten Chefredakteuren festgelegt. Mitbestimmungsrechte der Mitarbeiter und Redakteure, die letztlich für den Wahrheitsgehalt ihrer Artikel verantwortlich zeichnen, treten dagegen zurück. Nur wenige Zeitungsverlage haben die Rechte von Redakteuren gegenüber Chefredaktion und Verleger in einem Redaktionsstatut niedergelegt.

Eine freiwillige Selbstkontrolle, jedoch ohne Sanktionsmöglichkeiten gegenüber Mißbräuchen, besitzt die Presse in dem 1956 konstituierten *Deutschen Presserat*, dessen 20 Mitglieder sich paritätisch aus Verlegern und Journalisten zusammensetzen. Die in der Bundesrepublik ständig fortschreitende *Pressekonzentration* (1983 gab es in 47% der Stadt- und Landkreise lokale Monopole einer Zeitung) gefährdet die Meinungsvielfalt ebenso wie die Tendenz, nur noch die Lokalteile durch eigene Redaktionen herzustellen, die überregionalen Teile (den „Mantel") sich jedoch von großen Zeitungen vorgeben zu lassen. Zunehmend bildet sich eine Zusammenarbeit zwischen Presse und Rundfunk (vgl. S. 94) heraus, indem Zeitungsverlage an der Finanzierung und Gestaltung privater Programme partizipieren.

Strukturdaten zur Entwicklung der Tagespresse 1954 bis 1985

	1954	1964	1967	1969	1973	1976	1979	1981	1983	1985
Verlagsbetriebe, die Tageszeitungen herausgeben	624	573	535	517	438	403	400	392	385	382
Redaktionell selbständige Ausgaben von Tageszeitungen	1500	1495	1416	1372	1236	1229	1240	1258	1255	1273
Vollredaktionen mit eigenem politischen Teil („Mantel")	225	183	158	149	131	121	122	124	125	126
Verkaufsauflagen aller Tageszeitungen in Millionen Exemplaren	13,4	17,3	18,0	18,1	18,6	19,5	20,5	20,4	21,2	20,9
Leserdichte (Tageszeitungsexemplare je 1000 Einwohner)	344	390	399	399	414	428	437	430	441	437
Kreise mit überwiegend nur einer örtlichen Zeitung (Ein-Zeitungs-Kreise)	85	121	145	164	153	156	150	152	154	157
in % aller Kreise	15,2	21,4	25,7	29,8	38,3	45,3	45,2	46,2	46,8	47,9
Wohnbevölkerung der Ein-Zeitungs-Kreise in Millionen	4,4	7,3	9,6	12,0	17,0	20,1	o.A.	21,4	21,7	22,0
in % der Gesamtbevölkerung	8,5	12,5	16,1	20,0	27,6	32,7	o.A.	34,7	35,3	35,9

Hörfunk und Fernsehen

Die Veranstaltung von Hörfunk- und Fernsehsendungen ist in der Bundesrepublik Sache der Länder. Der Bund ist nur für den sendetechnischen Bereich sowie für die Rundfunksendungen für das Ausland und die außerhalb des Bundesgebietes wohnenden Deutschen zuständig. Dementsprechend gibt es zwei Bundesrundfunkanstalten: die Deutsche Welle und den Deutschlandfunk. Sie sind mit den neun Landesrundfunkanstalten in der *Arbeitsgemeinschaft der öffentlich-rechtlichen Rundfunkanstalten der Bundesrepublik Deutschland (ARD)* zusammengeschlossen. Ein gemeinschaftliches Hörfunkprogramm der ARD gibt es allerdings mit Ausnahme der Nachtprogramme nicht; es werden nur von Fall zu Fall einzelne Beiträge von anderen Sendern übernommen. Die Landesrundfunkanstalten sind für die regionalen Hörfunkprogramme verantwortlich; außerdem gestalten sie den Fernsehbetrieb.

Das (Erste) „Deutsche Fernsehen“ wird von den neun Landesrundfunkanstalten (mit Eigenbeiträgen) gemeinschaftlich bestritten. Die Regional- und dritten Programme sowie das Werbefernsehen werden jedoch von den einzelnen Anstalten getrennt ausgestrahlt. Sie verfügen hierfür über eigene Sendeanlagen. Das *Zweite Deutsche Fernsehen (ZDF)* ist eine von den Ländern gemeinschaftlich errichtete Anstalt des öffentlichen Rechts. Finanziert werden die Länderanstalten durch Gebühren und Werbeeinnahmen. 30% der Fernsehgebühren stehen dem ZDF zu. Die Kosten der Bundesrundfunkanstalten werden vom Bundeshaushalt getragen.

Alle Anstalten sind rechtsfähig, mit Selbstverwaltungs-, meist auch Satzungsrecht und eigenem Haushalt. Sie unterstehen der Rechtsaufsicht des Anstaltsträgers, der jedoch nicht in das der Anstalt zustehende Grundrecht der „Freiheit der Berichterstattung durch Rundfunk“ (vgl. S. 106) eingreifen darf. Die innere Organisation ist bei allen Anstalten im wesentlichen gleich. Ihre Organe sind Rundfunk- bzw. Fernsehrat, Verwaltungsrat und Intendant.

Der Rundfunkrat vertritt die Allgemeinheit bzw. die relevanten gesellschaftlichen Gruppen. Er hat meist das Budgetrecht und wählt den Intendanten. Der Verwaltungsrat unterstützt und überwacht den Intendanten, bisweilen auch in Programmfragen. Der Intendant leitet und vertritt die Anstalt und führt die Beschlüsse von Rundfunk- und Verwaltungsrat aus. Die personelle Zusammensetzung dieser Institutionen soll eine repräsentative Vertretung der wichtigsten gesellschaftlichen Bereiche darstellen *(Proporz)* und die politische Unabhängigkeit der Anstalten gewährleisten.

Der verfassungsrechtliche Rahmen der *Medienpolitik* in der Bundesrepublik ist durch die Regelungen der Länder festgelegt und durch die Rechtsprechung des Bundesverfassungsgerichts. Sie geht von der Abwesenheit von Zensur und von der Meinungs- und Informationsfreiheit als Wesenselementen des freiheitlichen Staates aus. Trotz ihrer öffentlich-rechtlichen Verfaßtheit sind Rundfunk und Fernsehen staatsfern aufzubauen. Die Kompetenzen der Länder betreffen Organisations- und nur in einem beschränkten Maße Programmfragen. Verlangt wird nicht nur die „Freiheit von staatlicher Beherrschung und Einflußnahme“, sondern „eine positive Ordnung, welche sicherstellt, daß die Vielfalt der bestehenden Meinungen ... in möglichster Breite und Vollständigkeit Ausdruck findet und daß auf diese Weise umfassende Information geboten wird“.

Die umstrittene Zulassung *privater Anbieter* erklärte das Bundesverfassungsgericht prinzipiell für zulässig, knüpfte dies aber an die Bedingung, daß „alle oder ein nennenswerter Teil der gesellschaftlichen Gruppen und geistigen Richtungen auch tatsächlich zu Wort kommen“. Es bezog damit die Forderung nach Ausgewogenheit der Meinungen auf die Gesamtstruktur des Programms im Gegensatz zur Auffassung, nach der Ausgewogenheit in jedem einzelnen Programm herrschen muß. Diese rechtliche Fixierungen sind bedeutsam hinsichtlich der mit den sog. *neuen Medien* verbundenen Möglichkeiten der Ausweitung von Programmen (vgl. S. 348).

Öffentlich-rechtlicher Rundfunk

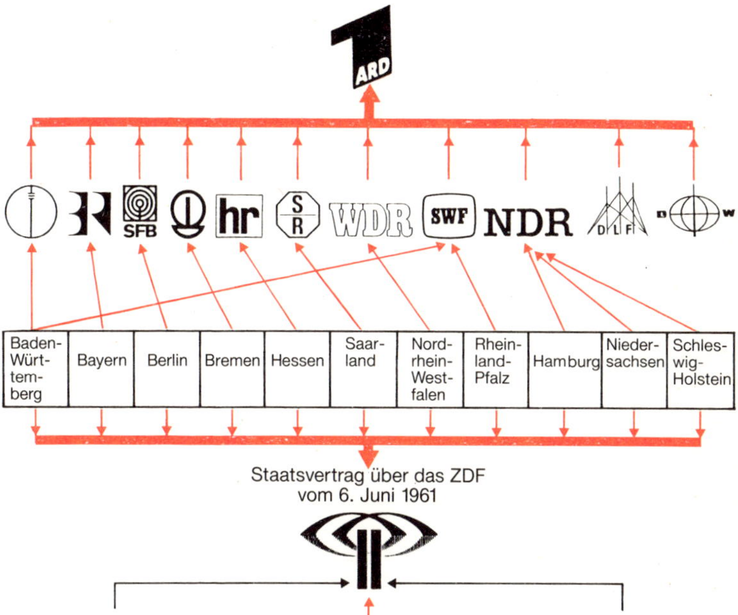

Intendant

Wird vom Fernsehrat mit Dreifünftelmehrheit gewählt

Aufgaben:

Ist für die gesamten Geschäfte der Anstalt einschließlich der Gestaltung des Programms verantwortlich. Beruft im Einvernehmen mit Verwaltungsrat Programmdirektor, Chefredakteur, Verwaltungsdirektor.

Fernsehrat

66 Mitglieder:

Vertreter

– der Länder	11
– des Bundes	3
– der Parteien	12
– der Ev. Kirche	2
– der Kath. Kirche	2
– des Zentralrats der Juden	1
– der Gewerkschaften	3
– der Arbeitgeber	2
– der Landwirtschaft	1
– des Handwerks	1
– der Zeitungsverleger	2
– der Journalisten	2
– der Freien Wohlfahrtsverbände	4
– der kommunalen Spitzenverbände	4
– des Dt. Sportbundes	1
– der Vertriebenen	1
– von Kunst, Wissenschaft, Bildung, Erziehung, Freien Berufen, Familien-, Frauen- und Jugendarbeit	14

Aufgaben:

Stellt Richtlinien für Sendungen auf. Berät Intendanten bei Programmgestaltung. Überwacht Einhaltung der Richtlinien. Beschließt Satzungsänderungen. Genehmigt Haushaltsplan. Genehmigt Jahresabschluß.

Verwaltungsrat

9 Mitglieder:

3 Vertreter der Länder
5 vom Fernsehrat gewählte Mitglieder
1 Vertreter des Bundes

Aufgaben:

Beschließt über Dienstvertrag mit Intendanten. Überwacht Tätigkeit des Intendanten. Schlägt dem Fernsehrat Änderung der Satzung vor. Beschließt über den vom Intendanten entworfenen Haushaltsplan und Jahresabschluß.

Die im Grundgesetz (GG) normierten Grundrechte binden als unmittelbar geltendes Recht Gesetzgebung, vollziehende Gewalt und Rechtsprechung (Art. 1 Abs. 3 GG). Alle Träger öffentlicher Gewalt haben sie bei allen Entscheidungen zu beachten und ihre Verwirklichung zu fördern. Die Grundrechte stehen zum Teil jedermann zu (Menschenrechte), zum Teil können sich nur Deutsche (im Sinne von Art. 116 GG [vgl. S. 46]) auf sie berufen. Auch für inländische juristische Personen, nichtrechtsfähige Handelsgesellschaften und Vereine gelten die Grundrechte, soweit sie ihrem Wesen nach auf diese anwendbar sind (Art. 19 Abs. 3 GG). Die Grundrechte lassen sich unterscheiden in Freiheits-, Gleichheits- und Verfahrensrechte und sind in erster Linie für das Verhältnis des Bürgers zu den staatlichen Gewalten bestimmend. Die in den Grundrechten insgesamt zum Ausdruck kommende objektive Wertordnung wirkt aber auch auf das Verhältnis zwischen den Bürgern ein (*Drittwirkung* der Grundrechte). Die Gerichte haben bei der Auslegung von Vorschriften des Zivilrechts, insbesondere der Generalklauseln des Bürgerlichen Gesetzbuchs, den grundrechtlichen Wertungen Rechnung zu tragen (z. B. müssen sie bei der Bewertung ehrbeeinträchtigender Äußerungen und geschäftsschädigender Boykottaufrufe einerseits die Meinungsäußerungsfreiheit und andererseits das Persönlichkeitsrecht bzw. die Berufsfreiheit berücksichtigen).

Die besondere Bedeutung der Grundrechte für den einzelnen Bürger liegt darin, daß sie ihm subjektive Rechte geben, auf die er sich dem Staat gegenüber berufen, d. h. aufgrund deren er sich gegen staatliche Eingriffe wehren und die er vor Gericht durchsetzen kann. Die Grundrechte schaffen dem einzelnen damit einen gegenüber staatlichen Eingriffen geschützten Freiheitsraum. Die Grundrechte sind aber nicht allein Abwehrrechte. Sie sind – zumindest zum Teil – auch Leistungsrechte, die den Staat verpflichten, dazu beizutragen, dem Bürger die Verwirklichung seiner (Grund-)Rechte zu ermöglichen (z. B. Anspruch auf Rechtsschutzmöglichkeiten; in engen Grenzen auch Anspruch auf Bereitstellung von Studienplätzen).

Die Grundrechtsbestimmungen gelten nicht schrankenlos. *Einschränkungen* ergeben sich aus einer begriffs- und inhaltsbestimmenden Auslegung des Geltungsbereichs des einzelnen Grundrechts, seiner Abgrenzung zu anderen Grundrechten und einer Einordnung in den Sinngehalt aller Verfassungsnormen. Einschränkungen der Grundrechte sind auch aufgrund von *Gesetzesvorbehalten* möglich, durch die der Gesetzgeber ermächtigt wird, die Grenzen der Gewährleistung zu bestimmen. Einen für alle Grundrechte geltenden, ungeschriebenen Gesetzes- bzw. Gemeinschaftsvorbehalt gibt es allerdings nicht. Bei Eingriffen in Grundrechte ist der Grundsatz der *Verhältnismäßigkeit* zu beachten. In keinem Fall darf ein Grundrecht durch einen Eingriff oder eine Einschränkung in seinem *Wesensgehalt* angetastet werden. Grundsätzlich können die Grundrechtsbestimmungen unter den besonderen Voraussetzungen der Verfassungsrevision geändert oder gestrichen werden. Unabänderlich sind nur die in Art. 1 und 20 GG niedergelegten Grundsätze (Art. 79 Abs. 3 GG). Zu den Grundsätzen der Menschenwürde (Art. 1 Abs. 1 GG) und des Rechtsstaats (Art. 20 Abs. 3 GG) gehört auch, daß ein Grundbestand an Freiheitsrechten gewährleistet bleibt.

Neben dem Grundgesetz normieren einzelne Landesverfassungen sowie die Europäische Konvention zum Schutze der Menschenrechte und Grundfreiheiten Grundrechte (vgl. S. 140). Letztere ist durch Bundesgesetz zu innerstaatlichem Recht geworden. Ihrem Inhalt nach dekken sich die Menschenrechte der Konvention weitgehend mit den Grundrechten des Grundgesetzes. Zur Wahrung der Europäischen Menschenrechtskonvention besteht ein Europäischer Gerichtshof für Menschenrechte in Straßburg (vgl. S. 478).

Die Wahrung der Grundfreiheiten, die in einzelnen Landesverfassungen normiert sind, obliegt den Gerichten der Länder, die überwiegend spezielle Landesverfassungsgerichte errichtet haben. Das Bundesverfassungsgericht (vgl. S. 216) kann die Einhaltung der Landesverfassungen und der Europäischen Konvention zum Schutze der Menschenrechte und Grundfreiheiten (vgl. S. 140) nicht überwachen, es ist nur zuständig zur Prüfung von Verstößen gegen das Grundgesetz.

Grund- und Menschenrechte

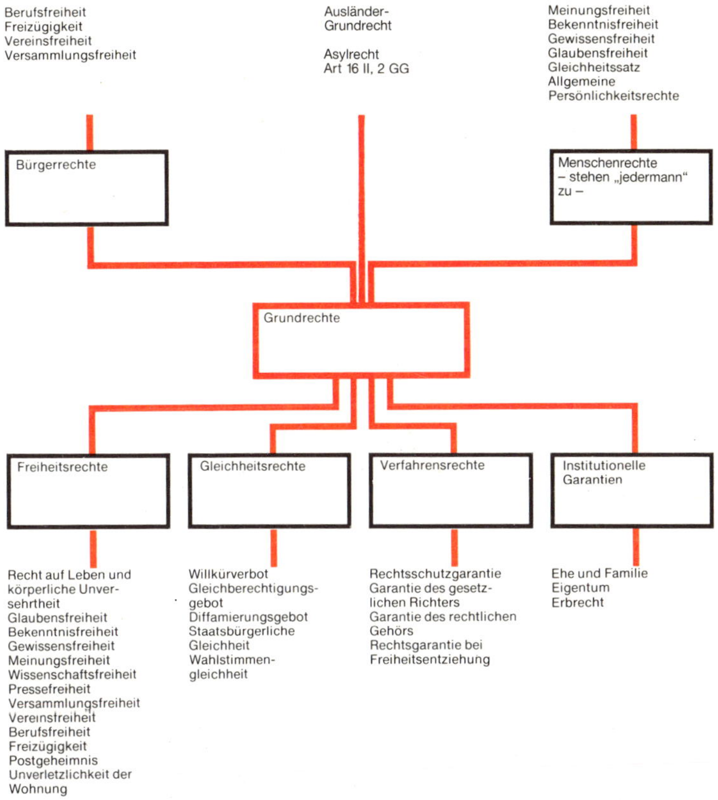

Grundrechtsgeltung bei natürlichen Personen

Grundrechtsfähigkeit: die Fähigkeit, überhaupt Träger von Grundrecht zu sein; sie kommt jedem geborenen und lebenden Menschen hinsichtlich aller Grundrechte zu. Problematisch ist die Grundrechtsfähigkeit des ungeborenen Lebens und die des Toten (Persönlichkeitsrecht).

Grundrechtsmündigkeit: die Fähigkeit von natürlichen Personen, ihre Grundrechte (selbständig) auszuüben. Sie ist gegeben, wenn Geschäftsfähigkeit vorliegt. Problematisch ist die Grundrechtsmündigkeit von Kindern und Jugendlichen wegen des ebenfalls als Grundrecht gewährleisteten Elternrechts (Art 6 II GG).

Schutz der Menschenwürde

In Art. 1 Abs. 1 GG heißt es: „Die Würde des Menschen ist unantastbar. Sie zu achten und zu schützen ist Verpflichtung aller staatlichen Gewalt."

Die Gewährleistung der Menschenwürde als unantastbar war früher als Selbstverständlichkeit anerkannt, und eine ausdrückliche Verankerung in der Rechtsordnung wurde als überflüssig angesehen. Dies änderte sich allerdings mit den Erfahrungen des nationalsozialistischen Regimes (vgl. S. 30). Deshalb wurde im Grundgesetz ihre Gewährleistung als unantastbar ausdrücklich festgelegt, und zwar sogleich im ersten Artikel als Ausgangspunkt für die Gewährleistung der weiteren Menschenrechte (Art. 1 Abs. 2 GG: „Das Deutsche Volk bekennt sich darum zu unverletzlichen und unveräußerlichen Menschenrechten als Grundlage jeder menschlichen Gemeinschaft, des Friedens und der Gerechtigkeit in der Welt.").

Weil in den weiteren Grundrechten der Art. 2 ff. GG eigene Freiheitsgewährleistungen für zahlreiche Spezialbereiche einräumt, hat die Anerkennung der Menschenrechte in Art. 1 Abs. 1 GG keine besonders große praktische Bedeutung. Die Bedeutung ist zusätzlich dadurch gering, daß die Rechtsprechung des Bundesverfassungsgerichts den Begriff der Menschenwürde eng auslegt.

Die Gewährleistung der Menschenwürde bedeutet nach dieser Rechtsprechung, daß der Mensch nicht zum Objekt staatlichen Handelns gemacht werden darf. Dies ist aber nur in extremen Fällen gegeben. So ist es dem Staat untersagt, medizinische Forschung am Menschen als Versuchsobjekt zu betreiben. Weitere eigenständige Rechtswirkungen gehen von Art. 1 Abs. 1 GG nicht aus: Die Polizei als staatliche Einrichtung ist nicht gehindert, die Haar- und Barttracht eines Beschuldigten zum Zwecke seiner Identifizierung zwangsweise verändern zu lassen. Auch darf Häftlingen für kürzere Dauer jeder Kontakt zur Außenwelt verwehrt werden. Zum Zweck der Verfolgung schwerer Straftaten kann die Strafverfolgungsbehörde auf richterliche Anordnung – auch ohne vorherige oder nachträgliche Benachrichtigung – Telefongespräche von Bürgern abhören.

In manchen Bereichen ergeben sich aus der Anerkennung der Menschenwürde aber doch *zusätzliche Rechte*. In Einzelfällen hat der Bürger Ansprüche über den sonst nur abwehrrechtlichen Charakter der Grundrechte hinaus: So stehen ihm z. B. staatliche Unterstützungszahlungen zu (Sozialhilfe mindestens in Höhe des Existenzminimums), wenn er sonst keine oder zu geringe Einkünfte hat. Weiterhin hat jeder Bürger in allen staatlichen Verfahren Anspruch auf ein rechtsstaatlich-faires Verfahren in dem Sinne, daß er die Möglichkeit zu angemessener eigener Beteiligung und Rechtsverteidigung haben muß (z. B. sind Strafverfahren ohne Benachrichtigung des Beschuldigten unzulässig). In anderen Bereichen führt die Anerkennung der Menschenwürde zu *verstärkten Abwehrrechten:* Die Intim- und Privatsphäre ist in besonderem Maße gegenüber dem Staat geschützt (dieser darf den Menschen nicht durch umfassende Datenerhebungen in seiner ganzen Persönlichkeit registrieren und „katalogisieren" [vgl. S. 136]). Der Strafvollzug darf nicht zu irreparablen Schäden psychischer oder physischer Art führen (insbesondere muß auch demjenigen, der zu lebenslanger Freiheitsstrafe verurteilt wird, die rechtlich gesicherte Chance verbleiben, wieder der Freiheit teilhaftig zu werden, d. h. die Vorausssetzungen der Begnadigung müssen rechtlich geregelt sein). Die Aussagepflicht für Zeugen darf nicht soweit gehen, daß diese auch sich selbst belasten müssen.

Noch ungeklärt ist, inwieweit der Staat aufgrund der Anerkennung der Menschenwürde verpflichtet ist, der Gentechnologie durch Gesetz Grenzen zu ziehen (z. B. Verbot, Mischungen aus Mensch und Tier entstehen zu lassen, sog. Klonen; eventuell auch Verbot, daß Frauen für andere deren befruchtetes Ei austragen, sog. Tragemutterschaft; Verbot, für Ei- oder Samenspende ein Entgelt zu vereinbaren).

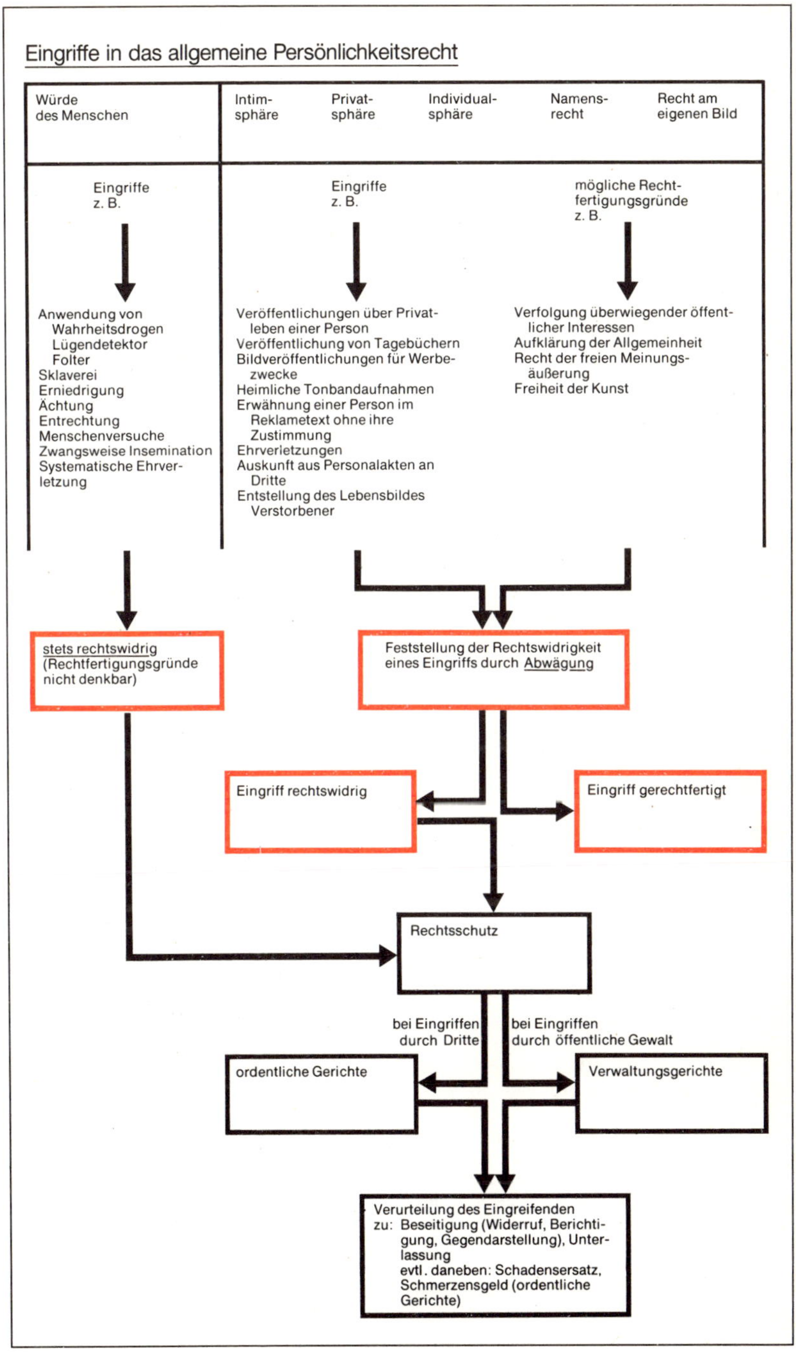
Eingriffe in das allgemeine Persönlichkeitsrecht
Würde des Menschen
Intim-sphäre
Privat-sphäre
Individual-sphäre
Namens-recht
Recht am eigenen Bild
Eingriffe z. B.
Anwendung von Wahrheitsdrogen Lügendetektor Folter
Sklaverei
Erniedrigung
Ächtung
Entrechtung
Menschenversuche
Zwangsweise Insemination
Systematische Ehrverletzung
Eingriffe z. B.
Veröffentlichungen über Privatleben einer Person
Veröffentlichung von Tagebüchern
Bildveröffentlichungen für Werbezwecke
Heimliche Tonbandaufnahmen
Erwähnung einer Person im Reklametext ohne ihre Zustimmung
Ehrverletzungen
Auskunft aus Personalakten an Dritte
Entstellung des Lebensbildes Verstorbener
mögliche Rechtfertigungsgründe z. B.
Verfolgung überwiegender öffentlicher Interessen
Aufklärung der Allgemeinheit
Recht der freien Meinungsäußerung
Freiheit der Kunst
stets rechtswidrig (Rechtfertigungsgründe nicht denkbar)
Feststellung der Rechtswidrigkeit eines Eingriffs durch Abwägung
Eingriff rechtswidrig
Eingriff gerechtfertigt
Rechtsschutz
bei Eingriffen durch Dritte
bei Eingriffen durch öffentliche Gewalt
ordentliche Gerichte
Verwaltungsgerichte
Verurteilung des Eingreifenden zu: Beseitigung (Widerruf, Berichtigung, Gegendarstellung), Unterlassung
evtl. daneben: Schadensersatz, Schmerzensgeld (ordentliche Gerichte)

Art. 2 GG lautet: (1) „Jeder hat das Recht auf die freie Entfaltung seiner Persönlichkeit, soweit er nicht die Rechte anderer verletzt und nicht gegen die verfassungsmäßige Ordnung oder das Sittengesetz verstößt." (2) „Jeder hat das Recht auf Leben und körperliche Unversehrtheit. Die Freiheit der Person ist unverletzlich. In diese Rechte darf nur auf Grund eines Gesetzes eingegriffen werden."

Art. 2 Abs. 1 GG verbürgt die menschliche Handlungsfreiheit in einem umfassenden Sinne. Diese Garantie der *allgemeinen Handlungsfreiheit* ist das „Leit-Grundrecht" der Verfassung. Für spezielle Lebensbereiche enthält das Grundgesetz aber zahlreiche spezielle Grundrechtsgewährleistungen (z. B. Glaubens-, Meinungs-, Berufsfreiheit, Eigentumsgarantie). Wo solche speziellen Gewährleistungen bestehen, sind diese maßgeblich, und es bleibt kein Raum für die Anwendung des Art. 2 Abs. 1 GG. Nur in den übrigen Lebensbereichen, die nicht durch spezielle Freiheitsgrundrechte abgedeckt sind, kommt Art. 2 Abs. 1 GG zur Anwendung. Aus ihm ergibt sich – zusammen mit dem Schutz der Menschenwürde in Art. 1 Abs. 1 GG (vgl. S. 98) – das Recht des Einzelnen auf Achtung seiner Intim- und Privatsphäre durch den Staat, z. B. bei der Erhebung von Daten (vgl. S. 136). Außerhalb dieses Bereichs sind staatliche Eingriffe in weitem Umfang zulässig, müssen sich aber im Rahmen der in Art. 2 Abs. 1 GG verankerten „Schranken" halten, deren wichtigste die „verfassungsmäßige Ordnung" ist: Diese umfaßt die Gesamtheit aller gültigen Rechtsvorschriften. Staatliche Eingriffe müssen sich aber nicht nur im Rahmen der geltenden Rechtsvorschriften halten, sondern dürfen außerdem nur im überwiegenden Interesse der Allgemeinheit und unter Beachtung des Verhältnismäßigkeitsgebotes getroffen werden. Wichtigster Ausfluß der allgemeinen Handlungsfreiheit ist das Recht auf freie, eigenverantwortliche Betätigung im gesellschaftlichen und besonders im wirtschaftlichen Bereich (*Privatautonomie*, insbesondere *Vertragsfreiheit:* freie Verfügung über Sachen und Vermögen); insoweit gibt es aber auch zahlreiche gesetzliche Beschränkungen (z. B. Verbot der Ausnutzung von Notlagen und der unangemessenen Benachteiligung durch allgemeine Geschäftsbedingungen).

Art. 2 Abs. 2 GG enthält spezielle Grundrechtsgewährleistungen für Leben, körperliche Unversehrtheit und persönliche Freiheit. Der hohe Rang des Rechts auf *Leben* verpflichtet den Gesetzgeber, Maßnahmen zu dessen Schutz zu treffen (und nicht nur Eingriffe zu unterlassen, wie es für den Abwehrcharakter der Grundrechte ausreichen würde und wie er sonst im allgemeinen nur gegeben ist). So muß der Staat Straftatbestände für Kapitalverbrechen vorsehen. Ob er auch einen Straftatbestand für Abtreibungen vorsehen muß, erscheint fraglich angesichts anderer denkbarer Schutzformen; so könnte z. B. der Mutter zur Pflicht gemacht werden, sich vorher durch einen am Schwangerschaftsabbruch nicht beteiligten Arzt beraten zu lassen.

In die Rechte des Art. 2 Abs. 2 GG kann nur aufgrund eines Gesetzes eingegriffen werden, allerdings nur im überwiegenden Interesse der Allgemeinheit und unter Beachtung des Verhältnismäßigkeitsgebotes. Eingriffe in die *körperliche Unversehrtheit* sind in verschiedenen Gesetzen vorgesehen (z. B. Tbc-Röntgenuntersuchungen bei Lehrern; Blutentnahme zum Test auf den Blutalkohol nach einem Verkehrsunfall). In welchem Umfang und in welchen Fällen eine Zwangsernährung für Strafhäftlinge zulässig ist, die sich im Hungerstreik befinden, ist bisher nicht abschließend geklärt.

Eingriffe in die *persönliche Freiheit* (Art. 2 Abs. 2 GG) sind in verschiedenen Gesetzen in unterschiedlicher Intensität vorgesehen. So können die Gerichte aufgrund der Prozeßordnungen das Erscheinen einer Person als Zeuge gebieten; die Polizei darf im Rahmen der Aufklärung von Straftaten Personen zur Dienststelle mitnehmen, um ihre Personalien festzustellen. Bei intensiveren Eingriffen („Freiheitsentziehungen") müssen die besonderen Erfordernisse des Art. 104 GG beachtet werden: Die Einweisung in eine Straf- oder Heilanstalt darf nur ein Richter anordnen (vgl. S. 134), Festnahmen durch die Polizei sind nur für zwei Tage zulässig.

Recht der Freiheitsentziehung

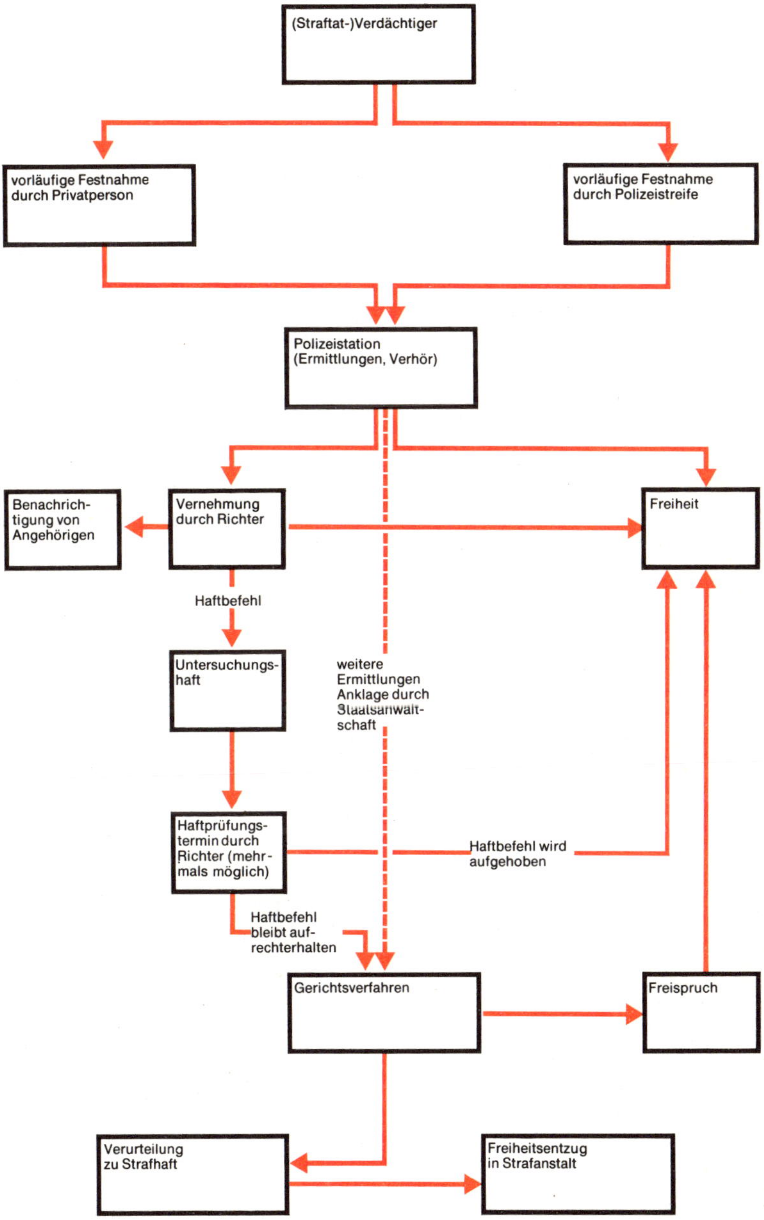

Art. 3 GG legt fest: (1) „Alle Menschen sind vor dem Gesetz gleich." (2) „Männer und Frauen sind gleichberechtigt." (3) „Niemand darf wegen seines Geschlechts, seiner Abstammung, seiner Rasse, seiner Sprache, seiner Heimat und Herkunft, seines Glaubens, seiner religiösen oder politischen Anschauungen benachteiligt oder bevorzugt werden."

Der Grundsatz der Gleichheit aller Menschen ist ein wesentliches Element moderner Verfassungen. Auch im Grundgesetz stellt der allgemeine Gleichheitssatz des Art. 3 Abs. 1 GG ein grundlegendes Prinzip dar. Er bedeutet, daß vom Tatbestand her gesehen Gleiches gleich, Ungleiches dagegen ungleich geregelt werden muß. Dem Gesetzgeber ist es allerdings weitgehend überlassen, die Merkmale zu bestimmen, nach denen Sachverhalte gleich oder ungleich anzusehen sind, also eine Gleichbehandlung oder Differenzierung geboten ist. Eine Verletzung des Gleichheitssatzes liegt daher nicht schon dann vor, wenn der Gesetzgeber bei der Regelung eines bestimmten Lebensgebietes nicht alle tatsächlichen Verschiedenheiten der Lebensverhältnisse berücksichtigt. Entscheidend ist vielmehr, ob die tatsächlichen Ungleichheiten in dem jeweils in Betracht kommenden Zusammenhang so bedeutsam sind, daß ihre Gleichbehandlung mit einer am Gerechtigkeitsgedanken orientierten Betrachtungsweise unverträglich erscheint. Art. 3 Abs. 1 GG bedeutet daher für den Gesetzgeber lediglich das Gebot, Differenzierungen nach sachlichen Gesichtspunkten vorzunehmen *(Willkürverbot)*.

Im Bereich der Gesetzesanwendung, insbesondere für die Verwaltung, liegt die Bedeutung des Art. 3 Abs. 1 GG wesentlich auf den Gebieten, bei denen im Rahmen der Gesetzesanwendung ein Spielraum besteht, vor allem im Rahmen des Ermessens (vgl. S. 258). Eine Behörde darf von einer mehrmals in gleicher Weise ausgeübten Ermessenshandhabung oder einer Verwaltungsvorschrift nur abweichen, wenn sie für die verschiedene Behandlung einen sachlichen Grund vorweisen kann (Selbstbindung der Verwaltung). Dies ist z. B. dann der Fall, wenn die bisherige Praxis rechtswidrig war (keine Gleichheit im Unrecht), wenn neue Tatsachen vorliegen, wenn sich die Rechtslage geändert oder die bisherige Praxis sich als unzweckmäßig herausgestellt hat.

Konkretisierungen des allgemeinen Gleichheitssatzes finden sich im Grundgesetz an verschiedenen Stellen. Nach Art. 3 Abs. 2 GG sind Männer und Frauen gleichberechtigt (z. B. in der Familie, am Arbeitsplatz). Eine unterschiedliche Behandlung ist jedoch dann gerechtfertigt, wenn der biologische Geschlechtsunterschied den Sachverhalt so entscheidend prägt, daß vergleichbare Elemente daneben vollkommen zurücktreten (z. B. Mutterschutzgesetz). Nach Art. 3 Abs. 3 GG darf niemand wegen seines Geschlechts, seiner Abstammung, Rasse, Sprache, Heimat oder Herkunft, seines Glaubens, seiner religiösen oder politischen Anschauungen benachteiligt oder bevorzugt werden. Aus der Natur der Sache heraus ist es aber zulässig, bei der Wahl eines Bürgermeisters auf dessen politische Anschauungen, bei einem Bewerber für ein Lehramt an einer Bekenntnisschule auf das Bekenntnis abzustellen oder bei einer Einbürgerung Abstammung, Sprache und Herkunft zu berücksichtigen. Nach Art. 33 Abs. 1 GG hat jeder Deutsche in jedem Bundesland die gleichen staatsbürgerlichen Rechte und Pflichten. Art. 33 Abs. 2 GG garantiert jedem Deutschen gleichen Zugang zu jedem öffentlichen Amt nach seiner Eignung, Befähigung und fachlichen Leistung (vgl. S. 248). Nach Art. 38 Abs. 1 GG gilt für die Wahl des Bundestages das Prinzip der Gleichheit jeder Wahlstimme (vgl. S. 60). Die Chancengleichheit der politischen Parteien folgt aus Art. 21 GG (vgl. S. 84). Der Bund hat die Pflicht, für eine Einheitlichkeit der Lebensverhältnisse im gesamten Bundesgebiet zu sorgen, z. B. bei der Ausübung der konkurrierenden Gesetzgebungszuständigkeit (vgl. S. 154) gemäß Art. 72 Abs. 2 GG und bei der Raumplanung (vgl. S. 298), bei der Gewährung von Finanzhilfen (Art. 104 a Abs. 4 GG), bei der Steuerverteilung (Art. 106 Abs. 3 GG) und beim Finanzausgleich (Art. 107 Abs. 2 GG).

Bei den Gleichheitsgeboten ist wie bei allen Grundrechten zu beachten, daß sie in erster Linie nur für das Verhältnis zwischen den Bürgern gelten (keine Drittwirkung der Grundrechte [vgl. S. 96]). Deshalb ist den Bürgern im allgemeinen Rechtsverkehr (mit Ausnahme im Arbeitsrecht [vgl. S. 404]) die Differenzierung nach Geschlecht und politischer Anschauung nicht verboten.

Gleichheit vor dem Gesetz

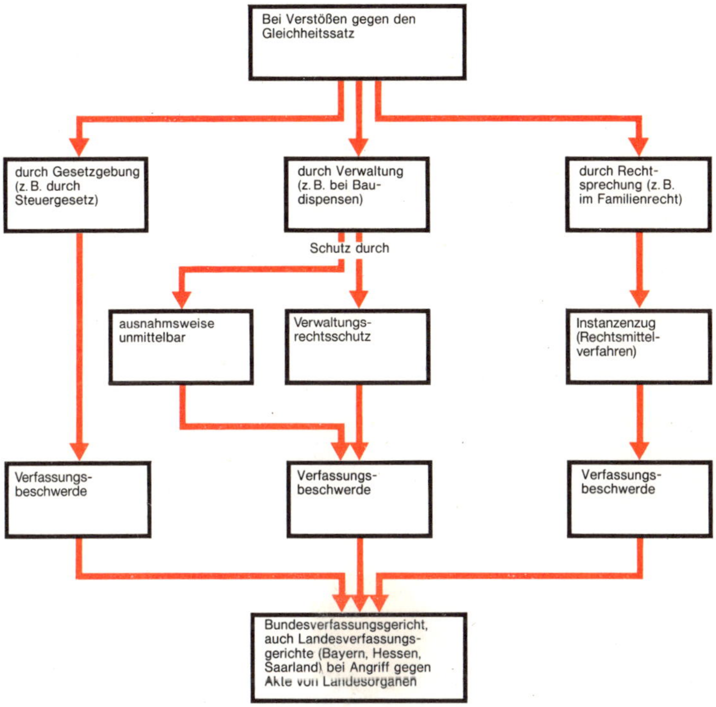

Spezielle Gleichheitsrechte

Art. 3 Abs. 2 GG:	Grundsatz der Gleichberechtigung von Mann und Frau; objektive biologische und funktionale Unterschiede sind zulässige Differenzierungsgründe
Art. 3 Abs. 3 GG:	Verbot von Maßnahmen, die darauf abzielen, jemanden wegen seiner Abstammung, Rasse, Sprache, Herkunft, Glauben oder Anschauung zu benachteiligen oder bevorzugen
Art. 33 Abs. 1 GG:	Gleichheit der staatsbürgerlichen Rechte Deutscher in allen Bundesländern
Art. 33 Abs. 2 GG:	Recht eines jeden Deutschen auf gleichen Zugang zu allen öffentlichen Ämtern. Mitbewerber dürfen nur aus sachlichen Kriterien bevorzugt werden
Art. 33 Abs. 3 GG:	Präzisierung von Art. 3 und 33 Abs. 2 GG
Art. 38 Abs. 1 S. 1 GG:	Grundsatz der formalen Wahlrechtsgleichheit. Zählwert und bei Verhältniswahl Erfolgswert der abgegebenen Stimmen müssen gleich sein. Durchbrechungen sind zulässig im Interesse der Funktionsfähigkeit des Parlaments

Glaubens-, Gewissens- und Bekenntnisfreiheit

In Art. 4 GG heißt es: (1) „Die Freiheit des Glaubens, des Gewissens und die Freiheit des religiösen und weltanschaulichen Bekenntnisses sind unverletzlich.“ (2) „Die ungestörte Religionsausübung wird gewährleistet.“

Die Religionsfreiheit *(Glaubens- und Bekenntnisfreiheit)* gewährt jedermann das Recht, einen Glauben oder eine Weltanschauung einzeln oder in Gemeinschaft zu bekennen oder abzulehnen oder über beides zu schweigen (positive und negative Bekenntnisfreiheit). Niemand darf zum Eintritt in eine bestimmte Glaubensgemeinschaft oder zum Austritt aus einer solchen oder zur Offenlegung seines Bekenntnisses gezwungen werden. Die Offenlegung kann nur verlangt werden, wenn dies zur Feststellung eines öffentlich-rechtlichen Tatbestandes erforderlich ist (z. B. Kirchensteuererhebung). Ein Eid kann ohne religiöse Beteuerung geleistet werden. Die Religionsfreiheit gewährleistet darüber hinaus sowohl dem einzelnen als auch den Religionsgemeinschaften oder Vereinigungen, deren Zweck und Ziel die Pflege und Verkündung des Glaubens ihrer Mitglieder ist, die ungestörte Religionsausübung. Diese umfaßt die Vornahme von Kultushandlungen im privaten, häuslichen oder sonst geschlossenen Bereich, aber auch in der Öffentlichkeit. Zu ihr gehört über das Bekennen des Glaubens hinaus die Freiheit, für ein Bekenntnis einzutreten, dafür zu werben und von fremdem Glauben abzuwerben. Die Art der Kundgabe des eigenen Glaubens ist gleichgültig (Wort, Schrift, Bild, Plastik). Grundrechtlich geschützt sind demnach auch die Teilnahme an einer Prozession oder die Veranstaltung religiöser caritativer Sammlungen.

Lediglich die allgemeine Wertordnung des Grundgesetzes, insbesondere das Recht des Andersdenkenden auf seinen eigenen Glauben und auf seine eigene Weltanschauung, setzt der Religionsfreiheit und der Freiheit der Religionsausübung Schranken. Sie verbietet es z. B., die Glaubenswerbung oder -abwerbung mit unlauteren Mitteln zu betreiben. Die Pflicht zur Respektierung jeglichen Bekenntnisses, nicht nur irgendeines religiösen, sondern auch areligiöser und antireligiöser Weltanschauungen zwingt den Staat zu weltanschaulicher Neutralität. Dies bedeutet einerseits, daß es keine Staatskirche gibt, anderseits auch, daß der Staat sich Eingriffen in bestehende Religionsgemeinschaften enthalten muß (vgl. S. 444). Diese ordnen und verwalten ihre Angelegenheiten daher selbständig innerhalb der Schranken der für alle geltenden Gesetze; sie verleihen ihre Ämter ohne Mitwirkung des Staates (Art. 140 GG in Verbindung mit den noch gültigen Art. 136–139, 141 der Weimarer Reichsverfassung).

Die *Gewissensfreiheit* ist das Recht, nach eigenem Gewissen handeln zu dürfen. Eine Gewissensentscheidung muß sich an ernsten, sittlichen Gesichtspunkten, d. h. an den Kategorien von „gut“ und „böse“ orientieren, die der einzelne in einer bestimmten Lage als für sich bindend und unbedingt verpflichtend innerlich erfährt, so daß er gegen sie nicht ohne ernste Gewissensnot handeln kann. Auch die Gewissensfreiheit ist durch die allgemeine Wertordnung des Grundgesetzes begrenzt.

In Konsequenz der Anerkennung der Gewissensfreiheit garantiert Art. 4 Abs. 3 GG das Recht auf *Kriegsdienstverweigerung* (vgl. S. 458). Durch dieses Grundrecht soll ein Wehrpflichtiger vor dem Zwang bewahrt werden, in einer Kriegshandlung einen anderen töten zu müssen, wenn ihm sein Gewissen eine Tötung grundsätzlich und ausnahmslos zwingend verbietet. In Art. 12a Abs. 2 GG ist geregelt, daß ein Kriegsdienstverweigerer auch in Friedenszeiten nicht zum Dienst mit der Waffe herangezogen werden soll.

Er kann aber zur Ableistung eines Ersatzdienstes verpflichtet werden. Dabei darf er nicht im militärischen Bereich, z. B. in der Militärverwaltung oder im Sanitätsdienst der Bundeswehr, eingesetzt werden. Seinem Einsatz in der Wirtschaft, auch soweit diese die Bundeswehr z. B. mit Nahrungsmitteln oder Verbandmaterial versorgt, steht Art. 4 Abs. 3 GG aber nicht entgegen. Denn diese Verfassungsbestimmung schützt nur vor der Heranziehung in Bereichen, die in *un*mittelbarem Zusammenhang mit dem Waffeneinsatz und Militärwesen stehen. Deshalb kann der anerkannte Kriegsdienstverweigerer auch nicht die Zahlung desjenigen Teils der Steuern verweigern, der im Haushaltsplan des Bundes für die Bundeswehr ausgewiesen ist.

Religionsfreiheit

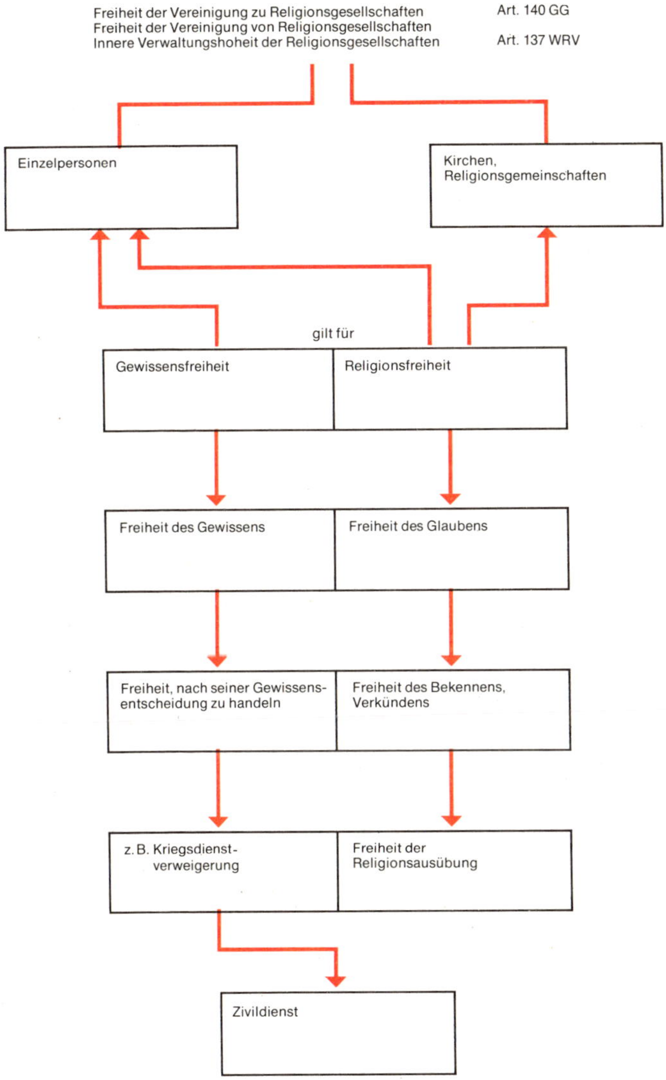

Art. 5 GG bestimmt: (1) „Jeder hat das Recht, seine Meinung in Wort, Schrift und Bild frei zu äußern und zu verbreiten und sich aus allgemein zugänglichen Quellen ungehindert zu unterrichten. Die Pressefreiheit und die Freiheit der Berichterstattung durch Rundfunk und Film werden gewährleistet. Eine Zensur findet nicht statt." (2) „Diese Rechte finden ihre Schranken in den Vorschriften der allgemeinen Gesetze, den gesetzlichen Bestimmungen zum Schutze der Jugend und in dem Recht der persönlichen Ehre."

Die Freiheitsrechte des Art. 5 Abs. 1 GG stellen eine grundlegende Voraussetzung der freiheitlich demokratischen Gesellschaftsordnung dar: Erst der Austausch von Informationen und Meinungen ermöglicht Kritik und Kontrolle sowie die Austragung politischer Gegensätze in der für Demokratien unabdingbaren Form und Intensität.

Die *Informationsfreiheit,* d. h. die Unterrichtung aus allgemein zugänglichen Quellen, ist eine notwendige Voraussetzung für die effektive Wahrnehmung der Rechte des Art. 5 Abs. 1 GG. Nur umfassende Information ermöglicht eine freie Meinungsbildung für den Einzelnen und für die Gemeinschaft. Geschützt ist sowohl die schlichte Entgegennahme von Informationen als auch das aktive Handeln der Informationsbeschaffung. Dies gilt allerdings nur insoweit, als die Informationsquelle „allgemein zugänglich", d. h. geeignet und bestimmt ist, daß ein individuell nicht bestimmbarer Personenkreis von ihrem Inhalt Kenntnis erhält (z. B. Zeitungen und andere Kommunikationsmittel). Innerbehördliche Vorgänge (Akten, Protokolle usw.) gehören dagegen nicht zu den allgemein zugänglichen Informationsquellen.

Die *Freiheit der Meinungsäußerung und -verbreitung* gibt dem Einzelnen das Recht, Meinungen aller Art zu äußern und zu verbreiten. Dazu gehören insbesondere Stellungnahmen, Beurteilungen, Kritiken und Wertungen, aber auch schlichte Nachrichten, die keine eigene Bewertung enthalten. Diese Rechte finden ihre Schranken in den allgemeinen Gesetzen und dem Recht der persönlichen Ehre (Art. 5 Abs. 2 GG): Verboten sind z. B. beleidigende und verleumderische Meinungsäußerungen sowie das Anstiften und Auffordern zu Straftaten; Ärzte, Steuerberater und Rechtsanwälte sind zur Verschwiegenheit verpflichtet; Beamte, Richter, Soldaten, Strafhäftlinge und Schüler müssen sich bei Meinungsäußerungen zurückhalten. Solcherlei Beschränkungen sind als allgemeine Gesetze zulässig; „allgemein" sind Gesetze, die die Meinungsäußerung allgemein (und nicht nur bestimmte Meinungen) beschränken; außerdem müssen die Werte, um deretwillen die Beschränkung erfolgt, schwerer wiegen als das Interesse des Einzelnen an der Meinungsäußerung. Ein „allgemeines" Gesetz läge nicht vor, wenn Äußerungen nur einer politischen Richtung verboten würden.

Die *Pressefreiheit* schützt alle schriftlichen, bildlichen und akustischen Erzeugnisse, die mittels eines zur Massenherstellung geeigneten Vervielfältigungsverfahren hergestellt werden und zur Verbreitung bestimmt sind, unabhängig von ihrem Inhalt (auch Unterhaltungs- und Sensationspresse und Anzeigenblätter). Sie erfaßt das gesamte Verfahren von der Beschaffung der Informationen bis zu ihrer Verbreitung und hat ihre Ausprägung in zahlreichen besonderen gesetzlichen Vorschriften gefunden (Landespressegesetze; Auskunftsanspruch gegenüber Behörden; Recht, den Namen von Informanten zu verschweigen; besondere Voraussetzungen für die Beschlagnahme von Presseerzeugnissen). Gesetzliche Beschränkungen der Pressefreiheit sind gemäß Art. 5 Abs. 2 GG zulässig (z. B. Vertriebsbeschränkungen für jugendgefährdende Schriften, um den Jugendschutz zu gewährleisten [vgl. S. 430]).

Die *Freiheit der Berichterstattung* durch Rundfunk und Film schließt auch diejenige durch das Fernsehen ein. Bedingt durch den erforderlichen technischen und finanziellen Aufwand konnte in der Vergangenheit die Meinungsvielfalt bei Rundfunk und Fernsehen nicht durch eine entsprechend große Vielzahl von Sendeanstalten, sondern nur dadurch gewährleistet werden, daß deren Organe pluralistisch zusammengesetzt sind und die Sendungen das gesamte Meinungsspektrum ausgewogen repräsentieren. Da inzwischen die Landesrundfunkgesetze geändert wurden und – bedingt durch die sog. neuen Medien wie Kabelfernsehen, Satellitenfunk usw. (vgl. S. 348) – auch private Anbieter Hörfunk- und Fernsehprogramme verbreiten, bleibt abzuwarten, wie sich die bisherige Medienstruktur verändern wird.

Meinungs- und Pressefreiheit

Schutzbereich

Meinungsäußerung

- Jede wertende Äußerung ohne Rücksicht auf ihren Inhalt
- Tatsachenmitteilungen, sofern sie nicht bewußt oder erwiesen unwahr sind (z.B. falsches Zitat)
- Jede Form der Äußerung/Verbreitung ist geschützt; Aufzählung – Wort, Schrift, Bild – ist nicht abschließend

Ungehinderte Information

Recht des einzelnen, sich aus allgemein zugänglichen Quellen (= solchen, die dazu bestimmt sind, der Allgemeinheit Informationen zu verschaffen) zu unterrichten

Art. 5 Abs. 1 S. 2 GG: Presse-, Rundfunk- und Filmfreiheit

Schutzbereich der Pressefreiheit als subjektives Grundrecht

- Presse: alle Schrifterzeugnisse ohne Rücksicht auf Herstellungs-, Vervielfältigungsverfahren und Inhalt
- Geschützt sind alle Tätigkeiten, die der Herstellung und dem Vertrieb eines Druckerzeugnisses dienen
- Inhaltlich erfaßt die Pressefreiheit die Berichterstattung und die wertende Stellungnahme zum Geschehen. Nicht geschützt ist die bewußte oder leichtfertige Wiedergabe unrichtiger Tatsachen
- Gegenüber staatlichen Eingriffen kann sich jeder im Pressewesen produktiv Tätige auf Pressefreiheit berufen. Zwischen den im Pressewesen Tätigen kann die Pressefreiheit über die Drittwirkungsgrundsätze eingreifen.

Pressefreiheit als Institutsgarantie

Art 5 Abs. 1 S. 2 garantiert neben der subjektiven Gewährleistung das Institut „freie Presse“ als für den demokrat. Willensbildungsprozeß unverzichtbare Einrichtung (daher unter Umständen Pflicht des Staates zum Einschreiten gegen Pressekonzentrationen)

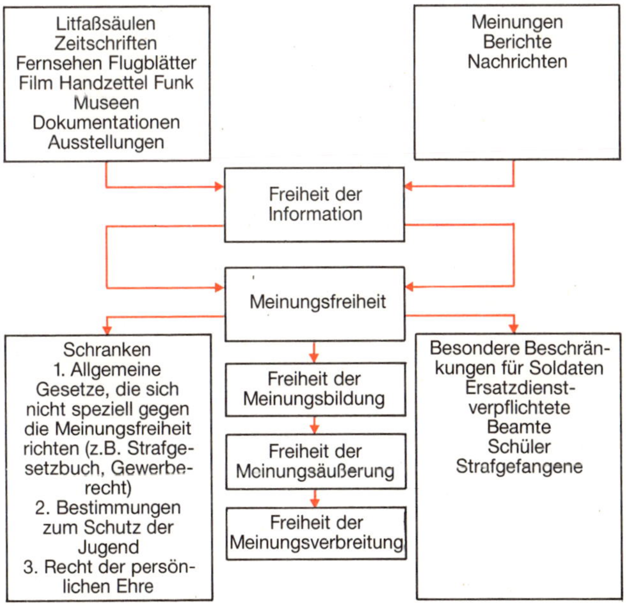

Freiheit von Kunst und Wissenschaft

In Art. 5 Abs. 3 GG heißt es: „Kunst und Wissenschaft, Forschung und Lehre sind frei. Die Freiheit der Lehre entbindet nicht von der Treue zur Verfassung."

Kunst ist die freie schöpferische Gestaltung, mit der ein Künstler Eindrücke, Erfahrungen oder Erlebnisse zum Ausdruck bringt. Das Grundrecht schützt sowohl den „Werkbereich" des künstlerischen Schaffens als auch den „Wirkbereich" der Darbietung und Verbreitung des Kunstwerks vor Eingriffen des Staates. Der Schutz erstreckt sich auch auf die Werbung für ein Kunstwerk. Art. 5 Abs. 3 GG gewährt aber nicht das Recht, unter Nutzung fremden Eigentums ein Kunstwerk zu erstellen oder künstlerisch zu wirken; so kann derjenige, der die Wand eines staatlichen Gebäudes bemalt oder auf einem Friedhof eine künstlerische Prozession veranstalten will, sich nicht auf das Grundrecht der Kunstfreiheit berufen. Ob sich der verfassungsrechtliche Schutz auch auf alle Handlungen erstreckt, die nur nebenbei der Kunst, v. a. aber anderen Zwecken dienen, ist noch nicht abschließend geklärt. Die Kunstfreiheit kann vom Gesetzgeber mit Rücksicht auf andere kollidierende Verfassungswerte begrenzt werden. Die Einschränkungsbefugnis geht im „Wirkbereich" weiter als im „Werkbereich". Je geringer der Bezug zum Kern des künstlerischen Schaffens und je stärker die Außenwirkung ist, desto eher sind staatliche Einschränkungen zulässig. Der Staat kann künstlerische Darbietungen mit beleidigendem oder ehrverletzendem Inhalt aber nicht schrankenlos verbieten; vielmehr wird man in Zeiten des Wahlkampfes den herausragenden Politikern zumuten können und müssen, geringfügige Ehrbeeinträchtigungen durch Darstellungen im Rahmen eines Polit-Theaters hinzunehmen.

Wissenschaft im Sinne des Art. 5 Abs. 3 GG umfaßt die auf wissenschaftlicher Eigengesetzlichkeit beruhenden Prozesse, Verhaltensweisen und Entscheidungen beim Auffinden von Erkenntnissen, ihrer Deutung und Weitergabe. Insoweit umschließt sie auch die *Forschung und Lehre*. Das Grundrecht schützt nicht nur „reine" Wissenschaft und Grundlagenforschung, sondern auch angewandte Wissenschaft und Zweckforschung. Nicht geschützt ist indes die bloße Anwendung gesicherter Erkenntnisse und die bloße Wissensvermittlung (z. B. Schulunterricht). Dem Staat ist es verboten, Methoden und Arbeitsziele wissenschaftlicher Tätigkeit vorzuschreiben. Grenzen darf er nur dort ziehen, wo dies zum Schutze gleichgewichtiger oder vorrangiger anderer verfassungsrechtlicher Positionen notwendig ist: So darf er zum Schutz der Menschenwürde (vgl. S. 98) der Gentechnologie Grenzen ziehen und die medizinische Forschung am Menschen als Versuchsobjekt verbieten. Der Staat darf auch im Interesse der Funktionsfähigkeit des Beamtentums (vgl. S. 250) den zeitlichen Umfang wissenschaftlicher Nebentätigkeit begrenzen.

Angesichts der Bedeutung von Wissenschaft, Forschung und Lehre für die Gesellschaft und angesichts der enormen Kosten wissenschaftlicher Forschung ist heute eine Pflicht des Staates anerkannt, die Pflege der freien Wissenschaft und Forschung durch Bereitstellung von personellen, finanziellen und organisatorischen Mitteln zu ermöglichen und zu fördern. Insofern wird die Verfassungsbestimmung des Art. 5 Abs. 3 GG nicht nur als Abwehrrecht gegen staatliche Eingriffe verstanden, sondern aus ihr wird auch eine Verpflichtung des Staates zu fördernden Maßnahmen und Leistungen in den Bereichen der Wissenschaft und Forschung abgeleitet. Im Hochschulbereich hat der Staat deshalb durch geeignete organisatorische Maßnahmen dafür zu sorgen, daß das Grundrecht der freien wissenschaftlichen Betätigung soweit unangetastet bleibt, als das unter Berücksichtigung der anderen legitimen Aufgaben der Wissenschaftseinrichtungen und der Grundrechte der verschiedenen Beteiligten möglich ist. Eine undifferenzierte Mitbestimmung aller an der Hochschule vorhandenen Gruppen (z. B. Professoren, Assistenten, Studenten, Verwaltungsangehörige) in Angelegenheiten der Forschung und Lehre ist nicht zulässig. Dieser besonderen Stellung der Hochschullehrer als Wissenschaftler trägt § 38 Hochschulrahmengesetz Rechnung, indem er bestimmt, daß in allen gruppenmäßig zusammengesetzten Hochschulgremien mit Entscheidungsbefugnissen in Angelegenheiten, die Forschung, künstlerische Entwicklungsvorhaben, Lehre oder die Berufung von Professoren berühren, die Professoren über die absolute Mehrheit der Stimmen zu verfügen haben.

Freiheit von Kunst und Wissenschaft

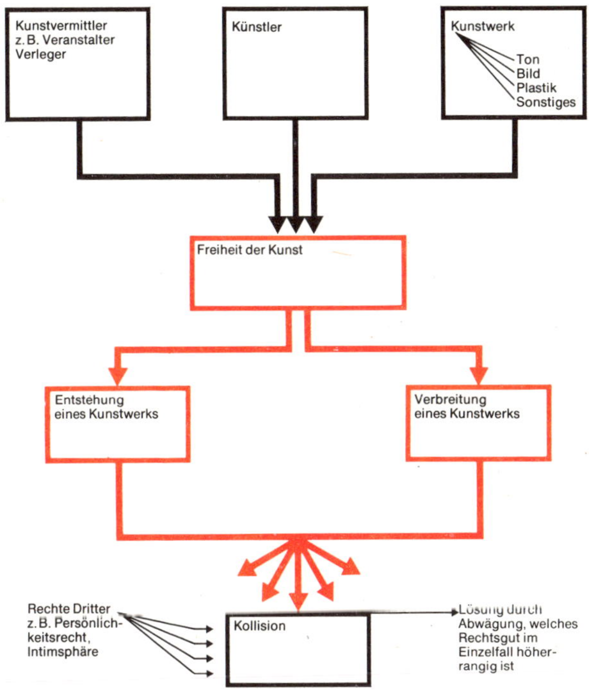

Die Gewährleistungen des Art. 5 Abs. 3 GG

Schutzbereich der Kunstfreiheit

- Geschützt wird die frei schöpferische Gestaltung als Vorgang (Werkbereich) und ihre Darbietung und Verbreitung (Wirkbereich)
- Art. 5 Abs. 3 enthält nicht nur ein subjektives Grundrecht der Kunstfreiheit, sondern zugleich eine objektive Wertentscheidung für das Verhältnis von Kunst und Staat

Schutzbereich der Freiheit von Wissenschaft, Forschung und Lehre

- Schutz gegen staatliche Übergriffe durch Gewährleistung eines freien Wissenschaftsbetriebs
- Wertentscheidende Grundsatznorm, aus der folgt, daß der Staat die notwendigen Maßnahmen organisatorischer Art treffen muß, die zum Schutz dieses grundrechtlich gesicherten Freiheitsraums unerläßlich sind; hierauf hat der einzelne Grundrechtsträger ein subjektives Recht

Schranken des Art. 5 Abs. 3 GG

Die Rechte aus Art. 5 Abs. 3 unterliegen nicht dem Schrankenvorbehalt des Abs. 2, sondern nur den grundrechtsimmanenten Schranken

„Ehe und Familie stehen unter dem besonderen Schutz der staatlichen Ordnung". In Art. 6 Abs. 1 GG garantiert der Staat die Institution „Ehe und Familie". Das diesen Begriffen zugrunde liegende Leitbild hat sich im Laufe des Jahrhunderts erheblich verändert. Das für das heutige Recht vor allem maßgebliche, partnerschaftliche Ehebild ist entscheidend beeinflußt von der rechtlichen Durchsetzung der *Gleichberechtigung* der Frau. Die Autoren des Grundgesetzes sahen Ehe und Familie als mehr oder weniger identisch an, für sie war die Familie die Konsequenz der Ehe, so daß Familienschutz und Eheschutz gleichbedeutend miteinander verknüpft waren. Sowohl der Umstand, daß heute erheblich mehr Ehen kinderlos bleiben als früher, als auch die Tatsache, daß eine größere Zahl von Kindern nicht mehr in Ehen geboren werden und aufwachsen, hat zur vieldiskutierten Folge, daß Eheschutz und Familienschutz jeweils für sich betrachtet werden müssen.

Besonderer staatlicher Schutz wird dabei nur solchen Lebensgemeinschaften gewährt, die zwei Voraussetzungen erfüllen: zum einen die auf Dauer angelegte Lebensgemeinschaft von Frau und Mann, zum anderen deren Eheschließung in der vom Gesetzgeber vorgeschriebenen Form. Nichteheliche Lebensgemeinschaften genießen daher nicht den Schutz dieses Grundrechts. Ihre Privatsphäre jedoch wird durch die allgemeine Handlungsfreiheit grundrechtlich abgesichert.

Familie ist die Gemeinschaft der Eltern mit ihren Kindern, wobei nicht nur die eheliche Familie den grundrechtlichen Schutz erfährt, sondern auch das Verhältnis des nichtehelichen Kindes zu seiner Mutter abgesichert ist. Ebenso wird das Zusammenleben des nichtehelichen Vaters mit seinem Kind als durch Art. 6 Abs. 1 GG „geschützte Gemeinschaft" anerkannt. Kinder sind auch Adoptiv- und Stiefkinder. Eine Familie besteht im übrigen auch dann, wenn die Kinder volljährig sind und außer Haus leben.

Die Ausgestaltung des Ehe- und Familienrechts ist dem Gesetzgeber überlassen; so ist eine Regelung der gesetzlichen Voraussetzungen der Eheschließung zulässig, soweit sie auf einleuchtenden Sachgründen beruht (z. B. Einehe, Mindestalter, medizinische Gesichtspunkte). Unzulässig sind Regelungen, die die Auflösung einer bestehenden Ehe zum Gegenstand haben. Andererseits ist der Staat verpflichtet, dafür Sorge zu tragen, daß niemand diskriminiert oder benachteiligt wird, weil er verheiratet ist oder eine Familie hat.

Art. 6 Abs. 2 GG gibt den Eltern ein „natürliches" Recht zur *Kindererziehung und -pflege*. Kein eigenständiges Elternrecht haben danach Pflegeeltern, da ihre Beziehungen zum Kind auf vertraglichen Abmachungen mit den leiblichen Eltern beruhen. Ein natürliches Recht wird auch dem nichtehelichen Vater eingeräumt, wenn er mit Kind und Mutter zusammenlebt. „Pflege" und „Erziehung" sind als einheitlicher Begriff zu verstehen, der sowohl die Sorge für das körperliche Wohl als auch für die seelisch-geistige Entwicklung des Kindes umfaßt. Nach Art. 6 Abs. 2 GG ist dem Staat dabei ein „Wächteramt" zugewiesen: Er ist befugt, die Interessen der Eltern, des Kindes und des Staates gegeneinander abzuwägen und zu regeln (vgl. z. B. die mögliche Spannung zwischen staatlichem und elterlichem Erziehungsrecht beim Sexualkundeunterricht). Eingriffe in das elterliche Erziehungsrecht finden sich z. B. im Familienrecht. So sollen die Eltern bei der Erziehung auf die wachsende Fähigkeit und das wachsende Bedürfnis des Kindes zu selbständigem, verantwortungsbewußtem Handeln Rücksicht nehmen; entwürdigende Erziehungsmaßnahmen sind zu unterlassen.

Einen echten Eingriff des Staates in das Elternrecht ermöglicht Art. 6 Abs. 3 GG, wonach die zwangsweise Trennung der Kinder von dem Erziehungsberechtigten aufgrund eines Gesetzes möglich ist, allerdings nur dann, wenn entweder ein Versagen des Erziehungsberechtigten oder eine Verwahrlosung des Kindes vorliegt (Erziehungsberechtigter in diesem Sinne ist der Inhaber des Sorgerechts). Die Eltern haben versagt, wenn sie dauernd ihren Erziehungspflichten nicht nachgekommen sind. Unabhängig von einer Pflichtverletzung des Erziehungsberechtigten ist eine Verwahrlosung des Kindes anzunehmen, wenn die körperliche, seelische oder geistige Entwicklung des Kindes so weit unterhalb des normalen Entwicklungsstandes ist, daß eine Trennung von der Familie geboten ist.

In Art. 6 Abs. 4 GG wird die Mutter unter den besonderen Schutz des Staates gestellt. Art. 6 Abs. 5 GG verankert grundrechtlich die Gleichstellung nichtehelicher Kinder mit ehelichen.

Ehe und Familie

Eheschließungen je 1 000 Einwohner

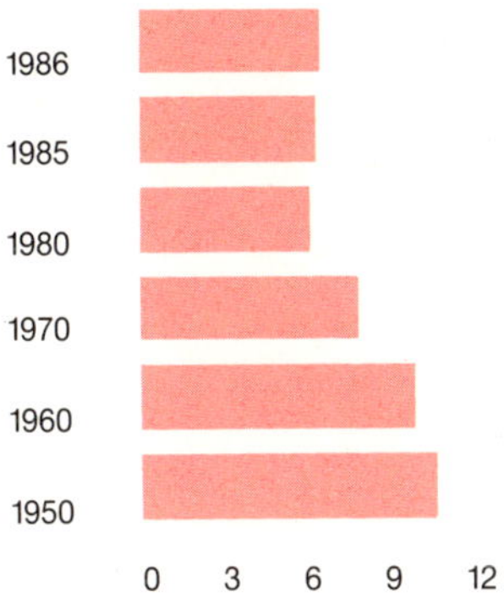

Ehescheidungen je 10 000 Ehen

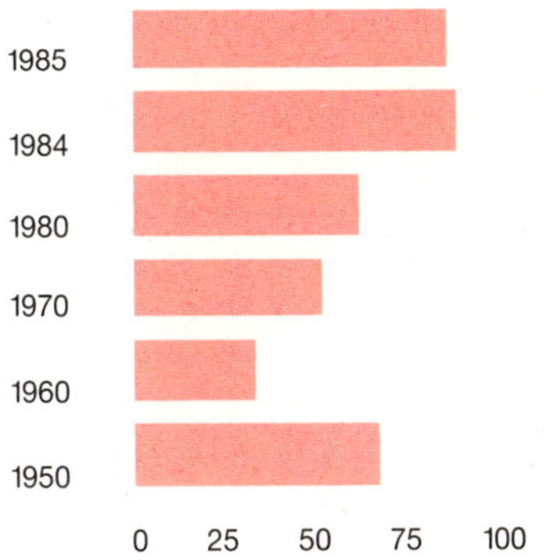

Eheschließungen 1984

Nach der Staatsangehörigkeit der Ehepartner

Staatsangehörigkeit	Ehe-schlie-ßende	Darunter Ehepartner mit der Staatsangehörigkeit nachstehender Länder										
		Deutsch-land	Frank-reich	Griechen-land	Groß-brit. u. Nordirl.	Italien	Jugo-slawien	Nieder-lande	Öster-reich	Spanien	Türkei	Vereinigte Staaten
						Eheschließende Männer						
Deutscher	339673	329569	528	227	392	587	1103	566	1078	323	319	441
Ausländer	24467	16333	68	390	149	826	647	55	99	283	3690	496
Insgesamt	364140	345902	596	617	541	1413	1750	621	1177	606	4009	937
						Eheschließende Frauen						
Deutsche	345902	329569	617	422	1119	2022	849	809	1210	414	1312	2452
dar. mit einem Mitglied der fremden Streitkräfte	1757	x	52	x	128	x	x	27	x	x	x	1438
Ausländerin	18238	10104	54	387	89	949	548	42	85	226	3696	592
dar. mit einem Mitglied der fremden Streitkräfte	355	x	6	x	5	x	x	4	x	x	x	332
Insgesamt	364140	339673	671	809	1208	2971	1397	851	1295	640	5008	3044

Gerichtliche Ehelösungen

Jahr	Rechtskräftige Urteile auf Ehelösungen											Abwei-sung der Klage
				Ehescheidungen								
				zusammen			davon Entscheidung in der Ehesache					
					je 10000		nach BGB				aufgrund anderer Vor-schriften	
	ins-gesamt	Nichtig-keit der Ehe	Auf-hebung der Ehe	absolut	Ein-wohner	beste-hende Ehen	§ 1565 (1) i.V.m. § 1565 (2)	§ 1565 (1)	§ 1565 (1) i.V.m. § 1566 (1)	§ 1565 (1) i.V.m. § 1566 (2)		
1950	86341	834	767	84740	10,9	67,5	x	x	x	x	x	4681
1960	49325	192	255	48874	8,8	35,7	x	x	x	x	x	2903
1970	76711	54	137	76520	12,6	50,9	x	x	x	x	x	1541
1980	96351	54	75	96222	15,6	61,3	7778	32 574	47219	8280	371	400
1983	121475	67	91	121317	19,8	80,6	7300	22 714	79218	11707	378	316
1984	130894	63	87	130744	21,3	87,1	7436	23 023	86296	13601	388	330
1985	128268	48	96	128124	21,0	86,1	7056	24 712	82295	13659	402	352

Die Eltern haben aufgrund ihres Erziehungsrechtes – wie es in Art. 6 Abs. 2 GG niedergelegt ist („Pflege und Erziehung der Kinder sind das natürliche Recht der Eltern und die zuvörderst ihnen obliegende Pflicht. Über ihre Betätigung wacht die staatliche Gemeinschaft") – auch das Recht, den Bildungsweg ihrer Kinder mitzubestimmen. Dieses Recht tritt mit dem Älterwerden des Kindes zunehmend zurück zugunsten dessen eigenen Rechts auf freie Entfaltung der Persönlichkeit (Art. 2 Abs. 1 GG).

Diese Rechte der Eltern und des Kindes umfassen das Recht auf Auswahl unter verschiedenen Ausbildungswegen. Daraus folgt jedoch nicht, daß der Staat das Schulsystem nur nach den Wünschen der Eltern ausgestalten muß. Vielmehr liegt allein beim Staat die *Schulhoheit,* also das Recht, das Schulwesen nach seinen Vorstellungen zu gestalten, insbesondere dasjenige pädagogische System auszuwählen, das ihm besonders geeignet und zweckmäßig erscheint. Art. 7 Abs. 1 GG legt ausdrücklich fest, daß das gesamte Schulwesen unter der Aufsicht des Staates steht. Die staatliche Gestaltungsfreiheit ist nur insofern begrenzt, als der Staat den Eltern und Schülern einen Kern ihrer Rechte lassen muß (vgl. S. 436).

Das Recht der Eltern und des Kindes, über dessen Bildungsweg mitzubestimmen, verlangt, daß mindestens zwei Ausbildungswege unterschiedlichen Niveaus zur Wahl stehen müssen. Es wäre also zumindest sehr fragwürdig, wenn der Staat z. B. nur die Schulform der integrierten Gesamtschule bereitstellen würde. Denn in dieser Schulform haben die Eltern keinen ausschlaggebenden Einfluß darauf, ob ihr Kind einen Unterricht mit höherem oder niedrigerem Niveau besucht. Steht dagegen die Schulform der integrierten Gesamtschule neben anderen Schulformen, v. a. den traditionellen Formen Gymnasium, Realschule, Hauptschule, so besitzt die integrierte Gesamtschule lediglich Angebotscharakter und schränkt die Elternrechte nicht ein.

Ein unzulässiger Eingriff wäre es auch, wenn der Staat nur noch Ganztagsschulen bereitstellte. Denn damit wäre das – nach dem Grundgesetz vorrangige – Recht der Eltern auf Erziehung ihrer Kinder übermäßig eingeschränkt. Die Ganztagsschule als Alternative zur Halbtagsschule ist aber möglich.

Die Schulen müssen in zumutbarer Weise erreichbar sein. Wenn der Schulweg wegen der Verkehrsverhältnisse oder der großen Entfernung der Schule den Kindern nicht zugemutet werden kann, müssen Schüler-Lotsendienste oder Schulbusse eingerichtet werden.

Für die Unterrichtsgestaltung gilt im Falle des Sexualkundeunterrichts, daß die Eltern zur Sicherung ihres Erziehungseinflusses rechtzeitig über den methodisch-didaktischen Weg des Unterrichts informiert werden müssen. Dieser muß zudem offen bleiben für die verschiedenen Wertungsmöglichkeiten und sich vor allem jeglicher Indoktrinierung (z. B. konkreter Verhaltensratschläge) enthalten.

Die Freiheit des Staates bei der Gestaltung des Schulwesens wird aber nicht nur durch die Rechte der Eltern und Schüler aus Art. 6 Abs. 2 und Art. 2 Abs. 1 GG begrenzt, sondern auch durch deren Rechte aus Art. 4 Abs. 1 und 2 GG: Wenn der Staat nicht für alle Glaubensrichtungen Schulen bereitstellen will, dann darf er diesen Schulen eine christliche Ausrichtung nur insoweit geben, als das Christentum das abendländische Kultur- und Bildungsverständnis allgemein prägt oder die Teilnahme an den religiösen Veranstaltungen (z. B. dem Schulgebet) freiwillig ist.

Für den *Religionsunterricht* (vgl. S. 450) enthält das Grundgesetz in Art. 7 Abs. 2 und 3 GG besondere Regelungen: So bestimmen die Eltern über die Teilnahme des Kindes am Religionsunterricht, ab dem 14. Lebensjahr steht dieses Recht allein dem Schüler zu. Die Lehrinhalte legen die Kirchen bzw. Religionsgemeinschaften fest, diese bestimmen auch darüber, ob Schüler anderen Glaubens an ihrem Religionsunterricht teilnehmen dürfen.

Für *Privatschulen* enthält das Grundgesetz ebenfalls Spezialregelungen (Art. 7 Abs. 4 und 5 GG): Danach hängt die Zulassung von Privatschulen insbesondere davon ab, ob ihr Unterricht dem der staatlichen Schulen gleichwertig ist. Die verfassungsrechtliche Garantie der Freiheit zur Gründung von Privatschulen schließt ein, daß der Staat an die Träger der Privatschulen Zuschüsse zumindest in Höhe der ihm erwachsenden Einsparungen geben muß.

Elternvertretung

am Beispiel Baden-Württembergs

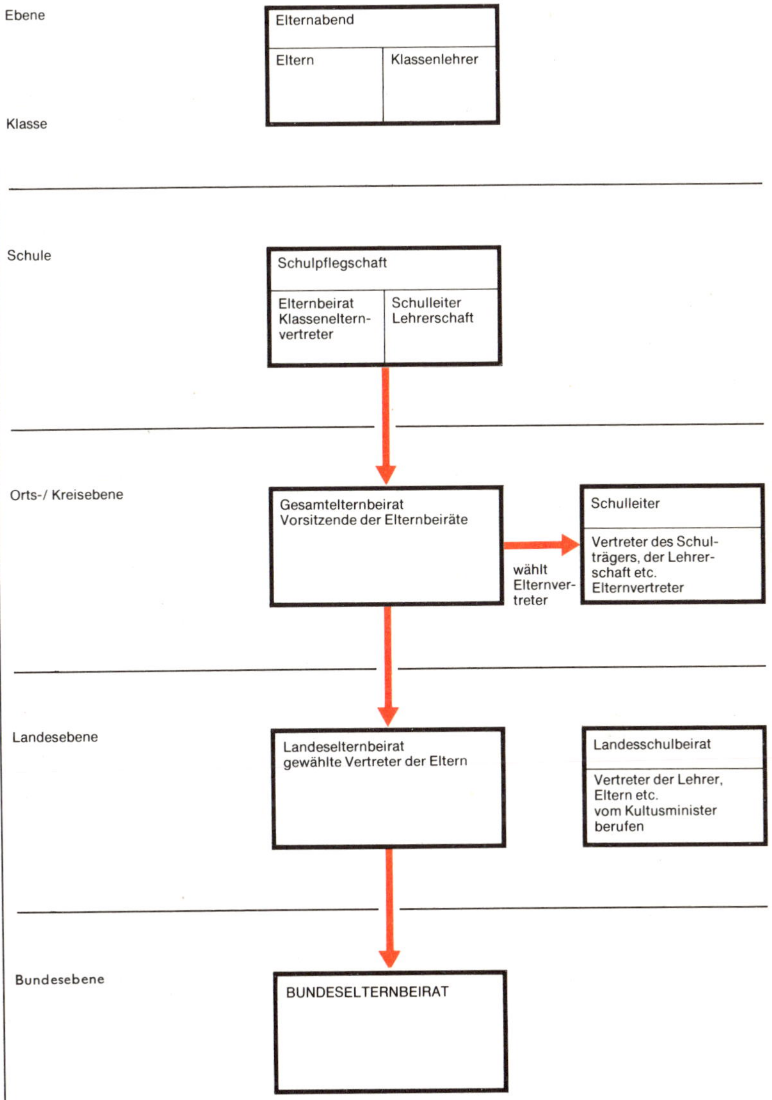

Die Aufgaben dieser Gremien sind meist beratender Art. Ihre eigentliche Bedeutung liegt in ihrer Öffentlichkeitsarbeit. Rechtliche Befugnisse haben die Elternvertreter z. B. in Hessen: Der Landesschulbeirat, in dem neben Vertretern der Lehrerschaft und Elternvertreter u. a. auch Vertreter von Kirchen, Arbeitgebern und Arbeitnehmern Sitz und Stimme haben, muß Bildungsplänen, Prüfungsordnungen und allgemeinen Schulordnungen zustimmen.

Art. 8 GG bestimmt: (1) „Alle Deutschen haben das Recht, sich ohne Anmeldung oder Erlaubnis friedlich und ohne Waffen zu versammeln." (2) „Für Versammlungen unter freiem Himmel kann dieses Recht durch Gesetz oder auf Grund eines Gesetzes beschränkt werden."

Dieses Grundrecht stellt die öffentlichen und privaten Zusammenkünfte von mindestens zwei Staatsbürgern zum Zwecke der Information, Diskussion und Propaganda, d. h. der Meinungs- und Willensbildung *(Versammlungen),* unter besonderen Schutz vor Verbot, Behinderung oder Auflösung durch Träger öffentlicher Gewalt. Geschützt sind Veranstalter, Leiter und Teilnehmer der Versammlungen, sei es, daß sie unter freiem Himmel, in geschlossenen Räumen oder in Form eines Aufzuges *(Demonstration)* stattfinden.

Der Schutz des Art. 8 Abs. 1 GG ist jedoch beschränkt auf Versammlungen, die friedlich und ohne Waffen abgehalten werden. Zusammenkünfte, für die ein gewalttätiger oder aufrührerischer Ablauf angestrebt wird oder die einen solchen Verlauf nehmen, bei denen bewaffnete Teilnehmer Zutritt haben oder solche Teilnehmer vom Versammlungsleiter nicht ausgeschlossen werden, können verboten und aufgelöst werden. Bisher ist noch nicht abschließend geklärt, ob den Teilnehmern einer Versammlung (Demonstration) verboten werden kann, sich zu „vermummen": Es spricht vieles dafür, daß ein solches Verbot zulässig ist, weil das Recht auf friedliche Versammlungen nicht zugleich das Recht auf Anonymität einschließt.

Für *Versammlungen unter freiem Himmel* kann das Grundrecht des Art. 8 Abs. 1 GG durch Gesetz oder aufgrund eines Gesetzes beschränkt werden (Art. 8 Abs. 2 GG). Beschränkungen durch Gesetz finden sich z. B. in den Bannmeilengesetzen des Bundes und der Länder, in § 43 Bundesseuchengesetz, in Straßenverkehrsvorschriften und im Wegerecht (vgl. S. 332). Im übrigen ist für Beschränkungen das Gesetz über Versammlungen und Aufzüge (VersG) maßgeblich. In ihm sind für öffentliche Versammlungen, d. h. Versammlungen, die einem unbeschränkten Personenkreis zugänglich sind, die Pflichten der Veranstalter und Leiter sowie die Gründe für das Verbot und die Auflösung solcher Zusammenkünfte geregelt: Wer zu einer öffentlichen Versammlung oder einem Aufzug öffentlich einlädt, hat als Veranstalter in der Einladung seinen Namen anzugeben. Soll die Veranstaltung unter freiem Himmel oder als Aufzug stattfinden, ist sie spätestens 48 Stunden vorher bei der Polizeibehörde anzumelden (dies gilt aber nicht für spontane Zusammenkünfte). Der Leiter der Versammlung ist anzugeben. Diese Pflichten sollen der Polizei Gelegenheit geben, rechtzeitig Vorkehrungen zum Schutz der Versammlung und gegen Ausschreitungen der Teilnehmer zu treffen. Bei unmittelbarer Gefährdung der öffentlichen Sicherheit oder Ordnung (vgl. S. 270) können Versammlungen und Aufzüge verboten, von der Erfüllung bestimmter Auflagen abhängig gemacht oder aufgelöst werden. Die Polizei kann somit geeignete Maßnahmen gegen Versammlungen und Demonstrationen ergreifen, bei deren Verlauf z. B. andere Menschen mit Gewalt bedroht oder verletzt oder Sachen beschädigt werden oder der Verkehr lahmgelegt oder die Lehr- und Lernfreiheit beeinträchtigt wird. Bei ihrem Vorgehen ist die Polizei gehalten, versammlungsfreundlich vorzugehen, d. h., wenn lediglich einzelne Teilnehmer einer Versammlung oder Demonstration Ausschreitungen begehen, muß sich die Polizei nach Möglichkeit auf eine Ausgrenzung dieser Personen beschränken; nur wenn dies aussichtslos erscheint und die Versammlung im ganzen einen unfriedlichen Verlauf zu nehmen droht, darf die Polizei die gesamte Veranstaltung verbieten.

Derjenige, der sich an Gewalttätigkeiten gegen Menschen oder Sachen oder Bedrohungen von Menschen mit einer Gewalttätigkeit, die aus einer Versammlung (Demonstration) begangen wird, beteiligt, kann bestraft werden. Als „Gewalt" im Sinne des Strafrechts (§ 240 StGB) gilt auch, wenn z. B. durch einen Sitzstreik andere Verkehrsteilnehmer am Weiterfahren gehindert werden. Eine solche Tat ist aber nur dann strafbar, wenn die Anwendung der Gewalt zu dem angestrebten Zweck als verwerflich anzusehen ist (§ 240 Abs. 2 StGB). Ob dies angenommen werden kann, hängt vom Ausmaß der Behinderung der Verkehrsteilnehmer und vom verfolgten Fernziel ab. Je mehr die Teilnehmer an einem Sitzstreik nur auf ihre Meinung zu einer die Öffentlichkeit wesentlich berührenden Frage aufmerksam machen wollen, desto weniger ist eine Strafbarkeit des Sitzstreiks anzunehmen.

Versammlungsrecht

Öffentliche Versammlung

in geschlossenen Räumen

Einladung zur Versammlung muß Namen des Veranstalters enthalten

↓

Abhaltung der Versammlung kann verboten werden, wenn

1. der Veranstalter das Grundrecht der Versammlungsfreiheit verwirkt hat oder er eine verfassungswidrige Partei durch die Versammlung fördern will oder die veranstaltende Partei oder Vereinigung verboten ist,
2. der Veranstalter oder Leiter der Versammlung bewaffneten Teilnehmern Zutritt gewährt,
3. Tatsachen festgestellt sind, aus denen sich ergibt, daß der Veranstalter oder sein Anhang einen gewalttätigen oder aufrührerischen Verlauf der Versammlung anstreben,
4. Tatsachen festgestellt sind, aus denen sich ergibt, daß der Veranstalter oder sein Anhang Ansichten vertreten oder Äußerungen dulden werden, die ein Verbrechen zum Gegenstand haben.

↓

Versammlung muß Leiter haben

- bestimmt Ablauf d. Versammlung, hat für Ordnung zu sorgen
- kann Störer der Versammlung ausschließen → müssen Versammlung sofort verlassen
- kann sich Ordner zu Hilfe nehmen

Polizei kann Versammlung auflösen, wenn Gründe, die ein Verbot rechtfertigen, vorliegen oder eingetreten sind

unter freiem Himmel

Versammlung muß spätestens 48 Stunden vor der Einladung bei Polizeibehörde angemeldet werden. Der Leiter der Versammlung ist anzugeben. Die evtl. Verwendung von Ordnern ist zu beantragen.

↓

Einladung zur Versammlung muß Namen des Veranstalters enthalten.

↓

Abhaltung der Versammlung kann verboten werden, wenn nach den Umständen die öffentliche Ordnung unmittelbar gefährdet ist.

↓

Versammlung muß Leiter haben

- bestimmt Ablauf d. Versammlung, hat für Ordnung zu sorgen
- kann Störer von d. Versammlung ausschließen → müssen Versammlung sofort verlassen
- kann Ordner zu seiner Unterstützung verwenden → bedarf polizeilicher Genehmigung

Polizei kann Teilnehmer, welche die Ordnung gröblich stören, von der Versammlung ausschließen.

Polizei kann Versammlung auflösen, wenn sie nicht angemeldet ist, wenn von den Angaben der Anmeldung abgewichen oder den Auflagen zuwidergehandelt wird oder wenn die Voraussetzungen zu einem Verbot gegeben sind.

Vereinigungs- und Koalitionsfreiheit

Art. 9 GG bestimmt: (1) „Alle Deutschen haben das Recht, Vereine und Gesellschaften zu bilden." (2) „Vereinigungen, deren Zwecke oder deren Tätigkeit den Strafgesetzen zuwiderlaufen oder die sich gegen die verfassungsmäßige Ordnung oder gegen den Gedanken der Völkerverständigung richten, sind verboten." (3) „Das Recht, zur Wahrung und Förderung der Arbeits- und Wirtschaftsbedingungen Vereinigungen zu bilden, ist für jedermann und für alle Berufe gewährleistet. Abreden, die dieses Recht einschränken oder zu behindern suchen, sind nichtig, hierauf gerichtete Maßnahmen sind rechtswidrig. ..."

Das Recht, Vereine und Gesellschaften zu bilden *(allgemeine Vereinigungsfreiheit),* erstreckt sich auf jede Vereinigung (ohne Rücksicht auf ihre Rechtsform), zu der sich mehrere natürliche oder juristische Personen für längere Zeit freiwillig zusammenschließen. Der Zweck des Zusammenschlusses kann beliebiger Art sein (Politik, Wissenschaft, Kunst, Erwerbstätigkeit, Geselligkeit, Sport). Unter den Begriff der Vereinigung im Sinne des Art. 9 GG fallen nicht politische Parteien (vgl. S. 82) sowie Religions- und Weltanschauungsgemeinschaften. Das Grundrecht des Art. 9 Abs. 1 GG schützt zunächst die „positive Vereinigungsfreiheit", nämlich das Recht, Vereinigungen frei zu gründen sowie frei über den Beitritt und das Verbleiben in der Vereinigung zu entscheiden. Darüber hinaus schützt das Grundrecht auch den Bestand und die Betätigung des Vereins selbst. Es verbietet aber weiterhin auch im Sinne einer „negativen Vereinigungsfreiheit" jeglichen Zwangszusammenschluß zu privatrechtlichen Vereinigungen. Es schützt aber nicht vor einer gesetzlich angeordneten Eingliederung in eine öffentlich-rechtliche Körperschaft, sofern diese legitime öffentliche Aufgaben wahrnimmt (z. B. Industrie- und Handelskammern, Ärzte-, Rechtsanwalts-, Landwirtschaftskammern, Studentenschaft der Universität).

Als Spezialfall der allgemeinen Vereinigungsfreiheit garantiert die *Koalitionsfreiheit* des Art. 9 Abs. 3 GG, daß Arbeitnehmer und Arbeitgeber Verbände zur Wahrnehmung ihrer Interessen gründen können (vgl. S. 88). Das Grundrecht steht sowohl den einzelnen Arbeitnehmern und Arbeitgebern als auch ihren Verbänden zu. Die Schwerpunkte der verfassungsrechtlich geschützten Betätigungsbereiche der Koalitionen liegen in der freien Aushandlung der Arbeitsbedingungen und ihrer Festlegung in allgemeinverbindlichen Tarifverträgen sowie in der Mitarbeit in den Betriebsräten und Personalvertretungen (vgl. S. 410 und S. 412). Kraft ausdrücklicher Vorschrift (Art. 9 Abs. 3 GG) wird die Koalitionsfreiheit auch gegen Beeinträchtigungen durch private Dritte geschützt (*Drittwirkung* des Grundrechts): Jegliche Abreden, die die Koalitionsfreiheit einschränken oder zu behindern suchen, sind nichtig, hierauf gerichtete Maßnahmen sind rechtswidrig. Legale Arbeitskämpfe (vgl. S. 414), d. h. solche, die zur Wahrung und Förderung der Arbeitsbedingungen von den Gewerkschaften und Arbeitgeberverbänden ausgetragen werden, dürfen nicht durch Notstandsmaßnahmen bekämpft werden.

Verboten sind gemäß Art. 9 Abs. 2 GG Vereinigungen, deren Zweck oder Tätigkeit den allgemeinen Strafgesetzen zuwiderlaufen. Dabei muß der Verstoß gegen das Strafgesetz der Vereinigung selbst zuzurechnen sein. Eine strafbare Tätigkeit lediglich einzelner Mitglieder der Vereinigung reicht nicht aus. Verboten sind auch Vereinigungen, die sich kämpferisch aggressiv gegen die freiheitliche demokratische Grundordnung des Grundgesetzes oder gegen den Gedanken der Völkerverständigung richten. Sie dürfen aber erst dann als verboten behandelt werden, wenn das Verbot durch eine Auflösungsverfügung der zuständigen Behörde ausgesprochen wurde. Nähere Regelungen über die Vereinigungsfreiheit und ihre Schranken, insbesondere über die Zuständigkeiten und das Verfahren bei einem Vereinsverbot finden sich im Gesetz zur Regelung des öffentlichen Vereinsrechts. Besonderheiten gelten für das Verbot von Parteien (vgl. S. 82).

Das Recht der erlaubten Vereinigungen auf freie Betätigung ist nicht schrankenlos, sondern richtet sich nach der Art ihrer Betätigung: Das Betätigungsrecht von Vereinigungen unterliegt denselben Grenzen, die für die individuelle Betätigung der einzelnen Mitglieder bestehen. So muß ein Verein, der die beruflichen Interessen seiner Mitglieder wahrnimmt, ebenso wie jedes einzelne Mitglied die Beschränkungen beachten, die der Gesetzgeber für die Berufsausübung festgelegt hat.

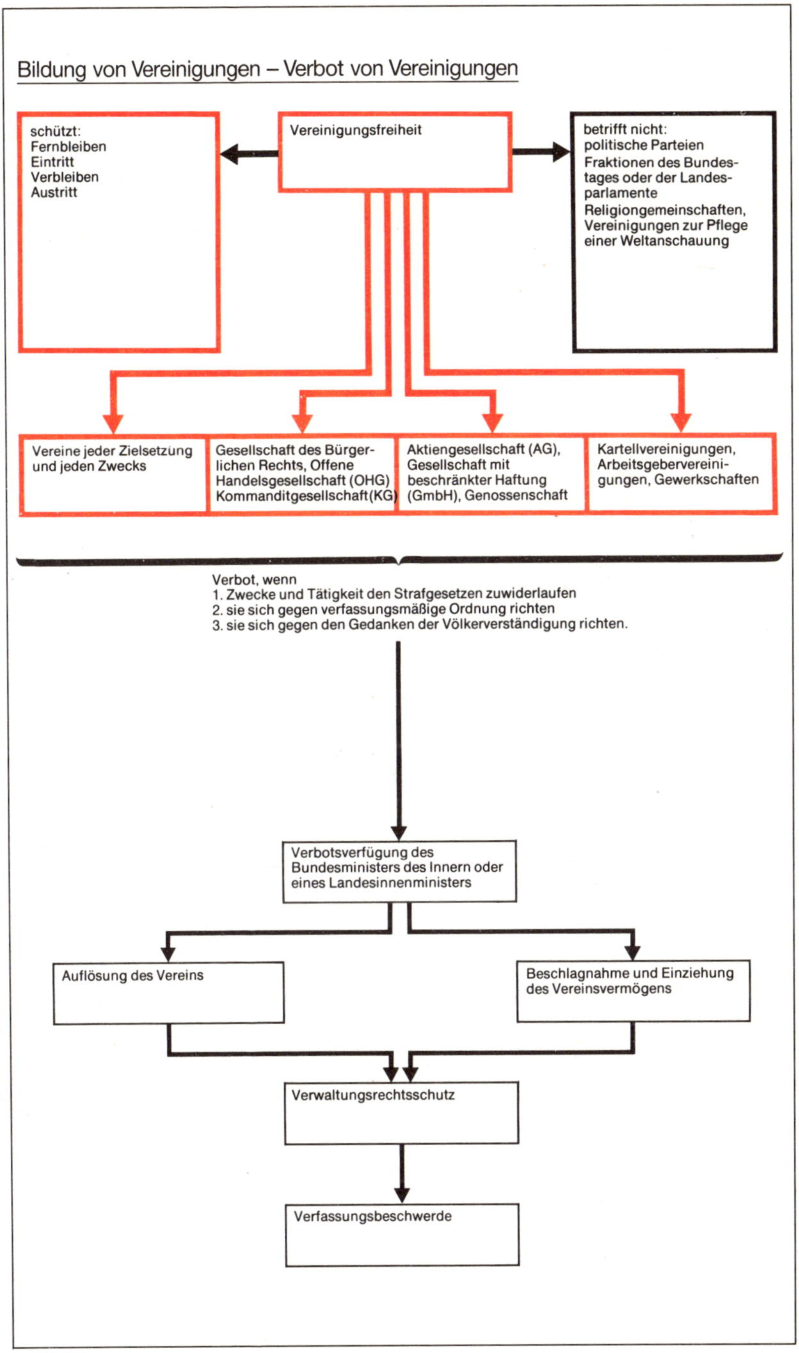
Bildung von Vereinigungen – Verbot von Vereinigungen
schützt:
Fernbleiben
Eintritt
Verbleiben
Austritt
Vereinigungsfreiheit
betrifft nicht:
politische Parteien
Fraktionen des Bundestages oder der Landesparlamente
Religiongemeinschaften,
Vereinigungen zur Pflege einer Weltanschauung
Vereine jeder Zielsetzung und jeden Zwecks
Gesellschaft des Bürgerlichen Rechts, Offene Handelsgesellschaft (OHG) Kommanditgesellschaft(KG)
Aktiengesellschaft (AG), Gesellschaft mit beschränkter Haftung (GmbH), Genossenschaft
Kartellvereinigungen, Arbeitsgebervereinigungen, Gewerkschaften
Verbot, wenn
1. Zwecke und Tätigkeit den Strafgesetzen zuwiderlaufen
2. sie sich gegen verfassungsmäßige Ordnung richten
3. sie sich gegen den Gedanken der Völkerverständigung richten.
Verbotsverfügung des Bundesministers des Innern oder eines Landesinnenministers
Auflösung des Vereins
Beschlagnahme und Einziehung des Vereinsvermögens
Verwaltungsrechtsschutz
Verfassungsbeschwerde

Brief-, Post- und Fernmeldegeheimnis

Art. 10 GG lautet: (1) „Das Briefgeheimnis sowie das Post- und Fernmeldegeheimnis sind unverletzlich." (2) „Beschränkungen dürfen nur auf Grund eines Gesetzes angeordnet werden. Dient die Beschränkung dem Schutz der freiheitlichen demokratischen Grundordnung oder des Bestandes oder der Sicherung des Bundes oder eines Landes, so kann das Gesetz bestimmen, daß sie dem Betroffenen nicht mitgeteilt wird und daß an die Stelle des Rechtsweges die Nachprüfung durch von der Volksvertretung bestellte Organe und Hilfsorgane tritt."

Die drei Grundrechte des Brief-, Post- und Fernmeldegeheimnisses schützen die Privatheit der Kommunikation vor staatlichen Eingriffen. Das *Postgeheimnis* verpflichtet die Post als Verwaltungsträger und sichert den von ihr vermittelten Nachrichtenverkehr ebenso wie etwa Brief- und Paketsendungen, Postanweisungen sowie Postscheck- und Sparkassendienst. Der Geheimhaltungspflicht unterliegen sowohl die Tatsache, daß ein solcher Verkehr stattgefunden hat, als auch die Identität der Kommunikationspartner. Das *Briefgeheimnis* erfaßt alle brieflichen Mitteilungen auch außerhalb des Postverkehrs. Dem Grundrecht des *Fernmeldegeheimnisses* unterliegen alle mit den technischen Mitteln des Fernmeldeverkehrs geführten Kommunikationen, einschließlich aller damit zusammenhängenden Umstände wie z. B. Telefonnummern, Datum, Uhrzeit und Identität der Gesprächspartner.

Das Grundrecht aus Art. 10 Abs. 1 GG sichert den Postverkehr gegen Eingriffe der Staatsgewalt und richtet sich grundsätzlich gegen Gesetzgebung, vollziehende Gewalt und Rechtsprechung. Die im Grundgesetz zum Ausdruck kommende Grundsatznorm wirkt sich aber auch auf das Verhältnis zwischen den Bürgern aus (Drittwirkung der Grundrechte).

Einschränkungen dieser Grundrechte sind aufgrund Art. 10 Abs. 2 GG zulässig. Solche Beschränkungen finden sich in den unterschiedlichsten Gesetzen zu verschiedensten Zwecken, z. B. im Postverwaltungsgesetz, der Postordnung, dem Fernmeldeanlagengesetz und der Telekommunikationsordnung (früher: Fernmeldeordnung). So kann die Post z. B. Sendungen mit Vermerken bzw. Parolen politischen oder religiösen Inhalts oder den offenen Versand von sexueller Literatur wirksam von der Beförderung ausschließen. Weitere Beschränkungen sind möglich z. B. durch das Strafprozeßrecht, das Konkurs- und Vergleichsrecht oder etwa das Steuer- und Zollrecht. So ist im Strafvollzugsgesetz geregelt, daß der Schriftverkehr der Häftlinge aus Gründen ihrer Behandlung oder der Sicherheit und Ordnung überwacht wird; danach kann die Korrespondenz jener Häftlinge, bei denen ein Ausbruchversuch befürchtet werden muß, geöffnet und gegebenenfalls die Weiterbeförderung verwehrt werden. Die Beschränkungen sind aber immer nur soweit zulässig, als sie das Grundrecht nicht übermäßig einschränken. Die Einschränkungen müssen im Hinblick auf schwerer wiegende Interessen der Allgemeinheit erforderlich sein. Dies erfordert eine Interessenabwägung in jedem Einzelfall.

Soweit der Postverkehr es erfordert, kann die Post ausnahmsweise Kenntnis vom Inhalt einer Sendung nehmen, falls dies zur Zustellung an den Empfänger notwendig ist.

Für die *Nachrichtendienste* sind die zentralen Eingriffsermächtigungen im Abhörgesetz (sog. „G 10-Gesetz") zusammengefaßt. Danach sind Eingriffe dann zulässig, wenn der Schutz des Bestandes oder der Sicherheit des Bundes oder eines Landes oder die Abwehr von Gefahren für die freiheitliche demokratische Ordnung einen Eingriff erfordern. Derartige Eingriffe unterliegen aufgrund dieses Gesetzes nicht der nachträglichen gerichtlichen Kontrolle (vgl. S. 132). Eine Benachrichtigung des Überwachten findet in diesen Fällen nicht statt. In verfahrensrechtlicher Hinsicht ist von Bedeutung, daß die Rechtmäßigkeit des Eingriffs nicht durch ein Gericht, sondern durch ein vom Bundestag bestelltes Organ überprüft wird („G 10-Ausschuß"). Das Bundesverfassungsgericht hat diese Regelung für zulässig gehalten, sofern die Kontrolle durch die Kommission derjenigen durch ein Gericht gleichwertig ist.

Informationen, die aufgrund rechtmäßiger Eingriffe erlangt sind, dürfen nur für die Zwecke verwendet werden, wegen derer ihre Erhebung zulässig war. Andere in diesem Zusammenhang gewonnene Kenntnisse dürfen in einem anderen staatlichen Verfahren weder als Beweismittel verwendet, noch auf ihrer Grundlage weitere Ermittlungen vorgenommen werden. Solch ein rechtswidriger Eingriff in das Grundrecht hat ein absolutes Beweis-, Verfahrens- und Verwertungsverbot zur Folge.

Beschränkungen des Brief-, Post- und Fernmeldegeheimnisses nach dem Gesetz zu Art. 10 Grundgesetz („G 10-Gesetz")*

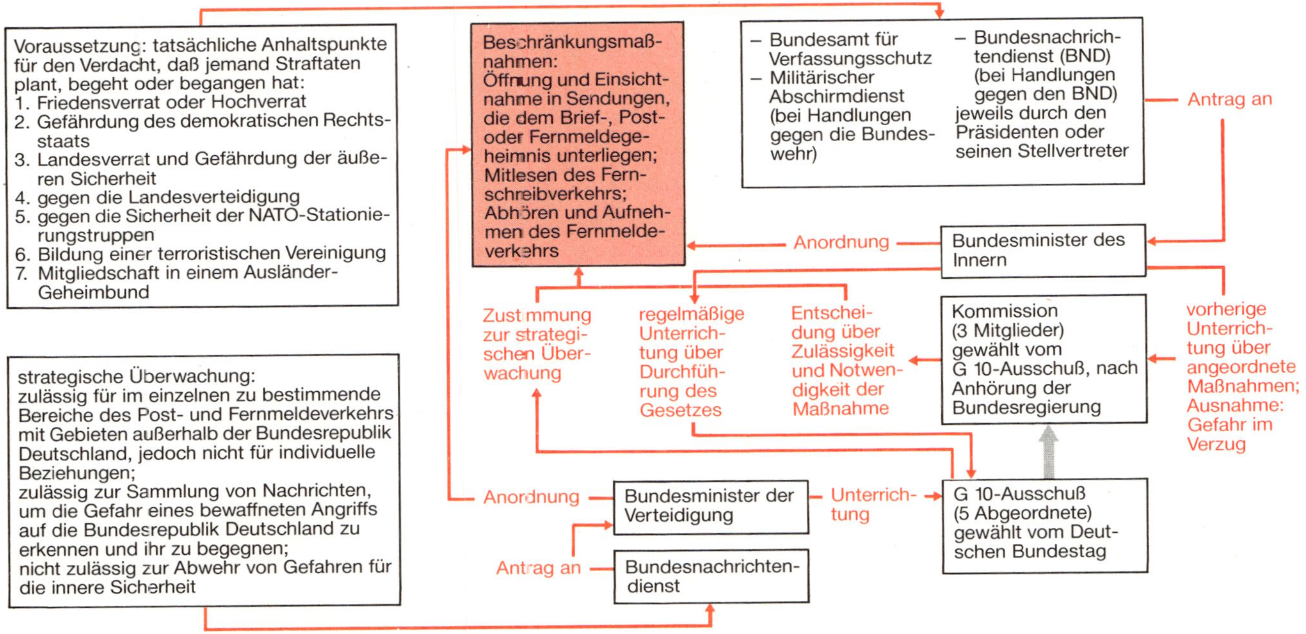

* In den Ländern existieren eigene parlamentarische Kontrollgremien; antragsberechtigt: Landesämter für Verfassungsschutz; anordnungsberechtigt: zuständige Landesminister; Landesämter und Bundesamt für Verfassungsschutz unterrichten sich gegenseitig über Beschränkungsmaßnahmen

Freizügigkeit

Art. 11 GG gebietet: (1) „Alle Deutschen genießen Freizügigkeit im ganzen Bundesgebiet.“ (2) „Dieses Recht darf nur durch Gesetz oder auf Grund eines Gesetzes und nur für die Fälle eingeschränkt werden, in denen eine ausreichende Lebensgrundlage nicht vorhanden ist und der Allgemeinheit daraus besondere Lasten entstehen würden oder in denen es zur Abwehr einer drohenden Gefahr für den Bestand oder die freiheitliche demokratische Grundordnung des Bundes oder eines Landes, zur Bekämpfung von Seuchengefahr, Naturkatastrophen oder besonders schweren Unglücksfällen, zum Schutze der Jugend vor Verwahrlosung oder um strafbaren Handlungen vorzubeugen, erforderlich ist.“. Der Begriff der Freizügigkeit ist – ebensowenig wie viele andere wesentliche Grundrechtswerte – im Grundgesetz nicht definiert und auch nicht – wie z. B. in der Weimarer Reichsverfassung – durch einzelne Auflistung der zu ihm gehörenden Elemente beschrieben.

Nach der Rechtsprechung des Bundesverfassungsgerichts betrifft der örtlich-räumliche Aspekt der Freizügigkeit die interterritoriale, die interkommunale und die interlokale Freizügigkeit. Erstere enthält die Freizügigkeit innerhalb des Bundesgebiets ohne Rücksicht auf Bundesländergrenzen und gilt auch für bisher im Ausland lebende Deutsche, die erstmalig einreisen. Die zweite zielt auf das Recht des Zu- und Wegzugs und das Bleiben in einer Gemeinde. Die interlokale Freizügigkeit, oft auch Bewegungsfreiheit genannt, ist das Recht, sich frei innerhalb seiner Gemeinde zu bewegen.

Das Recht auf Freizügigkeit hat zusammen mit dem Recht der freien Berufswahl, dem Recht auf freie Wahl der Arbeitsstätte und dem Recht auf freien Erwerb von Eigentum grundlegende Bedeutung für die Wirtschafts- und Sozialordnung der Bundesrepublik Deutschland (vgl. S. 350). Es bietet erst die Voraussetzungen für die effektive Inanspruchnahme zahlreicher anderer Grundrechte und ist damit Grundlage menschlicher Selbstverwirklichung. Die persönlichen Vorstellungen sollen am Ort eigener Wahl realisiert werden können.

Das allen *Deutschen* eingeräumte Recht auf Freizügigkeit bedeutet, daß sie ihren eigenen Aufenthalt und ihren Wohnsitz innerhalb des Bundesgebiets frei bestimmen können. Auf die Dauer und den Zweck des Aufenthalts kommt es dabei nicht an. Das Recht auf Freizügigkeit „im ganzen Bundesgebiet“ besagt auch, daß sie in das Bundesgebiet einreisen dürfen. Die Freiheit, aus dem Bundesgebiet ausreisen zu dürfen, ist dagegen nicht durch Art. 11 GG, sondern (nur) durch die allgemeine Handlungsfreiheit des Art. 2 Abs. 1 GG geschützt.

Das Recht der Deutschen auf Freizügigkeit kann nur durch Gesetz oder aufgrund eines Gesetzes und nur für die in Art. 11 Abs. 2 GG ausdrücklich aufgeführten Fälle eingeschränkt werden. Solche Regelungen finden sich in zahlreichen Gesetzen, z. B. in §§ 34 ff. Bundesseuchengesetz, § 71 Jugendwohlfahrtsgesetz, § 10 Jugendgerichtsgesetz und §§ 68 ff. Strafgesetzbuch (Führungsaufsicht). Ferner können sich Schranken für die Freizügigkeit aus kollidierenden Grundrechten Dritter ergeben; so ist z. B. die Freizügigkeit Minderjähriger überlagert durch das aus Art. 6 Abs. 2 GG resultierende Personensorgerecht der Eltern.

Art. 11 GG gilt nicht für *Ausländer.* Deren Freizügigkeit kann wesentlich stärker eingeschränkt werden als diejenige der Deutschen. Solche Einschränkungen sind in weitem Umfang im Ausländergesetz geregelt: Ausländer bedürfen für ihre Einreise und ihren Aufenthalt einer besonderen Aufenthaltserlaubnis, die nur bei Vorliegen bestimmter Voraussetzungen erteilt wird und überdies räumlich begrenzt und zeitlich befristet werden kann (vgl. S. 282 und S. 284).

Das Gesetz über Einreise und Aufenthalt von Staatsangehörigen der Mitgliedsstaaten der Europäischen Wirtschaftsgemeinschaft räumt den Staatsangehörigen der Staaten der *Europäischen Gemeinschaften* (EG) eine bevorzugte Sonderstellung im Vergleich zu anderen Ausländern ein: Sie können ohne Aufenthaltserlaubnis in das Bundesgebiet einreisen und sich hier aufhalten, wenn Einreise und Aufenthalt im Zusammenhang mit einer (geplanten) Erwerbstätigkeit stehen; diese Vergünstigung gilt auch für ihre Familienangehörigen. Auch die Freiheit der gewerblichen Niederlassung ist EG-Ausländern aufgrund des Vertrages zur Gründung der Europäischen Wirtschaftsgemeinschaft gewährt (Niederlassungsfreiheit).

Das Recht der Freizügigkeit

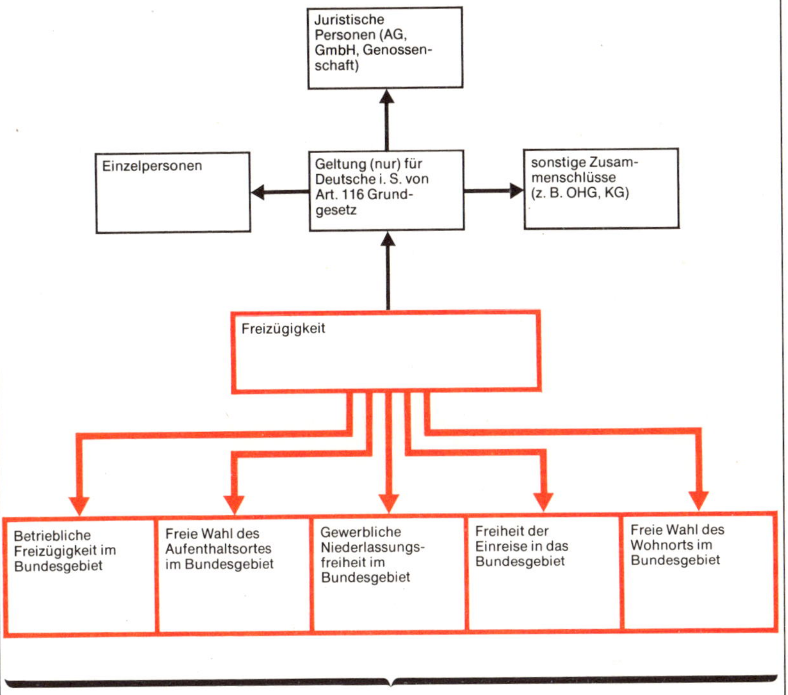

(allein) mögliche Schranken

1. Eine ausreichende Lebensgrundlage ist nicht vorhanden und der Allgemeinheit würden daraus besondere Lasten entstehen.
2. Abwehr einer drohenden Gefahr für den Bestand oder die freiheitliche demokratische Grundordnung des Bundes oder eines Landes.
3. Bekämpfung von Seuchengefahr.
4. Bekämpfung von Naturkatastrophen.
5. Bekämpfung von besonders schweren Unglücksfällen.
6. Schutz der Jugend vor Verwahrlosung.
7. Vorbeugung gegen strafbare Handlungen.

Berufs- und Gewerbefreiheit

Art. 12 GG legt fest: (1) „Alle Deutschen haben das Recht, Beruf, Arbeitsplatz und Ausbildungsstätte frei zu wählen. Die Berufsausübung kann durch Gesetz oder auf Grund eines Gesetzes geregelt werden.“ (2) „Niemand darf zu einer bestimmten Arbeit gezwungen werden, außer im Rahmen einer herkömmlichen allgemeinen, für alle gleichen öffentlichen Dienstleistungspflicht.“ (3) „Zwangsarbeit ist nur bei einer gerichtlich angeordneten Freiheitsentziehung zulässig.“

Als Gewährleistung einer allgemeinen Berufs- und Gewerbefreiheit umfaßt der Schutzbereich dieses Grundrechts jede auf Dauer und Gewinnerzielung angelegte, der Schaffung und Erhaltung einer Lebensgrundlage dienende, nicht schlechthin gemeinschaftsschädliche Betätigung. Gleichgültig ist, ob es sich um eine selbständige oder unselbständige, um eine typische oder vom einzelnen frei gewählte untypische Tätigkeit handelt. Den Schutz des Art. 12 GG genießen gleichermaßen Selbständige (z. B. Unternehmer, selbständige Handwerker) wie Unselbständige (Arbeitnehmer). Art. 12 GG gilt auch für staatlich gebundene Berufe (z. B. Notar) sowie für spezifisch dem Staat vorbehaltene Tätigkeitsbereiche (öffentlicher Dienst: Beamter, Richter, Soldat); jedoch wird in diesen Bereichen Art. 12 GG weithin durch Art. 33 GG überlagert, der z. B. statt eines Rechts auf freien Zugang nur ein Recht auf gleichen Zugang einräumt (Art. 33 Abs. 2 GG: „Jeder Deutsche hat nach seiner Eignung, Befähigung und fachlichen Leistung gleichen Zugang zu jedem öffentlichen Amte“ [vgl. S. 248]).

Beschränkungen der Berufsfreiheit durch den Gesetzgeber sind zulässig. Die Eingriffsbefugnis ist abgestuft *(Drei-Stufen-Theorie)*. Der Gesetzgeber ist um so freier, je mehr er nur die Berufs*ausübung* regelt, um so stärker gebunden, je mehr die Berufs*wahl* berührt ist. Die Freiheit der Berufsausübung kann beschränkt werden, soweit vernünftige Erwägungen des Gemeinwohls es zweckmäßig erscheinen lassen (z. B. Arbeitssicherheitsvorschriften, Arbeitszeitregelungen, Jugendschutz, Reinhaltungsvorschriften). Die Freiheit der Berufswahl dagegen darf nur unter wesentlich engeren Voraussetzungen eingeschränkt werden. Dabei ist zu unterscheiden, ob die Aufnahme der Berufstätigkeit von subjektiven Bedingungen abhängig gemacht werden soll, die in der Person des Berufsanwärters liegen (z. B. besondere Vor- oder Ausbildung, Prüfungen, Zuverlässigkeitsnachweise, Höchstaltersgrenzen), oder von objektiven Bedingungen, auf die er keinen Einfluß hat (z. B. Bedürfnisprüfung, Interessen des öffentlichen Verkehrs).

Für die *subjektiven* Zulassungsvoraussetzungen gilt das Prinzip der Verhältnismäßigkeit. Sie müssen dem Schutz eines besonders wichtigen Gemeinschaftsgutes dienen und dürfen zu dem angestrebten Zweck der ordnungsgemäßen Erfüllung der Berufstätigkeit nicht außer Verhältnis stehen. Besonders strenge Anforderungen gelten für *objektive* Zulassungsvoraussetzungen: Sie sind nur gerechtfertigt zur Abwehr nachweisbarer oder höchstwahrscheinlicher schwerer Gefahren für ein überragend wichtiges Gemeinschaftsgut. – Der Gesetzgeber darf Beschränkungen der Berufsfreiheit jeweils nur auf der „Stufe“ vornehmen, die den geringsten Eingriff mit sich bringt. Er darf zur nächsten „Stufe“ erst dann übergehen, wenn die befürchteten Gefahren mit den Mitteln der vorausgehenden Stufe nicht bekämpft werden können.

Auch die *freie Wahl der Ausbildungsstätte* kann nur unter den genannten Voraussetzungen (Stufentheorie) eingeschränkt werden. Darüberhinaus hat der Staat in den Ausbildungsbereichen, in denen er ein faktisches Monopol hat, insbesondere also im Hochschulwesen, die Pflicht, soweit dies ohne Verletzung anderer wichtiger Aufgaben möglich ist, so viel Ausbildungskapazität zur Verfügung zu stellen, daß kein krasses Mißverhältnis zwischen der Zahl der Studienbewerber und der -plätze besteht. Zulassungsbeschränkungen für Studienanfänger *(numerus clausus)* dürfen nur in den Grenzen des unbedingt Erforderlichen unter erschöpfender Nutzung der Ausbildungskapazität angeordnet werden, und die Auswahl und Verteilung der Studienplätze muß nach sachgerechten Kriterien erfolgen.

Das Verbot des Art. 12 Abs. 2 und 3 GG betrifft solche *Zwangsarbeiten*, wie sie im nationalsozialistischen System (vgl. S. 30) mit Herabwürdigung der Persönlichkeit praktiziert wurden. Nicht verboten sind die üblichen gemeindlichen Hand- und Spanndienste, die Feuerwehrdienstpflicht und Deichhilfen sowie die gerichtlich angeordnete Zwangsarbeit zur sozialen Wiedereingliederung bzw. Erziehung von Straftätern, straffälligen Jugendlichen und Fürsorgezöglingen.

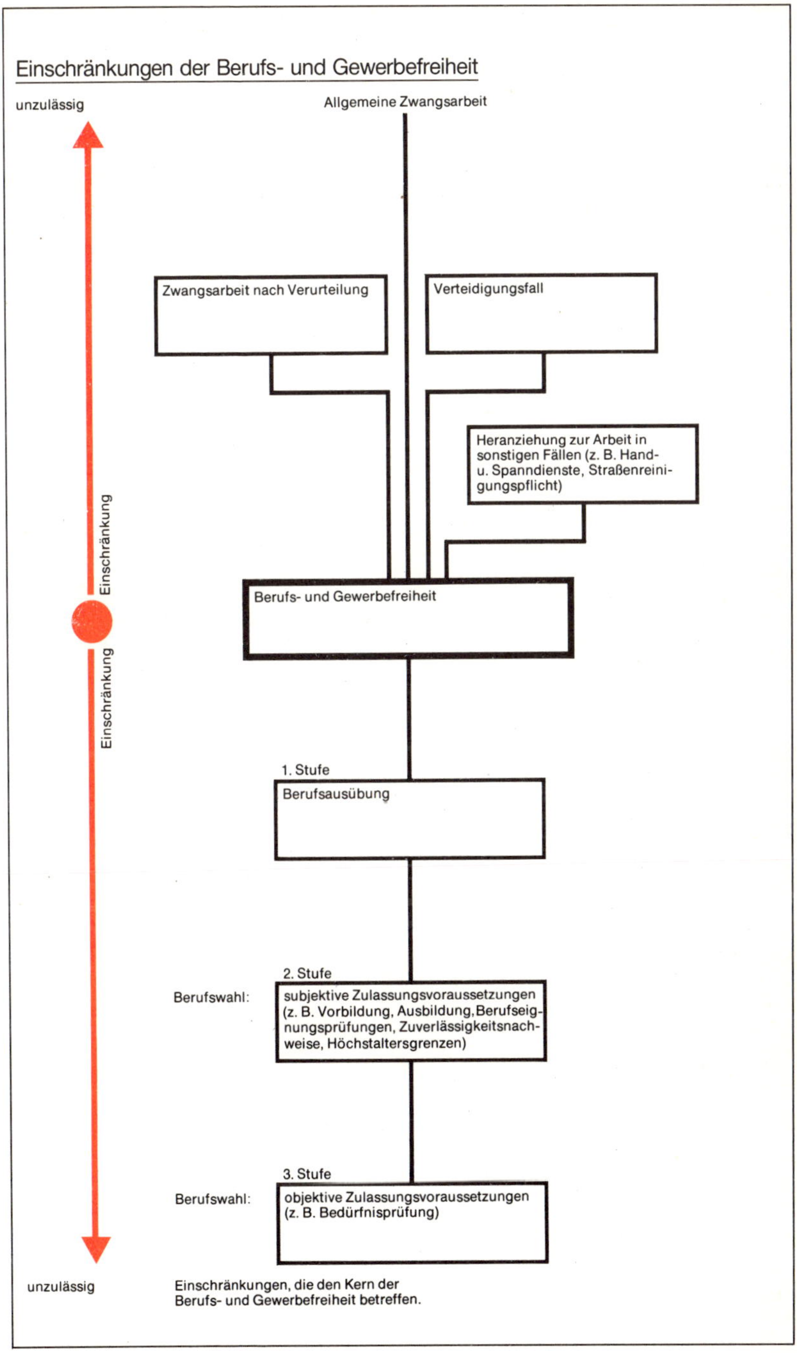
Einschränkungen der Berufs- und Gewerbefreiheit
unzulässig
Allgemeine Zwangsarbeit
Zwangsarbeit nach Verurteilung
Verteidigungsfall
Heranziehung zur Arbeit in sonstigen Fällen (z. B. Hand- u. Spanndienste, Straßenreinigungspflicht)
Einschränkung
Berufs- und Gewerbefreiheit
Einschränkung
1. Stufe
Berufsausübung
2. Stufe
Berufswahl:
subjektive Zulassungsvoraussetzungen (z. B. Vorbildung, Ausbildung, Berufseignungsprüfungen, Zuverlässigkeitsnachweise, Höchstaltersgrenzen)
3. Stufe
Berufswahl:
objektive Zulassungsvoraussetzungen (z. B. Bedürfnisprüfung)
unzulässig
Einschränkungen, die den Kern der Berufs- und Gewerbefreiheit betreffen.

Unverletzlichkeit der Wohnung

Art. 13 GG lautet: (1) „Die Wohnung ist unverletzlich." (2) „Durchsuchungen dürfen nur durch den Richter, bei Gefahr im Verzug auch durch die in den Gesetzen vorgesehenen anderen Organe angeordnet und nur in der dort vorgeschriebenen Form durchgeführt werden." (3) „Eingriffe und Beschränkungen dürfen im übrigen nur zur Abwehr einer gemeinen Gefahr oder einer Lebensgefahr für einzelne Personen, auf Grund eines Gesetzes auch zur Verhütung dringender Gefahren für die öffentliche Sicherheit und Ordnung, insbesondere zur Behebung der Raumnot, zur Bekämpfung von Seuchengefahr oder zum Schutze gefährdeter Jugendlicher vorgenommen werden."

Dieses Grundrecht begründet ein Abwehrrecht gegenüber der öffentlichen Gewalt, die außerhalb der Eingriffstatbestände des Art. 13 Abs. 2 und 3 GG nicht gegen den Willen des Inhabers der Wohnung in diese eindringen darf. Ein Eindringen liegt aber nicht schon vor im Falle bloßen Fragens nach Daten über die Benutzung der Wohnung, ohne in diese einzudringen (z. B. im Rahmen der Datenerhebung bei einer Volkszählung).

Der Begriff der *Wohnung* im Sinne des Art. 13 GG ist weit auszulegen, er umfaßt auch Arbeits-, Betriebs- und Geschäftsräume und schützt natürliche Personen als Inhaber einer Wohnung ebenso wie juristische Personen. Bei reinen Geschäfts- und Betriebsräumen ist der Schutz des Art. 13 GG allerdings schwächer, denn die darin vorgenommenen Tätigkeiten sind schon von sich aus auf die Wirkung nach außen in die Sphäre Dritter und der Allgemeinheit hinein angelegt. Besichtigungen und Prüfungen, die in Zeiten der normalen geschäftlichen oder betrieblichen Nutzung und aufgrund einer besonderen gesetzlichen Vorschrift erfolgen (z. B. Betriebsprüfung durch berufsständische Körperschaften oder durch die Finanzbehörde), stellen keine Eingriffe oder Beschränkungen dar, die nur unter den Voraussetzungen des Art. 13 Abs. 3 GG erlaubt wären. Private Wohnungen genießen dagegen als der zur Entfaltung notwendige „elementare Lebensraum" in besonderem Maße den Schutz der Verfassung: Art. 13 Abs. 2 und 3 GG kommt hier uneingeschränkt zur Anwendung. Gegen das Eindringen Unbefugter ist der Wohnungsinhaber strafrechtlich geschützt (Hausfriedensbruch).

Eine *Durchsuchung* im Sinne des Art. 13 Abs. 2 GG ist das ziel- und zweckgerichtete Suchen staatlicher Organe nach Personen oder Sachen oder zur Ermittlung eines Sachverhalts, um etwas aufzuspüren, was der Wohnungsinhaber von sich aus nicht offenlegen oder herausgeben will. Durchsuchungen sind nur aufgrund eines Durchsuchungsbefehls statthaft, den – außer bei Gefahr im Verzug – nur ein Richter erlassen darf. Bei der Durchsuchung im Strafverfahren soll ein Richter oder Staatsanwalt zugegen sein. Zum Zwecke der Zwangsvollstreckung (vgl. S. 214) eines Urteils aus einem Zivil- oder Verwaltungsprozeß darf – aufgrund richterlicher Durchsuchungsanordnung – auch der Gerichtsvollzieher die Wohnung des Schuldners durchsuchen. Die Durchsuchung soll nach Möglichkeit in Gegenwart des Wohnungsinhabers erfolgen, andernfalls sind andere Zeugen hinzuzuziehen. Bei allen Maßnahmen ist der Grundsatz der Verhältnismäßigkeit der angewandten Mittel zu beachten. Besonderen Voraussetzungen unterliegen Durchsuchungen zur Nachtzeit.

Die Mitnahme von Personen, die bei der Durchsuchung aufgespürt werden, erfordert einen Haftbefehl (vgl. S. 100), und die Mitnahme von Sachen erfordert deren *Beschlagnahme* bzw. *Sicherstellung*. Zur Beschlagnahme ist der Gerichtsvollzieher im Rahmen der Zwangsvollstreckung (vgl. S. 214) befugt. Polizeiorgane dürfen Sachen beschlagnahmen, wenn dies zur Aufklärung oder Verfolgung von Straftaten notwendig ist, bzw. sicherstellen, wenn dies zur Verhütung von Straftaten oder zur Abwehr von Gefahren für die öffentliche Sicherheit oder Ordnung erforderlich ist. Die Beschlagnahme zur Strafaufklärung und -verfolgung muß (notfalls nachträglich) von einem Staatsanwalt bzw. Richter angeordnet werden. Gegen die Sicherstellung kann das Verwaltungsgericht angerufen werden, das dann die Rechtmäßigkeit überprüft und die Sicherstellung aufheben und rückgängig machen kann.

Beschlagnahme und Sicherstellung sind keine Enteignung (vgl. S. 126). Die Behörden sind verpflichtet, die Sachen nach Wegfall des Grundes der Beschlagnahme oder Sicherstellung wieder herauszugeben.

Durchsuchung und Beschlagnahme

Durchsuchung:

aufgrund gesetzlicher Ermächtigung: (sog. polizeiliche Durchsuchung)	aufgrund richterlicher Anordnung (sog. strafprozessuale Durchsuchung)
z.B. Gerichtsvollzieher Polizei Zollbeamte <u>Voraussetzung</u>: von Gegenständen oder Zuständen gehen Gefahren für die öffentliche Sicherheit und Ordnung aus, die anders als durch eine Durchsuchung nicht abgewehrt werden kann.	(im Strafprozeß; bei Gefahr im Verzug auch durch Staatsanwaltschaft und ihre Hilfsbeamten)

bei Durchsuchung von Wohnungen:

ohne Durchsuchungsbefehl:	mit Durchsuchungsbefehl:
bei unmittelbarer Verfolgung von Straftätern <u>zur Nachtzeit</u> (1. 4.–30. 9.: 21–4 Uhr, 1. 10.–31. 3.: 21–6 Uhr): – bei Verfolgung auf frischer Tat – bei Gefahr im Verzug – bei Wiederergreifung entwichener Gefangener	– für die Wohnung von Tatverdächtigen zu deren Ergreifung oder zur Auffindung von Beweismitteln – für die Wohnung anderer: zur Verfolgung von Spuren einer Straftat, – zur Beschlagnahme von Sachen, – zur Ergreifung von Straftätern – zur Nachtzeit nur ausnahmsweise

Beschlagnahme:

aufgrund <u>gesetzlicher Ermächtigung</u>:	aufgrund <u>richterlicher Anordnung</u>: (im Strafprozeß)
z.B. Gerichtsvollzieher Polizei (z.B. Führerschein) Zollbeamte	– Pflicht zur Aufbewahrung der beschlagnahmten Gegenstände – Verwendung je nach Beschlagnahmezweck: – Verwertung (Versteigerung) zugunsten des Gläubigers – strafrechtliche Einziehung – Rückgabe nach Zweckerfüllung – beschlagnahmefreie Gegenstände: – Sachen des notwendigen Lebensunterhalts des Schuldners – Gegenstände im Gewahrsam von zeugnisverweigerungsberechtigten Personen im Strafprozeß

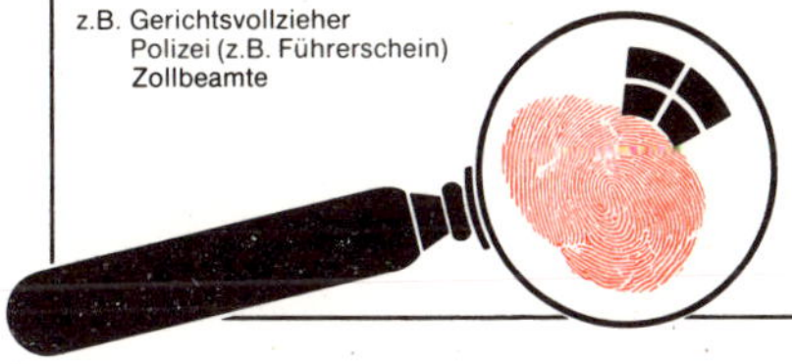

Straftaten und Tatverdächtige 1985 (ohne Vergehen im Straßenverkehr)

Straftaten	Bekanntgewordene Straftaten		Aufgeklärte Straftaten		Strafmündige Tatverdächtige	
	Anzahl	je 100000 Einwohner	Anzahl	% der bekannt-gewordenen	Anzahl	je 100000 strafmündige Einwohner
insgesamt	4215451	6909,0	1988478	47,2	1232188	2346,0
darunter:						
gegen die sexuelle Selbstbestimmung	38506	63,1	25796	67,0	18942	36,1
Mord und Totschlag	2778	4,6	2644	95,2	2877	5,5
gefährliche und schwere Körperverletzung	64314	105,4	54381	84,6	67714	128,9
einfacher und schwerer Diebstahl	2628933	4308,6	810161	30,8	472807	900,3
Unterschlagung	48085	78,8	38728	80,5	36278	69,1
Raub, räuberische Erpressung	29685	48,7	14831	50,0	18309	34,9
Betrug und Untreue	377220	618,2	351065	93,1	215627	410,6
Urkundenfälschung	37420	61,3	35085	93,8	30516	58,1
vorsätzliche Brandstiftung	9037	14,8	3317	36,7	2516	4,8
Straftaten gegen die Umwelt	12875	21,1	9620	74,7	10153	19,3

Art. 14 GG bestimmt: (1) „Das Eigentum und das Erbrecht werden gewährleistet. Inhalt und Schranken werden durch die Gesetze bestimmt." (2) „Eigentum verpflichtet. Sein Gebrauch soll zugleich dem Wohle der Allgemeinheit dienen." (3) „Eine Enteignung ist nur zum Wohle der Allgemeinheit zulässig. Sie darf nur durch Gesetz oder auf Grund eines Gesetzes erfolgen, das Art und Ausmaß der Entschädigung regelt. Die Entschädigung ist unter gerechter Abwägung der Interessen der Allgemeinheit und der Beteiligten zu bestimmen. Wegen der Höhe der Entschädigung steht im Streitfalle der Rechtsweg vor den ordentlichen Gerichten offen."

Die Garantie des Eigentums in Art. 14 Abs. 1 GG gewährleistet das (Privat-) Eigentum zum einen als Rechtseinrichtung und zum anderen als subjektives Recht einer jeden Person in der Form eines Abwehr- und Schutzanspruchs gegen den Staat. *Eigentum* im Sinne des Art. 14 GG sind alle vermögenswerten privaten Rechte, also nicht nur Sacheigentum (z. B. Grundstücke, Fahrzeuge, Waren), sondern z. B. auch Ansprüche aus Arbeits-, Miet-, Bauspar-, Lebensversicherungsverträgen und Renten sowie Mitgliedschaftsrechte und Beteiligungen an Gesellschaften (z. B. Aktien). Öffentlich-rechtliche vermögenswerte Rechtspositionen werden durch Art. 14 GG geschützt, wenn sie dem Inhaber eine der Eigentumsposition entsprechende Rechtsstellung verschaffen (z. B. Zulassung als Kassenarzt); eigentumsähnlich ist eine Position, die durch Einsatz eigenen Kapitals und eigener Leistung erworben wurde. Kein Eigentum sind Ansprüche, die der Staat in Erfüllung seiner Fürsorgepflicht durch Gesetz einräumt, d. h. Positionen, die ausschließlich oder vorwiegend auf staatlicher Gewährung beruhen (z. B. Sozialhilfeansprüche). Nicht geschützt ist auch das Vermögen als solches.

Der Eigentümer kann nicht ohne weiteres nach Belieben mit seinem Eigentum verfahren. Der Gebrauch des Eigentums soll gemäß Art. 14 Abs. 2 GG zugleich dem Wohle der Allgemeinheit dienen *(Sozialpflichtigkeit);* auch darf der Gesetzgeber gemäß Art. 14 Abs. 1 GG Inhalt und Schranken des Eigentums durch Gesetz bestimmen. Darüber hinaus läßt Art. 14 Abs. 3 GG zum Wohle der Allgemeinheit gegen Entschädigung eine Enteignung zu. Die Frage, ob eine entschädigungslose Inhalts- und Schrankenbestimmung des Eigentums oder eine entschädigungspflichtige Enteignung vorliegt, ist von erheblicher Bedeutung.

Eine *Enteignung* liegt immer dann vor, wenn das Eigentum völlig entzogen wird. Um eine Enteignung handelt es sich auch, wenn in einem Grundstücksumlegungsverfahren jeder Betroffene als Ersatz ein anderes Grundstück gleicher Größe und gleichen Wertes erhält. Liegt eine bloße Eigentumsbeschränkung vor, so handelt es sich dann um eine Enteignung, wenn der Eingriff die Betroffenen im Vergleich zu anderen ungleich trifft und ihnen ein besonderes, den übrigen nicht zugemutetes Opfer für die Allgemeinheit auferlegt, sie also im Hinblick auf den Gleichheitssatz (vgl. S. 102) besonders belastet. Nur eine Konkretisierung der Sozialpflichtigkeit des Eigentums liegt dagegen z. B. vor, wenn die eigentumsbeschränkende Regelung an eine besondere Situationsgebundenheit eines Grundstücks anknüpft oder eine Sache betrifft, von der eine besondere Gefahr für die Allgemeinheit ausgeht. Keine Enteignung stellen auch Maßnahmen gegen polizeiwidriges Eigentum dar (z. B. Anordnung der Beseitigung eines baurechtswidrigen Hauses). Dem von einer Enteignung Betroffenen ist von dem Begünstigten eine angemessene *Entschädigung* zu leisten. Diese umfaßt in der Regel nur den Substanzverlust, d. h. den Wert des Objekts bzw. den Schaden am Objekt, nicht aber z. B. entgangenen Gewinn.

Zu unterscheiden von der Enteignung sind die *Aufopferung* (vgl. S. 266), die *Einziehung* (vgl. S. 232) und die *Sozialisierung*. Die Garantie des Privateigentums kann durch eine übermäßige Besteuerung von Einkommen und Vermögen ausgehöhlt werden. Hohe Besteuerung und Inflation können den Effekt einer Vermögensumverteilung ohne Entschädigung haben.

Wesenselement des *Erbrechts* (Art. 14 Abs. 1 GG) ist die Testierfreiheit, d. h. für den Zeitpunkt des Todes den Rechtsnachfolger für Eigentum und Vermögen zu bestimmen (freilich gemäß Art. 14 Abs. 1 GG beschränkt z. B. durch Pflichtteilsrechte).

Öffentlich-rechtliche Entschädigung und Ersatzleistung bei Eingriffen in das Eigentum

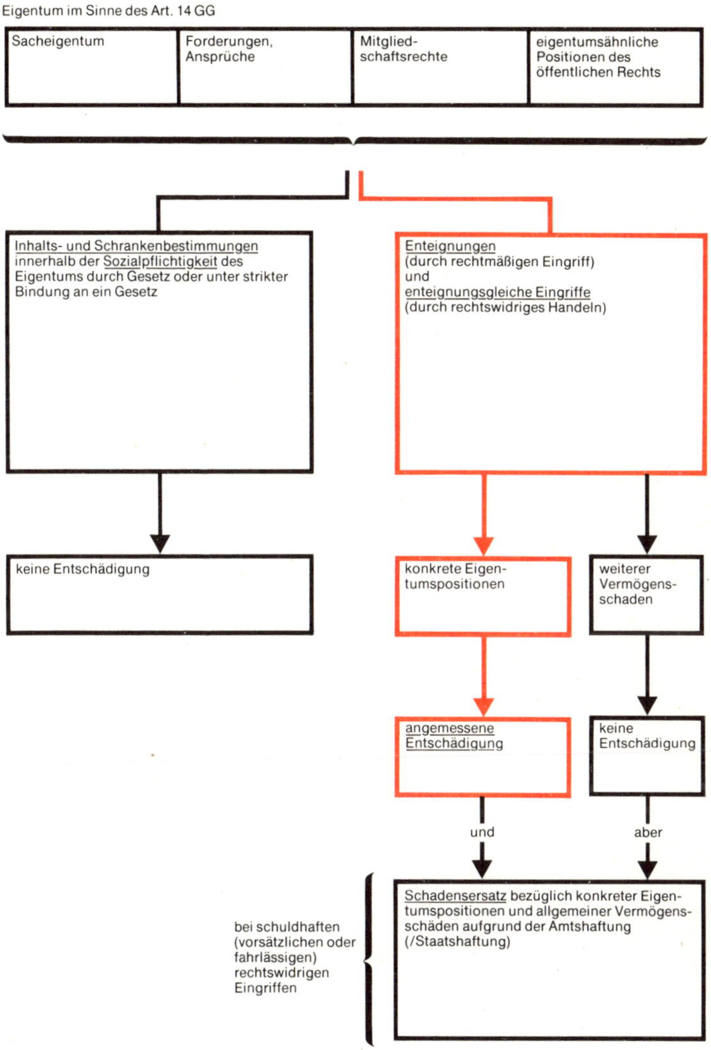

Ausbürgerung, Auslieferung, Asylrecht

Art. 16 GG bestimmt eindeutig: (1) „Die deutsche Staatsangehörigkeit darf nicht entzogen werden. Der Verlust der Staatsangehörigkeit darf nur auf Grund eines Gesetzes und gegen den Willen des Betroffenen nur dann eintreten, wenn der Betroffene dadurch nicht staatenlos wird." (2) „Kein Deutscher darf an das Ausland ausgeliefert werden. Politisch Verfolgte genießen Asylrecht."

Das Verbot, Deutschen die Staatsangehörigkeit zu entziehen, hat vor allem historische Bedeutung, es soll nämlich Vorkommnissen vorbeugen, wie sie das nationalsozialistische Regime (1933–1945 [vgl. S. 30]) praktizierte. Das schon durch die Weimarer Reichsverfassung von 1919 anerkannte Verbot der *Auslieferung* Deutscher hat ebenfalls keine aktuelle Bedeutung. Im Grundgesetz nicht geregelt ist die Auslieferung von Ausländern: Sie ist geregelt in Auslieferungsverträgen, die die Bundesrepublik Deutschland mit vielen ausländischen Staaten abgeschlossen hat; die Auslieferung kann aber im Einzelfall unzulässig sein, wenn nämlich der ausländische Staat den Ausländer nicht nur strafrechtlich, sondern politisch verfolgen will; in einem solchen Fall steht der Auslieferung das Asylrecht entgegen.

Große aktuelle Bedeutung hat das in Art. 16 Abs. 2 GG geregelte *Asylrecht*. Es knüpft inhaltlich an das völkerrechtliche Rechtsinstitut des Asylrechts an, geht aber in seiner Reichweite darüber hinaus, indem es statt einer bloßen staatlichen Gewährungsbefugnis den politisch verfolgten Ausländern einen subjektiv-rechtlichen Asylanspruch einräumt. Es soll nach seiner Entstehungsgeschichte solchen Ausländern zukommen, die politische Verfolgung erlitten oder befürchten mußten und deshalb flohen. Wer sich nicht mehr auf der Flucht befindet, weil er bereits in einem anderen Staat Schutz vor Verfolgung erhalten hat, ist nicht asylberechtigt (sog. *anderweitiger Verfolgungsschutz*). Ebensowenig gilt der Schutz für denjenigen, der die politische Verfolgung erst nach seiner Einreise in die Bundesrepublik Deutschland provoziert (z. B. indem er hier gegen das Regime seines Heimatlandes agitiert).

Politische Verfolgung setzt voraus, daß der Heimatstaat aus politischen Motiven Leben, körperliche Unversehrtheit oder persönliche Freiheit des Ausländers bedroht. Eine Verfolgung aus rein strafrechtlichen Gründen wird auch nicht dadurch, daß der Ausländer dabei gefoltert wird, zu einer politischen Verfolgung. Es kann aber strafrechtliche Verfolgungen geben, die zugleich politische Verfolgungen darstellen. Dies ist insbesondere dann der Fall, wenn ein Regime Straftäter bestimmter politischer Gesinnung besonders hart bestraft. Zu erwägen ist auch, ob nicht die Straftatbestände für Hochverrat oder separatistische Bestrebungen zugleich Tatbestände politischer Verfolgung darstellen. Strafverfolgungen wegen Wehrdienstentziehung (Fahnenflucht) sind dann politische Verfolgung, wenn der Wehrdienst nicht nur dem Schutz des Staates dient, sondern darüber hinaus auch auf die politische Disziplinierung der Wehrdienstleistenden abzielt.

Das Asylrecht kann auch für solche Ausländer in Betracht kommen, die nicht um ihr Leben, ihre körperliche Unversehrtheit oder ihre persönliche Freiheit fürchten müssen. Wenn lediglich andere Rechtsgüter wie z. B. die Freiheit ihrer Religionsausübung oder ihrer beruflichen Betätigung bedroht sind, setzt der Asylanspruch aber voraus, daß die Beeinträchtigung nach ihrer Intensität und Schwere eine Verletzung der Menschenwürde (vgl. S. 98) darstellt.

Politische Verfolgung setzt nicht notwendig voraus, daß der Staat selbst die Bürger bedroht. Sie ist auch gegeben, wenn der Staat Bedrohungen und Übergriffe durch rivalisierende Bevölkerungsgruppen duldet (sog. *mittelbar-staatliche Verfolgung;* der pakistanische Staat z. B. duldete einst massenhafte Übergriffe orthodoxer Moslems gegen Andersgläubige). Bloße Einzelübergriffe stellen freilich selbst dann, wenn sie sich häufen und vereinzelt auch von örtlichen Polizei- oder Militärkräften ausgeführt werden, noch keine politische Verfolgung dar.

Aktuell ist die Frage, ob und wie die steigende Zahl von Asylbewerbern abgewendet bzw. bewältigt werden kann. Eine Einschränkung des Asylrechts ist nicht zulässig, es sei denn, die Verfassung würde geändert (z. B. durch den Zusatz: „Dieses Grundrecht kann durch Gesetz eingeschränkt werden."). Von daher bleibt nur die Beschleunigung des Asyl-Anerkennungsverfahrens und schnellere Abschiebung solcher Ausländer, deren Asylgesuch rechtskräftig abgelehnt wurde. Das Rechtsinstitut des Asyl-Folgeantrages, mit dem sich abgelehnte Asylbewerber neuen Abschiebungsschutz verschaffen können, wird man dabei aber nicht einschränken oder ganz beseitigen können.

Asylbewerber in der Bundesrepublik Deutschland 1986 nach Herkunftsregionen und ausgewählten Herkunftsländern

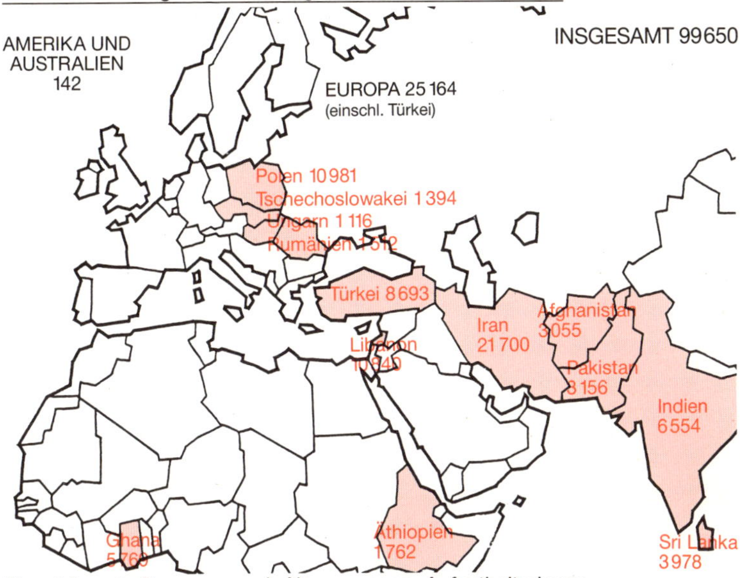

Eingebürgerte Personen nach Altersgruppen, Aufenthaltsdauer sowie ausgewählten früheren Staatsangehörigkeiten

Gegenstand der Nachweisung	Insgesamt	Darunter nach der früheren Staatsangehörigkeit								
		Italien	Jugo-slawien	Österreich	Polen	Rumänien	Sowjet-union	Tschecho-slowakei	Türkei	Ungarn
1983	39485	1134	3117	1070	7182	12917	2446	1736	853	1570
1984	38046	946	3334	979	5988	13284	1704	1456	1053	1432
1985	34913	797	2815	911	5925	12153	1146	1175	1310	1200
davon (1985):										
Anspruchs-einbürgerungen	21019	15	542	25	5120	11897	1036	580	7	602
Ermessens-einbürgerungen	13894	782	2273	886	805	256	110	595	1303	598
dar. Personen mit Hochschulabschluß	1957	12	152	109	95	61	23	103	160	101
1985 nach dem Geschlecht										
Männlich	17397	445	1349	447	2935	5782	528	611	730	654
Weiblich	17516	352	1466	464	2990	6371	618	564	580	546
1985 nach Altersgruppen										
Alter von ___ bis unter ___ Jahren										
unter 18	7923	231	608	287	1210	2783	325	238	392	207
18 – 25	3744	210	412	134	589	1111	118	101	202	123
25 – 35	8076	135	549	174	1966	2416	244	256	261	299
35 – 45	6406	118	716	216	973	1539	136	328	252	293
45 – 55	4156	66	351	64	553	1778	116	110	142	134
55 und mehr	4608	37	179	36	634	2526	207	142	61	144
1985 nach der Aufenthaltsdauer[1][2]										
Aufenthalt von ___ bis unter ___ Jahren										
unter 6	1016	24	62	62	94	45	5	33	72	34
dar. Kinder unter 18 J.	578	18	53	36	21	10	3	20	72	17
6 – 11	2870	38	209	90	198	131	33	172	193	179
dar. Kinder unter 18 J.	832	25	140	31	18	24	3	29	120	45
11 – 21	6884	454	1771	476	164	63	29	351	803	245
dar. Kinder unter 18 J.	1467	169	285	204	38	4	4	32	194	23
21 und mehr	2994	256	231	255	348	17	43	37	231	140
1985 nach der Beteiligung am Erwerbsleben[1]										
Erwerbstätig	7718	422	1358	444	480	140	54	364	686	334
Nichterwerbstätig	6176	360	915	442	325	116	56	231	617	264
1985 nach der Stellung im Beruf[1]										
Selbständig	632	17	65	33	25	13	10	39	48	24
Nichtselbständig	7086	405	1293	411	455	127	44	325	638	310

[1]) Nur Ermessenseinbürgerungen. [2]) Ohne Einbürgerungen von Personen, die im Ausland leben.

Dem Staat fallen zunehmend neue Aufgaben zu, die wegen ihrer Schwierigkeit und Gefahren nur der Staat und die Kommunen erledigen können. Die Folge ist eine Vergrößerung und Komplizierung der Verwaltung, eine große Zahl von Gesetzen, Verordnungen und Erlassen. Der von Arbeits-, Verteilungs- und Versorgungssystemen „verwaltete“ Bürger fühlt sich häufig im Umgang mit der Verwaltung überfordert; außerdem wächst das Mißtrauen gegenüber einer ständig unübersichtlicher werdenden Verwaltung. Die Folge ist der Wunsch nach stärkerer Kontrolle über die Verwaltung und unbürokratischer Hilfe im freiheitlich demokratischen Staat; die Kontrolle der Verwaltung durch die Verwaltungsgerichtsbarkeit (vgl. S. 220) erweist sich häufig als zu schwach und kommt vielfach auch zu spät, weil die Verwaltungsmaßnahmen längst zu Ergebnissen geführt haben, die nicht wieder rückgängig gemacht werden können.

Um das Verhältnis zwischen Bürger und Staat zu verbessern und Hilfe in Einzelfällen zu ermöglichen, sind verschiedene Institutionen geschaffen: Petitionsausschüsse des Deutschen Bundestages und der Landtage, Ombudsmänner, Bürgerbeauftragte, Datenschutzbeauftragte (vgl. S. 136) und der Wehrbeauftragte (vgl. S. 456). Die Einrichtung des *Ombudsmanns* geht auf skandinavische, insbesondere schwedische Vorbilder zurück („Justitie-Ombudsman“, daneben Verbraucher-, Presse-Ombudsmann): ohne Einschaltung von Zwischeninstanzen kann sich der Bürger wegen angeblicher Mißstände oder Fehlentscheidungen der Verwaltung direkt an ihn wenden. Die Institution des Ombudsmann hat sich in zahlreichen Ländern durchgesetzt; in Deutschland ist er erstmals gesetzlich seit 1974 in Rheinland-Pfalz als *Bürgerbeauftragter* eingeführt worden.

Nach Art. 17 GG hat zudem jedermann das Grundrecht, sich „einzeln oder in Gemeinschaft mit andern schriftlich mit Bitten oder Beschwerden an die zuständigen Stellen und an die Volksvertretung zu wenden“. Wichtigster Inhalt des *Petitionsrechts* ist die Pflicht der Stelle, bei der die Petition eingeht bzw. die inhaltlich zuständig ist, sich mit der Bitte, dem Antrag oder der Beschwerde sachlich auseinanderzusetzen. Der Bürger, der eine Beschwerdeschrift einreicht – der Petent –, hat Anspruch darauf, daß seine Petition entgegengenommen und vorschriftsmäßig erledigt, also sachlich geprüft wird. Der Petent hat Anspruch auf eine Antwort, die sich nicht in einer Empfangsbestätigung erschöpfen darf. Aus der Antwort muß hervorgehen, daß die Petition zur Kenntnis genommen wurde und wie sie erledigt worden ist. Die Petition muß der Bürger entweder bei einer Volksvertretung oder einer anderen zuständigen Stelle einbringen. Zuständig sind solche Stellen, die sachlich befugt sind, über den Inhalt z. B. der Beschwerde zu entscheiden. Der Instanzenzug muß nicht eingehalten werden, z. B. kann eine Beschwerde direkt an den Ministerpräsidenten unter Außerachtlassung aller vorgeschalteten Instanzen, wie des betreffenden Ressortministers, gerichtet werden. Eine unzuständige Stelle muß die Petition an eine zuständige Stelle weiterleiten. Zuständig sind in der Regel nationale Stellen, das Petitionsrecht sichert aber auch das Recht, Bitten und Beschwerden an ausländische oder internationale Stellen zu richten: z. B. an die Europäische Kommission für Menschenrechte.

Damit die Petition zulässig ist, d. h. entgegengenommen, geprüft und beantwortet wird, müssen mehrere Voraussetzungen vorliegen: Art. 17 GG fordert Schriftform und eine eigenhändige Unterschrift oder beglaubigtes Handzeichen. Die Petition darf nicht anonym oder mit einer falschen Unterschrift versehen sein. Sie darf nicht beleidigend sein, und die Bitte oder Beschwerde darf sich nicht auf etwas Verfassungs- oder Gesetzwidriges richten (z. B. Wiedereinführung der Monarchie oder Aufhebung rechtskräftiger Urteile). Auch querulatorische Petitionen sind nicht zulässig: wer schon einmal einen Petitionsbescheid in seiner Sache erhalten hat, kann nicht mit einer weiteren Antwort rechnen. Zulässig sind Masseneingaben, d. h. zahlreiche Petitionen gleichen Inhalts von verschiedenen Absendern. Zuständiger Adressat einer Petition an den Bundestag ist die „Zentralstelle für Petitionen und Eingaben beim Deutschen Bundestag“, die einen Teil der Eingaben an die Fachausschüsse überweist.

Petitionen an den Deutschen Bundestag

Erledigung der Petitionen im Jahr 1985		
Gesamtzahl der behandelten Petitionen		12399
1. Aus formalen Gründen nicht inhaltlich geprüft:		
1 schwebende oder abgeschlossene Gerichtsverfahren		687
2 keine neuen Tatsachen oder Beweismittel gegenüber früher erledigten Eingaben		80
3 Meinungsäußerungen, ohne Anschrift, anonym, verworren, beleidigend, usw.		1107
4 Überweisung an die Volksvertretung des zuständigen Landes		2780
		4654
2. Inhaltlich geprüft (= 100%)		7745
Davon:		
1 Erledigung durch Rat, Auskunft, Verweisung, Materialübersendung usw.	2139	27,62%
2 Dem Anliegen wurde entsprochen	1507	19,46%
3 Dem Anliegen wurde nicht entsprochen	3349	43,24%
4 Überweisung an die Bundesregierung		
a) zur Berücksichtigung	56	0,72%
b) zur Erwägung	33	0,43%
c) als Material	366	4,73%
d) zur Kenntnis	179	2,30%
5 Überweisung an den Präsidenten des Deutschen Bundestages	—	—
6 Überweisung an die Fraktion des Deutschen Bundestages zur Kenntnis	18	0,23%
7 Überweisung an die Volksvertretung des zuständigen Landes	3	0,04%
8 Überweisung an das Europäische Parlament zur Kenntnis	—	—
9 Durch frühere, in anderem Zusammenhang gefaßte Beschlüsse des Bundestages erledigt	95	1,23%
insgesamt	7745	100,00%

eingegangene Petitionen	
Jahr	Anzahl
1975	11409
1976	20728
1977	12306
1978	13795
1979	12881
1980	10735
1981	11386
1982	13593
1983	12568
1984	13878

Der Bürgerbeauftragte des Landes Rheinland-Pfalz

Aufgaben

Der Bürgerbeauftragte hat die Aufgabe, im Rahmen des parlamentarischen Kontrollrechts des Landtags die Stellung des Bürgers im Verkehr mit den Behörden zu stärken.

Eingaberecht

Jeder hat das Recht, sich unmittelbar schriftlich oder mündlich an den Bürgerbeauftragten zu wenden, der diese Eingaben für den Landtag entgegennimmt.

Befugnisse

Der Bürgerbeauftragte kann die Landesregierung, alle Behörden des Landes sowie die Körperschaften, Anstalten und Stiftungen des öffentlichen Rechts, soweit sie der Aufsicht des Landes unterstehen, um

a) mündliche und schriftliche Auskünfte,
b) Einsicht in Akten und Unterlagen,
c) Zutritt zu den von ihnen verwalteten öffentlichen Einrichtungen

ersuchen. Die gleichen Befugnisse bestehen gegenüber juristischen Personen des Privatrechts, nicht rechtsfähigen Vereinigungen und natürlichen Personen, soweit sie unter der Aufsicht des Landes öffentlich-rechtliche Tätigkeiten ausüben.

Art. 19 Abs. 4 GG bestimmt: „Wird jemand durch die öffentliche Gewalt in seinen Rechten verletzt, so steht ihm der Rechtsweg offen. Soweit eine andere Zuständigkeit nicht begründet ist, ist der ordentliche Rechtsweg gegeben. ...“. Dieses Grundrecht wird als „formelles Hauptgrundrecht“ bezeichnet; es gewährt den Rechtsweg im Geltungsbereich des Grundgesetzes für jeden, der durch die öffentliche Gewalt in seinen Rechten beeinträchtigt wird. Diese Rechtsschutzgarantie gilt gegenüber allen Maßnahmen der Regierungs- und Verwaltungsbehörden. Sie gilt dagegen nicht gegenüber Maßnahmen der Gesetzgebung. Sie gilt auch nicht gegenüber Maßnahmen der Rechtsprechung, die von Richtern gerade in dieser Eigenschaft im Rechtsweg erlassen werden: Die Vorschrift gewährt Rechtsschutz durch den Richter, nicht gegen den Richter; sie eröffnet mithin keine zweite richterliche Instanz. Maßnahmen nichtrichterlicher Gerichtsorgane, z. B. des Rechtspflegers, unterliegen aber der Rechtsschutzgarantie.

Als Rechte kommen nicht nur Grundrechte, sondern jedes subjektive Recht in Betracht, das zur Rechtssphäre des Klägers gehört. Damit scheiden von vornherein Klagen lediglich am allgemeinen Wohl der Allgemeinheit Interessierter (sog. *Popularklagen*) aus. Es bleibt dem Gesetzgeber überlassen, ob er neben der Verbandsklage im Recht des unlauteren Wettbewerbs weiteren Organisationen, die sich z. B. im Umweltschutz zur Wahrnehmung bestimmter Interessen satzungsmäßig verpflichtet haben, ein eigenes Klagerecht einräumt. Dies wird in der öffentlichen Diskussion zunehmend gefordert. Nicht mit einer Klage angreifbar sind sog. *justizfremde Hoheitsakte* wie Gnadenentscheidungen, da ein Recht auf Begnadigung nicht besteht. Etwas anderes gilt, wenn ein früher gewährter Gnadenerweis widerrufen wird, da jede belastende Maßnahme einer Behörde ein rechtlich überprüfbarer Akt ist.

Die Rechtsschutzgarantie bedeutet weiter, daß das Gericht von der Exekutive personell und organisatorisch getrennt und die Richter sachlich und persönlich unabhängig sein müssen (Art. 97 Abs. 1 GG). Verwirklicht ist dies in den Prozeßgesetzen, insbesondere in der Verwaltungsgerichtsordnung. Danach ist der Verwaltungsrechtsweg in allen öffentlich-rechtlichen Streitigkeiten nichtverfassungsrechtlicher Art gegeben, soweit die Streitigkeit nicht einem anderen Gericht ausdrücklich zugewiesen ist (vgl. S. 238). Dies sind insbesondere die Sozial-, Finanz- und Zivilgerichte. Darüber hinaus bindet Art. 19 Abs. 4 GG zugleich die Exekutive jedenfalls mittelbar insofern, als die Behörden zur Überprüfbarkeit ihrer Maßnahmen jeden Hoheitsakt eindeutig abfassen und sowohl rechtlich wie tatsächlich zutreffend begründen müssen.

Entgegen dem Wortlaut ist das Grundrecht jedoch nicht schrankenlos gewährleistet. Der Rechtsweg ist vielmehr nur im Rahmen der verschiedenen Prozeßordnungen garantiert, so daß eine Klage z. B. von einem durchgeführten Vorverfahren abhängig gemacht werden kann, Fristen oder Kostenvorschuß beachtet werden müssen oder gar der Instanzenzug verkürzt werden kann. Allerdings dürfen die Prozeßordnungen nur solche Voraussetzungen aufstellen, die im Interesse einer geordneten Rechtspflege liegen und die der Bürger erfüllen kann. Die Möglichkeit und das Ausmaß der gerichtlichen Kontrolle der Rechtmäßigkeit des Verwaltungshandelns sind wesentlich davon abhängig, inwieweit im Gesetz scharf umrissene rechtliche Vorgaben normiert sind. Dies bestimmt der Gesetzgeber durch Ausgestaltung seiner Rechtssätze: Je weiter er der Verwaltung ein Ermessen einräumt, desto geringer sind die gerichtliche Kontrolle und der Rechtsschutz für den Bürger. Daher ist der Gesetzgeber verpflichtet, das Verhalten der Verwaltung so bestimmt wie möglich zu regeln, er darf ihr nicht mehr Ermessen einräumen, als erforderlich und dem Bürger zumutbar ist.

Zur wirksamen Absicherung des Rechtswegs läßt Art. 19 Abs. 4 GG hilfsweise den Rechtsweg zu den ordentlichen (Zivil-)Gerichten zu. Im allgemeinen werden aber die Verwaltungsgerichte (oder Finanz- oder Sozialgerichte) zuständig sein, weil die Prozeßordnungen ihnen alle öffentlich-rechtlichen Streitigkeiten zuweisen.

Der letzte dritte Satz des Art. 19 Abs. 4 GG setzt im Zusammenhang mit Art. 10 Abs. 2 GG an die Stelle des Rechtswegs die Kontrolle durch ein Organ der Volksvertretung (vgl. S. 118). Diese Abschwächung der Rechtsschutzgarantie wurde bei der Schaffung der Notstandsverfassung (vgl. S. 158) vorgenommen.

Vorläufiger Rechtsschutz im Verwaltungsverfahren

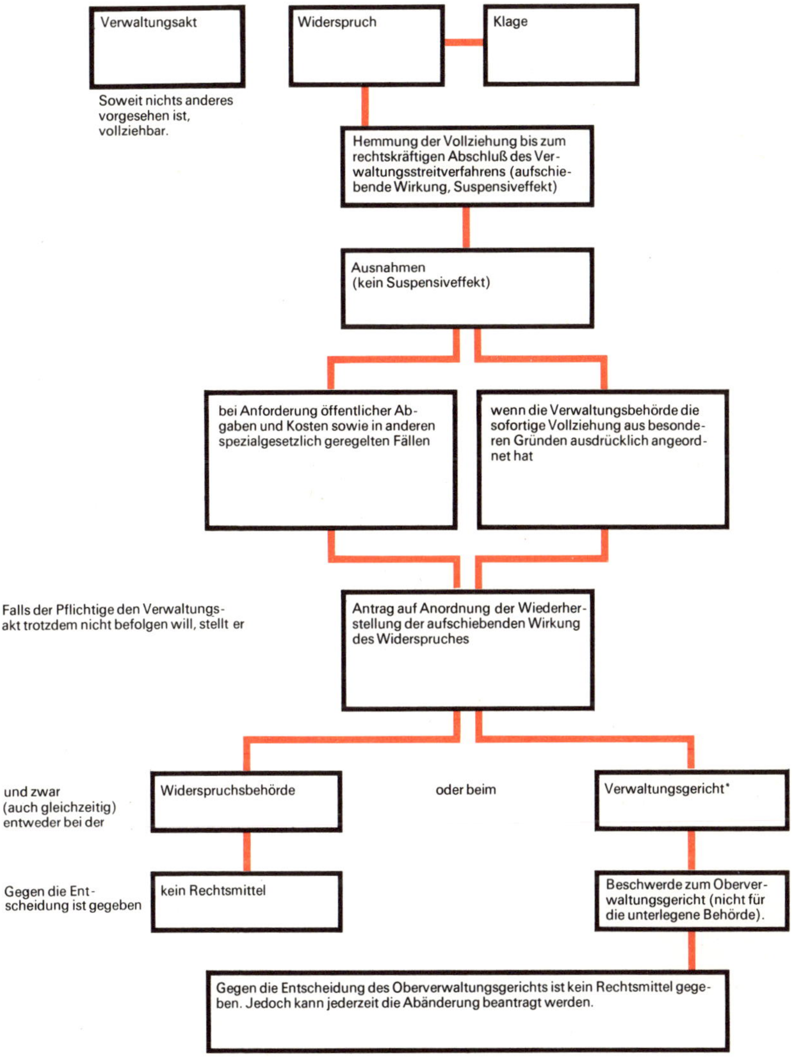

* Zuständig ist stets das Gericht der Hauptsache. Falls die Hauptsache sich bereits in der Berufungs- bzw. Revisionsinstanz befindet, hat deshalb das Oberverwaltungsgericht bzw. das Bundesverwaltungsgericht zu entscheiden; ein Rechtsmittel ist dann nicht gegeben.

Bei Verpflichtungs-, Feststellungs- und Leistungsklagen kann der Kläger – auch schon vor Klagerhebung – beim Gericht einen Antrag auf Erlaß einer einstweiligen Anordnung stellen. Mit dem Antrag kann jedoch nur eine vorläufige Anordnung in Bezug auf den Streitgegenstand, nicht aber eine Vorwegnahme der mit der Klage begehrten Entscheidung erlangt werden. Zuständig ist das Verwaltungsgericht bzw. das Oberverwaltungsgericht, wenn die Hauptsache bereits in den höheren Instanzen anhängig ist. Gegen einen Beschluß des Verwaltungsgerichtes, durch den der Antrag abgewiesen wurde, ist Beschwerde zum Oberverwaltungsgericht gegeben. Wird dem Antrag stattgegeben, so kann die Behörde hiergegen Antrag auf mündliche Verhandlung stellen.

Das Grundgesetz hat aus dem Bestreben nach vollkommenem Grundrechtsschutz in größerem Maße als frühere Verfassungen prozeßrechtliche Regelungen in der Verfassung verankert. Diese Prozeßgrundrechte sind eine Art „Hilfsgrundrechte", die der Sicherung und Durchsetzung der materialen Grundrechte (Art. 1–19 GG) dienen. Nach Art. 101 Abs. 1 GG („Ausnahmegerichte sind unzulässig. Niemand darf seinem gesetzlichen Richter entzogen werden.") steht jedem Bürger ein gesetzlicher Richter zu. *„Gesetzlicher Richter"* im Sinne dieses Verfahrensgrundrechts ist nicht nur das Gericht als Institution oder das im konkreten Fall erkennende Gericht als Spruchkörper, sondern auch der im Einzelfall berufene Richter. Daraus folgt, daß nach dem Geschäftsverteilungsplan des zuständigen Gerichts von vornherein bestimmt sein muß, welcher Spruchkörper und welche Richter zur Entscheidung des Einzelfalles befugt sind.

Das *Recht auf Gehör* (Art. 103 Abs. 1 GG) bedeutet nicht lediglich die Gelegenheit zur Äußerung nach Maßgabe der jeweiligen Prozeßordnungen, sondern verlangt, daß der Beteiligte Gelegenheit erhält, vor Gericht Anträge zu stellen und Ausführungen zu machen, und daß darüber hinaus nur solche Tatsachen und Beweisergebnisse zugrunde gelegt werden, zu denen sich die Parteien äußern konnten. Das Gericht muß den Vortrag der Beteiligten zur Kenntnis nehmen. Dieses Grundrecht gilt für alle gerichtlichen Verfahren, auch für solche mit Untersuchungsgrundsatz wie z. B. im Ehe- und Kindschaftverfahren; den Beteiligten soll nicht zugemutet werden, darauf vertrauen zu müssen, daß das Gericht von sich aus zu der richtigen Entscheidung kommen werde. Der Anspruch auf rechtliches Gehör gilt jedoch nicht uneingeschränkt, insbesondere nicht in Eilfällen wie z. B. bei vorläufigen Maßnahmen, da nachträglich rechtliches Gehör gewährt und über die Berechtigung der Maßnahme entschieden wird.

Das *Verbot rückwirkender Strafgesetze* ist in Art. 103 Abs. 2 GG niedergelegt, wonach eine Tat nur bestraft werden kann, wenn die Strafbarkeit gesetzlich bestimmt war, bevor die Tat begangen wurde. Das Grundgesetz verbietet, jemanden aufgrund eines Strafgesetzes zu verurteilen, das zur Zeit der Tat noch nicht bestand oder die Strafbarkeit rückwirkend verschärfte. Das Rückwirkungsverbot gilt als allgemeiner rechtsstaatlicher Grundsatz auch für Ordnungswidrigkeiten und Disziplinarvergehen, ist aber auf die Strafbegründung und die Strafandrohung beschränkt und gilt nicht für Strafverschärfungen. Ganz allgemein zulässig ist die Rückwirkung bei Verfahrensvorschriften: Die Verjährungsfristen z. B. für die Verfolgung von Straftaten können rückwirkend verlängert werden.

Nach Art. 103 Abs. 3 GG darf niemand wegen derselben Tat aufgrund der allgemeinen Strafgesetze mehrmals bestraft werden *(Verbot der Doppelbestrafung)*. Der Bürger soll wegen einer einmal rechtskräftig abgeurteilten Tat aufgrund des rechtsstaatlichen Gesichtspunktes der Rechtssicherheit im Rahmen des Strafrechts nicht weiter behelligt werden. Wenn jemand freigesprochen worden ist, soll er nicht nochmals mit einem Strafverfahren überzogen werden können.

Art. 104 GG gibt *Rechtsgarantien bei Freiheitsentziehung*. Beschränkungen des Grundrechts der allgemeinen Handlungsfreiheit des Art. 2 Abs. 2 GG dürfen nur aufgrund eines förmlichen Gesetzes und nur unter Beachtung der darin vorgeschriebenen Formen vorgenommen werden. Rechtsgrundlagen finden sich vor allem in den Strafgesetzen, den Polizeigesetzen und in der Strafprozeßordnung.

Der Entzug der Freiheit kann nur durch ein Gericht (Richter) durch Strafurteil, Haftbefehl oder Unterbringungsbeschluß angeordnet werden. Die Polizei darf eine Person nur dann in Gewahrsam nehmen, wenn Gefahr im Verzuge ist, d. h. wenn eine richterliche Entscheidung ohne Gefährdung anderer Rechtsgüter, z. B. des öffentlichen Interesses an der Festnahme eines Verbrechers, nicht abgewartet werden kann. Spätestens am Tage nach der Festnahme ist aber der vorläufig Festgenommene dem Richter vorzuführen. Dieser muß ihm die Gründe der Festnahme mitteilen und Gelegenheit zu Einwendungen geben. Danach ordnet der Richter entweder die Freilassung an oder er erläßt einen mit Gründen versehenen Haftbefehl (Art. 104 Abs. 3 GG: „Jeder wegen des Verdachtes einer strafbaren Handlung vorläufig Festgenommene ist spätestens am Tage nach der Festnahme dem Richter vorzuführen, der ihm die Gründe der Festnahme mitzuteilen, ihn zu vernehmen und ihm Gelegenheit zu Einwendungen zu geben hat. Der Richter hat unverzüglich entweder einen mit Gründen versehenen schriftlichen Haftbefehl zu erlassen oder die Freilassung anzuordnen.").

Übersicht über die Rechtspflege

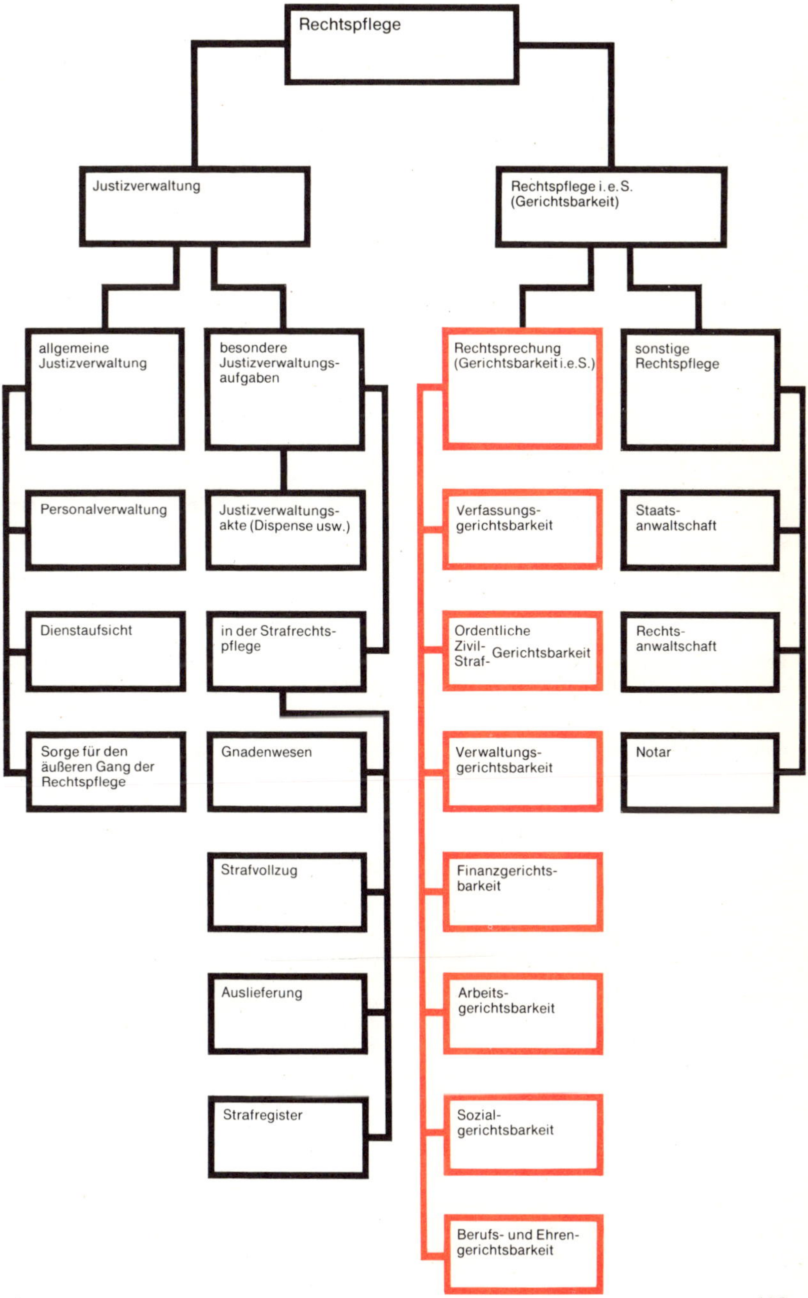

Datenschutz und informationelle Selbstbestimmung

Datenschutz ist die Summe der rechtlichen, organisatorischen und technischen Maßnahmen zur Sicherung der schutzwürdigen Belange des Einzelnen bei der Erhebung und Verarbeitung (Speicherung, Übermittlung, Veränderung und Löschung) von Angaben über persönliche oder sachliche Verhältnisse einer Person (personenbezogene Daten). Für das Recht auf freie Entfaltung der Persönlichkeit (Art. 2 Abs. 1 GG [vgl. S. 100]) und die Garantie der Menschenwürde (Art. 1 Abs. 2 GG [vgl. S. 98]) ist der Datenschutz von zentraler Bedeutung. Diese Bedeutung erwächst unter den besonderen Bedingungen moderner Technologien der Informationsverarbeitung aus dem Spannungsverhältnis zwischen dem zunehmenden Bedarf von Staat und Gesellschaft an Information und ihrer Verarbeitung und den Gefahren für den Einzelnen und den Staat durch unbegrenzte, ungeregelte und undurchsichtige Verarbeitung der personenbezogenen Daten. Das Bundesverfassungsgericht hat im sog. „Volkszählungsurteil" vom 15. 12. 83 seine Rechtsprechung zum Allgemeinen Persönlichkeitsrecht als verfassungsrechtliche Grundlage des Datenschutzes konkretisiert und fortgeführt, indem es das *Recht auf informationelle Selbstbestimmung* entfaltete. Dieses gewährleistet die Befugnis des Einzelnen, grundsätzlich selbst über die Preisgabe und Verwendung seiner persönlichen Daten zu bestimmen. Informationelle Selbstbestimmung setzt voraus, daß der Bürger überschauen kann, welche ihn betreffenden Informationen in bestimmten Bereichen seiner sozialen Umwelt bekannt sind, daß diese Daten zutreffend sind, zweckgebunden verwendet werden und eine umfassende Registrierung oder Katalogisierung seiner Persönlichkeit ausgeschlossen sind. Als eine der Voraussetzungen freier Kommunikation dient Datenschutz zugleich der Sicherung der Grundlagen eines freiheitlichen demokratischen Gemeinwesens, das auf der Handlungs- und Mitwirkungsfähigkeit seiner Bürger gegründet ist. Hier bestehen Bezüge zu den anderen Teilen des Informationsrechts, der Informationsversorgung und -organisation, der etwa die in Art. 5 Abs. 1 GG verbürgte Freiheit, sich zu unterrichten, zuzurechnen ist (vgl. S. 106).

Der Schutzbereich des Rechts auf informationelle Selbstbestimmung geht über den Anwendungsbereich der allgemeinen Datenschutzgesetze des Bundes und der Länder hinaus und umfaßt Einzelangaben aller Art über persönliche und sachliche Verhältnisse einer Person in allen Lebensbereichen unabhängig davon, wer die Daten wie nutzt. Über die persönlichkeitsrechtliche Bedeutung und die Schutzwürdigkeit der Angaben entscheiden vorrangig ihre Nutzbarkeit und Verwendungsmöglichkeiten, weniger die Informationen an sich. Unter den Bedingungen der modernen Datenverarbeitung gibt es kein „belangloses" Datum mehr. Jede Angabe kann einen neuen Stellenwert bekommen, wird sie in einem anderen Zusammenhang verwendet oder mit anderen Daten verknüpft. Die technisch unbegrenzten Möglichkeiten der Datenspeicherung und -verknüpfung gebieten es, dem Bürger Schutz vor den neuartigen Gefährdungen (soziale Kontrolle, Steuerung und Manipulation, Anpassungs- und Konformitätsdruck) zu gewähren.

Andererseits kann der Einzelne seine Persönlichkeit erst innerhalb der sozialen Gemeinschaft in Kommunikation mit anderen entfalten. Einschränkungen des Rechts auf informationelle Selbstbestimmung sind deshalb als Voraussetzung sinnvoller gesellschaftlicher Kommunikation und der Erfüllung im überwiegenden Allgemeininteresse liegender Staatsaufgaben notwendig. Die staatliche Informationserhebung und -verarbeitung bedarf jedoch einer (verfassungsmäßigen) gesetzlichen Grundlage, aus der sich die Voraussetzungen und der Umfang der Beschränkungen klar und für den Bürger erkennbar ergibt *(Gebot der Normenklarheit)* und welche die Datenerhebung und -verarbeitung auf das unerläßliche Maß beschränkt *(Grundsatz der Verhältnismäßigkeit).* Die grundrechtliche Gewährleistung informationeller Selbstbestimmung erfordert Achtung auch im privaten Rechtsverkehr durch Dritte *(Drittwirkung der Grundrechte).* In beiden Bereichen muß der Gesetzgeber tätig werden und die Voraussetzungen und den Umfang des zulässigen Informationsgebrauchs in Staat, Wirtschaft und Gesellschaft festlegen, damit die Grundrechte gewahrt bleiben.

Die Datenverarbeitung durch nicht-öffentliche Stellen ist grundsätzlich nur auf der Grundlage und im Rahmen der Zweckbestimmung bestehender Vertrags- oder vertragsähnlicher Vertrauensverhältnisse, mit Einwilligung der Betroffenen oder zur Wahrung berechtigter Interessen der speichernden Stelle dann zulässig, wenn eine Beeinträchtigung schutzwürdige Belange der Betroffenen nicht zu befürchten ist. Die Weitergabe von Daten, die besonderen Berufsgeheimnissen (z. B. Arzt- oder Rechtsanwaltsgeheimnis) unterliegen, ist grundsätzlich ausgeschlossen.

Die Datenverarbeitung durch öffentliche Stellen ist aufgaben- und kompetenzorientiert zu regeln und nur insoweit zulässig, als sie zur rechtmäßigen Aufgabenerfüllung erforderlich ist. Auskunftsverlangen öffentlicher Stellen setzen voraus, daß der Gesetzgeber den Verwendungszweck präzise bestimmt, die Angaben auf das für den konkreten Verwaltungszweck erforderliche Minimum beschränkt bleiben und ihre Verwendung auf den gesetzlich bestimmten Verwendungszweck und Verarbeitungsumfang begrenzt bleibt. Eine „Datensammlung auf Vorrat" zu Zwecken des Verwaltungsvollzuges ist nicht statthaft; nur bei der letztlich auf anonymisierte, aggregierte Daten zielenden Datenerhebung der Statistischen Ämter (vgl. S. 296) kann eine enge und konkrete Zweckbindung nicht verlangt werden. Zum Schutz gegen Zweckentfremdung durch zwischenbehördlichen Informationsaustausch sind Weitergabe- und Informationsverbote erforderlich. Der gegliederten Verwaltungszuständigkeit entspricht der Grundsatz der *informationellen Gewaltenteilung*. Aus der Einheit der Staatsgewalt folgt also keine „Informationseinheit" der gesamten öffentlichen Verwaltung.

Für einen effektiven Schutz des Rechts auf informationelle Selbstbestimmung sind ergänzend organisatorische und verfahrensrechtliche Vorkehrungen vor allem bei automatischer Datenverarbeitung von erheblicher Bedeutung. Übergreifend sind sie für den öffentlichen und privaten Bereich in den Datenschutzgesetzen des Bundes (Gesetz zum Schutze von Mißbrauch personenbezogener Daten bei der Datenverarbeitung – BDSG –) und der Länder geregelt.

Datenverarbeitende Stellen unterliegen dem straf- oder bußgeldbewehrten Datengeheimnis und müssen einem unbefugten Zugriff Dritter (z. B. „Hacker") durch technische und organisatorische Maßnahmen vorbeugen *(Datensicherung)*. Sie haben die Beachtung der Datenschutzvorschriften selbst, im nicht-öffentlichen Bereich durch private Datenschutzbeauftragte, zu kontrollieren und sicherzustellen. Der Transparenz des Verarbeitungsprozesses und seiner Kontrolle dienen die Rechte des Betroffenen auf *Auskunft* über die zu seiner Person gespeicherten Daten, *Berichtigung* unrichtiger Daten, *Sperrung* (Verbot weiterer Verarbeitung) der Daten, deren Richtigkeit nicht feststeht oder deren Speicherung nicht mehr erforderlich ist, und *Löschung* unzulässig gespeicherter oder nicht mehr benötigter Daten. Der Bürger hat das Recht auf Anrufung des öffentlichen Datenschutzbeauftragten und auf Einsicht in die dort geführten Dateiregister. Bei unzulässiger Datenverarbeitung bestehen Abwehr-, Unterlassungs- und Schadensersatzansprüche.

Die externe Kontrolle der Datenverarbeitung obliegt für den nicht-öffentlichen Bereich staatlichen Aufsichtsbehörden. Im öffentlichen Bereich wird sie von den sachlich unabhängigen *Datenschutzbeauftragten und -kommissionen* des Bundes und der Länder gewährleistet. Zu ihren Aufgaben gehört es, die Durchführung und Beachtung datenschutzspezifischer Gesetze durch laufende Kontrollen der Datenverarbeitung in der öffentlichen Verwaltung und auf Beschwerden Einzelner hin zu überwachen, Parlamente, Regierungen und öffentliche Verwaltung in datenschutzrechtlichen Fragen zu beraten und zur Herstellung einer weitgehenden Transparenz der Datenverarbeitung Register der automatisch betriebenen Dateien, in denen personenbezogene Daten gespeichert werden, zu führen. Soweit in Teilbereichen der öffentlichen Verwaltung die Kontrollrechte der Betroffenen selbst im überwiegenden Interesse der Allgemeinheit eingeschränkt sind (z. B. bei den Sicherheitsbehörden) sind die Überwachungsbefugnisse der Datenschutzbeauftragten eine verfassungsrechtlich gebotene Kompensation.

Das Datenschutzrecht ist ein Rechtsgebiet in der Entwicklung. Die im Volkszählungsurteil erkannten Anforderungen an eine grundrechtskonforme Datenverarbeitung und die Fortentwicklung der Informationstechnologien sorgen für einen erheblichen und fortdauernden Regelungsbedarf durch sachnah abwägende, bereichsspezifische Datenschutzregelungen, die den vielfältigen Verarbeitungssituationen in der Verwaltung sowie den differenzierten Informations- und Schutzbedürfnissen Rechnung tragen.

Art. 20 Abs. 4 GG bestimmt: „Gegen jeden, der es unternimmt, diese [in Art. 20 Abs. 1–3 GG festgelegte] Ordnung zu beseitigen, haben alle Deutschen das Recht zum Widerstand, wenn andere Abhilfe nicht möglich ist."

Die Grundsätze des Art. 20 Abs. 1–3 GG (die Prinzipien der Demokratie, des Sozialstaates, einer bundesstaatlichen Gliederung, der Gewaltenteilung und des Rechtsstaates) hat das Grundgesetz einem besonderen Schutz unterstellt. Es hat sie zum einen in Art. 79 Abs. 3 GG für *unabänderlich* erklärt und zum anderen im zitierten Art. 20 Abs. 4 GG ein *Recht zum Widerstand* gegen jeden Versuch ihrer Beseitigung eingeräumt. Dieses Recht, das der Gesetzgeber im Zusammenhang mit den sog. Notstandsartikeln (vgl. S. 158) in das Grundgesetz einfügte, war als Gegengewicht zu der damals vielfach geäußerten Befürchtung gedacht, durch die „Notstandsverfassung" werde ein „Staatsstreich von oben" ermöglicht. Das Widerstandsrecht ist aber nicht nur, wie es dieser Entstehungsgeschichte entspräche, gegen Träger öffentlicher Gewalt, sondern „gegen jeden" gegeben, der die Prinzipien unserer Staatsordnung zu beseitigen versucht, also auch gegen revolutionäre Bewegungen.

Das Widerstandsrecht des Art. 20 Abs. 4 GG ist aber nur für den Fall eingeräumt, „wenn andere Abhilfe nicht möglich ist". Die Ausübung dieses Rechts kommt damit nur im äußersten Fall des *Staatsnotstandes* in Betracht, wenn andere Mittel zur Erhaltung der Staatsordnung nicht mehr vorhanden sind: Erst wenn die Staatsorgane nicht mehr fähig sind, gegen umstürzlerische Kräfte vorzugehen bzw. sich gegen sie zu wehren, dürfen die verfassungstreuen Bürger durch aktiven und/oder passiven Widerstand die Prinzipien unserer Verfassungsordnung selbst verteidigen. Solange die legitime Staatsgewalt funktionsfähig ist, ist allein sie berufen, gegen Umsturzbewegungen vorzugehen.

Abgesehen von dem Fall des Art. 20 Abs. 4 GG steht dem Bürger in der Regel ein Widerstandsrecht gegen Maßnahmen der öffentlichen Gewalt nicht zu. In Zeiten intakter Verfassungsordnung und normal funktionierender Staatsgewalt hat der Bürger die gegen ihn gerichteten Akte der öffentlichen Gewalt, auch rechtswidrige, zunächst hinzunehmen. Die Verfassung verbietet ihm, gegen staatliche Akte Selbstjustiz zu üben. Abgesichert durch die umfassende Rechtsschutzgarantie des Art. 19 Abs. 4 GG mutet sie ihm zu, den Schutz durch die Gerichte abzuwarten. Bis zur Aufhebung oder aufschiebenden Außerkraftsetzung des Aktes ist dieser für den Bürger verbindlich, von ihm zu beachten und durch die Behörde vollstreckbar. Zum Schutz des Staatswillens und der zu seiner Ausführung berufenen Organe (z. B. Polizei, Gerichtsvollzieher) ist der *Widerstand gegen die Staatsgewalt,* d. h. gegen die rechtmäßige Amtsausübung durch die Vollstreckungsbeamten, sogar unter die Strafandrohung des § 113 StGB gestellt. Die Rechtmäßigkeit der Amtshandlung der Vollstreckungsbeamten bemißt sich hierbei nicht danach, ob die Maßnahme objektiv mit dem Recht in Einklang steht. Als rechtmäßig gilt eine Amtsausübung vielmehr schon dann, wenn der Beamte aufgrund sorgfältiger Prüfung in der Annahme handelt, zu der Amtshandlung berechtigt und verpflichtet zu sein. Widerstand gegen ihn ist daher nur im Fall der Willkür oder des Machtmißbrauchs zulässig.

Rechtswidrige Angriffe privater Dritter braucht der Bürger dagegen in keinem Fall hinzunehmen. Um einen unmittelbar bevorstehenden oder noch nicht abgeschlossenen rechtswidrigen Angriff auf ein Rechtsgut (Leben, Freiheit, Eigentum, Hausrecht, Ehre usw.) von sich oder einem anderen abzuwehren, darf er die Maßnahmen ergreifen, die zur Abwendung des Angriffs – unbedingt – erforderlich sind *(Notwehr* und *Nothilfe).*

Das Abwehrrecht gegen Angriffe privater Dritter gilt aber grundsätzlich nur bei aktuellen (unmittelbar bevorstehenden bzw. begonnenen und noch nicht beendeten) Angriffen. Darüber hinaus darf man auch noch im nahtlosen Anschluß an einen Angriff dem Angreifer „nacheilen" und ihn stellen. Ist der zeitliche Zusammenhang aber schon weiter gelockert, so darf der Bürger nicht mehr selbst eingreifen: Ihm ist Selbstjustiz verboten. Er muß sich damit begnügen, die zuständigen staatlichen Organe (Behörden, Gerichte) anzurufen, damit diese das Recht wieder herstellen.

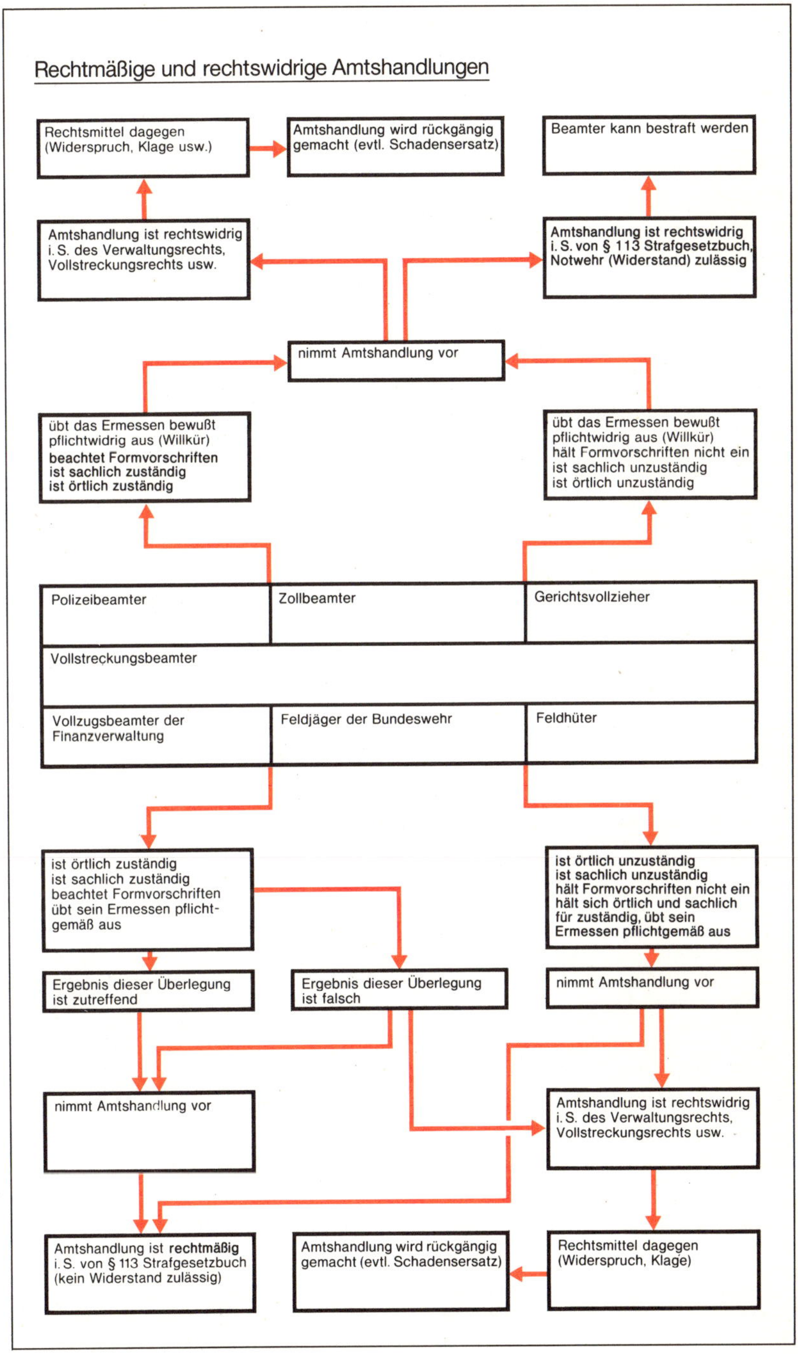
Rechtmäßige und rechtswidrige Amtshandlungen
Rechtsmittel dagegen (Widerspruch, Klage usw.)
Amtshandlung wird rückgängig gemacht (evtl. Schadensersatz)
Beamter kann bestraft werden
Amtshandlung ist rechtswidrig i. S. des Verwaltungsrechts, Vollstreckungsrechts usw.
Amtshandlung ist rechtswidrig i. S. von § 113 Strafgesetzbuch, Notwehr (Widerstand) zulässig
nimmt Amtshandlung vor
übt das Ermessen bewußt pflichtwidrig aus (Willkür)
beachtet Formvorschriften
ist sachlich zuständig
ist örtlich zuständig
übt das Ermessen bewußt pflichtwidrig aus (Willkür)
hält Formvorschriften nicht ein
ist sachlich unzuständig
ist örtlich unzuständig
Polizeibeamter
Zollbeamter
Gerichtsvollzieher
Vollstreckungsbeamter
Vollzugsbeamter der Finanzverwaltung
Feldjäger der Bundeswehr
Feldhüter
ist örtlich zuständig
ist sachlich zuständig
beachtet Formvorschriften
übt sein Ermessen pflichtgemäß aus
ist örtlich unzuständig
ist sachlich unzuständig
hält Formvorschriften nicht ein
hält sich örtlich und sachlich für zuständig, übt sein Ermessen pflichtgemäß aus
Ergebnis dieser Überlegung ist zutreffend
Ergebnis dieser Überlegung ist falsch
nimmt Amtshandlung vor
nimmt Amtshandlung vor
Amtshandlung ist rechtswidrig i. S. des Verwaltungsrechts, Vollstreckungsrechts usw.
Amtshandlung ist rechtmäßig i. S. von § 113 Strafgesetzbuch (kein Widerstand zulässig)
Amtshandlung wird rückgängig gemacht (evtl. Schadensersatz)
Rechtsmittel dagegen (Widerspruch, Klage)

Europäische Menschenrechtskonvention

Im Zuge der nach dem 2. Weltkrieg international einsetzenden Bemühungen um einen völkerrechtlichen Schutz der Menschenrechte unterzeichneten am 4. 11. 1950 in Rom Vertreter von 13 Staaten die im Rahmen des Europarates erarbeitete Europäische Konvention zum Schutze der Menschenrechte und Grundfreiheiten (Abk. EMRK); sie trat am 3. 9. 1953 nach der Ratifizierung durch zehn Staaten in Kraft. Heute gilt sie für 21 Mitgliedsstaaten des Europarates, darunter auch für die Bundesrepublik Deutschland (Gesetz vom 7. 8. 1952). Sie ist inzwischen durch mehrere Zusatzprotokolle ergänzt worden.

Die von der EMRK geschützten Rechte entsprechen weitgehend dem Grundrechtskatalog moderner Verfassungen, auch dem des Grundgesetzes. Hierzu gehören:

Das Recht auf Leben (Art. 2), das Verbot der Folter (Art. 3), das Verbot der Sklaverei und Zwangsarbeit (Art. 4), das Recht auf Freiheit und Sicherheit (Art. 5), das Recht auf gerichtliches Gehör, damit verbunden der Ausbau der Rechtsstellung des Angeklagten (Art. 6), der Grundsatz nulla poena sine lege – keine Strafe ohne vor der Tat bestimmtes Gesetz (Art. 7), Achtung der Privatsphäre (Art. 8), Gedanken-, Gewissens- und Religionsfreiheit (Art. 9), Recht der freien Meinungsäußerung (Art. 10), Versammlungs- und Vereinsfreiheit (Art. 11), Recht auf Ehe und Familie (Art. 12), Verbot der Diskriminierung (Art. 14); ferner legt die EMRK ein Mißbrauchsverbot (Art. 18) fest, das verhindern soll, daß gesetzlich zulässige Einschränkungen der Rechte und Freiheiten über das Maß des Erforderlichen angewendet werden. Im 1. Zusatzprotokoll zur EMRK ist schließlich der Eigentumsschutz verankert, der nach der Rechtsprechung der Organe der Konvention eine ungeschriebene Entschädigungsgarantie für den Regelfall seiner Beeinträchtigung voraussetzt.

Zur *Überwachung* der Einhaltung der in der EMRK garantierten Rechte sind, neben dem Ministerkomitee des Europarates, in erster Linie die am 18. 5. 1954 gebildete Europäische Kommission für Menschenrechte (EKMR) und der am 21. 1. 1959 einberufene Europäische Gerichtshof für Menschenrechte (EGMR), beide mit Sitz in Straßburg, zuständig. Jeder Mitgliedstaat der EMRK ist in beiden Organen durch eine, von der Beratenden Versammlung des Europarates gewählte Persönlichkeit vertreten.

Die Konvention unterscheidet verfahrensmäßig Staatenbeschwerden (ein Staat beklagt Verletzungen eines anderen Staates) und Individualbeschwerden (ein Individium oder eine Personenvereinigung beschwert sich über Verstöße eines Staats). Die *Beschwerden* sind an die Kommission zu richten, die zunächst ihre Zulässigkeit prüft und Individualbeschwerden auch wegen deren offensichtlicher Unbegründetheit zurückweisen kann. Zulässigkeitsvoraussetzungen für Individualbeschwerden sind insbesondere das Erfordernis der vorherigen Erschöpfung des innerstaatlichen Rechtsweges nach Art. 26 EMRK (für die Bundesrepublik Deutschland schließt dies die erfolglose Einlegung einer Verfassungsbeschwerde zum Bundesverfassungsgericht ein) und die Beachtung der Einlegungsfrist von sechs Monaten nach der letzten innerstaatlichen Entscheidung. Erklärt die EKMR eine Beschwerde für zulässig, so hat sie gemäß Art. 28 EMRK die Aufgabe, die Fakten eines Falles festzustellen und sich zur Verfügung der Parteien zu halten, um eine gütliche Einigung herbeizuführen. Von den bis Ende 1985 eingelegten fast 12000 Beschwerden hat die EKMR rund 450 für zulässig erklärt. Gelingt eine gütliche Einigung nicht, erstattet die Kommission einen Bericht, der einem Urteil ähnelt, ohne allerdings bindend zu sein. Mit der anschließenden Zuleitung des Berichts an das Ministerkomitee beginnt eine Frist von drei Monaten, innerhalb derer die Kommission oder der betroffene Staat den Gerichtshof anrufen können (Art. 48 EMRK). Das betroffene Individuum kann den Gerichtshof nicht selbst anrufen, doch legt die Kommission in den letzten Jahren dem Gerichtshof praktisch alle Fälle vor, in denen sie eine Verletzung der EMRK festgestellt hat oder in denen sonst schwierige Fragen der Auslegung der EMRK auftraten. So hat sich vor allem seit 1976 eine fast alle Menschenrechtsverbürgungen der EMRK einbeziehende Rechtsprechung des Gerichtshofs entwikkeln können (bis Ende 1986 mehr als 100 Urteile), die als Beginn einer europäischen Grundrechtsjudikatur angesehen werden.

Nach Art. 52 ist ein Urteil des EGMR endgültig; die Staaten sind formell verpflichtet, sich nach der Entscheidung zu richten. Zwar kann der EGMR nationale Hoheitsakte, z. B. Urteile, nicht aufheben, doch sind die Mitgliedsstaaten verpflichtet, Auswirkungen für konventionswidrig erklärter Hoheitsakte zu beseitigen.

Europäische Menschenrechtskonvention

Konvention zum Schutze der Menschenrechte und Grundfreiheiten vom 4. November 1950

unterzeichnet von

Belgien
Dänemark
BR Deutschland
Frankreich
Irland
Island
Italien
Luxemburg
Niederlande
Norwegen
Türkei
Großbritannien
Österreich
Malta
Schweiz
Schweden
Zypern
Griechenland

sichert die folgenden Rechte und Freiheiten zu:

Art. 2	Recht auf Leben
Art. 3	Verbot der Folter und unmenschlicher Behandlung
Art. 4	Verbot der Sklaverei, Leibeigenschaft und Zwangsarbeit
Art. 5	Freiheit und Sicherheit
Art. 6	Rechtsstaatliches Gerichtsverfahren
Art. 7	Verbot rückwirkender Strafgesetze
Art. 8	Schutz des Privatlebens, der Wohnung, des Briefverkehrs
Art. 9	Gedanken-, Gewissens-, Religionsfreiheit
Art. 10	Meinungsfreiheit
Art. 11	Versammlungs-, Vereinigungs-, Koalitionsfreiheit
Art. 12	Recht auf Eheschließung
Art. 13	Recht auf Rechtsbehelf
Art. 14	Diskriminierungsverbot
Art. 15	Krieg und Notstand
Art. 16	Politische Tätigkeit von Ausländern
Art. 17	Verbot des Mißbrauchs der Menschenrechte

errichtet zur Einhaltung dieser Verpflichtungen:

Europäische Kommission für Menschenrechte
ein Mitglied aus jedem Mitgliedsstaat

Europäischer Gerichtshof für Menschenrechte
ein Richter aus jedem Mitgliedsstaat

Bundestag

Der Deutsche Bundestag, die Repräsentation des Volkes in der Bundesrepublik Deutschland, setzt sich aus (im Regelfall) 518 Abgeordneten (vgl. S. 72) zusammen, von denen 496 in allgemeiner, unmittelbarer, freier, gleicher und geheimer Wahl auf vier Jahre gewählt werden (vgl. Art. 38 f. GG). Wahlberechtigt ist, wer das 18. Lebensjahr vollendet hat, wählbar, wer volljährig wurde. Die Wahlen (vgl. S. 60) finden nach einem *personalisierten Verhältniswahlrecht* statt. Alle Wähler haben zwei Stimmen: Mit der Erststimme wählen sie Abgeordnete nach Kreiswahlvorschlägen der Parteien in den 248 Wahlkreisen, mit der Zweitstimme weitere 248 Abgeordnete nach Landeslisten der Parteien. In den Wahlkreisen ist der Kandidat mit den meisten Stimmen gewählt (relative Mehrheit). Aufgrund der gültigen Zweitstimmen werden künftig die den Parteien zukommenden Mandate nach dem von Hare-Niemeyer entwickelten Verfahren errechnet. Dabei werden nur die Parteien berücksichtigt, die mindestens 5% der Zweitstimmen oder drei Direktmandate erhalten haben. Sog. *Überhangmandate* entstehen dann, wenn die Zahl der Direktmandate einer Partei größer ist als die ihr aufgrund der Zweitstimmen zustehende Zahl der Sitze. Die Einzelheiten des Wahlverfahrens sind im Bundeswahlgesetz und in der Bundeswahlordnung geregelt. Bei Zweifeln über die Gültigkeit einer Wahl entscheidet der Bundestag (Wahlprüfung).

Weitere 22 Abgeordnete werden vom Berliner Abgeordnetenhaus entsandt. Sie haben wegen des besonderen Status Berlins (vgl. S. 34) nur ein beschränktes Stimmrecht. Außer der *Gesetzgebung* (vgl. S. 154; Art. 76 f. GG) gehören zu den wichtigsten Aufgaben des Bundestags die Bestellung anderer Bundesorgane, z. B. die Mitwirkung bei der Wahl des Bundespräsidenten (vgl. S. 146; Art. 54 GG), die Wahl des Bundeskanzlers (Art. 68 GG) und der Hälfte der Mitglieder des Bundesverfassungsgerichts (Art. 94 Abs. 1 GG). Über den Richterwahlausschuß ist der Bundestag auch an der Wahl der Richter der obersten Bundesgerichte beteiligt (Art. 95 Abs. 2 GG). Für die *Kontrolle der vollziehenden Gewalt* stehen ihm u. a. die Mittel der großen und kleinen Anfrage, die aktuelle Stunde, die Fragestunde und Parlamentsbeauftragte wie z. B. der Wehrbeauftragte zur Verfügung. Der Bundestag und seine Ausschüsse haben nach Art. 43 Abs. 1 GG das Recht, jederzeit die Anwesenheit jedes Mitglieds der Bundesregierung zu verlangen. Weitere wichtige Kontrollmittel sind die Feststellung des Haushaltsplans der Regierung, bei dessen Verabschiedung es regelmäßig zu großen politischen Debatten zwischen Mehrheit und Opposition kommt, die Entgegennahme der jährlichen Rechnungslegung durch den Bundesfinanzminister sowie die Einsetzung von parlamentarischen Untersuchungsausschüssen (vgl. S. 76). An den Bundestag können Bitten und Beschwerden (Petitionen) gerichtet werden, die ein eigens für ihre Erledigung eingerichteter Petitionsausschuß behandelt (Art. 17, Art. 45 c GG).

Verfahren und *Organisation* des Bundestags werden wie bei anderen Parlamenten (vgl. S. 70) von ihm selbst geregelt. Seine Leitungsorgane sind der Präsident, dessen Stellvertreter, die Schriftführer und der Ältestenrat. Zur Vorbereitung der in der Regel mit einfacher Mehrheit gefaßten Beschlüsse dienen die Ausschüsse. Abgeordnete einer Partei bilden, wenn sie 5% der gesamten Mitgliederzahl erreichen, eine Fraktion. Fraktionen können auch von Abgeordneten sich nahestehender Parteien gebildet werden (vgl. die Fraktionsgemeinschaft von CDU und CSU). Die Verhandlungen des Bundestags finden, im Gegensatz zu denen seiner Ausschüsse, grundsätzlich öffentlich statt (vgl. Art. 42 Abs. 1 GG).

Der Bundestag kann vom Bundespräsidenten aufgelöst werden, wenn er einen Bundeskanzler nur mit einfacher Mehrheit gewählt hat (Art. 63 Abs. 1 GG) oder auf Vorschlag des Bundeskanzlers, wenn der Bundeskanzler ohne Erfolg die Vertrauensfrage stellt (Art. 68 Abs. 1 GG). Ein Selbstauflösungsrecht des Bundestags kennt das Grundgesetz nicht. Der Bundestag soll sich nicht aus freien Stücken seiner Verantwortung entledigen. Daher darf er weder die Gesetzgebung ohne weiteres auf die Bundesregierung abwälzen (Art. 80 Abs. 1 GG), noch ist es zulässig, daß eine Bundestagsmehrheit ihrem Kanzler das Vertrauen entzieht, um auf diese Weise zu vorzeitigen Neuwahlen zu kommen.

Mandatsverteilung im Deutschen Bundestag:

	1949	1953	1957	1961	1965	1969	1972	1976	1980	1983	1987
CDU/CSU	139	243	270	242	245	242	225	243	226	244	223
SPD	131	151	169	190	202	224	230	214	218	193	186
FDP	52	48	41	67	49	30	41	39	53	34	46
DP	17	15	17	—	—	—	—	—	—	—	—
GB/BHE*)	—	27	—	—	—	—	—	—	—	—	—
Zentrum	10	3	—	—	—	—	—	—	—	—	—
Bayernpartei	17	—	—	—	—	—	—	—	—	—	—
DRP*); NPD	5	—	—	—	—	—	—	—	—	—	—
KPD; DKP	15	—	—	—	—	—	—	—	—	—	—
Grüne	—	—	—	—	—	—	—	—	—	27	42
Andere	16	—	—	—	—	—	—	—	—	—	—
zusammen Sitze	402	487	497	499	496	496	496	496	497	498	497
Berliner Abgeordnete	19	22	22	22	22	22	22	22	22	22	22

Zusammensetzung der Bundesregierung

1949	1953	1957	1961	1965	1969	1972	1976	1980	1983	1987
CDU/CSU FDP DP	CDU/CSU FDP (seit 1956 FVP) GB/BHE (bis 1955) DP	CDU/CSU DP (bis 1960)	CDU/CSU FDP	CDU/CSU FDP (bis 1966) SPD (ab 1966)	SPD FDP	SPD FDP	SPD FDP	SPD FDP seit Okt. 1982 CDU/CSU FDP	CDU/CSU FDP	CDU/CSU FDP

*) GB/BHE = Gesamtdeutscher Block, Block der Heimatvertriebenen und Entrechteten
*) DRP = Deutsche Reichspartei

Bundesstaaten (vgl. S. 10) besitzen in der Regel ein Organ, das der Vertretung der Länderinteressen im Bund dient. Seine Mitglieder können vom Volk in den Ländern direkt gewählt sein (*Senatsprinzip,* z. B. in den USA) oder von den Landesregierungen entsandt werden *(Bundesratsprinzip).* Auch eine Wahl durch die Landtage ist denkbar. Die Länder können mit gleicher oder nach Maßgabe ihrer Bevölkerungsgröße verschiedener Stimmenzahl vertreten sein. Das Grundgesetz folgt dem Bundesratsprinzip (Art. 50 GG).

Der Bundesrat besteht aus Mitgliedern der Landesregierungen. Sie werden von den Landesregierungen bestellt und abberufen und sind weisungsgebunden. Jedes Land verfügt über mindestens drei Stimmen. Länder mit mehr als zwei Millionen Einwohnern haben vier, Länder mit mehr als sechs Millionen Einwohnern fünf Stimmen. Zwar kann jedes Land so viele Mitglieder entsenden, wie es Stimmen hat, jedoch können die Stimmen eines Landes nur einheitlich abgegeben werden (Art. 51 GG). Zu Mitgliedern des Bundesrats werden in der Regel die Ministerpräsidenten und die Minister für Bundesangelegenheiten der Länder ernannt. Andere Minister fungieren häufig als Stellvertreter. Auf diese Weise wird dafür gesorgt, daß an Entscheidungen jeweils der fachlich zuständige Minister beteiligt ist.

Die *Arbeitsweise* des Bundesrats ist im Grundgesetz und in einer Geschäftsordnung geregelt. Der Bundesrat wählt in jährlichem Turnus einen Präsidenten (jeweils den Regierungschef eines Landes) als Verhandlungsleiter (Art. 52 Abs. 1 GG). Es finden Plenar- und Auschußsitzungen statt, an denen auch Mitglieder der Bundesregierung (vgl. S. 148) teilnehmen können. Die Mitglieder des Bundesrats haben jederzeit Zutritt und Rederecht im Bundestag. Eine gleichzeitige Mitgliedschaft im Bundestag und im Bundesrat ist nach § 2 der Geschäftsordnung des Bundesrats jedoch ausgeschlossen. Den Ausschüssen des Bundesrats können auch Beauftragte der Landesregierungen angehören (Art. 52 Abs. 4 GG). Diese Bestimmung hat deshalb in der Praxis eine große Bedeutung, weil sie dazu führte, daß die Spezialarbeit in den Ausschüssen vorwiegend durch Beamte der Landesverwaltungen geleistet wird. Man spricht daher auch davon, daß durch den Bundesrat die Landesbürokratie die an der Gesetzgebung des Bundes maßgeblich beteiligte Bundesbürokratie kontrolliere.

Beim Bundesrat handelt es sich um ein ausgesprochenes *Kontrollorgan* mit einer starken Vetoposition. Seine Mitwirkungsrechte sind vielfältig. Er ist vor allem an der Gesetzgebung des Bundes beteiligt, da die Bundesgesetze meist von den Ländern ausgeführt werden. Man unterscheidet dabei Zustimmungsgesetze, bei denen der Bundesrat ein absolutes, vom Bundestag nicht überwindbares Vetorecht besitzt, und Einspruchsgesetze, bei denen der Einspruch des Bundesrats vom Bundestag zurückgewiesen werden kann (vgl. S. 154). Aus demselben Grunde ist die Bundesregierung auch beim Erlaß von Rechtsverordnungen und Verwaltungsvorschriften an seine Zustimmung gebunden. Weitere Zuständigkeiten besitzt der Bundesrat bei der Wahl und Bestellung der Verfassungsrichter am Bundesverfassungsgericht (vgl. S. 218), im Gesetzgebungsnotstand und im Bereich der Notstandsverfassung (vgl. S. 158). Der gegenwärtig anzutreffenden Verlagerung der staatlichen Tätigkeit von den Ländern auf den Bund entspricht eine zunehmende Bedeutung des Bundesrats als des Organs, das die Länderinteressen schützt. Eine besondere Rolle kann dem Bundesrat dann zufallen, wenn aufgrund unterschiedlicher parteipolitischer Mehrheitsverhältnisse in Bundestag und Bundesrat die parlamentarische Opposition als Mehrheit im Bundesrat die Möglichkeit erhält, Gesetzgebungsbeschlüsse des Bundestags mit ihrem Veto zu blockieren.

Welche hohe Bedeutung das Grundgesetz dem Bundesrat zumißt, läßt sich auch daran erkennen, daß der Präsident des Bundesrats den Bundespräsidenten vertritt (Art. 57 GG).

Bundesrat: Zuständigkeiten und Zusammensetzung

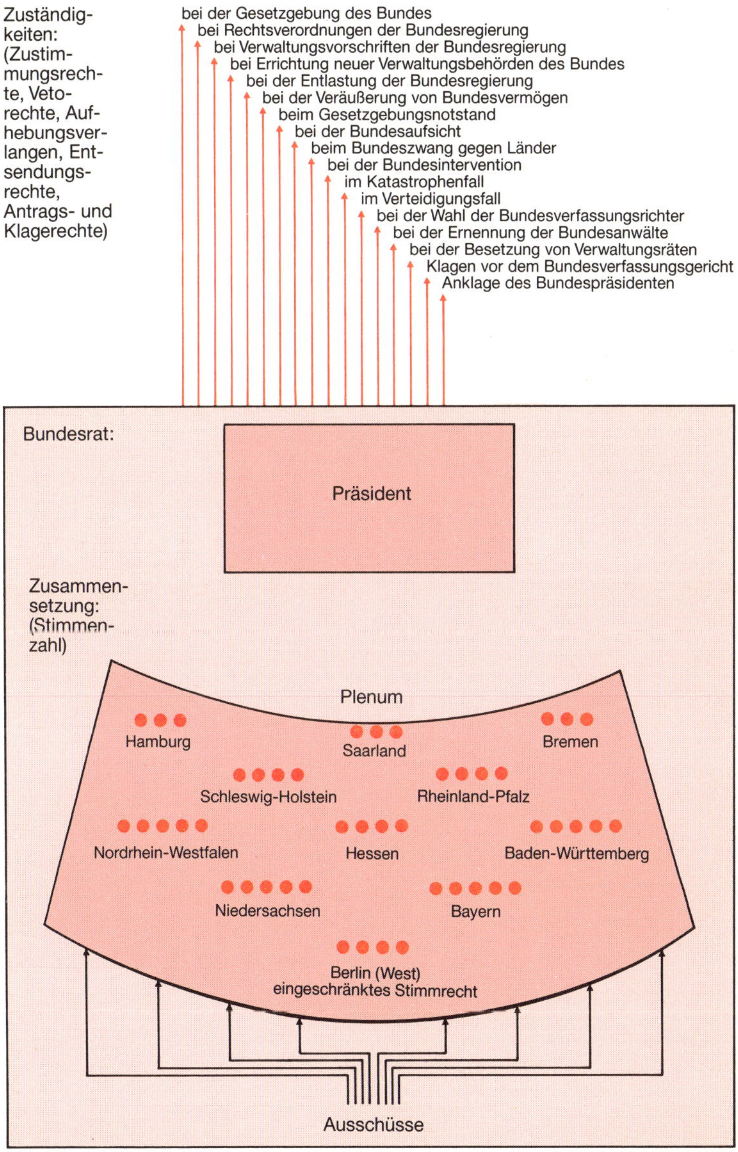

Bundespräsident

Der Bundespräsident ist das Staatsoberhaupt der Bundesrepublik Deutschland. Ihm obliegt es, die Einheit des Staates nach außen und nach innen zu repräsentieren. Aus diesem Grunde hat er sein Amt unparteiisch auszuüben. Er darf keinem anderen Beruf nachgehen, auch keiner Regierung und keinem Parlament angehören (Inkompatibilität; Art. 55 GG).

Der Bundespräsident wird von einer eigens zu diesem Zweck eingerichteten *Bundesversammlung* gewählt. Sie besteht zur Hälfte aus den Abgeordneten des Bundestags (mit Berliner Abgeordneten in der Regel 518), zur anderen Hälfte aus Mitgliedern, die von den Länderparlamenten nach den Grundsätzen der Verhältniswahl gewählt werden. Die Anzahl der Mitglieder, die ein Land in die Bundesversammlung entsenden darf, richtet sich nach der Größe seiner Bevölkerungszahl. Zum Bundespräsidenten gewählt ist der Kandidat, der im ersten oder zweiten Wahlgang die absolute Mehrheit erreicht oder im dritten Wahlgang die meisten Stimmen auf sich vereinigt. Die Amtszeit des Bundespräsidenten beträgt fünf Jahre. Eine anschließende Wiederwahl ist nur einmal zulässig (Art. 54 GG).

Zu den Aufgaben des Bundespräsidenten gehört vor allem die Teilnahme an der Regierungsbildung (vgl. S. 150). Er hat dem Bundestag einen Kandidaten für das Amt des Bundeskanzlers vorzuschlagen, den gewählten Bundeskanzler, die Bundesminister, Bundesrichter und Bundesbeamten sowie die Offiziere und Unteroffiziere der Bundeswehr zu ernennen (und zu entlassen), die Bundesgesetze auszufertigen und zu verkünden (vgl. S. 154) und die Bundesrepublik völkerrechtlich zu vertreten. Er verleiht das Bundesverdienstkreuz und nimmt Ehrungen und Begnadigungen vor. Seine Amtshandlungen bedürfen der Gegenzeichnung, d.h. der Zustimmung des Bundeskanzlers bzw. der zuständigen Bundesminister.

Das Kanzlervorschlagsrecht ist formal. In der Regel einigen sich die Parteien, die über die Mehrheit im Bundestag verfügen, auf einen Kandidaten, den der Bundespräsident dem Bundestag zur Wahl vorschlägt. Bei der Ernennung von Ministern, Beamten usw. ist es fraglich, ob der Bundespräsident jeden Bewerber, der ihm nominiert wird, ernennen muß oder ob er eine Ernennung z.B. aus politischen Gründen verweigern darf. Ähnliches gilt bei der Ausfertigung von Gesetzen, die er für verfassungswidrig hält. Es ist bereits einige Male zu Streitigkeiten zwischen dem Bundespräsidenten und der Bundesregierung bzw. dem Bundestag gekommen. Sollte eine Kontroverse nicht gütlich beigelegt werden, müßte darüber das Bundesverfassungsgericht nach Anrufung durch einen der Kontrahenten entscheiden. Ein besonderes politisches Gewicht kommt dem Bundespräsidenten dann zu, wenn sich der Bundestag gegen den von ihm vorgeschlagenen Kanzlerkandidaten ausspricht und einen anderen mit nur einfacher Mehrheit wählt. In diesem Fall kann er die Ernennung des Gewählten verweigern und binnen sieben Tagen den Bundestag auflösen (Art. 63 Abs. 4 GG). Ähnlich bedeutsam ist seine Stellung, wenn ein gewählter Bundeskanzler auf seine Anfrage hin kein Vertrauen mehr bei der Mehrheit des Bundestages findet. Auch dies ist ein Fall, in dem der Bundespräsident – auf Wunsch des Bundeskanzlers – den Bundestag auflösen (bzw. auf Wunsch der Bundesregierung mit Zustimmung des Bundesrats den Gesetzgebungsnotstand verkünden) kann (Art. 68 Abs. 1, Art. 81 Abs. 1 GG). Beiden Regelungen liegt die Absicht zugrunde, durch Neuwahlen eine stabile Mehrheitsbildung im Bundestag zu ermöglichen und eine Regierung, die sich nur auf eine Minderheit im Parlament stützt, zu vermeiden.

Der Bundespräsident wird vom Präsidenten des Bundesrats vertreten. Sollte er sich eine vorsätzliche Verletzung des Grundgesetzes zuschulden kommen lassen, kann er vom Bundestag oder vom Bundesrat vor dem Bundesverfassungsgericht angeklagt werden. Im Falle seiner Verurteilung wird er seines Amtes für verlustig erklärt (Art. 61 GG).

Der Bundespräsident

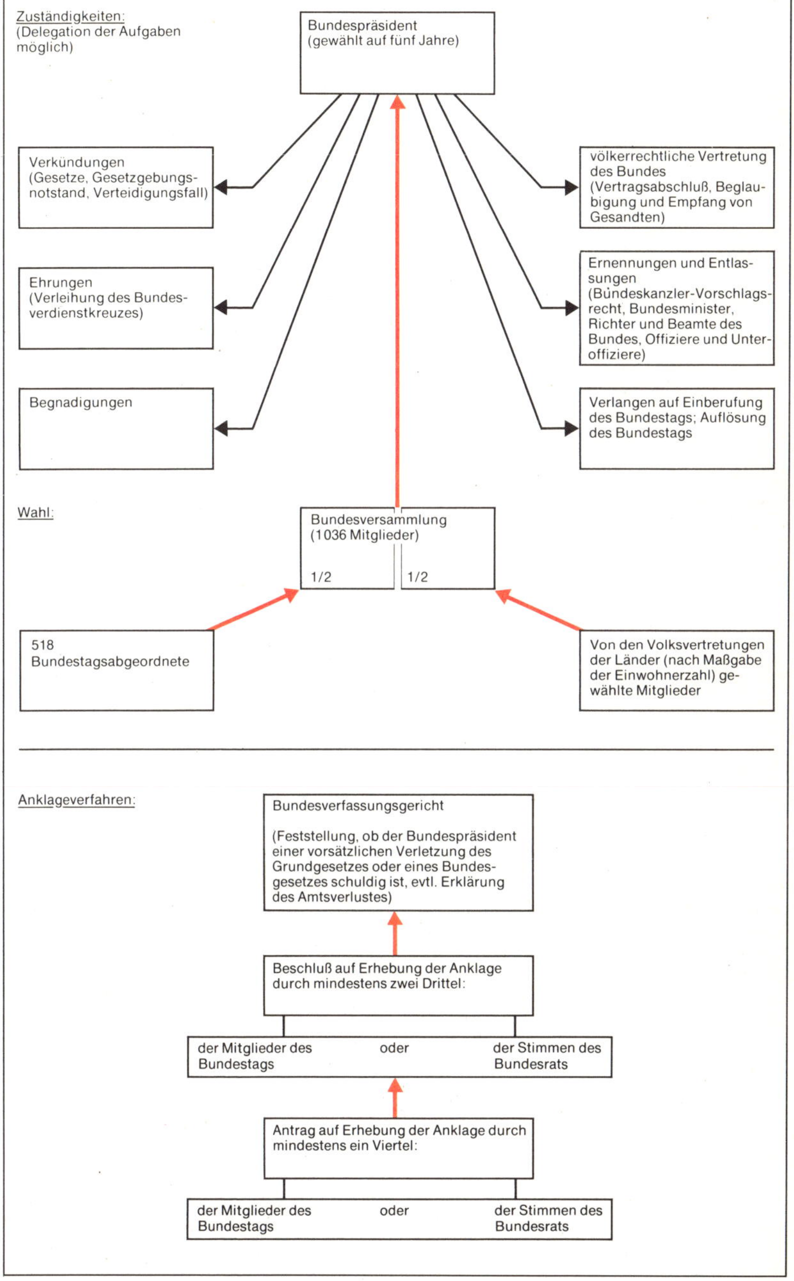

Bundesregierung

Die Bundesregierung besteht nach Art. 62 GG aus dem Bundeskanzler und den Bundesministern. Sie ist selbständiges oberstes Bundesorgan und gibt sich eine eigene Geschäftsordnung, die vom Bundespräsidenten genehmigt werden muß. Der *Bundeskanzler* wird auf Vorschlag des Bundespräsidenten von der Mehrheit des Bundestags gewählt. Er bestimmt die *Richtlinien der Politik*, leitet die Geschäfte der Bundesregierung mit Hilfe des Bundeskanzleramtes und trägt die Regierungsverantwortung gegenüber dem Parlament *(Kanzlerprinzip)*. Die Handhabung der Richtlinienkompetenz des Bundeskanzlers kann in einer Koalitionsregierung von der Erwägung bestimmt sein, bei der Festlegung der Richtlinien den Vorstellungen der Mehrheitsfraktionen Rechnung zu tragen.

Der Bundeskanzler ernennt seinen Stellvertreter und schlägt dem Bundespräsidenten die *Bundesminister* zur Ernennung vor. Die Anzahl der Minister wird durch das Grundgesetz nicht bestimmt. So wurde als Reaktion auf die Reaktorkatastrophe von Tschernobyl im Juni 1986 ein Bundesministerium für Umwelt, Naturschutz und Reaktorsicherheit eingerichtet. Gleichzeitig erhielt der Arbeitsstab „Frauenpolitik" im Ministerium für Jugend, Familie und Gesundheit Abteilungsrang. Jedoch sind einige Ministerien durch das Grundgesetz vorgegeben (vgl. Art. 65 a, Art. 108 Abs. 3, Art. 112, Art. 114 Abs. 1 GG). Die Berufung von Bundesministern ohne Geschäftsbereich ist zulässig.

Jeder Bundesminister leitet seinen Geschäftsbereich selbständig und eigenverantwortlich im Rahmen der Richtlinien des Bundeskanzlers *(Ressortprinzip)*. Die Ministerien sind gegliedert in Abteilungen, Unterabteilungen (bzw. Gruppen) und Referate. Der Minister wird von einem *beamteten Staatssekretär* als Behördenleiter und politisch durch einen *Parlamentarischen Staatssekretär* vertreten. Davon abgesehen, daß jedem Minister in seinem Geschäftsbereich die höchste Entscheidungsbefugnis, die Organisationsgewalt und die Letztentscheidung in Personalfragen zustehen, werden einzelne Kompetenzen von Ministerien durch das Grundgesetz besonders hervorgehoben (vgl. Art. 69 Abs. 1, Art. 112, Art. 115 b GG). Aufgabenstellungen und Personalbestand der Ministerien weisen erhebliche Unterschiede auf, die sich auch in der Größe ihrer Etats widerspiegeln. Hauptaufgaben sind die Ausarbeitung von Plänen und Gesetzesentwürfen sowie die Leitung der untergeordneten Verwaltungszweige. Von besonderer Bedeutung sind die Aufstellung des Haushalts- und Finanzplans durch das Bundesfinanzministerium sowie die Rechtsförmlichkeitsprüfung der Gesetze durch das Bundesjustizministerium.

Der einzelne Fachminister vertritt die Bundesregierung gerichtlich und außergerichtlich. Um eine unstatthafte Verquikkung von Interessen zu vermeiden, dürfen Bundeskanzler und Bundesminister keiner anderen gewerblichen Tätigkeit nachgehen (Art. 66 GG).

Die Mitglieder der Bundesregierung haben das Recht, an Verhandlungen von Bundestag und Bundesrat teilzunehmen, und müssen dort jederzeit gehört werden (Art. 43 Abs. 2, Art. 53 GG). Die Zustimmung der Bundesregierung zu Gesetzen ist erforderlich, wenn sie zu Ausgabenerhöhungen oder zu Einnahmeminderungen führen (Art. 113 GG). Die Bundesregierung hat außerdem im Bund-Länder-Verhältnis – meist mit Beteiligung des Bundesrats – Aufsichts- und Weisungsbefugnisse gegenüber den Landesverwaltungen (vgl. S. 156). Zur Entlastung des Gesetzgebers können Bundesregierung oder Bundesminister Rechtsverordnungen erlassen (Art. 80 GG).

Neben dem Kanzler- und dem Ressortprinzip als wesentlichen Strukturmerkmalen der Bundesregierung nennt Art. 65 GG noch das *Kollegialprinzip*. Es kommt bei Meinungsverschiedenheiten zwischen Bundesministern und über die Geschäftsordnung zum Tragen. Das Kabinett entscheidet in diesen Fällen als Kollegium. In Finanzfragen haben der Bundesfinanzminister, in Rechtsfragen der Bundesinnenminister und der Bundesjustizminister ein Widerspruchsrecht gegen Kollegialbeschlüsse. Zur Vorbereitung der Beschlußfassung werden *Kabinettsausschüsse* gebildet.

Die Amtsperiode der Bundesregierung endet mit dem Zusammentritt eines neuen Bundestags oder vorzeitig durch ein konstruktives Mißtrauensvotum (vgl. S. 150). Das Mißtrauensvotum richtet sich allein gegen den Bundeskanzler und schützt damit in gewisser Hinsicht die Stabilität der Regierung, die jedoch primär vom Zusammenhalt der Koalition abhängt. Eine *Minderheitsregierung* kann schon bei der Wahl des Bundeskanzlers oder durch Zerfall einer Koalition entstehen.

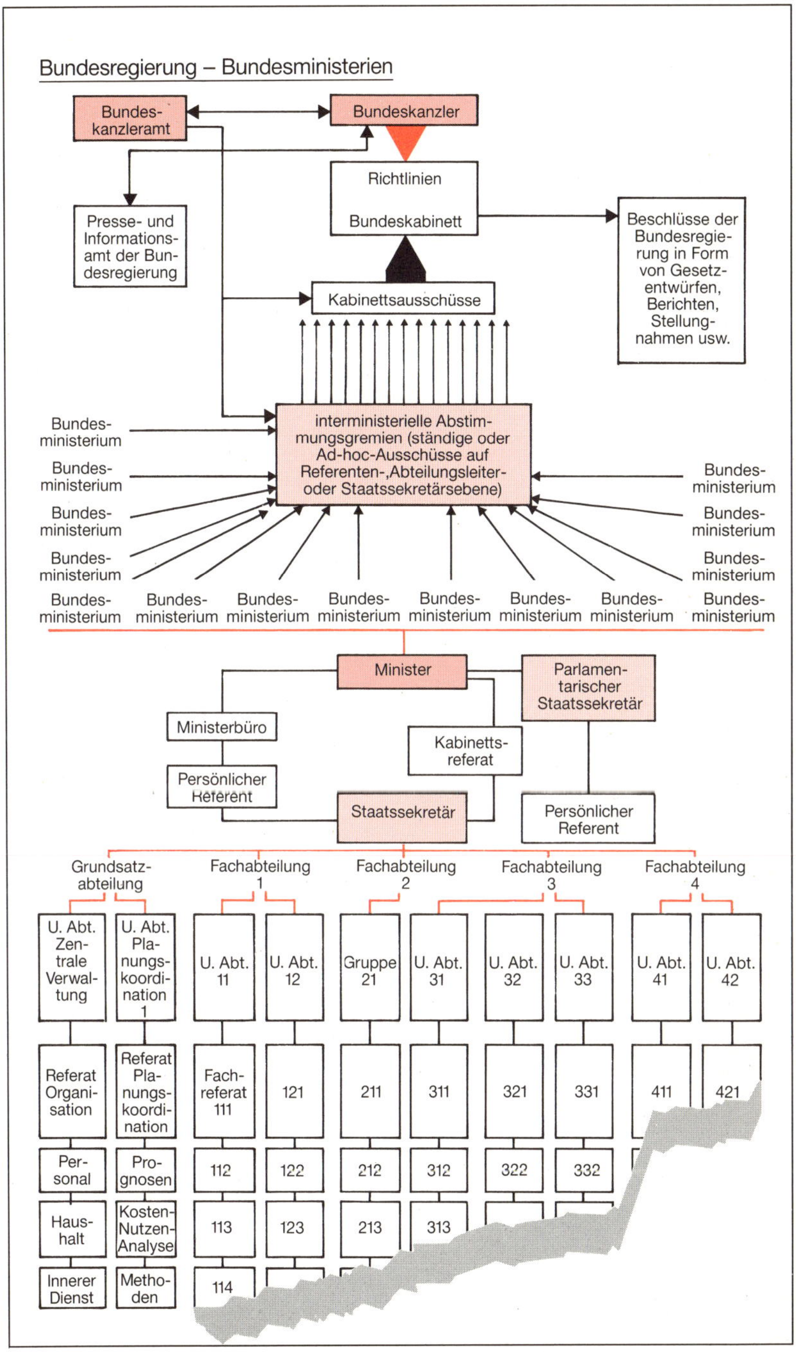

Bundesregierung – Bundesministerien
Bundeskanzleramt
Bundeskanzler
Richtlinien
Bundeskabinett
Presse- und Informationsamt der Bundesregierung
Beschlüsse der Bundesregierung in Form von Gesetzentwürfen, Berichten, Stellungnahmen usw.
Kabinettsausschüsse
interministerielle Abstimmungsgremien (ständige oder Ad-hoc-Ausschüsse auf Referenten-, Abteilungsleiter- oder Staatssekretärsebene)
Bundesministerium
Minister
Parlamentarischer Staatssekretär
Ministerbüro
Kabinettsreferat
Persönlicher Referent
Staatssekretär
Persönlicher Referent
Grundsatzabteilung
Fachabteilung 1
Fachabteilung 2
Fachabteilung 3
Fachabteilung 4
U. Abt. Zentrale Verwaltung
U. Abt. Planungskoordination 1
U. Abt. 11
U. Abt. 12
Gruppe 21
U. Abt. 31
U. Abt. 32
U. Abt. 33
U. Abt. 41
U. Abt. 42
Referat Organisation
Referat Planungskoordination
Fachreferat 111
121
211
311
321
331
411
421
Personal
Prognosen
112
122
212
312
322
332
Haushalt
Kosten-Nutzen-Analyse
113
123
213
313
Innerer Dienst
Methoden
114

Regierungsbildung und Regierungsauflösung

Das im Grundgesetz vorgesehene Verfahren zur Regierungsbildung und -auflösung ist von dem Bemühen getragen, handlungsfähige Regierungen zu ermöglichen.

Um dieses Ziel zu erreichen, wurde im Vergleich zur Weimarer Reichsverfassung (vgl. S. 26) der Einfluß des Bundespräsidenten auf die Ernennung und Entlassung des Bundeskanzlers und der übrigen Mitglieder der Bundesregierung beträchtlich eingeschränkt. Der formale Prozeß der Regierungsbildung beginnt damit, daß der Bundespräsident dem Bundestag einen Kandidaten zur Wahl als Bundeskanzler vorschlägt (Art. 63 Abs. 1 GG). Dabei wird sich der Bundespräsident jedoch an die Mehrheitsverhältnisse im Bundestag halten und denjenigen Kandidaten vorschlagen, der z. B. aufgrund von Koalitionsvereinbarungen die größte Aussicht hat, die absolute Mehrheit der Abgeordnetenstimmen auf sich zu vereinen. Ist dieser Kandidat mit absoluter Mehrheit gewählt, so muß der Bundespräsident ihn zum Bundeskanzler ernennen. Erhält der Kandidat dagegen nicht die absolute Mehrheit der Stimmen, so kann der Bundestag binnen 14 Tagen nach dem Wahlgang mit absoluter Mehrheit einen anderen Kandidaten wählen. Gelingt dies nicht, dann muß ein neuer Wahlgang angesetzt werden. Dabei gilt derjenige Kandidat als gewählt, der die meisten Stimmen erhält. Erreicht der Gewählte dabei die absolute Mehrheit, muß er binnen sieben Tagen vom Bundespräsidenten zum Bundeskanzler ernannt werden. Erreicht er diese Mehrheit nicht, so hat der Bundespräsident die Wahl, ihn binnen sieben Tagen trotzdem zu ernennen (Minderheitskanzler) oder den Bundestag aufzulösen. Letzteres wird er tun, wenn die Aussicht besteht, daß eine Neuwahl zum Bundestag zu klaren Mehrheiten führt.

Dem neugewählten Bundeskanzler obliegt es, dem Bundespräsidenten eine Kabinettsliste vorzulegen, aus der hervorgeht, wer der Bundesregierung angehören und welcher der Vorgeschlagenen welches Ressort übernehmen soll. Der Bundespräsident kann zwar Bedenken gegen die Vorschläge des Bundeskanzlers äußern, aber nicht auf einer Änderung der Vorschlagslisten bestehen. Der Bundeskanzler ist bei seinem Vorschlag politisch an die Koalitionsvereinbarungen gebunden, die der Regierungsbildung in der Regel vorausgehen und in denen das Regierungsprogramm zwischen den Koalitionspartnern abgestimmt sowie über die Besetzung der Ministerien eine Vorentscheidung getroffen wird. Die Zahl der Minister beträgt im allgemeinen zwischen 15 und 20. Sie richtet sich gelegentlich auch nach den Erfordernissen des Koalitionsproporzes.

Normalerweise endet das Amt des Bundeskanzlers und seiner Minister, sobald ein neuer Bundestag zusammengetreten ist (Art. 69 GG), also nach Ablauf von vier Jahren. Anlässe für eine vorzeitige Beendigung der Amtszeit einer Bundesregierung sind neben Rücktritt, Tod oder Verlust der Amtsfähigkeit des Bundeskanzlers das Zustandekommen eines *konstruktiven Mißtrauensvotums* gegen den Bundeskanzler (Art. 67 GG) oder die vorzeitige Auflösung des Bundestags, nachdem der Bundeskanzler für einen Vertrauensantrag nicht die notwendige absolute Mehrheit erhalten hat (Art. 68 GG). Das konstruktive Mißtrauensvotum schützt die Regierung dadurch, daß es für deren Entlassung die Wahl eines neuen Bundeskanzlers durch die absolute Mehrheit des Bundestages voraussetzt. Minister können ihr Amt außerdem durch vorzeitige Entlassung durch den Bundeskanzler verlieren.

Regierungsumbildungen durch Neubesetzung von Ministerposten während der laufenden Legislaturperiode hat es in der Vergangenheit mehrfach gegeben. Dagegen blieb der Rücktritt eines Bundeskanzlers während der laufenden Legislaturperiode ebenso eine Ausnahme wie die vorzeitige Beendigung der Amtszeit einer Bundesregierung durch die Auflösung des Bundestages. Ersteres war der Fall bei den Amtswechseln Adenauer/Erhard im Jahre 1963, Erhard/Kiesinger im Jahre 1966 und Brandt/Schmidt im Jahre 1974. Vorzeitige Auflösungen des Bundestages gab es Ende September 1972 und im Januar 1983. Das bisher einzige erfolgreiche konstruktive Mißtrauensvotum richtete sich gegen Bundeskanzler Helmut Schmidt (SPD), als im Oktober 1982 Helmut Kohl von der CDU/CSU-Fraktion und Teilen der FDP-Fraktion zum neuen Bundeskanzler gewählt wurde.

Die Wahl des Bundeskanzlers nach Art. 63 GG

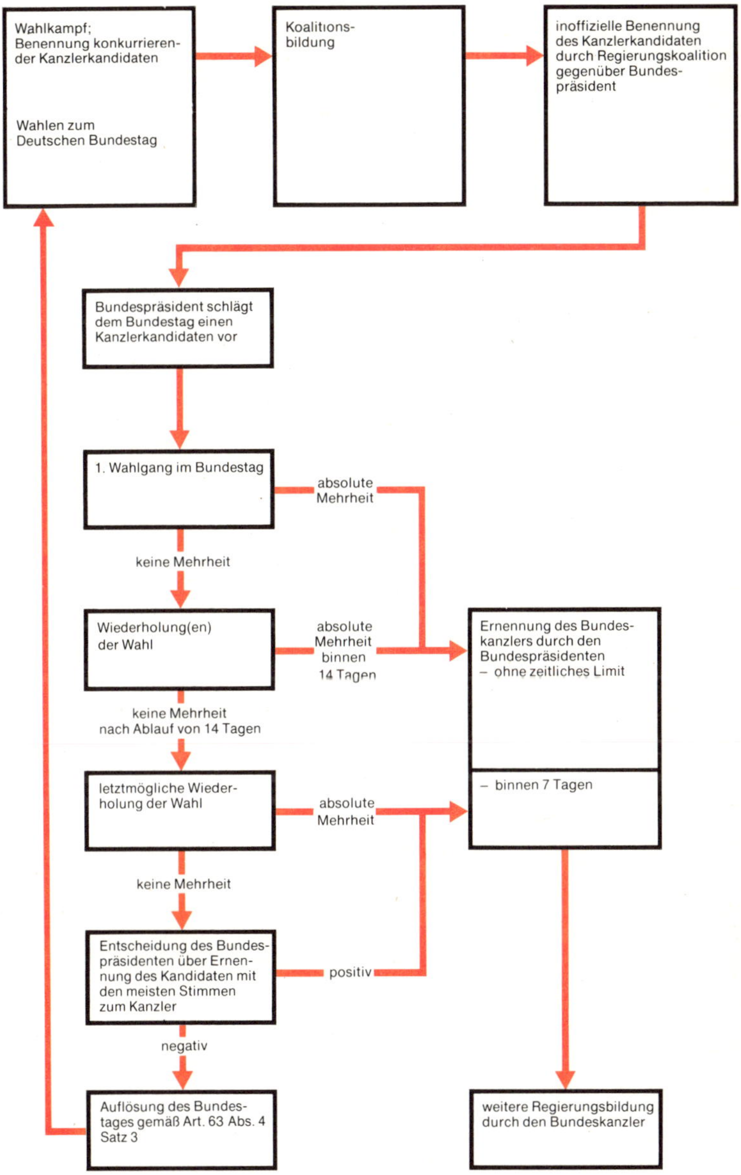

Staatsleitende Planung

Planung stellt eine Vorwegnahme künftigen Handelns dar. Sie definiert einen erwünschten Zustand („Sollwert", Ziel) und strebt ihn mit Hilfe politischer Handlungsstrategien an. Planungen unterscheiden sich nach Planungsträgern, Verbindlichkeit und Zeiträumen (kurzfristig; mittelfristig: ca. 5 Jahre; langfristig: ca. 15 Jahre). Bei Planungen kommt es vor allem darauf an, die zur Zielerreichung notwendigen Mittel zu koordinieren und die Vorhaben mit anderen, konkurrierenden abzustimmen.

Im Wandel des klassischen Rechtsstaats zum modernen Leistungsstaat (vgl. S. 78) änderte sich auch das Verhältnis der westlichen Demokratien zur Planung. Obwohl der Plan zunächst als typisches Instrument sozialistischer Diktaturen galt (Planwirtschaft), zeigte sich, daß auch in Demokratien staatliche Planungen unabdingbar wurden, um den in immer größerem Umfang an den Staat gestellten Leistungserwartungen gerecht zu werden – im Gegensatz zum Rechtsstaatsideal des 19. Jahrhunderts, das vom Staat nur die Aufstellung und Überwachung allgemeiner Ordnungen (Gesetze) des Zusammenlebens gefordert hatte.

Die Praxis der Bundesrepublik kennt recht unterschiedliche Planungsformen. In der Regel werden Planungen sektoral, als *Fachplanung* eines bestimmten Ministeriums, betrieben. Bereits in den 1950er Jahren wurden im Verteidigungs- und im Verkehrsressort des Bundes langfristige Planungen entworfen, z. B. die Bundesfernstraßenplanung, die 1957 als ein für zwölf Jahre geltendes Ausbaugesetz einen allgemein verbindlichen Charakter erhielt. Konkretisiert wird die *Regierungsplanung* in verschiedenen Schritten durch die Verwaltungen des Bundes und der Länder. 1967 führte der Wunsch nach einer staatlichen Globalsteuerung der Wirtschaft zur Einführung einer *mittelfristigen Finanzplanung* (vgl. S. 386). Sie sollte eine bessere Abstimmung zwischen der Haushalts- und Konjunkturpolitik gewährleisten. In jener Zeit der „Planungseuphorie" begann man auch, Fachplanungen räumlich zu *integrieren;* die Länder legten umfangreiche Landesentwicklungspläne vor (vgl. S. 298), und der Bund beteiligte sich an verschiedenen Aufbauplänen der Länder (sog. Gemeinschaftsaufgaben [vgl. S. 52]). Dagegen scheiterten die Versuche auf Bundesebene, das Bundeskanzleramt zu einer Superplanungsbehörde auszugestalten, die die Planungen der einzelnen Ministerien nach politischen Prioritäten koordinieren und lenken sollte.

Probleme der Planung zeigten sich bald. Offenbar ist es schwierig, Fachplanungen zu koordinieren, z. B. Verkehrsausbauplanungen mit raumordnerischen und ökologischen Gesichtspunkten optimal abzustimmen. Auch eine gut koordinierte Planung kann bei der Durchführung durch neu auftretende Gesichtspunkte und eine Veränderung der Ausgangslage (z. B. der finanziellen Möglichkeiten) zu Problemen führen. Je flexibler und umsichtiger koordiniert ein Planungsvorhaben gestaltet wird, desto schwieriger ist seine *Kontrolle* durch das *Parlament.* Im allgemeinen stellt die Regierung, aufgrund von Informationen durch die Verwaltung, Pläne auf. Die Volksvertretung steht dagegen in der Gefahr, die staatliche Tätigkeit nicht mehr legislativ zu gestalten, sondern durch Gesetz nur noch die von Regierungen in Bund und Ländern aufgestellte und abgestimmte, in ihrer Durchführbarkeit nicht restlos überschaubare, z. T. fragwürdige Planung für verbindlich zu erklären. Maßnahmen, die die Beteiligung der Parlamente am Planungsgeschehen verbessern wie z. B. eine rechtzeitige Information vor Fertigstellung der Pläne, konnten diesem Mißstand bisher nur unvollkommen abhelfen.

Ein vergleichbares Legitimationsdefizit weist die staatliche Planung gegenüber den von ihr speziell *Betroffenen* aus. Im Gegensatz zu gesetzlichen Anordnungen, die für alle gelten, werden durch konkrete Planungsvorhaben, z. B. im Verkehrs- oder Schulbereich, in der Regel bestimmte Gruppen besonders betroffen. Das wirft akute Probleme meist erst in der Phase der Planungsdurchführung, bei der Umsetzung des Planes in konkrete, spürbare Schritte auf. Hier handelt es sich darum, in welcher Weise die Betroffenen rechtzeitig von den sie betreffenden Planungsfolgen unterrichtet werden und welche (Rechts-)Mittel (Anhörung, Bewilligung, Beschwerde, Klage vor Gericht, Entschädigung) sie geltend machen können. Ebenso wie eine finanziell nicht abgesicherte Planung kann auch eine von Betroffenen blockierte Planung zum Planungsstopp und zu (zumindest zeitweiligen) „Planungsruinen" führen.

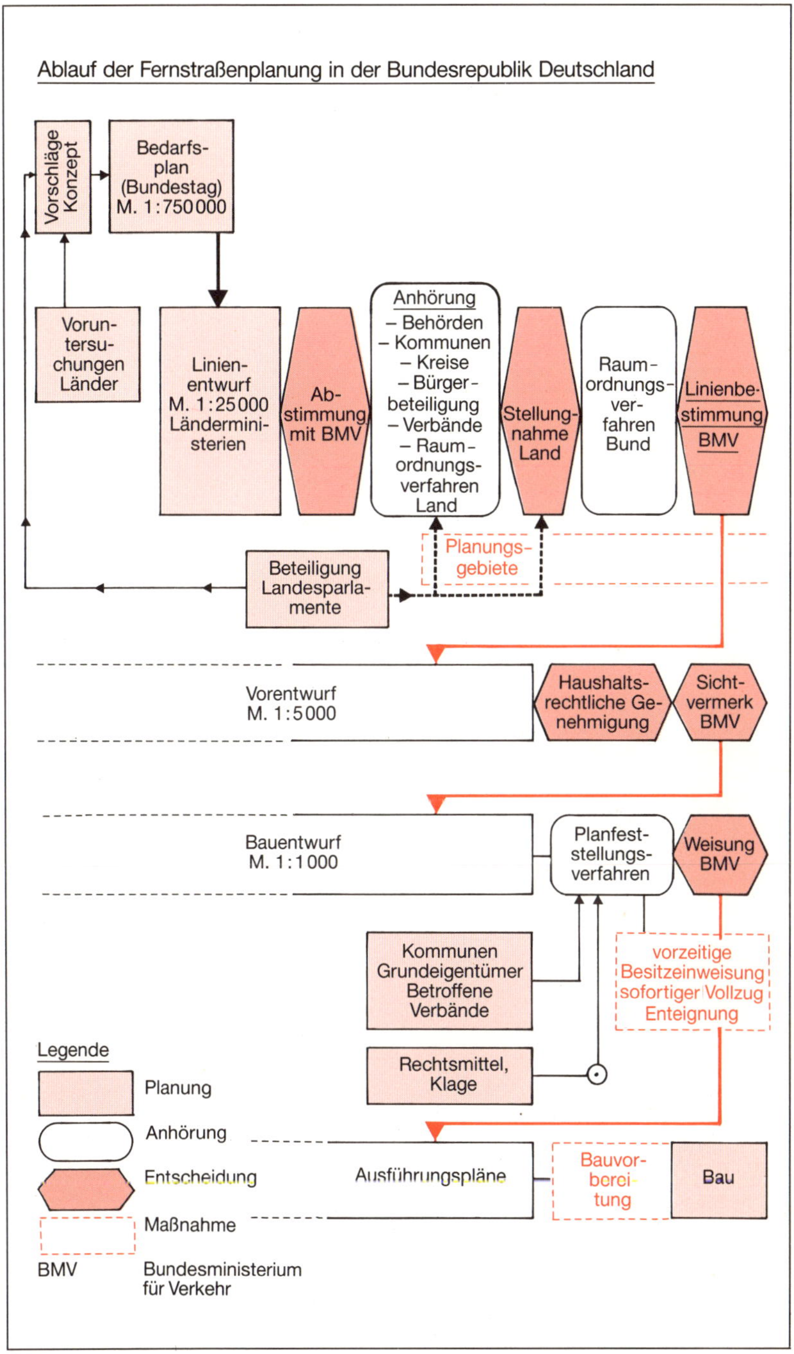

Ablauf der Fernstraßenplanung in der Bundesrepublik Deutschland
Vorschläge Konzept
Bedarfsplan (Bundestag) M. 1:750000
Voruntersuchungen Länder
Linienentwurf M. 1:25000 Länderministerien
Abstimmung mit BMV
Anhörung
– Behörden
– Kommunen
– Kreise
– Bürgerbeteiligung
– Verbände
– Raumordnungsverfahren Land
Stellungnahme Land
Raumordnungsverfahren Bund
Linienbestimmung BMV
Planungsgebiete
Beteiligung Landesparlamente
Vorentwurf M. 1:5000
Haushaltsrechtliche Genehmigung
Sichtvermerk BMV
Bauentwurf M. 1:1000
Planfeststellungsverfahren
Weisung BMV
Kommunen Grundeigentümer Betroffene Verbände
vorzeitige Besitzeinweisung sofortiger Vollzug Enteignung
Rechtsmittel, Klage
Ausführungspläne
Bauvorbereitung
Bau
Legende
Planung
Anhörung
Entscheidung
Maßnahme
BMV Bundesministerium für Verkehr

Gesetzgebung

An der Gesetzgebung des Bundes sind der Bundestag, die Bundesregierung, der Bundesrat und der Bundespräsident beteiligt. Gesetzentwürfe werden beim Bundestag entweder durch die Bundesregierung, den Bundesrat oder aus der Mitte des Parlaments selbst eingebracht, wenn Abgeordnete mindestens in Fraktionsstärke (5% der Mitglieder des Bundestages) die betreffende Vorlage unterstützen. In den meisten Fällen stammen die Entwürfe von der Bundesregierung (vgl. S. 148), da sie dort von sachverständigen Ministerialbeamten, denen der Staatsapparat zur Verfügung steht, unter beratender Mitwirkung von Experten der Verbände (vgl. S. 88) ausgearbeitet werden können. Die Vorlagen der Bundesregierung sind zunächst dem Bundesrat (vgl. S. 144) zuzuleiten, der zu ihnen innerhalb von sechs Wochen (bei Eilbedürftigkeit binnen drei Wochen) eine erste Stellungnahme abgeben kann *(Durchlaufverfahren)*. Umgekehrt erhält die Entwürfe des Bundesrats zunächst die Bundesregierung zur Stellungnahme innerhalb von drei Monaten. Beschlossen werden die Gesetze vom Bundestag (vgl. S. 142), und zwar grundsätzlich in drei *Lesungen*, wobei sich an die erste Aussprache eine intensive Behandlung der Entwürfe in den zuständigen Fachausschüssen des Bundestages anschließt, zu der vielfach auch Vertreter der Regierung hinzugezogen werden. Die von den Ausschüssen bearbeiteten Vorlagen werden anschließend im Plenum im Detail durchberaten und eventuell zurückverwiesen. In der dritten Lesung wird noch einmal über die Gesetze als Ganzes abgestimmt.

Die vom Bundestag beschlossenen Gesetze sind unverzüglich dem Bundesrat zuzuleiten. Dieser kann ihnen zustimmen oder die Einberufung des Vermittlungsausschusses verlangen, der aus elf Bundestagsabgeordneten und elf Mitgliedern des Bundesrats besteht. Seine Aufgabe ist es, einen Kompromiß zwischen den Auffassungen des Bundestags und des Bundesrats herzustellen. Ändert er dabei das umstrittene Gesetz ab, so hat der Bundestag erneut darüber zu beschließen. Kommt es zu keiner Einigung zwischen Bundestag und Bundesrat, so hängt das weitere Verfahren davon ab, ob es sich bei der betreffenden Vorlage um ein Einspruchsgesetz oder um ein Zustimmungsgesetz handelt. Gegen *Einspruchsgesetze* besitzt der Bundesrat nur ein aufschiebendes Veto. Ist ein Einspruch des Bundesrates mit absoluter Mehrheit beschlossen worden, so ist die absolute Mehrheit des Bundestags erforderlich, um ihn zurückzuweisen. Wurde der Einspruch dagegen mit zwei Dritteln der Stimmen des Bundesrats erhoben, so bedarf die Zurückweisung ebenfalls einer Zweidrittelmehrheit im Bundestag unter den Abstimmenden. Diese Zweidrittelmehrheit muß mindestens die Mehrheit der Mitglieder des Bundestags umfassen. Einer Zweidrittelmehrheit der Mitglieder bedarf es dagegen nicht (vgl. Art. 77 Abs. 4 GG). Handelt es sich um ein *Zustimmungsgesetz*, so wirkt das Veto des Bundesrats absolut. Seine Überstimmung durch den Bundestag ist ausgeschlossen.

Die starke Stellung des Bundesrats erklärt sich daraus, daß die Länder gemäß der bundesstaatlichen Kompetenzverteilung (vgl. S. 50) die Gesetze des Bundes in den meisten Fällen durch ihre Verwaltung auszuführen und die dabei entstehenden Kosten zu tragen haben. Die meisten Gesetze, die verabschiedet werden, sind Zustimmungsgesetze, weil in ihnen entgegen der Regel des Art. 84 Abs. 1 GG die Einrichtung der Behörden und das Verwaltungsverfahren zur Ausführung der Gesetze schon von Bundes wegen geregelt werden.

Die Bundesgesetze werden vom Bundespräsidenten (vgl. S. 146) ausgefertigt und im Bundesgesetzblatt verkündet. Sie treten mit dem 14. Tage nach Ablauf des Tages in Kaft, an dem das Bundesgesetzblatt ausgegeben worden ist, wenn sie nicht selbst einen anderen Tag ihres Inkrafttretens bestimmen. Besondere Verfahrensweisen gelten bei der Änderung des Grundgesetzes, für die eine Mehrheit von jeweils zwei Dritteln der Mitglieder des Bundestages und des Bundesrates erforderlich ist (Art. 79 GG), bei Gesetzen mit besonderen finanziellen Auswirkungen (Zustimmungsvorbehalt der Bundesregierung nach Art. 113 GG), beim Gesetzgebungsnotstand (vgl. Grafik S. 75) und im Verteidigungsfall (vgl. S. 158).

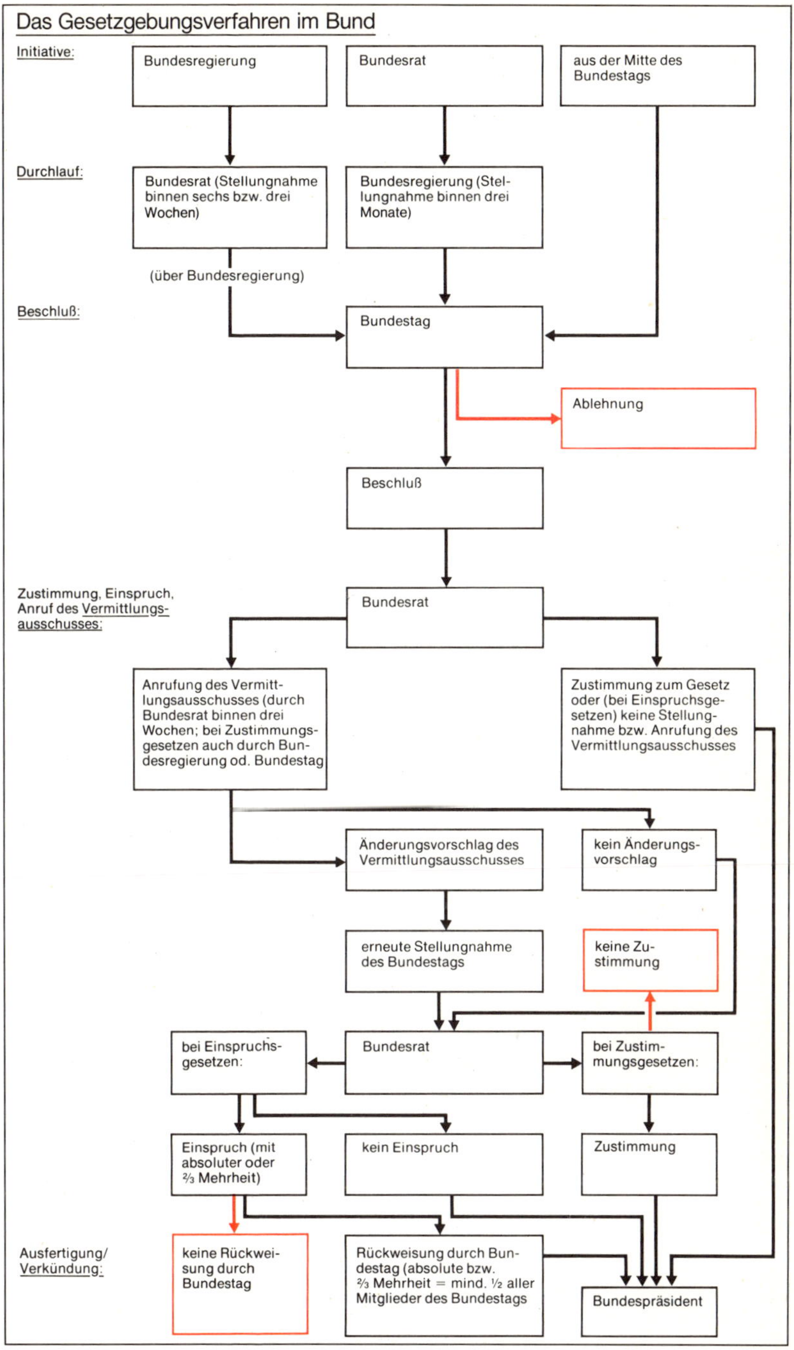
Das Gesetzgebungsverfahren im Bund
Initiative:
Bundesregierung
Bundesrat
aus der Mitte des Bundestags
Durchlauf:
Bundesrat (Stellungnahme binnen sechs bzw. drei Wochen)
Bundesregierung (Stellungnahme binnen drei Monate)
(über Bundesregierung)
Beschluß:
Bundestag
Ablehnung
Beschluß
Zustimmung, Einspruch, Anruf des Vermittlungsausschusses:
Bundesrat
Anrufung des Vermittlungsausschusses (durch Bundesrat binnen drei Wochen; bei Zustimmungsgesetzen auch durch Bundesregierung od. Bundestag
Zustimmung zum Gesetz oder (bei Einspruchsgesetzen) keine Stellungnahme bzw. Anrufung des Vermittlungsausschusses
Änderungsvorschlag des Vermittlungsausschusses
kein Änderungsvorschlag
erneute Stellungnahme des Bundestags
keine Zustimmung
bei Einspruchsgesetzen:
Bundesrat
bei Zustimmungsgesetzen:
Einspruch (mit absoluter oder ⅔ Mehrheit)
kein Einspruch
Zustimmung
Ausfertigung/ Verkündung:
keine Rückweisung durch Bundestag
Rückweisung durch Bundestag (absolute bzw. ⅔ Mehrheit = mind. ½ aller Mitglieder des Bundestags
Bundespräsident

Bundesverwaltung

Nach der in der Bundesrepublik Deutschland geltenden bundestaatlichen Kompetenzverteilung (vgl. S. 50) ist die Gesetzgebung weitgehend Sache des Bundes, die Verwaltung und Gesetzesausführung dagegen in der Regel eine Angelegenheit der Länder (Art. 83 GG). In bundeseigener Verwaltung werden nur die klassischen Bundesangelegenheiten wie der Auswärtige Dienst, die Bundesbahn und die Bundespost, die Verwaltung der Wasserstraßen sowie der Binnen- und Seeschiffahrt, die Verwaltung des Luftverkehrs, die Bundeswehr und der Bundesgrenzschutz geführt (Art. 87 ff. GG). In diesen Bereichen hat der Bund einen eigenen Verwaltungsunterbau mit Mittelbehörden und unteren Behörden oder Außenstellen errichtet, die den Bundesministerien als *obersten Bundesbehörden* untergeordnet sind (vgl. Art. 86 GG).

Verwaltungsaufgaben des Bundes können auch von *bundesunmittelbaren Körperschaften* oder *Anstalten* des öffentlichen Rechts übernommen werden. Dies ist z. B. im Bereich der Arbeitsverwaltung der Fall, wo die Bundesanstalt für Arbeit in Gestalt der Landesarbeitsämter und Arbeitsämter ebenfalls einen eigenen Verwaltungsunterbau besitzt. Die bundesunmittelbaren Körperschaften oder Anstalten des öffentlichen Rechts unterliegen der Rechtsaufsicht der Bundesministerien, zu deren Ressort sie gehören. Neben ihnen verfügt der Bund über *obere Bundesbehörden*, die den Ministerien untergeordnet und weisungsgebunden sind. Sie haben bestimmte (technische) Aufgaben bundeseinheitlich zu erledigen. Sie gelten als *selbständige* Bundesoberbehörden, wenn sie zur Erledigung ihrer Aufgaben keine Unterstützung durch die Landesverwaltungen benötigen (so z. B. das Bundeskartellamt, das Bundesversicherungsamt oder das Bundesarchiv). Dagegen bedürfen die sog. *unselbständigen* oberen Bundesbehörden (z. B. das Bundeskriminalamt) bei ihrer Tätigkeit der Vollzugshilfe entsprechender Länderinstanzen (Landeskriminalämter usw.).

Soweit das Grundgesetz keine bundeseigene Verwaltung anordnet oder ihre Errichtung erlaubt, bleibt die Verwaltung Ländersache. Besteht die Verwaltungstätigkeit der Länder in der Ausführung von Bundesgesetzen, übt der Bund die Rechtsaufsicht über ihren Vollzug aus. Er kann auch allgemeine Verfahrensvorschriften erlassen und die Einrichtung bestimmter Behörden und Verwaltungsverfahren fordern, um die Einheitlichkeit der Ausführung zu wahren (Art. 84 GG).

Ein besonderer Fall der Ausführung von Bundesangelegenheiten durch die Länder liegt dann vor, wenn die Länder Bundesgesetze im Auftrag des Bundes ausführen. Eine solche *Bundesauftragsverwaltung* kann im Bereich der Verteidigung stattfinden (Art. 87 b Abs. 2 GG), ferner im Bereich der Kernenergie (Art. 87 c GG), des Luftverkehrs (Art. 87 d Abs. 2 GG) und im Bereich der Bundeswasserstraßen (Art. 89 Abs. 2 GG). Sie ist zwingend vorgeschrieben für die Verwaltung der Bundesautobahnen und der sonstigen Bundesstraßen des Fernverkehrs (Art. 90 Abs. 2 GG), bei der Verwaltung von Bundessteuern durch die Länder (Art. 108 Abs. 3 GG) und bei der Ausführung von Geldleistungsgesetzen des Bundes, wenn dieser mindestens die Hälfte der Ausgaben trägt (Art. 104 a Abs. 3 GG). Sie ist ferner möglich im Bereich des Lastenausgleichs (Art. 120 a Abs. 1 GG).

Führen die Länder Bundesgesetze im Auftrag des Bundes aus, so unterliegen die Landesbehörden den Weisungen der zuständigen obersten Bundesbehörden sowie einer Bundesaufsicht, die sich auch auf die Zweckmäßigkeit der Ausführung erstreckt. Durch Bundesgesetz kann die Einrichtung von Behörden geregelt werden; die Bundesregierung kann allgemeine Verwaltungsvorschriften erlassen und eine einheitliche Ausbildung der Beamten und Angestellten regeln. Die Leiter der Mittelbehörden sind im Einvernehmen mit der Bundesregierung zu bestellen (Art. 85 GG). Dafür trägt der Bund die durch die Ausführung nach seinen Richtlinien entstehenden Ausgaben (Zweckausgaben), soweit es sich nicht um die Kosten des von den Ländern unterhaltenen Verwaltungsapparats handelt (Verwaltungsausgaben; vgl. Art. 104 a Abs. 2 und 5 GG).

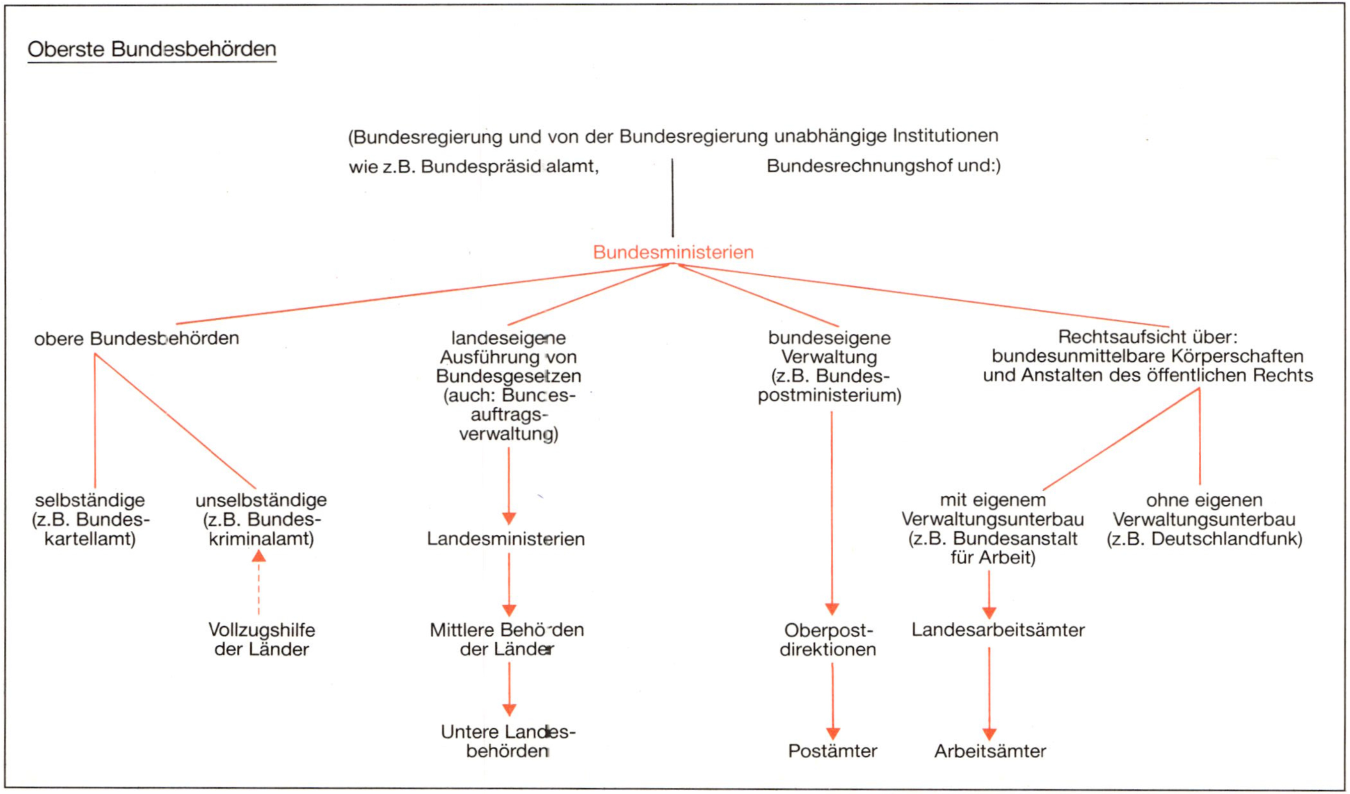

Oberste Bundesbehörden
(Bundesregierung und von der Bundesregierung unabhängige Institutionen
wie z.B. Bundespräsidialamt,
Bundesrechnungshof und:)
Bundesministerien
obere Bundesbehörden
landeseigene Ausführung von Bundesgesetzen (auch: Bundesauftragsverwaltung)
bundeseigene Verwaltung (z.B. Bundespostministerium)
Rechtsaufsicht über: bundesunmittelbare Körperschaften und Anstalten des öffentlichen Rechts
selbständige (z.B. Bundeskartellamt)
unselbständige (z.B. Bundeskriminalamt)
Vollzugshilfe der Länder
Landesministerien
Mittlere Behörden der Länder
Untere Landesbehörden
Oberpostdirektionen
Postämter
mit eigenem Verwaltungsunterbau (z.B. Bundesanstalt für Arbeit)
ohne eigenen Verwaltungsunterbau (z.B. Deutschlandfunk)
Landesarbeitsämter
Arbeitsämter

Notstandsverfassung im Grundgesetz

Ein Notstand im juristischen Sinne ist nicht schon dann gegeben, wenn eine materielle Notlage vorliegt, sondern erst, wenn sie (nur) durch die Beeinträchtigung der Rechte anderer beseitigt werden kann. Unter *Staatsnotstand* versteht man eine Gefährdung des Staates, seines Verfassungssystems oder der öffentlichen Sicherheit und Ordnung, die ebenfalls nur durch die Verletzung der Rechte Dritter abgewendet werden kann. Ob es ein übergesetzliches, zu solchen Eingriffen berechtigendes „Staatsnotrecht" für diese Fälle gibt, ist strittig. Im Verfassungsstaat des 19. Jahrhunderts war häufig ein Recht der Regierungen, bei Abwesenheit des Parlaments in dringenden Fällen selbst Gesetze, sog. *Notverordnungen*, zu geben, anerkannt. In der Weimarer Republik (vgl. S. 26) durften solche Verordnungen an Gesetzes Statt auch während der Tagung des Reichstags erlassen werden. Neben diesem *Gesetzgebungsnotstand* unterschied man im 19. Jahrhundert den „exekutiven" Notstand, der im Falle des Krieges oder bei inneren Unruhen stattfand und zum Einsatz des Militärs auch nach innen sowie zur Außerkraftsetzung von Grundrechten führte (*Ausnahmezustand*, Belagerungszustand oder innerer Kriegszustand). In Bundesstaaten war außerdem der Bund in der Regel ermächtigt, bei bundeswidrigem Verhalten der Länder im Wege der *Bundesexekution* einzuschreiten. Bei inneren Unruhen in den Ländern hatte er diesen Hilfe zu gewähren *(Bundesintervention)*.

Das Grundgesetz kannte ursprünglich nur den Gesetzgebungsnotstand (vgl. Grafik S. 75) sowie Regelungen der Bundesexekution (Art. 37 GG, Bundeszwang [vgl. S. 50]) und der Bundesintervention (Art. 91 GG). 1968 wurden im Zuge einer größeren Verfassungsrevision („Notstandsgesetzgebung") auch Regelungen für den Verteidigungs- und Katastrophenfall eingeführt (Art. 115 a ff., Art. 35 Abs. 2 und 3 GG). Seitdem werden hier vor allem neben den weiter bestehenden Notstandsfällen legislativer und föderativer Art der Verteidigungsfall, der innere Notstand und der Katastrophenfall unterschieden.

Der *Verteidigungsfall* tritt ein, wenn das Bundesgebiet mit Waffengewalt angegriffen wird oder ein derartiger Angriff unmittelbar droht (Art. 115 a GG). Sein Eintritt ist auf Antrag der Bundesregierung vom Bundestag mit Zweidrittelmehrheit unter Zustimmung des Bundesrats festzustellen. Stehen einem rechtzeitigen Zusammentritt des Bundestags unüberwindliche Hindernisse entgegen oder ist er nicht beschlußfähig, so trifft der *Gemeinsame Ausschuß* die Feststellung. Dieses Gremium besteht zu einem Drittel aus Mitgliedern des Bundesrats, von denen jedes Land eines entsendet, und zu zwei Dritteln aus Bundestagsabgeordneten, die entsprechend dem Stärkeverhältnis der Fraktionen bestimmt werden. Der Gemeinsame Ausschuß tagt schon in normalen Zeiten und ist von der Bundesregierung laufend über ihre Planungen zum Verteidigungsfall zu unterrichten (Art. 53 a GG).

Die Feststellung des Verteidigungsfalls wird vom Bundespräsidenten verkündet. Kann sie bei einem Angriff nicht mehr getroffen werden, so treten trotzdem die damit verbundenen Folgen ein wie z. B. der Einsatz des Bundesgrenzschutzes im Innern und auch der Bundeswehr zum Schutz ziviler Objekte oder die Erweiterung der Gesetzgebungszuständigkeit des Bundes und der Weisungsbefugnisse der Bundesregierung gegenüber den Ländern und ihren Behörden (Art. 115 b ff. GG).

Der Zweck dieser *Notstandsgesetze* ist zum einen die Sicherstellung der Versorgung der Bevölkerung und der Streitkräfte, zum andern der Schutz der Zivilbevölkerung im Kriege. Sie werden ergänzt durch weitere Regelungen wie z. B. das Luftschutzgesetz, das Bundesleistungsgesetz und das Gesetz zur Beschränkung des Brief-, Post- und Fernmeldegeheimnisses (vgl. S. 118; Art. 10 Abs. 2 GG). Darüber hinaus können auch nicht wehrpflichtige Bundesbürger zu zivilen Dienstleistungen herangezogen werden (Art. 12 a Abs. 3 ff. GG). Allen diesen Regelungen ist gemeinsam, daß sie eine Fülle von Eingriffen, u. a. einschneidende Einschränkungen von Grundrechten, vorsehen und diese Eingriffe z. T. schon in normalen Zeiten, z. T. auch anläßlich eines inneren Notstands oder Katastrophenfalls erlauben.

Neben den vorbeugenden Notstandsmaßnahmen dürfen weitere Maßnahmen ebenfalls schon vor Eintreten des Verteidigungsfalls getroffen werden, 1. wenn der Bundestag den Eintritt des sog. *Spannungsfalls* (bei internationalen Krisen) feststellt oder 2. wenn er ihrer Anwendung besonders zustimmt oder 3. wenn ein entsprechender Beschluß von einem internationalen Organ im Rahmen eines Bündnisvertrages mit Zustimmung der Bundesregierung gefaßt wurde (Art. 80 a GG).

Notstandsbefugnisse zur Verteidigung können auch von den Landesregierungen wahrgenommen werden, wenn die Bundesorgane dazu außerstande sind. Zum Zweck der Kontrolle der Exekutive in Kriegszeiten ist u.a. vorgesehen, daß Bundestag und Landtage ihre Tätigkeit nicht aufgrund von Neuwahlen unterbrechen. Der Bundestag darf nicht aufgelöst werden, die Funktionsfähigkeit des Bundesverfassungsgerichts ist zu erhalten. Mit Zustimmung des Bundesrats kann der Bundestag den Verteidigungsfall jederzeit für beendet erklären. Wenn dessen Voraussetzungen entfallen sind, hat die Erklärung unverzüglich zu erfolgen.

Im Gegensatz zum Verteidigungsfall handelt es sich beim *inneren Notstand* um die Abwehr drohender Gefahren für den Bestand oder die freiheitliche demokratische Grundordnung des Bundes oder eines der Länder, die von innen her drohen (Art. 91 GG). Es kann hierbei auch um die Abwehr der Gefährdung der öffentlichen Sicherheit und Ordnung in Fällen von besonderer Bedeutung gehen (Art. 35 Abs. 2 GG). Die Abwehr derartiger Gefährdungen ist in erster Linie Sache der Länder. Das betroffene Land kann zu diesem Zweck u.a. Polizeikräfte anderer Länder und Bundesgrenzschutzeinheiten anfordern. Auch das Recht auf Freizügigkeit (vgl. S. 120) kann eingeschränkt werden (Art. 11 Abs. 2 GG).

Ist das Land nicht selbst zur Bekämpfung der Gefahr bereit oder in der Lage, so kann die Bundesregierung seine Polizei und zusätzlich Polizeikräfte anderer Länder ihren Weisungen unterstellen sowie Einheiten des Bundesgrenzschutzes einsetzen. Erstreckt sich die Gefahr über ein Land hinaus, so kann sie den betroffenen Landesregierungen Weisungen erteilen. Sie darf erforderlichenfalls auch die Bundeswehr zum Schutz ziviler Objekte und gegen organisierte und militärisch bewaffnete Aufständische einsetzen (Art. 87a Abs. 4 GG). Der Einsatz von Streitkräften ist jedoch einzustellen, wenn Bundestag oder Bundesrat es verlangen. Auch andere Maßnahmen müssen jederzeit auf Verlangen des Bundesrats aufgehoben werden. Sie sind spätestens aufzuheben, wenn die Gefahr vorüber ist.

Ähnliche Regelungen wie im inneren Notstand gelten im *Katastrophenfall* bei Eintritt einer Naturkatastrophe oder eines besonders schweren (z. B. atomaren) Unglücksfalls (Art. 35 Abs. 2 und 3 GG).

Innerer Notstand und Katastrophenfall (Art. 35 und 91 GG)

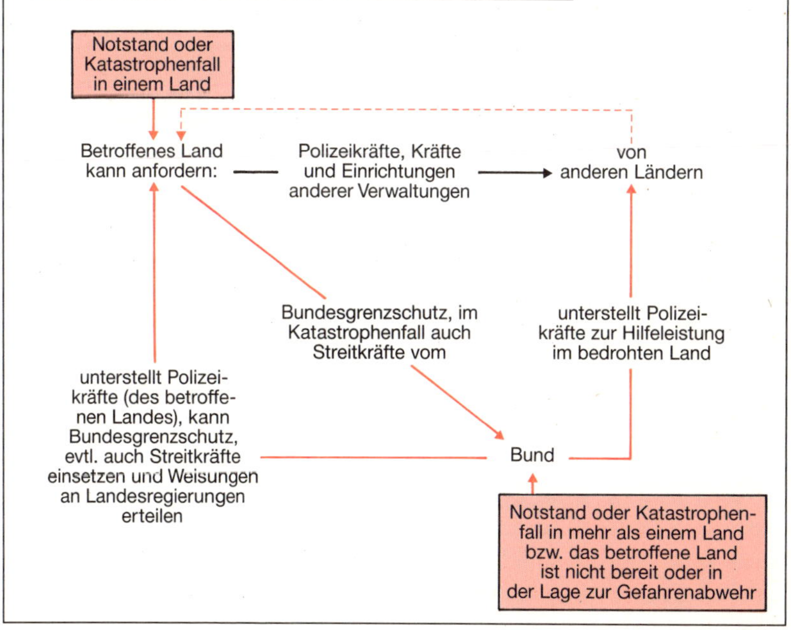

Länder der Bundesrepublik Deutschland

Die Bundesrepublik Deutschland besteht aus den elf Ländern Baden-Württemberg, Bayern, Berlin (mit Sonderstatus, vgl. S. 34), Bremen, Hamburg, Hessen, Niedersachsen, Nordrhein-Westfalen, Rheinland-Pfalz, Saarland und Schleswig-Holstein. Die Länder entstanden im Zuge des staatlichen Wiederaufbaus nach dem Zweiten Weltkrieg unter dem Einfluß der westlichen Besatzungsmächte. Sie sind älter als der Gesamtstaat Bundesrepublik und nicht Produkt einer systematischen Neuordnung. Da auch spätere Versuche einer Neugliederung des Bundesgebietes scheiterten (vgl. S. 48), ist das Bild der Länder hinsichtlich staatlicher Tradition, politischer Entwicklung, Größe sowie wirtschaftlicher Struktur und Leistungsfähigkeit uneinheitlich.

Bei den meisten Ländern handelt es sich, wie etwa im Falle Nordrhein-Westfalens, um künstliche Neuschöpfungen ohne Berücksichtigung staatlicher Traditionen und landsmannschaftlicher, kultureller wie geschichtlicher Gesichtspunkte. Hinzu kam noch in den Anfangsjahren die Eingliederung von ca. zehn Millionen Flüchtlingen aus den ostdeutschen Gebieten. Entsprechend konnte sich in diesen Ländern erst allmählich ein Landesbewußtsein herausbilden. Lediglich Hamburg, Bremen und Bayern besitzen eine längere staatliche Tradition. Im Falle Bayerns drückt sich dies bis heute in einer starken Betonung der Eigenstaatlichkeit und Eigenständigkeit aus.

Ausnahmslos haben sich die Länder in ihren Verfassungen für das *parlamentarische Regierungssystem* (vgl. S. 74) entschieden. Zwar weist es in seiner jeweiligen Ausgestaltung zahlreiche Varianten auf, doch haben diese im politischen Geschehen der Länder kaum eine Rolle gespielt. Das *Parteiensystem*, das in den Anfangsjahren noch landesspezifische Besonderheiten aufwies (z. B. Bayernpartei, Niedersächsische Landespartei), hat sich längst zu dem im Bund herrschenden System mit wenigen größeren Parteien (CDU/CSU, SPD, FDP, Grüne) entwickelt. CDU/CSU und SPD ist es gelungen, in einigen Ländern für Jahrzehnte die Politik zu bestimmen. So stellt z. B. die CDU in Rheinland-Pfalz seit 1947 den Ministerpräsidenten; gleiches gilt für die SPD in Hamburg seit 1957. Absolute Mehrheiten sind in den Ländern im Gegensatz zum Bund keine Seltenheit, was vor allem die Rolle der FDP auf Länderebene erheblich mindert.

Besonders gravierend sind die Unterschiede zwischen den Ländern hinsichtlich ihrer *Fläche, Bevölkerung* und *Einwohnerdichte.* Zunächst ist zwischen den Stadtstaaten (Hamburg, Bremen, Berlin) und den Flächenstaaten zu unterscheiden. Leben z. B. in Hamburg auf 755 km² 1,59 Mill. Menschen (2 109 E/km²), sind es in Schleswig-Holstein auf 15 721 km² 2,61 Mill. Einwohner (166 E/km²). Aber auch die Flächenstaaten untereinander differieren beträchtlich. Gegenüber dem Saarland mit nur 2 571 km² und 1,05 Mill. Einwohnern ist Nordrhein-Westfalen mit 34 062 km² und 16,7 Mill. Einwohnern ein Land, das sich mit mittleren Nationalstaaten messen kann.

Im *wirtschaftlichen Bereich* weisen die Länder ebenfalls beträchtliche Unterschiede auf. Allerdings handelt es sich hierbei inzwischen weniger um den Gegensatz von Agrar- und Industrieland. Denn in den ursprünglichen Agrarländern, vor allem Bayern, aber auch Niedersachsen oder Schleswig-Holstein, vollzieht sich seit längerem eine stärkere Industrialisierung, wodurch die Rolle der Landwirtschaft zurückgedrängt wurde. Von größerer Bedeutung ist der Gegensatz zwischen Industrieländern mit traditionellen Branchen und solchen mit modernen Industriezweigen. Zwar verhalfen in den 50er und 60er Jahren die Kohle- und Stahlindustrie vor allem Nordrhein-Westfalen, der Schiffbau Bremen und Hamburg zu wirtschaftlichem Reichtum, doch die seit Jahren anhaltende Krise gerade dieser Branchen stürzte diese Länder wie auch das Saarland in größere wirtschaftliche Probleme. Demgegenüber verläuft die wirtschaftliche Entwicklung in Bayern, Baden-Württemberg und Hessen, in denen sich vor allem moderne Investitionsgüterindustrien und Zukunftstechnologien angesiedelt haben, günstig. Daß die Wirtschaftskraft eines Landes trotz des bundesstaatlichen Finanzausgleichs (vgl. S. 56) direkte Auswirkungen auf seine Finanzsituation hat, zeigt sich an den Landeshaushalten. Mußte das Saarland 1985 19,7 % der Ausgaben durch Kredite finanzieren, so waren es in Baden-Württemberg nur 3 %. Durch verstärkte Ansiedlung zukunftsweisender Industrien versuchen deshalb die traditionellen Industrieländer, die für sie ungünstige Entwicklung zu stoppen.

Länder der Bundesrepublik Deutschland im Vergleich

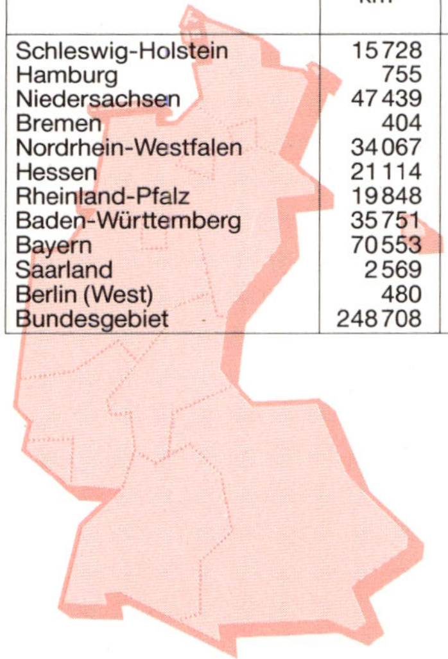

Länder	Fläche	Bevölkerung			Bruttoinlandsprodukt			Arbeitslose	Länderhaushalt		Erwerbstätige
	km²	Mill.	E/km²	%	Mrd. DM	DM je Einwohner	%	%	Ausgaben Mrd. DM	fundierte Schulden Mrd. DM	Mill.
Schleswig-Holstein	15728	2,613	166	4,3	67,210	25721	3,4	10,9	9,700	14,428	1,146
Hamburg	755	1,571	2082	2,5	90,863	57838	4,7	13,0	12,577	15,195	0,694
Niedersachsen	47439	7,196	152	11,8	189,968	26399	9,8	11,5	27,941	30,825	2,959
Bremen	404	0,654	1618	1,1	27,257	41677	1,4	15,5	5,169	11,063	0,255
Nordrhein-Westfalen	34067	16,677	490	27,3	514,002	30821	26,4	10,9	58,339	80,789	6,775
Hessen	21114	5,544	263	9,1	190,794	34414	9,8	6,8	20,822	22,206	2,446
Rheinland-Pfalz	19848	3,611	182	5,9	102,651	28427	5,3	8,3	13,554	16,678	1,553
Baden-Württemberg	35751	9,327	261	15,2	312,794	33536	16,1	5,1	35,231	29,024	4,299
Bayern	70553	11,026	156	18,0	346,106	31390	17,8	7,0	38,552	24,671	5,244
Saarland	2569	1,042	406	1,7	28,974	26240	1,5	13,3	4,357	8,032	0,406
Berlin (West)	480	1,879	3914	3,1	73,331	39027	3,8	10,5	20,718	9,029	0,849
Bundesgebiet	248708	61,140	246	100	1943,950	31795	100	9,0	246,960	261,940	26,626

Eigenstaatlichkeit und Verfassungsautonomie der Länder

Die Länder haben durch die Errichtung der Bundesrepublik Deutschland ihre Staatsqualität nicht eingebüßt. Ihre staatliche Hoheitsgewalt ist nicht vom Bund abgeleitet, wohl aber durch die Kompetenzverteilung des Grundgesetzes (vgl. S. 50) beschränkt. Zur Staatlichkeit der Länder gehört, daß ihnen ein Kernbereich eigener Aufgaben verbleibt (Art. 79 Abs. 3 GG) und sie über ihre Landesverfassungen innerhalb eines bestimmten Rahmens frei bestimmen dürfen. Das Grundgesetz fordert in Art. 28 Abs. 1 nur, daß die Verfassungen den Grundsätzen des republikanischen, demokratischen und sozialen Rechtsstaates im Sinne des Grundgesetzes entsprechen müssen und das Volk in den Ländern, Kreisen und Gemeinden eine aus allgemeinen, unmittelbaren, freien, gleichen und geheimen Wahlen hervorgegangene Vertretung haben muß (sog. *Verfassungshomogenität* zwischen Bund und Ländern).

Die Länder haben dieses Recht zur Ausgestaltung ihrer Verfassungen in unterschiedlicher Weise genutzt. Die Verfassungen von Bayern, Bremen, Hessen, Rheinland-Pfalz und Saarland, die vor dem Grundgesetz entstanden, enthalten neben einem organisatorischen Teil einen umfangreichen Grundrechtskatalog und Regelungen des wirtschaftlichen und sozialen Lebens. Die übrigen, nach dem Grundgesetz erlassenen Verfassungen verzichten hierauf ganz oder weitgehend und sind z. T. reine Organisationsstatute.

Sofern die Landesverfassungen eigene Grundrechte und Bestimmungen zum Sozial- und Wirtschaftsleben enthalten, stellt sich die Frage ihrer Fortgeltung. Grundrechte, die mit dem Grundgesetz übereinstimmen oder ihm nicht widersprechen, bleiben in Kraft. Bestimmungen der Landesverfassungen jedoch, die mit dem Grundgesetz in Widerspruch stehen, sind durch Art. 31 GG außer Kraft getreten. Dies gilt z. B. für die in Art. 21 der hessischen Verfassung vorgesehene Todesstrafe, die durch Art. 102 GG abgeschafft ist.

Obwohl vom Grundgesetz nicht vorgeschrieben, haben sich alle Länder für das *parlamentarische Regierungssystem,* d. h. die Abhängigkeit der Regierung vom Vertrauen des Parlaments, entschieden. Doch weist es zahlreiche Unterschiede auf. Die Einsetzung der Regierung durch das Parlament erfolgt in den Stadtstaaten durch Wahl der gesamten Regierung. In den Flächenstaaten hingegen wählt der Landtag nur den Ministerpräsidenten, der die Minister beruft und ernennt. Mit Ausnahme von Nordrhein-Westfalen und Schleswig-Holstein muß allerdings der Landtag das Kabinett bestätigen.

Die *Regierungsablösung* ist ebenfalls unterschiedlich geregelt. Während die vor dem Grundgesetz erlassenen Verfassungen nur ein einfaches Mißtrauensvotum zum Sturz der Regierung kennen, haben die meisten anderen in Anlehnung an das Grundgesetz das konstruktive Mißtrauensvotum, d. h. den Sturz des Ministerpräsidenten nur bei gleichzeitiger Wahl eines neuen Regierungschefs, übernommen. Die bayerische Verfassung kennt als einzige kein Mißtrauensvotum, weshalb hier nur eingeschränkt von einem parlamentarischen Regierungssystem gesprochen werden kann.

Die *Auflösung des Parlaments* ist auf verschiedene Weise möglich. Ein Selbstauflösungsrecht steht mit Ausnahme von Baden-Württemberg und Bremen allen Landesparlamenten zu. Einige Verfassungen sehen zudem die Auflösung des Landtages durch Volksentscheid vor. Der Regierung hingegen steht in der Regel kein Auflösungsrecht zu.

Im Gegensatz zum Grundgesetz enthalten die meisten Landesverfassungen (Ausnahmen: Hamburg, Niedersachsen und Schleswig-Holstein) z. T. starke plebiszitäre Elemente in Form von *Volksbegehren* und *Volksentscheid.* Je nach Verfassung steht dem Volk das Recht zur Parlamentsauflösung, Verfassungsänderung und Gesetzgebung zu. Allerdings sind in der Regel bestimmte Gegenstände (vor allem Finanzfragen) von der Gesetzgebungskompetenz des Volkes ausgenommen. Dem Volksentscheid geht ein Begehren voraus, wobei ein bestimmtes Beteiligungsquorum erreicht werden muß. Es schwankt zwischen $^1/_{10}$ der Stimmberechtigten in Bayern, $^1/_6$ in Baden-Württemberg und $^1/_5$ in Bremen, Hessen, Rheinland-Pfalz, Nordrhein-Westfalen und im Saarland. Die Landesverfassungen sind seit ihrem Bestehen z. T. häufig geändert worden, ohne daß es dabei zu grundlegenden Veränderungen kam (Ausnahme: Saarland). In zahlreichen Ländern war der Abschied von der Bekenntnisschule als Regelschule die bedeutsamste Verfassungsänderung. Als erste Verfassung in der Bundesrepublik verankerte die baden-württembergische 1976 den Umweltschutz als Staatsziel. Diesem Beispiel sind inzwischen andere Landesverfassungen gefolgt.

Grundgesetz – Länderverfassungen

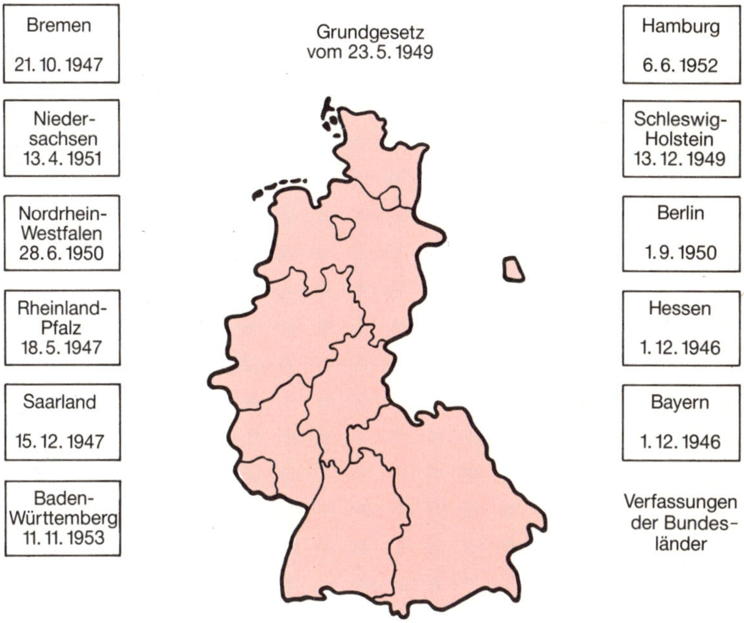

Verfassung des Landes Nordrhein-Westfalen

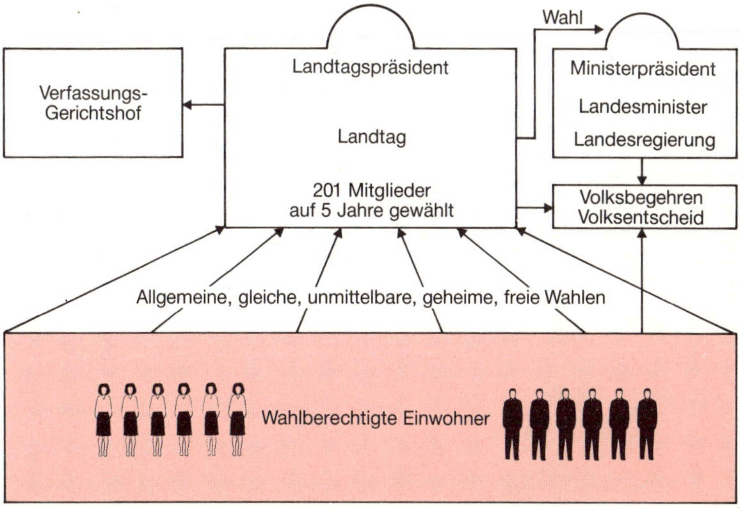

Land Baden-Württemberg

Baden-Württemberg nahm erst nach der Gründung der Bundesrepublik seine heutige Gestalt an. Zwischen 1945 und 1947 hatten die Besatzungsmächte auf dem Gebiet von Baden, Württemberg und Hohenzollern zunächst drei Länder konstituiert: In der US-Zone das Land Württemberg-Baden, in der französischen Zone die Länder Württemberg-Hohenzollern und Baden. Am 24. September 1950 ergab eine konsultative Abstimmung in den drei Ländern zwar eine Mehrheit für die Gründung Baden-Württembergs, in Baden jedoch eine knappe Mehrheit für die Beibehaltung dieses selbständigen Landes. Eine zweite Abstimmung am 6. Dezember 1951 zeigte ebenfalls eine starke Mehrheit für den Südweststaat (69,7%) – wiederum mit Ausnahme Süd-Badens. Die daraufhin am 9. März 1952 gewählte Verfassunggebende Landesversammlung gab dem am 25. April 1952 konstituierten Land Baden-Württemberg am 11. November 1953 eine Verfassung.

Gemäß der Verfassung wird der Landtag durch eine Kombination von Verhältnis- und Persönlichkeitswahl gewählt. Der Landtag ist für die Gesetzgebung zuständig. Er wählt mit der Mehrheit der gesetzlichen Mitgliederzahl den Ministerpräsidenten, der nicht notwendigerweise aus den Reihen des Parlaments kommen muß. Das Vertrauen kann der Landtag dem Regierungschef, der die Richtlinien der Politik bestimmt, nur entziehen, wenn er zugleich einen Nachfolger einsetzt (konstruktives Mißtrauensvotum). Gesetzgebung ist auch über direkte Volksabstimmungen (Volksbegehren und Volksentscheid) möglich; ebenso kann der Landtag durch Volksabstimmung aufgelöst werden. Auch die Regierung kann auf Verlangen eines Drittels der Landtagsmitglieder ein bereits beschlossenes Gesetz zur Volksabstimmung vorlegen. Verfassungsstreitigkeiten entscheidet der Staatsgerichtshof. Landeshauptstadt ist Stuttgart.

Die politische Führung des Landes übernahm, nachdem zunächst in der Verfassunggebenden Versammlung Reinhold Maier (FDP) zum Ministerpräsidenten einer FDP-SPD-BHE-Koalition gewählt worden war (1952–53), ab 1953 die CDU mit Gebhard Müller als Führer einer Allparteienkoalition bis 1958. 1960–66 war Kurt Georg Kiesinger Ministerpräsident einer Koalition von CDU und FDP (bis 1964 unter Einschluß des Blocks der Heimatvertriebenen und Entrechteten [BHE] bzw. seiner Nachfolgeorganisation), 1966 bis 1972 führte Ministerpräsident Hans Filbinger eine CDU-SPD-Koalition. Ab 1972 konnte er allein regieren. Nach seinem Rücktritt im Jahre 1978 wurde Lothar Späth Ministerpräsident, der die absolute Mehrheit für die CDU auch in den Wahlen von 1984 und 1988 erhielt.

Unterhalb der obersten Landesebene weist Baden-Württemberg vier Regierungsbezirke (Stuttgart, Karlsruhe, Tübingen, Freiburg) und neun größere, nicht den 35 Landkreisen zugeordnete Städte auf. Zwischen den Regierungsbezirken und der kommunalen Ebene sind außerdem zwölf Planungsregionen (Regionalverbände) angesiedelt, mit deren Hilfe Probleme von wirtschaftlich und naturräumlich zusammenhängenden Gebieten bearbeitet werden. Gemäß der Süddeutschen Ratsverfassung wird der Bürgermeister (in Stadtkreisen und Großen Kreisstädten: Oberbürgermeister) von den Gemeindebürgern direkt gewählt. Er ist zugleich Leiter der Verwaltung und Vorsitzender des Gemeinderates (Stadtrates). Im Unterschied zur bayerischen Regelung sind die Amtszeiten von Gemeinderat (5 Jahre) und Bürgermeistern (8 Jahre) verschieden. Das Gemeindewahlrecht gestattet den Wählern, Stimmen auf einzelne Kandidaten zu häufen (kumulieren) und Kandidaten einer Liste auf andere Listen zu übernehmen (panaschieren).

Mit einer Fläche von rund 35 750 km^2 und einer Einwohnerzahl von 9,2 Millionen ist Baden-Württemberg das drittgrößte Land der Bundesrepublik Deutschland. Trotz des Fehlens bedeutsamer Vorkommen an Bodenschätzen besitzt es einige industrielle Zentren von großem Gewicht. Die Schwerpunkte liegen in den Ballungsräumen Stuttgart, Mannheim-Heidelberg, Karlsruhe, Ulm, Heilbronn und Pforzheim, allerdings mit recht unterschiedlichen sektoralen Ausrichtungen. Es gibt eine Vielzahl regionaler Spezialisierungen bis hin zu den Fremdenverkehrsgebieten im Schwarzwald. Nach seiner Wirtschaftskraft steht Baden-Württemberg an zweiter Stelle der Flächenländer der Bundesrepublik, praktisch auf gleicher Höhe mit Hessen (27 300 DM Bruttoinlandsprodukt je Einwohner im Jahre 1982). Die Arbeitslosenquote ist mit 5,1% (1986) die niedrigste im Bundesgebiet. Als finanz- und strukturstarkes Land muß es den Löwenanteil am horizontalen Finanzausgleich an die anderen Länder aufbringen (1985: 65% von insgesamt zu zahlenden 2,45 Mrd. DM).

Landtagswahlen in Baden-Württemberg

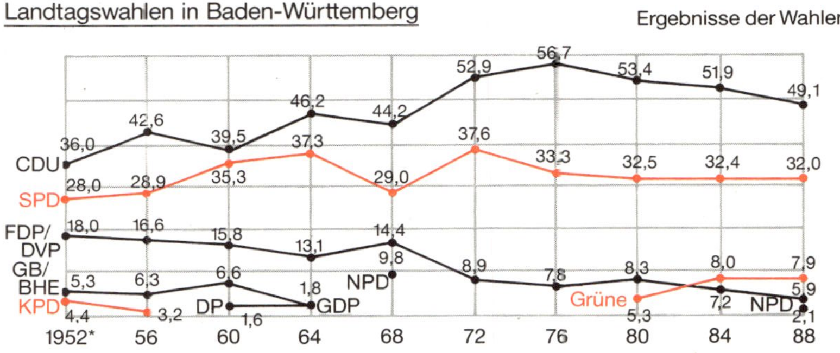

* Wahl zur Verfassunggebenden Landesversammlung

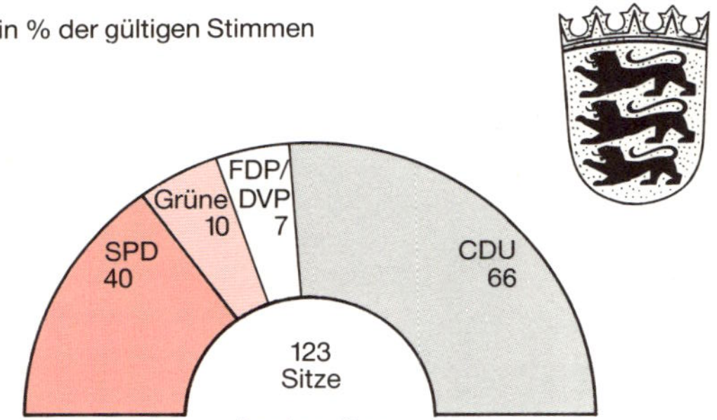

Der Landtag nach der Wahl vom 20.3.1988

Verwaltungsaufbau

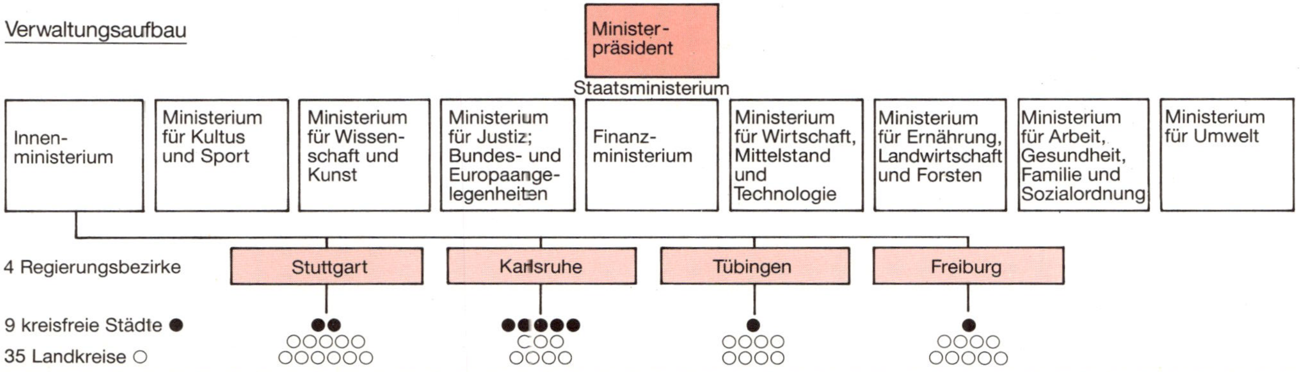

Bayern ist das einzige Land der Bundesrepublik, das seinen historischen Gebietsstand – mit Ausnahme der Pfalz – erhalten konnte. Landeshauptstadt ist München. Bereits am 1. Dezember 1946 erhielt der Freistaat Bayern eine neue Verfassung. In ihr werden neben den demokratisch-rechtsstaatlichen Grundsätzen die Rechte der religiösen Gemeinschaften und die sozialen Grundrechte und -pflichten besonders betont. Gesetzgebungsorgan ist der nach modifiziertem Verhältniswahlrecht gewählte Landtag. Er wählt den Ministerpräsidenten, der die Richtlinien der Politik bestimmt und die Minister ernennt. Der Landtag besitzt keine Möglichkeit, den Ministerpräsidenten abzuwählen. Rechtlich bietet allein die Ministeranklage vor dem Verfassungsgerichtshof bei einer vorsätzlichen Verletzung der Verfassung oder eines Gesetzes die Möglichkeit eines Regierungssturzes innerhalb einer Legislaturperiode. Der Landtag hat das Recht zur Selbstauflösung. Verfassungsstreitigkeiten erledigt der vom Landtag gewählte Verfassungsgerichtshof.

Wie in den meisten Länderverfassungen sind auch in Bayern Volksbegehren und Volksentscheide vorgesehen. Das Quorum für ihr Zustandekommen ist mit einem Zehntel der stimmberechtigten Bürger vergleichsweise niedrig. Verfassungsänderungen müssen einer Volksabstimmung unterworfen werden.

Eine bayerische Eigentümlichkeit ist die „zweite Kammer", der Senat: Er setzt sich aus 60 Mitgliedern zusammen, die von den sozialen, wirtschaftlichen, kulturellen und kommunalen Körperschaften entsandt werden. Die auf sechs Jahre gewählten Senatoren können Gesetzesvorschläge in den Landtag einbringen. Sie nehmen – auf Ersuchen der Staatsregierung – zu allen wichtigen Gesetzesvorhaben Stellung und können, wenn sie Einwendungen erheben, den Landtag zur nochmaligen Beschlußfassung veranlassen (suspensives Veto).

Seit den ersten Wahlen zur Verfassunggebenden Landesversammlung vom 30. Juni 1946 war die in ihrer regionalen Ausdehnung auf Bayern beschränkte, bundespolitisch mit der CDU eine feste Verbindung bildende CSU die stärkste Partei. Sie regierte 1946–54 und ab 1957 in unterschiedlich zusammengesetzten Koalitionen, seit 1966 in Alleinregierung. Die von ihr gestellten Ministerpräsidenten waren Hans Ehard (1946–54 und 1960–62), Hanns Seidel (1957–60), Alfons Goppel (1962–78) und seit 1978 Franz Josef Strauß. Nur in der Phase 1954–57 wurde dieser Posten von der SPD mit Wilhelm Hoegner als Regierungschef der sog. Viererkoalition mit BP (Bayernpartei), FDP und BHE (Block der Heimatvertriebenen und Entrechteten) besetzt.

Der Verwaltungsaufbau ist dreigliedrig. Zwischen die obersten Landesbehörden und die Kommunen (darunter 25 kreisfreie Städte) schieben sich sieben Regierungsbezirke (Oberbayern, Niederbayern, Oberpfalz, Oberfranken, Mittelfranken, Unterfranken und Schwaben), die in 71 Landkreise unterteilt sind. Wie in Baden-Württemberg gilt auch in Bayern im Gemeinderecht die Süddeutsche Ratsverfassung. Der von den Bürgern direkt gewählte Bürgermeister (in Stadtkreisen und Großen Kreisstädten der Oberbürgermeister) leitet die Verwaltung und die Arbeit des Gemeinde- bzw. Stadtrates. Im Unterschied zur baden-württembergischen Regelung betragen die Amtszeiten der Bürgermeister und der Räte jeweils sechs Jahre, so daß die Wahrscheinlichkeit gleicher Mehrheitsverhältnisse im Rat und in der Verwaltungsführung hoch ist.

Mit einer Fläche von rund 70 550 km² ist Bayern das größte Land der Bundesrepublik. Nach Einwohnern betrachtet liegt es mit knapp 11 Millionen an zweiter Stelle. Bayern ist insgesamt ein landwirtschaftlich geprägtes Land (mit Schwerpunkten in Niederbayern, der Oberpfalz, Unterfranken und Schwaben). Die Industrien weisen keine hervorstechenden räumlichen oder sektoralen Schwerpunkte auf. Der tertiäre Sektor ist in Oberbayern (München und Fremdenverkehrsorte im Alpengebiet) am stärksten ausgeprägt. Nach seiner Wirtschaftskraft steht Bayern unter den Flächenstaaten der Bundesrepublik an dritter Stelle (1982: 25 335 DM Bruttoinlandsprodukt je Einwohner). Die Arbeitslosigkeit liegt mit 7,0% (1986) unter dem Bundesdurchschnitt. Aufgrund seiner wirtschaftlichen Entwicklung in den letzten 15 Jahren mit den höchsten Zuwachsraten aller Länder der Bundesrepublik ist es aus seiner früheren Rolle als Empfängerland im horizontalen Finanzausgleich (vgl. S. 56) herausgewachsen. Hier wirkten sich die mittelständische Struktur des Landes und die aktive staatliche Industrieansiedlungs- und Technologiepolitik der Regierung aus.

Landtagswahlen in Bayern

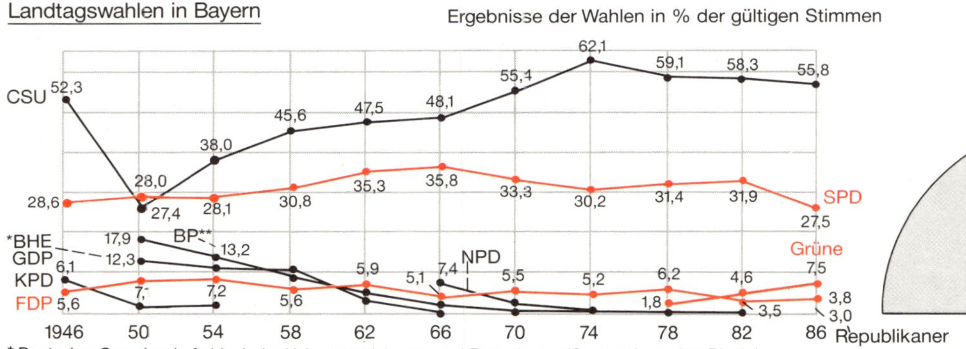

* Deutscher Gemeinschaftsblock der Heimatvertriebenen und Entrechteten/Gesamtdeutscher Block/ Gesamtdeutsche Partei ** Bayernpartei

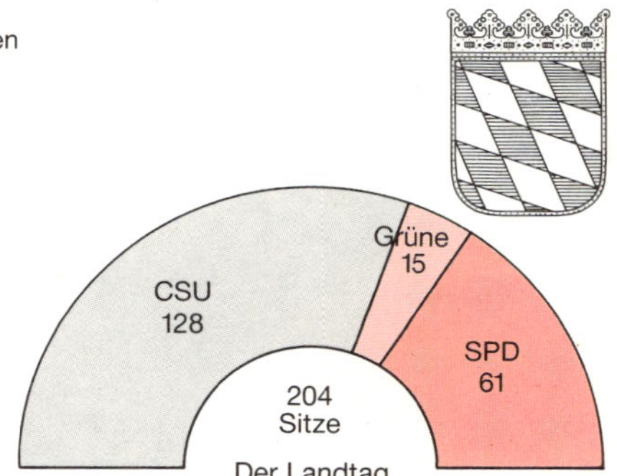

Der Landtag nach der Wahl vom 12. 10. 1986

Verwaltungsaufbau

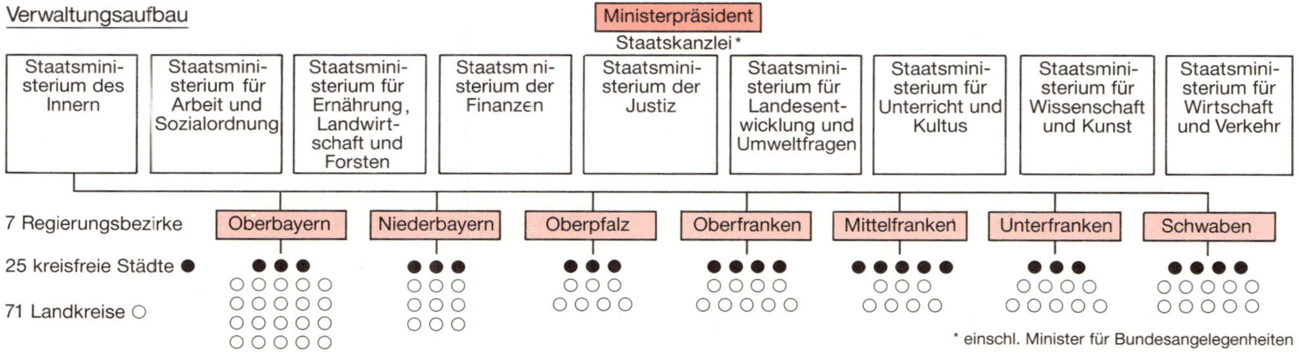

* einschl. Minister für Bundesangelegenheiten

Land Berlin

Die ehemalige Hauptstadt des Deutschen Reiches und Preußens wurde am Ende des Zweiten Weltkrieges nach Vereinbarungen aus den Jahren 1944/45 in vier Sektoren unterteilt und ab dem 7. Juli 1945 von der gemeinsamen Alliierten Kommandantur verwaltet. Diese erließ am 13. August 1946 die Vorläufige Verfassung von Groß-Berlin, die den Auftrag zum Entwurf einer neuen Verfassung bis zum 1. Mai 1948 enthielt. Nach dem Auszug der UdSSR aus dem Alliierten Kontrollrat im März 1948 (vgl. S. 32) und dem Ausscheiden des sowjetischen Stadtkommandanten aus der Alliierten Kommandantur am 16. Juni 1948 begann am 24. Juni 1948 die Blockade der Westsektoren. Kommunistische Störaktionen gegen die im Ostsektor tagende Stadtverordnetenversammlung und die Proklamierung eines „provisorischen Magistrats" für den Ostsektor durch die SED am 30. November 1948 verstärkten die Spaltung der Stadt. Die 1946 für Groß-Berlin gewählte Stadtverordnetenversammlung, der Magistrat und der Oberbürgermeister verlegten ihren Sitz nach West-Berlin. Die in ihrer Tätigkeit nunmehr auf die Westsektoren beschränkte Stadtverordnetenversammlung schuf in den Jahren 1949/50 eine endgültige Verfassung. Sie wurde am 29. August 1950 von den westlichen Alliierten genehmigt und trat am 1. Oktober 1950 mit Anspruch auf Geltung in Groß-Berlin und mit Vorbehalten hinsichtlich der Stellung Berlins zur Bundesrepublik Deutschland in Kraft. Die Alliierten behielten sich die Ausübung der obersten Gewalt in Berlin vor (vgl. S. 34).

Die Berliner Verfassung lehnt sich an das Grundgesetz an, weist jedoch einen eigenen Grundrechtsteil auf. Die gesetzgebende Gewalt liegt beim auf vier Jahre gewählten *Abgeordnetenhaus*, das derzeit 144 Abgeordnete (mit Überhang- und Ausgleichsmandaten) umfaßt. Es hat das alleinige Recht zur Verfasssungsänderung. Volksentscheide sind außer im Fall der Parlamentsauflösung nicht vorgesehen. Das Abgeordnetenhaus wählt den *Regierenden Bürgermeister* und die von ihm vorgeschlagenen Senatoren, die mit ihm zusammen den *Senat* bilden. Berlin erlebte bis 1953 unter Ernst Reuter (SPD) Allparteienregierungen. Mit Ausnahme des 1953–55 von Walter Schreiber (CDU) geführten CDU-FDP-Senats wurden alle Senate bis 1981 von der SPD geführt, bis 1963 in Koalition mit der CDU, ab 1971 mit der FDP. Regierende Bürgermeister waren Otto Suhr (1955–57), Willy Brandt (1957–66), Heinrich Albertz (1966–67), Klaus Schütz (1967–77), Dietrich Stobbe (1977–81) und Hans-Jochen Vogel (1981). Seit 1975 ist die CDU die stärkste Partei; sie stellt seit 1981 den Regierenden Bürgermeister (1981–84 Richard von Weizsäcker, seit 1984 Eberhard Diepgen). Ihre 1983 gebildete Koalition mit der FDP wurde durch die Wahl vom 10. März 1985 bestätigt.

Dem Senat obliegt die vollziehende Gewalt. Im Einvernehmen mit ihm legt der Regierende Bürgermeister die Richtlinien der Politik fest. Sie bedürfen der Billigung des Abgeordnetenhauses. Der Senat oder einzelne Senatoren können durch ein Mißtrauensvotum gestürzt werden. Es muß jedoch innerhalb von 21 Tagen eine Neuwahl des Senats stattfinden, sonst verliert das Votum seine Gültigkeit. Die Bezirke West-Berlins haben für die bezirkliche Selbstverwaltung *Bezirksverordnetenversammlungen* mit 45 Mitgliedern, die für die gleiche Wahlperiode wie das Abgeordnetenhaus gewählt werden. Sie bestimmen die Grundlinien der Verwaltungspolitik und wählen die Mitglieder des Bezirksamtes. Es besteht aus dem Bezirksbürgermeister und sechs Bezirksstadträten. Die Bezirksbürgermeister sind Mitglieder des Rats der Bürgermeister, einer vom Regierenden Bürgermeister zu leitenden monatlichen Konferenz.

Berlin (West) zählt 1,849 Mill. Einwohner (1984) auf einer Fläche von 480 km^2 und ist mit ca. 3850 Einwohnern je km^2 der am dichtesten besiedelte Stadtstaat der Bundesrepublik. Es weist eine vielseitige Industrie mit Schwerpunkten in der Elektrotechnik, im Maschinenbau sowie bei optischen und chemischen Erzeugnissen, Papier, Möbeln, Nahrungsmitteln und Textilien auf. Sein Anteil am Bruttoinlandsprodukt der Bundesrepublik betrug 3,6%. Die Arbeitslosenquote liegt mit 10,5% (1986) etwas über dem Bundesdurchschnitt. Berlin ist am Länderfinanzausgleich nicht beteiligt, sondern erhält Bundeshilfen zugewiesen; es gehört im übrigen zum Rechts-, Wirtschafts- und Finanzsystem der Bundesrepublik Deutschland.

Da Berlin nach wie vor von den vier Besatzungsmächten Frankreich, Großbritannien, Sowjetunion und den USA kontrolliert wird und Berlin (West) unter dem besonderen Schutz der drei westlichen Alliierten steht, nimmt es eine besondere Stellung ein (vgl. S. 34).

Wahlen zum Berliner Abgeordnetenhaus

DP: Deutsche Partei – BFD: Bund Freies Deutschland
SEW: Sozialistische Einheitspartei Westberlins – AL: Alternative Liste

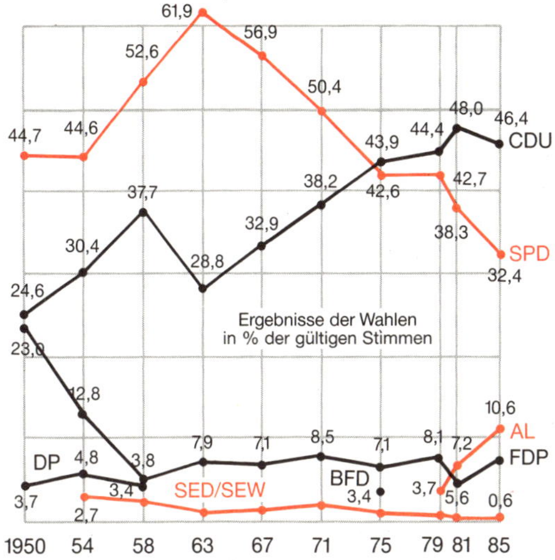

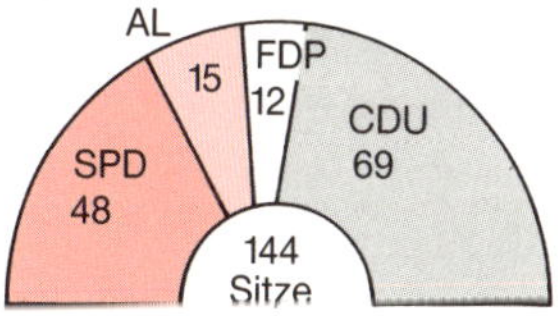

Das Abgeordneten-haus nach der Wahl vom 10.3.1985

Parlament, Regierung und Verwaltung von Berlin

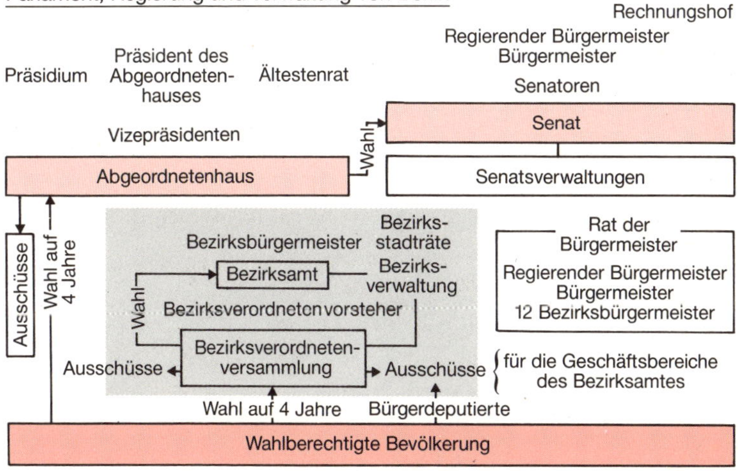

Freie Hansestadt Bremen

Die Freie Hansestadt Bremen, die aus den Städten Bremen und Bremerhaven besteht, gehörte nach dem Zweiten Weltkrieg ursprünglich zur britischen Besatzungszone, wurde aber von den Amerikanern als Enklave genutzt (Nachschubhafen). Bremen nahm insofern eine Sonderstellung ein, als es einen ständigen Vertreter beim amerikanischen Hauptquartier in Frankfurt am Main hatte sowie Mitglied im Gebietsrat und im Zonenbeirat der britischen Zone war. Am 12. Oktober 1946 wurde in Bremen das erste Nachkriegsparlament gewählt. Seine erste Aufgabe war die Ausarbeitung der Landesverfassung der Freien Hansestadt. Die Verfassung wurde am 12. Oktober 1947 mit der Neuwahl zur Bürgerschaft vom Volk angenommen und trat am 21. Oktober 1947 in Kraft. Sie bringt in der Präambel eine ausdrückliche Abkehr vom Nationalsozialismus zum Ausdruck und führt einen umfassenden Grundrechtskatalog mit sozialen Grundrechten ein (z. B. Recht auf Arbeit, Recht auf Bildung).

Die gesetzgebende Gewalt liegt bei der aus 80 Bremer und 20 Bremerhavener Abgeordneten bestehenden *Bürgerschaft*. Jedoch ist auch das Volk über Volksbegehren und Volksentscheid an der Gesetzgebung beteiligt, mit Ausnahme finanzwirksamer Entscheidungen. Soll durch Volksentscheid ein Gesetz erlassen, geändert oder aufgehoben werden, müssen der Beschluß über seine Herbeiführung wie auch das Volksbegehren einen ausgearbeiteten Gesetzesentwurf enthalten. Voraussetzung für einen erfolgreichen Volksentscheid ist, daß sich die Mehrheit der Stimmberechtigen an der Abstimmung beteiligt (Quorum). Es entscheidet dann die einfache Mehrheit der Abstimmenden. Bei einer Verfassungsänderung ist der Volksentscheid obligatorisch. Findet sie aufgrund eines Volksbegehrens statt, so ist für sie die absolute Mehrheit der Stimmberechtigten notwendig.

Die auf vier Jahre gewählte Bürgerschaft wählt die Landesregierung, den aus zwölf Senatoren bestehenden *Senat*. Der Senat wählt aus seiner Mitte zwei Mitglieder zu Bürgermeistern, einen von ihnen zum Senatspräsidenten. Seit 1947 wird der Senat kontinuierlich von der SPD gestellt. Senatspräsidenten waren Wilhelm Kaisen (1947–65), Willy Dehnkamp (1965–67), Hans Koschnick (1967–85) und Klaus Wedemeier (seit 1985). Auch nach der Bürgerschaftswahl vom September 1987 behielt die SPD ihre absolute Mehrheit im Landesparlament. Senatsmitglieder dürfen nicht gleichzeitig der Bürgerschaft angehören.

Die Stellung Bremens als Stadtstaat bringt es mit sich, daß der Senat gleichzeitig oberstes Verwaltungsorgan der Stadtgemeinde Bremen ist. Für die verschiedenen Verwaltungszweige sind *Deputationen* eingerichtet, die aus Senatoren und Mitgliedern der Bürgerschaft bestehen. Es können auch Bürger in die Deputationen gewählt werden. Die Deputationen erstellen für ihren Verwaltungsbereich den Haushaltsplan, der an die Finanzdeputation weitergeleitet wird. Sie berichten über ihre Arbeit an Senat und Bürgerschaft. Neben diesen *staatlichen* Deputationen gibt es auch *städtische* Deputationen. Verfassungsstreitigkeiten entscheidet der Bremer Staatsgerichtshof.

Bremen ist mit einer Fläche von 404 km^2 und 666000 Einwohnern (1984) der kleinste Stadtstaat der Bundesrepublik Deutschland. Es hat zwar nur einen Anteil von 1,4% am bundesdeutschen Bruttoinlandsprodukt, das auf Bremen bezogen jedoch mit 36352 DM je Einwohner sehr hoch liegt und nur von Hamburg übertroffen wird. Nach Hamburg ist Bremen mit Bremerhaven der bedeutendste Seehafen der Bundesrepublik (Umschlagplatz für Containerschiffe). Es dominiert eindeutig das warenproduzierende Gewerbe (mit einem Anteil von 38,0% an der Bruttowertschöpfung), gefolgt von Handel und Verkehr (24,9%) und von Dienstleistungsunternehmen (22,8%). Eine bedeutende Rolle spielen Unternehmen der Luft- und Raumfahrt. Die Wirtschaft Bremens wird in großem Maße von seiner Situation als Hafenstadt bestimmt (Kaffeeröstereien, Tabakfabriken). Allerdings hatte der Schiffbau in den letzten Jahren unter einer anhaltenden Krise zu leiden. Die Arbeitslosenquote ist in Bremen mit 15,5% (1986) bundesweit die höchste. Das Land ist stark verschuldet, die Kreditfinanzierungsquote lag 1986 bei 19,3%. Bremen (Land und Gemeinden) hat einen Verschuldungsgrad von 16732 DM pro Einwohner. Es gehört seit 1970 zu den Empfängerländern im Länderfinanzausgleich.

Wahlen zur Bürgerschaft der Freien Hansestadt Bremen

BDV: Bremer Demokratische Volkspartei – BGL: Bremer Grüne Liste
SRP: Sozialistische Reichspartei

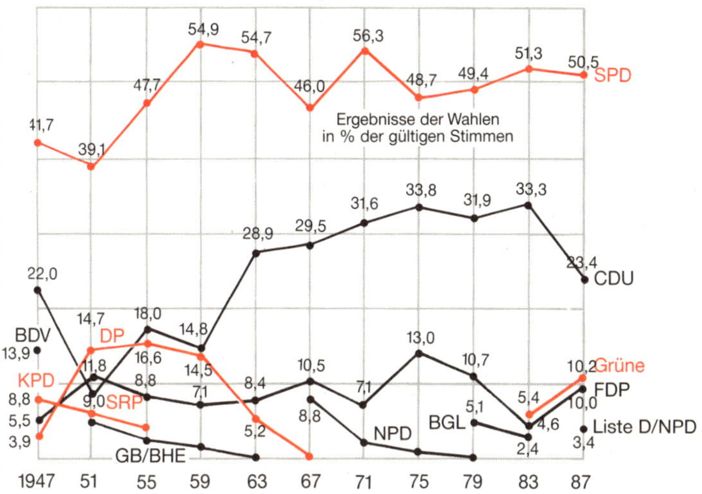

Die Bürgerschaft nach der Wahl vom 13. 9. 1987

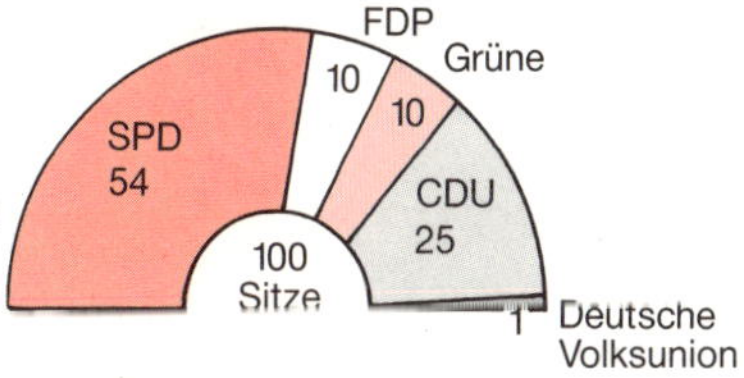

Verfassung der Freien Hansestadt Bremen

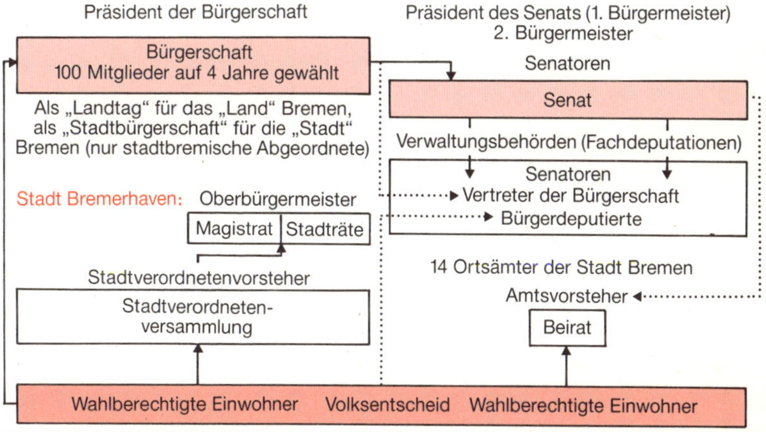

Freie und Hansestadt Hamburg

Hamburg gehörte nach dem Zweiten Weltkrieg zur britischen Besatzungszone und bildete dort ein eigenes Land. Seine auf Anordnung der britischen Besatzungsmacht entstandene Vorläufige Verfassung vom 15. Mai 1946 ist die älteste Länderverfassung der Nachkriegszeit. Sie wurde am 6. Juni 1952 von einer endgültigen Verfassung abgelöst. Hamburg kann auf eine lange Tradition der Unabhängigkeit, Eigenstaatlichkeit und der bürgerlichen Selbstverwaltung zurückblicken. Dies spiegelt sich bis heute darin wider, daß in Hamburg staatliche und gemeindliche Aufgaben einheitlich wahrgenommen werden.

Im Stadtstaat Hamburg liegt die gesetzgebende Gewalt beim Landesparlament, der *Hamburger Bürgerschaft*. Sie besteht aus 120 Abgeordneten, wird auf vier Jahre gewählt und hat gleichzeitig die Funktion einer Gemeindevertretung. Das Volk ist an der Gesetzgebung nicht beteiligt, auch das Recht der Verfassungsänderung ist der „Bürgerschaft" vorbehalten. Die Bürgerschaft wählt die Landesregierung, den aus 10 bis 15 Mitgliedern bestehenden *Senat*. Dieser wählt aus seiner Mitte seinen Präsidenten *(Erster Bürgermeister)* und seinen Stellvertreter (Zweiter Bürgermeister) für die Dauer eines Kalenderjahres. Die Wiederwahl ist möglich. Der Senat bestimmt die Richtlinien der Politik. Er vertritt das Land nach außen und leitet die Verwaltung.

Mit Ausnahme der Zeit von 1953–57 (Hamburg-Block aus CDU, FDP und DP [Deutsche Partei]) stellte die SPD stets den Ersten Bürgermeister. Neben ihr und der CDU bildet seit den 80er Jahren die Grün-Alternative Liste (GAL) eine dritte politische Kraft. Bürgermeister waren Max Brauer (1946–53 und 1957–60), Kurt Sieveking (1953–57), Paul Nevermann (1961 bis 1965), Herbert Weichmann (1965–71), Peter Schulz (1971–74), Hans-Ulrich Klose (1974–81), Klaus von Dohnanyi (1981–88) und Henning Voscherau (seit 1988). Seit 1987 gibt es eine Regierungskoalition von SPD und FDP.

Die Bürgerschaft kann dem Senat oder einzelnen Senatoren mit einem konstruktiven Mißtrauensvotum das Vertrauen entziehen. Bei einer Vertrauenskrise kann auch der Senat initiativ werden und die Vertrauensfrage stellen. Findet er keine Mehrheit in der Bürgerschaft, kann diese einen neuen Senat wählen, sich selbst auflösen oder dem Senat nachträglich das Vertrauen aussprechen. Geschieht dies nicht, kann der Senat die Bürgerschaft innerhalb von zwei Wochen auflösen. Der Senat kann gegen Entscheidungen der Bürgerschaft ein aufschiebendes Veto einlegen. Senatorenamt und Bürgerschaftsmandat sind unvereinbar. Die Rolle der Opposition wird von der Verfassung ausdrücklich hervorgehoben. Die Bürgerschaft wählt aus ihrer Mitte den *Bürgerausschuß*, bestehend aus dem Präsidenten der Bürgerschaft und 20 weiteren Abgeordneten. Er überwacht die Einhaltung der Verfassung sowie die Gesetzmäßigkeit der Verwaltung.

Die Verwaltung ist gegliedert in sieben regionale Bezirksämter. Ihnen sind auf vier Jahre gewählte Bezirksversammlungen beigeordnet. Für ressortübergreifende Aufgaben werden vom Senat Senatsämter gebildet. Das Volk ist an der Verwaltung durch die bei allen Fachbehörden eingerichteten Deputationen beteiligt, die sich aus dem zuständigen Senator und 15 von der Bürgerschaft gewählten Bürgern zusammensetzen. Für Verfassungsstreitigkeiten ist das Hamburgische Verfassungsgericht zuständig.

Mit einer Fläche von 755 km^2 und (1984) 2 109 Einwohnern je km^2 (insgesamt 1,592 Mill.) ist Hamburg der zweitgrößte Stadtstaat, zugleich der bedeutendste Seehafen der Bundesrepublik. Mit einem Anteil von 4,6% am Bruttoinlandsprodukt der Bundesrepublik führt Hamburg wirtschaftlich die Stadtstaaten an, das Bruttoinlandsprodukt je Einwohner ist mit 50 284 DM das höchste in der Bundesrepublik. Hamburg gehört daher auch zu den Geberländern im Länderfinanzausgleich. Führende Industriezweige sind Maschinenbau, Elektronik und Schiffbau, wobei ein starker Zuwachs seeunabhängiger Industrien zu verzeichnen ist. Warenproduzierendes Gewerbe (29,5%), Handel und Verkehr (27,6%) und Dienstleistungsunternehmen (31,1%) sind relativ gleichmäßig an der Bruttowertschöpfung beteiligt.

Das Land ist stark verschuldet, die Kreditfinanzierungsquote betrug 1986 8,3%, die Arbeitslosenquote lag 1986 mit 13,0% über dem Bundesdurchschnitt.

Wahlen zur Bürgerschaft der Freien und Hansestadt Hamburg

*1949: Vaterstädtischer Bund Hamburg (CDU, FDP, Dt. Konservative Partei)
**1953: Hamburg-Block (CDU, FDP, DP, BHE)

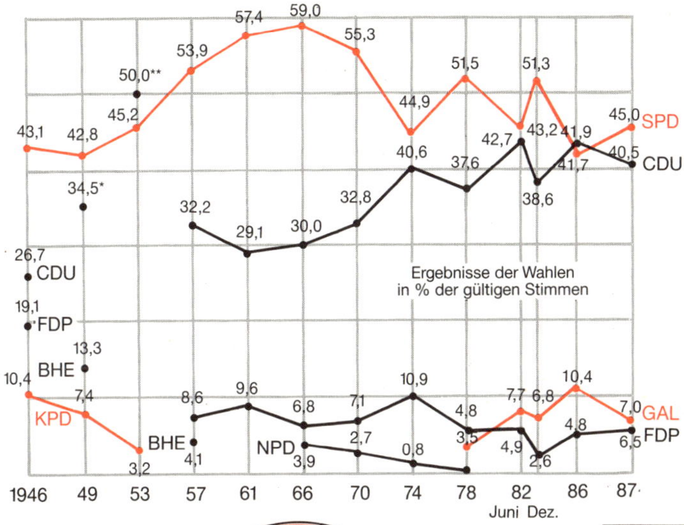

Die Bürgerschaft nach der Wahl vom 17.5.1987

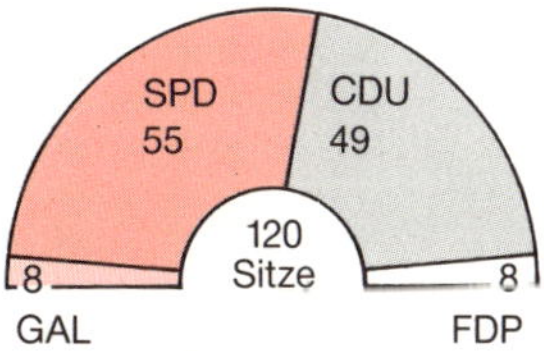

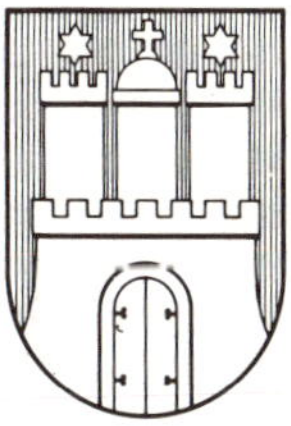

Verfassung der Freien und Hansestadt Hamburg

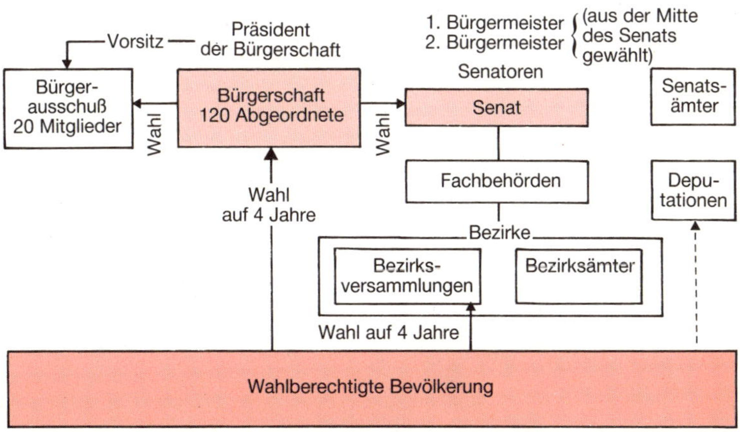

Land Hessen

Das im Herbst 1945 von der amerikanischen Besatzungsmacht gegründete Land umfaßt Teile der früher zu Preußen gehörenden Rheinlande (einschließlich des größten Teils Hessen-Nassaus), das 1866 preußisch gewordene Hessen, Frankfurt am Main und das ehemalige Großherzogtum Hessen-Darmstadt. Bereits am 29. Oktober 1946 wurde von der verfassungsberatenden Landesversammlung ein Verfassungsentwurf verabschiedet, der im Volksentscheid vom 1. Dezember 1946 mit 76,8% der gültigen Stimmen angenommen wurde. Landeshauptstadt ist Wiesbaden.

Nach 1945 wurde zunächst eine Allparteienregierung unter dem parteilosen Karl Geiler (bis 1947) gebildet. Anschließend stellte stets die SPD den Ministerpräsidenten: Christian Stock war Regierungschef einer SPD-CDU-Koalition von 1947–50, Georg August Zinn zunächst einer SPD-Alleinregierung (1950–54), dann (1954–66) einer Koalition der SPD mit dem Gesamtdeutschen Block/Block der Heimatvertriebenen und Entrechteten (GB/BHE) bzw. der Gesamtdeutschen Partei (GDP); 1966–69 konnte die SPD erneut allein regieren, ab 1969 unter dem Ministerpräsidenten Albert Oswald, der 1970–76 eine Koalition mit der FDP bildete. Sein Nachfolger wurde 1978 Holger Börner. 1982 führte die Wahl zum Einzug der Grünen in den Landtag, jedoch zu keiner regierungsfähigen parlamentarischen Mehrheit. Die Minderheitsregierung Börner wurde auch nach den Wahlen von 1983 weitergeführt – parlamentarisch geduldet von den Grünen. Diese traten 1985 in eine Koalitionsregierung mit der SPD ein, die Anfang 1987 zerbrach. Die Neuwahlen vom April 1987 hatten eine Regierung von CDU und FDP unter Walter Wallmann (CDU) zum Ergebnis.

Neben den freiheitlich-rechtsstaatlichen Aspekten betont die hessische Verfassung – zum Teil im Gegensatz zum Grundgesetz, zum Teil in stärkerer Akzentuierung – die sozialen Grundrechte (Recht auf Arbeit, Pflicht zur Arbeit; vgl. Art. 27 ff. der hessischen Verfassung). Die Absicht, Sozialisierungen noch vor Verabschiedung des Grundgesetzes durchzuführen, scheiterte jedoch am Einspruch der amerikanischen Besatzungsmacht.

Die Gesetzgebung obliegt dem nach Verhältniswahlrecht gewählten Landtag. Er wählt mit der Mehrheit der gesetzlichen Mitgliederzahl den Ministerpräsidenten. Dieser bestimmt die Richtlinien der Politik und ernennt die für ihren Bereich verantwortlichen Minister. Ebenfalls mit qualifizierter Mehrheit kann der Landtag den Ministerpräsidenten und damit die gesamte Regierung abwählen; allerdings führt die Regierung die laufenden Geschäfte so lange weiter, bis eine neue das Vertrauen des Parlaments gefunden hat. Auch direktdemokratische Abstimmungen sind vorgesehen: Ein Fünftel der Stimmberechtigten kann in einem Volksbegehren einen Gesetzesentwurf vorlegen und, wenn der Landtag seine Übernahme verweigert, zur Abstimmung bringen. Sämtliche Verfassungsänderungen bedürfen einer Mehrheit in einer Volksabstimmung; über die Verfassungsmäßigkeit der Gesetze und die Verfassungsauslegung entscheidet ein Staatsgerichtshof, dessen fünf Richter und sechs weitere Mitglieder vom Landtag gewählt werden.

Die Verwaltungsgliederung umfaßt nach der kommunalen Neuordnung Ende der 1960er Jahre drei Regierungsbezirke (Darmstadt, Gießen, Kassel) mit fünf kreisfreien Städten (Darmstadt, Frankfurt am Main, Offenbach am Main, Wiesbaden, Kassel) und 21 Landkreisen. Die hessischen Gemeinden (mit über 1500 Einwohnern) sind nach der Magistratsverfassung organisiert. Der von den Gemeindevertretungen gewählte Magistrat besteht aus Bürgermeister und Beigeordneten und leitet die Arbeit der Verwaltung.

Mit einer Fläche von rund 21100 km^2 und 5,5 Millionen Einwohnern ist Hessen das fünftgrößte Land der Bundesrepublik. Seine Bevölkerung ist überwiegend evangelisch (rund 58%). Die vorhandenen Bodenschätze (Braunkohle, Kalisalze, Eisenerze, Erdöl, Erdgas in verschiedenen Gebieten) wirken sich nur in relativ geringem Maße auf die industrielle Struktur des Landes aus. Es dominiert eindeutig das Rhein-Main-Gebiet um Frankfurt, das zugleich der wichtigste Verkehrsknotenpunkt (Autobahnen, Eisenbahn und Luftverkehr) der Bundesrepublik ist. In ihm leben rund 30% der hessischen Bevölkerung; nur im Norden gibt es um Kassel und Baunatal einen weiteren Ballungsraum. Im Rhein-Main-Gebiet sind vor allem chemische und elektrotechnische Industrie sowie Maschinen- und Kraftfahrzeugbau konzentriert. Die Arbeitslosenquote liegt mit 6,8% (1986) unter dem Bundesdurchschnitt. Nach der Wirtschaftsleistung liegt Hessen mit rund 27500 DM Bruttoinlandsprodukt je Einwohner (1982) an der Spitze aller Flächenländer.

Landtagswahlen in Hessen

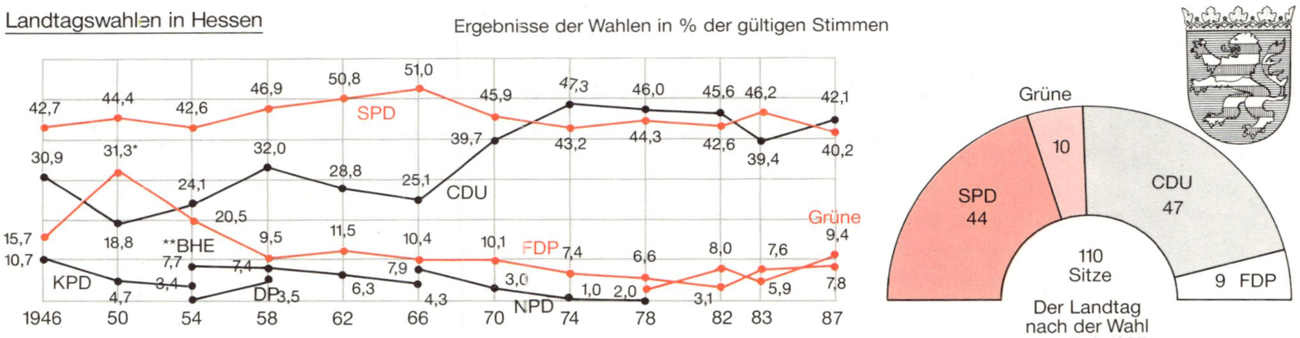

*Verbindung mit BHE **1962: GDP/BHE. 1966: GDP/BHE

Verwaltungsaufbau

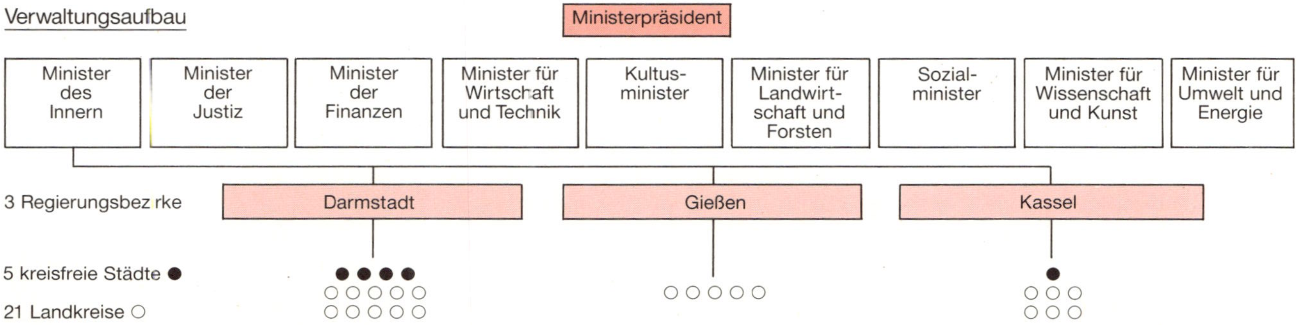

Land Niedersachsen

Im Zuge der territorialen Neuordnung in der britischen Besatzungszone wurden die alten Länder Hannover, Braunschweig, Oldenburg und Schaumburg-Lippe am 23. November 1946 zum neuen Land Niedersachsen zusammengefaßt. An die Stelle des zunächst von der Militärregierung ernannten Landtages trat im April 1947 das erste vom Volk frei gewählte Landesparlament. Eine seiner Hauptaufgaben bestand in der Ausarbeitung einer Verfassung. Die Vorläufige Niedersächsische Verfassung wurde am 13. April 1951 verabschiedet und ist mit mehreren Änderungen noch heute gültig. Da sie erst nach dem Grundgesetz für die Bundesrepublik Deutschland erlassen wurde, enthält die Verfassung keinen eigenen Grundrechtsteil. Im Gegensatz zu den meisten anderen Landesverfassungen verzichtet sie auch auf plebiszitäre Elemente sowie auf die Regelung schulrechtlicher Fragen.

Im Mittelpunkt der Verfassung stehen Bestimmungen zur staatlichen Organisation: Der 155 Mitglieder zählende Landtag übt die Gesetzgebung aus und wählt den Ministerpräsidenten. Das Parlament, das alle vier Jahre neu gewählt wird, besitzt ein Selbstauflösungsrecht. Der Ministerpräsident bestimmt die Richtlinien der Politik und beruft die Minister. Die Landesregierung bedarf zur Amtsübernahme der Bestätigung durch den Landtag. Der Regierungschef kann nur durch ein konstruktives Mißtrauensvotum, d.h. bei Wahl eines Nachfolgers, gestürzt werden. Verfassungsstreitigkeiten entscheidet der Staatsgerichtshof.

Die Verwaltung des Landes ist den Landesbehörden sowie den Gemeinden und Gemeindeverbänden übertragen. Als oberste Landesbehörde fungieren die Landesregierung und der Landesrechnungshof. Die Regierungspräsidenten der vier Regierungsbezirke Braunschweig, Hannover, Lüneburg und Weser-Ems üben als Mittelbehörden im Auftrage des Innenministers die Aufsicht über die Gemeinden aus. Diese gehören wie die 38 Landkreise zur unteren Verwaltungsstufe und haben die Aufgabe, die örtlichen Angelegenheiten zu regeln. Durch eine umfassende Gebietsreform in den 60er und 70er Jahren wurde die Zahl der Gemeinden und Landkreise drastisch reduziert und damit die Effektivität der Verwaltung gestärkt. Landeshauptstadt ist Hannover.

Die niedersächsische Gemeindeordnung entspricht – in modifizierter Form – der Norddeutschen Ratsverfassung. Der von den Bürgern alle fünf Jahre gewählte Gemeinderat wählt für die Dauer der Wahlperiode den Bürger- bzw. Oberbürgermeister als Vorsitzenden des Rates und Repräsentanten der Gemeinde. Leiter der Verwaltung ist der ebenfalls vom Rat auf zwölf Jahre gewählte Gemeinde-, Stadt- oder Oberstadtdirektor. Zwischen Rat und Gemeindedirektor ist ein aus der Mitte des Rats gebildeter Verwaltungsausschuß geschoben.

Die landespolitischen Geschicke bestimmte in den ersten drei Jahrzehnten überwiegend die SPD, auch wenn neben CDU und FDP in den Anfangsjahren die Deutsche Partei (DP) eine bedeutsame Rolle spielte. In wechselnden Koalitionen stellte die SPD mit Hinrich Wilhelm Kopf (1946–55 und 1959–61), Georg Diederichs (1961–70) und Alfred Kubel (1970–76) – nur unterbrochen von einer bürgerlichen Koalitionsregierung 1955–59 unter Heinrich Hellwege (DP) – den Ministerpräsidenten. Nach dem Rücktritt Kubels 1976 wurde überraschend Ernst Albrecht (CDU) zum Ministerpräsidenten gewählt. Seitdem steht er, 1977–78 und seit 1986 in Koalition mit der FDP, an der Spitze der Landesregierung. Seit der Landtagswahl 1982 sind auch die Grünen im Landtag vertreten.

Niedersachsen ist mit einer Fläche von rund 47 450 km^2 nach Bayern das zweitgrößte Land der Bundesrepublik Deutschland, bei einer Bevölkerungsdichte von 152 E/km^2 (insgesamt 7,2 Mill.) jedoch das am schwächsten besiedelte. Zwar zählt es mit rund einem Viertel der landwirtschaftlichen Produktion der Bundesrepublik Deutschland auch heute noch zu den Agrarländern, doch zeigt sich seit längerem eine deutliche Entwicklung in Richtung Industrieland. Begünstigt wird dies durch gute Verkehrsanbindungen und den Reichtum an Bodenschätzen, vor allem Erdöl, Erdgas, Erze, Salze und Braunkohle. Industrielle Schwerpunkte sind die Hafenstädte Wilhelmshaven und Emden sowie der Raum Hannover-Wolfsburg-Braunschweig. Die Arbeitslosenquote liegt mit 11,5% (1986) über dem Bundesdurchschnitt. Trotz positiver Ansätze schneidet das Land im Vergleich mit den übrigen Flächenländern hinsichtlich der Wirtschaftskraft ungünstig ab. Dies zeigt sich sowohl beim Bruttoinlandsprodukt – das zweitniedrigste je Einwohner – als auch darin, daß Niedersachsen Empfänger beim Länderfinanzausgleich und von Bundesergänzungszuweisungen ist.

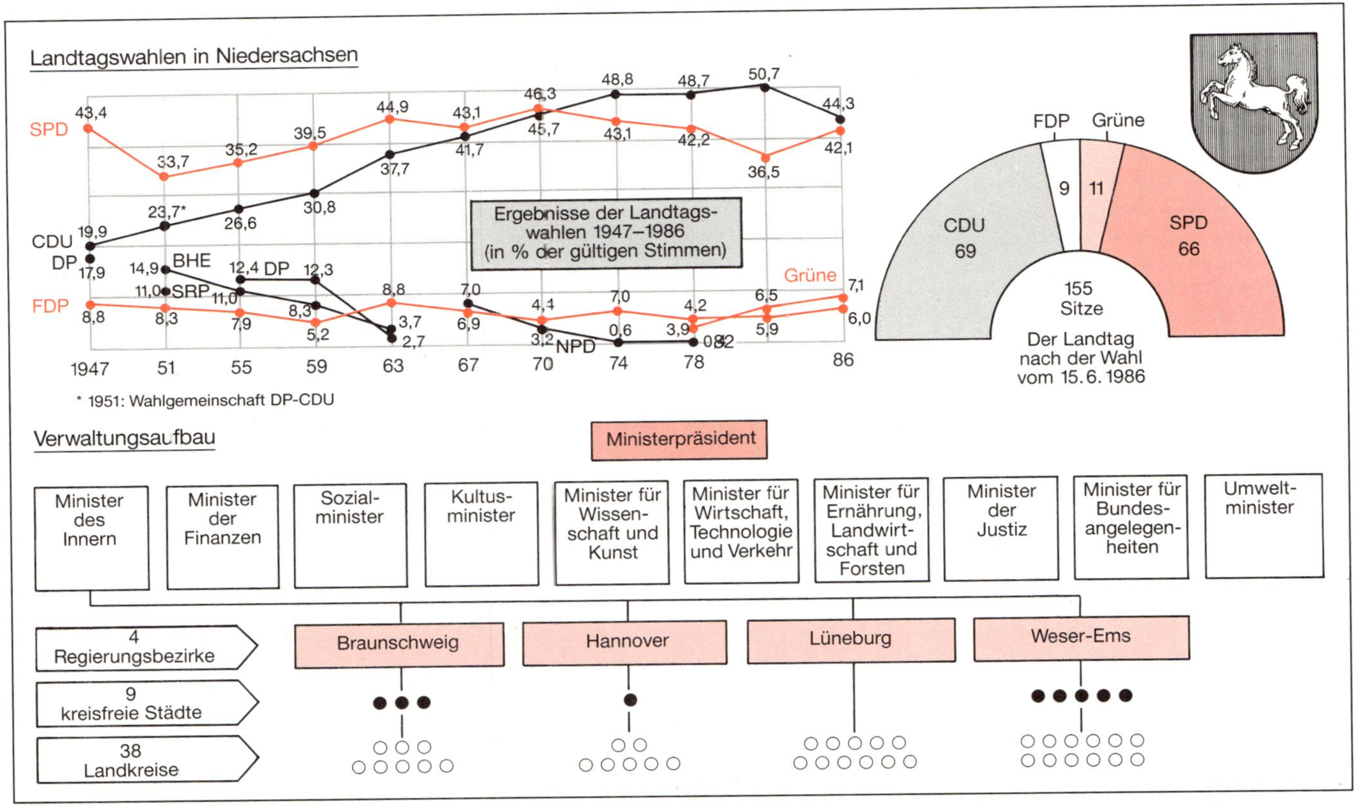
Landtagswahlen in Niedersachsen
Ergebnisse der Landtagswahlen 1947–1986 (in % der gültigen Stimmen)
SPD
CDU
DP
FDP
BHE
SRP
NPD
Grüne
43,4
33,7
35,2
39,5
44,9
43,1
46,3
43,1
42,2
36,5
42,1
19,9
23,7*
26,6
30,8
37,7
41,7
45,7
48,8
48,7
50,7
44,3
17,9
14,9
11,0
12,4 DP
12,3
11,0
8,3
3,7
2,7
7,0
3,2
0,6
8,8
8,3
7,9
5,2
8,8
6,9
4,4
7,0
4,2
3,9
6,5
5,9
7,1
6,0
1947
51
55
59
63
67
70
74
78
86
* 1951: Wahlgemeinschaft DP-CDU
FDP
Grüne
CDU 69
9
11
SPD 66
155 Sitze
Der Landtag nach der Wahl vom 15.6.1986
Verwaltungsaufbau
Ministerpräsident
Minister des Innern
Minister der Finanzen
Sozialminister
Kultusminister
Minister für Wissenschaft und Kunst
Minister für Wirtschaft, Technologie und Verkehr
Minister für Ernährung, Landwirtschaft und Forsten
Minister der Justiz
Minister für Bundesangelegenheiten
Umweltminister
4 Regierungsbezirke
9 kreisfreie Städte
38 Landkreise
Braunschweig
Hannover
Lüneburg
Weser-Ems

Land Nordrhein-Westfalen

Die Geschichte Nordrhein-Westfalens beginnt nach dem Zweiten Weltkrieg, als die britische Militärregierung 1946 aus den nördlichen Teilen der früheren preußischen Rheinprovinz und der Provinz Westfalen – 1947 kam noch das kleine Land Lippe-Detmold hinzu – ein neues Land ohne historisches Vorbild schuf. Das rheinisch-westfälische Industriegebiet war damit erstmals zu einer staatlichen Einheit zusammengefaßt. Eine der wichtigsten Aufgaben der zunächst von der Militärregierung ernannten, nach den ersten Landtagswahlen 1947 vom Landtag gewählten Landesregierung war die Ausarbeitung einer Landesverfassung. Diese wurde am 18. Juni 1950 in einem Volksentscheid gebilligt und trat am 11. Juli 1950 in Kraft.

Nordrhein-Westfalen hat ein parlamentarisches Regierungssystem wie auch der Bund. Der Landtag besteht aus 201 Abgeordneten. Er wird alle fünf Jahre neu gewählt. Ihm obliegt die Gesetzgebung, in die unter bestimmten Voraussetzungen auch die Bürger durch Volksbegehren und Volksentscheid eingreifen können. Aus der Mitte des Landtages wird der Ministerpräsident gewählt, der die Landesminister ernennt und die Richtlinien der Politik bestimmt. Der Ministerpräsident ist vom Vertrauen des Parlaments abhängig, kann aber nur durch ein konstruktives Mißtrauensvotum, d.h. bei gleichzeitiger Wahl eines Nachfolgers, gestürzt werden. Verfassungsstreitigkeiten entscheidet der Verfassungsgerichtshof. Die Verfassung ist inzwischen mehrfach geändert worden, ohne daß allerdings ihre Grundlagen angetastet wurden.

Die staatliche Verwaltung ist den Landesbehörden übertragen. Oberste Landesbehörden sind die Landesregierung und der Landesrechnungshof. Landesmittelbehörden sind die Regierungspräsidenten der fünf Regierungsbezirke Düsseldorf, Köln, Münster, Detmold und Arnsberg. Sie üben die Aufsicht über die Gemeinden aus. Für Aufgaben, die die einzelnen Kommunen nicht allein bewältigen können, haben sich Kreise, Städte und Gemeinden zu zwei Landschaftsverbänden (Rheinland und Westfalen-Lippe) zusammengeschlossen. Landeshauptstadt ist Düsseldorf.

Die nordrhein-westfälische Gemeindeordnung ist nach den Prinzipien der Norddeutschen Ratsverfassung, d.h. zweigleisig, aufgebaut. Der von den Bürgern alle fünf Jahre gewählte Gemeinderat wählt für die Dauer der Wahlperiode den Bürger- bzw. Oberbürgermeister. Dieser ist Vorsitzender des Rates und Repräsentant der Gemeinde. Chef der Verwaltung ist dagegen der ebenfalls vom Gemeinderat auf acht Jahre – also über die Amtszeit des Rates hinaus – gewählte Gemeinde-, Stadt- oder Oberstadtdirektor.

In der Landespolitik spielte zunächst die CDU für fast zwei Jahrzehnte die führende Rolle. Mit Karl Arnold stellte sie von 1947 bis 1956 den Ministerpräsidenten. Er wurde durch ein konstruktives Mißtrauensvotum von SPD und FDP gestürzt, die unter Fritz Steinhoff (SPD) eine Koalition bildeten. Schon zwei Jahre später, 1958, errang die CDU bei den Landtagswahlen die absolute Mehrheit und stellte mit Franz Meyers erneut, nach 1962 in Koalition mit der FDP, den Regierungschef. Durch ein weiteres Mißtrauensvotum kam die SPD zusammen mit der FDP 1966 wieder an die Regierung. Seit diesem Zeitpunkt stellt sie den Ministerpräsidenten, bis 1978 mit Heinz Kühn, anschließend mit Johannes Rau (absolute Mehrheit bei den Landtagswahlen 1980 und 1985).

Nordrhein-Westfalen ist mit rund 34060 km^2 das viertgrößte Land der Bundesrepublik Deutschland, aber bei einer Einwohnerzahl von 16,7 Mill. das volkreichste und mit 490 E/km^2 der am dichtesten besiedelte Flächenstaat. Allein im Ruhrgebiet leben 4,8 Mill. Menschen (1250 E/km^2). Mit einem Anteil von knapp 27% am Bruttoinlandsprodukt – 1957 waren es noch 31,3% – leistet Nordrhein-Westfalen zur Wirtschaft der Bundesrepublik einen bedeutenden Beitrag, doch ist nicht zu übersehen, daß das Land, insbesondere das Ruhrgebiet, einen tiefgreifenden Strukturwandel erleidet. Betroffen ist vor allem die Montanindustrie. Der Anteil von Kohle und Stahl an der industriellen Gesamtproduktion ging stark zurück, während andere Industriezweige wie die Chemie sich kräftig entwickelten. Konjunkturelle Einbrüche und strukturelle Veränderungen führten zu einem Rückgang der Beschäftigung und zu einem Anstieg der Arbeitslosigkeit (1986: 725000 registrierte Arbeitslose; Arbeitslosenquote: 10,9%). Das Land verlor seine führende Position im Finanzausgleich. Mit Wirtschaftsförderungsprogrammen versucht man, diese Entwicklung wieder umzukehren.

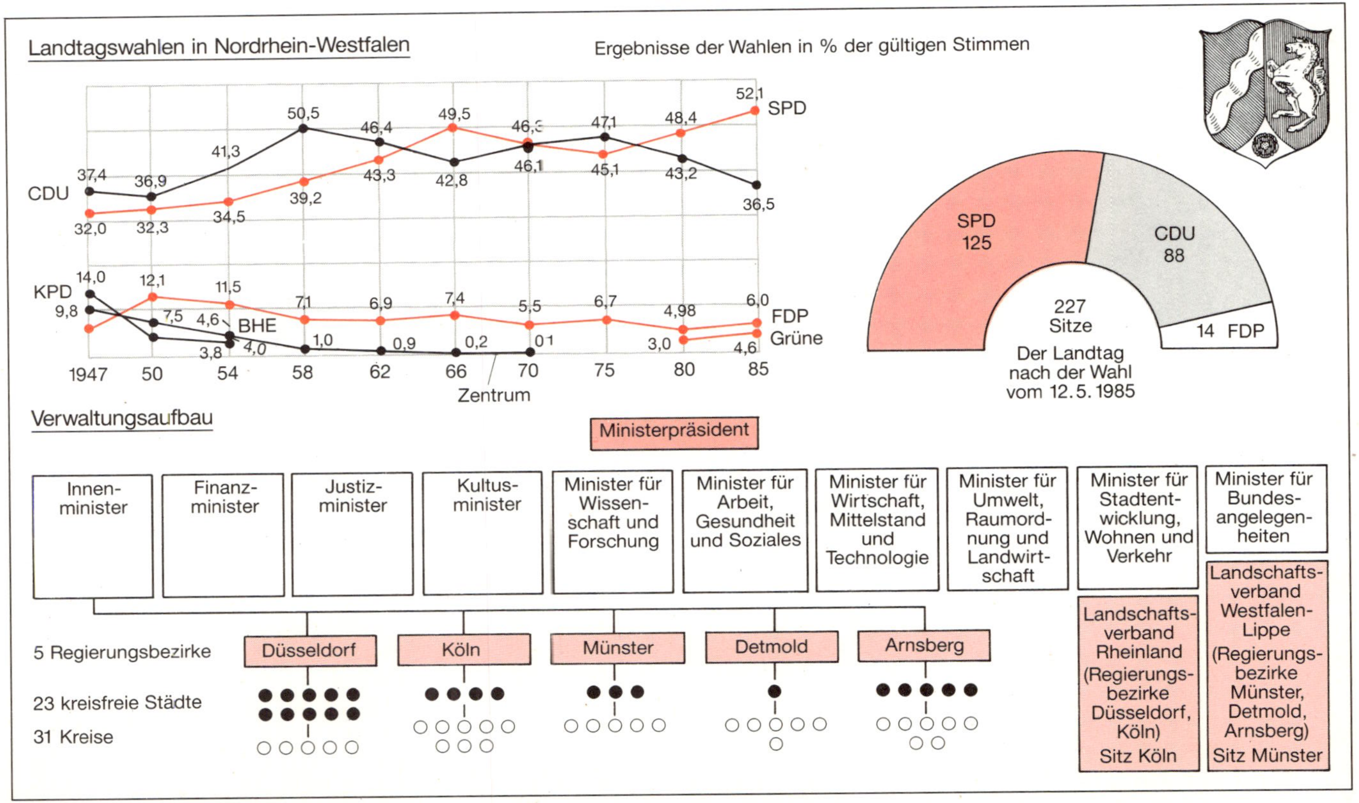
Landtagswahlen in Nordrhein-Westfalen
Ergebnisse der Wahlen in % der gültigen Stimmen
SPD
CDU
KPD
BHE
FDP
Grüne
Zentrum
37,4 36,9 41,3 50,5 46,4 42,8 46,1 47,1 43,2 36,5
32,0 32,3 34,5 39,2 43,3 49,5 45,1 48,4 52,1
14,0 9,8 12,1 7,5 11,5 4,6 4,0 3,8 7,1 1,0 6,9 0,9 7,4 0,2 5,5 6,7 4,98 3,0 6,0 4,6
1947 50 54 58 62 66 70 75 80 85
SPD 125
CDU 88
14 FDP
227 Sitze
Der Landtag nach der Wahl vom 12.5.1985
Verwaltungsaufbau
Ministerpräsident
Innenminister
Finanzminister
Justizminister
Kultusminister
Minister für Wissenschaft und Forschung
Minister für Arbeit, Gesundheit und Soziales
Minister für Wirtschaft, Mittelstand und Technologie
Minister für Umwelt, Raumordnung und Landwirtschaft
Minister für Stadtentwicklung, Wohnen und Verkehr
Minister für Bundesangelegenheiten
5 Regierungsbezirke
23 kreisfreie Städte
31 Kreise
Düsseldorf
Köln
Münster
Detmold
Arnsberg
Landschaftsverband Rheinland (Regierungsbezirke Düsseldorf, Köln) Sitz Köln
Landschaftsverband Westfalen-Lippe (Regierungsbezirke Münster, Detmold, Arnsberg) Sitz Münster

Rheinland-Pfalz

Das am 30. August 1946 auf Beschluß der französischen Besatzungsmacht gegründete Land Rheinland-Pfalz umfaßt große Teile der preußischen Rheinlande, der ehemals bayerischen Pfalz und die linksrheinischen Gebiete Hessens. Die Bevölkerung stimmte der Verfassung am 18. Mai 1947 mit einer relativ knappen Mehrheit (ca. 55%) zu. Zunächst war Koblenz Landeshauptstadt, seit 1950 ist es Mainz.

Seit 1947 ist die CDU die stärkste Partei im Landtag. Sie konnte 1971–87 allein regieren und stellte mit Peter Altmeier von 1947–69, Helmut Kohl von 1969–76 und Bernhard Vogel seit 1976 den Ministerpräsidenten. Vogel führt seit 1987 eine Koalitionsregierung aus CDU und FDP.

Nach der Verfassung obliegt die Gesetzgebung dem nach Verhältniswahlrecht gewählten Landtag. Der von ihm mit Mehrheit der gesetzlichen Mitgliederzahl gewählte Ministerpräsident bestimmt die Richtlinien der Politik und wählt die Minister aus. Im Gegensatz zum Bonner Grundgesetz hat der Landtag das Recht auf Selbstauflösung, wenn dies die Mehrheit der Mitglieder verlangt. Darüber hinaus können diese Abgeordneten dem Ministerpräsidenten, der Landesregierung oder jedem einzelnen Minister das Vertrauen entziehen, ohne zugleich einen Nachfolger zu bestimmen. Bis zu dessen Wahl, höchstens jedoch für vier Wochen, bleibt die Regierung geschäftsführend im Amt. Gelingt in dieser Frist die Wahl eines Nachfolgers nicht, müssen Neuwahlen abgehalten werden. Verfassungsrechtliche Streitfragen entscheidet ein Verfassungsgerichtshof.

Nach Artikel 109 der Landesverfassung sind Volksbegehren vorgesehen, wenn ein Fünftel der Stimmbrechtigten Gesetze erlassen, ändern oder aufheben oder den Landtag auflösen will. Seit 1974 gibt es einen Bürgerbeauftragten, der im Rahmen der parlamentarischen Kontrolle der Regierung die Stellung der Bürger gegenüber der Verwaltung stärken soll und der aufgrund von Eingaben oder von Amts wegen tätig wird.

Die Landesorganisation ist dreigliedrig: Den obersten Landesbehörden folgen als Mittelinstanzen drei Regierungsbezirke (Koblenz, Rheinhessen-Pfalz, Trier), auf der unteren Ebene 12 kreisfreie Städte und 24 Landkreise. Die kommunalen Mandatsträger und die Bürgermeister werden in Rheinland-Pfalz nach der sogenannten Bürgermeisterverfassung, die der Süddeutschen Ratsverfassung ähnelt, gewählt. Der Unterschied besteht darin, daß die Bürgermeister, bzw. in den großen (kreisangehörigen oder kreisfreien) Städten die Oberbürgermeister, nicht direkt von den Gemeindebürgern, sondern vom Gemeinderat (Stadtrat) gewählt werden. In zeitlicher Hinsicht gibt es ein Element der Gewaltenteilung durch die unterschiedliche Amtsdauer: Der Gemeinderat amtiert fünf, der Bürgermeister zehn Jahre. Der vom Ministerpräsidenten ernannte Landrat, der auf Kreisebene den Vorsitz im Kreistag führt, ist Landesbeamter, seine Bestellung bedarf aber der Zustimmung des Kreistages.

Flächenmäßig mit rund 19850 km^2 und nach der Bevölkerungszahl (3,6 Mill.) ist Rheinland-Pfalz das sechstgrößte Land der Bundesrepublik Deutschland. Die Bevölkerung ist überwiegend katholisch. Es überwiegt die Agrarwirtschaft. Rund zwei Drittel der Rebflächen des Bundesgebietes liegen in Rheinland-Pfalz. Es ist damit das größte Weinbauland der Bundesrepublik. Neben einigen vom Vorhandensein von Bodenschätzen (Steine, Bims, Kies und Sand) abhängigen Industrien wurde die im Ballungsraum (Mannheim-) Ludwigshafen-Frankenthal konzentrierte chemische Industrie zum bedeutendsten Wirtschaftszweig. Auf rheinland-pfälzischem Gebiet liegen außerdem Teile der Ballungs- und Industriegebiete um Karlsruhe und am Rhein bzw. Rhein-Main. Rheinland-Pfalz gehört zu den strukturschwachen und damit finanzausgleichsberechtigten Ländern. Die Arbeitslosigkeit liegt mit 8,3% (1986) unter dem Bundesdurchschnitt. In erster Linie macht sich hier die Strukturschwäche der Problemregion Westpfalz bemerkbar. Als strukturverbessernde Infrastrukturmaßnahmen wurde deshalb der Bau von Autobahnen zusammen mit weiteren Maßnahmen der verbesserten Anbindung des peripher gelegenen Saarlandes beschlossen und zum Teil bereits durchgeführt.

Im Jahre 1956 wurden vier Volksbegehren zur Neugliederung des Landes eingereicht. Drei davon kamen zur Abstimmung, wurden jedoch im Volksentscheid am 19. Januar 1975 mit deutlichen Mehrheiten für den Verbleib der betroffenen Gebiete bei Rheinland-Pfalz abgelehnt. Rheinland-Pfalz war das erste Land, das 1963 mit der Verwaltungsreform begann und die Zahl der Verwaltungseinheiten reduzierte.

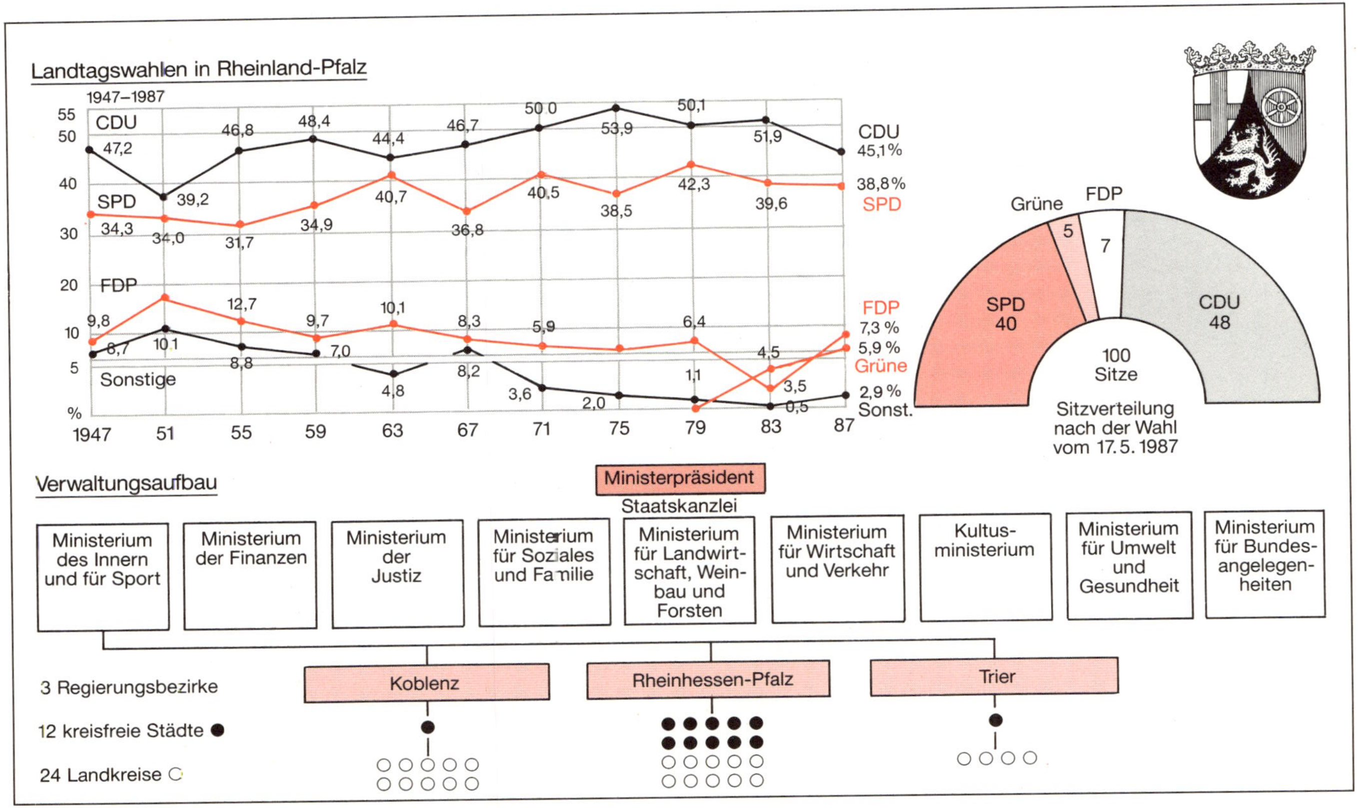
Landtagswahlen in Rheinland-Pfalz
1947–1987
CDU
SPD
FDP
Sonstige
55
50
40
30
20
10
5
%
1947
51
55
59
63
67
71
75
79
83
87
47,2
39,2
46,8
48,4
44,4
46,7
50,0
53,9
50,1
51,9
CDU 45,1%
34,3
34,0
31,7
34,9
40,7
36,8
40,5
38,5
42,3
39,6
38,8% SPD
9,8
12,7
9,7
10,1
8,3
5,9
6,4
3,5
FDP 7,3%
6,7
10,1
8,8
7,0
4,8
8,2
3,6
2,0
1,1
0,5
4,5
5,9% Grüne
2,9% Sonst.
Grüne
FDP
5
7
SPD 40
CDU 48
100 Sitze
Sitzverteilung nach der Wahl vom 17.5.1987
Verwaltungsaufbau
Ministerpräsident
Staatskanzlei
Ministerium des Innern und für Sport
Ministerium der Finanzen
Ministerium der Justiz
Ministerium für Soziales und Familie
Ministerium für Landwirtschaft, Weinbau und Forsten
Ministerium für Wirtschaft und Verkehr
Kultusministerium
Ministerium für Umwelt und Gesundheit
Ministerium für Bundesangelegenheiten
3 Regierungsbezirke
12 kreisfreie Städte
24 Landkreise
Koblenz
Rheinhessen-Pfalz
Trier

Saarland

Die französische Besatzungsmacht schuf 1945 das Saarland aus dem Saargebiet sowie Teilen der einstigen bayerischen Pfalz und der ehemaligen preußischen Rheinprovinz. Die Politik Frankreichs zielte auf eine politische und wirtschaftliche Abtrennung des Saarlandes von Deutschland. Dem wirtschaftlichen Anschluß an Frankreich folgte mit der am 15. Dezember 1947 in Kraft getretenen Verfassung die politische Unabhängigkeit von Deutschland. 1954 schlossen Frankreich und die Bundesrepublik Deutschland ein Abkommen über das Statut der Saar, das eine Europäisierung des Saarlandes vorsah. Doch gut zwei Drittel der Bevölkerung (67,7%) lehnten das Statut in einer Volksbefragung ab, woraufhin 1957 die politische und 1959 die wirtschaftliche Eingliederung des Saarlandes in die Bundesrepublik Deutschland erfolgte.

Die Verfassung des Saarlandes von 1947 ist zweimal durchgreifend geändert worden: 1957 wurden alle Vorschriften revidiert, die einer Eingliederung des Saarlandes in die Bundesrepublik Deutschland entgegenstanden; 1979 erhielt der zweite, staatsorganisatorische Hauptteil in Anlehnung an das Grundgesetz eine völlig neue Fassung, während der erste Hauptteil, der u.a. einen ausführlichen Grundrechtskatalog enthält, weitgehend unverändert blieb.

Nach seiner Verfassung ist das Saarland eine freiheitliche Demokratie und ein sozialer Rechtsstaat in der Bundesrepublik Deutschland. Der Landtag wird für fünf Jahre gewählt. Er besteht aus 51 Abgeordneten und besitzt ein Selbstauflösungsrecht. Ihm obliegt die Gesetzgebung, doch ist unter bestimmten Voraussetzungen auch die Möglichkeit des Volksentscheids vorgesehen. Die vollziehende Gewalt liegt bei der Landesregierung, die sich aus dem vom Landtag gewählten Ministerpräsidenten und den von diesem mit Zustimmung des Landesparlamentes ernannten Ministern zusammensetzt. Der Ministerpräsident, der des Vertrauens des Landtages bedarf und durch einfaches Mißtrauensvotum gestürzt werden kann, bestimmt die Richtlinien der Politik. Verfassungsrechtliche Streitfragen entscheidet der Verfassungsgerichtshof.

Bestimmte bis zur Eingliederung in die Bundesrepublik Deutschland die Christliche Volkspartei (CVP) unter Ministerpräsident Johannes Hoffmann die Landespolitik, so wurde danach die CDU für fast drei Jahrzehnte zur führenden politischen Kraft. Sie stellte mit Hubert Ney (1956–1957), Egon Reinert (1957–59), Franz-Josef Röder (1959–79) und Werner Zeyer (1979–85) den Ministerpräsidenten. Erst die Landtagswahl 1985 änderte die politischen Mehrheitsverhältnisse grundlegend. Die SPD errang mit Oskar Lafontaine die absolute Mehrheit und stellt seitdem die Regierung.

Die Verwaltung des Saarlandes besitzt im Gegensatz zu den meisten anderen Ländern nur zwei Stufen: die Landesregierung und die ihr nachgeordneten Behörden sowie die Gemeinden und Gemeindeverbände. Im Zuge einer territorialen Neugliederung wurde die Zahl der Gemeinden auf 52, die der Landkreise auf fünf vermindert und ein besonderer Stadtverband Saarbrücken gebildet. Landeshauptstadt ist Saarbrücken. Die saarländische Gemeindeordnung entspricht dem Typ der Bürgermeisterverfassung. Der von den Bürgern alle fünf Jahre gewählte Gemeinderat wählt für zehn Jahre den Bürger- bzw. Oberbürgermeister als Leiter der Verwaltung und Vorsitzenden des Rates.

Mit 1,051 Mill. Einwohnern (1984) bei einer Fläche von 2571 km^2 ist das Saarland nach Nordrhein-Westfalen der am dichtesten besiedelte Flächenstaat (409 E/km^2). Knapp die Hälfte der erwerbstätigen Bevölkerung ist in der Industrie tätig, die wie in keinem anderen Land vom Steinkohlebergbau und der Stahlindustrie geprägt wurde. Während sich das Steinkohlebecken von Neunkirchen über die Saar bis zum Warndtgebiet erstreckt, siedelte sich die eisenschaffende und eisenverarbeitende Industrie entlang der Saar von Merzig bis Saarbrücken an. Die Dauerkrise von Kohle und Stahl hat das Saarland in größte wirtschaftliche und arbeitsmarkt- wie finanzpolitische Probleme gestürzt. So weist das Land mit 13,3% (1986) Arbeitslosigkeit die zweithöchste Rate aller Länder der Bundesrepublik auf. Der Landeshaushalt ist zu 14,1% (1986) aus Krediten finanziert. Außerdem ist man von Zuweisungen im Länderfinanzausgleich und in hohem Maße von Subventionen des Bundes (Bundesergänzungszuweisungen) abhängig. Die Landesregierung ist deshalb seit langem bemüht, die einseitige Wirtschaftsstruktur durch Ansiedlung neuer Industrien, vor allem aus dem Bereich der neuen Technologien, zu verbessern, wofür die zentrale Lage des Landes im europäischen Wirtschaftsraum gute Voraussetzungen bieten dürfte.

Landtagswahlen im Saarland

Ergebnisse der Wahlen in % der gültigen Stimmen

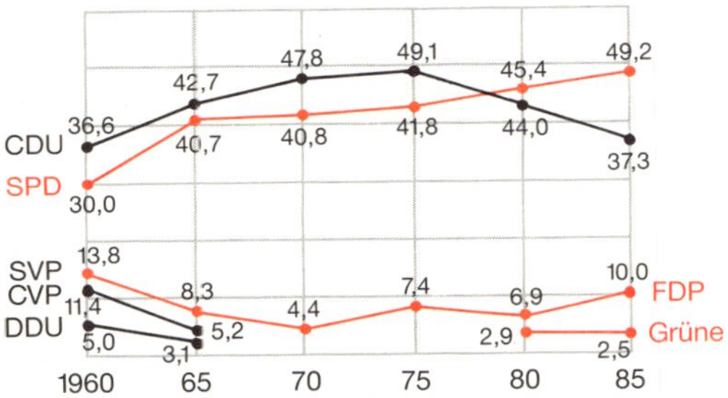

SVP/CVP: Saarländische Volkspartei/Christliche Volkspartei
DDU: Deutsche Demokratische Union

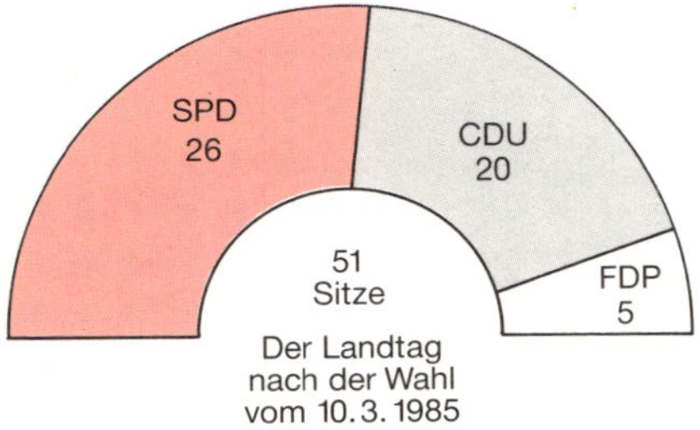

Verwaltungsaufbau:

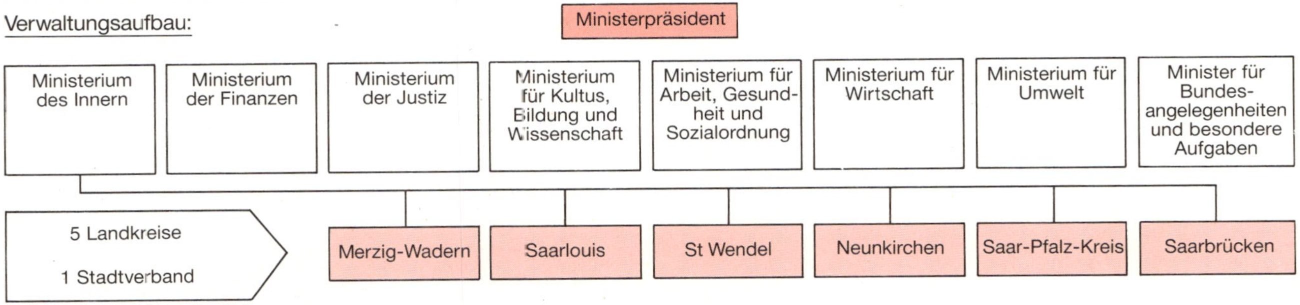

Land Schleswig-Holstein

Das Land Schleswig-Holstein war nach dem Zweiten Weltkrieg ein Teil der britischen Besatzungszone. Es wurde durch Verfügung der britischen Militärregierung vom 23. August 1946 aus einer ehemaligen preußischen Provinz geschaffen. Nach Inkrafttreten des Grundgesetzes verabschiedete der schleswig-holsteinische Landtag am 13. Dezember 1949 die *Landessatzung*, die sich stark am Grundgesetz orientiert. In ihr wird im wesentlichen die Organisation des Staatsapparates geregelt. Auf eine Garantie von Landesgrundrechten wurde verzichtet, da das Grundgesetz Grundrechte gewährleistet. Eine Ausnahme stellt das Recht des Bekenntnisses zu einer nationalen Minderheit dar. Der die Rechte der dänischen Minderheit vertretende Südschleswigsche Wählerverband (SSW) ist bei Wahlen von der Fünfprozentklausel ausgenommen und mit mindestens einem Abgeordneten im Landtag vertreten, wenn er die hierfür erforderliche Stimmenzahl erreicht.

Schleswig-Holstein besitzt ein parlamentarisches Regierungssystem. Der aus derzeit 74 Abgeordneten bestehende Landtag wird auf vier Jahre gewählt. Er hat das alleinige Recht zur Gesetzgebung und zu Verfassungsänderungen. Abgesehen von den Jahren 1947–50 stellte die CDU bis 1988 die Regierungsmehrheit. Ministerpräsidenten waren: 1946–47 Theodor Steltzer (CDU), 1947–49 Hermann Lüdemann (SPD), 1949–50 Bruno Diekmann (SPD), 1950–51 Walter Bartram (CDU), 1951–54 Friedrich Wilhelm Lübke (CDU), 1954–63 Kai-Uwe von Hassel (CDU), 1963–71 Helmut Lemke (CDU), 1971–82 Gerhard Stoltenberg (CDU), 1982–87 Uwe Barschel (CDU). Koalitionen wurden mit der FDP, der DP (Deutsche Partei) und dem GB/BHE (Gesamtdeutscher Block/Block der Heimatvertriebenen und Entrechteten) gebildet.

Nach der Wahl vom 13. September 1987 stand die Landespolitik im Zeichen eines parlamentarischen Patts (CDU–FDP und SPD–SSW) und der Untersuchung des Skandals um Uwe Barschel. Dieser hatte bei der Bekämpfung des politischen Gegners zu ungesetzlichen Mitteln gegriffen. Nach dem Rücktritt Barschels († 11. 10. 1987) amtierte seit 2. Oktober eine geschäftsführende Landesregierung, die schließlich Neuwahlen am 8. Mai 1988 herbeiführte. Die SPD konnte mit 54,8% der Stimmen die absolute Mehrheit erringen und eine Regierung unter Björn Engholm bilden.

Der Landtag wählt den Ministerpräsidenten. Dieser beruft und entläßt die Minister. Er bestimmt die Richtlinien der Politik. Die Amtsdauer des Ministerpräsidenten ist nicht auf die Legislaturperiode beschränkt. Er bleibt so lange im Amt, bis ein neugewählter Landtag einen Nachfolger gewählt hat. Der Ministerpräsident kann durch ein konstruktives Mißtrauensvotum gestürzt werden. Er kann seinerseits bei einer Krise zwischen Parlament und Regierung die Vertrauensfrage stellen. Findet er dabei keine Mehrheit, kann er innerhalb von zehn Tagen den Landtag auflösen, falls dieser nicht einen anderen Ministerpräsidenten wählt. Der Landtag kann sich auf Antrag des Ministerpräsidenten auch selbst auflösen.

Die Verwaltung Schleswig-Holsteins ist im Gegensatz zu den anderen Ländern (außer dem Saarland) zweistufig aufgebaut, ohne Mittelstufe. Die allgemeine Landesverwaltung wird nach staatlicher Weisung von den Landkreisen als kommunalen Gebietskörperschaften durchgeführt. In ihnen obliegt die Wahrnehmung staatlicher Belange sowie die Ausführung der Beschlüsse des Kreistages einem von diesem gewählten Landrat.

Die Gemeinden Schleswig-Holsteins haben als Gemeindeorgan die auf vier Jahre gewählten Gemeinde- bzw. Stadtvertretungen sowie in Landgemeinden den Bürgermeister (Bürgermeisterverfassung) und in Städten Magistrat und Bürgermeister (Magistratsverfassung). In den Landgemeinden wird der Bürgermeister von der Gemeindevertretung gewählt, in den Städten vom Magistrat, der wiederum von der Stadtvertretung gewählt ist. Bürgermeister bzw. Magistrat bereiten die Beschlüsse von Gemeinde- bzw. Stadtvertretung vor und führen sie unter deren Aufsicht aus. Kleinere Gemeinden sind in Ämtern zusammengefaßt. Schleswig-Holstein besitzt kein Verfassungsgericht; über Landesverfassungsstreitigkeiten entscheidet das Bundesverfassungsgericht.

Mit einer Fläche von 15 721 km² und 2,614 Mill. Einwohnern (1984; 166 E/km²) ist Schleswig-Holstein der zweitkleinste Flächenstaat der Bundesrepublik Deutschland. Landeshauptstadt ist Kiel.

Von allen Ländern der Bundesrepublik ist Schleswig-Holstein noch am stärksten landwirtschaftlich geprägt. Das Bruttoinlandsprodukt pro Kopf war 1984 mit 23 733 DM das niedrigste im ganzen Bundesgebiet. Die Arbeitslosenquote lag 1986 mit 10,9% über dem Bundesdurchschnitt.

Landtagswahlen in Schleswig-Holstein

Ergebnisse der Wahlen in % der gültigen Stimmen

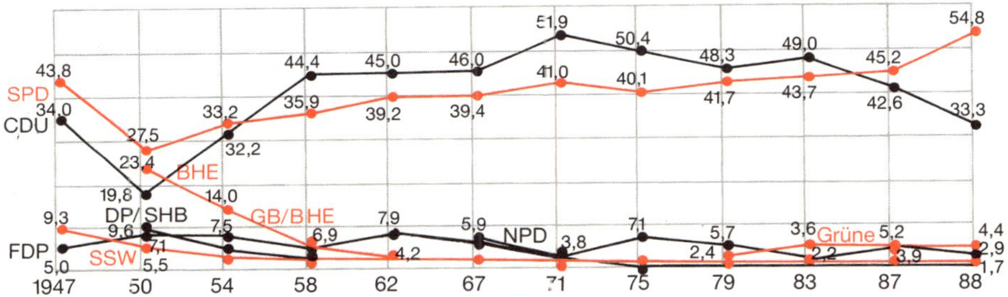

BHE: Bund der Heimatvertriebenen und Entrechteten. – DP: Deutsche Partei
SHB: Schleswig-Holstein-Block. – SSW: Südschleswigscher Wählerverband

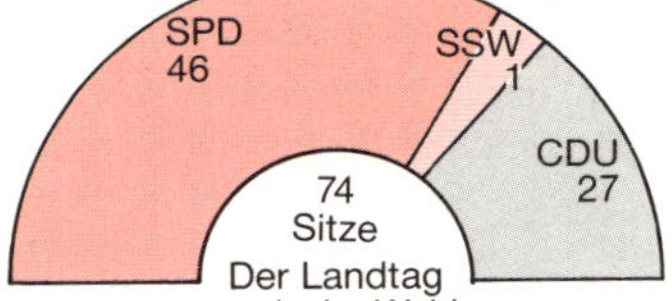

Der Landtag nach der Wahl vom 8. 5. 1988

Verwaltungsaufbau

Ministerpräsident

- Innenminister
- Justizminister
- Finanzminister
- Minister für Wirtschaft, Technik und Verkehr
- Minister für Ernährung, Landwirtschaft, Forsten und Fischerei
- Minister für Soziales, Gesundheit und Energie
- Minister für Bildung, Wissenschaft, Jugend und Kultur
- Minister für Natur und Umwelt
- Minister für Frauen
- Minister für Bundesangelegenheiten

4 kreisfreie Städte

11 Kreise

kreisfreie Städte

Flensburg
Kiel
Lübeck
Neumünster

Landkreise

Dithmarschen
Herzogtum Lauenburg
Nordfriesland
Ostholstein
Pinneberg
Plön
Rendsburg-Eckernförde
Schleswig-Flensburg
Segeberg
Steinburg
Stormarn

Aufgaben der Selbstverwaltung

Der moderne Staat hat sich die Gemeinden zwar weitgehend eingegliedert, ihnen jedoch ein Feld eigenständigen Wirkens garantiert (kommunale Selbstverwaltung) und viele Staatsaufgaben zur auftragsweisen Erledigung übertragen. In der Bundesrepublik Deutschland haben die Gemeinden nach Art. 28 Abs. 2 GG und nach den Länderverfassungen das Recht, alle *Angelegenheiten der örtlichen Gemeinschaft* in eigener Verantwortung, „im Rahmen der Gesetze", zu regeln. Auch die Kreise (Gemeindeverbände) haben für ihren gesetzlich bestimmten Aufgabenbereich verfassungsgemäß das Recht auf Selbstverwaltung (vgl. S. 190 und S. 192).

Die Verfassungsgarantie der kommunalen Selbstverwaltung gewährleistet einen *Kernbereich* eigener Entscheidungen und selbstbestimmter Verwaltung, aber keinen festgelegten Aufgabenbestand. Der Grundsatz der gemeindlichen *Allzuständigkeit* ist in der Praxis heute erheblich eingeschränkt; die Auftragsangelegenheiten (u.a. Pflichtaufgaben nach Weisung) überwiegen bei weitem die freiwilligen Aufgaben. Auch finanziell ist die Kommunalverwaltung in stärkere Staatsabhängigkeit geraten.

Für den bürgerschaftlichen, demokratischen Grundzug des Staates hat die kommunale Selbstverwaltung mit ihrer unmittelbar gewählten Volksvertretung gleichwohl große Bedeutung. Auch die weitgehend dezentralisierte Erledigung vieler staatlicher Aufgaben fällt hierbei ins Gewicht.

Man kann die Aufgaben der gemeindlichen Selbstverwaltung in Ordnungs-, Leistungs-, Planungs- und Gestaltungsaufgaben gliedern. Organisationspläne der Kommunalen Gemeinschaftsstelle für Verwaltungsvereinfachung (KGST, Köln) spiegeln die Vielgestaltigkeit kommunaler Aufgaben wider: Zur *Allgemeinen Verwaltung* zählen z.B. das Personalwesen, die Statistik, die Pressearbeit und die Rechnungsprüfung. Die *Finanzverwaltung* (Kämmerei) umfaßt u.a. die Haushaltsfragen, das Steuerwesen, die Liegenschaften. Zur kommunalen *Rechts-, Sicherheits- und Ordnungsverwaltung* gehören das Rechtsamt, das Einwohner- und Meldewesen, das Standesamt, auch Feuerwehr und Zivilschutz. In der *Bauverwaltung* zusammengefaßt sind Stadtplanung, Hochbau, Vermessung, Bauordnung, Wohnungsförderung, Tiefbau, Grünflächen. Aufgaben des *Umweltschutzes* sind oft einem selbständigen Dezernat übertragen.

Die Mehrzahl der kommunalen Aufgaben gehört zur umfassenden Daseinsvorsorge für die Bürger: das *Sozial-, das Jugend- und das Gesundheitswesen* – vom kommunalen Krankenhaus bis zur Sportförderung, von der Jugendhilfe bis zur Wohngeldstelle, von der Sozialhilfe bis zur Gesundheitsfürsorge. Im *Kulturbereich* haben die Kommunen zur Pflege und Vermittlung von Kultur und Künsten die meisten Möglichkeiten, frei tätig zu werden. Im *Schulwesen* sind sie mit der überkommenen Trennung von „inneren" und „äußeren" Schulangelegenheiten weitgehend auf Bau und Unterhalt (Schulträgerschaft) verwiesen. Im Bereich *Wirtschaft und Verkehr* sind die kommunalen Unternehmen für die Versorgung mit Wasser, Strom, Gas, Fernwärme und für den Nahverkehr zuständig, ferner für die Wirtschaftsförderung. Der Verwaltung für *öffentliche Einrichtungen* unterstehen z.B. die Stadtreinigung, das Marktwesen, Abfall- und Abwasserwirtschaft.

Die Einwohnerzahl, die Finanzkraft und die Schwerpunkte in Wirtschaft und Kultur sind entscheidend für den Umfang der kommunalen Aufgaben. Da die Mittel für Sachinvestitionen seit Anfang der 1980er Jahre erheblich geringer geworden sind, ist eine eigene Aufgabenerweiterung kaum noch möglich. Seit längerem wird eine gewisse Einschränkung durch Privatisierung kommunaler Aufgaben aus ordnungspolitischen und finanziellen Gründen und zur Steigerung der Leistungen betrieben, z.B. bei Teilen der Abfallwirtschaft, in der Wohnungswirtschaft oder bei Sozialeinrichtungen.

Zur Rationalisierung und Reform der Verwaltung sowie zu Einsparungen wird vielfach geprüft, welche hergebrachten Aufgaben nicht mehr wahrgenommen werden müssen *(Aufgabenkritik).*

Die Rechtsqualität der Kommunalaufgaben als Selbstverwaltungs- oder Auftragsangelegenheit, als Pflichtaufgabe mit oder ohne Weisung des Staates hat in der Kommunalentwicklung eine wichtige Rolle gespielt, auch der Umfang der Staatsaufsicht, und zwar mit erheblichen Varianten in den Ländern: In Rechtswissenschaft, Rechtsprechung, Gesetzgebung und Verwaltung ging es um den Einfluß des Staates, um die Grenzen politischer Eigenständigkeit der kommunalen Selbstverwaltung. Die Auffassung, daß die gemeindliche Verwaltung mit ihren Aufgaben „mittelbare Staatsverwaltung" sei, wurde und wird z.T. noch heute vertreten.

Kommunalverwaltung: Aufgabengliederung – Verwaltungsgliederung – Ämterorganisation (100000–200000 Einwohner)

1 Allgemeine Verwaltung
- Hauptamt
- Personalamt
- Statistisches Amt
- Presseamt
- Rechnungsprüfungsamt

2 Finanzverwaltung
- Kämmerei
- Kasse
- Steueramt
- Liegenschaftsamt
- Amt für Verteidigungslasten

3 Rechts-, Sicherheits- und Ordnungsverwaltung
- Rechtsamt
- Ordnungsamt
- Einwohner- und Meldeamt
- Standesamt
- Versicherungsamt
- Feuerwehr
- Zivilschutzamt

4 Schul- und Kulturverwaltung
- Schulverwaltungsamt
- Kulturamt
- Volkshochschule
- Musikschule

5 Sozial-, Jugend- und Gesundheitsverwaltung
- Sozialamt
- Jugendamt
- Sportamt
- Gesundheitsamt
- Krankenhäuser
- Ausgleichsamt

6 Bauverwaltung
- Bauverwaltungsamt
- Stadtplanungsamt
- Vermessungs- und Katasteramt
- Bauordnungsamt
- Wohnungsförderungsamt
- Hochbauamt
- Tiefbauamt
- Grünflächenamt

7 Verwaltung für öffentliche Einrichtungen
- Stadtreinigungsamt
- Schlacht- und Viehof
- Marktamt

8 Verwaltung für Wirtschaft und Verkehr
- Amt für Wirtschafts- und Verkehrsförderung
- Forstamt

nach: Kommunale Gemeinschaftsstelle für Verwaltungsvereinfachung: Verwaltungsorganisation der Gemeinden, Köln 1979.

Entwicklung der kommunalen Ausgaben 1974–1984

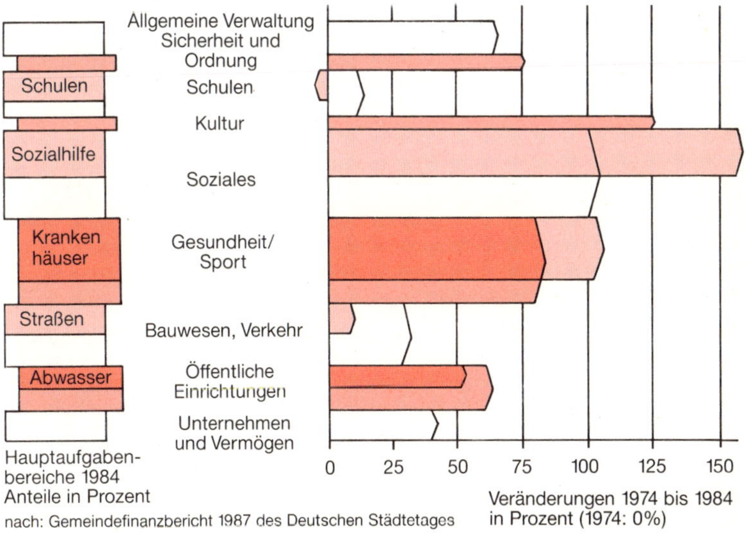

nach: Gemeindefinanzbericht 1987 des Deutschen Städtetages

Kommunalverfassungen

Die Stellung der Gemeinden, Städte und Kreise samt Rechten und Pflichten ist normiert in den *Gemeinde- und Kreisordnungen* der Bundesländer. Die Garantie der kommunalen Selbstverwaltung in Art. 28 GG und den Landesverfassungen ist unterschiedlich ausgestaltet für die Organe, die Aufgaben, die Verfahren usw. Fast alle Gemeindeordnungen bekräftigen, daß die Gemeinde „Grundlage des Staates und des demokratischen Lebens" sei. Hier werden geschichtliche Wurzeln der kommunalen Selbstverwaltung (z. B. nach der Steinschen Städteordnung von 1808 in Preußen direkt gewählte Volksvertretung mit Vorrang gegenüber der „Exekutive") auf dem Weg zum modernen Verfassungsstaat deutlich.

Die Gemeinde- und Kreisordnungen treffen jeweils besondere Regelungen über die Vertretungskörperschaft und die weiteren Organe, Rechtsstellung und Aufgaben, ferner über Vermögen und Wirtschaftsführung sowie über die Aufsicht des Staates. Die Gemeinden sind rechtsfähige öffentlich-rechtliche Gebietskörperschaften mit eigenem Haushalt und Personalhoheit. Die Bestimmung eines umfassenden eigenen Wirkungskreises und die variantenreiche Beschreibung der von den Gemeinden zu erledigenden Staatsaufgaben (Pflichtaufgaben, Weisungsaufgaben u. ä.) verhindern in der kommunalen Verfassungswirklichkeit nicht das Übergewicht der vom Staat zugewiesenen und gesetzlich genau geregelten Aufgaben bei unzureichender gemeindlicher Finanzausstattung (vgl. S. 186 und S. 198).

Reiche Vielfalt zeigt das Kommunalverfassungsrecht bei der *inneren* Gemeindeverfassung. Man unterscheidet vier Modelle, vor allem nach dem Verhältnis der Vertretungskörperschaft zur Verwaltungsspitze. Unterschiedliche verwaltungsgeschichtliche Traditionen, auch Einflüsse der Besatzungsmächte haben bei den neuen Gemeinde- und Kreisordnungen nach 1945 zu mannigfaltigen Regelungen geführt. Nach der Absage an „Führerprinzip" und Egalisierungszwang der „Deutschen Gemeindeordnung" von 1935 gelangte man wieder zur föderativen Vielgestaltigkeit eines demokratischen Staates:

1. In Baden-Württemberg und Bayern gilt die *Süddeutsche Ratsverfassung*. Vertretungskörperschaft und Verwaltungsspitze sind im Gemeinderat/Stadtrat zusammengefaßt, dessen Vorsitz der von den Bürgern direkt gewählte (Ober-)Bürgermeister hat. Eine unmittelbare Bürgerbeteiligung z. B. per Bürgerentscheid gibt es in Baden-Württemberg.

2. In Rheinland-Pfalz und im Saarland gilt für Gemeinden und Städte (in Schleswig-Holstein für Landgemeinden) die *Bürgermeisterverfassung* mit hervorgehobener Organstellung des Bürgermeisters im Zusammenwirken mit der Vertretungskörperschaft; von dieser wird er (falls hauptamtlich) auf 10 Jahre, in Schleswig-Holstein auf 6 bis 12 Jahre gewählt, er ist dann auch ihr Vorsitzender (in der Regel mit Stimmrecht).

3. In Hessen, in den Städten Schleswig-Holsteins und in Bremerhaven gilt die *Magistratsverfassung*, ein preußisches Erbe. Oberstes Organ ist die Gemeindevertretung, die Stadtverordnetenversammlung; sie wählt als Verwaltungskollegium mit dem (Ober-)Bürgermeister an der Spitze den Magistrat, zu dem die Beigeordneten (Stadträte) gehören. Vorsitzender der Vertretungskörperschaft ist ein aus ihrer Mitte gewählter Bürgervorsteher oder Stadtverordnetenvorsteher (in Schleswig-Holstein der Stadtpräsident).

4. In Niedersachsen und Nordrhein-Westfalen ist nach britischem Vorbild eine Art Direktorialverfassung geschaffen worden: die *Norddeutsche Ratsverfassung*. Kennzeichnend ist eine – oft diskutierte – „Zweigleisigkeit" mit dem (Ober-)Bürgermeister (Vorsitzender der Vertretungskörperschaft und Repräsentant des Gemeinwesens) und dem (Ober-)Stadtdirektor/Gemeindedirektor als Hauptverwaltungsbeamten. Einziges Beschluß- und Verwaltungsorgan ist jedoch der Rat (in Niedersachsen zusätzlich ein Verwaltungsausschuß). Der Hauptverwaltungsbeamte ist für die Vorbereitung und Ausführung der Ratsbeschlüsse zuständig.

Die Kommunalverfassungen variieren diese Grundzüge vielfach, insbesondere auch hinsichtlich der Größenklassen der Gemeinden. Die *Landkreisordnungen* entsprechen im Verfassungstyp zumeist den jeweiligen Gemeindeordnungen der Länder (vgl. S. 192).

Die kommunalen Vertretungskörperschaften werden in der Mehrzahl der Länder auf 5 Jahre, in Hessen und Schleswig-Holstein auf 4, in Bayern auf 6 Jahre gewählt.

Unter den *Stadtstaaten* hat z. B. Berlin in seiner Verfassung und einem Bezirksverwaltungsgesetz die Beteiligung der Bezirke an der Verwaltung „nach den Grundsätzen der Selbstverwaltung" festgelegt (vgl. S. 168).

Norddeutsche Ratsverfassung (Direktorialverfassung):
Beispiel Nordrhein-Westfalen

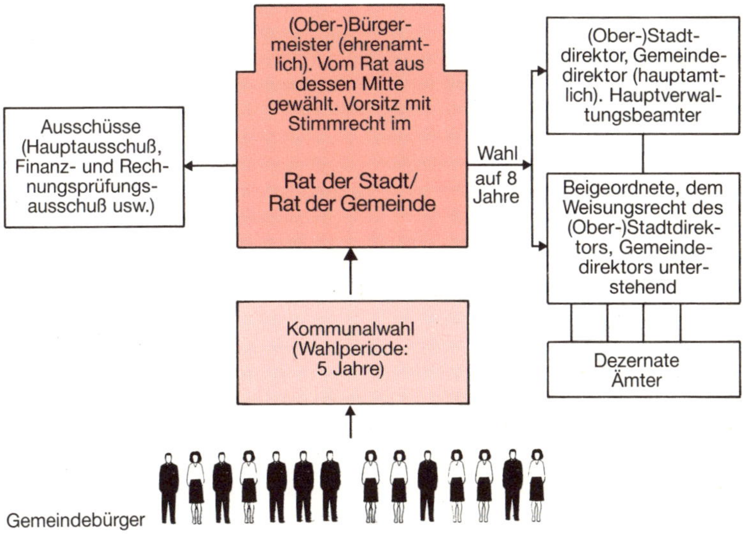

Süddeutsche Ratsverfassung: Beispiel Baden-Württemberg

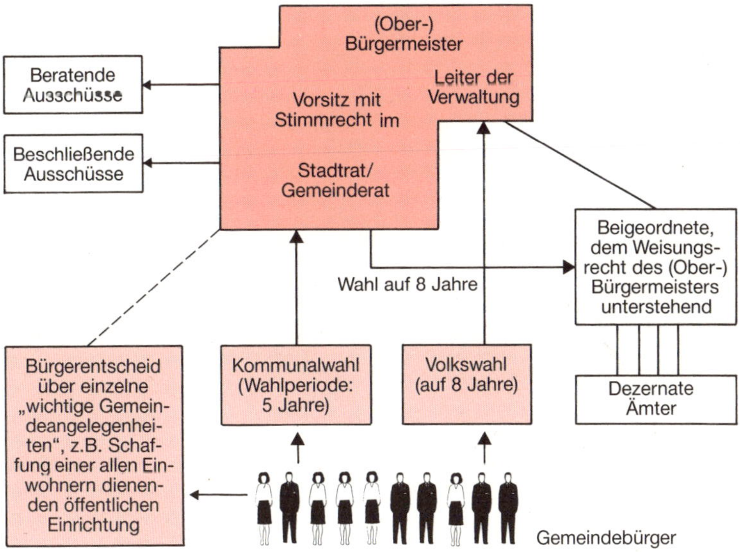

Städte und Gemeinden

Stadt und Gemeinde werden heute vom Grundgesetz und den Länderverfassungen einheitlich als die Gebietskörperschaft verstanden, mit der die (jeweilige) „örtliche Gemeinschaft" ihre Angelegenheiten in eigener Verantwortung durch eine Volksvertretung regelt. Diese muß allen Ansprüchen genügen, die auch an die repräsentativ-demokratische Legitimation der Volksvertretung im Bund und in den Ländern von Verfassungs wegen gestellt werden.

Historisch haben Städte und Gemeinden unterschiedliche Wurzeln: Die *Stadt* als baulich zusammengefaßte, meist befestigte, oft von der Bürgerschaft selbst organisierte Siedlung mit eigenen Abwehrrechten gegen den Fürsten (Stadtrechte) ausgestattet oder nur der Reichsgewalt unterliegend (freie Reichsstadt) und insofern auch Staat, auf einen wirtschaftlichen Zweck (Markt, Stapelrecht, Produktion, Dienstleistung) ausgerichtet; die *Gemeinde* als eher genossenschaftlich zu verstehende Organisation des ländlichen Wohnplatzes ohne Teilhabe an staatlicher Macht.

Auch heute ist dies noch in der Unterscheidung von kreisangehörigen Gemeinden und kreisfreien Städten spürbar, nicht zuletzt auch in den Stadtstaaten als Gliedstaaten der Bundesrepublik Deutschland.

Nach einer umfassenden Gebietsreform in den 1960er und 1970er Jahren verblieben im Bundesgebiet 8 500 (1987) Gemeinden. Ihre Einwohnerzahl reicht von weniger als 500 bis über eine Million. Etwa 50% der Gemeinden haben zwischen 1 000 und 10 000 Einwohner, 91 Städte (einschließlich der Stadtstaaten) sind kreisfrei. In fast allen Flächenstaaten haben große kreisangehörige Gemeinden eine Sonderbezeichnung (z. B. Mittelstadt, Große Kreisstadt, Selbständige Stadt usw.). Sie nehmen zusätzlich sonst auf die Kreise übertragene, meist staatliche Aufgaben wahr, weichen in Kommunalverfassung und Finanzausstattung von den übrigen Gemeinden ab und unterliegen meist nicht der Aufsicht der Kreise (vgl. S. 192), sondern der Regierungsbezirke. Daneben gibt es vorwiegend für kreisangehörige Gemeinden Formen der übergemeindlichen Zusammenarbeit oder Verwaltungshilfe wie Samtgemeinde, Verbandsgemeinde, Verwaltungsgemeinschaft, Amt, die aber nicht Gemeinde im Sinne des Grundgesetzes sind.

Die meisten Bundesländer kennen eine innerstädtische Gliederung der großen und kreisfreien Städte (Bezirksvertretung, Stadtbezirk, Orts[bei]rat usw.). Auch diese Untergliederungen sind keine Gemeinden im Sinne des Grundgesetzes.

Alle Gemeinden haben das Recht auf eine im Kernbereich nicht entziehbare Selbstverwaltung. Sie unterliegen aber der Aufsicht des Staates, die sicherstellen soll, daß Recht und Gesetz beachtet werden (*Kommunalaufsicht* als Rechtsaufsicht). Um Zweckmäßigkeitsfragen darf sich die Kommunalaufsicht nicht kümmern. Weil viele Selbstverwaltungsaufgaben heute aber von staatlichen Regelungen umrahmt werden, kann die Rechtsaufsicht – mittels Interpretation von unbestimmten Rechtsbegriffen aus diesen Gesetzen – zur Zweckmäßigkeitskontrolle entarten. Zum ausdrücklichen Auftrag der Kommunalaufsicht gehört es indessen auch, die „Selbstverwaltung zu schützen".

Städte und Gemeinden verstehen sich nicht als lediglich mit einigen Autonomierechten ausgestattete Ebene des Staats („mittelbare Staatsverwaltung"). Sie sehen sich aus der Selbstverwaltungsgarantie des Grundgesetzes (Art. 28 GG) in ihrer Aufgabe bestätigt, Belange der „örtlichen Gemeinschaft" gegenüber dem Staat zu vertreten. Sie haben sich daher zur gemeinsamen Interessenwahrnehmung zusammengefunden („Städtetage"). Seit Anfang des 20. Jahrhunderts haben sie Verbände *(Kommunale Spitzenverbände)* auf Länder- und Reichs- bzw. Bundesebene mit hauptamtlichen Geschäftsstellen geschaffen. Es gibt heute den *Deutschen Städtetag* (Köln) als Verband der kreisfreien Städte und größerer kreisangehöriger Städte sowie der Stadtstaaten; den *Deutschen Städte- und Gemeindebund* (Düsseldorf), dem über seine Landesverbände die übrigen kreisangehörigen Gemeinden angehören, sowie den *Deutschen Landkreistag* (Bonn) als Zusammenschluß der in den Flächenländern bestehenden Landkreisverbände. Zusammen vertreten die kommunalen Spitzenverbände alle kommunalen Gebietskörperschaften in der Bundesrepublik Deutschland. Ihre Aufgabe ist der Erfahrungsaustausch und die Vertretung kommunaler Interessen im Staat und in der Öffentlichkeit. Die Geschäftsordnung der Bundesregierung und des Bundestages sehen vor, daß die kommunalen Spitzenverbände zu allen Vorlagen usw. zu hören sind, die Auswirkungen auf die Gemeinden haben können. In den meisten Bundesländern bestehen ähnliche Regelungen.

Gemeinden und Städte nach Ländern und Gemeindegrößenklassen (Stand 1.1.1987)

Land	Gemeinden insges.	Davon mit ... bis unter ... Einwohnern										
		unter 500	500 – 1000	1000 – 2000	2000 – 5000	5000 – 10000	10000 – 20000	20000 – 50000	50000 – 100000	100000 – 200000	200000 – 500000	500000 und mehr
	1	2	3	4	5	6	7	8	9	10	11	12
		Anzahl der Gemeinden					Anzahl der Städte					
Schleswig-Holstein	1131	491	300	160	86	44	31	14	3	–	2	–
Hamburg	1	–	–	–	–	–	–	–	–	–	–	1
Niedersachsen	1030	30	245	271	191	117	99	62	7	6	1	1
Bremen	2	–	–	–	–	–	–	–	–	1	–	1
Nordrhein-Westfalen	396	–	–	–	5	74	128	122	38	13	11	5
Hessen	426	–	1	10	125	142	99	37	7	3	1	1
Rheinland-Pfalz	2303	1142	549	317	185	72	19	12	4	3	–	–
Baden-Württemberg	1111	50	46	155	414	245	121	60	12	5	2	1
Bayern	2051	2	227	659	723	262	124	37	11	3	2	1
Saarland	52	–	–	–	–	13	27	11	–	1	–	–
Berlin (West)	1	–	–	–	–	–	–	–	–	–	–	1
Bundesgebiet	8504	1715	1368	1572	1729	969	648	355	82	35	19	12

Nach: Statistisches Jahrbuch Deutscher Gemeinden 74. Jahrgang 1987

Stellung der Städte und Gemeinden im Staat

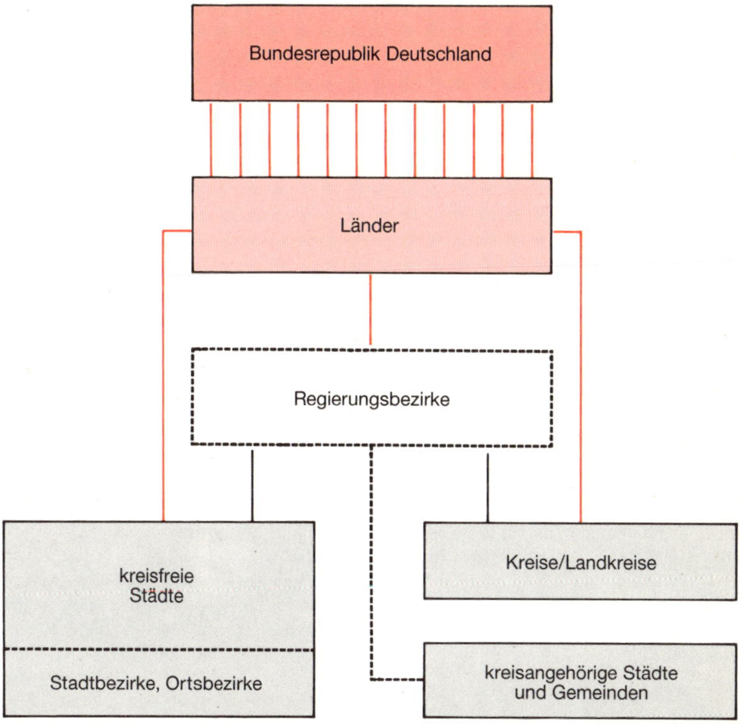

Landkreise

Die Landkreise (in Nordrhein-Westfalen und Schleswig-Holstein: Kreise) bilden neben den Stadtkreisen eine Ebene im Aufbau der Gebietskörperschaften in der Bundesrepublik Deutschland. Art. 28 Abs. 1 GG bestimmt, daß das Volk außer im Bund auch in den Ländern, Kreisen und Gemeinden eine aus allgemeinen Wahlen hervorgegangene Vertretung haben muß. Art. 28 Abs. 2 GG garantiert in Anlehnung an die Formulierung der Gemeindegarantie im selben Absatz die Kreisselbstverwaltung.

In der Bundesrepublik Deutschland gibt es 237 Kreise (Stand 1988). Ihre durchschnittliche Einwohnerzahl liegt bei 169 000 Einwohnern, die durchschnittliche Fläche bei rund 1 000 km². Das Haushaltsvolumen eines Kreises beträgt im Schnitt für den Verwaltungs- und Vermögenshaushalt zusammen etwa 125 Mill. DM, der Personalbestand bei Einbeziehung der Einrichtungen und Betriebe der Kreise wie auch der unteren staatlichen Verwaltungsbehörde bei den Kreisen annähernd 500. Im einzelnen ergeben sich allerdings je nach den örtlichen Verhältnissen beträchtliche Unterschiede.

Die Kreise sind in erster Linie Gebietskörperschaften; ihre Hoheitsfunktion erstreckt sich auf das Kreisgebiet und seine Bevölkerung. Daneben bezeichnen die Kommunalverfassungsgesetze den Kreis im Hinblick auf seine Funktion zur Unterstützung der Gemeinden auch als Gemeindeverband. Der Sache nach nehmen Kreise und kreisangehörige Gemeinden im Kreisbereich in Funktionsteilung diejenigen Aufgaben wahr, für die sonst die kreisfreien Städte (vgl. S. 190) zuständig sind. Die Kreise haben gegenüber den kreisangehörigen Gemeinden keineswegs eine subsidiäre Stellung. Sie stehen zu ihnen aber auch nicht in einem Überordnungsverhältnis. Kreise und kreisangehörige Gemeinden sind vielmehr einander komplementär zugeordnet.

Das Gebiet der Kreise bildet in den Flächenstaaten der Bundesrepublik Deutschland zugleich den Bezirk der allgemeinen unteren Verwaltungsbehörde des Landes. Die meisten Länder haben darüber hinaus die Kreisverwaltungsbehörde und die untere staatliche Verwaltungsbehörde auch funktionell und organisatorisch miteinander verschränkt.

Die Kreise haben als kommunale Gebietskörperschaften eine begrenzte Allzuständigkeit im Sinne einer Zuständigkeitsvermutung und eines Aufgabenfindungsrechts. Ihr *Aufgabenbereich* wird in den Kreisordnungen der einzelnen Bundesländer näher umschrieben. So bestimmt z. B. § 2 der Niedersächsischen Landkreisordnung, daß der Landkreis Träger derjenigen öffentlichen Aufgaben ist, die von überörtlicher Bedeutung sind oder deren zweckmäßige Erfüllung die Verwaltungs- oder Finanzkraft der kreisangehörigen Gemeinden übersteigt. Die Masse der Kreisaufgaben hat darüber hinaus eine spezielle gesetzliche Grundlage. Die weisungsfreien Aufgaben (Selbstverwaltungsaufgaben im herkömmlichen Sinne) sind in übergemeindliche, ergänzende und ausgleichende Aufgaben zu unterteilen. Für die weisungsgebundenen Aufgaben finden sich von Land zu Land unterschiedliche Bezeichnungen (Auftragsangelegenheiten, Angelegenheiten des übertragenen Wirkungskreises, Pflichtaufgaben zur Erfüllung nach Weisung). Hinzu kommen in den meisten Bundesländern die Angelegenheiten der allgemeinen unteren staatlichen Verwaltungsbehörde beim Kreis.

Oberstes *Organ* der Kreise ist in allen Bundesländern der Kreistag. Er ist die politische Vertretung des Kreises und seiner Bevölkerung. Ein für die Kreise typisches weiteres Organ ist in fast allen Bundesländern der Kreisausschuß. Er hat von Land zu Land eine unterschiedliche Funktion: als (zweites) Beschlußgremium des Kreises, als Hauptausschuß des Kreistages oder als kollegiale Verwaltungsbehörde des Kreises. Der leitende Verwaltungsbeamte des Kreises (Landrat, in Nordrhein-Westfalen und Niedersachsen der Oberkreisdirektor) trägt als drittes Organ die Verantwortung für den Geschäftsgang der Verwaltung.

Die *Einnahmen* der Kreise kommen vor allem aus Finanzzuweisungen des Landes und des Bundes im Rahmen des Finanzausgleichs (etwa 34% der Gesamteinnahmen) und aus der Kreisumlage (etwa 32% der Gesamteinnahmen). Von den Zuweisungen entfällt je etwa die Hälfte auf allgemeine Finanzzuweisungen und auf spezielle Finanzzuweisungen; von den allgemeinen Zuweisungen sind die Schlüsselzuweisungen mit knapp 75% der wichtigste Posten. Die Steuereinnahmen der Kreise fallen mit rund 2,5% der Kreiseinnahmen heute kaum noch ins Gewicht.

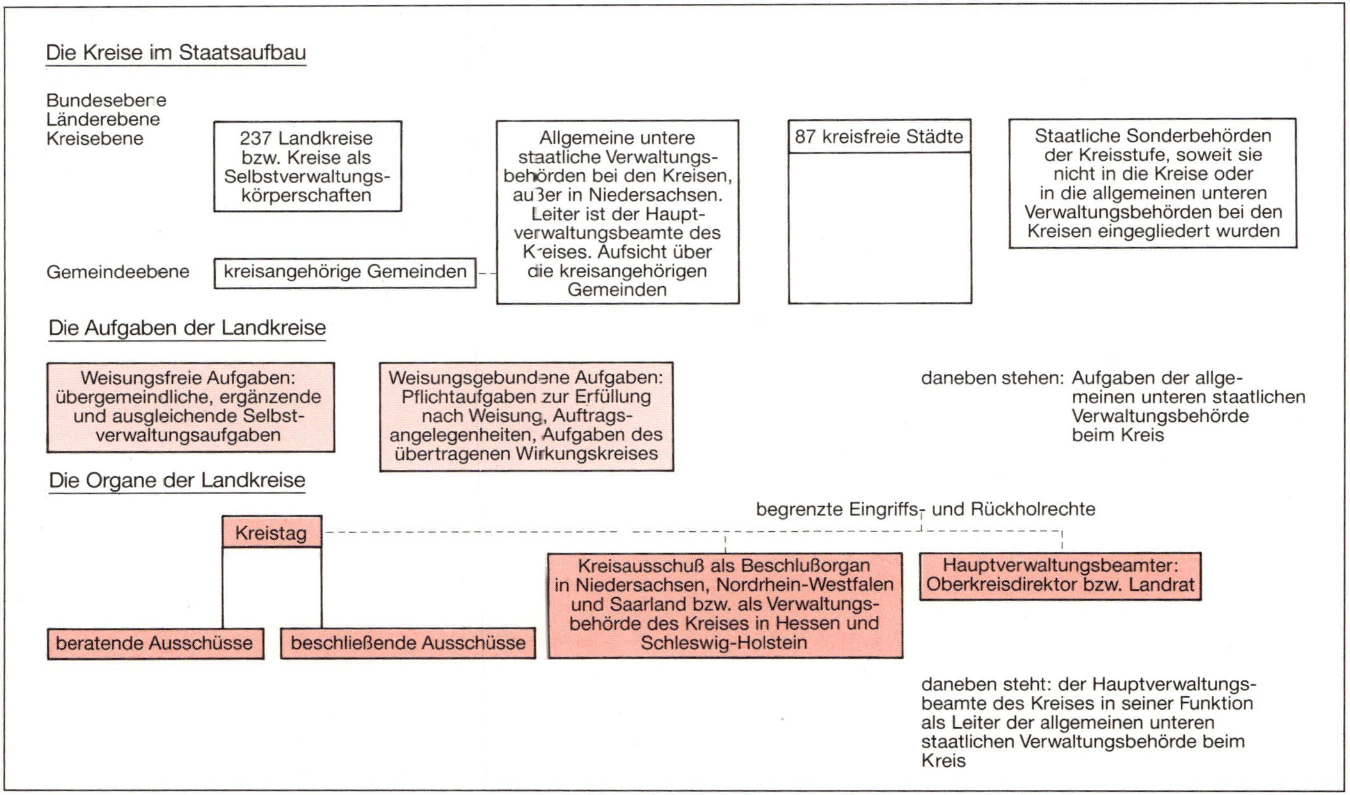
Die Kreise im Staatsaufbau
Bundesebene
Länderebene
Kreisebene
237 Landkreise bzw. Kreise als Selbstverwaltungskörperschaften
Allgemeine untere staatliche Verwaltungsbehörden bei den Kreisen, außer in Niedersachsen. Leiter ist der Hauptverwaltungsbeamte des Kreises. Aufsicht über die kreisangehörigen Gemeinden
87 kreisfreie Städte
Staatliche Sonderbehörden der Kreisstufe, soweit sie nicht in die Kreise oder in die allgemeinen unteren Verwaltungsbehörden bei den Kreisen eingegliedert wurden
Gemeindeebene
kreisangehörige Gemeinden
Die Aufgaben der Landkreise
Weisungsfreie Aufgaben: übergemeindliche, ergänzende und ausgleichende Selbstverwaltungsaufgaben
Weisungsgebundene Aufgaben: Pflichtaufgaben zur Erfüllung nach Weisung, Auftragsangelegenheiten, Aufgaben des übertragenen Wirkungskreises
daneben stehen: Aufgaben der allgemeinen unteren staatlichen Verwaltungsbehörde beim Kreis
Die Organe der Landkreise
Kreistag
begrenzte Eingriffs- und Rückholrechte
beratende Ausschüsse
beschließende Ausschüsse
Kreisausschuß als Beschlußorgan in Niedersachsen, Nordrhein-Westfalen und Saarland bzw. als Verwaltungsbehörde des Kreises in Hessen und Schleswig-Holstein
Hauptverwaltungsbeamter: Oberkreisdirektor bzw. Landrat
daneben steht: der Hauptverwaltungsbeamte des Kreises in seiner Funktion als Leiter der allgemeinen unteren staatlichen Verwaltungsbehörde beim Kreis

Das Fundament der kommunalen Gliederung sind die Städte, Gemeinden und Kreise. Neben ihnen werden örtliche und überörtliche Verwaltungsleistungen von zusätzlichen, übergreifenden kommunalen Einheiten erbracht:

1. Für einzelne lokale Aufgaben oder Aufgabengruppen ist eine kommunale Zusammenarbeit in festem organisatorischen Rahmen (den Zweckverbänden) notwendig. 2. Andere überörtliche Aufgaben können nicht allein auf der (gleichrangigen) Ebene der Kreise und kreisfreien Städte gelöst werden; sie erfordern einen viel größeren räumlichen Zuschnitt oder eine viel höhere Einwohnerzahl als sie Kreise oder kreisfreie Städte in der Regel haben. Sollen sie kommunal und nicht durch das Land (und damit durch den Staat) wahrgenommen werden, so bedarf es dazu eigener kommunal organisierter Körperschaften (der höheren Kommunalverbände). Beiden Gruppen ist gemeinsam, daß sie aus Zusammenschlüssen von Kommunen bestehen. Ausnahmsweise können auch Private mitwirken, wie z. B. bei einem Verkehrsverbund.

Die *Zweckverbände* werden zur gemeinschaftlichen Lösung übergreifender *lokaler* Aufgaben gebildet. Sie sind eine Form der interkommunalen Zusammenarbeit. Ihnen kann eine einzige Aufgabe (z. B. die Wasserversorgung, die Unterhaltung einer Nahverkehrslinie, die Abfallbeseitigung, der Bau und die Unterhaltung eines Krankenhauses) oder ein genau bestimmtes Aufgabenbündel übertragen werden. Sie können freiwillig gegründet werden – das ist die Regel – oder durch Zwangszusammenschluß entstehen. Sie werden in aller Regel aus Gemeinden gebildet, es können aber auch Kreise beteiligt werden. Rechtliche Grundlage sind die Landesgesetze über interkommunale Zusammenarbeit. Der Zweckverband ist eine öffentlich-rechtliche Körperschaft. Als Einrichtung der kommunalen Selbstverwaltung hat er eine Verwaltungsstelle – die auch von einem Mitglied übernommen werden kann – und eine Vertretung aus gewählten Bürgern. Diese werden von den Parlamenten der beteiligten Kommunen gewählt. Die Gewählten sind aber an Weisungen der Vertretungskörperschaft, die sie gewählt hat, nicht gebunden. Sie sind in diesem Amt nur den Interessen des Zweckverbands verpflichtet. Zweckverbände haben noch immer eine große Bedeutung, obwohl es Ziel der großen Gebiets- und Verwaltungsreform war, die Kommunen in den Ländern der Bundesrepublik Deutschland nach Fläche und Einwohnerzahl so groß zu schneiden, daß sie die kommunalen Aufgaben ihrer Ebene allein wahrnehmen können. Dieses Ziel ließ sich – vor allem im Stadt-Umland-Bereich – nicht überall verwirklichen. Ausnahmsweise werden gemeinsame kommunale Aufgaben auch von Gesellschaften in der Form des Privatrechts (AG und GmbH) wahrgenommen, bei denen die Kommunen Gesellschafter sind (vielfach in der Elektrizitätswirtschaft).

Eine Grundform des *höheren Kommunalverbands* war die preußische Provinz. Deutschlands größtes Reichsland Preußen war flächendeckend in Provinzen eingeteilt. Unter Leitung eines Oberpräsidenten und unter Kontrolle eines Provinziallandtags nahmen sie kommunale Aufgaben im Provinzialzuschnitt wahr, in erster Linie auf sozialem Gebiet. Sie unterhielten ein Netz von Provinziallandstraßen und andere Provinzialeinrichtungen, v. a. auf dem Gebiet von Kunst und Kultur. – In den flächengrößeren Bundesländern gibt es auch heute höhere Kommunalverbände als Träger *überörtlicher,* regionaler Kommunalaufgaben.

Nordrhein-Westfalen hat mit seinen *Landschaftsverbänden* Rheinland und Westfalen-Lippe und dem Kommunalverband Ruhrgebiet stark am historisch Gewachsenen festgehalten. In Bayern bestehen seit altersher im Zuschnitt der Regierungsbezirke die kommunal organisierten *Bezirke,* deren Aufgaben die Bezirksregierung unter Kontrolle des Bezirkstags wahrnimmt. In beiden Ländern sind ihnen Aufgaben übertragen, die deutlich über das Sozialwesen hinausgehen; in Nordrhein-Westfalen verwalten sie in Auftragsverwaltung z. B. auch die Bundesstraßen und Bundesautobahnen. In Hessen und in Baden-Württemberg gibt es höhere Kommunalverbände zur Wahrnehmung sozialer und weiterer Aufgaben, so den hessischen, den badischen und den württembergischen *Landeswohlfahrtsverband.* In anderen Ländern stehen die landsmannschaftlich-kulturellen Aufgaben im Vordergrund, wie z. B. bei der ostfriesischen und der emsländischen *Landschaft.* Trotz aller Unterschiede im Einzelnen arbeiten die höheren Kommunalverbände in einer Arbeitsgemeinschaft zusammen. Die meisten von ihnen sind außerdem Mitglied bei den kommunalen Spitzenverbänden.

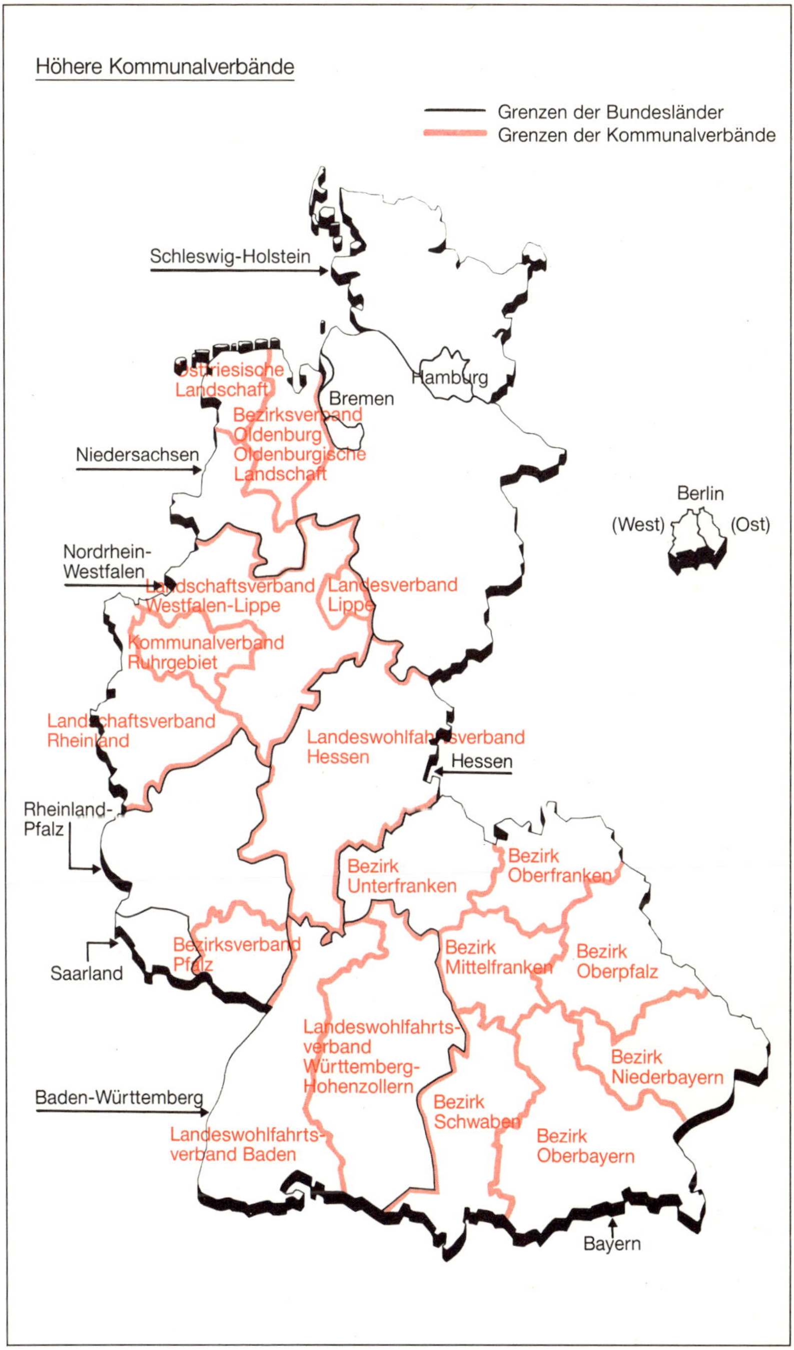

Höhere Kommunalverbände
Grenzen der Bundesländer
Grenzen der Kommunalverbände
Schleswig-Holstein
Hamburg
Bremen
Ostfriesische Landschaft
Bezirksverband Oldenburg
Oldenburgische Landschaft
Niedersachsen
Berlin
(West)
(Ost)
Nordrhein-Westfalen
Landschaftsverband Westfalen-Lippe
Landesverband Lippe
Kommunalverband Ruhrgebiet
Landschaftsverband Rheinland
Landeswohlfahrtsverband Hessen
Hessen
Rheinland-Pfalz
Bezirk Unterfranken
Bezirk Oberfranken
Bezirksverband Pfalz
Saarland
Bezirk Mittelfranken
Bezirk Oberpfalz
Landeswohlfahrtsverband Württemberg-Hohenzollern
Bezirk Niederbayern
Baden-Württemberg
Bezirk Schwaben
Landeswohlfahrtsverband Baden
Bezirk Oberbayern
Bayern

Kommunalwahlen

Kommunalwahlen sind v.a. die Wahlen zu den Gemeinde-, Stadt- und Kreisvertretungen. Nach Art. 28 Abs. 1 GG muß das Volk in Kreisen und Gemeinden – wie in den Bundesländern – eine Vertretung haben, die aus allgemeinen, unmittelbaren, freien, gleichen und geheimen Wahlen hervorgegangen ist. Die einzelnen Bundesländer regeln das Kommunalwahlrecht im Rahmen dieser Vorschrift in ihren Wahlgesetzen und in den Gemeinde- bzw. Kreisordnungen sehr unterschiedlich. Auch die Wahlen zu den Stadtteilvertretungen, soweit diese direkt gewählt werden, und zu den Vertretungskörperschaften einiger höherer Gemeindeverbände sowie die Direktwahl des (Ober-) Bürgermeisters in Baden-Württemberg und Bayern gelten als Kommunalwahlen.

Aktiv und passiv wahlberechtigt sind bei Kommunalwahlen bisher nur Deutsche. Nach wie vor ist es politisch wie rechtlich höchst umstritten, ob man Ausländern das Kommunalwahlrecht einräumen darf bzw. soll.

Betrachtet man die Ergebnisse der Kommunalwahlen, so fällt zunächst auf, daß die im Bundestag vertretenen Parteien auch in den Gemeindevertretungen dominieren – ungeachtet der durch immer neue staatliche Eingriffe in die kommunale Selbstverwaltung stetig genährten Furcht, über die Parteien öffneten sich der zentralistischen Steuerung der Gemeinden weitere Einfallstore. Örtliche Wählervereinigungen haben in den Gemeinden mit 20000 und mehr Einwohnern nur einen Stimmenanteil von 5,7%, in Gemeinden zwischen 20000 und 50000 Einwohnern von 7,1% (1987). Auch die Stadtteilvertretungen der Großstädte werden eindeutig von den Bundestagsparteien geprägt. Nur 2% der Stadtteilvertreter kommen aus örtlichen Wählervereinigungen. Es gibt allerdings erhebliche Unterschiede zwischen den einzelnen Bundesländern. Insbesondere in Baden-Württemberg sind die Wählervereinigungen stark. Auffällig ist ferner, daß die Wahlbeteiligung bei Kommunalwahlen deutlich niedriger als bei Bundestagswahlen ist. Während sie dort durchschnittlich 87% beträgt, kann sie in den Gemeinden auf 50% fallen und steigt selten über 80%, durchschnittlich erreicht sie nicht einmal ganz 70%. Bemerkenswert ist schließlich der unterschiedliche Stimmenanteil der Parteien in Bundestags-, Landtags- und Kommunalwahlen. Auch bei den verschiedenen Kommunalwahlen verändern sich die Stimmenanteile der Parteien deutlich: So kommt es in vielen Städten bei den Wahlen zu den Stadtteilvertretungen zu einer erheblichen Relativierung der Mehrheitsverhältnisse im Vergleich zum Stadtrat.

V.a. am unterschiedlichen Stimmenanteil der Parteien bei Bundestags-, Landtags- und Kommunalwahlen entzündet sich der Streit um die Frage, ob die Wahlergebnisse nur durch die unterschiedlichen Mobilisierungsgrade (Wahlbeteiligung) auf den verschiedenen Ebenen zu erklären sind oder auf eigenständigem kommunalem Wahlverhalten beruhen. Weitgehend einig ist man sich darin, daß das kommunale Wahlverhalten zunächst von generellen Faktoren (wie dem sozioökonomischen Status oder der Konfession) und von dem Umfeld insgesamt (wie der landwirtschaftlichen oder industriellen Struktur eines Wahlkreises) abhängt. Umstritten ist, ob das kommunale Wahlverhalten mit diesen Faktoren vollständig erklärbar ist oder von weiteren, speziell kommunalen Faktoren abhängig ist. So trägt die nur bei Kommunalwahlen in einzelnen Bundesländern gegebene Möglichkeit, Stimmen auf einen Bewerber zu häufen (kumulieren), sicher zur Personalisierung der Wahl bei; die ebenfalls nur auf Gemeindeebene anzutreffende Möglichkeit, seine Stimmen auf Bewerber aus unterschiedlichen Listen zu verteilen (panaschieren), entpolitisiert offenbar die Wahlen. Wer überzeugt ist, Kommunalpolitik erschöpfe sich in der Suche nach richtigen Lösungen für sachliche Probleme, dürfte zum Panaschieren neigen, d.h. seine Stimmen Fachleuten geben, ohne deren Parteizugehörigkeit zu berücksichtigen. Möglicherweise wählt er aber auch überhaupt nicht, weil er meint, die Parteien hätten nichts im Rathaus zu suchen und man könne die Kommunalpolitik den Fachleuten in der Verwaltung überlassen. Kommunalwahlen gelten auch vielfach als „Testwahlen“, und der Wähler könnte dies als Aufforderung zum Experiment begreifen und Parteien eine Chance geben, die er sonst nicht wählen würde, er könnte die Wahl auch als Gelegenheit nutzen, „Denkzettel“ zu verteilen usw., weil auf kommunaler Ebene vorgeblich wenig Wesentliches entschieden wird und somit Experimente ungefährlich sind. Dies muß jedoch so lange Spekulation bleiben, wie sich die Wahlforschung der Kommunalwahlen nicht intensiver als bisher annimmt.

Wahlergebnisse ausgewählter Städte (in Prozent der Stimmen)

Stadt	Wahl	Wahlbeteiligung	CDU/CSU	SPD	FDP	Grüne	Sonstige
Frankfurt	K 1985	72,5	49,6	38,6	2,6	8,0	1,3
	K 1981	70,7	54,2	34,0	4,3	6,4	1,2
	B 1987	80,8	40,9	34,4	9,1	13,9	1,6
	L 1987	75,7	44,1	34,5	6,3	14,3	0,7
Stuttgart	K 1984	54,5	38,8	29,7	8,2	15,9	7,4
	K 1980	57,0	40,5	36,5	10,1	5,5	7,4
	L 1988	74,1	42,7	35,2	7,4	10,2	4,4
	B 1987	82,2	37,4	31,9	16,0	12,7	2,0
Nürnberg	K 1984	61,2	41,4	46,1	2,4	5,8	4,3
	K 1978	66,9	45,4	46,8	3,6	0,3	4,3
	L 1986	68,9	43,8	37,7	3,7	9,7	5,1
	B 1987	80,3	43,0	36,5	8,1	10,3	2,2

Abkürzungen: K = Kommunalwahl; L = Landtagswahl; B = Bundestagswahl; E = Europawahl

Stadt Remscheid: Kommunalwahl vom 30.9.1984 und vorangegangene Wahlen

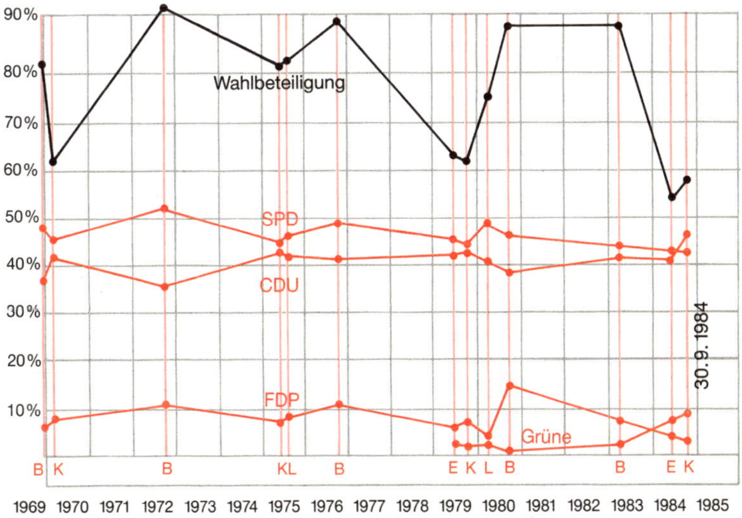

Entwicklung der Wahlbeteiligung (in Prozent) zwischen 1970 und 1980 bei Kommunal-, Landtags- und Bundestagswahlen in ausgewählten Großstädten

Stadt	Kommunalwahlen		Landtagswahlen		Bundestagswahlen		Stadt	Kommunalwahlen		Landtagswahlen		Bundestagswahlen	
	~1980	~1970	~1980	~1970	~1980	~1970		~1980	~1970	~1980	~1970	~1980	~1970
Kiel	68,3	65,3	71,7	77,8	75,6	85,1	Wiesbaden	70,1	73,4	82,8	78,0	86,2	84,3
Hannover	71,9	70,0	79,5	75,8	88,7	86,7	Darmstadt	72,6	75,4	85,0	82,7	87,5	86,9
Köln	60,3	61,8	73,6	64,3	84,8	82,2	Ludwigshafen	70,2	68,4	77,3	78,4	87,7	86,0
Essen	67,5	62,5	79,2	70,1	87,7	85,0	Mannheim	59,5	51,2	66,9	71,7	85,3	82,3
Düsseldorf	63,5	63,6	77,3	70,3	87,4	84,4	Karlsruhe	54,7	54,8	68,8	75,3	85,0	81,6
Duisburg	61,1	57,1	77,0	68,7	87,3	84,4	Heidelberg	57,0	57,3	69,0	71,7	85,6	82,9
Bonn	66,0	65,7	79,0	71,9	89,2	86,1	München	66,2	65,2	73,3	76,4	84,7	80,5

Kommunalhaushalte, Kommunalfinanzen

Das Grundgesetz der Bundesrepublik Deutschland garantiert den Kommunen das Recht auf Selbstverwaltung. Art. 28 Abs. 2 GG gibt den Kommunen das Recht, „alle Angelegenheiten der örtlichen Gemeinschaft" im Rahmen der Gesetze zu erledigen. Dies erfordert eine kommunale Finanzwirtschaft, die sich sowohl in einer *Einnahmehoheit* wie auch in einer *Ausgabenautonomie* zeigen muß.

Kommunales Handeln dokumentiert sich sowohl in den *Verwaltungshaushalten,* in denen die laufenden Einnahmen und laufenden Ausgaben enthalten sind, als auch in *Vermögenshaushalten,* in denen insbesondere die kommunalen Investitionsausgaben und deren Finanzquellen veranschlagt sind. Nach geltendem Haushaltsrecht sollen die Verwaltungshaushalte Überschüsse erwirtschaften, die mindestens die in den Vermögenshaushalten veranschlagten Tilgungen decken müssen und die darüber hinaus Indikatoren für die gemeindliche Investitionskraft sind. Der Entwicklungszyklus von Kommunalhaushalten durchläuft insbesondere vier Stationen: Zunächst werden sie von der Verwaltung entworfen, vom Rat beraten und beschlossen, anschließend realisiert und danach abgerechnet und kontrolliert.

Nach zunehmendem Freiheitsgrad sind folgende *Aufgabenkategorien* zu unterscheiden: Bei den *Auftragsangelegenheiten* oder *Pflichtaufgaben zur Erfüllung nach Weisung* fungieren die Kommunen als Organe des Bundes oder des jeweiligen Landes. Sie unterliegen der staatlichen Rechts- und Fachaufsicht. Zu diesen Aufgabenarten zählen z. B. Ordnungsrecht, Feuerschutz, Bauaufsicht. Bei den *Pflichtaufgaben* liegen Art und Intensität der Aufgabenwahrnehmung im pflichtgemäßen Ermessen der Kommunen (z. B. Wasser- und Energieversorgung). Volle Autonomie haben die Kommunen lediglich bei den *freiwilligen Aufgaben* (z. B. Theater, Museen, Bäder). Wachsende Finanzprobleme haben primär zu Einschränkungen bei freiwilligen Aufgaben geführt.

Die *kommunalen Gesamtausgaben* haben sich in den 1970er Jahren mehr als verdoppelt, wobei die Ausweitung des kommunalen Leistungsangebots primär in den frühen 1970er Jahren stattgefunden hat. Mit wachsenden kommunalen Finanzproblemen haben sich die Zuwachsraten der kommunalen Ausgaben von jährlich 13,5% (1970–75) auf knapp 3% (1980–85) deutlich reduziert. Im kommunalen Aufgabenspektrum weisen die Bereiche „Allgemeine Verwaltung" mit rund 8% und „Öffentliche Sicherheit und Ordnung" mit 3,5% einen konstanten Anteil auf. Sättigungstendenzen beim Schulbau führen zu einem sinkenden Anteilswert dieses Aufgabenfeldes auf knapp 10% (1974 noch fast 15%). Ausgesprochen wachstumsdynamisch und von hohem Stellenwert sind dagegen die Bereiche „Soziale Sicherheit" und „Gesundheit, Sport und Erholung" mit Anteilen von fast 22% bzw. gut 19% (1985).

Bei den *gemeindlichen Einnahmen* erbringen die *Steuern* mit 34,5% (1985) den größten Deckungsbeitrag. Den Kern des gemeindlichen Steuersystems bilden mit der Grundsteuer A und B und der Gewerbesteuer die Realsteuern und der Gemeindeanteil an der Einkommensteuer in Höhe von derzeit 15%. Die Verteilung dieses Anteils auf die einzelnen Gemeinden richtet sich nach dem örtlichen Einkommensteueraufkommen.

Gut 20% der kommunalen Ausgaben werden 1985 durch spezielle Entgelte, insbesondere durch *Gebühren* und *Beiträge* gedeckt. Sofern kommunale Leistungen überwiegend einzelnen Bürgern oder Personengruppen dienen, sollen nach geltendem Haushaltsrecht Entgelte erhoben werden, wobei sich die Höhe dieser „Preise" an den Kosten der Leistungen zu orientieren hat. Bei den „klassischen" Gebühren für Abwasser- und Abfallbeseitigung oder Straßenreinigung ist weitgehend volle Kostendeckung erreicht. Bei Theatern, Museen oder Bädern haben Gebühren weniger die Funktion eines Einnahmeinstruments.

Zahlungen vom Land (Bund) an die Gemeinden stellen die quantitativ zweitwichtigste Einnahmequelle dar (1985: fast 27%). Diese Transfers erfolgen im Rahmen des kommunalen Finanzausgleichs, für den die jeweiligen Länder zuständig sind. Über rund die Hälfte dieser Zuweisungen können die Kommunen in eigener Verantwortung verfügen. Die andere Hälfte *(Zweckzuweisungen)* unterliegen mehr oder weniger detaillierten Verwendungsauflagen.

Die Möglichkeit der Kommunen, Aufgaben über Schulden zu finanzieren, sind restriktiv geregelt. *Kredite* dürfen nur für Investitionen und nur dann in Anspruch genommen werden, wenn andere Finanzierungen nicht möglich oder wirtschaftlich unzweckmäßig sind und der Schuldendienst auch langfristig gesichert ist.

Einnahmenstruktur der Kommunen in Prozent (1985)

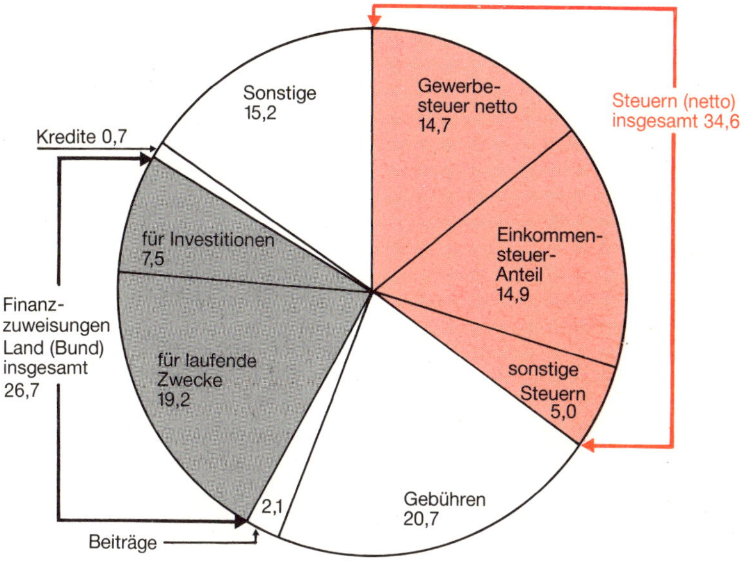

Ausgabenstruktur der Kommunen in Prozent (1985)

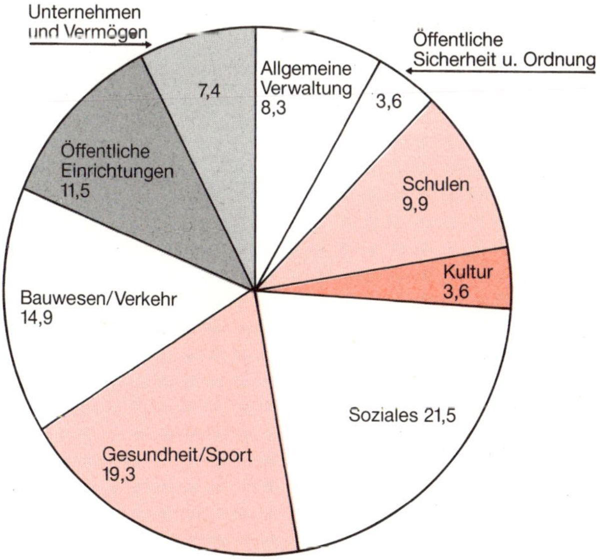

Von ihrer Geschichte her sind Gemeinden Gebietskörperschaften mit genossenschaftlicher Prägung, sie haben also auch den Zweck, dem Bürger Dienste und Einrichtungen anzubieten, die er selbst nicht ohne weiteres schaffen kann. Der Begriff der Selbstverwaltung (vgl. S. 186) hat sich gerade an den öffentlichen Einrichtungen entfaltet. In § 18 der Gemeindeordnung von Nordrhein-Westfalen heißt es: „(1) Die Gemeinden schaffen innerhalb der Grenzen ihrer Leistungsfähigkeit die für die wirtschaftliche, soziale und kulturelle Betreuung ihrer Einwohner erforderlichen öffentlichen Einrichtungen. (2) Alle Einwohner einer Gemeinde sind im Rahmen des geltenden Rechts berechtigt, die öffentlichen Einrichtungen der Gemeinde zu benutzen und verpflichtet, die Last zu tragen, die sich aus ihrer Zugehörigkeit zu der Gemeinde ergeben. ...“ So verstanden zählen selbst Straßen, Wege, Plätze, aber auch Grünanlagen usw. zu den öffentlichen Einrichtungen. Im Zuge der Entwicklung zur Industrienation hat sich in der deutschen Verwaltungssprache der Begriff *„Daseinsvorsorge“* für das öffentliche Dienstleistungsangebot an Bürger und Wirtschaft gebildet.

Im engeren Sinn werden heute als öffentliche Einrichtungen betrieblich organisierte und ganz oder überwiegend aus Gebühren und Beiträgen finanzierte und mit einer gewissen internen Selbständigkeit versehene Einrichtungen und Dienste bezeichnet (z. B. Kanalisation und Abwasserbehandlung, Straßenreinigung und Abfallwirtschaft, Märkte). Aber auch die Einrichtungen des Kulturangebotes und die sozialen Dienste lassen sich unter diesen Begriff im weiteren Sinne fassen.

Parallel dazu hat sich die ebenfalls dem Begriff der Daseinsvorsorge zuzuordnende *wirtschaftliche Betätigung der Gemeinden* entwickelt. Sie wird als zulässig angesehen, wenn ein dringender öffentlicher Zweck vorliegt und dieser Zweck durch andere (private) Unternehmen nicht besser und wirtschaftlicher erfüllt werden kann. Art und Umfang müssen außerdem in einem angemessenen Verhältnis zur Leistungsfähigkeit der Gemeinde und zum voraussichtlichen Bedarf bestehen *(Grundsatz der Subsidiarität).*

Für die wirtschaftliche Betätigung stand der Gemeinde traditionell zunächst der „Eigenbetrieb“ als gemeindliches Sondervermögen mit eigener Leitung und Wirtschaftsführung, aber mit Direktionsrecht der Gemeindeorgane zur Verfügung (vor allem Versorgungsunternehmen, Nahverkehrsbetriebe, Häfen und Eisenbahnen für den Personen- und Güterverkehr).

Bei den wirtschaftlichen Unternehmen der Gemeinden sind inzwischen weithin privatrechtliche Gestaltungsformen gewählt worden. Sie werden vor allem als GmbH oder Aktiengesellschaft mit gemeindlicher Beherrschung *(Eigengesellschaften)* geführt. Dies gilt neben der Versorgungs- und Verkehrswirtschaft einschließlich der Flughäfen auch für Messe-, Ausstellungs- und Kongreßzentren und – als besonderer Zweig der gemeindlichen Daseinsvorsorge – für die kommunalen Wohnungsunternehmen. Bankunternehmen darf die Gemeinde dagegen nicht errichten. Das Sparkassenwesen ist in besonderen Gesetzen und Vorschriften geregelt.

In den letzten Jahrzehnten zeigt sich eine verstärkte Tendenz bei den großen betrieblich organisierten öffentlichen Einrichtungen (noch mehr aber bei kommunalen Unternehmen) zur Ablösung von der Gemeinde.

Die formale Beherrschung der Unternehmen durch die Gemeinde wird im wesentlichen über die Aufsichtsorgane der Gesellschaften versucht, in denen jetzt überwiegend Mitglieder der Vertretungskörperschaft der Gemeinde (Stadträte) sitzen. Gegenwärtig wird diskutiert, den Einfluß der Gemeinden auf ihre Beteiligungen über konzernrechtliche „Beherrschungsverträge“ zu verstärken.

Oft ziehen Gemeinden private Unternehmen bei der Erfüllung öffentlicher Aufgaben aufgrund privatrechtlicher Verträge heran, z. B. in der Abfallwirtschaft, neuerdings auch im Abwässerbereich, oder die Gemeinden übertragen ihnen den Betrieb öffentlicher Einrichtungen wie z. B. Kongreßzentren, Sporthallen oder Sozialeinrichtungen. In diesen Fällen bleibt die öffentlich-rechtliche Verpflichtung stets bei der Gemeinde, einschließlich der Gebührenhoheit. Es handelt sich nicht um die „Privatisierung“ der öffentlichen Aufgabe (vgl. S. 186).

Organisation öffentlicher Einrichtungen und Betätigungsfelder der kommunalen Wirtschaft

Betätigungsfeld, Einrichtung / Organisationsform	Straßen und Grünanlagen	Abfall-, Abwasserwirtschaft	Energie, Wasser, Verkehr	Flughäfen Messen Kongreßzentren	Wohnungswirtschaft	Sozial-, Jugend-, Kultureinrichtungen	Sportanlagen	Krankenhäuser
Teil der allgemeinen Verwaltung						regelmäßig	regelmäßig	
Gebührenhaushalt	(Erschliessung, Ausbau) regelmäßig	regelmäßig				selten		
nach Eigenbetriebsrecht		regelmäßig				selten		regelmäßig
Eigenbetrieb		neuere Entwicklung	selten					regelmäßig
Eigengesellschaft (AG, GmbH)		neuere Entwicklung	regelmäßig	regelmäßig	regelmäßig	neuere Entwicklung	selten	regelmäßig
Beauftragung privater Unternehmen durch Vertrag		regelmäßig	regelmäßig		selten	selten	selten	neuere Entwicklung

Die Rechtsordnung in der Bundesrepublik Deutschland

Das heutige bundesdeutsche Rechtssystem ist das Ergebnis eines Entwicklungsprozesses, dessen historische Wurzeln bis in die Zeit der germanischen Stammesrechte sowie der römischen Republik und Kaiserzeit zurückreichen. Ein bedeutender Impuls für die deutsche Rechtsentwicklung ging von der Gründung des zweiten deutschen Kaiserreichs (1871) aus. So verabschiedete der Deutsche Reichstag 1877 die sogenannten Justizgesetze zur Vereinheitlichung des Gerichtswesens in Deutschland. Seit 1871 bestimmte das Strafgesetzbuch reichseinheitlich, welches Unrecht überhaupt und mit welcher Strafe geahndet werden sollte. Das Bürgerliche Gesetzbuch (1896; in Kraft seit 1900) legte die rechtlichen Möglichkeiten und Grenzen von Privatpersonen zur eigenverantwortlichen Ausgestaltung ihrer Beziehungen untereinander fest. Diese Entwicklung der traditionellen Rechtsgebiete des Straf- und Zivilrechts wurde durch neue rechtliche Konfliktlösungsmechanismen ergänzt: Hier sind vor allem die seit 1883 einsetzende Gesetzgebung zur sozialen Sicherung der Arbeiter und Angestellten und die allmähliche Entwicklung des Individual- und Kollektivarbeitsrechts zu nennen.

Vor allem beschäftigte sich die Rechtslehre mit dem öffentlichen Recht, d. h. insbesondere mit der rechtlichen Ausgestaltung der Beziehungen zwischen Bürgern und Staat. Während die hier erarbeiteten Grundsätze schon früh auf dem Gebiet des Steuerrechts in der Reichsabgabenordnung (1919) festgehalten wurden, blieb wegen der Zuständigkeiten der einzelnen deutschen Länder die Rechtsentwicklung des allgemeinen Verwaltungsrechts bis in die 1970er Jahre hinein uneinheitlich. 1960 wurde mit der Verwaltungsgerichtsordnung ein einheitliches Rechtsschutzsystem für Auseinandersetzungen mit der öffentlichen Verwaltung geschaffen; erst seit 1976 gibt es mit dem Verwaltungsverfahrensgesetz eine im wesentlichen für alle bundesdeutschen Behörden verbindliche Ordnung für die staatliche Vorgehensweise gegenüber den Bürgern.

Aus dem Rechtsstaatscharakter der Bundesrepublik folgt, daß die Beziehungen der Privatpersonen untereinander, die zwischen Privatpersonen und dem Staat sowie zwischen staatlichen Einrichtungen rechtlichen Regeln unterworfen sind. Es liegt aber in der Natur der Sache, daß die Prinzipien des Zivilrechts (= Privatrechts) für den Rechtsverkehr unter Privatleuten von den Grundsätzen des öffentlichen Rechts für die Beziehungen zwischen Staat und Bürger sowie zwischen staatlichen Institutionen, verschieden sind. Der Hauptunterschied ist darin begründet, daß der Rechtsstaat dem einzelnen Bürger ein Höchstmaß an persönlicher Freiheit und dem Staat freiheitsbeschränkende oder -lenkende Maßnahmen nur im notwendigen Rahmen zugesteht.

Im *Zivilrecht* gilt das Prinzip der Privatautonomie: Privatleute können ihre Rechtsverhältnisse grundsätzlich selbst bestimmen (z. B. die sogenannte Testierfreiheit: Möglichkeit, den Erben selbst zu bestimmen). Selbst gesetzlich vorgesehene Regelungen (z. B. Haftung) können durch Verträge abbedungen werden. Einschränkungen dieser Privatautonomie sind dort vorgesehen, wo übergeordnete private und öffentliche Interessen es gebieten: Sittenwidrige Testamente und Verträge z. B. sind ungültig; familienrechtliche Beziehungen sind wegen ihrer Bedeutung für das gesamte Sozialgefüge weitgehend der freien Vereinbarung entzogen (vgl. S. 224). Beschränkungen der Privatautonomie sind dagegen nicht die im Grundgesetz enthaltenen Grundrechte, da diese zwar die wesentlichen Rechtsbeziehungen zwischen Staat und Bürgern, grundsätzlich aber nicht die zwischen den Bürgern selbst betreffen. Aus der individuellen Freiheit folgt auch das Verbot, Freiheits- und Eigentumsrechte von Mitbürgern sowie deren (tatsächlichen) Besitz zu beeinträchtigen.

Das *öffentliche Recht* regelt die Rechtsbeziehungen der staatlichen Instanzen untereinander und ihr Verhältnis zum Bürger. Es ist gekennzeichnet durch den *Vorrang des Rechts* (Gesetze, Verordnungen), von dem gerade nicht durch freie Vereinbarung abgewichen werden darf, und dem *Vorbehalt des Rechts,* wonach freiheits- und rechtsbeeinträchtigende Maßnahmen nur getroffen werden dürfen, wenn eine Rechtsregel das der öffentlichen Verwaltung gestattet. Der Freiheits- und Rechtsbereich der Bürger ist vor allem im Grundrechtskatalog des Grundgesetzes abgesteckt (vgl. S. 96). Im Rahmen ihrer rechtlichen Befugnisse benötigt die öffentliche Verwaltung in aller Regel nicht die Zustimmung des Betroffenen, sie entscheidet ohne sein Einverständnis durch Verwaltungsakt (vgl. S. 260). Vereinbarungen mit dem Bürger sind jedoch unter bestimmten Voraussetzungen möglich (öffentlich-rechtliche Verträge).

Bei der Ermessensausübung ist der Verwaltung stets aufgegeben, von den zur Erreichung des rechtlich vorgegebenen Zwecks geeigneten Maßnahmen diejenige zu wählen, die den Bürger am geringsten belastet. Die Verwaltung braucht zur Durchsetzung ihrer Entscheidungen nicht Gerichte einzuschalten, vielmehr kann sie ihre Entscheidungen selbst vollstrecken, wenn sie unanfechtbar oder sofort vollziehbar sind (vgl. S. 264). Ist der Bürger mit einer behördlichen Maßnahme nicht einverstanden, kann er – meist binnen Monatsfrist – verschiedene außergerichtliche und gerichtliche Rechtsbehelfe geltend machen (vgl. S. 132). Die öffentliche Verwaltung handelt im Rechtsverkehr auch oft wie eine Privatperson; sie mietet, kauft, schließt Arbeitsverträge ab usw. In diesen Fällen zivilrechtlichen (= fiskalischen) Handelns des Staates ist er rechtlich so zu beurteilen wie andere Privatpersonen; allerdings steht ihm die Privatautonomie nicht im selben Umfang zu, da er stets die ihn verpflichtenden Grundrechte der Bürger zu beachten hat. Dort, wo die Verwaltung allgemein als öffentlich empfundene Aufgaben wahrnimmt, ohne in Rechte der Bürger einzugreifen, hat sie – vorbehaltlich entgegenstehender anderer Regelungen – ein Wahlrecht, ob sie öffentlich oder zivilrechtlich tätig wird.

Auch im heutigen deutschen Recht gibt es gewohnheitsrechtliche Regeln, die durch richterliche Rechtsfortbildung meist auf der Grundlage von Vorschlägen aus der Rechtswissenschaft entstanden sind; sie füllen gesetzlich bisher nicht geregelte, aber regelungsbedürftige Lücken aus (z. B. im Arbeitsrecht) oder ergänzen Gesetze (z. B. im Schadensersatzrecht). Zum Gewohnheitsrecht werden oft auch die allgemeinen Grundsätze des Völkerrechts gezählt, die als Bestandteil innerstaatlichen Rechts gelten (Art. 25 GG). Nicht „gesetzte" Rechtsquellen sind ferner die für die Mitglieder verbindlichen Tarifverträge der Gewerkschaften mit Arbeitgebern oder Arbeitgeberverbänden, die für den Arbeitgeber und die Betriebsangehörigen gültigen Betriebsvereinbarungen sowie die im Unternehmen herrschende betriebliche Übung. Das in der Bundesrepublik Deutschland „gesetzte" Recht wird sowohl von Bundes- als auch von Länderinstanzen erlassen. Die vom Bundestag oder den Länderparlamenten erlassenen Normen werden als *Gesetze* bezeichnet (Gesetze im materiellen und im formellen Sinn). Möglich ist, daß ein Gesetz es gestattet, daß nähere Bestimmungen durch die Exekutive (z. B. die Regierung, einen Minister) getroffen werden, wobei Inhalt, Zweck und Ausmaß einer solchen Ermächtigung im Gesetz selbst festgelegt sein müssen. Die daraufhin von der Exekutive gesetzten Normen heißen *Rechtsverordnungen*, mitunter wird auch für sie der Begriff „Gesetz" verwendet, denn bei ihnen handelt es sich ebenfalls um Gesetze im materiellen, nicht aber im formellen Sinn.

Öffentlich-rechtliche Körperschaften wie Gemeinden und Hochschulen haben das Recht, für ihre Einwohner, Mitglieder, Besucher, Benutzer verbindliche *Satzungen* aufzustellen, z. B. über die Höhe der Kurtaxe oder der Gebühr für ausgeliehene Literatur. Dagegen haben die von den zuständigen Ressortchefs der öffentlichen Verwaltung (Minister) erlassenen sog. *Verwaltungsvorschriften* (z. B. Steuerrichtlinien, Bußgeldkataloge, Ausführungsvorschriften) für Bürger und Gerichte keine Verbindlichkeit, diese sind daher keine Rechtsvorschriften. Sie haben den Charakter von dienstlichen Weisungen an die Verwaltungsmitarbeiter, die Rechtsnormen im vorgeschriebenen Sinne auszulegen und anzuwenden.

Widersprechen sich einzelne Rechtsnormen, so ist dieser Widerspruch unter Berücksichtigung der zwischen den Rechtsvorschriften bestehenden Rangfolge zu lösen, wobei höherrangiges Recht das nachfolgende verdrängt. So bricht Bundesrecht Landesrecht, Verfassungsrecht geht einfachem Gesetzesrecht vor. Im Bundesbereich gelten die allgemeinen Grundsätze des Völkerrechts als Bundesrecht, sind mithin dem Grundgesetz nachrangig, gehen aber dem einfachen Gesetzesrecht vor. Rechtsverordnungen (vgl. S. 256) dürfen nicht im Widerspruch zum Gesetz stehen. Satzungen können staatliches Recht nicht abändern oder außer Kraft setzen. Bei Konflikten gleichrangiger Rechtsvorschriften gilt, daß die spezielle Regelung der allgemeinen vorgeht; bei einander widersprechenden Normen auf derselben Regelungsebene geht die jüngere der älteren vor.

Rechtsfähigkeit und rechtliche Mündigkeit des Bürgers

Jeder Mensch ist von seiner Geburt an rechtsfähig und bleibt es bis zu seinem Tode. Mit der Geburt wird er sofort Rechtsinhaber, z. B. der Unterhaltsansprüche gegen seine Eltern. Der noch nicht geborene Mensch ist verfassungs- und strafrechtlich gegen Tötung (Abtreibung, Schwangerschaftsabbruch) geschützt; bei Verletzungen seines Körpers oder seiner Gesundheit im Mutterleib hat er Ansprüche auf Schadensersatz einschließlich Schmerzensgeld; der noch nicht geborene Mensch kann Erbe werden. Seinen Eltern oder anderen gesetzlichen Vertretern ist es bei Strafe verboten, Kindesvermögen für sich zu verbrauchen.

Bis zum Alter von einschließlich sechs Jahren ist das Kind geschäftsunfähig, es kann insbesondere keine Verträge zum Rechtserwerb, zur Rechtsänderung oder -aufgabe abschließen. Die Rechte der Kinder werden durch ihre sog. gesetzlichen Vertreter wahrgenommen (die Eltern gemeinsam, ein Elternteil, Vormund, Pfleger); Vormund und Pfleger sind häufig das Jugendamt.

Kinder im Alter zwischen sieben und siebzehn Jahren sind beschränkt geschäftsfähig; sie können ohne Zustimmung ihres gesetzlichen Vertreters ihre rechtliche Situation verändern, wenn dies für sie nicht rechtlich nachteilig ist. Für besonders schwerwiegende rechtliche Erklärungen, z. B. Eheschließung, Darlehensaufnahme ist die Genehmigung des Amtsgerichts in seiner Funktion als Vormundschaftsgericht zusätzlich erforderlich. Grundsätzlich kann der gesetzliche Vertreter auch für den Minderjährigen gegen dessen Willen verbindliche Erklärungen abgeben, insbesondere für diesen verbindliche Verträge schließen. In einzelnen Fällen ist jedoch die Mitwirkung des betroffenen Kindes erforderlich, so u. a. bei der Adoption, der Ehelicherklärung oder bei der Eheschließung. Bei der Eheschließung muß der Minderjährige überdies mindestens 16 Jahre (ehemündig) und sein Partner mindestens 18 Jahre alt sein.

Auf bestimmte Rechtshandlungen hat der gesetzliche Vertreter keinen Einfluß, z. B. auf den Austritt aus einer oder den Eintritt in eine Religionsgemeinschaft eines schon Vierzehnjährigen (Religionsmündigkeit) oder auf die Testamentserrichtung durch den mindestens 16 Jahre alten Minderjährigen. Solange das Kind noch minderjährig ist, steht es unter der erzieherischen Obhut (Erziehungsrecht) seines gesetzlichen Vertreters auch im rein tatsächlichen Bereich. Ein Minderjähriger kann vor Gericht verklagt werden oder selbst Kläger sein; jedoch kann er nicht selbst vor Gericht auftreten. Mit achtzehn Jahren wird ein Mensch volljährig, er kann sowohl rechtlich als auch tatsächlich über sich selbst bestimmen. Im politischen Bereich erwirbt der Achtzehnjährige das Wahlrecht.

Einem noch Minderjährigen obliegen auch Pflichten, z. B. hat er die Rechte und Rechtsgüter seiner Mitmenschen zu respektieren. Er kann durch seinen gesetzlichen Vertreter vertraglich zu einer Leistung verpflichtet worden sein, z. B. zur Entrichtung des Fahrschulhonorars. Es bestehen für ihn auch öffentlich-rechtliche Pflichten (Abgabe einer Steuererklärung bei eigenem Einkommen, Schulbesuch). Es obliegt dem gesetzlichen Vertreter, diese Pflichten für das Kind wahrzunehmen. Der gesetzliche Vertreter haftet nicht mit seinem eigenen Vermögen für Rechts- oder Pflichtverletzungen, die der Minderjährige begangen hat, sondern nur für die Verletzung der ihm selbst obliegenden Aufsichtspflicht. Dagegen ist der Minderjährige für sein Fehlverhalten häufig selbst verantwortlich und zum Schadensersatz verpflichtet. Ein Kind bis einschließlich sechs Jahren kann allerdings überhaupt nicht vorwerfbar Unrecht tun, es ist deliktsunfähig; der bereits Siebenjährige ist beschränkt deliktsfähig, er muß den von ihm angerichteten Schaden ersetzen, es sei denn, er weist nach, daß er bei Begehung des Unrechts noch nicht die erforderliche Einsicht hatte.

Einem noch nicht Vierzehnjährigen kann für ein Unrecht weder eine Strafe noch ein Bußgeld auferlegt werden. Die Straftat oder Ordnungswidrigkeit kann als solche bei einem schon Vierzehn- aber noch nicht Achtzehnjährigen (= Jugendlichen) nur geahndet werden, wenn er bei Begehung der Tat reif genug war, das Unrecht der Tat zu erkennen und nach dieser Einsicht zu handeln. Volljährige, die noch nicht 21 Jahre alt (= Heranwachsende) sind, sind zwar uneingeschränkt strafmündig, ihre Tat kann aber wie die eines Jugendlichen geahndet werden, wenn der Straftäter erst den Reifegrad eines noch nicht Achtzehnjährigen hatte oder es sich um eine typische Jugendverfehlung handelte.

Das Erwachsenwerden im Rechtssystem

Zeugung:	Schutz gegen Tötung, gegen Verletzungen; Erbfähigkeit
Geburt:	Erwerb der Rechtsfähigkeit, der Parteifähigkeit
7 Jahre alt:	Beschränkte Geschäftsfähigkeit, beschränkte Deliktsfähigkeit
12 Jahre alt:	Mitbestimmungsrecht beim Religionswechsel
14 Jahre alt:	Strafmündigkeit; Mitbestimmungsrecht bei Status- und Namensänderungen; Anhörungsrechte bei Gericht; Religionsmündigkeit
16 Jahre alt:	Ehemündigkeit; Testierfähigkeit
18 Jahre alt:	Volljährigkeit; Prozeßfähigkeit; volle strafrechtliche Verantwortlichkeit; volle Deliktsfähigkeit; Wahlrecht
21 Jahre alt:	Verlust jeglicher strafrechtlicher Besserbehandlung

Altersstufen

Minderjährige:	Menschen unter 18 Jahren
Volljährige:	Menschen über 18 Jahren
Jugendliche (im Strafrecht):	Menschen von 14 bis einschließlich 17 Jahren
Heranwachsende (im Strafrecht):	Menschen von 18 bis einschließlich 20 Jahren

Rechtsprechung – Rechtswege

Die Aufgabe der Rechtsprechung (dritte Gewalt) ist unabhängigen Gerichten anvertraut. Traditionell dient die Rechtsprechung der Streitentscheidung zwischen Privatpersonen sowie zwischen Staat und Privatpersonen auf den Gebieten der Strafrechtspflege; diese Aufgaben werden von den ordentlichen Gerichten wahrgenommen (vgl. S. 222). Aus diesem Zweig hat sich die eigenständige Arbeitsgerichtsbarkeit für arbeitsrechtliche Streitigkeiten entwickelt (vgl. S. 230). Erst aus der Verfassungsentwicklung des 19. und 20. Jahrhunderts stammt die Idee, daß sich auch die staatliche Obrigkeit selbst vor unabhängigen Gerichten dem Bürger gegenüber rechtfertigen muß. So sind für sozialversicherungsrechtliche Streitigkeiten die Sozialgerichte (vgl. S. 240), für steuerrechtliche Streitigkeiten die Finanzgerichte (vgl. S. 242) und für die sonstigen öffentlich-rechtlichen Streitigkeiten mit den öffentlichen Verwaltungen die Verwaltungsgerichte (vgl. S. 238) zuständig. Neben diesen fünf Gerichtsbarkeiten fällt dem Bundesverfassungsgericht und den Verfassungsgerichten (= Staatsgerichtshöfen) der Länder die bedeutende Aufgabe zu, die Einhaltung des Verfassungsrechts durch die Staatsorgane zu überprüfen (vgl. S. 216).

Bei den meisten Gerichten entscheidet jeweils ein Richterkollegium (Senat, Kammer). Üblicherweise wird ein Streit vor Gericht durch Urteil entschieden; einzelne, oft noch vorläufige Entscheidungen ergehen als Beschluß. Urteile können nach Maßgabe der jeweiligen Verfahrensordnung mit den *Rechtsmitteln* der Berufung, der weiteren Beschwerde und der Revision angefochten werden. Das mit der Berufung oder der Beschwerde angerufene Gericht entscheidet die Angelegenheit sowohl in tatsächlicher als auch in rechtlicher Hinsicht noch einmal neu, dagegen beschränkt sich das Revisions- und das mit der weiteren Beschwerde befaßte Gericht auf die Überprüfung von Rechtsfehlern, an die Tatsachenfeststellungen der Vorinstanz ist es, soweit diese nicht auf Rechts-, z. B. Verfahrensfehlern beruhen, gebunden. Der vorgesehene Instanzenzug, d. h. die prozessuale Möglichkeit, eine gerichtliche Entscheidung durch Rechtsmittel anzufechten, ist für jeden Gerichtszweig und jeden Rechtsweg unterschiedlich ausgestaltet. Die modernen Verfahrensordnungen für die Verwaltungsgerichtsbarkeit (vgl. S. 238), für die Sozialgerichtsbarkeit (vgl. S. 240) und für die Arbeitsgerichtsbarkeit (vgl. S. 230) sehen einen dreistufigen Gerichtsaufbau vor. Üblicherweise beginnt ein Prozeß vor dem unteren Gericht (Verwaltungs-, Sozial-, Arbeitsgericht). Gegen dessen Urteil kann der unterlegene Teil Berufung beim jeweils höheren Gericht (Oberverwaltungsgericht bzw. Verwaltungsgerichtshof, Landessozial-, Landesarbeitsgericht) einlegen. Gegen das Berufungsurteil ist dann grundsätzlich die Revision zum zuständigen obersten Bundesgericht zulässig. Die *Berufung* ist innerhalb eines Monats nach Zustellung des erstinstanzlichen Urteils einzulegen und innerhalb eines weiteren Monats zu begründen. Gegen das Berufungsurteil ist die *Revision* nur unter eingeschränkten Voraussetzungen möglich. Meistens muß das Berufungsgericht die Revision gegen sein eigenes Urteil zugelassen haben. Dazu ist es gehalten, wenn die Rechtssache grundsätzliche Bedeutung hat oder wenn es in seinem Urteil von anderer höchstrichterlicher Rechtsprechung abgewichen ist. Gegen die Nichtzulassung der Revision ist die Beschwerde beim zuständigen Bundesgericht möglich.

Zivilprozesse, d. h. Rechtsstreitigkeiten zwischen Kläger und Beklagtem, werden in erster Instanz entweder vom Amts- oder Landgericht entschieden. In *Strafverfahren* ist der Instanzenzug weitgehend von der Schwere des dem Angeklagten vorgeworfenen Delikts abhängig.

Zur *Harmonisierung der Rechtsprechung* der obersten Bundesgerichte dient ein Gemeinsamer Senat der fünf Bundesgerichte (Bundesgerichtshof, Bundesarbeitsgericht, Bundesverwaltungsgericht, Bundessozialgericht und Bundesfinanzhof), dem ein Senat eines dieser Gerichte eine Rechtsfrage zur Entscheidung vorlegt, wenn es von der Rechtsauffassung eines anderen Bundesgerichts abweichen will. In Patentangelegenheiten ist ein besonderer Rechtsweg zum Bundespatentgericht vorgesehen. Für die disziplinarische Ahndung beruflicher Pflichtverletzungen bestehen für bestimmte Berufsgruppen (z. B. Rechtsanwälte, Ärzte) sog. *Ehrengerichte,* gegen dessen Entscheidung die Berufung zum Oberlandesgericht (Ehrengerichtshof) und dann die Revision zum Bundesgerichtshof vorgesehen ist. Für Disziplinarvergehen von Soldaten sind Truppendienstgerichte, von Bundesbeamten das Bundesdisziplinargericht zuständig.

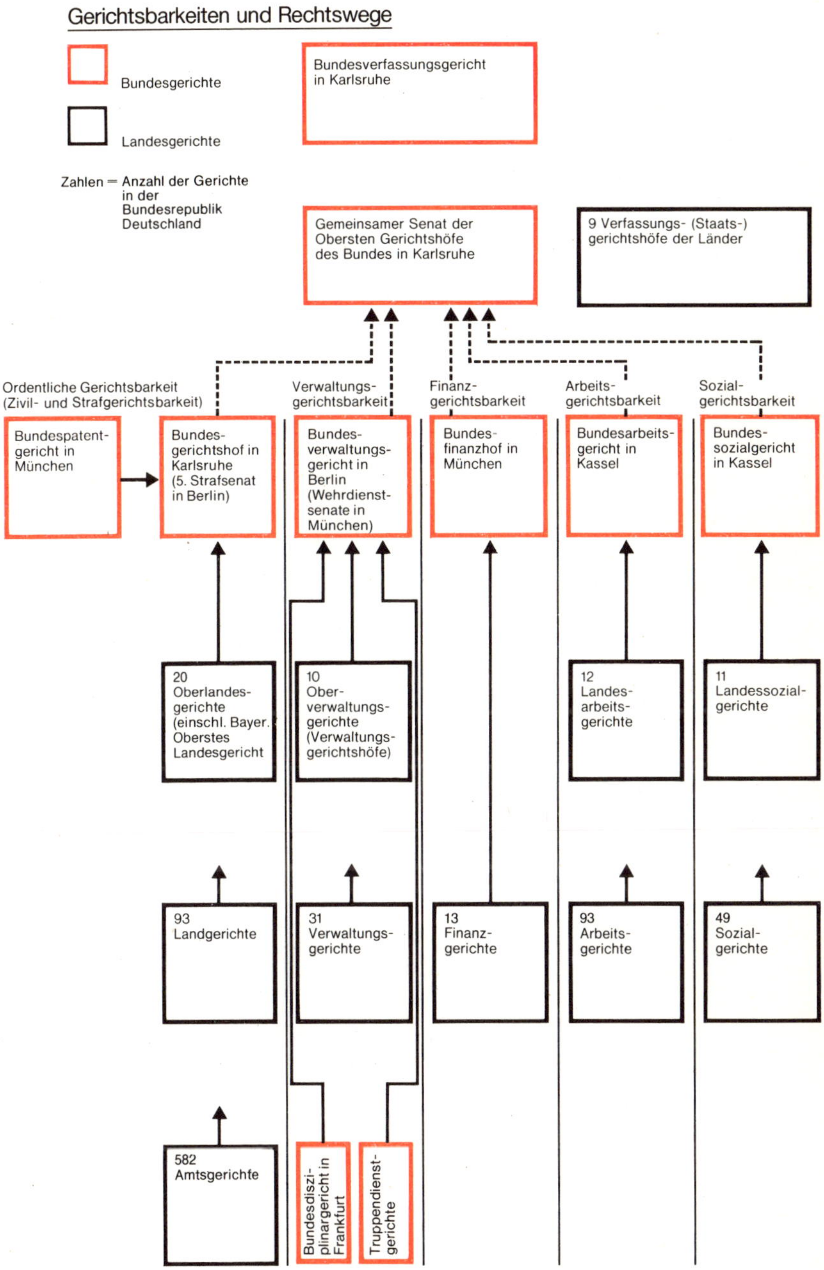
Gerichtsbarkeiten und Rechtswege
Bundesgerichte
Landesgerichte
Zahlen = Anzahl der Gerichte in der Bundesrepublik Deutschland
Bundesverfassungsgericht in Karlsruhe
Gemeinsamer Senat der Obersten Gerichtshöfe des Bundes in Karlsruhe
9 Verfassungs- (Staats-) gerichtshöfe der Länder
Ordentliche Gerichtsbarkeit (Zivil- und Strafgerichtsbarkeit)
Verwaltungs-gerichtsbarkeit
Finanz-gerichtsbarkeit
Arbeits-gerichtsbarkeit
Sozial-gerichtsbarkeit
Bundespatent-gericht in München
Bundes-gerichtshof in Karlsruhe (5. Strafsenat in Berlin)
Bundes-verwaltungs-gericht in Berlin (Wehrdienst-senate in München)
Bundes-finanzhof in München
Bundesarbeits-gericht in Kassel
Bundes-sozialgericht in Kassel
20 Oberlandes-gerichte (einschl. Bayer. Oberstes Landesgericht
10 Ober-verwaltungs-gerichte (Verwaltungs-gerichtshöfe)
12 Landes-arbeits-gerichte
11 Landessozial-gerichte
93 Landgerichte
31 Verwaltungs-gerichte
13 Finanz-gerichte
93 Arbeits-gerichte
49 Sozial-gerichte
582 Amtsgerichte
Bundesdiszi-plinargericht in Frankfurt
Truppendienst-gerichte

Die Aufgaben der Rechtsprechung werden in der Bundesrepublik Deutschland von *Richtern* ausgeübt. Die Befähigung zum Richteramt erwirbt der Berufsrichter durch ein juristisches Universitätsstudium (Abschluß: erstes Staatsexamen) und den daran anschließenden Vorbereitungsdienst (Referendardienst) in der juristischen Praxis mit dem zweiten (großen) Staatsexamen. Im Bund und in mehreren Ländern geht der Ernennung die Wahl durch einen Richterwahlausschuß voraus, in dem u.a. Abgeordnete, Richter und Rechtsanwälte mitwirken. Für die Wahl von Verfassungsrichtern gelten besondere Regeln (vgl. S. 218). Grundsätzlich werden Richter auf Lebenszeit (Altersgrenze: 65 Jahre) berufen. Sie üben ihr Richteramt unabhängig aus (persönliche und sachliche Unabhängigkeit); dazu gehört u.a., daß sie grundsätzlich unversetzbar sind. Der Richter ist nur an Recht und Gesetz gebunden, nicht etwa an herrschende Rechtsansichten, an höchstrichterliche Rechtsprechung in vergleichbaren Fällen oder gar an Verwaltungsvorschriften.

Die Berufsrichter werden in zahlreichen Gerichten (u.a. in der Arbeits-, Sozial- und Verwaltungsgerichtsbarkeit) durch gleichberechtigt mitwirkende ehrenamtliche Richter (Laienrichter) unterstützt. Die ehrenamtlichen Richter werden für eine bestimmte Amtszeit gewählt und genießen ebenfalls richterliche Unabhängigkeit; sie können die Berufung nur in bestimmten Ausnahmefällen ablehnen.

Ein Teil der früher den Richtern zugewiesenen Aufgaben werden heute insbesondere an den Amtsgerichten von *Rechtspflegern* wahrgenommen, und zwar auf Gebieten, die keine Streitentscheidung darstellen (z.B. Vormundschafts- und Nachlaßsachen, Grundbuchwesen, Registerführung, Mahnverfahren, Unterhalts- und Kostenfestsetzung, Zwangsvollstreckung). Rechtspfleger sind im Gegensatz zu den Richtern Beamte, sie gehören der Laufbahn des gehobenen Justizdienstes an. Die erforderliche berufliche Qualifikation erwerben sie durch ein dreijähriges Fachhochschulstudium einschließlich der Berufspraktika von insgesamt mindestens einem Jahr. Bei seinen Entscheidungen genießt der Rechtspfleger dieselbe sachliche Unabhängigkeit wie ein Richter, ihm fehlt jedoch dessen persönliche Unabhängigkeit.

Zu den staatlichen Organen der Rechtspflege zählt auch die *Staatsanwaltschaft,* die vor allem zur Ermittlung und Anklage von Straftaten sowie zur Vollstreckung von Strafurteilen zuständig ist. Der Staatsanwalt ist weisungsgebundener Beamter. Er hat im Strafverfahren alle Tatumstände aufzuklären, auch die den Beschuldigten entlastenden. Beim Amtsgericht können die staatsanwaltschaftlichen Aufgaben auch von sog. *Amtsanwälten* wahrgenommen werden, sie sind Beamte des gehobenen Justizdienstes und haben die Rechtspfleger- sowie eine Zusatzausbildung absolviert. Im Bereich der Strafvollstreckung sind zahlreiche staatsanwaltliche Aufgaben den Rechtspflegern übertragen.

Zur objektiven Amtsführung sind auch die *Notare* verpflichtet. Sie sind für öffentliche Beurkundungen, d.h. Protokollierung von rechtlichen Erklärungen aller Art (z.B. Testamente, Grundstückskaufverträge, Adoptionseinwilligungen) und für die Beglaubigung, d.h. die Bestätigung der Echtheit von Unterschriften (z.B. für Erbschaftsausschlagungen, für Bewilligungen zur Grundbucheintragung) zuständig. In diesem Zusammenhang sind sie zur Beratung und zur Überprüfung der Rechtsgültigkeit der jeweiligen Erklärung verpflichtet. Sie beugen damit künftigen Rechtskonflikten vor und üben somit ein öffentliches Amt der Rechtspflege aus.

Im Gegensatz zum Notar ist der *Rechtsanwalt* stets zur parteiischen Wahrnehmung der Interessen seines Mandanten verpflichtet. Er übt einen freien Beruf aus, der ihn zur Vertretung und Beratung in allen Rechtsangelegenheiten befugt. Als unabhängiges Organ der Rechtspflege kann er nicht zugleich Richter oder Beamter sein. Die Zulassung zur Rechtsanwaltschaft setzt die Befähigung zum Richteramt voraus. In zivilrechtlichen Angelegenheiten kann er nur vor dem ordentlichen Gericht auftreten, bei dem er gesondert zugelassen ist (Ausnahme: vor den Amtsgerichten); in Strafsachen und bei den anderen Gerichtszweigen ist eine solche besondere Zulassung nicht erforderlich. Ohne besondere behördliche oder gerichtliche Genehmigung ist anderen Personen die Beratung und Vertretung in Rechtsangelegenheiten untersagt, selbst wenn sie rechtskundig sein sollten, z.B. auch Richtern und Beamten.

Die Auswahl von Schöffen (alle vier Jahre)
(§§ 36-45 Gerichtsverfassungsgesetz)

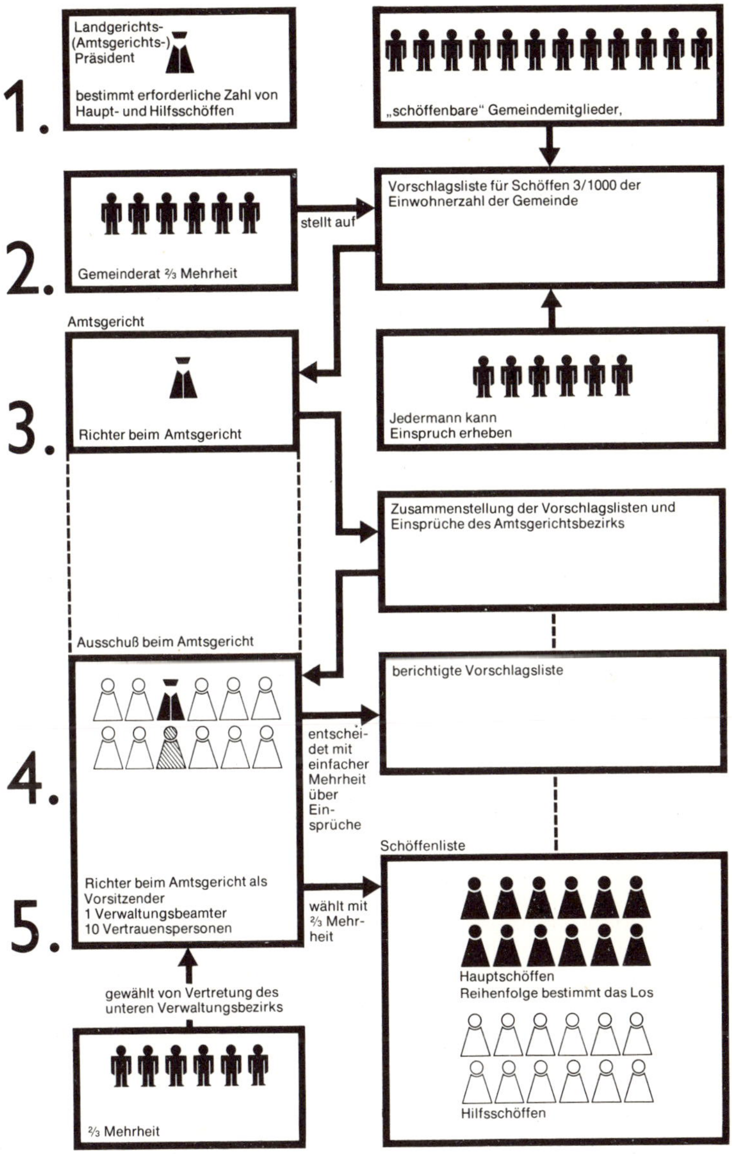

Gerichtliches Verfahren

Die Verfahren vor den Gerichten dienen vornehmlich der Entscheidung von Streitigkeiten entweder zwischen Privatpersonen und -institutionen oder zwischen Privatpersonen und staatlichen Instanzen; z. T. sind den Gerichten aber auch ähnlich wie Behörden Ordnungsaufgaben übertragen. Üblicherweise wird ein Gericht nur auf Antrag eines Beteiligten tätig, nur ausnahmsweise, z. B. in Vormundschaftssachen, von Amts wegen. Im streitigen Verfahren wird der Antrag in Form einer Klage eingereicht, der Antragsteller heißt Kläger, der Gegner Beklagter; nur im Strafverfahren gibt es den Angeklagten, gegen den das Gericht aufgrund der Klage des Staatsanwalts das Hauptverfahren eröffnet hat. Die Beteiligten können sich durch Bevollmächtigte unterstützen lassen, vor bestimmten Gerichten ist die Vertretung durch Rechtskundige vorgeschrieben. Nur im Strafverfahren gibt es Verteidiger, die hier die Rolle eines weitgehend unabhängigen Helfers haben. Bevollmächtigte und Verteidiger sind meist Rechtsanwälte.

Meist wird der *Entscheidungsrahmen* des Gerichts durch die Anträge der Parteien abgesteckt *(Dispositionsmaxime)*, allerdings wirkt das Gericht im Prozeß auf die Stellung sachgerechter Anträge hin. Dort, wo das Gericht ohne Antrag entscheiden kann, und im Strafverfahren ist es befugt, auch über die gestellten Anträge hinauszugehen *(Offizialmaxime)*. Im Rahmen seines Entscheidungsprogramms prüft das Gericht, ob die Prozeßvoraussetzungen vorliegen (z. B. seine Zuständigkeit, die Einhaltung von Klagefristen) und ob keine Prozeßhindernisse entgegenstehen.

Die *Aufgabe des Gerichts* besteht darin, die für seine Entscheidung wichtigen Tatsachen, den Sachverhalt, festzustellen. Hierfür bedient es sich insbesondere der Mithilfe der Beteiligten. Bis auf den Angeklagten im Strafverfahren sind alle Beteiligten zur Wahrheit verpflichtet, Verwaltungs- und Ermittlungsbehörden darüber hinaus zu Objektivität. Im streitigen Zivil- und im arbeitsgerichtlichen Verfahren ist es dem Gericht grundsätzlich untersagt, neue, von keiner Partei vorgetragene Tatsachen von sich aus in den Prozeß einzuführen, auch unterstellt es in der Regel einen übereinstimmenden Sachvortrag von Kläger und Beklagtem als zutreffend *(Prinzip der formellen Wahrheit)*. Im Strafverfahren, in der sog. freiwilligen Gerichtsbarkeit (vgl. S. 226) und vor den Verwaltungs-, Finanz- und Sozialgerichten herrscht dagegen die *Untersuchungsmaxime*, d. h. das Gericht ist von sich aus zur vollständigen Sachaufklärung berechtigt und verpflichtet und nicht an den Sachvortrag der Beteiligten gebunden *(Amtsermittlungsgrundsatz)*.

Zur Sachverhaltsaufklärung bedient sich das Gericht der sog. *Beweismittel*, das sind Urkunden, Zeugenaussagen, Sachverständigengutachten, Augenscheinnahmen, amtliche Auskünfte und – allerdings nicht im Strafverfahren – die Vernehmung einer Partei. In allen Verfahrensarten können die Gerichte die ihnen notwendig erscheinenden Beweise erheben, im Zivilverfahren können jedoch, soweit der Verhandlungsgrundsatz herrscht, Zeugen nur auf Antrag einer Partei vernommen werden.

Die Gerichte fällen ihre Urteile in aller Regel aufgrund einer mündlichen, grundsätzlich öffentlichen Verhandlung, die in mehrere Einzeltermine gegliedert sein kann. Die mündliche Verhandlung ist durch Schriftsätze vorzubereiten, das Strafverfahren durch die in den Ermittlungsakten festgehaltenen und in der Anklageschrift zusammengefaßten Ermittlungsergebnisse. Im übrigen sehen die Prozeßordnungen (außer im Strafprozeß) vor, daß im Einverständnis der Parteien auch im schriftlichen Verfahren entschieden werden kann. Gerichtliche Entscheidungen können mit *Rechtsmitteln* (Berufung, Revision, Beschwerde) angegriffen werden; hierbei sind Zulässigkeitserfordernisse, insbesondere Fristen, zu beachten. Bei schuldloser Fristversäumung kann Wiedereinsetzung in den vorherigen Stand beantragt werden. Nicht mehr angreifbare Entscheidungen sind rechtskräftig; gegen sie ist bei schweren Verfahrensfehlern oder strafbaren Verletzungen prozessualer Mitwirkungspflichten einzelner Prozeßbeteiligter, Zeugen oder Gutachter die Wiederaufnahme des Verfahrens möglich.

Gerichtsverfahren verursachen *Kosten*; ein Teil der Kosten wird durch Gerichts- oder Anwaltsgebühren erhoben. Kostenschuldner ist in der Regel die im Prozeß unterlegene Partei. Bedürftigen Personen werden die Prozeßkosten im Rahmen der Prozeßkostenhilfe völlig oder teilweise bei Prozeßbeginn erlassen, wenn die Rechtsverfolgung oder -verteidigung nicht aussichtslos oder mutwillig erscheint.

Grundsätze des gerichtlichen Verfahrens

A. Einleitung des Verfahrens

Offizialmaxime

Einleitung von Amts wegen durch Behörden bzw. Beamte.

Legalitätsprinzip aufgrund einer gesetzlichen Pflicht zur Einleitung: Strafprozeß

Opportunitätsprinzip aufgrund pflichtgemäßen Ermessens: Für Behörden im Verfassungs- und Verwaltungsgerichtsprozeß, im Zivilprozeß in Statussachen (z. B. Vaterschaftsfeststellung).

Parteimaxime
Die Beteiligten entscheiden frei über die Einleitung: Zivilprozeß und für den Bürger auch in allen anderen Prozessen.

B. Betrieb des Verfahrens

Amtsbetrieb
Das Gericht bestimmt den Fortgang des Verfahrens: Heute in allen Prozeßarten.

Parteibetrieb
Die Beteiligten bestimmen den Fortgang des Verfahrens: Im Zivilprozeß nach Erlaß des Urteils.

C. Sachgestaltung

Offizialmaxime
Der Gegenstand des Prozesses unterliegt der Bestimmung des Gerichts oder dem rechtlich gebundenen Ermessen einer Behörde: Im Strafprozeß und von den Behörden her im Verfassungs-, Verwaltungs-, Finanz- und Sozialgerichtsprozeß.

Dispositionsmaxime
Der Gegenstand des Verfahrens unterliegt der freien Verfügung der Beteiligten: Im Zivilprozeß (außer in Ehe- und Statussachen) und vom Bürger her, z. B. im Verwaltungsgerichtsprozeß.

D. Sachverhaltsgestaltung

Untersuchungsmaxime
Das Gericht bestimmt, welche Tatsachen in den Prozeß eingeführt und welche Tatsachen bewiesen werden müssen: Im Straf-, Verfassungsgerichts-, Finanzgerichts- und Sozialgerichtsprozeß sowie im Zivilprozeß in Ehe-und Statussachen.

Amtsmaxime
Die Beteiligten bestimmen, welche Tatsachen in den Prozeß eingeführt werden; das Gericht bestimmt, welche Tatsachen bewiesen werden müssen: Im Verfahren über die Zulässigkeit der Klage im Zivilprozeß.

Verhandlungsmaxime
Die Beteiligten bestimmen, welche Tatsachen in den Prozeß eingeführt werden und welche bewiesen werden müssen: Im Zivilprozeß (außer Ehe- und Statussachen).

E. Prozeßführung

Schriftlichkeit
Prozeßstoff wird nur das, was schriftlich vorgetragen wird, z. B. im Vorverfahren des Strafprozesses, in den Erinnerungsverfahren der zivilrechtlichen Zwangsvollstreckung.

Mündlichkeit
Prozeßstoff wird nur das, was mündlich vorgetragen wird: Im Hauptverfahren des Strafprozesses.

Verbindung von Schriftlichkeit und Mündlichkeit
Im Zivilprozeß, Verwaltungsgerichtsprozeß usf.

Einstweilige Verfahren und Entscheidungen

In jedem Staat ist die Rechtsdurchsetzung dem einzelnen Betroffenen – bis auf krasse Ausnahmesituationen – verwehrt und hoheitlichen – meist gerichtlichen – Instanzen übertragen. Sehr oft sind jedoch schon vorher Entscheidungen nötig, um das Recht schließlich noch durchsetzen zu können, z. B. muß der fluchtverdächtigte Beschuldigte in Untersuchungshaft genommen werden, um überhaupt ein geordnetes Strafverfahren sicherzustellen. Mitunter sind rasche, vorläufige Regelungen auch erforderlich, weil die endgültige Entscheidung zu spät käme, z. B. wäre der möglicherweise rechtswidrige Streik schon durchgeführt, das gesetzwidrig die Umwelt belastende Kraftwerk bereits gebaut, die gewaltsam dem Mieter widerrechtlich entzogene Wohnräume schon weitervergeben. Im Gerichtsverfahrensrecht ist daher ein System unterschiedlicher einstweiliger Regelungen geschaffen, bei denen es um die Entscheidung dringlicher, regelungsbedürftiger Fragen und/oder um die Sicherung endgültiger Rechtsdurchsetzung geht.

Im Strafprozeßrecht sind die *vorläufige Festnahme* des Beschuldigten und die Anordnung der *Untersuchungshaft* die bekanntesten vorläufigen Maßnahmen; hinzu kommen die übrigen Aktionen während des Ermittlungsverfahrens, so auch die *Durchsuchung* und die *Beschlagnahme*. In anderen Rechtsbereichen gibt es das *Beweissicherungsverfahren*, das Beweise, die im Rahmen des üblichen Prozeßverlaufs nicht mehr erbracht werden könnten, in einem besonderen gerichtlichen Verfahren festhalten soll. Im zivil- und arbeitsrechtlichen Verfahren kann ein Gläubiger, der um die Durchsetzung einer ihm zustehenden Geldforderung fürchtet, schon vor, aber auch nach Klageerhebung gegen den Schuldner einen *Arrest* erwirken, der die Grundlage für eine vorläufige Beschlagnahme von Vermögensgegenständen (= dinglicher Arrest) oder gar für eine Verhaftung des Schuldners (= persönlicher Arrest) bietet.

Die bekanntesten Möglichkeiten einstweiliger gerichtlicher Regelungen sind die *einstweilige Verfügung* (im zivil- und arbeitsgerichtlichen Verfahren) und die *einstweilige Anordnung* (in den verwaltungs-, finanz- und sozialgerichtlichen Verfahren). Sie können begehrt werden, um einen individuellen Anspruch bzw. ein Recht, dessen Verwirklichung sonst gefährdet wäre, zu sichern oder/und, um eine vorläufige Regelung in einem streitigen Rechtsverhältnis zu erwirken, z. B. die Weiterbeschäftigung eines möglicherweise zu Unrecht gekündigten Arbeitnehmers bis zur Entscheidung über die Kündigungsschutzklage. Ferner stehen dem Gericht in Scheidungsverfahren Befugnisse zu vorläufigen Regelungen, z. B. der elterlichen Sorge, sowie im Vaterschaftsfeststellungsverfahren zur vorläufigen Festsetzung der Unterhaltspflicht zu. Im verwaltungsgerichtlichen Verfahren ist dagegen ein die allgemeine einstweilige Anordnung verdrängender Rechtsbehelf vorgesehen, wenn es dem durch einen Verwaltungsakt Betroffenen darum geht, dessen Vollstreckung (vgl. S. 214) bis zur endgültigen Entscheidung über die Rechtmäßigkeit hinauszuschieben. Beantragt wird hier die Aussetzung der Vollziehung eines Verwaltungsakts, d. h. die Anordnung oder die Wiederherstellung der aufschiebenden Wirkung des Widerspruchs gegen den Verwaltungsakt. Im Verfahren der Vollziehung von für vorläufig vollstreckbar erklärten Gerichtsurteilen ist – zumeist gegen Sicherheitsleistung – die einstweilige Einstellung der Zwangsvollstreckung durch einstweilige Anordnung (nicht durch einstweilige Verfügung) des Gerichts möglich. Vor Erlaß einer einstweiligen Anordnung, Verfügung oder eines Arrests, prüft das Gericht auftauchende Sach- und Rechtsfragen nur summarisch, d. h. nicht mit der sonst gebotenen Gründlichkeit.

Eine besondere Form des vorläufigen Rechtsschutzes stellt das *Vorbehaltsurteil* dar. Hier entscheidet ein Gericht über das Bestehen eines Anspruchs und verurteilt zur Leistung, behält aber dem Unterlegenen ausdrücklich vor, in einem Nachverfahren über eine von ihm zur Aufrechnung gestellte Gegenforderung befinden zu lassen und dadurch erst die endgültige Entscheidung über den gesamten Rechtsstreit herbeizuführen.

Stellt sich in der endgültigen Entscheidung heraus, daß eine der vorläufigen Maßnahmen ungerechtfertigt war, weil z. B. der verhaftete Beschuldigte unschuldig, der in einem Vorbehaltsurteil Unterlegene eigentlich im Recht war, ist Ersatz zu leisten: ersatzpflichtig ist derjenige, der die einstweilige Maßnahme beantragt hat und durchführen ließ.

Übersicht über die einstweiligen Verfahren

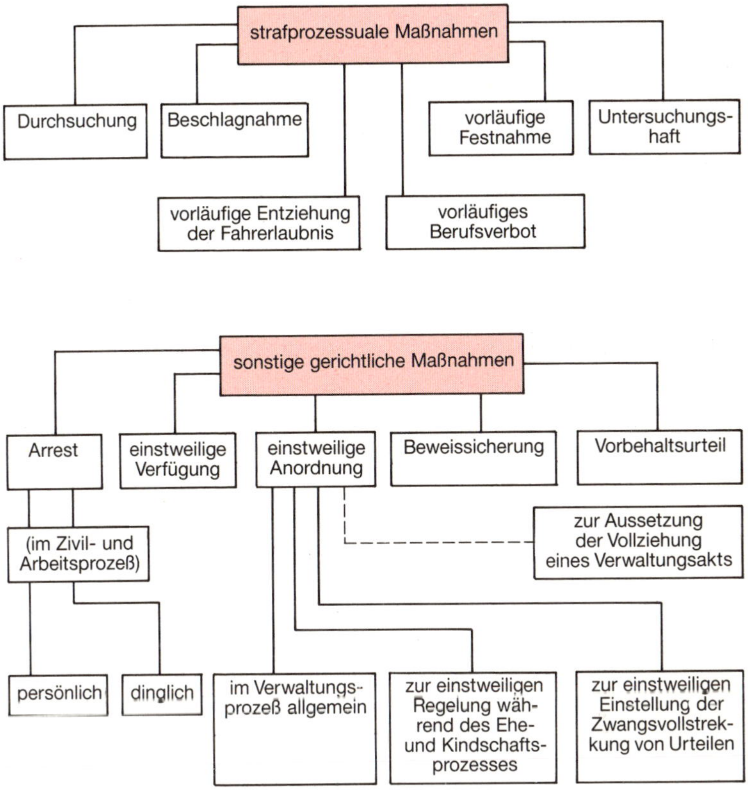

Gerichtliche und behördliche Entscheidungen und ihre Vollstreckung

Zur Durchsetzung von Ansprüchen und sonstigen Rechten sind Privatleute und -institutionen nicht befugt; es gilt das Verbot der Selbstjustiz (Ausnahme: Notwehr, Notstand). Der einzelne Bürger muß sich der Hilfe der zuständigen staatlichen Instanzen, zumeist der Gerichte, bedienen. Das gerichtliche Verfahren gliedert sich in das *Erkenntnisverfahren*, in dem darüber entschieden wird, ob der jeweiligen Partei (vgl. S. 210) das geltend gemachte Recht zusteht, und in das *Vollstreckungsverfahren*, in dem die Vollstreckungsorgane (z. B. Gerichtsvollzieher, Rechtspfleger) die getroffenen Entscheidungen zwangsweise durchzusetzen versuchen.

Die staatlichen Instanzen können im Gegensatz zu den Privatpersonen und -institutionen ihre Entscheidungen auf dem Gebiet des öffentlichen Rechts selbst vollstrecken; es bedarf hier keiner vorhergehenden gerichtlichen Kontrolle und keines gerichtlichen Instanzen vorbehaltenen Vollstreckungsverfahrens.

Bestimmte Ansprüche (z. B. auf Einhaltung des Eheversprechens oder die in einem Arbeitsvertrag zugesagte Arbeitsleistung) können überhaupt nicht zwangsweise durchgesetzt werden; die Verletzung dieser Verpflichtungen führt jedoch meist zur Schadensersatzverpflichtung.

Zur Vollstreckung ist grundsätzlich eine gerichtliche oder behördliche Entscheidung, ein sog. *Vollstreckungstitel*, erforderlich. Grundsätzlich sollten die behördlichen oder gerichtlichen Entscheidungen bestandskräftig bzw. rechtskräftig geworden sein, bevor sie vollstreckt werden können. Dieser Grundsatz ist jedoch so oft durchbrochen, daß aus der Regel die Ausnahme geworden ist: z. B. müssen Gerichtsbeschlüsse, die gerade wegen ihrer Eilbedürftigkeit ergehen, sofort vollzogen werden. Gerichtsurteile sind vor Rechtskraft für vorläufig vollstreckbar zu erklären, um die durch das Urteil gewarnte, unterlegene Partei daran hindern zu können, ihr Vermögen noch vor der Entscheidung des höheren Gerichts „in Sicherheit" zu bringen. Unaufschiebbare Verwaltungsentscheidungen unterliegen der sofortigen Vollziehung.

Der bei der Vollstreckung zulässige Zwang ist durch zahlreiche Rechtsvorschriften begrenzt und muß dem Verhältnismäßigkeitsgrundsatz entsprechen. Bei der Wahl der *Zwangsmittel* ist zwischen der Vollstreckung wegen Ansprüchen auf Geldzahlung und solcher auf Vornahme von Handlungen sowie auf Duldungen und Unterlassungen zu unterscheiden. Geldforderungen werden entweder dadurch zwangsweise durchgesetzt, daß der Vollstreckungsbeamte (z. B. der Gerichtsvollzieher) dem Vollstreckungsschuldner die geschuldete Geldsumme wegnimmt (pfändet), oder daß ihm Vermögensgegenstände entzogen und zugunsten des Vollstreckungsgläubigers verwertet werden. Findet sich kein verwertbares Vermögen, muß auf Antrag ein Vermögensverzeichnis aufgestellt und dessen Richtigkeit an *Eides statt* (früher: Offenbarungseid) versichert werden. Sachen werden durch Wegnahme oder Anbringung eines Siegels gepfändet und später öffentlich versteigert. Grundstücke und Eigentumswohnungen des Schuldners werden durch die gerichtliche Eintragung einer Zwangshypothek in das Grundbuch gepfändet. Anstelle der Eintragung einer Zwangshypothek kann der Gläubiger jedoch auch sofort die Anordnung der Zwangsversteigerung oder der -verwaltung beantragen. Außer Sachen sind sämtliche vermögenswerten Rechte des Schuldners, soweit sie oder deren Ausübung übertragbar sind, der Pfändung und Verwertung zugunsten des Gläubigers unterworfen. Die Pfändung erfolgt durch das zuständige Gericht bzw. die zuständige Behörde. Bekannt sind in diesem Zusammenhang insbesondere die Pfändungen von Lohn- und Gehaltsansprüchen des Schuldners und deren Überweisung zur Einziehung an den Gläubiger.

Geht es nicht um die Durchsetzung von Geldforderungen, sondern um die Erzwingung von Handlungen, Duldungen oder Unterlassungen, gibt es als ein Mittel den Einsatz von unmittelbarem Zwang, der sowohl gegen das Vermögen als auch gegen die Person des Pflichtigen denkbar ist. Der unmittelbare Zwang muß dann unterbleiben, wenn mildere Mittel auch zum Ziel führen. Ist der Schuldner zu einer Leistung verpflichtet, die auch ein anderer erbringen kann, z. B. zur Durchführung eines Transports, zur Reinigung des Gehsteigs, so wird eine solche sog. vertretbare Handlung zumeist im Wege der *Ersatzvornahme* einem Dritten aufgegeben; die entstehenden Kosten werden dann beim Schuldner als Geldforderung beigetrieben. Höchstpersönliche, sog. unvertretbare Handlungen werden regelmäßig durch die gerichtliche bzw. behördliche Androhung von Zwangsgeldern oder Zwangshaft durchgesetzt.

Möglichkeiten zur Durchsetzung rechtlicher Verpflichtungen (Vollstreckung)

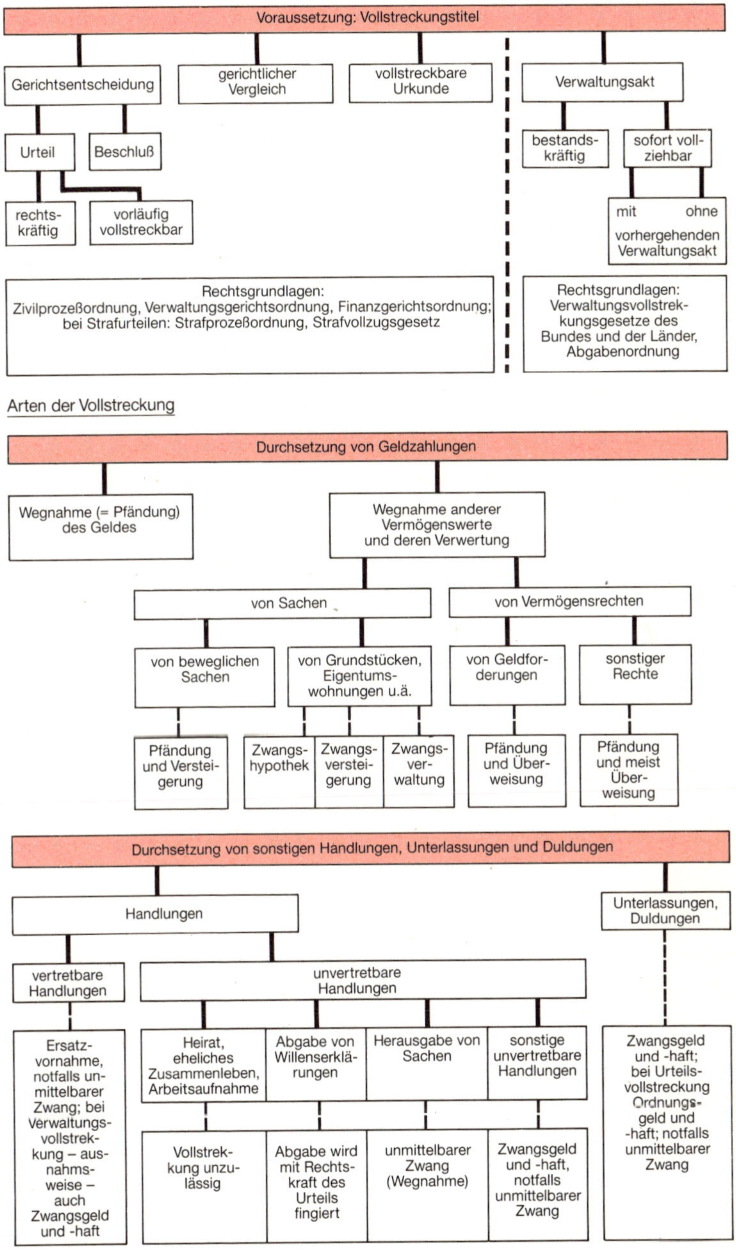

Verfassungsgerichtsbarkeit – Bundesverfassungsgericht und Landesverfassungsgerichte

Verfassungsgerichte sind besondere Gerichte zur Entscheidung verfassungsrechtlicher Fragen. Die Bundesrepublik Deutschland verfügt über eine ausgebaute Verfassungsgerichtsbarkeit. An erster Stelle ist das *Bundesverfassungsgericht* (BVerfG) in Karlsruhe zu nennen. Außerdem gibt es neun *Landesverfassungsgerichte,* die teils „Verfassungsgerichtshof", teils „Staatsgerichtshof" heißen. Nur Schleswig-Holstein und Berlin (West) haben kein eigenes Verfassungsgericht. Die Verfassungsgerichtsbarkeit hat gewisse Vorbilder in der deutschen Geschichte. Die Paulskirchenverfassung von 1849 (vgl. S. 18) sah ein Reichsgericht vor, das hauptsächlich Verfassungsgericht mit weittragenden Zuständigkeiten sein sollte. Die Weimarer Reichsverfassung von 1919 kannte einen Staatsgerichtshof für das Deutsche Reich, der allerdings nicht über verfassungsrechtliche Streitigkeiten zwischen obersten Reichsorganen zu entscheiden hatte (vgl. S. 26).

Mit der Errichtung des BVerfG am 7. 9. 1951 wurde ein Verfassungsgericht geschaffen, dessen Zuständigkeiten umfassender sind als die vergleichbarer Gerichte anderer Staaten. Das BVerfG ist als „Hüter der Verfassung" ein oberstes Verfassungsorgan, das neben dem Bundespräsidenten, der Bundesregierung, dem Bundestag und dem Bundesrat steht (Gesetz über das Bundesverfassungsgericht: „§ 1 [Stellung, Sitz, Geschäftsordnung des Gerichts] (1) Das Bundesverfassungsgericht ist ein allen übrigen Verfassungsorganen gegenüber selbständiger und unabhänger Gerichtshof des Bundes. ..."). Gleichzeitig ist es als Spitze der rechtsprechenden Gewalt ein echtes Gericht, das Rechtsentscheidungen trifft. Es besteht aus zwei Senaten zu je acht Richtern. Durch das Gesetz über das Bundesverfassungsgericht (BVerfGG) ist beiden Senaten ein bestimmter Zuständigkeitsbereich zugewiesen, der bei einseitiger Belastung eines Senats durch das Plenum des BVerfG geändert werden kann.

Der 1. Senat des BVerfG ist u. a. zuständig für Normenkontrollverfahren, in denen die Unvereinbarkeit einer Vorschrift mit Grundrechten geltend gemacht wird, dem 2. Senat sind u. a. die Fälle zugewiesen, die die Verwirkung von Grundrechten, die Verfassungswidrigkeit der Parteien, Anklagen gegen den Bundespräsidenten und Streitigkeiten zwischen obersten Bundesorganen betreffen (§ 13 BVerfGG).

Die Richter werden je zur Hälfte von Bundestag und Bundesrat gewählt (vgl. S. 218). Die Entscheidungszuständigkeit des BVerfG umfaßt vier große Aufgabenbereiche: 1. Verfassungsrechtliche Streitigkeiten zwischen obersten Bundesorganen *(Organstreitigkeiten)* sowie zwischen dem Bund und den Ländern und zwischen den Ländern; 2. *Normenkontrollverfahren,* d. h. Verfahren zur Feststellung, ob Gesetze mit der Verfassung vereinbar sind. Sie können entweder von obersten Staatsorganen („abstrakte Normenkontrolle") oder von Gerichten aus Anlaß eines Rechtsstreits („konkrete Normenkontrolle") in Gang gebracht werden. Nur das BVerfG kann Gesetze für verfassungswidrig und nichtig erklären; 3. *Verfassungsbeschwerden,* mit denen jeder Bürger das BVerfG anrufen kann, falls er sich durch die öffentliche Gewalt in seinen Grundrechten verletzt fühlt; 4. Schutz des demokratischen Rechtsstaates: Das BVerfG kann *verfassungsfeindliche Parteien* als verfassungswidrig auflösen. Auch gegen einen Bürger, der die Grundrechte zu antidemokratischen Zwecken mißbraucht, kann die Verwirkung bestimmter Grundrechte ausgesprochen werden. – Wahlprüfungsverfahren und die Zuständigkeit für Anklagen des Bundestages oder des Bundesrates gegen den Bundespräsidenten sowie gegen Richter wegen Verletzung des Grundgesetzes gehören ebenfalls zum Zuständigkeitskatalog.

Das BVerfG ist zwar höchstes nationales Gericht, in Fragen des Rechts der Europäischen Gemeinschaften ist es jedoch der Autorität des Europäischen Gerichtshofs in Luxemburg unterworfen (vgl. S. 490) soweit es die Auslegung und Gültigkeit von Normen des Gemeinschaftsrechts betrifft. Ebenso kann der Europäische Gerichtshof für Menschenrechte in Straßburg (vgl. S. 140) grundsätzlich anders als das BVerfG entscheiden.

Die Verfassungsgerichte der Länder haben über die Einhaltung der jeweiligen Landesverfassung zu wachen. Sie sind keine ständig tagenden Gerichte mit hauptamtlichen Richtern. Ihre Zuständigkeiten sind denen des BVerfG ähnlich. Verfassungsgerichte oder ähnliche Institutionen bestehen auch in anderen europäischen Ländern, z. B. in der Schweiz. Der Supreme Court der USA, der dem BVerfG in mancher Hinsicht als Vorbild diente, ist kein spezielles Verfassungsgericht, sondern nimmt die gesamte oberste Rechtsprechung wahr.

Verfassungsgerichte in Bund und Ländern

▲ Berufsrichter
△ ehrenamtliche Richter

		Zuständigkeiten									
		Organ-streitigkeiten	Bund-Länder-Streit	Normenkontrolle abstrakt	Normenkontrolle konkret	Verfassungs-beschwerde	Popularklage	Wahl-prüfung	Parteiverbot	Verwirkung von Grundrechten	Anklagen gegen Bundespräsident, Bundes- und Landesrichter
1. Senat: ▲▲▲▲▲▲▲▲ 2. Senat: ▲▲▲▲▲▲▲▲ (Plenum)	Bundesverfassungsgericht in Karlsruhe	●	●	●	●	●		●	●	●	●
△△△▲▲▲△△△	Staatsgerichtshof Baden-Württemberg in Stuttgart	●		●	●			●			●
△△▲▲▲▲△△△ ▲▲▲▲▲▲▲▲▲	Bay. Verfassungsgerichtshof in München	●		●	●	●	●	●			●
△△△▲△△△	Bremer Staatsgerichtshof in Bremen	●			●						●
△△△▲▲▲△△△	Hamburgisches Verfassungsgericht in Hamburg	●		●	●			●			● gegen Mitglieder des Rechnungshofs
△△△▲▲▲▲▲△△△	Hessischer Staatsgerichtshof in Wiesbaden	●		●	●	●				●	●
△△△▲▲▲△△△	Niedersächsischer Staatsgerichtshof in Bückeburg	●		●	●			●			●
△△▲▲▲△△	Verfassungsgerichtshof Nordrhein-Westfalen in Münster	●		●	●	● nur Gemeinden		●	● nur Verbot der Wahlbeteiligung	●	●
△△▲▲▲▲△△△	Verfassungsgerichtshof Rheinland-Pfalz in Koblenz			●	●				● Ausschluß von Wählern		●
△△▲▲△△△	Verfassungsgerichtshof Saarland in Saarbrücken	●		●	●	●		●			●

Wahl und Bestellung der Verfassungsrichter

Bei der herausragenden Stellung, die das Bundesverfassungsgericht (vgl. S. 216) in Karlsruhe im Gesamtgefüge der Bundesrepublik Deutschland innehat, kommt der Auswahl seiner sechzehn Richter (zwei Senate mit je acht Richtern) besondere Bedeutung zu. Das ziemlich komplizierte und wiederholt geänderte Wahlverfahren ist in Art. 94 GG und im Gesetz über das Bundesverfassungsgericht (§§ 2 bis 10) geregelt. Danach werden die *Bundesverfassungsrichter* je zur Hälfte vom Bundestag und vom Bundesrat gewählt. Drei Mitglieder jedes Senats müssen aus der Zahl der Richter an den obersten Gerichtshöfen des Bundes gewählt werden. Sie sollen mindestens drei Jahre an einem dieser Gerichte tätig gewesen sein. Von diesen drei Richtern werden einer von dem einen, zwei von dem anderen Wahlorgan, von den übrigen fünf Mitgliedern jedes Senats werden drei von dem einen und zwei von dem anderen Wahlorgan gewählt. Welches mehr Bundesrichter und welches mehr andere Gerichtsmitglieder wählt, ist im Gesetz nicht festgelegt, sondern wurde vielmehr der tatsächlichen Entwicklung überlassen. Die Richter an den obersten Bundesgerichten wurden ursprünglich auf Lebenszeit, die anderen Mitglieder jeweils auf acht Jahre mit der Möglichkeit der Wiederwahl gewählt. Durch ein Gesetz vom 21. 12. 1970 wurde die Amtszeit aller Richter einheitlich auf zwölf Jahre, längstens bis zur Altersgrenze (68 Jahre), festgelegt. Wiederwahl ist ausgeschlossen.

Um eine parteipolitisch einseitige Zusammensetzung des Gerichts zu verhindern, sind für die Wahl qualifizierte Mehrheiten vorgesehen. Im übrigen sind die Wahlverfahren in Bundestag und Bundesrat verschieden: Die vom Bundestag zu berufenden Richter werden im indirekten Verfahren gewählt. Der Bundestag wählt nach den Regeln der Verhältniswahl zunächst zwölf Abgeordnete als Wahlmänner. Als Bundesverfassungsrichter ist gewählt, wer mindestens acht Stimmen auf sich vereinigt. Der Bundesrat hingegen wählt direkt mit Zweidrittel-Mehrheit.

Das Erfordernis qualifizierter Mehrheiten hat wiederholt zu beträchtlichen Verzögerungen der Wahlen geführt. Um diesen Schwierigkeiten zu begegnen, hat die Novelle von 1970 ein Vorschlagsrecht des Bundesverfassungsgerichts eingeführt, das allerdings die Wahlorgane nicht bindet. Kommt innerhalb von zwei Monaten nach dem Ablauf der Amtszeit oder dem vorzeitigen Ausscheiden eines Richters die Wahl eines Nachfolgers nicht zustande, so ist unverzüglich das Bundesverfassungsgericht aufzufordern, Vorschläge für die Wahl zu machen. Das Plenum des Bundesverfassungsgerichts beschließt sodann mit einfacher Mehrheit, wer zur Wahl als Richter vorgeschlagen wird. Ist nur ein Richter zu wählen, so hat das Bundesverfassungsgericht drei Personen vorzuschlagen; sind gleichzeitig mehrere Richter zu wählen, so hat das Bundesverfassungsgericht doppelt soviele Personen vorzuschlagen, wie Richter zu wählen sind. Erstmals bei einer Wahl im Jahre 1971 hat das Bundesverfassungsgericht einen Dreiervorschlag gemacht. Der Bundesrat hat dann auch den vom Gericht an erster Stelle Vorgeschlagenen gewählt; bei späteren Wahlen spielte diese Möglichkeit jedoch keine Rolle mehr. Das Bundesjustizministerium führt Listen der Bewerber. Die Eintragung in diese Listen ist jedoch keine Voraussetzung für die Wahl. Das Verfahren der Richterwahl ist verschiedentlich in der Diskussion. Vorschläge zur Veränderung des Wahlmodus gibt es in großer Zahl; keiner hat bislang überzeugen können. Im Vordergrund stehen die Forderung nach einer größeren Transparenz der Vorauswahl der „Findungskommissionen“ der Parteien und der Wunsch nach einer öffentlichen Anhörung der Kandidaten nach dem Vorbild des Supreme Court in den USA.

Bundestag und Bundesrat wählen im Wechsel den *Präsidenten* und den *Vizepräsidenten* des Bundesverfassungsgerichts nach demselben Wahlmodus wie die Richter. Der Vizepräsident ist aus dem Senat zu wählen, dem der Präsident nicht angehört.

Der Bundespräsident ernennt die Gewählten. Die Ernennung wird wirksam mit der Aushändigung einer Urkunde, die nach Art. 58 GG der Gegenzeichnung durch den Bundeskanzler oder den Bundesminister der Justiz bedarf.

Wahl und Ernennung der Mitglieder der *Landesverfassungsgerichte* richten sich nach den Länderverfassungen und Landesgesetzen.

Wahl der Bundesverfassungsrichter

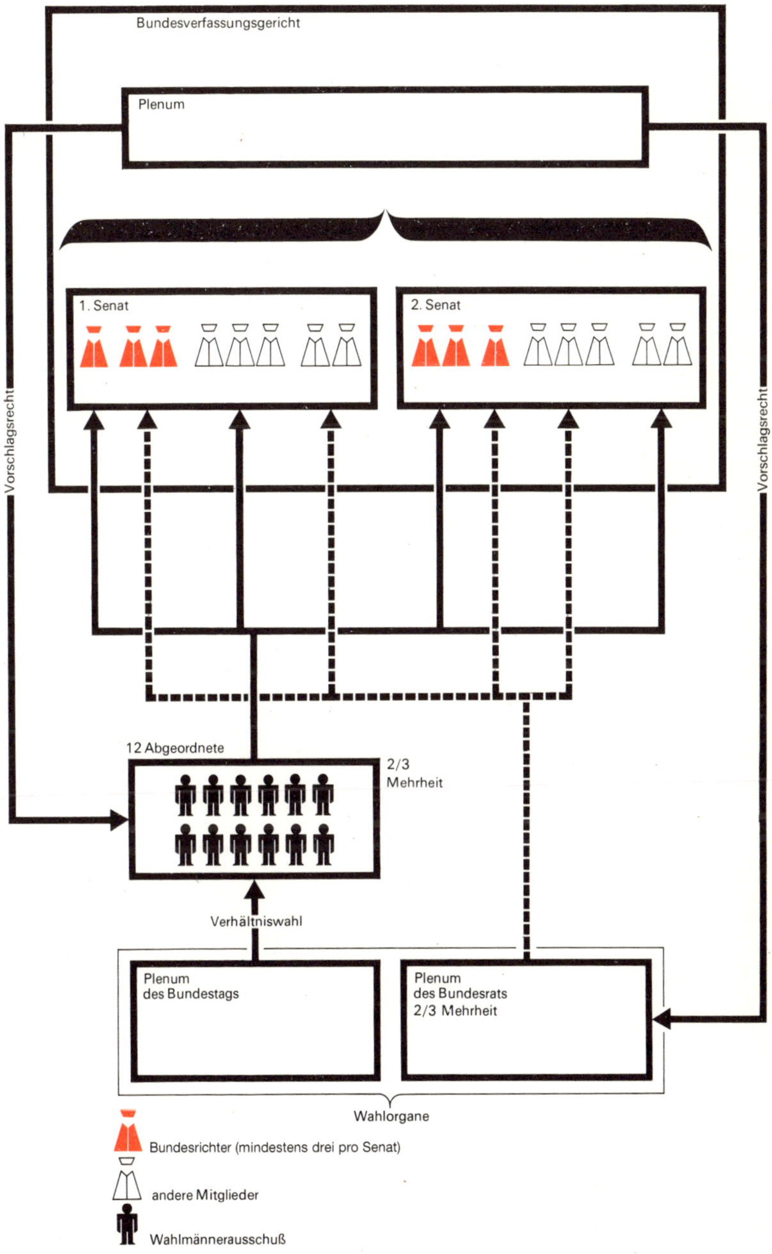

Das Bundesverfassungsgericht (BVerfG) entscheidet letztverbindlich alle Streitigkeiten zwischen den obersten Staatsorganen (z. B. Bundestag und Bundesrat) sowie zwischen Bund und Ländern über deren verfassungsmäßige Kompetenzen *(Organstreit);* es schützt den Bürger gegen alle Eingriffe der öffentlichen Gewalt in seine Grundrechte *(Verfassungsbeschwerde)* und kontrolliert die Übereinstimmung der Bundes- und Landesgesetze mit dem Grundgesetz *(Normenkontrollverfahren).* Ferner sind dem BVerfG eine Reihe weiterer Aufgaben übertragen, die dem Schutz der demokratischen Ordnung dienen, z. B. das Parteiverbot und das Wahlprüfungsverfahren.

Das für den Bürger wichtigste Verfahren ist das der *Verfassungsbeschwerde.* Sie ist ein außerordentlicher Rechtsbehelf, mit dem sich jedermann an das Bundesverfassungsgericht wenden kann. Sie dient zur Durchsetzung der in den Art. 1 bis 19 GG genannten Grundrechte und bestimmter grundrechtsähnlicher Rechte (Art. 20 Abs. 4, 33, 38, 101, 103, 104 GG). Mit der Verfassungsbeschwerde können grundsätzlich alle Hoheitsakte angegriffen werden: Entscheidungen der Gerichte, Verwaltungsakte der Behörden und Gesetze. In der Regel muß jedoch zunächst der Rechtsweg erschöpft werden, d. h. es müssen alle anderen Gerichte angerufen werden, bei denen im betreffenden Fall um Rechtsschutz nachgesucht werden kann. Vor Erschöpfung des Rechtsweges kann das BVerfG entscheiden, wenn die Verfassungsbeschwerde von allgemeiner Bedeutung ist oder dem Beschwerdeführer ein schwerer und unabwendbarer Nachteil entstünde, falls er zunächst auf den Rechtsweg verwiesen würde. Eine Verfassungsbeschwerde unmittelbar gegen ein Gesetz ist nur zulässig, wenn der Beschwerdeführer gegenwärtig und unmittelbar durch das Gesetz, nicht erst mittels eines Vollzugsakts, in einem Grundrecht verletzt wird. Die Verfassungsbeschwerde muß schriftlich innerhalb einer bestimmten Frist (ein Monat, bei Gesetzen ein Jahr) beim BVerfG eingereicht und begründet werden. Gegen die Versäumung der Frist gibt es keine Wiedereinsetzung in den vorigen Stand.

Da das BVerfG schon in den ersten Jahren seines Bestehens mit Verfassungsbeschwerden überschwemmt wurde, hatte der Gesetzgeber ein *Vorprüfungsverfahren* (Dreierausschuß) eingeführt. Durch das Änderungsgesetz von 1985 soll der Be- und drohenden Überlastung des Gerichts weiter begegnet werden. Durch die Neuregelung ist die Entscheidungskompetenz der bisherigen Ausschüsse – künftig als „Kammern" bezeichnet – erweitert worden. Eine aus drei Bundesverfassungsrichtern bestehende Kammer befindet darüber, ob die Verfassungsbeschwerde zur Entscheidung angenommen wird. Die Kammer kann durch einstimmigen Beschluß die Annahme ablehnen, wenn die Beschwerde unzulässig ist oder aus anderen Gründen keine hinreichende Aussicht auf Erfolg hat (z. B. weil sie offensichtlich unbegründet ist). Die Kammern können einer Verfassungsbeschwerde durch einstimmigen Beschluß stattgeben, wenn sie offensichtlich begründet ist, weil das BVerfG die verfassungsrechtliche Frage bereits entschieden hat. Lehnt die Kammer die Annahme nicht ab und gibt sie auch der Verfassungsbeschwerde nicht statt, so entscheidet der zuständige Senat über die Annahme. Er nimmt die Verfassungsbeschwerde an, wenn mindestens zwei Richter der Auffassung sind, daß von der Entscheidung die Klärung einer verfassungsrechtlichen Frage zu erwarten ist oder dem Beschwerdeführer durch die Versagung der Entscheidung zur Sache ein schwerer und unabwendbarer Nachteil entstünde. Wird die Verfassungsbeschwerde angenommen, so prüft der Senat, wenn es erforderlich ist aufgrund einer mündlichen Verhandlung, ob die Verfassungsbeschwerde begründet ist. Wird ihr stattgegeben, so hat das BVerfG festzustellen, welche Vorschrift des Grundgesetzes verletzt wurde. Das BVerfG hebt eine verfassungswidrige Entscheidung auf und verweist die Sache an das zuständige Gericht zurück. Ein verfassungswidriges Gesetz wird für nichtig erklärt.

Der Beschwerdeführer kann das Verfassungsbeschwerdeverfahren selbst betreiben (Anwaltszwang besteht nur in der mündlichen Verhandlung); er kann sich aber auch durch einen Rechtsanwalt oder durch einen Lehrer des Rechts an einer Universität vertreten lassen. Das Verfahren vor dem BVerfG ist kostenfrei; es kann jedoch eine Unterliegensgebühr bis DM 1 000,– (bei mißbräuchlicher Einlegung einer Verfassungsbeschwerde sogar eine Gebühr bis zu DM 5 000,–) erhoben werden.

Seit Gründung des BVerfG im Jahre 1951 sind ungefähr 60 000 Verfassungsbeschwerden eingelegt worden. Nur etwa 1,1 % hatten Erfolg.

Verfassungsbeschwerde (Vb)

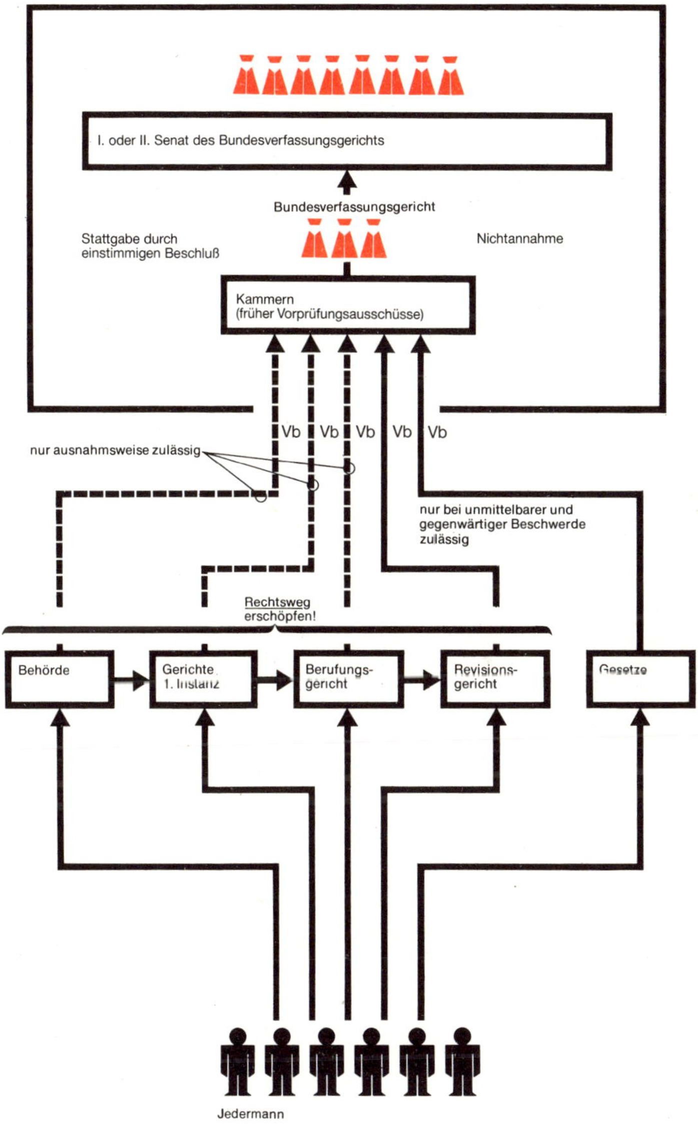

Ordentliche (Zivil-)Gerichtsbarkeit

Die ordentliche Gerichtsbarkeit besteht aus den Amtsgerichten, den Landgerichten, den Oberlandesgerichten und dem Bundesgerichtshof (mit Sitz in Karlsruhe). Als erste Instanz ist in der Regel ein Amts- oder Landgericht anzurufen. Für bestimmte Streitsachen (z. B. Mietstreitigkeiten und vermögensrechtliche Streitigkeiten bis zu 500,- DM) ist das Amtsgericht zuständig. Für alle anderen Verfahren ist sogleich das Landgericht zuständig, so daß man durch höchstens drei Instanzen gehen muß.

Im Zivilverfahren sind die *funktionelle* Zuständigkeit nach Instanzen, die sachliche und die örtliche Zuständigkeit zu unterscheiden. Die *sachliche* Zuständigkeit verteilt die Erledigung der Klagen unter die verschiedenen Arten der Gerichte (z. B. Familiengerichte [vgl. S. 224]). Sie ist im Gerichtsverfassungsgesetz (GVG) geregelt. Die *örtliche* Zuständigkeit – die Zivilprozeßordnung (ZPO) spricht vom Gerichtsstand – weist jede Klage unter gleichartigen Gerichten an jenes, zu dem eine bestimmte räumliche Beziehung besteht. Abweichende Gerichtsstände können nur ausnahmsweise, z. B. zwischen Vollkaufleuten, vereinbart werden.

Der Zivilprozeß beginnt mit der Erhebung der Klage. Mit der Zustellung der Klageschrift an den Beklagten wird die Rechtshängigkeit der Streitsache begründet; damit wird dem Kläger die Möglichkeit genommen, die Klage über den gleichen Streitgegenstand anderweitig rechtshängig zu machen. Das mit der Klage befaßte Gericht hat zunächst die *Prozeßvoraussetzungen* zu prüfen, das sind jene Voraussetzungen, die für die Zuständigkeit der Klage erforderlich sind, also beispielsweise die Zuständigkeit des angerufenen Gerichts, die Partei- und Prozeßfähigkeit des Klägers, die ordnungsgemäße anwaltliche Vertretung, sofern der Rechtsstreit vor dem Landgericht oder einer höheren Instanz geführt wird usw. Fehlt eine Prozeßvoraussetzung, so ist die Klage durch Prozeßurteil abzuweisen. Andernfalls tritt das Gericht in die Sachprüfung ein. Der Kläger hat die anspruchsbegründenden Tatsachen vorzutragen und, soweit von der Gegenseite bestritten, unter Beweis zu stellen. Der Beklagte hat die anspruchsverneinenden Tatsachen vorzutragen und erforderlichenfalls unter Beweis zu stellen. Insoweit entscheidungserhebliche Tatsachen bestritten sind und von der beweisbelasteten Partei Beweis angeboten ist, hat das Gericht eine Beweisaufnahme durchzuführen. Als *Beweismittel* sind zugelassen der Beweis durch Zeugen, Sachverständige, Vernehmung der Gegenpartei, Augenschein und Urkunden. Nach Abschluß der Beweisaufnahme hat das Gericht, sofern der Rechtsstreit nicht anderweitig erledigt wird, durch *Urteil* darüber zu entscheiden, ob es der Klage stattgibt oder ob es sie abweist. Ein Urteil kann auch gegen eine zum Termin nicht erschienene Partei ergehen *(Versäumnisurteil)*. Hiergegen kann jedoch binnen zwei Wochen Einspruch mit dem Ziel einer Weiterverhandlung der Streitsache eingelegt werden. Andere Arten der Erledigung des Rechtsstreits sind die Klagerücknahme, die übereinstimmende Erledigungserklärung beider Parteien und der gerichtliche Vergleich. Die *Kosten* des Prozesses hat im Falle der Verurteilung der Beklagte, im Falle der Klageabweisung der Kläger zu tragen. Bei teilweisem Obsiegen werden die Kosten nach Quoten zwischen den Parteien verteilt.

Einige *besondere Verfahrensarten* im Zivilprozeß sollen für den Gläubiger (Kläger) schnell eine verbindliche Entscheidung herbeiführen. Das gerichtliche *Mahnverfahren* ist dann statthaft, wenn der geltend gemachte Anspruch auf eine bestimmte in inländischer Währung ausgedrückte Geldsumme gerichtet ist und nicht von einer Gegenleistung abhängt. Erhebt der Antragsgegner binnen zwei Wochen nach Zustellung Widerspruch (der in ein allgemeines streitiges Verfahren überleitet), so kann der Gläubiger einen Vollstreckungsbescheid beantragen. Dieser steht einem für vorläufig vollstreckbar erklärten Versäumnisurteil gleich. Unterbleibt der Einspruch, so wird der Vollstreckungsbescheid rechtskräftig und das Vollstreckungsverfahren kann sich anschließen.

Ein weiteres Beispiel ist der Urkundenprozeß, der am häufigsten als *Wechselprozeß* vorkommt. Dabei dürfen alle anspruchsbegründenden Voraussetzungen nur mit Hilfe von Urkunden bewiesen werden; gelingt dies, so ergeht ein Vorbehaltsurteil, wobei dem Beklagten auf Antrag die Geltendmachung von Gegenrechten im Nachverfahren vorbehalten wird. Der Prozeß bleibt dann weiter anhängig, und der Beklagte kann sich der üblichen Beweismittel, wie z. B. des Zeugenbeweises, bedienen. Erfolgt der Gegenbeweis, so wird das Vorbehaltsurteil aufgehoben.

Sachliche Zuständigkeiten im Zivilprozeß

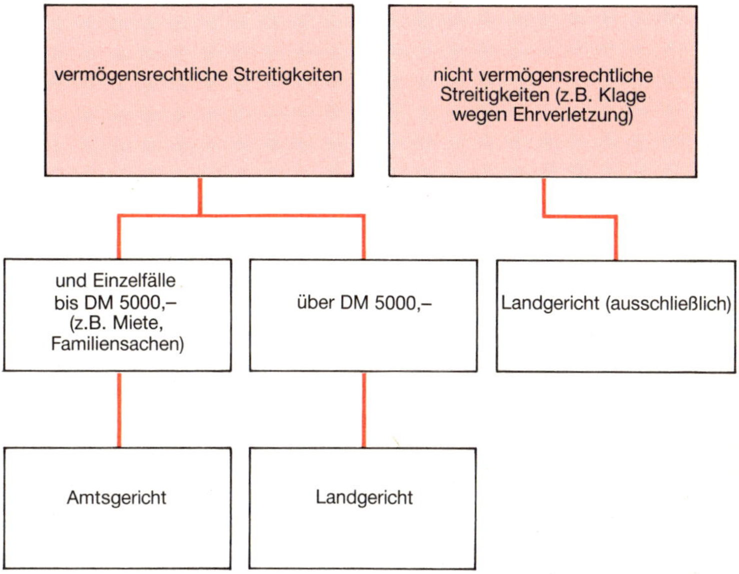

Geschäftsanfall bei den Zivilgerichten

ohne Familiengerichte

Verfahren	1983	1984	1985
Amtsgerichte			
Erledigte Verfahren	1150978	1209422	1243172
Nach dem Gegenstand des Verfahrens			
Prozeßkostenhilfeverfahren	2368	2957	3363
Gewöhnliche Prozesse ..	1063275	1113450	1147028
Urkunden-, Wechsel- oder Scheckprozesse	8417	9871	10381
Entmündigungssachen ..	8620	8143	8079
Arreste oder einstweilige Verfügungen	40801	39650	38923
Aufgebotsverfahren	8014	8564	8578
Sonstige Verfahren	25483	26787	26820
Landgerichte 1. Instanz			
Erledigte Verfahren	377770	333237	338604
Nach dem Gegenstand des Verfahrens			
Prozeßkostenhilfeverfahren	2957	3361	4028
Gewöhnliche Prozesse ..	330594	286686	290929
Urkunden-, Wechsel- oder Scheckprozesse	11465	10489	11267
Arreste oder einstweilige Verfügungen	25307	25371	25307
Entschädigungssachen ..	2481	2119	1639
Sonstige Verfahren	4966	5211	5434
Berufungsinstanz			
Erledigte Verfahren	71337	75889	81 937
Nach dem Gegenstand des Verfahrens			
Prozeßkostenhilfeverfahren	259	271	346
Gewöhnliche Prozesse ..	69697	74296	80140

Verfahren	1983	1984	1985
Urkunden-, Wechsel- oder Scheckprozesse	157	177	198
Arreste oder einstweilige Verfügungen	1022	940	952
Sonstige Verfahren	202	205	301
Oberlandesgerichte Berufungsinstanz			
Erledigte Verfahren	55060	53487	52312
Nach dem Gegenstand des Verfahrens			
Prozeßkostenhilfeverfahren	268	283	275
Gewöhnliche Prozesse ..	51096	49544	48794
Urkunden-, Wechsel- oder Scheckprozesse	746	790	606
Kindschaftssachen nach § 640 ZPO	494	444	437
Arreste oder einstweilige Verfügungen	1316	1505	1314
Entschädigungssachen ..	707	503	452
Sonstige Verfahren	433	418	434
Bundesgerichtshof			
Erledigte Verfahren	3758	3873	3797
Nach dem Gegenstand des Verfahrens			
Revisionen	2444	2667	2697
Berufungen in Patentsachen	44	38	28
Nichtzulassungs-beschwerden	228	83	78
Sonstige Beschwerden ..	600	518	453
Verwaltungsstreitverfahren	59	61	68
Gerichtsstands-bestimmungen	383	506	473

Familiengerichte

Die Familiengerichte (bei den Amtsgerichten) wurden in der Bundesrepublik Deutschland mit dem 1. Gesetz zur Reform des Ehe- und Familienrechts von 1976 – in Kraft seit dem 1. 7. 77 – geschaffen. Sie sind für sog. Familiensachen zuständig, d. h. für Ehesachen und „andere" Familiensachen.

Um den Bestand der Ehe möglichst zu wahren, ist ihre Auflösung der freien Verfügung der Parteien entzogen: Eine Ehe kann nur durch das Urteil eines Gerichts bei Vorliegen bestimmter Gründe entweder geschieden oder aufgehoben oder für nichtig erklärt werden.

Scheidungsantrag und alle Klagen in Ehesachen können nur mit Hilfe eines Rechtsanwalts erhoben werden. Der Ablauf des gerichtlichen Verfahrens wird in Ehesachen weniger als in anderen Zivilprozessen von den Parteien bestimmt. Zwar kommt ein Scheidungsprozeß nur auf Initiative eines Ehegatten in Gang; niemals kann er von Amts wegen eingeleitet werden, wie dies dem früheren deutschen Recht nicht unbekannt war und heute noch im Falle der Nichtigkeitsklage möglich ist. Im übrigen aber herrscht der Untersuchungsgrundsatz. Das Gericht kann im Prozeß – zugunsten der Aufrechterhaltung der Ehe – Tatsachen berücksichtigen, die die Parteien nicht vorgetragen haben.

Eine Besonderheit des Scheidungsverfahrens stellt der sog. Verbund von Scheidung und Folgesachen (z. B. Regelung der elterlichen Sorge über die Kinder, Unterhaltspflichten zwischen den Ehegatten und gegenüber den Kindern, Wohnungs- und Hausratsaufteilung, Zugewinnausgleich, Versorgungsausgleich) dar. Durch diesen Verbund unterschiedlicher Verfahrensgegenstände wird den Ehegatten bereits vor Auflösung ihrer Ehe deutlich, welche Auswirkungen die Scheidung haben wird. Nachteilig sind freilich die komplizierten verfahrensrechtlichen Regelungen und die dadurch verlängerte Verfahrensdauer.

Die Kosten eines Scheidungsverfahrens sind heute sehr hoch. Sie werden durch die Einkommens- und Vermögensverhältnisse der Ehegatten bestimmt. Jedoch kann ein minderbemittelter Ehegatte von seinem begüterten Partner einen Prozeßkostenvorschuß für das Scheidungsverfahren im Wege der einstweiligen Anordnung verlangen. Auch die Gewährung von Prozeßkostenhilfe durch den Staat kann beantragt werden.

Während bestehender Ehe und insbesondere im Falle ihrer Auflösung ist das *eheliche Güterrecht* von besonderer Bedeutung. Die Eheschließung ändert nämlich außer den persönlichen Beziehungen in rechtlicher Hinsicht auch den vermögensrechtlichen Status (Stand) der Beteiligten. Die Ehegatten sind einander nicht nur gegenseitig zum Unterhalt verpflichtet. Das eheliche Güterrecht sucht auch zu verhindern, daß der Ehe die für ihren Bestand notwendigen Vermögensgegenstände durch Verfügung eines Ehegatten entzogen werden, und es stiftet in gewissem Umfang eine vermögensrechtliche Gemeinschaft.

Gesetzlicher Güterstand (d. h. der Güterstand, der begründet wird, wenn die Ehegatten nichts anderes vereinbaren) ist die sog. *Zugewinngemeinschaft.* Entgegen deren Namen handelt es sich dabei aber um einen Fall der Gütertrennung. Denn beide Ehegatten behalten während der Ehe ihre Privatvermögen und nehmen weiterhin selbständig mit Wirkung nur für ihr Vermögen am Rechtsverkehr teil. Jeder Ehegatte kann aber durch Geschäfte, die der Deckung des angemessenen Lebensbedarfs der Familie dienen, auch den anderen Ehegatten verpflichten (sog. *Schlüsselgewalt,* die früher auf die Ehefrau beschränkt war). Verpflichtungen und Verfügungen über das gesamte Vermögen eines Ehegatten und über Gegenstände des ehelichen Hausrats bedürfen zu ihrer Wirksamkeit der Zustimmung des anderen Ehegatten. Nach Beendigung der Ehe findet ein Ausgleich des Zugewinns statt, den die Ehegatten während der Ehe gemacht haben. Im Falle des Todes eines Ehegatten erfolgt dies durch eine generelle Erhöhung des Ehegattenerbteils um ein Viertel. In anderen Fällen (z. B. Scheidung) berechnet man, um wieviel sich das Vermögen jedes Ehegatten während der Ehe vermehrt hat, zieht Erbschaften und Schenkungen ab und zählt Schenkungen an Dritte hinzu. Übersteigt der Zugewinn eines Ehegatten den Zugewinn des anderen, so steht die Hälfte des Überschusses dem anderen Ehegatten als Ausgleichsforderung zu. Der ausgleichsberechtigte Ehegatte kann dabei u. U. auch von Dritten, denen der andere Ehegatte unentgeltliche Zuwendungen gemacht hat, das Geschenkte wieder herausverlangen. Das Familiengericht kann übrigens nach der Scheidung einer Ehe auch den Hausrat unter den Ehegatten ohne Rücksicht auf das jeweilige Eigentum verteilen.

Eingehen und Beendigung der Ehe

Eheschließung

Tod eines Partners

vorzeitige Auflösung durch Gerichtsurteil

1. Nichtigkeitsklage
Nichtig ist eine Ehe bei schwerem Formmangel, bei Geschäftsunfähigkeit eines Ehegatten zum Zeitpunkt der Eheschließung, bei Bigamie und bei naher Verwandtschaft oder Schwägerschaft der Ehegatten.

2. Aufhebungsklage
Aufgehoben werden kann eine Ehe bei Heirat eines Minderjährigen wegen fehlender Einwilligung des gesetzlichen Vertreters, bei Irrtum über die Eheschließung, die Person oder wesentliche Eigenschaften des anderen Ehegatten, bei Täuschung und bei Drohung.

3. Antrag auf Scheidung der Ehe

Scheidungsgrund:
Das Scheitern der Ehe, d.h. es besteht keine Lebensgemeinschaft mehr und eine Wiederherstellung ist auch nicht zu erwarten.
Maßstab für das Scheitern: Das Getrenntleben der Partner mit dem erkennbaren Willen der Ablehnung der ehelichen Lebensgemeinschaft.

Bei Trennung von weniger als 1 Jahr: Scheidung nur in besonderen Härtefällen.

Bei einer Trennung von mindestens 1 Jahr: Scheidung möglich, wenn beide Ehegatten einverstanden; bei „einseitigem“ Antrag nur, wenn Gericht vom Scheitern überzeugt.

Bei einer Trennung von mindestens 3 Jahren: Scheidung kann von einem Ehegatten allein durchgesetzt werden, falls nicht besondere Härte dies ausnahmsweise verbietet.

Angelegenheiten und Verfahren der freiwilligen Gerichtsbarkeit

Für Aufgaben der freiwilligen Gerichtsbarkeit gilt grundsätzlich das „Gesetz über die Angelegenheiten der freiwilligen Gerichtsbarkeit“ (FGG) vom 17. 05. 1898. Die freiwillige Gerichtsbarkeit ist keine eigene Gerichtsbarkeit, sondern ein *besonderes Verfahren* im Bereich der ordentlichen Gerichtsbarkeit (vgl. S. 222). Sie ist ordentliche Gerichtsbarkeit, dient aber im Gegensatz zur streitigen Gerichtsbarkeit – von ihrer ursprünglichen Konzeption her – der Ausgestaltung einzelner Beziehungen, die mit Hilfe des Rechts aus dem Gesichtspunkt der allgemeinen oder konkreten Rechtsfürsorge so gestaltet werden, daß für die Zukunft kein Streit entstehen kann. Heute wird im Bereich der freiwilligen Gerichtsbarkeit eine große Zahl von Verfahren zusammengefaßt, die wenig miteinander gemein haben und die in vielen Bereichen des Rechts geregelt sind. Als Angelegenheiten der freiwilligen Gerichtsbarkeit sind zunächst diejenigen Aufgaben zu bezeichnen, die das Gesetz an Gerichte und Behörden als solche zuweist, aber auch solche Fragen, für die durch Gesetz die Anwendung der Verfahrensvorschriften des FGG angeordnet ist.

Zur freiwilligen Gerichtsbarkeit gehören das gesamte *Beurkundungswesen* und viele unstreitige Verfahren aus dem Bereich des Zivilrechts oder des öffentlichen Rechts, z. B. Vormundschafts-, Nachlaß-, Grundbuch- und Register- sowie Urkundssachen. Dieser „klassische“ Bereich hat der Gerichtsbarkeit den Namen gegeben. Es handelt sich um ein Verfahren, in dem es keine Parteistellung gibt, in dem also nicht wie in anderen Prozessen („Streitverfahren“) zwei Beteiligte oder zwei Gruppen von Beteiligten gegeneinander um ihre Rechte streiten. Zu dem „neuen“ Bereich (sog. *Regelungsstreitigkeiten*) zählen Verfahren aus dem Bereich des Zivilrechts, wie bestimmte familienrechtliche Angelegenheiten (elterliches Sorgerecht, Umgangsrecht, Versorgungsausgleich, Hausratsverteilung). Daneben gibt es streitige Verfahren aus dem Bereich des Verwaltungsrechts, etwa die Verfahren über die Nichtzulassung von Prozeßagenten, die wie Verwaltungsprozesse geführt werden.

Die Aufgaben der freiwilligen Gerichtsbarkeit sind in erster Linie den ordentlichen Gerichten (meist den Amtsgerichten) übertragen, wobei die anfallenden Geschäfte zwischen Richter und Rechtspfleger aufgeteilt sind. Aufgrund des Rechtspflegergesetzes sind ganze Sachgebiete ohne Vorbehalt auf den Rechtspfleger übertragen, z. B. Vereins- und Grundbuchsachen; in anderen Sachbereichen sind einzelne Geschäfte dem Richter vorbehalten, wie z. B. Vormundschafts- und Handelssachen. Weitere Bereiche der freiwilligen Gerichtsbarkeit sind anderen Behörden oder Amtspersonen zugewiesen, so z. B. die Beurkundungen den Notaren, die Führung des Geburtenbuchs dem Standesamt.

Bei den unstreitigen (klassischen) Verfahren ist zwischen Antrags- und Amtsverfahren zu unterscheiden. Das Gericht hat das Verfahren von Amts wegen einzuleiten, sobald es auf irgendeine Weise Tatsachen erfährt, die sein Eingreifen notwendig machen, es verfügt Verfahrensgegenstand und Ende des Verfahrens *(Amtsprinzip)*. Dies sind hauptsächlich Angelegenheiten der Personenfürsorge. Ein Antrag hat lediglich die Bedeutung einer Anregung. Anders bei den Verfahren, die nur auf *Antrag* in Gang gesetzt werden können, wobei zwischen Verfahrens- und Sachantrag zu unterscheiden ist. Der Verfahrensantrag leitet den Verfahrensgegenstand ein, bindet das Gericht aber nicht in seiner Entscheidung. Das Verfahren endet bei Rücknahme des Antrags. Der Sachantrag bindet das Gericht auch hinsichtlich des Inhalts der Entscheidung, soweit es sich um subjektive Rechte des Antragstellers handelt, über die nur er verfügen kann. Antragssachen ohne Bindung an den Antrag sind in der Regel gegeben, wenn das Gericht eine Regelung nach billigem Ermessen zu treffen hat, z. B. bei der Hausratsverteilung. Die gerichtlichen Entscheidungen ergehen als Verfügung, Anordnung, Beschluß, Entscheidung oder Maßregel. Ein Mischverfahren hat der Gesetzgeber für die Familiensachen der freiwilligen Gerichtsbarkeit vorgesehen. Zuständig ist ausschließlich das Familiengericht (vgl. S. 224). Aufgrund dieser Zusammenfassung richtet sich das Verfahren in Familiensachen teils nach zivilprozessualen, teils nach Bestimmungen der freiwilligen Gerichtsbarkeit. Zur Vereinheitlichung der Verfahrensordnungen hat der Gesetzgeber in einigen Familiensachen (z. B. elterliches Sorgerecht, Umgangsrecht, Hausratsverteilung) einige Vorschriften des FGG für nicht anwendbar erklärt und durch Vorschriften der Zivilprozeßordnung ersetzt.

Die verschiedenen Verfahren der freiwilligen Gerichtsbarkeit (FG)

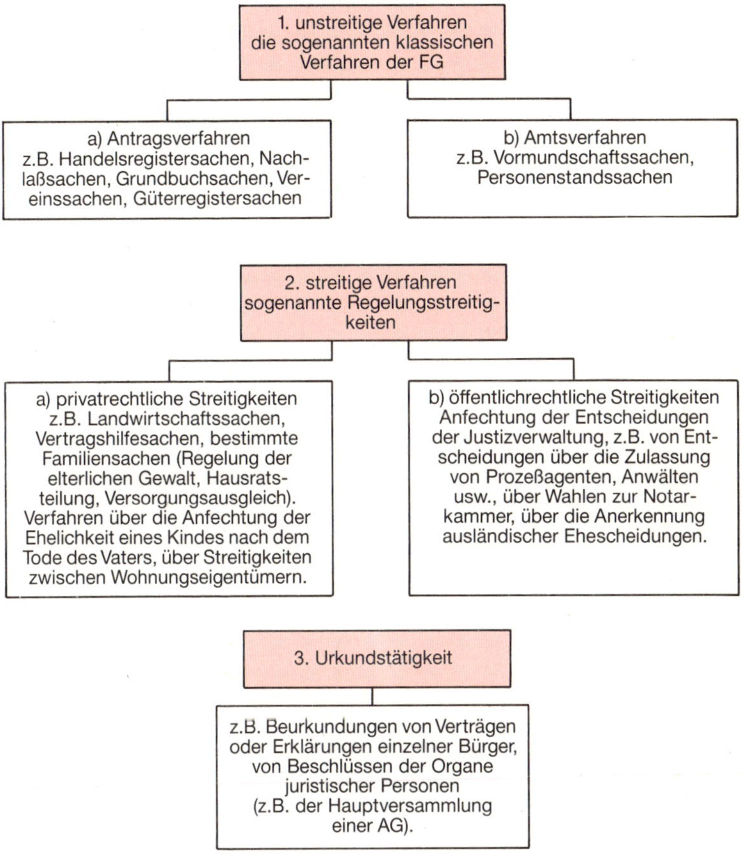

Zuständigkeiten des Amtsgerichts nach dem Gesetz über die Angelegenheiten der freiwilligen Gerichtsbarkeit

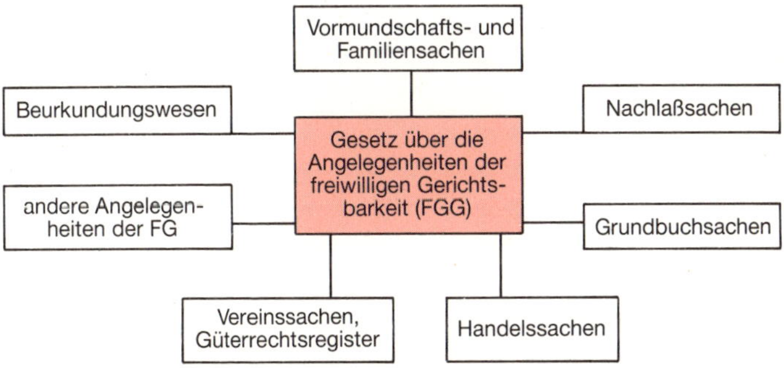

Schiedsgerichtliches Verfahren

Die Schiedsgerichtsbarkeit hat im nationalen wie auch im internationalen Rechtsverkehr Bedeutung.

In der Zivilprozeßordnung (ZPO) ist das schiedsgerichtliche Verfahren für den privatrechtlichen Bereich geregelt. Hiernach sind Schiedsgerichte Privatgerichte, die aus einem oder mehreren Schiedsrichtern bestehen und denen kraft privater Vereinbarung die Entscheidung an Stelle der staatlichen Gerichte übertragen worden ist. Das Schiedsgerichtsverfahren ist nur insoweit zulässig, als die Parteien über den Gegenstand des Streites einen Vergleich zu schließen berechtigt sind. Der Schiedsvertrag bedarf, sofern nicht beide Parteien Vollkaufleute sind, der Schriftform. Der oder die von den Parteien ernannten Schiedsrichter sind in der Gestaltung des Verfahrens weitgehend frei, sie können jedoch keine Maßnahmen vornehmen, die hoheitlichen Charakter haben, wie z. B. die Vereidigung von Zeugen. Hierzu müssen sie sich der Hilfe der staatlichen Gerichte bedienen. Das Schiedsgericht entscheidet durch förmlichen *Schiedsspruch*, der den Parteien zuzustellen ist und der die Wirkungen eines rechtskräftigen Urteils hat.

Bestimmte verfahrensrechtliche oder materielle Mängel (z. B. Verstoß des Schiedsspruchs gegen die guten Sitten) können durch Aufhebungsklage bei den ordentlichen Gerichten (vgl. S. 222) geltend gemacht werden. Zum Vollstreckungstitel wird der Schiedsspruch erst durch die von einem staatlichen Gericht zu erteilende Vollstreckbarkeitserklärung.

Das privatrechtliche Schiedsgerichtsverfahren hat besondere Bedeutung im Handelsverkehr, insbesondere auch im internationalen Handelsverkehr. Es hat den Vorteil, daß es im allgemeinen zu schnelleren Entscheidungen führt als die staatliche Gerichtsbarkeit mit ihrem differenzierten Instanzenweg. Der Wegfall des Instanzenzuges macht das Schiedsgerichtsverfahren in der Regel auch kostensparend. Die Schiedsgerichtsbarkeit ermöglicht darüber hinaus die Ernennung besonders fach- und sachkundiger Schiedsrichter (z. B. Kaufleute, Spezialjuristen, Künstler). Ein weiterer wohl entscheidender Vorteil der Schiedsgerichtsbarkeit liegt in der Vereinfachung des internationalen Rechtsverkehrs. Die Nachteile des schiedsrichterlichen Verfahrens liegen in der Gefahr der Parteilichkeit der Schiedsrichter, wenn diese sich nicht als neutrale Dritte, sondern als Interessenvertreter fühlen, wie dies nicht selten bei Mitgliedern wirtschaftlicher Verbände der Fall ist. Diesen Gefahren versucht die ZPO dadurch vorzubeugen, daß sie das schiedsrichterliche Verfahren unter staatliche Aufsicht stellt (z. B. durch die Notwendigkeit staatlicher Vollstreckbarkeitserklärung des Schiedsspruchs).

Vom Schiedsgerichtsurteil zu unterscheiden ist das *Schiedsgutachten*. Es soll eine unanfechtbare Tatsachenfeststellung treffen, an welche die Parteien in einem möglichen späteren Rechtsstreit gebunden sein sollen.

Bei den Entscheidungen des Schiedsgerichts handelt es sich nicht um die Entscheidung eines Rechtsstreits anstelle eines Gerichts, sondern lediglich um die Feststellung von Tatsachen, die für die Entscheidung eines Rechtsstreits erheblich sind oder sein können. Bei einem Schiedsgutachten ändert es weiterhin nichts, wenn die Tatsachen unter gewisse Rechtsbegriffe – wie etwa den des Verschuldens – zu bringen sind, da dadurch der Gedanke der Gewaltenteilung nicht verletzt ist.

Auch im Bereich des Arbeitsrechts hat das Schiedsgerichtsverfahren Bedeutung, z. B. für Streitigkeiten zwischen Tarifvertragspartnern über das Bestehen oder den Inhalt von Tarifverträgen. Hier richtet sich das Verfahren jedoch nach den besonderen Bestimmungen des Arbeitsgerichtsgesetzes. Dagegen sind die in neuerer Zeit durch Arbeitsvertrag oder Betriebsvereinbarung eingerichteten Betriebsgerichte keine Schiedsgerichte; ihre Entscheidungen sind nicht sanktionsfähig, d. h. sie können nicht im Verfahren nach der ZPO für vollstreckbar erklärt werden. Auch die Vereins- oder Verbandsgerichte, die kraft eigener Satzung über Bußen, Strafen und den Ausschluß von Vereinsmitgliedern entscheiden (z. B. Sportgerichte), sind keine Schiedsgerichte im Sinne der ZPO.

Schiedsverfahren und Schiedsvereinbarungen dürften v. a. angesichts des zunehmenden Verbraucherschutzes mit dem Wunsch nach selbstregulierender Konfliktlösung einerseits und im Hinblick auf die Überlastung staatlicher Gerichte andererseits eher zunehmen. Insofern geht eine Entwicklung von Alternativen zur Ziviljustiz sicherlich in Richtung Schieds-, Schlichtungs-, Vermittlungs- und Gütestellen. Allen ist das Ziel gemeinsam, den Rechtsstreit möglichst rasch, billig und praktikabel beizulegen.

Schiedsgerichte und Schiedsverträge

Schiedsgerichte

- Betriebsgerichtsbarkeit (keine echten Schiedsgerichte i.S. der ZPO)
- internationale Schiedsgerichte geregelt durch Vereinbarung
- Privatrechtliche Schiedsgerichte (besonders in Handelssachen, geregelt in der ZPO) (Kein schiedsgerichtliches Verfahren ist die Erhebung eines Schiedsgutachtens) Tarifvertragsschiedsgerichte geregelt im Arbeitsgerichtsgesetz
- Vereins- u. Verbandsgerichtsbarkeit, geregelt in Satzung (Keine echten Schiedsgerichte i.S. der ZPO)

Privatrechtliche Schiedsgerichtsverfahren

Voraussetzung (Streitgegenstand dispositiv)

Schiedsgerichtsvertrag (Schriftform: keine Schriftform erforderlich wenn beide Parteien Kaufleute)

Verfahren
Schiedsrichter haben das Streitverhältnis zu klären und notfalls Beweisaufnahme durchzuführen. Vereidigung von Zeugen durch Schiedsrichter nicht zulässig.

Schiedsspruch
(hat Wirkung eines rechtskräftigen Urteils; ist, sofern für vollstreckbar erklärt, Vollstreckungstitel)

Aufhebungsklage
Bei Fehlen von Verfahrensvoraussetzungen und bei Vorliegen von Verfahrenshindernissen kann gegen den Schiedsspruch Aufhebungsklage zu den staatlichen Gerichten erhoben werden.

Schiedsklauseln

a) national:
Alle Streitigkeiten aus diesem Vertrage oder über seine Gültigkeit werden nach der Schiedsgerichtsordnung des Deutschen Ausschusses für Schiedsgerichtswesen unter Ausschluß des ordentlichen Rechtsweges endgültig entschieden.

b) international:
Alle aus dem gegenwärtigen Vertrage sich ergebenden Streitigkeiten werden nach der Vergleichs- und Schiedsgerichtsordnung der Internationalen Handelskammer von einem oder mehreren gemäß dieser Ordnung ernannten Schiedsrichtern endgültig entschieden.

Inhalt des Schiedsvertrages: Überträgt den Schiedsrichtern die Entscheidung der Frage, wer im Recht ist. Kann befristet und bedingt sein. Darf nicht die Entscheidung eines staatlichen Gerichts überprüfen.

Wirkung des Schiedsvertrages: Der Schiedsvertrag führt zur Unzulässigkeit einer Klage. Er wirkt zwischen den Parteien und grundsätzlich auch gegen Dritte. Der Schiedsvertrag erlischt u.a. mit einem äußerlich richtigen Schiedsspruch oder mit einem Schiedsvergleich.

Arbeitsgerichtsbarkeit

Die Arbeitsgerichtsbarkeit ist eine den besonderen Bedürfnissen des Arbeitsrechts (vgl. S. 404) angepaßte Zivilgerichtsbarkeit, die im Arbeitsgerichtsgesetz (ArbGG) geregelt ist. Soweit das ArbGG keine Regelung enthält, verweist es auf die Zivilprozeßordnung. Die Abgrenzung zur Zivilgerichtsbarkeit (vgl. S. 222) zieht das ArbGG in der Weise, daß es die der Arbeitsgerichtsbarkeit unterliegenden Streitsachen aufzählt, z. B. dieser Gerichtsbarkeit die Streitigkeiten aus dem Arbeitsverhältnis zwischen Arbeitgebern und Arbeitnehmern oder zwischen Arbeitnehmern und tarifrechtliche und betriebsverfassungsrechtliche Streitsachen (vgl. S. 408 und S. 412) zuordnet.

Der Aufbau der Arbeitsgerichtsbarkeit ist dreistufig: *Arbeitsgerichte* (ArbG), *Landesarbeitsgerichte* (LAG) und *Bundesarbeitsgericht* (BAG). Die Gerichte für Arbeitssachen sind mit Berufs- und ehrenamtlichen Richtern (vgl. S. 208) besetzt. Die ehrenamtlichen Richter sind je zur Hälfte Arbeitgeber und Arbeitnehmer. Die ArbG sind in allen Arbeitsrechtsstreitigkeiten die erste Instanz. Bei jedem ArbG werden als Spruchkörper Kammern gebildet. Jede Kammer besteht aus einem Berufsrichter und je einem ehrenamtlichen Richter aus Kreisen der Arbeitgeber und der Arbeitnehmer als Beisitzer.

Die LAG können zur Nachprüfung von Entscheidungen der ArbG angerufen werden. Die Organisation der LAG stimmt mit der der ArbG überein. Das BAG in Kassel ist als oberstes Gericht für die Rechtsmittel gegen Entscheidungen der LAG zuständig. Die Spruchkörper der BAG heißen Senate. Sie sind jeweils mit einem Berufsrichter als Vorsitzendem, zwei weiteren Berufsrichtern, einem Arbeitgeber und einem Arbeitnehmer als ehrenamtlichen Richtern besetzt.

Die Gerichte für Arbeitssachen werden im *Urteilsverfahren*, in betriebsverfassungsrechtlichen Streitigkeiten und bei der Entscheidung über die Tariffähigkeit von Vereinigungen im *Beschlußverfahren* tätig. Vom Urteilsverfahren unterscheidet sich das Beschlußverfahren dadurch, daß es kostenfrei ist und die Aufklärung des Sachverhalts grundsätzlich durch das Gericht und unter Teilnahme aller Beteiligten am Verfahren erfolgt.

Das Verfahren in der Arbeitsgerichtsbarkeit ist durch folgende Grundsätze gekennzeichnet: Sehr wesentlich ist die Billigkeit des Verfahrens in der ersten Instanz (niedrige Gerichtskosten und keine Kostenerstattung an die obsiegende Partei für ihre Prozeßbevollmächtigten). Für die erste Instanz ist zwingend ein *Güteverfahren* vorgeschrieben. Der auch für die Zivilgerichtsbarkeit geltende Beschleunigungsgrundsatz ist im Arbeitsgerichtsprozeß besonders ausgeprägt.

Die Parteien können vor den Arbeitsgerichten den Rechtsstreit selbst führen oder sich vertreten lassen. Für die Vertretung kommen in Betracht: Rechtsanwälte, Vertreter von Gewerkschaften und Arbeitgeberverbänden.

Rechtsmittel gegen Entscheidungen der ArbG sind Berufung, Revision, Beschwerde und Rechtsbeschwerde. Gegen Urteile des Arbeitsgerichts gibt es das Rechtsmittel der Berufung, sofern der Streitwert 800 DM übersteigt oder das ArbG die Berufung zugelassen hat. Die Urteile der LAG können mit der Revision angegriffen werden, wenn die Revision vom LAG zugelassen ist oder die Beschwerde gegen die Nichtzulassung der Revision beim BAG Erfolg hatte. Die Revision ist zuzulassen, wenn die Rechtssache grundsätzliche Bedeutung hat oder das Urteil insbesondere von einer Entscheidung des BAG abweicht und auf dieser Abweichung beruht. Die Nichtzulassungsbeschwerde führt zur Zulassung der Revision durch das BAG, wenn eine Divergenz vorliegt; in Fällen grundsätzlicher Bedeutung findet die Nichtzulassungsbeschwerde in erster Linie bei Rechtsstreitigkeiten über die Auslegung eines Tarifvertrages statt, dessen Geltungsbereich sich über den Bereich des LAG hinaus erstreckt. Gegen Entscheidungen der ArbG, soweit sie nicht Urteile sind, kann Beschwerde eingelegt werden; eine Revisionsbeschwerde zum BAG gibt es nur bei Verwerfung einer Berufung durch Beschluß des LAG. Im Rahmen der tarifrechtlichen und betriebsverfassungsrechtlichen Beschlußverfahren ist gegen jeden Beschluß des ArbG die Beschwerde an das LAG statthaft. Die Rechtsbeschwerde an das BAG findet statt bei Zulassung durch das LAG und bei erfolgreicher Nichtzulassungsbeschwerde. Für die Zulassung der Rechtsbeschwerde durch das LAG und für die Nichtzulassungsbeschwerde gilt das zum Urteilsverfahren (Revision) Ausgeführte entsprechend.

Aufbau der Arbeitsgerichtsbarkeit

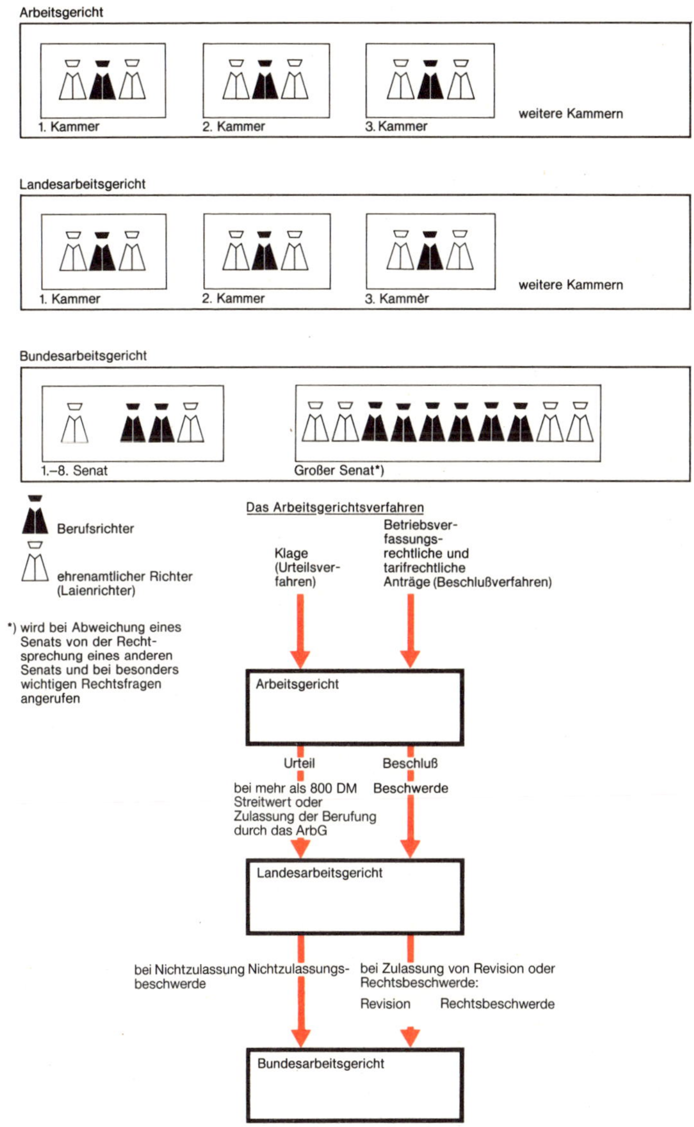

Strafrechtspflege und Strafvollzug

Die Normen des Strafrechts legen die Merkmale strafwürdigen Verhaltens fest und knüpfen hieran bestimmte Strafen. Strafbar ist nur eine solche Tat, deren Strafbarkeit gesetzlich bestimmt war, bevor die Tat begangen wurde (Art. 103 Abs. 2 GG: Grundsatz der Tatbestandsmäßigkeit, Verbot rückwirkender Strafgesetze). Der Kernbestand des materiellen Strafrechts ist im Strafgesetzbuch (StGB) enthalten. Daneben finden sich in einer Vielzahl von strafrechtlichen Nebengesetzen ebenfalls Strafbestimmungen (z. B. Wirtschaftskriminalität, Straßenverkehrsordnung).

Das Gesetz unterscheidet zwischen *Verbrechen* (Taten, die mit Freiheitsstrafe von mindestens einem Jahr bedroht sind) und *Vergehen* (Taten, die im Mindestmaß mit geringerer Freiheitsstrafe oder mit Geldstrafe bedroht sind). Strafe setzt *Schuld* voraus, d. h. die Schuldfähigkeit (die z. B. bei einer krankhaften seelischen Störung fehlen kann; vgl. § 20 StGB) und als Schuldform Vorsatz (Wissen und Wollen der Tat) oder – sofern auch das fahrlässige Begehen unter Strafe gestellt ist – Fahrlässigkeit (Vorhersehbarkeit und Vermeidbarkeit). Der *Versuch* eines Verbrechens ist stets, der eines Vergehens nur dann strafbar, wenn das Gesetz es ausdrücklich bestimmt; der Versuch kann milder bestraft werden als die vollendete Tat. Der Anstifter wird gleich einem Täter, der Gehilfe milder bestraft.

Von den Strafen zu unterscheiden sind die *Maßregeln der Besserung und Sicherung*. Sie setzen keine Schuld voraus und enthalten damit auch kein sozialethisches Werturteil. Sie knüpfen an eine rechtswidrige strafbare Handlung an mit dem Ziel, künftigen Straftaten vorzubeugen. Beispiele sind die Unterbringung in einem psychiatrischen Krankenhaus oder einer Entziehungsanstalt, die Sicherungsverwahrung, die Entziehung der Fahrerlaubnis.

Bei Verdacht einer strafbaren Handlung ermittelt im *Vorverfahren* die Staatsanwaltschaft; ist der Verdacht hinreichend begründet, erhebt sie Anklage. Bei allen Vergehen und Verbrechen, soweit nicht eine höhere Strafe als drei Jahre Freiheitsstrafe oder Sicherungsverwahrung zu erwarten ist, erfolgt Anklage vor dem Amtsgericht; in allen übrigen Fällen vor dem Landgericht (bei wichtigen Staatsschutzverfahren beim Oberlandesgericht). Im *Zwischenverfahren* prüft das Gericht den hinreichenden Tatverdacht; hält es ihn für gegeben, eröffnet es das Hauptverfahren (Eröffnungsbeschluß). *Hauptverfahren:* Die Hauptverhandlung beginnt mit der Vernehmung des Angeklagten zur Person, es folgt die Verlesung des Anklagesatzes durch den Staatsanwalt, dann die Belehrung des Angeklagten über seine Rechte. Die Beweisaufnahme beginnt mit der Vernehmung des Angeklagten zur Sache. Es schließen sich die Plädoyers an. Der Angeklagte hat das letzte Wort vor der Beratung und Verkündung des Urteils.

Für den Bereich der minder schweren Kriminalität, d. h. bei Vergehen, für die das Amtsgericht sachlich zuständig ist, kennt die Strafprozeßordnung ein summarisches Strafverfahren, in welchem ohne vorherige gerichtliche Anhörung des Beschuldigten und ohne Hauptverhandlung vom Strafrichter bestimmte Rechtsfolgen verhängt werden dürfen: das *Strafbefehlsverfahren*. Eine Freiheitsstrafe darf durch Strafbefehl nicht verhängt werden.

Nach Rechtskraft des Urteils, das eine Freiheitsstrafe verhängt, erhält der nicht in Untersuchungshaft befindliche Verurteilte eine Ladung zum Strafantritt und wird ebenso wie der Untersuchungsgefangene einer Anstalt zugewiesen. Bei der Aufnahme wird für alle Gefangenen, die nicht nur kurze Freiheitsstrafen (in der Regel unter 12 Monaten) zu verbüßen haben, nach der Behandlungsuntersuchung ein *Vollzugsplan* erstellt, in dem die Art der Unterbringung, des Arbeitseinsatzes und andere Dinge geregelt werden. Nach dem am 1. 1. 1977 in Kraft getretenen Strafvollzugsgesetz (StVollzG) soll der Gefangene im Vollzug der Freiheitsstrafe fähig werden, künftig in sozialer Verantwortung ein Leben ohne Straftaten zu führen *(Vollzugsziel)*. Die Strafhaft hat außerdem den Zweck, die Allgemeinheit vor weiteren Straftaten zu schützen.

Neben der Aufgliederung in Vollzugsanstalten für Jugendliche, Männer und Frauen und den sozialtherapeutischen Einrichtungen gibt es insbesondere offene, halboffene und geschlossene Anstalten.

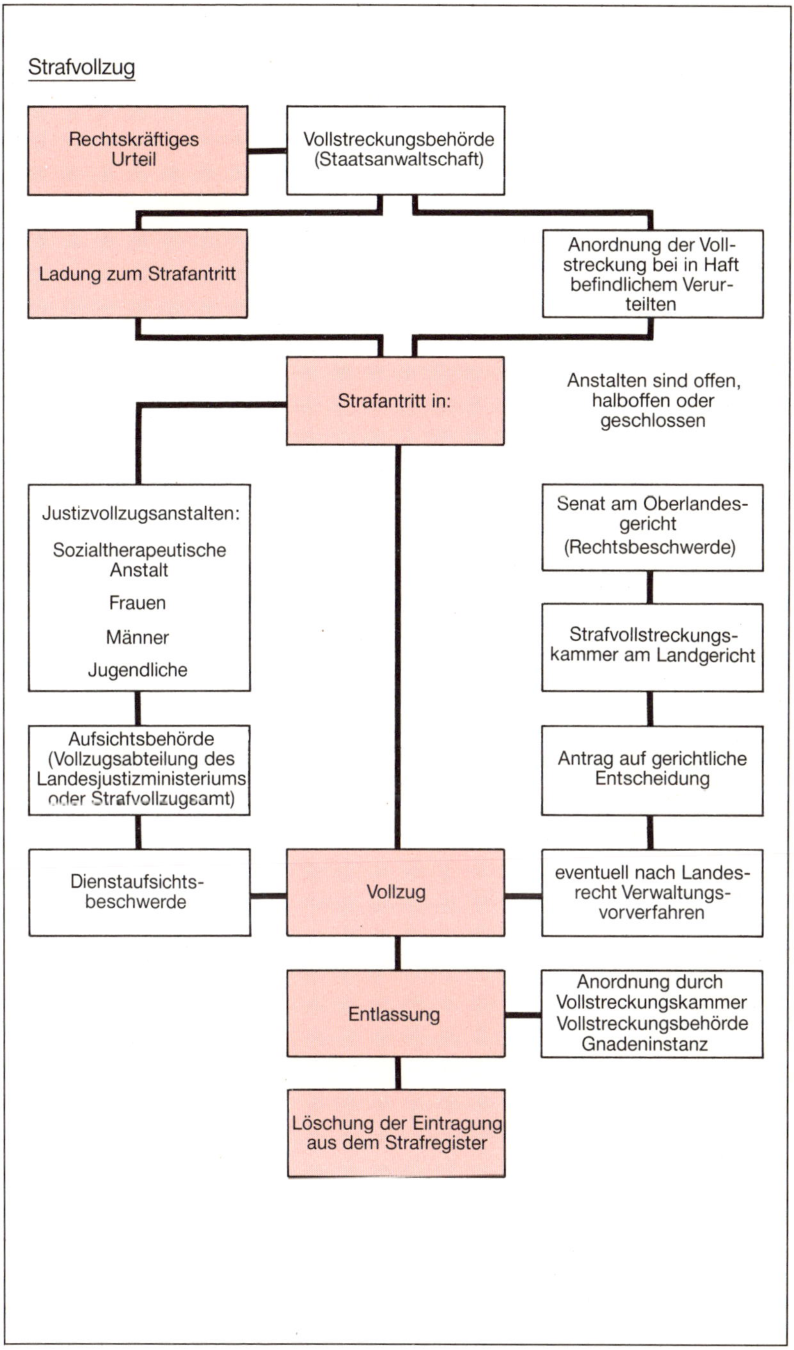
Strafvollzug
Rechtskräftiges Urteil
Vollstreckungsbehörde (Staatsanwaltschaft)
Ladung zum Strafantritt
Anordnung der Vollstreckung bei in Haft befindlichem Verurteilten
Strafantritt in:
Anstalten sind offen, halboffen oder geschlossen
Justizvollzugsanstalten:
Sozialtherapeutische Anstalt
Frauen
Männer
Jugendliche
Senat am Oberlandesgericht (Rechtsbeschwerde)
Strafvollstreckungskammer am Landgericht
Aufsichtsbehörde (Vollzugsabteilung des Landesjustizministeriums oder Strafvollzugsamt)
Antrag auf gerichtliche Entscheidung
Dienstaufsichtsbeschwerde
Vollzug
eventuell nach Landesrecht Verwaltungsvorverfahren
Entlassung
Anordnung durch Vollstreckungskammer Vollstreckungsbehörde Gnadeninstanz
Löschung der Eintragung aus dem Strafregister

Erst um die Jahrhundertwende begann sich die Erkenntnis durchzusetzen, daß Jugendliche, soweit sie überhaupt strafrechtlich verantwortlich waren, einer anderen strafrechtlichen Behandlung bedurften als Erwachsene. Die Loslösung des Jugendstrafrechts vom allgemeinen Strafrecht entwickelte sich allmählich und wurde schließlich durch das Jugendgerichtsgesetz vom 4. 8. 1953 (JGG) vollzogen; dabei wurden nunmehr auch Heranwachsende in das Jugendstrafrecht einbezogen. Was strafbar ist, bestimmt sich nach wie vor nach dem Strafgesetzbuch und den sonstigen Strafbestimmungen. Das JGG enthält als eigenständiges Werk materiell-rechtliche und verfahrensrechtliche Sondernormen, die den strafrechtlichen Vorschriften vorgehen; es sucht einen Kompromiß zwischen Strafe und Erziehung. Grundsätzlich ist man sich darüber einig, daß das bislang noch bestehende Nebeneinander von Jugendstrafrecht und Jugendwohlfahrtsrecht nicht unproblematisch ist und daß es eines einheitlichen Jugendhilferechts bedarf.

Das deutsche Strafrecht verlangt für die Verhängung einer Strafe, mit der ein sittliches Unwerturteil verbunden ist, daß der Täter schuldhaft gehandelt hat (vgl. S. 232). Das JGG erklärt *Kinder,* also Personen unter 14 Jahren, für grundsätzlich schuldunfähig. *Jugendliche,* d.h. die 15- bis einschließlich 17jährigen, sind nur dann verantwortlich, wenn sie nach ihrer sittlichen und geistigen Entwicklung in der Lage sind, das Unrecht der Tat einzusehen. Hinzu kommt, daß das Verhalten des Opfers berücksichtigt wird, wenn dieses etwa aufgrund aggressiver Konsumwerbung möglicherweise tatprovozierend war. *Heranwachsende,* d.h. die 18- bis einschließlich 20jährigen, sind hingegen voll verantwortlich.

Sanktionen des Jugendstrafrechts sind Erziehungsmaßregeln, Zuchtmittel und Jugendstrafe. *Erziehungsmaßregeln* sind zunächst Weisungen, welche die Lebensführung des Jugendlichen regeln und dadurch seine Erziehung fördern sollen, sodann die nach dem Jugendwohlfahrtsgesetz vorgesehene Erziehungsbeistandsschaft und Fürsorgeerziehung. *Zuchtmittel* sind die Verwarnung, die Auferlegung besonderer Pflichten und der Jugendarrest. Die Verhängung von Zuchtmitteln kommt rechtlich nur dann in Betracht, wenn die Notwendigkeit einer längeren Erziehung verneint wird, aber dem Jugendlichen je nach Art des Zuchtmittels vor Augen gehalten werden soll, daß er für das von ihm begangene Unrecht einzustehen hat. Bei der Auflage soll der Jugendliche eine Leistung erbringen, die ihm das Unrecht seines Handelns verdeutlicht. Als wohl häufigste Auflage wird die Zahlung eines Geldbetrages zugunsten einer gemeinnützigen Organisation angeordnet. *Jugendarrest* ist entweder Freizeitarrest, Kurzarrest oder Dauerarrest von mindestens einer bis höchstens vier Wochen. Auf *Jugendstrafe* als einzige kriminelle Strafe des Jugendstrafrechts mit den Elementen der Schuldvergeltung, Abschreckung, Besserung und dem Schutz der Allgemeinheit wird erkannt, wenn schädliche Neigungen des Täters hervorgetreten sind und minderschwere Sanktionen des Jugendstrafrechts nicht ausreichen oder die Strafe wegen der Schwere der Schuld erforderlich ist. Das Gesetz kennt aber die Möglichkeit der Aussetzung, wenn die Schuld zwar festgestellt werden muß, die Entscheidung über die Jugendstrafe aber für eine Bewährungszeit ausgesetzt werden kann. Bei Bewährung wird der Schuldspruch getilgt, anderenfalls wird Jugendstrafe festgesetzt und vollstreckt. Außerdem kann der zuständige Jugendrichter auf *Nebenstrafen* und *Nebenfolgen* erkennen, dies sind in der Praxis u.a. das Fahrverbot und die Einziehung.

Auch gegen Heranwachsende findet das Verfahren vor den Jugendgerichten statt. Die Rechtsfolgen der Tat sind dem JGG zu entnehmen, wenn entweder Art und Umstände eine jugendspezifische Verhaltensweise zeigen oder die Beweggründe der Tat Merkmale erkennen lassen, daß er zur Tatzeit nach seiner stittlichen und geistigen Entwicklung noch einem Jugendlichen gleichstand. Dabei können auch schwerere Taten als typische Jugendverfehlungen zu behandeln sein. Sind diese Voraussetzungen nicht gegeben, wird er nach dem allgemeinen Erwachsenenstrafrecht bestraft. Bestehen Zweifel, ob der Heranwachsende noch einem Jugendlichen gleichsteht, so ist grundsätzlich Jugendstrafrecht anzuwenden.

Besetzung und sachliche Zuständigkeit der Jugendgerichte sowie der Rechtsmittelzug

	Amtsgericht		Landgericht	Oberlandesgericht
1. Instanz	Amtsrichter als Jugendrichter § 33 II Z.: § 39 	Schöffengericht (Jugendschöffengericht) § 33 II + III Z.: § 40 	Strafkammer (Jugendkammer) § 33 II + III Z.: § 41 I 	wie nach allgemeinem Strafverfahren
Berufungsinstanz	Landgericht Jugendkammer § 41 II 		Keine Berufung!	
Revisionsinstanz	Oberlandesgericht Strafsenat wie nach allgemeinem Strafverfahren Beachte allerdings § 55 II: „Wer eine zulässige Berufung eingelegt hat, kann gegen das Berufungsurteil nicht mehr Revision einlegen ...“  ●		Bundesgerichtshof Strafsenat wie nach allgemeinem Strafverfahren 	

 Berufsrichter

 in der Hauptverhandlung mitwirkende Laienrichter (Jugendschöffen)

Die §§ beziehen sich auf das Jugendgerichtsgesetz
Z. = Fundstelle für die sachliche Zuständigkeit in erster Instanz

● in Bayern ist das Bayer. Oberste Landesgericht zuständig

Nachdem der Gesetzgeber sich zur Entkriminalisierung des Nebenstrafenrechts, d.h. der strafrechtlichen Nebengesetze (vgl. S. 232), entschlossen hatte, eröffnete das Ordnungswidrigkeitengesetz (OWiG) die Möglichkeit, nunmehr statt neuer Straftatbestände sog. *Ordnungswidrigkeiten* zu schaffen.

Ordnungswidrigkeiten sind Taten, für deren Begehung ein Gesetz eine Geldbuße androht. Die Geldbuße beträgt mindestens 5 DM und höchstens 1 000 DM, falls nichts anderes bestimmt ist. Weitaus höhere Beträge sind insbesondere im Wirtschafts- und Umweltschutzrecht nicht selten. Da die Geldbuße auch den wirtschaftlichen Vorteil abschöpfen soll, den der Täter aus der Tat gezogen hat, kann zu diesem Zweck das gesetzliche Höchstmaß noch überschritten werden. Wegen der erheblichen Zahl von *Verkehrsordnungswidrigkeiten* gibt es für die Bemessung der Buße bestimmte Regelsätze, den sog. Bußgeldkatalog. Daneben besteht die Möglichkeit, ein Fahrverbot für die Dauer von einem Monat zu verhängen. Während ansonsten Geldbußen nicht in einem Register erfaßt werden, erfolgt bei Verkehrsordnungswidrigkeiten ein Eintrag im Verkehrszentralregister („Verkehrssünderkartei“), sofern die Buße 80 DM übersteigt oder ein Fahrverbot angeordnet wurde.

In der Regel folgen die materiell-rechtlichen Vorschriften des OWiG den allgemeinen Strafrechtsgrundsätzen. Allerdings wird bei der Beteiligung mehrerer Täter nicht nach den üblichen Kategorien des Strafrechts, also nach Mittäter, Gehilfe, Anstifter getrennt, vielmehr werden alle Beteiligten gleichgestellt (sog. *Einheitstäter*).

Das *Bußgeldverfahren* ähnelt dem Strafbefehlsverfahren, es weist jedoch einige wesentliche Besonderheiten auf: So liegt die Entscheidung über die Verfolgung und Ahndung einer Ordnungswidrigkeit zunächst allein bei der fachlich zuständigen Verwaltungsbehörde. Bei geringfügigen Taten begnügt sie sich damit, eine *Verwarnung* zu erteilen und ein Verwarnungsgeld von 5 DM bis 40 DM zu erheben. Diese Befugnis steht auch den hierzu ermächtigten Beamten des Polizeivollzugsdienstes zu. Die Verwarnung mit Verwarnungsgeld ist allerdings nur wirksam, wenn der Betroffene nach Belehrung über sein Weigerungsrecht mit ihr einverstanden ist und das Verwarnungsgeld sofort oder innerhalb einer Woche zahlt. Wird das Verwarnungsgeld bezahlt, kann der Fall nicht weiterverfolgt werden. Bevor die Verwaltungsbehörde einen *Bußgeldbescheid* erläßt, muß sie dem Betroffenen (das ist der, gegen den sich das Verfahren richtet) den gegen ihn erhobenen Vorwurf mitteilen und ihm Gelegenheit geben, sich dazu zu äußern. Dies geschieht in der Regel durch die Übersendung eines Anhörungsbogens, auf dem der Betroffene seine Stellungnahme abgeben kann.

Ist der Betroffene mit der Entscheidung im Bußgeldbescheid nicht einverstanden, so kann er innerhalb einer Woche *Einspruch* einlegen; über dieses Recht wird er im Bußgeldbescheid belehrt. Nach dem Einspruch kann die Verwaltungsbehörde entweder den Bußgeldbescheid zurücknehmen und das Verfahren einstellen (oder durch einen neuen Bescheid mit zumeist niedrigerer Buße ersetzen), oder sie übersendet die Akten der Staatsanwaltschaft, die jetzt die weitere Verfolgung übernimmt. Hält diese eine Ahndung nicht für geboten, stellt sie das Verfahren ein, andernfalls legt sie die Akten dem Amtsgericht vor. Erscheinen dem Amtsrichter die Akten als Grundlage für eine Entscheidung ausreichend, kann er ohne mündliche Verhandlung durch Beschluß entscheiden, wenn dem nicht der Betroffene oder der Staatsanwalt widersprechen. Entscheidet der Richter durch Beschluß, darf die Entscheidung für den Betroffenen nicht schlechter ausfallen als im Bußgeldbescheid; entscheidet er dagegen aufgrund einer mündlichen Hauptverhandlung, so kann er die Buße auch verschärfen. An der Hauptverhandlung muß der Betroffene nur teilnehmen, wenn das Gericht sein persönliches Erscheinen angeordnet hat; sonst kann er sich durch einen schriftlich bevollmächtigten Verteidiger vertreten lassen. Er kann auch bis zum Urteil seinen Einspruch zurücknehmen.

Gegen die Entscheidung des Amtsrichters ist unter bestimmten Voraussetzungen die Rechtsbeschwerde gegeben, der Betroffene wird hierüber belehrt. Über die Rechtsbeschwerde entscheidet dann das Oberlandesgericht. Dessen Entscheidung ist endgültig.

Die Ahndung von Ordnungswidrigkeiten
(Rechtsbehelfe und Rechtsmittel)

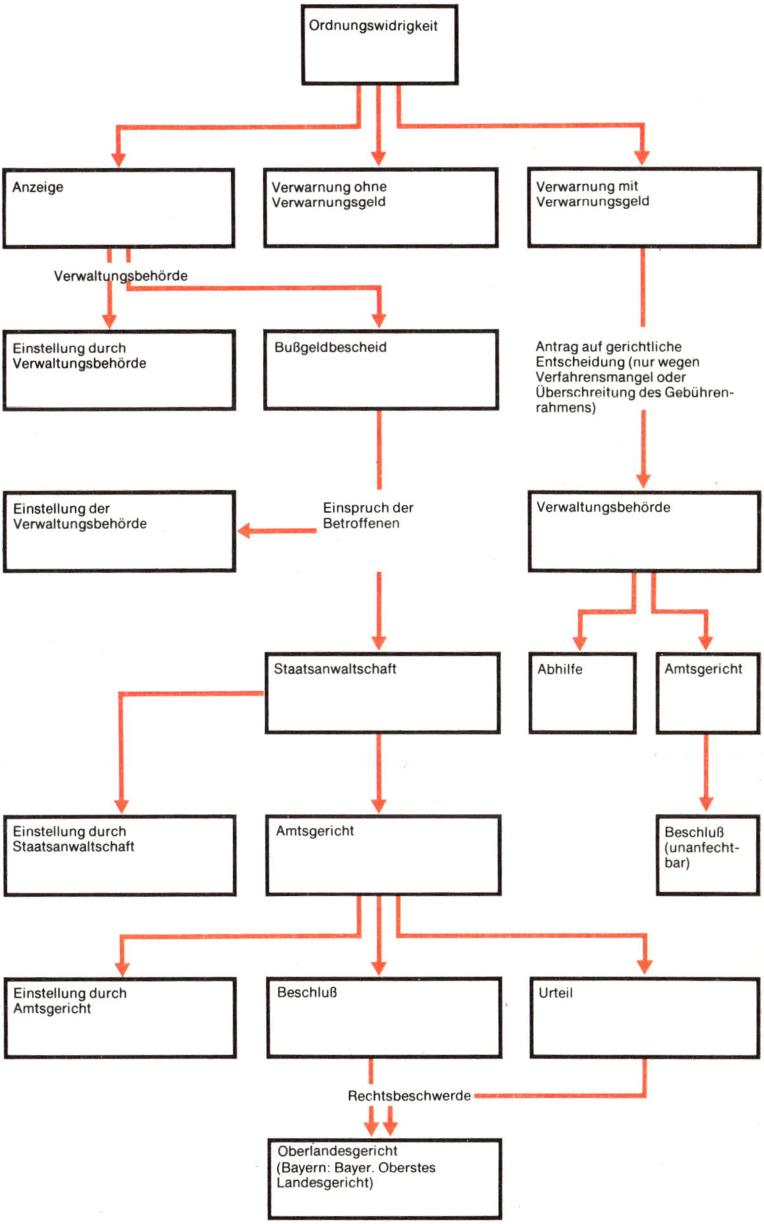

Allgemeine Verwaltungsgerichtsbarkeit

Der Rechtsschutz gegen Maßnahmen der Verwaltung durch unabhängige Gerichte hat sich in Deutschland nur zögernd entwickelt. Erst am Ende des neunzehnten Jahrhunderts war es allgemein gelungen, Verwaltungsgerichte zu schaffen, die sachlich und persönlich von der Verwaltung unabhängig waren. Am Anfang stand der 1863 begründete Badische Verwaltungsgerichtshof. Erst 1960 wurden durch die – im wesentlichen auf dem Recht der früheren Besatzungszonen beruhende – Verwaltungsgerichtsordnung Verfassung und Verfahren der Verwaltungsgerichte im Sinne eines bundeseinheitlichen Prozeßrechts geregelt. Einschneidende Änderungen brachte das 1978 erlassene (1985 zuletzt geänderte) und nunmehr bis 1990 befristete Entlastungsgesetz (EntlG). Geplant ist eine einheitliche Verwaltungsprozeßordnung für die Allgemeine Verwaltungsgerichtsbarkeit und die besonderen Verwaltungsgerichtsbarkeiten (vgl. S. 240 und S. 242).

Die Verwaltungsgerichtsbarkeit ist heute ein Teil der rechtsprechenden Gewalt und steht gleichberechtigt neben den übrigen Zweigen der Gerichtsbarkeit. Ihr Aufbau ist dreistufig. Für Klagen erster Instanz sind grundsätzlich die *Verwaltungsgerichte* (seit dem EntlG in der Fassung von 1985 allerdings für wichtige Vorhaben, z. B. technische Großprojekte, gleich die Oberverwaltungsgerichte) zuständig, deren Kammern in der Besetzung von drei Berufsrichtern und zwei ehrenamtlichen Richtern entscheiden (vgl. S. 208). Berufungsinstanz (vgl. S. 210) sind die *Oberverwaltungsgerichte*, die in Süddeutschland die Bezeichnung *Verwaltungsgerichtshof* führen. Ihre Senate bestehen in den einzelnen Ländern unterschiedlich aus drei oder fünf Berufsrichtern oder aus drei Berufsrichtern und zwei ehrenamtlichen Richtern. Das *Bundesverwaltungsgericht* mit Sitz in Berlin (West) ist (von wenigen Ausnahmen abgesehen) Revisionsgericht; die dortigen Senate sind mit fünf Berufsrichtern besetzt. Der beim Bundesverwaltungsgericht bestellte Oberbundesanwalt kann sich als Vertreter des öffentlichen Interesses an den Verfahren beteiligen. Entsprechende Einrichtungen wurden bei den Verwaltungsgerichten der Länder nur z. T. geschaffen. Anwaltszwang für die Parteien besteht nur vor dem Bundesverwaltungsgericht.

Der *Verwaltungsrechtsweg* ist in allen öffentlich-rechtlichen Streitigkeiten nichtverfassungsrechtlicher Art gegeben, soweit die Streitigkeiten nicht durch Bundesgesetz einem anderen Gericht ausdrücklich zugewiesen sind. Diese *verwaltungsgerichtliche Generalklausel* stellt den Rechtsschutz gegen jede hoheitliche Maßnahme der Verwaltung sicher. Allerdings kann dieser Rechtsschutz durch Gesetz auf andere als die Verwaltungsgerichte übertragen werden. Dies ist geschehen durch ausdrückliche Zuweisung bestimmter öffentlich-rechtlicher Streitigkeiten (z. B. über Ansprüche aus Eigentum und Enteignung [vgl. S. 126], Staatshaftung und öffentlich-rechtliche Entschädigung [vgl. S. 266]) an die ordentlichen Gerichte sowie durch die Einrichtung besonderer Verwaltungsgerichtsbarkeiten (z. B. Finanzgerichtsbarkeit [vgl. S. 242], Sozialgerichtsbarkeit [vgl. S. 240]). Die Generalklausel öffnet den Verwaltungsrechtsweg nicht nur für Auseinandersetzungen zwischen Privaten und der Verwaltung, sondern auch für Streitigkeiten zwischen Trägern öffentlicher Verwaltung aus Rechtsverhältnissen des öffentlichen Rechts. Für bestimmte baurechtliche Verordnungen und Satzungen (insbesondere Bebauungspläne [vgl. S. 302]) wurde die Normenkontrolle zugelassen. Danach kann jedermann, der durch die Anwendung der Norm einen Nachteil erlitten oder in absehbarer Zeit zu erwarten hat, sowie jede Behörde bei dem zuständigen Oberverwaltungsgericht (Verwaltungsgerichtshof) Antrag auf Ungültigerklärung der Norm stellen. Das Landesrecht kann das Normenkontrollverfahren auf weitere Rechtsvorschriften im Range unter den Landesgesetzen ausdehnen.

Wer sich durch den Erlaß oder die Versagung eines Verwaltungsaktes in seinen Rechten verletzt fühlt, kann nach Durchführung eines Widerspruchsverfahrens innerhalb eines Monats nach Zustellung des Widerspruchsbescheids beim örtlich zuständigen Verwaltungsgericht Klage mit dem Antrag erheben, den belastenden Verwaltungs- und den Widerspruchsbescheid aufzuheben *(Anfechtungsklage)* bzw. die Behörde zum Erlaß des begehrten Verwaltungsaktes zu verpflichten *(Verpflichtungsklage)*. Davon abgesehen kann auch auf die Feststellung des Bestehens oder Nichtbestehens eines Rechtsverhältnisses oder auf eine allgemeine Leistung geklagt werden. Das Verwaltungsgericht erforscht den Sachverhalt von Amts wegen und kann – anders als das Zivilgericht – auch ohne Antrag einer Prozeßpartei Zeugen vernehmen.

Aufbau und Gliederung der Allgemeinen und Besonderen Verwaltungsgerichtsbarkeit

	Allgemeine Verwaltungsgerichte	Besondere Verwaltungsgerichte			Ordentliche Gerichte
	Verwaltungsgerichtsbarkeit	Sozialgerichtsbarkeit	Finanzgerichtsbarkeit	Disziplinar-, Dienst-, Berufsgerichtsbarkeit	Zivilgerichtsbarkeit
	Bundesverwaltungsgericht (Berlin)	Bundessozialgericht (Kassel)	Bundesfinanzhof (München)	Disziplinargerichte des Bundes und der Länder	Bundesgerichtshof (Karlsruhe)
	Oberverwaltungsgerichte (Verwaltungsgerichtshöfe)	Landessozialgerichte	Finanzgerichte	Dienstgerichte (für Richter) des Bundes und der Länder Wehrdienstgerichte	Oberlandesgerichte insbesondere Senate für Baulandsachen (Bundesbaugesetz)
	Verwaltungsgerichte	Sozialgerichte		Berufsgerichte der Rechtsanwälte, Steuerberater, Wirtschaftsprüfer, Ärzte, Tierärzte, Apotheker, Architekten u.a.	Landgerichte insbesondere Kammern für Baulandsachen (Bundesbaugesetz)
				zwei- bis dreistufiger Aufbau, z.T. in Anlehnung an andere Gerichtsbarkeiten	Amtsgerichte
Zuständigkeit geregelt in:	§ 40 Abs. 1 Verwaltungsgerichtsordnung	§ 51 Abs. 1 Sozialgerichtsgesetz	§ 33 Finanzgerichtsordnung	z.B. § 1 Bundesdisziplinarordnung, § 113 Bundesrechtsanwaltsordnung	z.B. Art. 14 Abs. 3, Art. 34 S. 3 Grundgesetz, §§ 157 ff. Bundesbaugesetz, § 40 Abs. 2 Verwaltungsgerichtsordnung

Geschäftsanfall bei den Verwaltungsgerichten

Verfahren	1980	1981	1982
Verwaltungsgerichte			
Klagen			
Am Jahresbeginn anhängige	68986	142064	151221
Neuzugänge	131441	132580	129107
Erledigungen	97752	123423	136482
Am Jahresende anhängige	106673	151221	143846
Oberverwaltungsgerichte, Verwaltungsgerichtshöfe			
Berufungen			
Am Jahresbeginn anhängige	18417	17935	19091
Neuzugänge	14032	18421	17896
Erledigungen	14514	17280	18075
Am Jahresende anhängige	17935	19076	18912
Beschwerden			
Am Jahresbeginn anhängige	9297	10247	11351
Neuzugänge	28468	32499	36875
Erledigungen	27518	31389	35930
Am Jahresende anhängige	10247	11357	12296

Verfahren	1983	1984	1985
Bundesverwaltungsgericht			
Revisionen			
Am Jahresbeginn anhängige	1483	1041	1003
Neuzugänge	936	817	955
Erledigungen	1378	855	868
Am Jahresende anhängige	1041	1003	1090
Beschwerden			
Am Jahresbeginn anhängige	3024	1307	834
Neuzugänge	2937	2116	1920
Erledigungen	4654	2589	2115
Am Jahresende anhängige	1307	834	639

Sozialgerichtsbarkeit

Die Sozialgerichtsbarkeit ist eine besondere Verwaltungsgerichtsbarkeit für Streitigkeiten aus dem Bereich der Sozialverwaltung. Ihre *Zuständigkeit* erstreckt sich allerdings nicht auf alle Gebiete der Sozialverwaltung, sondern nur auf die Sozialversicherung, auf die Kriegsopferversorgung und die Gewährung von Kindergeld. Die Entscheidung von Rechtsstreitigkeiten bei der Sozialhilfe, der Ausbildungsförderung, der Kriegsfolgenopferversorgung und beim Lastenausgleich ist der allgemeinen Verwaltungsgerichtsbarkeit (vgl. S. 238) vorbehalten.

Die Sozialgerichtsbarkeit entscheidet in den genannten Bereichen auf der Grundlage besonderer Sozialrechtsnormen. Diese sind in zahlreichen Gesetzen, Rechtsverordnungen sowie in Satzungen der Sozialversicherungsträger enthalten. Für den Bereich der Sozialversicherung sind besonders bedeutsam die Reichsversicherungsordnung für die Kranken-, Arbeiterrenten- und Unfallversicherung, ferner das Angestelltenversicherungsgesetz, das Reichsknappschaftsgesetz und das Arbeitsförderungsgesetz. Die Sozialnormen werden vereinigt und in einem Sozialgesetzbuch zusammengefaßt, von dem bisher der allgemeine Teil (1. Buch) und die gemeinsamen Vorschriften für die Sozialversicherung (4. Buch) in Kraft getreten sind.

Die Sozialgerichtsbarkeit ist dreistufig aufgebaut. Es bestehen für die erste Instanz 49 *Sozialgerichte*, für die Berufungsinstanz entsprechend der Zahl der Bundesländer elf *Landessozialgerichte* und für die Revisionsinstanz das *Bundessozialgericht* mit Sitz in Kassel. Als Spruchkörper entscheiden bei den Sozialgerichten Fachkammern, bei den Landessozialgerichten und beim Bundessozialgericht Fachsenate. Die Fachkammern und Fachsenate sind für je einen Zweig der Sozialversicherung (Renten-, Kranken-, Unfall- und Arbeitslosenversicherung) sowie für Schwerbehinderte, die Kriegsopferversorgung und die Kindergeldsachen zuständig. Sie sind mit Berufs- und Laienrichtern (ehrenamtlichen Richtern) besetzt. Die Kammern setzen sich aus einem Berufs- und zwei ehrenamtlichen Richtern, die Senate aus drei Berufs- und zwei ehrenamtlichen Richtern zusammen. Die ehrenamtlichen Richter werden wie in der Arbeitsgerichtsbarkeit paritätisch von den Sozialpartnern gestellt. Mit Rücksicht auf die Gewaltenteilung zwischen Verwaltung und Gerichtsbarkeit können Vorstandsmitglieder von Trägern und Verbänden der Sozialversicherung nicht ehrenamtliche Richter der Sozialgerichtsbarkeit sein. Beim Bundessozialgericht besteht ein *Großer Senat*, der aus Mitgliedern der Senate dieses Gerichts gebildet wird und in den Fragen entscheidet, in denen ein Senat des Bundessozialgerichts von der Rechtsauffassung eines anderen Senats des Bundessozialgerichts ohne dessen Einverständnis abweichen will.

Das *Sozialgerichtsverfahren* hat unterschiedliche Streitgegenstände (Verwaltungsakte in der Gestalt von Leistungs- und Beitragsbescheiden bzw. Erstattungsbescheiden oder Unterlassung solcher Bescheide). In den meisten Fällen ist eine Klage erst zulässig, wenn vorher ein Vorverfahren in der Form eines Widerspruchsverfahrens bei der Behörde durchgeführt worden ist. Für das Gerichtsverfahren stehen drei Instanzen zur Verfügung. In der ersten Instanz und in der Berufungsinstanz werden die Tatsachenfeststellung und die rechtliche Würdigung überprüft. In der Revision kann nur noch über Rechtsfragen, nicht mehr über die Feststellung von Tatsachen entschieden werden. Die Berufungsinstanz kann durch Sprungrevision übersprungen werden.

Das Sozialgerichtsverfahren ist für die individuellen Parteien (Versicherte, Kassenärzte) kostenfrei. Die Folge ist eine Vielzahl unzulässiger bzw. unbegründeter Klagen und Rechtsmittel. Der daraus resultierenden langen Prozeßdauer ist man mit gewissem Erfolg durch die Änderung des Sozialgerichtsgesetzes im Jahre 1975 begegnet. Dabei spielen die sog. *Vorbescheide* eine spürbar entlastende Rolle. Die Sozialgerichtsbarkeit hat in den letzten Jahren u.a. auch im Zusammenhang mit der allgemeinen wirtschaftlichen Entwicklung erheblich an Bedeutung gewonnen. Infolge des Anwachsens der Arbeitslosigkeit bezieht eine größere Zahl von Bürgern Sozialleistungen des Staates. Außerdem hat der Gesetzgeber in den letzten Jahren verschiedene Sozialleistungen gekürzt, was zu vermehrten Klagen vor den Sozialgerichten geführt hat.

Sozialgerichtsverfahren

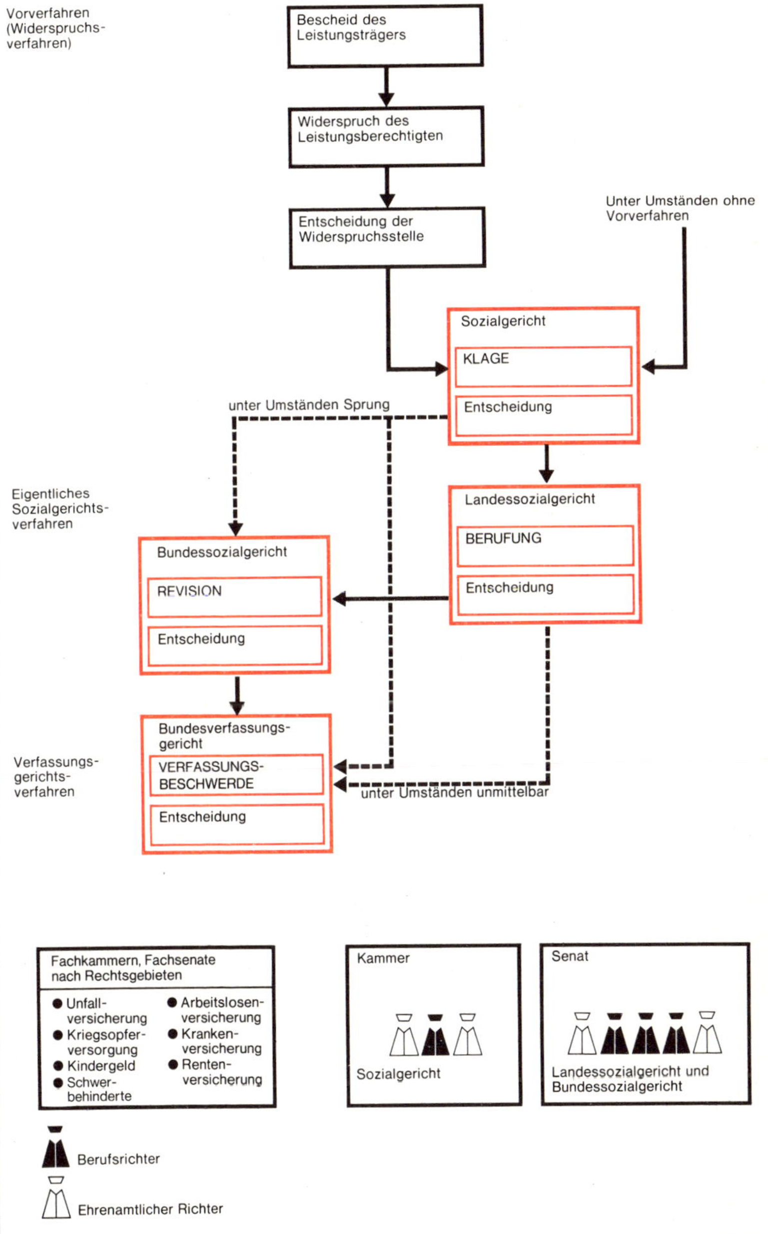

Finanzgerichtsbarkeit

Die Finanzgerichtsbarkeit ist eine besondere Verwaltungsgerichtsbarkeit (vgl. S. 238). Sie wird von den Finanzgerichten ausgeübt. In der Hauptsache geht es hier um Steuerbescheide und ihnen gleichzustellende Bescheide. Die Verfahrensordnung der Finanzgerichtsordnung (FGO) ist der Verwaltungsgerichtsordnung (VwGO) der allgemeinen Verwaltungsgerichtsbarkeit nachgebildet. Die Gerichte der Finanzgerichtsbarkeit sind in den Ländern die *Finanzgerichte* und im Bund der *Bundesfinanzhof* (BFH) mit Sitz in München. Die Finanzgerichte bestehen aus Senaten, die in der Besetzung mit drei Richtern und zwei ehrenamtlichen Richtern entscheiden. Beim BFH entscheiden die Senate in der Besetzung von fünf Richtern. Der Große Senat, der aus dem Präsidenten und sechs Richtern der anderen Senate besteht, befindet über grundsätzliche Rechtsfragen, insbesondere dann, wenn ein Senat des BFH von der eines anderen Senats ohne dessen Einverständnis abweichen will.

Die *Klageerhebung* gegen einen Steuerbescheid setzt voraus, daß der Steuerpflichtige zuvor gegen den Bescheid beim Finanzamt erfolglos Einspruch eingelegt hat. Geklagt wird beim Finanzgericht entweder in Form der Anfechtungsklage mit dem Ziel der Aufhebung eines Verwaltungsakts oder in Form der Verpflichtungsklage, aufgrund deren die zuständige Finanzbehörde zum Erlaß eines abgelehnten oder unterbliebenen Verwaltungsakts verurteilt werden soll, oder in Form der Leistungsklage, wenn eine Leistung anderer Art begehrt wird, die nicht Verwaltungsakt ist. Subsidiär ist auch die Erhebung einer Feststellungsklage unter bestimmten Voraussetzungen möglich. Die Finanzgerichte überprüfen die mit der Klage angefochtenen Verwaltungsakte auf deren Rechtmäßigkeit und nicht auf deren Zweckmäßigkeit hin. Das Verfahren ist von der *Ermittlungspflicht* des Gerichts beherrscht. Ein als rechtswidrig festgestellter Verwaltungsakt ist aufzuheben, und das weitere Verfahren ist der Finanzbehörde zu überlassen, die an die rechtliche Beurteilung des Gerichts gebunden ist. Jedoch kann das Gericht bei Steuerbescheiden unmittelbar eine andere Steuer oder Besteuerungsgrundlage festsetzen. In der Regel wird mündlich verhandelt. Das Finanzgericht ist zugleich letzte Tatsacheninstanz.

Gegen die Urteile des Finanzgerichts ist die Revision an den BFH gegeben, die grundsätzlich auf Rechtsfragen beschränkt ist. Die Revision ist nur statthaft, wenn das Finanzgericht sie wegen grundsätzlicher Bedeutung der Rechtssache oder wegen einer Abweichung des Finanzgerichtsurteils von der Rechtsprechung des BFH oder bei Verfahrensmängeln zugelassen hat. Unterbleibt dies, kann der Steuerpflichtige Nichtzulassungsbeschwerde zum BFH erheben, die nur auf die genannten drei Zulassungsgründe gestützt werden kann und darauf gerichtet ist, daß der BFH die Revision zuläßt. Gegen die Entscheidungen des Finanzgerichts, die nicht Urteile oder diesen gleichstehende Vorbescheide sind, findet in der Regel Beschwerde zum BFH statt.

Die Finanzgerichte können auch gegen Entscheidungen der Finanzbehörden im Rahmen des Verwaltungsermessens, so z. B. bei Anträgen auf Stundung und Erlaß tätig werden. Gegen solche Entscheidungen ist zunächst Beschwerde an die Oberfinanzdirektion gegeben.

Immer mehr Bürger scheinen den Weg zu den Finanzgerichten zu gehen: Beim BFH stiegen die Eingänge von 3 151 Fällen (1986) auf 3 210 Streitsachen (1987). In etwa 6 % der von den Finanzgerichten entschiedenen Fälle wird Revision zum BFH eingelegt. Die Rückstände wuchsen ebenfalls kontinuierlich von 5 190 Verfahren (1985) auf 5 235 Fälle (1987) an. Die durchschnittliche Verfahrensdauer ist allerdings von 23 Monaten (1985) auf 18 Monate (1987) reduziert worden. Allgemein wird nach Möglichkeiten zur Entlastung der Finanzgerichtsbarkeit gesucht, um Verfahren schneller zu erledigen und Rückstände abzubauen. Eine Bund-Länder-Arbeitsgruppe beim Bundesminister der Justiz hat den Referentenentwurf einer Novelle zur BFH-Ordnung erarbeitet.

Weder eine Vermehrung der Richterstellen noch die Einführung der Dreistufigkeit wie in den anderen Verwaltungsgerichtsbarkeiten scheint in der Finanzgerichtsbarkeit jedoch erfolgversprechend, sondern allein eine Vereinfachung der Steuergesetze. Solche Ansätze enthält z. B. das Steuerreformgesetz für 1990.

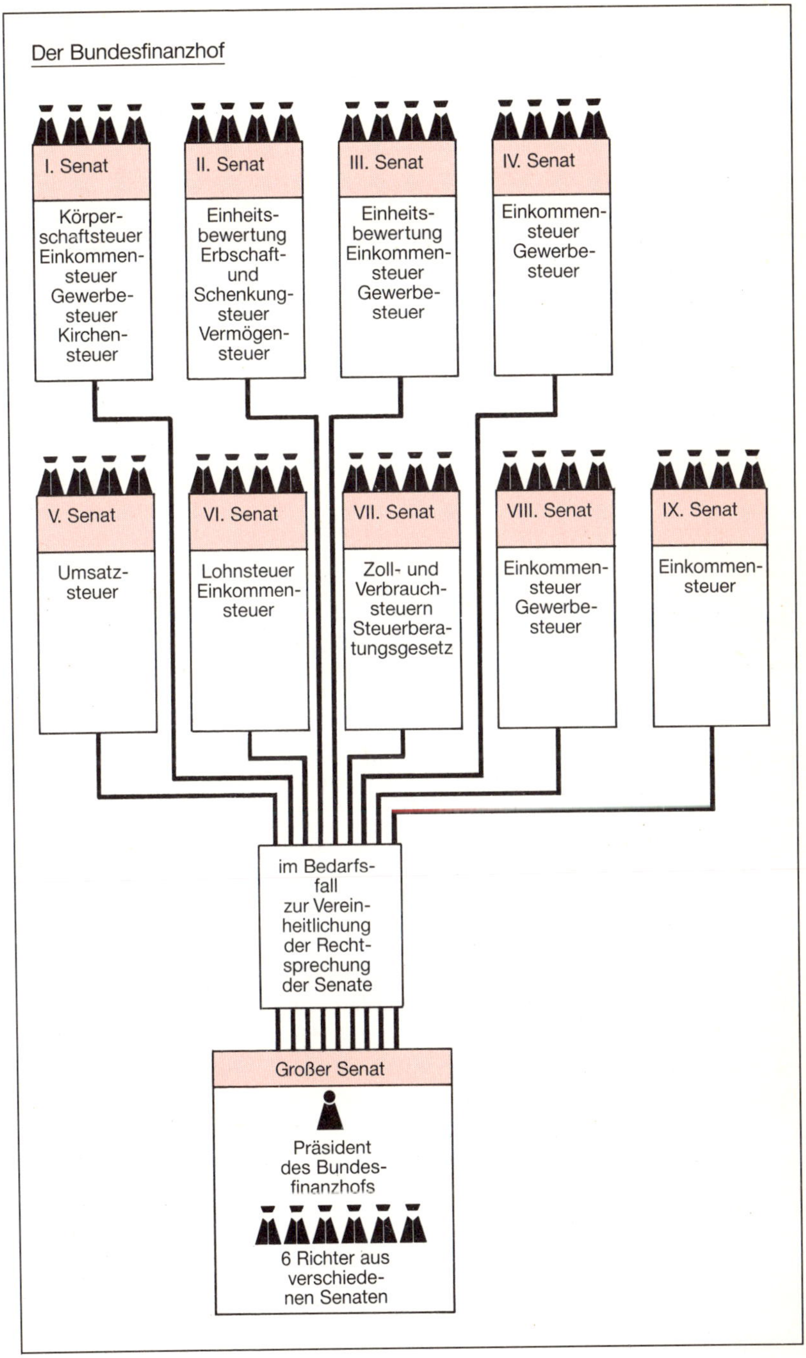
Der Bundesfinanzhof
I. Senat
Körperschaftsteuer Einkommensteuer Gewerbesteuer Kirchensteuer
II. Senat
Einheitsbewertung Erbschaft- und Schenkungsteuer Vermögensteuer
III. Senat
Einheitsbewertung Einkommensteuer Gewerbesteuer
IV. Senat
Einkommensteuer Gewerbesteuer
V. Senat
Umsatzsteuer
VI. Senat
Lohnsteuer Einkommensteuer
VII. Senat
Zoll- und Verbrauchsteuern Steuerberatungsgesetz
VIII. Senat
Einkommensteuer Gewerbesteuer
IX. Senat
Einkommensteuer
im Bedarfsfall zur Vereinheitlichung der Rechtsprechung der Senate
Großer Senat
Präsident des Bundesfinanzhofs
6 Richter aus verschiedenen Senaten

Verwaltungsgliederung (obere, mittlere, untere Verwaltungsbehörden)

In ihrer Grundstruktur ist die öffentliche Verwaltung als Teil der Exekutive in der Bundesrepublik Deutschland in drei Hauptebenen untergliedert:
- die Verwaltung des Bundes,
- die Verwaltung der Länder,
- die Kommunalverwaltung.

Die drei Ebenen stehen übereinander. Jede Verwaltungsebene hat allerdings einen genau fixierten und abgegrenzten Aufgabenbereich. Eine Instanzenkette Kommune – Land – Bund gibt es (mit Ausnahme der Auftragsverwaltung und der Organleihe) nicht. Der Verwaltungsaufbau in den einzelnen Ebenen kann nach unterschiedlichen Organisationsprinzipien vorgenommen werden. Generell unterscheidet man zwischen der *territorialen* und der *funktionalen* Gliederung. Bei der territorialen Gliederung haben wir es mit einer Verwaltungseinheit zu tun, die für alle öffentlichen Aufgaben in einem bestimmten Gebiet verantwortlich ist. Häufig werden aber auch spezielle Institutionen geschaffen, die nur für eine begrenzte Fachaufgabe – unabhängig von der territorialen Abgrenzung einzelner Gebietskörperschaften – zuständig sind. In diesen Fällen (z. B. dem Umweltbundesamt) wird die Institution nach dem Prinzip der funktionalen Gliederung gebildet.

An der Spitze der Bundesverwaltung stehen die *obersten Bundesbehörden*. Zu ihnen gehören u. a. das Bundespräsidialamt, das Bundeskanzleramt, die Bundesministerien und der Bundesrechnungshof. Der Bund hat nur in Ausnahmefällen einen bis zur untersten Stufe bzw. Ortsstufe reichenden Verwaltungsunterbau. Im Regelfall werden die Bundesgesetze von den Ländern „als eigene Angelegenheit" (so Art. 83 GG) ausgeführt. Zu den Ausnahmefällen gehören der Auswärtige Dienst (mit Botschaften, Generalkonsulaten und Konsulaten als Unterbau), die Bundesfinanzverwaltung (mit Oberfinanzdirektionen auf der Mittelstufe und Finanz- und Zollämtern auf der Unterstufe), die Deutsche Bundespost (mit Oberpostdirektionen als Mittel- und Postämtern als örtliche Behörden), die Deutsche Bundesbahn (mit Bundesbahndirektionen als Mittel- und Bahnhöfen als örtliche Behörden), die Bundeswehrverwaltung (mit Wehrbereichsverwaltungen als Mittel- und Kreiswehrersatzämtern als örtliche Behörden), die Verwaltung der Bundeswasserstraßen und der Schiffahrt (mit Wasser- und Schiffahrtsdirektionen auf der Mittel- und Wasser- und Schiffahrtsämtern auf der Unterstufe), die Luftverkehrsverwaltung und die Verwaltung des Bundesgrenzschutzes.

Weil der Bund aber darüber hinaus auch andere Aufgaben wahrnehmen muß, hat er sich *Oberbehörden* geschaffen, die einzelnen Ministerien nachgeordnet sind und die bestimmte Fachaufgaben für das gesamte Bundesgebiet wahrnehmen (z. B. das Umweltbundesamt und das Bundesgesundheitsamt). Außerdem verfügt der Bund noch über eine Reihe *unselbständiger Anstalten*. Ihr Aufgabenschwerpunkt liegt allerdings stärker im technisch-wissenschaftlichen Bereich (z. B. die Bundesanstalt für Flugsicherung).

Neben der unmittelbaren Bundesverwaltung gibt es noch die *mittelbare* Bundesverwaltung. Sie besteht aus *rechtsfähigen Körperschaften* und *Anstalten*, welche jene Aufgaben wahrnehmen, die von der unmittelbaren Bundesverwaltung nicht selbst übernommen werden, z. B. die Bundesversicherungsanstalt für Angestellte als Körperschaft und der Deutschlandfunk als Anstalt des öffentlichen Rechts.

Die Gliederung der *Landesverwaltungen* folgt im wesentlichen ähnlichen Prinzipien wie die der Bundesverwaltung. Zu den *obersten Landesbehörden* gehören der Ministerpräsident mit Staatskanzlei, die Landesministerien und der Landesrechnungshof. Die *Landesoberbehörden* sind spezielle Fachbehörden, die dem fachlich zuständigen Ministerium nachgeordnet und für das ganze Bundesland zuständig sind. Die *Regierungsbezirke* sind als Mittelinstanz – nach dem territorialen Gliederungsprinzip gebildet – für alle Aufgaben in einem bestimmten Gebiet zuständig. Die Mittelinstanz übt im wesentlichen Aufsichts-, Koordinierungs- und Leitungsfunktionen gegenüber den nachgeordneten Behörden aus. Bei diesen Behörden handelt es sich um die *unteren Landesbehörden* (wie z. B. Gesundheits- und Veterinärämter). Die unteren Landesbehörden liegen gleichsam an der Schnittstelle von Staats- und Kommunalverwaltung. Dies wird daran deutlich, daß kommunale Behörden (z. B. Landratsämter) staatliche Aufgaben wahrnehmen oder untere Fachbehörden (wie z. B. Gesundheitsämter) in die Landkreisverwaltung eingegliedert sind (vgl. S. 192).

Verwaltungsgliederung in der Bundesrepublik Deutschland

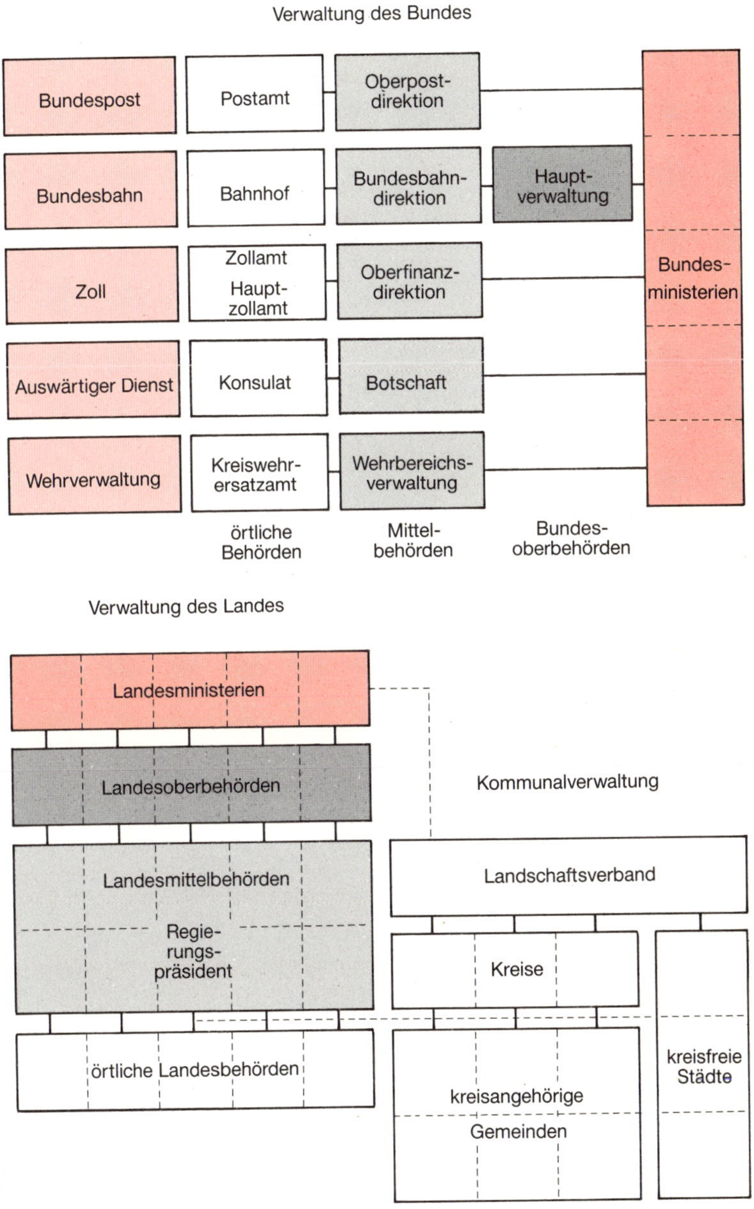

Verwaltungsorganisation – Verwaltungsreform

Der Begriff „Verwaltungsorganisation" wird in der Praxis und in der Wissenschaft nicht einheitlich benutzt. Er kann sich sowohl auf die Makrostruktur (Bundes-, Landes- und Kommunalverwaltung [vgl. S. 244]) als auch auf die Mikrostruktur (Behördenorganisation) der öffentlichen Verwaltung beziehen. Es gibt jedoch einige grundlegende Prinzipien der Verwaltungsorganisation, die für die Gliederung der Makrostruktur und für die Gestaltung der Mikrostruktur von Bedeutung sind.

Grundsätzlich ist die Verwaltungsorganisation durch das Prinzip der vertikalen und horizontalen Differenzierung gekennzeichnet. Mit der *vertikalen Differenzierung* ist die Untergliederung in einzelne Ebenen gemeint, die in einem hierarchischen Über- bzw. Unterordnungsverhältnis zueinander stehen (z. B. obere, mittlere und untere Behörden). *Horizontale Differenzierung* heißt dagegen, daß eine Gesamtaufgabe im Zuge der arbeitsteiligen Erledigung in Teilaufgaben zerlegt wird und diese Teilaufgaben auf unterschiedliche organisatorische Einheiten derselben hierarchischen Ebene (Ämter in einer Kommunalverwaltung, Referate in einem Ministerium) verteilt werden.

Aufgaben und Zuständigkeiten einer Behörde, z. B. eines Ministeriums, sind im *Geschäftsverteilungsplan* festgeschrieben. Jede Aufgabe muß einem Referat zugeordnet sein. Die Referate, die auch als Basiseinheiten eines Ministeriums bezeichnet werden, verfügen damit über ein Bearbeitungsmonopol, das dem Referat eine fachlich starke Stellung sichert. Die Leitung einer Abteilung (eine Abteilung besteht aus mehreren Referaten) ist dafür zuständig, die Arbeiten der Referate zu steuern. Sie ist zugleich die letztentscheidende fachliche Instanz, bevor die (politische) Leitung des Ministeriums die Gesamtverantwortung für einen Vorgang übernimmt.

Die *Behördenorganisation* entspricht dem Modell der Einlinienorganisation, d. h., jede Stelle ist nur einem Vorgesetzten unterstellt und diesem verantwortlich und erhält nur von einer einzigen Instanz Anweisungen (Prinzip der Einheit der Auftragserteilung). Die Linie ist sowohl Mitteilungs- als auch Entscheidungsweg *(Dienstweg)*, wobei Mitteilungen in beiden Richtungen, Vorschläge und Anfragen von unten und Anordnungen von oben erfolgen. Der Geschäftsgang (Ablauforganisation) ist standardisiert (z. B. in den Regelungen zur Schlußzeichnung und Mitzeichnung), die Kommunikation erfolgt überwiegend in schriftlicher Form. Entscheidungskompetenzen werden – im Vergleich zu Wirtschaftsunternehmen – nur unzureichend auf mittlere und untere Ebenen übertragen, Entscheidungen an der Behördenspitze werden von einer Person getroffen. In einigen Behörden gibt es allerdings auch Kollegialentscheidungen (z. B. bei den Rechnungshöfen, in Kommunen bei der Magistratsverfassung). Die Behördenorganisation basiert damit im Prinzip auf den von Max Weber zusammengestellten Charakteristika des bürokratischen Verwaltungsstabes: Autoritätshierarchie, vertikale Kommunikationslinien, Arbeitsteilung, Regelung der Rechte und Pflichten der Mitarbeiter, vorgeschriebene Verfahrensweisen für die Aufgabenerfüllung.

In der Verwaltungspraxis wird dieses Modell aber nicht in reiner Form angewandt. Das klassische Einlinien-Modell wird oft um Stäbe, Planungsgruppen und Projektgruppen ergänzt. Die strenge Einhaltung der nach dem Dienstweg vorgeschriebenen Kommunikationsbeziehungen würde überdies eine Behörde binnen kurzer Zeit völlig lahmlegen (Dienst nach Vorschrift). Unter den Gesichtspunkten Schnelligkeit, Problemlösungsumsicht und Interessenberücksichtigung sind vielfältige informelle Kontakte zwischen den einzelnen Organisationseinheiten erforderlich und auch üblich.

Die Kritik an der Verwaltungsorganisation hat gerade in letzter Zeit zu vielfältigen Ansätzen geführt, die Struktur der Verwaltung effektiver und effizienter zu gestalten. Die Vorschläge zur Verwaltungsreform, die von entsprechenden Kommissionen z. B. in Baden-Württemberg und in Berlin (West) erarbeitet worden sind, sind jedoch nur sehr begrenzt in die Tat umgesetzt worden. Im Gegensatz zur territorialen Neuordnung der unteren Verwaltungseinheiten – nämlich der Gemeinden und Kreise –, die im Wege der kommunalen Gebietsreform von 1967 bis ca. 1976 in allen Bundesländern gelungen ist, hat eine funktionale Verwaltungsreform bislang kaum stattgefunden.

Zwei Prinzipien der Verwaltungsorganisation

Verwaltungsorganisation ist gekennzeichnet durch

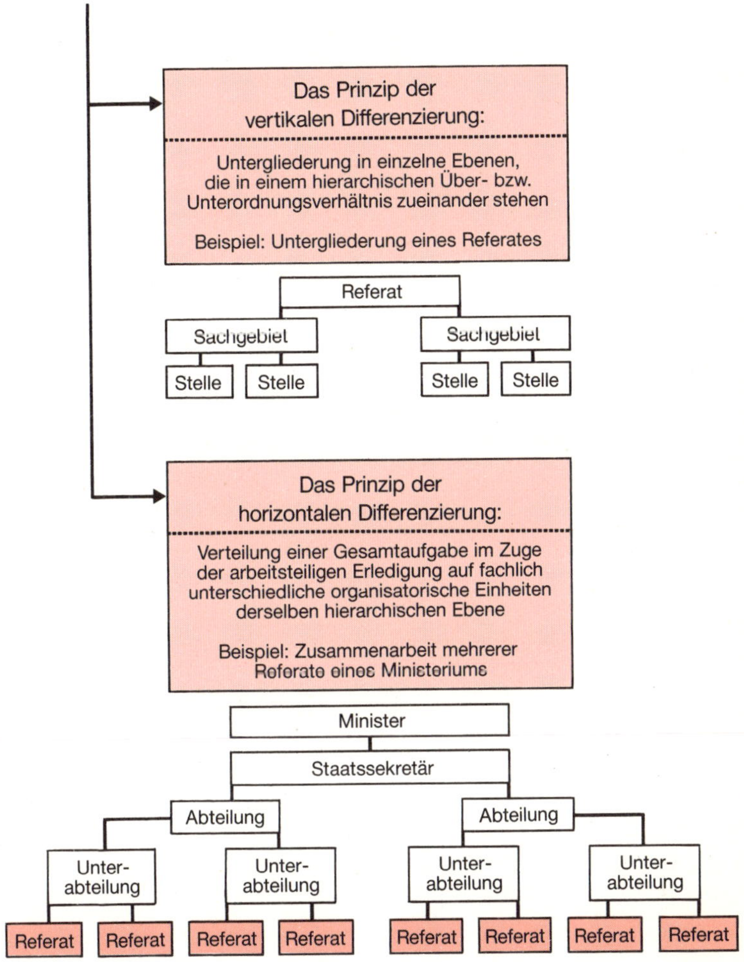

Öffentlicher Dienst – Status und Zugang

Welchen Status die Angehörigen des öffentlichen Dienstes besitzen und wie der Zugang zum öffentlichen Dienst geregelt ist, hängt davon ab, was unter „öffentlichem Dienst“ begrifflich verstanden wird. Einen allgemeingültigen Begriff des „öffentlichen Dienstes“ gibt es jedoch nicht.

Würde funktional auf die *Erfüllung öffentlicher Aufgaben* abgestellt, müßten z. B. auch Beschäftigte von selbständigen Wirtschaftsunternehmen, die überwiegend aus öffentlichen Mitteln finanziert werden (wie z. B. öffentliche Versorgungs- und Verkehrsunternehmen), hierzu zählen; selbst Angehörige der freien Berufe, z. B. Notare, würden dann im öffentlichen Dienst stehen. Aber auch die *formelle Sichtweise* (öffentlicher Dienst ist „Tätigkeit im Dienst des Bundes, eines Landes, einer Gemeinde oder anderer Körperschaften, Anstalten und Stiftungen des öffentlichen Rechts oder der Verbände von solchen; ausgenommen ... die Tätigkeit bei öffentlich-rechtlichen Religionsgemeinschaften oder ihren Verbänden“) trifft nicht den Kern, weil dann auch der Bundespräsident (Art. 54 GG), Minister oder Parlamentarische Staatssekretäre – nicht aber Abgeordnete (Art. 38 GG), weil sie als Mandatsträger keinen „Dienst“ leisten – im öffentlichen Dienst stünden. Auch die Verengung des Begriffs auf die *Angehörigen der Exekutive* nach der geltenden Dreigewaltenunterscheidung (Art. 20 Abs. 3 GG) bringt keine überzeugende Lösung. Zwar wären damit die Richter, denen die rechtsprechende Gewalt anvertraut ist und die wegen ihrer besonderen Stellung ein eigenes Dienstrecht haben, aus dem Begriff des öffentlichen Dienstes im engeren Sinn ausgeschieden. Doch müßten dann auch z. B. Soldaten und Zivildienstleistende zum öffentlichen Dienst rechnen, weil sie (da weder Legislative noch Judikative) Bestandteil der Exekutive sind. Angesichts dieser Schwierigkeiten hat sich ohne rechtliche Schärfe, lediglich praktischen Bedürfnissen entsprechend, ein *Begriff des öffentlichen Dienstes* im engeren Sinn herausgebildet, als dessen Angehörige allein Beamte sowie Angestellte und Arbeiter der juristischen Personen des öffentlichen Rechts (Bund, Länder und Gemeinden als unmittelbare Verwaltungsträger sowie die von ihnen gebildeten sonstigen Körperschaften, Stiftungen und Anstalten des öffentlichen Rechts als sog. mittelbare Verwaltungsträger) angesehen werden (wozu auch Personen zählen, die in einem öffentlich-rechtlichen Sonderrechtsverhältnis stehen, wie z. B. die sog. Dienstordnungsangestellten als Arbeitnehmer bei den Sozialversicherungsträgern oder Inhaber bestimmter leitender Posten bei der Bundesbahn und Bundesbank). Vereinfachend werden die Genannten auch als Personengruppe – insbesondere zur Unterscheidung von nicht öffentlich Bediensteten (z. B. Arbeitnehmern der Wirtschaft) – als „der Öffentliche Dienst“ bezeichnet.

Für den Status im sowie den Zugang zum öffentlichen Dienst ist bedeutsam, daß Beamte ihr eigenes, und zwar *öffentlich-rechtliches Dienstrecht* besitzen (vgl. S. 250), während Angestellte und Arbeiter des öffentlichen wie nichtöffentlichen Dienstes in einem privat-(arbeitsvertrags)-rechtlichen Dienstverhältnis stehen (vgl. S. 252). Beamte haben einen „Dienstherrn“, zu dem sie in einem öffentlich-rechtlichen „Dienst- und Treueverhältnis“ stehen („Beamtenverhältnis“). Das Beamtenverhältnis kommt durch einen mitwirkungsbedürftigen Verwaltungsakt unter Beachtung strenger Formalitäten („Urkundenprinzip“) zustande („Ernennung“): Nur durch Aushändigung einer *Urkunde* kann jemand zum Beamten ernannt werden. Für Klagen aus dem Beamtenverhältnis ist der Rechtsweg zur allgemeinen Verwaltungsgerichtsbarkeit eröffnet.

Zugang zum öffentlichen Dienst als Beamter, d. h. Beamter jedweder Art (ob Lebenszeit-, Zeit-, Probe- oder Widerrufsbeamter), hat nach gesetzlicher Maßgabe nur, wer Deutscher (Art. 116 GG) ist, die Gewähr der Verfassungstreue bietet und die für seine Laufbahn erforderliche Vorbildung besitzt, wobei das Verfassungsgebot nach Art. 33 Abs. 2 GG zu beachten ist. Danach hat jeder Deutsche nach seiner Eignung, Befähigung und fachlichen Leistung gleichen Zugang zu jedem öffentlichen Amte (Verbot der „Ämterpatronage“). Der Status des Beamten ist im übrigen nach den „hergebrachten Grundsätzen des Berufsbeamtentums“ in den einschlägigen Beamtengesetzen geregelt (Art. 33 Abs. 5 GG). Hingegen haben Angestellte/Arbeiter des öffentlichen Dienstes einen Arbeitgeber; ihre Rechtsstellung beruht auf einem Arbeitsvertrag, für den zwar auch Gesetzesrecht gilt (wie z. B. Vorschriften des BGB), der aber – inhaltlich (Status) sowie seinen Abschluß überhaupt betreffend (Zugang) – weitgehend auf Tarifvertragsrecht beruht. Rechtsschutz bietet die Arbeitsgerichtsbarkeit.

Beschäftigte im öffentlichen Dienst: Entwicklung von 1950 bis 1985

Personal / Jahr	Insgesamt	zusammen Vollzeit	zusammen Teilzeit	Beamte und Richter Vollzeit	Beamte und Richter Teilzeit	Angestellte Vollzeit	Angestellte Teilzeit	Arbeiter Vollzeit	Arbeiter Teilzeit
1950	2259200	2192200	67000	791400	–	600800	27000	800000	40000
1955	2599500	2507500	92000	1057800	–	642600	4100	807100	51000
1960	3001100	2808300	192800	1181400	–	776400	43600	850500	149200
1965	3348900	3080100	268800	1309200	2200	916800	83900	854100	182700
1970	3641600	3265600	376000	1417100	8200	1040200	145900	808300	222000
1975	4184000	3668400	515600	1597300	30600	1229400	224000	841700	261000
1980	4419900	3801500	618400	1694500	62800	1295900	288800	811100	266800
1985	4594230	3824493	769737	1702776	136524	1318479	354600	803238	278613

Vollzeitbeschäftigte von Bund, Ländern und Gemeinden nach Aufgabenbereichen (Stand 1985)

	Insgesamt	Bund	Länder	Gemeinden
Verwaltung	2706300	309900	1511200	885200
Allgemeine Dienste	1088900	271600	564400	252900
Politische Führung und zentrale Verwaltung; auswärtige Angelegenheiten	480300	70200	217200	193000
Verteidigung	171900	171900	–	–
Öffentliche Sicherheit und Ordnung	299400	27700	211800	59900
Rechtsschutz	137200	1800	135400	–
Bildungswesen, Wissenschaft, Forschung, kulturelle Angelegenheiten, darunter	836700	9400	721400	105800
Schulen	543700	–	471300	72400
Hochschulen	223600	100	223500	–
Soziale Sicherung u.ä.	129600	1100	52000	76600
Gesundheit, Sport, Erholung	344900	600	70300	274000
Wohnungswesen, Raumordnung und kommunale Gemeinschafts-dienste	155100	–	29300	125800
Ernährung, Landwirtschaft, Forsten	26400	700	21900	3800
Energie- und Wasserwirtschaft, Gewerbe, Dienstleistungen	21800	3400	12500	5800
Verkehrs- und Nachrichtenwesen	103000	23000	39500	40500
Rechtlich unselbständige Wirtschaftsunternehmen	130700	3000	60500	67200

„Beamtenrecht" bezeichnet als Sammelbegriff sämtliche Rechtsvorschriften, die speziell für diejenigen Angehörigen des öffentlichen Dienstes gelten, die in einem öffentlich-rechtlichen Verhältnis zu einem Dienstherrn stehen (das Beamtenverhältnis als „Dienst- und Treueverhältnis" sowie das Ruhestandsbeamtenverhältnis). Infolge des bundesstaatlichen Aufbaus der Bundesrepublik Deutschland bestehen zur Setzung von Beamtenrecht (für Bundes-, für Landes- und für Kommunalbeamte) unterschiedliche Gesetzgebungskompetenzen, was zu einer schwer überschaubaren Regelungsvielfalt geführt hat.

So hat der Bund nur für seine eigenen Beamten die ausschließliche Gesetzgebungszuständigkeit (Art. 73 Nr. 8 GG). Für *Bundesbeamte* gelten demgemäß allgemein z. B. das Bundesbeamtengesetz 1985 und die Bundesdisziplinarordnung 1967. Für das *Landesbeamtenrecht* ist aufgrund der Ermächtigung des Art. 75 Nr. 1 GG durch das Beamtenrechtsrahmengesetz 1985 eine einheitliche bundesgesetzliche Vorgabe geschaffen worden, an der sich die jeweiligen Landesbeamtengesetze ausrichten müssen.

Im Interesse der Rechtseinheit ist im Jahre 1971 mit Art. 74a GG für den Bund die konkurrierende Gesetzgebungskompetenz für die Regelung der *Besoldung und Versorgung* („Alimentation") der Beamten geschaffen worden. Demgemäß gelten jetzt (für Beamte) das Bundesbesoldungsgesetz sowie (für Ruhestandsbeamte) das Beamtenversorgungsgesetz als Bundesrecht unmittelbar auch in den Ländern (ergänzt durch Sondergesetze, so z. B. das Urlaubsgesetz 1977). Gemeinsame Vorschriften (die z. B. Dienstherrnfähigkeit, Zulassung zum Vorbereitungsdienst sowie Laufbahnbefähigung, Abordnung oder Versetzung zu einem anderen Dienstherrn betreffen), die einheitlich in Bund und Ländern gelten, enthalten die §§ 121–133 Beamtenrechtsrahmengesetz. Daneben besteht in Bund und Ländern ein umfangreiches Verordnungsrecht, z. B. zu Laufbahnen, Nebentätigkeit, Arbeitszeit, Trennungsgeld, Erholungs-, Sonder- sowie Erziehungsurlaub und Heilverfahren.

Trotz dieser vielfältigen Rechtsgrundlagen läßt sich feststellen, daß im wesentlichen das Beamtenrecht in Bund und Ländern inhaltlich übereinstimmt. Das ist Folge der *beherrschenden Verfassungsnorm* in Art. 33 Abs. 5 GG, wonach – für Bund und Länder gleichermaßen verbindlich – das „Recht des öffentlichen Dienstes unter Berücksichtigung der *hergebrachten Grundsätze des Berufsbeamtentums* zu regeln" ist, einem „Kernbestand von Strukturprinzipien, die allgemein oder ganz überwiegend und während eines längeren, Tradition bildenden Zeitraums, mindestens unter der Reichsverfassung von Weimar, als verbindlich anerkannt und gewahrt worden sind" (so das Bundesverfassungsgericht). Damit sind jedenfalls bestimmte Grundsätze als verfassungsgeboten und -geschützt anzusehen, weshalb die häufig – gerade mit Blick auf rechtspolitisch „sensible" Inpflichtnahmen des Beamten, etwa das Beamtenstreikverbot oder die Verfassungstreuepflicht betreffend – geäußerte Auffassung, es würden solche Beamtenpflichten lediglich unzulässig in Art. 33 Abs. 5 GG „hineininterpretiert", im Ansatz falsch ist.

Das Beamtenverhältnis ist also ein öffentlich-rechtliches Sonderrechtsverhältnis (ein „besonderes Gewaltverhältnis"), das einseitig (ohne Tarifautonomie) gesetzlich ausgestaltet wird (Parlamentsvorbehalt). Dabei ist allerdings den Interessenvertretungen der Beamten das Recht eingeräumt, sich bei der ministeriellen Vorbereitung gesetzlicher Regelungen des Beamtenrechts zu beteiligen. Schon das schließt ein *Streikrecht für Beamte* aus, was jedoch die Koalitionsfreiheit im übrigen unberührt läßt (Art. 9 Abs. 3 GG). Die besondere beamtenrechtliche Dienstleistungs- und Diensterfüllungspflicht verlangt den vollen Einsatz der Persönlichkeit (ggf. auch über die regelmäßige Dienstzeit hinaus), Gehorsam bei der Befolgung rechtmäßiger Anordnungen, Uneigennützigkeit. Gefordert ist die persönliche Verantwortlichkeit sowie amtsgemäßes Verhalten. Die *öffentlich-rechtliche Treueverpflichtung* bedeutet für den Beamten neben der Verfassungstreue Loyalität gegenüber dem Dienstherrn. Ein besonderes Disziplinarrecht dient der Verfolgung von Dienstvergehen, aber auch dem Schutz des Beamten vor Willkür. Dieser Inpflichtnahme korrespondieren besondere Rechte, so die Ansprüche auf Schutz und Fürsorge durch den Dienstherrn, eine amtsbezogene und -angemessene Alimentation (Besoldung, Versorgung) sowie das Recht auf Beschwerde und Rechtsschutz.

Disziplinarverfahren nach der Bundesdisziplinarordnung

Veranlassen von Vorermittlungen
durch den Dienstvorgesetzten beim Verdacht eines Dienstvergehens;
Verfolgungsgrundsatz: Zwang zur Einleitung des Disziplinarverfahrens; § 26 Abs. 1

Nach Abschluß der Vorermittlungen:
- Verfahrenseinstellung (§ 27 Abs. 1) oder
- Erlaß einer Disziplinarverfügung (§§ 28 Satz 1, 30) oder
- Abgabe der Sache an den höheren Dienstvorgesetzten, sofern die eigene Disziplinarbefugnis nicht für ausreichend gehalten wird (§ 28 Satz 2); der höhere Dienstvorgesetzte kann
  - das Verfahren einstellen
  - im nichtförmlichen Verfahren eine Disziplinarverfügung erlassen
  - als Einleitungsbehörde (§ 35) das förmliche Disziplinarverfahren einleiten (§ 33)

Für den Fall der Einleitung eines förmlichen Verfahrens:
Durchführung eines Untersuchungsverfahrens durch einen von der Einleitungsbehörde zu bestellenden Untersuchungsführer (§ 56)

Nach Abschluß der Untersuchung:
- Einstellung des (förmlichen) Disziplinarverfahrens (aus den Gründen nach § 64) oder
- Erlaß einer Disziplinarverfügung durch Einleitungsbehörde unter Einstellung des förmlichen Verfahrens (§ 64 Abs. 2 Satz 2) oder
- Übersendung der Akten an den BDiA (§ 37) zur Fertigung der Anschuldigungsschrift (§ 65)

Gerichtshängigkeit des Verfahrens mit Eingang der Anschuldigungsschrift beim BDiG (§ 67 Abs. 1)

Gerichtliche Entscheidungsmöglichkeiten:
- Freispruch (bei Nichterweislichkeit eines Dienstvergehens; § 76 Abs. 2)
- Verurteilung (durch Ausspruch einer der in § 5 vorgesehenen Disziplinarmaßnahmen)
- Verfahrenseinstellung (aus den Gründen des § 64; § 76 Abs. 3)

Rechtsschutz bei Verurteilung:
Berufung zum (Disziplinarsenat des) Bundesverwaltungsgerichts;

Entscheidungsmöglichkeiten:
- Verwerfung der Berufung als unzulässig
- Verfahrenseinstellung
- Zurückverweisung an das BDiG
- Sachentscheidung (unter Aufhebung bzw. Bestätigung des vorinstanzlichen Urteils)

Angestellte und Arbeiter im öffentlichen Dienst

Noch bis zum Ersten Weltkrieg war nahezu allein die Beamtenschaft Träger des – vor allem hoheitlichen – Verwaltungsdienstes *(Eingriffsverwaltung)*. Das änderte sich, als während des Krieges Personalengpässe eintraten, weil einerseits auch Beamte Militärdienst zu leisten hatten und andererseits kriegsbedingt verstärkt Versorgungsaufgaben zu bewältigen waren. So rückten zunehmend mehr auch Angestellte und Arbeiter in den öffentlichen Dienst (vgl. S. 248) ein. War ehedem geplant, sie nur auf Zeit zu beschäftigen, verlief die Entwicklung entgegengesetzt: Mit dem steten Ausbau der daseinsvorsorgenden Verwaltung, der sog. *Leistungsverwaltung* (zunächst nur zur Bewältigung von Kriegsfolgen, dann aber zum Ausbau des Sozialstaates), wurden Angestellte und Arbeiter im öffentlichen Dienst unverzichtbar. Dies auch deshalb, weil heute rechtlich gesehen Beamte nicht ohne weiteres die Tätigkeit der Angestellten und Arbeiter übernehmen dürfen. Die Berufung in das Beamtenverhältnis ist nur zulässig „zur Wahrung hoheitsrechtlicher Aufgaben oder solcher Aufgaben, die aus Gründen der Sicherung des Staates oder des öffentlichen Lebens nicht ausschließlich Personen übertragen werden dürfen, die in einem privatrechtlichen Arbeitsverhältnis stehen", d.h. Angestellte oder Arbeiter sind. Dies bringt auch der sog. *Funktionsvorbehalt* (Art. 33 Abs. 4 GG) zum Ausdruck, wonach hoheitsrechtliche Aufgaben als ständige Aufgabe Beamten vorbehalten sind. Indes ist in der Verfassungswirklichkeit festzustellen, daß dieser eindeutigen Maßgabe nicht immer entsprochen wird; so sind Beamte auch mit Angestelltenaufgaben befaßt und umgekehrt. Das erklärt rechtspolitische Forderungen nach einem *Einheitsdienstrecht*, was aber – da es die Aufgabe des Berufsbeamtentums bedeuten müßte – nur durch entsprechende Änderung des Art. 33 Abs. 5 GG zu verwirklichen wäre.

Angestellte und Arbeiter stehen in einem privatrechtlichen Arbeitsverhältnis zur öffentlichen Hand als ihrem Arbeitgeber. Insoweit gilt für sie als Behördenarbeitnehmer dasselbe gesetzliche Arbeitsrecht wie für Privatarbeitnehmer. Indes sind Angestellte/Arbeiter des öffentlichen Dienstes insofern als Sondergruppe anzusehen, als spezielles *Tarifvertragsrecht* ihnen eine besondere Stellung verschafft. So gilt für Angestellte des öffentlichen Dienstes weitgehend der BAT (Bundes-Angestelltentarifvertrag), der zwischen dem Bund, der Tarifgemeinschaft deutscher Länder sowie der Vereinigung der kommunalen Arbeitgeberverbände einerseits und den Gewerkschaften ÖTV sowie DAG andererseits abgeschlossen wurde. Für die Arbeiter des Bundes, der Länder und Gemeinden gelten im wesentlichen inhaltsgleiche Manteltarifverträge. Im Vergleich zeigt sich eine starke Annäherung des Tarifrechts an das Beamtenrecht. Es läßt sich sogar feststellen, daß heute beamtenrechtliche Regelungen vielfach dem Tarifrecht entlehnt sind (wofür die Anpassung der Beamtenbesoldung an das Ergebnis der Tarifsätze ein kennzeichnendes Beispiel ist), während das ehedem umgekehrt war.

Trotz aller Unterschiede, die infolge der Verschiedenartigkeit der juristischen Konstruktion zwischen Beamten- und Tarifrecht bestehen, ist die Symbiose zwischen beiden Regelungsmaterien unverkennbar. Besondere Inpflichtnahmen sind zwar beim Beamten geblieben (etwa das Streikverbot für Beamte, die Verpflichtung, auch ohne Besoldungsausgleich ggf. höherwertige Dienste leisten zu müssen oder das Maß der diziplinarrechtlichen Verantwortlichkeit). In das Beamtenrecht fanden aber auch tarifrechtliche Vorstellungen Eingang, was teilweise zu erheblichen Einbrüchen in hergebrachte Grundsätze führte (etwa die Einführung von Teilzeitbeschäftigung für Beamte, Mehrarbeitsentschädigung, Verlust anteiliger Bezüge beim Fernbleiben vom Dienst, Zulagewesen usw.). Umgekehrt erklären die Anleihen beim Beamtenrecht, die das Tarifrecht genommen hat, den *besonderen Status des Arbeitnehmers im öffentlichen Dienst:* So obliegt (am Beispiel des BAT) auch dem Angestellten eine spezielle Verfassungstreuepflicht, er hat die gewissenhafte Diensterfüllung und die Wahrung der Gesetze zu geloben, ihm obliegen beamtenähnliche Pflichten, wie zu berufserforderlichem Wohlverhalten, zur Dienstverschwiegenheit, bezüglich der Annahme von Belohnungen und Geschenken sowie einer Nebentätigkeit. Beamtenrechtlichen Vorstellungen entsprechen ferner BAT-Regelungen, die Arbeitszeit, Urlaub, Beihilfen, Reise- und Umzugskostenvergütung, Bewährungsaufstieg, die Unkündbarkeit nach 15 Beschäftigungsjahren sowie die Gewährung einer zusätzlichen Alters- und Hinterbliebenenversorgung betreffen.

Beamte, Angestellte und Arbeiter im öffentlichen Dienst (Stand 1985)

Beschäftigungsbereich	Insgesamt	Vollbeschäftigte				Teilzeitbeschäftigte
		zusammen	Beamte u. Richter	Angestellte	Arbeiter	zusammen
Unmittelbarer öffentlicher Dienst						
Gebietskörperschaften	3466212	2836962	1205444	1075115	556403	629250
Bund[1])	330403	312828	114050	89497	109281	17575
Länder	1914787	1571733	944216	463824	163693	343054
Gemeinden/ Gemeindeverbände	1221022	952401	147178	521794	283429	268621
Kommunale Zweckverbände	47874	35417	2025	22293	11099	12457
Deutsche Bundesbahn	297790	294723	169636	6528	118559	3067
Deutsche Bundespost	536942	439840	299624	33467	106749	97102
Zusammen	4348818	3606942	1676729	1137403	792810	741876
Mittelbarer öffentlicher Dienst[2])						
Sozialversicherungsträger[3])	181722	161466	11841	140238	9387	20256
Krankenversicherung	91606	80967	131	79734	1102	10639
Unfallversicherung	20499	18273	239	17552	482	2226
Rentenversicherung	57973	52186	10058	35493	6635	5787
Knappschaftsversicher.	11644	10040	1413	7459	1168	1604
Bundesanstalt für Arbeit	62222	54728	14025	39712	991	7494
Träger der Zusatzversorgung[4])	1468	1357	181	1126	50	111
Zusammen	245412	217551	26047	181076	10428	27861
außerdem: Einrichtungen für Wissenschaft, Forschung und Entwicklung am 30.6.1985[5])						
Forschungseinrichtungen	37960	32643	142	26694	5807	5318
Max-Planck-Institute	9066	6910	–	5791	1119	2156
Fraunhofer-Institute	2985	2660	–	2405	255	325
Großforschungseinrichtungen	19832	18252	86	14226	3940	1580
Sonstige Forschungseinrichtungen	6077	4821	56	4272	493	1257
Wissenschaftliche Museen	1615	1467	413	776	278	148
Wissenschaftliche Bibliotheken	1943	1520	440	976	104	423
Zusammen	41518	35629	995	28445	6189	5889
Rechtlich selbständige Wirtschaftsunternehmen am 30.6.1985[6])						
Versorgungsunternehmen	155818	149743	–	74059	75684	6075
Verkehrsunternehmen	75463	72920	–	21589	51331	2543
Kombinierte Versorgungs- und Verkehrsunternehmen	34028	33159	–	13206	19953	869
Sonstige	701	628	–	445	183	73
Zusammen	266010	256450	–	109299	147151	9560
Öffentlicher Dienst insgesamt						
am 30.6.1985	**4594230**	**3824493**	**1702776**	**1318479**	**803238**	**769737**

[1]) Ohne Soldaten
[2]) Soweit erfaßt
[3]) Unter Aufsicht des Bundes bzw. der Länder
[4]) Des Bundes, der Länder und Gemeinden/Gv.
[5]) Sonstige juristische Personen des öffentlichen oder privaten Rechts, die überwiegend aus öffentlichen Mitteln finanziert werden.
[6]) Rechtlich selbständige staatliche und kommunale Verkehrs- und Versorgungsunternehmen.

Quelle: Statistisches Bundesamt

Das Vermögen der öffentlichen Hand – Öffentliche Sachen

Das Vermögen der öffentlichen Hand wird traditionell unterteilt in das Verwaltungsvermögen und in die Sachen im Gemeingebrauch (öffentliche Sachen).

Das *Verwaltungsvermögen* bilden diejenigen Sachen, die von der öffentlichen Verwaltung unmittelbar verwendet (Regierungs-, Verwaltungs- und Gerichtsgebäude, Verwaltungsinventar, Betriebsvermögen der verwaltungseigenen Versorgungsbetriebe) oder der Benutzung durch die Allgemeinheit nach Maßgabe einer speziellen Zulassung zur Verfügung gestellt werden (z. B. Schulen und Universitäten, Einrichtungen der Deutschen Bundesbahn, Markthallen, Schlachthöfe, gemeindliche Sportplätze, Krankenhäuser). Die *Sachen im Gemeingebrauch* stehen der Öffentlichkeit ohne besondere Zulassung für eine bestimmungsgemäße Benutzung offen. Sie sind teils vermöge ihrer natürlichen Beschaffenheit im freien Gebrauch (z. B. öffentliche Gewässer, Meeresstrand, Luftraum). Zum Teil werden sie von der Verwaltung künstlich geschaffen und unterhalten (öffentliche Straßen und Wege, Plätze und Anlagen sowie als Wasserstraßen ausgebaute und unterhaltene Gewässer). Zu den öffentlichen Sachen gehört nicht das Finanzvermögen der öffentlichen Hand (Fiskus), das den Zwecken der öffentlichen Verwaltung lediglich mittelbar durch seinen Vermögenswert oder seine Erträgnisse dient.

Für die *öffentlichen Sachen* gilt nicht der Sachbegriff des Privatrechts. Dieses erkennt als Sachen nur körperliche Gegenstände an, d. h. Gegenstände, die aufgrund der Verkehrsanschauung fest umgrenzte Körperlichkeit haben. Die öffentliche Sache ist dagegen ein Zweckbegriff. Sie umfaßt alle Gegenstände und Sachgesamtheiten, die beim unmittelbaren Gebrauch durch die Verwaltung und bei der öffentlichen Benutzung eine funktionale Einheit bilden. Häufig besteht eine öffentliche Sache aus mehreren nach Privatrecht selbständigen Sachen. So gehören z. B. zum Sachbegriff einer Bundesautobahn der Straßenkörper, d. h. insbesondere der Straßenunterbau und die Straßengrundstücke, der Luftraum über dem Straßenkörper, das Zubehör, wie etwa Verkehrszeichen und Sicherheitseinrichtungen, sowie die Nebenbetriebe, z. B. Raststätten. Die privatrechtliche Unterscheidung zwischen beweglichen Sachen und Immobilien ist für das Recht der öffentlichen Sachen ohne Bedeutung. An den öffentlichen Sachen besteht privatrechtliches Eigentum des Verwaltungsträgers oder eines Privaten, das von einer konkreten öffentlich-rechtlichen Zweckbestimmung überlagert und modifiziert ist. Die Rechte aus dem Privateigentum treten insoweit zurück, als die öffentlich-rechtliche Zweckbestimmung und die darauf beruhende öffentlich-rechtliche Sachherrschaft der Verwaltung reichen. Ein im Eigentum eines Privaten stehendes Straßengrundstück kann also von diesem nicht in einer Weise genutzt werden, daß der Gebrauch der Straße zum Verkehr beeinträchtigt würde.

Das *öffentliche Vermögen* umfaßt die Gesamtheit der erwähnten Sachen und Rechte. Zur Verwaltung dieses Vermögens gibt es in den Haushaltsordnungen von Bund und Ländern bzw. in den Gemeindeordnungen eine Reihe von Grundsätzen. So sollen Vermögensgegenstände nur erworben werden, soweit diese zur Erfüllung der Aufgaben benötigt werden. Das vorhandene Vermögen ist pfleglich und wirtschaftlich zu verwalten und durch die notwendigen Unterhaltsaufwendungen in funktionsfähigem Zustand zu halten. Nicht mehr gebrauchte Vermögensgegenstände dürfen veräußert werden, allerdings in aller Regel nur zu ihrem vollen Wert. Bei Vermögen von erheblichem Wert, vor allem bei Grundstücken, ist dazu die Zustimmung der parlamentarischen Gremien einzuholen. Das *Finanzvermögen,* z. B. die Rücklagen der Kommunen, ist so anzulegen, daß ein angemessener Ertrag erzielt wird, ohne daß eine ausreichende Sicherheit vernachlässigt wird, Gewinnspekulationen sind daher nicht zulässig.

Über das vorhandene Vermögen ist Buch zu führen, z. B. in Form von *Bestandsverzeichnissen,* aus denen Art und Menge sowie Standort der Gegenstände zu entnehmen sind. Eine Bewertung des Vermögens wird bei Bund und Ländern nur für das Finanzvermögen, nicht aber für bewegliche Sachen und Grundstücke im Gemeinbedarf durchgeführt. Bei den Gemeinden ist eine Bewertung nur für diejenigen Einrichtungen vorzunehmen, die überwiegend aus Gebühren finanziert werden, wie Anlagen zur Abfall- und Abwasserbeseitigung. Nur wenige Städte bewerten freiwillig ihr gesamtes Vermögen.

Das Vermögen der öffentlichen Hand – öffentliche Sachen

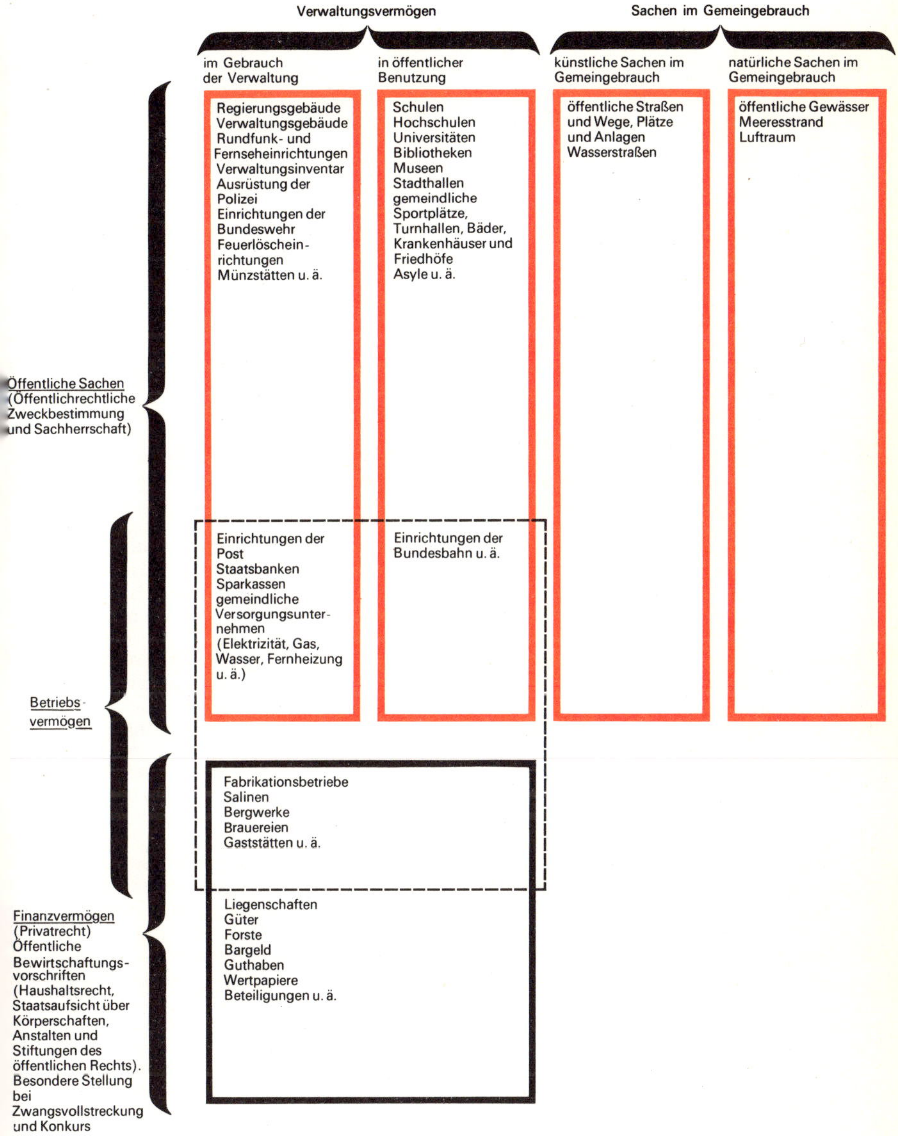

Verordnungen und Satzungen

Die Haupttätigkeit der Verwaltung im Rechtsstaat besteht in der Ausführung von Gesetzen, also aus der Umsetzung der abstrakt-generellen Regeln der Gesetze in konkrete Einzelfallentscheidungen. Die parlamentarischen Gesetzgeber in Bund und Ländern müssen sich angesichts der Fülle ihrer gesetzgeberischen Aufgaben allerdings nicht selten darauf beschränken, nur die allgemeine Richtung des Gewollten, das Grundsätzliche also, im *Gesetz* anzugeben. In solchen Fällen kann es zweckmäßig sein, die Verwaltung zu ermächtigen, die vom Parlament vorgegebenen Grundregeln vor der Umsetzung in Einzelfallentscheidungen zunächst normativ weiterzuentwickeln. Dies geschieht durch *Rechtsverordnungen.* Rechtsverordnungen sind von der Verwaltung gesetzte Normen (d.h. abstrakt-generelle Regeln, keine konkret-individuellen Einzelfallentscheidungen wie die Verwaltungsakte – [vgl. S. 260]). Rechtsverordnungen sind nur dort zulässig, wo der *parlamentarische* Gesetzgeber sie durch eine entsprechende Ermächtigung ausdrücklich erlaubt hat. Im Parlamentsgesetz müssen Inhalt, Zweck und Ausmaß der Ermächtigung bestimmt sein (Art. 80 Abs. 1 GG). Rechtsverordnungen stehen demzufolge im Rang unter den Parlamentsgesetzen; gegenüber dem Bürger genießen sie aber die gleiche Gesetzeskraft wie Parlamentsgesetze.

Als Adressaten von Verordnungsermächtigungen kommen zunächst Bundes- und Landesregierung sowie einzelne Bundes- und Landesminister in Betracht. Indessen können auch andere staatliche oder nichtstaatliche Behörden ermächtigt werden. So gibt es außer Bundes- und Landesverordnungen z.B. auch Gemeinde- und Landkreisverordnungen, insbesondere auf dem Gebiet des Sicherheitsrechts (sog. Polizeiverordnungen).

Teilweise den Rechtsverordnungen vergleichbar sind (öffentlich-rechtliche) *Satzungen,* d.h. Rechtsnormen, die von Selbstverwaltungskörperschaften (Körperschaften, Anstalten, Stiftungen des öffentlichen Rechts) zur Regelung ihrer eigenen Angelegenheiten erlassen werden. Von den Rechtsverordnungen unterscheidet sie im wesentlichen die Ermächtigungsgrundlage. Zwar sind Satzungen, ähnlich den Rechtsverordnungen, sekundäre Rechtsquellen, die ihre Wirksamkeit von einer gesetzlichen Ermächtigung ableiten. Jedoch wird durch die Ermächtigung nicht staatliche Rechtssetzungsgewalt delegiert, sondern ein Raum für Rechtssetzung aus eigenem Recht geschaffen (sogenannte Autonomie); Art. 80 GG ist daher nicht anwendbar. Der wichtigste Autonomiebereich dieser Art ist das in Art. 28 Abs. 2 GG garantierte Selbstverwaltungsrecht der kommunalen Gebietskörperschaften (vgl. S. 186). Nach Art. 28 Abs. 2 GG muß den Gemeinden das Recht gewährleistet sein, alle Angelegenheiten der örtlichen Gemeinschaft im Rahmen der Gesetze *in eigener Verantwortung* zu regeln. Die kommunalen Satzungen dienen dieser eigenverantwortlichen Regelung. Sie werden darüber hinaus von den vom Volk gewählten Vertretungskörperschaften der Kommunen verabschiedet und ähneln insoweit wiederum den Parlamentsgesetzen von Bund und Ländern.

Trotz ihrer Vielzahl sind die Gesetze, Rechtsverordnungen und Satzungen zur generell-abstrakten Regelung des Verwaltungshandelns der einzelnen Amtsträger, Ämter und Behörden immer noch nicht ausreichend. Es bedarf dazu vielmehr weiterer verwaltungsinterner Vorschriften; diese regeln z.B. den Aufbau und die Zuständigkeitsverteilung innerhalb der Behörden und Ämter (Organisationsvorschriften), sie enthalten eine Reglementierung des dienstlichen Verhaltens der Amtsträger (Dienstvorschriften) oder sie schreiben bestimmte Handhabungen des Ermessens und der Auslegung unbestimmter Rechtsbegriffe (Verwaltungsrichtlinien) vor. *Verwaltungsvorschriften* begründen keine für alle geltenden Gebote und Verbote, sondern nur Amtspflichten des betreffenden Amtsträgers. Es handelt sich deshalb nicht um Rechtsnormen. Sie binden weder die Gerichte noch gewähren sie dem Bürger subjektive öffentliche Rechte. Allerdings können sie über den Gleichheitssatz (vgl. S. 102) die Behörde binden und dem Bürger Ansprüche verschaffen: Was die Behörde gemäß Verwaltungsvorschrift in dem einen Fall gewährt hat, darf sie in dem anderen Fall nicht willkürlich verweigern.

Das Recht zum Erlaß von Verwaltungsvorschriften ist Bestandteil der allgemeinen Hoheitsgewalt der Verwaltung. Es ist deshalb weder eine besondere Ermächtigung noch eine bestimmte Form erforderlich. Daher ist jede Verwaltungsbehörde im Rahmen ihrer Zuständigkeit befugt, Verwaltungsvorschriften zu erlassen, die dann als Entschließungen, Runderlasse usw. in geeigneter Weise den nachgeordneten Behörden mitgeteilt werden.

Rechtsverordnungen und Satzungen im Gefüge der Rechtsordnung

Art. 80 GG [Erlaß von Rechtsverordnungen] (1) Durch Gesetz können die Bundesregierung, ein Bundesminister oder die Landesregierungen ermächtigt werden, Rechtsverordnungen zu erlassen. Dabei müssen Inhalt, Zweck und Ausmaß der erteilten Ermächtigung im Gesetze bestimmt werden. Die Rechtsgrundlage ist in der Verordnung anzugeben.

Für den Bürger verbindliche Rechtsnormen

	formelle Gesetze (Parlamentsgesetze)	Rechtsverordnungen	Satzungen der Selbstverwaltungskörperschaften
Zuständig zum Erlaß (Beschlußorgan)	Bundestag (+ Bundesrat) Landtage; in Bremen und Hamburg: Bürgerschaft; in Berlin (West): Abgeordnetenhaus	Verwaltungsinstanzen Bundesregierung Bundesminister Landesregierung Landesminister Regierungspräsidien Landkreise Gemeinden	Körperschaften, Anstalten Stiftungen Beschluß durch die jeweiligen Vertretungskörperschaften im Rahmen des vom Staat gewährten Autonomiebereichs
Voraussetzung zum Erlaß	Gesetzgebungszuständigkeit kraft Grundgesetz	Verordnungsermächtigung gemäß Art. 80 GG	Regelungsgegenstand muß zum Autonomiebereich gehören
Beispiele	Bundessozialhilfegesetz Baugesetzbuch	Pflegesatzverordnung Baunutzungsverordnung	Kommunale Beitragssatzungen Bebauungspläne

Hessische Gemeindeordnung

§ 5 Satzungen

(1) Die Gemeinden können die Angelegenheiten der örtlichen Gemeinschaft durch Satzung regeln, soweit gesetzlich nichts anderes bestimmt ist. Satzungen bedürfen der Genehmigung der Aufsichtsbehörde nur, soweit eine Genehmigung in den Gesetzen ausdrücklich vorgeschrieben ist; sie sind, auch wenn sie keiner Genehmigung bedürfen, der Aufsichtsbehörde mitzuteilen.

Verwaltungshandeln

Das Verwaltungshandeln, d. h. die von der öffentlichen Verwaltung zu wählenden Handlungsmöglichkeiten und -instrumente, wird in starkem Maße davon geprägt, mit welcher Art von öffentlichen Aufgaben die Verwaltung hauptsächlich zu tun hat. Während im Zeitalter des bürgerlichen Rechtsstaates mit der Trennung von Staat und Gesellschaft die *Ordnungsaufgaben* (öffentliche Sicherheit und Ordnung) dominierten, übernahm der Staat mit der Herausbildung des sozialen Rechtsstaates zusätzlich *Leistungsaufgaben* (z. B. in der sozialen Sicherung und im Gesundheitswesen). Mit dem Übergang zu einem Staatsverständnis, das vom Staat eine umfassende Steuerungs- und Regelungstätigkeit zur Gestaltung der Lebensverhältnisse seiner Bürger erwartet, hat der Staat inzwischen außerdem noch diverse *Planungsaufgaben* (z. B. Stadtentwicklung, gesamtwirtschaftliche Steuerung) übernommen. Die Handlungsmöglichkeiten des Staates und damit die der öffentlichen Verwaltung müssen vor dem Hintergrund dieser Aufgabenentwicklung gesehen werden.

Als Rechtsstaat kann und muß der Staat das Handeln der öffentlichen Verwaltung in Form von (in der Regel als Gesetz ergehenden) *Konditional- und Zweckprogrammen* steuern. Bei der Konditionalprogrammierung wird die Entscheidung nach dem Muster „Wenn die Fallmerkmale A, B und die Voraussetzungen C, D vorliegen, dann entscheide E" getroffen (z. B. Anträge auf Sozialhilfe nach dem Bundessozialhilfegesetz). Im Gegensatz dazu werden bei Zweckprogrammen nur Handlungsziele und mögliche Restriktionen bei der Mittelwahl (ethische, rechtliche, ökonomische) festgelegt; die Auswahl der konkreten Handlungsinstrumente muß vom Entscheider unter Zweckmäßigkeitsgesichtspunkten selbst vorgenommen werden (z. B. die teils politischen, teils rechtlichen Vorgaben für die Erarbeitung eines Energiesparprogramms).

Während bei Konditionalprogrammen die formale Richtigkeit des Verwaltungshandelns im Vordergrund steht, kommt es bei den Zweckprogrammen auf die politisch-inhaltliche Angemessenheit und ein Höchstmaß an Zielerreichung des Verwaltungshandelns an. Solange der Staat lediglich Ordnungs- und Leistungsaufgaben wahrzunehmen hatte, konnte er sein Handeln mit Konditionalprogrammen steuern. Mit der Zunahme der Planungsaufgaben wurde er aber gleichsam automatisch gezwungen, über die formalen Konditionalprogramme hinaus Elemente der Zweckprogrammierung in seine Entscheidungsprogramme einzubauen. Überdies reicht formal richtiges Handeln heutzutage in vielen Fällen allein nicht mehr aus, das Vertrauen der Bürger in staatliche Entscheidungen zu sichern und zu stärken. Aus all dem folgt, daß der Staat über eine breite Palette von Instrumenten des Verwaltungshandelns verfügen und den Einsatz dieser Instrumente sehr sorgfältig abwägen muß. Verwaltungshandeln nur auf *juristische Kategorien* zu beschränken – wie dies beispielsweise im Verwaltungsrecht in Form der sieben *Arten des Verwaltungshandelns* (Rechtsetzung [vgl. S. 256], Verwaltungsakt [vgl. S. 260], faktisches [schlichtes] Verwaltungshandeln [S. 262], Verwaltungsvorschrift, verwaltungsinterne Einzelweisung, öffentlich-rechtlicher Vertrag, und privatrechtliches Verwaltungshandeln) getan wird – reicht nicht aus, die vielfältigen Anforderungen an das Verwaltungshandeln angemessen abzubilden und realitätsnah zu interpretieren.

Betrachtet man die von der öffentlichen Verwaltung eingesetzten Handlungsinstrumente im einzelnen, dann kommt man auf folgende Kategorisierung:

- Gebots- und Verbotsnormen,
- an bestimmte Voraussetzungen geknüpfte Erlaubnisse für private Tätigkeiten,
- finanzielle Transfers an Berechtigte,
- positive und negative finanzielle Anreize,
- unmittelbare Bereitstellung von Gütern und Dienstleistungen durch die öffentliche Verwaltung.

Obgleich diese Handlungsinstrumente nicht eindeutig einzelnen Aufgabentypen zugeordnet werden können, haben sich dennoch einige mehr oder weniger systematische Beziehungen herauskristallisiert. So werden sich die „juristischen" Arten des Verwaltungshandelns (Gebots- und Verbotsnormen und Erlaubnisse) stärker auf die Wahrnehmung der Ordnungsaufgaben beziehen. Finanzielle Transfers werden dagegen überwiegend im Bereich der Leistungsaufgaben vorkommen. Und zur Erfüllung der Gestaltungsaufgaben wird die öffentliche Verwaltung im wesentlichen mit finanziellen Anreizen und mit eigenen (Infrastruktur-)Leistungen arbeiten.

Verwaltungshandeln

wird gesteuert

in Form von

Konditionalprogrammen und Zweckprogrammen

wenn..., dann...

Entscheidend ist die formale Richtigkeit

...ist in geeigneter Weise zu fördern

Entscheidend ist die politisch-inhaltliche Angemessenheit

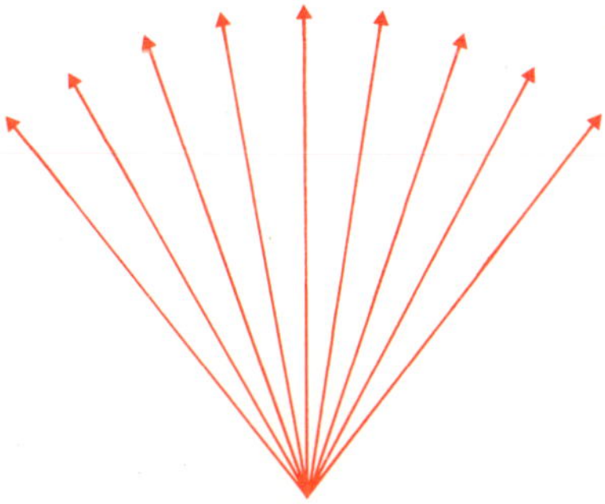

Handlungsinstrumente

- Gebots- und Verbotsnormen
- an Bedingungen geknüpfte Erlaubnisse für private Tätigkeiten
- finanzielle Transfers an Berechtigte
- positive und negative finanzielle Anreize
- unmittelbare Bereitstellung von Gütern und Dienstleistungen durch die öffentliche Verwaltung

Verwaltungsakte – Verwaltungsverfahren

Der *Verwaltungsakt* ist das Hauptinstrument behördlichen Handelns, soweit die Behörde nach außen hoheitlich-regelnd tätig wird. Ein Verwaltungsakt ist (nach der Legaldefinition des § 35 des Verwaltungsverfahrensgesetzes des Bundes) „jede Verfügung, Entscheidung oder andere hoheitliche Maßnahme, die eine Behörde zur Regelung eines Einzelfalles auf dem Gebiet des Öffentlichen Rechts trifft und die auf unmittelbare Rechtswirkung nach außen gerichtet ist". Verwaltungsakte können für den Bürger begünstigend, belastend oder auch nur feststellend sein. Typische begünstigende Verwaltungsakte sind Leistungsbescheide über Wohngeld, Sozialhilfe, Ausbildungsförderung; belastende Verwaltungsakte sind Gebührenbescheide, Einberufungsbescheide, die Anordnung von Zwangsmaßnahmen. Die Geburtsurkunde ist ein feststellender Verwaltungsakt; sie stellt Ort und Zeit der Geburt und den Namen des neuen Erdenbürgers fest.

Wesentliches Merkmal jedes Verwaltungsaktes ist die hoheitlich-gezielte, rechtserhebliche Regelung eines Einzelfalles. Bloße Hinweise sind ebensowenig Verwaltungsakte wie generell-abstrakte Regelungen für eine unbestimmte Vielzahl von Fällen (Normen [vgl. S. 256]). Einzelregelungen konkreter Sachverhalte werden aber auch dann als (eine Sammlung mehrerer) Verwaltungsakte angesehen, wenn der Kreis der Betroffenen zunächst unbestimmt, aber nach allgemeinen Merkmalen bestimmbar ist; so enthält z. B. die Aufforderung zur Auflösung an die Teilnehmer einer nicht angemeldeten Demonstration ein Bündel von Verwaltungsakten, gerichtet an jeden Teilnehmer des Demonstrationszuges. Solche Verwaltungsakte nennt man *Allgemeinverfügungen.* Auch Verkehrszeichen gelten als Verwaltungsakte. Die Regelung des Verfahrens zum Erlaß und auch zur Aufhebung von Verwaltungsakten ist einer der wesentlichen Inhalte der Verwaltungsverfahrensgesetze des Bundes und der Länder. Diese Gesetze sorgen dafür, daß die Verwaltung bei ihren Maßnahmen Mindeststandards (z. B. der Beteiligung und Anhörung, der Verschwiegenheit, des Vertrauensschutzes) einhält, gleichartige Formen benutzt und gleichartigen Regeln folgt.

Verwaltungsakte können schriftlich, aber auch mündlich oder in anderer Weise (z. B. durch Handzeichen) erlassen werden. Ergeht der Verwaltungsakt in Form eines schriftlichen Bescheids, so ist er grundsätzlich auch schriftlich zu begründen. Wirksam wird der Verwaltungsakt erst mit der Bekanntgabe gegenüber dem Betroffenen.

Nicht jeder Verwaltungsakt ist rechtmäßig und fehlerlos. Hat ein Verwaltungsakt nicht nur unbedeutende Fehler, so ist er entweder durch Anfechtung vernichtbar oder von vornherein nichtig. Nichtig und damit ohne weiteres unbeachtlich ist ein Verwaltungsakt nur bei besonders schweren und zugleich offenkundigen Fehlern; in allen anderen Fällen ist der Verwaltungsakt zunächst als wirksam zu betrachten. Erst mit der Einlegung eines Widerspruchs und ggf. der anschließenden Klage wird er in seiner Wirksamkeit suspendiert; erst mit erfolgreichem Widerspruch bzw. mit erfolgreichem Abschluß der Klage wird der rechtswidrige Verwaltungsakt aufgehoben und damit aus der Welt geschafft.

Wird ein Verwaltungsakt nicht durch Widerspruch und Klage angefochten, so wird er – außer im Falle der Nichtigkeit – nach Ablauf der in der Regel einmonatigen Rechtsbehelfsfrist bestandskräftig. Das gleiche gilt für den Fall der Rücknahme oder der rechtskräftigen Abweisung des Rechtsbehelfs. Mit der Bestandskraft ist die getroffene Regelung im Prinzip für Verwaltung und Betroffenen verbindlich. Die Verwaltung kann den Verwaltungsakt allerdings unter gewissen Voraussetzungen auch nach Eintritt der Bestandskraft wieder aufheben. Dabei wird unterschieden zwischen der *„Rücknahme"* rechtswidriger Verwaltungsakte (§ 48 VwVfG) und dem *„Widerruf"* rechtmäßiger Verwaltungsakte (§ 49 VwVfG) und zwischen begünstigenden und belastenden Verwaltungsakten. Wegen des grundsätzlich zu schützenden Vertrauens in den Bestand unanfechtbarer Verwaltungsakte dürfen begünstigende Verwaltungsakte selbst dann, wenn sie rechtswidrig sind, nur beim Vorliegen spezieller Voraussetzungen mit Rückwirkung aufgehoben werden; dagegen können belastende Verwaltungsakte in der Regel ohne weiteres zurückgenommen bzw. widerrufen werden. Ein Anspruch auf Rücknahme bzw. Widerruf eines unanfechtbaren belastenden Verwaltungsaktes besteht jedoch nicht. Allerdings ist die Behörde bei nachträglicher Änderung der Sach- oder Rechtslage oder beim Vorliegen neuer Beweismittel zugunsten des Betroffenen auf Antrag zum *Wiederaufgreifen des Verfahrens* (§ 51 VwVfG) verpflichtet.

Die Aufhebung bestandskräftiger Verwaltungsakte

Verwaltungsakt

- Verfügung, Entscheidung, hoheitliche Maßnahme
- getroffen von einer Behörde
- zur Regelung eines Einzelfalls
- auf dem Gebiet des öffentlichen Rechts
- gerichtet auf unmittelbare Rechtswirkung nach außen

wird nach Ablauf der Rechtsbehelfsfrist bestandskräftig — Auch bestandskräftige Verwaltungsakte können aufgehoben werden:

Art des Verwaltungsakts	fehlerhafte Verwaltungsakte Rücknahme?	fehlerfreie Verwaltungsakte Widerruf?
belastende Verwaltungsakte	sind, wenn fehlerhaft, jederzeit rücknehmbar	sind, wenn fehlerfrei, nur dann widerruflich, wenn der Erlaß nicht gesetzlich vorgeschrieben ist
begünstigende Verwaltungsakte	sind, auch wenn fehlerhaft, mit Wirkung für die Vergangenheit nur ausnahmsweise rücknehmbar (Vertrauensschutz), wohl aber für die Zukunft	sind, wenn fehlerfrei, in der Regel nicht widerruflich, es sei denn, der Widerruf wurde vorbehalten

Auskünfte – Zusagen – schlichtes Verwaltungshandeln

Nicht jedes Handeln der öffentlichen Verwaltung geschieht in der Form von Verwaltungsakten (vgl. S. 260). Keine Verwaltungsakte sind alle innerdienstlichen Vorgänge und Äußerungen. Verwaltungsakte ergeben sich auch nicht aus dem sog. *„schlichten Verwaltungshandeln"*, wie etwa dem Einkauf von Büromaterial, der Verwaltung der Dienstgebäude. In den Bereich des schlichten Verwaltungshandelns gehörten auch die Erteilung von *Auskünften* und die Bürgerberatung.

Es gibt zwar keine allgemeine Pflicht der Verwaltung zur Bürgerberatung und Auskunftserteilung. Als „Helfer des Staatsbürgers" trifft jeden Amtsträger jedoch im Rahmen seiner Zuständigkeit eine Fürsorge- und Betreuungspflicht für diejenigen Bürger, die sich – z. B. durch die Stellung eines Antrags – in amtlicher Weise an ihn gewendet haben. Insbesondere hat der Amtsträger die erforderlichen Auskünfte über die bei dem konkreten Verwaltungsvorgang bestehenden Rechte und Pflichten sowie die erheblichen Tatsachen zu erteilen (vgl. § 25 VwVfG). Da durch Auskünfte keine rechtliche Regelung erfolgt und daher auch keine rechtlichen Wirkungen eintreten, sind sie keine Verwaltungsakte. Der Auskunftsempfänger kann also weder von der Behörde ein Vorgehen entsprechend der Auskunft verlangen noch eine ihm nicht gefallende Auskunft anfechten. Eine falsche Auskunft kann aber eine Schadensersatzpflicht wegen Amtspflichtverletzung (vgl. S. 266) auslösen. Gibt eine Verwaltungsbehörde gegenüber Dritten über einen Bürger unrichtige Auskünfte oder spricht sie unberechtigte Warnungen vor ihm aus, so kann der Bürger im Wege der allgemeinen Leistungsklage zum Verwaltungsgericht erreichen, daß die Verwaltungsbehörde zum Widerruf oder zur Berichtigung der Auskünfte bzw. Warnungen verpflichtet wird.

Wenn die Verwaltung mit ihrer Auskunft zugleich ihr eigenes künftiges Verhalten binden will, erstarkt die Auskunft zur *Zusage,* d. h. zur „behördlichen Selbstverpflichtung mit Bindungswillen zu einem späteren Tun oder Unterlassen". Zusagen spielen in der Verwaltungspraxis eine erhebliche Rolle. Häufig will sich jemand für ein Vorhaben, das einer behördlichen Genehmigung bedarf, durch eine vorherige Zusage sichern, bevor er die möglicherweise kostspieligen Dispositionen trifft; dies gilt z. B. für Investitionen in genehmigungspflichtige Gewerbebetriebe, für Betriebsverlagerungen, für Standortentscheidungen. Die Rechtsnatur der Zusage ist umstritten. Soweit die Zusage die Zusicherung der Vornahme oder Unterlassung eines Verwaltungsaktes zum Inhalt hat, wird die Zusicherung selbst ebenfalls als Verwaltungsakt zu qualifizieren sein. In den übrigen Fällen ist eine einseitig verpflichtende Willenserklärung der Verwaltung anzunehmen. Eine Zusage darf nur von der zuständigen Dienststelle und nur dann erteilt werden, wenn die Voraussetzungen der Rechtmäßigkeit des zugesagten Verhaltens vorliegen oder mit Sicherheit voraussehbar sind. Ändert sich nach der Zusage die Sach- oder Rechtslage derart, daß die Behörde bei Kenntnis der nachträglichen Änderung die Zusage nicht gegeben hätte oder nicht hätte geben dürfen, ist die Behörde an die Zusage nicht mehr gebunden. § 38 VwVfG und die entsprechenden Vorschriften der Verwaltungsverfahrensgesetze der Länder verlangen für die Wirksamkeit einer Zusage, einen bestimmten Verwaltungsakt später zu erlassen oder zu unterlassen, die Schriftform. Solche Zusicherungen unterliegen im übrigen hinsichtlich Erlaß, Anfechtbarkeit, Nichtigkeit, Rücknahme, Widerruf usw. den für Verwaltungsakte geltenden Regeln.

Als Gegenstück der Zusicherung kann man die *Unterlassung* von Handlungen durch die Verwaltung bezeichnen. Auch das (bewußte) Unterlassen gehört zum schlichten Verwaltungshandeln. Wenn die zuständige Behörde eine vom Betroffenen erwünschte Handlung unterläßt, kann dieser das Erwünschte (oft einen begünstigenden Verwaltungsakt) in der Regel durch eine Verpflichtungsklage einklagen. Schwieriger wird es, wenn die Behörde eine vom Betroffenen befürchtete, ihn belastende Handlung (zunächst ?) unterläßt. Darf der Betroffene vorbeugend gegen die Verwaltung klagen, daß der befürchtete Akt auch wirklich unterbleibt? Eine solche *vorbeugende Unterlassungsklage* ist nur in Ausnahmefällen bei besonderer Schutzwürdigkeit des Betroffenen möglich. Im allgemeinen muß der Betroffene warten, bis die Verwaltung wirklich gehandelt hat, um sich dann mit der Anfechtungsklage zu wehren.

Rechtsformen des Verwaltungshandelns

Rechtsform des Handelns	nach außen gerichtetes Verwaltungshandeln: hoheitliches Handeln	nach außen gerichtetes Verwaltungshandeln: schlicht hoheitliches Handeln	innerdienstliches Verwaltungshandeln (Beispiele)
öffentlich-rechtlich	Verwaltungsakte öffentlich-rechtliche Verträge einseitige Willenserklärungen mit Bindungswirkung = Zusagen	Erteilung von Auskünften Teilnahme am Straßenverkehr	Weisungen innerhalb der Verwaltungshierarchie: • entweder allgemein als Verwaltungsvorschrift, Rundschreiben • oder als Einzelweisung Zusammenwirken mehrerer Behörden: • Zustimmung • Einvernehmen • Benehmen • Anhörung • Beteiligung Mitzeichnung
zivilrechtlich		Abschluß bürgerlich-rechtlicher Verträge, z.B.: • Kauf • Miete • Pacht Ausübung des Hausrechts in Dienstgebäuden	

Verwaltungsvollstreckung – Verwaltungszwang

Die öffentliche Verwaltung ist auf die Mitwirkung der Bürger bei der Verfolgung ihrer Ziele und Maßnahmen angewiesen. Wenn behördliche Anordnungen, insbesondere belastende Verwaltungsakte (vgl. S. 260) nicht freiwillig befolgt werden, können sie mit Hilfe der in den Verwaltungsvollstreckungsgesetzen des Bundes und der Länder geregelten Instrumente des Verwaltungszwangs durchgesetzt werden.

Die Verwaltungsvollstreckungsgesetze unterscheiden zwischen der *Vollstreckung wegen Geldforderungen* und der *Erzwingung von Handlungen, Duldungen und Unterlassungen*. Zur Vollstreckung von Verwaltungsakten, mit denen eine Handlung, Duldung oder Unterlassung gefordert wird, ist grundsätzlich diejenige Behörde zuständig, die den Verwaltungsakt erlassen hat. Die Vollstreckung kann eingeleitet werden, wenn der Verwaltungsakt entweder unanfechtbar oder – nach den Vorschriften der Verwaltungsgerichtsordnung (§ 80) – sofort vollziehbar ist und dem Pflichtigen schriftlich die Anwendung eines bestimmten Zwangsmittels nach Ablauf einer angemessenen Frist angedroht wurde. Die *Androhung* kann bereits mit dem zu vollstreckenden Verwaltungsakt verbunden werden. Diese Androhung ist – ebenso wie der Vollstreckungsakt selbst – ein anfechtbarer Verwaltungsakt. Wer alle Rechtsmittel ausschöpft, kann also mehrere Hürden errichten, bevor die Verwaltung wirklich zur Tat schreiten kann. Ein unmittelbarer, praktisch unaufhaltsamer Vollzug von Verwaltungsakten durch sofortigen Zwang (also ohne vorherige Androhung) ist gesetzlich nur ganz ausnahmsweise zur Abwehr unmittelbar drohender Gefahren (regelmäßig durch die Polizei) vorgesehen.

Als *Zwangsmittel* sind Zwangsgeld, Ersatzvornahme und unmittelbarer Zwang vorgesehen. Hieraus muß die Behörde das mildeste erfolgversprechende Mittel wählen. Im Vordergrund steht deshalb bei Handlungen, die auch ein anderer vornehmen kann (vertretbare Handlungen), die Ersatzvornahme, bei nicht vertretbaren Handlungen das Zwangsgeld. Z. B. kann eine Abrißverfügung im Wege einer Ersatzvornahme durchgesetzt werden: Kommt der Adressat der Verfügung nicht nach, beauftragt die Verwaltung (nach Androhung dieser Maßnahme!) von sich aus einen Abrißunternehmer; die Kosten dieses Unternehmens werden dann dem Adressaten auferlegt und beigetrieben. Das Zwangsgeld darf nicht mit einer Geldbuße oder Geldstrafe verwechselt werden. Es soll den Verpflichteten nicht bestrafen, sondern über ökonomischen Druck zur Vornahme der angeordneten Maßnahmen (z. B. zur Instandsetzung eines verwahrlosten Hauses) veranlassen. Nach dem Bundesverwaltungsvollstreckungsgesetz beträgt das Zwangsgeld 3 bis 2 000 DM. Wie alle Zwangsmittel kann auch das Zwangsgeld so lange und so häufig angewendet werden, bis die Verpflichtung erfüllt ist. Ist das Zwangsgeld uneinbringlich, so kann das Verwaltungsgericht auf Antrag der Vollstreckungsbehörde durch Beschluß Ersatzzwangshaft anordnen, wenn bei Androhung des Zwangsgeldes hierauf hingewiesen worden ist. Die Ersatzzwangshaft beträgt mindestens einen Tag, höchstens zwei Wochen. In der Praxis wird sie nur selten angeordnet. Unmittelbarer Zwang (Festhalten, Abdrängen, Wegtragen) wird praktisch nur von der Polizei ausgeübt.

Im allgemeinen setzt die Behörde das Zwangsmittel selbst fest und wendet es gemäß der Festsetzung durch ihre eigenen Bediensteten – gegebenenfalls unter Heranziehung der Vollzugspolizei – an. Lediglich die Ersatzzwangshaft bedarf der Anordnung durch einen Richter und wird von der Justizverwaltung vollstreckt.

Die Vollstreckung wegen öffentlichrechtlicher Geldforderungen ist stärker der Zwangsvollstreckung nach der Zivilprozeßordnung angenähert. An die Stelle des vollstreckbaren Titels (z. B. eines Gerichtsurteils) tritt der behördliche Leistungsbescheid, dessen Vollstreckung die Ausgangsbehörde nach Prüfung der Fälligkeit anordnet.

Unabhängig von den Möglichkeiten der Verwaltungsvollstreckung mittels der genannten Zwangsinstrumente können die Behörden auch versuchen, die Befolgung der Verwaltungsakte mittelbar durch Androhung oder Einleitung eines Straf- oder Bußgeldverfahrens zu erzwingen. Da indes bei weitem nicht jedes verwaltungsrechtswidrige Verhalten mit Strafe oder Geldbuße bedroht ist, hilft dieser Weg meist nicht weiter. Im übrigen folgt die Strafe oder Geldbuße meist erst dann, wenn der Verstoß gegen das Verwaltungsgebot bereits endgültig erfolgt ist – so z. B. nach dem unerlaubten Abriß eines unter Denkmalschutz gestellten Hauses. Das eigentliche Schutzgut wird durch die Buße nicht wiederhergestellt – jede Verwaltungsvollstreckung kommt hier zu spät.

Die Vollstreckung von Verwaltungsakten

Verwaltungsakt

wird vollstreckbar durch
- Anordnung der sofortigen Vollziehbarkeit
- Eintritt der Bestandskraft

Rechtsbehelfe

wird in seiner Vollstreckbarkeit gehindert durch:

- Suspensiveffekt von Widerspruch und Klage
- nach Anordnung der sofortigen Vollziehbarkeit ggf. Wiederherstellung der aufschiebenden Wirkung von Widerspruch und Klage auf Antrag beim Verwaltungsgericht

Androhung der Vollstreckung

kann mit dem zu vollstreckenden Verwaltungsakt verbunden werden.

Widerspruch und Klage dagegen sind möglich

Vollstreckungsmaßnahmen

Widerspruch und Klage dagegen sind möglich

Geldforderungen	Pflichten zu einer Handlung, Duldung oder Unterlassung
• Pfändung und Versteigerung von Sachen des Schuldners	• Ersatzvornahme: – Auftrag an Handwerker, Abschleppunternehmen
• Pfändung und Einziehung von Forderungen des Schuldners gegen Dritte (z.B. Gehaltsforderung gegen Arbeitgeber)	• Zwangsgeld: besonders bei „unvertretbaren“ Handlungen (auch mehrfach); bei Uneinbringlichkeit: Ersatzzwangshaft möglich
• Zugriff auf Grundstücke des Schuldners im Wege der – Sicherungshypothek – Zwangsverwaltung – Zwangsversteigerung	• Unmittelbarer Zwang: – Abschiebung – Festhalten – Zurückdrängen

Staatshaftung und öffentlich-rechtliche Entschädigung

Grundsätzlich muß der Staat für das Handeln der Personen einstehen, die in seinem Namen und in seinen Diensten tätig werden. Beim Ersatz für Schäden, die durch solches Tätigwerden entstanden sind, ist zwischen der Amtshaftung (Ersatz für rechtswidriges und schuldhaftes Tätigwerden öffentlicher Amtsträger) und der Entschädigung für die Folgen rechtmäßiger oder schuldlos rechtswidriger Eingriffe zu unterscheiden. Die gesetzlichen Regelungen dazu finden sich in § 839 BGB in Verbindung mit Art. 34 GG.

Bei der *Amtshaftung* haftet die Anstellungskörperschaft für den Schaden, den der (oder die) Beschäftigte schuldhaft (d.h. vorsätzlich oder fahrlässig) bei der Ausübung eines ihm (oder ihr) anvertrauten öffentlichen Amtes einem Dritten zufügt. Bei Fahrlässigkeit tritt die Ersatzpflicht nur dann ein, wenn der Geschädigte nicht auf andere Weise Ersatz zu erlangen vermag (Subsidiarität des Amtshaftungsanspruchs). Er muß daher zunächst seine Versicherung oder einen anderen Schädiger in Anspruch nehmen, bevor er von der öffentlichen Hand Ersatz verlangen kann. Ferner kann er keinen Ersatz erlangen, wenn er es durch sein Verschulden versäumt hat, Rechtmittel gegen die schädigende Handlung des Amtsträgers einzulegen. Er muß also etwa bei einem Verwaltungsakt, der ihn rechtswidrig schädigt, Widerspruch und Klage erhoben haben, bevor er mit Aussicht auf Erfolg seinen Amtshaftungsanspruch verfolgen kann. Bei dieser Regelung handelt es sich um eine spezielle Ausprägung des Mitverschuldensprinzips. Unabhängig davon gilt selbstverständlich auch der Grundsatz des § 254 BGB, wonach der Ersatzanspruch ausgeschlossen ist, wenn der Geschädigte durch sein schuldhaftes Verhalten zum Entstehen des Schadens beigetragen hat.

Die Anstellungskörperschaft muß dem Dritten vollen Schadensersatz leisten. Der Schadensersatz richtet sich ausschließlich auf Geld, er schließt u. U. die Gewährung von Schmerzensgeld ein. Wenn der Schädiger grob fahrlässig oder sogar vorsätzlich gehandelt hat, kann die Anstellungskörperschaft bei ihm Regreß nehmen.

Eine *Entschädigung für die Folgen rechtmäßiger* oder *schuldlos rechtswidriger Eingriffe* der öffentlichen Hand kommt nur dann in Frage, wenn der Betroffene durch die Maßnahme zum *Wohl der Allgemeinheit* in Anspruch genommen worden ist. Dies ist insbesondere der Fall bei Enteignungen, die ja vermögenswirksame Rechte der privaten Verfügbarkeit entziehen, und bei Planungsschäden, aber auch bei Körperschäden, die aufgrund eines hoheitlichen rechtmäßigen oder schuldlos rechtswidrigen Eingriffs entstanden sind (z. B. auch Impfschäden aufgrund einer Pflichtimpfung – sog. Aufopferung). Der Ersatz, den der Betroffene in solchen Fällen erhält, ist nicht auf vollen Schadensersatz, sondern auf angemessene Entschädigung gerichtet. Die Gewährung von Schmerzensgeld ist deswegen ausgeschlossen. Sowohl bei der Amtshaftung als auch bei der Enteignungsentschädigung oder dem Aufopferungsanspruch ist der Rechtsweg zu den ordentlichen Gerichten (Landgericht) eröffnet.

Daneben haftet der Staat oder die öffentlich-rechtliche Körperschaft nach den Grundsätzen der *Gefährdungshaftung,* wenn die öffentliche Hand ein Unternehmen betreibt, das Gefährdungshaftung vorsieht (Beispiel: die Kraftfahrzeughalterhaftung oder die Gefährdungshaftung der Deutschen Bundesbahn).

Der Versuch, die Staatshaftung und die öffentlich-rechtliche Entschädigung für Bund und Länder gemeinsam in einem einheitlichen Bundesgesetz, dem *Staatshaftungsgesetz,* zu regeln, ist aus verfassungsrechtlichen Gründen gescheitert. Der Bund besitzt dafür (derzeit) keine Kompetenz. Insbesondere im Bereich der Enteignungsentschädigung, des enteignungsgleichen Eingriffs und der Aufopferung gibt es deswegen eine Fülle unterschiedlicher rechtlicher Regelungen. Zum Teil handelt es sich auch um Richterrecht, das aufgrund der Rechtsprechung herausgebildet worden ist.

Einen Sonderfall des Ersatzrechts der öffentlichen Hand stellt die *Folgenbeseitigung* dar. Hier geht es nicht um Schadensersatz oder Entschädigung, sondern um das Rückgängigmachen der tatsächlichen Folgen eines Verwaltungsakts, der als rechtswidrig aufgehoben worden ist oder der sich durch Fristablauf erledigt hat (Beispiel: die Räumung einer für die Unterbringung von Obdachlosen in Anspruch genommenen Wohnung nach Ablauf der Einweisungsfrist). Ein solcher Folgenbeseitigungsanspruch kann mit der allgemeinen Leistungsklage vor den Verwaltungsgerichten (vgl. S. 206 und S. 238) verfolgt werden.

System der öffentlich-rechtlichen Ersatzleistungen

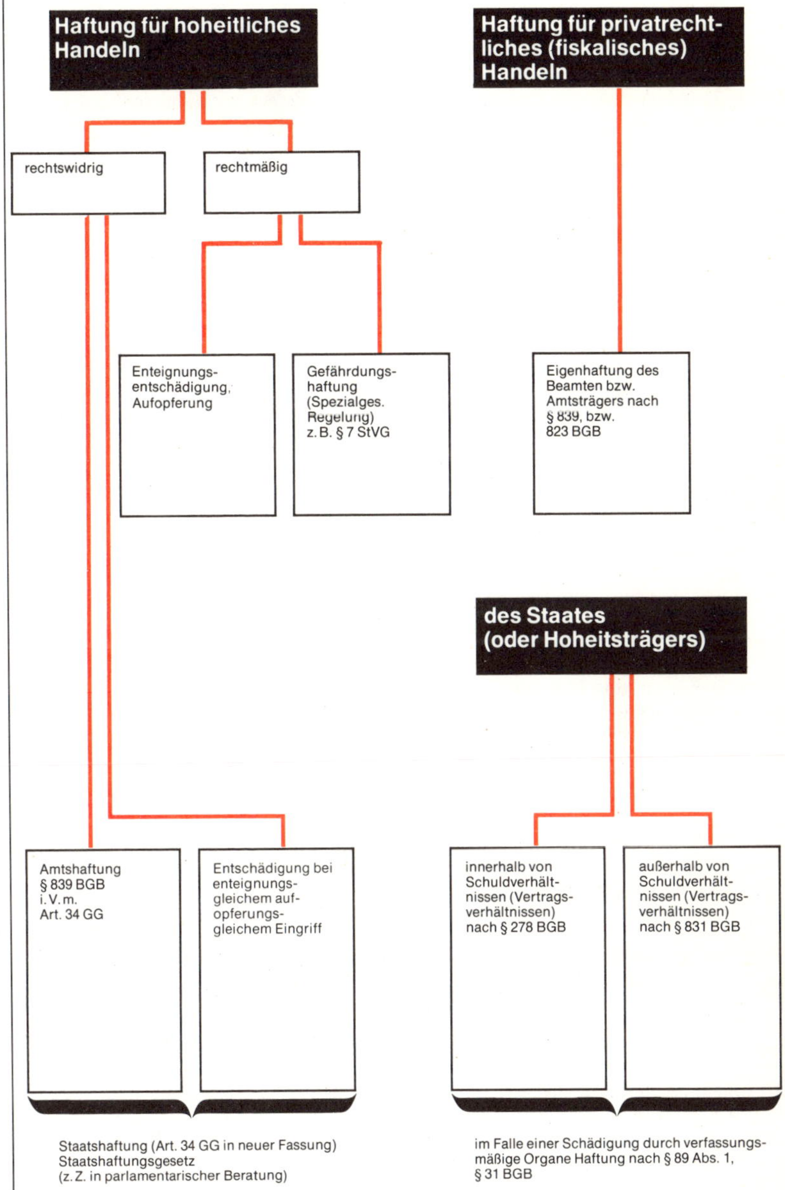

Der Begriff der Polizei umfaßte noch im 19. Jahrhundert neben der Aufrechterhaltung der öffentlichen Sicherheit und Ordnung auch die wohlfahrtsstaatliche, leistende und planende Verwaltung (Epoche des Polizeistaates). Seit dem letzten Viertel des 19. Jahrhunderts hat die Polizei nur noch die Aufgabe der unmittelbaren Gefahrenabwehr: Sie hat nunmehr den Auftrag und die Befugnis, von der Allgemeinheit oder dem einzelnen Gefahren abzuwehren, durch die die öffentliche Sicherheit oder Ordnung bedroht wird (vgl. S. 270). Diese Verengung des Polizeibegriffs auf die Funktion der Gefahrenabwehr *(materieller Polizeibegriff)* ist eine Errungenschaft des liberalen Rechtsstaats (vgl. S. 68).

Dem materiellen Polizeibegriff entsprechend gehören in einigen Bundesländern, nämlich in Baden-Württemberg, Bremen, Rheinland-Pfalz und im Saarland, alle die Verwaltungstätigkeiten zur „Polizei", die der Gefahrenabwehr dienen, auch wenn es sich um einen sondergesetzlich geregelten Spezialbereich handelt, wie z. B. die Gewerbeüberwachung (vgl. S. 364) und die Gesundheitsverwaltung (vgl. S. 288). Man spricht insofern von „Besonderer Polizeiverwaltung" oder „Fachpolizeiverwaltung", z. B. der Gewerbepolizei, der Gesundheitspolizei, der Baupolizei. In den übrigen Bundesländern versteht man unter „Polizei" praktisch nur noch die *Vollzugspolizei,* also insbesondere die uniformierte Polizei und die Kriminalpolizei (vgl. S. 272). Der Polizeibegriff umfaßt hier nur noch die Summe aller sachlichen Zuständigkeiten, die von den ausdrücklich als „Polizeibehörde" oder „Polizeidienststelle" bezeichneten Verwaltungsbehörden wahrgenommen werden *(formeller Polizeibegriff).* Im Geltungsbereich des formellen Polizeibegriffs werden diejenigen Verwaltungsbehörden, die neben der Polizei Gefahrenabwehr betreiben, als *Sicherheits- oder Ordnungsbehörden* bzw. als Verwaltungsbehörden zur Gefahrenabwehr bezeichnet.

Die allgemeine polizeiliche Gefahrenabwehr fällt in die ausschließliche Zuständigkeit der Länder und ist landesgesetzlich geregelt. Auf der Grundlage eines von der Innenministerkonferenz des Bundes und der Länder in den 1970er Jahren erarbeiteten Musterentwurfs für ein einheitliches Polizeigesetz sind in den Ländern – mit Ausnahme Hamburgs, Hessens, des Saarlands und Schleswig-Holsteins – die Polizeigesetze novelliert worden.

Als Folge der Entscheidung des Bundesverfassungsgerichts vom 15. Dez. 1983 zum Volkszählungsgesetz 1983 und dem darin entwickelten „Recht auf informationelle Selbstbestimmung" (vgl. S. 136) wurde es notwendig, u. a. in das Polizeirecht spezifische Regelungen über die Erhebung, Verarbeitung und Nutzung personenbezogener Daten aufzunehmen. Ein zu diesem Zweck im Jahr 1986 vorgelegter Vorentwurf zur Änderung des Musterentwurfs ist von der Innenministerkonferenz zur Grundlage für möglichst einheitliche Vorschriften für die polizeiliche Datenerhebung und -verarbeitung in Bund und Ländern einschließlich der polizeilichen Aufgaben im Bereich der Strafverfolgung erklärt worden.

Die *allgemeinen Polizeibehörden* (in Bayern: allgemeine Sicherheitsbehörden) gliedern sich regelmäßig in die Landespolizeibehörde, die Bezirkspolizeibehörden (die Regierungspräsidien als Landesordnungsbehörden), die Kreispolizeibehörden (Landratsämter als untere staatliche Verwaltungsbehörden) und die gemeindlichen Ortspolizeibehörden. Als Dienststellen der Vollzugspolizei (Polizeibeamte der uniformierten Schutzpolizei und der Kriminalpolizei) unterhalten die Länder die Landespolizei (Landpolizei), ein Landeskriminalamt, die Bereitschaftspolizei sowie in Bayern die Bayerische Grenzpolizei. Innerhalb der Landespolizei können besondere Dienststellen für bestimmte sächliche Dienstbereiche gebildet werden (neben Schutz- und Kriminalpolizei z. B. Verkehrspolizei, Autobahnpolizei, Wasserschutzpolizei).

Nach der bundesstaatlichen Ordnung des Grundgesetzes hat der Bund Polizeigewalt nur im Rahmen bundeseigener Verwaltung (vgl. S. 156 und S. 244). Daher bestehen z. B. eine Bahnpolizei der Bundesbahn, das Bundeskriminalamt, der Bundesgrenzschutz (vgl. S. 274), die Strom- und Schiffahrtspolizei für die Bundeswasserstraßen (im Unterschied zur Wasserschutzpolizei der Länder), das Luftfahrtbundesamt, die Bundesanstalt für Flugsicherung (Fluglotsen) sowie der Zollgrenzschutz und Zollfahndungsdienst (vgl. S. 274). Daneben übt der Präsident des Deutschen Bundestages als ordentliche Polizeibehörde gemäß Art. 40 Abs. 2 GG im Gebäude des Bundestages nicht nur das Hausrecht, sondern auch die ausschließliche Polizeigewalt aus.

Die Entwicklung der polizeilichen Zuständigkeiten in Deutschland

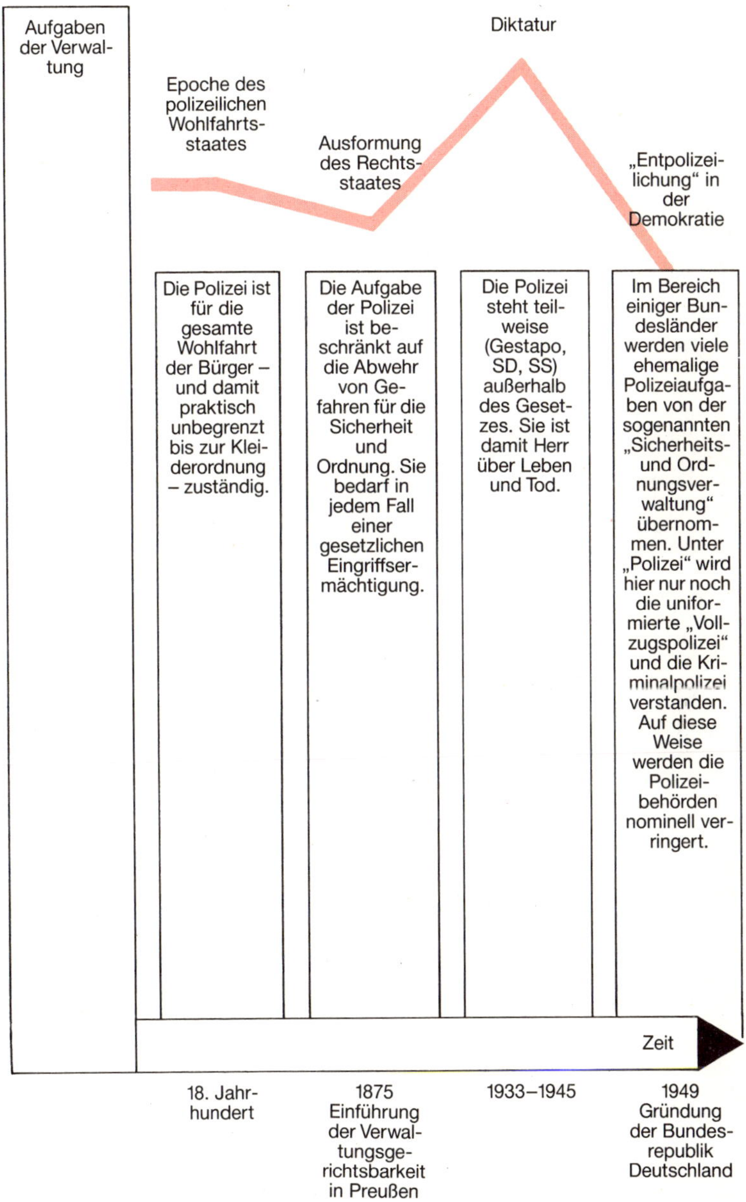

Aufgaben und Befugnisse der Polizei

Die Hauptaufgabe der Polizei ist die Abwehr von Gefahren für die öffentliche Sicherheit oder Ordnung. Daneben obliegen ihr Aufgaben, die ihr durch besondere Rechtsvorschriften übertragen worden sind, wie insbesondere die Mitwirkung bei der Strafverfolgung (vgl. S. 272).

Der Schutz der *öffentlichen Sicherheit* umfaßt den Schutz vor Schäden, die entweder Gemeinschafts- oder Individualgütern drohen. Zu den Gemeinschaftsgütern zählen die verfassungsmäßige Ordnung, insbesondere der Bestand des Staates und seiner Einrichtungen und dessen rechtmäßiges Funktionieren, sowie die Rechtsordnung in ihrer Gesamtheit. Zu den Individualgütern rechnen insbesondere Leben, Gesundheit, Freiheit und das allgemeine Persönlichkeitsrecht des einzelnen.

Unter dem Schutzgut *„öffentliche Ordnung"* ist die Gesamtheit jener ungeschriebenen Regeln für das Verhalten des einzelnen in der Öffentlichkeit zu verstehen, deren Beachtung nach der jeweils herrschenden Auffassung als unerläßliche Voraussetzung eines geordneten staatsbürgerlichen Gemeinschaftslebens betrachtet wird. Die Bedeutung dieses Schutzgutes ist heute allerdings in den Hintergrund gerückt, weil im modernen Rechtsstaat fast alle für die Gemeinschaft wesentlichen Schutzgüter Gegenstand einer gesetzlichen Regelung sind, in der auch die hoheitlichen Eingriffsmöglichkeiten normiert sind.

Bei der Gefahrenabwehr ist die (Vollzugs-)Polizei (vgl. S. 268) grundsätzlich nur insoweit (sachlich) zuständig, als die allgemeinen Ordnungsbehörden oder die Sonderordnungsbehörden nicht oder nicht rechtzeitig handeln können. In ähnlicher Weise obliegt der (Vollzugs-)Polizei der *Schutz von privaten Interessen und Rechten* nur dann, wenn gerichtlicher Schutz nicht rechtzeitig zu erlangen ist und wenn ohne polizeiliche Hilfe die Gefahr besteht, daß die Verwirklichung des privaten Rechts vereitelt oder wesentlich erschwert wird (z. B. Feststellung der Personalien eines Passanten, dessen Hund die Kleidung einer anderen Person zerrissen hat).

Die Polizei nimmt einen Teil ihrer Aufgaben wahr, ohne in Rechte von Staatsbürgern einzugreifen (z. B. Streifentätigkeit, Ortsbesichtigungen, unverbindliche Auskünfte). Zu derartigen schlichthoheitlichen Maßnahmen (vgl. S. 262) berechtigt bereits das jeweilige Polizeigesetz des Bundeslandes mit der allgemeinen Aufgabenzuweisung an die Polizei. Soweit die Polizei im Rahmen ihrer Aufgabenerfüllung jedoch auch verbindliche Anordnungen (vgl. S. 260) trifft, Polizeiverordnungen bzw. sicherheitsbehördliche Verordnungen erläßt und den Staatsbürger belastende Maßnahmen durchführt, bedarf sie hierfür ausnahmslos entsprechender Ermächtigungsnormen. Dies kann eine spezielle Rechtsvorschrift außerhalb des allgemeinen Polizeirechts (wie etwa § 15 Versammlungsgesetz) oder eine Spezialnorm innerhalb des Polizeirechts (z. B. die Befugnis zur Identitätsfeststellung) oder die allgemeine polizeiliche Generalklausel sein.

Polizeiliche Maßnahmen können grundsätzlich nur gegenüber demjenigen vorgenommen werden, der die Bedrohung oder Störung der öffentlichen Sicherheit oder Ordnung verursacht hat *(Handlungsstörer).* Geht die Gefahr von dem Zustand einer Sache aus, so kann die Polizei (auch) gegen den Eigentümer oder den Inhaber der tatsächlichen Gewalt über die Sache vorgehen *(Zustandsstörer).* Bei mehreren Störern liegt die Entscheidung, wer in Anspruch genommen wird, im pflichtgemäßen Ermessen der Polizei. Nicht-Störer können nur dann in Anspruch genommen werden, wenn eine gegenwärtige erhebliche Gefahr abzuwenden ist, der Störer aber hierzu nicht herangezogen werden kann, die Behörde auch nicht in der Lage ist, die Gefahr mit eigenen Mitteln abzuwehren, und die Inanspruchnahme zumutbar ist. Jedes polizeiliche Einschreiten ist darüber hinaus an die rechtsstaatlichen Grundsätze der Geeignetheit, des mildesten Mittels (Maßnahmen, die den einzelnen und die Allgemeinheit voraussichtlich am wenigsten beeinträchtigen), der Angemessenheit (der durch eine Maßnahme herbeigeführte Nachteil darf nicht erkennbar außer Verhältnis zu dem beabsichtigten Erfolg stehen) und das Verbot des zeitlichen Übermaßes gebunden *(Verhältnismäßigkeitsprinzip).* Schließlich ist es der Polizei nach dem *Opportunitätsprinzip* grundsätzlich gestattet zu entscheiden, ob (Entschließungsermessen) und wie (Auswahlermessen) sie ihre Maßnahmen zur Gefahrenabwehr treffen will. Bei einer unmittelbar bevorstehenden Gefahr für ein bedeutsames Rechtsgut kann das Entschließungsermessen „auf Null" reduziert sein (Ermessensschrumpfung), ein Auswahlermessen kann entfallen, wenn allein eine einzige Maßnahme tauglich und verhältnismäßig erscheint.

Rechtmäßigkeitsvoraussetzungen für polizeiliche Maßnahmen
(im originären Aufgabenbereich der Polizei)

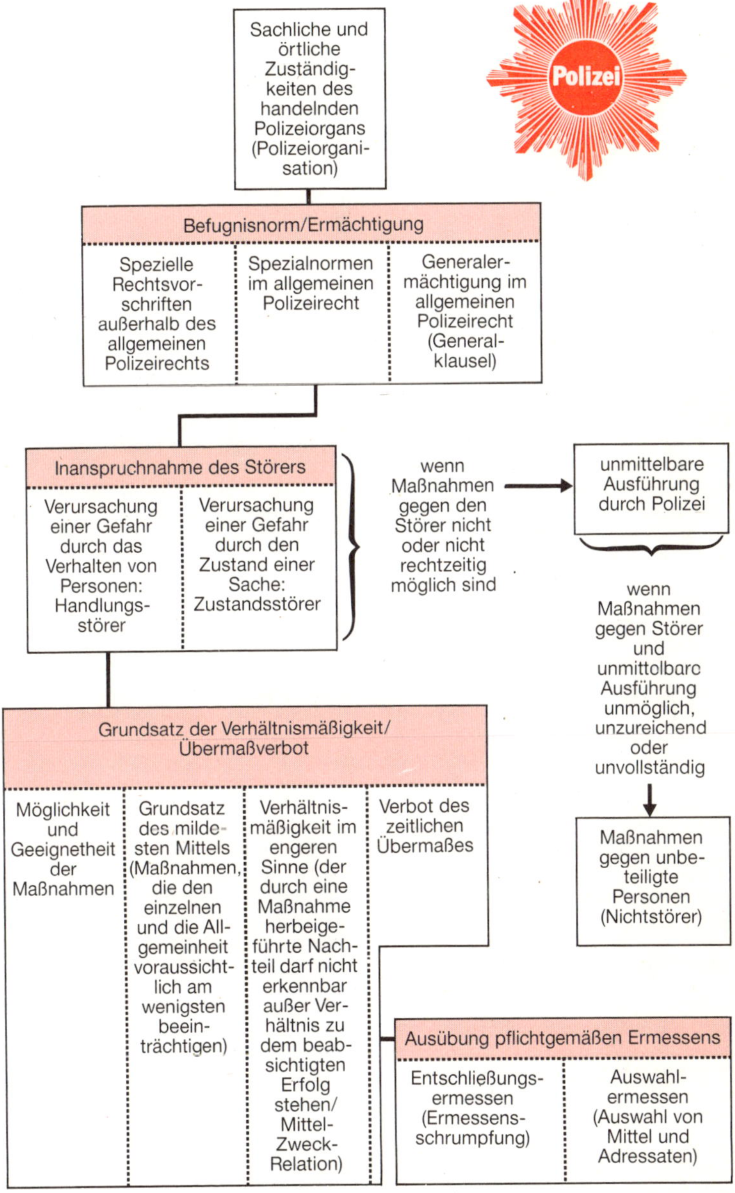

Kriminalpolizei und Verbrechensbekämpfung

Die Kriminalpolizei ist ein Teil der sogenannten Vollzugspolizei. Sie besteht aus nicht uniformierten Beamten, die für die Verfolgung und Aufklärung von Straftaten besonders ausgebildet und für die spezielle Aufgabe der Verbrechensbekämpfung häufig zu organisatorisch selbständigen Polizeidienststellen zusammengefaßt sind. Als zentrale Dienststellen der Kriminalpolizei bestehen in den Bundesländern Landeskriminalämter. Für die Zusammenarbeit zwischen Bund und Ländern bei der überregionalen Verbrechensbekämpfung hat der Bund ein Bundeskriminalamt errichtet. Dieses hat Nachrichten und Unterlagen für die polizeiliche Verbrechensbekämpfung zu sammeln und auszuwerten. In beschränktem Umfang hat es eigene Vollzugskompetenzen sowie ein Weisungsrecht gegenüber den Landeskriminalämtern. Die internationale Zusammenarbeit der Polizei bei der Verbrechensbekämpfung richtet sich nach dem Interpol-Abkommen.

Die Verbrechensbekämpfung wird jedoch nicht allein von der Kriminalpolizei wahrgenommen. Durch entsprechende Vorschriften der Strafprozeßordnung und des Gerichtsverfassungsgesetzes ist der (Vollzugs-)Polizei insgesamt die Verfolgung von Straftaten als eine ihrer wesentlichen Aufgaben sondergesetzlich zugewiesen. Die Polizei wird dadurch nicht zu einem Teil der Justiz, sie erbringt aber eine besondere Art polizeilicher Tätigkeit. Diese ist im Unterschied zur präventiven Gefahrenabwehr repressiver Natur und untersteht dem für das Strafverfahren geltenden *Legalitätsprinzip*. Danach ist die Polizei nicht nur befugt, sondern verpflichtet, Straftaten zu verfolgen. Sie kann hier das bei der Abwehr von Gefahren für die öffentliche Sicherheit oder Ordnung (vgl. S. 270) und bei der Verfolgung von Ordnungswidrigkeiten geltende *Opportunitätsprinzip* nicht beanspruchen, wonach Maßnahmen nur nach pflichtgemäßem Ermessen zu treffen sind (vgl. S. 268). Wenn der Polizei Straftaten bekannt werden – sei es im Rahmen eigener Aktivitäten, sei es auf Anzeige – muß sie handeln.

Der nach der Strafprozeßordnung geltende *allgemeine Ermittlungsauftrag* an die Polizeibehörden und an die Beamten des Polizeivollzugsdienstes enthält die Verpflichtung, Straftaten zu erforschen und alle keinen Aufschub gestattenden Anordnungen zu treffen, um die Verdunkelung der Sache zu verhüten. Bei der Wahrnehmung dieser Aufgabe ist die Polizei unter bestimmten Voraussetzungen zur vorläufigen Festnahme, zur Identitätsfeststellung sowie zur Vornahme erkennungsdienstlicher Maßnahmen befugt. Die Polizei hat ferner allen Ersuchen und Aufträgen des Untersuchungsrichters und der Staatsanwaltschaft zu entsprechen, mit denen bestimmte Ermittlungen und die Ausführung einzelner Maßnahmen gefordert werden.

Durch Rechtsverordnungen der Landesregierungen sind diejenigen Beamten von Behörden und Polizeidienststellen bezeichnet, denen – über die übrigen polizeilichen Aufgaben bei der Strafverfolgung hinaus – die Eigenschaft von „*Hilfsbeamten der Staatsanwaltschaft*" zukommt. In dieser Eigenschaft sind die Beamten unter bestimmten Einschränkungen zu strafprozessualen Maßnahmen befugt, deren Anordnung sonst dem Richter oder der Staatsanwaltschaft vorbehalten ist (z. B. zu körperlichen Untersuchungen, Anordnung von Blutproben, Beschlagnahmen und Durchsuchungen). Die Bestimmungen des allgemeinen Polizeirechts können im Rahmen strafprozessualer Maßnahmen nur insoweit ergänzend herangezogen werden, als es um die zwangsweise Durchsetzung dieser Maßnahmen geht.

Für die Verfolgung und Ahndung von Ordnungswidrigkeiten (vgl. S. 236) ist nach dem Gesetz über Ordnungswidrigkeiten grundsätzlich zunächst nicht die (Vollzugs-)Polizei, sondern die jeweilige Fachbehörde zuständig. Unbeschadet dieser originären Zuständigkeit der Fachbehörden haben aber auch die Beamten des (Vollzugs-)Polizeidienstes die Aufgabe, nach pflichtgemäßem Ermessen Ordnungswidrigkeiten zu erforschen und dabei – wie bei der Strafverfolgung – alle unaufschiebbaren Anordnungen zu treffen, um die Verdunkelung der Sache zu verhüten. Hierbei wird die Polizei jedoch lediglich als Ermittlungsorgan der Verfolgungsbehörde tätig, ohne – wie bei Straftaten – selbständig und kraft eigenen Rechts für die Verfolgung zuständig zu sein.

Bei der Verfolgung von Ordnungswidrigkeiten wird die Polizei im übrigen nach denselben Grundsätzen tätig wie bei der Strafverfolgung. Zur Ahndung geringfügiger Ordnungswidrigkeiten haben die hierzu ermächtigten Beamten des Polizeivollzugsdienstes die Befugnis, Verwarnungen auszusprechen und gegebenenfalls ein Verwarnungsgeld zu erheben.

Übertragene Aufgaben und Amtshilfe der Polizei

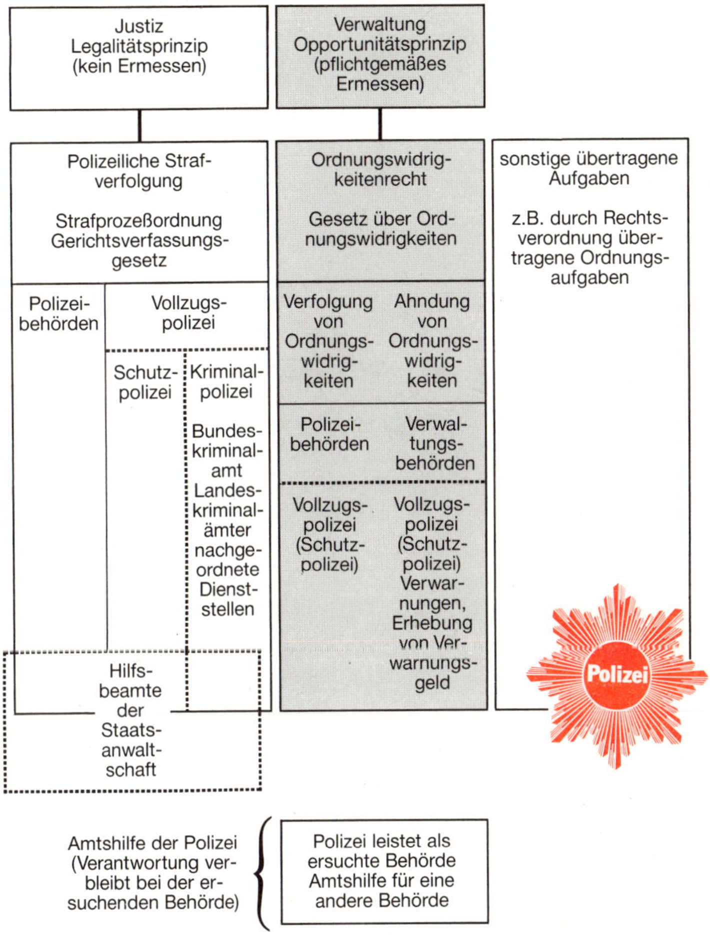

Grenzschutz – Bundesgrenzschutz

In der Bundesrepublik Deutschland wurde der Schutz der Bundesgrenze 1951 dem Bundesgrenzschutz (BGS) übertragen. Damals machte der Bund von der ihm in Art. 87 Abs. 1 GG eingeräumten Kompetenz Gebrauch, Bundesgrenzschutzbehörden einzurichten. Nach dem „Gesetz über den Bundesgrenzschutz und die Einrichtung von Bundesgrenzschutzbehörden" vom 16.3. 1951 oblag dem BGS ausschließlich der *grenzpolizeiliche Schutz* des Bundesgebietes. Insbesondere hatte er die öffentliche Sicherheit und Ordnung im Grenzgebiet zu gewährleisten, die seinerzeit durch zahlreiche rechtswidrige Übergriffe – aus dem Gebiet der heutigen DDR in das Bundesgebiet – beeinträchtigt war.

Im Laufe der Jahre wurde erkannt, daß der BGS – dank seiner verbandsmäßigen Gliederung – auch für Polizeiaufgaben im *Innern* des Bundesgebietes eingesetzt werden kann. Folgerichtig wurden die bei Einsätzen des BGS – außerhalb des ihm ursprünglich zugewiesenen grenzpolizeilichen Auftrags – gewonnenen Erfahrungen in das (neue) „Gesetz über den Bundesgrenzschutz (BGSG)" vom 18. 8. 1972 aufgenommen, das den BGS als *Sonderpolizei des Bundes* ausdrücklich bestätigt. Seine polizeilichen Aufgaben wurden neu bestimmt. Naturgemäß ist ihm der Kernauftrag, das Bundesgebiet grenzpolizeilich zu schützen, verblieben. Zugleich sind ihm zusätzliche Aufgaben anvertraut worden. Eine für den BGS wesentliche Klarstellung brachte die Änderung des Artikels 35 GG. Nach dessen Absatz 2 ist der Bund verpflichtet, den BGS auf Anforderung den Ländern zur Unterstützung ihrer Polizeien zur Verfügung zu stellen. Der BGS untersteht unmittelbar dem Bundesminister des Innern.

Die Aufgaben des BGS werden zum überwiegenden Teil von den Verbänden und zum anderen (geringeren) Teil vom Grenzschutzeinzeldienst wahrgenommen, wobei die Verbände vornehmlich an der etwa 1750 km langen Grenze zur DDR und ČSSR eingesetzt sind. Dort sind gegenwärtig 19 Einsatzabteilungen und als Sonderverband der BGS See (etwa 560 Mann) stationiert. Aber auch im Ausland sind auf Flughäfen und bei Botschaften Beamte dieser 1987 rund 22000 Mann (seit 1.10. 1987 auch Polizeivollzugsbeamtinnen) starken Polizei des Bundes im Dienst.

Bei den *Verbänden* liegen schwerpunktmäßig folgende Aufgaben: grenzpolizeilicher Schutz des Bundesgebietes (Grenzschutz), v.a. die polizeiliche Überwachung der Grenze gegenüber der DDR und der ČSSR im Grenzgebiet bis zu einer Tiefe von 30 km; Schutz von Bundesorganen (Verfassungsorganen des Bundes und Bundesministerien, etwa Bundespräsidialamt, Bundesverfassungsgericht usw.); schiffahrtspolizeiliche Überwachung der Seegrenzen in der Nord- und Ostsee einschließlich Umweltschutz; Unterstützung der Polizei der Länder (etwa bei Großdemonstrationen, zum Schutz von Flughäfen, bei Staatsbesuchen); Unterstützung für andere Stellen/Einrichtungen, z. B. bei Naturkatastrophen oder bei Notfällen des täglichen Lebens im Rahmen des Luftrettungsdienstes mittels Einsatz bundeseigener Hubschrauber. Bei Staatsnotstand und im Verteidigungsfall ergibt sich der Auftrag unmittelbar aus der Verfassung (Art. 91, 115a, 115f. GG).

Beim *Grenzschutzeinzeldienst* liegen die Schwerpunktaufgaben in der Kontrolle des grenzüberschreitenden Verkehrs einschließlich Grenzfahndung an den Übergangsstellen, auf Flughäfen sowie an Land- und Wasserstraßenübergängen. Hierunter fallen u.a. die Bekämpfung des internationalen Terrorismus durch gezielte Fahndungsmaßnahmen an den Grenzübergangsstellen und an der „grünen Grenze"; die Verhinderung der Einschleusung und der unerlaubten Einreise von Ausländern; die Bekämpfung der Rauschgiftkriminalität, von Kfz-Verschiebungen usw. Die grenzpolizeiliche Kontrolle wird allerdings nicht nur vom BGS wahrgenommen. Er wird dabei durch die *Zollverwaltung*, die *Bayerische Grenzpolizei* und die *Wasserschutzpolizeien Hamburgs* und *Bremens* unterstützt. Im Hinblick auf die Bestrebungen der EG-Staaten nach einer politischen Union ist das Schengener Abkommen vom 14. 6. 1985 zwischen den Benelux-Staaten, Frankreich und der Bundesrepublik Deutschland zu erwähnen, das einen schrittweisen Abbau der Grenzkontrollen an den EG-Binnengrenzen möglichst bis zum 1. 1. 1990 vorsieht.

Für Einsätze zur Bekämpfung von Gewalttätern wurde – nach dem Terroranschlag auf die israelische Olympiamannschaft 1972 – die *Grenzschutzgruppe 9 (GSG 9)* aufgestellt. Sie steht auch den Ländern auf Abruf zur Verfügung.

Standorte des Bundesgrenzschutzes

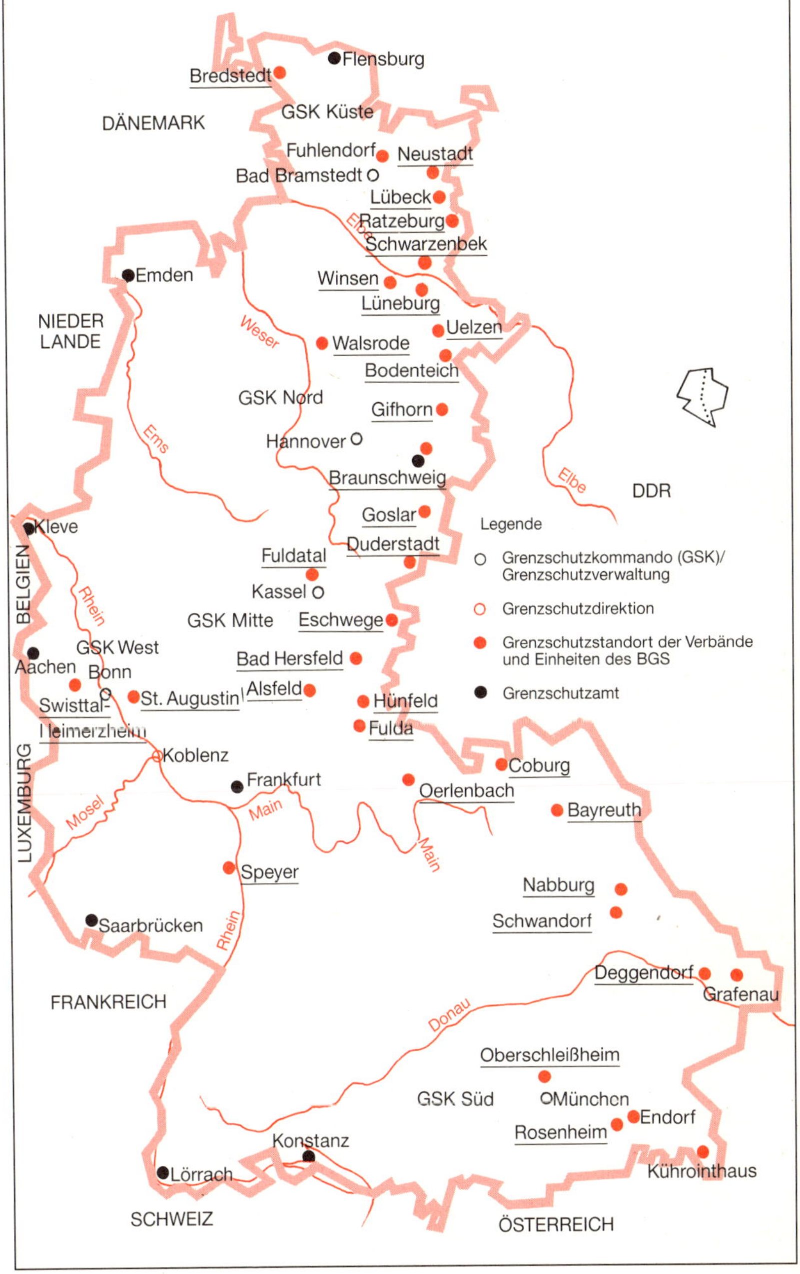

Verfassungsschutz – Staatsschutz

Verfassungsschutz und Staatsschutz verwirklichen die abwehrbereite, wehrhafte, streitbare Demokratie, zu der sich unsere Verfassungsordnung bekennt. Der Begriff *Verfassungsschutz* ist seit 1950 in der Gesetzessprache der Bundesrepublik Deutschland gebräuchlich; seit 1972 ist er in Art. 73 Nr. 10b GG definiert als „Schutz der freiheitlichen demokratischen Grundordnung, des Bestandes und der Sicherheit des Bundes oder eines Landes“. Der gesetzlich nicht beschriebene *Staatsschutz* (das sind „alle diejenigen staatlichen Einrichtungen, Vorkehrungen und Maßnahmen, die den rechtlichen wie tatsächlichen Bestand eines bestimmten Staates gegen Angriffe von innen und außen zu schützen bestimmt sind“) wird als der umfassendere Begriff angesehen.

Verfassungsschutzbehörden sind ausschließlich das Bundesamt für Verfassungsschutz (BfV) und die in den elf Bundesländern bestehenden Landesbehörden für Verfassungsschutz (LfV). Ihnen ist der administrative oder nachrichtendienstliche Verfassungsschutz als Gemeinschaftsaufgabe des Bundes und der Länder anvertraut. Der Bund hat im Rahmen seiner Zuständigkeit zur Gesetzgebung über die Zusammenarbeit in Angelegenheiten des Verfassungsschutzes nach Art. 73 Nr. 10b („Verfassungsschutz“) und Nr. 10c GG („zum Schutze gegen Bestrebungen im Bundesgebiet, die durch Anwendung von Gewalt oder darauf gerichtete Vorbereitungshandlungen auswärtige Belange der Bundesrepublik Deutschland gefährden“) das Gesetz über die Zusammenarbeit des Bundes und der Länder in Angelegenheiten des Verfassungsschutzes (BVerfSchG) von 1950/1972 erlassen und das BfV als dem Bundesminister des Innern (BMI) nachgeordnete Bundesoberbehörde und zugleich Zentralstelle gemäß Art. 87 Abs. 1 GG mit Sitz in Köln eingerichtet. Alle Bundesländer sind der Verpflichtung, eine Behörde zur Bearbeitung von Angelegenheiten des Verfassungsschutzes zu bestimmen, nachgekommen. Die Landesbehörden für Verfassungsschutz sind teils Abteilung des jeweiligen Innenministeriums, teils diesem nachgeordnetes Landesamt.

Nach dem BVerfSchG und den entsprechenden Verfassungsschutzgesetzen der Länder haben die Verfassungsschutzbehörden – kurzgefaßt – im strafrechtlichen „Vorfeld“ Informationen über „verfassungsfeindliche“ Bestrebungen (des Links-, Rechts-, Ausländerextremismus und des Terrorismus) und über geheimdienstliche Tätigkeiten (Spionagebekämpfung) zu sammeln und auszuwerten, hierüber andere zuständige Bundes- und Länderbehörden, ihre eigenen Regierungen und parlamentarischen Gremien zu unterrichten sowie bei Maßnahmen des personellen Geheim- und Sabotageschutzes (Sicherheitsüberprüfungen) und des materiellen/technischen Geheimschutzes mitzuwirken. Die Verfassungsschutzbehörden dürfen unter Beachtung des Erforderlichkeits- und Verhältnismäßigkeitsgrundsatzes nachrichtendienstliche Mittel zur verdeckten Informationsgewinnung (insbesondere durch Einsatz geheimer Mitarbeiter, Observation, Fotografie, Video- und Tonaufzeichnung) und zur Tarnung ihrer Tätigkeit anwenden. Sie haben – mit Ausnahme Berlins – die Befugnisse aus Art. 1 des Gesetzes zur Beschränkung des Brief-, Post- und Fernmeldegeheimnisses (G 10 [vgl. S. 118]). Sie haben keine polizeilichen Zwangs- und Kontrollbefugnisse und dürfen polizeilichen Dienststellen nicht angegliedert werden (organisatorisches Trennungsgebot).

Die Verfassungsschutzbehörden sind *Nachrichtendienste* oder auch *Sicherheitsdienste*. Zu diesen gehören ferner der Bundesnachrichtendienst (BND) und der Militärische Abschirmdienst (MAD).

Der *Bundesnachrichtendienst* ist Auslandsnachrichtendienst. Er untersteht dem Bundeskanzleramt und hat die Aufgabe, auf nachrichtendienstlichem Wege außen- und sicherheitspolitische Informationen zu gewinnen und gegnerische Nachrichtendienste aufzuklären. Auf innenpolitischem Gebiet darf er nicht tätig werden.

Der *Militärische Abschirmdienst* ist Teil der Bundeswehr (vgl. S. 452). Er ist – gestützt auf die Organisationsgewalt des Bundesministeriums der Verteidigung und die verfassungsrechtliche Kompetenz des Bundes nach Artikel 87a GG – entsprechend den Wehrbereichen in MAD-Gruppen gegliedert, an deren Spitze das Amt des MAD als Zentrale Führungs- und Befehlsstelle und Bundesoberbehörde mit Sitz in Köln steht. Die Aufgaben des MAD stimmen mit denen der Verfassungsschutzbehörden überein, beschränkt auf den Bereich der Bundeswehr.

Staatsschutzbehörden sind die Nachrichtendienste sowie die Polizeibehörden, Staatsanwaltschaften und Gerichte (Staatsschutzkammern und -senate), soweit sie mit der Verhinderung oder Verfolgung von *Staatsschutzdelikten* befaßt sind.

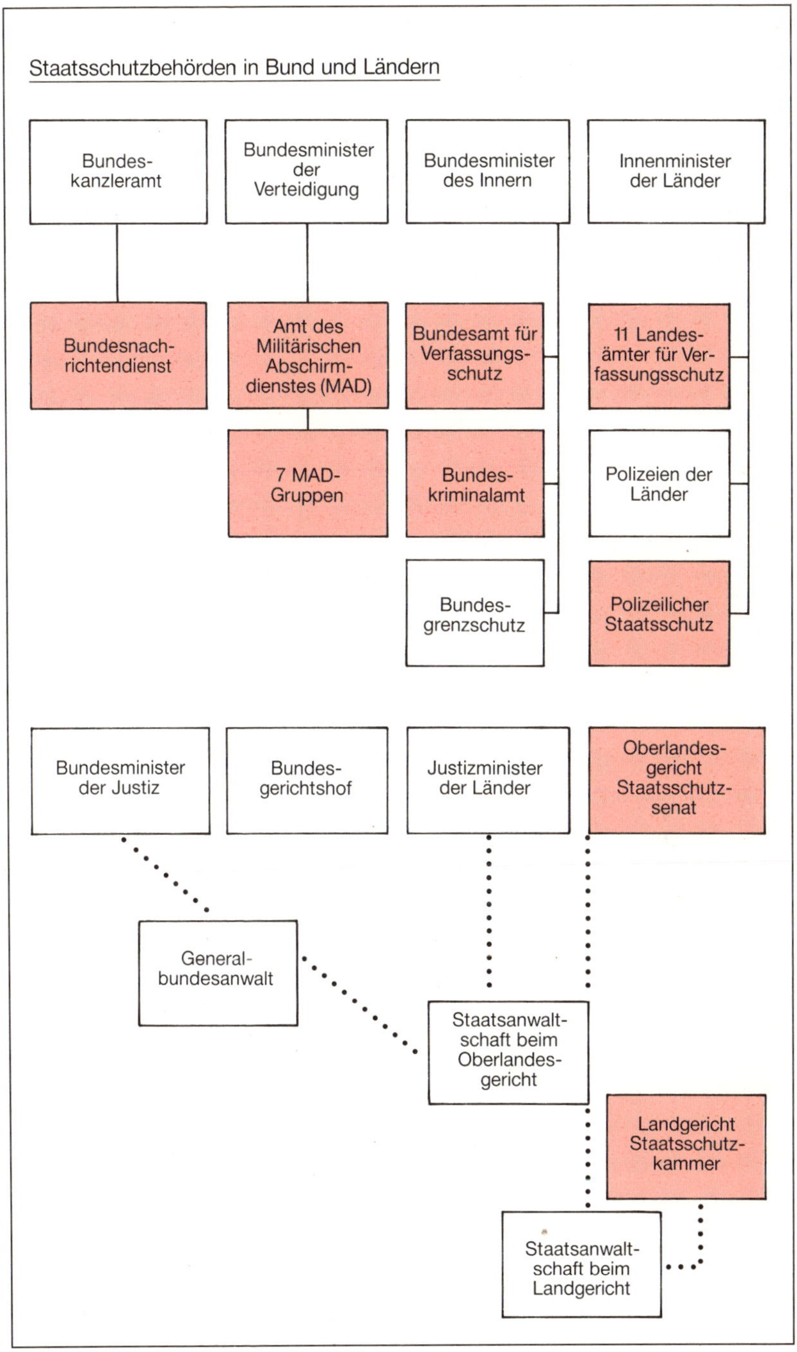
Staatsschutzbehörden in Bund und Ländern
Bundes-kanzleramt
Bundesminister der Verteidigung
Bundesminister des Innern
Innenminister der Länder
Bundesnach-richtendienst
Amt des Militärischen Abschirm-dienstes (MAD)
Bundesamt für Verfassungs-schutz
11 Landes-ämter für Ver-fassungsschutz
7 MAD-Gruppen
Bundes-kriminalamt
Polizeien der Länder
Bundes-grenzschutz
Polizeilicher Staatsschutz
Bundesminister der Justiz
Bundes-gerichtshof
Justizminister der Länder
Oberlandes-gericht Staatsschutz-senat
General-bundesanwalt
Staatsanwalt-schaft beim Oberlandes-gericht
Landgericht Staatsschutz-kammer
Staatsanwalt-schaft beim Landgericht

Rechtsschutz im Ordnungs- und Polizeirecht

Gegen Maßnahmen der Ordnungs- und Polizeibehörden kann man sich in aller Regel durch eine Klage vor den *Verwaltungsgerichten* wehren (vgl. S. 238). Vor der Klage muß man allerdings *Widerspruch* bei der Behörde einlegen, von der die Maßnahme ausgegangen ist. Dies muß binnen eines Monats geschehen (Widerspruchsfrist). Begehrt man die Aufhebung einer Maßnahme (Ordnungsverfügung oder Polizeiverfügung), so heißt die sich anschließende Klage *Anfechtungsklage*. Will man umgekehrt die Behörde zu einer Maßnahme veranlassen (etwa zur Erteilung einer Genehmigung, z. B. einer Baugenehmigung), so heißt die Klage *Verpflichtungsklage*. Einzelheiten sind in der Verwaltungsgerichtsordnung (VwGO) geregelt. Bei Untätigkeit einer Behörde kann unter bestimmten Voraussetzungen auch eine Untätigkeitsklage nach § 75 VwGO in Betracht kommen. Soll sich die Klage auf ein bestimmtes Tätigwerden der Ordnungs- oder Polizeibehörde richten, so hat sie nur Aussicht auf Erfolg, wenn die Behörde zum Einschreiten verpflichtet war.

Widerspruch und Klage haben *aufschiebende Wirkung*, es sei denn, die sofortige Vollstreckung der Maßnahme (man nennt sie Verwaltungsakt) ist im öffentlichen Interesse angeordnet oder es handelt sich um eine unaufschiebbare Maßnahme von Polizeivollzugsbeamten. Zur Durchsetzung von Ordnungsverfügungen und Polizeiverfügungen werden oft die Zwangsmittel des Verwaltungsvollstreckungsrechts eingesetzt (Ersatzvorname, Zwangsgeld oder unmittelbarer Zwang [vgl. S. 264]). Die Androhung, die Festsetzung und der Vollzug dieser Zwangsmittel sind ebenfalls Verwaltungsakte, die mit Widerspruch und Klage angefochten werden können. Ordnungsverfügungen und Polizeiverfügungen können ohne vorausgehenden Verwaltungsakt im Wege des sofortigen Vollzugs durchgesetzt werden, wenn dies zur Abwehr einer drohenden Gefahr oder zur Verhinderung einer strafbaren Handlung geboten ist. Auch diese Akte sind mit Widerspruch und Anfechtungsklage anfechtbar.

Ein besonderes Problem stellen die Ordnungsverfügungen und Polizeiverfügungen dar, die sich durch Vollzug erledigt haben, die also nicht mehr rückgängig gemacht werden können (Beispiel: Verbot einer Versammlung an einem bestimmten Tag und an einem bestimmten Ort). In diesen Fällen ist eine gerichtliche Überprüfung der behördlichen Maßnahme nur im Wege der *Fortsetzungsfeststellungsklage* zulässig, wenn der Betroffene ein berechtigtes Interesse an der Feststellung der Rechtswidrigkeit der Maßnahme hat. Dies ist z. B. dann der Fall, wenn Wiederholungsgefahr besteht oder der Betroffene von der Behörde Schadensersatz verlangen will.

Will ein Betroffener sich gegenüber einem *Bußgeldbescheid* einer Ordnungsbehörde oder einer Polizeibehörde zur Wehr setzen, so muß er gegen den Bußgeldbescheid innerhalb von zwei Wochen *Einspruch* erheben, über den das Amtsgericht entscheidet. Das weitere Verfahren bestimmt sich nach Strafprozeßrecht. Gegen ein von der Ordnungsbehörde oder Polizeibehörde verhängtes *Verwarnungsgeld* kann der Betroffene im Regelfall kein Rechtsmittel einlegen, da das Verwarnungsgeld das Einverständnis des Betroffenen voraussetzt. Ist jedoch ein Verwarnungsgeld ohne Einverständnis des Betroffenen verhängt worden, so kann der Betroffene eine Überprüfung im Verwaltungsrechtsweg begehren.

Maßnahmen, die die Polizei im Rahmen der *Strafverfolgung* trifft, sind grundsätzlich mit den Rechtsmitteln der *Strafprozeßordnung* anfechtbar. Allerdings sind solche Maßnahmen nicht selten auch als polizeirechtliche Maßnahmen zu qualifizieren, die dann als Verwaltungsakte mit Widerspruch und Klage anfechtbar sind. So kann die Polizei erkennungsdienstliche Maßnahmen als polizeirechtliche Maßnahmen, aber auch als Maßnahmen der Strafverfolgung nach § 81 b Strafprozeßordnung treffen.

Ordnungsbehördliche *Verordnungen* oder *Polizeiverordnungen* sind als solche nicht unmittelbar angreifbar, es sei denn, aufgrund des Landesrechts ist ein *Normenkontrollverfahren* vor dem Oberverwaltungsgericht (Verwaltungsgerichtshof) zugelassen. Ist dies nicht der Fall, kann der Betroffene nur gegen eine Maßnahme aufgrund einer Verordnung mit Rechtsmitteln vorgehen. Im Zuge des anschließenden Verwaltungsgerichtsverfahrens muß dann die Rechtmäßigkeit der Verordnung überprüft werden (sog. Incidentkontrolle).

Rechtsmittelverfahren bei Maßnahmen von Ordnungs- und Polizeibehörden

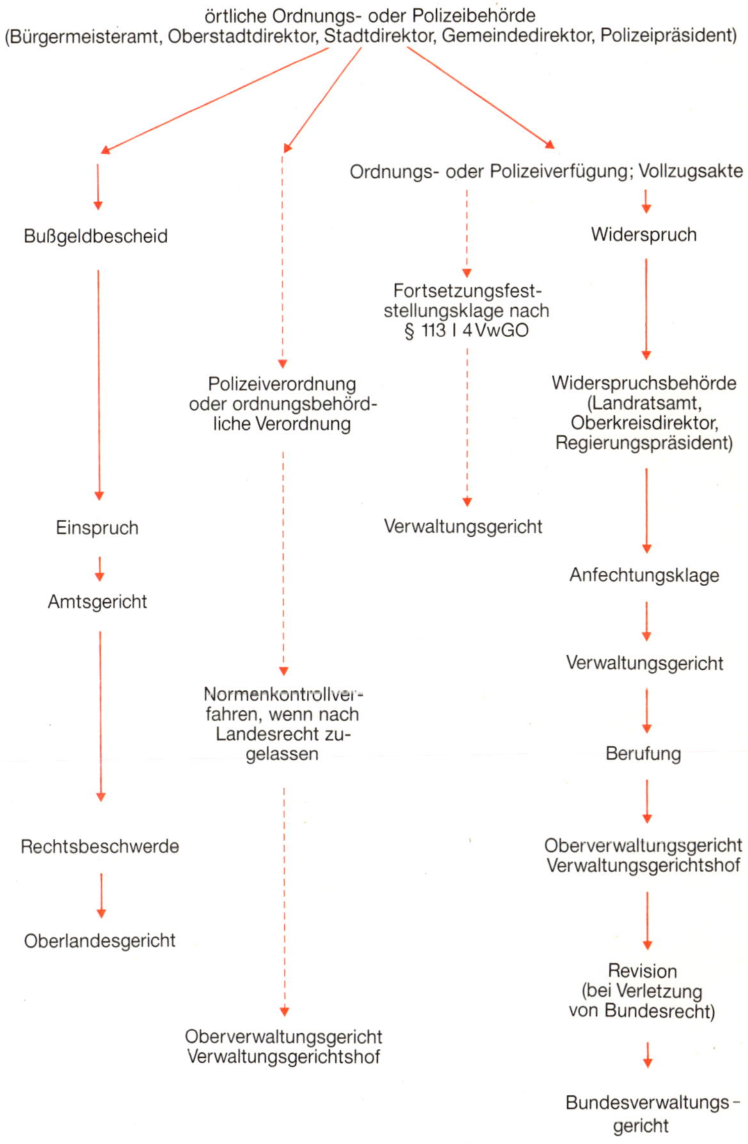

Melde- und Ausweiswesen

In der Bundesrepublik Deutschland besteht eine umfassende *Meldepflicht*. Nach den übereinstimmenden Vorschriften in den Landesmeldegesetzen hat sich jeder Bürger, der einen Wohnraum bezieht, innerhalb einer Woche bei der zuständigen Meldebehörde anzumelden. Bei einem Ortswechsel muß man sich auch vom bisherigen Wohnort abmelden. Sofern jemand Wohnraum in mehreren Gemeinden nutzt, bestimmt das Gesetz, daß die Wohnung, die vorwiegend genutzt wird, als *Hauptwohnung* zu gelten hat (das ist z. B. bei Studierenden in der Regel der Studien-, nicht der Heimatort). Diese Regelung ist deshalb bedeutsam, weil nur am Hauptwohnsitz gewisse Bürgerrechte, wie z. B. das Wahlrecht, ausgeübt werden können und nur diese Gemeindeverwaltung für die Ausstellung eines Personalausweises, Passes und der Lohnsteuerkarte usw. zuständig ist (für Berlin [West] gelten aufgrund seiner besonderen Lage z. T. abweichende Regelungen).

Aufgrund der Angaben bei der Anmeldung führen die Meldeämter der Gemeinden ein *Melderegister*. Dieses Melderegister ist zwar kein öffentliches Register, sondern lediglich eine innerdienstliche Datei; aus ihr werden aber im Wege der Amtshilfe auch anderen Behörden, entsprechend den Regelungen der Meldegesetze, Angaben zur Verfügung gestellt. Auch Private können Auskünfte erhalten. Eine sog. einfache Melderegisterauskunft mit Angaben über Name, Vorname, akademischen Grad und Anschrift wird z. B. jedermann auf Anfrage – sofern keine Auskunftssperre verfügt worden ist – gegen eine Gebühr erteilt. Eine „erweiterte Melderegisterauskunft", bei der auch Geburtsdatum, Familienstand, Staatsangehörigkeit, frühere Anschriften, Tag des Ein- und Auszugs, der gesetzliche Vertreter und ggf. Sterbetag und -ort übermittelt werden können, darf dann erteilt werden, wenn der Anfragende ein berechtigtes Interesse (z. B. bei Erbschaftsangelegenheiten, Rechtsstreitigkeiten, Kindschaftssachen) glaubhaft machen kann und Auskünfte nicht auf einem anderen Weg zu erhalten sind. In diesem Fall hat die Meldebehörde den Betroffenen über die Erteilung der erweiterten Melderegisterauskunft unter Angabe des Datenempfängers unverzüglich, d. h. gleichzeitig oder sogar vorher, zu unterrichten. Im übrigen unterliegen sämtliche Daten des Melderegisters einem speziellen *Meldegeheimnis*. Nach dem Gesetz über Personalausweise ist jeder deutsche Bürger verpflichtet, ab dem vollendeten 16. Lebensjahr einen *Personalausweis* oder gültigen Paß zu besitzen. Ein Paß oder Personalausweis ist zwar nicht ständig mitzuführen, wie z. B. der Führerschein und der Kraftfahrzeugschein beim Führen eines Kraftfahrzeuges, er ist aber auf Verlangen einer zur Prüfung der Personalien ermächtigten Behörde vorzulegen. Der Personalausweis ist in erster Linie ein inländisches Ausweisdokument. Da der Paß- und Sichtvermerkzwang jedoch zunehmend gelockert wurde, kann der Personalausweis in vielen Fällen auch als Reisedokument für Besuche in europäischen Staaten verwendet werden. Der *Paß* – im Inland anstelle eines Personalausweises gültig – ist ein besonderes Ausweisdokument, das nach seiner Zwecksetzung zum Verlassen der Bundesrepublik Deutschland und zum Aufenthalt im Ausland dient.

Personalausweis und Paß müssen jeweils bei der zuständigen Gemeinde beantragt werden; die Herstellung der Dokumente erfolgt neuerdings zentral durch die Bundesdruckerei in Berlin. Der Personalausweis wird in der Bundesrepublik seit dem 1. April 1987 als praktisch nicht nachahmungsfähige verschweißte Plastikkarte hergestellt, die zu Bruch geht, wenn jemand versucht, die Daten des Ausweises zu verändern. Seit 1. Januar 1988 wird in den zwölf Ländern der EG ein einheitlicher Europa-Paß ausgegeben, der eine besonders gestaltete fälschungssichere Seite enthält. Für die Ausstellung eines Personalausweises, der 10 Jahre gilt – bei Personen, die das 26. Lebensjahr noch nicht vollendet haben, fünf Jahre – wird von Personen über 21 Jahren eine Gebühr von 10,– DM erhoben. Für die Ausstellung eines Europa-Passes beträgt die Gebühr 30,– DM.

Anmeldung und Personalausweis

Anlage 1

Tagesstempel der Meldebehörde

Bitte die gerasterten Flächen nicht beschriften!

Anmeldung bei der Meldebehörde (Bitte Hinweise beachten)

Bitte mit Schreibmaschine (1 1/2 zeilig) oder Kugelschreiber (kräftig schreiben, möglichst Druckschrift) ausfüllen!

Hinweis gemäß § 10 Abs. 2 Datenschutzgesetz NW: Die erfragten personenbezogenen Daten werden gemäß §§ 13, 16 Abs. 4, 17 bis 19 des Meldegesetzes NW erhoben.

① Tag des Einzugs / Postleitzahl, Gemeinde / Gemeindekennzahl — Neue Wohnung

14. 12. 85 | 6802 Ladenburg

Nürnberger Str. 115 — Straße, Haus-Nr.

② Hat eine der zur Anmeldung kommenden Personen früher schon einmal hier gewohnt? Ja / Nein [X]

③ Wohnt im neuen Wohnort bereits a) Ehegatte? Ja / Nein [X] b) Elternteil? (bei Minderjährigen) Ja / Nein

④ Tag des Auszugs / Postleitzahl, Gemeinde / Gemeindekennzahl — Bisherige Wohnung

13. 12. 85 | 5000 Köln 1

Adenauerufer 530 — Straße, Haus-Nr.

Kreis, Land

⑤ Wird diese bisherige Wohnung beibehalten? Ja / Nein [X]

⑥ Hat eine der zur Anmeldung kommenden Personen eine weitere Wohnung? Ja / Nein [X]

⑦ Jetzige Hauptwohnung: Ladenburg | Bisherige Hauptwohnung: Köln

Personen, die angemeldet werden:

Lfd. Nr.	⑧ Familienname, Geburtsname	⑨ Vornamen (sämtliche, Rufname unterstreichen)
1	Schmitz, Anneliese	Anneliese Erika
2		
3		
4		

Lfd. Nr.	⑩ Familienstand	⑪ Eheschließung (Datum und Ort)	Familienbuch auf Antrag angelegt? Ja / Ne…	⑫	⑬ Welcher Kirche oder Religionsgesellschaft gehören Sie an?
1	led.				ev.
2					
3					
4					

Lfd. Nr.	⑭ Geburtstag T T M M J J	⑮ Geschl… männl…	…inde, Kreis,
1	29. 02. 4…		
2			
3			

Lfd. Nr.	㉑ P…	…bis
1	X …	
2		
3		
4		

Datum: Ladenburg, 14. 1…

Anneliese Schmitz (Unterschrift eines der Meldepflichtigen)

NW 123/2000 X - Deutscher Gemeindeverlag …

BUNDESREPUBLIK DEUTSCHLAND FEDERAL REPUBLIC OF GERMANY RÉPUBLIQUE FÉDÉRALE D'ALLEMAGNE

PERSONALAUSWEIS IDENTITY CARD/CARTE D'IDENTITÉ

1220000016

Name/Surname/Nom: MUSTERMANN GEB. GABLER

Vornamen/Given names/Prénoms: ERIKA

Geburtstag und -ort/Date and place of birth/Date et lieu de naissance: 12.09.45 MÜNCHEN

Staatsangehörigkeit/Nationality/Nationalité: DEUTSCH

Gültig bis/Date of expiry/Date d'expiration: 01.10.91

Unterschrift des Inhabers/Signature of bearer/Signature du titulaire: Erika Mustermann

IDD<<MUSTERMANN<<ERIKA<<<<<<<<<<<<<<<<<<<<

1220000016D<<1209453<0110912<<<<<<6

Ausländische Arbeitnehmer

Zwischen 1955 und 1973 wurden rund 14 Mill. Ausländer zur Arbeitsaufnahme in die Bundesrepublik Deutschland geholt. Beginnend mit Italien wurden nach und nach mit insgesamt acht Mittelmeerstaaten Anwerbevereinbarungen geschlossen: 1960 mit Spanien und Griechenland, 1961 mit der Türkei, 1964 mit Portugal, 1965 mit Tunesien und Marokko und 1968 mit Jugoslawien. Anfangs bildeten italienische Arbeitnehmer die stärkste Gruppe. In den 1970er Jahren wuchs jedoch die Zahl der türkischen Zuwanderer stetig. Diese stellten Ende 1986 ca. 32% der ausländischen Wohnbevölkerung. Von den Zugewanderten kehrten bis 1973 ca. 11 Mill. Ausländer freiwillig wieder in ihre Heimatländer zurück.

Im November 1973 wurde vom Bundesministerium für Arbeit und Sozialordnung ein Anwerbestopp für ausländische Arbeitnehmer aus Nicht-EG-Staaten verfügt. Die Gründe dafür lagen in der rückläufigen Konjunktur, aber auch in den sich abzeichnenden Integrationsproblemen. In den Folgejahren kam es bei einzelnen Nationalitätengruppen zu einer weiteren Verringerung. Ab 1978 jedoch nahm die Zahl der ausländischen Wohnbevölkerung wieder zu, und zwar aufgrund eines verstärkt einsetzenden Familiennachzugs, insbesondere aus der Türkei.

Der *Familiennachzug* machte deutlich, daß die ausländischen Arbeitnehmer in der Bundesrepublik für einen längeren Zeitraum bleiben wollten als ursprünglich angenommen. In der Ausländerpolitik wurden deshalb die integrationspolitischen Ansätze ausgebaut. So wurden etwa ab 1980 bei Bund, Ländern und Gemeinden Programme zur Bildungsförderung (Sprachkurse, schulische und berufliche Fördermaßnahmen) und zur sozialen und kulturellen Integration geschaffen bzw. intensiviert. Heute ist der Vorrang des Integrationsziels in der Ausländerpolitik politisch unumstritten.

Die längere Aufenthaltsdauer festigte den aufenthaltsrechtlichen Status der ausländischen Arbeitnehmer und ihrer Angehörigen. Ende 1986 hatten 53,4% der über 16 Jahre alten Ausländer aus Nicht-EG-Staaten, die eine besondere Aufenthaltserlaubnis benötigen, einen verfestigten Aufenthaltsstatus; 39,9% verfügten über eine unbefristete Aufenthaltserlaubnis und 13,5% über eine (mit der Möglichkeit von Auflagen versehene) Aufenthaltsberechtigung. Zählt man die ausländischen EG-Angehörigen dazu, so erhöht sich die Quote der aufenthaltsrechtlich gesicherten Ausländer auf 68,7%.

94,4% der ausländischen Beschäftigten verfügen inzwischen über einen sicheren arbeitserlaubnisrechtlichen Status. 20,2% dieser Arbeitnehmer kommen aus EG-Staaten und brauchen deshalb keine Arbeitserlaubnis. Arbeitnehmer aus Nicht-EG-Staaten sind durch eine *besondere Arbeitserlaubnis* gesichert, die den Arbeitnehmer betrieblich, beruflich oder regional bei der Arbeitsaufnahme nicht einschränkt. Das gilt auch für die befristete besondere Arbeitserlaubnis.

In der Regel erhalten Arbeitnehmer, die schon eine befristete besondere Arbeitserlaubnis haben, nach acht Jahren Aufenthalt eine unbefristete. Minderjährige Kinder ausländischer Arbeitnehmer haben in der Regel einen Rechtsanspruch auf Erteilung einer besonderen (unbefristeten) Arbeitserlaubnis. Für nachgezogene Ehegatten aus Nicht-EG-Staaten wird mit Ausnahme türkischer Staatsbürger eine Arbeitserlaubnis nur erteilt, wenn für den Arbeitsplatz keine deutschen oder bevorrechtigten ausländischen Bewerber zur Verfügung stehen. Für türkische Familienangehörige gelten aufgrund des Assoziierungsvertrages zwischen den EG und der Türkei Sonderregelungen.

Die Ausländer-Arbeitslosenquote liegt mit 14,1% (Sept. 1987) um ca. 6 Prozentpunkte über dem Durchschnitt. Die wesentliche Ursache dafür liegt im wirtschaftlichen Strukturwandel. Die Zahl der Arbeitsplätze im verarbeitenden Gewerbe, wo die meisten Ausländer als Un- bzw. Angelernte beschäftigt sind, nimmt ab. Bei Dauerarbeitslosigkeit wird häufig die Rückkehr ins Heimatland als ein Ausweg angesehen. Der überwiegende Teil derjenigen ausländischen Arbeitnehmer (insgesamt ca. 120000), die nach dem „Gesetz zur Förderung der Rückkehrbereitschaft" vom 28. 11. 1983 die Möglichkeit genutzt haben, sich ihre Arbeitnehmerbeiträge aus der Rentenversicherung ohne Wartezeit auszahlen zu lassen, war seit längerer Zeit arbeitslos.

Während die Quote der Ausländerbeschäftigung in der Bundesrepublik abnimmt, steigt die Zahl der Kleinbetriebe mit einem ausländischen Betriebsinhaber, insbesondere im Handwerk und im Kleinhandel. Aus Arbeitnehmern werden Arbeitgeber. Gerade unter der zweiten Ausländergeneration ist das Interesse an einer selbständigen Tätigkeit groß.

Sozialversicherungspflichtig beschäftigte Ausländerinnen und Ausländer [1] nach ausgewählten Staatsangehörigkeiten

Jahres-durchschnitt	Männer und Frauen							
	insgesamt	Aus-länder-quote[2]	darunter (Sp. 1)					
			Italiener	Griechen	Spanier	Türken	Portu-giesen	Jugo-slawen
	1	2	3	4	5	6	7	8
1962	629022	3,1	239025	70406	83915	–	–	–
1963	773164	3,7	264928	106303	112157	–	–	–
1964	902459	4,3	267925	143165	138378	67828	–	–
1965	1118616	5,3	328582	179151	171542	118788	–	–
1966	1243961	5,8	362144	191502	175190	149908	18903	–
1967	1013862	4,7	266756	150051	126984	133130	18361	94275
1968	1018859	4,9	275928	139763	112592	141232	18937	106434
1969	1365635	6,5	327030	177854	134987	215768	26853	222677
1970	1806805	8,5	363665	229757	162909	323080	40169	373641
1971	2128407	9,8	393624	260916	179695	418529	54136	452234
1972	2284502	10,5	411797	268142	181102	488676	63081	462855
1975	2060507	10,2	292873	203029	129105	550517	70178	416562
1976	1924730	9,6	273992	178434	110777	523498	63474	387670
1977	1872206	9,4	277254	160575	99592	512881	59992	374433
1978	1857488	9,3	284360	146396	92490	510824	58744	366828
1979	1924420	9,3	297000	139160	89686	535886	58948	364452
1980	2018382	9,6	304507	132235	86123	578215	58540	353761
1981	1911957	9,2	286529	123332	81571	577981	54825	336734
1982	1787316	8,7	255744	115509	76384	558803	50519	315427
1983	1694354	8,4	233704	108611	72311	537544	46264	302081
1984	1608501	8,0	213732	103361	68711	507054	39718	292852
1985	1567526	7,7	197403	102690	67166	495749	35255	290168
1986 (30.6.)	1591547	7,7	193390	101592	65936	513077	35124	294807

[1] Bis Dezember 1972 nach den Karteien der Arbeitnehmer (bis 1969: die einer Arbeitserlaubnis bedürfen; 1970 bis 1972: die einer Arbeitserlaubnis bedürfen und EG-Staatsangehörige, die keiner Arbeitserlaubnis bedürfen), ab Juni 1974: sozialversicherungspflichtig beschäftigte ausländische Arbeitnehmer nach der Beschäftigungsstatistik der BA. Die Daten bis Dezember 1972 sind mit denen ab Juni 1974 nicht voll vergleichbar.
[2] Anteil beschäftigter Ausländer an der Gesamtzahl der Beschäftigten in %.

Quelle: Bundesanstalt für Arbeit (BA)

Aufenthaltserlaubnis für Ausländer

Als Ausländer gelten solche Personen, die nicht Deutsche im Sinne des Art. 116 GG (vgl. S. 46) sind. Ihr Aufenthalts- und Niederlassungsrecht ist im Ausländergesetz, im Gesetz über Einreise und Aufenthalt von Staatsangehörigen der Mitgliedsstaaten der Europäischen Gemeinschaften (EG) sowie in mehreren zwischenstaatlichen Abkommen geregelt.

Ausländer, die in den Geltungsbereich des Grundgesetzes der Bundesrepublik Deutschland einreisen und sich darin aufhalten wollen, bedürfen einer *Aufenthaltserlaubnis,* sofern sie das 16. Lebensjahr vollendet und nicht durch das Gesetz über die Rechtsstellung der heimatlosen Ausländer im Bundesgebiet oder durch zwischenstaatliche Vereinbarungen davon befreit sind. Für die Angehörigen der EG-Mitgliedsstaaten gelten Besonderheiten. Einen Rechtsanspruch auf Einreise und Aufenthalt im Bundesgebiet haben Ausländer nicht. Die Erteilung der Aufenthaltserlaubnis liegt vielmehr im pflichtgemäßen Ermessen der Ausländerbehörden. Sie kann räumlich beschränkt und zeitlich befristet sowie mit Bedingungen und Auflagen versehen werden. Typischer Fall einer Auflage ist das generelle Verbot der Erwerbstätigkeit. Nur in den Fällen, in denen dem Ausländer die unselbständige Erwerbstätigkeit nicht untersagt ist, darf ihm das Arbeitsamt eine Arbeitserlaubnis erteilen. Im allgemeinen werden aus einwanderungspolitischen Gründen keine Aufenthaltserlaubnisse mehr zum Zweck der Erwerbstätigkeit erteilt. Für nachziehende Familienangehörige, Ehegatten und Asylsuchende bestehen unterschiedliche Wartefristen. Die Aufenthaltserlaubnis muß versagt werden, wenn die Anwesenheit eines Ausländers Belange der Bundesrepublik Deutschland beeinträchtigt, insbesondere wenn Gründe vorliegen, die die Ausweisung rechtfertigen würden.

Ausländern, die sich seit mindestens fünf Jahren rechtmäßig in der Bundesrepublik Deutschland aufhalten und sich in das wirtschaftliche und soziale Leben der Bundesrepublik eingefügt haben, kann eine zeitlich und räumlich unbeschränkte *Aufenthaltsberechtigung* erteilt werden. Die Aufenthaltsberechtigung verbürgt dem Ausländer ein Recht auf Dauerniederlassung im Bundesgebiet mit einem erhöhten Schutz vor Ausweisung. Die Aufenthaltserlaubnis und die Aufenthaltsberechtigung erlöschen, wenn der Ausländer keinen gültigen Paß- oder Paßersatz mehr besitzt, seine Staatsangehörigkeit wechselt oder verliert, das Bundesgebiet nicht nur vorübergehend verläßt oder ausgewiesen wird.

Aus dem Rechtsgedanken, daß Ausländer kein Recht auf Aufenthalt in einem fremden Staatsgebiet haben, folgt, daß der Staat unerwünschte Ausländer aus seinem Staatsgebiet entfernen kann. Die Ausweisungsgründe sind in § 10 Ausländergesetz abschließend geregelt. Die *Ausweisung* ist ein Verwaltungsakt (vgl. S. 260) und bedarf der schriftlichen Form. Sie steht im pflichtgemäßen Ermessen der Ausländerbehörde und ist nach Würdigung der persönlichen Verhältnisse des Ausländers nach den Umständen des Einzelfalles auszusprechen. Freizügigkeitsberechtigte Angehörige der EG-Mitgliedsstaaten (z. B. Arbeitnehmer, Selbständige und deren Familienangehörige) genießen auch hier eine bevorzugte Stellung. Die Ausweisung hat die Pflicht zur unverzüglichen Ausreise zur Folge. Kommt der Ausländer dieser Pflicht nicht nach, so ist er abzuschieben. Die *Abschiebung* muß in der Regel schriftlich vorher angedroht werden, wobei dem Ausländer eine Frist gesetzt wird, innerhalb derer er auszureisen hat. Kommt er dieser Aufforderung nicht nach, wird die Abschiebung mit polizeilichen Maßnahmen durchgeführt, indem er z. B. an die Grenze verbracht wird und den Grenzbehörden des Nachbarstaates übergeben wird. Die Verfahren der Übernahme sind in besonderen zwischenstaatlichen Verträgen geregelt. Die Abschiebungsandrohung ist als Verwaltungsakt anfechtbar, während die Durchführung der Abschiebung als Vollstreckungsmaßnahme nur unter besonderen Voraussetzungen mit Rechtsmitteln angegriffen werden kann. Einem Ausländer, der ausgewiesen oder abgeschoben worden ist, darf grundsätzlich keine Aufenthaltserlaubnis mehr erteilt werden.

Zuständig für die Maßnahmen nach dem Ausländergesetz sind die Landratsämter bzw. Ordnungsämter der Stadtkreise und Kreisstädte als Ausländerbehörden. Verstöße gegen die Vorschriften des Ausländergesetzes können als Straftaten oder Ordnungswidrigkeiten geahndet werden. Gegen die Ausweisung und die Androhung der Abschiebung kann der Ausländer Verwaltungsrechtsschutz (vgl. S. 278) beanspruchen. Ist die sofortige Vollziehung einer Maßnahme angeordnet, kann er einen Antrag auf Wiederherstellung der aufschiebenden Wirkung seines Rechtsbehelfs stellen.

Ausländer in der Bundesrepublik Deutschland: Entwicklung 1973–1986

1973 = 100

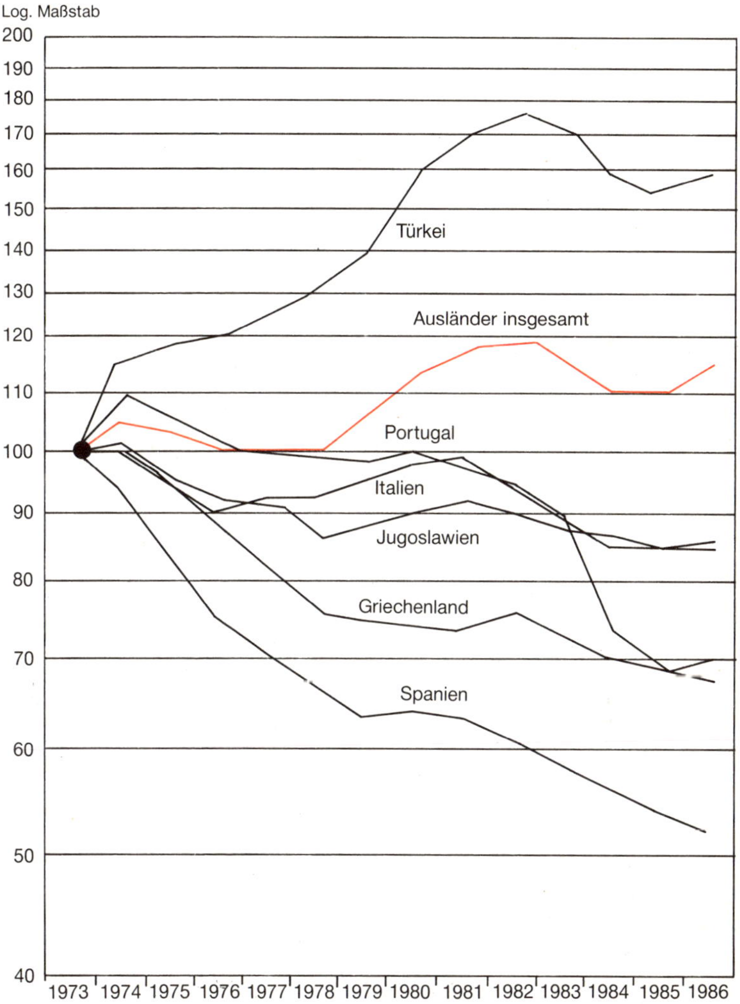

Ab 1985 am 31.12., sonst jeweils am 30.9.

Quelle: Statistisches Bundesamt

Katastrophenschutz

Von einer *Katastrophe* spricht man, wenn durch einen Unglücksfall, durch eine Explosion, ein Naturereignis oder ein ähnliches Ereignis Schäden für Menschen und Sachen in einem Umfang eingetreten sind oder unmittelbar bevorstehen, daß sie mit den üblicherweise zur Verfügung stehenden Verwaltungsmitteln nicht beseitigt oder abgewendet werden können. Dies gilt etwa bei großflächigen Überschwemmungen, großflächigen Waldbränden, Explosionen, die über ein Gebäude oder eine Firma hinaus Straßenzüge oder Stadtteile erfassen oder bei einem Flugzeugabsturz über städtischen Verdichtungsräumen.

Die Bekämpfung von *Katastrophen in Friedenszeiten* ist Angelegenheit der Länder. Diese haben Landeskatastrophenschutzgesetze erlassen und Katastrophenabwehrpläne aufgestellt. Die Innenminister sind die für die Katastrophenabwehr zuständigen obersten Landesbehörden. Auf der mittleren Verwaltungsebene sind die Regierungspräsidenten obere Katastrophenschutzbehörden. Für den örtlichen Katastrophenschutz sind die Landkreise und kreisfreien Städte zuständig. Die Hauptverwaltungsbeamten (Oberbürgermeister bzw. Oberstadtdirektoren sowie Landräte bzw. Oberkreisdirektoren) der Kommunen sind für die Maßnahmen und Planungen im Rahmen des Katastrophenschutzes verantwortlich. Sie haben eine Katastrophenschutzleitung aufzustellen. Das gleiche gilt für die Regierungspräsidenten und den Innenminister.

Im Katastrophenschutz wirken Einrichtungen und Einheiten verschiedener *Fachdienste* zusammen, so u.a. der Brandschutzdienst, der Bergungsdienst, der Instandsetzungsdienst, der Sanitätsdienst, der Fernmeldedienst und der Versorgungsdienst. In den Katastrophenschutz sind neben den Feuerwehren und der Bundesanstalt Technisches Hilfswerk (THW) auch die privaten Hilfsorganisationen, wie das Deutsche Rote Kreuz (DRK), der Malteser-Hilfsdienst (MHD), die Johanniter-Unfall-Hilfe (JUH) und der Arbeiter-Samariter-Bund (ASB) einbezogen.

Die Aufsichtsbehörden haben im Katastrophenschutz gegenüber den nachgeordneten Behörden verstärkte Weisungsrechte. Als übergeordnete Katastrophenschutzbehörden können sie sich jederzeit in die Katastrophenabwehr einschalten und u. U. auch die Leitung der Katastrophenabwehr übernehmen. Wenn die Instrumentarien nach den Landeskatastrophenschutzgesetzen und Katastrophenschutzplänen im Frieden eingesetzt werden müssen, hat die zuständige Katastrophenschutzbehörde Katastrophenalarm auszulösen.

Im *Spannungs-* oder *Verteidigungsfall* richten sich alle Maßnahmen des Katastrophenschutzes nach Bundesrecht. Nach dem Gesetz über die Erweiterung des Katastrophenschutzes von 1968 sind die Länder, die Gemeinden und Gemeindeverbände verpflichtet, die im Gesetz vorgesehenen Maßnahmen im Auftrag des Bundes durchzuführen. Der Bund hält für diesen Fall eigene Mittel für die Katastrophenabwehr zur Verfügung. Er kann darüber hinaus auf die Katastrophenschutzbehörden und -einrichtungen der Länder und Kommunen zurückgreifen.

Die vom Bund bereits in Friedenszeiten zu diesem Zweck den Kommunen zur Verfügung gestellte *Ausrüstung* ist auf die kreisfreien Städte und die Landkreise verteilt. Stärke und Gliederung des *erweiterten Katastrophenschutzes* in den Ländern sind vom Bundesminister des Innern nach Abstimmung mit den jeweiligen Innenministern und Innensenatoren festgelegt worden. Auch im erweiterten Katastrophenschutz sind Fachdienste gebildet. Diese greifen auf die bestehenden Katastrophenschutzeinrichtungen zurück.

Zum Dienst im Katastrophenschutz können sich *Helfer freiwillig* verpflichten. Wird diese Verpflichtung für mindestens zehn Jahre übernommen, können die Helfer vom Grundwehrdienst freigestellt werden. Für die Freistellung gelten besondere Regelungen (v.a. im Hinblick auf bestimmte Berufsgruppen), die den Bedarf der Bundeswehr (vgl. S. 452 und S. 454) an Wehrpflichtigen berücksichtigen und zwischen dem Bundesminister des Innern und dem Bundesminister der Verteidigung vereinbart werden.

Die *Zivilverteidigung* im Spannungs- und Verteidigungsfall vollzieht sich in enger Abstimmung mit den militärischen Kommandobehörden auf Kreis-, Bezirks- und Landesebene (Verteidigungskreis-, Verteidigungsbezirk-, Wehrbereichskommando). Die Versorgung der Zivilbevölkerung, die Lenkung von Flüchtlingsströmen oder Bergungsmaßnahmen müssen mit den militärischen Stellen, die die Truppenbewegungen und den Schutz militärischer Einrichtungen sowie die Nachschubwege sicherzustellen haben, abgestimmt werden.

Organisation des Katastrophenschutzes

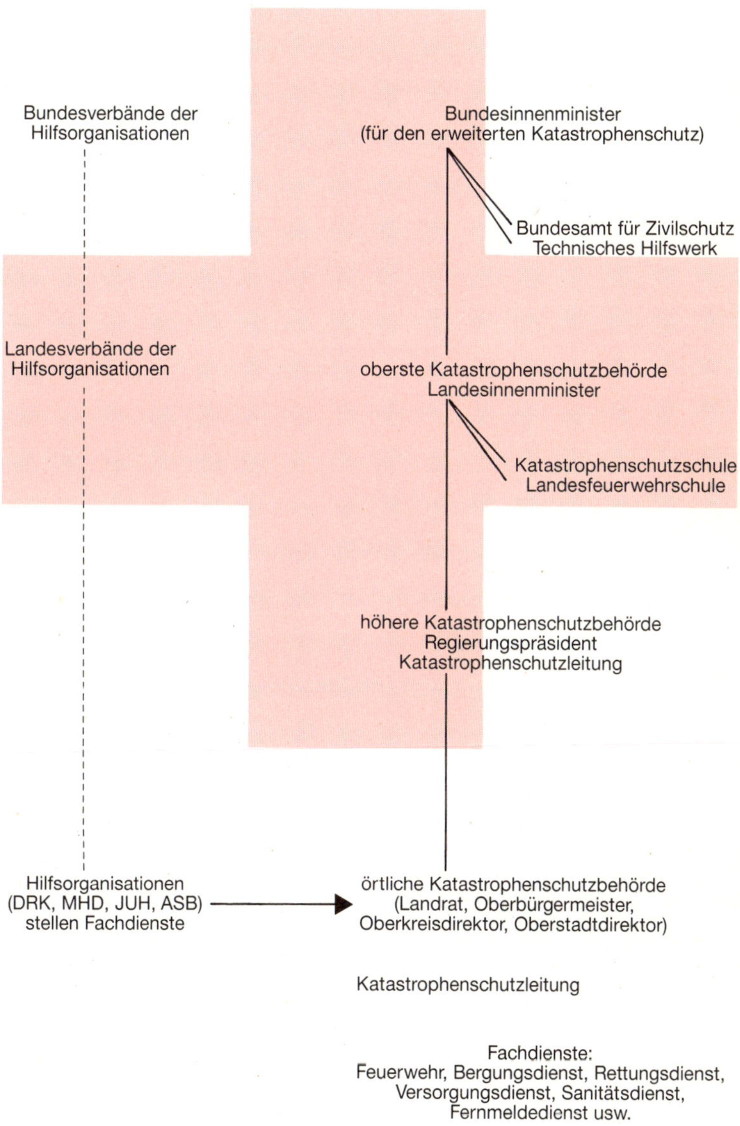

Gesundheitsverwaltung

Die Gesundheitsverwaltung hat die Aufgabe, durch planmäßiges Handeln in Behörden verschiedener Ebenen auf dem Boden gesetzlicher Vorschriften die Gesundheit der Bevölkerung zu schützen und zu fördern. Die wichtigsten Rechtsvorschriften für die Tätigkeit der Gesundheitsbehörden sind vom Bund nach den Prinzipien der konkurrierenden Gesetzgebung erlassen worden: im dafür maßgebenden Katalog des Art. 74 GG finden sich beispielsweise als Grundlage für das Bundessozialhilfegesetz die Nr. 7: öffentliche Fürsorge; für das Arbeitssicherheitsgesetz die Nr. 12: Arbeitsrecht; für die Bundesärzteordnung die Nr. 19: Zulassung zu Heilberufen.

Für das Zustandekommen der Gesetze und Rechtsverordnungen sowie zur Ausführung der Vorschriften bedarf es fachkundiger Behörden auf jeder Verwaltungsebene (Bund, Land, Kommune). Weil Gesundheitsfragen praktisch in alle Lebens- und Rechtsbereiche hineinreichen, gibt es weder auf Bundes- noch auf Landesebene eine traditionelle oder sonst fest gefügte, eindeutige („richtige“) Zuordnung dieser Behörden zu einem bestimmten Ministerium. Dies ist vielmehr abhängig von gesundheitspolitischen und parteipolitischen Vorgaben. Dementsprechend wandelt sich die Zuständigkeit häufig nach Wahlen und führt zu Bezeichnungsänderungen der Behörden. Der Aufgabenkatalog der Gesundheitsverwaltung ist dagegen annähernd konstant – mit jeweils aktuellen Akzenten, derzeit z. B. Strahlengefahren, gesundheitliche Einflüsse durch Umweltgifte (Formaldehyd, chemische Reinigung).

Im Bereich der *Bundesbehörden* teilen sich gegenwärtig (1988) drei Ministerien die Aufgaben der Gesundheitsverwaltung: Beim Bundesministerium für Arbeit und Sozialordnung gibt es die Zuständigkeit für Angelegenheiten der Reichsversicherungsordnung, für Arbeitsschutz und Medizintechnik, Krankenhauswirtschaft und Gebührenrecht der Heilberufe, für Krankenversicherung und Versorgungsmedizin. Beim Bundesministerium für Jugend, Familie, Frauen und Gesundheit liegt die Zuständigkeit für übertragbare Krankheiten bei Mensch und Tier, Heilberufsrecht, Arzneimittel und Apothekenwesen, Verbraucherschutz und Gesundheitshilfe (Sozialhygiene). Beim Bundesministerium für Umwelt, Naturschutz und Reaktorsicherheit werden Belange des gesundheitlichen Umweltschutzes und der Abwehr von Strahlengefahren wahrgenommen.

Den Bundesministerien stehen als *beratende wissenschaftlich* unabhängige Institutionen zur Verfügung: die Bundeszentrale für gesundheitliche Aufklärung (BZgA), das Bundesgesundheitsamt mit sieben Instituten (BGA), das Bundesamt für Sera und Impfstoffe (BASI), das Institut für medizinische Dokumentation und Information (DIMDI) und der Bundesgesundheitsrat.

Auf *Landesebene* nimmt als oberste Landesgesundheitsbehörde in der Regel eine Abteilung eines Ministeriums (meist des Sozialministeriums) die ministeriellen Aufgaben der Gesundheitsverwaltung wahr. Die Arbeitsgemeinschaft der leitenden Medizinalbeamten (AGLMB) bereitet die fachlichen Aspekte für die Gesundheitsministerkonferenz vor, da die Gesundheitspolitik eine bundesländerübergreifende Abstimmung (z. B. bei der Immunschwächekrankheit AIDS) erfordert.

Eine *mittlere Verwaltungsebene* gibt es in den Ländern Baden-Württemberg, Bayern, Hessen, Nordrhein-Westfalen und Rheinland-Pfalz. Bei den Regierungspräsidien bzw. Bezirksregierungen findet die Gesundheitsverwaltung in einem Medizinaldezernat statt.

Wichtigstes Instrument der Gesundheitsverwaltung auf der *unteren Ebene* (Kreise, Städte, Stadtbezirke) ist für die Bevölkerung das fest in die Behördenstruktur eingebaute *Gesundheitsamt,* dessen Leiter überall ein *Amtsarzt* ist. Ihm obliegen als unabhängige Schlüsselfigur des öffentlichen Gesundheitsdienstes – gewissermaßen als Gesundheitsanwalt für die Bevölkerung – folgende Aufgaben, die er mit Angehörigen verschiedener Berufe (insbesondere Gebietsärzte, Gesundheitsaufseher, Desinfektoren, medizinisch-technische Assistenten, Sozialarbeiter) bewältigt: Gesundheitliche Aufklärung, Beratung und Betreuung in allen Lebenslagen; Hinwirken auf hygienische Verhältnisse, Verhütung und Bekämpfung übertragbarer Krankheiten, epidemiologische Datensammlung, Mitwirkung bei der Überwachung von Lebensmitteln, Arzneimitteln, Gefahrstoffen; Aufsicht über Berufe und Einrichtungen des Gesundheitswesens; Amtliche Zeugnisse und Begutachtungen.

Die Ebenen der Gesundheitsverwaltung

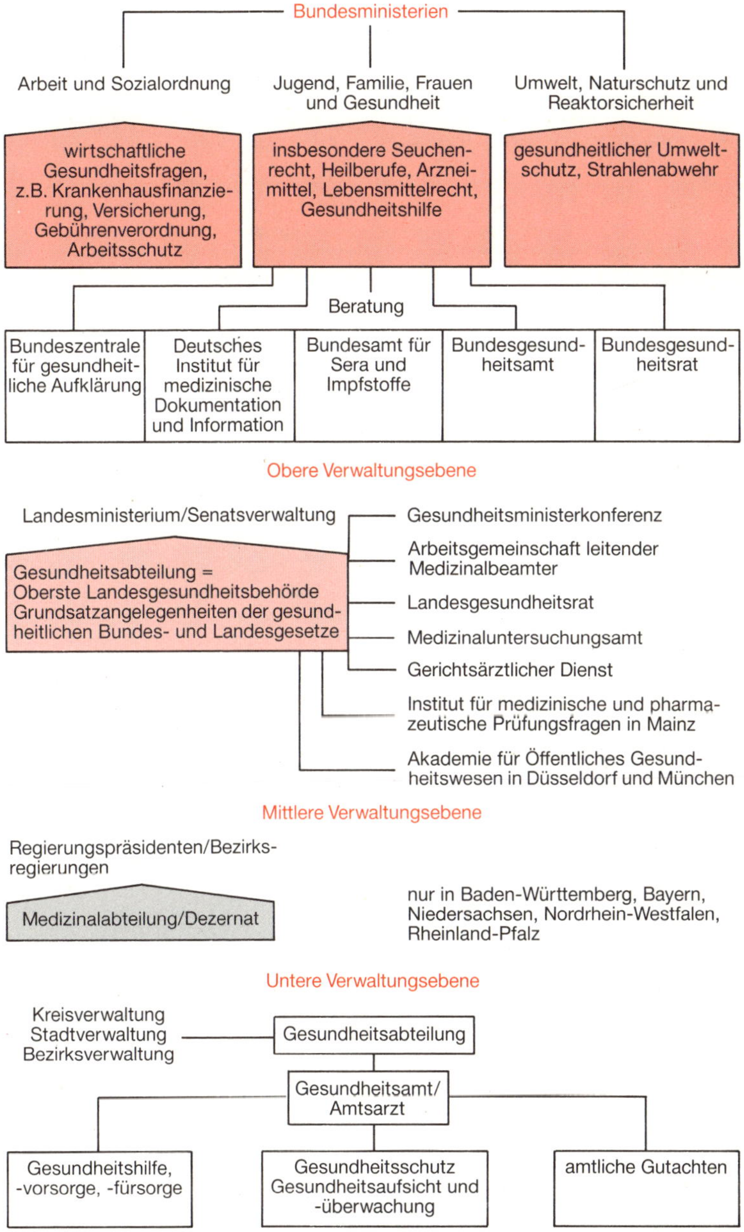

Lebensmittelkontrolle

Zentrales Anliegen der Lebensmittelkontrolle ist der Schutz des Verbrauchers vor Gesundheitsschäden. Es ist deshalb verboten, Lebensmittel so herzustellen oder zu behandeln, daß ihr Verzehr geeignet ist, die Gesundheit zu schädigen. Folgerichtig ist es auch verboten, Stoffe, deren Verzehr geeignet ist, die Gesundheit zu schädigen, überhaupt als Lebensmittel in den Verkehr zu bringen. Lebensmittel sind nach dem *Lebensmittel- und Bedarfsgegenständegesetz* (LMBG) „Stoffe, die dazu bestimmt sind, in unverändertem, zubereitetem oder verarbeitetem Zustand von Menschen verzehrt zu werden". Den Lebensmitteln gleichgestellt sind Tabak (Rauch-, Kau-, Schnupftabak) und kosmetische Erzeugnisse. Besonderen Vorschriften unterliegen auch Bedarfsgegenstände, die mit Lebensmitteln in Berührung kommen, wie z. B. Bekleidung, Spielwaren und Farben.

Lebensmittel-Zusatzstoffe, die Lebensmitteln zur Beeinflussung der Beschaffenheit oder zur Erzielung bestimmter Eigenschaften oder Wirkungen zugesetzt werden, unterliegen einem allgemeinen Verkehrsverbot. Nur geprüfte, für notwendig beurteilte Zusatzstoffe werden zugelassen, wobei die Höchstmengen begrenzt werden.

Die *Gesetzgebungskompetenz* für den Bereich des Lebensmittelrechts liegt vorrangig beim Bund; zuständig sind der Bundesminister für Jugend, Familie, Frauen und Gesundheit (BMJFFG) und der Bundesminister für Umwelt, Naturschutz und Reaktorsicherheit (BMU). Das LMBG enthält Ermächtigungen für den BMJFFG zum Erlaß von Rechtsverordnungen, z. B. über Höchstwerte von Rückständen von Pflanzenbehandlungs- und Tierarzneimitteln, über Hygienevorschriften, über Verbote bestimmter Herstellungsverfahren und über ein Bestrahlungsverbot. Von seiner Verordnungskompetenz zum Erlaß bundeseinheitlicher Hygienevorschriften hat der BMJFFG bisher keinen Gebrauch gemacht. Auf diesem Gebiet gelten die entsprechenden Länderregelungen. Insgesamt wird die Gesetzgebung zum Lebensmittelrecht zunehmend durch die Europäischen Gemeinschaften (EG) beeinflußt. Auf einigen Teilgebieten besteht bereits heute eine EG-weite Harmonisierung.

Kernstück der nationalen Gesetzgebung ist das bereits erwähnte Lebensmittel- und Bedarfsgegenständegesetz vom 15. 8. 1974. Daneben bestehen Spezialvorschriften für bestimmte Lebensmittel wie insbesondere für Milch (Milchgesetz), Wein (Weingesetz), Fleisch (Fleischhygienegesetz, Fleischhygiene-Verordnung) und Geflügelfleisch (Geflügelfleischhygienegesetz, Geflügelfleischmindestanforderungen-Verordnung). Weitere Rechtsnormen wie das Arzneimittelrecht und das Futtermittelrecht, die Pflanzenschutzgesetzgebung, das Eichrecht, das Handelsklassenrecht, die EWG-Qualitäts-Vermarktungsnormen bilden Ergänzungen zum Lebensmittelrecht.

Breiten Raum nehmen im LMBG die Vorschriften zum Schutz des Verbrauchers vor Täuschung und Übervorteilung ein. Hierzu gehören insbesondere die *Kennzeichnungsvorschriften*. Ihnen kommt deshalb besondere Bedeutung zu, weil bei der Vollendung des EG-Binnenmarktes von dem Grundsatz ausgegangen wird, daß alle in einem Mitgliedsstaat rechtmäßig im Verkehr befindlichen Lebensmittel unter ausreichender Angabe der Zutaten und unter Kenntlichmachung der Abweichung von nationalen Normen auch in den anderen Mitgliedsstaaten frei verkauft werden dürfen. Weiter besteht ein allgemeines Verbot der gesundheitsbezogenen Werbung für Lebensmittel.

Vervollständigt werden die lebensmittelrechtlichen Vorschriften durch Leitsätze des gemäß dem LMBG geschaffenen *„Deutschen Lebensmittelbuches"*, in denen die herrschende Verkehrsauffassung für die verschiedenen Lebensmittelgruppen, z. B. als Leitsätze für Fleisch und Fleischerzeugnisse, wiedergegeben sind, sowie durch Richtwerte des Bundesgesundheitsamtes für bestimmte Verunreinigungen (Rückstände) bei Lebensmitteln, deren Überschreiten unter bestimmten Umständen gesundheitlich bedenklich sein kann.

Die Durchführung der *Lebensmittelüberwachung* ist Ländersache. Die Überwachung umfaßt alle Bereiche von der Urproduktion bis hin zum Verbraucher. Sie ist durch das LMBG insoweit geregelt, als die Überwachung durch wissenschaftlich ausgebildete Personen und Lebensmittelkontrolleure durchzuführen ist. Die Ausbildung der Lebensmittelkontrolleure erfolgt auf der Grundlage der Lebensmittelkontrolleur-Verordnung des Bundes.

Die Beauftragten der Lebensmittelüberwachungsbehörden sind befugt, Herstellungs-, Be- und Verarbeitungs- sowie Verkaufsräume zu betreten, Geschäftsunterlagen einzusehen, Proben zu entnehmen und beanstandete Lebensmittel zu beschlagnahmen.

Lebensmittelrecht der EG, des Bundes und der Länder

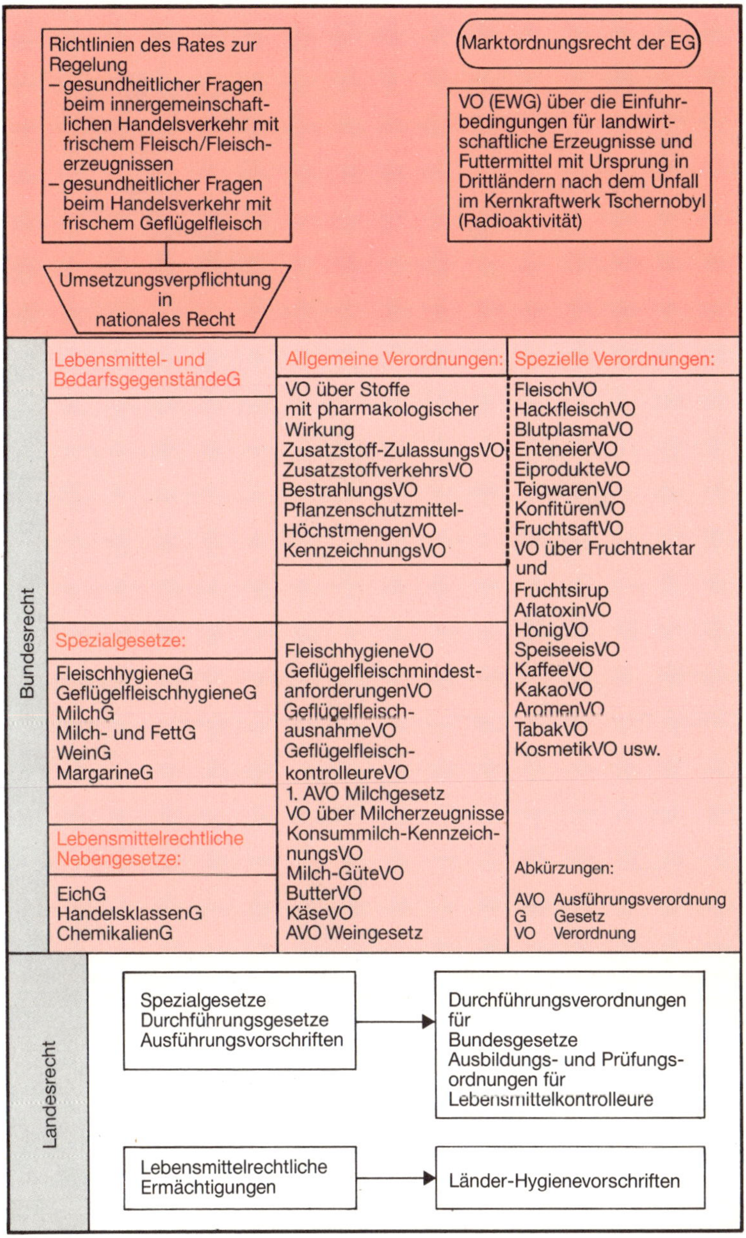

Arzneimittelüberwachung – Arzneimittelschutz

Das Gesetz über den Verkehr mit Arzneimitteln von 1976 mit den Novellen von 1983 und 1987 (Arzneimittelgesetz) hat im Interesse einer ordnungsgemäßen Arzneimittelversorgung von Mensch und Tier verschärfte Kriterien für Qualität, Wirksamkeit und Unbedenklichkeit von Arzneimitteln eingeführt. Statt des früheren formellen Registrierungsverfahrens gilt jetzt ein materielles Zulassungsverfahren.

Arzneimittel sind Stoffe und Zubereitungen, die der Definition und Aufzählung des Arzneimittelgesetzes entsprechen. Das Hauptziel des Arzneimittelgesetzes besteht darin, zum Schutze der Bevölkerung eine optimale Arzneimittelsicherheit zu gewährleisten. Bis zum Inkrafttreten dieses Gesetzes bestanden zwar bereits strenge Rechtsvorschriften für die Herstellung von Arzneimitteln durch Apotheker. Dagegen gab es für die industrielle Herstellung von Arzneimitteln keine ausreichenden gesetzlichen Regelungen. Das Arzneimittelgesetz verlangt erstmalig eine Erlaubnis für den Hersteller, die von dem Nachweis der Sachkenntnis abhängt. Außerdem unterliegen die Herstellungsbetriebe (Industrie und Apotheke) der ständigen Überwachung. Die Betriebe werden von den zuständigen Behörden in regelmäßigen Abständen besichtigt. Für die Eigenschaften, Herstellung, Prüfung, Wertbestimmung und Aufbewahrung der gebräuchlichsten Arzneistoffe, Arzneien und Arzneimittel sind die Bestimmungen des Deutschen Arzneibuches, der GMP-Richtlinien (Good Manufacturing Practice) sowie der Betriebsordnung für pharmazeutische Unternehmer und der Apothekenbetriebsordnung maßgebend. Eine wesentliche Neuerung betrifft die Gefährdungshaftung für Arzneimittelschäden: Das Gesetz fordert von den Herstellern und allen Stellen, die ein Arzneimittel unter ihrem Namen in den Verkehr bringen, eine (Arznei-)Haftpflichtversicherung.

Die zur Einführung gelangenden Arzneimittel müssen vom Bundesgesundheitsamt (vgl. S. 288) zugelassen werden. Bei Arzneimitteln mit neuen Wirkstoffen, die zum ersten Mal zur Einführung gelangen, muß der *Nachweis der Wirksamkeit und Sicherheit* erbracht werden. Die Richtlinien zur Prüfung von Arzneimitteln, die vom Beirat „Arzneimittelsicherheit“ erarbeitet wurden, fordern eine „pharmakologisch-toxikologische Prüfung der Arzneimittel“ und eine „klinische Erprobung von Arzneimitteln“. Alle Arzneimittel mit neuen Wirkstoffen unterliegen außerdem automatisch einer fünfjährigen *Rezeptpflicht*. Der pharmazeutische Unternehmer hat die ständige Verpflichtung, alle unerwünschten Arzneimittelwirkungen dem Bundesgesundheitsamt zu melden und erforderlichenfalls eigenverantwortlich geeignete Maßnahmen zur Risikominimierung zu treffen. Das Bundesgesundheitsamt (bei Impfstoffen das Paul-Ehrlich-Institut) hat zur Verhütung einer unmittelbaren oder mittelbaren Gesundheitsgefährdung von Mensch oder Tier die auftretenden Risiken (Nebenwirkungen, Wechselwirkungen mit anderen Mitteln, Gegenanzeigen, Verfälschungen) zentral zu erfassen, auszuwerten und die zu ergreifenden Maßnahmen zu koordinieren. Dabei wirkt es mit den Dienststellen der WHO, den Arzneimittelbehörden anderer Länder, den Gesundheits- und Veterinärbehörden der Bundesländer, den Arzneimittelkommissionen der Kammern der Heilberufe sowie mit anderen Stellen zusammen, die bei der Erfüllung ihrer Aufgaben Arzneimittelrisiken erfassen. In einem vom zuständigen Bundesminister erstellten Stufenplan werden die Zusammenarbeit der beteiligten Behörden und Stellen auf den verschiedenen Gefahrenstufen sowie die Einschaltung der pharmazeutischen Unternehmer geregelt und die zu ergreifenden Maßnahmen bestimmt.

Die Abgabe von Arzneimitteln ist grundsätzlich Apotheken vorbehalten, soweit sie nicht vom Gesetzgeber für den freien Verkauf ausdrücklich zugelassen sind. Arzneimittel, die außerhalb der Apotheke abgegeben werden dürfen, sind durch Rechtsverordnung genau definiert. Die Verordnung über verschreibungspflichtige Arzneimittel enthält eine Aufstellung aller Stoffe, die der Rezeptpflicht unterliegen und gleichzeitig die genauen Abgabevorschriften. Der Verkehr mit Betäubungsmitteln ist im Betäubungsmittelgesetz geregelt, das inzwischen mehrfach ergänzt wurde. Es verpflichtet Ärzte und Apotheker zu genauem Nachweis der abgegebenen und verbrauchten Mengen sämtlicher Opiate und morphinhaltigen Arzneimittel sowie stark wirkender Schmerzmittel.

Auch die Werbung auf dem Gebiet des Heilwesens ist gesetzlich geregelt. Eine Vereinheitlichung des Arzneimittelrechts innerhalb der Europäischen Gemeinschaften wird angestrebt.

Wissenschaftliche Unterlagen für die Zulassung eines Arzneimittels nach dem Arzneimittelgesetz

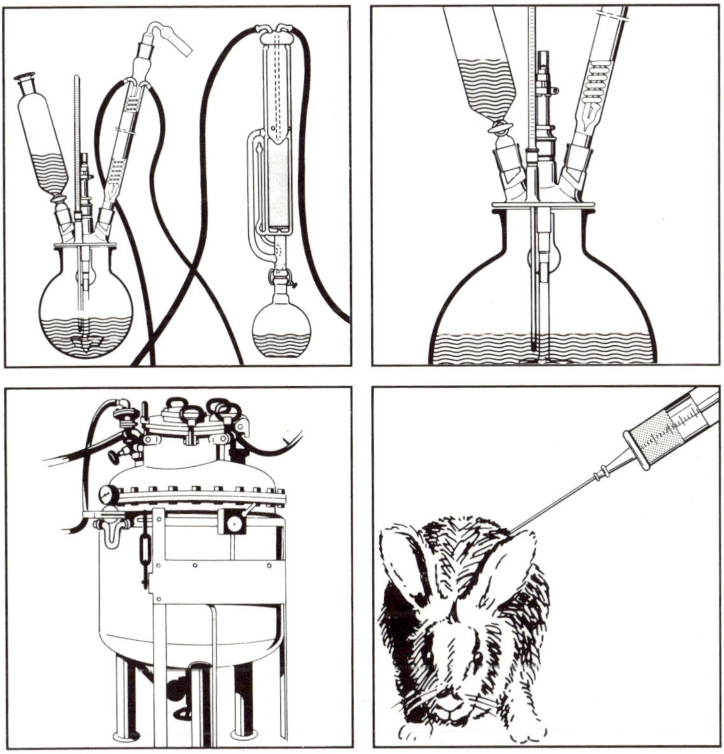

1. Unterlagen über die analytische Prüfung
2. Unterlagen über die pharmakologische und toxikologische Untersuchung
3. Unterlagen über die Ergebnisse der klinischen Erprobung

In der öffentlichen Diskussion werden zum Thema Tierschutz derzeit insbesondere die Probleme der Tierversuche und der Massentierhaltung landwirtschaftlicher Nutztiere in sogenannten neuzeitlichen Haltungssystemen in den Vordergrund gestellt. Die *Aufgaben* des Tierschutzes reichen jedoch sehr viel weiter. Im weitesten Sinn geht es um die Schutzverpflichtung des Menschen für alle Tiere, also nicht nur um die landwirtschaftlichen Nutztiere und die Versuchstiere, sondern auch um alle sonstigen, in der Obhut des Menschen gehaltenen Tiere (Heim- und Hobbytiere, Zirkus- und Zootiere) und auch um die freilebenden Tiere. Dementsprechend ist jeder, vorrangig aber jeder Tierhalter, zum Tierschutz verpflichtet. Zum praktischen Tierschutz zählen primär die art- und bedürfnisgerechte Ernährung, Pflege und Unterbringung, das Vermeiden von belastenden Bewegungseinschränkungen für das Tier, das Unterlassen von jeglicher Tierquälerei.

Tierschutz hat unterschiedliche, teils auf den Menschen, teils auf das Tier bezogene *Motive*. Bei Nutztieren stehen oft ökonomische Erwägungen zugunsten des Halters im Vordergrund; für den Schutz aussterbender Tierarten oder -rassen sprechen biologische, kulturelle und ästhetische Gründe. Tierquälerei wird auch mit Rücksicht auf die eigene, humane Empfindsamkeit vermieden. Über diese eher auf den Menschen bezogenen Erwägungen hinaus hat sich jedoch die Auffassung herausgebildet, daß Tiere nicht nur um des Menschen, sondern um ihrer selbst willen geschützt werden müssen. Ein so verstandener Tierschutz stützt sich auf ethische Beweggründe. Die Tiere werden als Mitgeschöpfe betrachtet; der die Welt verändernde Mensch muß die Mitverantwortung für Leben und Wohlbefinden der Tiere übernehmen.

Im Bereich des *amtlichen* Tierschutzes sind vorwiegend amtliche Tierärzte für die Verwirklichung eines adäquaten Tierschutzes verantwortlich. Ihnen obliegt die Aufsicht über Nutztierhaltungen, Schlachtstätten, Tierversuchseinrichtungen, gewerbsmäßige Tierzuchten, Tierhandlungen sowie Zoo- und Zirkusunternehmen. In Erfüllung dieser Aufgabe achten sie auf die Einhaltung der rechtlichen Bestimmungen, beraten Tierhalter in tierschutzrelevanten Fragen, führen Kontrollen durch und entscheiden über Maßnahmen, um tierschutzwidrige Tatbestände abzustellen. Dabei können sie auch die Fortnahme von nicht sachgerecht gehaltenen oder die Tötung von unheilbar kranken Tieren verfügen. Gegebenenfalls leiten sie sonstige ordnungsbehördliche Maßnahmen oder auch die Strafverfolgung ein.

Eine besondere Aufgabe fällt den amtlichen Tierärzten bei der Genehmigung von *Tierversuchen* zu. Bei der Entscheidung über die Genehmigung wird die Behörde von unabhängigen Kommissionen unterstützt, in denen auch Mitglieder von Tierschutzorganisationen vertreten sind. Als eine Art innerbetriebliche Kontrollinstanz muß jedes Tierversuchslabor mindestens einen weisungsfreien *Tierschutzbeauftragten* bestellen. Dieser ist insbesondere verpflichtet, auf die Einhaltung der Vorschriften und die Vermeidung oder Beschränkung von Tierversuchen hinzuwirken.

Zum Bereich des *außeramtlichen* Tierschutzes gehören in der Bundesrepublik Deutschland über 500 Tierschutzorganisationen mit weit mehr als 500 000 Mitgliedern. Zahlenmäßig im Vordergrund stehen hier die Tierschutzvereine, von denen die meisten ein eigenes Tierheim betreiben und sich überwiegend der praktischen Tierschutzarbeit durch die Pflege hilfsbedürftiger und zumeist herrenloser Tiere widmen. Neben diesen sich um alle Tierschutzbelange bemühenden Tierschutzvereinen gibt es noch Organisationen mit spezieller Ausrichtung, die sich zum Beispiel vornehmlich für den Schutz wilder Tiere, den Vogelschutz, den Versuchstierschutz, den Schutz landwirtschaftlicher Nutztiere in Massentierhaltungen engagieren. Neben den Tierschutzorganisationen sind speziell auch einzelne Berufsgruppen zu außeramtlichem praktischen Tierschutz verpflichtet. Dies sind insbesondere praktizierende Tierärzte, Tierpfleger und für den Bereich der einheimischen Wildtiere auch Förster.

Die wichtigste Rechtsgrundlage für Tierschutzfragen ist das Tierschutzgesetz (erste Fassung vom 24. 7. 1972, danach mehrfach geändert). Darauf aufbauend sind für einzelne Regelungsbereiche Spezialverordnungen (vgl. S. 256) erlassen worden (z. B. die Käfighennen-Verordnung) oder sollen noch erlassen werden (z. B. die Kälberhaltungs-Verordnung). In den meisten Bereichen derartiger Rechtsetzungsvorhaben ist die deutsche Bundesregierung weitgehend an Richtlinien der EG (vgl. S. 484) gebunden.

Organisation des Tierschutzes

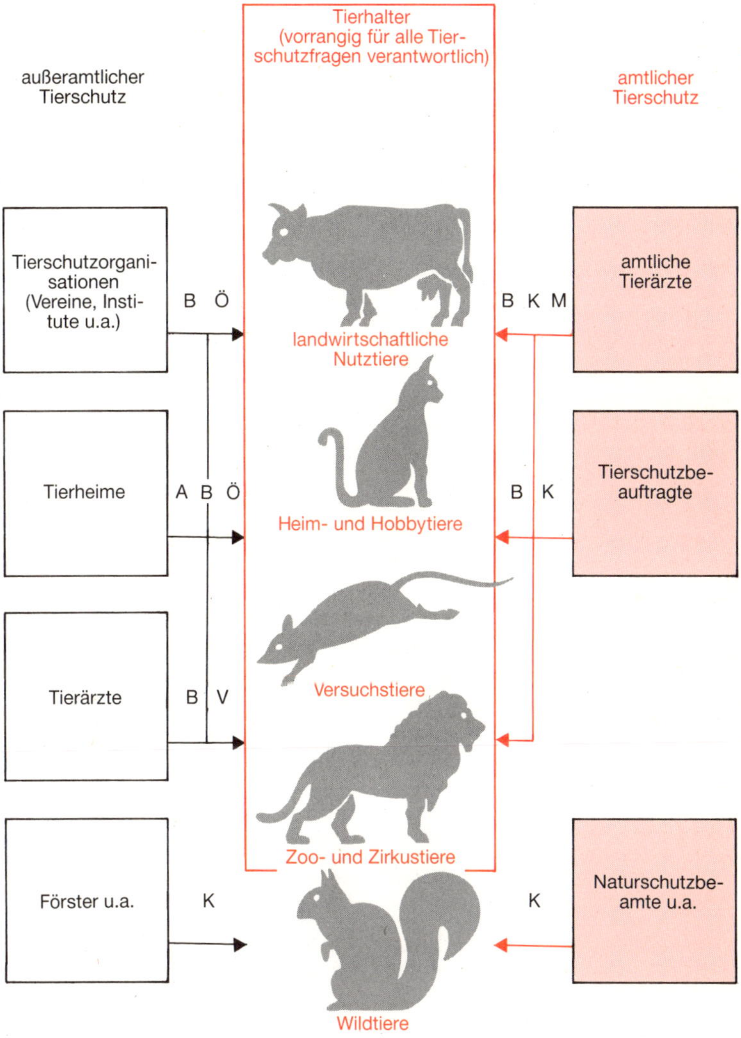

Abkürzungen der Aufgaben und Befugnisse:
A = Aufnahme von Tieren
B = Beratung in Tierschutzfragen
K = Kontrolle der Tierhaltungen
M = ordnungsbehördliche Maßnahmen
Ö = Öffentlichkeitsarbeit
V = veterinärmedizinische Behandlungen

Statistische Ämter, die gemäß einem besonderen Auftrag – gesetzliche Anordnung, spezielle Anweisung – umfassend die unterschiedlichsten Daten sammeln, diese zu statistischen Ergebnissen zusammenfassen und die ermittelten Zahlen auswerten, gibt es beim Bund, bei den elf Bundesländern sowie in den Großstädten und in einer großen Zahl von Mittelstädten. Auch außerhalb der statistischen Ämter werden in anderen Dienststellen Statistiken aufgrund der anfallenden Verwaltungsunterlagen geführt, ggf. auch im Wege gesonderter Befragung für eigene Zwecke hergestellt (z. B. bei der Bundesanstalt für Arbeit, den Landesplanungsbehörden, den Sozialämtern).

Die statistischen Ämter, die durch Gesetz zur strikten Geheimhaltung der von ihnen gesammelten Individualdaten verpflichtet sind, werden als die Träger der amtlichen Statistik bezeichnet. Aufgabe des *Statistischen Bundesamtes* ist es in erster Linie, Statistiken für Bundeszwecke methodisch und technisch im Benehmen mit den Statistischen Ämtern der Länder vorzubereiten, weiterzuentwickeln und auf eine einheitliche und termingemäße Durchführung der Erhebungs- und Aufbereitungsprogramme hinzuwirken. Gemäß dem föderativen Staats- und Verwaltungsaufbau der Bundesrepublik Deutschland und der in Art. 83 GG festgelegten Verwaltungskompetenz der Länder (vgl. S. 50 und S. 162), liegt – von Ausnahmen (wie z. B. Außenhandelsstatistiken) abgesehen – die Durchführung der einzelnen statistischen Erhebungen bei den *Statistischen Landesämtern*. Diese ermitteln die Ergebnisse für das Land und die benötigten regionalen Untergliederungen (z. B. für die einzelnen Gemeinden), während das Statistische Bundesamt die Zusammenfassung für den Bund besorgt und – bei den einzelnen Statistiken sehr unterschiedlich – auch Übersichten für Länder, Regierungsbezirke und Kreise erarbeitet.

Die *Statistischen Ämter und Statistikstellen der Städte* sind als dritte Ebene der amtlichen Statistik bei einer Reihe von durch Bundesgesetz angeordneten Statistiken sowohl als Erhebungsstellen als auch als auskunftsgebende Stellen eingeschaltet. Ihr Haupttätigkeitsfeld aber liegt in der Erarbeitung eigener statistischer Unterlagen aufgrund von Daten aus dem Verwaltungsvollzug, aus eigenen Erhebungen und aus Daten, die von den Statistischen Landesämtern zur Verfügung gestellt werden. Die Spezialität der kommunalen Statistik liegt in ihrer tiefen regionalen Gliederung (z. B. für Stadtteile, statistische Bezirke, Baublöcke); sie ist damit als Grundlage für die örtliche Planung besonders geeignet. Während die Veröffentlichungen der Statistischen Landesämter und das Statistische Jahrbuch Deutscher Gemeinden in der Regel Gemeindeergebnisse enthalten, gehen die statistischen Veröffentlichungen der Gemeinden auch auf innergemeindliche Strukturen ein.

Eine gemeinsame Aufgabe der Statistischen Ämter aller drei Ebenen sind die etwa alle 10 bis 15 Jahre durchzuführenden *Volkszählungen*. Die letzte Volkszählung fand 1987 statt. Eine schon zuvor für 1983 geplante Volkszählung war daran gescheitert, daß das Bundesverfassungsgericht die Regelung der Datenübermittlung wegen der Verletzung des „Rechts auf informationelle Selbstbestimmung“ (vgl. S. 136) für nichtig erklärt hatte.

Die unmittelbare Durchführung der Großzählung 1987 lag bei den Gemeinden, die hierfür rund 500000 ehrenamtliche Zähler einsetzten und vorübergehend etwa 15000 Bedienstete in den Erhebungsstellen beschäftigten. Ihnen sind insgesamt Kosten in Höhe von 565 Mill. DM entstanden; die Kosten der Statistischen Landesämter lagen demgegenüber bei ca. 315 Mill. DM, die des Statistischen Bundesamtes, einschließlich der Ausgaben für die bundesweite Öffentlichkeitsarbeit, bei rund 90 Mill. DM. Der Arbeitsschnitt zwischen kommunaler und staatlicher Ebene ist bei einer Volkszählung so festgelegt, daß die Gemeinden eine vollzählige Erfassung aller Einwohner, Wohnungen und Arbeitsstätten sicherstellen und die auf Vollständigkeit geprüften Unterlagen zur weiteren statistischen Aufbereitung an die Statistischen Landesämter weitergeben. Nach dem derzeitigen Terminplan sollen die ersten Ergebnisse aus der Volkszählung bereits Ende 1988 vorliegen. Da die Durchführung der Zählung, v. a. in großen Städten, jedoch mit erheblich größeren Schwierigkeiten als bei der letzten Zählung 1970 verbunden war, sind beim Rücklauf der Erhebungsunterlagen zwangsläufig Verzögerungen eingetreten. Neue Einwohnerzahlen und Strukturdaten aus der Volkszählung vom Mai 1987 werden daher voraussichtlich erst Anfang 1989 bundesweit vorgelegt werden können. Die Qualität der Ergebnisse wird nach Einschätzung der Statistischen Landesämter trotzdem den notwendigen Anforderungen genügen.

Beispiele für die Darstellung statistischer Informationen

a) Tabelle

Genehmigte Bauvorhaben in Wuppertal

Jahr	Wohngebäude insgesamt	Wohngebäude darin Wohnungen	Wohngebäude Baukosten	Nichtwohngebäude insgesamt	Nichtwohngebäude Rauminhalt[1]	Nichtwohngebäude Baukosten
	Anzahl	Anzahl	1 000 DM	Anzahl	1 000 m^3	1 000 DM
			Januar bis August d. J.			
1980	370	863	114 195	129	242,8	42 077
1981	204	589	80 265	116	127,1	29 969
1982	157	543	72 294	156	125,9	26 783
1983	170	647	83 309	97	97,5	23 195
1984	196	702	95 353	139	328,5	81 302
1985	157	504	67 033	93	98,6	16 574
			Jahreswerte			
1980	602	1 283	171 563	214	534,8	91 042
1981	397	1 198	152 770	197	263,3	52 877
1982	223	854	111 489	224	177,2	36 068
1983	274	1 037	137 775	163	281,9	50 975
1984	304	1 057	141 237	216	556,9	141 885

[1] Einschließlich Baumaßnahmen an bestehenden Gebäuden.

b) Säulengrafik

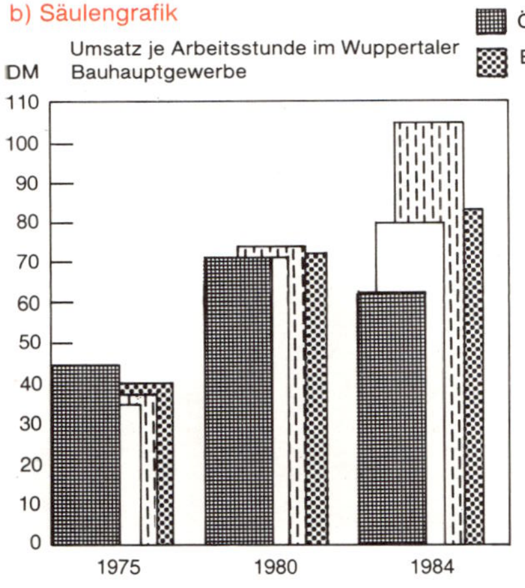

c) Kurvendiagramm

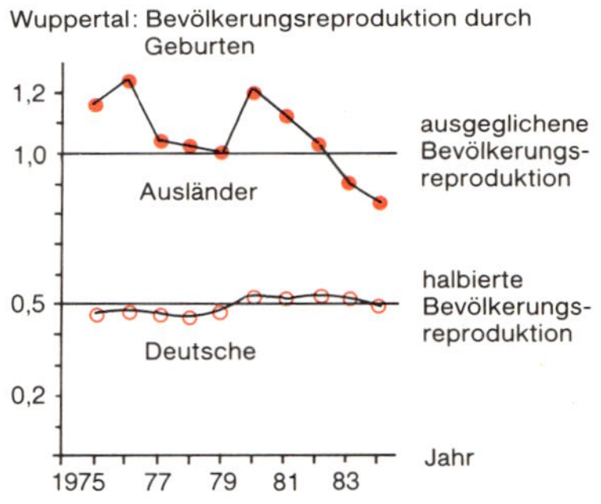

d) thematische Karte

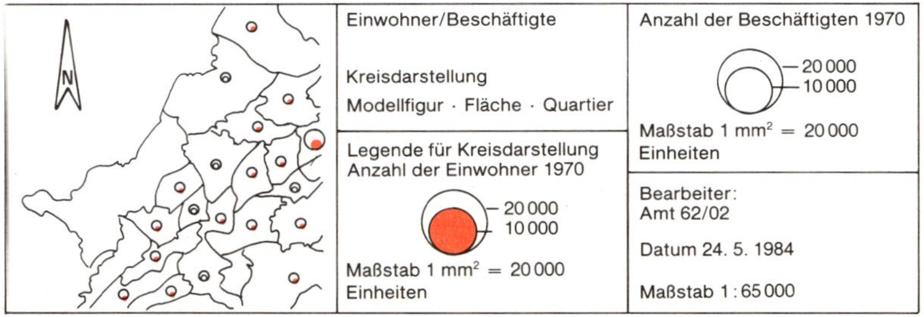

Raumordnung – Landesplanung, Regionalplanung

Die Begriffe Raumordnung und Landesplanung kennzeichnen die zielbezogene, fachübergreifende, überörtliche Einwirkung auf die Raum- und Siedlungsstruktur, also auf die räumliche Verteilung von Wohnungen, Arbeitsstätten, Infrastruktur und Freiräumen. Raumordnung und Landesplanung sind in der Bundesrepublik Deutschland auf mehreren Ebenen angesiedelt.

Der *Bund* hat aufgrund seiner Kompetenz nach Art. 75 Nr. 4 GG mit dem Raumordnungsgesetz (ROG 1965) Rahmenvorschriften und Grundsätze für die Raumordnung erlassen. Das Bundesraumordnungsprogramm (1975) enthält Aussagen für 38 funktional abgegrenzte Gebietseinheiten und bildet einen Rahmen für die Koordinierung der raumwirksamen Fachplanungen. Die Bundesregierung hat gemäß § 11 ROG dem Bundestag in vierjährigem Abstand einen Raumordnungsbericht vorzulegen.

Landesplanung ist Raumordnung auf der Ebene eines Bundeslandes. Die Länder stellen für ihr Gebiet übergeordnete Programme und Pläne auf (Raumordnungsprogramme, Landesentwicklungspläne). In den Stadtstaaten Berlin, Bremen und Hamburg stellt der Flächennutzungsplan die Landesplanung dar (§ 5 ROG). Die Ziele der Raumordnung und Landesplanung begründen eine Anpassungspflicht für die kommunale Bauleitplanung (§ 1 Abs. 4 Baugesetzbuch [BauGB]).

Die *Regionalplanung* ist historisch ein Vorläufer der Landesplanung (z. B. Siedlungsverband Ruhrkohlenbezirk 1920). Als regionale Raumordnung bzw. Landesplanung für Teilräume ist die Regionalplanung von den Ländern im Rahmen der Vorgaben des ROG zu einer intermediären Planung zwischen staatlicher Raumordnung und kommunaler Bauleit- und Entwicklungsplanung ausgestaltet worden. Da das Raumordnungsgesetz zu keiner einheitlichen Organisationsform der Regionalplanung verpflichtet und auch keine Angaben über Größe und Merkmale von Planungsregionen enthält, hat die Regelungskompetenz der Bundesländer zu einer Vielfalt der Organisationsformen geführt:

1. staatliche Regionalplanung durch das Innenministerium (Schleswig-Holstein);
2. kommunalverbandliche Regionalplanung durch kommunale Regionalverbände (Baden-Württemberg);
3. gemeinschaftliche Regionalplanung: Erarbeitung des Entwurfes durch eine Planungsstelle bei der Bezirksregierung, Beschluß durch ein Gremium aus den kommunalen Gebietskörperschaften der Region (Bayern, Hessen, Nordrhein-Westfalen, Rheinland-Pfalz);
4. Regionalplanung durch Landkreise (Niedersachsen).

Die Festsetzung der Regionalpläne geschieht in allen Fällen durch staatliche Instanzen. Allerdings werden die Regionalpläne zuvor durch kommunal besetzte Beschlußkörperschaften oder Beiräte inhaltlich stark mitbestimmt, bevor sie gegenüber den Gemeinden gemäß § 1 Abs. 4 BauGB Bindungswirkung erlangen.

Grundsätzlich haben die Behörden von Bund, Ländern und Gemeinden die Ziele der Raumordnung und Landesplanung zu beachten (§ 5 Abs. 4 ROG). Daneben enthalten viele Fachplanungsgesetze Raumordnungsklauseln, mit denen die Ziele der Raumordnung durchgesetzt werden sollen. Zielkonflikte zwischen Raumordnung und Fachplanungen werden im sog. Raumordnungsverfahren bearbeitet.

Raumordnung, Landesplanung und Regionalplanung bilden ein mehrstufiges System von Zielen und Maßnahmen mit steigender Detaillierung von oben nach unten sowie geregelten gegenseitigen Mitsprache- und Beteiligungsrechten der Planungsebenen (sog. Gegenstromprinzip). Das Instrumentarium der Raumordnung und Landesplanung besteht aus einem System von Gebietskategorien (Verdichtungsgebiete, ländliche Räume, Vorranggebiete usw.) sowie Zustands- und Zielindikatoren (Infrastrukturversorgung, Umweltsituation usw.).

Die Raumordnung kann ihre Ziele nur indirekt durch Koordination der raumwirksamen Maßnahmen der Fachplanungsträger realisieren. Ansätze zu einem Bundesentwicklungsplan oder Versuche einzelner Länder (z. B. Hessen), die Landesplanung mit der Aufgaben-, Investitions- und Finanzplanung zu verknüpfen und zu einer integrierten Landesentwicklungsplanung weiterzuentwickeln, haben sich nicht durchgesetzt.

Unter dem Eindruck eines großräumigen „Süd-Nord-Gefälles“ in der Bundesrepublik wird in jüngster Zeit der Auftrag aus Art. 72 Abs. 3 GG, die Einheitlichkeit der Lebensverhältnisse zu wahren, kritisch diskutiert und als Auftrag für eine Stärkung der Raumordnung und Landesplanung interpretiert.

Organisation der Raumordnung und Landesplanung

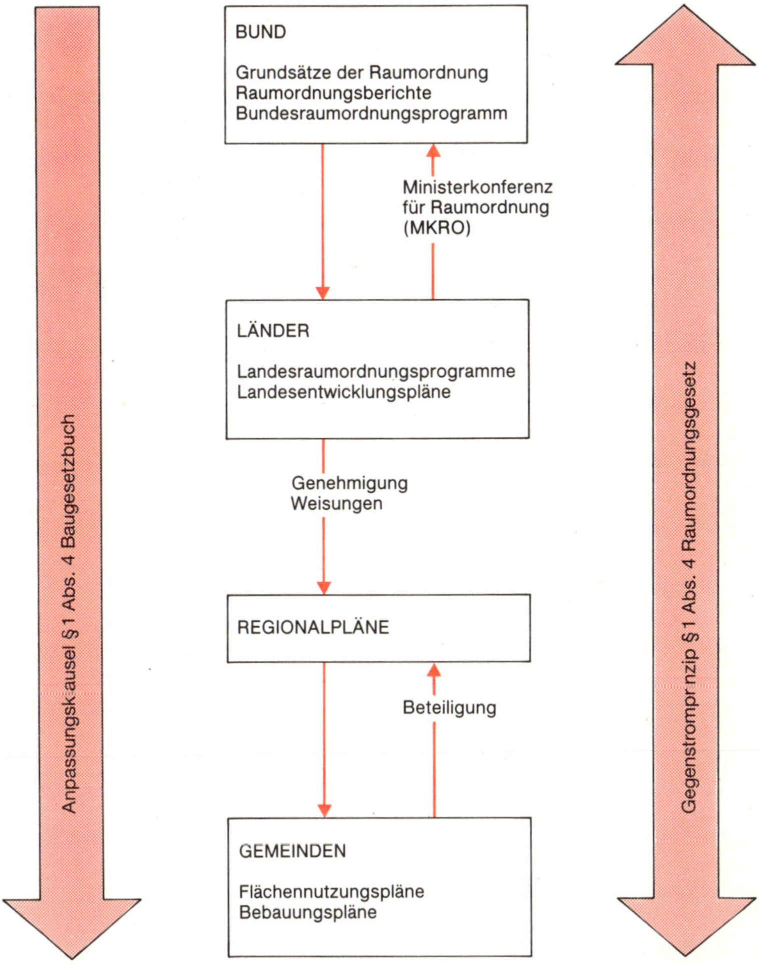

Fachplanungen – Planfeststellungsverfahren

Als räumliche Fachplanungen werden die hoheitlichen Planungen bezeichnet, mit denen die jeweils zuständigen staatlichen oder kommunalen Stellen (Fachplanungsträger) raumwirksame Maßnahmen für ihr Sachgebiet vorbereiten und durchführen. Typische Beispiele sind die Planungen für Fernstraßen, Bahnanlagen, Wasserstraßen und Flughäfen.

Fachplanungen beschränken sich sektoral auf die Maßnahmen eines Sachgebiets und sind deshalb von den fachübergreifenden und zusammenfassenden Gesamtplanungen (Landesplanung, Regionalplanung, Bauleitplanung) zu unterscheiden (vgl. S. 298). Da die Gesamtplanungen die gegenläufigen Ansprüche an den Raum (z. B. Wohnungsbaupläne einer Gemeinde auf der Fläche eines geplanten Flughafens) gegeneinander abwägen und in ein Gesamtkonzept integrieren, sind sie den Fachplanungen gegenüber grundsätzlich übergeordnet. Dies ist sowohl in § 5 Abs. 4 Raumordnungsgesetz wie in den sog. Raumordnungsklauseln der einzelnen Fachplanungsgesetze festgelegt.

Einige – vor allem neuere – Fachplanungen, wie die Landschaftsrahmenplanung, die Rohstoffsicherungsplanung, die Standortplanung für Kraftwerke und die forstliche Rahmenplanung, bedürfen sogar der Integration ihrer Darstellungen in die Landes- und Regionalpläne, um rechtlich gegenüber kommunalen Planungen und anderen Fachplanungen verbindlich zu werden *(integrierte Fachplanungen)*.

Demgegenüber sind andere Fachplanungen (z. B. Fernstraßenplanung, Bahnanlagenplanung) mit einem eigenen Durchsetzungsinstrumentarium, nämlich dem *Planfeststellungsverfahren* ausgestattet. Dieses Instrument verleiht den traditionellen Fachplanungen nicht nur eine faktisch starke Stellung gegenüber der Landes- und Regionalplanung, sondern sogar einen weitgehenden Vorrang gegenüber der kommunalen Bauleitplanung, denn sie sind an die Flächennutzungspläne der Gemeinden nur eingeschränkt (§ 7 Baugesetzbuch [BauGB]) und an die Bebauungspläne überhaupt nicht gebunden (§ 38 BauGB).

Zu den derart „privilegierten“ Fachplanungen zählen nach § 38 BauGB die bundesrechtlich geregelten Fachplanungen nach Bundesfernstraßengesetz, Bundesbahngesetz, Telegraphenwegegesetz, Luftverkehrsgesetz, Personenbeförderungsgesetz (U-Bahn-, Straßenbahnbau) und Abfallgesetz sowie die Landesfachplanungen des Verkehrs-, Wege- und Wasserrechts. Trotz ihres Vorrangs müssen die privilegierten Fachplanungen allerdings die ortsplanerischen Belange in der Planungsentscheidung berücksichtigen. Außerdem wird die Vereinbarkeit mit den überörtlichen Zielen der Landes- und Regionalplanung seit einigen Jahren häufiger in Raumordnungsverfahren geprüft, die dem Planfeststellungsverfahren vorgeschaltet sind.

Als Planfeststellungsverfahren wird das förmliche Verwaltungsverfahren bezeichnet, mit dem der (Bau)Plan für ein konkretes fachplanerisches Vorhaben (z. B. Autobahn, Landebahn, Talsperre) allgemeinverbindlich festgelegt wird. Der Verfahrensablauf ist in den Fachplanungsgesetzen und ergänzend in den Verwaltungsverfahrensgesetzen des Bundes (§ 72 ff. VwVfG) und der Länder geregelt. Das Verfahren beginnt mit der Vorlage des Planentwurfs durch den Träger des Vorhabens. Es folgt ein *Anhörungsverfahren*, in dem Stellungnahmen der durch das Vorhaben berührten Behörden eingeholt werden und der Plan einen Monat zur Einsicht in den Gemeinden ausgelegt wird, in denen sich das Vorhaben voraussichtlich auswirkt. Jeder Bürger, dessen Belange durch das Vorhaben berührt werden (z. B. durch Lärm), kann Einwendungen gegen den Plan erheben. Diese werden bei einem Erörterungstermin behandelt.

Nach Abwägung aller Belange durch die Planfeststellungsbehörde wird das Verfahren mit dem *Planfeststellungsbeschluß* abgeschlossen. Dieser Beschluß, der öffentlich bekannt gemacht wird, stellt die Zulässigkeit des Vorhabens gegenüber jedermann rechtswirksam fest und ersetzt alle erforderlichen sonstigen Genehmigungen (Konzentrationswirkung). Er bindet den Träger des Vorhabens, der nur nach den Festsetzungen des Beschlusses bauen darf und der verpflichtet ist, die festgesetzten Schutzauflagen (z. B. Lärmschutzwälle, Unterführungen, Wasserrückhaltebecken) zu erstellen. Der Beschluß bindet auch die Gemeinden in ihrer kommunalen Planung und die betroffenen Bürger, die sich nach der Unanfechtbarkeit des Beschlusses nicht mehr gegen die Planung zur Wehr setzen können. Der Beschluß ist Grundlage für spätere Enteignungsverfahren. Er kann vor den Verwaltungsgerichten angegriffen und auf Rechtsfehler hin überprüft werden.

Planfeststellungsverfahren

Planentwurf
für eine Teilstrecke einer Bundesautobahn

Der Träger des Vorhabens reicht den Planentwurf bei der Anhörungsbehörde ein.

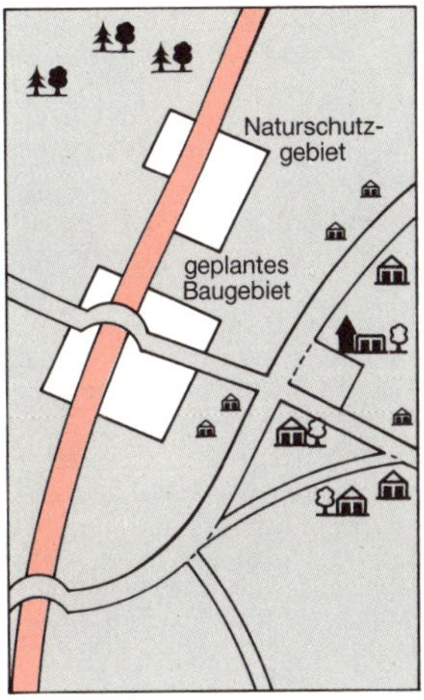

untere Naturschutzbehörde

Gemeinde

Bürger, deren Grundstücke in Anspruch genommen werden oder die durch Lärm beeinträchtigt werden.

Die Anhörungsbehörde holt die Stellungnahmen der berührten Behörden ein.

Der Plan wird in den Gemeinden, in denen sich das Vorhaben voraussichtlich auswirkt, einen Monat zur Einsicht ausgelegt. Die Auslegung wird öffentlich bekanntgemacht.

Jeder Bürger, dessen Belange durch das Vorhaben berührt werden, kann Einwendungen gegen den Plan erheben.

Die Einwendungen werden auf einem Erörterungstermin behandelt.

festgestellter Plan durch die höhere Verwaltungsbehörde

Die Planfeststellungsbehörde prüft die nicht berücksichtigten Einwendungen, wägt die für und gegen die Planung sprechenden Belange ab und entscheidet über zusätzliche Schutzvorkehrungen.

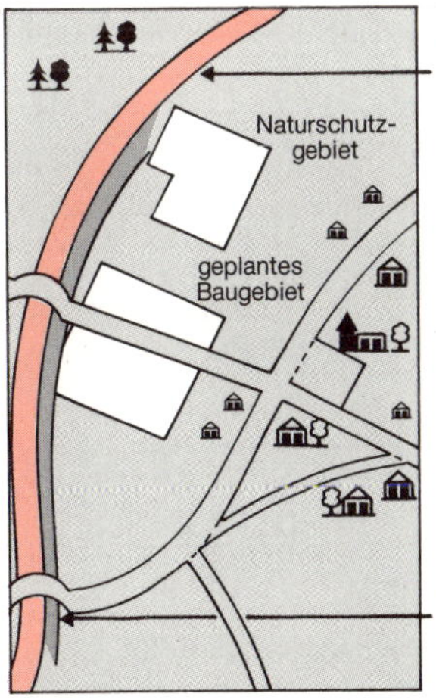

Trassenänderung

Lärmschutzwälle

Planfeststellungsbeschluß:
Die Zulässigkeit des geplanten Vorhabens wird gegenüber jedermann rechtswirksam festgestellt. Der Beschluß wird öffentlich bekanntgemacht.

Städtebaurecht – Öffentliches Baurecht

Das öffentliche Baurecht umfaßt die Gesamtheit der Rechtsvorschriften, die die Zulässigkeit und die Grenzen, die Ordnung und die Förderung der baulichen Nutzung des Bodens, insbesondere durch Errichtung, bestimmungsgemäße Nutzung, wesentliche Veränderungen und Beseitigung baulicher Anlagen, betreffen. Die Gesetzgebungskompetenz für das öffentliche Baurecht ist nach dem Grundgesetz zwischen dem Bund und den Ländern aufgeteilt.

Das vom Bund geregelte öffentliche Baurecht umfaßt das *Städtebaurecht* sowie zahlreiche fachgesetzliche Vorschriften über das Baugeschehen. Die wichtigste Rechtsquelle des Städtebaurechts war bis zum 1. 7. 1987 das Bundesbaugesetz, ergänzt um Sonderregelungen über städtebauliche Sanierungs- und Entwicklungsmaßnahmen durch das Städtebauförderungsgesetz. An ihre Stelle ist seit 1. 7. 1987 das *Baugesetzbuch* getreten. Zum Städtebaurecht des Bundes zählen weiterhin die Baunutzungsverordnung, die Wertermittlungsverordnung und die Planzeichenverordnung. Die Gesetzgebungszuständigkeit des Bundes für das Städtebaurecht und damit das Baugesetzbuch ergibt sich aus Art. 74 Nr. 18 GG. Danach hat der Bund unter den Voraussetzungen des Art. 72 Abs. 2 GG („konkurrierende Gesetzgebung“) das Gesetzgebungsrecht für das Bodenrecht. Im einzelnen ergeben sich hieraus Gesetzgebungszuständigkeiten für das Recht der städtebaulichen Planung, das Recht der Grundstücksumlegung und -zusammenlegung, das Recht der Bodenbewertung und das Erschließungsrecht sowie das Bodenverkehrsrecht. Zum Bodenrecht rechnet dagegen nicht das Bauordnungsrecht einschließlich des Baugestaltungsrechts; hier liegt die Gesetzgebungszuständigkeit bei den Ländern.

Mit dem Städtebaurecht sind die im Bundesrecht geregelten Materien des öffentlichen Baurechts keineswegs abschließend beschrieben. In einer Reihe *weiterer Rechtsbereiche* sind teils einzelne, teils umfassende Regelungen für das Bauen enthalten, die z. T. für alle Bauvorhaben, z. T. für Bauvorhaben in besonderer örtlicher Lage, z. T. nur für Sonderbauten gelten: Immissionsschutzrecht, Zivilschutzrecht, Naturschutzrecht, Gewerbe- und Arbeitsstättenrecht, Wasserhaushaltsrecht, Bundesfernstraßenrecht, Fluglärmschutzrecht, Luftverkehrsrecht, Flurbereinigungsrecht, Gaststättenrecht, Heimarbeitsrecht, Atomrecht, Wasserstraßenrecht, Waldrecht, Personenbeförderungsrecht, Abfallrecht, Lebensmittelrecht, Arzneimittelrecht, Gesundheitsrecht, Tierschutzrecht, Energieeinsparungsrecht sowie Wohnungsbaurecht, Wohnungsbindungsrecht und Steuerrecht.

Die wichtigsten Rechtsquellen für das *öffentliche Baurecht der Länder* sind die in allen elf Bundesländern bestehenden *Bauordnungen*, die nach dem Vorbild einer von den Ländern unter Mitwirkung des Bundes gemeinsam erarbeiteten Musterbauordnung erlassen wurden. Das Bauordnungsrecht regelt die Ausführung der baulichen Anlagen auf dem Grundstück. Das materielle Bauordnungsrecht umfaßt Vorschriften über die Errichtung, Erhaltung, Änderung, Nutzung und den Abbruch von baulichen Anlagen. Es dient der Abwehr von Gefahren für die öffentliche Sicherheit und Ordnung (z. B. baukonstruktive Vorschriften), der Verhinderung von Verunstaltungen (Baugestaltungsrecht), der Berücksichtigung wohlfahrts- und sozialpflegerischer Belange (z. B. Vorschriften über Spielplatz-, Garagen- und Grünanlagenbaupflicht). Das formelle Bauordnungsrecht schafft vor allem die Grundlage für das *bauaufsichtliche Genehmigungsverfahren*. Durch die bauaufsichtlichen Vorschriften über die Baugenehmigung werden Städtebaurecht und Bauordnungsrecht miteinander verknüpft, da eine Baugenehmigung nur erteilt werden darf, wenn das Vorhaben öffentlichrechtlichen Vorschriften entspricht.

Auch im *Landesrecht* bestehen neben dem Bauordnungsrecht zahlreiche *weitere* für das öffentliche Baurecht bedeutsame *Regelungen*, z. B. für den Denkmalschutz, Naturschutz, die Landschaftspflege, das Wasser-, Straßen-, Schul-, Feuerwehr- und Kommunalabgabenrecht.

Rechtsquellen des öffentlichen Baurechts sind auch die *gemeindlichen Satzungen und Verordnungen*, z. B. für Stellplätze, Kinderspielplätze oder Gestaltungssatzungen. Als Rechtsquelle für das öffentliche Baurecht ist weiterhin die eigenständige Rechtsmaterie des *Raumordnungs- und Landesplanungsrechts* (vgl. S. 298) zu nennen. Für den Bereich der Raumordnung als die zusammenfassende und übergeordnete Planung und Ordnung des Raumes hat der Bundesgesetzgeber nach Art. 75 Nr. 4 GG eine Rahmenkompetenz, von der er durch Erlaß des Raumordnungsgesetzes (ROG) Gebrauch gemacht hat.

Die Wurzeln des Bau- und Planungsrechts

1 Bauordnungs- recht	2 Nachbarrecht	3 örtliches Planungsrecht	4 überörtliches Planungsrecht
• Brandschutz • Abfallbeseiti- gung • Baupflicht innerhalb der Stadtmauern	• Fensterrechte • Lichtrechte • Hammer- schlagrechte • Leiterrechte • Traufrechte	• Monarchische Ästhetik • Stadterweite- rungen des 19. Jahr- hunderts	
früher:			
• Stadtrechts- bücher	• Preußisches Allgemeines Landrecht von 1794 Gemeines Recht	• Preußisches Fluchtlinien- gesetz von 1875 • Süddeutsche Bauordnungen	z. B. • Zweckverband Groß-Berlin (1911) • Siedlungs- verband Ruhr (1920)
heute:			
• Landesbau- ordnungen • Spezialgesetze	• Nachbar- rechtsgesetze Bürgerliches Gesetzbuch • Öffentliches Nachbarrecht (Recht- sprechung)	Baugesetz- buch Baunutzungs- verordnung	Raumordnungs- gesetze Landesplanungs- gesetze

Quelle: Schmidt-Eichstaedt, G.: Einführung in das neue Städtebaurecht. Stuttgart u. a. 1987.

Systematik des Bau- und Planungsrechts

	Überörtliches Planungsrecht	Örtliches Planungsrecht	Bauordnungs- recht	„Nebenrecht“
Bund	Gesetze und Programme: • Bundesraum- ordnungs- gesetz • Raum- ordnungs- bericht • Raum- ordnungs- programm	Gesetze und Verordnungen: • Baugesetz- buch • Baunutzungs- verordnung • Planzeichen- verordnung		Gesetze und Verordnungen, z. B.: • Bundes- immissions- schutzgesetz • Bundesnatur- schutzgesetz
Länder	Gesetze und Pläne: • Landes- planungs- gesetz • Landes- entwicklungs- pläne • Regionalpläne	Ausführungs- gesetze und Durchführungs- verordnungen	Gesetze und Verordnungen, z. B.: • Bauordnung • Stellplatz- verordnung • Versamm- lungsstätten- verordnung	Gesetze und Verordnungen, z. B.: • Naturschutz- gesetz • Denkmal- schutzgesetz • Schutzgebiets- verordnungen
Gemeinden		Satzungen und sonstige Pläne, z. B.: • Flächen- nutzungsplan • Bebauungs- plan • Sanierungs- satzung	Satzungen, z. B.: • Gestaltungs- satzungen • Spielplatz- satzungen • Stellplatz- satzungen	Satzungen, z. B.: • Grünordnungs- pläne • Denkmal- bereichs- satzungen

Kommunale Bauleitplanung – Flächennutzungsplan, Bebauungspläne

Die Bauleitplanung ist das zentrale Instrument des Städtebaurechts. Sie hat die *Aufgabe*, die bauliche und sonstige Nutzung der Grundstücke einer Gemeinde vorzubereiten und zu leiten. Die Bauleitpläne sollen eine geordnete städtebauliche Entwicklung und eine dem Wohl der Allgemeinheit entsprechende sozialgerechte Bodennutzung gewährleisten. Sie sollen dazu beitragen, eine menschenwürdige Umwelt zu sichern und die natürlichen Lebensgrundlagen zu schützen und zu entwickeln.

Die Bauleitpläne sind von den Gemeinden in eigener Verantwortung aufzustellen (§ 2 Abs. 1 Baugesetzbuch [BauGB]). Die Bauleitplanung ist ein Kernbestandteil der *kommunalen Planungshoheit* und damit des verfassungsrechtlich garantierten Selbstverwaltungsrechts der Gemeinde für die Angelegenheiten der örtlichen Gemeinschaft (Art. 28 Abs. 2 GG).

Die gemeindliche Bauleitplanung ist dabei eingebettet in örtliche Planungen sowie in überörtliche Gesamt- und Fachplanungen:

- andere gemeindliche Planungen, etwa die gemeindliche Entwicklungsplanung, die Finanz-, Schul-, Verkehrs- und Haushaltsplanung;
- die Bauleitplanung benachbarter Gemeinden; hier besteht ein Abstimmungsbedarf (§ 2 Abs. 2 BauGB);
- überörtliche Planungen, v. a. Raumordnung und Landesplanung (vgl. S. 302) einschließlich der Regionalplanung, an deren Ziele die Bauleitplanung anzupassen ist (§ 1 Abs. 4 BauGB);
- sonstige raumbedeutsame Planungen und Maßnahmen anderer Hoheitsträger, mit denen die Bauleitplanung abzustimmen ist (§ 3 BauGB).

Der Gemeinde stehen nach dem Baugesetzbuch zwei Arten von Bauleitplänen zur Verfügung: als vorbereitender Bauleitplan der Flächennutzungsplan und als verbindlicher Bauleitplan der Bebauungsplan (§ 1 Abs. 2 BauGB). Die Bauleitplanung ist also eine zweistufige Planung.

Der *Flächennutzungsplan* stellt als vorbereitender Plan für das ganze Gemeindegebiet die beabsichtigte Art der Bodennutzung nach den voraussehbaren Bedürfnissen der Gemeinde in den Grundzügen dar (§ 5 Abs. 1 BauGB). Der Flächennutzungsplan hat jedoch noch keine unmittelbare Rechtswirkung nach außen. Er stellt nicht das schon im einzelnen bestimmte „Bauland" oder gar die genauen Verkehrsflächen dar, sondern nur – „grobmaschig" – Bauflächen, Baugebiete, Verkehrsflächen usw.

Der *Bebauungsplan* enthält demgegenüber die rechtsverbindlichen Festsetzungen für die städtebauliche Ordnung und bietet die Grundlage für weitere zum Vollzug des BauGB erforderliche Maßnahmen. Der Bebauungsplan wird aus dem Flächennutzungsplan entwickelt; er hat als Satzung Rechtsnormencharakter. Bei der Aufstellung der Bauleitpläne sind die öffentlichen und privaten Belange gegeneinander und untereinander gerecht abzuwägen. Als Mittel der Darstellung bzw. Festsetzung im Bauleitplan kommen Zeichnung, Farbe, Schrift oder Text in Betracht.

Über das *Verfahren* der Aufstellung von Bauleitplänen enthält das BauGB folgende wesentliche Regelungen: Das Verfahren beginnt mit einem Beschluß der Gemeinde über die Aufstellung eines Bauleitplans. Die Bürger sind möglichst frühzeitig über die allgemeinen Ziele und Zwecke der Planung und ihre Auswirkungen sowie über eventuelle Alternativen zu unterrichten. Vor allem ist den Bürgern Gelegenheit zur frühzeitigen Äußerung und Erörterung zu geben. Auch die Träger öffentlicher Belange (z. B. Straßenbauämter, staatliche Behörden) sind frühzeitig zu beteiligen. Hat sich das Planungsverfahren zu beschlußfähigen Planentwürfen verfestigt, so beginnt mit dem ortsüblich bekanntzumachenden Auslegungsbeschluß das mit Fristen und Verfahrensvorschriften streng formalisierte Auslegungsverfahren. Über den aufgrund von dem Auslegungsverfahren vorgebrachten Bedenken und Anregungen geänderten Plan beschließt der Gemeinderat.

Flächennutzungspläne bedürfen der Genehmigung durch die höhere Verwaltungsbehörde (§ 6 BauGB). Bebauungspläne sind in der Regel nur anzuzeigen (§ 11 BauGB). Sowohl bei Flächennutzungs- wie bei Bebauungsplänen ist die Aufsichtsbehörde auf die Kontrolle der Rechtmäßigkeit der Planung beschränkt (Rechtsaufsicht).

Die Genehmigung des Flächennutzungsplans oder des Bebauungsplans oder die Durchführung des Anzeigeverfahrens ist ortsüblich bekanntzumachen. Mit der Bekanntmachung werden die Bauleitpläne wirksam.

Verfahren der Aufstellung von Bauleitplänen durch die Gemeinden nach dem Baugesetzbuch

§§-Fahrplan: Verfahren der Bauleitplanung		§§
①	Vorlaufphase	1 Abs. 3
②	Aufstellungsbeschluß	2 Abs. 1
③	Bürgerbeteiligung – erste Stufe: frühzeitige Bürgerbeteiligung	3 Abs. 1
④	Beteiligung der Träger öffentlicher Belange und der Nachbargemeinden einschließlich der	4 1 Abs. 4
⑤	Anpassung an die Ziele der Raumordnung und Landesplanung	1 Abs. 4
⑥	Abwägungsvorgang: Die öffentlichen und privaten Belange sind gegeneinander und untereinander gerecht abzuwägen	1 Abs. 5 1 Abs. 6
⑦	Beschluß der Gemeinde über das Abwägungsergebnis. Auslagebeschluß	3 Abs. 2
⑧	Bürgerbeteiligung – zweite Stufe: öffentliche Planauslage. Neue Argumente? Wiederholung der Abwägung und der Auslage	3 Abs. 2, 3
⑨	Satzungsbeschluß der Gemeindevertretung (beim Flächennutzungsplan: einfacher Beschluß)	10 5, 6
⑩	Genehmigungs- bzw. Anzeigeverfahren	6, 11
⑪	Bekanntmachung der Genehmigung bzw. der Durchführung des Anzeigeverfahrens	6, 12
⑫	Inkrafttreten des Plans	6, 12

Quelle: Schmidt-Eichstaedt, G.: Einführung in das neue Städtebaurecht. Stuttgart u.a. 1987.

Schematische Aufgliederung der Bauflächen in Baugebiete (lt. Baunutzungsverordnung) und ihre Darstellungsweise (lt. Planzeichenverordnung)

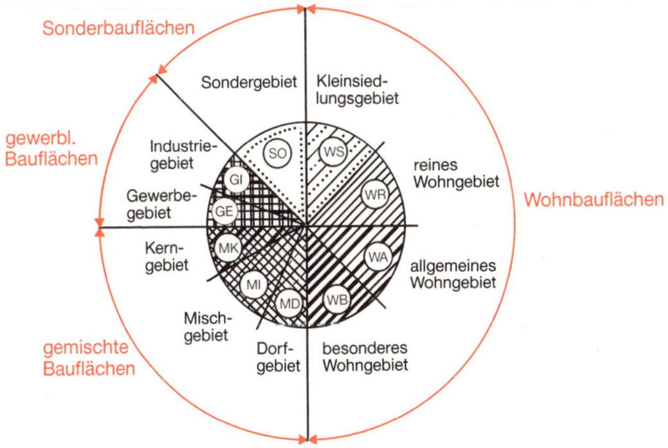

Quelle:
Arbeitsmappe Bauleitplanung. Köln u.a. 1981.

Bauaufsicht – Baugenehmigung

Die Bauaufsicht hat die Aufgabe, Bauvorhaben daraufhin zu überwachen, daß die einschlägigen öffentlich-rechtlichen Vorschriften eingehalten werden. Hierzu gehören nicht nur die *Bauordnungen* der Bundesländer, sondern auch sonstige bundes- oder landesrechtliche Vorschriften aus den Bereichen Planungsrecht, Naturschutz, Immissionsschutz-, Energieeinsparungs- und Denkmalschutzrecht. Die Bauaufsicht erstreckt sich auf bestehende Gebäude und auf Bauvorhaben. Dabei hat sie im einzelnen folgende Vorgänge und Vorhaben zu überwachen:

- Die Bebauung der Grundstücke mit Gebäuden;
- Einhaltung der Abstandsflächen;
- Einhaltung der Grundstücksgrenzen;
- Gestaltung der nicht überbaubaren Flächen;
- Einrichtung von Kinderspielplätzen;
- Einrichtung von Gemeinschaftsanlagen;
- Einrichtung von Zugängen und Zufahrten, Stellplätzen und Garagen;
- Nutzung der baulichen Anlagen und Nutzungsänderungen;
- Abriß von Gebäuden und baulichen Anlagen.

Ein wesentliches Instrument der Bauaufsicht ist die *Baugenehmigung*. Die Genehmigungspflicht für Errichtung, Änderung, Nutzungsänderung und Abriß von baulichen Anlagen ist ein sog. präventives Verbot mit Erlaubnisvorbehalt. Sie soll sicherstellen, daß geplante Vorhaben tatsächlich dem geltenden öffentlichen Recht entsprechen. Soweit dies der Fall ist, besteht ein Rechtsanspruch des Antragstellers auf die Baugenehmigung. Nicht alle Bauvorhaben sind genehmigungspflichtig. In den Bauordnungen finden sich umfangreiche Kataloge mit den sog. genehmigungsfreien Vorhaben. Auch solche Vorhaben müssen aber den sachlichen Vorschriften des öffentlichen Rechts entsprechen. Das Baugenehmigungsverfahren beginnt mit der Einreichung eines schriftlichen Antrages und der Bauvorlagen, meist durch einen sog. bauvorlageberechtigten Entwurfsverfasser. Die Bauaufsichtsbehörde prüft u.a. die Standsicherheit, den Feuchtigkeitsschutz, den Brandschutz, die Decken und Dächer, die Rettungswege, die haustechnischen Anlagen und Feuerungsanlagen usw.

Bei ihrer Entscheidung über den Bauantrag kann die Bauaufsichtsbehörde einerseits *Ausnahmen* oder *Befreiungen* von den baurechtlichen Vorschriften gewähren, andererseits aber auch Nebenbestimmungen erlassen. Ausnahmen vom Bauordnungsrecht sind möglich bei nichtzwingenden Vorschriften, Befreiungen bei zwingenden Vorschriften. Ausnahmen vom Planungsrecht sind möglich, soweit sie in einem Bebauungsplan bereits vorgesehen sind. Befreiungen vom Planungsrecht sind Abweichungen in den nicht vorgesehenen Fällen. Befreiungen vom Bauordnungs- wie vom Planungsrecht sind nur unter bestimmten Voraussetzungen möglich. Denkbar sind schließlich auch *Teilbaugenehmigungen*.

Vielfach werden wesentliche Einzelfragen der Bebaubarkeit eines Grundstücks im Wege einer Voranfrage durch einen *Bauvorbescheid* geklärt. Dieser ist dann für das nachfolgende Baugenehmigungsverfahren verbindlich. Während der Durchführung von Baumaßnahmen hat die Bauaufsicht die der Genehmigung entsprechende Erstellung des Bauwerks zu überwachen. Sie kann dazu die Baustelle betreten, in Fällen von Rechtsverstößen u.U. die Bauarbeiten einstellen und hat schließlich bestimmte Teile des Bauwerks und das Gesamtbauwerk nach Fertigstellung „abzunehmen".

Bestehende Bauwerke müssen mindestens in dem Zustand erhalten werden, der den bei ihrer Errichtung geltenden Vorschriften entspricht. Die Bauaufsicht überwacht hier auch, daß Verunstaltungen oder Störungen des Straßen- oder Ortsbildes unterbleiben. An bestehende Bauten können *Nachforderungen* aufgrund zwischenzeitlich geänderter Vorschriften (z.B. Wärmedämmung, Stellplätze) nur in Ausnahmefällen zur Vermeidung von Gefährdungen insbesondere von Leben und Gesundheit gestellt werden. Grundsätzlich genießen einmal rechtmäßig errichtete Gebäude den sog. *Bestandsschutz*. Werden bestehende Gebäude wesentlich geändert, so können derartige Nachforderungen allerdings gestellt werden.

Bei ohne Baugenehmigung erstellten Anlagen („Schwarzbauten") prüft die Behörde zunächst, ob diese auch „materiell baurechtswidrig" sind. Ist dies der Fall, kann die Beseitigung verfügt werden. Entsprechendes gilt für eine unzulässige Nutzung von baulichen Anlagen.

Die Bauaufsicht ist eine den Gemeinden bzw. Kreisen übertragene Auftragsangelegenheit. Zuständig sind in der Regel im Bereich kleinerer Gemeinden die Landkreise, sonst die Bauaufsichts- oder Bauordnungsämter in den Gemeinden.

Das Baugenehmigungsverfahren

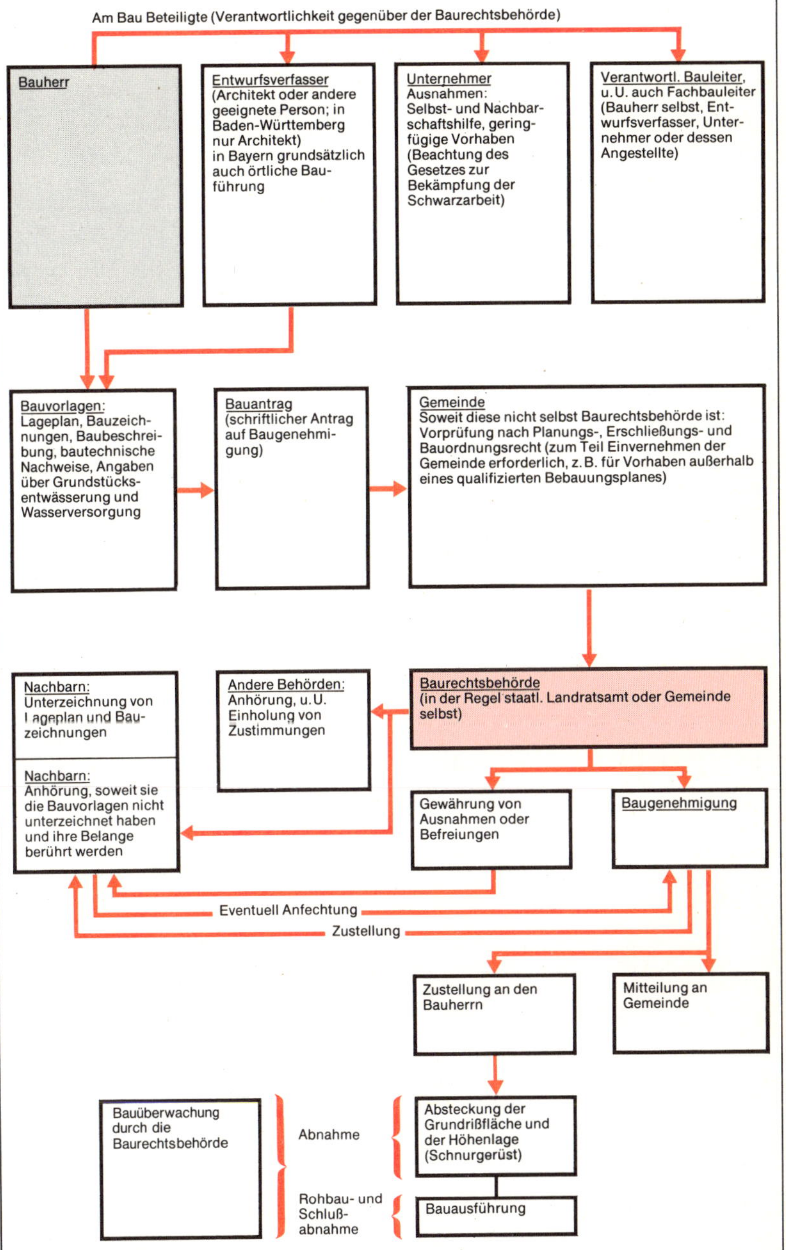

Stadt- und Dorferneuerung

Nach dem Wiederaufbau der kriegszerstörten Städte und Gemeinden und der Phase der Stadt- und Dorferweiterungen in den 1950er und 1960er Jahren ist seit Anfang der 1970er Jahre die städtebauliche Erneuerung von Städten und Dörfern zur Schwerpunktaufgabe des Städtebaus geworden. Bei der Stadt- und Dorferneuerung geht es um die Schaffung zeitgerechter Wohn- und Arbeitsverhältnisse, um die Verbesserung der städtebaulichen Funktion von Gebieten, insgesamt um die Behebung städtebaulicher Mißstände oder Mängel. Obwohl der Begriff Stadterneuerung nur auf Städte abzielt, stellen sich Aufgaben der städtebaulichen Erneuerung in ganz erheblichem Umfang auch in dörflichen Gemeinden.

Im einzelnen geht es bei der städtebaulichen Erneuerung in Stadt und Land im wesentlichen um folgende Aufgaben und Maßnahmen:

- Verbesserung der Wohnverhältnisse ([Altbau-]Modernisierung, Instandsetzung);
- Erhaltung historischer Bausubstanz;
- Wohnumfeldverbesserung (z. B. durch Verkehrsberuhigung, Begrünung);
- Erhöhung der Attraktivität von Quartieren und Ortszentren;
- Verbesserung der städtebaulichen Situation von Handel, Gewerbe und Industrie;
- Verbesserung der Infrastrukturausstattung (z. B. Kindergärten, Altenheime);
- Verbesserung der Verkehrserschließung (z. B. Bau von Parkhäusern, Umgehungsstraßen, Verkehrsberuhigung);
- Verringerung von Umweltbelastungen (z. B. Verlagerung von störenden Betrieben, Lärmschutzmaßnahmen);
- Sicherung preisgünstiger Wohnungen für einkommensschwache Schichten;
- Veränderung der Sozialstruktur bestimmter Quartiere.

In den letzten Jahren werden zunehmend eine Reihe von „neuen städtebaulichen Aufgaben" erkannt und angegangen, zu denen insbesondere gehören: Die Revitalisierung von sog. Nutzungsbrachen (nicht mehr genutzte Industrieflächen), die Sanierung von sog. Altlasten (Bodenverunreinigungen an alten Industriestandorten), Standortsicherung von Betrieben in sog. Gemengelagen von Wohnen und Gewerbe, Maßnahmen des ökologischen Städtebaus (z. B. Renaturierung von Gewässern und Bodenformationen), Nachbesserungen in (Groß-)Siedlungen der Nachkriegszeit.

Vom Gesamtansatz her lassen sich deutliche Änderungen in den Stadt- und Dorferneuerungskonzeptionen seit Beginn der 1970er Jahre erkennen: Standen zunächst sog. Flächensanierungen mit erheblichen Abrissen und Eingriffen in vorhandene städtebauliche Strukturen im Vordergrund, so dominieren seit Ende der 1970er Jahre Konzepte der „behutsamen" Stadt- und Dorferneuerung.

Obwohl die Stadt- und Dorferneuerung inzwischen auf erhebliche Erfolge verweisen kann, ist auch weiterhin ein finanziell nur unzureichend abdeckbarer Bedarf vorhanden. Stadt- und Dorferneuerung werden auch künftig eine Daueraufgabe sein.

Für Maßnahmen der Stadt- und Dorferneuerung steht eine Vielzahl von Regelungen und Förderprogrammen des Bundes, der Länder und auch einzelner Gemeinden bereit. Von besonderer Bedeutung war von 1971 bis 1987 das Bund-Länderprogramm nach dem Städtebauförderungsgesetz (StBauFG) von 1971. Dieses Gesetz bot sowohl besondere Planungs- und Durchsetzungs- als auch besondere Förderregelungen und eine von Bund, Ländern und Gemeinden zu je einem Drittel getragene Finanzierung an. Die Planungs- und Durchsetzungsregelungen dieses Gesetzes sind in weiterentwickelter Form im Sanierungsrecht des Baugesetzbuchs (BauBG) von 1987 aufgegangen. Die Finanzierungsregelung wird derzeit jedenfalls bis 1990 auf der Grundlage einer Verwaltungsvereinbarung zwischen Bund und Ländern fortgeführt. Alle Länder haben Dorferneuerungsprogramme, deren finanzielle Ausstattung allerdings stark variiert. Daneben gibt es für den städtischen Bereich Landessanierungsprogramme, Modernisierungsprogramme, Wohnumfeldprogramme. Zahlreiche Städte haben im Rahmen ihrer Selbstverwaltung (vgl. S. 186) eigene Stadterneuerungsprogramme entwickelt.

Für die Durchführung von Stadt- und Dorferneuerungsmaßnahmen haben sich inzwischen bestimmte Standards entwikkelt, die weitgehend vom Sanierungsrecht des StBauFG bzw. BauGB geprägt sind. Wesentliche Merkmale sind eine intensive Beteiligung und Beratung der Betroffenen, eine gründliche planerische Vorbereitung der Maßnahmen und eine Beteiligung der öffentlichen Hand an der Finanzierung der Durchführung der Erneuerung.

Typischer Ablauf einer Stadterneuerung nach Sanierungsrecht (§§ 136 ff. Baugesetzbuch)

Vorbereitung
(ist Aufgabe der Gemeinde)

- vorbereitende Untersuchungen
- förmliche Festlegung des Sanierungsgebiets
- Bestimmungen der Ziele und Zwecke der Sanierung
- Städtebauliche Planung; Bauleitplanung oder Rahmenplanung, soweit für die Sanierung erforderlich
- Erörterung und Fortschreibung des Sozialplans
- Einzelne Ordnungs- und Baumaßnahmen, die vor einer förmlichen Festlegung des Sanierungsgebiets durchgeführt werden

Durchführung

- Ordnungsmaßnahmen
- Baumaßnahmen
- fortlaufende Aufgaben aus der Vorbereitung

Ordnungsmaßnahmen
(sind Aufgaben der Gemeinde)

- Bodenordnung einschließlich des Erwerbs von Grundstücken
- Umzug von Bewohnern und Betrieben
- Freilegung von Grundstücken
- Herstellung und Änderung von Erschließungsanlagen
- Maßnahmen, die notwendig sind, damit die Baumaßnahmen durchgeführt werden können

Baumaßnahmen
(sind grundsätzlich Aufgabe der Eigentümer, bei Gemeindebedarfs- und Folgeeinrichtungen der Gemeinde)

- Modernisierung und Instandsetzung
- Neubebauung und Ersatzbauten
- Errichtung und Änderung von Gemeindebedarfs- und Folgeeinrichtungen
- Verlagerung oder Änderung von Betrieben

Abschluß

- Aufhebung der Satzung zur Gebietsfestlegung
- Förderungs- und beitragsrechtliche Abrechnung. Erhebung von Ausgleichsbeträgen

Denkmalschutz – Denkmalpflege

Unter *Denkmalschutz* sind alle Maßnahmen zu verstehen, die auf die Erhaltung von Denkmälern gerichtet sind bzw. Gefahren von ihnen abwehren. Dagegen umfaßt die *Denkmalpflege* alle fachlichen Aufgaben, die auf eine angemessene Behandlung der Denkmäler abzielen. Hierzu kommen in erster Linie tatsächliche Maßnahmen wie Konservierung, Restaurierung usw. in Betracht. Denkmalschutz und -pflege haben seit Mitte der 1970er Jahre erheblich an Bedeutung gewonnen. Vom Europäischen Denkmalsjahr 1975 gingen entscheidende Impulse insbesondere auf die Landesgesetzgebung zum Denkmalschutz aus. Denkmalschutz und -pflege sind staatliche Aufgaben im Zuständigkeitsbereich der Länder. Im konkreten Vollzug sind sie aber zu wesentlichen Teilen und mit länderweisen Unterschieden auf die kreisfreien Städte und die Landkreise als Untere Denkmalschutzbehörden übertragen.

Gegenstand von Denkmalschutz und -pflege sind die Denkmäler, bei denen im einzelnen Baudenkmäler, Ensembles, Bodendenkmäler und bewegliche Denkmäler unterschieden werden. Nach den Begriffsbestimmungen der Landesdenkmalgesetze sind Denkmäler von Menschen geschaffene Sachen oder Teile von Sachen, die aus vergangenen Zeiten stammen und deren Erhaltung in Anbetracht ihrer geschichtlichen, künstlerischen, städtebaulichen oder volkskundlichen Bedeutung im öffentlichen Interesse liegt. *Bodendenkmäler* sind meist unter der Erdoberfläche befindliche vor- und frühgeschichtliche Objekte wie z.B. Gräber, Wallanlagen, Wohn- und Kultstätten. Zu den beweglichen Denkmälern gehören Bücher, Bilder, Kultgeräte. Unter *Ensemble* wird eine Mehrheit von Denkmälern verstanden, die nicht nur einzeln, sondern auch als Gesamtheit sowie u.U. auch im Zusammenhang mit ihrer Umgebung geschützt werden sollen. In Betracht kommen hier historische Plätze, Straßenzüge, u.U. auch ganze Altstadtkerne. Wurden zunächst vor allem Denkmäler älterer Herkunft unter Schutz gestellt, so geht es in der neuesten Phase des Denkmalschutzes auch um bauliche Anlagen des späten 19. Jahrhunderts sowie des 20. Jahrhunderts. Typische Beispiele für diese Ausweitung des Denkmalbegriffs sind Industriebauten, Siedlungen des sozialen Wohnungsbaus der 1920er Jahre, Bauten der 1950er Jahre.

Gesetzliche Grundlagen für Denkmalschutz und -pflege sind vor allem die in den 1970er Jahren in allen Bundesländern geschaffenen Denkmalschutzgesetze. Das Gesetz zum Schutz des deutschen Kulturguts gegen Abwanderung ergänzt diese Gesetze auf Bundesebene ebenso wie die Haager Konvention zum Schutz von Kulturgut bei bewaffneten Konflikten und die Europäische Kulturkonvention auf übernationaler Ebene. Von erheblicher Bedeutung sind auch steuerrechtliche Sonderregelungen für die bauliche Instandhaltung von Denkmälern. Schließlich ist das allgemeine Städtebaurecht des Baugesetzbuches (BauGB) von Bedeutung. Das Stadterneuerungsrecht des BauGB fordert eine besondere Berücksichtigung denkmalwerter Bausubstanz im Städtebau.

Nach den Denkmalschutzgesetzen der Länder werden die Denkmäler in eine *Denkmalliste* oder ein *Denkmalbuch* eingetragen, wobei unterschiedliche Systeme bestehen: Nach dem sog. konstitutiven System (Berlin, Bremen, Hamburg, Hessen, Nordrhein-Westfalen, Rheinland-Pfalz, Schleswig-Holstein) sind nur die Denkmäler geschützt, die in die Liste eingetragen sind. Demgegenüber kommt es im sog. deklaratorischen System (Bayern, Niedersachsen, Saarland) auf diese Eintragung nicht an; entscheidend ist, ob die betreffende Anlage tatsächlich Denkmalwert hat. In Mischsystemen (Baden-Württemberg) stehen Denkmäler zwar auch schon ohne Eintragung unter gesetzlichem Schutz; dieser ist aber nach Eintragung in die Liste noch intensiver.

Im Bereich der Maßnahmen lassen sich solche der Prävention und solche der Restauration unterscheiden. Entscheidend für jede Art von Maßnahmen ist die Inventarisierung (Erfassung und Erforschung).

An Handlungsinstrumenten für die Verwaltung stellen die Denkmalschutzgesetze im wesentlichen Anzeige-, Genehmigungs-, Instandhaltungs- und Instandsetzungspflichten sowie Enteignungsmöglichkeiten bereit. Alle Veränderungen des Denkmals bedürfen der Anzeige oder der Genehmigung. Die Veränderungen können zugelassen werden – bis hin zum Abriß –, wenn nicht Denkmalgesichtspunkte überwiegen oder wenn andere Belange Vorrang haben. Die Pflichten des Eigentümers eines Denkmals sind grundsätzlich ohne staatliche Entschädigung zu erfüllen. Nur bei Überschreitung der wirtschaftlichen Zumutbarkeit kann Entschädigung verlangt werden.

Organisation von Denkmalpflege und Denkmalschutz in den Ländern der Bundesrepublik Deutschland

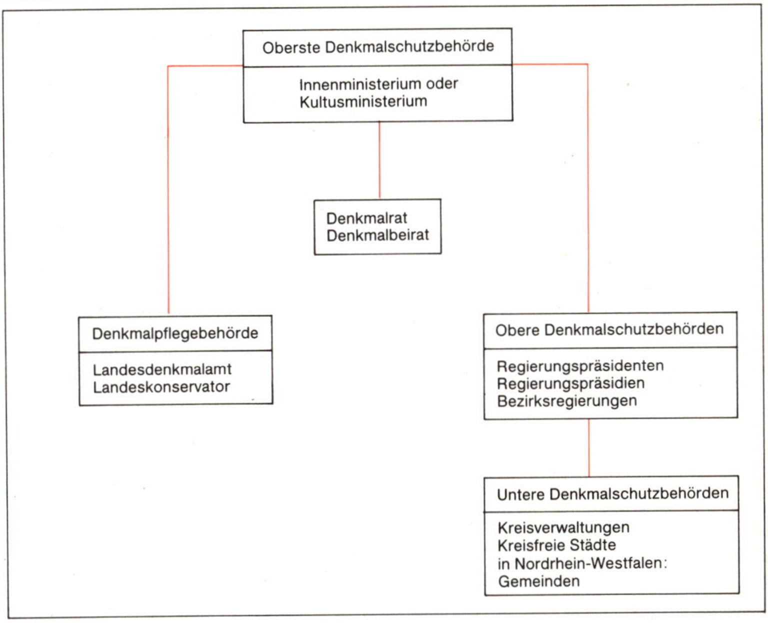

Beispiele für Denkmäler

Almhütten
Amtshäuser
Ansitze
Arbeiterhäuser
Backöfen
Backstuben
Bäder
Bahnhöfe
Balkone
Balustraden
Bauernhäuser
Befestigungen
Bergwerke
Bildstöcke
Brücken
Brüstungen
Brunnen
Bürgerhäuser
Burgen
Burgställe
Eisenbahnanlagen
Erker
Fabriken
Feldkapellen
Feldkreuze
Festungen
Fördertürme
Forsthäuser
Friedhöfe
Gartenhäuser
Gasthäuser
Gemeindehäuser
Gewächshäuser
Grabdenkmäler
Grabsteine
Grenzsteine
Gruben
Häfen
Hammerschmieden
Hochzeitshäuser
Hütten
Industriebauten
Jagdhäuser
Kalköfen
Kamine
Kanäle
Kapellen
Karner
Kasernen
Kaufhäuser
Kirchen
Kirchliche Amtsbauten
Klostergebäude
Kornhäuser
Kornkästen
Kraftwerke
Kriegerdenkmäler
Kreuzwegstationen
Landhäuser
Markthallen
Martern
Mauern
Meiler
Militärbauten
Mühlen
Pfarrhöfe
Pfleghäuser
Portale
Rathäuser
Remisen
Residenzen
Ruinen
Sägemühlen
Säulen
Schanzen
Scheuern
Schlachthäuser
Schleusen
Schlösser
Schmieden
Schrannen
Schulen
Spitäler
Stadel
Stadtbefestigungen
Stadtwaagen
Straßen
Straßenpflaster
Synagogen
Tanzhäuser
Theater
Tore
Torfhütten
Tuchhäuser
Türme
Tunnels
Wasserbauten
Wassertürme
Wegkreuze
Windmühlen
Wohngebäude
Zäune
Zehentstadel
Zollhäuser

Beispiele für denkmalfähige Ausstattungsstücke

Altäre
Balustraden
Bänke
Gartenfiguren
Gemälde
Kanzeln
Kirchenglocken
Kommuniongitter
Orgeln
Supraporten
Taufbecken
Wandvertäfelungen

Umweltpolitik

Erst seit Beginn der 1970er Jahre hat sich die Umweltpolitik in der Bundesrepublik Deutschland zu einem eigenständigen Politikbereich entwickelt. Vorher waren umweltrechtliche Regelungen über eine Vielzahl unterschiedlicher Rechtsbereiche verstreut. Mit dem Umweltprogramm von 1971 der Bundesregierung begann man, spezielle Umweltschutzregelungen zu schaffen und entsprechende Zuständigkeiten auf allen Verwaltungsebenen auszubauen. Die Entwicklung der Umweltpolitik zu einem eigenständigen Politikbereich hat zwar 1986 mit der Zusammenfassung der wichtigsten Umweltschutzzuständigkeiten des Bundes im neuen Bundesministerium für Umwelt, Naturschutz und Reaktorsicherheit (BMU) seinen ersten Schlußpunkt erreicht. Jedoch stehen beim materiellen Umweltrecht – insbesondere bei Bodenschutz-, Chemikalien- und Umwelthaftungsrecht – Vereinheitlichung und Verbesserungen noch aus.

Ein Blick auf die bisherigen Entwicklungsphasen der Umweltpolitik verdeutlicht die wichtigsten Aufgaben, Ziele, Lösungsansätze und Durchsetzungsprobleme der Umweltpolitik. In der Wiederaufbauphase der Bundesrepublik wurde dem Wirtschaftswachstum ein eindeutiger Vorrang vor anderen politischen Zielen gegeben. Erst nachdem für die Bevölkerungsmehrheit eine gewisse Sättigung bei der Versorgung mit Gütern des persönlichen Bedarfs eingetreten war, verbreitete sich Ende der 1960er Jahre die Überzeugung, daß auch *öffentliche Güter,* die nicht der individuellen Versorgung dienen, sondern – wie etwa eine intakte natürliche Umwelt – jedermann zugänglich sind, wesentlich zur Qualität des Lebens beitragen. Wachsendes Umweltbewußtsein und das Engagement in Bürgerinitiativen und Umweltschutzorganisationen unterstützten die Entwicklung des Politikbereichs Umweltschutz zu Beginn der 1970er Jahre.

Umweltpolitische Ziele und Maßnahmen geraten jedoch regelmäßig in einen Zielkonflikt mit den Interessen derjenigen Gruppen, von denen nach dem umweltpolitischen *Verursacherprinzip* eine Änderung umweltbelastender Verhaltensweisen oder höhere Investitionen für Umweltschutzmaßnahmen gefordert werden. Vor dem Hintergrund wachsender Arbeitslosenzahlen trug in der zweiten Hälfte der 1970er Jahre eine weitgehende Interessenidentität von Wirtschaft und Gewerkschaften zur Verlangsamung des Ausbaus umweltpolitischer Maßnahmen bei.

Erst in jüngster Zeit hat sich der Gedanke durchgesetzt, daß Umweltschutz kaum als „Jobkiller" anzusehen ist. Vielmehr wird zum einen durch die Festsetzung entsprechender Übergangsfristen bei verschärften umweltpolitischen Maßnahmen – entsprechend dem umweltpolitischen *Kooperationsprinzip* – genügend Zeit für wirtschaftliche Strukturanpassungen gelassen. Zum anderen schaffen verschärfte Umweltschutzanforderungen selbst neue Arbeitsplätze bei Umwelttechnik-Anbietern und beim Betrieb von Umweltschutzeinrichtungen. Untersuchungen zeigen, daß die volkswirtschaftliche Arbeitsplatzbilanz des Umweltschutzes bisher per saldo positiv ausfällt.

Der Wiederaufschwung der politischen Bedeutung und Durchsetzungsfähigkeit der Umweltpolitik seit Beginn der 1980er Jahre wurde durch eine Kombination verschiedener Faktoren (gestiegenes Umweltbewußtsein, zunehmender umweltpolitischer Problemdruck) herbeigeführt. Die Gründung des BMU geht unmittelbar auf die Reaktorkatastrophe von Tschernobyl im Frühjahr 1986 zurück.

Die Bedeutung von Umweltkrisen als Verstärker der Umweltpolitik ist jedoch äußerst kritisch zu bewerten: Zum einen ist die immer noch recht große Häufigkeit von Umweltkrisen ein Indiz dafür, daß die Umweltpolitik bisher nicht ihr deklariertes Ziel erreicht hat, im wesentlichen *Umweltvorsorgepolitik* zu sein, welche – vorausschauend an langfristigen Zielen orientiert – bereits das Entstehen von Umweltschäden vermeidet. Umweltpolitik ist vielmehr noch immer überwiegend *Umweltsanierungspolitik,* die kurzfristig auf Krisen reagiert und dann mit entsprechend höherem Aufwand an rechtlichen und finanziellen Mitteln den Umfang der vorhandenen Umweltbelastungen zu vermindern und Umweltschäden zu beseitigen sucht. Zum andern ist zu beachten, daß eine Vielzahl von Umweltbelastungen – z. B. die Anreicherung von Schadstoffen im Boden und in der Nahrung oder die Zerstörung der Ozonschicht der Erdatmosphäre – schleichend zunimmt und meist nicht in spektakulären Umweltkrisen öffentlich sichtbar wird. Solange Umweltpolitik vorwiegend kurzfristig auf Krisen reagiert, wird es deshalb schwierig sein, das erforderliche Maß an politischer Unterstützung für die Lösung von Problemen schleichender Umweltbelastung zu erhalten.

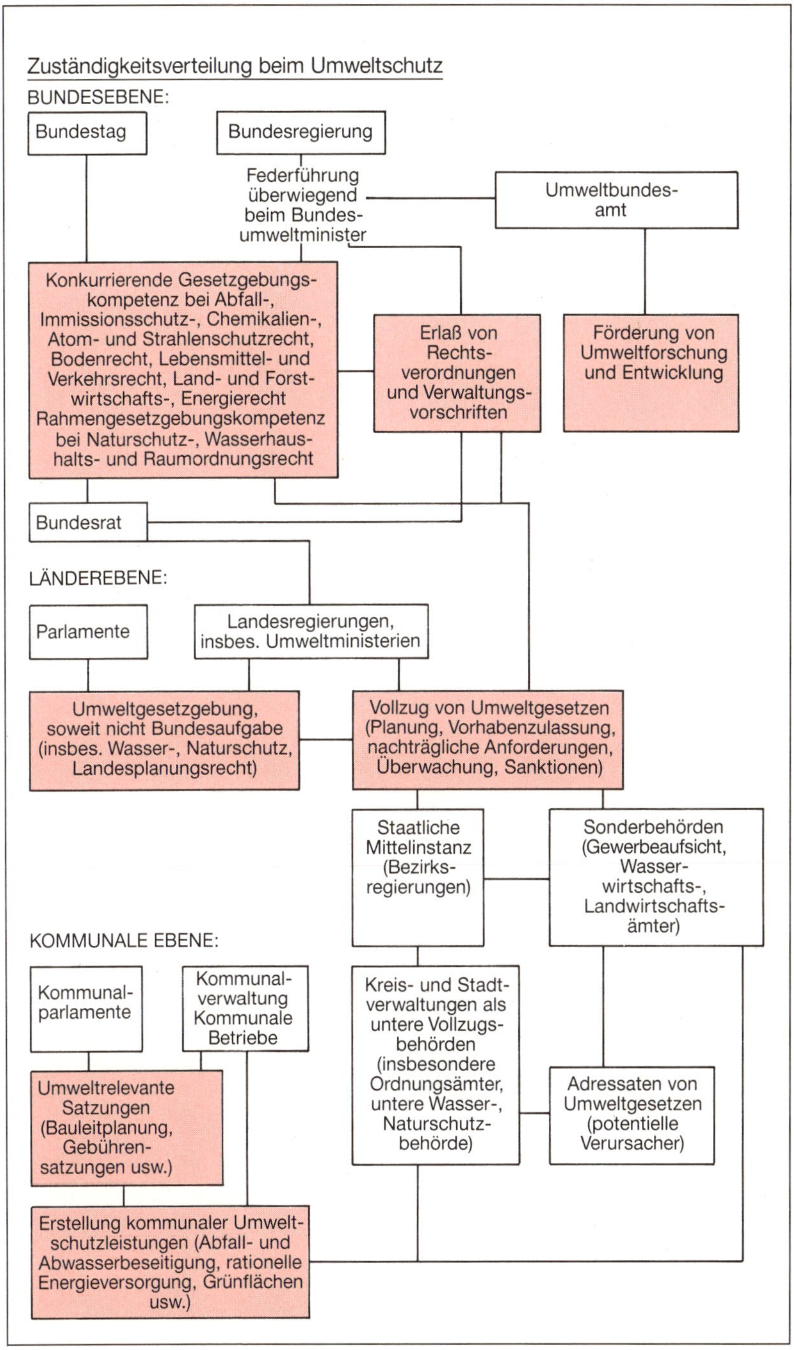
Zuständigkeitsverteilung beim Umweltschutz
BUNDESEBENE:
Bundestag
Bundesregierung
Federführung überwiegend beim Bundesumweltminister
Umweltbundesamt
Konkurrierende Gesetzgebungskompetenz bei Abfall-, Immissionsschutz-, Chemikalien-, Atom- und Strahlenschutzrecht, Bodenrecht, Lebensmittel- und Verkehrsrecht, Land- und Forstwirtschafts-, Energierecht Rahmengesetzgebungskompetenz bei Naturschutz-, Wasserhaushalts- und Raumordnungsrecht
Erlaß von Rechtsverordnungen und Verwaltungsvorschriften
Förderung von Umweltforschung und Entwicklung
Bundesrat
LÄNDEREBENE:
Parlamente
Landesregierungen, insbes. Umweltministerien
Umweltgesetzgebung, soweit nicht Bundesaufgabe (insbes. Wasser-, Naturschutz, Landesplanungsrecht)
Vollzug von Umweltgesetzen (Planung, Vorhabenzulassung, nachträgliche Anforderungen, Überwachung, Sanktionen)
Staatliche Mittelinstanz (Bezirksregierungen)
Sonderbehörden (Gewerbeaufsicht, Wasserwirtschafts-, Landwirtschaftsämter)
KOMMUNALE EBENE:
Kommunalparlamente
Kommunalverwaltung Kommunale Betriebe
Kreis- und Stadtverwaltungen als untere Vollzugsbehörden (insbesondere Ordnungsämter, untere Wasser-, Naturschutzbehörde)
Adressaten von Umweltgesetzen (potentielle Verursacher)
Umweltrelevante Satzungen (Bauleitplanung, Gebührensatzungen usw.)
Erstellung kommunaler Umweltschutzleistungen (Abfall- und Abwasserbeseitigung, rationelle Energieversorgung, Grünflächen usw.)

Umweltrecht

Mit dem Vorstoß des Menschen in die Unendlichkeit des Weltraums wuchs zugleich das Bewußtwerden einer Endlichkeit der irdischen Umweltmedien Boden, Wasser und Luft und einer zunehmenden Verunreinigung oder sonstigen nachteiligen Veränderung ihrer natürlichen Beschaffenheit („Raumschiff Erde"). Seit Ende der 1960er Jahre entwickelten sich Schutz und Pflege der natürlichen Lebensgrundlagen des Menschen oder *Umweltpflege* zu einer öffentlichen Aufgabe, und es entstand eine Umweltpolitik, die sich seit dem Umweltprogramm der Bundesregierung von 1971 als Gesamtheit aller Maßnahmen versteht, die notwendig sind, um dem Menschen eine Umwelt zu sichern, wie er sie für seine Gesundheit und ein menschenwürdiges Dasein braucht, die Umweltmedien sowie Tier- und Pflanzenwelt vor nachteiligen Wirkungen menschlicher Eingriffe zu schützen und Umweltschäden zu beseitigen.

Von der „Prinzipientrias", die der Verwirklichung dieser „Zieltrias" zu Grunde liegt, soll nach dem *Vorsorgeprinzip* über die Abwehr von Gefahren und die Beseitigung von Schäden hinaus dem Entstehen möglicher Beeinträchtigungen der Umwelt vorgebeugt werden; das *Verursacherprinzip* will demjenigen die Kosten zur Vermeidung, zur Beseitigung oder zum Ausgleich von Umweltbeeinträchtigungen zurechnen, der sie verursacht („Wer verschmutzt, zahlt"). Nach dem *Kooperationsprinzip* sollen im Verhältnis zwischen Staat und Gesellschaft durch die Mitwirkung Betroffener die umweltbedeutsamen Entscheidungen verbessert werden.

Diese umweltpolitische Ziel- und Prinzipientrias findet im *Recht* ihre Verbindlichkeit und ihre Schranken. Durch die Festlegung der Ziele und Grundsätze, der Maßnahmen einschließlich Sanktionen zur Zielverwirklichung sowie von Organisation und Verfahren lenkt das Recht menschliches Verhalten auf die Erhaltung oder Herstellung einer bestimmten Umweltqualität als Gesamtheit aller Anforderungen, denen zu einem gegebenen jetzigen oder späteren Zeitpunkt eine Umwelt nach Güte und Menge genügen muß.

Der Umweltpolitik korrespondiert ein *Umweltrecht* als Sonderrecht der Umweltpflege, das alle mit einer „ökologischen Tönung" behafteten Rechtsvorschriften erfaßt, die der Umweltpflege gewidmet sind. Im Mittelpunkt steht dabei das *Umweltverwaltungsrecht,* das mit Hilfe einer „Maßnahmentrias" von eingreifenden, leistenden und planenden Maßnahmen Umweltziele verwirklicht. Es wird ergänzt durch das *Umweltprivatrecht* und das *Umweltstrafrecht,* die ebenso wie das *Umweltabgabenrecht* das umweltpflegliche Verhalten mittelbar lenken. Eine besondere Bedeutung kommt der rechtlichen Lösung von grenzüberschreitenden und weltweiten Umweltproblemen durch das *Umweltvölkerrecht* und das *Europäische Umweltgemeinschaftsrecht* zu.

In einer *ersten legislativen Phase* des Umweltrechts (1970–1980) wurden zahlreiche neue Normwerke für einzelne Umweltpflegebereiche oder deren Teile unter Verzicht auf ein umfassendes Umweltgesetz geschaffen. In der jetzigen *administrativen Phase,* in der das Umweltrecht verdichtet und verfeinert wird, ist es notwendig, aufgrund neu gewonnener Erkenntnisse das Normenwerk legislativ nachzubessern. In einer *zweiten legislativen Phase* wird das Umweltrecht unter dem Gesichtspunkt des Vorsorgeprinzips umweltmedienübergreifend ökologisch fortentwickelt und vereinheitlicht. Dazu trägt auch die in Umsetzung einer EG-Richtlinie in das innerstaatliche Recht 1988 eingeführte Umweltverträglichkeitsprüfung (UVP) bei, die für bestimmte öffentliche und private Projekte vor deren Zulassung eine systematische Prüfung der Umweltfolgen vorschreibt. Längerfristig könnte sich die Zusammenfassung der Kerngesetze des Umweltrechts in einem Bundes-Umweltgesetzbuch als zweckmäßig erweisen, das neben einem Allgemeinen Teil die Umweltpflegebereiche Naturpflege, Gewässerschutz, Abfallentsorgung, Reaktorsicherheit und Strahlenschutz, Energieeinsparung sowie Schutz vor Gefahrstoffen aufnimmt.

Auf Bundesebene wurden die Kompetenzen in Umweltrecht im 1986 geschaffenen Bundesministerium für Umwelt, Naturschutz und Reaktionssicherheit zusammengefaßt. Bereits 1974 wurde das *Umweltbundesamt* geschaffen, zu dessen Aufgaben u. a. die wissenschaftliche Unterstützung des Bundesministeriums für Umwelt, Naturschutz und Reaktorsicherheit, die Bereitstellung von Umweltdaten, die ökologische Begutachtung umweltrelevanter Maßnahmen und die Mitarbeit bei der Vergabe des Umweltzeichens für umweltschonende Produkte sind.

Umweltrecht

Zieltrias*

1. dem Menschen eine Umwelt zu sichern, wie er sie für seine Gesundheit und für ein menschenwürdiges Dasein braucht
2. Boden, Wasser und Luft, Tierwelt und Pflanzenwelt vor nachteiligen Wirkungen menschlicher Eingriffe zu schützen
3. Schäden oder Nachteile aus menschlichen Eingriffen zu beseitigen

Prinzipientrias*

Vorsorgeprinzip
Verursacherprinzip
Kooperationsprinzip

Umweltrecht

Umweltrechtliche Teilbereiche

Umweltverfassungsrecht

Umweltverwaltungsrecht

Umweltabgabenrecht
Umweltstrafrecht
Umweltprivatrecht
Umweltprozeßrecht
Umweltvölkerrecht
Europäisches Umweltgemeinschaftsrecht

Umweltrechtssoziologie
Umweltkriminologie
Umweltrechtsvergleichung
Umweltrechtsgeschichte
Umweltrechtspolitik

Maßnahmentrias*

eingreifende Maßnahmen

- Gebote
  - Umweltpflichten: Tun, Dulden, Unterlassen
  - Insbesondere Umweltabgaben
  - Umweltdienliche Nebenpflichten
- Verbote/Beschränkungen
  - Umweltverbote: präventive, repressive
  - Umweltdienliche Beschränkungen: Immissionsnormen, Anlagennormen
    - Emissionsnormen
    - Bauartnormen
    - Betriebsnormen

    Produktnormen

leistende Maßnahmen

- Einrichtungen
- Förderung
- Beratung/Aufklärung
- Entschädigung

planende Maßnahmen

- Umweltplanung
- Umwelt[raum]planung
  - Umweltberücksichtigungsklauseln
  - Umweltpläne
  - UVP

Umweltpflegebereiche

Allgemeine Umweltpflege
- Umweltverträglichkeitsprüfung [UVP]
- Umweltstatistikengesetz [UStatG]
- Umweltbundesamtgesetz [UBAG]

Naturpflege (Naturschutz und Landschaftspflege, Bodenschutz, Tierschutz)
- Bundesnaturschutzgesetz [BNatSchG]
- Bundeswaldgesetz [BWaldG]
- Tierschutzgesetz [TierSchG]

Gewässerschutz
- Wasserhaushaltsgesetz [WHG]
- Abwasserabgabengesetz [AbwAG]
- Wasch- und Reinigungsmittelgesetz [WRMG]

Abfallentsorgung
- Abfallgesetz [AbfG]
- Tierkörperbeseitigungsgesetz [TierKBG]

Immissionsschutz
- Bundes-Immissionsschutzgesetz [BImSchG]
- Benzinbleigesetz [BzBlG]
- Fluglärmgesetz

Reaktorsicherheit und Strahlenschutz
- Atomgesetz [AtG]
- Strahlenschutzvorsorgegesetz [StrVG]

Energieeinsparung
- Energieeinsparungsgesetz [EnEG]

Schutz vor Gefahrstoffen
- Chemikaliengesetz [ChemG]
- DDT-Gesetz [DDTG]
- Pflanzenschutzgesetz [PflSchG]
- Düngemittelgesetz [DMG]
- Lebensmittel- und Bedarfsgegenständegesetz [LMBG]
- Futtermittelgesetz [FMG]
- Arzneimittelgesetz [AMG]
- Sprengstoffgesetz [SprengG]
- Gefahrgutgesetz

*Trias: Dreiheit, Dreizahl

Naturschutz – Landschaftspflege

Naturschutz und Landschaftspflege werden als einheitlicher Aufgabenkreis mit gemeinsamen Zielsetzungen und Instrumenten verstanden. Durch das Bundesnaturschutzgesetz von 1976 wurden die seit dem Reichsnaturschutzgesetz von 1935 bestehenden Aufgaben des Schutzes von Natur und Landschaft als Aufgabe der Planung, Sicherung und Entwicklung der natürlichen Umwelt konkretisiert und ihr Geltungsbereich auf den besiedelten Raum ausgedehnt.

Der gesetzliche *Auftrag* betrifft die Naturgüter Boden, Wasser, Luft, Klima, Tier- und Pflanzenwelt als Elemente des Naturhaushaltes. Ihre Leistungsfähigkeit ist ebenso wie die Vielfalt, Eigenart und Schönheit von Natur und Landschaft als Lebensgrundlagen des Menschen und als Voraussetzung für seine Erholung nachhaltig zu sichern. Die *Ziele* schließen die Sicherung der nachhaltigen Nutzungsfähigkeit der Naturgüter ein. Die Luftreinhaltung (vgl. S. 322), der Gewässerschutz (vgl. S. 318) und auch der Bodenschutz als bislang vernachlässigtes Schutzobjekt (vgl. S. 320) sind Gegenstände besonderer Gesetzgebung (z.B. Bundesimmissionsschutzgesetz, Wassergesetze). Der Bodenschutz steht noch am Anfang; er ist Gegenstand großer Anstrengungen des Bundes und der Länder im Rahmen der Umweltpolitik (vgl. S. 312).

Üblicherweise wird zwischen Maßnahmen des Artenschutzes und des Flächenschutzes unterschieden, die allerdings eng verknüpft sind. Wesentliches Ziel des *Biotop- und Artenschutzes* ist die Erhaltung der lebenden Tier- und Pflanzenwelt. Aufgrund des anhaltenden Rückganges, konkret: der Vernichtung von Lebensräumen, gelten von den 77000 in der Bundesrepublik Deutschland heimischen Tier- und Pflanzenarten bereits 40000 als gefährdet. Nach der Roten Liste der gefährdeten Tiere und Pflanzen sind 53% der Säugetiere, 52% der Vögel, 75% der Kriechtiere, 58% der Lurche, 71% der Fische und 35% der Farn- und Blütenpflanzen ausgestorben oder gefährdet.

Als wesentliche neue *Instrumente* zur Verwirklichung der im Bundesnaturschutzgesetz formulierten Ziele und Grundsätze wurden die Bürgerbeteiligung über anerkannte Verbände (vgl. S. 88), die Regelung von Eingriffen in Natur und Landschaft, erweiterte Schutzgebietskategorien und die Landschaftsplanung eingeführt. Die Mitwirkungsmöglichkeiten der anerkannten Naturschutzverbände umfassen in Berlin, Bremen, Hamburg und Hessen auch das sog. Verbandsklagerecht.

Mit der im Bundesnaturschutzgesetz vorgesehenen *Eingriffsregelung* soll versucht werden, nachteiligen Folgen von Eingriffen in Natur und Landschaft durch Vermeidung, Minimierung, Ausgleich oder Ersatz bzw. durch Ausgleichszahlungen zu begegnen. Die Anwendung der Eingriffsregelung erfolgt bei Änderungen der Gestalt oder Nutzung von Grundflächen, die die Leistungsfähigkeit des Naturhaushaltes oder das Landschaftsbild erheblich oder nachhaltig beeinträchtigen können. Die Versagung von Eingriffen ist nur in seltenen Fällen möglich, ein Ausgleich oder Ersatz ist nur im rechtlichen, nicht aber im materiell-ökologischen Sinn möglich.

Als *Schutzgebiete* können – mit unterschiedlicher Schutzintensität – rechtlich festgesetzt werden: Naturschutzgebiete, Landschaftsschutzgebiete, (flächenhafte) Naturdenkmale und geschützte Landschaftsbestandteile. Die Ausweisung von Schutzgebieten erfaßt ca. 9% der bundesdeutschen Fläche, 1% sind Naturschutzgebiete. In Fachkreisen werden 10% wirksam geschützter Flächen für erforderlich gehalten; *Schutzgebietssysteme* sollten die zufällige Verteilung geschützter Flächen durch eine sinnvolle Verbindung und Anordnung ökologisch bedeutsamer Flächen ergänzen.

Das wichtigste planerische Instrument zur Umweltvorsorge sowie der landschaftsbezogenen Erholungsvorsorge ist die *Landschaftsplanung*. Zuständigkeiten, Verfahren und Verbindlichkeiten dafür sind in den einzelnen Ländern unterschiedlich geregelt. Landschaftspläne sollen Aussagen enthalten über den Zustand von Natur und Landschaft und seine Bewertung, über Maßnahmen und Erfordernisse zur Verwirklichung der Ziele des Naturschutzes und der Landschaftspflege.

Die *Zuständigkeiten* der überwiegend dreistufig organisierten *Naturschutzbehörden* und die Einrichtungen zur Forschung und Beratung sind in den einzelnen Ländern unterschiedlich aufgeteilt.

Handlungsinstrumente des Naturschutzes

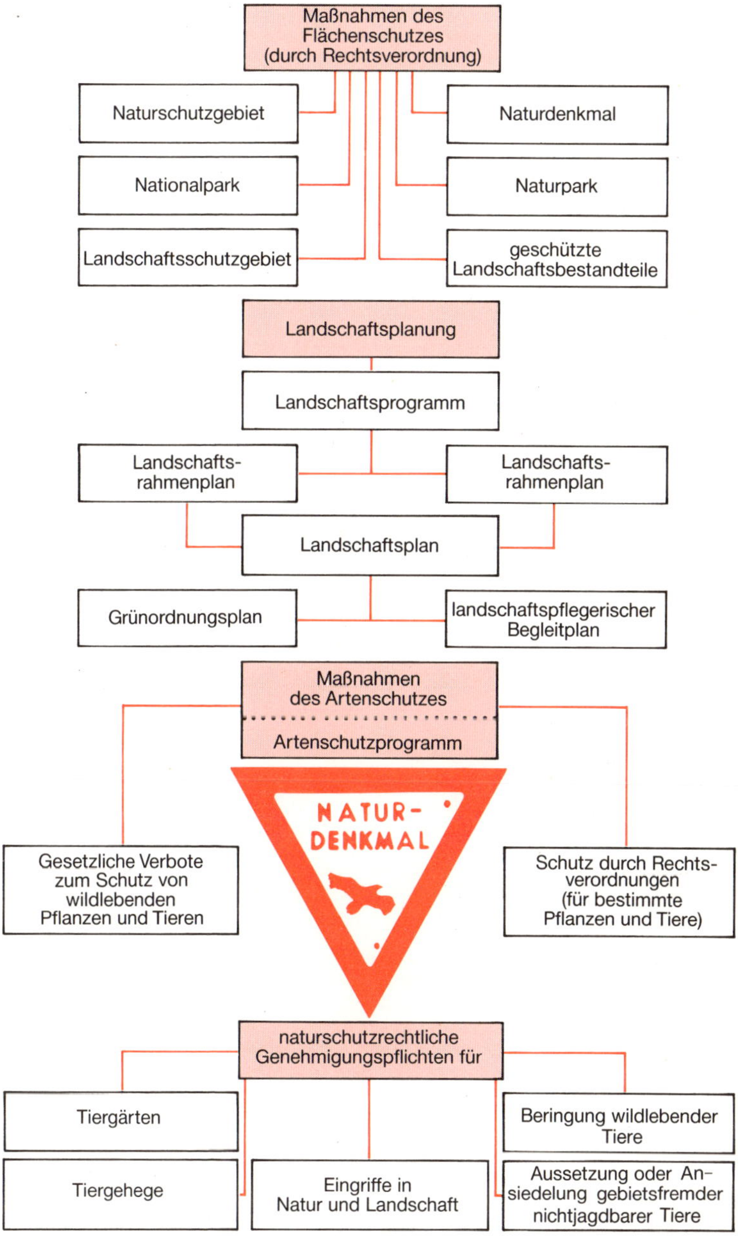

Gewässerschutz

Der Gewässerschutz hat zwei Hauptprobleme: den steigenden Wasserverbrauch und damit die Sicherung der Wasserversorgung sowie die Gewässerverschmutzung. Die Bundesrepublik Deutschland weist zwar immer noch ein insgesamt hohes Maß an Versorgungssicherheit auf, in einzelnen Ballungsräumen kann der Wasserbedarf aber schon längst nur noch durch Fernversorgungssysteme gedeckt werden (z. B. die Trinkwasser-Pipelines vom Bodensee nach Stuttgart und der Loisach nach München).

Die Wasserversorgung ist aber nicht nur ein quantitatives, sondern zunehmend auch ein qualitatives Problem. Die Gewässerbelastung durch Abwässer und Schadstoffe nimmt weiter zu, insbesondere hat die Verschmutzung des Grundwassers in den letzten Jahren erheblich zugenommen. Zahlreiche Oberflächengewässer sind kritisch belastet, in einzelnen Regionen ist die oberste Grundwasserschicht für die Trinkwassergewinnung unbrauchbar. Gefährdungen durch Produktionsformen der modernen Landwirtschaft werden zunehmend deutlich (z. B. Gülleproblem).

Im Bereich der Abwasserbeseitigung konnten allerdings im Lauf des letzten Jahrzehnts durch eine Intensivierung des Kläranlagenbaus erhebliche Fortschritte und Verbesserungen erzielt werden.

Die staatliche *Gewässerschutzpolitik* verfolgt seit Anfang der 1970er Jahre im wesentlichen folgende Ziele:

- Bewahrung bzw. Wiederherstellung des ökologischen Gleichgewichts der Gewässer,
- Sicherung der Wasserversorgung,
- Ermöglichen aller anderen Nutzungen des Wassers, die dem Gemeinwohl dienen,
- Eliminierung umweltrelevanter Schadstoffe,
- Verbesserung des internationalen Gewässerschutzes.

Das wesentliche Instrument des staatlichen Gewässerschutzes ist das *Wasserhaushaltsrecht*. Es findet sich im Wasserhaushaltsgesetz des Bundes (WHG), dem Abwasserabgabengesetz und in den Landeswassergesetzen. Neben diesem wasserrechtlichen Instrumentarium im engeren Sinne sind auch andere staatliche und kommunale Regelungen für den Gewässerschutz von erheblicher Bedeutung, insbesondere die kommunale Bauleitplanung, das Bauordnungs- und das Abfallbeseitigungsrecht (vgl. S. 324).

Das WHG gilt für die sog. oberirdischen Gewässer, die Küstengewässer und das Grundwasser. Die Benutzung all dieser Gewässer unterliegt einem umfassenden System staatlicher Erlaubnisse oder Bewilligungen. Erlaubnisse und Bewilligungen für die Gewässernutzung sind zu versagen, wenn davon Gefährdungen der öffentlichen Wasserversorgung zu erwarten sind und diese nicht durch geeignete Maßnahmen ausgeglichen werden können. Erlaubnisse zum Einleiten von Abwasser setzen voraus, daß Menge und Schadstoffe des Abwassers nach Maßgabe der allgemein anerkannten Regeln der Technik beschränkt werden. Erlaubnisse stehen unter Widerrufsvorbehalt; Bewilligungen verleihen ihrem Inhaber eine stärkere Rechtsposition. Auch bei ihnen können aber nachträgliche Anordnungen getroffen werden, um den Gewässerschutz zu gewährleisten. Die wasserrechtlichen Vorschriften und Anordnungen werden von den staatlichen Mittelbehörden (Regierungspräsidien) und den Wasserwirtschaftsämtern als unteren Wasserbehörden überwacht.

Abwasser ist das durch häuslichen, gewerblichen, industriellen oder landwirtschaftlichen Gebrauch veränderte Wasser sowie das Niederschlagswasser aus dem Bereich bebauter bzw. befestigter Flächen. Nach dem Wasserhaushaltsrecht sind die Gemeinden die primären Träger der Abwasserbeseitigung. Soweit die Gemeinden Abwasser in Gewässer einleiten, haben sie die Vorschriften des WHG zu beachten und unterliegen ebenso wie die sog. Direkteinleiter (z. B. Industriebetriebe ohne Anschluß an die öffentliche Kanalisation) der Verpflichtung, die Abwasserabgabe nach dem Abwasserabgabengesetz zu zahlen. Diese Abgabe ist nach der Schädlichkeit der Einleitung gestaffelt und soll die Einleiter zu einer weitgehenden Klärung der Abwässer veranlassen. Das Mittelaufkommen aus der Abgabe ist zweckgebunden für die Verbesserung der Gewässergüte zu verwenden.

Für die wasserwirtschaftliche Planung sind wasserwirtschaftliche Rahmenpläne, Bewirtschaftungspläne und Abwasserbeseitigungspläne vorgesehen. Sie können mit Hilfe der erwähnten Regelungen zur Gewässerbenutzung, mit Hilfe der sog. Reinhalteordnungen und durch die Festsetzung von Wasserschutzgebieten durchgesetzt werden.

Nährstoffquellen und -eintragswege in die Gewässer

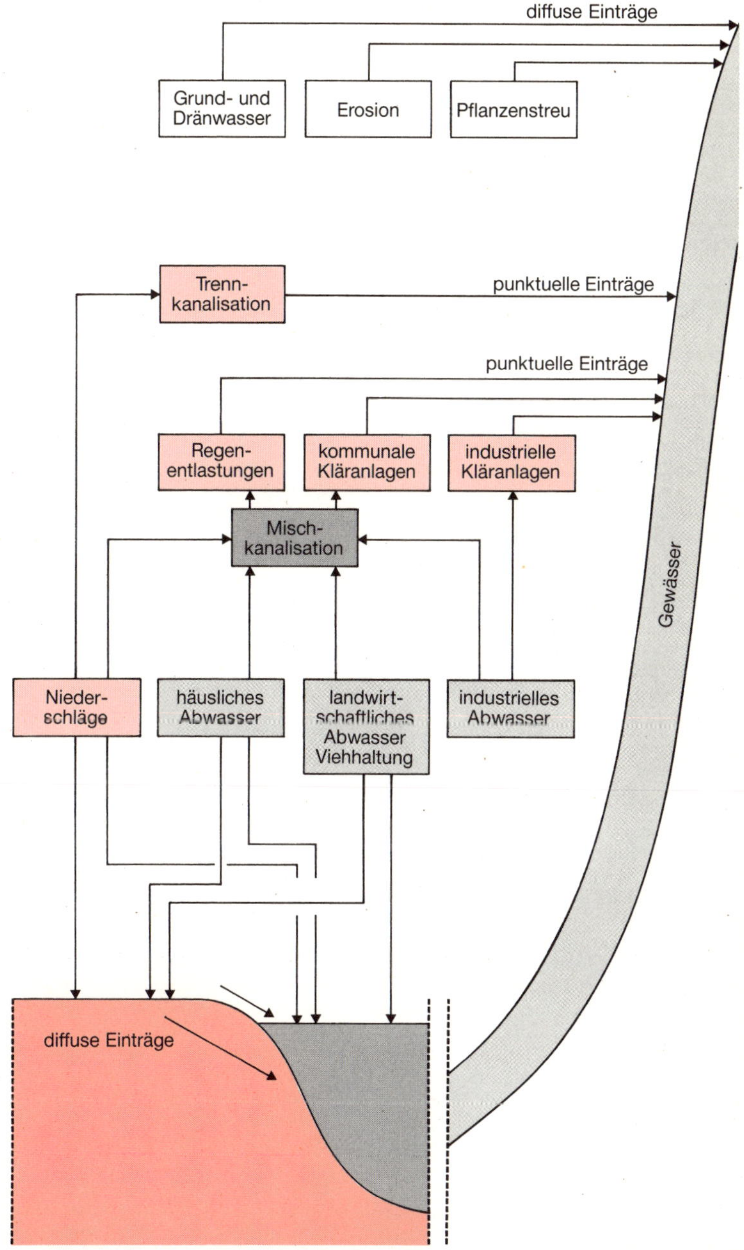

Bodenschutz

Der Boden gehört mit Wasser und Luft zu den elementaren Umweltmedien. Er hat als Lebensraum für Menschen, Tiere und Pflanzen, Lager von Bodenschätzen, Grundwasser- und Nährstoffspeicher, Filter, Puffer und Speicher von Schadstoffen sowie als prägendes Element von Natur und Landschaft weitreichende Funktionen im Ökosystem. In der menschlichen Nutzung dient Boden als Fläche zum Anbau von Nahrungs- und Futtermitteln sowie pflanzlichen Rohstoffen, zur Grundwasser- und Bodenschatzgewinnung, Siedlung, Produktion, Abfallablagerung, Verkehr, Kommunikation und Erholung sowie Wertaufbewahrung und Vermögensbildung. Der Bestand an Flächen ist durch territoriale Regelungen begrenzt, eine Qualitätsverschlechterung von Böden ist meist irreversibel, da Boden immobil und nicht vermehrbar ist.

Trotz der Empfindlichkeit und Begrenztheit der Ressource Boden sowie der Vielzahl miteinander konkurrierender und sich meist wechselseitig ausschließender Bodennutzungen ist der Schutz des Bodens bisher weitgehend dem privaten Eigentumsrecht überlassen worden und in der Umweltgesetzgebung kaum ausgeprägt. Anders als für Luft und Wasser existiert noch kein mediales Bodenschutzgesetz. Erst in jüngster Zeit haben Bund und Länder Bausteine einer Bodenschutzkonzeption vorgelegt, deren rechtliche Umsetzung noch aussteht. Der Boden kann somit zu Recht als das „vergessene Umweltmedium" bezeichnet werden.

Soweit in verschiedenen Fachgesetzen Regelungen zum Boden bestehen, sind diese – wie z. B. im Bundesberggesetz, Flurbereinigungsgesetz oder Baugesetzbuch – vorrangig darauf ausgerichtet, die Bedingungen bestimmter Formen der *Nutzung* des Bodens zu verbessern und die Konkurrenz von Nutzungsansprüchen auszugleichen. Ein *Schutz* des Bodens im Sinne der Erhaltung und Entwicklung seiner ökosystemaren Funktionen und Potentiale hat demgegenüber bestenfalls die Bedeutung einer restriktiven Nebenbedingung. Erst allmählich setzt sich die Vorstellung durch, daß verstärkte Anstrengungen zum Schutz des Bodens bei der nutzungsbezogenen Flächeninanspruchnahme, Vermeidung, Begrenzung und Verminderung des Schadstoffeintrags sowie Altlastensanierung vordringlich sind.

Gegenwärtig lassen sich jedoch nur vorläufige Konturen einer adäquaten Regelung zum Bodenschutz erkennen. Bodenschutzregelungen werden voraussichtlich folgende Elemente umfassen:

- Sicherung eines über die Gesamtfläche der Bundesrepublik vernetzten „Biotopverbundsystems" zur Erhaltung und Erweiterung der Lebensräume wildlebender Tier- und Pflanzenarten sowie naturnaher Landschaftselemente;
- kritischere Bedarfsprüfung, ökologische Ausgleichsmaßnahmen und ggf. Obergrenzen bei der Neuausweisung von Siedlungs- und Verkehrsflächen; Rückbau und ökologisch orientierte Verbesserung bestehender Flächen;
- wesentliche Verringerung des Schadstoffeintrags aus der Luft; Verschärfung der Anforderungen an Abfallvermeidung, -transport, -behandlung und -ablagerung sowie die landwirtschaftliche Verwertung von Klärschlämmen;
- intensivere Prüfung der Ökotoxizität von Umweltchemikalien, vor allem bei Agrochemikalien; ggf. Verbot bestimmter persistenter Chemikalien; Anpassung von Grenzwerten für Stoffeintrag sowie Schadstoffgehalte in Böden, Futter- und Nahrungsmitteln; Überprüfung der landwirtschaftlichen Praxis des Agrochemikalien- und Düngemitteleinsatzes;
- Intensivierung der Suche, Bewertung und Sanierung von Altlasten, insbesondere zur Sicherung des Grundwassers.

Völlig offen ist zur Zeit noch die Frage der Instrumentierung, Finanzierung und zeitlichen Abwicklung dieses Handlungsbündels. Zentrale Fragen sind:

- inwieweit pauschale Verursachergruppen (Landwirtschaft, bestimmte gewerblich-industrielle Branchen) zur Finanzierung von Maßnahmen – unter Einschluß von Veränderungen beim Umwelthaftungsrecht (Gefährdungshaftung) – herangezogen werden können und in welcher Form dies geschehen soll;
- inwieweit die öffentliche Hand im Sinne des Gemeinlastprinzips zur Finanzierung beitragen soll, und ob die Finanzierung eine Bundes- oder Länder- und Kommunalaufgabe sein wird;
- ob Finanzierungsinstrumente eher als verursacherbezogene Abgaben (z. B. Besteuerung chemischer Grundstoffe und des Sondermüllaufkommens) oder als Subventionen (z. B. der baden-württembergische „Wasserpfennig" oder Programme zur Erhaltung naturnaher Akkerrandstreifen in der Landwirtschaft) gestaltet werden sollen.

Beeinträchtigung von Bodenfunktionen durch Bodennutzungen

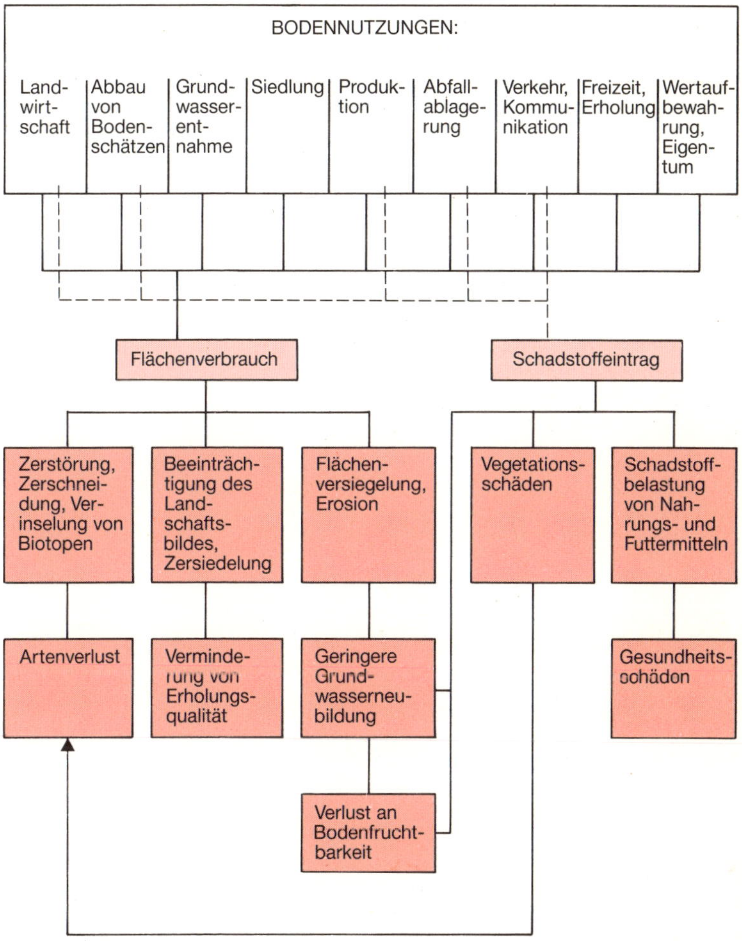

Immissionsschutz

Unter Immissionsschutz wird der Schutz vor solchen schädlichen Einwirkungen verstanden, die nach ihrer Art, ihrem Ausmaß oder ihrer Dauer geeignet sind, Gefahren, erhebliche Nachteile oder erhebliche Belästigungen für die Allgemeinheit oder die Nachbarschaft herbeizuführen. Derartige Einwirkungen können durch Verunreinigungen, Geräusche, Erschütterungen und ähnliche Vorgänge erfolgen. Kernbereiche des Immissionsschutzes sind die Luftreinhaltung und die Eindämmung des Lärms. Für den *Immissions*schutz ist schon begrifflich das Merkmal der Einwirkung auf Menschen oder Sachen entscheidend; demgegenüber stellt der Begriff der *Emission* darauf ab, wo bestimmte schädliche Wirkungen eine Anlage (z. B. einen Gewerbebetrieb) verlassen. Für die Immission ist die Quelle nur begrenzt erheblich, da schädliche Erscheinungen auf dem Weg zu einem Einwirkungsort sehr unterschiedliche Entwicklungen erfahren können (z. B. Abschwächung durch Entfernung beim Lärm, Steigerung durch synergetische Effekte bei Schadstoffen).

Schon die Gewerbeordnung von 1869 enthielt mit ihren Bestimmungen über genehmigungspflichtige Anlagen immissionsschutzrechtliche Regelungen. 1974 wurde die inzwischen entwickelte Vielzahl von Vorschriften in der bislang umfassendsten Ausformung im Bundesimmissionsschutzgesetz (BImSchG) zusammengefaßt und aktualisiert. Auf der Grundlage des BImSchG und der dazu ergangenen Ausführungsverordnungen sollen die zuständigen Behörden in die Lage versetzt werden, insbesondere Luftverunreinigungen und Lärmbelästigungen auf ein dem Stand der jeweiligen Technik entsprechendes wirtschaftlich zumutbares Maß zu reduzieren. Das BImSchG ist zwar das grundlegende, nicht aber das einzige Instrumentarium des Immissionsschutzes: Insbesondere die städtebauliche Planung (vgl. S. 298) mit der Bebauungs- und Flächennutzungsplanung ist durch entsprechende Vorschriften des Baugesetzbuches und der Baunutzungsverordnung dem Immissionsschutz verpflichtet. Neben dem Bau- und Planungsrecht sind auch das Gewerberecht, das Verkehrsrecht und das Recht der gefährlichen Stoffe von immissionsrechtlicher Bedeutung.

Das Immissionsschutzrecht des BImSchG wird von zwei umweltrechtlichen Prinzipien beherrscht: Nach dem Vorsorgeprinzip darf der Immissionsschutz nicht nur auf bereits eingetretene Schäden reagieren, sondern muß durch Vorsorge und Planung verhindern, daß überhaupt derartige Schäden entstehen. Nach dem Verursacherprinzip sollen Maßnahmen des Immissionsschutzes grundsätzlich gegenüber dem Verursacher getroffen werden. Im einzelnen lassen sich folgende Hauptbereiche des Immissionsschutzes unterscheiden:

- *Anlagebezogener* Immissionsschutz (Errichtung und Betrieb von Anlagen);
- *produktbezogener* Immissionsschutz (Beschaffenheit von Anlagen, Stoffen, Erzeugnissen usw.);
- *verkehrsbezogener* Immissionsschutz (Beschaffenheit und Betrieb von Fahrzeugen, Bau und Änderung von Straßen- und Schienenwegen);
- *gebietsbezogener* Immissionsschutz (Luftreinhalteplanung, besonders schutzbedürftige Gebiete, Planungsgrundsatz).

Die Regelung dieser Bereiche ist zu wesentlichen Teilen in den bislang 14 Ausführungsverordnungen zum BImSchG enthalten. Der anlagebezogene Immissionsschutz kann als Kernstück des BImSchG gelten. Er wird durch spezifisch ausgestaltete *Genehmigungsverfahren* realisiert. Kriterium für die unterschiedlich ausgestaltete Genehmigungsbedürftigkeit ist das Maß der Schädlichkeit, das die jeweilige Anlage aufweist. Das Genehmigungsverfahren soll gewährleisten, daß die möglichen schädlichen Umwelteinwirkungen ausgeschlossen sind. Die Betreiber genehmigungsbedürftiger Anlagen sind verpflichtet, die Kontrolle der Anlage zu dulden, Auskünfte zu erteilen, Abweichungen von der erteilten Genehmigung zu melden und einen Betriebsbeauftragten für Immissionsschutz zu bestellen. Die Genehmigung begründet für den Anlagenbetreiber einen Bestandsschutz, unter bestimmten Voraussetzungen können aber sog. Nachforderungen gestellt, Altanlagensanierungen gefordert oder gar Stillegungen verfügt werden. Zur Überwachung der Luftreinhaltung im Bundesgebiet werden Emissions- und Immissionsmessungen vorgenommen sowie Emissionskataster und Luftreinhaltepläne aufgestellt. Zentrale Regelungen sind die TA Luft von 1986, die sog. Smog-Verordnungen der Länder und die Großfeuerungsanlagen-Verordnung von 1983.

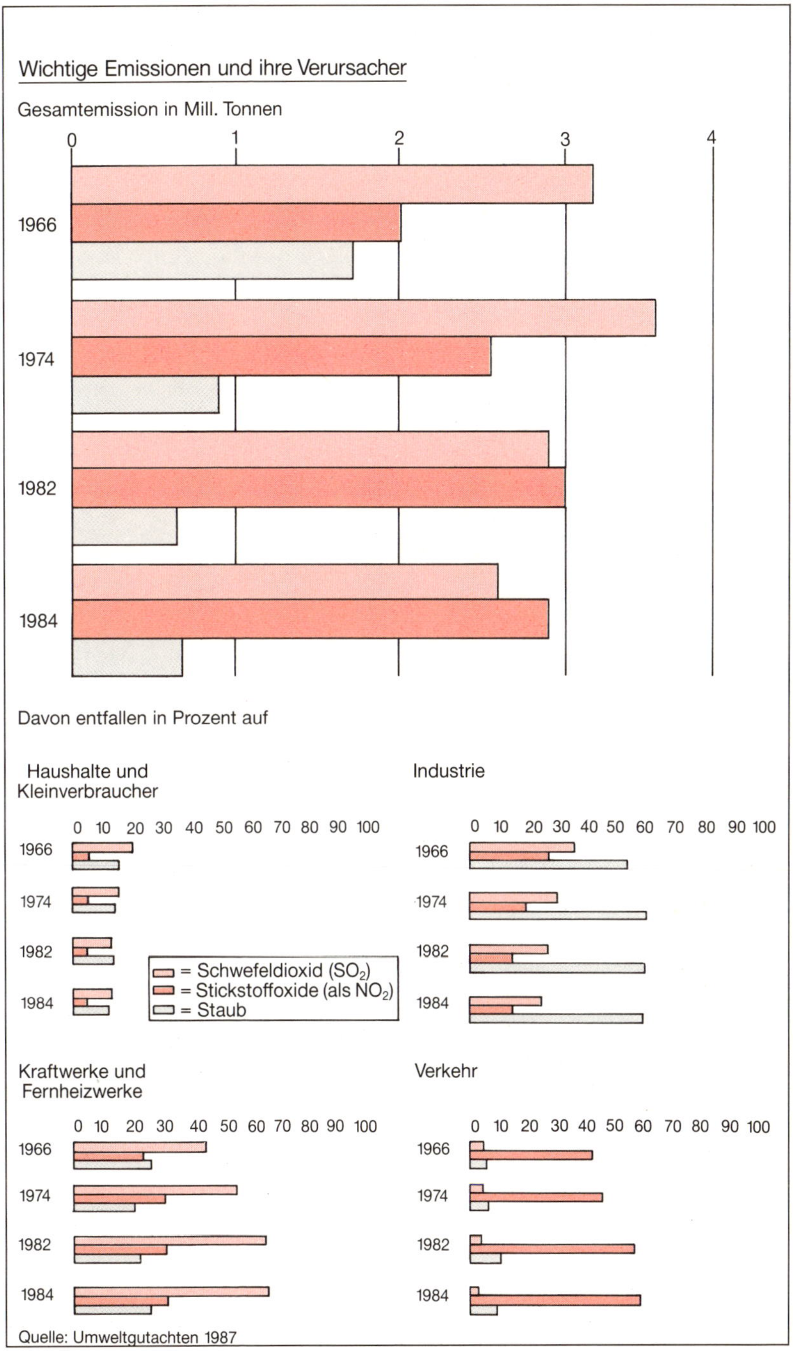
Wichtige Emissionen und ihre Verursacher
Gesamtemission in Mill. Tonnen
0
1
2
3
4
1966
1974
1982
1984
Davon entfallen in Prozent auf
Haushalte und Kleinverbraucher
Industrie
0 10 20 30 40 50 60 70 80 90 100
= Schwefeldioxid (SO_2)
= Stickstoffoxide (als NO_2)
= Staub
Kraftwerke und Fernheizwerke
Verkehr
Quelle: Umweltgutachten 1987

Abfallbeseitigung – Entsorgung

Die Problemkomplexe Abfall und Entsorgung gehören zu den schwierigsten Aufgaben der nationalen wie internationalen Umweltpolitik. In den ersten beiden Jahrzehnten seit Ende des Zweiten Weltkrieges hatte sich das Abfallaufkommen in der Bundesrepublik Deutschland mehr als verdoppelt. Seitdem flachten die Zuwachsraten zwar kontinuierlich ab, doch ist die Veränderung in der Struktur der Abfallarten zunehmend zum Problem geworden (Sondermüll). Gerade in den letzten Jahren sind die Folgen ungeordneter Abfallbeseitigung in Gestalt der Bodenverunreinigungen und sog. Altlasten auf „wilden" Deponien und an alten Industriestandorten deutlich geworden. Die Mehrzahl der Städte und Gemeinden steht mittelfristig vor dem Problem, daß die vorhandenen Deponien und sonstigen Entsorgungsanlagen in ihrer Kapazität erschöpft sein werden. Damit gewinnen Abfallvermeidung und -verwertung zunehmende Bedeutung.

Erst 1972 wurde mit dem Abfallbeseitigungsgesetz eine bundeseinheitliche Regelung geschaffen, die inzwischen zum Abfallgesetz von 1986 ausgestaltet worden ist. Die heutige Abfallpolitik kennt drei einander ergänzende Strategien: Abfallbeseitigung, Abfallvermeidung und Abfallverwertung. Unter Umweltschutzaspekten ist dabei unstreitig, daß der Abfallvermeidung und -verwertung Vorrang gebühren müßte. Die bisherige Ausgestaltung der abfallpolitischen und -rechtlichen Instrumente konzentriert sich allerdings auf die Abfallbeseitigung.

Mit dem Abfallgesetz wurde erstmals auch der *Abfallbegriff* definiert. Abfälle sind danach bewegliche Sachen, deren sich der Besitzer entledigen will (*subjektiver* Abfallbegriff), oder deren geordnete Beseitigung zur Wahrung des Wohls der Allgemeinheit geboten ist (*objektiver* Abfallbegriff). Mit dieser Doppelstruktur wird einerseits auf den Willen der Besitzer Rücksicht genommen, andererseits aber vermieden, daß diese sich z. B. wegen der Kosten einer ordnungsgemäßen Abfallbeseitigung entziehen können. Die genaue rechtliche Definition des Abfalls ist deshalb von Bedeutung, weil Abfälle nur von den Trägern der Abfallbeseitigung und nur in bestimmten Verfahren und Anlagen beseitigt werden dürfen. In sachlicher Hinsicht wird zwischen Hausmüll, Sperrmüll aus Haushaltungen und hausmüllartigen Abfällen und Sonderabfällen aus der Industrie unterschieden.

Nach den Abfallbeseitigungsgesetzen der Länder sind die Kreise und kreisfreien Städte die Träger der Abfallbeseitigung. In vielen Fällen ist diese Aufgabe kommunalen Betrieben oder Privatfirmen übertragen. Die Besitzer von Abfällen müssen diese den Trägern der Abfallbeseitigung überlassen (Anschluß- und Benutzungszwang). Die Träger der Abfallbeseitigung können allerdings die Abfälle, die nach Art und Menge nicht zusammen mit dem Hausmüll beseitigt werden können, von der Beseitigung ausschließen. In diesen Fällen obliegt die Beseitigung dem Besitzer selbst.

Die Abfallbeseitigung darf nur in eigens dafür zugelassenen Anlagen erfolgen, sie werden auf der Grundlage von Planfeststellungsverfahren errichtet. Zur Ordnung der Abfallbeseitigung können die Länder Abfallbeseitigungspläne erstellen, zum Teil gibt es bereits Ansätze zu einer länderübergreifenden Planung. Das Verbringen von Abfällen in andere Staaten und die Beseitigung auf hoher See sind genehmigungspflichtig.

Für zahlreiche Abfallarten gelten zusätzliche Sonderregelungen: Tierkörperbeseitigung, Viehseuchengesetz, Pflanzenschutzgesetz, radioaktive Abfälle, Autowracks usw. An Steuerungsinstrumenten stehen der Abfallbeseitigung zur Verfügung:

- Planungsinstrumente (Abfallbeseitigungspläne, Planfeststellungsverfahren),
- Genehmigungsvorbehalte (Einsammlung und Beförderung),
- Überwachungsbefugnisse gegenüber Betreibern (Kontrolle, Anzeigepflichten, Nachweisbücher usw.),
- Betriebsbeauftragte für Abfallbeseitigung,
- strafrechtliche Sanktionen (§ 326 f. StGB).

Abgabenrechtliche Instrumente sind bislang nur im Bereich des ehemaligen Altölgesetzes eingesetzt worden. Die Verwertung von Abfällen ist bisher nur für Teilbereiche besonders geregelt, z. B. das Aufbringen von Klärschlamm, Abwasser, Fäkalien (Jauche, Gülle, Stallmist) und die Kompostierung von Pflanzenabfällen. Rechtsvorschriften zum Einsatz wiederverwertbarer Verpackungsmaterialien sind bislang noch nicht geschaffen worden.

Abfallbeseitigung

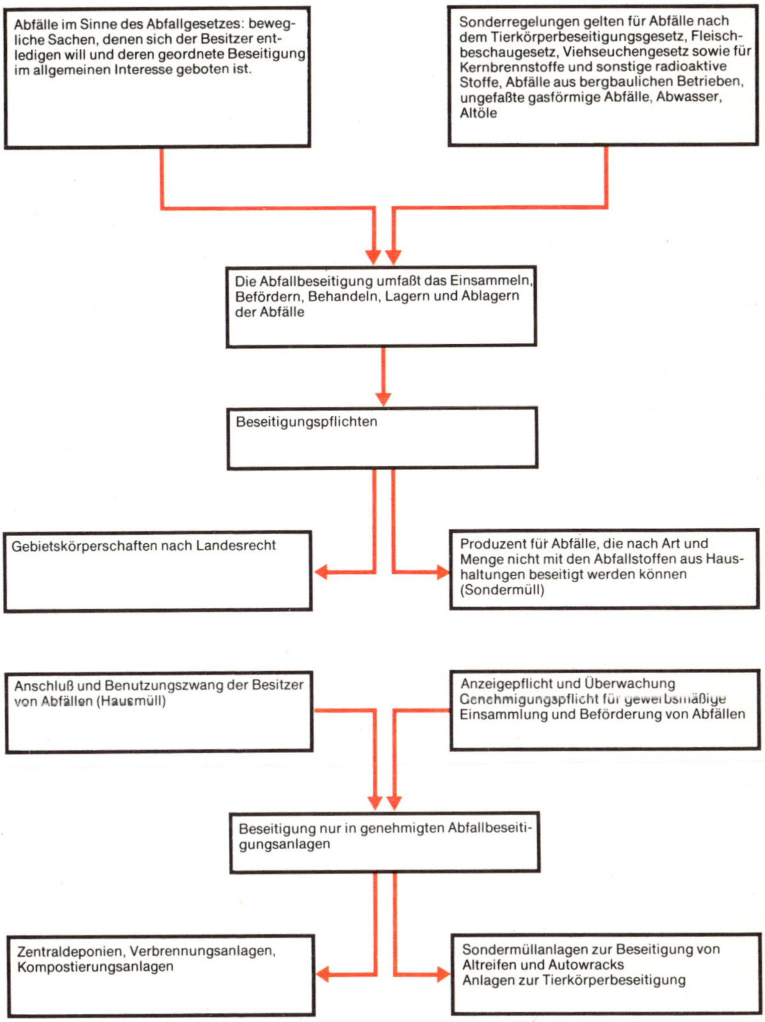

Atom- und Strahlenschutz

Das Atomenergie- und Strahlenschutzrecht umfaßt die Gesamtheit der Vorschriften, die die gesellschaftlichen Auswirkungen der Kernenergienutzung sowie der Strahlungsenergie ionisierender Strahlen regeln. Es wird durchgesetzt bzw. in seiner Anwendung überwacht von den zuständigen Behörden für Atomenergie und Strahlenschutz mit dem 1986 neugeschaffenen Bundesministerium für Umwelt, Naturschutz und Reaktorsicherheit an der Spitze.

Das Atom- und Strahlenschutzrecht enthält Regelungen sowohl des öffentlichen als auch des Privatrechts sowie zunehmend auch des internationalen und des Völkerrechts. Inhaltlich umfaßt es im wesentlichen Schutznormen, Regelungen zur Förderung bzw. Beschränkungen der Kernenergienutzung und Vorschriften für den Ausgleich und die Wiedergutmachung von Schäden.

Erst 1955 konnte in der Bundesrepublik Deutschland mit der friedlichen Nutzung der Kernenergie begonnen werden. *Rechtsgrundlage* waren zunächst die Atomgesetze der Länder, bis 1959/60 aufgrund einer entsprechenden Grundgesetzänderung das Bundesatomgesetz erlassen wurde. Auf der Grundlage dieses mehrfach geänderten Gesetzes wurden inzwischen eine Reihe bedeutsamer Verordnungen erlassen: Hierzu gehören v.a. die Strahlenschutzverordnung und die Atomrechtliche Verfahrensverordnung. Zum Atomrecht gehören weiterhin die Lebensmittelbestrahlungsverordnung, die Arzneimittelverordnung und die Vorschriften über die Beförderung radioaktiver Stoffe.

Anläßlich des Reaktorunfalls von Tschernobyl Ende April 1986 zeigte es sich, daß die Regelungen für solche Katastrophen nicht ausreichend waren. Mit dem daraufhin erlassenen Strahlenschutzvorsorgegesetz soll der Schutz der Bevölkerung durch die Überwachung der Umweltradioaktivität und die möglichst frühzeitige Feststellung der radiologischen Auswirkungen eines kerntechnischen Unfalls ermöglicht werden.

Das Atomgesetz als Kernregelung des Atomrechts stellt den gesamten Kernbrennstoffkreislauf unter lückenlose staatliche Kontrolle. Alle Aktivitäten bedürfen staatlicher Erlaubnisse und werden im Vollzug überwacht. Dies gilt zunächst für die Einfuhr, Ausfuhr und Beförderung von Kernbrennstoffen, sodann für die Bearbeitung, Verarbeitung oder sonstige Verwendung von radioaktiven Stoffen außerhalb atomrechtlicher Anlagen und schließlich für die Beseitigung radioaktiver Reststoffe. Ist eine Wiederverwertung nicht möglich, so hat eine geordnete Beseitigung bei einer Landessammelstelle für die Zwischenlagerung oder einer Anlage des Bundes zur Sicherstellung oder Endlagerung zu erfolgen. Derzeit ist noch kein Endlager des Bundes errichtet worden. Anderweitige Beseitigungen, z.B. in das Meer oder ins Ausland, bedürfen ebenfalls der Genehmigung.

Zur Errichtung, für den Betrieb, die wesentliche Änderung oder Stillegung von Kernanlagen ist ein eigenes Verfahren vorgesehen, das in der Atomrechtlichen Verfahrensordnung geregelt ist. Dieses Verfahren entspricht in seinen Grundzügen einem Planfeststellungsverfahren (vgl. S.300). Die bisherigen Verfahren haben sich als durchweg sehr konfliktreich erwiesen und wurden sämtlich durch Gerichtsverfahren begleitet. Von wesentlicher Bedeutung war dabei die Frage der *Reaktorsicherheit*. Hierzu haben die Gerichte die sog. „Je-Desto-Formel“ entwikkelt: Je höher das Risiko, desto höher auch die Sicherheitsanforderungen. Eine absolute Sicherheitsgarantie wird aber auch von der Rechtsprechung nicht gefordert, wobei die Schwelle zu dem hinzunehmenden Restrisiko im Einzelfall unklar bleibt.

Für den *Strahlenschutz* gilt der Grundsatz, daß jede unnötige Strahlenexposition zu vermeiden ist und im übrigen jede Exposition auch unterhalb der im einzelnen geltenden Grenzwerte so gering wie möglich zu halten ist. Die Dosisgrenze für die Bevölkerung beträgt z.Z. grundsätzlich 1,5 Millisievert (= 150 Millirem) pro Jahr.

Die bei der Kernenergienutzung besonders wichtigen *Haftungsfragen* sind für die Bundesrepublik Deutschland im wesentlichen durch das sog. Pariser Übereinkommen geregelt. Danach haftet der Betreiber einer Kernanlage im Wege der Gefährdungshaftung summenmäßig unbegrenzt für Schäden, die auf ein nukleares Ereignis zurückzuführen sind. Werden im Inland Schäden aufgrund eines Nuklearunfalls im Ausland erlitten und können diese nicht bei dem ausländischen Betreiber geltend gemacht werden, so haftet der Bund bis zu einer Höhe von 1 Mrd. DM.

Verfahren zur Genehmigung von Atomanlagen
nach dem Atomgesetz und der atomrechtlichen Verfahrensordnung
(ebenso bei Teilgenehmigungen und Vorbescheiden über einzelne Fragen)

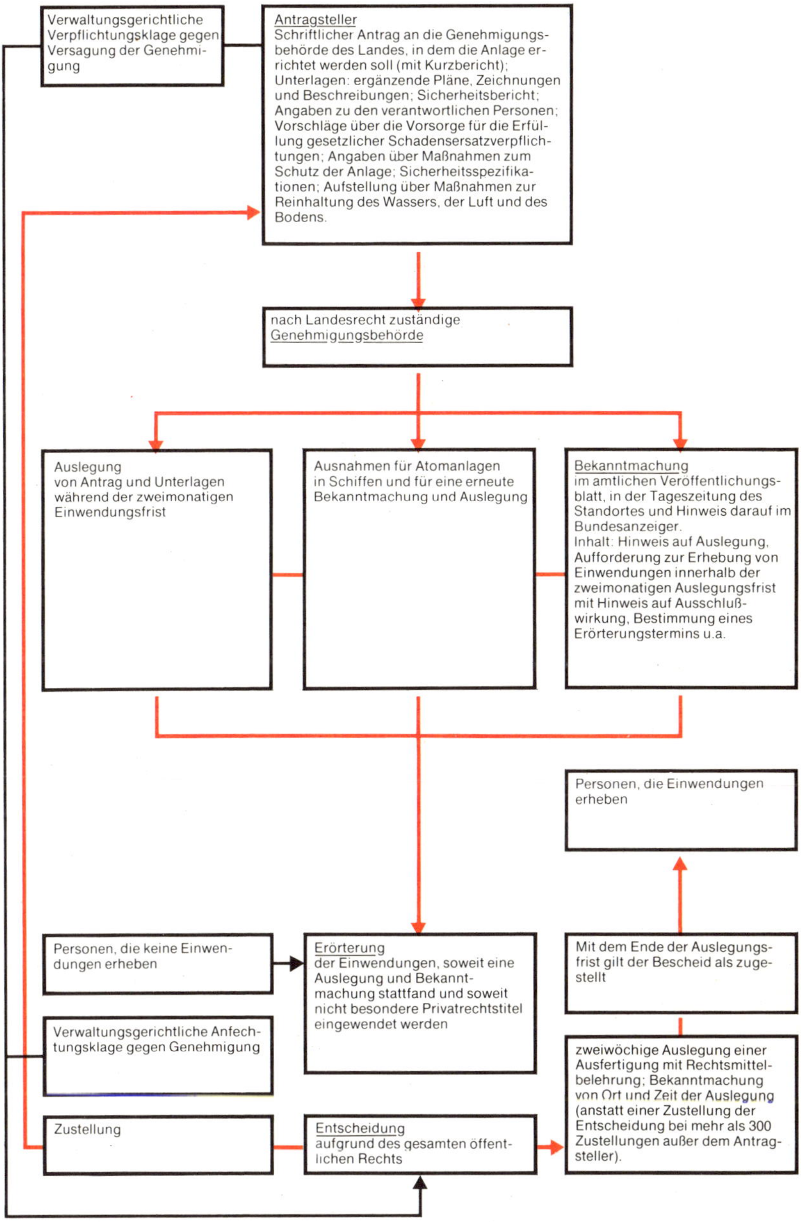

Bund, Länder und Gemeinden nehmen auf die Verkehrspolitik in vielfältiger Weise Einfluß, um das öffentliche Interesse zur Geltung zu bringen. Im *Güterverkehr* ist ein grundlegender Wandel eingetreten. War der Anteil der Deutschen Bundesbahn (DB) am Stückgutverkehr in der Zeit von 1970 bis 1985 schon um 36,3% und am Expreßgutverkehr in demselben Zeitraum sogar um 50% zurückgegangen, nimmt nunmehr auch die Menge der Güter, für deren Beförderung die Eisenbahnen prädestiniert sind, in immer stärkerem Maße ab. Ursache dafür ist einmal der Wandel in der Art der Güter, der sich zu Lasten des Eisenbahnverkehrs auswirkt. Seine Abnahme hat sich 1986 und 1987 infolge der Schrumpfung der Stahlproduktion verschärft. Zum anderen stellen neue Strategien der verladenden Wirtschaft an die Anpassungsfähigkeit der Verkehrsträger Anforderungen, denen der gewerbliche Güterfernverkehr und der Werkverkehr eher zu entsprechen vermögen. Im *Schienenpersonenverkehr* ist nur der Fernverkehr ein bedeutendes Geschäftsfeld, während der Nahverkehr – mit Ausnahme des S-Bahnverkehrs – keine tragfähige Marktposition mehr besitzt. Er hat in der Zeit von 1970 bis 1985 um 57% abgenommen.

Ferner beginnt sich die Liberalisierung des EG-Verkehrsmarkts auszuwirken. Im Güterverkehr werden die zu erwartenden Kapazitätsausweitungen zu einer Verschärfung des Preiswettbewerbs führen. Im Personenverkehr ist mittelfristig mit einer Verstärkung des grenzüberschreitenden Buslinienverkehrs zu rechnen.

Die DB nimmt mithin anders als früher nur noch in beschränktem Maße Grundversorgungsfunktionen wahr. Es wird gefordert, sie zu einem kaufmännischen Unternehmen umzugestalten, das nur dort Marktaufgaben erfüllen sollte, wo es Leistungs- und Kostenvorteile besitzt. Wo die öffentliche Hand aus Gründen des öffentlichen Interesses von der DB darüber hinausgehende – gemeinwirtschaftliche – Leistungen verlangt, müssen diese abgegolten werden, damit die Verantwortlichkeiten klargestellt, aber auch solche Leistungen in den unabdingbar gebotenen Grenzen gehalten werden (vgl. S. 336).

Für den *öffentlichen Personennahverkehr* (ÖPNV) ist das Fahrgastpotential außerhalb der Verdichtungsgebiete seit geraumer Zeit rückläufig; das ist u. a. auf die zurückgehende Wohnbevölkerung, die sinkenden Schülerzahlen, die anhaltend hohe Arbeitslosigkeit und den weiteren Anstieg des Bestandes an Pkw zurückzuführen.

Demgegenüber vermochte der ÖPNV dort, wo bereits weitgehend ausgebaute attraktive Schnellverkehrsnetze zur Verfügung stehen, trotzdem seinen Marktanteil zu behaupten oder zu verbessern. Das ist nicht zuletzt auf die Hilfen zurückzuführen, die der Bund seit 1967 für den Ausbau der Infrastruktur des ÖPNV in den Verdichtungsgebieten gewährt. Er stellte im Verlauf von 20 Jahren Mittel in Höhe von insgesamt 20,14 Mrd. DM für diese Zwecke zur Verfügung. Hinzu kamen die Komplementärmittel der Länder mit 9,47 Mrd. DM und der Gemeinden mit 8,33 Mrd. DM. So war der Neubau zahlreicher Strecken möglich. In der Zeit von 1967 bis Ende 1986 waren dies 311 km im Nahverkehr der DB, insbesondere bei den S-Bahnen, 142 km U-Bahnen und 297 km Stadtbahnen, aber auch 101 km herkömmliche Straßenbahnen. Der Nahverkehr erfreut sich in diesen Räumen einer größeren Akzeptanz durch die Bevölkerung. Auch der Besitzer eines Pkw sieht in ihm eine annehmbare Alternative. Das spiegelt sich in folgendem wider: Es bestand innerhalb der Stadtgrenzen z. B. von Hannover im Jahr 1985 zwischen Individualverkehr mit Pkw und öffentlichem Verkehr ein Verhältnis von 59:41, in Berlin (West) von 62:38, in Stuttgart (bezogen auf das Jahr 1981) von 65:35, in Hamburg (bezogen auf das Jahr 1978) auf 52:48 und in München (bezogen auf das Jahr 1983) von 54:46.

Mit Rücksicht auf die Haushaltslage ging die Bundesregierung 1988 daran, die Mittel, die sie nach Maßgabe des Gemeindeverkehrsfinanzierungsgesetzes zur Verfügung stellt, „einzufrieren".

Im ÖPNV außerhalb der Verdichtungsgebiete hat sich gezeigt, daß selbst nennenswerte Verbesserungen des Angebots kaum Nachfragesteigerungen bewirken. Der Pkw hat hier seine unbestreitbaren Vorzüge. Es wird daher darauf ankommen, das vorhandene ÖPNV-Angebot, auf das nach wie vor erhebliche Teile der Bevölkerung angewiesen sind, zu stabilisieren. Eine Möglichkeit ist hier die Einbeziehung des Ausbildungsverkehrs (etwa 70% des Gesamtverkehrs) in den allgemeinen Linienverkehr.

Entwicklung der Verkehrsleistung 1970–1986

Bundesrepublik Deutschland einschließlich Berlin (West)

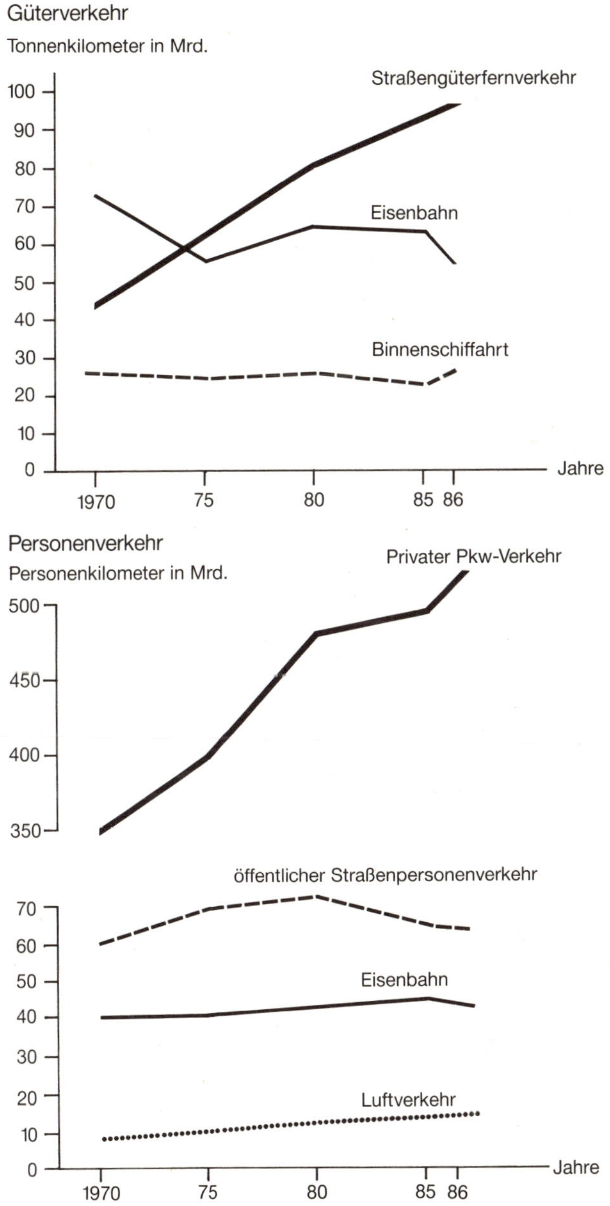

Straßen – Straßenverwaltung

Unter *öffentlichen Straßen* sind diejenigen Straßen, Wege und Plätze zu verstehen, die durch den Rechtsakt der Widmung der Straßenbaubehörde dem öffentlichen Verkehr zur Verfügung gestellt worden sind. In wessen Eigentum die Straßen stehen, spielt dabei keine Rolle.

Den rechtlich-öffentlichen Straßen stehen die *Privatstraßen, -wege* und *-plätze* gegenüber (z. B. Wirtschafts- und sog. Interessentenwege, private Wohnstraßen). Stehen Privatwege in irgend einer erkennbaren Weise der allgemeinen Benutzung zur Verfügung, spricht man von tatsächlich-öffentlichen Straßen, die den Regelungen des Straßenverkehrsrechts unterliegen.

Seit Inkrafttreten der Naturschutzgesetze von Bund und Ländern gibt es eine dritte Kategorie von Straßen und Wegen, die der Erholung dienen sollen. Unter diese Gruppe der *Freizeitwege* (es gibt in der Bundesrepublik etwa 200 000 km markierte Wanderwege) fallen alle privaten Straßen, Wege und Pfade, gleich ob sie vom Eigentümer ausdrücklich oder stillschweigend der Öffentlichkeit zur Verfügung gestellt worden sind, als Wanderwege und Radwege, unter bestimmten Einschränkungen auch als Reitwege. Ihre Zugänglichkeit und Benutzung durch jedermann (quasi-öffentlich) beruht auf dem in Naturschutzgesetzen geregelten *Betretungsrecht* für die freie Natur und Landschaft; es ersetzt den für die Öffentlichkeit (Benutzung durch jeden Erholungsuchenden) an sich erforderlichen Widmungsakt. Die Benutzung dieser Straßen und Wege ist nur „auf eigene Gefahr gestattet“. Die Vorschriften des Straßenverkehrsrechts finden keine Anwendung. Künstlich hergestellte Geh- und Radwege in der freien Landschaft können dem Verkehr gewidmet werden und sind dann öffentliche Wege.

Für die Einteilung der rechtlich-öffentlichen Straßen ist im geltenden Recht die *Verkehrsbedeutung* maßgeblich. Straßen, die einem weiträumigen Verkehr dienen oder zu dienen bestimmt sind, sind als *Bundesfernstraßen* einzustufen. Sie gliedern sich in Bundesautobahnen und Bundesstraßen. Bundesautobahnen sind solche Bundesfernstraßen, die nur für den Schnellverkehr mit Kraftfahrzeugen bestimmt und so angelegt sind, daß sie frei von höhengleichen Kreuzungen sowie für Zu- und Abfahrten mit besonderen Anschlußstellen ausgestattet sind. Nicht zu den Bundesautobahnen gehören die sog. Stadtschnellwege. Auch autobahnähnliche Straßen können für die Zwecke des Straßenverkehrs als Autobahnen beschildert werden.

Unterhalb der Bundesfernstraßen dienen dem überörtlichen Verkehr die *Landesstraßen* (Staatsstraßen, Landstraßen, Landstraßen I. Ordnung) und die *Kreisstraßen* (Landstraßen II. Ordnung). Zu den Bundesstraßen und den Landes- und Kreisstraßen gehören auch die innerhalb der geschlossenen Ortslage verlaufenden Abschnitte dieser Straßengruppen (Ortsdurchfahrten). Straßen des örtlichen Verkehrs sind die *Gemeindestraßen* (Gemeindeverbindungsstraßen, Ortsstraßen, Fußgängerbereiche, selbständige Geh- und Radwege) sowie die *sonstigen öffentlichen Straßen*. Zur letzteren Gruppe gehören überwiegend die beschränkt-öffentlichen Wege, die nicht Gemeindestraßen sind.

Die Regelung für die Bundesfernstraßen enthält das Bundesfernstraßengesetz. Für alle übrigen Straßen sind die Straßen- und Wegegesetze der Länder maßgebend.

Die *Straßenverwaltung* umfaßt die gesamte Tätigkeit der öffentlichen Hand zur Bereitstellung der Straßen für den öffentlichen Verkehr. Dazu gehören die Aufgaben der Straßenbaulast (Planung, Bau, Unterhaltung und Ausstattung der Straßen), die Regelung des sachenrechtlichen Status der Straßen (Widmung, Einziehung, Auf- und Abstufungen zwischen den Straßengruppen), die Benutzungsordnung (Erteilung von Sondernutzungsrechten und Gestattungen, Beschränkungen des Gemeingebrauchs), der nachbarrechtliche Schutz der Straßen, die staatliche Straßenaufsicht (Rechtsaufsicht über die nichtstaatlichen Straßenbaulastträger) sowie die Bewirtschaftung des unmittelbar oder mittelbar dem Straßenwesen dienenden unbeweglichen und beweglichen Vermögens (Straßengrundstücke, Geräte, Haushaltsmittel). Nicht zur Straßenverwaltung zählt die Regelung des Verkehrs auf den Straßen (vgl. S. 332).

Die öffentlichen Straßen stehen in der Regel im Eigentum des Straßenbaulastträgers, wobei das Eigentumsrecht durch die Zweckbestimmung der Straße zum öffentlichen Gebrauch überlagert ist.

Bau und Unterhaltung der öffentlichen Straßen und Wege

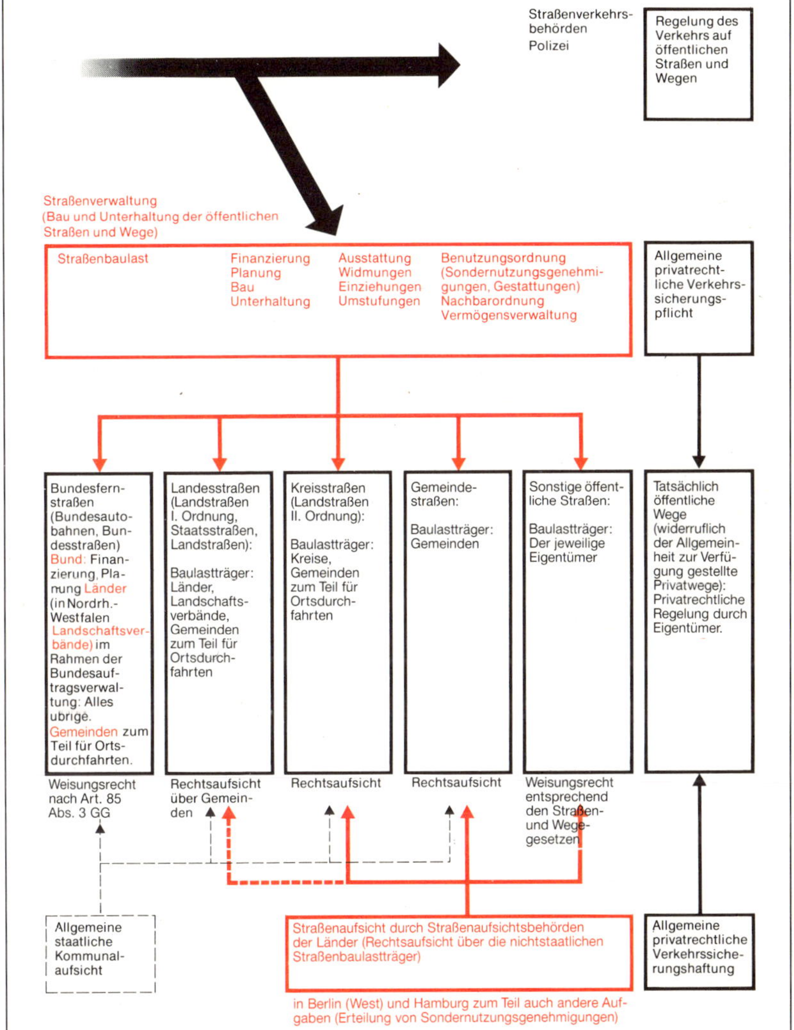

Straßenbenutzung und Straßenverkehrsordnung

Die Benutzung der öffentlichen Straßen und Wege ist aus zwei Blickwinkeln zu betrachten: dem des Wegerechts und dem des Verkehrsrechts.

Das *Wegerecht* regelt die Rechtsverhältnisse an solchen Straßen, Wegen und Plätzen, welche dem allgemeinen Verkehr gewidmet sind. Es handelt sich um die rechtliche Ordnung der wichtigsten öffentlichen Sachen, die sich im Gemeingebrauch befinden. Wegerechtlichen Gemeingebrauch nennt man das jedermann gewährte subjektiv-öffentliche Recht, die öffentlichen Wege ohne besondere Zulassung im Rahmen der Widmung zu Zwekken des Verkehrs unentgeltlich zu benutzen. Als Verkehr wird hierbei jede auf Ortsveränderung von Personen oder Sachen gerichtete Tätigkeit angesehen. Dazu gehört in erster Linie der „fließende Verkehr", aber auch der „ruhende Verkehr", soweit noch ein Zusammenhang mit der Ortsveränderung erkennbar ist.

Die Widmung öffentlicher Straßen für den öffentlichen Verkehr schließt andere Nutzungen nicht aus. Vor allem im innerstädtischen Bereich wird die Straße nicht nur zur Fortbewegung, sondern weitgehend als Kommunikations- und Begegnungsstätte verstanden. So ist ein funktionierender Gemeingebrauch die unabdingbare Voraussetzung für die Verwirklichung nahezu aller Freiheitsrechte wie Freizügigkeit, Berufs-, Versammlungs- und Meinungsfreiheit.

Die Benutzung der Straßen über den Gemeingebrauch hinaus ist Sondernutzung und bedarf einer Erlaubnis, für deren Erteilung der Straßenbaulastträger zuständig ist. Da alle über den Gemeingebrauch hinausgehenden Sondernutzungen nur als Benutzung des privatrechtlichen Straßeneigentums gelten, richtet sich die Gewährung der Sondernutzungserlaubnis auch grundsätzlich nach bürgerlichem Recht. Eine öffentlich-rechtliche Gestattung (Erlaubnis) ist jedoch dann erforderlich, wenn durch die Sondernutzung der Gemeingebrauch beeinträchtigt wird (Errichtung von Verkaufs- und Werbeanlagen).

Zu den Sondernutzungen zählt auch der Anliegergebrauch. Allerdings handelt es sich hierbei um Sondernutzungen, die teilweise bereits durch das Gesetz eingeräumt sind. *Anlieger* sind Eigentümer oder Besitzer von Grundstücken, die an einer öffentlichen Straße gelegen sind. Beim Anliegergebrauch handelt es sich um eine vom Anliegergrundstück auf die Straße selbst und den Luftraum über der Straße übergreifende Tätigkeit, die darauf gerichtet ist, die besonderen Vorteile des Verkehrs oder auch des Grundstücks selbst zu nutzen. Hierzu gehört z. B. das Auslegen von Waren, Anbringen von Reklame- und Firmenschildern sowie das Aufstellen von Baugerüsten und Baugeräten.

Während das Wegerecht die individuelle Benutzung an sich zum Gegenstand hat, geht es beim Verkehrsrecht, insbesondere bei der *Straßenverkehrsordnung* (StVO), um Fragen, die dadurch aufgeworfen werden, daß der Gemeingebrauch auf Straßen und Wegen von zahlreichen Verkehrsteilnehmern zur gleichen Zeit ausgeübt wird. Es gilt überall dort, wo aus dem Zusammentreffen zu vieler Verkehrsteilnehmer Gefahren für die Sicherheit oder die Leichtigkeit des Verkehrs entstehen (können). Der Grundgedanke der StVO ist in § 1 formuliert. Danach erfordert die Teilnahme am Straßenverkehr ständige Vorsicht und gegenseitige Rücksichtnahme. Der Verkehrsteilnehmer hat dafür zu sorgen, daß durch sein Verhalten andere Verkehrsteilnehmer weder geschädigt, gefährdet oder mehr, als nach den Umständen vermeidbar, behindert oder belästigt werden. Wegen des Prinzips der Verkehrsfreiheit, d. h. der Zulassung eines jeden zum Verkehr auf öffentlichen Straßen, betreiben die Verkehrsbehörden mit Hilfe verkehrspolizeilicher Verfügungen vielfältige Gefahrenabwehr. Hierzu zählen Verkehrsregelungen durch Polizeibeamte oder durch Lichtzeichen sowie die Weisungen und Zeichen der Polizeibeamten zum Anhalten.

Verkehrszeichen sind Allgemeinverfügungen, also Verwaltungsakte, die die Benutzung einer öffentlichen Sache durch die Allgemeinheit betreffen. Sie haben eine bestimmte Verkehrsregelung zum Inhalt und unterscheiden sich von Verkehrsregelungen durch Polizeibeamte im wesentlichen nur dadurch, daß sie eine örtliche Verkehrssituation dauernd regeln. Die Nichtbeachtung der Verkehrsregeln führt je nach Schwere des Verstoßes zu Sanktionen nach dem Ordnungswidrigkeitsgesetz, zu Strafverfahren oder einer gebührenpflichtigen Verwarnung.

Benutzung öffentlicher Straßen und Wege

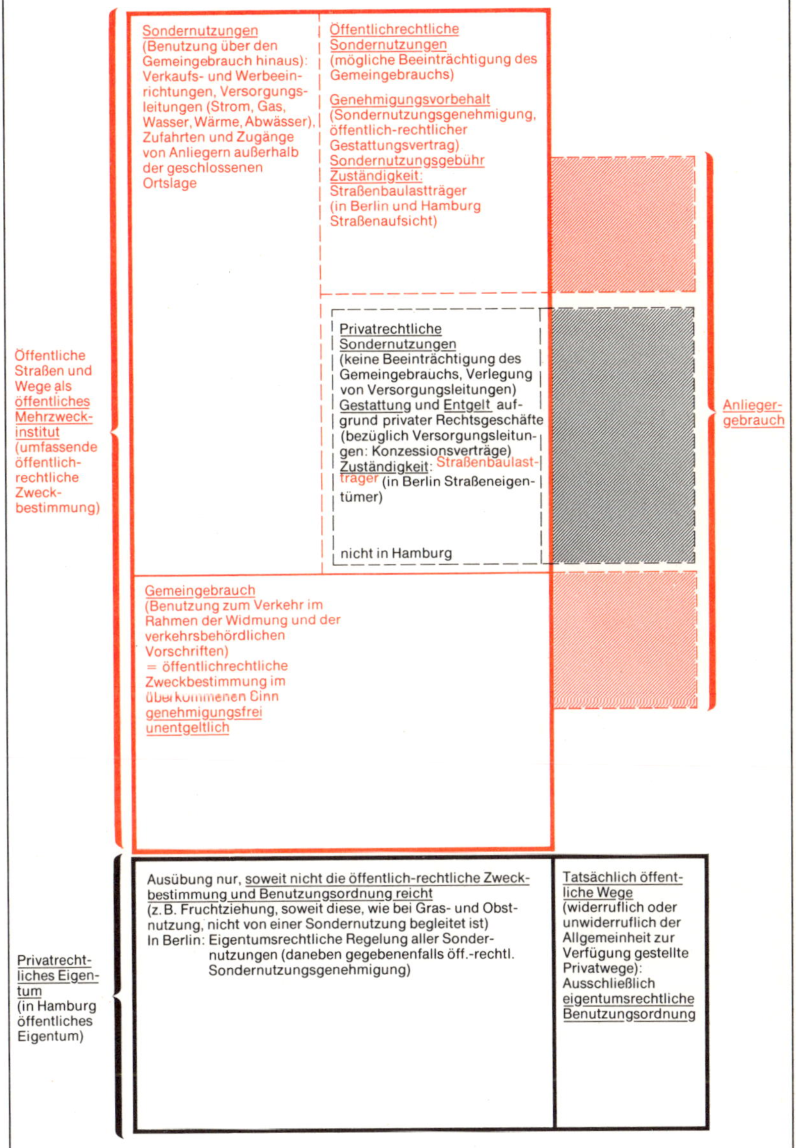

Zulassung, Überwachung und Haftpflicht bei Kraftfahrzeugen

Zulassung und Überwachung von Kraftfahrzeugen sind in § 1 des Straßenverkehrsgesetzes (StVG) sowie in den §§ 16 ff. und 29 der Straßenverkehrszulassungsordnung (StVZO) geregelt. Die Vorschriften dienen gleichermaßen der statistischen Erfassung des Kraftfahrzeugbestandes wie der Gewährleistung von Verkehrssicherheit. Zulassungspflichtig sind grundsätzlich alle Kraftfahrzeuge mit bauartbestimmter Höchstgeschwindigkeit von mehr als 6 km/h und ihre Anhänger. Ausnahmen sind in § 18 Abs. 3 StVZO geregelt.

Zur *Zulassung* gehören die Betriebserlaubnis und die Zuteilung eines amtlichen Kennzeichens. Die Betriebserlaubnis wird erteilt für das gesamte Fahrzeug oder für Fahrzeugteile. Im allgemeinen erhält sie bereits der Hersteller für einen genau bestimmten Fahrzeugtyp (Allgemeine Betriebserlaubnis, ABE). Zu ihrem Nachweis dient der Kraftfahrzeugbrief. Gehört ein Fahrzeug zu keinem genehmigten Typ, so muß eine Einzelbetriebserlaubnis eingeholt werden. Ohne Betriebserlaubnis können Fahrten in Ausnahmefällen vorgenommen werden, wenn ein rotes Kennzeichen erteilt worden ist. Eine einmal erteilte Betriebserlaubnis bleibt grundsätzlich bis zur Außerbetriebsetzung des Fahrzeugs gültig.

Die Zuteilung des amtlichen Kennzeichens geschieht auf Antrag des Fahrzeughalters; nur die in § 18 Abs. 2 StVZO genannten Ausnahmen (z. B. Kleinkrafträder bis zu 50 ccm und 40 km/h bauartbedingter Höchstgeschwindigkeit) benötigen kein amtliches Kennzeichen. Der Nachweis über die Gültigkeit der Zulassung wird durch den Kraftfahrzeugschein geführt, in den Fällen des § 18 Abs. 2 StVZO durch die Betriebserlaubnis. Zuständig für die Erteilung der allgemeinen Betriebserlaubnis ist das Kraftfahrtbundesamt. Örtlich zuständig ist die Verwaltungsbehörde des Stadt- oder Landkreises, in deren Bereich das Kraftfahrzeug seinen regelmäßigen Standort hat.

Die *Überwachung* der Kraftfahrzeuge und Anhänger hinsichtlich ihrer Betriebssicherheit nehmen nach § 29 StVZO amtlich anerkannte Sachverständige oder Prüfer vor (z. B. beim Technischen Überwachungsverein). Grundsätzlich muß jedes Fahrzeug alle 24 Monate zur Hauptuntersuchung vorgeführt werden, bei Neuwagen gilt eine Frist von drei Jahren bis zur erstmaligen Vorführung. Für Lastkraftwagen, Mietwagen u. ä. gelten hinsichtlich der Vorführungsfristen Besonderheiten. Werden Mängel festgestellt, wird eine Frist zu ihrer Behebung gesetzt und während dieser Zeit der Betrieb des Kraftfahrzeuges eventuell untersagt. Bei einer endgültigen Untersagung des Betriebs hat der Fahrzeughalter unverzüglich das amtliche Kennzeichen entstempeln zu lassen und den Kraftfahrzeugschein zurückzugeben. Zuwiderhandlungen gegen die Zulassungs- und Überwachungsvorschriften werden als Ordnungswidrigkeit geahndet.

Die *Haftpflicht* bei Kraftfahrzeugen richtet sich nach den §§ 7 ff. StVG und den §§ 823 ff. BGB. Den Halter eines Kraftfahrzeuges trifft gemäß § 7 StVG die Gefährdungshaftung, d. h. er haftet grundsätzlich und unabhängig von der Frage, ob ihm ein Verschulden vorzuwerfen ist, bereits dann, wenn sich die Betriebsgefahr verwirklicht, d. h. beim Betrieb des Kfz. Menschen oder Sachen zu Schaden kommen. Halter ist derjenige, der über das Fahrzeug regelmäßig verfügt und es für eigene Rechnung gebraucht. Die Haltereigenschaft erlischt grundsätzlich, wenn das Fahrzeug gegen den Willen des Halters benutzt wird, sofern er das Fahrzeug gehörig gegen die Benutzung durch Unbefugte gesichert hat. Die Gefährdungshaftung des Halters greift ausnahmsweise dann nicht ein, wenn dieser nachweist, daß ein unabwendbares Ereignis vorlag, der Unfall also auch bei Anwendung aller erdenklichen Sorgfalt nicht zu vermeiden und nicht fahrzeugtechnisch bedingt war. Die Haftung des Halters aus der Betriebsgefahr seines Fahrzeuges ist gemäß § 12 StVG summenmäßig begrenzt, und zwar bei Tod oder Verletzung einer Person auf 500 000,– DM oder 30 0000,– DM jährliche Rente, bei Tod oder Verletzung mehrerer Personen auf 750 000,– DM oder 45 000,– DM jährliche Rente (insgesamt) sowie bei Sachschaden auf 100 000,– DM. Trifft den Halter ein Verschulden, so tritt neben die begrenzte Halterhaftung nach dem StVG die unbegrenzte Haftung aus unerlaubter Handlung nach §§ 823 ff. BGB. In diesem Fall hat der Geschädigte auch einen Anspruch auf Schmerzensgeld gemäß § 847 BGB. Entsprechendes gilt für den Fahrer des Fahrzeuges. Deshalb empfiehlt sich der Abschluß von Haftpflichtversicherungen mit höheren Haftungssummen.

Zulassung, Überwachung und Haftpflicht bei Kraftfahrzeugen

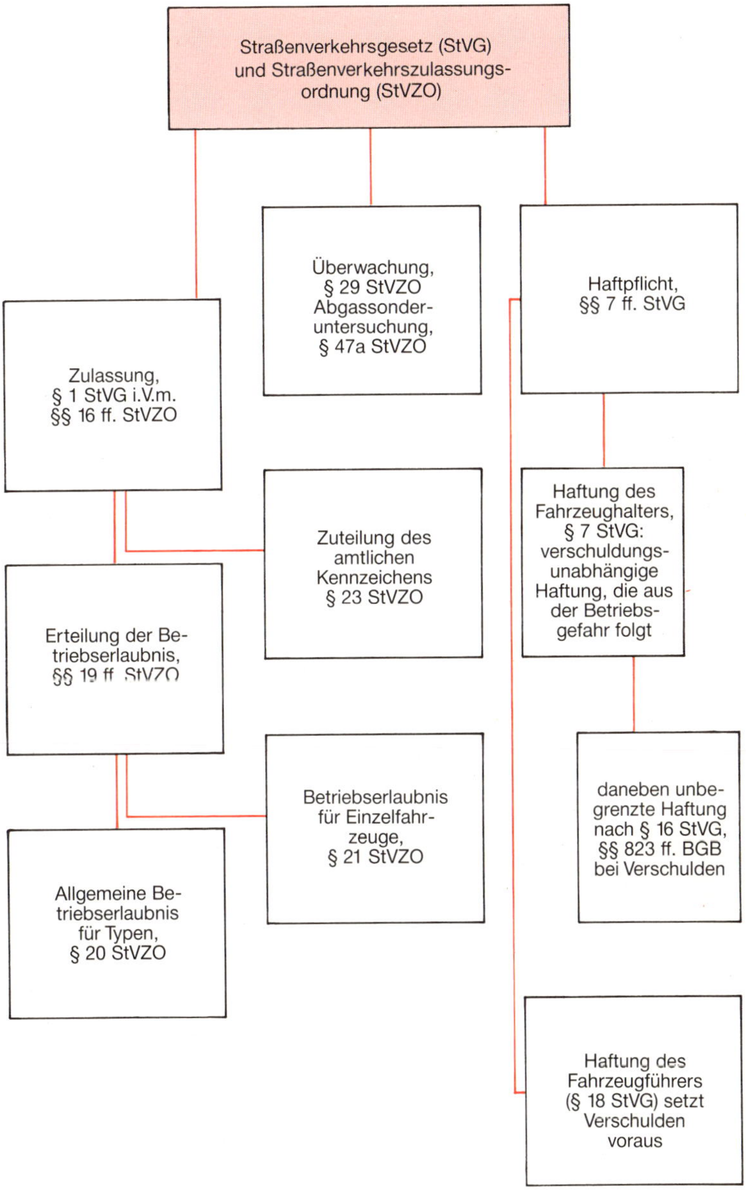

Eisenbahnen sind schienengebundene Verkehrsmittel. Begrifflich nicht hierzu gehören Straßenbahnen, Bergbahnen und sonstige Bahnen besonderer Bauart. *Eisenbahnen des öffentlichen Verkehrs* unterliegen gemeinwirtschaftlichen Pflichten (Betriebs-, Beförderungs- und Tarifpflicht) und gesetzlich vorgegebenen technischen Sicherheitsregeln. Sie können von jedermann zur Personen- und Güterbeförderung zu den öffentlich bekanntgegebenen Tarifen benutzt werden. Nichtöffentliche Eisenbahnen sind vor allem die privaten Anschlußbahnen.

Die *Deutsche Bundesbahn* (DB) ist das bedeutendste Eisenbahnunternehmen mit dem umfangreichsten Streckennetz in der Bundesrepublik Deutschland. Dieses Netz wird ergänzt durch die nicht bundeseigenen Eisenbahnen in Länder- oder Privateigentum. Als Staatseisenbahn ist die DB in der Bundesrepublik Deutschland die Rechtsnachfolgerin der Deutschen Reichsbahn. Die ehemals von den Ländern verwalteten Eisenbahnen wurden 1920 in Reichseigentum überführt. Zu dieser Zeit hatte die Eisenbahn als Verkehrssystem eine monopolartige wirtschaftliche Bedeutung. Heute steht sie im Güterverkehr stärker denn je in Wettbewerb mit dem Güterkraftverkehr und der Binnenschiffahrt, im Personenverkehr vor allem mit dem Individualverkehr (Pkw). In diesem Systemwettbewerb hat die Eisenbahn in den vergangenen Jahrzehnten erhebliche Anteile an andere Verkehrsträger verloren. Im Güterverkehr sank ihr Anteil von 1950 bis 1986 von 60% auf 33% (vgl. S. 328).

Für die Bundeseisenbahnen hat der Bund die ausschließliche, für die übrigen Eisenbahnen die konkurrierende Gesetzgebungszuständigkeit. Von beiden Kompetenzen hat der Bund mit dem Erlaß des Allgemeinen Eisenbahngesetzes und des Bundesbahngesetzes Gebrauch gemacht. Das Bundeseisenbahnvermögen „DB" ist ein nicht rechtsfähiges Sondervermögen mit eigener Rechnungs- und Wirtschaftsführung, es wird in bundeseigener Verwaltung geführt. Die Dienststellen der DB sind Bundesbehörden, ihre Mitarbeiter sind Beamte, Angestellte oder Arbeiter des Bundes. Im Rechtsverkehr kann die DB unter ihrem Namen handeln, klagen und verklagt werden. *Organe* der DB sind der Verwaltungsrat und der Vorstand. Der Verwaltungsrat beschließt über bestimmte grundsätzliche Fragen. Von seinen zwanzig Mitgliedern werden durch die Bundesregierung je fünf auf Vorschlag des Bundesministers für Verkehr, des Bundesrates, der Spitzenverbände der Wirtschaft und der Gewerkschaften ernannt. Der Vorstand besteht z. Z. aus dem Vorsitzer, sechs weiteren Mitgliedern und einem stellvertretenden Mitglied. Neben seiner Gesamtverantwortung für die Unternehmensleitung ist jedem Vorstandsmitglied ein Fachressort zugeordnet. Der Vorstand ist an Beschlüsse des Verwaltungsrats gebunden.

Die staatliche Aufsicht über die DB nimmt der Bundesminister für Verkehr wahr. Neben der Rechtsaufsicht bestehen Genehmigungsvorbehalte für wichtige Unternehmensentscheidungen, so z. B. für den Wirtschaftsplan, den Bau neuer Strekken, für Betriebseinstellungen, für die Besetzung hoher Führungspositionen.

Die DB ist in drei *Entscheidungsebenen* gegliedert. Der Zentrale der DB sind die Bundesbahndirektionen, die Geschäftsbereiche Bahnbus und weitere Stellen nachgeordnet. Den Bundesbahndirektionen unterstehen die Dienststellen des Außendienstes mit Aufgaben der operativen Betriebsführung, der Unterhaltung der Bahnanlagen u. ä.

Nach dem gesetzlichen Auftrag, die DB wie ein Wirtschaftsunternehmen zu führen, ist die DB gehalten, ihre Aufwendungen durch Erträge zu decken. Eine Kostendeckung konnte jedoch seit den 1960er Jahren nicht mehr erreicht werden: 1986 stand den Erträgen von 27,6 Mrd. DM ein Gesamtaufwand von 30,9 Mrd. DM gegenüber. Da Ertragssteigerungen aufgrund der Wettbewerbssituation enge Grenzen gesetzt sind, sind die Anstrengungen der DB vor allem auf eine Minderung des Aufwands gerichtet. Die Bundesregierung hat dies mit ihren Leitlinien vom 23. 11. 1983 konkretisiert, wonach die Kosten deutlich gesenkt, zugleich die Produktivität erheblich gesteigert werden muß. Das bedeutet eine Anpassung des Personalbestands und der Anlagen an den zurückgegangenen Transportumfang. Das bedeutet aber auch, daß Investitionen vorzugsweise in diejenigen Bereiche gelenkt werden, in denen die Eisenbahn zukunftssichere Systemvorteile hat.

Organisation der Deutschen Bundesbahn
(Stand: Oktober 1987)

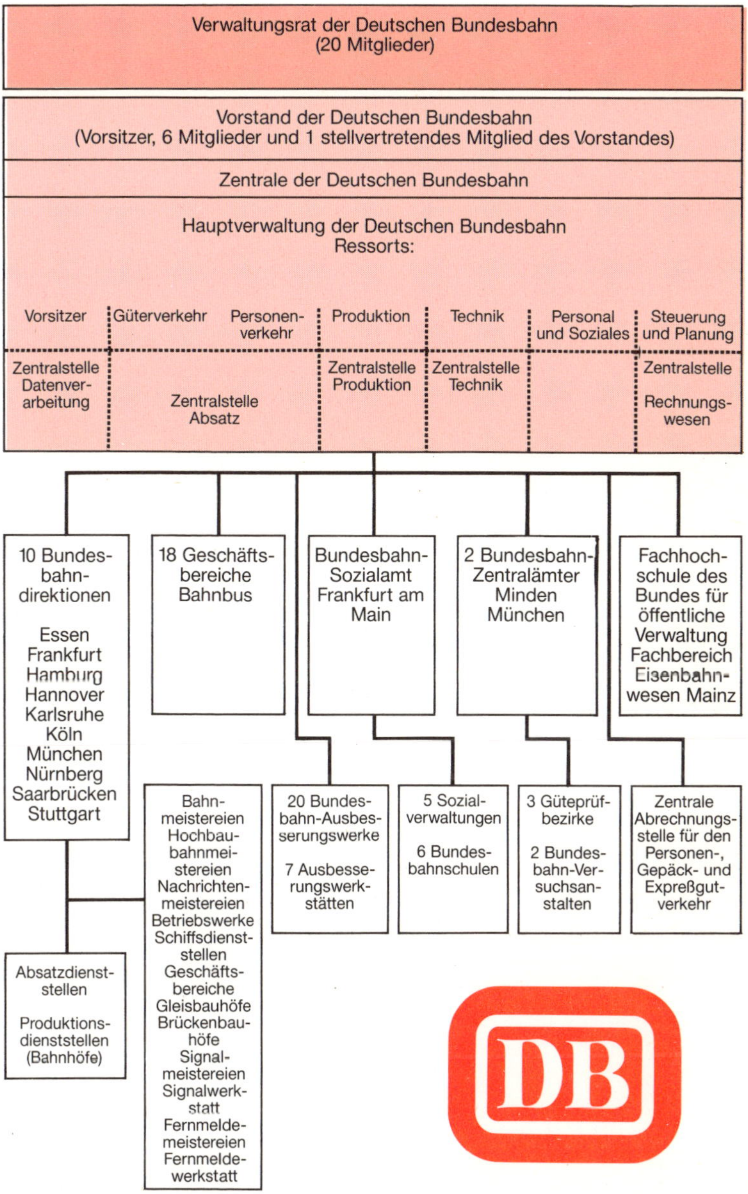

Wasserstraßenverwaltung

Wasserstraßen sind Gewässer und zugleich Verkehrswege, auf denen ein nicht unerheblicher Schiffsverkehr abgewickelt wird. Zu ihnen zählen künstliche Wasserstraßen (Kanäle), Ströme, Flüsse und Seewasserstraßen. Schon im Heiligen Römischen Reich Deutscher Nation unterstanden die großen Ströme der Krone. Auch die Reichsverfassung von 1871 unterstellte die Wasserstraßen im Interesse der Landesverteidigung und des allgemeinen Verkehrs der Aufsicht des Reiches. Art. 97 Abs. 1 der Weimarer Verfassung von 1919 erklärte es sogar zur Aufgabe des Reiches, die dem allgemeinen Verkehr dienenden Wasserstraßen in sein Eigentum und seine Verwaltung zu übernehmen. Im Vollzug dieses Verfassungsauftrages erging 1921 das Wasserstraßenvertragsgesetz, wonach die dem allgemeinen Verkehr dienenden Wasserstraßen von den Ländern auf das Reich übergingen. In Fortentwicklung dieser Rechtslage führte das Grundgesetz in Art. 87 und Art. 89 die bundeseigene Verwaltung der Wasserstraßen mit eigenem Verwaltungsunterbau ein.

Maßgebend für diese Entscheidung im Grundgesetz war die Erwägung, daß die Wasserstraßen nicht stückweise, sondern einheitlich zu verwalten seien und daß daher ihre Verwaltung nach Stromgebieten, nicht nach Ländern zusammenzufassen sei. Im Verfolg des Art. 87 Abs. 1 GG wurde eine dreistufige Verwaltungsorganisation für die Bundeswasserstraßenverwaltung geschaffen. Dem Bundesminister für Verkehr als oberster Bundesbehörde unterstehen als Mittelbehörden sechs Wasser- und Schiffahrtsdirektionen und als Unterbehörden 33 Wasser- und Schiffahrtsämter, 7 Neubauämter und 4 Wasserstraßen-Maschinenämter. Darüber hinaus stehen der Wasser- und Schiffahrtsverwaltung des Bundes als fachtechnische Behörden die Bundesanstalt für Wasserbau und die Bundesanstalt für Gewässerkunde zur Verfügung. Die Rechtsgrundlage für die Verwaltung der Wasserstraßen ist das *Bundeswasserstraßengesetz* (WaStrG). Der sachliche Umfang der dem Bund in Art. 74 Nr. 21 GG gewährten Gesetzgebungskompetenz für die Seewasserstraßen und die dem allgemeinen Verkehr dienenden Binnenwasserstraßen, auf die sich das WaStrG im wesentlichen stützt, war lange Zeit umstritten. Das Bundesverfassungsgericht hat schließlich entschieden, daß die Gesetzgebungskompetenz nach Art. 74 Nr. 21 GG nur Regelungen gestattet über die Erhaltung dieser Gewässer in einem für den Schiffsverkehr erforderlichen Zustand und über die damit zusammenhängenden Gegenstände. Auf dem Gebiet des Wasserrechts habe der Bund lediglich eine Rahmenkompetenz nach Art. 75 Nr. 4 GG. Da nach der Systematik des GG die Gesetzgebungskompetenz des Bundes die äußerste Grenze seiner Verwaltungskompetenz ist, muß sich nach der obigen Entscheidung des Bundesverfassungsgerichts der Bund bei der Verwaltung der Bundeswasserstraßen auf die Regelung der Verkehrsangelegenheiten beschränken.

Das Wasserstraßengesetz regelt im wesentlichen

- Begriff und räumlichen Umfang der Bundeswasserstraßen (Binnenwasserstraßen und Seewasserstraßen),
- Befahren mit Wasserfahrzeugen und Gemeingebrauch,
- Unterhaltung der Bundeswasserstraßen und Betrieb der bundeseigenen Schiffahrtsanlagen,
- Ausbau und Neubau der Bundeswasserstraßen (Planung und Planfeststellung),
- Ordnungsmaßnahmen der Wasser- und Schiffahrtsverwaltung (strompolizeiliche Verfügungen sowie strom- und schiffahrtspolizeiliche Genehmigungen),
- besondere Aufgaben der Wasser- und Schiffahrtsverwaltung (Setzen und Betreiben von Schiffahrtszeichen, Eisbekämpfung auf den Bundeswasserstraßen, verkehrsbezogener Feuerschutz auf Seewasserstraßen und Mündungstrichtern),
- Kreuzungen mit anderen öffentlichen Verkehrswegen,
- Ordnungswidrigkeiten und Bußgeldahndungen.

Die Durchführung des Wasserstraßengesetzes obliegt den oben genannten Behörden.

Die Aufgaben der Wasser- und Schiffahrtsverwaltung des Bundes erschöpfen sich nicht in der Durchführung des WaStrG. Die Verwaltung nimmt insbesondere noch die über den Bereich eines Landes hinausgehenden staatlichen Aufgaben der Binnenschiffahrt und die Aufgaben der Seeschiffahrt wahr, die dem Bund durch Gesetz übertragen wurden (Art. 89 Abs. 2 GG). Die Zusammenstellung der in diesem Bereich maßgebenden Gesetze findet sich im Bundesgesetzblatt III Sachgebiet 95.

Organisation der Wasser- und Schiffahrtsverwaltung des Bundes

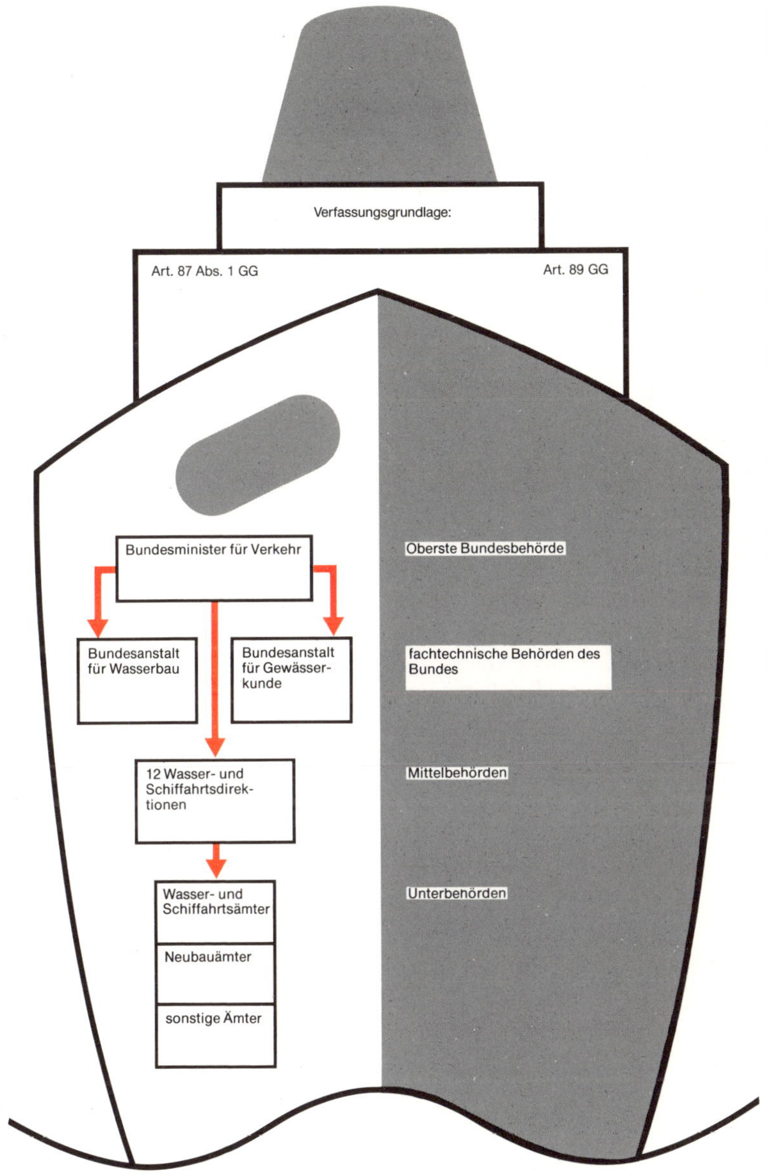

Binnen- und Seeschiffahrt (Schiffahrtsordnungen)

Unter Binnen- bzw. Seeschiffahrt ist die Beförderung von Personen und Gütern mit Schiffen zu verstehen. Die Binnen- wie die Seeschiffahrt unterliegen nach Artikel 74 Nr. 21 GG der konkurrierenden Gesetzgebung des Bundes (vgl. S. 50). Durch das Gesetz über die Aufgaben des Bundes auf dem Gebiet der Binnenschiffahrt (Binnenschiffahrtsaufgabengesetz; Fassung vom 4. 8. 1986) und das entsprechende Aufgabengesetz auf dem Gebiet der Seeschiffahrt (Seeschiffahrtsaufgabengesetz; Fassung vom 21. 1. 1987) wurde dem Bund die Aufgabe übertragen, im allgemeinen deutschen Interesse die Binnenflotte und den Binnenschiffsverkehr sowie im Bereich der Seeschiffahrt die deutsche Handelsflotte zu fördern. Nach diesen Gesetzen obliegt dem Bund die Abwehr von Gefahren für die Sicherheit und Leichtigkeit des Verkehrs sowie die Verhütung der von der Schiffahrt ausgehenden Gefahren (Schiffahrtspolizei). In diesem Zusammenhang trifft er die notwendigen Verkehrsregelungen (Schiffahrtsordnungen) für die Schiffahrt auf den – nach dem Bundeswasserstraßengesetz in seiner Verwaltung stehenden – Bundeswasserstraßen (vgl. S. 338).

Die Verkehrsvorschriften für die Seeschiffahrt sind in den „Internationalen Regeln von 1972 zur Verhütung von Zusammenstößen auf See" (Seestraßenordnung) sowie in der Seeschiffahrtsstraßen-Ordnung enthalten. Wegen des weltweiten Bezugs der Seeschiffahrt mit der Notwendigkeit von Regelungen für Schiffe aller Nationen wird die Seestraßenordnung bei der International Maritime Organisation (IMO), also der internationalen Schiffahrtsorganisation, in London unter den Mitgliedsstaaten dieser Organisation abgestimmt, dort beschlossen und dann national in Kraft gesetzt. Die Seeschiffahrtsstraßen-Ordnung ändert und ergänzt die Seestraßenordnung, um den Besonderheiten der deutschen Reviere Rechnung zu tragen. Die Seestraßenordnung gilt auf der hohen See und – gemeinsam mit der Seeschiffahrtsstraßen-Ordnung – auf den deutschen Seeschiffahrtsstraßen. Das sind im wesentlichen neben dem Küstenmeer die Flußmündungen der Ems von Papenburg, der Weser von Bremen, der Elbe von Hamburg, jeweils bis zur Hoheitsgrenze, sowie der Nord-Ostsee-Kanal, der Jadebusen und die Kieler Förde.

Auf den Binnenschiffahrtsstraßen wie z. B. dem Rhein mit seinen Nebenflüssen Mosel, Main und Neckar, der Saar, der Ems bis Papenburg, der Weser bis Bremen, der Elbe bis Hamburg, der Donau, sowie auf dem westdeutschen Kanalnetz sind die notwendigen Verkehrsregelungen in der Binnenschiffahrtsstraßen-Ordnung, der Rheinschiffahrtspolizeiverordnung, der Moselschiffahrtspolizeiverordnung sowie der Donauschiffahrtspolizeiverordnung enthalten. Hierbei handelt es sich um nahezu inhaltsgleiche Vorschriften. Die an sich naheliegende Zusammenführung dieser Verkehrsvorschriften zu einer Verordnung unterblieb, weil auf Rhein, Mosel und Donau internationale Abstimmungsverpflichtungen mit anderen Ländern bestehen. So werden z. B. die Verkehrsvorschriften für den Rhein gemäß der Mannheimer Akte von 1868 in der Zentralkommission für die Rheinschiffahrt (Sitz Straßburg) mit allen Rheinanliegerstaaten, Belgien und Großbritannien abgestimmt.

Die Verkehrsordnungen sowohl für die See- wie auch für die Binnenschiffahrt enthalten im wesentlichen Vorfahrts-, Begegnungs- und Ausweichregeln. Mit ihnen werden auch die von den Fahrzeugen zu führenden Sichtzeichen und die zu gebenden Schallsignale geregelt. Sie enthalten ferner Schiffahrtszeichen, mit denen vom Land aus reglementierend im Interesse der Sicherheit und Leichtigkeit des Verkehrs auf den Verkehr zu Wasser eingewirkt wird.

Für die Durchführung dieser Verordnungen (z. B. für Genehmigungen und Ausnahmegenehmigungen oder Bußgeldverfahren) ist die Wasser- und Schiffahrtsverwaltung des Bundes zuständig; das sind die dem Bundesminister für Verkehr nachgeordneten Wasser- und Schiffahrtsdirektionen bzw. die diesen Direktionen wiederum nachgeordneten Wasser- und Schiffahrtsämter. Der schiffahrtspolizeiliche Vollzug (u. a. die unmittelbare Überwachung des Verkehrs) auf den Bundeswasserstraßen wird jeweils von der Wasserschutzpolizei der Länder wahrgenommen. Der Bund hat insoweit Vereinbarungen mit den Ländern geschlossen.

Im Küstenvorfeld (außerhalb des staatlichen Hoheitsgebiets) wird dieser schiffahrtspolizeiliche Vollzug durch die Wasser- und Schiffahrtsverwaltung des Bundes unmittelbar wahrgenommen. Sie wird dabei durch Bundesgrenzschutz und die Zollverwaltung unterstützt.

Schiffahrtszeichen auf Binnenschiffahrtsstraßen

Luftverkehr

Luftverkehr ist die regelmäßige oder gelegentliche Beförderung von Personen und Gütern mit Luftfahrzeugen. Man unterscheidet zwischen Fluglinienverkehr (gewerbsmäßige, öffentliche und regelmäßige Beförderung von Personen, Post und Fracht durch Luftfahrzeuge auf bestimmten Linien), Gelegenheitsverkehr (anderer gewerblicher Luftverkehr, z. B. Charterverkehr oder Taxiverkehr) und nicht gewerblichem Luftverkehr (z. B. private Geschäftsflüge).

In der Bundesrepublik Deutschland betreibt die Deutsche Lufthansa AG internationalen Fluglinienverkehr nach knapp 80 Staaten. Der Bund ist Hauptaktionär der Lufthansa. Daneben betätigen sich seit Anfang der 1980er Jahre mehrere private Regionalfluggesellschaften am Fluglinienverkehr ins europäische Ausland sowie im Inlandsverkehr. Für den sonstigen gewerblichen Gelegenheitsverkehr sind über 200 kleinere Luftverkehrsunternehmen zugelassen. Im internationalen Fluglinienverkehr fliegen viele ausländische Luftfahrtunternehmen die Bundesrepublik an.

Die 12 internationalen Verkehrsflughäfen der Bundesrepublik Deutschland (Berlin, Bremen, Düsseldorf, Frankfurt, Hamburg, Hannover, Köln/Bonn, München, Münster-Osnabrück, Nürnberg, Stuttgart und Saarbrücken) sowie die zahlreichen Regionalflughäfen werden fast alle in der Rechtsform privater Handelsgesellschaften betrieben. Gesellschafter oder Aktionäre sind Bund, Länder und Gemeinden. 1987 hatten die deutschen Flughäfen ein Aufkommen von 63,8 Mill. Passagieren, 1,3 Mill. t Luftfracht und 235 000 t Luftpost.

Grundlage des *Luftrechts* ist das Luftverkehrsgesetz. Danach dürfen Luftfahrzeuge nur verkehren, wenn sie zum Verkehr zugelassen sind. Wer ein Flugzeug führen will, bedarf dazu einer Erlaubnis. Für Anlage und Betrieb von Flugplätzen sowie für Luftfahrtunternehmen sind staatliche Genehmigungen erforderlich. Die Reglementierung des Luftverkehrs geschieht überwiegend aus Gründen der öffentlichen Sicherheit und Ordnung. Die Genehmigung für Fluglinien erstreckt sich auch auf Flugpläne, Beförderungsentgelte und Beförderungsbedingungen. Der gewerbsmäßige Inlandsverkehr kann deutschen Luftfahrtunternehmen vorbehalten werden. Bei der Genehmigung von Flugplätzen wird geprüft, ob die Planung den Erfordernissen der Raumordnung und der Landesplanung entspricht und ob die Erfordernisse des Naturschutzes und der Landschaftspflege (vgl. S. 316) sowie des Städtebaus und der Schutz vor Fluglärm angemessen berücksichtigt sind.

Die *Luftverkehrsverwaltung* ist teils bundeseigene Verwaltung, teils Bundesauftragsverwaltung durch die Länder.

Das deutsche Luftverkehrsrecht ist durch zahlreiche internationale Abkommen ergänzt worden. Durch das Abkommen über die Internationale Zivilluftfahrt wurde die *Internationale Zivilluftfahrtorganisaton* (ICAO) in Montreal gegründet, der die Erarbeitung einheitlicher Regeln für die internationale Zivilluftfahrt obliegt. Das Recht, Personen, Fracht und Post in einen anderen Staat, von dort zurück oder von dort in einen dritten Staat zu befördern, ist Gegenstand zweiseitiger Luftverkehrsabkommen.

Die Internationale Lufttransportvereinigung IATA ist ein Zusammenschluß aller bedeutenden Gesellschaften des internationalen Fluglinienverkehrs. Sie hat Ende der 1970er Jahre als Folge der „Deregulierung" des Luftverkehrs in den USA bestimmte Funktionen der Tariffestsetzung aufgeben müssen.

Ein Schwerpunkt der luftverkehrspolitischen Entwicklung liegt aufgrund der Initiativen der Europäischen Gemeinschaften und der *Europäischen Zivilluftfahrtkonferenz* (ECAC) im multilateralen europäischen Bereich. Entscheidende Impulse gehen von der EG-Kommission aus. Innerhalb der ECAC, der 22 europäische Staaten angehören, wurden 1986 erste Lockerungen im Kapazitätsbereich und bei den Tarifen vereinbart. Der EG-Ministerrat faßte 1987 im Vorgriff auf die bis 1992 geplante Vollendung des EG-Binnenmarktes Beschlüsse, die weitere Erleichterungen im Marktzugang vorsehen. Absehbar ist, daß bilaterale Vereinbarungen zumindest im europäischen Bereich zunehmend durch multilaterale Regelungen ergänzt oder gar ersetzt werden. Zunehmender Wettbewerb dürfte neben einer Ausdehnung der Sondertarife auch zu Tarifsenkungen führen, wobei eine totale Deregulierung nach amerikanischem Vorbild für Europa nicht gewollt ist. Durch eine europäische Rahmenordnung sollen wettbewerbsfeindliche Konzentrationsprozesse verhindert werden.

Die „fünf Freiheiten" im Luftverkehr

1. Freiheit:

Das Recht, einen anderen Staat zu überfliegen.

2. Freiheit:
Das Recht zur Vornahme von Landungen in einem anderen Staat zu nicht gewerblichen Zwecken.

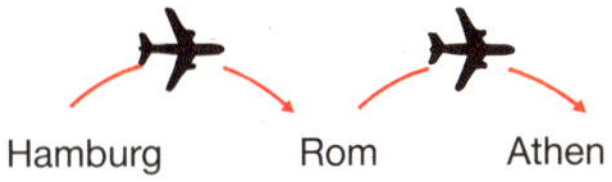

3. Freiheit:
Das Recht zur Beförderung von Personen, Post und Fracht vom Heimatstaat in einen anderen Staat.

4. Freiheit:
Das Recht zur Beförderung von Personen, Post und Fracht von einem anderen Staat in den Heimatstaat.

5. Freiheit:

Das Recht zur Beförderung von Personen, Post und Fracht zwischen Drittstaaten.

Verkehrsleistungen deutscher Verkehrsflughäfen 1987**

Flughafen	Flugzeugbewegungen		Fluggäste							
	Gesamt	% 87/86*	Linienverkehr	% 87/86*	Pauschalreiseverk.	% 87/86*	Tramp- u. Anford.vk.	% 87/86*	Gesamt	% 87/86*
Berlin	67338	+15,0	4580861	+15,7	648315	+9,4	47607	+3,3	5278545	+14,7
Bremen	56456	+12,9	761288	+12,8	85944	+5,4	3973	−31,7	858549	+9,4
Düsseldorf	130725	+8,3	4723962	+9,3	4 355251	+14,9	374976	−1,0	9877595	+11,7
Frankfurt	269313	+7,9	20115275	+14,3	1 632320	+14,4	753862	+6,1	23288033	+13,7
Hamburg	108991	+2,0	4227037	+8,3	890698	+17,6	56062	+5,8	5396257	+10,0
Hannover	79109	+8,9	1351522	+13,4	662427	+17,2	190634	+14,0	2277748	+13,2
Köln/Bonn	97825	+8,5	1713757	+8,1	420181	+18,7	27289	−9,3	2230343	+9,1
München	175478	+5,4	6358613	+16,9	2 672688	+10,5	85891	+41,2	9575061	+13,9
Münster-Osn.	55796	+10,4	127138	+19,1	37528	+36,0	3796	>100,0	176381	+22,2
Nürnberg	66658	+12,8	866739	+11,9	222910	+38,0	36874	+9,0	1171825	+15,9
Saarbrücken	27900	+11,3	106778	+19,4	89435	+23,9	4027	−18,0	208924	+17,5
Stuttgart	105586	+6,8	2251308	+14,0	889676	+12,9	237964	+12,1	3483862	+12,5
1987	1241175	+8,1	47184278	13,4	12607373	14,2	1822955	6,9	63823123	13,0

	Luftfracht (in Tonnen)									
Flughafen	An	% 87/86*	Ab	% 87/86*	An + Ab	% 87/86*	Transit	% 87/86*	Gesamt	% 87/86*
Berlin	9083	+6,2	5070	−4,0	14153	+2,3	–	–	14153	+2,3
Bremen	3452	+10,5	1496	−0,8	4948	+6,8	5	−91,4	4953	+5,6
Düsseldorf	22480	+6,9	17276	−6,0	39756	+0,9	13213	+3,8	52969	+1,6
Frankfurt	434029	+17,6	475222	+4,8	909251	+10,5	41393	+11,9	950644	+10,6
Hamburg	18269	+9,4	12658	−1,4	30927	+4,7	4106	+7,2	35033	+5,0
Hannover	5139	+22,5	4872	−3,8	10011	+8,1	1012	>100,0	11023	+13,3
Köln/Bonn	54956	+21,0	56180	+11,3	111136	+15,9	7384	−11,9	118520	+13,7
München	22623	+16,3	18991	+0,9	41614	+8,7	12451	+15,6	54065	+10,2
Münster-Osn.	22	+37,5	31	>100,0	53	+71,0	–	–	53	+71,0
Nürnberg	4845	+52,4	3388	+11,9	8233	+32,6	1566	>100,0	9799	+46,5
Saarbrücken	134	>100,0	280	>100,0	414	>100,0	–	–	414	>100,0
Stuttgart	9657	+20,4	7116	−0,1	16773	+10,8	808	+15,8	17581	+11,0
1987	584689	17,2	602580	4,6	1187269	10,4	81938	10,1	1269207	10,4

Quelle: Arbeitsgemeinschaft deutscher Verkehrsflughäfen, Stuttgart
* Veränderungen gegenüber 1986 in %
** ohne Militärflugzeuge

Post- und Fernmeldemonopol

Die Deutsche Bundespost hat im Post- und Fernmeldewesen wichtige Dienstleistungen für Wirtschaft und Gesellschaft zu erbringen. Sie werden größtenteils der staatlichen Daseinsvorsorge für den Bürger zugerechnet, auch wenn sie z. B. im Paketdienst, bei den Postbankdiensten oder bei einigen Fernmeldeendgeräten im Wettbewerb mit privaten Unternehmen stehen. Zur Daseinsvorsorge gehört, daß die Deutsche Bundespost ihre Dienste gleichwertig überall in Stadt und Land anbieten muß, und zwar zu einheitlichen Bedingungen und Gebühren. Die entsprechenden gesetzlichen Verpflichtungen erfordern einen hohen Betriebsaufwand, wenn man z. B. an die Postbeförderung in Bahnpostwagen oder im innerdeutschen Nachtluftpostnetz denkt, und machen erhebliche Anlageinvestitionen insbesondere im Fernmeldebereich nötig; der letztere ist von ständiger Modernisierung der Netze und von kontinuierlicher Einführung neuer Fernmeldedienste geprägt (Bildschirmtext, Fernkopieren, Videokonferenz, Kabelfernsehen usw.).

Auch angesichts der sehr großen finanziellen Belastungen darf die Post nicht nur nach einer Optimierung ihrer Erträge streben. Das Sozialstaatsgebot verpflichtet sie, ihre Geschäftspolitik unter gemeinwirtschaftliche Grundsätze zu stellen, also unrentable Dienste anzubieten (Paket- oder Postzeitungsdienst, Telegramm- und Eilzustellung) oder im Einzelfall Sozialtarife für Telefonanschlüsse einzuräumen. Es ist sinnvoll, diese umfassenden Verpflichtungen, die z. T. auf politischen Entscheidungen beruhen, durch einzelne Verwaltungsmonopole zu schützen, wie durch das Post- und Fernmeldemonopol.

Der gebräuchliche Begriff *Postmonopol* ist an sich nicht zutreffend; er kommt im Postgesetz auch nicht vor. Dort wird nur *ein* postalischer Dienst, die entgeltliche Beförderung von Sendungen mit schriftlichen Mitteilungen oder mit sonstigen Nachrichten von Person zu Person, ausschließlich der Deutschen Bundespost vorbehalten (§ 2 Postgesetz). Alle anderen Post- und die Postbankdienste werden im Wettbewerb angeboten.

Der Beförderungsvorbehalt für die erwähnten Postsendungen von Person zu Person ist gegen Zuwiderhandlungen durch den Tatbestand einer Ordnungswidrigkeit abgesichert; die Geldbuße kann bis zu 10 000 DM betragen. Der Beförderungsvorbehalt stellt sicher, daß die allgemeine Postversorgung, also auch die auf dem flachen Lande, aufrechterhalten werden kann, weil der Post einträgliche Versorgungsgebiete durch private Konkurrenz nicht entzogen werden dürfen.

Als *Fernmeldemonopol* wird das ausschließliche Recht des Bundes bezeichnet, Fernmeldeanlagen zu errichten und zu betreiben (§ 1 Abs. 1 Fernmeldeanlagengesetz). Nach dieser Vorschrift sind Fernmeldeanlagen sowohl Telegrafenanlagen zur Vermittlung von Nachrichten wie auch Fernsprechanlagen und Funkanlagen. Indessen ist der Begriff der Fernmeldeanlage nach der Rechtsprechung des Bundesverfassungsgerichts entwicklungsoffen zu interpretieren. Das bedeutet, daß allein der Wortlaut des Gesetzes nicht maßgebend dafür sein darf, welche neuen Telekommunikationseinrichtungen unter den Begriff der Fernmeldeanlage fallen. Es kommt insbesondere auf die Funktion des Fernmeldewesens an, also auf die Frage der Reproduktion der Nachricht am Empfangsort; sie ist z. B. bei der Datenkommunikation zu bejahen.

Das Verwaltungsmonopol ermöglicht der Deutschen Bundespost die Bereitstellung einer leistungsfähigen und zukunftsorientierten Infrastruktur für drahtgebundenen und drahtlosen Fernmeldeverkehr aller Art, Rundfunksendungen eingeschlossen.

Nach den Vorstellungen der Regierungskommission „Fernmeldewesen" soll das Fernmeldemonopol des Bundes künftig gelockert werden. Die Kommission hat im September 1987 ihren Bericht zur Neuordnung der Telekommunikation in der Bundesrepublik Deutschland vorgelegt. Sie empfiehlt eine Verstärkung des Wettbewerbs im Fernmeldewesen und zielt damit auf eine rechtliche Beschränkung und organisatorische Umstrukturierung der Deutschen Bundespost. Der Post soll das Netzmonopol zwar verbleiben, in Randbereichen aber soll eine Öffnung und Lokkerung bewirkt werden. Außerdem soll die Bundespost das Monopol am Telefondienst behalten. Alle anderen Dienstleistungen des Fernmeldewesens sollen im Wettbewerb angeboten werden, an dem sich die Deutsche Bundespost unbegrenzt beteiligen kann.

Inhalt und Umfang des Fernmeldemonopols

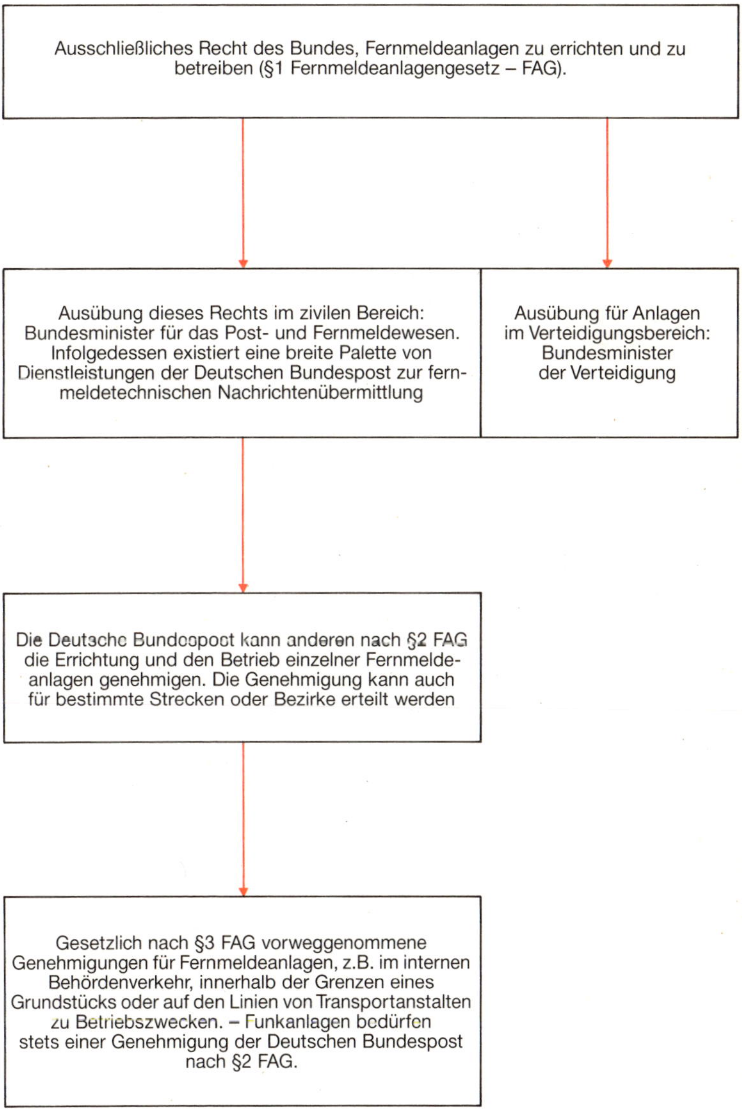

Deutsche Bundespost

Die Deutsche Bundespost wird nach dem Postverwaltungsgesetz als eine bundeseigene Verwaltung mit eigenem Verwaltungsunterbau geführt; sie kann jedoch in eigenem Namen handeln, klagen und verklagt werden. Das Postvermögen ist vom übrigen Bundesvermögen getrennt und bildet ein nicht rechtsfähiges Sondervermögen. Die Bundespost wird vom Bundesminister für das Post- und Fernmeldewesen geleitet, wobei Prinzipien der Leistung und der Wirtschaftlichkeit maßgebend sind. Daher wird die Bundespost, soweit sie Dienstleistungen bereitstellt, auch als Unternehmen aufgefaßt; dies entspricht weitgehend ihrem Selbstverständnis. Sie ist mit mehr als 550 000 Voll- und Teilzeitkräften das größte Unternehmen in der Bundesrepublik Deutschland.

Bei seinen Führungsaufgaben hat sich der Bundespostminister aber auch an die Grundsätze der allgemeinen Politik der Bundesregierung zu halten, insbesondere an Zielsetzungen der Verkehrs-, Wirtschafts-, Finanz- und Sozialpolitik. Bei neuen Gebührenverordnungen ist das Einvernehmen mit dem Bundeswirtschaftsminister herzustellen.

Bei der *Leitung* der Bundespost wirkt ein Verwaltungsrat mit, der über Haushaltsführung, Benutzungsbedingungen, grundlegende Neuordnungen und technische Änderungen, vor allem aber über die Gebührengestaltung beschließt. Der Erlaß der Gebühren- und Benutzungsverordnungen im einzelnen ist dem Minister vorbehalten. Beschlüsse des Verwaltungsrates können nur von der Bundesregierung aufgehoben werden. Die 24 Mitglieder des Verwaltungsrats sind nicht an Weisungen gebunden. Je fünf Vertreter entsenden der Deutsche Bundestag, der Bundesrat und die Wirtschaft, sieben Vertreter stellen die im Bereich des Postwesens wirkenden Gewerkschaften. Zwei Mitglieder gehören dem Verwaltungsrat in ihrer Eigenschaft als Nachrichten- und Finanzsachverständige an.

Die Deutsche Bundespost hat einen dreistufigen *Aufbau*. Einheitlich zu entscheidende Angelegenheiten werden zentral durch das Bundespostministerium als einer obersten Bundesbehörde geregelt. Alle anderen Zuständigkeiten sind soweit wie möglich nach unten delegiert. Dem Ministerium unterstehen 17 Oberpostdirektionen als Bundesmittelbehörden. Weitere Mittelbehörden sind das Posttechnische und das Fernmeldetechnische Zentralamt in Darmstadt, das Zentralamt für Zulassungen im Fernmeldewesen in Saarbrücken, die Zentralstelle für Entwicklungen in Bonn, das Sozialamt der Deutschen Bundespost in Stuttgart und drei Fachhochschulen. Die Ortsbehörden sind organisatorisch durch die Aufgabenerledigung in den Post-, Postbank- und Fernmeldediensten geprägt. Ende 1986 bestanden 328 Postämter mit Verwaltungsdienst, 17 253 kleinere Postämter und Poststellen, 13 Postgiroämter, 2 Postsparkassenämter, 108 Fernmelde- und 15 Fernmeldezeugämter.

Aufgrund des alliierten Besatzungsrechts mußte die Post- und Fernmeldeverwaltung in Berlin (West) als Landesverwaltung organisiert werden. Die Landespostdirektion Berlin ist jedoch den Weisungen des Bundespostministers unterworfen und damit faktisch den Oberpostdirektionen als „mittlere betriebliche Lenkungsstufe“ gleichgestellt.

Die Deutsche Bundespost konnte in den letzten Jahren stets mit Gewinn abschließen. Dies ist einmal auf das in fast allen Dienstzweigen, insbesondere im Telefondienst, steigende Verkehrsaufkommen zurückzuführen. Zum anderen machen die Personalkosten nicht mehr wie in früheren Jahren rund 60%, sondern nur noch rund 50% der Gesamtaufwendungen aus. Diese sind auch von den erhöhten Investitionen und der erhöhten Ablieferung an den Bund (heute 10%, früher $6\frac{2}{3}$% der jährlichen Betriebseinnahmen) bestimmt, werden jedoch von den besseren Erträgen mehr als aufgewogen.

Nach dem Beschluß der Bundesregierung wird sich die Organisationsstruktur der Deutschen Bundespost in Richtung auf eine Unternehmensverfassung ändern. Dem dann als Bundesminister für Post und Telekommunikation bezeichneten zuständigen Bundesminister würden die politischen und hoheitlichen Aufgaben übertragen werden. Die drei öffentlichen Unternehmen Deutsche Bundespost – POSTDIENST, Deutsche Bundespost – POSTBANK, Deutsche Bundespost – TELEKOM würden die Dienstleistungen wahrnehmen, und zwar jeweils als zentrale Direktion mit eigenem Unterbau. Die Einheit der Deutschen Bundespost soll durch ein neues Organ, das Direktorium, das aus den Vorstandsvorsitzenden der Einzelunternehmen bestehen soll, gewahrt bleiben. Das Sondervermögen soll erhalten bleiben, die Vertriebseinrichtungen sollen gegenseitig genutzt und die Verbundvorteile ausgeschöpft werden.

Organisationsplan der Deutschen Bundespost

(Januar 1987)

	Zahl	Behörde	Sitz	
Zentralbehörde		Der Bundesminister für das Post- und Fernmeldewesen	Bonn	
Mittelbehörden	18	Oberpostdirektion (OPD) und Landespostdirektion Berlin (LPD)	Berlin Bremen Dortmund Düsseldorf Frankfurt am Main Freiburg im Breisgau Hamburg Hannover/ Braunschweig Karlsruhe	Kiel Koblenz Köln München Münster Nürnberg Regensburg Saarbrücken Stuttgart
		Fernmeldetechnisches Zentralamt (FTZ)	Darmstadt	
		Posttechnisches Zentralamt (PTZ)	Darmstadt	
		Sozialamt der Deutschen Bundespost (SAP)	Stuttgart	
		Zentralstelle für Entwicklungen (ZfE)	Bonn	
		Zentralamt für Zulassungen im Fernmeldewesen (ZZF)	Saarbrücken	
Fachhochschulen	3	Fachhochschule der Deutschen Bundespost (Organisationsstufe eigener Art)	Berlin	
		Fachhochschule der Deutschen Bundespost (Organisationsstufe eigener Art)	Dieburg	
		Fachbereich Post- und Fernmeldewesen der Fachhochschule Bund/DBP	Dieburg	
Ortsbehörden	328	Postämter mit Verwaltungsdienst [PA(V)]		
	13	Postgiroämter (PGiroÄ)	Berlin Dortmund Essen Frankfurt am Main Hamburg Hannover Karlsruhe	Köln Ludwigshafen am Rhein München Nürnberg Saarbrücken Stuttgart
	2	Postsparkassenämter	Hamburg München	
	108	Fernmeldeämter		
	15	Fernmeldezeugämter (FZÄ)		

Staatliche Medienordnung (Neue Medien)

Die staatliche Medienordnung ist in besonderem Maß verfassungsrechtlich vorgeprägt. Art. 5 Abs. 1 GG gewährleistet die Pressefreiheit und die Freiheit der Berichterstattung durch Rundfunk und Film (vgl. S. 106). Diese Freiheiten finden nach Art. 5 Abs. 2 GG ihre Schranken in den Vorschriften der allgemeinen Gesetze, den gesetzlichen Bestimmungen zum Schutz der Jugend und in dem Recht der persönlichen Ehre.

Die Regelung der allgemeinen Rechtsverhältnisse der Presse und des Films fällt in die Rahmengesetzgebungskompetenz des Bundes nach Art. 75 Nr. 2 GG, der von ihr bisher keinen Gebrauch gemacht hat. Das geltende Presserecht beruht auf den inhaltlich weitgehend übereinstimmenden Pressegesetzen der Länder. Sie bekräftigen die verfassungsmäßige Gewährleistung der Pressefreiheit und normieren die Rechte und Pflichten der Presse. Die Pressefusionskontrolle nach dem Gesetz gegen Wettbewerbsbeschränkungen ist Aufgabe des Bundeskartellamtes in Berlin (West).

Für die *Ordnung des Rundfunks* (Hörfunk und Fernsehen) sind nach Art. 30 und 70 GG die Länder zuständig. Der Bund hat mit Ausnahme des Auslandsrundfunks und der gesamtdeutschen Sendungen keine Befugnis zur Regelung der Veranstaltung von Rundfunk. Nach dem Urteil des Bundesverfassungsgerichts vom 4. 11. 1986 hat der Rundfunk die Aufgabe eines „Mediums" und „Faktors" der öffentlichen Meinungsbildung. Der Rundfunk muß deshalb frei von staatlicher Beherrschung und Einflußnahme sein. Darüber hinaus muß der Gesetzgeber sicherstellen, daß die Vielfalt der bestehenden Meinungen im Rundfunk in möglichst großer Breite und Vollständigkeit Ausdruck findet und daß auf diese Weise umfassende Information geboten wird. Um dies zu erreichen, sind materielle, organisatorische und Verfahrensregelungen nötig, die an der Aufgabe der Rundfunkfreiheit orientiert und deshalb geeignet sind zu bewirken, was Art. 5 Abs. 1 GG gewährleisten soll. Dabei ist – so das Bundesverfassungsgericht – in der sich herausbildenden *dualen Ordnung* von öffentlichrechtlichem und privaten Rundfunk die unerläßliche „Grundversorgung" Sache der öffentlich-rechtlichen Rundfunkanstalten; die technischen, organisatorischen, personellen und finanziellen Vorbedingungen ihrer Erfüllung sind sicherzustellen. Nach langen Verhandlungen haben sich die Länder Anfang April 1987 in einem Staatsvertrag zur Neuordnung des Rundfunkwesens (Rundfunkstaatsvertrag) über Grundsätze für ein duales Rundfunksystem geeinigt. Dieser Staatsvertrag ist am 1. 12. 1987 in Kraft getreten und enthält ländereinheitliche Regelungen vor allem für die Nutzung der Satellitentechnik durch den öffentlich-rechtlichen und privaten Rundfunk, über weitere Fernsehprogramme der ARD und des ZDF, zur Finanzierung des öffentlichrechtlichen und privaten Rundfunks, zur Sicherung der Meinungsvielfalt im bundesweit verbreiteten privaten Rundfunk, für die Weiterverbreitung bundesweit herangeführter in- und ausländischer Rundfunkprogramme, zur Aufsicht über den privaten Rundfunk und zur Anpassung der Rundfunkgebühren. Errichtung, Aufgaben und Organisation der „binnenplural" strukturierten (auf Gewährleistung gleichwertiger Meinungsvielfalt verpflichteten) Landesrundfunkanstalten der ARD und des ZDF sind in den Landesrundfunkgesetzen und Staatsverträgen der Länder geregelt. Die Voraussetzungen für die Veranstaltung und Verbreitung privaten Rundfunks sind in den Mediengesetzen der Länder normiert. So sorgen z. B. Landesmedienanstalten oder andere nach Landesrecht zuständige Stellen für Zulassung und Beaufsichtigung privater Anbieter. Für die *neuen Medien* (Kabel- und Satellitentechnik sowie elektronische Textkommunikation) haben nach Art. 30 und 70 GG grundsätzlich die Länder die Regelungskompetenz. Der Bund kann nur tätig werden, soweit ihm nach Art. 73 Nr. 7 GG die Befugnis zur Regelung des Fernmeldewesens zusteht (z. B. für die Sendetechnik). Die Nutzung der Kanäle auf einem Rundfunksatelliten (TV-Sat) haben die Länder in Art. 1 des Rundfunkstaatsvertrags vom April 1987 und in Teilstaatsverträgen geregelt. Die Weiterverbreitung durch Kabel, Richtfunk oder Fernmeldesatellit herangeführter Rundfunkprogramme in Kabelanlagen (z. B. Breitbandnetze der Deutschen Bundespost) außerhalb des Gebietes, in dem sie veranstaltet werden, ist ein rundfunkrechtlich relevanter Vorgang, der in Art. 11 des Rundfunkstaatsvertrags und in den Landesmediengesetzen geregelt ist. Bestimmungen über die Veranstaltung und Verbreitung von Videotext, Bildschirmtext und Kabeltext enthalten die Landesrundfunkgesetze, der Bildschirmtextstaatsvertrag der Länder vom 18. 3. 1983 und die Landesmediengesetze.

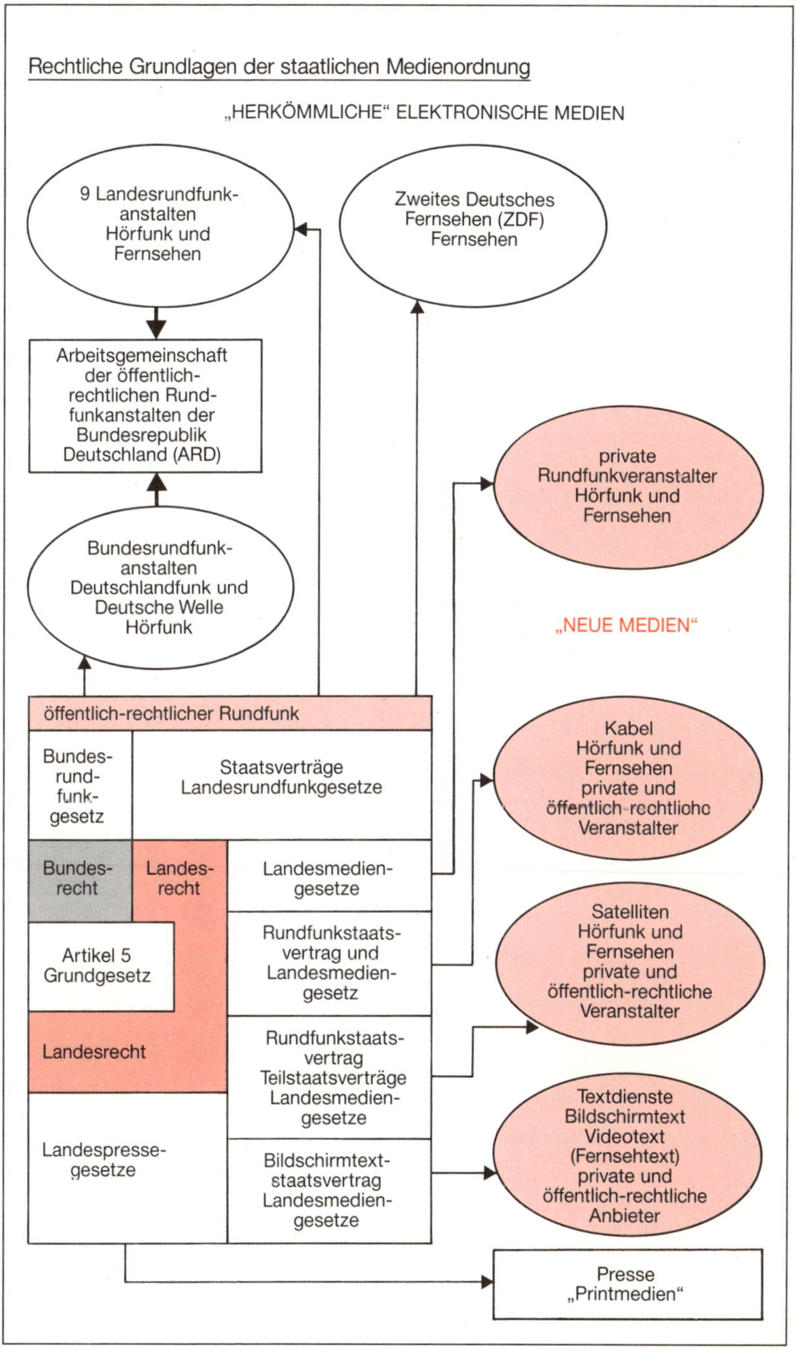
Rechtliche Grundlagen der staatlichen Medienordnung
„HERKÖMMLICHE" ELEKTRONISCHE MEDIEN
9 Landesrundfunkanstalten Hörfunk und Fernsehen
Zweites Deutsches Fernsehen (ZDF) Fernsehen
Arbeitsgemeinschaft der öffentlich-rechtlichen Rundfunkanstalten der Bundesrepublik Deutschland (ARD)
private Rundfunkveranstalter Hörfunk und Fernsehen
Bundesrundfunkanstalten Deutschlandfunk und Deutsche Welle Hörfunk
„NEUE MEDIEN"
öffentlich-rechtlicher Rundfunk
Bundesrundfunkgesetz
Staatsverträge Landesrundfunkgesetze
Kabel Hörfunk und Fernsehen private und öffentlich-rechtliche Veranstalter
Bundesrecht
Landesrecht
Landesmediengesetze
Rundfunkstaatsvertrag und Landesmediengesetz
Artikel 5 Grundgesetz
Satelliten Hörfunk und Fernsehen private und öffentlich-rechtliche Veranstalter
Landesrecht
Rundfunkstaatsvertrag Teilstaatsverträge Landesmediengesetze
Textdienste Bildschirmtext Videotext (Fernsehtext) private und öffentlich-rechtliche Anbieter
Landespressegesetze
Bildschirmtextstaatsvertrag Landesmediengesetze
Presse „Printmedien"

Wirtschaftsverfassung

Im wirtschaftspolitischen Sinne wird die Wirtschaftsverfassung als Wirtschaftsmodell verstanden; im verfassungsrechtlichen (normativen) Sinne stellt die Wirtschaftsverfassung die von der Staatsverfassung normierte Ordnung (das Verfaßtsein) der Wirtschaft dar; im gesellschaftspolitischen Sinne bezeichnet die Wirtschaftsverfassung grundsätzlich unterschiedliche Formen der Verfügungsmacht über die Wirtschaftsgüter.

Die Wirtschaftsverfassung im *wirtschaftspolitischen* Sinne kennt idealtypisch zwei Grundordnungsmodelle: die Markt- oder Verkehrswirtschaft und die Zentralverwaltungswirtschaft. Bei der (kapitalistischen) *Marktwirtschaft* stehen die Produktionsmittel im Privateigentum der Wirtschaftssubjekte (Unternehmer, Unternehmenszusammenschlüsse, Verbraucher); Planung und Entscheidung über Produktion und Investition liegen bei den einzelnen Wirtschaftssubjekten. Bei der (sozialistischen) *Zentralverwaltungswirtschaft* stehen die Produktionsmittel in Gemeineigentum; Planung und Entscheidung über Produktion und Investition liegen bei (staatlichen) Zentralinstanzen. Im Modell der Marktwirtschaft erfolgt die Koordinierung des Wirtschaftsgeschehens über den Markt durch Angebot und Nachfrage; im Modell der Zentralverwaltungswirtschaft wird der gesamte Wirtschaftsprozeß durch die Zentralinstanz koordiniert und gesteuert. Realtypisch entsprechen die Wirtschaftsordnungen der Staaten oder Staatengemeinschaften in ihren konkreten Erscheinungsformen nicht den idealtypischen Grundordnungsmodellen, sondern stellen mehr oder weniger „Mischformen" aus Elementen der Grundmodelle dar.

Die Wirtschaftsverfassung im *normativen* Sinne umfaßt die Gesamtheit der Bestimmungen der Verfassung (des Grundgesetzes) zur Ordnung der Wirtschaft, d. h. die Wirtschaftsverfassung im engeren Sinne. Unter Wirtschaftsverfassung im weiteren Sinne ist die Gesamtheit aller Normen zu verstehen, die das Wirtschaftsgeschehen grundlegend bestimmen, und zwar unabhängig von ihrem verfassungsrechtlichen Rang.

Die Regelungssystematik des Grundgesetzes hat in den ersten Jahren des Bestehens der Bundesrepublik zum „Streit um die Wirtschaftsverfassung" geführt: Im Gegensatz zu anderen Verfassungen enthält das Grundgesetz keinen eigenen Abschnitt über die Wirtschaftsordnung. Demgegenüber hatte die Weimarer Reichsverfassung von 1919 einen besonderen Abschnitt „Das Wirtschaftsleben" (Art. 151–165). Auch einige heutige Länderverfassungen enthalten, zum Teil auf der Grundlage der Weimarer Reichsverfassung, wirtschaftsverfassungsrechtliche Regelungen, so z. B. die Verfassung des Freistaates Bayern von 1946, die Verfassung des Landes Hessen von 1946 und die Verfassung für das Land Nordrhein-Westfalen von 1950. Diese landesverfassungsrechtlichen Bestimmungen zur Wirtschaftsverfassung haben aber alle durch das Inkrafttreten des Grundgesetzes, Art. 31, keine wesentlichen Wirkungen entfaltet. – Die 1974 geänderte Verfassung der DDR von 1968 schreibt in Art. 9 das System einer sozialistischen Verwaltungswirtschaft *(Planwirtschaft)* vor.

Der Parlamentarische Rat hat sich bei der Beratung und Verabschiedung des Grundgesetzes nicht für ein bestimmtes Wirtschaftssystem entschieden, dies sollte einer künftigen gesamtdeutschen Regelung vorbehalten bleiben. Anfang der 1950er Jahre wurde einmal der Versuch unternommen, das wirtschaftspolitische Programm Ludwig Erhards, die „soziale Marktwirtschaft", als geltendes Verfassungsrecht zu interpretieren. Dem ist das Bundesverfassungsgericht seit dem sog. „Investitionshilfe-Urteil" aus dem Jahre 1954 entgegengetreten; es hat festgestellt, daß ein bestimmtes Wirtschaftssystem durch das Grundgesetz nicht gewährleistet ist: „Die gegenwärtige Wirtschafts- und Sozialordnung ist zwar eine nach dem Grundgesetz mögliche Ordnung, keineswegs aber die allein mögliche. Sie beruht auf einer vom Willen des Gesetzgebers getragenen wirtschafts- und sozialpolitischen Entscheidung, die durch eine andere Entscheidung ersetzt oder durchbrochen werden kann."

Die insbesondere vom Bundesverfassungsgericht geprägte „wirtschaftspolitische Neutralität" des Grundgesetzes darf jedoch nicht als wirtschaftsordnungsrechtliche Indifferenz mißverstanden werden, da das Grundgesetz durchaus eine „Wertordnung" enthält. Grundgesetzliche Aussagen zur Wirtschaftsordnung sind nicht nur im Grundrechtskatalog und bei den Staatszielbestimmungen (Art. 20, 28, 109), sondern auch innerhalb der grundgesetzlichen Kompetenzordnung (Art. 70 ff., 83 ff.), im Abschnitt „Gemeinschaftsaufgaben" und im Abschnitt „Finanzwesen" (Art. 104 a ff.) enthalten.

Wirtschaftsrechtsnormen des Grundgesetzes

Grundrechtsbereich

Wirtschaftsgrundrechte

Art. 2 Abs. 1	Allgemeine Handlungsfreiheit (Produktions-, Werbe-, Vertrags-, Konsum-, Unternehmens-, Wettbewerbsfreiheit)
Art. 9 Abs. 1	Vereinigungsfreiheit
Art. 9 Abs. 3	Koalitionsfreiheit
Art. 12	Berufsfreiheit (Gewerbefreiheit)
Art. 14	Eigentumsgewährleistung (Eigentumsfreiheit, Erbrechtsgarantie)

Grundrechte mit wirtschaftsverfassungsrechtlicher Bedeutung

Art. 1 Abs. 1	Menschenwürde (Datenschutz; Existenzminimum; Schutz vor wirtschaftlicher Ausbeutung der Menschenwürde)
Art. 3 Abs. 1 und Abs. 3	Gleichheitssatz
Art. 5	Meinungsäußerungsfreiheit (Pressefreiheit; wirtschaftliche Forschungsfreiheit)
Art. 7 Abs. 4	Privatschulfreiheit
Art. 11	Freizügigkeit
Art. 15	Entschädigungsanspruch bei Sozialisierung

Staatszielbestimmungen

Sozialstaatsprinzip

Art. 20 Abs. 1 Art. 28 Abs. 1	Verpflichtung aller staatlichen Gewalt zu sozialer Rechtsetzung, Verwaltung und Rechtsprechung (Ausprägungen im Grundrechtsbereich: Art. 9 Abs. 3, Art. 12 Abs. 2, Art. 14 Abs. 1, 2 und 3, Art. 15)

Rechtsstaatsprinzip

Art. 28 Abs. 1 Art. 20 Abs. 2 und 3	Gesetzmäßigkeit der Wirtschaftsverwaltung; Meßbarkeit und Vorhersehbarkeit staatlichen Wirtschaftsverwaltungshandelns; Bestimmtheit und Verhältnismäßigkeit wirtschaftsverfassungsrechtlicher Maßnahmen.

Gesamtwirtschaftliches Gleichgewicht

Art. 109 Abs. 2	Preisstabilität, hoher Beschäftigungsgrad, außenwirtschaftliches Gleichgewicht, Wirtschaftswachstum

Kompetenzordnung

Ausschließliche Gesetzgebungskompetenz des Bundes

Art. 73 Nr. 4	Währungs-, Geld- und Münzwesen
Art. 73 Nr. 5	Einheit des Zoll- und Handelsgebietes; Freizügigkeit des Warenverkehrs mit dem Ausland
Art. 73 Nr. 6	Bundeseisenbahnen und Luftverkehr
Art. 73 Nr. 9	Gewerblicher Rechtsschutz
Art. 104 a Abs. 4	Gewährung von Investitionsfinanzhilfen für Länder und Gemeinden
Art. 105	Zölle und Finanzmonopole

Konkurrierende Gesetzgebungskompetenz

Art. 74 Nr. 11 (Zentrale Rechtsgrundlage)	Recht der Wirtschaft (Bergbau, Industrie, Energiewirtschaft, Handwerk, Gewerbe, Handel, Bank- und Börsenwesen, privatrechtliches Versicherungswesen)
Art. 74 Nr. 11 a	Kernenergierecht
Art. 74 Nr. 15	Überführung von Grund und Boden, von Naturschätzen und Produktionsmitteln in Gemeineigentum und andere Formen der Gemeinwirtschaft
Art. 74 Nr. 16	Verhütung des Mißbrauchs wirtschaftlicher Machtstellung
Art. 74 Nr. 17	Förderung der land- und forstwirtschaftlichen Erzeugung

Rahmengesetzgebungskompetenz

Art. 75 Nr. 2	Allgemeine Rechtsverhältnisse der Presse und des Films

Gemeinschaftsaufgaben

Art. 91 a Abs. 1 Nr. 2	Mitwirkung bei der Verbesserung der regionalen Wirtschaftsstruktur

Bundesverwaltung

Art. 88	Währungs- und Notenbank als Bundesbank

Finanzwesen

Art. 109	Unabhängige Haushaltswirtschaft; gesamtwirtschaftliches Gleichgewicht; Grundsätze für Haushaltsrecht, konjunkturgerechte Haushaltswirtschaft und mehrjährige Finanzplanung

Aufgabe der staatlichen Wirtschaftsaufsicht ist die Überwachung des wirtschaftlichen Verhaltens von privaten Wirtschaftssubjekten mit dem Ziel, die Einhaltung der Vorschriften des Wirtschaftsverwaltungsrechts sicherzustellen. Definiert wird Wirtschaftsaufsicht als diejenige Staatstätigkeit, „welche die selbstverantwortliche Teilnahme am privatwirtschaftlichen Wirtschaftsverkehr mit den dafür geschaffenen Rechtsregeln aus Gründen des Gemeinwohls in Einklang hält" (R. Schmidt).

Bei der „Wirtschaftsaufsicht" ist keine begriffliche Eindeutigkeit gegenüber verwandten Rechtsinstituten gegeben. Zum Teil wird anstelle von „Wirtschaftsaufsicht" auch von „Wirtschaftsüberwachung" oder „Aufsicht" gesprochen. Eine Abgrenzung der Wirtschaftsaufsicht ist insbesondere zur „Staatsaufsicht" und zur „Wirtschaftslenkung" geboten.

Die *Wirtschaftsüberwachung* im engeren Sinne wird als gewerbepolizeiliche Gefahrenabwehr (Gewerbeaufsicht) verstanden. Wirtschaftsüberwachung im weiteren Sinne ist demgegenüber die umfassende Überwachung des wirtschaftlichen Verhaltens von privaten Wirtschaftssubjekten durch den Staat und damit inhaltsgleich mit dem Begriff der staatlichen Wirtschaftsaufsicht. Der besonders in einigen Wirtschaftsverwaltungsgesetzen verwendete Begriff „Aufsicht" ist nur aus dem jeweiligen Sachzusammenhang interpretierbar.

Das Abgrenzungskriterium der (staatlichen) Wirtschaftsaufsicht von der (organisationsrechtlichen) Staatsaufsicht besteht darin, daß die Objekte der Staatsaufsicht ausschließlich die Körperschaften, Anstalten und Stiftungen des öffentlichen Rechts sind, während die Wirtschaftsaufsicht grundsätzlich auf privatwirtschaftliches Handeln gerichtet ist.

Neben der „Wirtschaftslenkung" ist die „Wirtschaftsaufsicht" eine der Formen staatlichen Einwirkens auf die Wirtschaft. Während die Wirtschaftslenkung bereits auf die privatwirtschaftliche Unternehmensentscheidung Einfluß nehmen will, richtet sich die Wirtschaftsaufsicht auf die Folgen wirtschaftlicher Betätigung. Der „Wettbewerbsaufsicht" nach dem Gesetz gegen Wettbewerbsbeschränkungen wird zum Teil eine besondere Funktion neben der Wirtschaftslenkung und Wirtschaftsaufsicht zugewiesen (vgl. S. 356 und S. 358).

Die „staatliche Aufsicht" über die wirtschaftlichen Unternehmen der Gemeinden und die Selbstverwaltungsorganisationen der Wirtschaft (Industrie- und Handelskammern, Handwerkskammern) wird zwar teilweise auch als „Wirtschaftsaufsicht im weiteren Sinne" bezeichnet, ist jedoch keine „Wirtschaftsaufsicht" im eingangs definierten Sinne, sondern reine Staatsaufsicht.

Die Wirtschaftsaufsicht hat den Schutzzweck zu erfüllen, im öffentlichen Interesse die Überwachung und gegebenenfalls die Berichtigung des Verhaltens der Wirtschaftssubjekte zu gewährleisten. Hierbei stehen den zuständigen Behörden der Wirtschaftsaufsicht präventive und repressive Kontrollmittel sowie Auskunfts- und Nachschaurechte zu. Zu den präventiven Kontrollmitteln zählen (mit abgestufter Eingriffsintensität): das Verbot mit Anmeldevorbehalt (z. B. der Betrieb eines stehenden Gewerbes), das Verbot mit Erlaubnisvorbehalt (z. B. Gaststättenerlaubnis), das Verbot mit Befreiungsvorbehalt (z. B. Herstellungsverbot nach dem Waffengesetz) und das absolute Verbot (z. B. Beruf des gewerbsmäßigen Hehlers). Als repressive Kontrollmittel stehen den Wirtschaftsaufsichtsbehörden zur Verfügung: die Versagung und Untersagung der wirtschaftlichen Betätigung; die Betriebseinstellung bis zur (noch nicht vorliegenden) Genehmigung; der Widerrufsvorbehalt, die Befristung und die inhaltliche Beschränkung der wirtschaftlichen Betätigung; ferner Bedingungen und Auflagen zur Aufnahme und Ausübung der wirtschaftlichen Betätigung.

Die Zuständigkeit für die Wirtschaftsaufsicht liegt in erster Linie bei den selbständigen Bundesoberbehörden (z. B. Bundesaufsichtsamt für das Versicherungs- und Bausparwesen), aber auch bei bundesunmittelbaren Anstalten des öffentlichen Rechts (z. B. Bundesanstalt für Güterverkehr) und Spezialbehörden der Länder (z. B. Gewerbeaufsichtsämter [vgl. S. 364]). Dementsprechend gliedern sich die einzelnen Wirtschaftsaufsichtsbereiche in die allgemeinen Aufsichten (Kartell-, Preis-, Steueraufsicht), die Spezialaufsichten (z. B. Arbeitsschutz, Eichwesen, Immissionsschutz) und die sektoralen, branchenbezogenen Fachaufsichten (z. B. Bank-, Energie-, Gewerbe-, Versicherungsaufsicht).

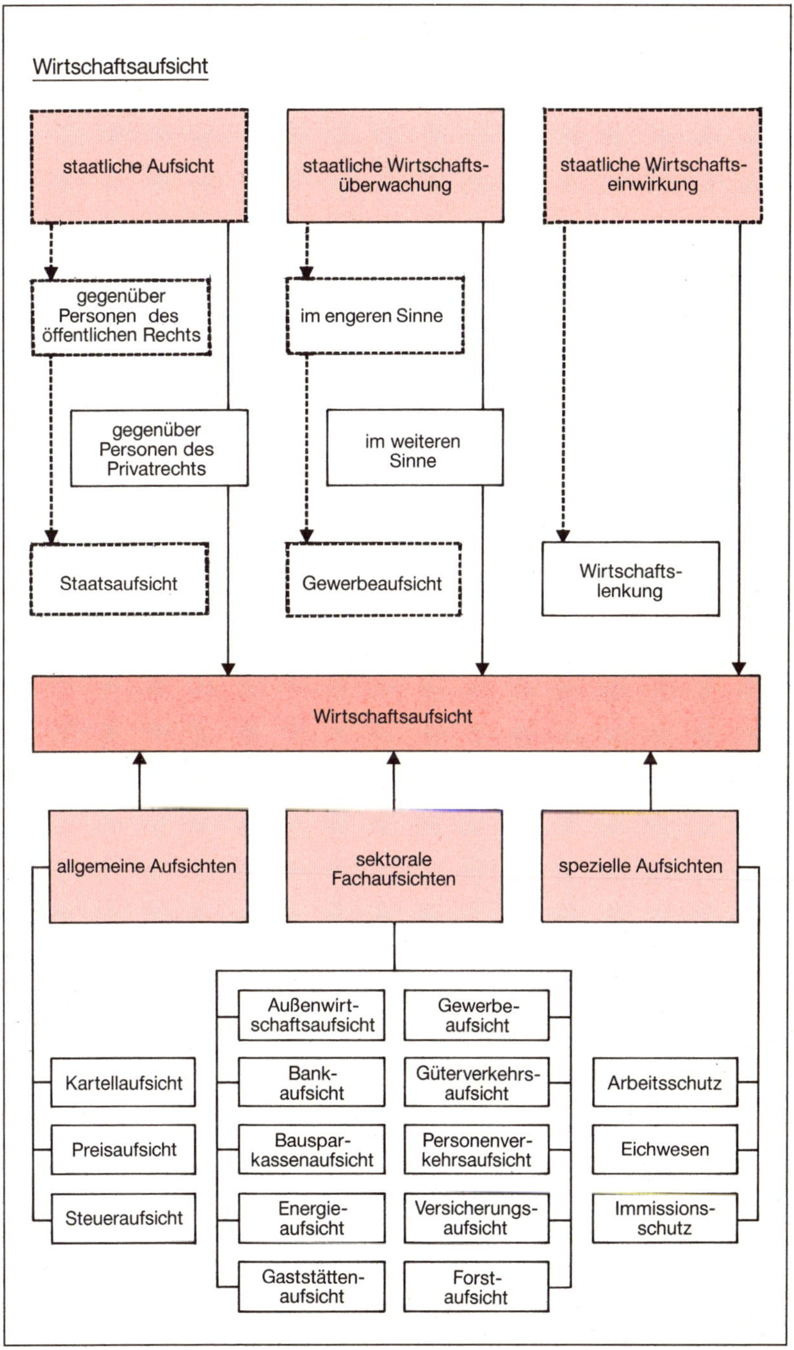
Wirtschaftsaufsicht
staatliche Aufsicht
staatliche Wirtschafts-überwachung
staatliche Wirtschafts-einwirkung
gegenüber Personen des öffentlichen Rechts
im engeren Sinne
gegenüber Personen des Privatrechts
im weiteren Sinne
Staatsaufsicht
Gewerbeaufsicht
Wirtschafts-lenkung
Wirtschaftsaufsicht
allgemeine Aufsichten
sektorale Fachaufsichten
spezielle Aufsichten
Außenwirt-schaftsaufsicht
Gewerbe-aufsicht
Kartellaufsicht
Bank-aufsicht
Güterverkehrs-aufsicht
Arbeitsschutz
Preisaufsicht
Bauspar-kassenaufsicht
Personenver-kehrsaufsicht
Eichwesen
Steueraufsicht
Energie-aufsicht
Versicherungs-aufsicht
Immissions-schutz
Gaststätten-aufsicht
Forst-aufsicht

Berufsständische Selbstverwaltung (Kammern)

In Formen der Selbstverwaltung sind einige staatliche Aufgaben bestimmten Gruppierungen zur selbstverantwortlichen Erfüllung übertragen. Organisationen der berufsständischen Selbstverwaltung (Kammern), als Körperschaften des öffentlichen Rechts errichtet, gibt es im Bereich der Wirtschaft (Industrie- und Handelskammern, Handwerkskammern), der freien Berufe (Apotheker-, Architekten-, Ärzte-, Zahnärzte-, Tierärzte-, Notar-, Rechtsanwalts-, Steuerberater-, Wirtschaftsprüferkammern) und der Landwirtschaft (Landwirtschaftskammern). Nicht als Organisationen der Selbstverwaltung werden die privatrechtlichen Wirtschaftsverbände verstanden.

Aufgaben der Kammern sind neben der Wahrnehmung der Interessen ihrer Mitglieder die Förderung der beruflichen Bildung, die Abnahme von Prüfungen, die Überwachung des standesgemäßen Verhaltens der Mitglieder und die Vertretung gegenüber staatlichen Organen. Über die Kammern macht sich der Staat das besondere, dort vorhandene Fachwissen zunutze. Kammern können gegenüber ihren Mitgliedern hoheitlich tätig werden, sie haben Rechtssetzungsbefugnisse. Sie finanzieren sich durch Beiträge der Mitglieder aufgrund ihrer Beitragsordnungen und durch Gebühren für die Inanspruchnahme besonderer Tätigkeiten und Einrichtungen. Ihre Tätigkeit untersteht der Rechtsaufsicht des Staates. Die Mitgliedschaft zu einer Kammer tritt mit der Ausübung des Gewerbes oder des Berufs kraft Gesetzes ein; sie ist öffentlich-rechtlicher Natur.

Industrie- und Handelskammern (IHK) haben als regionale Wirtschaftsorganisationen das Gesamtinteresse der gewerblichen Wirtschaft ihres Bezirks unter ausgleichender Berücksichtigung wirtschaftlicher Sonderinteressen wahrzunehmen und für ihre Förderung zu wirken, durch Vorschläge, Gutachten und Berichte die Behörden zu unterstützen, für Wahrung von Anstand und Sitte im kaufmännischen Geschäftsverkehr zu wirken und dem Wirtschaftsverkehr dienende Bescheinigungen auszustellen (z. B. Ursprungszeugnisse im Außenwirtschaftsverkehr). Die Kammern können Anlagen und Einrichtungen zur Förderung der gewerblichen Wirtschaft betreiben. Beispiele dafür sind viele Angebote zur beruflichen Weiterbildung, der Technologietransfer, Lehrwerkstätten und Berufsbildungszentren. Spezielle hoheitliche Aufgaben sind den Kammern durch Gesetz übertragen, so die Regelung und Überwachung der beruflichen Bildung einschließlich der Abnahme von Prüfungen nach dem Berufsbildungsgesetz oder die öffentliche Bestellung und Vereidigung von Sachverständigen nach der Gewerbeordnung. Mitglieder der Industrie- und Handelskammern sind alle Gewerbetreibenden, die zur Gewerbesteuer veranlagt sind – mit Ausnahme des Handwerks, der Land- und Forstwirtschaft sowie freier Berufe.

Als privatrechtliche Vereinigungen der Kammern bestehen auf Landesebene Arbeitsgemeinschaften, auf Bundesebene der *Deutsche Industrie- und Handelstag* (DIHT).

Zu den Aufgaben der *Handwerkskammern (HWK)* gehört die Förderung der Interessen des Handwerks, die Unterstützung von Behörden, die Führung der Handwerksrolle und die Regelung der Berufsausbildung einschließlich des Erlasses der erforderlichen Rechtsvorschriften (vgl. S. 366). Selbständige Handwerker des gleichen Handwerks oder nahestehender Handwerke können sich in *Innungen* zusammenschließen. Die Handwerksinnungen einer Stadt oder eines Landkreises bilden die Kreishandwerkerschaft. Auf Landesebene bestehen als privatrechtliche Zusammenschlüsse u. a. Landesinnungsverbände, auf Bundesebene Bundesinnungsverbände, die Bundesvereinigung der Fachverbände der Deutschen Handwerker, der *Deutsche Handwerkskammertag* (DHKT) und der Zentralverband des Deutschen Handwerks (ZDH).

Kennzeichnend für die *Kammern freier Berufe* (u. a. Architektenkammer, Ärztekammer) ist neben der Beratung die Überwachung der Mitglieder in Fragen der Berufspflichten, die Vermittlung bei Streitigkeiten unter Mitgliedern oder zwischen Mitgliedern und Auftraggebern, die Erstattung von Gutachten gegenüber Gerichten oder Verwaltungsbehörden, die Wahrnehmung von Aufgaben im Bereich der Berufsbildung, die berufliche Fortbildung der Mitglieder und die Führung des Berufsregisters, die Schaffung von Fürsorgeeinrichtungen für die Mitglieder und deren Familien. Neben Landeskammern gibt es z. T. Bundeskammern, so z. B. für Steuerberater oder Rechtsanwälte.
In zwei Bundesländern gibt es außerdem Arbeitnehmerkammern: in Bremen die Arbeiterkammer und die Angestelltenkammer, im Saarland die Arbeitskammer.

Organisation der Industrie- und Handelskammern (IHK)

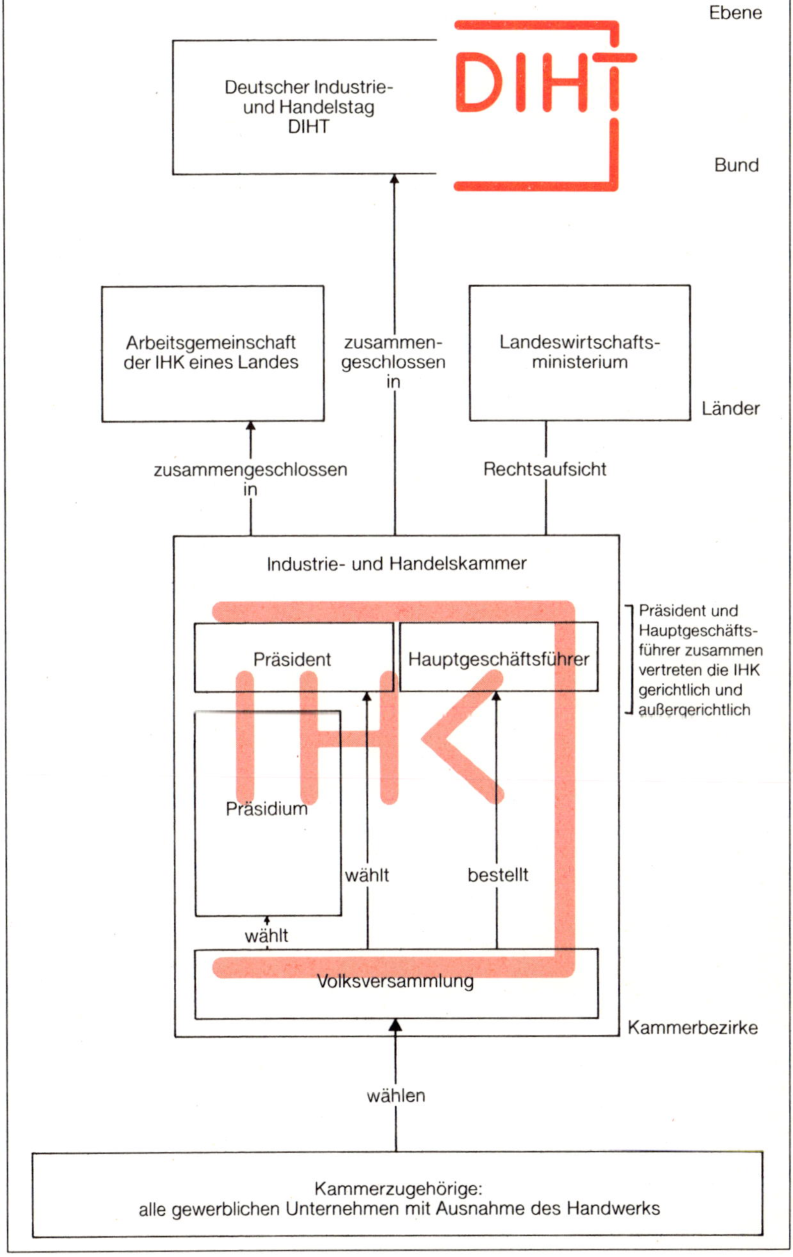

Staatliche Wettbewerbsordnung

Das System der staatlichen Wettbewerbsordnung baut auf dem Modell der wettbewerblich regulierten Marktwirtschaft auf. Danach sollen Angebot und Nachfrage bei funktionierendem Wettbewerb zu einer optimalen Zuordnung und Nutzung aller wirtschaftlichen Ressourcen, zur bestmöglichen Befriedigung der bestehenden Bedürfnisse und zu einer Harmonie zwischen einzelwirtschaftlichem und allgemeinem Wohlstand führen. Dies setzt voraus, daß sich der Wettbewerb ungestört entfalten kann, also weder durch staatliche Eingriffe noch durch andere beschränkende Einflüsse (z. B. unerlaubte Kartellabsprachen, Machtmißbrauch, Zusammenschlüsse, diskriminierendes Verhalten u. ä.) verfälscht wird. Allerdings birgt auch die völlig freie, ungeregelte Teilnahme am Wirtschaftsverkehr Gefahren für einen funktionierenden Wettbewerb. Daher, so die Erkenntnis der neoliberalen, ordoliberalen Schule (Hauptvertreter Walter Eucken und Franz Böhm), bedarf es einer Wettbewerbsordnung nach rechtlichen Regeln, die im Kartellrecht zusammengefaßt ist.

Bedeutendste rechtliche Grundlage der staatlichen Wettbewerbsordnung ist das 1957 in Kraft getretene, mehrfach novellierte Gesetz gegen Wettbewerbsbeschränkungen (GWB). Das Instrumentarium des GWB, mit dessen Hilfe Beeinträchtigungen von Wettbewerb verhindert werden sollen, besteht in Kontroll-, Verbots- und Schadensersatzregelungen sowie in der Androhung von Bußgeld bei Gesetzesverstößen. Das Gesetz sieht allerdings eine Reihe von Ausnahmetatbeständen vor und erfaßt insbesondere die Marktveränderungen durch das Unternehmenswachstum nicht. Den Gefahren, die sich insbesondere durch eine Veränderung von Marktstrukturen für den Wettbewerb ergeben, begegnet das Kartellrecht durch Verbote sowie Kontrollen von Kartellen und Unternehmenszusammenschlüssen. Verträge über Preisgestaltungen, Bedingungen und Ausschließlichkeitsbindungen sind nichtig oder können für unzulässig erklärt werden. Ferner ist das Ausnutzen und Mißbrauchen einer in einem Markt erreichten Machtposition ebenso verboten und mit Sanktionen bedroht wie das diskriminierende Verhalten gegenüber bestimmten Marktbeteiligten. Als nicht primär durch den Wettbewerb reguliert, sind einige Sonderbereiche und öffentliche Einrichtungen wie Bundesbank, Bundesbahn und Bundespost, Teile der Kredit- und Versicherungswirtschaft, der Landwirtschaft, ferner Verwertungsgesellschaften (im Bereich des Urheberrechts) ganz oder teilweise von der Geltung des GWB ausgenommen.

Für die Einhaltung der Grenzen zu sorgen, die das Kartellrecht der freien Gestaltung im Wirtschaftsverkehr zieht, und die Verfolgung von Verstößen zu ahnden, obliegt den *Kartellbehörden,* d. h. dem Bundesminister für Wirtschaft, dem Bundeskartellamt und der jeweiligen Landeskartellbehörde. Das *Bundeskartellamt* ist eine dem Bundesminister für Wirtschaft zugeordnete, seinen Weisungen unterworfene Bundesoberbehörde mit Sitz in Berlin; es ist zuständig für Vorgänge, die auf wettbewerbsbeschränkendem, marktbeeinflussendem Verhalten mit überregionaler Wirkung beruhen.

Entscheidungen der Kartellbehörde sind rechtlich überprüfbar und können mit dem Rechtsmittel der Beschwerde beim Kammergericht in Berlin angegriffen werden; gegen Beschwerdeentscheidungen ist der Rechtsweg zum Bundesgerichtshof in Karlsruhe eröffnet.

Die von der Bundesregierung eingesetzte *Monopolkommission* hat die Aufgabe, die Entwicklung der Unternehmenskonzentration in der Bundesrepublik Deutschland und die Anwendung der Vorschriften über marktbeherrschende Unternehmen regelmäßig zu begutachten.

Zunehmende Bedeutung gewinnen die überstaatlichen Regelungen, die der EWG-Vertrag in Art. 85 (Verbot wettbewerbsbeschränkender Absprachen) und Art. 86 (Verbot des Mißbrauchs einer marktbeherrschenden Stellung) für den europäischen Markt vorsehen. Gegen kartellrechtliche Beschlüsse der EG-Kommission ist der Rechtsweg zum Europäischen Gerichtshof (vgl. S. 490) gegeben.

Staatliche Ordnung der Wettbewerbswirtschaft

Verfassungsordnung und allgemeine Rechtsordnung

Wirtschaftsrecht

Ordnung der Wettbewerbswirtschaft

Gesetz gegen Wettbewerbsbeschränkungen

Verbot von Kartellen

Verbot wettbewerbsbehindernder Absprachen

Anzeigepflicht und Kontrolle von Unternehmenszusammenschlüssen

Verbot des Mißbrauchs marktbeherrschender Stellungen

Verbot wettbewerbsbeschränkenden und diskriminierenden Verhaltens

Kartellbehörden

Bundesminister für Wirtschaft – Bundeskartellamt – Landeskartellbehörden

Untersagung von Absprachen und Verhalten;
Feststellen von Ordnungswidrigkeiten und
Verhängung von Bußgeldern

Unterlassungs- und Schadensersatzansprüche Betroffener

Gerichtliche Überprüfung der kartellbehördlichen Entscheidungen
Beschwerdeinstanzen:
Kammergericht – Oberlandesgericht – Bundesgerichtshof

Monopolkommission
Begutachtung der Konzentrations- und Marktmachtbildung

Europäisches Kartellrecht

Staatlicher Wettbewerbsschutz

Das System der freien, wettbewerbsregulierten Wirtschaftsordnung ist nicht nur darauf angewiesen, daß Ordnungsregeln den vielfältigen Tendenzen zur Beschränkung und Aufhebung des Wettbewerbs entgegenwirken (vgl. S. 356). Seit der Freigabe von Handel und Gewerbe und der Zurückdrängung hoheitlicher und ständischer Reglementierung ist ein Schutz der wettbewerblichen Betätigung des einzelnen Gewerbetreibenden vor unlauteren Praktiken unentbehrlich geworden, da der Schutz, den das allgemeine Strafrecht und das Zivilrecht bieten, sich als unzureichend erwiesen hatte.

Die Freiheit der Vertragsgestaltung und die Freiheit, das eigene Waren- oder Dienstleistungsangebot im Wettbewerb möglichst attraktiv darzustellen, lassen vielfältige Möglichkeiten offen, die Entscheidungen des Einzelnen bei der Wahl des nach Preis und Leistungen günstigsten Angebots zu beeinflussen. Dabei führt das Bestreben, die eigenen wirtschaftlichen Ergebnisse zu maximieren, verschiedentlich zu einem Verhalten, das von dem Ideal eines fairen, transparenten und nur durch wirtschaftliches Leistungsvermögen bestimmten Wettstreits abweicht und die Betätigung anderer beeinträchtigt: u. a. durch unzulässiges Einwirken auf die Kunden (z. B. in Form von Irreführung, Beeinflussung, Täuschung), durch Verfälschen des Leistungsvergleichs (z. B. durch künstliche Preisgestaltung, Zugaben, Marktverstopfung u. ä.), durch Nachahmen oder Ausbeuten fremder Leistungen, durch Herabsetzen der Konkurrenz und ihres Rufs, durch Boykott und Bestechung, so daß im Ergebnis keine dem tatsächlichen Leistungsvermögen der Wettbewerber entsprechende Entscheidung der übrigen Marktteilnehmer möglich ist. Neben einer Benachteiligung der Konkurrenz und der interessierten Vertragspartner führen derartige unlautere Praktiken zu einer Verfälschung des Leistungsvergleichs und verhindern, daß der Wettbewerb seine Steuerungsfunktionen erfüllen kann. Staatlicher Wettbewerbsschutz gilt daher sowohl den miteinander konkurrierenden Anbietern als auch den Nachfragern bzw. Konsumenten, ferner aber auch der Allgemeinheit und dem Prinzip eines funktionierenden Wettbewerbs.

Bereits 1909 wurde das Kernstück staatlichen Wettbewerbsschutzes, das Gesetz zur Bekämpfung des unlauteren Wettbewerbs (UWG) erlassen. Es untersagt in der für den Lauterkeitsschutz zentralen Generalklausel (§ 1) Handlungen zu Zwecken des Wettbewerbs, die gegen die guten Sitten verstoßen, und sieht Ansprüche auf Unterlassung bzw. Schadenersatz vor. Die Rechtsprechung orientiert sich bei der Interpretation des Maßstabes der guten Sitten an normativen Vorstellungen eines Leistungswettbewerbs, der von verständigen Durchschnittsgewerbetreibenden in lauterer, von den maßgeblichen Verkehrskreisen anerkannter Weise veranstaltet wird. In rechtsschöpferischer Gestaltung dieser Vorstellungen hat die Rechtsprechung einen verzweigten Katalog von Verbotstatbeständen entwickelt. Diese beziehen sich unmittelbar auf die im Geschäftsleben anzutreffenden wettbewerbswidrigen Verhaltensweisen und sind den geänderten Geschäftspraktiken immer wieder angepaßt worden. Hervorzuheben ist die zunehmende Bedeutung des Verbraucherschutzes (vgl. S. 362) im Rahmen des Wettbewerbsschutzes. Während die unlautere Beeinflussung der Konsumentenentscheidung zunächst danach beurteilt wurde, inwieweit sie zu einer Beeinträchtigung der Wettbewerbsposition des Konkurrenten führt, wird sie inzwischen als eigenständiger Tatbestand wettbewerbswidrigen Verhaltens behandelt.

Außer den gewerblichen Interessenvereinigungen sind inzwischen auch Vereinigungen als Anspruchsteller anerkannt, die Interessen der Verbraucher durch Aufklärung und Beratung wahrnehmen.

Über die durch die Generalklausel des § 1 UWG erfaßten Verstöße hinaus sind z. B. die Fälle der irreführenden Angaben, der besonderen Hinweise über die Herkunft von Waren, der Vergabe von Bezugsscheinen, der progressiven Kundenwerbung, bestimmter Werbung mit Sonderkonditionen, der Anschwärzung von Konkurrenten, der Bestechung, der geschäftlichen Verleumdung, der Verwendung von fremden oder verwechslungsfähigen Namen oder Geschäftsbezeichnungen, des Verrats von Geschäftsgeheimnissen in Einzelvorschriften geregelt und zum Teil unter Strafe gestellt oder mit Geldbuße belegt. Neben diesen Vorschriften des UWG bestehen wichtige Sonderregelungen in der Zugabeverordnung, die Zugaben zur gekauften Ware oder Leistung untersagt, und im Rabattgesetz, das (zulässige) Preisnachlässe regelt. Eine besonders restriktive Regelung haben werbende Angaben im Bereich des Gesundheitswesens durch das Heilmittelwerbegesetz und das Arzneimittelgesetz gefunden.

Staatlicher Wettbewerbsschutz

Strafrecht und Zivilrecht Schutz von Gütern und Güterverkehr	Kartellrecht Schutz des Wettbewerbs vor Beschränkungen

Staatlicher Schutz der wettbewerblichen Betätigung vor unlauteren Praktiken und verfälschender Einflußnahme

Gesetz gegen den unlauteren Wettbewerb

§ 1

Verbot sittenwidrigen Verhaltens zu Zwecken des Wettbewerbs, z.B.
- durch Täuschung und Irreführung
- Beeinflussung von Kunden
- Preisunterbietung
- Diskriminierung
- Boykott und Bestechung
- Nachahmung und Übernahme fremder Leistungen
- Rufausbeutung

§ 3 folgende

Verbote bzw. Regelung von
- irreführenden Angaben
- Bezugsscheinausgaben
- Sonderverkaufsveranstaltungen
- Bestechung
- Anschwärzung
- Geheimnisverrat
- Firmen- und Bezeichnungsübernahme

Sondernormen

Zugabeverordnung
Verbot, im geschäftlichen Verkehr neben einer Ware oder Leistung eine Zugabe anzubieten, anzukündigen oder zu gewähren

Rabattgesetz
Regelung der Konditionen und Grenzen zulässiger Preisnachlässe

Unterlassungsanspruch, Schadenersatz	und	Geldbußen

Klagebefugt sind Konkurrenten, Verbände, Verbraucherverbände

Schutz des geistigen Eigentums (Patente und Lizenzen, Urheberrecht)

Patente sind Erfindern oder ihren Rechtsnachfolgern vom Staat erteilte Ausschlußrechte für die wirtschaftliche Nutzung technischer Erfindungen (Patentgesetz i.d.F. vom 16. 12. 1980). Patentfähig ist eine Erfindung, wenn sie neu ist, auf einer erfinderischen Tätigkeit beruht und gewerblich anwendbar ist. Erfinder kann nur eine natürliche Person sein. Die Erfindung ist zur Erteilung des Patents schriftlich beim Deutschen Patentamt in München anzumelden. Die Anmeldung muß den Patenterteilungsantrag, die Patentansprüche und eine Beschreibung der Erfindung enthalten. Nach einer „Offensichtlichkeitsprüfung" wird die Patentanmeldung offengelegt. Nur auf besonderen Antrag findet eine eingehende Prüfung der Anmeldung statt. Genügt die Anmeldung den gesetzlichen Anforderungen und ist der Anmeldungsgegenstand patentfähig, wird das Patent erteilt, mit der Veröffentlichung im Patentblatt treten die gesetzlichen Folgen ein. Das Patent bewirkt, daß allein der Patentinhaber befugt ist, die patentierte Erfindung zu benutzen. Die Wirkung des Patents erstreckt sich nicht auf Handlungen, die im privaten Bereich zu nichtgewerblichen Zwecken vorgenommen werden. Das Patentrecht ist vererblich; es kann beschränkt oder unbeschränkt auf andere übertragen werden.

Der Patentinhaber kann einem anderen die Erlaubnis erteilen, das Patent zu nutzen *(Lizenz)*. Die ausschließliche Lizenz berechtigt den Lizenznehmer zur alleinigen Nutzung des Patents, die einfache Lizenz zur Nutzung neben anderen. Die Lizenz kann auch beschränkt erteilt werden (z. B. Bezirks-, Herstellungs- oder Vertriebslizenz). Der Lizenznehmer hat dem Lizenzgeber die vereinbarte Lizenzgebühr zu zahlen (z. B. Pauschal- oder Stücklizenz). Verweigert der Patentinhaber einem anderen die Erteilung einer Lizenz, so kann das Bundespatentgericht auf Antrag eine Zwangslizenz erteilen, wenn dies im öffentlichen Interesse geboten ist.

Das Patent ist zeitlich begrenzt; seine Schutzdauer beträgt 20 Jahre ab Anmeldung. Bei Verletzung seines Patentrechts hat der Patentinhaber Unterlassungs- und Schadensersatzansprüche; vorsätzliche Patentverletzung ist strafbar. Der Schutz des Patentrechts beschränkt sich auf das Inland, mit einer internationalen Anmeldung kann jedoch ein Patent für mehrere Staaten erlangt werden. Aufgrund des Europäischen Patentübereinkommens besteht auch die Möglichkeit, mit einer einzigen Patentanmeldung beim Europäischen Patentamt in München ein europäisches Patent zu beantragen, das in den Vertragsstaaten die gleiche Wirkung wie ein nationales Patent hat.

Das *Urheberrecht* gewährt Urhebern von Werken der Literatur, Wissenschaft und Kunst die ausschließliche Verfügungsgewalt über ihre Werke. Es ist im Urheberrechtsgesetz vom 9. 9. 1965 geregelt. Zu den geschützten Werken gehören insbesondere Sprachwerke, Werke der Musik, Werke der bildenden Kunst, Lichtbildwerke, Filmwerke sowie Darstellungen wissenschaftlicher und technischer Art, wenn sie persönliche geistige Schöpfungen sind. Der Schutz setzt unmittelbar mit der Werkschöpfung ein und ist nicht von staatlicher Registrierung abhängig. Urheber kann nur eine natürliche Person sein. Das Urheberpersönlichkeitsrecht umfaßt das Veröffentlichungsrecht, das Recht auf Anerkennung der Urheberschaft und den Schutz gegen Entstellung des Werkes. Der Urheber hat die ausschließlichen Rechte *(Verwertungsrechte)* zur Verwertung seines Werkes (z. B. Vervielfältigung und Verbreitung) und durch öffentliche Wiedergabe (z. B. Vortrag, Aufführung, Vorführung und Funksendung). Das Urheberrecht ist vererblich, aber grundsätzlich nicht übertragbar. Der Urheber kann jedoch anderen (z. B. Verlag, Rundfunkanstalt usw.) Nutzungsrechte einräumen. Bestimmte Rechte können nur durch Verwertungsgesellschaften (VG), wie GEMA, VG Wort oder VG Bild/Kunst, geltend gemacht werden (z. B. Folgerecht, Bibliothekstantieme, Geräte- und Leerkassettenabgabe). Im Interesse der Allgemeinheit sind jedoch z. B. Vervielfältigungen zum privaten und sonstigen Gebrauch, Zitate, Wiedergaben im Rahmen der Berichterstattung durch Massenmedien erlaubt.

Das Urheberrecht ist zeitlich begrenzt; es besteht während des Lebens des Urhebers und erlischt 70 Jahre nach seinem Tod. Bei Verletzung des Urheberrechts hat der Urheber Unterlassungs- und Schadensersatzansprüche; vorsätzliche Urheberrechtsverletzung ist strafbar. Ähnliche, jedoch weniger weitreichende Rechte gewährt das Urheberrechtsgesetz den Erbringern bestimmter Leistungen, insbesondere ausübenden Küstlern, Tonträgerherstellern und Sendeunternehmen (Leistungsschutzrechte). Die Schutzfrist beträgt in der Regel 25 Jahre.

Patentrecht und Urheberrecht

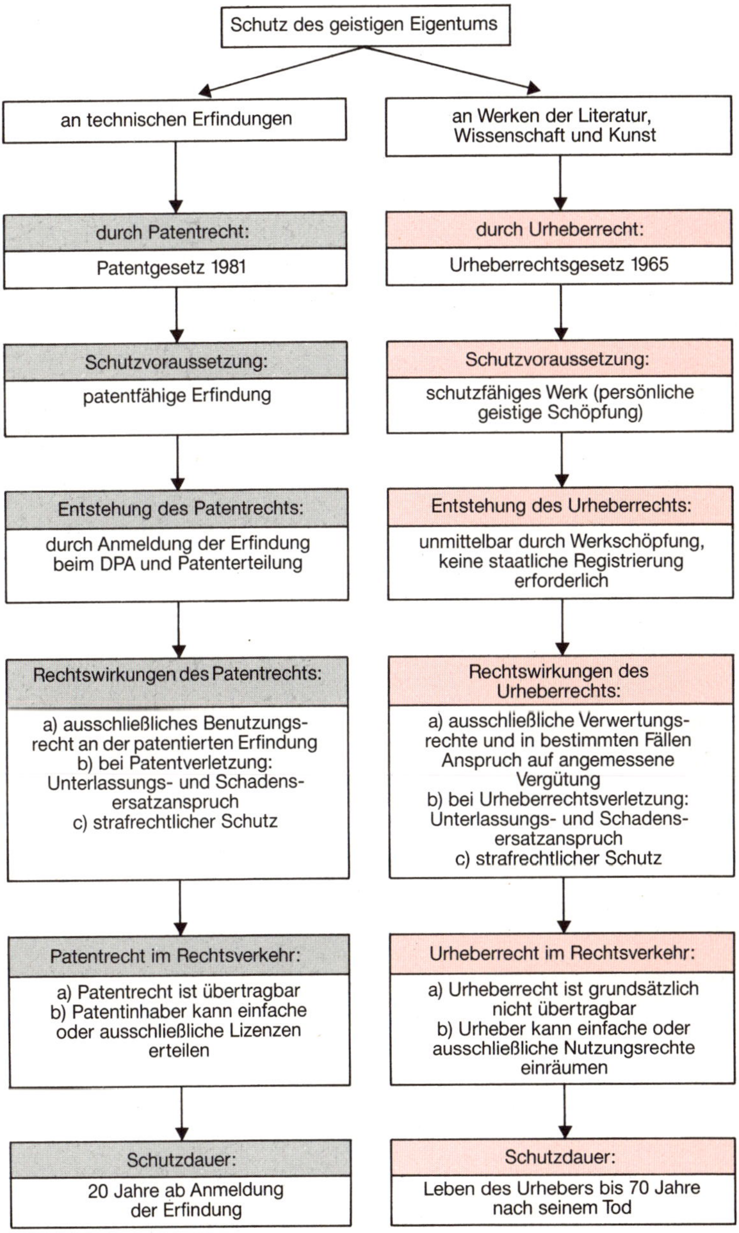

Verbraucherschutz

Verbraucherschutz umfaßt alles, was Benachteiligungen des Verbrauchers in der marktwirtschaftlichen Ordnung vermeiden oder mildern soll: Rechtssetzung, Kontrolle der Rechtsanwendung, ferner Verbraucherinformation, Verbraucherberatung und Verbraucherbildung. Die Vertretung der Verbraucherinteressen, Aufklärung und Beratung sind in erster Linie Sache privater und unabhängiger Verbraucherverbände.

Angesichts des wachsenden Marktangebots nach 1945 und der Notwendigkeit für den Verbraucher, den Markt zu durchschauen, aber auch wegen der mit zunehmendem Konkurrenzdruck wachsenden Geschäftstüchtigkeit der Anbieter, mußte der Verbraucher durch Rechtssetzung vor Schaden bewahrt werden. So entstanden erste Schutzgesetze, wie z. B. das Textilkennzeichnungsgesetz und das Widerrufsrecht bei Abzahlungsgeschäften. Zu den wesentlichen Verbesserungen des Rechtsschutzes für Verbraucher seit den 1970er Jahren gehören: die Gesamtreform des Lebensmittelrechts, das Arzneimittelgesetz, das Gesetz zur Regelung der Allgemeinen Geschäftsbedingungen, das Fernunterrichtsgesetz, das Gerätesicherheitsgesetz. In dieser Zeit festigten sich auch die Organisationen des Verbraucherschutzes.

Die seit 1953 existierende *Arbeitsgemeinschaft der Verbraucherverbände* konstituierte sich als Dachverband, dem die Verbraucherzentralen als Mitglieder beitraten. Die Arbeitsgemeinschaft ist auf Bundesebene Verhandlungs- und Beratungspartner für Parlament, Regierung und Verbände und koordiniert die Arbeit der Verbraucherzentralen. Die *Verbraucherzentralen*, die als eingetragene Vereine auf Landesebene für den Verbraucherschutz zuständig sind, konnten mit Hilfe öffentlicher Mittel mehr *Beratungsstellen* einrichten. Zur Kauf- und Ernährungsberatung kamen später Energiesparberatung, Haushaltsbudget-Beratung und Wohnberatung hinzu. Mit der Erlaubnis zur Beratung in verbraucherrechtlichen Angelegenheiten 1981 stieg die Nachfrage rapide an; diese Rechtsauskünfte nehmen heute den größten Teil der beratenden Tätigkeit der Verbraucherzentralen ein. Seit 1965 haben die Verbraucherverbände ein *Verbandsklagerecht* bei unlauterem Wettbewerb; seit Inkrafttreten des Gesetzes zur Regelung der Allgemeinen Geschäftsbedingungen auch ein Klagerecht gegen unberechtigte Klauseln im „Kleingedruckten". Diese Sonderaufgaben haben die Verbraucherverbände dem von ihnen geschaffenen *Verbraucherschutzverein* übertragen. Für Verbraucherinformation mittels vergleichender Warenprüfungen wurde 1964 die *Stiftung Warentest* gegründet, die vor allem durch ihre Zeitschrift „test" über Qualität und Preise von Waren und Dienstleistungen aufklärt.

Zur besseren Verbrauchererziehung in den Schulen und in der Erwachsenenbildung wurde Ende der 1970er Jahre diese Aufgabe an eine gemeinsame Stiftung der Arbeitsgemeinschaft und der Stiftung Warentest übertragen: das *Verbraucherinstitut* ist seitdem für die Fortbildung von Verbraucherberatungskräften, Lehrern usw. zuständig.

Seit Beginn der 1980er Jahre sind die öffentlichen Mittel für die Arbeit zum Schutz der Verbraucher nicht vermehrt worden, obwohl die Schutzbedürfnisse des Verbrauchers sich vergrößert haben. So ist die Sensibilität des Verbrauchers für den Schutz seiner Gesundheit und den Schutz seiner natürlichen Umwelt stark gestiegen. Dafür wird ein Verbraucherschutz gefordert in Form von rechtlichen Ge- und Verboten für die Produktion (Gefahrstoffverordnung), zur Kennzeichnung von Produkten in ihrer Zusammensetzung bis hin zur Aufklärung über gesunde Ernährung.

Ein wachsendes Problem ist die Verschuldung von Privathaushalten durch unvorhergesehenen Ausfall regelmäßiger Einkünfte (z. B. durch langfristige Arbeitslosigkeit). Durch Aufnahme zu hoher Kredite und durch unverhältnismäßig harte Kreditbedingungen geraten Verbraucher in eine Situation, die sie nicht mehr bewältigen können. Beratung oder gar Schuldenregulierung sind von den Kommunen, Wohlfahrtsverbänden und Verbraucherorganisationen nur sehr begrenzt leistbar. Hier gilt es, die Bedingungen für Kredite verbraucherfreundlich zu gestalten. Eine EG-Richtlinie über den Verbraucherkredit gibt es seit 1986. Mit der Umsetzung in nationales Recht bis 1990 ist die Chance für entsprechende Regelungen gegeben.

Bei Vollendung eines europäischen Binnenmarktes wird es für den Verbraucher Gefahren und Chancen geben: National bereits erreichter Schutz kann durch Angleichungszwang an europäische Vorschriften verringert werden (z. B. im Arzneimittelrecht), Verbraucherinteressen, die national nicht durchsetzbar waren, können auf der Ebene der EG zur Geltung kommen (z. B. bei der Produkthaftung).

Verbraucherschutz

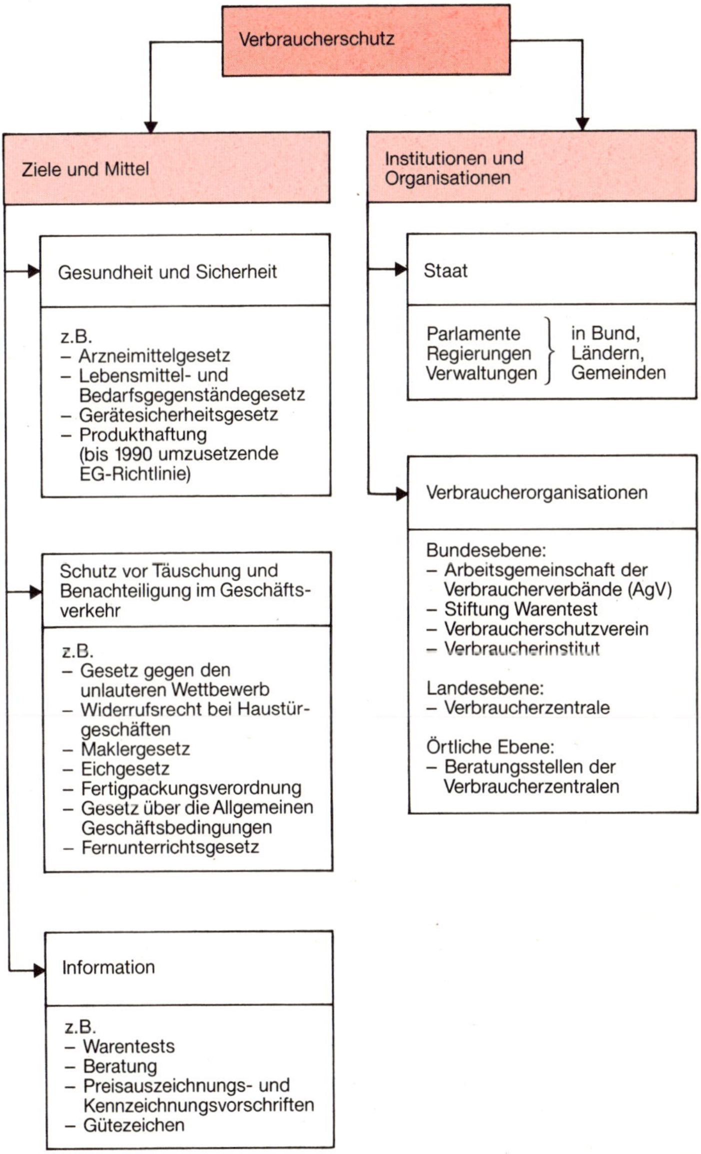

Gewerbeüberwachung (Gewerbeordnung, Gaststättenrecht)

Die Gewerbeüberwachung beruht auf dem *Gewerberecht,* das als Ordnungsrecht der Wirtschaft dem Schutz vor Gefahren, erheblichen Nachteilen und erheblichen Belästigungen dient, die erfahrungsgemäß durch wirtschaftliche Betätigungen herbeigeführt werden können. Die Gewerbebehörden haben insbesondere Maßnahmen gegen unzuverlässige Gewerbetreibende zu treffen. Die Aufgaben der Gewerbebehörden werden von staatlichen und kommunalen Behörden (Gemeinden, Kreisen, Städten und Bezirken) wahrgenommen. Die Gewerbebehörden sind von den rein staatlichen Gewerbeaufsichtsämtern zu unterscheiden, die als technische Behörden der Arbeitsverwaltung Aufgaben des Arbeits- und des Arbeitszeitschutzes wahrzunehmen haben (vgl. S. 406).
Die Gewerbeordnung unterscheidet drei Formen gewerblicher Tätigkeit:

- *„Stehendes Gewerbe“* (Grundform gewerblicher Tätigkeit in Verbindung mit einer gewerblichen Niederlassung);
- *„Reisegewerbe“* (z. B. Vertreter an der Haustür, Straßenhändler, Schausteller auf Volksfesten);
- *„Marktverkehr“* (Marktprivilegien für festgesetzte Messen, Ausstellungen, Groß- und Wochenmärkte, Spezial- und Jahrmärkte sowie Volksfeste).

Entsprechend dem Grundsatz der *Berufs-* und *Gewerbefreiheit* nach Art. 12 GG und § 1 der Gewerbeordnung dürfen die meisten gewerblichen Tätigkeiten erlaubnisfrei ausgeübt werden, sind aber den Gewerbebehörden anzuzeigen. Die Anzeigepflicht dient einer wirksamen Gewerbeüberwachung und soll die Prüfung ermöglichen, ob Bedenken gegen die Zuverlässigkeit des Gewerbetreibenden bestehen. Werden Tatsachen festgestellt, aus denen sich die Unzuverlässigkeit des Gewerbetreibenden ergibt, ist die Gewerbeausübung zu untersagen, soweit dies zum Schutz der Allgemeinheit oder der Beschäftigten erforderlich ist.

Erlaubnispflichten bestehen nur dort, wo sie besonders vorgeschrieben sind, z. B. für die Schaustellung von Personen, die Aufstellung von Spielgeräten und den Betrieb von Spielhallen, für das Pfandleih- und Bewachungsgewerbe, für die Tätigkeit als Versteigerer, Makler und Bauträger, für den Betrieb von Gaststätten sowie im Bereich des Verkehrswesens, der Bank- und Versicherungswirtschaft. Tätigkeiten im Reisegewerbe sind wegen der erschwerten Überwachbarkeit grundsätzlich erlaubnispflichtig.

Sind die gesetzlichen Voraussetzungen (Zuverlässigkeit usw.) erfüllt, hat der Gewerbetreibende einen Anspruch auf Erteilung der Erlaubnis; fallen diese Voraussetzungen später fort, ist über einen Widerruf der Erlaubnis zu entscheiden. Versagungen, Untersagungen, Rücknahme- und Widerrufsentscheidungen sowie Bußgeldbescheide gegen Gewerbetreibende über einen höheren Betrag als 200 DM sind in das bei dem Bundeszentralregister in Berlin geführte *Gewerbezentralregister* einzutragen.

Das Gewerberecht gehört als „Recht der Wirtschaft“ zur konkurrierenden Gesetzgebungsbefugnis des Bundes. Die zentralen gewerberechtlichen Regelungen sind in der *Gewerbeordnung* enthalten, einem traditionsreichen Gesetz aus dem Jahre 1869. Die heute geltende Fassung der Gewerbeordnung (Neubekanntmachung vom 1. 1. 1987) wird durch gewerberechtliche Nebengesetze ergänzt, so v. a. durch das *Gaststättengesetz* vom 5. 5. 1970, die *Handwerksordnung* in der Fassung vom 28. 12. 1965 (vgl. S. 366) sowie Regelungen in speziellen Wirtschaftsbereichen wie z. B. dem Verkehrswesen und dem Kreditgewerbe. Das Arbeitsschutzrecht und das Umweltrecht – so vor allem das Recht der genehmigungsbedürftigen Anlagen nach dem Bundes-Immissionsschutzgesetz (vgl. S. 322) – haben sich heute gegenüber dem klassischen Gewerberecht inhaltlich und organisatorisch verselbständigt.

Gewerberechtliche Vorschriften gelten grundsätzlich nur dann, wenn eine Tätigkeit gewerbsmäßig ausgeübt wird. *Gewerbe* im Sinne der Gewerbeordnung ist jede nicht sozial unwertige, auf Gewinnerzielung gerichtete und auf Dauer angelegte selbständige Tätigkeit, ausgenommen Urproduktion (z. B. Landwirtschaft, Bergbau), freie Berufe (vgl. S. 354) und die bloße Verwaltung des eigenen Vermögens.

Formen gewerblicher Tätigkeit

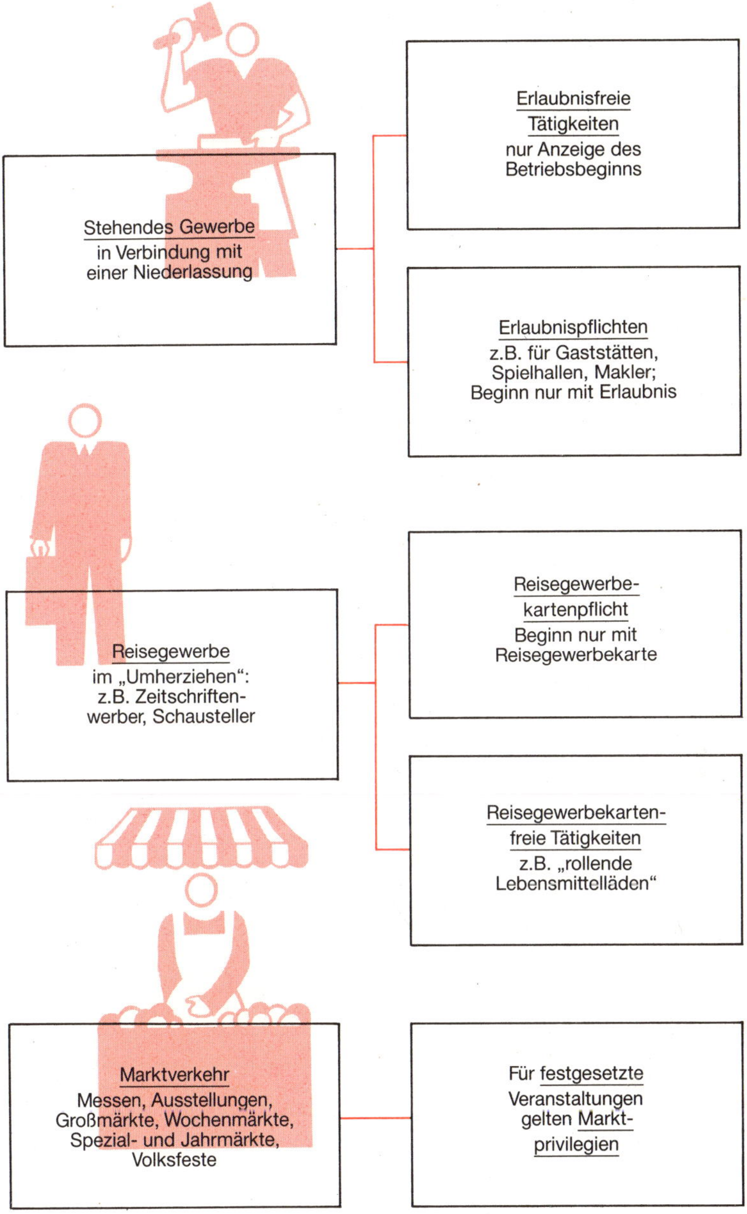

Handwerksordnung

Das Handwerksrecht ist ein Sondergebiet des Gewerberechts, das in der *Handwerksordnung* (Fassung vom 28. 12. 1965 mit späteren Änderungen) eine umfassende und eigenständige Regelung gefunden hat. Die Handwerksordnung dient nicht nur ordnungspolitischen Zielen, sondern soll auch die Funktionen des Handwerkerstandes erhalten und damit einen bedeutenden Wirtschaftszweig fördern. Kernstück der Handwerksordnung ist die *Meisterprüfung* als Voraussetzung der selbständigen Ausübung eines Handwerks. Das Bundesverfassungsgericht hat festgestellt, daß der Befähigungsnachweis für das Handwerk als subjektive Zulassungsvoraussetzung mit dem Grundrecht der Berufsfreiheit vereinbar ist.

Ein Gewerbebetrieb ist Handwerksbetrieb, wenn er *handwerksmäßig* betrieben wird und vollständig oder in wesentlichen Tätigkeiten ein Gewerbe umfaßt, das in der Anlage A zur Handwerksordnung aufgeführt ist. Die handwerksmäßige Betriebsform wird – im Gegensatz zum industriellen Betrieb – durch folgende Merkmale geprägt: Überwiegen der Einzelfertigung gegenüber der Serienproduktion, qualifizierter persönlich-fachlicher Einsatz des Betriebsinhabers, geringere Spezialisierung und Arbeitsteilung, keine Automation der Fertigung; auch die Betriebsgröße und die Höhe des Kapitaleinsatzes sind zur Abgrenzung der handwerklichen Betriebsform heranzuziehen. Der selbständige Betrieb eines Handwerks setzt die Eintragung in die von den Handwerkskammern geführte *Handwerksrolle* voraus. In die Handwerksrolle wird eingetragen, wer die *Meisterprüfung* bestanden oder eine *Ausnahmebewilligung* erhalten hat.

Die *Berufsbildung* im Handwerk ist für die gesamte gewerbliche Wirtschaft von großer Bedeutung. Lehrlinge darf ausbilden, wer persönlich und fachlich geeignet ist. Die Ausbildung richtet sich nach Ausbildungsordnungen des Bundesministers für Wirtschaft. Die Handwerkskammer hat die Lehrlingsrolle zu führen. Mit der Gesellenprüfung sind die erforderlichen Fertigkeiten und die notwendigen praktischen und theoretischen Kenntnisse zu prüfen. Die Zulassung zur Meisterprüfung setzt das Bestehen der Gesellenprüfung und eine mehrjährige Tätigkeit als Geselle voraus. Durch die Meisterprüfung ist nachzuweisen, daß der Prüfling die notwendigen Fachkenntnisse und die erforderlichen betriebswirtschaftlichen, kaufmännischen und allgemein theoretischen Kenntnisse besitzt und in der Lage ist, einen Handwerksbetrieb selbständig zu leiten und Lehrlinge ordnungsgemäß auszubilden. Die Berufsbilder und die Prüfungsanforderungen für die einzelnen Handwerke werden durch Verordnungen des Bundesministers für Wirtschaft bestimmt.

Die Interessen des Handwerks werden durch die *Handwerkskammern* als Körperschaften des öffentlichen Rechts wahrgenommen, denen die selbständigen Handwerker des Kammerbezirks sowie deren Gesellen und Lehrlinge angehören (Pflichtmitgliedschaft). Die Handwerkskammern sind Selbstverwaltungseinrichtungen der Wirtschaft (vgl. S. 354) und unterliegen der Rechtsaufsicht der obersten Landesbehörden. Sie haben die Interessen des Handwerks zu fördern und für einen gerechten Ausgleich der Interessen der einzelnen Handwerke und deren Organisationen zu sorgen. Sie unterstützen die Behörden durch Erstattung von Gutachten und berichten regelmäßig über die Verhältnisse im Handwerk. Zu ihren Aufgaben gehört insbesondere die Führung der Handwerksrolle, die Regelung und Überwachung der Berufsausbildung und der beruflichen Fortbildung im Handwerk, die öffentliche Bestellung von Sachverständigen sowie die Einrichtung von Vermittlungsstellen. Die einzelnen Handwerkskammern gehören dem *Deutschen Handwerkskammertag* an, einem freiwilligen Zusammenschluß in der Rechtsform eines eingetragenen Vereins.

Die selbständigen Handwerker des gleichen oder eines fachlich nahestehenden Handwerks in einem Bezirk können zu einer *Handwerksinnung* zusammentreten. Die Innungen sind Körperschaften des öffentlichen Rechts auf der Basis freiwilliger Mitgliedschaft und unterliegen der Aufsicht der Handwerkskammern. Sie sind in Landes-, meist auch in Bundesinnungsverbänden in der Rechtsform juristischer Personen des privaten Rechts zusammengeschlossen. Die Spitzenverbände der Innungen sind Mitglieder des *Zentralverbandes des Deutschen Handwerks*, dem auch die Handwerkskammern angehören.

Organisation des Handwerks

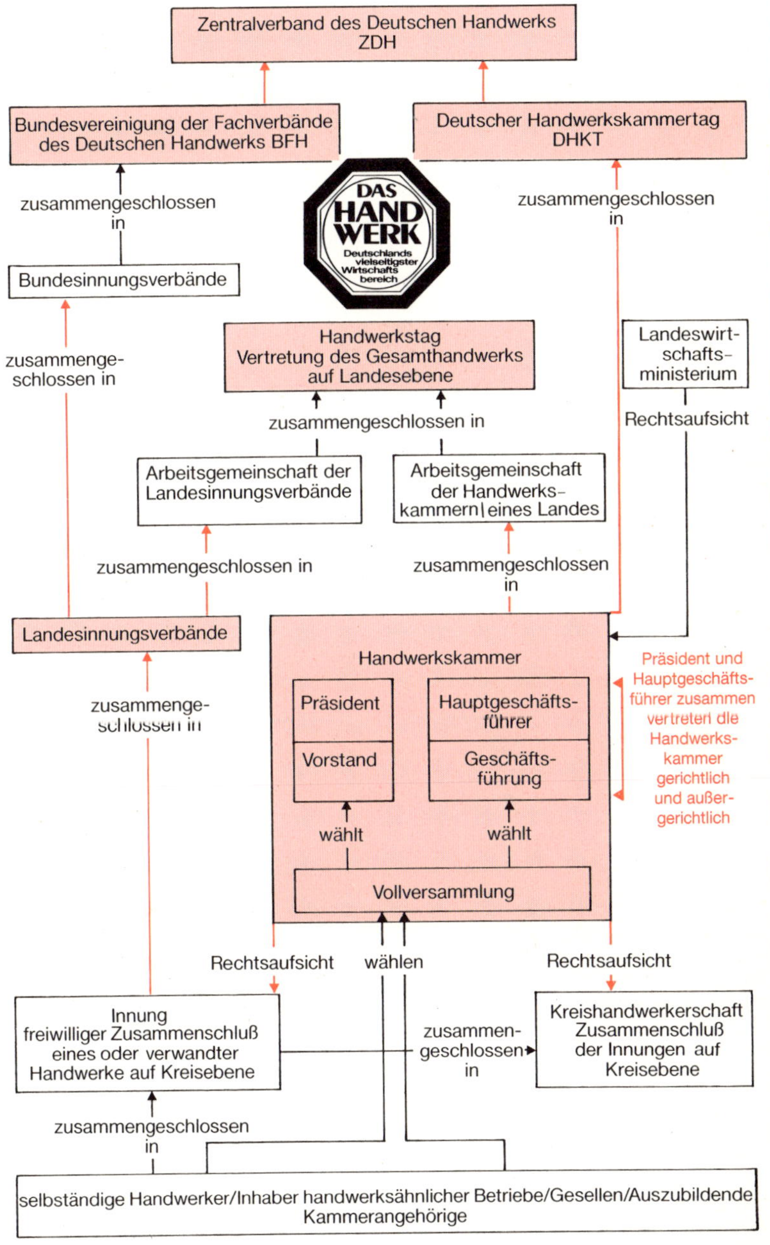

Recht des Einzelhandels – Ladenschlußgesetz

Der Betrieb eines Einzelhandelsgeschäftes ist vielerlei Rechtsvorschriften unterworfen, die zum großen Teil zum Recht des Handels zu zählen sind. Im allgemeinen ist der Beginn einer Einzelhandelstätigkeit wie der jedes anderen Gewerbes lediglich anzeigepflichtig (vgl. S. 364). Einer Erlaubnis bedarf das Feilhalten bestimmter Waren, an deren sachgemäßer Lagerung und Weitergabe ein öffentliches Interesse besteht, insbesondere von Arzneimitteln (vgl. S. 292), Waffen und Sprengstoffen. Besondere Regelungen gelten für das grundsätzlich erlaubnispflichtige Reisegewerbe und den Marktverkehr (vgl. S. 364).

Die wichtigsten Vorschriften für den Betrieb eines Einzelhandelsgeschäftes sind: Vorschriften gegen den unlauteren Wettbewerb (vgl. S. 358), insbesondere Beschränkungen von Sommer- und Winterschlußverkäufen, Sonderveranstaltungen, Rabatten und Zugaben, sowie die Regelungen des Verbraucherschutzes (vgl. S. 362) wie z. B. die Preisauszeichnungspflicht, das Verbot der Preisbindung, Widerrufsrecht des Käufers bei Abzahlungsgeschäften, die Beschränkung Allgemeiner Geschäftsbedingungen.

Das *Ladenschlußgesetz* fordert, daß Verkaufsstellen zu bestimmten Tageszeiten sowie an Sonn- und Feiertagen für den geschäftlichen Verkehr mit den Kunden geschlossen sind. Verkaufsstellen sind Einrichtungen, in denen von einer festen Stelle aus Waren zum Verkauf an jedermann angeboten werden. Dazu gehören auch Geschäfte von Handwerkern (z. B. Fleischer), soweit diese nicht hauptsächlich Dienstleistungen anbieten. Dienstleistungsbetriebe (z. B. chemische Reinigungen) unterliegen mit Ausnahme der Friseurbetriebe nicht dem Ladenschlußgesetz. Für den Ausschank von Getränken und die Abgabe zubereiteter Speisen zum Verzehr an Ort und Stelle gilt ausschließlich das Gaststättenrecht.

Der Begriff des geschäftlichen Verkehrs umfaßt nicht nur Abschluß und Abwicklung von Kaufverträgen, sondern auch jeglichen persönlichen Kontakt, der geeignet ist, den Verkauf von Waren anzubahnen, insbesondere die Beratung. Zulässig ist während der allgemeinen Ladenschlußzeit das *Offenhalten zur Besichtigung,* wenn weder Inhaber noch Verkaufspersonal anwesend sind. Auch bei der Beschränkung auf Stammkunden oder Inhaber von Kundenkarten liegt geschäftlicher Verkehr mit jedermann vor. Die Beschränkung des Kundenkreises berechtigt nur dann zum geschäftlichen Verkehr während der allgemeinen Ladenschlußzeit, wenn sie im sachlichen Zusammenhang mit der Funktion des Unternehmens (z. B. als Großhandlung) steht. Das Ladenschlußgesetz gilt auch für das Feilhalten von Waren außerhalb von Verkaufsstellen sowie für Wochenmärkte, nicht jedoch für sonstige Märkte, Messen und Ausstellungen, die aufgrund der Gewerbeordnung behördlich festgesetzt sind.

Das Ladenschlußgesetz ist Teil des öffentlich-rechtlichen Arbeitszeitschutzes. Als Ergänzung der Arbeitszeitordnung (vgl. S. 406) und der Sonntagsruhebestimmungen der Gewerbeordnung soll es die Arbeitnehmer vor überlangen und ungünstig gelegenen Arbeitszeiten schützen. Wegen der Wettbewerbsgleichheit gelten die Ladenschlußzeiten auch für Einzelhandelsgeschäfte ohne Arbeitnehmer. Das in anderen Wirtschaftszweigen unbekannte Schließungsgebot ist ein Kompromiß zwischen den Interessen des Verkaufspersonals, der Einzelhandelsbetriebe und der Verbraucher, der – so das Bundesverfassungsgericht – mit dem Grundgesetz vereinbar ist.

Die zuständigen Gewerkschaften und die Einzelhandelsverbände lehnen jede Änderung ab, letztere u. a. wegen zu erwartender höherer Betriebskosten. Für eine Lockerung spricht nach Ansicht der Verbraucherverbände, daß die Kunden dann Preise und Qualitäten besser vergleichen können. Kommunalpolitiker erwarten davon eine Entzerrung der Verkehrsspitzen und mehr Attraktivität für die Innenstädte. Ob eine Lockerung die Chancen der Kleinbetriebe erhöhen oder hauptsächlich den Konzentrationsprozeß, v. a. zugunsten der Verbrauchermärkte, fördern würde, ist umstritten. Die zulässige wöchentliche Öffnungszeit von 64,5 (bei langem Sonnabend 68,5) Stunden wird schon jetzt nicht ausgeschöpft. Der im Juni 1988 eingebrachte Gesetzentwurf sieht vor, daß der Donnerstagabend als sog. Dienstleistungsabend zugelassen wird. Die zulässige Gesamtöffnungszeit von 64,5 bzw. 68,5 Stunden soll jedoch nicht ausgedehnt werden. Ob der Einzelhandel diesen voll nutzen wird, ist allerdings wegen des Mitbestimmungsrechts der Betriebsräte und wegen der von den Gewerkschaften geforderten tarifvertraglichen Verankerung der bisherigen gesetzlichen Ladenschlußzeiten zweifelhaft.

Recht des Einzelhandels-Ladenschlußgesetz

Allgemeine Ladenschlußzeiten:

Sonn- und Feiertage;
Montag bis Freitag
bis 7 Uhr und ab 18.30 Uhr;
Samstag
bis 7 Uhr und ab 14 Uhr;

ab 18 Uhr:
- **am ersten Samstag im Monat,**
- **wenn dieser auf einen Feiertag fällt, am zweiten Samstag im Monat**
- **an den vier aufeinanderfolgenden Samstagen vor dem 24. Dezember.**

Ausnahmen:

unbeschränkt:
Tankstellen
Warenautomaten

beschränkt:
Kioske für Verkauf von Zeitungen und Zeitschriften
Verkaufsstellen auf Personenbahnhöfen und auf Flughäfen
Verkauf bestimmter Gegenstände in Kur- und Erholungsorten
Verkauf in ländlichen Gebieten während der Zeit der Feldbestellung und der Ernte
Verkauf von Milch und Milcherzeugnissen, Bäcker- und Konditorwaren, frischen Früchten, Blumen und Zeitungen
Öffnung von Verkaufsstellen aus Anlaß von Messen, Märkten oder ähnlichen Veranstaltungen (z. B. Kirchweih) sowie am 24. Dezember, wenn dieser auf einen Sonntag fällt
Verkaufsstellen für Blumen und Pflanzen auf und in der Nähe von Friedhöfen
Verkauf auf Wochen- und Großmärkten
Verkauf, wenn Ausnahme im öffentlichen Interesse dringend nötig

Sonderbestimmungen für:
Friseurbetriebe
Gewerbliches Feilhalten von Waren zum Verkauf an jedermann außerhalb von Verkaufsstellen
Groß-, Wochen-, Jahrmärkte, Volksbelustigungen

Landwirtschaftsrecht – Landwirtschaftsverwaltung

Als Landwirtschaftswesen ist die Gesamtheit aller Aufgaben zu bezeichnen, die mit dem Landwirtschaftsrecht, der Agrarpolitik, der Agrarförderung und der ländlichen Entwicklung, der tierischen und pflanzlichen Produktion, der Flurbereinigung sowie dem Fischerei- und Jagdwesen zusammenhängen. Das Landwirtschaftsrecht besteht in der Bundesrepublik Deutschland aus zahlreichen privat- und öffentlichrechtlichen Regelungen und ist nicht (wie etwa in Frankreich durch den Code rural) einheitlich geregelt.

Die nach dem Zweiten Weltkrieg beginnende Motorisierung und Mechanisierung der landwirtschaftlichen Betriebe führte zu erheblichen Veränderungen in der deutschen Agrarstruktur. Zur Verbesserung der Agrarstruktur als Teil der Gesamtwirtschaftsverfassung wurde 1955 das *Landwirtschaftsgesetz* (LWG) mit dem Ziel erlassen, den familieneigenen und fremden Arbeitskräften eine den Löhnen vergleichbarer Berufsgruppen entsprechende Bezahlung zu gewährleisten. § 1 LWG sieht vor, daß die deutsche Landwirtschaft nach Maßgabe der allgemeinen Wirtschafts- und Agrarpolitik in die Lage gesetzt wird, natürliche und ökonomische Schwächen im Vergleich zu sonstigen Wirtschaftsbereichen zu beheben und durch eine geeignete Handels-, Steuer-, Kredit- und Preispolitik Produktionssteigerungen zu erreichen. Jedes Jahr hat die Bundesregierung bzw. der Bundesminister für Ernährung einen Bericht *(Grüner Bericht)* vorzulegen, der über die landwirtschaftliche Entwicklung des vergangenen Jahres Rechenschaft ablegt, insbesondere, welche Ziele erreicht und welche weiteren Förderungen geplant sind. Im Bundeshaushalt sind die für die geplanten Förderungsmaßnahmen *(Grüner Plan)* notwendigen Mittel bereitzustellen. Der Grüne Plan beabsichtigt vor allem eine Stärkung der Wettbewerbsfähigkeit der deutschen Landwirtschaft im Rahmen des Europäischen Agrarmarktes. Weitere wichtige landwirtschaftliche Gesetze neben dem LWG sind über die Flurbereinigung und über Düngemittel (1962) und Pflanzenschutz (1968) ergangen. Zu nennen sind auch das Viehseuchengesetz, das Tierschutzrecht, das Saatgut- und Sortenschutzrecht sowie das Feld- und Forstpolizeirecht. Von besonderer Bedeutung für das landwirtschaftliche *Erbrecht* ist die Höfeordnung, die auf dem in den Ländern der früheren britischen Zone während der Besatzungszeit geltenden Anerbenrecht beruht. Sie enthält den Grundsatz der ungeteilten Vererbung, d. h. der Hof fällt nur einem Erben zu. Damit wird gewährleistet, daß die landwirtschaftlichen Anwesen durch Erbfolge nicht geteilt werden müssen.

In der *Flurbereinigung* wird zersplitterter oder unwirtschaftlich geformter ländlicher Grundbesitz zur Verbesserung der Produktions- und Arbeitsbedingungen in der Land- und Forstwirtschaft sowie zur Förderung der allgemeinen Landeskultur und der Landentwicklung durch Maßnahmen nach dem Flurbereinigungsgesetz in der Fassung vom 16. 3. 1976 und nach den Ausführungsgesetzen der Länder in einem behördlich geleiteten Verfahren neu geordnet. Die obere Flurbereinigungsbehörde leitet das Verfahren ein, durch das alle im Flurbereinigungsgebiet liegenden Grundstücke einschließlich der Ortslagen und unabhängig von vorhandenen Bauleitplänen erfaßt werden.

Die *Landwirtschaftsverwaltung* im organisatorischen Sinne umfaßt diejenigen Bundes- und Landesverwaltungen, die mit dem Landwirtschaftswesen befaßt sind. Auf Bundesebene sind dies der Bundesminister für Ernährung, Landwirtschaft und Forsten sowie eine Reihe Oberster Bundesbehörden und Bundesforschungsanstalten (z. B. Bundessortenamt, Bundesforschungsanstalt für Landwirtschaft, Bundesanstalt für Milchforschung). Die Landwirtschaftsverwaltungen der Länder sind sehr unterschiedlich aufgebaut. Z. T. sind sie dreistufig (Baden-Württemberg, Bayern, Hessen, Nordrhein-Westfalen), z. T. zweistufig (Rheinland-Pfalz und Saarland); in Niedersachsen und Schleswig-Holstein werden die Aufgaben der Landwirtschaftsverwaltung von den Landwirtschaftskammern wahrgenommen. Diese bestehen im übrigen auch in den anderen Bundesländern und sind den Industrie- und Handelskammern nachgebildete öffentlichrechtliche berufsständische Körperschaften. Sie haben die Aufgabe, Angelegenheiten der Landwirtschaft in berufsständischer Selbstverwaltung zu erledigen und zu fördern. In Bayern und Baden-Württemberg werden die Kammerfunktionen von den Bauernverbänden wahrgenommen. In sog. Landwirtschaftssachen ist gesetzlich ein besonderes gerichtliches Verfahren bei den Landgerichten vorgesehen, an dem Vertreter der Landwirtschaftskammern beteiligt sind.

Landwirtschaftsverwaltung am Beispiel Bayerns

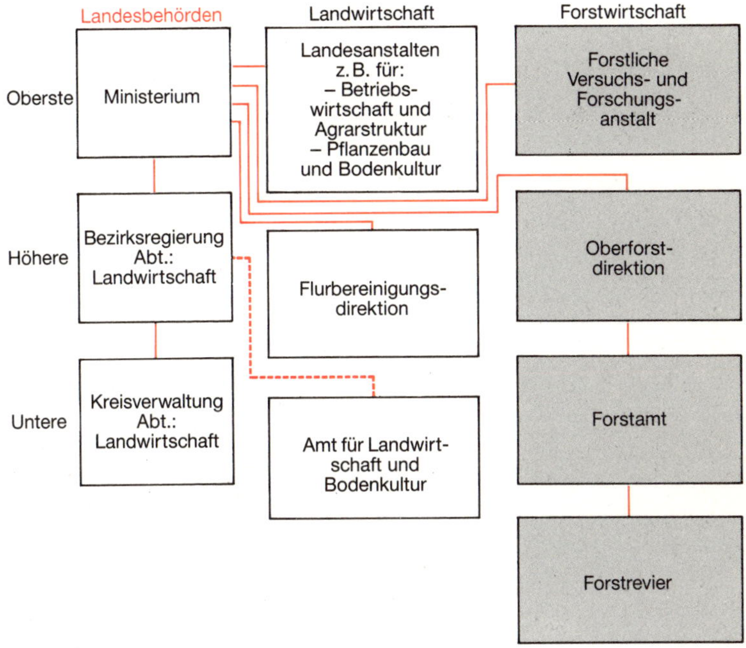

Landwirtschaftlich genutzte Fläche 1986

Landwirtschaftliche Betriebe

Jahr	Insgesamt
1949	1646751
1960	1385250
1971	1017697
1979	810034
1981	780469
1984	732510
1985	720835
1986	707658

Landwirtschaftlich genutzte Fläche in 1000 ha

Jahr	Insgesamt
1949	13279,6
1960	12934,8
1971	12621,8
1979	12203,6
1981	12111,9
1984	11952,3
1985	11932,5
1986	11909,6

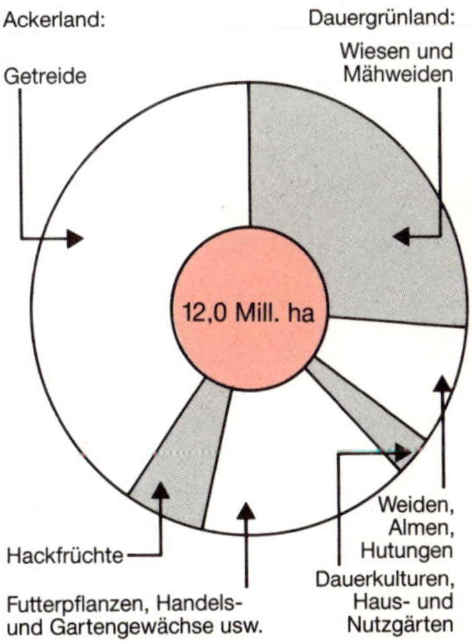

Ordnung der Versorgungswirtschaft

Die Energiewirtschaft umfaßt alle Entscheidungen, Tätigkeiten und Einrichtungen, die auf die Deckung des Energiebedarfs gerichtet sind. *Energie* wird in Form von Wärme, Licht und Antriebskraft als Konsumgut und Produktionsmittel nachgefragt und in Form von Elektrizität oder Gas angeboten. Der Primärenergieverbrauch in der Bundesrepublik Deutschland hat sich in den letzten drei Jahrzehnten mehr als verdreifacht, ein weiteres, wenn auch im Tempo reduziertes Anwachsen ist zu erwarten. Da die Energieversorgung für die gesamtwirtschaftliche Entwicklung und für die Versorgung der Bevölkerung von entscheidender Bedeutung ist, ist die Energiewirtschaft seit Jahrzehnten rechtlichen Sonderregelungen unterworfen. Diese finden sich im Energiewirtschaftsgesetz von 1935, dessen Hauptanliegen eine möglichst sichere, sowohl technisch unbedenkliche als auch ausreichende und preislich günstige Versorgung mit Elektrizität und Gas sind. Zur Erreichung dieser Ziele wird die Tätigkeit der Energieversorgungsunternehmen (EVU) einerseits einer weitgehenden *staatlichen Aufsicht* unterworfen, andererseits erhalten sie quasi Monopolstellungen zugewiesen. Bei den EVU lassen sich die großen privaten Verbundunternehmen (z. B. RWE, Preußen-Elektra) von den kommunalen EVU unterscheiden. Die kommunalen EVU leisten die weitverzweigte und aufwendige Verteilernetze erfordernde Versorgung der kleinen Tarifabnehmer (Privathaushalte und Gewerbe), während die privaten EVU hauptsächlich die Großindustrie beliefern.

Die staatliche Energieaufsicht verfügt über Auskunfts-, Anzeige- und Genehmigungspflichten, Beanstandungs-, Untersagungs-, Enteignungs- und Anordnungsbefugnisse bezüglich der technischen Beschaffenheit, der Betriebssicherheit und der Installation und Unterhaltung von Energieanlagen.

Die EVU müssen ihre allgemeinen Lieferbedingungen und Tarifpreise öffentlich bekanntgeben und haben eine allgemeine *Anschluß- und Versorgungspflicht*. Das Rechtsverhältnis zwischen den Energiekunden und den EVU wird durch die Bundestarifordnung Gas (BTO Gas) und die Bundestarifordnung Elektrizität (BTO Elt) geregelt, neben denen Verordnungen über die Versorgung stehen. Zwischen dem einzelnen Kunden und dem EVU besteht ein privatrechtlicher Energieversorgungsvertrag.

Als Reaktion auf die Ölverknappung im Herbst 1973 wurde das *Energiesicherungsgesetz* erlassen, auf dessen Grundlage inzwischen verschiedene Verordnungen über die Verteilung, die Abgabe, den Bezug, die Verwendung sowie Höchstpreise von Energiearten erlassen wurden. Zu den Regelungen der Energiebewirtschaftung im Krisenfall gehören weiter Vorschriften, die zu einer Bevorratung von Brennstoffen verpflichten. So müssen z. B. Betreiber von Kraftwerken für fossile Brennstoffe Brennstoffvorräte für einen Bedarf von 30 Tagen vorhalten, die Hersteller von Erdölerzeugnissen und der Erdölbevorratungsverband müssen einen Vorrat von 65 Tagen für Erdöl und Kraftstoffe halten. In mittelbarer Hinsicht dienen auch die Regelungen des Energieeinsparungsgesetzes und der auf seiner Grundlage erlassenen Vorschriften einer Sicherung der künftigen Energieversorgung.

Eine besondere Rolle kommt traditionell der Steinkohle zu. Zur Förderung ihrer Verwendung wurden die sog. *Verstromungsgesetze* erlassen. Sie dienen der Stützung des deutschen Kohlebergbaus und der Sicherung der Elektrizitätsversorgung in Krisenzeiten. Die Verstromungsgesetze gewähren steuerliche Vorteile und staatliche Zuschüsse für die beim Bau von Kohlekraftwerken gegenüber Ölkraftwerken erforderlichen Mehrkosten. Die Finanzierung erfolgt mit Hilfe von Ausgleichsabgaben, die von den EVU beim Endverbraucher erhoben werden *(Kohlepfennig)*.

Die Ölkrise von 1973 hat dazu geführt, daß die Bundesregierung seither in bestimmten Abständen ein *Energieprogramm* bzw. dessen Fortschreibung vorlegt.

Erzeugung und Verteilung von Energie stehen zunehmend unter der Verpflichtung, so umweltfreundlich wie möglich durchgeführt zu werden. Die Energieerzeugungsanlagen sind bezüglich Errichtung, Betrieb und Änderung genehmigungsbedürftige Anlagen im Sinne des Bundesimmissionsschutzgesetzes. Spezifische Anforderungen hinsichtlich der Emissionen sind in der Großfeuerungsanlagenverordnung enthalten. Von besonderer Bedeutung ist die nachträgliche Reduzierung des Schadstoffausstoßes bei sog. Altanlagen. Für die Errichtung von Kernkraftwerken gelten die Sonderregelungen des Atomrechts (vgl. S. 326).

Entwicklung des Primärenergieverbrauches in der Bundesrepublik Deutschland 1965–1985
(in Petajoule; PJ = 10^{15} Joule)

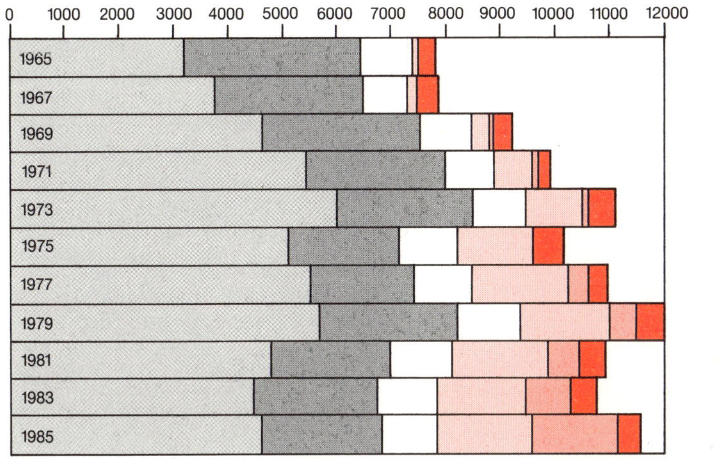

[1]) Sonstige: Wasserkraft, feste Brennstoffe (ohne Kohle), Außenhandelssaldo Strom.

Entwicklung des Endenergieverbrauches nach Verbrauchssektoren in der Bundesrepublik Deutschland 1965–1985
(in Petajoule; PJ = 10^{15} Joule)

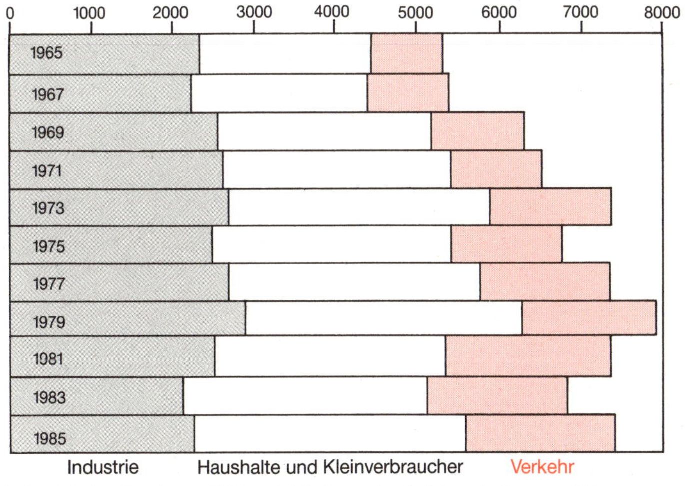

Quelle: Statistisches Bundesamt 1987, nach Arbeitsgemeinschaft Energiebilanzen, 1986.

Bergrecht

Das Bergrecht umfaßt alle Regelungen für den Bergbau, d. h. das Aufsuchen und die Gewinnung mineralischer Bodenschätze.

Das bis dahin zersplitterte und fast ausschließlich landesrechtlich geregelte Bergrecht wurde mit dem Bundesberggesetz (BBergG) von 1980 vereinheitlicht und zugleich den Erfordernissen der gewandelten wirtschaftlichen Verhältnisse angepaßt. Dabei werden insgesamt folgende Ziele verfolgt:

- Ordnung und Förderung des Aufsuchens, Gewinnens und Aufbereitens von Bodenschätzen zur Sicherung der Rohstoffversorgung unter Berücksichtigung ihrer Standortgebundenheit und des Schutzes der Lagerstätten,
- Gewährleistung der Sicherheit der Betriebe und der Beschäftigten des Bergbaus,
- Vorsorge gegen Gefahren, die sich aus der bergbaulichen Tätigkeit für Leben, Gesundheit und Sachgüter Dritter ergeben,
- Verbesserung des Ausgleichs unvermeidbarer Schäden.

Das Bergrecht erfaßt in sachlicher Hinsicht das Aufsuchen, Gewinnen und Aufbereiten von *bergfreien* und *grundeigenen* Bodenschätzen. Von den bergrechtlichen Regelungen werden auch umfaßt das Verladen, Befördern, Abladen, Lagern und Ablagern von Bodenschätzen, Nebengestein und Massen, soweit diese Aktivitäten in unmittelbarem Zusammenhang mit dem Aufsuchen, Gewinnen oder Aufbereiten stehen. Keine Geltung hat das Bergrecht dagegen für das Verladen, Befördern usw. im normalen Güterverkehr sowie für die Weiterverarbeitung von Bodenschätzen.

Bodenschätze im Sinne des Bergrechts sind mit Ausnahme von Wasser alle mineralischen Rohstoffe in festem oder flüssigem Zustand sowie Gase, die entweder in natürlichen Ablagerungen oder in Ansammlungen bzw. Lagerstätten in oder auf der Erde, auf dem Meeresgrund, im Meeresuntergrund oder im Meerwasser vorkommen. Aus dieser umfassenden Begriffsbestimmung wählt das Bergrecht aber nur die volkswirtschaftlich oder bergbaulich besonders bedeutsamen Bodenschätze aus und unterwirft sie seinen besonderen Regelungen.

Schon im früheren Bergrecht wurde zwischen den sog. bergfreien und den grundeigenen Bodenschätzen unterschieden. Das BBergG greift diese Unterscheidung auf, modifiziert sie allerdings in einzelnen Bereichen. Bei den *bergfreien* Bodenschätzen erstreckt sich das Eigentum an den betreffenden Grundstücken nicht auch auf die darauf oder darunter lagernden Bodenschätze. Der nach früherem Recht dem Grundeigentümer zustehende Anspruch auf Schürf- oder Gewinnungsrechte gegenüber dem Staat besteht heute nicht mehr. Zu den bergfreien Bodenschätzen gehören wie bisher die volkswirtschaftlich bedeutsamsten Bodenschätze wie z. B. Kohle und Erze. Auch die Erdwärme sowie alle Bodenschätze im Bereich des Festlandssockels und der Küstengewässer gehören hierzu. Die *grundeigenen* Bodenschätze stehen im Eigentum des Grundeigentümers. Hierzu gehören insbesondere Mineralien, Feldspat und Dachschiefer. Da in den letzten Jahren die meisten Länder den Abbau von Steinen und Erden – wie Kies oder Sand – in eigenen *Abgrabungsgesetzen* geregelt haben, unterfallen diese nur noch dann dem Bergrecht, wenn sie untertage abgebaut werden.

Für die Aufsuchung und Gewinnung von Bodenschätzen enthielt das frühere Recht eine Fülle von unterschiedlichen Bergbauberechtigungen. Hier hat das neue Bergrecht ein einheitliches System von öffentlichrechtlichen Konzessionen geschaffen: Die Aufsuchung und Gewinnung bergfreier Bodenschätze bedarf der staatlichen Erlaubnis, Bewilligung oder der Gewährung des sog. Bergwerkseigentums. Letzteres ist ein grundstücksgleiches Recht und kann auch für Realkredite genutzt werden. Die Ausübung dieser Konzessionen hängt von der Erfüllung weiterer Voraussetzungen, insbesondere der Zulassung des Betriebsplans ab.

Die grundeigenen Bodenschätze können von dem jeweiligen Grundstückseigentümer gewonnen werden. Sog. Feldes- und Förderabgaben sind als öffentlichrechtliche Verleihungsgebühren für die Aufsuchung und Gewinnung von Bodenschätzen an das betreffende Bundesland zu zahlen.

Das Bergrecht enthält weiter besondere Anforderungen an den Unternehmer und die Führung des Betriebes. Der Überwachung der Betriebe dient die von den Ländern wahrzunehmende Bergaufsicht. Weitere Regelungen gelten dem Arbeitsschutz. Das Bergschadensrecht ist nach dem Verursacherprinzip ausgestaltet. Besondere Regelungen sind für Bergschäden von nicht mehr bestehenden Betrieben vorgesehen.

Bergfreie und grundeigene Bodenschätze

Bergfreie Bodenschätze	Grundeigene Bodenschätze
Actinium und die Actiniden, Aluminium, Antimon, Arsen, Beryllium, Blei, Bor, Caesium, Chrom, Eisen, Francium, Gallium, Germanium, Gold, Hafnium, Indium, Iridium, Kadmium, Kobalt, Kupfer, Lanthan und die Lanthaniden, Lithium, Mangan, Molybdän, Nickel, Niob, Osminum, Palladium, Phosphor, Platin, Polonium, Quecksilber, Radium, Rhenium, Rhodium, Rubidium, Ruthenium, Scandium, Schwefel, Selen, Silber, Strontium, Tantal, Tellur, Thallium, Titan, Vanadium, Wismut, Wolfram, Yttrium, Zink, Zinn, Zirkonium – gediegen und als Erz, außer in Raseneisen-, Alaun- und Vitriolerzen; Kohlenwasserstoffe nebst den bei ihrer Gewinnung anfallenden Gasen; Stein- und Braunkohle nebst den im Zusammenhang mit ihrer Gewinnung auftretenden Gasen; Graphit; Stein-, Kali-, Magnesia- und Borsalz nebst den mit diesen Salzen in der gleichen Lagerstätte auftretenden Salzen; Sole; Flußspat und Schwerspat; alle Bodenschätze im Bereich des Festlandsockels.	Basaltl ava; Bauxit; Betonit und andere montmorillonitreiche Tone; Dachschiefer; Feldspat, Kaolin, Pegmatitsand; Glimmer; Kieselgur; Quarz und Quarzit, soweit sie sich zur Herstellung von feuerfesten Erzeugnissen oder Ferrosilizium eignen; Speckstein, Talkum; Ton, soweit er sich zur Herstellung von feuerfesten, säurefesten oder nicht als Ziegeleierzeugnisse anzusehenden keramischen Erzeugnissen oder zur Herstellung von Aluminium eignet; Traß; alle anderen nicht aufgezählten und nicht bergfreien Bodenschätze, soweit sie untertägig aufgesucht oder gewonnen werden.
↓	↓
Kein Eigentum des Grundeigentümers	Eigentum des Grundeigentümers
↓	↓
1. Recht zur Aufsuchung (Untersuchung, Schürfen): Erlaubnis 2. Recht zur Gewinnung: a) Bewilligung, b) Bergwerkseigentum (Anwendung des Grundstücksrechts)	1. Recht des Grundeigentümers zur Aufsuchung und Gewinnung. 2. Bei Mitgewinnung von bergfreien Bodenschätzen und bei Inanspruchnahme von Bergrechten gegenüber anderen Grundeigentümern: Erlaubnis, Bewilligung bzw. Bergwerkseigentum.

Öffentliche Abgaben – Öffentliche Einnahmen

Öffentliche Abgaben und öffentliche Einnahmen bezeichnen denselben Sachverhalt, lediglich die Sichtweise ist unterschiedlich: Alle Abgaben und Lasten, die dem Bürger auferlegt sind, sind aus der Sicht des Haushaltsrechts öffentliche Einnahmen. Es handelt sich hierbei um Leistungen aller Art an die öffentliche Hand. Dies können Dienst-, Sach- und Geldleistungen sein. Alle diese Verpflichtungen müssen gesetzlich festgelegt sein und sind gerichtlich nachprüfbar. Naturalleistungen bestehen aus Dienst- oder Sachleistungen (z. B. Pflicht, als Zeuge vor Gericht zu erscheinen, Wehrdienst, Hand- und Spanndienste).

Naturgemäß dominieren in den öffentlichen Haushalten die Geldleistungen. Am wichtigsten sind dabei die Steuern. Sie können einmalig sein (z. B. die Entrichtung der Erbschaftsteuer bei einem Erbfall oder die Entrichtung der Grunderwerbsteuer beim Grunderwerb), sie können aber auch fortlaufend zu erbringen sein, wie die Steuern, die nach Ablauf bestimmter Zeiträume jeweils neu erhoben werden. So sind die Einkommensteuer, Vermögen- und Mehrwertsteuer in jährlichen Veranlagungszeiträumen mit entsprechenden Vorauszahlungen auf die voraussichtliche Steuerschuld zu entrichten. Die *Steuern* stellen nach § 3 Abs. 1 der Abgabenordnung kein Entgelt für eine Gegenleistung dar. Vielmehr werden sie einseitig durch obrigkeitlichen Zwang im Rahmen der Steuerhoheit durch eine öffentlich-rechtliche Körperschaft auferlegt. In der Regel geschieht dies im Interesse der Erzielung von Einkünften für das Gemeinwesen. Daneben können auch wirtschafts-, sozial- und gesellschaftspolitische Absichten mit der Steuererhebung verfolgt werden. Grundsatz des Steuerrechts ist, daß die Steuern alle treffen, bei denen der Tatbestand der Auferlegung erfüllt ist. Sie müssen daher allgemein und gleichmäßig erhoben werden.

Einzelne Steuerarten sind dabei besonders wichtig. Bei den zehn ergiebigsten Steuern erzielten die öffentlichen Haushalte 1986 ein Aufkommen von 414,215 Mrd. DM, knapp 51% dieser Summe, 210,82 Mrd. DM, stammen aus den Einnahmen der Lohn- und Einkommensteuer sowie der Umsatzsteuer. Ein anderer wichtiger staatlicher Einnahmeposten besteht in den Abgaben an die Sozialversicherung. Rund 70% der laufenden Einnahmen resultieren aus Steuerabgaben und Sozialversicherungsbeiträgen. Daneben spielen die Entgelteinnahmen (Gebühren, Beiträge, Preise), die neben Steuern in Ausübung hoheitlicher Funktionen erhoben werden, mit einem Anteil von fast 5% eine geringere Rolle. Ihnen ist gemeinsam, daß sie mit einer zurechenbaren Leistung des Staates verbunden sind. Dabei ist der Zwangscharakter, der sich häufig aus dem Zwang zur Inanspruchnahme der entgeltpflichtigen Leistung ergibt, unterschiedlich stark ausgeprägt. Gebühren und Beiträge sollen grundsätzlich kostendeckend sein. Gebühren werden für Verwaltungsdienstleistungen (z. B. Paßausstellung) oder bei Benutzung von Anlagen (z. B. Museum) gezahlt. In Beiträgen wird eine Personengruppe zu Ausgaben des Staates für im öffentlichen Interesse liegende Einrichtungen herangezogen, aus denen sie gemeinsam einen Vorteil hat oder haben kann (z. B. Straßenanliegerbeiträge). Für die Begründung der Umlage oder des Beitrags reicht es aus, daß die Einrichtung in Anspruch genommen werden kann. Dagegen sind öffentliche Einnahmen aus wirtschaftlicher Tätigkeit (z. B. Mieten, Zinsen, Gewinne öffentlicher Unternehmen) mit fast 2,5% der laufenden Einnahmen relativ bedeutungslos.

Die öffentlichen Einnahmen bzw. Abgaben sind Teil der öffentlichen Finanzwirtschaft. Als Einnahmewirtschaft stellt die öffentliche Finanzwirtschaft die Einnahmen bereit, die der Deckung des Staatshaushalts dienen sollen, insbesondere durch Steuern, aber auch durch Anleihen oder durch die Erzielung von Überschüssen in Staatsbetrieben. Ein beträchtlicher Teil des Einnahmevolumens wird durch Schuldenaufnahme auf dem Kreditmarkt gedeckt. Sie erreichte 1986 bei steigender Tendenz etwa 16% der Gesamteinnahmen. Die einzelnen Gebietskörperschaften haben unterschiedliche Einnahmestrukturen: Die Einnahmekategorie „Zuweisungen und Zuschüsse im Rahmen des Finanzausgleichs" ist bei den Gemeinden von herausragender Bedeutung, beim Bund überwiegen Steuern und Kreditaufnahmen.

Von zunehmender Bedeutung im Bereich der öffentlichen Einnahmen ist die Stellung der Europäischen Gemeinschaften (vgl. S. 480) im System der Steuerverteilung, da seit 1975 der EG-Haushalt vollständig aus eigenen Mitteln finanziert wird.

Öffentliche Lasten

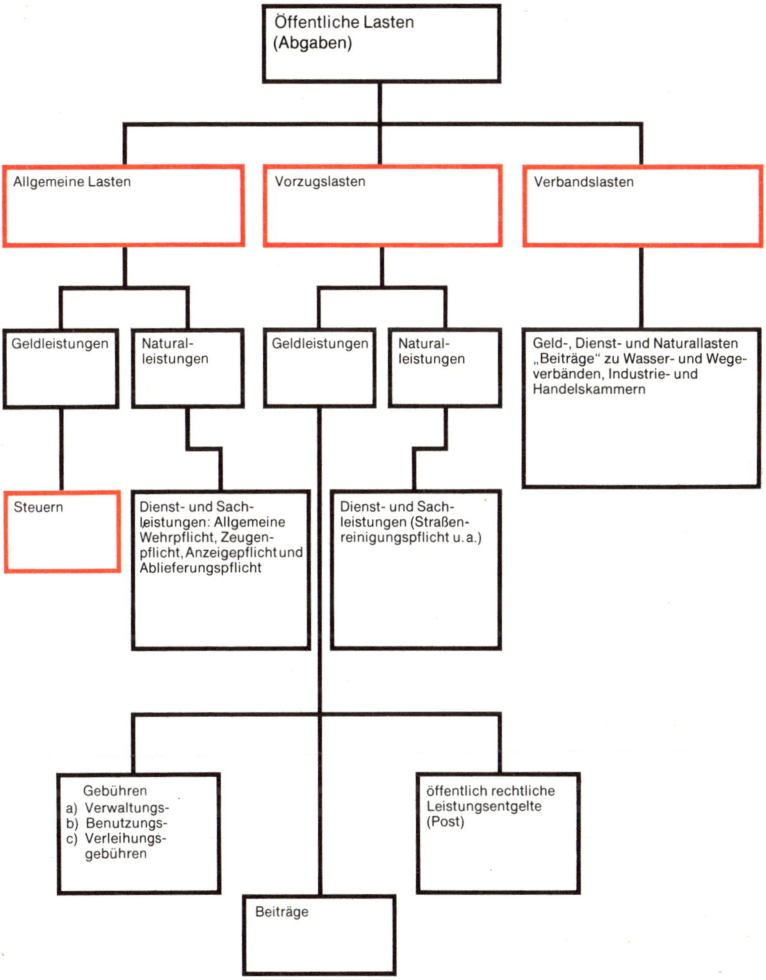

Unter dem Finanz- bzw. Steuersystem wird die Gesamtheit der öffentlichen Einnahmen in Art und Verhältnis zueinander verstanden. Wegen ihres quantitativen Gewichtes interessieren dabei vor allem die Steuern. Ihr Anteil an den Gesamteinnahmen betrug 1984 beim *Bund* 75%. Die Schuldenaufnahme ist bei ihm in den letzten Jahren erheblich gewachsen und hat nunmehr ein Gewicht von über 20%. Bei den *Ländern* dominieren mit 60% ebenfalls die Steuern. Daneben sind Zuweisungen und Zuschüsse (im wesentlichen vom Bund) mit 20% beachtlich. Der Anteil der Schuldenaufnahme liegt zwischen 10 und 15%. Die tragenden Säulen der *Gemeindefinanzen* sind Zuweisungen und Zuschüsse (1984 rd. 26,5%), Steuern (32,6%), Gebühren und sonstige Entgelte (23,5%) und die Kreditaufnahmen (Nettokreditaufnahme 1984: 1,8%). Die Einnahmen der *Sozialversicherung* bestehen etwa zu 80% aus Beiträgen. Der Rest wird durch Zuweisungen gedeckt. In der Bundesrepublik Deutschland werden 50 bis 60 verschiedene Steuern erhoben. Dabei resultieren zwei Drittel der gesamten Steuereinnahmen aus drei Steuern: Einkommensteuer, Körperschaftsteuer und Umsatzsteuer. Vier weitere Steuern füllen bereits 90% auf: Gewerbesteuer, Mineralöl-, Kfz- und Tabaksteuer.

Die *Finanzverfassung* eines Staates enthält die grundsätzliche Regelung seiner Einnahmetätigkeit, d.h. der Art und Höhe der Einkünfte (Finanzgesetzgebung), der Veranlagung und Erhebung der Einnahmen (Finanzverwaltung) und der Schlichtung von Rechtsstreitigkeiten (Finanzgerichtsbarkeit). Im Bundesstaat spielt außer der Verteilung der Kompetenzen für Gesetzgebung und Verwaltung (Finanzhoheit) vor allem die Verteilung der erzielten Einkünfte zwischen Bund, Ländern und Gemeinden eine zentrale Rolle (Ertragshoheit).

Die Finanzverfassung der Bundesrepublik Deutschland ist im X. Abschnitt des Grundgesetzes geregelt. Die Art. 104a–108 GG bestimmen das Verhältnis zwischen Bund, Ländern und Gemeinden. Das Finanzverhältnis von Bund und Ländern ist grundsätzlich nach dem Trennprinzip gestaltet. Bund und Länder tragen ihre Ausgaben in der Regel gesondert (Art. 104a Abs. 1 GG). Die Einnahmen werden auf sie und die Gemeinden nach Steuerarten verteilt (Art. 106 GG).

Der Bund hat die ausschließliche *Gesetzgebungshoheit* über die Zölle und Finanzmonopole. Die Länder erlassen nur Gesetze für örtliche Verbrauch- und Aufwandsteuern, die zu den Bagatellsteuern gehören (z.B. Vergnügung-, Getränke-, Hunde-, Jagdsteuer). Die (konkurrierende) Gesetzgebungszuständigkeit über alle übrigen Steuern hat der Bund vor allem zur Wahrung der Rechts- und Wirtschaftseinheit an sich gezogen. *Verwaltet* (veranlagt und erhoben) werden die Steuern im wesentlichen von den Länderverwaltungen (Finanzämter). Einige Abgaben verwalten der Bund (z.B. Zollämter) und die Gemeinden (Steuerämter) selbst.

Von der Gesetzgebungs- und der Verwaltungshoheit zu unterscheiden ist die *Verteilung der Erträge.* Herkömmlicher Tradition entspräche es, wenn die Einnahmen aus den Zöllen, Finanzmonopolen und den indirekten Steuern (Verbrauchsteuern) dem Bund zuflössen, die Erträge aus den direkten Steuern (z.B. Vermögen-, Erbschaft- und Kraftfahrzeugsteuer) die Länder und die Gemeinden die Einnahmen aus den örtlichen Verbrauch- und Aufwandsteuern erhielten. Dieses Verteilungsprinzip ist jedoch vor allem durch die Regelungen über die gemeinschaftlichen Steuern (Steuerverbund) bei drei Vierteln aller Steuerarten durchbrochen. So werden die Erträge der Umsatzsteuer auf Bund und Länder nach wechselnden Quoten aufgeteilt und die Erträge der Einkommen- und Körperschaftsteuer je zur Hälfte, nach einem Vorabzug von zur Zeit 15% für die Gemeinden bei der Einkommensteuer. Dafür führen die Gemeinden einen Teil ihres Gewerbesteueraufkommens an Bund und Länder ab. Der Länder-Gesamtanteil an den gemeinschaftlichen Steuern wird unter den Ländern entweder nach dem bei ihnen erhobenen Steueranteil (so bei der Einkommensteuer) oder im Verhältnis ihrer Einwohnerzahl (so bei drei Vierteln des Umsatzsteuer-Länderanteils) verteilt. Die Verteilung wird teilweise aber auch umgelenkt durch Elemente eines Finanzausgleichs zwischen den Ländern. So wird ein Viertel des Umsatzsteuer-Länderanteils unter Berücksichtigung der Finanzkraft der Länder verteilt. Darüberhinaus gibt es im bundesdeutschen Finanzsystem noch weitere Vorschriften über einen Länderfinanzausgleich, wonach die finanzstärkeren Länder Zahlungen an die finanzschwächeren Länder zu leisten haben.

Die Europäischen Gemeinschaften erhalten die Zolleinnahmen und einen Teil der Umsatzsteuer.

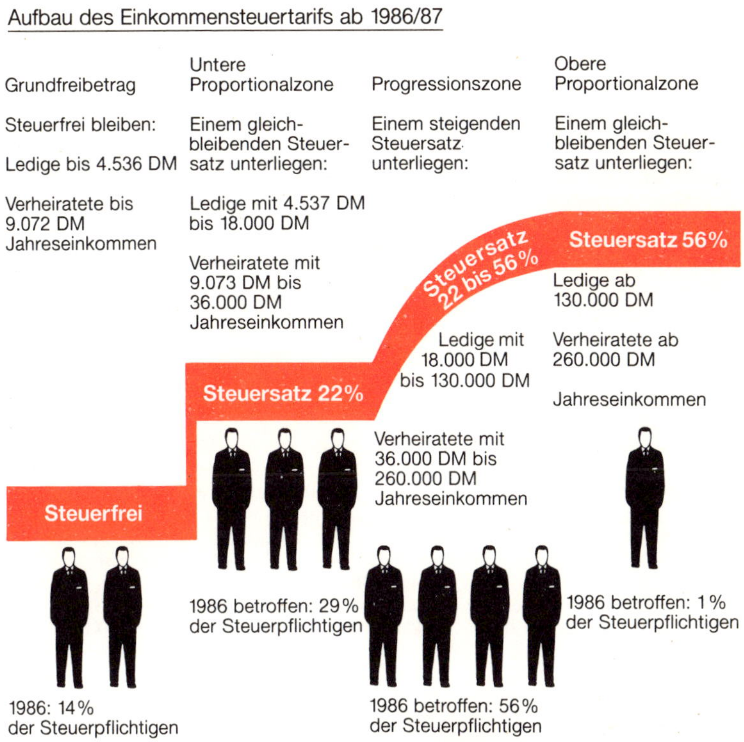
Aufbau des Einkommensteuertarifs ab 1986/87
Grundfreibetrag
Untere Proportionalzone
Progressionszone
Obere Proportionalzone
Steuerfrei bleiben:
Ledige bis 4.536 DM
Verheiratete bis 9.072 DM Jahreseinkommen
Einem gleichbleibenden Steuersatz unterliegen:
Ledige mit 4.537 DM bis 18.000 DM
Verheiratete mit 9.073 DM bis 36.000 DM Jahreseinkommen
Einem steigenden Steuersatz unterliegen:
Einem gleichbleibenden Steuersatz unterliegen:
Steuersatz 56%
Ledige ab 130.000 DM
Verheiratete ab 260.000 DM
Jahreseinkommen
Steuersatz 22 bis 56%
Ledige mit 18.000 DM bis 130.000 DM
Steuersatz 22%
Verheiratete mit 36.000 DM bis 260.000 DM Jahreseinkommen
Steuerfrei
1986 betroffen: 29% der Steuerpflichtigen
1986 betroffen: 1% der Steuerpflichtigen
1986: 14% der Steuerpflichtigen
1986 betroffen: 56% der Steuerpflichtigen

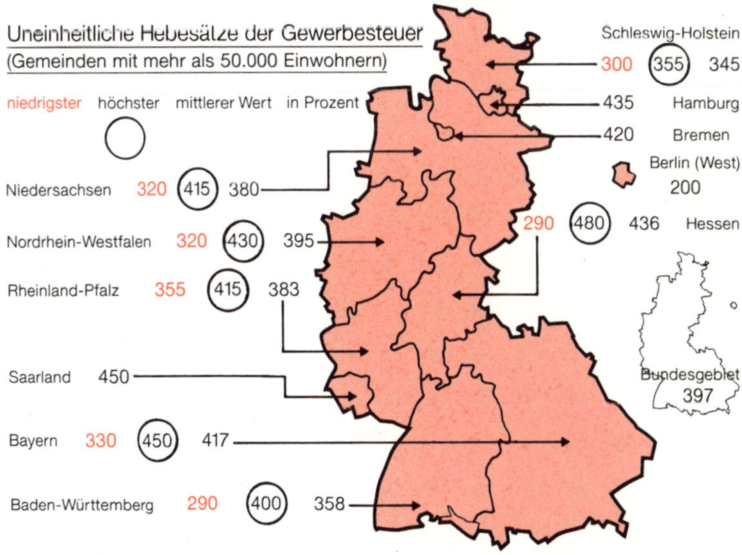
Uneinheitliche Hebesätze der Gewerbesteuer
(Gemeinden mit mehr als 50.000 Einwohnern)
niedrigster höchster mittlerer Wert in Prozent
Schleswig-Holstein 300 355 345
435 Hamburg
420 Bremen
Berlin (West) 200
Niedersachsen 320 415 380
290 480 436 Hessen
Nordrhein-Westfalen 320 430 395
Rheinland-Pfalz 355 415 383
Saarland 450
Bundesgebiet 397
Bayern 330 450 417
Baden-Württemberg 290 400 358

Besteuerungsgrundsätze

Nach § 85 der Abgabenordnung (AO) haben die Finanzbehörden die Aufgabe: „... die Steuern nach Maßgabe der Gesetze gleichmäßig festzusetzen und zu erheben. Insbesondere haben sie sicherzustellen, daß Steuern nicht verkürzt, zu Unrecht erhoben oder Steuererstattungen und Steuervergütungen nicht zu Unrecht gewährt oder versagt werden." Damit sind die Finanzbehörden nicht nur berechtigt, sondern vielmehr verpflichtet, die gesetzlich geschuldeten Steuern vom Bürger einzubringen. Die Finanzbehörde hat den Steuersachverhalt von Amts wegen zu ermitteln (*Untersuchungsgrundsatz,* § 88 AO) und bei der Sachaufklärung alle für den Einzelfall bedeutsamen, also auch die für die Beteiligten günstigen Umstände zu berücksichtigen.

Eine Besteuerung ist grundsätzlich nur zulässig, sofern und soweit sie durch Gesetz festgelegt worden ist (*Gesetzmäßigkeit* der Besteuerung); wesentlich ist v.a. die *Gleichmäßigkeit* der Besteuerung. Während die Weimarer Reichsverfassung von 1919 in Art. 134 bestimmte: „Alle Bürger ohne Unterschied tragen im Verhältnis ihrer Mittel zu allen öffentlichen Lasten nach Maßgabe der Gesetze bei", enthält das Grundgesetz keine derartige Spezialregelung; das Gebot gleichmäßiger und gerechter Besteuerung ergibt sich jedoch aus Art. 3 GG. Der Gleichheitssatz (vgl. S. 102) fordert zur Wahrung der Steuergerechtigkeit, daß das Steuergesetz auf einem Prinzip bzw. auf Prinzipien beruht, an dem bzw. an denen die (Steuer-)Gerechtigkeit gemessen werden kann. Zu den steuerrechtlichen *Prinzipien und Besteuerungsgrundsätzen* zählen u.a.: das Leistungsfähigkeitsprinzip, das Subjekt- oder Individualprinzip, das Nominalwertprinzip, Markteinkommensprinzip, Nettoprinzip, Liebhabereiprinzip, Periodizitätsprinzip. Dabei muß jedes Prinzip sachgerecht sein.

Die Steuerpolitik soll durch Besteuerungsgrundsätze in vierfacher Hinsicht gerecht und zweckmäßig gestaltet werden: 1. fiskalisch-budgetär, 2. steuerrechtlich-steuertechnisch, 3. wirtschaftspolitisch und 4. am Gerechtigkeitspostulat orientiert. Das erste Ziel betrifft die Einnahmeerzielung zur Finanzierung von Staatsaufgaben, d.h. das Steuersystem muß unter diesem Gesichtspunkt ergiebig, anpassungs- und steigerungsfähig sein. Beim zweiten Gestaltungsziel steht der *Grundsatz der Bestimmtheit* im Vordergrund, d.h. die entscheidenden Merkmale einer Steuer müssen präzise vorgegeben werden (u.a. Steuerobjekt und -subjekt, Bemessungsgrundlage, Steuersatz). Weiter gilt in diesem Zusammenhang der *Grundsatz der Widerspruchsfreiheit,* d.h. steuerliche Maßnahmen dürfen nicht widersprüchlich sein. Sie müssen zudem transparent sein, d.h. Steuergesetze und Durchführungsverordnungen müssen verständlich sein, außerdem für Fiskus und Steuerzahler zweckmäßig. Der zur Veranlagung, Erhebung und Kontrolle erforderliche Aufwand ist möglichst gering zu halten *(Grundsatz der „Wohlfeilheit").* Beim dritten, wirtschaftspolitischen Gestaltungsziel werden Bemessungsgrundlagen und Steuersätze so eingesetzt und gehandhabt, daß ein bestimmter Wirtschaftsablauf oder z.B. eine der vorgegebenen Wirtschaftspolitik entsprechende Einkommens- bzw. Vermögensverteilung erreicht wird. Wichtig ist jedoch vor allem das 4. Ziel, die Steuergerechtigkeit. Das Gerechtigkeitspostulat zielt darauf ab, die Steuerlastverteilung in einem ethisch befriedigenden Sinn zu regeln. Der Grundsatz der *Allgemeinheit der Besteuerung* besagt, daß jeder Staatsbürger Steuern zahlen sollte. Dies verlangt eine ausgewogene Steuerlastverteilung und gleichmäßigen Gesetzesvollzug. Aus der Vielzahl der Gerechtigkeitspostulate ragen das Äquivalenzprinzip und das Leistungsfähigkeitsprinzip heraus. Das *Äquivalenzprinzip* fordert, daß sich Steuern als Monopolpreis für staatliche Leistungen und aus ihnen entstehender Nutzen entsprechen. Nach dem *Leistungsfähigkeitsprinzip* ist Ziel der Besteuerung, allen Staatsbürgern ein gleiches relatives Bedürfnisbefriedigungsopfer aufzuerlegen. Dieses Fundamentalprinzip ist verfassungsrechtlich aus dem Gleichheitsgrundsatz abzuleiten. Das Bundesverfassungsgericht hat ausdrücklich betont, daß es ein grundsätzliches Gebot der Steuergerechtigkeit ist, die Besteuerung nach der wirtschaftlichen Leistungsfähigkeit auszurichten.

Der überkommene Steuertarif und höhere Sozialversicherungsbeiträge führten dazu, daß bei Einkommenserhöhungen den meisten Berufstätigen 45 bis 60% des Mehreinkommens wieder abgenommen wurde. Diese Grenzbelastung soll entschärft werden durch das Steuerreformgesetz 1990, das allgemein eine gleichmäßigere und gerechtere Besteuerung bringen soll.

Steuerreform: Vorschläge zur Änderung des Steuerrechts in der 11. Wahlperiode von 1987 bis 1991

geltende Steuerpraxis	CDU/CSU Fraktion	FDP	CSU	SPD	Grüne
			Grundfreibetrag		
4.536 DM für Ledige 9.072 DM für Verheiratete	Langfristige Erhöhung auf Sozialhilfe-Niveau, ab 1989 auf 5.076/ 10.152 DM	6.048/ 12.096 DM ab 1988	5.040/ 10.080 DM ab 1988	5.022/ 10.044 DM ab 1988	9.990 DM ab 1988
			Tarifverlauf in der Progressions-Zone		
Zwei Progressionszonen mit Grenzsteuersätzen von 22 bis 56 Prozent	Abmilderung in Richtung linear-progressiv	linear-progressiv	linear-progressiv	Entlastung nur bis 41.000/ 82.000 DM	allgemeine Entlastung niedriger Einkommen
			Spitzensteuersatz		
56 Prozent	zunächst noch keine Änderung	deutlich unter 50 Prozent	50 Prozent, besser 49 Prozent	Festhalten an 56 Prozent	Erhöhung auf 60 Prozent
			Ehegatten-Splitting		
Größter Steuervorteil für verheiratete Alleinverdiener	keine Änderung	keine Änderung	keine Änderung	Begrenzung bei kinderloser Ehe und höherem Einkommen (Steuervorteil höchstens 10.000 DM	Abschaffung
			Ergänzungsabgabe		
keine	nein	nein	nein	ja	Steuererhöhung ab 130.000 DM
			Körperschaftsteuersatz		
56 Prozent bei Einbehaltung der Gewinne, 36 Prozent bei Ausschüttung	Senkung geplant	deutlich unter 50 Prozent	50 Prozent, besser 49 Prozent	keine Senkung	Erhöhung
			Vermögensteuer		
Bei natürlichen Personen 0,5 Prozent; bei Körperschaften 0,6 Prozent des zu versteuernden Vermögens	langfristig Abschaffung der betrieblichen Vermögensteuer	Abschaffung betrieblicher Vermögensteuer	Vermögensteuer auf Betriebsvermögen gilt grundsätzlich als fragwürdig	Rücknahme der seit 1982 vorgenommenen Entlastungen, insbesondere des Grundvermögens. Anhebung der Steuersätze, Beseitigung der Doppelbelastung bei Kapitalgesellschaften	Erhöhung durch Neubewertung
			Gewerbesteuer		
Gewerbeertrag- und Kapitalsteuer, unterschiedlich je nach kommunalen Hebesätzen	Rückführung der ertragsunabhängigen Teile der Gewerbesteuer	Abschaffung der Gewerbesteuer; Beteiligung der Gemeinden an Einkommensteuer, Lohnsteuer und Umsatzsteuer	Rückführung der ertragsunabhängigen Teile der Gewerbesteuer	Ausbau der Gewerbesteuer. Einbeziehung von Freiberuflern, Freistellung von Kleinstbetrieben	Ausbau der Gewerbesteuer

Steuer- und Zollverwaltung

Steuern und Zölle sind die wichtigsten öffentlichen Abgaben und werden im wesentlichen gleich behandelt. Die Zölle und Verbrauchsteuern verwalten die Zollämter, alle anderen Steuern die Finanzämter. Die verschiedenen Steuern kann man nach der Ertragshoheit, d.h. nach dem Gläubiger des Steueranspruchs, unterscheiden (Steuern des Bundes, der Länder und der Gemeinden sowie gemeinschaftliche Steuern). Vom Steuerschuldner her gesehen ist die wichtigste Unterscheidung die in *direkte* und *indirekte* Steuern. Die direkten Steuern werden unmittelbar bei dem erhoben, den sie wirtschaftlich treffen sollen. Sie sind in der Regel an der persönlichen Leistungsfähigkeit ausgerichtet (z. B. Einkommensteuer). Bei den indirekten Steuern fallen Steuerschuldner und endgültig Belasteter, dem sie durch Preisaufschläge überwälzt werden, auseinander. Diese Steuern (Zölle, Verkehrsteuern und v.a. Verbrauchsteuern) werden also bei einem anderen erhoben als dem, den sie wirtschaftlich treffen.

Das Finanzamt als unterste Ebene der Steuerverwaltung erforscht im steuerlichen Ermittlungsverfahren von Amts wegen die tatsächlichen und rechtlichen Verhältnisse, die für die Bemessung der Steuer wesentlich sind. Dabei hat es auch Angaben zugunsten der Steuerpflichtigen zu prüfen. Dieses Verfahren wird beherrscht von dem Grundsatz der *Ermittlungspflicht* (*Festellungslast* der Finanzbehörde). Dem steht die Pflicht des Steuerpflichtigen zur Unterstützung des Finanzamts gegenüber, insbesondere die ihm obliegende umfassende *Erklärungspflicht*. Das Finanzamt darf für den Steuerpflichtigen ungünstige Ermittlungsergebnisse erst dann seiner Entscheidung zugrunde legen, wenn es ihm die Gelegenheit zur Stellungnahme (rechtliches Gehör) gegeben hat. Die amtliche Ermittlungspflicht hat jedoch ihre Grenzen dort, wo dem Finanzamt eine weitere Nachforschung den Umständen nach nicht zugemutet werden kann (insbesondere dann, wenn der Steuerpflichtige selbst nicht genügend mitwirkt). Am Ende des Ermittlungsverfahrens steht die Steuerfestsetzung durch einen Steuerbescheid. Vor allem geschieht dies in der Veranlagung im Rahmen der laufend zu erhebenden Steuern (Veranlagungssteuern), so z. B. bei der Umsatzsteuer, der Gewerbesteuer und der Einkommensteuer sowie bei der Vermögensteuer. In Ausnahmefällen werden Freistellungsbescheide erteilt.

Die *Zollverwaltung* ist Teil der bundeseigenen Finanzverwaltung. Ihre *Aufgaben* bei der Grenzaufsicht sind polizeilicher Art. Hierzu gehören die Sicherung der Zollgrenze und die Überwachung des Zollgrenzbezirks, der Zollfreigebiete, der unter die Grenzaufsicht gestellten Binnengewässer und der Zollflugplätze. Alle in diesem Aufgabenbereich tätigen Zollbediensteten bilden den Zollgrenzdienst. Dieser ist eine besondere Vollzugspolizei des Bundes. Zur polizeilichen Abwehr von Rechtsverletzungen hat der Zollgrenzdienst sicherzustellen, daß beim Warenverkehr über die Grenze die Eingangsabgabe sowie Verbote und Beschränkungen beachtet werden. Zu den Eingangsabgaben in diesem Sinne zählen Zölle, d. h. die nach Maßgabe eines Tarifs von der Warenbewegung über die Grenze erhobenen Abgaben, sowie Abschöpfungen, die Einfuhrumsatzsteuer und die anderen für eingeführte Waren zu erhebenden Verbrauchsteuern. Besondere Polizeibehörden des Bundes innerhalb der Zollverwaltung sind auch die Zollfahndungsstellen. Ihnen obliegt die Erforschung und Verfolgung von Zollvergehen und Zollordnungswidrigkeiten.

Die für den Zollschutz maßgebliche *Zollgrenze* ist wegen wirtschaftlicher und überwachungstechnischer Gründe mit der Grenze des Bundesgebiets nicht vollständig identisch. Das *Zollgebiet* umfaßt auch die *Zollanschlüsse*. Dies sind ausländische Hoheitsgebiete, die aufgrund internationaler Übereinkommen in das Zollgebiet einbezogen sind, wie z. B. Mittelberg (Kleines Walsertal) und Jungholz, die zum österreichischen Hoheitsgebiet gehören. Andererseits gehören nicht zum Zollgebiet die *Zollausschlüsse*, wie z. B. die Exklave Büsingen, die durch einen Vertrag von 1964 dem schweizerischen Zollgebiet angeschlossen wurde. *Zollfreigebiete* sind deutsche Hoheitsgebiete, die weder deutsches noch ausländisches Zollgebiet sind, z. B. die Freihäfen.

Verteilung des Steueraufkommens nach Gebietskörperschaften*)

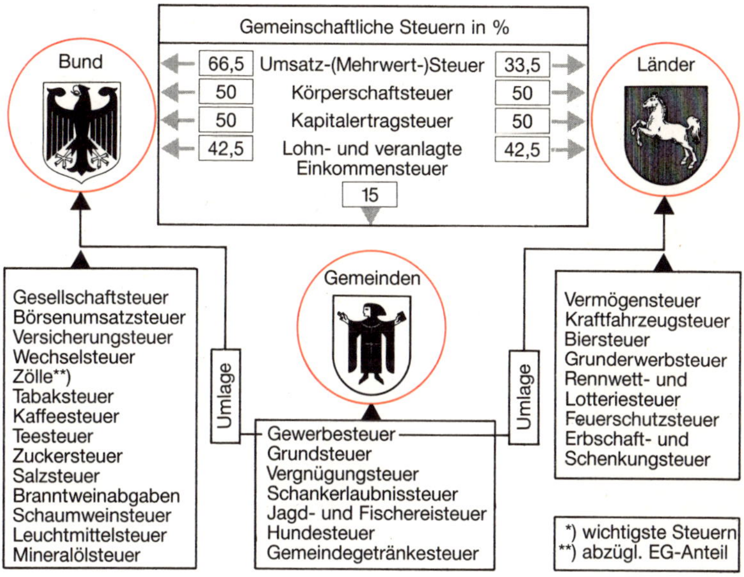

Selbständige, mit Einnahmen und Ausgaben verbundene Institutionen, die das Recht zur Erhebung öffentlicher Abgaben haben und/oder allgemein öffentliche oder kollektive Aufgaben erfüllen, werden öffentliche Haushalte genannt. Es zählen dazu die Gebietskörperschaften und die Hilfsfisci, wie die Sozialversicherungsträger, aber auch andere „Organisationen ohne Erwerbscharakter". Öffentliche Unternehmen wie Bundespost und Bundesbahn gelten nicht als öffentliche Haushalte, sondern werden dem Unternehmenssektor zugerechnet. In der Bundesrepublik Deutschland sind *Gebietskörperschaften* der Bund, die elf Länder (einschließlich der drei Stadtstaaten Hamburg, Bremen, Berlin) sowie die Gemeinden und Gemeindeverbände. Zur *Sozialversicherung* zählen vor allem die Renten- sowie gesetzlichen Kranken- und Unfallversicherungen. Zu den *privaten Organisationen ohne Erwerbscharakter* gehören Kirchen, karitative, kulturelle und wissenschaftliche Organisationen, Parteien, Gewerkschaften, Industrie- und Handelskammern, Berufsverbände, Vereine u.a. Eine gesicherte Finanzstatistik gibt es nur für die Gebietskörperschaften und die Sozialversicherung. Ihre *Anteile an den Gesamtausgaben* liegen bei folgenden Größenordnungen: Bund und Sozialversicherung zusammen 67%, Länder 24%, Gemeinden (Gemeindeverbände) 9%. Die *Ausgabenstruktur* bei den Gebietskörperschaften ist sehr unterschiedlich. Beim Bund entfallen rund 72% der Ausgaben auf die soziale Sicherung, Verteidigung und Allgemeine Finanzwirtschaft. Bei den Ländern liegen die Ausgabenschwerpunkte im Schul- und Hochschulwesen, bei den Sozialleistungen, bei Polizei und Rechtsschutz. Die Gemeinden und Gemeindeverbände haben ein breiteres Spektrum. Das Gesundheitswesen, öffentliche Einrichtungen (z.B. Abwasser- und Müllbeseitigung, Feuerlöschwesen), Schulen, Sozialleistungen und Verkehrsmaßnahmen sind neben einem erheblichen Anteil der Verwaltungsausgaben hier die wichtigsten Posten. Bei den Ländern und Gemeinden beanspruchen die Personalkosten, bei den Gemeinden zusätzlich die Investitionskosten einen relativ großen Teil des Haushaltes.

Die gesamtwirtschaftliche Bedeutung der öffentlichen Haushalte kann man unterschiedlich messen. Häufig wird die Relation des Budgetvolumens zum Bruttosozialprodukt zu Marktpreisen genannt. Sie beträgt bei den Gebietskörperschaften 30,6%, unter Einschluß der Sozialversicherung 48,8%. Diese Zahlen haben aber nur einen beschränkten Aussagewert, da in den staatlichen Ausgaben in erheblichem Umfang Einkommensübertragungen enthalten sind, die den Empfängern Verfügungsmacht über das Sozialprodukt gewähren. Zum anderen kommen darin unternehmerische Betätigung und Aktivitäten ohne Budgetwirkung (Steuervergünstigungen, Bürgschaften, Lohnfortzahlung im Krankheitsfalle) nicht zum Ausdruck. Eindeutiger sind die (ungefähren) Anteile der Gebietskörperschaften und der Sozialversicherung an folgenden Größen:

Gesamtumsatz in der Volkswirtschaft	5,6%
Gesamtwirtschaftliche Nettoinvestitionen	22,6%
Gesamtwirtschaftlicher Konsum	26,2%
Masseeinkommen (Nettolöhne und -gehälter sowie öffentliche Einkommensübertragungen)	48,5–49%
Gesamtwirtschaftliches Geldvermögen	5,3%
Gesamtwirtschaftliches Verpflichtungsvolumen	10,5%
Gesamtzahl der Beschäftigten	16,2%

Die traditionellen Haushaltsgrundsätze basieren auf der klassischen Budgetfunktion der Kontrolle des Ausgabegebarens der Exekutive und der Deckung des Bedarfs einer Gesellschaft an öffentlichen Gütern. Daneben haben in letzter Zeit der sozialpolitische Aspekt einer Umverteilung von Einkommen und Vermögen über den Staatshaushalt (progressive Besteuerung und Subventionierung; Distributionsfunktion) und der einer Konjunktursteuerung durch Fiskalpolitik an Bedeutung gewonnen. Der zunehmenden ökonomischen Funktion des Staatshaushaltes entspricht es, daß Haushaltspläne nicht mehr nur in Einzelpläne der verschiedenen Verwaltungszweige (Ministerien) und dort weiterhin in Kapitel und Titel gegliedert werden, um die Kontrolle und Haftung der einzelnen Ausgabenträger sicherzustellen, sondern daß sie auch nach ökonomischen Gesichtspunkten in Gruppen aufgeteilt werden und die Gruppierungsübersicht mit einer Funktionenübersicht verbunden wird.

Der Bundeshaushalt 1986

(in Mrd. DM)

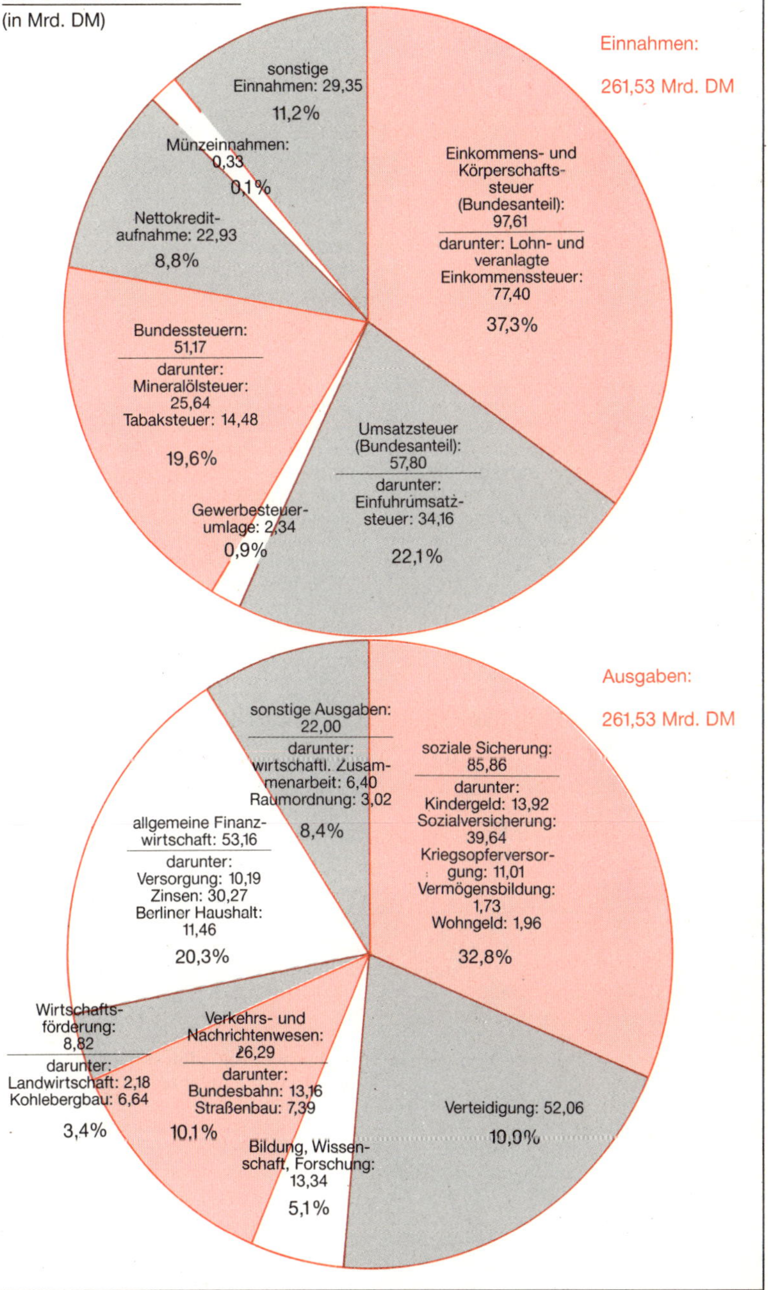

Finanzplanung

Planung gilt heute als eine politische „Problemlösungsstrategie“ des modernen Sozialstaates in einer kurz-, mittel- oder langfristig regelungsbedürftigen Gesellschaft. Dies betrifft insbesondere die Haushalts-, aber auch die Finanzplanung.

Stabilitäts- und Haushaltsgrundsätzegesetz und das daraus abgeleitete Haushaltsrecht verpflichten Bund, Länder und Kommunen zu einer mittelfristigen Investitions- und Finanzplanung. Es ist für einen Zeitraum von fünf Jahren ein *Finanzplan* zu erstellen, der alle voraussichtlichen Investitions- und sonstigen Ausgaben und die zu ihrer Deckung vorgesehenen Einnahmen enthalten soll. Da die ersten beiden Jahre des Finanzplans das laufende und das nächste Haushaltsjahr sind, reicht die Planung nur drei Jahre über die (einjährige) Haushaltsplanung hinaus, was bei den gegebenen Prognoseproblemen viel, für manche Aufgaben indessen sehr kurz ist. Eine Reihe von Aufgabenplanungen gehen daher über diesen Zeithorizont hinaus (z. B. Straßenbau). Die Finanzpläne sind jährlich fortzuschreiben (gleitende Planung). Sie sind nicht verbindlich. Sie werden den Parlamenten nur vorgelegt und nicht – wie der Haushaltsplan – von ihnen beschlossen. Spätere Haushalts- und Finanzplanungen können von den Zahlen der vorausgehenden Finanzpläne abweichen. Bislang ist das die Regel.

Die Funktionen der mehrjährigen Finanzplanung sind mithin: 1. soll der Beginn haushaltswirksamer Maßnahmen so verteilt werden, daß eine zukünftige geordnete Haushaltswirtschaft gesichert ist; 2. sollen die öffentlichen Aktivitäten insgesamt so gestaltet sein, daß sie im Verbund mit der Wirtschaftstätigkeit anderer Institutionen (z. B. Zentralbank) und Privater auf die gesamtwirtschaftlichen Ziele sachlich und zeitlich abgestimmt sind, und 3. soll mit einer quantitativen Niederlegung des Regierungsprogramms im Finanzplan einerseits private Wirtschaftsplanung erleichtert, andererseits die Realisierung von Einzelinteressen eingeschränkt werden.

Zur Unterstützung der mittelfristigen Finanzplanung wurde 1968 der *Finanzplanungsrat* gegründet. Ihm gehören die Bundesminister der Finanzen und für Wirtschaft, die Länderfinanzminister und vier Vertreter der kommunalen Spitzenverbände an. Die Deutsche Bundesbank kann an den Beratungen teilnehmen. Der Finanzplanungsrat hat ein gemeinsames Schema für den Finanzplan von Bund, Ländern und Gemeinden entwickelt, nach dem einheitlich und vergleichbar die Planzahlen ausgewiesen werden. Er bemüht sich, regelmäßig volks- und finanzwirtschaftliche Eckwerte – differenziert nach den einzelnen Ebenen – zu ermitteln, auf deren Grundlage die Haushaltspläne aufgestellt und die Finanzplanungen fortgeschrieben werden sollen. Darüber hinaus obliegt ihm die Zusammenfassung und eine den Anforderungen des Stabilitäts- und Wachstumsgesetzes genügende Koordinierung der Planung der einzelnen Ebenen. Er kann Empfehlungen, die für die einzelnen öffentlichen Körperschaften allerdings nicht verbindlich sind, beschließen, soweit darüber im Rat Einstimmigkeit erzielt wird.

Mittelfristige Finanzplanung wird für Teile der öffentlichen Finanzwirtschaft schon seit Jahrzehnten betrieben. Neu ist der Versuch einer umfassenden und systematischen Vorausschau aller Einnahmen und Ausgaben. Dabei tauchen vor allem Voraussage- und Koordinationsprobleme auf. Das wesentlichste Problem liegt in der Schwierigkeit, Prognosen über die grundsätzlichen volks- und finanzwirtschaftlichen Entwicklungslinien und deren Verknüpfung mit den einzelnen Einnahme- und Ausgabegruppen abzugeben. Das gilt selbst für die Zuweisungen und Zuschüsse, die sich die öffentlichen Körperschaften gegenseitig gewähren. Finanzplanung als Ressourcenplanung setzt eine umfassende Aufgabenplanung voraus, die es in der Bundesrepublik Deutschland bislang nicht gibt. Die Koordinierung der Finanzplanungen wird erschwert durch den föderativen Staatsaufbau der Bundesrepublik. Bund und Länder sind nach dem Grundgesetz in ihrer Haushaltswirtschaft selbständig und voneinander unabhängig, was bei dem ausgedehnten Verbund von Einnahmen, Aufgaben und Ausgaben jedoch nur noch beschränkt zutrifft. Bis jetzt gibt es erhebliche Diskrepanzen zwischen den Vorstellungen des Finanzplanungsrates und der tatsächlichen Haushalts- und Finanzplanung. Allerdings kann man heute schon sagen, daß einige Mängel der öffentlichen Finanzwirtschaft durch die Finanzplanung verbessert wurden. So werden inzwischen in größerem Umfang Investitionsplanungen, längerfristige Finanzierungsüberlegungen und Prioritätensetzungen unter Berücksichtigung von Folgekosten vorgenommen.

Der Finanzplan des Bundes 1986 bis 1990 (in Mrd. DM)

	1986 Ist	1987 Soll	1988	1989 Finanzplan	1990
I. Ausgaben	261,52	268,55	278,8	286,8	295,0
Steigerung gegenüber Vorjahr (in Prozent)	+1,7	+2,7	+2,9	+2,9	+2,9
II. Einnahmen,					
1. Steuereinnahmen	208,91	220,50	228,5	239,5	251,1
2. Verwaltungseinnahmen	29,33	25,37	23,9	21,8	21,2
3. Münzeinnahmen	0,33	0,39	0,4	0,4	0,4
4. Nettokreditaufnahme	22,93	22,28	26,0	25,1	22,3

Die Sanierungsplanung bis 1995 (in Mrd. DM)

Staatseinnahmen, Staatsausgaben: Bund, Länder, Gemeinden, Lastenausgleichsfonds, ERP-Sondervermögen und EG-Anteile.

Fehlbetrag: Finanzierungssaldo der Finanzstatistik.

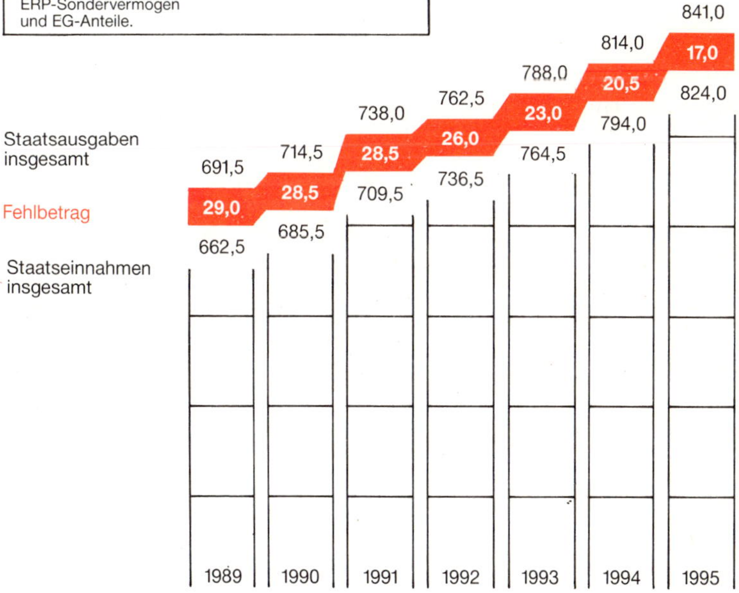

Konjunkturpolitik

Nach der Zielformel des § 1 des Gesetzes zur Förderung der Stabilität des Wachstums der Wirtschaft v. 8.6. 1967 in Verbindung mit Art. 109 GG haben Bund und Länder „bei ihren wirtschafts- und finanzpolitischen Maßnahmen die Erfordernisse des gesamtwirtschaftlichen Gleichgewichts zu beachten.“ Die Maßnahmen sind so zu treffen, daß sie im Rahmen der marktwirtschaftlichen Ordnung gleichzeitig 1. zur Stabilität des Preisniveaus, 2. zu einem hohen Beschäftigungsstand und 3. zu außenwirtschaftlichem Gleichgewicht bei stetigem und angemessenem Wirtschaftswachstum beitragen.

Die in diesem Zusammenhang wesentlichen gesamtwirtschaftlichen Daten (Produktion, Beschäftigung, Investition, Nachfrage, Preise, Löhne u.a.) lassen sich in vier Komponenten zerlegen: 1. den langfristigen Trend, 2. zufällige Schwankungen, 3. saisonale (jährliche) Schwankungen, 4. konjunkturelle (mittelfristige) Schwankungen. Aufgabe der Konjunkturpolitik ist die Glättung der Konjunkturschwankungen (Boom und Rezession), um die gesamtwirtschaftliche Entwicklung möglichst nahe am Trend zu halten. Neben den Hoheitsträgern, die nach dem Stabilitäts- und Wachstumsgesetz zur Beachtung der Erfordernisse des gesamtwirtschaftlichen Gleichgewichts verpflichtet sind, leistet insbesondere die Deutsche Bundesbank mit Hilfe der Währungspolitik hierzu einen entscheidenden Beitrag (vgl. S. 392). Das Hauptproblem der Konjunkturpolitik besteht darin, geeignete Maßnahmen im richtigen Umfang und im richtigen Zeitpunkt einzusetzen; denn a) verlaufen die Konjunkturzyklen in Ausmaß und Dauer unregelmäßig und sind deshalb nicht exakt prognostizierbar, b) wirken die eingesetzten Mittel nur mit unterschiedlicher zeitlicher Verzögerung (Time-lag), c) treten die Effekte aufgrund nicht einkalkulierter anderer Gegebenheiten meist nicht im beabsichtigten Umfang ein.

Die konjunkturpolitischen Ziele gelten als erstrebenswert, weil mit ihnen umfassendere, übergeordnete wirtschaftspolitische Ziele verwirklicht werden. Der Inhalt des Zielekatalogs hängt davon ab, wie stark sich Ziele gegenseitig bedingen. So ist Preisniveaustabilität ohne außenwirtschaftliches Gleichgewicht auf Dauer nicht erreichbar, da z.B. die Gefahr einer importierten Inflation zu berücksichtigen ist. Stetiges Wirtschaftswachstum und hoher Beschäftigungsstand bedingen sich, weil Unstetigkeit Beschäftigungsschwankungen einschließt. Welches Sozialproduktwachstum als angemessen gilt, ist weniger eine konjunkturpolitische Frage als eine nach Wohlstand und Wohlstandsmessung sowie nach Bewältigung des Strukturwandels. Preisniveaustabilität ist erstrebenswert, weil eine inflationsbedingte Aushöhlung der Geldfunktionen eine arbeitsteilige Wirtschaft schwer schädigen kann und außerdem die Einkommens- und Vermögensverteilung verändert; die Eigentümer von Geldvermögen sind gegenüber denen von Sachwerten benachteiligt. Das Ziel der Vollbeschäftigung dient nicht nur der Vermeidung von Produktionsverlusten durch Arbeitslosigkeit, sondern hat darüber hinaus einen hohen gesellschaftspolitischen Wert, weil wirtschaftliche Sicherheit die Angst vor Strukturwandel mindert.

Zur *Strukturpolitik* zählen alle wirtschaftspolitischen Maßnahmen, die auf die Verbesserung der wirtschaftlichen Verhältnisse in Teilen des Staatsgebiets (*regionale* Strukturpolitik) oder in einzelnen Wirtschaftszweigen (*sektorale* Strukturpolitik) abzielen. Die regionale Strukturpolitik orientiert sich an dem Ziel der Raumplanung, in allen Teilen des Bundesgebiets gleichwertige Lebensbedingungen zu schaffen (z.B. Finanzausgleich). Die Verbesserung der regionalen Wirtschaftsstruktur wird von Bund und Ländern planmäßig zu einem erheblichen Teil als Gemeinschaftsaufgabe betrieben und je zur Hälfte finanziert. Die Förderungsmaßnahmen bestehen neben allgemeinen Maßnahmen, die mit regionalen Schwerpunkten eingesetzt werden können, in: a) öffentlichen Investitionen zur Verbesserung der gewerblichen Infrastruktur (Verkehrserschließung, Versorgungs- und Entsorgungsanlagen), b) Gewährung von öffentlichen Subventionen für private Investitionen, die durch Schaffung zusätzlicher Einkommensquellen das Gesamteinkommen eines Wirtschaftsraumes unmittelbar und auf Dauer erhöhen können, sowie c) Steuererleichterungen für das Zonenrandgebiet und für Berlin. Darüberhinaus greift der Staat durch Kredite, Bürgschaften u.a. helfend ein, wenn Arbeitspätze, insbesondere in strukturschwachen Gebieten, gefährdet sind. Im Rahmen der Europäischen Gemeinschaften werden wirtschaftlich unterentwickelte Gebiete (z.B. Süditalien, Bretagne, Irland) aus dem Regionalfonds gefördert.

Konjunkturverlauf in der Bundesrepublik Deutschland bis 1986

Reales Wachstum des Bruttosozialprodukts in Prozent jeweils gegenüber dem Vorjahr

*bis 1960 in Preisen von 1976 ohne Saarland und Berlin (West)
ab 1961 in Preisen von 1980. Quelle: Statistisches Bundesamt

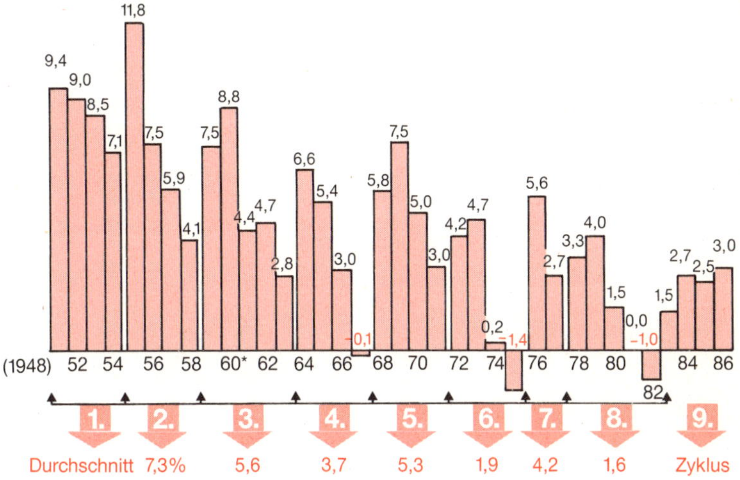

Strukturpolitik

regionale Strukturpolitik

- regionale Aktionsprogramme für folgende Fördergebiete:
  Schleswig
  Holstein-Unterelbe
  Niedersächsische Nordseeküste
  Ems-Mittelweser
  Heide-Elbufer
  Niedersächsisches Bergland
  Nördliches Ruhrgebiet-Niederrhein
  Westmünsterland
  Nordeifel-Mönchengladbach-Heinsberg
  Brilon-Höxter
  Hessisches Fördergebiet
  Mittelrhein-Lahn-Sieg
  Eifel-Hunsrück
  Saarland-Westpfalz
  Neckar-Odenwald
  Nordbayerisches Fördergebiet
  Westbayerisches Fördergebiet
  Ostbayerisches Fördergebiet
  Südbayerisches Fördergebiet
- Wirtschaftsförderung Berlin
- Zonenrandförderung

sektorale Strukturpolitik

- Mittelstandsförderung z.B. in der Textil- und Bekleidungsindustrie, in der Schuh- und Lederwarenindustrie, im Gaststätten- und Beherbergungsgewerbe, sowie in der Bauwirtschaft.
- Luft- und Raumfahrtindustrie
- Werfthilfenprogramm
- Industrie für elektronische Datenverarbeitungsanlagen
- Prämien für Mühlenstillegungen

Strukturpolitik

Zur *Strukturpolitik* zählen alle wirtschaftspolitischen Maßnahmen, die auf die Verbesserung der wirtschaftlichen Verhältnisse in Teilen des Staatsgebiets (regionale Strukturpolitik) oder in einzelnen Wirtschaftszweigen (sektorale Strukturpolitik) abzielen. Die *regionale* Strukturpolitik orientiert sich an dem Ziel der Raumplanung (vgl. S. 298), in allen Teilen des Bundesgebiets gleichwertige Lebensbedingungen zu schaffen. Die Verbesserung der regionalen Wirtschaftsstruktur wird von Bund und Ländern planmäßig zu einem erheblichen Teil als Gemeinschaftsaufgabe betrieben und je zur Hälfte finanziert. Die Förderungsmaßnahmen bestehen neben allgemeinen Maßnahmen, die mit regionalen Schwerpunkten eingesetzt werden können in: a) öffentlichen Investitionen zur Verbesserung der gewerblichen Infrastruktur (z. B. Verkehrserschließung), b) Gewährung von öffentlichen Subventionen für private Investitionen, die durch Schaffung zusätzlicher Einkommensquellen das Gesamteinkommen eines Wirtschaftsraumes unmittelbar und auf Dauer erhöhen können, sowie c) Steuererleichterungen für das Zonenrandgebiet und für Berlin. Darüber hinaus greift der Staat durch Kredite, Bürgschaften u. a. helfend ein, wenn Arbeitsplätze, insbesondere in strukturschwachen Gebieten, gefährdet sind. Im Rahmen der Europäischen Gemeinschaften (vgl. S. 480) werden wirtschaftlich unterentwickelte Gebiete (z. B. Süditalien, Bretagne, Irland) aus dem Regionalfonds gefördert.

Die *sektorale* Strukturpolitik unterstützt solche Produktions- und Handelszweige, an deren Wirtschaftsleistung ein besonderes gesamtwirtschaftliches oder öffentliches Interesse besteht. So muß z. B. die Landwirtschaft gefördert werden, da ihre jährlichen Erträge starken Schwankungen unterworfen sind. Auch dem Kohlebergbau wird im Interesse einer langfristigen Energiesicherung über Absatzschwierigkeiten hinweggeholfen. Die Entwicklung zukunftsweisender Technologien, die den gesamtwirtschaftlichen Fortschritt in der internationalen Konkurrenz sichern sollen, ist ebenfalls ohne staatliche Aufträge und Förderungsmittel nicht mehr möglich. Schließlich bedarf insbesondere der Mittelstand, dessen wirtschaftliche Existenz immer wieder durch Rationalisierungs- und Konzentrationsprozesse gefährdet ist, öffentlicher Hilfe.

Schwierig erscheint es, die *Grenzen* staatlicher Strukturpolitik zu bestimmen: Die Eingriffe in das Wirtschaftsgeschehen dürfen nicht dazu führen, daß der Markt vom Staat verdrängt wird. Aufgabe der Strukturpolitik ist es, Fehlentwicklungen vorzubeugen und durch gezielte Maßnahmen die Wirtschaftskraft einer Region zu stärken.

Das Ziel, günstige Wachstumsbedingungen zu schaffen und zu erhalten, kann bei einer marktwirtschaftlich orientierten Politik neben staatlichen Investitionen in die Infrastruktur durch den Abbau flexibilitätshemmender Regelungen ergänzt werden. Ebenso läßt sich durch den Schutz von Patenten und Erfindungen (vgl. S. 360) der technische Fortschritt sichern und damit eine weitere Wachstumsdeterminante begünstigen. Steuerpolitische Investitionsanreize als Möglichkeit kollidieren dagegen oft mit den Zielen der Verteilungspolitik.

Wirtschaftswachstum und *Strukturwandel* sind eng miteinander verknüpft. Im Strukturwandel kommen auch bei marktwirtschaftlich orientierter Wachstumspolitik die Risiken und Chancen wirtschaftlicher Entwicklung zum Ausdruck. Hinsichtlich der Risiken kommt es darauf an, Strukturänderungen durch Anpassungshilfen (z. B. durch die Schaffung neuer Arbeitsplätze) zu erleichtern und zu beschleunigen. Die künstliche Erhaltung schrumpfender Wirtschaftszweige (z. B. durch Handelshemmnisse) ist problematisch und volkswirtschaftlich wenig sinnvoll, weil die damit gebundenen Produktionsfaktoren in anderen Branchen produktiver eingesetzt werden können.

Angesichts einer hohen und trendmäßig noch steigenden Arbeitslosigkeit sowie einer Stagnation der Realeinkommen wird zunehmend diskutiert, ob strukturelle Ursachen verantwortlich gemacht werden können, da weder die „Selbstheilungskräfte des Marktes“ noch unterschiedliche Konjunkturprogramme die ungünstige Beschäftigungs- und Produktivitätsentwicklung umkehren konnten. Die Antwort auf die Frage, ob der Staat über eine Strukturpolitik Tempo und Richtung des Strukturwandels so regeln könne, daß beschäftigungs- bzw. produktionsmindernde Hemmnisse überwunden oder vermieden würden, hängt von der Bestimmung der Aufgaben der Strukturpolitik ab. Problematisch ist diese v. a. deshalb, weil die Theoretiker auf die Effizienz bestimmter Maßnahmen abstellen, während die Wirtschaftspolitiker sich in erster Linie an Verteilungsfragen ausrichten.

Erwerbsstruktur und Produktionsstruktur in der Bundesrepublik Deutschland

E: Anteile der Erwerbstätigen (in Prozent) in zusammengefaßten Wirtschaftsbereichen
P: Beiträge (in Prozent) der zusammengefaßten Wirtschaftsbereiche an der Bruttowertschöpfung

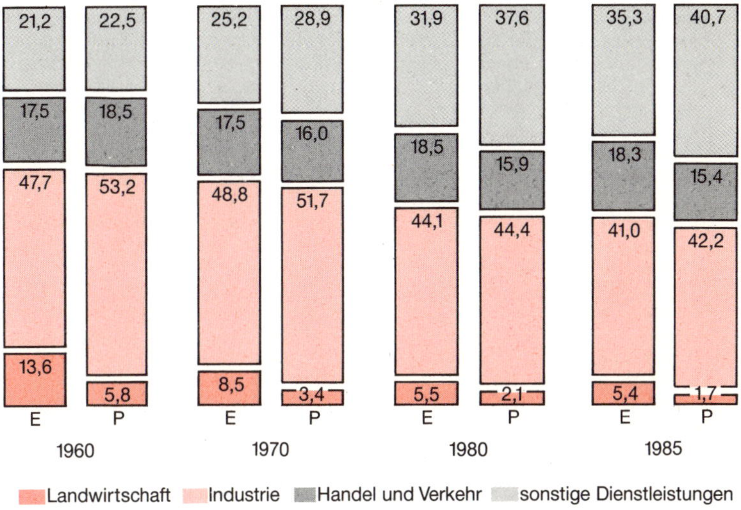

Industrie: Anteile der einzelnen Bereiche am Gesamtumsatz 1985 (1461 Mrd. DM)

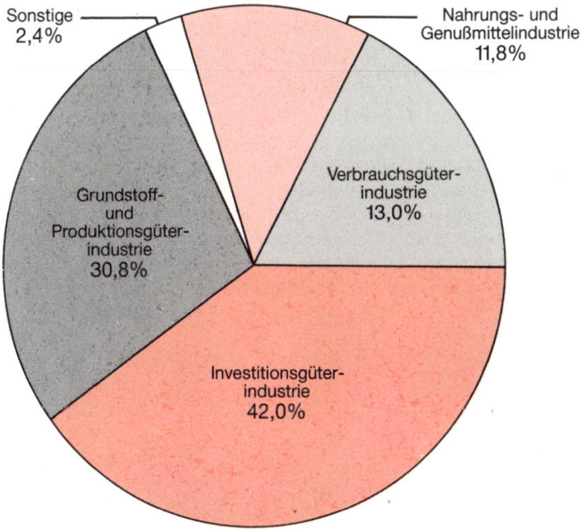

Nach § 3 des Gesetzes über die Deutsche Bundesbank (BBankG) vom 26. 7. 1957 soll die Deutsche Bundesbank den Geldumlauf und die Kreditversorgung der Wirtschaft regeln, mit dem Ziel, die Währung zu sichern. Dies bedeutet für die Geld- und Kreditpolitik, die mit wirtschaftspolitischen Instrumenten betrieben wird, eine Doppelaufgabe: 1. Sicherung des Binnenwertes, d. h. die Bundesbank muß für eine möglichst niedrige Inflationsrate, bzw. für eine stabile Kaufkraft der D-Mark sorgen; 2. Sicherung des Außenwertes, d. h. die Deutsche Bundesbank muß sowohl einen Wertverfall der D-Mark als auch einen zu starken Wertanstieg gegenüber ausländischen Währungen vermeiden. Häufig lassen sich beide Ziele nicht gleichzeitig verwirklichen, sodaß – zumindest vorübergehend – die geldpolitische Entscheidung zu treffen ist, welches vorrangig gilt.

Die Deutsche Bundesbank ist die Zentralbank der Bundesrepublik Deutschland und von Weisungen und Aufsichtsmaßnahmen der Bundesregierung unabhängig. Sie ist jedoch verpflichtet, mit der Regierung zusammenzuarbeiten, insbesondere „unter Wahrung ihrer Aufgabe, die allgemeine Wirtschaftspolitik der Bundesregierung zu unterstützen" und sie „in Angelegenheiten von wesentlicher währungspolitischer Bedeutung zu beraten ..." (§§ 12 und 13 BBankG). Die Bundesbank ist aus der Verschmelzung der „Bank deutscher Länder" mit den früher selbständigen Landeszentralbanken hervorgegangen, die als Hauptverwaltungen der Bundesbank in den einzelnen Ländern beibehalten wurden. Oberstes Organ der Bank ist der *Zentralbankrat*, der die Währungs- und Kreditpolitik der Bank bestimmt; er besteht aus dem Direktorium und den Präsidenten der Landeszentralbanken. Zentrales Geschäftsführungsorgan ist das Direktorium, dem außer dem Präsidenten und dem Vizepräsidenten der Deutschen Bundesbank bis zu acht weitere Mitglieder angehören; ihm obliegt auch die Durchführung der Beschlüsse des Zentralbankrats. Die Entscheidungen der Bundesbank sind hoheitlich, ihre Ausführung erfolgt indessen zum großen Teil in Form privatrechtlicher Geschäfte.

Als „Bank des Staates" ist die Bundesbank Kassenhalter aller Bundesbehörden und Kreditgeber von Bund und Ländern. Als „Bank der Banken" ist sie die wichtigste Refinanzierungs-, Inkasso- und Clearingstelle der Geschäftsbanken, sie darf mit diesen grundsätzlich aber nicht in bankgeschäftlichen Wettbewerb treten. Sie ist vielmehr auf die typische Aufgabe einer Währungs- und Notenbank beschränkt, die in § 3 BBankG definiert ist: „Die Deutsche Bundesbank regelt mit Hilfe der währungspolitischen Befugnisse, die ihr nach diesem Gesetz zustehen, den Geldumlauf und die Kreditversorgung der Wirtschaft ... und sorgt für die bankmäßige Abwicklung des Zahlungsverkehrs im Inland und mit dem Ausland." Zur Steuerung der Bargeldmenge hat die Bundesbank das ausschließliche Recht, Banknoten auszugeben, die das einzige unbeschränkte gesetzliche Zahlungsmittel sind. Das beim Staat verbliebene Münzregal ist wenig bedeutsam, da Stückelung und Zahl der Münzen gesetzlich bestimmt sind.

Die währungspolitischen Befugnisse, die zur Kontrolle des gesamten Geldumlaufs einschließlich des Buchgeldes (etwa doppelt so groß wie das Bargeldvolumen) eingesetzt werden können, umfassen die Diskont-, Kredit- und Offenmarktpolitik, die Mindestreserve- und Einlagenpolitik. Klassisches Zentralbankmittel ist die *Diskontpolitik*, d. h. die Festsetzung und Änderung der Zinssätze für den *Rediskontkredit* (Ankauf bundesbankfähiger Wechselforderungen von den Banken) und den *Lombardkredit* (Kredite an Banken); zusätzlich kann die Bundesbank Rediskontkontingente festsetzen. Durch die *Offenmarktpolitik* wirkt sie auf die Bankenliquidität und das Geldvolumen ein, indem sie am offenen Geldmarkt bestimmte Geldpapiere an- oder verkauft. Die Liquidität der Banken wird unmittelbar durch ihre Verpflichtung zur Unterhaltung von *Mindestreserven* bei der Bundesbank betroffen, d. h. die Geschäftsbanken müssen Teile ihrer Verpflichtungen aus Einlagen und anderen Geldern als zinslose Guthaben bei der Bundesbank unterhalten, die die jeweiligen Prozentsätze je nach Liquiditätslage der Banken ändern kann (z. B. bis zu 30 % bei Sicht- und bis zu 10 % bei Spareinlagen). In ähnlicher Weise können Unternehmen und Personen, die Kredite im Ausland aufnehmen, gezwungen werden, einen von der Bundesbank bestimmten Prozentsatz *(Bardepotsatz)* zinslos zu hinterlegen. *Einlagenpolitik* ist die grundsätzliche Verpflichtung aller öffentlichen Haushalte (Bund, Länder, Sondervermögen), ihre flüssigen Finanzmittel zinslos bei der Bundesbank zu unterhalten (Einlagenzwang).

Aufbau der Deutschen Bundesbank

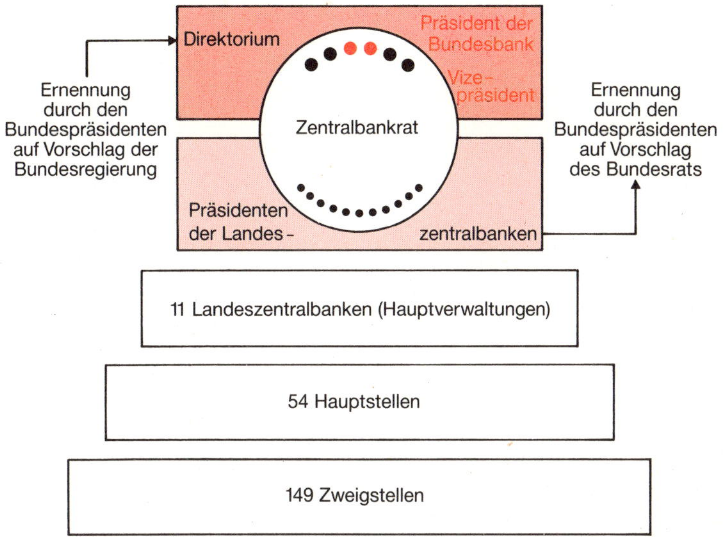

Währungspolitische Befugnisse

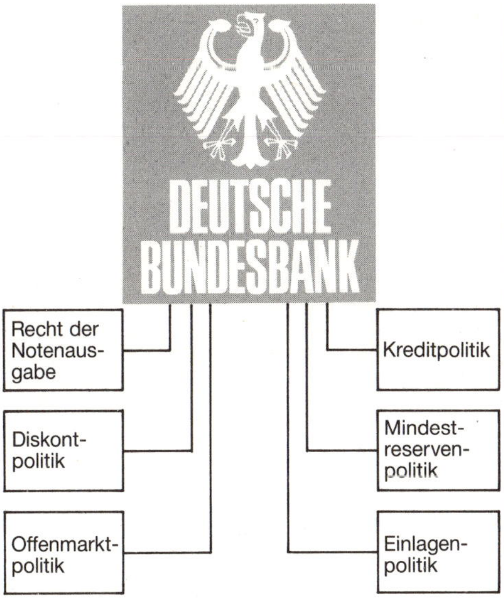

Geldmengen – Definitionen

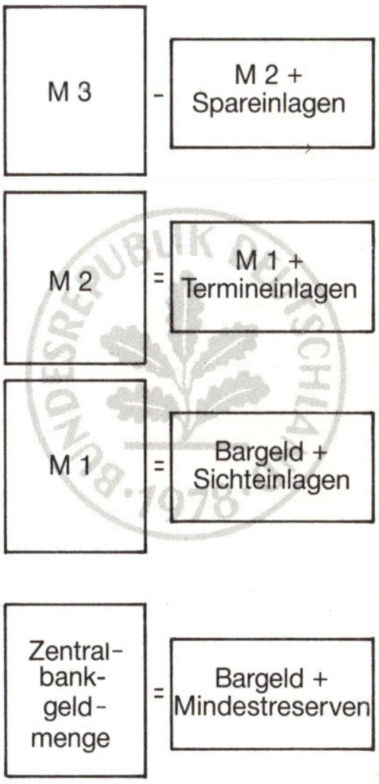

Öffentliche Investitionen

Öffentliche Investitionen sind im wesentlichen sämtliche Ausgaben der öffentlichen Hände in materieller und personeller Hinsicht. Die Personalausgaben der Gebietskörperschaften (Bund, Länder mit Stadtstaaten, Gemeinden mit Gemeindeverbänden) gehören hier also ebenso hin wie die Finanzmittel für neue Bauten. Die Ausgaben der Gebietskörperschaften sind seit dem Bestehen der Bundesrepublik Deutschland beachtlich gestiegen. Während 1951 die Ausgabensumme noch 37,4 Mrd. DM oder 754 DM je Einwohner betrug, waren es 1985 586,5 Mrd. DM oder 9613 DM je Einwohner. Zu diesem Anstieg haben in der Regel die sozial-, bildungs-, verkehrs- und gesundheitspolitisch bestimmten Ausgaben beigetragen, zeitweilig auch die Verteidigungsausgaben. Das Ausgabenvolumen verteilte sich 1985 etwa zu 45% auf den Bund, zu 35% auf die Länder und zu 20% auf die Gemeinden und Gemeindeverbände. Vor 100 Jahren lag der Anteil des Zentralstaates (Deutsches Reich) an den gesamten Ausgaben der Gebietskörperschaften bei 30%. Staatliche Aktivitäten werden aber auch von Institutionen entfaltet, deren Einnahmen und Ausgaben kaum oder nicht in den Haushaltsplänen der Gebietskörperschaften erscheinen, wie z. B. die Deutsche Bundesbank und eine Vielzahl öffentlicher Unternehmen. Hierzu gehört vor allem der Bereich der Sozialversicherung mit einem Ausgabenvolumen von 33% der gesamten öffentlichen Ausgaben.

Werden die öffentlichen Ausgaben am Bruttosozialprodukt, der wirtschaftlichen Gesamtleistung, gemessen, so ist die sog. Staatsausgabenquote über einen längeren Zeitraum hinweg erheblich gestiegen. Sie lag in der 2. Hälfte des vorigen Jahrhunderts in Deutschland bei 10%. Besonders in den beiden Weltkriegen hat sie kräftig zugenommen, ohne anschließend wieder ganz auf das Ausgangsniveau zurückzukehren. 1961–75 ist die Staatsausgabenquote von 28,7% auf 34,5% (von 37% auf 50% einschließlich Sozialversicherung) angestiegen und erreichte – nach einem vorübergehenden Absinken und erneutem Höhepunkt 1982 mit 34,3% – einen Anteil von 31,8% (1985).

Der Anteil der Personalausgaben an den Ausgaben der Gebietskörperschaften ist seit 1977 rückläufig. Er betrug 1985 32,6%. 33% der Ausgaben entfielen auf laufende Zuweisungen und Vermögensübertragungen (z. B. auf Investitionszuschüsse, Entschädigungen, Stillegungs- und Sparprämien). Auffallend ist der kontinuierliche Rückgang der Sachinvestitionen (vornehmlich kommunale Bauten) von 17% im Jahr 1971 auf 8,5% im Jahre 1985. Im internationalen Vergleich ist die hohe Darlehensgewährung bemerkenswert. Bis Anfang der 1970er Jahre überstieg die daraus resultierende Forderungszunahme die Zunahme der Verbindlichkeiten, so daß eine beachtliche Geldvermögensbildung zustande kam.

Die Wirtschaftlichkeit öffentlicher Investitionen wird mit Hilfe der sog. *Kosten-Nutzen-Analyse* überprüft. Sie ist ein aus unternehmerischen Investitionsrechnungen abgeleitetes Verfahren zur Beurteilung der Vorteilhaftigkeit öffentlicher Investitionen und sonstiger Maßnahmen. Kernstück der Analyse ist die Ermittlung der Vor- und Nachteile, die sich für alle von einem Projekt direkt und indirekt Betroffenen ergeben, sowie deren Bewertung in Geldeinheiten. Das Resultat sind Nutzen und Kosten in den einzelnen Jahren des Analysezeitraums, die zur Vergleichbarkeit auf einen Zeitpunkt diskontiert werden (Gegenwarts-, Barwert). Ergibt sich dabei ein positiver Kapitalwert, so sollte eine Maßnahme durchgeführt werden.

Charakteristisch für die Kosten-Nutzen-Analyse ist der volkswirtschaftlich umfassende Ansatz. So werden beispielsweise bei Straßenbauprojekten nicht nur die Ausgaben der Baubehörden, sondern auch die Aufwendungen und Nachteile der Straßenbenutzer und -anlieger in den Kosten berücksichtigt (z. B. Mehraufwand der Autofahrer durch Umleitungen und Stauungen, Geräuschbelästigungen u. a.). Auf der Nutzenseite wird versucht, auch Vorteile in Geldeinheiten zu bewerten, für die es normalerweise keine Marktpreise gibt (z. B. späterer Zeitgewinn, Verringerung des Unfallrisikos). Werterhöhungen der Grundstücke neben einem Sanierungsgebiet zählen mit dem Nutzen der Sanierung. Es wird dabei nur auf effektive reale Vor- und Nachteile gesehen, so daß z. B. die Löhne der durch ein Projekt beschäftigten Arbeitslosen nicht als Kosten zählen, weil sie nicht aus einer anderen Produktion abgezogen werden.

Das Haushaltsgrundsätzegesetz von 1969 und die daraus abgeleiteten haushaltsrechtlichen Vorschriften des Bundes, der Länder und in einigen Ländern auch der Gemeinden für „Maßnahmen von erheblicher finanzieller Bedeutung“ schreiben Kosten-Nutzen-Untersuchungen vor.

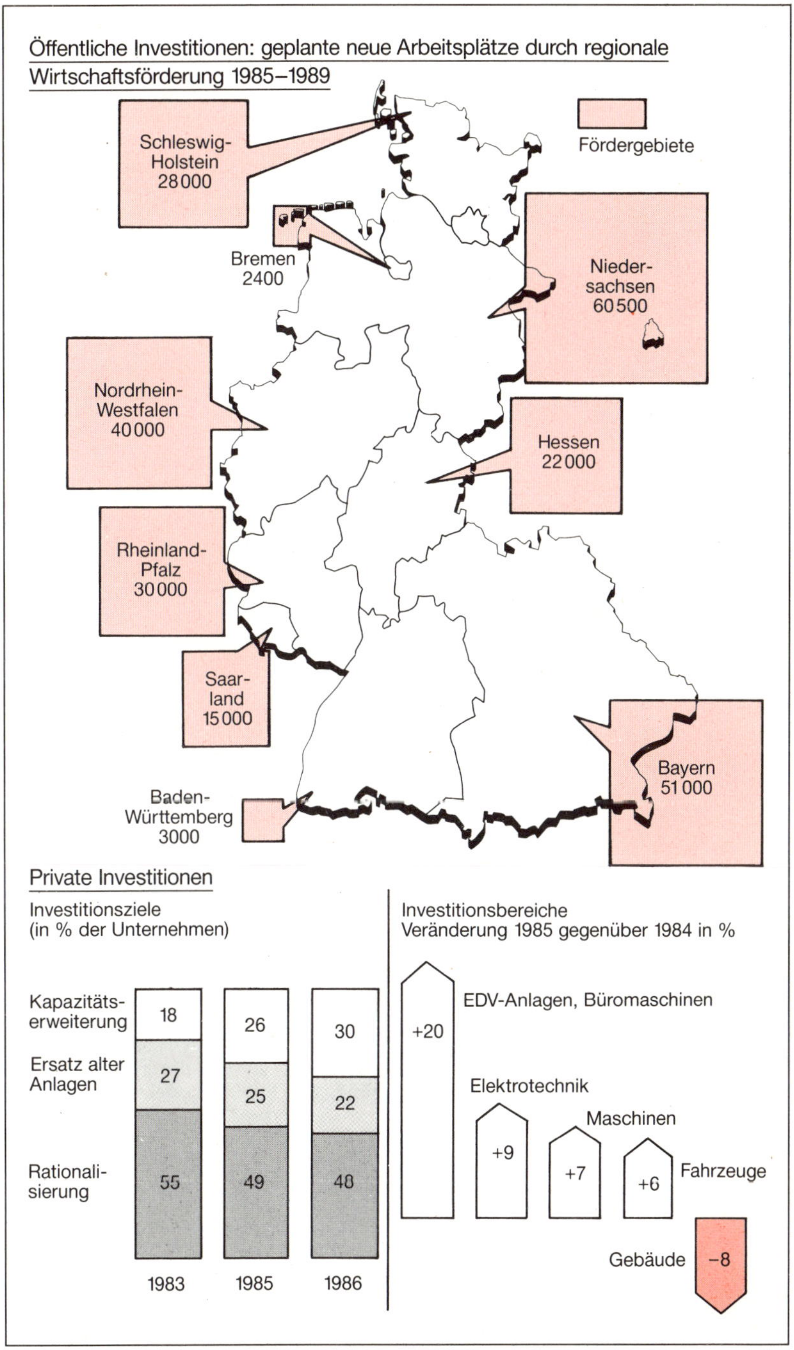
Öffentliche Investitionen: geplante neue Arbeitsplätze durch regionale Wirtschaftsförderung 1985–1989
Fördergebiete
Schleswig-Holstein 28 000
Bremen 2400
Niedersachsen 60 500
Nordrhein-Westfalen 40 000
Hessen 22 000
Rheinland-Pfalz 30 000
Saarland 15 000
Baden-Württemberg 3000
Bayern 51 000
Private Investitionen
Investitionsziele (in % der Unternehmen)
Kapazitätserweiterung
Ersatz alter Anlagen
Rationalisierung
18
27
55
26
25
49
30
22
48
1983
1985
1986
Investitionsbereiche Veränderung 1985 gegenüber 1984 in %
+20
EDV-Anlagen, Büromaschinen
Elektrotechnik
+9
Maschinen
+7
+6
Fahrzeuge
Gebäude
–8

Öffentliche Unternehmen und Monopole

Die öffentlichen Unternehmen lassen sich von der Privatwirtschaft formell dadurch unterscheiden, daß der öffentlichen Hand die Inhaber- oder Unternehmerstellung zukommt (*formeller Begriff* der öffentlichen Unternehmen). Diese Voraussetzung ist jedenfalls dann gegeben, wenn das Unternehmen allein einem Hoheitsträger gehört oder unter Ausschluß privater Beteiligung von mehreren Hoheitsträgern geführt wird (gemischt-öffentliche Unternehmen, *öffentliche Gemeinschaftsunternehmen*). Zu den öffentlichen Unternehmen zählen aber auch diejenigen, an denen die öffentliche Hand neben Privaten beteiligt ist, wenn sie von der öffentlichen Hand mehrheitlich beherrscht werden *(gemischtwirtschaftliche Unternehmen)*. Ein *materieller Begriff* der öffentlichen Unternehmen, durch den sich diese von anderen Staatsfunktionen abgrenzen lassen, kann in ihrer Ausrichtung auf die wirtschaftliche Wertschöpfung durch Erzeugung und Verteilung von Gütern sowie durch Erbringung von Dienstleistungen gesehen werden. Der Bereich der öffentlichen Unternehmen umfaßt danach die in öffentlicher Hand befindlichen Brauereien, Ziegeleien, Bergwerke, Kraftwerke, land- und forstwirtschaftlichen Betriebe, Hotels und Gaststätten, Energie- und Wasserversorgungsunternehmen sowie die öffentlichen Verkehrseinrichtungen, wie Bundesbahn, Bundespost, Deutsche Lufthansa, Hafen- und Flugplatzverwaltungen und gemeindliche Verkehrsbetriebe. Eine Besonderheit besteht bezüglich der öffentlichen Einrichtungen der Gemeinden (z. B. Verkehrsbetriebe, Betriebe der Wasser- und Energieversorgung, Müllabfuhr, Abwasserbetriebe, Schlachthöfe, Bäder). Diese gelten als Versorgungsunternehmen nicht als wirtschaftliche Unternehmen im engeren und nicht im Sinne der Kommunalgesetze; sie unterliegen daher nicht den Beschränkungen, die für die wirtschaftliche Betätigung von Kommunen mit Rücksicht auf ihre öffentlichen Aufgaben gelten. Die gemeindlichen Versorgungsunternehmen sind nicht auf Gewinnerzielung, sondern auf Kostendeckung ausgerichtet.

Die Eigenart öffentlicher Unternehmen liegt jedoch nicht allein in den betrieblichen Eigentumsverhältnissen und besonderen Unternehmensformen, sondern auch darin, daß sie in unterschiedlichem Maße zur Förderung des Gemeinwohls der Bevölkerung verpflichtet sind. Demzufolge dürfen sie sich bei der Festsetzung von Preisen für von ihnen produzierte Sachgüter und Dienstleistungen nicht ausschließlich nach marktwirtschaftlichen Prinzipien ausrichten. Vielmehr sind auch sozialpolitische Erwägungen ausschlaggebend. Der gemeinnützige Charakter öffentlicher Unternehmen erfordert es, daß sie sich bei ihrer wirtschaftlichen Tätigkeit möglichst vom Kostendeckungsprinzip leiten lassen. Unvermeidliche wirtschaftliche Defizite öffentlicher Unternehmen sind durch staatliche Subventionen auszugleichen, wenn der Betrieb und seine Leistungen für die Allgemeinheit erhalten werden sollen.

Als *Staats-* oder *Verwaltungsmonopol* gilt die einem Verwaltungsträger vorbehaltene Befugnis, eine bestimmte, von der Sache her auch Privaten zugängliche Tätigkeit ausschließlich auszuüben oder im Wege der Konzession an Private zu vergeben. Die Staatsmonopole erfüllen heute im wesentlichen sozialstaatliche und steuerliche Funktionen. Entsprechend diesen Verwaltungszwecken werden Polizei-, Lenkungs-, Leistungs- und Finanzmonopole unterschieden. Die *Polizeimonopole* dienen der Abwehr von Gefahren für die öffentliche Sicherheit und Ordnung (vgl. S. 268 und S. 270). Zu ihnen gehören z. B. gemeindliche Kanalisation und Müllabfuhr sowie das Schornsteinfegerrecht. Zu den *Lenkungsmonopolen* zählen im wirtschaftlichen Bereich der Staatsvorbehalt des Bergrechts und das staatliche Arbeitsvermittlungsmonopol (vgl. S. 416), auf nicht wirtschaftlichem Gebiet das Rundfunkmonopol. *Leistungsmonopole* sind das Post-, das Fernmelde- und das Eisenbahnmonopol.

Von den ursprünglich bestehenden *Finanzmonopolen* aus der Zeit vor dem Grundgesetz existiert heute nur noch das Branntweinmonopol als besondere Form der Verbrauchssteuererhebung weiter. Das Zündwarenmonopol, das zur Sicherung eines Kredites 1930 eingerichtet worden war und sich auf den Vertrieb, Import und Export von Zündwaren erstreckte, bestand bis Januar 1983. Das Branntweinmonopol erfüllt nach seiner ursprünglichen Konzeption zugleich eine agrarpolitische Lenkungsfunktion, indem es den landwirtschaftlichen Brennereien die Erwirtschaftung der Selbstkosten garantiert. Staatsmonopole bedürfen heute mit Rücksicht auf die Berufs- und Gewerbefreiheit einer besonderen Rechtfertigung durch das öffentliche Interesse.

Das Branntweinmonopol

(nach dem Gesetz über das Branntweinmonopol)

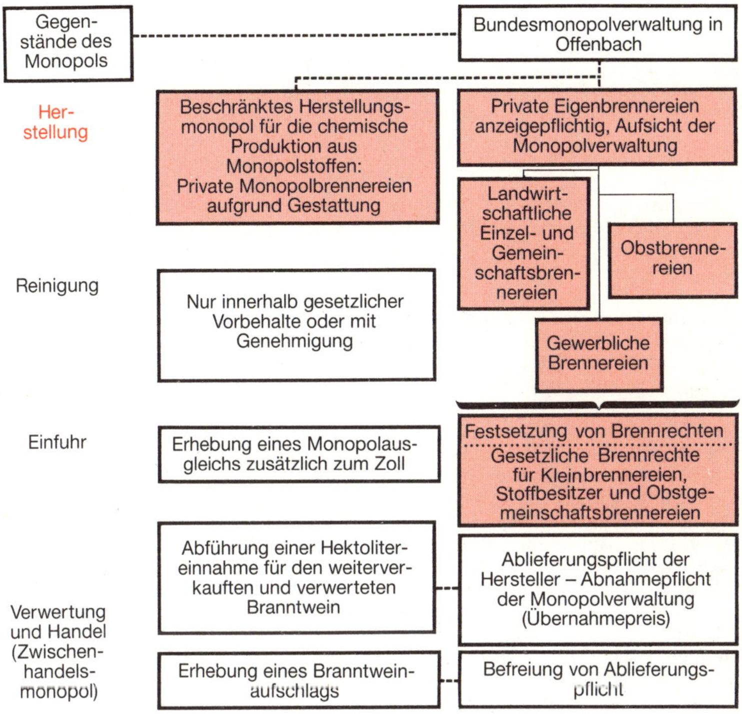

Öffentliches Unternehmen Deutsche Bundespost

1987	Kostendeckung (+) = Überschuß (–) = Defizit in Millionen DM	Kostendeckungsgrad in Prozent
Briefdienst	–140	99
Päckchendienst	–350	73
Paketdienst	–1190	62
Postzeitungsdienst	–520	55
Postdienste	–2200	86
Zahlungsanweisungsdienst	–140	71
Sonstiges	–60	70
Postbankdienste (ohne Wettbewerb)	–200	70
Postsparkassendienst	+780	148
Postgirodienst	–160	88
Zahlkartendienst	–390	52
Verschiedene Gelddiensttätigkeiten	–10	91
Postbankdienste (im Wettbewerb)	+220	106
Telegrafendienst	+40	101
Fernsprechdienst	+4300	116
Übrige Fernmeldedienste	–880	62
Fernmeldedienste	+3460	111
Bundespost insgesamt	+1278	102,5

Öffentliche Auftragsvergabe

Seit über einem halben Jahrhundert wächst der Bedarf der öffentlichen Hand ständig; die Folge ist eine laufende Ausdehnung der Vergabe öffentlicher Aufträge. Dabei stehen im Mittelpunkt dieser Mitwirkung der öffentlichen Hand im Wirtschaftsgeschehen Fragen des Vergabewesens, der Finanzierung und der Preisgestaltung der öffentlichen Aufträge. Der öffentliche Auftraggeber darf nicht schlechter, soll aber auch nicht besser gestellt werden als der private Auftraggeber; grundsätzlich soll die Preisbildung marktwirtschaftlich erfolgen.

Öffentliche Auftragsvergabe ist in diesem Zusammenhang das Verfahren, nach dem Bund, Länder, Gemeinden, Gemeindeverbände und andere juristische Personen des öffentlichen Rechts ihre Beschaffungen (Dienstfahrzeuge, Büromaterial, Heizöl, Bau- und Unterhaltung von Schulen, Straßen und Stadthallen) tätigen. Das Haushaltsrecht bzw. die in den Bundes- und Landeshaushaltsordnungen niedergelegten Haushaltsgrundsätze verlangen, daß bei Abschluß von Verträgen über Lieferungen und Leistungen eine *öffentliche Ausschreibung* vorausgeht, sofern nicht die Natur des Geschäfts oder besondere Umstände eine Ausnahme rechtfertigen. Darüber hinaus wird bestimmt, daß beim Abschluß von Verträgen nach einheitlichen Richtlinien zu verfahren ist. Diese sind enthalten in der Verdingungsordnung für Bauleistungen (VOB) und in der Verdingungsordnung für Leistungen (VOL).

Die *Verdingungsordnungen* regeln in einem Teil A das Verfahren für die Auftragsvergabe (Art der Ausschreibungen, d.h. Bekanntgabe des Vorhabens z.B. im Amtsblatt, Zuschlagsbedingungen). Diese Vorschriften verwirklichen den Grundsatz der Sparsamkeit und Wirtschaftlichkeit der Verwaltung, der es gebietet, grundsätzlich eine *öffentliche Ausschreibung* vorzunehmen. Eine Ausnahme (beschränkte Ausschreibung oder freihändige Vergabe) ist beispielsweise zulässig, wenn nur einzelne Unternehmer in der Lage sind, derartige Aufträge auszuführen. Besondere Umstände sind gegeben, wenn aus konjunkturpolitischen Gründen eine rasche Vergabe notwendig ist. Bevor Angebote eingeholt werden, ist zu prüfen, ob die erforderlichen Haushaltsmittel bereitstehen. Die Verwaltung setzt dann einen Kostenanschlag fest und erstellt die Ausschreibungsunterlagen. Die Ausschreibung ist in Tageszeitungen und Amtsblättern zu veröffentlichen. Die Angebotseröffnung erfolgt bei einer *Verdingungsverhandlung* mit den Bietern. Nach den Feststellungen des Submissionsergebnisses erfolgt die eigentliche Auftragsvergabe. Baumaßnahmen dürfen nur begonnen werden, wenn ausführliche Entwurfszeichnungen und Kostenberechnungen vorliegen. Anderen größeren Beschaffungsgeschäften sind ausreichende Unterlagen zugrunde zu legen.

Die Beschaffungsgeschäfte besitzen als fiskalische Hilfsgeschäfte der Verwaltung privatrechtlichen Charakter. Bei der Auftragsvergabe ist die Vergabebehörde grundsätzlich nur an die Verdingungsordnungen, nicht aber an die Grundrechte, insbesondere den Gleichheitssatz, gebunden. Da die öffentliche Hand den Bietern gleichberechtigt gegenübertritt, würde die Unterstellung der gesamten privatrechtlichen Tätigkeit unter den Gleichheitssatz eine sachgerechte Aufgabenerfüllung erheblich erschweren. Besondere Bindungen bestehen, soweit bestimmte Personen wegen fürsorgerechtlicher oder sozialstaatlicher Rechtsvorschriften bevorzugt zu behandeln sind (z.B. nach § 74 Bundesvertriebenengesetz, § 68 Bundesentschädigungsgesetz). Art und Ausmaß der Bevorzugung regeln besondere Richtlinien. Bei der Entscheidung über die Zulassung bevorzugter Bieter handelt die vergebende Stelle hoheitlich mit der Folge, daß bei Streitigkeiten der Verwaltungsrechtsweg (vgl. S. 238) eröffnet ist. Dagegen ist bei einer Auftragssperre nichtprivilegierter Unternehmer der Zivilrechtsweg (vgl. S. 222) gegeben, weil Entscheidungen im Zusammenhang mit der Erteilung bürgerlichrechtlicher Aufträge nicht wesensverschieden von entsprechenden kaufmännischen Maßnahmen sind. Teil B der Verdingungsordnungen enthält allgemeine Vertragsbedingungen für die Auftragsabwicklung, die regelmäßig als „Allgemeine Geschäftsbedingungen" Gegenstand der abzuschließenden Einzelverträge (Werkverträge) werden.

Von erheblicher Bedeutung ist die Preisgestaltung bei der öffentlichen Auftragsvergabe. Entsprechende Verordnungen (z.B. PR Nr. 30/53, PR Nr. 1/72) und Leitsätze über die Preise bei öffentlichen Aufträgen enthalten in verfassungsrechtlich zulässigem Rahmen zur Preisfestsetzung zugehörige Preisberechnungsvorschriften.

Öffentliche Auftragsvergabe durch Bund, Länder, Gemeinden und andere juristische Personen des öffentlichen Rechts

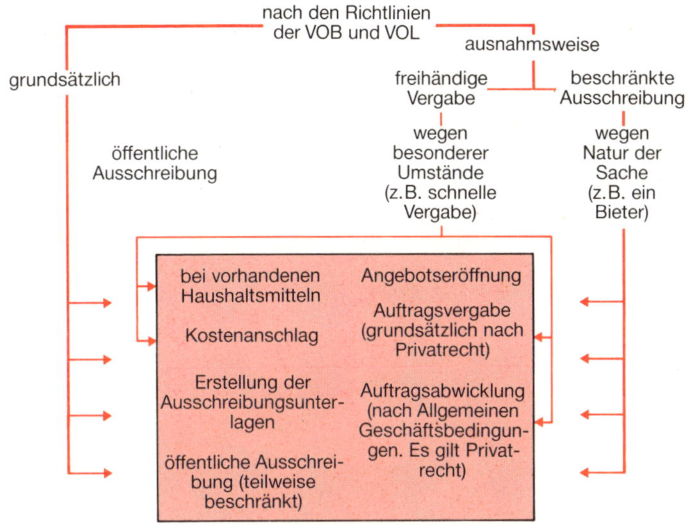

Ausgaben der öffentlichen Haushalte 1984 für Straßenbau und Verkehr (in Mill. DM)

Aufgabenbereich	Insgesamt	Bund	Länder, Gemeinden/Gemeindeverbände und Zweckverbände								Stadtstaaten		
			Schleswig-Holstein	Niedersachsen	Nordrhein-Westfalen	Hessen	Rheinland-Pfalz	Baden-Württemberg	Bayern	Saarland	Hamburg	Bremen	Berlin (West)
Verwaltung für Straßen- und Brückenbau	762	–	74	80	1	86	70	144	123	19	65	25	74
Bundesautobahnen	3056	2950	–	21	1	37	19	0	27	5	+3	+2	1
Bundes- und Landesstraßen	5888	2861	136	340	862	299	332	470	547	37	5	0	–
Kreisstraßen	1359	–	65	352	161	91	209	82	353	46	–	–	–
Gemeindestraßen	8400	1262	259	624	1488	518	401	1386	1941	98	154	31	241
Sonstiges Straßenwesen	288	21	10	16	64	23	16	57	51	+0	17	6	7
Verwaltung der Wasserstraßen und Häfen	317	281	–	18	–	–	–	1	–	0	17	0	0
Wasserstraßen und Häfen	2142	1521	14	132	34	0	18	6	63	40	309	2	3
Förderung der Schiffahrt	290	290	–	–	–	–	–	–	0	–	–	–	–
Sonstiges Verkehrs- und Nachrichtenwesen	5201	3483	35	84	658	218	42	285	155	18	85	31	106
Insgesamt	27702	12670	593	1667	3269	1272	1105	2431	3259	262	649	93	431

Rechnungshöfe – Rechnungsprüfung

Die Rechtsordnung trifft institutionelle, personelle und verfahrensmäßige Vorkehrungen zum Schutze der Integrität des Zustandekommens und der Willens- und Entscheidungsbildung der staatlichen Organe. Hierher gehören unter anderem Inkompatibilitätsregelungen, die Unabhängigkeit der Richter, die Strafvorschriften über die Lauterkeit der Amtsführung, das Disziplinarrecht und die Prüfungsbefugnisse der Rechnungshöfe des Bundes und der Länder.

Die Befugnisse der Rechnungshöfe ergeben sich vor allem aus dem Haushaltsrecht. Im Mittelpunkt steht die jährliche *Nachprüfung der Rechnungslegung* für Regierung und Parlament. Die Rechnungshöfe prüfen die Einnahmen, die Ausgaben, die Verpflichtungen zur Leistung von Ausgaben, die Schulden und die Verwendung von Mitteln zur Selbstbewirtschaftung. Sie können nach ihrem Ermessen die Nachprüfung auf Stichproben beschränken oder ganz unterlassen. Ausnahmsweise können im Haushaltsplan bestimmte Mittel mit Rücksicht auf ihren Verwendungszweck der Prüfung durch den Rechnungshof entzogen werden. Bei Ausgaben, deren Verwendung geheimzuhalten ist, kann eine Überprüfung durch den Präsidenten oder ein anderes Mitglied unter Mitwirkung des Präsidenten angeordnet sein. Inhaltlich erstreckt sich die Rechnungsprüfung auf die Einhaltung der für die Haushalts- und Wirtschaftsführung geltenden Vorschriften und Grundsätze. Insbesondere ist darauf zu achten, ob Haushaltsgesetz und Haushaltsplan eingehalten sind, die Einnahmen und Ausgaben begründet und belegt sind, wirtschaftlich und sparsam verfahren wurde und ob die Aufgaben mit geringerem Personal- oder Sachaufwand oder auf andere Weise wirksamer erfüllt werden können. Zu diesem Zweck haben die mit der Ausführung des Haushaltsplanes befaßten Stellen den Rechnungshöfen Auskünfte zu erteilen und Akteneinsicht zu gewähren. Die Ergebnisse der Prüfung werden, soweit sie für die Entlastung der Regierung von Bedeutung sind, jährlich in *Bemerkungen* zusammengefaßt, die den zuständigen Organen mit weiteren Unterlagen zugeleitet werden. In den Bemerkungen wird insbesondere mitgeteilt, ob die Einnahmen und Ausgaben ordnungsgemäß belegt sind und wie Mängel beseitigt werden können. Der Rechnungsprüfung unterliegen neben der gesamten Haushalts- und Wirtschaftsführung der Bundes- und Landesorgane einschließlich der unmittelbaren Körperschaften und Anstalten des öffentlichen Rechts auch die Sondervermögen (Bundesbahn, Bundespost) sowie andere Unternehmen und Beteiligungen der öffentlichen Hand (AG, GmbH). Die Rechnungshöfe und sonstigen Rechnungsprüfstellen besitzen weder Weisungs- noch Vollzugsbefugnisse und schon gar nicht richterliche Unabhängigkeit. Es bleibt grundsätzlich der Entscheidung der Parlamente überlassen, ob und in welchen Formen die Anregungen der Rechnungsprüfungsstellen aufgegriffen werden.

Grundlage der *Rechnungsprüfung im Bund* ist die Buchführungs- und Belegpflicht der Kassen und Zahlstellen der Verwaltung. Auf deren Bücherabschlüssen basiert die jährliche Rechnungslegung des Bundesministers der Finanzen gegenüber Bundestag und Bundesrat. Sie erfolgt in Form einer Haushaltsrechnung (kameralistischer Ist-Soll-Vergleich) und einer Vermögensrechnung. Beide unterliegen der Rechnungsprüfung des *Bundesrechnungshofs* (Sitz: Frankfurt am Main mit Außenstellen in Berlin und Bonn), der gehalten ist, auch die Wirtschaftlichkeit und Ordnungsmäßigkeit der Haushalts- und Wirtschaftsführung der Bundesverwaltung zu kontrollieren. Zu diesem Zweck können Mitglieder des Rechnungshofs jederzeit (stichprobenartige) Überprüfungen von Dienststellen vornehmen, und zwar schon bevor die kontrollierten Verwaltungsakte zu förmlichen Rechnungen geführt haben (sog. „gegenwartsnahe" Prüfung). Die Prüfungsergebnisse teilt der Rechnungshof den betroffenen Dienststellen und – bei erheblicher finanzieller Bedeutung – auch dem Bundesfinanzminister mit.

Der Bundesrechnungshof ist eine oberste Bundesbehörde und als unabhängiges Organ der Finanzkontrolle nur dem Gesetz unterworfen. Vor dem Hintergrund der finanziellen Misere der öffentlichen Haushalte hat die Finanzkontrolle an Bedeutung gewonnen. Im Hinblick auf den Bundesrechnungshof wird diskutiert, ob die Wirksamkeit der Finanzkontrolle durch eine Organisationsreform gesteigert werden kann. Organisation, Personal und Verfahren des Bundesrechnungshofs – und der Landesrechnungshöfe – sollen danach v.a. vier Anforderungen genügen: Unabhängigkeit, Berichtsöffentlichkeit, Fachkompetenz und Konfliktfähigkeit.

Schema der öffentlichen Finanzkontrolle nach der Bundeshaushaltsordnung (BHO)

Aufstellung des Haushaltsplans: §§ 11 ff BHO	Korrektur an Voranschlägen der Verwaltung durch vorgesetzte Behörden, den Bundesminister der Finanzen und die Bundesregierung.
Feststellung des Haushaltsplans: Art. 110 Abs. 3 GG	Genehmigung des von der Bundesregierung vorgelegten Kontrollrahmens des Haushaltsplans durch den Bundestag.

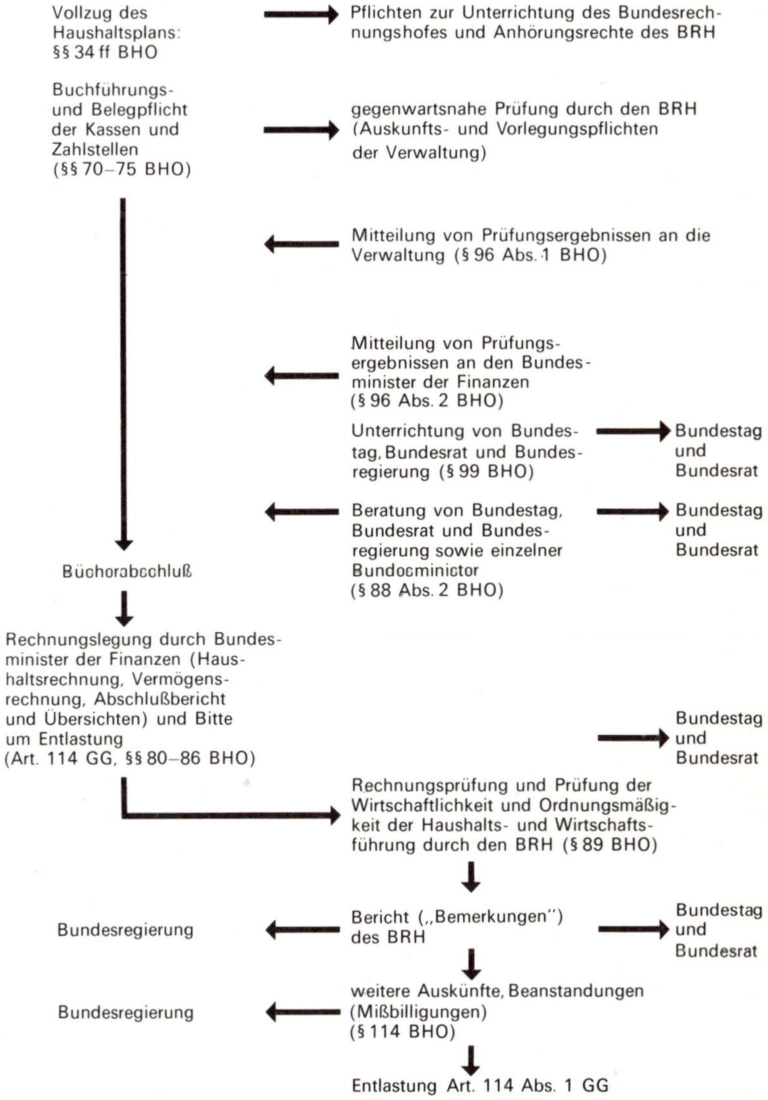

Selbständige und abhängige Arbeit

Als *selbständige Arbeit* kann übergreifend die Tätigkeit eines Gewerbetreibenden (Unternehmers, Handwerkmeisters mit eigenem Betrieb, Unternehmen) und eines Angehörigen solcher Berufe angesehen werden, in denen jemand nicht als Angestellter oder Arbeiter arbeitet.

Selbständige Arbeit im engeren (steuerrechtlichen) Sinne bezeichnet die selbständig und eigenverantwortlich ausgeübte Tätigkeit bestimmter Berufe, wie die der freien Berufe, die von Arbeitgebern unabhängige und nicht gewerbliche Tätigkeit entfalten. Dazu gehören die *freien akademischen Berufe* (Ärzte, Apotheker, Architekten, Ingenieure, Rechtsanwälte, Steuerberater, Wirtschaftsprüfer) und die *sonstigen freien Berufe* (Artisten, Künstler, Hebammen, Heilpraktiker, Dolmetscher, Übersetzer, Schriftsteller, Journalisten, Schauspieler, Privatlehrer wie Musik- und Tanzlehrer). Die freien Berufe werden unabhängig, nicht weisungsgebunden und nicht stets unter rein wirtschaftlichen Gesichtspunkten (Anpassung von Leistung und Gegenleistung) als Honorarberufe in der Regel im Dienstleistungsbereich ausgeübt. Der in diesem Sinne Selbständige wird in der Regel im Rahmen eines Dienstvertrages (§611 BGB) tätig.

Im Unterschied zum Gewerbetreibenden, dessen Betätigung in erster Linie im Einsatz eines gewerblichen Vermögens besteht, beruht die selbständige Arbeit auf dem geistigen Vermögen des selbständigen Tätigen. Während Einkommen aus der selbständigen Tätigkeit der Einkommensteuer und nicht der Gewerbesteuer unterliegen, hat der Gewerbetreibende, der einen Betrieb des Handwerks, Handels, der Industrie oder des Verkehrs hat, neben der Einkommensteuer Gewerbesteuer zu zahlen, die als bedeutendste Gemeindesteuer den Gemeinden zufließt.

Abhängige Arbeit ist gegenüber der selbständigen Arbeit die Arbeit, mit der die meisten erwerbstätigen Personen (über 80%) heute ihren Lebensunterhalt verdienen. Sie sind für andere tätig, sei es für eine natürliche Person, sei es für eine juristische Person des Privatrechts (Aktiengesellschaft, GmbH) oder des öffentlichen Rechts (Bundesrepublik Deutschland, Land, Kreis, Stadt, Gemeinde). Derjenige, für den die Arbeit geleistet wird, behält sich vor, Inhalt, Zweck, Art und Weise der Arbeit, insbesondere auch die Arbeitszeit näher zu bestimmen und zu diesem Zwecke Weisungen zu erteilen. Der abhängig Arbeitende ist also weisungsgebunden. Daher nennt man die abhängige weisungsgebundene Arbeit auch fremdbestimmte oder unselbständige Arbeit.

Der *Arbeitsvertrag,* ein Unterfall des Dienstvertrages des §611 BGB, hat die Leistung fremdbestimmter Arbeit zum Gegenstand. Abhängige Arbeit wird durch das Arbeitsrecht (vgl. S. 404) geregelt. Zu ihm gehören alle Rechtsnormen, die sich auf die unselbständige Arbeit beziehen.

Die *Abgrenzung* zwischen selbständiger und abhängiger Arbeit bereitet im Einzelfall Schwierigkeiten. Handelsvertreter können entweder selbständige Kaufleute oder Handlungsgehilfen, also Angestellte sein, die fremdbestimmte Arbeit leisten. Selbständig ist nach §84 Abs. 1 HGB, wer im wesentlichen frei seine Tätigkeit gestalten und seine Arbeitszeit bestimmen kann. Diese Regelung hat allgemeine Geltung. Neben dem Umfang der Weisungsgebundenheit können auch die Eingliederung in einen Betrieb, einen Arbeitsablauf, die Abhängigkeit von zur Verfügung gestellten technischen Geräten nebst Hilfspersonal für abhängige Arbeit sprechen. Auf die *wirtschaftliche Abhängigkeit* kommt es dagegen nicht an: Zahlreiche gewerbliche Unternehmen, z.B. Zulieferbetriebe mit nur einem Auftraggeber, oder Freiberufler, z.B. Steuerberater mit nur einer Großfirma als Mandantin, sind zwar wirtschaftlich abhängig, aber selbständig, während der Millionär, der nicht aus wirtschaftlicher Notwendigkeit, sondern aus Interesse am Beruf als Angestellter tätig ist, zwar wirtschaftlich unabhängig ist, aber doch abhängige Arbeit an seinem Arbeitsplatz leistet.

Für *Heimarbeiter* und ihnen Gleichgestellte und sonstige Personen, die wegen ihrer wirtschaftlichen Unselbständigkeit als arbeitnehmerähnliche Personen anzusehen sind, gelten wegen ihrer wirtschaftlichen Abhängigkeit Besonderheiten. Sie sind z.B. Arbeitnehmer im Sinne des Arbeitsgerichtsgesetzes.

Rechtliche Formen von Arbeit

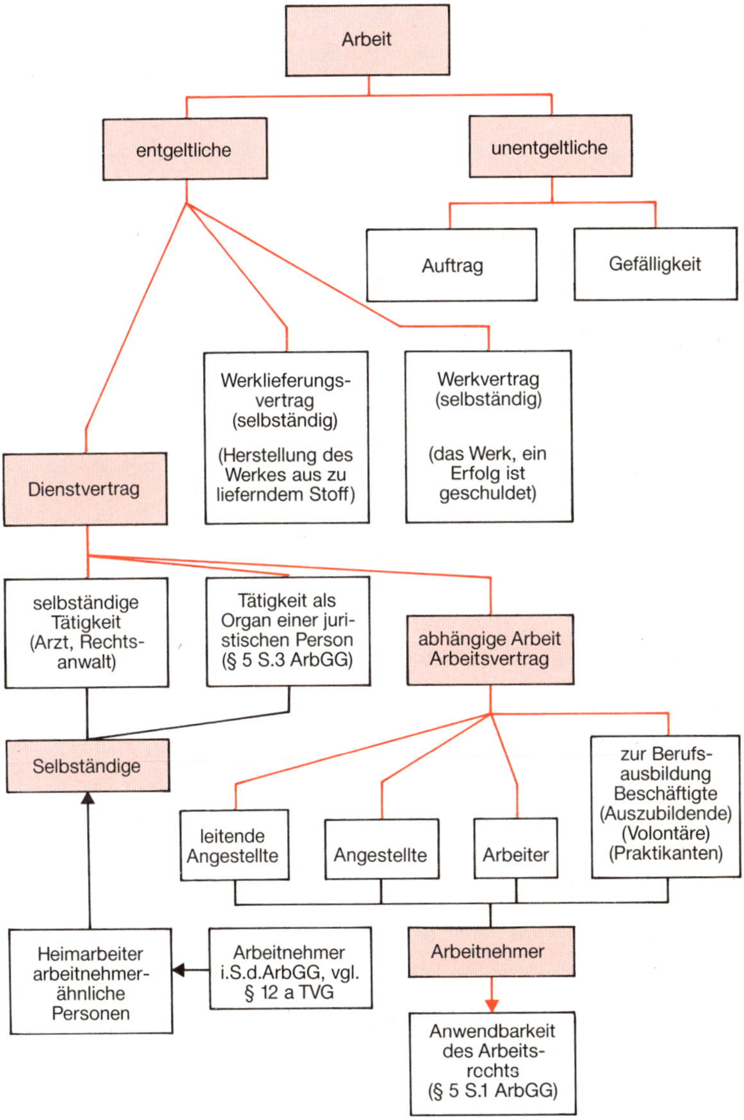

Abkürzungen:
ArbGG: Arbeitsgerichtsgesetz
TVG: Tarifvertragsgesetz

Arbeitsrecht ist das Sonderrecht der fremdbestimmten, abhängigen, unselbständigen Arbeit (vgl. S. 402). Die Unselbständigkeit folgt aus der Übernahme einer Funktion innerhalb eines fremden Arbeits- oder Lebensbereichs. Maßgebend ist die persönliche, nicht die wirtschaftliche Unselbständigkeit. Auf Personen, die wegen ihrer wirtschaftlichen Unselbständigkeit einem Arbeitnehmer vergleichbar sozial schutzbedürftig sind (arbeitnehmerähnliche Personen), finden einzelne arbeitsrechtliche Vorschriften kraft ausdrücklicher gesetzlicher Anordnung Anwendung.

Das Arbeitsrecht dient seit seiner Entstehung in der ersten Hälfte des neunzehnten Jahrhunderts dem Schutz der Arbeitnehmer, soll ihnen heute aber auch eine Teilhabe an den sie wesentlich berührenden Entscheidungen im Arbeitsleben gewähren. Das bereits in Art. 157 der Weimarer Reichsverfassung von 1919 (vgl. S. 26) enthaltene Versprechen, ein einheitliches Arbeitsrecht zu schaffen, ist bis heute nicht eingelöst. Das Arbeitsrecht ist bislang nur in zahlreichen, schwer zu überblickenden Einzelgesetzen geregelt, aber nicht in einem Gesetzbuch kodifiziert. Das heutige Arbeitsrecht ist das Resultat einer mehr als hundertjährigen Entwicklung, die durch drei wesentliche Linien gekennzeichnet ist: die sich kontinuierlich verstärkende und verfestigende Gesetzgebung zum Schutz des Arbeitnehmers, die allmähliche Entwicklung des modernen Tarifvertragsrechts und die Herausbildung des heutigen Betriebsverfassungsrechts.

Anknüpfungspunkt des Arbeitsrechts ist der Arbeitnehmer einerseits als Individuum, andererseits als Mitglied von Kollektiven. Das *Individualarbeitsrecht* ordnet die rechtlichen Beziehungen des einzelnen Arbeitnehmers zum Arbeitgeber. Diese beruhen grundsätzlich auf einem Arbeitsvertrag. Er ist eine Unterart des Dienstvertrags (§§ 611 ff. BGB) und verpflichtet den Arbeitnehmer zur Übernahme einer bestimmten Funktion, den Arbeitgeber zur Leistung einer Vergütung. *Arbeitsverhältnis* ist das durch den Arbeitsvertrag begründete Rechtsverhältnis. Für den Abschluß des Arbeitsvertrags gilt der Grundsatz der Vertragsfreiheit. Die Freiheit zur inhaltlichen Gestaltung des Arbeitsvertrags und zur Kündigung des Arbeitsverhältnisses ist dagegen zugunsten des Arbeitnehmers weitgehend eingeschränkt. Dem besonderen Schutz des Arbeitnehmers vor den mit seiner Arbeit verbundenen Gefahren für Leben und Gesundheit sowie einer zeitlichen Überbeanspruchung dient das *Arbeitsschutzrecht* (vgl. S. 406), das Pflichten des Arbeitgebers, aber auch des Arbeitnehmers vor allem gegenüber dem Staat begründet. Seine Beachtung ist durch staatliche Aufsicht, Zwang, sowie Straf- und Bußgeldvorschriften gesichert. Daneben ist der Arbeitgeber aber auch gegenüber dem Arbeitnehmer verpflichtet, die Schutzvorschriften zu beachten.

Das *kollektive Arbeitsrecht* ordnet die Rechtsbeziehungen, die sich aus der Verbindung mehrerer Personen auf Seiten der Arbeitnehmer oder Arbeitgeber ergeben sowie deren Rechtsbeziehungen zueinander. Das Recht der Koalitionen geht historisch auf die Selbsthilfebestrebungen der Arbeitnehmer zurück. Die Koalitionsfreiheit ist verfassungsrechtlich durch Art. 9 Abs. 3 GG gewährleistet (vgl. S. 116). Zur koalitionsgemäßen Betätigung gehört der Abschluß von Tarifverträgen (vgl. S. 412), durch die für eine größere Anzahl von Arbeitnehmern die Arbeitsbedingungen verbindlich festgesetzt werden. Voraussetzung ist, daß Arbeitnehmer und Arbeitgeber tarifgebunden sind. Rechtsgrundlage ist das Tarifvertragsgesetz. Das gesetzlich nicht geregelte, sondern von Rechtsprechung und Rechtslehre entwickelte *Arbeitskampfrecht* (vgl. S. 414) ordnet die Rechtsfragen, die sich aus der kampfweisen Durchsetzung ungeregelter oder neu zu regelnder Streitfragen mittels Streik, Aussperrung oder Boykott ergeben. Der freiwilligen Beilegung solcher Regelungsstreitigkeiten dient das Schlichtungsrecht. Bestandteile des kollektiven Arbeitsrechts sind auch das *Betriebsverfassungsrecht* (vgl. S. 408) und die *Mitbestimmung im Unternehmen* (vgl. S. 410). Der Entscheidung arbeitsrechtlicher Rechtsstreitigkeiten dient die Arbeitsgerichtsbarkeit (vgl. S. 230). Nicht zum Arbeitsrecht zählen das Lohnsteuerrecht sowie das Recht der Sozialversicherung einschließlich der Arbeitslosenversicherung (vgl. S. 418) sowie die Arbeitsvermittlung.

Das System des Arbeitsrechts

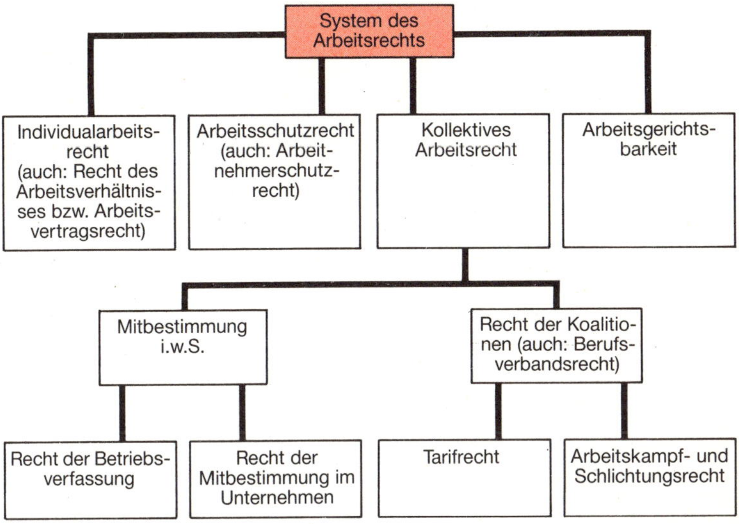

Erwerbstätige in der Bundesrepublik Deutschland

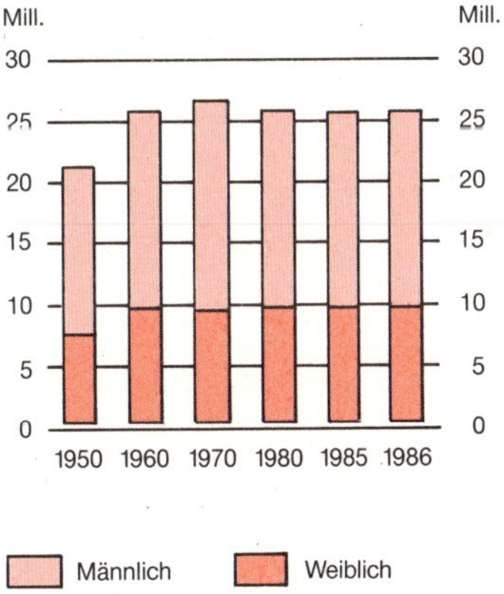

Erwerbstätige 1986 nach Wirtschaftsbereichen und Stellung im Beruf

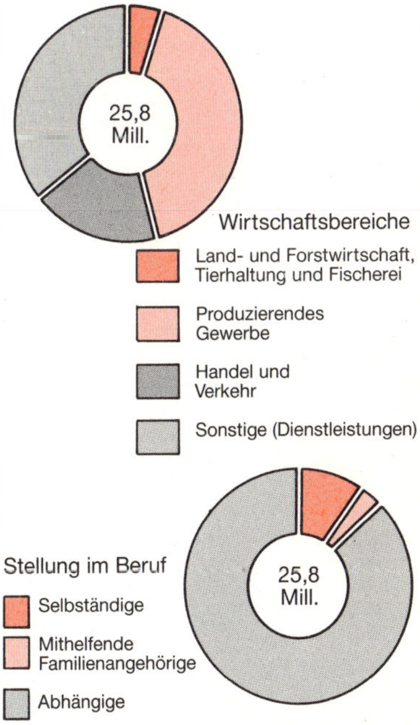

Arbeitsschutz

Im Rahmen der Sozialpolitik sorgt der Staat für soziale Sicherheit am Arbeitsplatz, indem er Arbeitgebern und Arbeitnehmern öffentlich-rechtliche Pflichten zum Schutz der Arbeitnehmer auferlegt. Die ursprüngliche arbeitsrechtliche Schutzgesetzgebung betrifft den Arbeitsplatzschutz, den Arbeitszeitschutz, Beschränkungen von Frauenarbeit, Verbot von Kinderarbeit usw. Das Recht auf Erhaltung des Arbeitsverhältnisses und des sozialen Besitzstandes, wie es im Kündigungsschutzgesetz und anderen Gesetzen begründet ist, gehört nicht hierher. Die wichtigste gesetzliche Grundlage ist die Gewerbeordnung, die den Betriebsschutz für gewerbliche Betriebe und – auch für nichtgewerbliche Betriebe – die Überwachung gefährlicher technischer Anlagen regelt.

Der Arbeitsschutz obliegt nach Maßgabe der gesetzlichen Vorschriften dem Arbeitgeber. Hierbei ist der Betriebsrat zu beteiligen. Dieser überwacht die Einhaltung der Arbeitsschutzvorschriften und hat bei der Unfallverhütung im Rahmen der Unfallversicherung (vgl. S. 424) ein Mitbestimmungsrecht.

Schutz gegen Unfallgefahren sollen die Unfallverhütungsvorschriften der Berufsgenossenschaft bieten. Darüber hinaus kommt der Arbeitsstättenverordnung auf dem Gebiet des Gefahrenschutzes besondere Bedeutung zu. Danach hat der Arbeitgeber die Arbeitsstätten nach den allgemein anerkannten Regeln der Technik und den arbeitsmedizinischen und hygienischen Erfordernissen unter Einbeziehung der arbeitswissenschaftlichen Erkenntnisse zu errichten und zu unterhalten. Die Anforderungen betreffen u. a. Lüftung, Klimatisierung, Beleuchtung, Lärm, Gerüche, Pausenräume, Sanitärräume und Ausgleichssport. Dem Gefahrenschutz dient auch das Gesetz über Betriebsärzte, Sicherheitsingenieure und andere Fachkräfte für Arbeitssicherheit. Die in diesem Gesetz aufgeführten Personen sollen den Arbeitgeber beim Arbeitsschutz unterstützen.

Der *Arbeitszeitschutz* ist in der Arbeitszeitordnung (AZO) geregelt. Grundsätzlich beträgt die tägliche Höchstarbeitszeit acht Stunden. Überschreitungen sind nur unter besonderen Voraussetzungen zulässig, dann aber im allgemeinen nur bis zu zehn Stunden täglich. Die AZO trifft außerdem Bestimmungen über Pausen: Bei einer Arbeitszeit über sechs Stunden täglich ist eine halbstündige Pause zu gewähren. Die Arbeitszeitvorschriften für Frauen und Jugendliche sind wegen deren besonderer Schutzbedürftigkeit verschärft. Frauen dürfen untertage sowie in Hochofen- und Stahlwerken nicht beschäftigt werden. Sie dürfen auch in Ausnahmefällen nicht länger als zehn Stunden täglich arbeiten; Nachtarbeit ist verboten. Ferner enthält das Mutterschutzgesetz für werdende Mütter und Wöchnerinnen Beschäftigungsverbote (sechs Wochen vor und acht Wochen nach der Niederkunft). Der Schutz für Jugendliche ist ähnlich ausgestaltet: Tägliche Arbeitszeit nicht mehr als acht Stunden, Verbot der Nachtarbeit. Vorschriften über die zeitliche Lage der Arbeit bestehen – grundsätzlich außerhalb von Tarifverträgen – im Ladenschlußgesetz. Im Rahmen der Diskussion über flexiblere Ladenschlußzeiten (z. B. Dienstleistungsabend bei unveränderter Gesamtöffnungszeit) tritt der Arbeitsschutz-Aspekt zurück. Für alle Arbeitnehmer gilt ein grundsätzliches Verbot jeder Sonn- und Feiertagsarbeit. Ausnahmen hiervon gibt es u. a. für das Sonntagsgewerbe (z. B. Gastwirtschaften, Theater) und für durchlaufende Betriebe (Schichtarbeit).

Die *Überwachung des Arbeitnehmerschutzes* obliegt der Gewerbeaufsicht. Den Beamten der Gewerbeaufsicht ist jederzeit Zutritt zu den Betrieben zu gestatten. Die Durchsetzung des Arbeitsschutzes geschieht durch Auflagen und Anordnungen bis hin zur polizeilichen Einstellung des Betriebs.

In den letzten Jahren wurde immer mehr die Forderung nach menschengerechter Arbeitsgestaltung erhoben. Darunter ist mehr als nur Gesunderhaltung und Leistungsförderung zu verstehen. Es geht um das Geachtet- und Respektiertwerden des Arbeitnehmers, um die Entfaltung seiner Persönlichkeit, um die Ausschaltung der Roboterhaftigkeit der Arbeit, um Kommunikation, aber auch um eine weitgehende Beteiligung des Arbeitnehmers an ihn berührenden Entscheidungen und Weisungen. Die Verwirklichung dieser Forderungen ist allerdings vor dem Hintergrund einer zunehmend technisierten Arbeitswelt problematisch. Der Anspruch auf menschengerechte Arbeitsgestaltung hat in verschiedenen Bestimmungen des Betriebsverfassungsgesetzes (vgl. S. 408 und S. 410) bereits rechtlichen Niederschlag gefunden.

Öffentlich-rechtliche Pflichten für Arbeitgeber und Arbeitnehmer zum Schutz der Arbeitnehmer

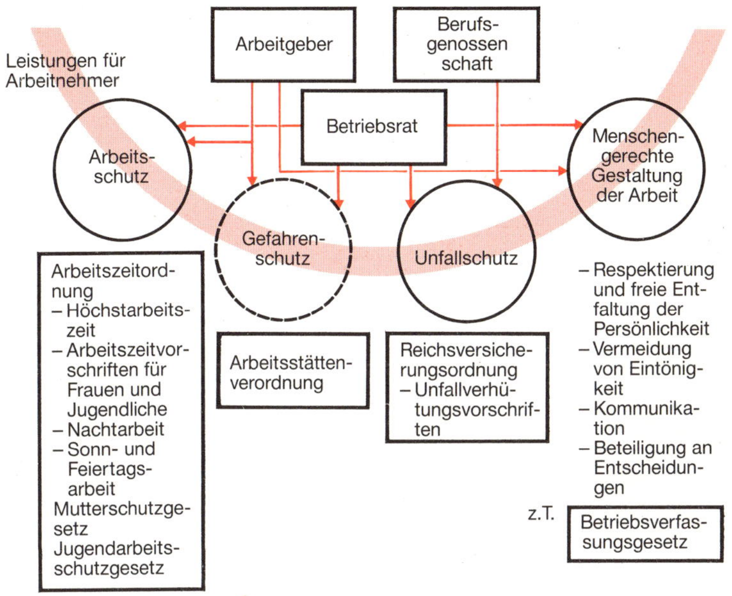

Meldepflichtige Arbeits- und Wegeunfälle je 1000 Beschäftigte (1987)

Männeranteil in Prozent			Frauenanteil
92,6	Holz	141	7,4
95,6	Bau	136	4,4
99,4	Bergbau	121	0,6
94,6	Eisen und Metall	95	5,4
65,7	Nahrungs- und Genußmittel	93	34,3
93,1	Steine und Erden	91	6,9
93,6	Verkehr	74	6,4
73,9	Papier und Druck	61	26,1
93,6	Gas und Wasser	56	6,4
57,4	Textil und Leder	50	42,6
82,1	Chemie	45	17,9
64,1	Handel und Verwaltung	38	35,9
81,1	Feinmechanik und Elektrotechnik	31	18,9
33,3	Gesundheitsdienst	28	66,7
81,1	Insgesamt	64	18,9

Betriebsverfassung

Das Betriebsverfassungsrecht ordnet die Verfassung des Betriebs, d. h. die Rechtsbeziehungen zwischen Arbeitgeber und Belegschaft, die sich aus dem Zusammenwirken beider innerhalb des Betriebs ergeben. Es dient sowohl dem Schutz der Arbeitnehmer als auch ihrer Teilhabe am Betriebsgeschehen und beruht auf dem Gedanken der Partnerschaft. Es wird dadurch verwirklicht, daß dem Arbeitgeber Pflichten auferlegt werden bzw. die Ausübung der ihm an sich zustehenden Befugnisse durch Mitwirkungs- und Mitbestimmungsrechte eingeschränkt wird. Diese werden grundsätzlich von den gewählten Repräsentanten der Belegschaft wahrgenommen. Nur ausnahmsweise stehen dem einzelnen Arbeitnehmer Rechte zu (Anhörungs- und Erörterungsrecht, Einsichtsrecht in die Personalakte, Beschwerderecht).

Rechtsgrundlage ist das Betriebsverfassungsgesetz (BetrVG) von 1972. Es gilt mit Ausnahme des öffentlichen Dienstes für alle Betriebe mit in der Regel mindestens fünf ständigen wahlberechtigten Arbeitnehmern, von denen drei wählbar sein müssen. Es erfaßt Arbeiter und Angestellte ohne die leitenden Angestellten. Wahlberechtigt sind alle Arbeitnehmer, die das achtzehnte Lebensjahr vollendet haben. Wählbar sind alle Wahlberechtigten, die sechs Monate dem Betrieb angehören. Die Interessen der Belegschaft werden vor allem vom *Betriebsrat* wahrgenommen, der für regelmäßig drei Jahre gewählt wird und aus einer im BetrVG festgelegten ungeraden Zahl von Mitgliedern besteht. Sind im Betrieb Arbeiter und Angestellte beschäftigt, wählt jede Gruppe in der Regel ihre Vertreter getrennt. Die Vertretung der Minderheitsgruppe ist gesondert geregelt. Die Kosten für die Geschäftsführung des Betriebsrats (einschließlich der erforderlichen Schulungen) hat der Arbeitgeber zu tragen. Der Betriebsrat ist ein Kollegialorgan, das grundsätzlich gemeinsam beschließt; der Betriebsratsvorsitzende ist für die ordnungsgemäße Durchführung der Beschlüsse verantwortlich. Vierteljährlich einmal muß der Betriebsrat die Gesamtheit der Arbeitnehmer im Betrieb *(Betriebsversammlung)* über seine Arbeit informieren; der Betriebsversammlung steht jedoch kein Mitwirkungsrecht zu.

In Unternehmen mit mehr als 300 Beschäftigten bildet der Betriebsrat einen *Wirtschaftsausschuß,* dem weitere Informationsrechte zustehen. Ausnahmen bestehen für die sog. Tendenzbetriebe (z. B. kirchliche Einrichtungen). In Unternehmen mit mehreren Betriebsräten werden *Gesamtbetriebsräte* oder *Konzernbetriebsräte* gebildet, denen weitere Befugnisse zustehen. Die Jugendlichen wählen besondere Jugendvertretungen, die in allen, die Jugendlichen betreffenden Belangen gehört werden müssen.

Der Betriebsrat hat u. a. die Durchführung der zugunsten der Arbeitnehmer geltenden Rechtsvorschriften zu überwachen, Anregungen der Arbeitnehmer entgegenzunehmen und erforderliche Maßnahmen beim Arbeitgeber zu beantragen. Seine Beteiligungsrechte sind teils nur Informations-, Anhörungs- und Widerspruchsrechte. Nur im Bereich der sozialen Angelegenheiten (z. B. Arbeitszeit, Urlaubsplanung, Entlohnungsgrundsätze, Vorschlagswesen) steht dem Betriebsrat ein echtes *Mitbestimmungsrecht* zu. Kommt es in diesen Angelegenheiten zu keiner Einigung, so wird sie auf Antrag einer Seite durch den Spruch der Einigungsstelle ersetzt; einseitige Maßnahmen des Arbeitgebers sind rechtswidrig und unwirksam. Bei personellen Angelegenheiten hat der Betriebsrat Rechte bei der betrieblichen Personalplanung, der Berufsbildung sowie personellen Einzelmaßnahmen wie Einstellungen und Kündigungen. In wirtschaftlichen Angelegenheiten treffen den Unternehmer vor allem Unterrichtungspflichten. Bei Betriebsänderungen sind ein Interessenausgleich und ein Sozialplan anzustreben; kommt es zu keiner Einigung, entscheidet die Einigungsstelle über die Aufstellung eines Sozialplans verbindlich.

Den im Betrieb vertretenen Gewerkschaften sind zur Durchsetzung der Betriebsverfassung und Unterstützung der Betriebsvertretungen zahlreiche Aufgaben und Befugnisse zugewiesen; zu deren Wahrnehmung ist ihren Beauftragten nach Unterrichtung des Arbeitgebers Zutritt zum Betrieb zu gewähren.

Kritik am BetrVG betrifft v. a. das komplizierte Wahlverfahren für die Betriebsratswahl, die – nach Meinung der Arbeitgeberverbände – zu starke Stellung der Gewerkschaften und den Mangel an Praktikabilität für Klein- und Mittelbetriebe. Eine politisch umstrittene Novellierung des BetrVG sieht eine Änderung der Zulassungsbedingungen bei der Aufstellung von Arbeitnehmervertretern vor, um die Wahlchancen betrieblicher Minderheiten zu erhöhen.

Betriebsverfassung

Beteiligung des Betriebsrats nach Sachgebieten

- Soziale Angelegenheiten (u.a. Ordnung des Betriebes, Arbeitszeit, Urlaubsplanung, Verhaltens- oder Leistungskontrolle mittels technischer Einrichtungen, Unfallverhütung, Entlohnungsgrundsätze, Akkord- und Prämiensätze) § 87 BetrVG
- Gestaltung von Arbeitsplatz, Arbeitsablauf und Arbeitsumgebung (§§ 90, 91 BetrVG)
- allgemeine Personalangelegenheiten (§§ 92-95 BetrVG)
- Berufsbildung (§§ 96, 98 BetrVG)
- personelle Einzelmaßnahmen (Einstellung, Kündigung, Versetzung §§ 99–104 BetrVG)
- wirtschaftliche Angelegenheiten einschließlich Betriebsänderungen, Interessenausgleich und Sozialplan §§ 106–113 BetrVG

Beteiligungsrechte des Betriebsrats (Mitbestimmungs- und Mitwirkungsrechte)

- Recht auf Information (§ 80 BetrVG)
- Recht auf Anhörung durch den Arbeitgeber (§ 102 Abs. 1 BetrVG)
Recht auf Beratung mit dem Arbeitgeber (§§ 90, 92, 111 BetrVG)
- Widerspruchsrecht (§ 102 Abs. 3 BetrVG)
Aufhebungsanspruch (§ 101 BetrVG)
- volle Mitbestimmung (§§ 87, 98 BetrVG)

Mitbestimmung

Unter Mitbestimmung ist jede Beteiligung der Arbeitnehmerseite an Entscheidungen der Arbeitgeberseite zu verstehen. Sie wird auf betrieblicher Ebene durch die Repräsentanten der Belegschaft (Betriebsrat) gegenüber dem Arbeitgeber verwirklicht (vgl. S. 408), auf Unternehmensebene durch Einbeziehung von Vertretern der Arbeitnehmer in die Unternehmensorgane von Kapitalgesellschaften. Dadurch wird ein Einfluß der Arbeitnehmer auf die unternehmenspolitischen Entscheidungen ermöglicht. Die Mitbestimmung dient wie das gesamte Arbeitsrecht dem Schutz der Arbeitnehmer und ihrer Teilhabe an den sie wesentlich berührenden Entscheidungen (Partnerschaftsgedanke). Sie ist ein Mittel, um die aus der Einordnung des Arbeitnehmers in einen fremden Arbeitsbereich resultierende persönliche Unselbständigkeit und dieser korrespondierend die Macht des Arbeitgebers abzubauen und damit die Selbstverwirklichung der Arbeitnehmer zu fördern. Das entspricht dem Grundgesetz, das die Würde und Entfaltungsfreiheit des Menschen als die zentralen Werte unserer Rechtsordnung anerkennt.

Von *paritätischer Mitbestimmung* spricht man, wenn der Arbeitnehmerseite und den Anteilseignern ein gleich starker Einfluß auf die Entscheidungen des Unternehmens eingeräumt ist.

Mit dem Inkrafttreten des Mitbestimmungsgesetzes vom 4. 5. 1976 (Gesetz über die Mitbestimmung der Arbeitnehmer) gelten jetzt mehrere unterschiedliche Regelungen. Am wenigsten weit geht die *Mitbestimmung nach dem Betriebsverfassungsgesetz* (BetrVG) *von 1952,* dessen einschlägige Vorschriften (§§ 76 und 77) fortgelten. Hiernach muß grundsätzlich (ausgenommen sind Familiengesellschaften mit weniger als 500 Arbeitnehmern und Tendenzbetriebe) der Aufsichtsrat einer Aktiengesellschaft oder Kommanditgesellschaft auf Aktien zu einem Drittel aus Vertretern der Arbeitnehmer bestehen. Entsprechendes gilt für die Aufsichtsräte von Gesellschaften mit beschränkter Haftung, bergrechtlichen Gewerkschaften mit eigener Rechtspersönlichkeit, Versicherungsvereinen auf Gegenseitigkeit sowie Erwerbs- und Wirtschaftsgenossenschaften mit jeweils mehr als 500 Arbeitnehmern.

Dagegen sehen das *Montan-Mitbestimmungsgesetz* vom 21. 5. 1951 und das *Mitbestimmungsergänzungsgesetz* vom 7. 8. 1956 für die diesen Gesetzen unterworfenen Unternehmen des Bergbaus und der Eisen und Stahl erzeugenden Industrie die paritätische Beteiligung von Vertretern der Arbeitnehmer im Aufsichtsrat vor. Ihre Aufsichtsräte bestehen aus je fünf (sieben) Vertretern der Anteilseigner und der Arbeitnehmer; hinzu tritt jeweils ein weiteres neutrales (elftes bzw. fünfzehntes) Mitglied. Außerdem ist nach beiden Gesetzen als gleichberechtigtes Mitglied des gesetzlichen Vertretungsorgans ein Arbeitsdirektor zu bestellen, dem vor allem die Wahrnehmung der sozialen Interessen der Arbeitnehmer obliegt.

Auch das *Mitbestimmungsgesetz* vom 4. 5. 1976 beruht auf dem Grundsatz der Parität. Es gilt für Aktiengesellschaften, Kommanditgesellschaften auf Aktien, Gesellschaften mit beschränkter Haftung, bergrechtliche Gewerkschaften mit eigener Rechtspersönlichkeit sowie Genossenschaften – ausgenommen Tendenzbetriebe –, sofern diese Unternehmen in der Regel mehr als 2000 Arbeitnehmer beschäftigen und nicht der Montan-Mitbestimmung unterliegen. Nach dem Mitbestimmungsgesetz ist der Aufsichtsrat mit einer gleichen Anzahl von Vertretern der Anteilseigner und der Arbeitnehmer zu besetzen; die Größe des Aufsichtsrats ist nach der Anzahl der im Unternehmen beschäftigten Arbeitnehmer gestaffelt. In der Arbeitnehmervertretung im Aufsichtsrat sind die Gruppen (Arbeiter, Angestellte, leitende Angestellte) mit mindestens je einem Mitglied vertreten. Zur Auflösung von Pattsituationen hat der Aufsichtsratsvorsitzende bei einer erneuten Abstimmung über denselben Gegenstand, wenn auch sie Stimmengleichheit ergibt, zwei Stimmen. Das gilt im Ergebnis auch für die Bestellung des Vorstands. Nach dem Mitbestimmungsgesetz ist gleichfalls ein Arbeitsdirektor zu bestellen.

Das Mitbestimmungsgesetz von 1976 entspricht in einigen Punkten nicht den Zielvorstellungen der Gewerkschaften: Sie kritisieren, daß aufgrund der Zurechnung des Vertreters der leitenden Angestellten zu den Aufsichtsratsmitgliedern der Arbeitnehmer und wegen des Doppelstimmrechts des Aufsichtsratsvorsitzenden im Falle der Stimmengleichheit keine wirkliche Parität von Anteilseignern und Arbeitnehmervertretern im Aufsichtsrat bestehe. Anders als in der Montanmitbestimmung kann zudem der Arbeitsdirektor auch gegen die Mehrheit der Arbeitnehmervertreter bestellt werden.

Mitbestimmung: die nebeneinander geltenden Modelle

Modell	gesetzliche Grundlage	Zusammensetzung des Aufsichtsrats	Arbeitsdirektor	Verhältnis zu den anderen Modellen
nach Betriebsverfassungsrecht (Modell I)	§§ 76–77a, 81, 85 u. 87 BetrVG 1952, die nach § 129 BetrVG 1972 fortgelten	ein Drittel der Mitglieder sind Vertreter der Arbeitnehmer	nein	wird durch Modell II und III verdrängt
für Montanbereich (Modell II)	MitBestG vom 21. 5. 1951 und MitBestEG vom 7. 8. 1956 (Holdingnovelle)	4 Vertreter der Anteilseigner: 4 Vertreter der Arbeitnehmer: 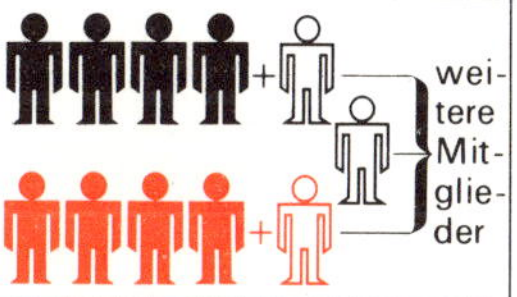 bei Holdinggesellschaften: 7+7+1	ja	verdrängt Modell I und III
für Großunternehmen (Modell III)	MitBestG vom 4. 5. 1976, das am 1. 7. 1976 in Kraft getreten ist	Mindestzahl (bei Unternehmen bis zu 10000 AN) 6 Vertreter der Anteilseigner: 6 Vertreter der Arbeitnehmer: 	ja	verdrängt Modell I, wird verdrängt durch Modell II

Beteiligung der Arbeitnehmer im Aufsichtsrat nach dem Mitbestimmungsgesetz

Zusammensetzung des Aufsichtsrats (Beispiel)

acht Vertreter der Anteilseigner

acht Vertreter der Arbeitnehmer, davon zwei Vertreter der Gewerkschaften

Bei Stimmengleichheit hat der Aufsichtsratsvorsitzende zwei Stimmen

Wahl des Aufsichtsratsvorsitzenden

erfolgt durch Vertreter der Anteilseigner, falls keine $^2/_3$-Mehrheit zustande kommt

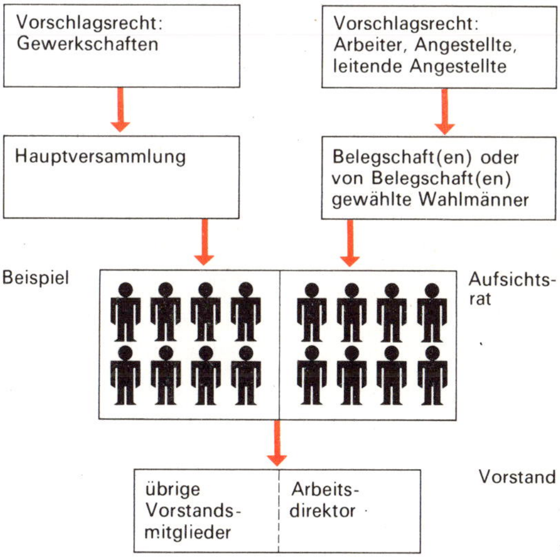

Tarifparteien – Tarifautonomie

Tarifparteien sind Arbeitgeberverbände und Gewerkschaften, die das Recht auf Förderung der Arbeits- und Wirtschaftsbedingungen durch den Abschluß von Tarifverträgen ausüben. Sie nehmen diese Aufgabe ohne Eingriffe des Staates wahr. *Tarifpartner* sind die Parteien der Tarifverträge, also einzelne Arbeitgeber oder die Arbeitgeberverbände einerseits und die Gewerkschaften andererseits. Man bezeichnet sie auch als (Arbeits-)Koalitionen oder Sozialpartner. Koalitionen sind als Tarifpartner anzusehen, wenn sie zu den Vereinigungen im Sinne des Art. 9 Abs. 3 GG gehören und bereit sind, das diesen zugewiesene Recht auf Wahrung und Förderung der Arbeits- und Wirtschaftsbedingungen durch den Abschluß von Tarifverträgen auszuüben. Die verfassungsrechtliche Garantie umfaßt auch den Bestand und einen Kernbereich kollektiver Betätigungsfreiheit der Koalitionen, für die Gewerkschaften etwa das Recht, unter Einhaltung rechtlicher Grenzen in den Betrieben zu werben.

Es fehlt bislang ein Koalitionsgesetz, das die Voraussetzungen der Vereinigungen im Sinne des Art. 9 Abs. 3 GG näher beschreibt. Die maßgebenden Kriterien sind daher nur durch Auslegung zu gewinnen. Nach den insbesondere vom Bundesarbeitsgericht entwickelten Grundsätzen muß eine tariffähige Koalition die folgenden Merkmale aufweisen: Sie muß bereit sein, die Arbeitsbedingungen durch den Abschluß von Tarifverträgen zu wahren und zu fördern (Art. 9 Abs. 3 GG); sie muß auf Dauer angelegt und vereinsmäßig (d. h. vom Mitgliederwechsel unabhängig) organisiert sein; der Beitritt muß freiwillig sein (Zwangsverbände wie die Industrie- und Handelskammer oder die Handwerkskammern gehören also nicht hierher); sie muß gegnerfrei sein (dem Verband dürfen nicht Angehörige der tariflichen Gegenseite angehören); sie muß (von Staat, Parteien und Kirche) unabhängig sein; sie muß überbetrieblich organisiert sein.

Die Arbeitgeberverbände sind in der Regel rechtsfähige Vereine und nach dem Industrie- oder Fachprinzip organisiert. Die Gewerkschaften sind aus (überholten) historischen Gründen meist keine rechtsfähigen Vereine. Sie sind als Industriegewerkschaften (IG) zuständig für alle in einem Industriezweig Beschäftigten, ohne daß es auf deren Fachberuf oder deren Stellung als Arbeiter oder Angestellter ankommt.

Unter *Tarifautonomie* ist die vom Grundgesetz geschützte, den Tarifpartnern eingeräumte Befugnis zu verstehen, die Arbeitsbedingungen ihrer Mitglieder durch Tarifvertrag zu regeln. Die Tarifautonomie besteht nicht schrankenfrei; die Tarifvertragsparteien haben die wertgebende Ordnung der Verfassung anzuerkennen. Der Tarifvertrag und seine Rechtswirkungen sind im Tarifvertragsgesetz behandelt: Ein Tarifvertrag enthält Regelungen über arbeitsrechtliche Rechte und Pflichten der Tarifvertragsparteien *(schuldrechtlicher Teil)* und die Festsetzung von Rechtsnormen über Inhalt, Abschluß und Beendigung von Arbeitsverhältnissen, sowie über betriebliche und betriebsverfassungsrechtliche Fragen und gemeinsame Einrichtungen der Vertragsparteien *(normativer Teil)*. Wesentlicher Inhalt des schuldrechtlichen Teils eines Tarifvertrags ist die *Friedenspflicht*. Danach dürfen die Tarifpartner während der Geltungsdauer eines Tarifvertrags keinen Arbeitskampf (vgl. S. 414) um einen bereits geregelten Gegenstand führen.

Schwerpunkt eines Tarifvertrags ist der normative Teil mit den Inhalts- und Abschlußnormen. Zu den *Inhaltsnormen* gehören für den Arbeitgeber die tariflichen Bestimmungen über Lohnzahlungspflicht, Eingruppierung, Lohnfortzahlung im Krankheitsfall, Prämien, Gratifikationen, Arbeitsschutz, Urlaub, Arbeitszeugnisse usw. Für den Arbeitnehmer kommen in Betracht die Regeln über die Arbeitspflicht (Ort, Zeit, Umfang), Nebentätigkeit, Wettbewerbsverbot u. a. *Abschlußnormen* sind die Bestimmungen, die das Zustandekommen eines Tarifvertrags regeln. Dazu gehören die Formvorschriften, die Normen, die die Einstellung bestimmter Arbeitnehmer untersagen, sowie die Einstellungsklauseln, etwa für Schwerbeschädigte. Zum normativen Teil eines Tarifvertrages gehören auch Normen über betriebliche Fragen.

Die Bestimmungen des Tarifvertrags mit Ausnahme der Bestimmungen über betriebliche und betriebsverfassungsrechtliche Fragen, die für alle Arbeitnehmer gelten, gelten nur für die Mitglieder der vertragsschließenden Parteien, d. h. die Arbeitgeber und die Mitglieder der abschließenden Gewerkschaft. Für Außenseiter gilt der Tarifvertrag grundsätzlich nicht. Unter bestimmten Voraussetzungen kann der Bundesarbeitsminister einen Tarifvertrag für *allgemeinverbindlich* erklären.

Der Tarifvertrag

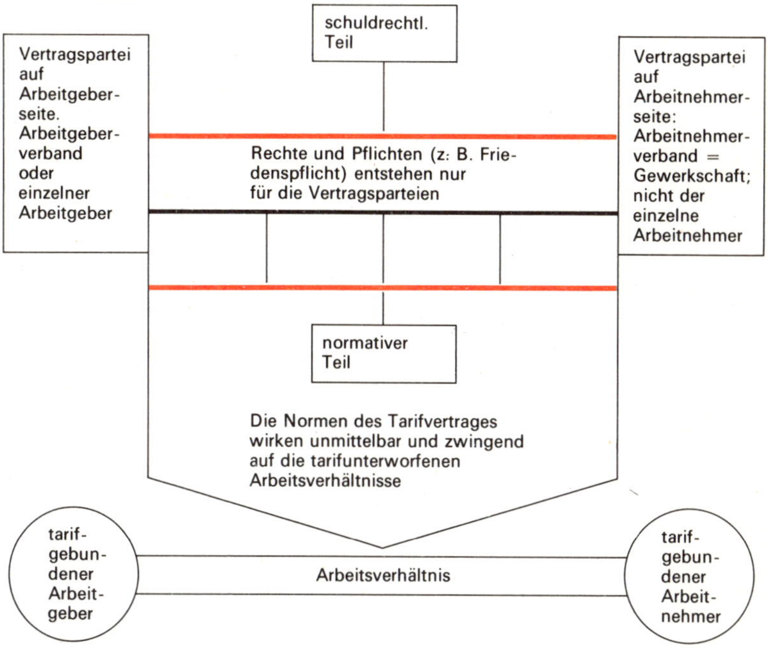

Beteiligung der Sozialpartner in öffentlich-rechtlichen Körperschaften und Gerichten

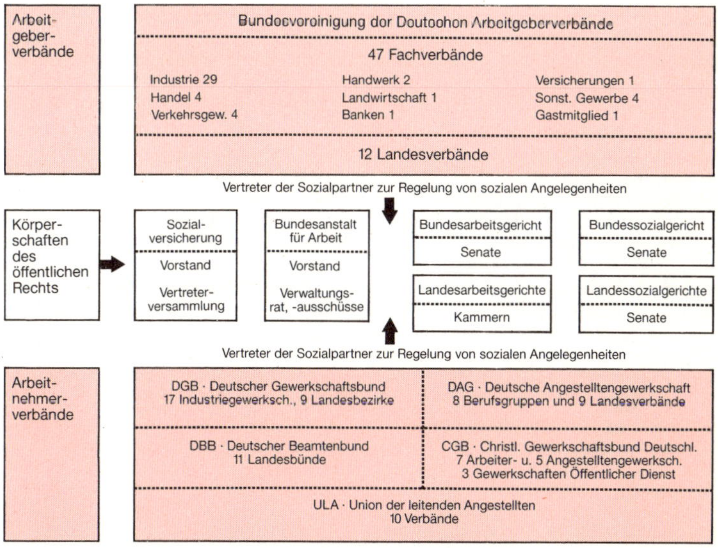

Arbeitskampfrecht

Der Arbeitskampf ist die kollektive Störung des Arbeitslebens durch Arbeitnehmer oder Arbeitgeber, um eine – neue – tarifvertragliche Regelung zu erreichen oder abzuwehren (Tarifautonomie). Der Arbeitskampf wird von Seiten der Arbeitnehmerschaft von Gewerkschaften, Belegschaften oder Teilen von ihnen getragen. Auf Seiten der Arbeitgeber kann der Arbeitskampf von Arbeitgebern oder Arbeitgeberverbänden geführt werden.

Erscheinungsformen des Arbeitskampfes sind Streik und Aussperrung. *Streik* als Mittel des Arbeitskampfes ist die planmäßige und gemeinsam durchgeführte Arbeitsniederlegung einer größeren Anzahl von Arbeitnehmern als Arbeitskampfmaßnahme zur Durchsetzung einer tariflichen Regelung, mit dem Ziel, nach Beendigung des Streiks die Arbeit wieder fortzusetzen. Darunter fällt nicht der politische Streik. *Aussperrung* ist eine planmäßige Ausschließung einer größeren Anzahl von Arbeitnehmern von der Arbeit zur Erreichung eines Arbeitskampfziels mit der Absicht, sie nachher wieder zu beschäftigen.

Eine gesetzliche Regelung des Arbeitskampfrechts gibt es bis heute nicht. Maßgebend ist im wesentlichen die Rechtsprechung des Bundesarbeitsgerichts geworden. Dabei handelt es sich um typisches gesetzesvertretendes Richterrecht.

Der Arbeitskampf gehört zum Kernbereich der Betätigung von Gewerkschaften und Arbeitgebern in der Gestaltung des Arbeitslebens durch Tarifverträge. Daher schließt die im Grundgesetz geschützte Koalitionsfreiheit für Gewerkschaften und Arbeitgeberverbände (vgl. S. 116) den arbeitsrechtlichen Arbeitskampf mit ein. Er dient der Aufgabe, die Arbeits- und Wirtschaftsbedingungen von Arbeitnehmern und Arbeitgebern zu fördern. Ein Verbot oder eine Beschränkung von Streik oder Aussperrung ist mit der im Grundgesetz vorausgesetzten Waffengleichheit oder Kampfparität nicht vereinbar. Der Staat darf den Arbeitskampf weder beschränken noch privilegieren, er muß sich neutral verhalten (Verbot staatlicher Zwangsschlichtung). Gegen das *Neutralitätsprinzip* verstößt der Staat grundsätzlich nicht, wenn er durch Arbeitskämpfe hilfsbedürftig gewordene Personen durch Geldleistungen unterstützt.

Nicht jeder Arbeitskampf ist von der Rechtsordnung gebilligt; er ist es nur dann, wenn er sozial adäquat ist und den Grundprinzipien des freiheitlichen sozialen Rechtsstaats sowie des kollektiven Arbeitsrechts entspricht. Vom Bundesarbeitsgericht (vgl. S. 230) sind zur Beurteilung der Rechtmäßigkeit des Arbeitskampfes Grundsätze herausgebildet worden. Danach muß der Arbeitskampf von Gewerkschaften, Arbeitgeberverbänden oder dem einzelnen Arbeitgeber, d. h. von tariffähigen Parteien, organisiert und gegen den Sozialpartner gerichtet sein. Spontane Arbeitsniederlegungen von Arbeitnehmern *(wilde Streiks)* sind rechtswidrig. Der Arbeitskampf muß zum Zwecke der tariflichen Regelung der Arbeits- und Wirtschaftsbedingungen geführt werden. Das Arbeitskampfziel muß durch Tarifvertrag wirksam geregelt werden können, wobei der Tarifvertrag nicht gegen gesetzliche oder weitergeltende tarifvertragliche Bestimmungen verstoßen darf (z. B. Verbot des Arbeitskampfes zwischen Arbeitgeber und Betriebsrat oder Arbeitskampf gegen noch geltenden Tarifvertrag). Der Arbeitskampf darf nur als letztes Mittel eingesetzt werden, wenn die Verhandlungen endgültig gescheitert sind und etwaige gesetzlich oder tariflich vorgesehene *Schlichtungsverfahren* erfolglos abgeschlossen wurden. Im Fall eines Streiks ist eine Kampfmaßnahme nur rechtmäßig, wenn eine *Urabstimmung*, zumindest bei entsprechender Satzungsvorschrift, durchgeführt wurde und ein positives Kampfvotum erbrachte. Der Arbeitskampf muß aus der Erkenntnis heraus, daß der Betrieb nach Abschluß wieder aufgenommen werden soll, fair geführt werden. Daraus folgt, daß ein Arbeitskampf, der in einem krassen Mißverhältnis zu dem entstehenden Schaden steht, rechtswidrig ist. Das gilt vor allem, wenn bei einem Streik die Streikleitung nicht zu einer Regelung von Notarbeiten bereit ist.

Neue Techniken und neuartige Logistiksysteme haben die Produktionsprozesse vieler Unternehmen eng miteinander verzahnt, so daß Streiks in Teilbereichen vielfach auf andere Betriebe übergreifen. Es wird deshalb überlegt, vorhandene Schlichtungs- und Schiedsvereinbarungen zu einem Friedensabkommen zu entwikkeln. Dabei müßte jedoch der im Arbeitskampf ausgeübte Druck wirksam genug bleiben, um die Tarifparteien zum Kompromiß zu bringen und zugleich die Schäden, die die moderne Arbeitskampf-Taktik in einer vernetzten Industrie auslösen kann, so gering wie möglich gehalten werden.

Die drei Wege, auf denen ein neuer Tarifvertrag zustandekommen kann (Spielregeln für den Arbeitskampf)

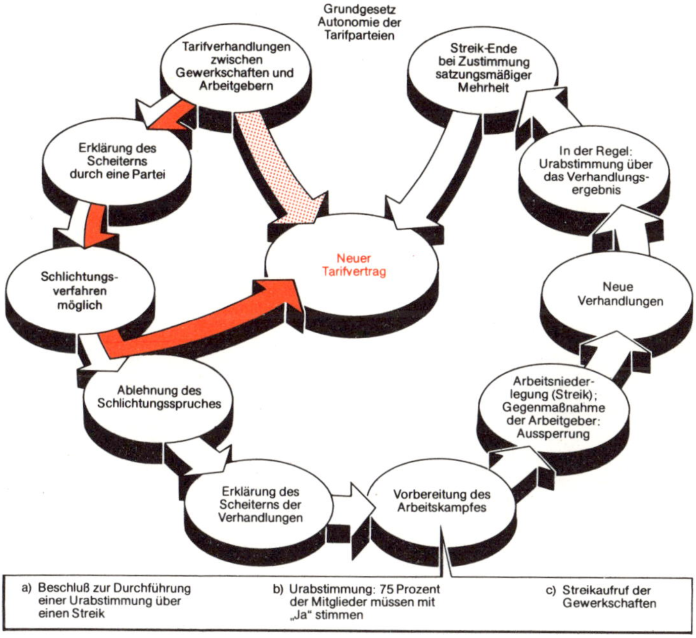

Streiks und Aussperrungen nach Ländern

Land	1984						1986					
	Be-troffene bzw. be-teiligte Betriebe	Durchschnittlich beteiligte bzw. betroffene Arbeitnehmer				Ver-lorene Arbeits-tage	Be-troffene bzw. be-teiligte Betriebe	Durchschnittlich beteiligte bzw. betroffene Arbeitnehmer				Ver-lorene Arbeits-tage
		ins-gesamt	bei beendeten Streiks und Aussperrungen von...bis...Arbeitstagen					ins-gesamt	bei beendeten Streiks und Aussperrungen von...bis...Arbeitstagen			
			unter 7	7–24	25 und mehr				unter 7	7–24	25 und mehr	
Schleswig-Holstein	52	14478	10762	3716	–	46994	1	514	514	–	–	193
Hamburg	37	5433	2242	3191	–	28025	2	253	253	–	–	1518
Niedersachsen ...	208	52396	51737	659	–	29676	2	2015	2015	–	–	435
Bremen	15	4358	4358	–	–	10840	–	–	–	–	–	–
Nordrhein-Westfalen	162	39500	36842	2658	–	100860	25	26373	26366	7	–	6157
Hessen	161	97428	35429	31594	30405	1426439	10	7383	7383	–	–	1803
Rheinland-Pfalz	21	7664	7632	–	32	11600	–	–	–	–	–	–
Baden-Württemberg	277	272272	139754	132518	–	3866490	39	63984	63984	–	–	11095
Bayern	106	34997	32755	2242	–	52131	15	12053	11805	248	–	5776
Saarland	5	2485	2485	–	–	1310	–	–	–	–	–	–
Berlin (West)	77	6254	4324	1930	–	43230	2	2947	2886	61	–	987
Insgesamt	1121	537265	328320	178508	30437	5617595	96	115522	115206	316	–	27964

Bundesanstalt für Arbeit – Arbeitsverwaltung

Die Bundesanstalt für Arbeit (BA) ist trotz ihres Namens eine Körperschaft des öffentlichen Rechts mit Selbstverwaltung. Sie gliedert sich in die *Hauptstelle* mit Sitz in Nürnberg, neun *Landesarbeitsämter* (LAA) und 146 *Arbeitsämter* (AA) mit 500 Nebenstellen. Der Hauptstelle unmittelbar unterstellt sind 14 besondere Dienststellen gemäß § 189 Abs. 4 des Arbeitsförderungsgesetzes (AFG): Das Zentralamt (ZA) in Nürnberg, die Zentralstelle für Arbeitsvermittlung (ZAV) in Frankfurt am Main, das Vorprüfungsamt und zehn Verwaltungsschulen sowie die Fachhochschule des Bundes für öffentliche Verwaltung – Fachbereich Arbeitsverwaltung. Das ZA erledigt zentrale Verwaltungsaufgaben wie z. B. die elektronische Datenverarbeitung, die Besoldung und Versorgung der Bediensteten. Die ZAV ist für die überregionale Vermittlung gehobener, insbesondere akademischer Berufe, auch von und nach dem Ausland, zuständig.

Die *Organe* der BA – Verwaltungsrat und Vorstand an der Spitze, Verwaltungsausschüsse bei AA und LAA – nehmen für ihre Bereiche die Selbstverwaltung wahr und erledigen die der BA nach § 3 Abs. 2 und § 191 Abs. 1 AFG übertragenen Aufgaben. Die interne Kompetenzverteilung ist weitgehend in der Satzung der BA geregelt. Die laufenden Geschäfte führt der Präsident, der vom Bundespräsidenten auf Vorschlag der Bundesregierung ernannt wird. In diesem Rahmen vertritt er die BA gerichtlich und außergerichtlich. Darüber hinaus steht diese Funktion dem Vorstand zu.

Da die BA, ausgestattet mit eigener Rechtspersönlichkeit, Kompetenzen des Bundes wahrnimmt (Art. 74 Nr. 12, Art. 87 Abs. 2 und 3 GG), ist die BA Bestandteil der sogenannten mittelbaren Staatsverwaltung. Die *Aufgaben* des § 3 Abs. 2 AFG (z. B. Arbeitsvermittlung, Gewährung von Arbeitslosengeld) gehören zum eigenen Wirkungskreis der BA, d. h. sie ist Trägerin dieser Aufgabe im Sinne von Art. 87 Abs. 2 GG. Die BA verwaltet insoweit eigene Angelegenheiten durch eigene Organe und unterliegt daher nur der Rechtsaufsicht des Bundesministers für Arbeit nach § 224 AFG (Kontrolle der Rechtmäßigkeit).

Daneben sind der BA aber auch fremde Aufgaben (des Bundes) als *Auftragsangelegenheiten* übertragen worden, wie z. B. die Gewährung von Kindergeld nach den Kindergeldgesetzen oder die Gewährung von Arbeitslosenhilfe. Insoweit untersteht die BA auch der staatlichen Fachaufsicht. Weitere Aufgaben, wie z. B. die Sprachförderung von Aussiedlern und die Durchführung verschiedener arbeitsmarktpolitischer Programme, hat die BA durch Vereinbarung mit der Bundesregierung übernommen. Ein neuartiger Weg zur Übertragung von Aufgaben auf die BA, die mit dem Aufgabenkatalog des AFG zusammenhängen, ist mit dem Gesetz über die Gewährung von Bildungsbeihilfen für arbeitslose Jugendliche aus Bundesmitteln beschritten worden, das als Art. 3 des Beschäftigungsförderungsgesetzes vom 3. 6. 82 erlassen wurde. Dieses Gesetz enthält eine Richtlinien-Ermächtigung des Bundesministers für Arbeit und überträgt deren Durchführung der BA. Entsprechendes gilt für die Beauftragung der BA mit der Durchführung des Rückkehrhilfegesetzes vom 28. 11. 1983 und des Vorruhestandgesetzes vom 13. 4. 1984.

Zur *Aufbringung der Mittel* für die Durchführung ihrer Aufgaben erhebt die BA von Arbeitnehmern und Arbeitgebern Beiträge und Umlagen (§§ 167 und 186 a AFG). Die Gesamtsumme der Ausgaben der BA im Jahre 1984 betrugen 29,43 Mrd. DM. Bei etwa 20,5 Mill. Beitragspflichtigen wurden für 1986 Beitragseinnahmen von ca. 28,9 Mrd. DM veranlagt. Ihre Mittel darf die BA nur für die gesetzlich vorgeschriebenen oder zugelassenen Zwecke verwenden. Sie muß hierfür einen Haushaltsplan aufstellen, der der Genehmigung durch die Bundesregierung bedarf. Aus den Überschüssen der Einnahmen über die Ausgaben hat die BA eine Rücklage zu bilden, die vorrangig dazu dient, die Zahlungsfähigkeit der BA bei ungünstiger Arbeitsmarktlage sicherzustellen. Soweit die Mittel der Rücklage dazu nicht benötigt werden, können sie verwendet werden, um die Voraussetzungen für die Beschäftigung von Arbeitnehmern in Dauerarbeit zu schaffen. Die Rücklage ist verzinslich anzulegen. Das Vermögen der BA ist von bundesgesetzlich geregelten Bundes-, Landes- und Kommunalsteuern und -abgaben im gleichen Umfange frei, wie das Vermögen der Sozialversicherungsträger.

Der Aufbau der Arbeitsverwaltung

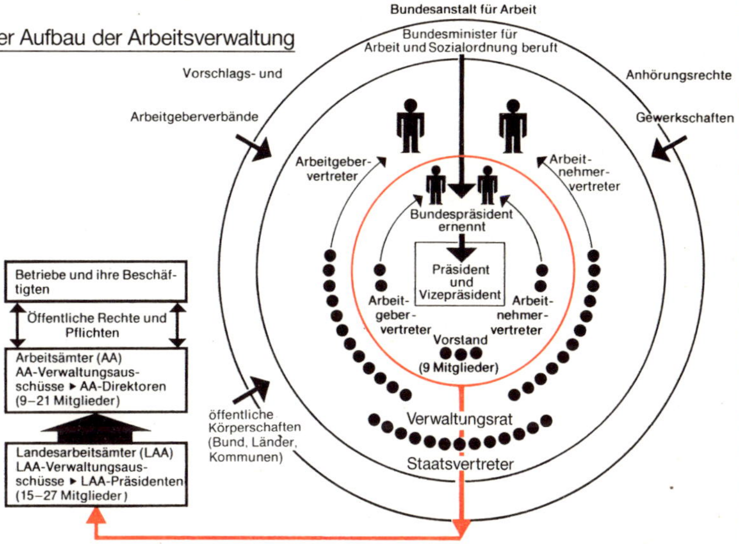

Einnahmen und Ausgaben der Bundesanstalt für Arbeit

Jahr	Einnahmen		Ausgaben											Mittel des Bundes		
				für (Leistungen)											Ausgaben	
				der Arbeitsmarktpolitik					bei Arbeitslosigkeit	davon						
	insgesamt	dar. Beiträge	insgesamt	zusammen	dar. Unterhaltsgeld	Arbeitsbeschaffung	Kurzarbeitergeld	Beschäftigungsforderung	zusammen	Arbeitslosengeld	Konkursausfallgeld	Durchführung der Fachaufgaben	sonstige Ausgaben	Einnahmen	insgesamt	Unterstützungen aus der Arbeitslosenhilfe
1982 .	26314	24287	33365	5991	2186	965	2216	2218	18582	18027	555	3248	145	25	5592	5015
1983 .	31039	28672	32644	5642	1815	1228	3075	1560	17569	17103	466	3420	151	28	7409	7124
1984 .	32805	30446	29644	5888	1784	1764	1792	1613	14677	14143	534	3544	366	28	9017	8719
1985 .	32043	29492	29737	6363	1850	2218	1228	1442	14644	14085	558	3682	160	28	9472	9126
1986 .	31649	29122	31862	7995	2301	2793	880	1347	14575	14047	528	4106	166	28	9565	9160

Arbeitsförderung – Arbeitslosenversicherung

Unter Arbeitsförderung versteht man eine Vielzahl von Aufgaben, die die Bundesanstalt für Arbeit (BA [vgl. S. 416]) nach dem Arbeitsförderungsgesetz (AFG) vom 25. 6. 1969 zu erfüllen hat, damit ein hoher Beschäftigungsstand erzielt und aufrecht erhalten, die Beschäftigungsstruktur ständig verbessert und damit das Wachstum der Wirtschaft gefördert wird. Arbeitslosigkeit soll verhindert, unterwertige Beschäftigung vermieden werden. Das AFG bietet der BA eine Reihe von Möglichkeiten, in diesem Sinne auf die Arbeitsmarktfaktoren einzuwirken.

Zur *Erhaltung von Arbeitsstellen* sieht das AFG Leistungen vor, die vorübergehende Beschäftigungshindernisse überwinden. Hierzu gehören das Kurzarbeitergeld, das Schlechtwettergeld für die Bauwirtschaft und die produktive Winterbauförderung. Die *Schaffung neuer Arbeitsplätze* ist der BA nur begrenzt möglich. Das AFG sieht hier Arbeitsbeschaffungsmaßnahmen vor. Es handelt sich um die Förderung von Arbeiten, die im öffentlichen Interesse liegen und sonst nicht so durchgeführt worden wären, durch Lohnkostenzuschüsse an die Arbeitgeber für von ihnen beschäftigte Arbeitslose. Da ausgebildete Arbeitnehmer eher einen Arbeitsplatz finden als ungelernte, hat die *Berufsbildungsförderung* (Ausbildung, Fortbildung und Umschulung) eine große Bedeutung. Sie dient neben der Verbesserung der Qualifikationsstruktur auch der Förderung der beruflichen Mobilität. Zur Förderung der örtlichen Mobilität, also der Bereitschaft zum Betriebs- und Ortswechsel, dienen Leistungen zur *Förderung der Arbeitsaufnahme*.

Die notwendige Information der Arbeitsuchenden und Arbeitgeber erfolgt über die *Arbeitsberatung* und die *Berufsberatung*. Arbeitnehmer und Arbeitgeber werden schließlich durch *Vermittlung* zusammengeführt, die nach § 4 AFG grundsätzlich nur von der BA betrieben werden darf, unterstützt durch die Möglichkeit, *Einarbeitungszuschüsse* und *Eingliederungsbeihilfen* zu gewähren. Ausländern, die sich rechtmäßig im Geltungsbereich des AFG aufhalten, erteilt die BA die erforderliche *Arbeitserlaubnis*.

Durch die Zahlung von *Konkursausfallgeld* hat die BA schließlich den Arbeitnehmern für die letzten drei Monate ihres Arbeitsverhältnisses das infolge Zahlungsunfähigkeit des Arbeitgebers ausgefallene Arbeitsentgelt auszugleichen. Die Existenzsicherung der Arbeitnehmer bei Arbeitslosigkeit erfolgt durch die Gewährung von *Arbeitslosengeld* (Alg) und *Arbeitslosenhilfe* (Alhi). Das Alg ist eine Versicherungsleistung *(Arbeitslosenversicherung)*, die durch Beiträge der Arbeitnehmer und der Arbeitgeber aufgebracht wird. 1986 betrugen die Beiträge 4% der Beitragsbemessungsgrundlage. 1975 beliefen sich die Ausgaben für das Alg auf 7,765 Mill. DM, 1984 auf 14,1 Mrd. DM, für jeden Arbeitslosen durchschnittlich 1 369 DM monatlich. Alg soll Lohnersatz sein ohne Rücksicht auf Bedürftigkeit, allerdings nur für eine begrenzte Zeit (längstens 312 Tage je nach Dauer der vorherigen Beschäftigung) und nicht in voller Höhe (gegenwärtig 68% [bzw. 63% bei Arbeitslosen ohne Kinder] des letzten Nettoentgelts). Es wird nur Arbeitslosen gewährt, die die Anwartschaftszeit erfüllt haben, also innerhalb der dreijährigen Rahmenfrist vor der Arbeitslosmeldung 360 Kalendertage beitragspflichtig beschäftigt waren. Eine erhöhte Anspruchsdauer kann sich für ältere Arbeitnehmer ab dem 44. Lebensjahr nach § 106 a AFG ergeben. Arbeitslose, die innerhalb eines Jahres vor ihrer Arbeitslosmeldung (Vorfrist) nur 150 Kalendertage beschäftigt waren, erhalten (originäre) *Arbeitslosenhilfe* (Alhi), diejenigen, deren Anspruch auf Alg verbraucht ist, Anschluß-Arbeitslosenhilfe. Die Alhi wird zeitlich unbegrenzt, allerdings nur bei Bedürftigkeit und nur in Höhe von 58 bzw. 56% (bei Arbeitslosen ohne Kinder) des Nettoentgelts gewährt. Finanziert wird die Alhi vom Bund aus allgemeinen Steuermitteln, da sie keine Versicherungsleistung ist. 1985 betrug der Alhi-Aufwand 9,13 Mrd. DM für rund 625 000 Alhi-Empfänger. Wer Alg oder Alhi bezieht, ist nach § 155 AFG gegen Krankheit versichert. Er muß für das Arbeitsamt erreichbar sein und der Arbeitsvermittlung zur Verfügung stehen, d. h. jede ihm vom Arbeitsamt vermittelte zumutbare Arbeit annehmen, sonst können Sperrzeiten eintreten, die zum Ruhen oder Verlust der Ansprüche führen.

Seit Beginn der 1980er Jahre ist der Anteil der Empfänger von Alg an der Gesamtzahl der Bezieher von Lohnersatzleistungen stark zurückgegangen. Ursache hierfür ist die längere durchschnittliche Dauer der Arbeitslosigkeit (7,4 Monate im Jahr 1981 gegenüber 11,6 Monaten 1985). Immer mehr Arbeitslose sind nach Ausschöpfen ihres Anspruchs auf Alg sodann auf Alhi oder von vornherein auf Sozialhilfe angewiesen.

Die Entwicklung des Arbeitsmarktes 1973–1987

(in Tausend)

Jahr	Erwerbspersonen[1]	Arbeitnehmer	Selbständige[2]	Arbeitslose	Kurzarbeiter	Offene Stellen	Arbeitslosenquote[3]
1973	27195	22906	4016	273	44	572	1,2
1974	27147	22640	3925	582	292	315	2,5
1975	26884	22014	3796	1074	773	236	4,7
1976	26651	21939	3652	1060	277	235	4,6
1977	26577	22029	3518	1030	231	231	4,5
1978	26692	22264	3435	993	191	246	4,3
1979	26923	22663	3384	876	88	304	3,7
1980	27217	23009	3319	889	137	308	3,7
1981	27416	22869	3275	1272	347	208	5,3
1982	27542	22436	3273	1833	606	105	7,6
1983	27589	22057	3274	2258	675	76	9,3
1984	27629	22097	3266	2266	384	88	9,3
1985	27844	22274	3266	2304	235	110	9,4
1986	28024	22525	3271	2228	197	154	9,0
1987	28200	23545	2426	2229	278	171	8,9

[1] Erwerbstätige und Arbeitslose
[2] Einschließlich mithelfender Familienangehöriger
[3] Anteil der Arbeitslosen an den abhängigen Erwerbspersonen (beschäftigte Arbeitnehmer und Arbeitslose)
Quelle: Statistisches Bundesamt

Arbeitsförderung: Leistungsempfänger 1982–1986

(in Tausend)

Jahresdurchschnitt	Arbeitslosengeld			Arbeitslosenhilfe: insgesamt			Arbeitslosenhilfe: davon im Anschluß an den Bezug von Arbeitslosengeld			Unterhaltsgeld			Kurzarbeitergeld		
	insgesamt	männlich	weiblich	insgesamt	männlich	weiblich	zusammen	männlich	weiblich	insgesamt	männlich	weiblich	insgesamt	männlich	weiblich
1982	926	524	402	291	212	79	262	193	69	144	93	51	606	460	146
1983	1014	574	441	485	359	127	441	329	112	131	86	45	675	548	127
1984	859	483	376	598	441	157	546	406	139	132	86	46	384	325	59
1985	836	470	366	617	455	162	561	417	144	135	88	47	235	197	37
1986	800	429	371	601	437	164	541	397	144	155	99	56	197	164	34

Quelle: Statistisches Jahrbuch 1987

System der sozialen Sicherung und Förderung

Soziale Gerechtigkeit wird vor allem durch eine bestmögliche Verteilung des Sozialprodukts, speziell im Rahmen der Tarifautonomie (vgl. S. 412) durch betriebliche Mitbestimmung (vgl. S. 410) und durch die Humanisierung des Arbeitslebens angestrebt. Soziale Gerechtigkeit steht im engen Zusammenhang mit der sozialen Sicherheit. Diese gilt als gewährleistet, wenn jedem ein ausreichender Lebensunterhalt gewährt wird und Notstände aller Art (etwa auch im Wohnungs- und Bildungswesen) behoben sind. Soziale Sicherheit im engeren Sinne bedeutet ein ausgebautes Netz oder System der sozialen Sicherung, mit dem Erwerbstätige, insbesondere in abhängiger Stellung, gegen bestimmte Gefahren (vorwiegend des Arbeitslebens: Arbeitslosigkeit, Arbeitsunfall) geschützt werden. Dies soll v. a. erreicht werden durch die Sozialversicherung; sie ist ein wesentlicher Bestandteil sozialpolitischer Sicherungssysteme moderner Staaten.

Das System der sozialen Sicherung kann nach folgenden Arten gegliedert werden: 1) Versicherung, 2) Versorgung sowie 3) Sozialhilfe. Im ersten Bereich geht es darum, Risiken abzudecken oder zu mindern, die jeden treffen können (Alter, Krankheit, Invalidität, Arbeitslosigkeit). Im System der Sozialversicherung (Pflichtversicherung) gibt es entsprechend die Renten-, Kranken-, Unfall- und Arbeitslosenversicherung. Ergänzend bestehen Sozialleistungen für die Familie (Kinder-, aber auch Mutterschafts-, Waisen- und Wohngeld). Einzelne Risiken (z. B. Alter, Krankheit) können auch über private Versicherungen zusätzlich abgedeckt werden. Der zweite Bereich, die Versorgung, dient dem Ausgleich von Schäden, die bei einer begrenzten Gruppe von Menschen eingetreten sind. Derartige Schäden entstehen durch von der Allgemeinheit zu verantwortende Vorgänge, z. B. durch Krieg und seine Folgen (u. a. Kriegsopferversorgung, Lastenausgleich). Zum Bereich der Sozialhilfe gehört v. a. die Betreuung von individuellen Sozialfällen, die nicht von der Sozialpolitik, speziell der sozialen Sicherung, erfaßt werden können. Aufgabe der Sozialhilfe (früher: öffentliche Fürsorge) ist es, dem Empfänger ein menschenwürdiges Leben zu ermöglichen. Empfänger sind im wesentlichen Personen, deren Versorgung durch eigene Kraft unzureichend ist, gleichgültig, ob die Notlage durch eigenes Verschulden entstand oder nicht (z. B. Arme). Es wird Hilfe zum Lebensunterhalt (Schwierigkeiten bei der Ausübung von beruflichen Tätigkeiten) und Hilfe in besonderen Lebenslagen (z. B. Ausbildungs-, Kranken-, Blinden-, Altershilfe, Rehabilitationshilfe für Behinderte) gewährt.

Die Sozialversicherung als Mittelpunkt des Systems der sozialen Sicherung ist eine Mischform aller drei Prinzipien. Sie ist maßgeblich nach dem Versicherungsprinzip aufgebaut, enthält aber auch Bestandteile staatlicher Versorgung und Sozialhilfe. Grundsätzlich können Versicherung, Versorgung und Sozialhilfe der individuellen Sicherung zugerechnet werden. Der kollektiven Sicherung dienen alle Sozialinvestitionen, also die Bereitstellung von sozialen Einrichtungen, die von jedermann in Anspruch genommen werden können (z. B. Errichtung und Unterhaltung von Alters- oder Jugendheimen, Kindergärten). Das System der sozialen Sicherung wird laufend den Veränderungen der Lebens- und Arbeitsbedingungen angepaßt.

1986 betrugen die Sozialleistungen (z. B. Kindergeld, Arbeitslosenunterstützung, Soialhilfe, Wohngeld) rund 604 Mrd. DM. Trotz einer erheblichen Steigerung gegenüber den Vorjahren stiegen die Sozialleistungen prozentual geringer an als die gesamtwirtschaftliche Leistung (1975: 33,7% des Bruttosozialprodukts, 1985: 31,2%). Finanziert wurden die Sozialleistungen u. a. aus öffentlichen Mitteln (109,1 Mrd. DM), Beiträgen der Arbeitgeber (220,9 Mrd. DM) und Beiträgen der Versicherten (162,4 Mrd. DM). Mit der Aufteilung der Mittel nach ihrer Herkunft (Finanzierungsquelle) läßt sich aber die Frage, wer die Finanzierung letztendlich trägt, noch nicht im einzelnen beantworten. Volkswirtschaftlich gesehen müssen die Leistungen im Rahmen der sozialen Sicherung aus dem laufenden Sozialprodukt aufgebracht werden (Sozialleistungsquote).

Die soziale Absicherung bedürftiger Menschen wird zunehmend problematisch. V. a. durch Dauerarbeitslosigkeit stieg die Zahl der Haushalte, die staatliche Hilfe zum Lebensunterhalt, d. h. Sozialhilfe, benötigen. Daneben ist auch die Sicherung der finanziellen Leistungsfähigkeit und des Systems der Sozialversicherung, insbesondere der gesetzlichen Rentenversicherung, eine schwierige politische Aufgabe der Zukunft.

Das Netz der sozialen Sicherheit

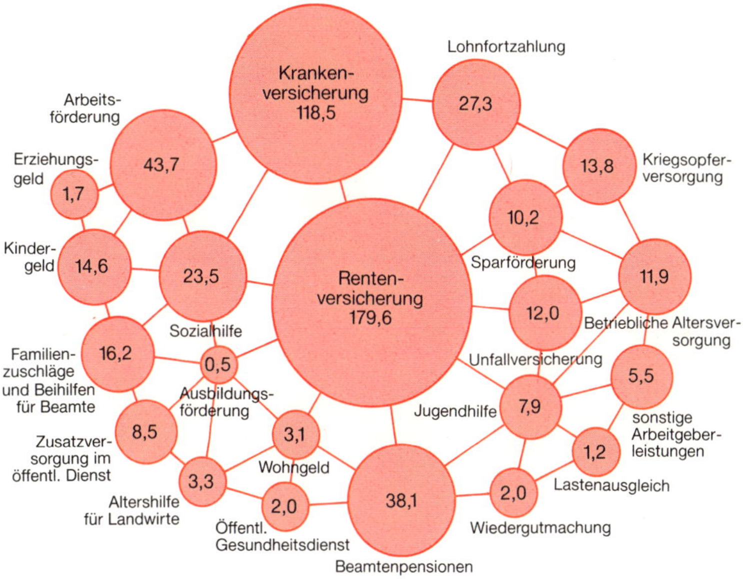

Die Zweige der Sozialversicherung

Versicherungs-zweig	Versicherte	Träger	Leistungen	Finanzierung
Kranken-versicherung	Arbeitnehmer und ihre Familien-angehörigen, Rentner, Landwirte	Allgemeine Ortskranken-kassen, Ersatz-kassen, Betriebs-krankenkassen	Kostenüber-nahme, Kranken-geld	Beiträge von Arbeitnehmern und Arbeitgebern zu gleichen Teilen, Zuschüsse
Unfall-versicherung	Arbeitnehmer, Schüler, Studenten, sonstige Personen	Berufsgenossen-schaften, Gemeindeunfall-versicherungs-verbände	Verletztenrente Hinterbliebenen-rente	Beiträge der Arbeitgeber, Zuschüsse
Renten-versicherung	Arbeiter, Angestellte, Landwirte, Handwerker, bestimmte freie Berufe	Landes-versicherungs-anstalten, Bundesversiche-rungsanstalt für Angestellte	Altersruhegeld, Berufs- und Erwerbsunfähig-keitsrenten Hinterbliebenen-rente	Beiträge von Arbeitnehmern und Arbeitgebern zu gleichen Teilen, Zuschüsse
Arbeitslosen-versicherung	Arbeitnehmer	Bundesanstalt für Arbeit, Landesarbeits-ämter, Arbeitsämter	Arbeitslosengeld, Arbeitslosenhilfe	Beiträge von Arbeitnehmern und Arbeitgebern zu gleichen Teilen, Zuschüsse

Krankenversicherung

In der Krankenversicherung (KV) ist die Krankheit als Lebensrisiko versichert. Im Unterschied dazu fällt die Berufskrankheit als Beschäftigungsrisiko in den Bereich der Unfallversicherung (vgl. S. 424). Die Krankheit im sozialrechtlichen Sinne ist nicht gesetzlich definiert, aber jedenfalls verschieden von dem medizinischen Begriff. Der sozialrechtliche Begriff ist durch die Rechtsprechung ständig ausgeweitet worden und erfaßt heute auch angeborene Körperanomalien, Alkohol- und Drogenabhängigkeit.

Die KV befindet sich in der Entwicklung zur *Gesundheitssicherung*. Noch bildet die kurative Behandlung des Erkrankten den Leistungsschwerpunkt. Doch sind Gesundheitsvorsorge und Früherkennung als präventive Maßnahmen im Aufbau. Seit 1974 ist aber auch die medizinische Rehabilitation KV-Leistung. Vorsorgeuntersuchungen zur Früherkennung gibt es für Kleinkinder (bis vier Jahre) sowie auf Krebs- und Kreislaufkrankheiten für Frauen ab Beginn des 30., für Männer ab Beginn des 45. Lebensjahres; ihr Ausbau verzögert sich aus Kostengründen. Die Gesundheitsvorsorge kann von der KV kaum individuell gezielt gewährt, wohl aber als gesellschaftliche und staatliche Aufgabe durch Forschung gefördert sowie durch Information und Beratung unterstützt werden. Zur Aufklärung, Beratung und Auskunft sind auch die Sozialleistungsträger verpflichtet.

Kurative Leistungen sind zeitlich unbegrenzt. Dazu zählen: Krankenhauspflege, ärztliche und zahnärztliche Behandlung, Versorgung mit Arznei, Heil- und Hilfsmitteln sowie Zahnersatz. Sämtliche Leistungen der Krankenkassen werden inzwischen nur noch mit Kostenbeteiligung der Versicherten gewährt (Ausnahme sind die rein ärztlichen oder zahnärztlichen Leistungen). Zur Zeit beträgt die Kostenbeteiligung für jedes verordnete Medikament 2 DM, für die ersten zwei Wochen einer Krankenhauspflege müssen täglich 5 DM zugezahlt werden. Beim Zahnersatz haben sich die Versicherten je nach Satzungsbestimmungen mit bis zu 33⅓% zu beteiligen. Im Rahmen einer grundlegenden Reform soll künftig der Zahnerhalt mehr gefördert werden als der Zahnersatz, dessen Kosten auch nur bei Inanspruchnahme der zahnärztlichen Kontrolluntersuchungen erstattet werden sollen.

Die ärztliche und zahnärztliche Behandlung wird durch Kassenärzte (-zahnärzte) auf der Basis von bundeseinheitlichen und regionalen öffentlich-rechtlichen Mantelverträgen und Honorarvereinbarungen gewährt. Seit das Bundesverfassungsgericht mit Rücksicht auf das Grundrecht der Berufsfreiheit (vgl. S. 122) die Zulassungsbeschränkung für Kassenärzte auf bestimmte Kassenarztsitze für nichtig erklärt hat, ist eine Überversorgung der Städte und Unterversorgung der Land- und Stadtrandgebiete entstanden. Die Schiedsämter verhindern durch die Verbindlichkeit ihrer Honorarfestsetzung zwar Ärztestreiks, bewirken aber Honorarverzerrungen. Besonders insofern bedarf das Kassenarztrecht einer sinnvollen Reform.

Arzneimittel werden nur durch konzessionierte Apotheken vermittelt. Die Arzneimitteltaxe wird staatlich festgelegt mit 5% KV-Rabatt. Abrechnungsverträge für Arzneien und Leistungsverträge für andere Sachleistungen werden kollektiv und privatrechtlich geschlossen.

Die *Krankenhauspflege* wird durch kommunale und privatcaritative Krankenhäuser geleistet. Die Kosten werden aufgrund der Pflegesatzverordnung amtlich festgesetzt. Zu decken sind die Pflegekosten, nicht aber die „Vorhaltekosten". Die KV muß jedoch auch das Defizit der Krankenhäuser ausgleichen. Zur Kostendämpfung in der KV ist durch Gesetz die Konzertierte Aktion eingerichtet worden.

Den Trägern der KV sind durch Gesetz *zusätzliche Leistungen* übertragen worden. So haben sie Mutterschaftsleistungen (Vorsorgeuntersuchungen, Mutterschaftsgeld) ebenso zu erbringen wie seit der Reform des § 218 StGB mutterschaftsverhindernde Leistungen. Laufende Barleistungen obliegen der KV im Fall der ambulanten oder stationären Arbeitsunfähigkeit durch Zahlung des Krankengeldes. Die Arbeitsunfähigkeit ist bei begründeten Zweifeln auch vertrauensärztlich nachprüfbar. Außerdem zahlen die Krankenkassen z.Z. noch ein grundlohnabhängiges Sterbegeld.

In der Bundesrepublik Deutschland waren 1985 rund 35,9 Mill. Mitglieder in 1250 gesetzlichen und privaten Krankenkassen versichert. Durch erneute Kostensteigerungen im Gesundheitswesen entstand 1985 ein Defizit von 2,4 Mrd. DM, das durch eine Beitragserhöhung auf 12,15% des Bruttoeinkommens (1984: 11,7%) 1986 ausgeglichen wurde.

Mittelverwendung in der gesetzlichen Krankenversicherung

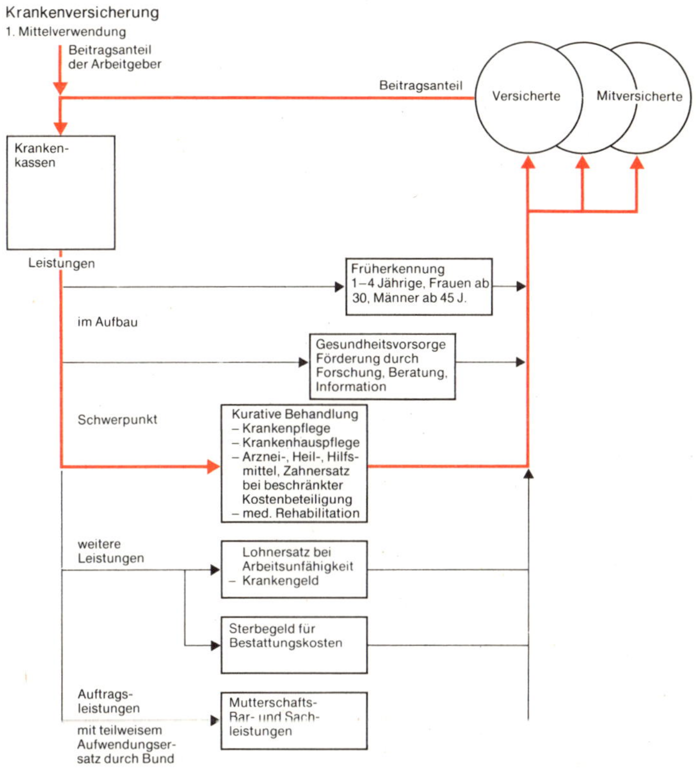

Krankheitskosten* 1985

Ausgabenbereich	Kosten* Mrd. DM
Krankenhaus	35,0
Arzt	19,8
Arzneien	16,6
Zahnersatz	7,6
Zahnarzt	6,7
Heil- und Hilfsmittel	6,4
Krankengeld	6,4
Verwaltung	5,3
Mutterschaftshilfe	2,7
Sterbegeld	2,0
Transportkosten	1,4
Sonstiges	4,1

*(Ausgaben der gesetzlichen Krankenversicherungen)

Beiträge zur gesetzlichen Krankenversicherung

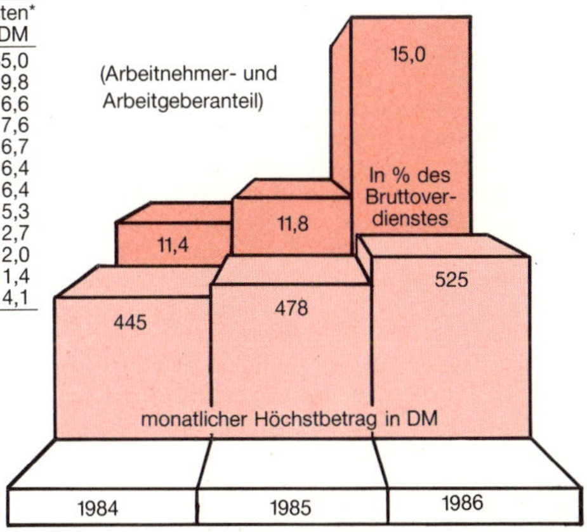

Unfallversicherung

Die Unfallversicherung aller Beschäftigten deckt die Beschäftigungsrisiken, d.h. die Risiken eines Arbeitsunfalls, einer Berufskrankheit und eines dadurch bewirkten Todes. Die gesetzliche Unfallversicherung ist ein Zweig der Sozialversicherung und ebenso wie deren übrige Zweige eine Pflichtversicherung. *Arbeitsunfall* ist ein kurzfristig, durch die betriebliche Beschäftigung oder auf dem Wege zu und von der betrieblichen Beschäftigung eintretendes, die Person des Versicherten schädigendes Ereignis (Betriebsunfall, Wegeunfall). *Berufskrankheit* ist die beschäftigungsbedingte Entstehung einer listenmäßig erfaßten Krankheit. Die geltende Liste erfaßt z.Z. 55 Berufskrankheiten, z.B. solche, die verursacht sind durch chemische und physikalische Einwirkungen, durch Infektionserreger oder Parasiten sowie Tropenkrankheiten, Leiden der Atemwege und der Lungen, des Rippenfells und Bauchfells sowie Krankheiten aus sonstiger Ursache.

Die Unfallversicherung geht von dem Gedanken aus, mit Rücksicht auf die Schadensgeneigtheit unselbständiger Arbeit für die hierdurch herbeigeführten Körperschädigungen und deren Folgen (Minderung der Erwerbsfähigkeit oder Tod) eine Einstandspflicht des wirtschaftlichen Nutznießers dieser Arbeit, des Unternehmens, zu begründen. Solange zivilrechtlich dessen Verschulden an einem Schaden Haftungsvoraussetzung war, blieb in der Regel der Arbeitnehmer ohne Schutz, weil er einen langen Rechtsstreit finanziell nicht durchstehen konnte. Ursprung der Unfallversicherung ist also die Notwendigkeit, das Recht des Arbeitnehmers kollektiv zu sichern. Dies geschieht in der Weise, daß eine *Berufsgenossenschaft* den Arbeitnehmern zu Lasten ihrer Mitglieder haftet und der Unternehmer durch die vom Verschulden unabhängigen Versicherungsleistungen von der Haftung frei wird. In den Risikobereich ist der Weg vom Wohnhaus zur Arbeitsstätte und zurück einbezogen, ferner der erste Weg zur Bank, um bargeldlos gezahltes Arbeitsentgelt (auch nur teilweise) abzuheben. Der Ersatzanspruch wegen Personenschaden ist durch abstrakte Schadensbemessung und Rehabilitationsangebote zugleich zu einer Maßnahme sozialer Sicherheit am Arbeitsplatz ausgestaltet worden.

Im Gegensatz zu den übrigen Zweigen der Sozialversicherung brauchen die Versicherten in der gesetzlichen Unfallversicherung keine Beitragsanteile zu entrichten. Die Beitragsleistung des Unternehmers an die Berufsgenossenschaft bewirkt, daß ein auf diese übergehender Ersatzanspruch gegen ihn nicht entsteht. Eine Ausnahme gilt, wenn der Arbeitgeber den Schaden vorsätzlich oder grob fahrlässig herbeigeführt hat, wobei im letzteren Falle die Berufsgenossenschaft auf den Übergang des Anspruchs verzichten kann.

Ein Wegfall der Erwerbsfähigkeit führt zur Verletztenvollrente, eine teilweise, d.h. mindestens 20%ige Minderung der Erwerbsfähigkeit (MdE) zu einer entsprechend verringerten Teilrente. Die Vollrente beträgt zwei Drittel des Jahresarbeitsverdienstes bzw. der Unternehmerversicherungssumme. Die Kinderzulage, wie sie vor dem 1. Jan. 1984 für jedes unterhaltsberechtigte Kind des Verletzten gezahlt wurde, ist durch das (niedrigere) gesetzliche Kindergeld ersetzt worden. Die Hinterbliebenenrenten sind je nach dem Angehörigkeitsgrad gestaffelt und betragen vom Jahresarbeitsverdienst als Witwen-(Witwer-)rente 30%, u.U. 40%, als Waisenrente 20%, als Vollwaisenrente 30%, als Elternrente 20% (für einen vom tödlich Verletzten unterhaltenen Elternteil), insgesamt jedoch höchstens 80% des Jahresarbeitsverdienstes des Verstorbenen.

Die Verhütung von Arbeitsunfällen und Berufskrankheiten *(Unfallverhütung)* ist unmittelbare Aufgabe der Arbeitgeber und geht auf deren Kosten. Die notwendigen Maßnahmen sind aber von der Berufsgenossenschaft anzuordnen, zu steuern, zu fördern und zu überwachen. Ein wichtiges Instrument der Unfallverhütung sind die von der Vertreterversammlung der Berufsgenossenschaft erlassenen und der Genehmigung des Bundesministers für Arbeit und Sozialordnung bedürftigen *Unfallverhütungsvorschriften.* Ihre technischen Anforderungen sind über das Maschinenschutzgesetz auch für die Herstellung und den Vertrieb von Maschinen verbindlich. Weitere präventive Aufgaben der Unfallversicherung sind die Steuerung und Förderung des Einsatzes von Betriebsärzten, Ersthelfern für die Erstversorgung von Verletzten, Sicherheitsingenieuren und anderen Sicherheitsfachkräften (z.B. Sicherheitsbeauftragten) in den Betrieben sowie die Einrichtung entsprechender Dienste hierfür. Die Organisation der Unfallversicherung ist ein Teil der Sozialverwaltung.

Das „Haus" der Berufsgenossenschaft

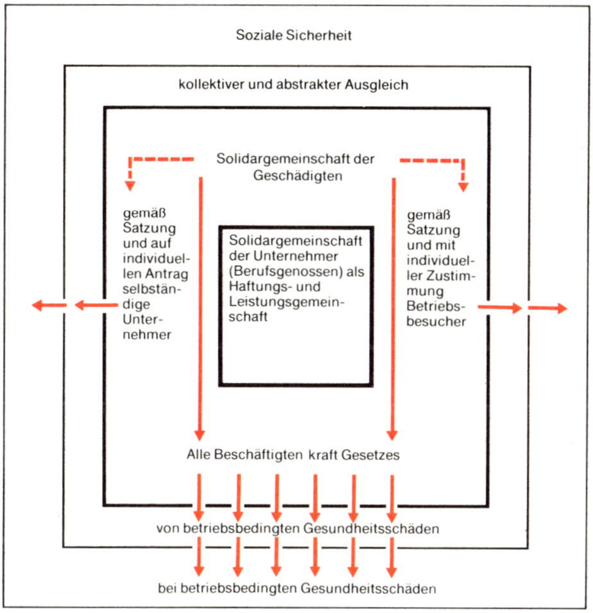

Das Leistungssystem der Unfallversicherung

Prävention

Verhüten besser als vergüten

Unfallverhütungsvorschriften für Arbeitssicherheit
- Sicherheitstechnische Gestaltung neuer Maschinen
- Technische Sicherung des Arbeitsablaufs
- Arbeitsmedizinischer Gesundheitsschutz

Überwachung der Maßnahmen zur Arbeitssicherheit
- Technischer Aufsichtsdienst in Zusammenarbeit mit Gewerbeaufsicht

Steuerung und Förderung
- Betrieblicher Einsatz von Sicherheitsfachkräften und Betriebsärzten

Rehabilitation

Wiederherstellen besser als Laufenlassen

- Medizinische Rehabilitation in Spezialunfallkliniken
- Berufliche in Berufsförderungswerken
- beide verbunden mit lohnersetzendem Verletztengeld
- beide verbunden mit lohnersetzendem Übergangsgeld

Rente

Lohnersatz Unterhaltungsersatz

Verletztenteilrente
- ab 20 % Minderung der Erwerbsfähigkeit

Verletztenvollrente
- bei Erwerbsunfähigkeit = ⅔ des individuellen Jahresarbeitsverdienstes der Unternehmerversicherungssumme

Hinterbliebenenrente
- bei Tod an Witwe (Witwer), Waisen, vorher unterhaltene Eltern

Rentenversicherung – Generationenvertrag

Die Rentenversicherung ist Pflichtversicherung für alle Beschäftigten, für Handwerker und Landwirte. Sie gewährt dem Versicherten nach Eintritt des Versicherungsfalles aufgrund von Rechtsansprüchen eine Rente in Form eines an regelmäßig wiederkehrenden Zeitpunkten (meist monatlich) zu zahlenden Geldbetrages. Den Rechtsansprüchen auf eine Rente überhaupt kann die gesetzliche Rentenversicherung, eine betriebliche Altersversorgung oder eine private Lebensversicherung zugrunde liegen.

Im Mittelpunkt steht die *gesetzliche* Rentenversicherung als Teil der Sozialversicherung. Sie gewährt Renten im Falle der Berufs- und Erwerbsunfähigkeit, des Alters und des Todes (für Hinterbliebene). Die Mittel werden durch Beiträge der Versicherten und der Arbeitgeber aufgebracht sowie durch Zuschüsse des Staates. Es bestehen getrennte Systeme (selbständige Zweige) für Arbeiter, Angestellte und die im Bergbau Beschäftigten (Arbeiterrenten-, Angestellten- und Knappschaftsversicherung).

Die Selbstverwaltung der Angestellten- und Arbeiterrentenversicherung ist paritätisch; in der knappschaftlichen Rentenversicherung liegt sie zu $^2/_3$ bei den Versicherten. Die Beitragsbelastung wird in der Angestellten- und Arbeiterrentenversicherung hälftig, in der knappschaftlichen Rentenversicherung überwiegend von den Arbeitgebern getragen. Der Steigerungssatz der Rentenanwartschaft ist in der knappschaftlichen Rentenversicherung höher als in der allgemeinen Rentenversicherung (2,2 statt 1,5). Weitere Unterschiede bestehen nicht. Finanziell überwiegen in der Rentenversicherung Renten*leistungen* bei weitem. Die Rentenversicherungsträger tragen aber auch die Lasten der Krankenversicherung der Rentner mit, was mindestens 11,7% der Rentenausgaben ausmacht. Berufs- und Erwerbsunfähigkeitsrenten werden im Interesse des Versicherten, der Versichertengemeinschaft und der Volkswirtschaft durch präventive und rehabilitative Leistungen weitestmöglich eingeschränkt. Unterschieden werden als Versichertenrenten die Berufs- und die Erwerbsunfähigkeitsrenten, das Altersruhegeld und das vorgezogene Altersruhegeld sowie die Hinterbliebenenrenten. Für das Altersruhegeld liegt die Altersgrenze bei 65 Jahren, für die vorgezogene Altersgrenze bei 63 Jahren (Schwerbehinderte 62 Jahre) nach mindestens 35 Versicherungsjahren, für Frauen bei 60 Jahren nach mindestens 121 Versicherungsmonaten ab dem 41. Lebensjahr, für alle im Falle der Arbeitslosigkeit nach mindestens 52 Wochen Arbeitslosigkeit innerhalb von 1 $^1/_2$ Jahren vor Rentenantragstellung. Betriebs- und Erwerbsunfähigkeitsrenten sowie Hinterbliebenenrenten setzen eine (kleine) Wartezeit von 60 Versicherungsmonaten, Altersruhegelder eine (große) Wartezeit von 180 Monaten voraus.

Die *Höhe der Versichertenrente* hängt ab von vier Faktoren: 1. von dem Verhältnis des persönlich-individuellen Arbeitsentgelts in jedem Versicherungsjahr (persönliche Bemessungsgrundlage) zu dem Durchschnitt aller Jahreseinkommen (allgemeine Bemessungsgrundlage); 2. der Zahl der anrechnungsfähigen Versicherungsjahre einschließlich der Ersatz- und Ausfallzeiten; 3. von der Art der Rente; 4. vom von der Rentenart abhängigen Steigerungssatz. Die persönliche Bemessung dynamisiert die Rentenanwartschaft entsprechend der allgemeinen Entwicklung der Arbeitsentgelte bis zum Eintritt des Versicherungsfalls. Diese *Zugangsrente* wird jährlich als *Bestandsrente* unter Berücksichtigung der wirtschaftlichen Leistungsfähigkeit an die Arbeitsentgeltsentwicklung angepaßt (Rentendynamisierung).

Die *Finanzierung* der Rentenversicherung wird auf der Beitragsseite durch geringes wirtschaftliches Wachstum, hohe Arbeitslosigkeit und niedrige Lohnzuwächse erschwert. Außerdem verändert sich die Altersstruktur der westdeutschen Bevölkerung; die Zahl der Rentenempfänger wird im Verhältnis zur Zahl der Versicherten ab 1990 zunehmen. Das hätte für die zukünftigen Erwerbstätigen entsprechend höhere Beitragsbelastungen zur Folge. Fraglich wird damit, ob die Rentendynamik in der bisherigen Form beibehalten werden kann. Damit wird der sog. *Generationenvertrag* in Frage gestellt. Die Rente der aus dem Arbeitsleben ausgeschiedenen Arbeitnehmer muß durch die Beiträge zur Rentenversicherung der im Arbeitsprozeß stehenden Generation aufgebracht werden. Da die Rentenbezüge von der Zahl, der Arbeitsleistung und den Arbeitsmöglichkeiten der jüngeren Generation abhängig sind, ergeben sich, wenn die demographische und die wirtschaftliche Entwicklung sich nicht ändern, gravierende Finanzierungsprobleme in der Rentenversicherung.

Leistungen der Rentenversicherung

Angestellten-versicherung	Arbeiterrenten-versicherung	Knappschaftliche Rentenversicherung
paritätisch verwaltet	paritätisch verwaltet	überwiegend von Versicherten verwaltet

Steige-ungssatz

1,5% Altersruhegeld und Erwerbsunfähigkeit 1,0% Berufsunfähigkeit	1,5% Altersruhegeld 1,0% Berufsunfähigkeit	2,0 % Knappschaftsruhegeld und Erwerbsunfähigkeit 1,2 % Berufsunfähigkeit, ohne knappschaftliche Beschäftigung 1,8 % 0,8 % Bergmannsrente

Renten-eistung

Ausgelöst durch Risikoeintritt:	Leistungsart:
Erreichen der Altersgrenze (65) Erreichen der vorgezogenen Altersgrenze (ab 63, Frauen ab 60) Tod des Versicherten	– Altersruhegeld – vorgezogenes Altersruhegeld – Hinterbliebenenrenten an Witwen und Waisen
Berufs- und Erwerbsunfähigkeit Interesse des Versicherten, der Versichertengemeinschaft und der Volkswirtschaft	– Berufs- und Erwerbsunfähigkeitsrente – Präventive Gesundheitsmaßnahmen (Kuren) zur Verhinderung von Berufs- und Erwerbsunfähigkeit – Rehabilitiv (medizinisch und beruflich) zur Wiederherstellung von Berufs- und Erwerbsfähigkeit

Rentenhöhe in der Angestelltenversicherung und Arbeiterrentenversicherung

Versicherten-renten	Lebensentgeltbedingte Relation zur allgemeinen Bemessungsgrenze (jeweiliges Durchschnittsentgelt aller Versicherten)	=	Persönliche Bemessungsgrenze
			×
	Versicherungszeiten + Ersatzzeiten + Ausfallzeiten	=	Zahl der Versicherungsjahre
			×
	Versicherungsfallabhängiger		Steigerungssatz
			=
			erster Rentenbetrag (Zugangsrente)
			+
			Rentenanpassung
			=
			jeweiliger Rentenbetrag (Bestandsrente)
Hinterbliebenen-renten	Witwen- (Witwer-) rente Waisenrente Doppelwaisenrente		60% der Versichertenrente 10% der Versichertenrente 20% der Versichertenrente
Kinderzuschuß	zur Versichertenrente je Kind zur Waisen- (Doppelwaisen-) rente	}	10% der allgemeinen Bemessungsgrenze

Öffentliche Sozialhilfe

Die Sozialhilfe (früher: Öffentliche Fürsorge) ist ein Teil der Sozialverwaltung und im Bundessozialhilfegesetz (BSHG) geregelt. Von der Sozialhilfe sind die sonstigen staatlichen Sozialleistungen, wie z. B. die Kriegsopferversorgung, die Arbeitslosenversicherung (vgl. S. 418) und die Sozialversicherung (vgl. S. 420) zu unterscheiden. Die Sozialhilfe ist der letzte vom Staat gewährte Ausweg, dem Hilfebedürftigen die nötigen Voraussetzungen für eine menschliche Lebensführung zu schaffen. Sie setzt nur ein, wenn der Bedürftige sich nicht selbst helfen kann und auch keine Hilfe durch andere erhält, beispielsweise durch Angehörige oder Träger anderer Sozialleistungen *(Prinzip der Subsidiarität).*

Die Sozialhilfe wird zum einen in Form finanzieller Beiträge zum Lebensunterhalt und zum anderen in mannigfachen Ausgestaltungen tatsächlicher und finanzieller Fürsorgeleistung gewährt. Hierzu gehört die Hilfe zur Nutzung der eigenen Arbeitskraft, die der Hilfsbedürftige in zumutbarem Rahmen einsetzen muß; ferner wird Hilfe in besonderen Lebenslagen, z. B. in Form von finanzieller Unterstützung zum Aufbau einer beruflichen Existenz, in Form von Ausbildungshilfe, vorbeugender Gesundheitshilfe, Krankenhilfe (Arzt- und Krankenhauskosten) oder Altenhilfe gewährt. Auf die Hilfe hat der Bedürftige einen nicht übertragbaren, nicht verpfändbaren und nicht pfändbaren persönlichen Rechtsanspruch, den er notfalls im Verfahren vor dem Verwaltungsgericht (vgl. S. 238) durchsetzen kann. Der Hilfesuchende kann seinen Anspruch bei dem Sozialamt geltend machen, das für seinen tatsächlichen Aufenthaltsort örtlich zuständig ist.

Die Sozialämter nehmen nicht nur die Anträge auf Sozialhilfe entgegen, sondern ermitteln auch selbst Fälle von Hilfsbedürftigkeit, sie zahlen die Geldleistungen aus und beraten über weitere Hilfen (z. B. Wohngeld). Teilweise unterhalten die Sozialämter auch eigene Dienste und Einrichtungen wie z. B. Sozialstationen, Suchtberatungsstellen usw., soweit nicht andere Organisationen wie die Träger der freien Wohlfahrtspflege solche Einrichtungen vorhalten.

Die *Träger* der Sozialhilfe sind im örtlichen Bereich die kreisfreien Städte (Stadtkreise) und Landkreise (städtische und Kreissozialämter). Die *überörtlichen Träger* wurden durch die Bundesländer bestimmt; das sind in Baden-Württemberg die Landeswohlfahrtsverbände Baden (Karlsruhe) und Württemberg (Stuttgart), in Bayern die Bezirke, in Berlin und Bremen das Land, in Hamburg die Freie- und Hansestadt, in Hessen der Landeswohlfahrtsverband (Kassel, Darmstadt, Wiesbaden), in Niedersachsen das Land, in Nordrhein-Westfalen die Landschaftsverbände Rheinland (Köln) und Westfalen-Lippe (Münster), in Rheinland-Pfalz, im Saarland und in Schleswig-Holstein jeweils das Land.

Die *Freie Wohlfahrtspflege* unterscheidet sich von der Sozialhilfe dadurch, daß sie nicht vom Staat, sondern von Kirchen, Religionsgesellschaften und privaten Verbänden getragen wird. Die Spitzenverbände der Freien Wohlfahrtspflege in der Bundesrepublik Deutschland sind die Arbeiterwohlfahrt e. V., der Deutsche Caritas-Verband e. V., der Deutsche Paritätische Wohlfahrtsverband e. V., das Deutsche Rote Kreuz e. V., das Diakonische Werk der Evangelischen Kirche in Deutschland und die Zentralwohlfahrtsstelle der Juden in Deutschland e. V.; sie haben sich in der Bundesarbeitsgemeinschaft der Freien Wohlfahrtspflege zusammengeschlossen.

Nach dem Inhalt des Bundessozialhilfegesetzes sollen sich die Maßnahmen der Träger der Freien Wohlfahrtspflege und der Sozialhilfe ergänzen. Sozialhilfe wird daher – mit Ausnahme von Geldleistungen – nicht gewährt, soweit die Freie Wohlfahrtspflege für den Hilfsbedürftigen eintritt.

Die Sozialhilfestatistik läßt für die Jahre 1965–85 eine deutlich steigende Tendenz erkennen: Von 1,4 Mill. auf 2,8 Mill. stieg die Zahl der Leistungsempfänger, die Bruttoausgaben stiegen von 2,1 Mrd. DM auf 20,8 Mrd. DM. Insbesondere seit Beginn der 1980er Jahre hat die Dauerarbeitslosigkeit so zugenommen, daß es vermehrt Fälle von materieller Bedürftigkeit gibt. Von den 2,8 Mill. Sozialhilfeempfängern 1985 erhielten 2,1 Mill. Menschen in 1,2 Mill. Haushalten laufende Hilfe zum Lebensunterhalt, 25% der Haushalte allein aufgrund des Arbeitsplatzverlustes. Diese sog. „neue Armut" zeigt die große Bedeutung der Sozialhilfe als „letztes Auffangnetz" für alle, die über kein ausreichendes Vermögen und Einkommen verfügen und die nicht durch vorrangige Leistungen genügend abgesichert sind, um soziale Benachteiligungen zu vermeiden.

Sozialhilfeempfänger und Sozialhilfeausgaben 1965–1985

Quelle: DIW

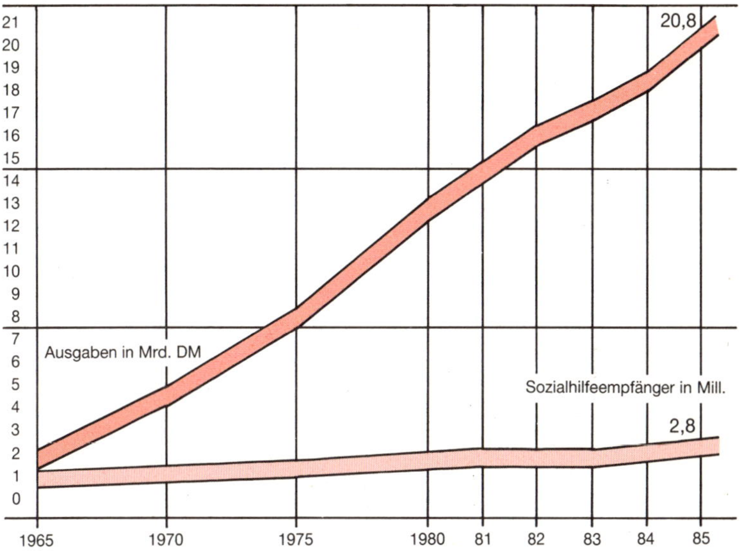

Die vier größten Einzelposten der Sozialhilfe

Zahl der Empfänger und Ausgaben 1981–1985

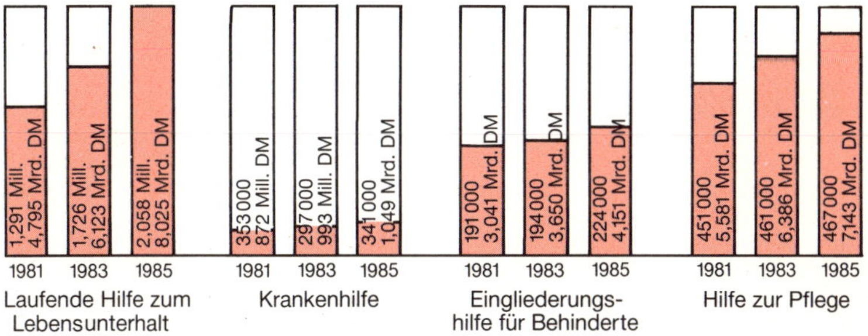

Sozialhilfeausgaben nach Bundesländern (in Mill. DM)

	1982	1983	1984	1985
Schleswig-Holstein	807	864	928	1005
Hamburg	815	874	937	1035
Niedersachsen	2209	2332	2394	2649
Bremen	340	374	404	460
Nordrhein-Westfalen	5113	5517	5913	6672
Hessen	1378	1473	1618	1810
Rheinland-Pfalz	690	790	850	931
Baden-Württemberg	1710	1850	1976	2190
Bayern	1810	1989	2134	2314
Saarland	279	296	333	372
Berlin (West)	1178	1210	1259	1386
Insgesamt	16329	17569	18746	20824

Jugendschutz – Öffentliche Jugendhilfe

Unter *Jugendschutz* ist die staatliche Abwehr von Gefahren zu verstehen, die der körperlichen, seelischen, geistig-intellektuellen und gesellschaftlich-sozialen Entwicklung von Kindern und Minderjährigen unter achtzehn Jahren drohen. Das jedem deutschen Kind (und Jugendlichen) zustehende Recht auf Erziehung zur leiblichen, seelischen und gesellschaftlichen Tüchtigkeit muß durch den Jugendschutz abgesichert werden.

Der Jugendschutz ist bisher nur bruchstückhaft gesetzlich geregelt. Vorschriften bestehen lediglich dort, wo erfahrungsgemäß besonders intensive und häufige Angriffe drohen. Hierzu gehören der Mißbrauch der Arbeitskraft Jugendlicher, der Aufenthalt von Jugendlichen an sittlich gefährdenden Orten oder Orten, wo Verwahrlosung droht, die Ausreise von Jugendlichen aus dem Gebiet der Bundesrepublik Deutschland und die Verbreitung von jugendgefährdenden Schriften. Der Schutz wird unter anderem durch Verbotsnormen gewährleistet, deren Nichteinhaltung Strafe zur Folge hat oder als Ordnungswidrigkeit geahndet wird. Über die Einhaltung der Vorschriften wachen die Aufsichtsbehörden der Länder; die Jugendwohlfahrtsbehörden sind bei verschiedenen Überwachungsaufgaben beteiligt.

Die umfangreichsten Jugendschutzregelungen sind im *Gesetz über die Verbreitung jugendgefährdender Schriften* enthalten. Hier hat eine eigens dafür eingerichtete Bundesprüfstelle Schriften, Schallaufnahmen, Abbildungen und Darstellungen jugendgefährdenden Inhalts in eine Liste aufzunehmen, die im Bundesanzeiger bekannt gemacht wird. Nach Aufnahme in die Liste und deren Bekanntmachung darf das betreffende Produkt Kindern und Jugendlichen nicht zugänglich gemacht werden. Auch der Vertrieb an Erwachsene ist starken Beschränkungen unterworfen. Offensichtlich schwer jugendgefährdende Schriften unterliegen den genannten Beschränkungen auch ohne Aufnahme in die Liste.

Unter *Jugendhilfe* versteht man die Gesamtheit derjenigen Maßnahmen, die – außerhalb der Schule – der Förderung der Jugend dienen. Ihre gesetzliche Grundlage hat sie im wesentlichen im Gesetz für Jugendwohlfahrt (JWG) gefunden, das durch landesrechtliche Ausführungsgesetze ergänzt wird. Eine Reihe weiterer wichtiger Gesetze berührt ebenfalls Fragen der Jugendhilfe, z. B. das Jugendgerichtsgesetz, das Jugendarbeitsschutzgesetz, das Gesetz zum Schutz der Jugend in der Öffentlichkeit oder das Bundessozialhilfegesetz. Nach § 1 Abs. 1 JWG hat jedes Kind ein Recht auf Erziehung zur leiblichen, seelischen und gesellschaftlichen Tüchtigkeit. Gegenwärtig bestehen Bestrebungen, dem jungen Menschen einen subjektiv-öffentlichrechtlichen Rechtsanspruch auf Erziehungsleistung zu gewähren und die öffentlichen Träger der Jugendhilfe zu verpflichten, die erforderlichen Einrichtungen zur Verfügung zu stellen.

Die Jugendhilfe widmet sich der Jugendpflege und der Jugendfürsorge. *Jugendpflege* hat überwiegend die Förderung der gesunden Entwicklung der Jugend im Auge, zielt mehr auf die Jugend in ihrer Gesamtheit. Zu ihren Aufgaben zählt u. a. die Förderung der Jugenderholung, des Sports, der internationalen Begegnung, der politischen oder musischen Bildung, die Einrichtung von Stätten der Jugendarbeit oder Freizeit – alles jedoch unter weitester Wahrung des Prinzips der Freiwilligkeit. Die *Jugendfürsorge* hingegen ist mehr individuell orientiert, sucht Erziehungsnotstände zu vermeiden, einzudämmen oder zu beseitigen und die volle gesellschaftliche Integration von behinderten, in der Entwicklung gestörten, gefährdeten oder verwahrlosten Minderjährigen zu gewährleisten. Sind zwar „Pflege und Erziehung der Kinder ... das natürliche Recht der Eltern und die zuvörderst ihnen obliegende Pflicht" (Art. 6 Abs. 2 GG [vgl. S. 110]), so hat doch der Staat ein „Wächteramt"; er ist verpflichtet, Pflege und Erziehung der Kinder sicherzustellen. So hat er nicht nur Erziehungsberatung und -hilfe zu gewähren, sondern erforderlichenfalls unmittelbar – anstelle der Eltern – die Erziehung durch Organe der Jugendhilfe zu übernehmen. Organe der öffentlichen, d. h. staatlichen Jugendhilfe, sind die *Jugendwohlfahrtsbehörden,* nämlich das in jeder kreisfreien Stadt und in jedem Landkreis zu errichtende Jugendamt, die Landesjugendämter und die obersten Landesbehörden.

Organisation des Jugendschutzes

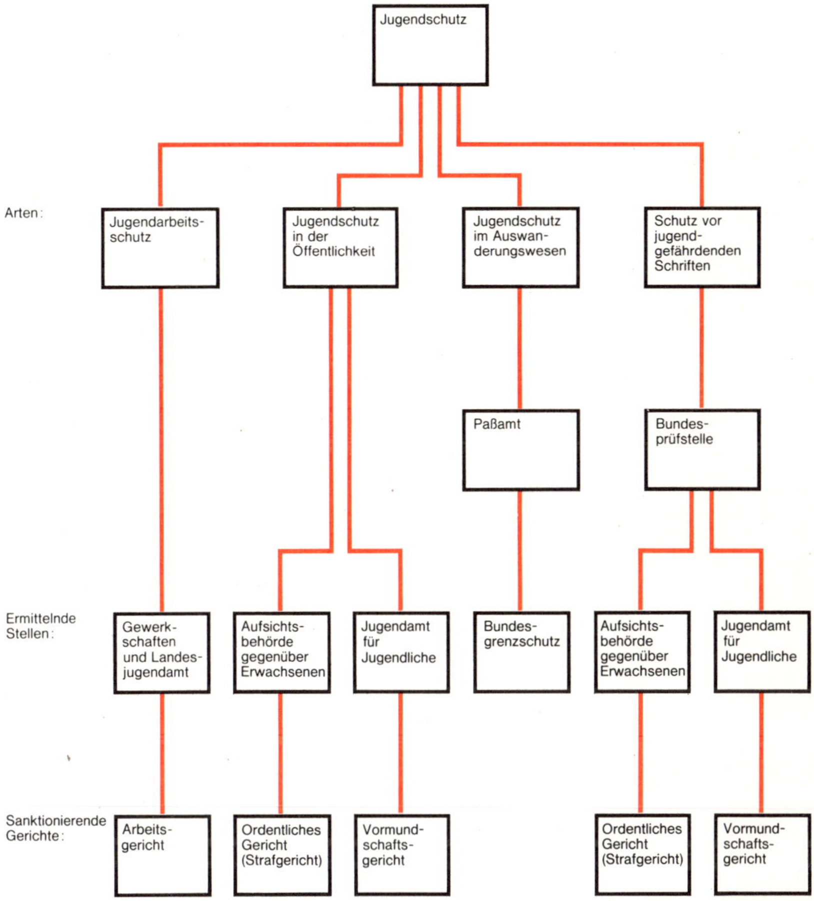

Zum Bildungswesen gehören außer den Schulen alle Einrichtungen und Institutionen der beruflichen Bildung und Weiterbildung sowie die Universitäten und Hochschulen. Am Bildungswesen sind die unterschiedlichsten staatlichen Ebenen und eine Vielzahl gesellschaftlicher Gruppen beteiligt. Soll das Bildungswesen eine gute Grundlage für die persönliche und berufliche Entfaltung des einzelnen bieten, muß es differenziert sein und sich den sich verändernden gesellschaftlichen und wirtschaftlichen Bedingungen anpassen können.

Das Bildungswesen der Bundesrepublik Deutschland weist aufgrund der Kulturhoheit der Länder unterschiedliche Formen auf. Allerdings arbeiten gemäß Art. 91b GG Bund und Länder bei der *Bildungsplanung,* die alle Aspekte des Bildungs- und Ausbildungswesens koordinieren und langfristige Entwicklungstendenzen vorausschätzen soll, zusammen. Zu diesem Zweck entstanden eine Reihe von Gremien, z. B. 1949 die Ständige Konferenz der Kultusminister (KMK), die vor allem überregionale Kooperations- und Koordinationsaufgaben hat. Ihre Beschlüsse stellen zwar nur Empfehlungen dar, doch hatten einige, durch einstimmige Annahme, nachhaltigen Einfluß, so z. B. die „Saarbrücker Rahmenvereinbarung" (1960) oder die Vereinbarung zur Gestaltung der gymnasialen Oberstufe (1972). Große Bedeutung hatte auch der von Bund und Ländern 1965–75 eingesetzte *Deutsche Bildungsrat,* der aus einer Regierungskommission und einer Bildungskommission von 18 Sachverständigen bestand. Wesentliche Teile seines „Strukturplans für das Bildungswesen" fanden Eingang in den „Bildungsbericht" des Bundesministeriums für Bildung und Wissenschaft und in den „Bildungsgesamtplan" der 1970 zum ersten Mal zusammengetretenen Bund-Länder-Kommission für Bildungsplanung. Dieser vor allem wegen der Orientierungsstufe und der Gesamtschule später heftig angegriffene Plan reicht von der Vorschulerziehung bis zur Weiterbildung. Er wurde zur rechtsverbindlichen Grundlage der Bildungspolitik von Bund und Ländern.

Während in allen Landesverfassungen Struktur und Zielsetzung des Schulsystems (vgl. S. 434) festgeschrieben sind, wird die *Weiterbildung* nur in wenigen als zu fördern erwähnt. Die Einsicht, daß die erste Bildungsphase ohne ergänzende Weiterbildung nur unvollständig ist, ließ jedoch in den letzten Jahren die Teilnehmerzahl an Weiterbildungsveranstaltungen rasch ansteigen, wobei sich das Schwergewicht, bedingt durch die rapide Entwicklung neuer Technologien und deren Vordringen in fast alle Lebensgebiete, auf Fortbildung und Umschulung verlagerte. Die Weiterbildung kann der Wiederaufnahme der Berufsausbildung (besonders bei Frauen), der Anknüpfung an die Erstausbildung oder dem Nacherwerb von Qualifikationen dienen. Sie kann allgemein oder berufsbezogen sein, wobei der Erfolg stark von der Motivation und der Qualität früherer Lernerfolge abhängt. So unterschiedlich wie die Interessen und Ziele der Teilnehmer sind auch die Veranstaltungsformen und Träger. Neben öffentlich-rechtlichen Trägern wie z. B. Gemeinden oder Hochschulen stehen andere, z. B. politische Organisationen, Verbände, Kirchen und kommerzielle Gruppen. Die Volkshochschulen decken etwa 40% der Weiterbildung ab. Sie stammen aus der Volksbildungsbewegung des 19. Jahrhunderts, sind in der Lehrplanung frei und damit wesentlich flexibler als staatliche Bildungssysteme.

Die *berufliche Fortbildung und Umschulung* ist im Berufsbildungsgesetz (1969) und im Arbeitsförderungsgesetz (1969) bundeseinheitlich geregelt. Ihre Träger sind vor allem die Betriebe, daneben Berufsverbände, Gewerkschaften, Kammern und Volkshochschulen. Weiterbildung kann auch durch *Fernunterricht,* der sich im Unterschied zum Fernstudium im nichtuniversitären Raum abspielt, betrieben und vom Staat (z. B. im Hörfunk und Fernsehen) oder von Verbänden und Privatunternehmen angeboten werden. Das Fernunterrichtsgesetz (1976) sichert das Angebotsniveau und die Seriosität des Geschäftsgebarens. Die staatliche Zentralstelle für Fernunterricht entscheidet seither über die Zulassung der Lehrgänge. Die Teilnehmer, die meist aus beruflichen oder räumlichen Gründen nicht den herkömmlichen Unterricht besuchen können und somit auf häusliche Studien angewiesen sind, benutzen den Fernunterricht vor allem zur Umschulung, zum beruflichen Aufstieg oder zur Vorbereitung auf Prüfungen (z. B. im *zweiten Bildungsweg,* der Berufstätigen die Möglichkeit von Bildungsabschlüssen bis zur Hochschulreife bietet).

Struktur des Bildungswesens

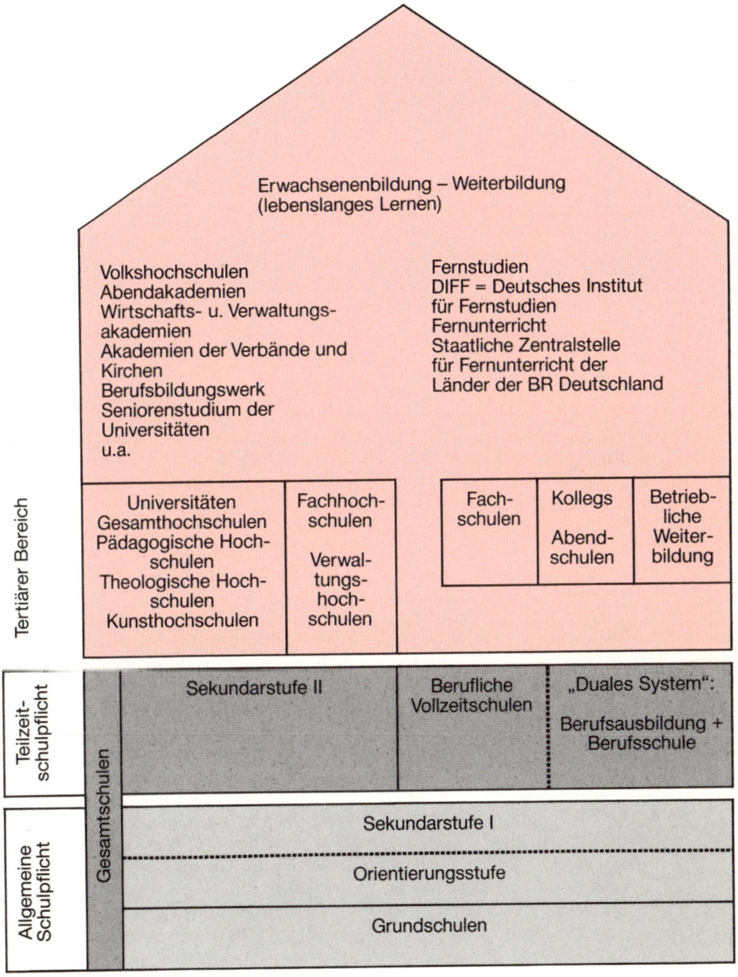

Schulorganisation

Das gesamte staatliche und private Schulwesen steht unter der Aufsicht des Staates (Art. 6 GG). Aufgrund der Kulturhoheit der Länder sind jedoch die Schulsysteme recht unterschiedlich ausgestaltet. Der Anteil der staatlichen Schulen beträgt etwa 95 %, ist jedoch im Rückgang begriffen. Vor der (Vollzeit-)*Schulpflicht,* die mit dem vollendeten sechsten Lebensjahr beginnt, liegt der *freiwillige Elementarbereich* mit vorschulischen Einrichtungen, die die elterliche Erziehung ergänzen und den Übergang in die Grundschule erleichtern sollen. Die *Schulkindergärten* sind meist den Grund- und Sonderschulen angegliedert und bereiten schulpflichtige, aber noch nicht schulreife Kinder auf die neue Aufgabe vor. Die sog. *Vorklassen* werden dagegen von Kindern besucht, die schon schulfähig, aber noch nicht schulpflichtig sind.

Von Besonderheiten abgesehen, gibt es in den *allgemeinbildenden Schulen* zwei Hauptformen: als Halbtagsschule das sog. dreigliedrige, vertikale Schulsystem, in dem Hauptschule, Realschule und Gymnasium selbständig, allerdings mit Übergangsmöglichkeiten nebeneinander bestehen, und die horizontal gegliederte Gesamtschule als Ganztagsschule. Vor diesen liegt, für alle gemeinsam, die vierjährige (in Berlin und als Möglichkeit auch in Bremen und Hamburg: sechsjährige) *Grundschule,* in der heute in Jahrgangsklassen von Fachlehrern unterrichtet wird. Auf diese *Primarstufe* folgt in einem Teil der Länder die heftig umstrittene *Orientierungsstufe,* die eine zu frühe, oft folgenschwere Entscheidung für einen der sich anschließenden Schultypen (Hauptschule, Realschule, Gymnasium) vermeiden und individuelle Förderung bringen soll.

Im Mittelpunkt der Bildungsreform der sechziger Jahre stand die *Hauptschule,* die ihren Ruf als „Restschule" verlieren sollte. Eine wissenschaftlich orientierte Grundbildung mit einer Pflichtfremdsprache – allerdings nur bei Aufstockung einer 10. Klasse – sollte hier die bisher erstrebte Allgemeinbildung ersetzen. Eine intensivere Vorbereitung der Berufsausbildung durch Fachunterricht und „Arbeitslehre" wurden angestrebt. Durch den allgemeinen Trend zu qualifizierteren Schulabschlüssen nahm die Zahl der Hauptschüler, vor allem in den Großstädten, die keine 10. Klasse eingeführt hatten, jedoch stark ab.

In den *Realschulen* werden Allgemeinbildung, berufsorientierte Vorbildung und eine Wahlpflichtdifferenzierung angeboten. Der Abschluß ist heute weitgehend gleichwertig mit dem gymnasialen der *Sekundarstufe I.* Er führt über die Fachoberschule zur fachgebundenen Hochschulreife und damit zu einer Reihe qualifizierter Berufe.

Die Diskussion über die „deutsche Bildungskatastrophe" und die „Bildungsmisere" verursachte auch tiefe Veränderungen im *Gymnasium.* Neben den drei traditionellen Formen (humanistisch-altsprachlich, neusprachlich, mathematisch-naturwissenschaftlich) entstanden Aufbau-, Wirtschafts-, Sport- und musische Gymnasien. Die seit 1977 eingeführte Oberstufenreform änderte Form und Inhalt. Die Schüler konnten nunmehr aus einem Pflicht- und einem Wahlbereich Grund- und Leistungskurse wählen. Gegen die damit verbundene starke Einschränkung des Pflichtbereichs erhoben Eltern, Vertreter der Universitäten und der Wirtschaft Einspruch, da sie die Allgemeinbildung, vor allem in Deutsch und den naturwissenschaftlichen Fächern, gefährdet sahen. Seit 1982 wurde in allen Ländern wieder der Pflichtbereich erweitert und die Gewichtung von Grund- und Leistungskursen geändert. Das ebenfalls angegriffene Kurssystem (anstelle der Einteilung in Klassen) wurde aber beibehalten.

Die Oberstufenreform galt gleicherweise für die *Gesamtschulen,* die sich vor allem im Sekundarbereich I von den anderen Schulen unterscheiden. Während in der *integrierten* Gesamtschule die Gliederung in verschiedene Schultypen verschwunden ist, werden in der *additiven* und *kooperativen* Gesamtschule die weiterführenden Züge nur räumlich und organisatorisch zusammengeführt und Lehrpläne aufeinander abgestimmt. Als Regelschule ist die Gesamtschule nur in Berlin eingeführt.

Für seelisch oder körperlich behinderte Kinder gibt es *Sonderschulen.* In den *beruflichen Schulen* wird neben der praktischen Ausbildung in den Betrieben eine fachtheoretische Grundausbildung vermittelt *(duales System* der Berufsausbildung). Der Besuch dieser Teilzeitschulen ist bis zur Vollendung des 18. Lebensjahres Pflicht.

Organisation des Schulwesens

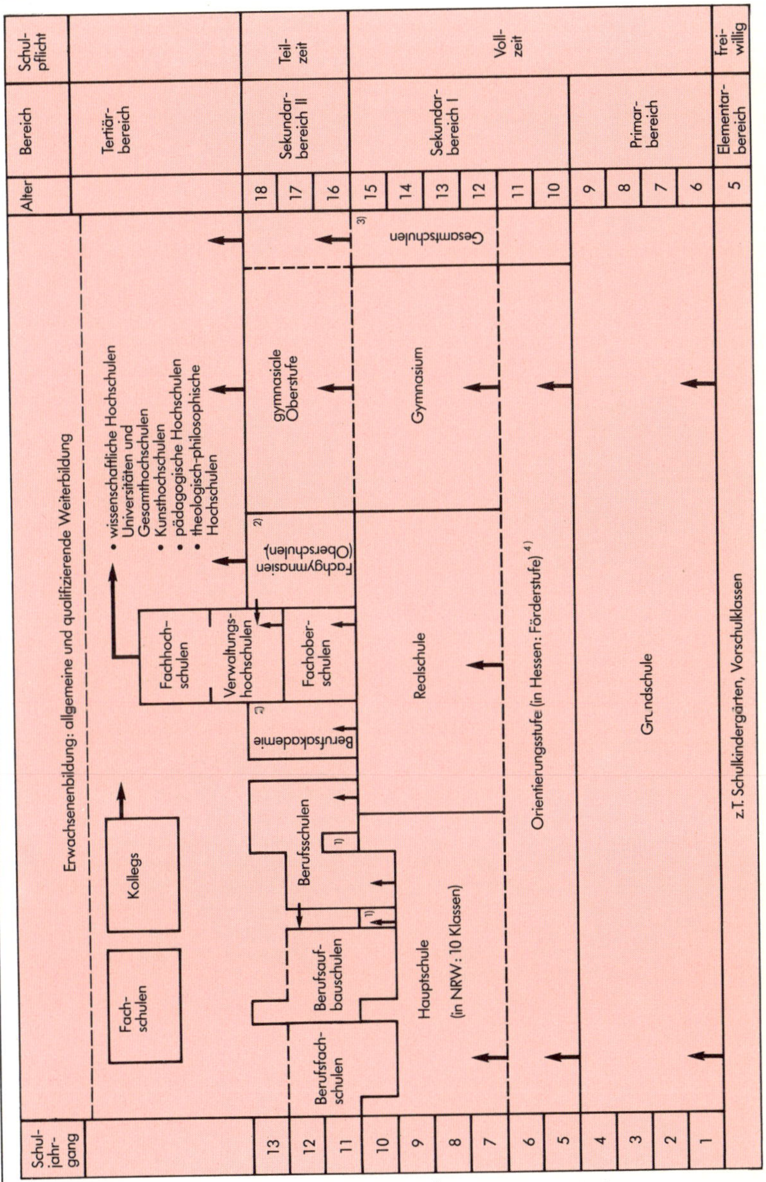

[1]Berufsgrundbildungsjahr (10., in NRW 11. Klasse; Vollzeitschule) – [2]Nur in einigen Bundesländern –
[3]Integrierte und kooperative Gesamtschulen – [4] Meist schulformabhängig

Schulhoheit, Elternrecht und Schülermitverwaltung

Schulhoheit des Staates (vgl. S. 112) und Elternrecht sind im Grundgesetz geregelt (Art. 7 Abs. 1: „Das gesamte Schulwesen steht unter der Aufsicht des Staates". – Art. 6 Abs. 2 Satz 1: „Pflege und Erziehung der Kinder sind das natürliche Recht der Eltern und die zuvörderst ihnen obliegende Pflicht."). Zwischen beiden besteht ein Spannungsverhältnis. Der Staat darf bei der Regelung und Ausgestaltung des Schulwesens das elterliche Erziehungsrecht nicht überspielen, er darf das „Rahmenrecht" der Eltern nur „ausfüllen". So ergeben sich Grenzen für die staatliche Schulhoheit.

Die Schulhoheit hat in der Form der Schulaufsicht auch erhebliche Bedeutung im Verhältnis zu den *Schulträgern* (das sind im allgemeinen die Gemeinden oder Landkreise bzw. die von ihnen gebildeten Schulverbände). Der Staat (die Länder) ist aufgrund der in Art. 7 Abs. 1 GG festgelegten Schulhoheit zuständig für die *inneren Schulangelegenheiten:* Er kann die Ziele für die Ausgestaltung des Schulwesens und damit auch das Ausbildungssystem sowie die Ausbildungsgänge und Unterrichtsziele einschließlich des inhaltlichen und didaktischen Programms festlegen. Er stellt auch die Lehrer sowie das weitere pädagogische Personal (Psychologen, Sozialpädagogen) an und besoldet sie. Er ist ferner zuständig für die Schulplanung, er kann dabei auf die Errichtung, Änderung und Aufhebung einzelner Schulen einwirken. Die Schulträger sind demgegenüber zuständig für die *äußeren Schulangelegenheiten:* Sie tragen die sächlichen Schulkosten (dies allerdings in aller Regel mit staatlichen Zuschüssen); ihnen obliegt es, die einzelne Schule nach Maßgabe der staatlichen Vorgaben zu errichten, sie einzurichten und zu unterhalten. Dies umfaßt die Verantwortung für die Organisation, Verwaltung und Bereitstellung des schulischen Sachaufwandes sowie auch die Anstellung und Besoldung des nichtpädagogischen Personals (Hausmeister, Sekretärin, weiteres technisches Personal).

Die äußeren und inneren Schulangelegenheiten stehen in einem wechselseitigen Abhängigkeitsverhältnis zueinander, bei dem aber den Entscheidungen des Staates im Bereich der inneren Schulangelegenheiten der Vorrang zukommt: Die Schulträger müssen ihre Entscheidungen über die äußeren Schulangelegenheiten an den staatlichen Vorgaben für den inneren Schulbereich ausrichten. Sie haben kein Recht auf Mitsprache (oder Anhörung) bei den staatlichen Entscheidungen über die inneren Schulangelegenheiten.

Die *Schulaufsicht* (sowohl im Verhältnis zu den Schulträgern als auch im Verhältnis zu den Lehrern) wird durch besondere Behörden wahrgenommen (Schulamt, Schulrat). In den größeren Ländern ist sie meist dreistufig organisiert. Hierbei ist die untere Schulaufsichtsbehörde auf Kreisebene für Grund-, Haupt-, Real- und Sonderschulen zuständig. Die obere Schulaufsichtsbehörde ist für die sonstigen Schulen, insbesondere die Gymnasien, zuständig und hat auch die Aufsicht über die untere Schulaufsichtsbehörde. Oberste Schulaufsichtsbehörde ist der Kultusminister.

Die Schulgesetze der Länder enthalten (im einzelnen unterschiedliche) Regelungen über Mitsprachemöglichkeiten für Schüler und Eltern. Die *Schülermitverwaltung* (Schülerselbstverwaltung) besteht vor allem an weiterführenden Schulen. Sie dient der Einübung von Eigeninitiative, Verantwortungsbewußtsein sowie von sozialen und politischen (demokratischen) Verhaltensweisen: z. B. Wahl von Klassen- und Schulsprechern, Herausgabe von Schülerzeitungen, Planung und Durchführung von Arbeitsgemeinschaften. Die Schülermitverwaltung hat allerdings nach den Schulgesetzen der meisten Länder nur geringe Handlungs- und Entscheidungsspielräume und ist insofern eher eine Hilfsorganisation der Schulleitung als ein Gremium mit Einflußmöglichkeiten in schulischen Konfliktsituationen.

Elternvertretungen bestehen auf verschiedenen Ebenen (Klassenelternvertreter, Schul-, Stadt- bzw. Kreis-, Landes-, Bundeselternbeirat), wobei jeweils die Vertreter einer Ebene aus ihrer Mitte diejenigen für die nächste Ebene wählen. Ihre Zuständigkeiten bestehen im wesentlichen darin, daß sie bei Angelegenheiten, die für den Schulbetrieb von allgemeiner Bedeutung sind, angehört werden sollen.

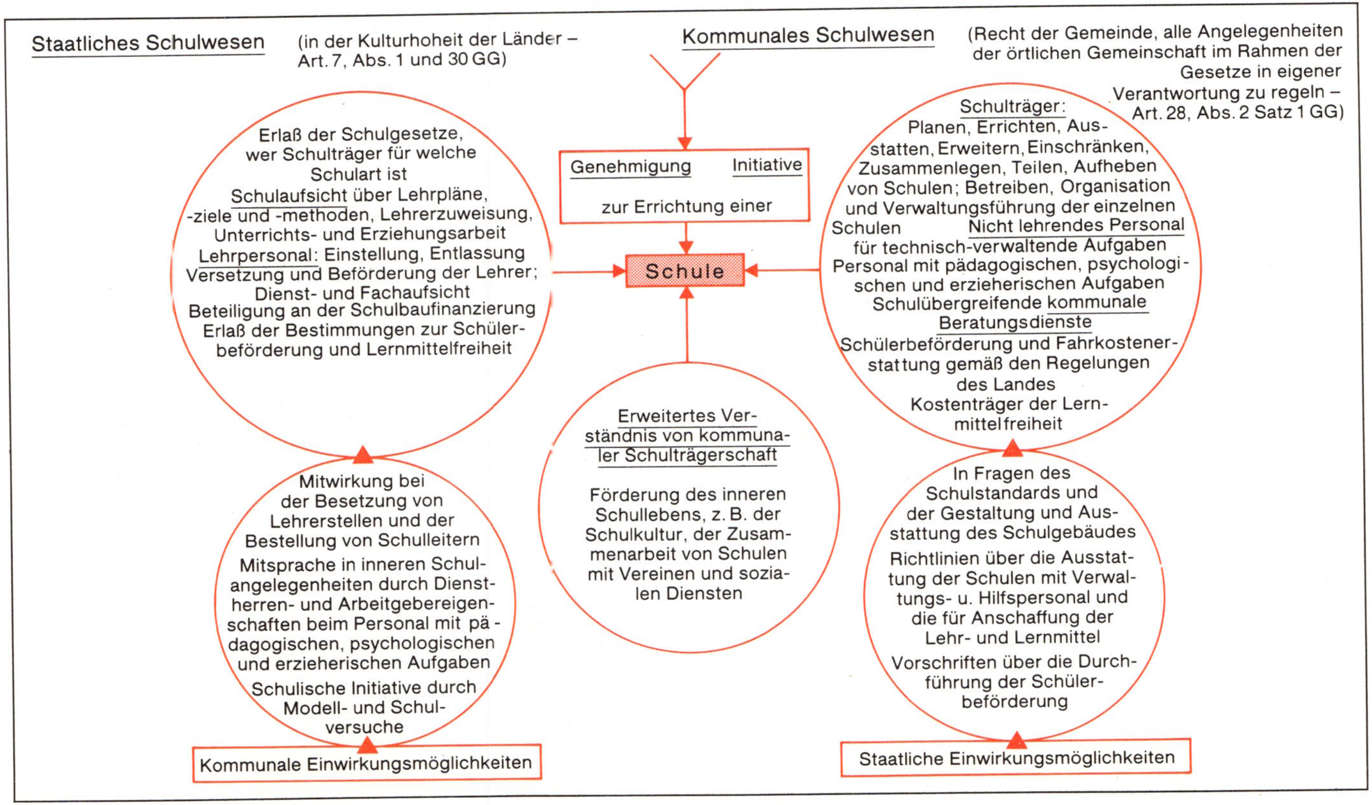

Staatliches Schulwesen
(in der Kulturhoheit der Länder – Art. 7, Abs. 1 und 30 GG)
Kommunales Schulwesen
(Recht der Gemeinde, alle Angelegenheiten der örtlichen Gemeinschaft im Rahmen der Gesetze in eigener Verantwortung zu regeln – Art. 28, Abs. 2 Satz 1 GG)
Erlaß der Schulgesetze, wer Schulträger für welche Schulart ist
Schulaufsicht über Lehrpläne, -ziele und -methoden, Lehrerzuweisung, Unterrichts- und Erziehungsarbeit
Lehrpersonal: Einstellung, Entlassung Versetzung und Beförderung der Lehrer; Dienst- und Fachaufsicht
Beteiligung an der Schulbaufinanzierung
Erlaß der Bestimmungen zur Schülerbeförderung und Lernmittelfreiheit
Genehmigung
Initiative
zur Errichtung einer
Schule
Schulträger:
Planen, Errichten, Ausstatten, Erweitern, Einschränken, Zusammenlegen, Teilen, Aufheben von Schulen; Betreiben, Organisation und Verwaltungsführung der einzelnen Schulen
Nicht lehrendes Personal für technisch-verwaltende Aufgaben
Personal mit pädagogischen, psychologischen und erzieherischen Aufgaben
Schulübergreifende kommunale Beratungsdienste
Schülerbeförderung und Fahrkostenerstattung gemäß den Regelungen des Landes
Kostenträger der Lernmittelfreiheit
Erweitertes Verständnis von kommunaler Schulträgerschaft
Förderung des inneren Schullebens, z. B. der Schulkultur, der Zusammenarbeit von Schulen mit Vereinen und sozialen Diensten
Mitwirkung bei der Besetzung von Lehrerstellen und der Bestellung von Schulleitern
Mitsprache in inneren Schulangelegenheiten durch Dienstherren- und Arbeitgebereigenschaften beim Personal mit pädagogischen, psychologischen und erzieherischen Aufgaben
Schulische Initiative durch Modell- und Schulversuche
Kommunale Einwirkungsmöglichkeiten
In Fragen des Schulstandards und der Gestaltung und Ausstattung des Schulgebäudes
Richtlinien über die Ausstattung der Schulen mit Verwaltungs- u. Hilfspersonal und die für Anschaffung der Lehr- und Lernmittel
Vorschriften über die Durchführung der Schülerbeförderung
Staatliche Einwirkungsmöglichkeiten

Wissenschaftliche Hochschulen (Universitäten)

Wissenschaftliche Hochschulen sind Institutionen der wissenschaftlichen Forschung und Lehre. Zu ihnen gehören außer den Universitäten und Technischen Hochschulen z. B. die Pädagogischen Hochschulen für die Lehrerausbildung. Wissenschaftliche Hochschulen bereiten auf berufliche Tätigkeiten vor, die die Anwendung wissenschaftlicher Erkenntnisse und Methoden erfordern. An anderen Hochschulen wie insbesondere an den Fachhochschulen (vgl. S. 440) wird dagegen anwendungsbezogener Unterricht auf wissenschaftlicher Grundlage erteilt. Gesamthochschulen vereinigen Hochschulen unterschiedlichen Typs miteinander.

Für die wissenschaftlichen Hochschulen ist die Freiheit von Forschung und Lehre garantiert (Art. 5 Abs. 3 GG). Hochschullehrer haben demzufolge das Recht, eigenverantwortlich Inhalt und Durchführung ihrer Lehrveranstaltungen und Forschungsvorhaben zu bestimmen. Studenten dürfen ihrerseits Lehrveranstaltungen aller Art besuchen (Studienfreiheit). Die Zulassung zum Studium erfolgt durch Immatrikulation. Voraussetzung für sie ist die erforderliche Ablegung der Reifeprüfung (Abitur) oder der Nachweis einer entsprechenden Vorbildung. Die Immatrikulation kann versagt oder später entzogen werden, wenn der Studienbewerber (z. B. nach mehrfachen erfolglosen Prüfungen) keine Gewähr für ein ordnungsgemäßes Studium bietet. Art. 12 GG garantiert die freie Wahl der Ausbildungsstätte als Grundrecht. Die Zulassung zum Studium darf daher nicht mit dem Ziel einer Berufslenkung eingeschränkt werden. Dagegen ist eine zahlenmäßige Beschränkung der Zulassung (Numerus clausus, Abk. N. C.) statthaft, wenn die vorhandenen Ausbildungsmöglichkeiten nicht ausreichen, um eine ordnungsgemäße Ausbildung zu gewährleisten. Ein Grundrecht kann nämlich nicht uneingeschränkt in Anspruch genommen werden, wenn dadurch andere Gemeinschaftsgüter gefährdet würden. Dazu gehört auch die Funktionsfähigkeit der Hochschulen. Grundsätzliche Regelungen über die Zulassung zum Studium enthält das Hochschulrahmengesetz (HRG) des Bundes vom 25. 1. 1976. Für Streitigkeiten über die Zulassung steht der Verwaltungsrechtsweg (vgl. S. 238) offen.

Das Studium an einer Hochschule ist durch Prüfungs- und Studienordnungen geregelt. Es kann mit einer staatlichen Prüfung (Staatsexamen) oder einer Hochschulprüfung (z. B. Diplom, Magister) abgeschlossen werden. An wissenschaftlichen Hochschulen kann man ferner den Doktorgrad erwerben (Promotion) und den Nachweis der Befähigung zur selbständigen wissenschaftlichen Forschung und Lehre erbringen (Habilitation).

Die Hochschulen in der Bundesrepublik Deutschland sind mit wenigen Ausnahmen staatliche Institutionen und werden von den Ländern getragen, die Bundeswehrhochschulen vom Bund. Der Bund wirkt bei der Planung und dem Ausbau der Hochschulen mit. Die organisatorischen Grundsätze für die Hochschulen sind im Hochschulrahmengesetz des Bundes festgelegt. Näheres regeln die Hochschulgesetze der Länder.

Die Hochschulen sind Körperschaften des öffentlichen Rechts. Sie haben das Recht zur akademischen Selbstverwaltung *(Hochschulautonomie)* und unterliegen insoweit nur der staatlichen Rechtsaufsicht. Soweit ihnen Aufgaben der Wirtschafts- und Personalverwaltung übertragen sind, stehen sie unter staatlicher Fachaufsicht. Aufgrund ihrer Autonomie geben sie sich eigene Satzungen oder Grundordnungen (Satzungsrecht). Sie gliedern sich in Fachrichtungen (Fakultäten oder Fachbereiche), die wiederum in Institute, Seminare, Kliniken u. ä. untergliedert sind. Basiseinheit ist in der Regel der ein Fach im engeren Sinne repräsentierende Lehrstuhl. Die *Studentenschaften* sind im allgemeinen als Gliedkörperschaften der Hochschulen mit dem Recht zur Selbstverwaltung (Fachschaften, Allgemeiner Studentenausschuß [AStA] organisiert.

Durch die Hochschulreform wurde das System der „Gruppenuniversität“ eingeführt, in dem neben den Professoren auch den Studenten, dem sog. Mittelbau (Assistenten, akademische Räte) und sonstigen Bediensteten Mitwirkungsrechte in der akademischen Verwaltung eingeräumt worden sind. Angelegenheiten dieser Art behandeln gewählte Gremien auf Institutsebene (Institutsrat), Fachbereichsebene (Fachbereichsrat) und zentraler Ebene (Konvent, Senat). In Fragen der Forschung und Lehre haben die Professoren aufgrund ihrer erhöhten Verantwortung ein besonderes Stimmrecht, das ihre Abstimmungsteilhabe sichern, aber auch ihre Überstimmung verhindern soll (vgl. S. 108).

Organisatorischer Aufbau einer Universität

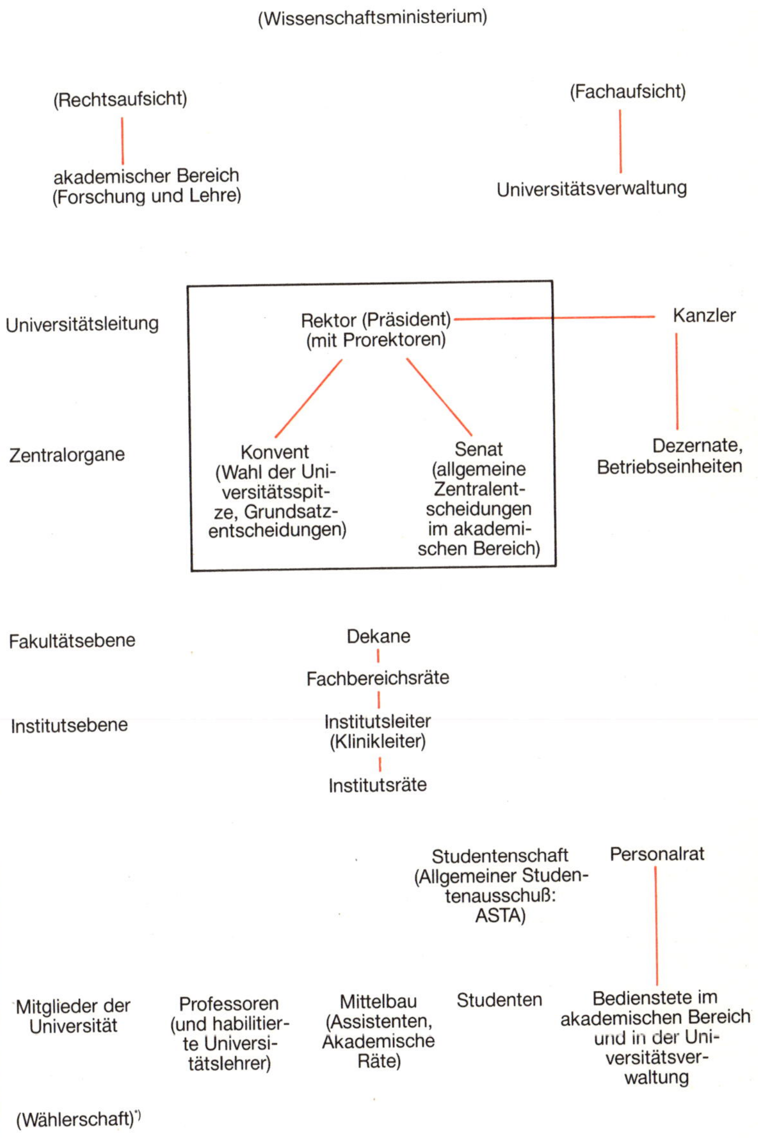

*) alle Kollegialorgane der Universität werden direkt gewählt

Fachhochschulen

Die Fachhochschule (FH) ist eine in der Bundesrepublik Deutschland seit Ende der sechziger Jahre neu eingerichtete Hochschulform. Die meisten Fachhochschulen sind in den Jahren 1969 bis 1971 im Anschluß an das Abkommen zwischen den Ländern der Bundesrepublik Deutschland zur Vereinheitlichung auf dem Gebiet des Fachhochschulwesens vom 31. 10. 1968 errichtet worden. In ihnen sind die ehemaligen Ingenieurschulen, Akademien und andere Höhere Fachschulen aufgegangen, also Einrichtungen, die in ihren Anfängen in einigen Fällen bis in das 18. Jahrhundert zurückreichen. Für die Weiterentwicklung zu Fachhochschulen waren, wie der Wissenschaftsrat in einer Untersuchung 1981 festgestellt hat, verschiedene Gründe maßgebend: Die steigende Bildungsnachfrage und die immer weitere Kreise ergreifende öffentliche Diskussion der Bildungspolitik in ihren Grundsätzen und Maßnahmen waren hier ebenso wesentlich wie die Frage nach den Auswirkungen der wissenschaftlich-technologischen Entwicklung auf die Anforderungen am Arbeitsplatz und in Lehre und Studium. Nach dem Länderabkommen von 1968 sollten die Fachhochschulen eine auf wissenschaftlicher Grundlage beruhende Bildung vermitteln, die zu selbständiger Tätigkeit im Beruf befähigt. Die Regelungen der einzelnen Länder haben den Auftrag der Fachhochschulen zum Teil weiter gefaßt.

Grundsätzlich ist das Studium an einer Fachhochschule durch die besondere Akzentuierung des Anwendungsbezugs, die straffe Gliederung des Studiums und eine kürzere Studiendauer von in der Regel nur drei Jahren gekennzeichnet. Die Studienanfänger müssen außer der Fachhochschulreife eine einschlägige praktische Vorbildung nachweisen, außerdem sind zum Teil Praxiszeiten während des Studiums, in einzelnen Ländern auch Praxissemester vorgeschrieben. Für die Einstellung der Fachschulprofessoren ist in der Regel eine mehrjährige berufspraktische Tätigkeit in der Verwaltung oder in der Wirtschaft Bedingung. Im Zusammenhang mit ihrem Auftrag zu anwendungsbezogener Lehre sollen die Fachhochschulen auch Forschungs- und Entwicklungsaufgaben wahrnehmen, ohne daß damit allerdings die Forschung zu einer ihrer zentralen Aufgaben erklärt würde. Die Forschung an den Fachhochschulen ist gekennzeichnet durch ihre Orientierung an der durch ihren Anwendungsbezug geprägten Lehre und die Hinwendung zur Entwicklung. Unter den Aufgaben der Fachhochschulen steht die anwendungsbezogene Lehre eindeutig im Mittelpunkt. Ob die Forschung an der Fachhochschule durch Art. 5 Abs. 3 GG (vgl. S. 108) geschützt ist, ist noch nicht abschließend geklärt.

Damit stellen die Fachhochschulen eine gewollte und deutliche Alternative und zugleich Ergänzung zu den anderen Hochschularten dar. Gegenüber den Universitätsabsolventen besteht allerdings für die Absolventen der Fachhochschulen im öffentlichen Dienst bis heute ein gravierender Unterschied, da ihnen beim Berufseintritt Positionen des höheren Dienstes nicht offenstehen. In der Wirtschaft hingegen bietet sich Ingenieuren und Betriebswirten der Fachhochschulen ein breites Spektrum beruflicher Möglichkeiten.

Die heute bestehenden Fachhochschulen sind in der Regel staatliche Einrichtungen. Insbesondere in der Fachrichtung Sozialwesen stehen aber mehrere Fachhochschulen auch in nichtstaatlicher, vor allem kirchlicher Trägerschaft. Die in dem letzten Jahrzehnt errichteten Fachhochschulen für öffentliche Verwaltung zur Ausbildung von Rechtspflegern und Verwaltungsbeamten des gehobenen Dienstes sind allgemein zugängliche Einrichtungen und nehmen als Studenten nur bereits in einem öffentlich-rechtlichen Dienstverhältnis Stehende und nur nach Maßgabe des Bedarfs ihrer Träger auf.

Als auch heute immer noch belastende Faktoren für die Fachhochschulen werden übereinstimmend bezeichnet: 1. die mit der deutschen Bildungstradition verbundene Überbewertung theoretisch-wissenschaftlicher Qualifikation; 2. die Benachteiligung der Fachhochschulabsolventen im öffentlichen Dienst; 3. die Abhängigkeit des gesellschaftlichen Ansehens der Hochschulabschlüsse von der Länge des Studiums; 4. die uneinheitliche, z. T. gegensätzliche Beurteilung des Fachhochschulbereichs in der Öffentlichkeit; 5. die geringe Bereitschaft staatlicher Instanzen, anwendungsbezogene Forschung im Fachhochschulbereich zu fördern.

Diese Umstände werden verschiedentlich mit dafür verantwortlich gemacht, daß nicht überall die Kapazitäten der Fachhochschulen voll ausgelastet sind.

Fachhochschulen in der Bundesrepublik Deutschland

Staatliche Forschungs- und Entwicklungsförderung

Die in Art. 5 Abs. 3 GG verbürgte Freiheit von Wissenschaft, Forschung und Lehre (vgl. S. 108) ist nicht nur als eine Freiheit von staatlichen Eingriffen zu verstehen, sondern schließt aktive staatliche Politik, die Bereitstellung von personellen, finanziellen und organisatorischen Mitteln zur Ermöglichung freier wissenschaftlicher Forschung mit ein. Zu unterscheiden ist dabei zwischen der sogenannten *Grundlagenforschung*, die ohne Absicht einer Anwendung ihrer Ergebnisse theoretische Grundlagenprobleme zu lösen versucht, und der *angewandten Forschung*, die auf eine Umsetzung ihrer Erkenntnisse in technische und wirtschaftliche Innovationen abzielt.

Die Bedeutung der Forschung für die gesellschaftliche Entwicklung und damit auch die Bedeutung der Forschungsförderung ist in den letzten Jahrzehnten außerordentlich gestiegen. Das gilt insbesondere für den Bereich der Naturwissenschaften. Im Bund wurde daher 1972 ein besonderes Ministerium für Forschung und Technologie, neben dem Ministerium für Bildung und Wissenschaft, errichtet. Organisation und Schwerpunkte der wissenschaftlichen Forschung sind zwischen Bund und Ländern aufgeteilt. Daneben wird von Unternehmen eine unternehmenseigene, zum Teil auch einzelne Unternehmen übergreifende *Industrieforschung* betrieben. Die *staatliche Forschungspolitik* hat, hierin der Industrieforschung ähnlich, einen deutlichen Schwerpunkt im Bereich der anwendungsbezogenen und naturwissenschaftlichen Forschung. Sie wird von Bund und Ländern gemeinsam formuliert. Vielfach werden durch Verwaltungsabkommen gemeinsame Organe geschaffen wie z. B. die *Deutsche Forschungsgemeinschaft e. V.*, der *Wissenschaftsrat* und eine *Ständige Verwaltungskommission von Bund und Ländern* zur Forschungsfinanzierung.

Der Bund verfügt – wie in geringerem Maße auch die Länder – über eigene Forschungseinrichtungen, die den sachlich zuständigen Ministerien unterstehen. Überwiegend vom Bund gefördert werden zehn *Großforschungseinrichtungen* für naturwissenschaftliche Forschung und Entwicklung (z. B. die Gesellschaft für Kernforschung mbH in Karlsruhe, die Kernforschungsanlage in Jülich GmbH, die überwiegend Grundlagenforschung betreibende Max-Planck-Gesellschaft zur Förderung der Wissenschaften e. V.). In der Hochschulreform wurde auf Empfehlung des Wissenschaftsrats begonnen, Schwerpunkte zu bilden. Auf Antrag können dort Sonderforschungsbereiche zur intensiven Erforschung bestimmter Fragestellungen eingerichtet werden. Die Deutsche Forschungsgemeinschaft fördert in erster Linie Forschungsvorhaben in den Hochschulen. Anträge werden in einem wissenschaftlichen Gutachterverfahren nach Maßgabe der zur Verfügung stehenden Fördermittel ausgewählt. Daneben gibt es wissenschaftliche Akademien in Bund und Ländern. Auf der internationalen Ebene ist der Bund an internationalen Einzelprojekten beteiligt (z. B. Eureka) wie an verschiedenen Einrichtungen, die eine eigene Forschungskapazität besitzen (z. B. EURATOM, CERN, ESA) oder zusätzlich zu ihren eigentlichen Aufgaben Forschungen leisten (z. B. die OECD).

Der Bund gibt fast 4% seines Haushalts (9,7 Mrd. DM [1985]) für Forschung aus. Seine Forschungsschwerpunkte lassen sich deutlich an den Ausgaben für die einzelnen Bereiche ablesen. An erster Stelle stehen die Wehr- und die Energieforschung (dazu gehört vor allem die Kernenergieforschung). In einer wesentlich kleineren Größenordnung folgen die Innovations- und Rationalisierungsforschung sowie die Weltraumforschung. In jüngster Zeit hat man sich auch der Untersuchung der Folgen der Technik zugewandt. In den Ländern spielen neuerdings die Technologieförderungsprogramme zur Hebung der Wirtschaftskraft eine Rolle.

Da die Forschung nicht nur geeignet ist, Wirtschaft und Wohlstand zu verbessern, sondern auch unerwünschte Folgen zeitigen kann (z. B. Gentechnologie, Manipulation der Gene), wird häufig ihre Begrenzung und die Kontrolle ihrer Anwendung nach Maßgabe bestimmter ethischer Prinzipien verlangt. Gegenüber ihrer „Finalisierung", d. h. der Ausrichtung auf bestimmte Zwecke, wird die Freiheit der Wissenschaft betont und eingewandt, daß z. B. bei der Erforschung von Grundlagenproblemen nicht feststeht, ob sie zu erwünschten oder unerwünschten Ergebnissen führen wird, sondern daß dies eher eine Frage ihrer Anwendung ist. Davon abgesehen erfolgt kostenintensive Forschung heute ohnehin nicht mehr „frei", sondern hängt von staatlicher oder industrieller Finanzierungsbereitschaft ab.

Haushaltsausgaben des Bundes 1985 für Wissenschaft, Forschung, Entwicklung außerhalb der Hochschulen (in Mill. DM)

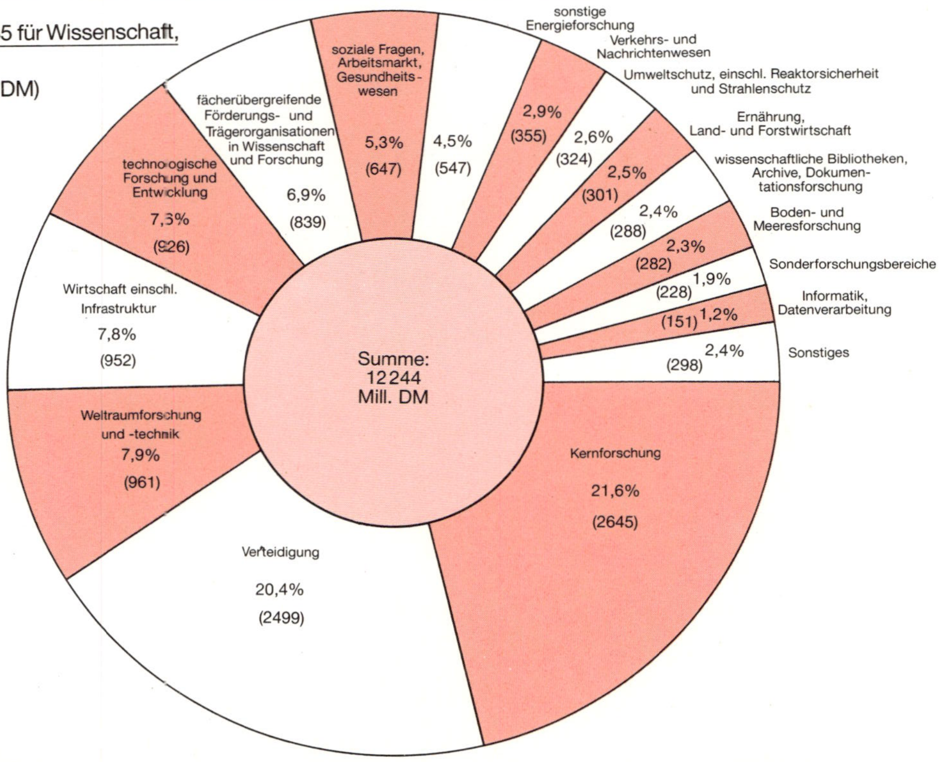

Staatsrechtliche Stellung von Kirchen und Glaubensgemeinschaften

Das Verhältnis von Staat und Kirche in der Bundesrepublik Deutschland ist gekennzeichnet durch die Anerkennung der gegenseitigen Unabhängigkeit bei gleichzeitiger Zusammenarbeit in zahlreichen Angelegenheiten von gemeinsamem Interesse. Seine Grundlage findet es in den aus der Weimarer Reichsverfassung (WRV) in das Grundgesetz übernommenen „Weimarer Kirchenartikeln" (Art. 136–139, 141 WRV in Verbindung mit Art. 140 GG). Diese Bestimmungen sind voll gültiges Verfassungsrecht. Sie müssen dabei so interpretiert werden, daß sie mit den „elementaren Grundsätzen des Grundgesetzes, insbesondere den Grundrechten", vereinbar, sind. So verbieten der Gleichheitssatz sowie die Religions-, Glaubens- und Gewissensfreiheit dem Staat, sich mit einem bestimmten Bekenntnis zu identifizieren *(Identifikationsverbot)* oder bestimmte Religionsgemeinschaften gegenüber anderen zu begünstigen *(Neutralitätsgebot)*. Das Kirchenvertragsrecht (Konkordate und Kirchenverträge) hat sich an dieser Verfassungslage zu orientieren.

Als *Konkordate* werden zusammenfassende Abkommen zwischen dem Heiligen Stuhl und dem Staat bezeichnet; für entsprechende Abkommen zwischen dem Staat und den evangelischen Kirchen hat sich der Begriff „Kirchenvertrag" durchgesetzt.

Das in der Bundesrepublik Deutschland geltende Konkordatsrecht wird – vom niedersächsischen Konkordat (1965) abgesehen – durch die Fortgeltung des Reichskonkordats (1933) und der in der Weimarer Zeit abgeschlossenen Länderkonkordate bestimmt. Es wird durch eine Reihe von Vereinbarungen über Einzelfragen ergänzt. Die Rechtsbeziehungen zwischen dem Staat und den evangelischen Kirchen haben nach 1945 in einer Reihe von Bundesländern im Gefolge des niedersächsischen Kirchenvertrags (sog. Loccumer Vertrag 1955) eine neue kirchenvertragliche Basis gefunden.

Im einzelnen machen folgende Grundzüge die – formelmäßig nicht erfaßbare – Eigenart des Verhältnisses von Staat und Kirche in der Bundesrepublik Deutschland aus:

Die Selbständigkeit der Kirchen zur Ordnung und Verwaltung ihrer Angelegenheiten ist innerhalb der Schranken des für alle geltenden Gesetzes verfassungsrechtlich gewährleistet (Art. 137 Abs. 3 WRV). Das kirchliche Vermögen unterliegt einem besonderen verfassungsrechtlichen Schutz (Art. 138 Abs. 2 WRV). Das Grundrecht der freien Religionsausübung (Art. 4 Abs. 2 GG) sichert den Kirchen über die Freiheit von Kultus und Bekenntnis hinaus die Freiheit zur sozialen Arbeit in der Gesellschaft, soweit diese Funktion dem Selbstverständnis der Kirchen entspricht. Der Staat ist seinerseits an der karitativen Tätigkeit der Kirchen (Kranken- und Altenversorgung, Kindergärten u. a.) interessiert. Er räumt den Kirchen teilweise durch Gesetz Vorrang vor den eigenen Veranstaltungen vergleichbarer Art ein *(Subsidiaritätsprinzip)* und gewährt finanzielle Zuwendungen. Die Kirchen sind Körperschaften des öffentlichen Rechts. Andere Religionsgemeinschaften können diesen Status unter bestimmten Voraussetzungen erwerben und haben dies in großer Zahl getan. Zugleich mit dem Körperschaftsstatus hat der Staat den Kirchen besondere öffentlich-rechtliche Befugnisse verliehen (Dienstherrnfähigkeit, Besteuerungsrecht, Kirchensteuer). Die Kirchen wirken als gesellschaftliche Kräfte in zahlreichen „pluralistisch" strukturierten Organen des Staates und seiner Verwaltungsträger mit, wie z. B. im Rundfunkrat.

Das deutsche Staatskirchenrecht kennt eine Reihe von Fällen, in denen der Staat ein religiöses Bekenntnis unter wissenschaftlichen, seelsorgerlichen oder unterrichtsmäßigen Gesichtspunkten zum Gegenstand einer staatlichen Veranstaltung macht (Religionsunterricht an öffentlichen Schulen; Anstalts- und Militärseelsorge; theologische Fakultäten an den Universitäten). Diese institutionellen Verbindungen zwischen Staat und Kirche sind mit dem geltenden Verfassungsrecht vereinbar, das ein Gebot der strikten Trennung von Staat und Kirche nicht kennt.

In der DDR gesteht die Verfassung von 1968 (geändert 1974) den Kirchen auch nominell nicht mehr die Stellung von Körperschaften des öffentlichen Rechts zu. Sie gewährleistet den Kirchen das Recht der Selbstverwaltung „in Übereinstimmung mit der Verfassung und den gesetzlichen Bestimmungen" der DDR. Die Sozialarbeit der Kirchen erfährt keine vergleichbare staatliche Unterstützung wie in der Bundesrepublik Deutschland.

Das Verfahren beim Abschluß von Konkordaten und Kirchenverträgen

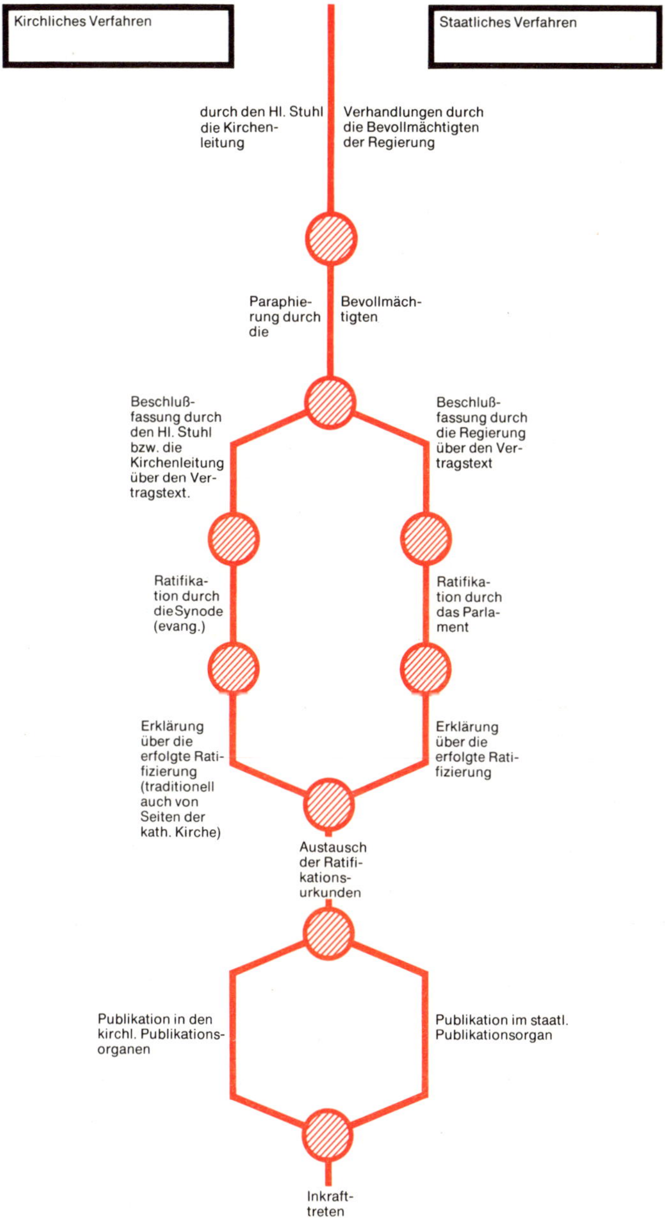

Katholische Kirche

Die katholische Kirche ist mit ca. 850 Millionen Mitgliedern unterschiedlicher nationaler Herkunft (territorial gegliederte) Weltkirche. Sie wird kraft einer aus dem göttlichen Recht abgeleiteten, allein dem Klerus vorbehaltenen umfassenden Leitungsgewalt regiert (sog. *Jurisdiktionsgewalt*). Höchster Träger der gesamtkirchlichen Jurisdiktionsgewalt ist nach traditioneller Auffassung der Papst. Er wird von den Kardinälen gewählt, die das achtzigste Lebensjahr noch nicht vollendet haben. Die ortskirchliche Gewalt ist den Bischöfen anvertraut.

Die Ordnung der katholischen Kirche hat als Folge des Zweiten Vatikanischen Konzils eine vorsichtige Modifizierung erfahren. Diese zeigt sich einmal in der Anerkennung einer gesamtkirchlichen Jurisdiktionsgewalt des *Bischofskollegiums*, das zusammen mit dem Papst gleichfalls Träger höchster und voller Gewalt über die Kirche ist, in der Einrichtung der Bischofssynode sowie in der Zuweisung von Beschlußkompetenzen an die (nationalen und übernationalen) *Bischofskonferenzen* (als Zwischenstufe zwischen dem Papst und den örtlichen Inhabern der Jurisdiktionsgewalt). Zum anderen wird sie sichtbar in der Aufwertung der Laien auf allen Ebenen der Kirche. In dem 1983 neu erlassenen kirchlichen Gesetzbuch Codex Iuris Canonici (CIC) hat diese Entwicklung ihren kodifikatorischen Niederschlag gefunden.

Dem Papst steht zur zentralen Leitung der Kirche die römische *Kurie* zur Verfügung. Das kuriale Leitungssystem ist gekennzeichnet durch eine Kombination von Behörden mit Entscheidungskompetenzen (Staatssekretariat samt Ämtern; Kurienkongregationen für bestimmte Sachbereiche; Gerichtshöfe) und Einrichtungen zu Beratungszwecken. An der Spitze der katholischen Kirche finden sich ferner Organe, deren Legitimation sich zumindest nicht ausschließlich aus der Jurisdiktionsgewalt des Papstes ableitet. Hierzu gehört neben der Bischofssynode (als Vertretung des Weltepiskopats mit teils beratender, teils beschließender Funktion) das Bischofskollegium. Der Heilige Stuhl nimmt völkerrechtlich das Recht der aktiven und passiven Gesandtschaft (Nuntien) gegenüber den Ortskirchen und den Staaten in Anspruch.

In der jurisdiktionellen Hierarchie folgen dem Papst (für den deutschen Bereich) die Leiter der *Kirchenprovinzen* (im Range von Erzbischöfen) und die Bischöfe (als Leiter der *Diözesen*). Den Bischöfen stehen zur Verwaltung der Diözesen Diözesankurien (Ordinariate) zur Seite. Die Ortsgemeinden haben durch den Codex von 1983 eigene Rechtspersönlichkeit erhalten. Der Pfarrer ist Mitarbeiter des Bischofs, dem die Seelsorge in einem bestimmten Teil der Diözese unter der Autorität des Bischofs anvertraut ist.

In der Bundesrepublik Deutschland gliedert sich die katholische Kirche in fünf Kirchenprovinzen mit zusammen 16 Diözesen. Nach der kirchlichen Neuordnung des Oder-Neiße-Gebiets im Jahre 1972 hat der Papst 1973 für den Bereich der DDR die bisherigen Generalvikare bzw. Bischöflichen Kommissare in den Gebieten, die zu Diözesen auf dem Gebiet der Bundesrepublik Deutschland gehören, zu Apostolischen Administratoren ernannt. Damit ist die Jurisdiktion der zuständigen Bischöfe in der Bundesrepublik Deutschland suspendiert. Die Apostolischen Administratoren üben die gleichen Rechte wie Diözesanbischöfe aus und sind dem Heiligen Stuhl direkt unterstellt. 1976 wurde die Berliner Bischofskonferenz als selbständige Bischofskonferenz für das Gebiet der DDR anerkannt. Das Bistum Berlin ist dem Heiligen Stuhl direkt unterstellt; der Berliner Bischof gehört in bezug auf den Westberliner Anteil seiner Diözese zugleich der Deutschen Bischofskonferenz an.

Seit dem Zweiten Vatikanischen Konzil betont die katholische Kirche mit Nachdruck die gegenseitige Unabhängigkeit der kirchlichen und der staatlichen Gewalt bei gleichzeitiger enger sachorientierter und partnerschaftlicher Kooperation. Sie sieht sich deshalb an keine bestimmte Kultur und kein politisches System gebunden. Dabei tritt sie für die Religionsfreiheit jedes Menschen ein. Die katholische Kirche versteht sich als die wahre Kirche, anerkennt heute jedoch daneben andere Kirchen und Glaubensgemeinschaften. Ihre gegenwärtige Situation ist wesentlich dadurch mitgeprägt, daß die ehemaligen Missionsländer der südlichen Hemisphäre zunehmend eigenständiges innerkirchliches Gewicht erlangen.

Der Vatikan und die katholische Kirche in Deutschland

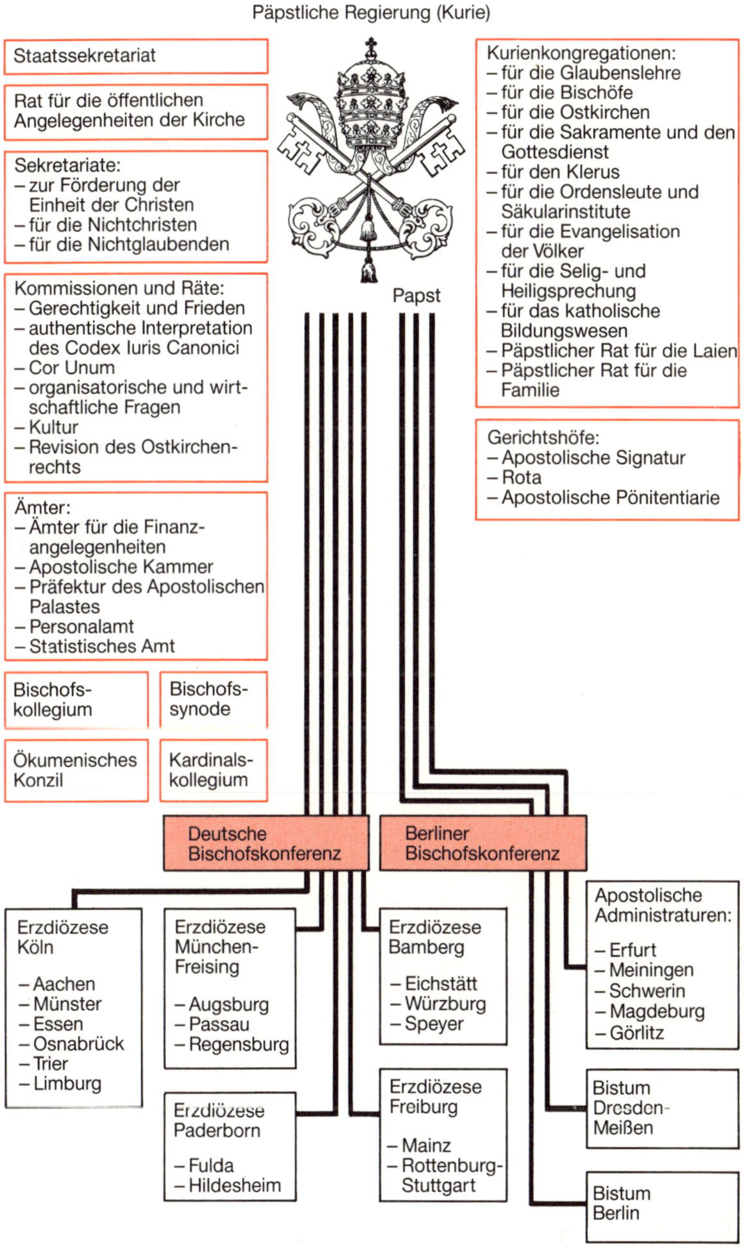

Evangelische Landeskirchen

Die Ordnung der evangelischen Kirchen in der Bundesrepublik Deutschland wird in der Gegenwart durch die Existenz von 17 selbständigen *Landeskirchen* (ca. 25 Millionen Gemeindemitglieder) mit lutherischem, reformiertem und uniertem Bekenntnisstand bestimmt. Die kirchliche Organisation ist – mit wenigen Ausnahmen – auf fest umrissene Territorien bezogen und folgte bis 1934 den staatlichen Gebietsentwicklungen.

Die evangelischen Kirchen in Deutschland haben sich nach 1945 fast durchweg neue Verfassungen (Grundordnungen, Ordnungen) gegeben, die Gemeinsamkeiten (z. B. im Hinblick auf die zumeist bestehende Dreistufigkeit des kirchlichen Aufbaus), aber auch erhebliche Strukturverschiedenheiten aufweisen. Diese tragen der unterschiedlichen historischen, bekenntnismäßigen und sozialen Lage der einzelnen Landeskirchen Rechnung. Gleichartige Züge weisen Leitung und Verwaltung der örtlichen *Kirchengemeinden* auf. Sie sind regelmäßig zur gemeinsamen Verantwortung dem (den) Pfarrer(n) und einem Kollegialorgan *(Presbyterium, Kirchenvorstand)* anvertraut, das sich aus dem (den) Pfarrer(n) und gewählten Gemeindemitgliedern zusammensetzt. Erhebliche, neuerdings aber zurücktretende Unterschiede zwischen den einzelnen Landeskirchen lassen sich dagegen in der Verfassung der landeskirchlichen Spitze erkennen. Zwar kehren in den Grundordnungen drei Organtypen wieder: Die (aus „geborenen", berufenen und gewählten) Mitgliedern zusammengesetzte *Landessynode,* ein ständiges kirchenleitendes Organ (teils als Präsidium der Landessynode fungierend, teils selbständig, aber von dieser gewählt) und ein persönlicher Amtsträger *(Bischof, Präses, Kirchenpräsident).* Die Zuständigkeit der einzelnen Organe und ihre wechselseitige Zuordnung gestalten sich jedoch in den einzelnen Verfassungen verschieden. Teilweise wird die synodale Leitungsgewalt der in der Synode vertretenen Gemeindekräfte betont (Einheitsprinzip), teilweise die Verantwortung für die Kirchenleitung zwischen den aus Wahlen hervorgegangenen Organen und den kontinuierlich wirkenden Amtsträgern geteilt (Trennungsprinzip). Ähnliche Organformen und Strukturprinzipien bestimmen auch die Organisation der kirchlichen Mittelinstanz (Synode/Vorstandsgremium/Dekan, Superintendent), die als verbandsmäßiger Zusammenschluß mehrerer Kirchengemeinden koordinierende und (zwischen den kirchlichen Ebenen) vermittelnde Funktionen hat. Zahlreiche Kirchen verfügen über eine kirchliche Verfassungs- und Verwaltungsgerichtsbarkeit. In der Gegenwart sind im kirchlichen Bereich wieder Verfassungsbewegungen sichtbar.

Die 1948 ins Leben gerufene *Evangelische Kirche in Deutschland* (EKD) bildet in der Gegenwart den umfassendsten organisatorischen Zusammenschluß des evangelischen Kirchentums (Vorläufer: Kirchenbund 1922; Deutsche Evangelische Kirche 1933). Sie vereinigt sämtliche Landeskirchen (einschließlich der Evangelischen Kirche der Union) auf föderativer Grundlage. Seit der Gründung des Bundes evangelischer Kirchen in der DDR im Jahre 1969 gehören die Landeskirchen in der DDR der EKD nicht mehr an (Berlin-Brandenburg ohne Berlin [West], Kirchenprovinz Sachsen, Landeskirche Sachsen, Görlitz, Greifswald, Mecklenburg, Thüringen, Anhalt). Die EKD will unbeschadet der Bekenntnisbindung ihrer Gliedkirchen deren Einheit in wesentlichen Fragen des kirchlichen Lebens und Handelns herbeiführen. In der Vereinigten Evangelisch-Lutherischen Kirche Deutschlands (VELKD) ist die Mehrzahl der lutherischen Kirchen der Bundesrepublik Deutschland zusammengefaßt. Die Evangelische Kirche der Union (EKU) ist aus der Evangelischen Landeskirche Preußens hervorgegangen; sie bildet mit anderen nicht der VELKD angehörenden Kirchen die Arnoldshainer Konferenz. Als regionaler Zusammenschluß besteht seit 1971 die Konföderation evangelischer Kirchen in Niedersachsen.

Rechtlich und finanziell unabhängig von der EKD und ihren Gliedkirchen, ihnen aber partnerschaftlich verbunden, besteht der *Deutsche Evangelische Kirchentag.* Er findet in jährlichem Wechsel mit dem Deutschen Katholikentag statt und bietet in zahlreichen Veranstaltungen ein Forum der Diskussion und ökumenischer Sammlung.

Die evangelischen Kirchen bejahen die Religionsfreiheit. Die Respektierung der staatlichen Eigenverantwortung besteht aus evangelischer Sicht unabhängig von der Staatsform.

Aufbau, Organe und Amtsstellen der Evangelischen Kirche in Deutschland

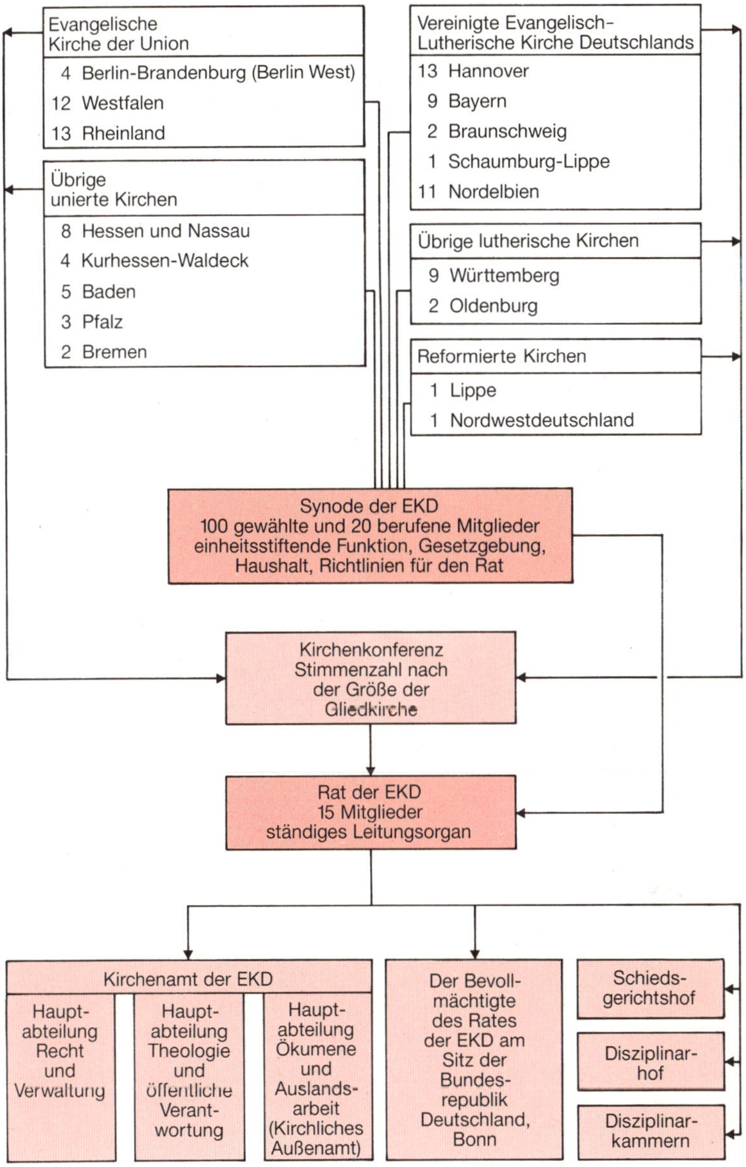

Die bis in die 1960er Jahre bestehenden konfessionellen Probleme im Schulbereich sind heute weitgehend überwunden. Öffentliche Schulen sind zumeist gemischtkonfessionell; der weltanschaulich neutrale Staat darf die Unterrichtsgehalte nicht an religiös gebundenen Dogmen ausrichten. Solange die erforderliche Toleranz gegenüber Andersdenkenden gewährleistet bleibt, ist ein konfessionell neutrales Schulgebet mit der Verfassung vereinbar. Während es nach evangelischer Auffassung keine theologische Begründung bestimmter Schulformen gibt, hält die katholische Lehre daran fest, daß aus dem Evangelium ein pädagogisches Modell folge. Katholische Eltern sind danach verpflichtet, unter Berücksichtigung der örtlichen Verhältnisse diejenige Schule zu wählen, in der die katholische Erziehung ihrer Kinder am besten gewährleistet ist. Eingehende Regelungen auch über staatliche Schulformen finden sich in den Konkordaten.

Der *Religionsunterricht* ist in der Bundesrepublik Deutschland mit Ausnahme von Berlin (West) und Bremen (Art. 141 GG) ordentliches Lehrfach an allen öffentlichen Schulen einschließlich der berufsbildenden Schulen (Art. 7 Abs. 3 GG). Er ist damit eine staatliche und nicht nur eine – z. B. durch Zurverfügungstellung von Schulräumen – staatlich geförderte Lehrveranstaltung. Ihr Inhalt wird in der Praxis unter Berufung auf Art. 7 Abs. 3 GG von den Kirchen bestimmt. Einzelheiten der schulrechtlichen Stellung des Religionsunterrichts, insbesondere die Abgrenzung von kirchlichem und staatlichem Einfluß, sind in den Landesverfassungen, in Gesetzen der Länder und in Verträgen geregelt. Die Garantie des Religionsunterrichts als ordentliches Lehrfach hat zur Folge, daß der Unterricht in Religion im Lehrplan und in der Schulorganisation grundsätzlich wie andere Pflichtfächer zu behandeln ist. Andererseits will Art. 7 Abs. 3 GG für das Fach „Religionsunterricht" nicht den Spielraum beseitigen, der dem Staat in bezug auf die schulrechtliche Behandlung und Bewertung von Pflichtfächern zusteht. Die Folgerungen, die in der gegenwärtigen Schulpraxis aus dem Charakter des Religionsunterrichts als ordentliches Schulfach gezogen werden, sind daher nicht durchgehend verfassungsrechtlich geboten.

Der Religionsunterricht ist für Schüler und Lehrer freiwillig (Art. 7 Abs. 2 und Abs. 3 GG) und grundsätzlich nach Konfessionen getrennt. Über die Teilnahme des Schülers am Religionsunterricht entscheiden bis zum vierzehnten Lebensjahr (in einigen Bundesländern bis zum achtzehnten Lebensjahr) die Erziehungsberechtigten, ab diesem Zeitpunkt der Schüler selbst. Nach dem geltenden Schulrecht ist der Schüler zur Teilnahme am Religionsunterricht verpflichtet, solange er sich nicht ordnungsgemäß abmeldet. Doch läßt das Grundgesetz auch eine Ersetzung des Abmeldeprinzips durch das Prinzip der Anmeldung zu. Eine schulorganisatorisch begründete Beschränkung der Abmeldung auf bestimmte Zeitpunkte (z. B. Beginn und Ende des Schuljahres) begegnet keinen verfassungsrechtlichen Bedenken. Einige Bundesländer haben einen Ersatzunterricht in Ethik oder Religionskunde eingerichtet. Die Teilnahme an diesem Unterricht ist Pflicht für den, der sich vom Religionsunterricht abmeldet. Die schulrechtliche Anerkennung der Abmeldung vom Religionsunterricht darf nicht an eine Gewissensprüfung geknüpft werden.

Die inhaltliche *Ausgestaltung* des Religionsunterrichts wird seit Jahrzehnten in der Religionspädagogik diskutiert. Praxis und Theorie des Religionsunterrichts in Vergangenheit und Gegenwart weisen ein breites Spektrum von Unterrichtskonzepten auf, das von der Vorstellung des Religionsunterrichts als „kirchlicher Unterweisung" bis zum Verständnis des Religionsunterrichts als einer religionskundlichen oder religionskritischen Veranstaltung reicht. Heute konzipieren Staat und Kirchen überwiegend den Religionsunterricht als wissenschaftlichen Unterricht auf der Grundlage der Lehre der jeweiligen Religionsgemeinschaft mit dem Ziel, dem Schüler Einsichten in die Sinn- und Wertfragen des Lebens zu vermitteln und ihn zu einem verantwortlichen Handeln in der Gesellschaft anzuleiten. Im Zuge der Reform der Oberstufe an den staatlichen Gymnasien nimmt der Religionsunterricht in den einzelnen Bundesländern eine unterschiedliche Stellung ein. Aufgrund der mancherorts großen Zahl islamischer ausländischer Arbeitnehmer gibt es heute verstärkt Überlegungen, auch islamischen Religionsunterricht einzuführen.

Religionsunterricht an öffentlichen Schulen

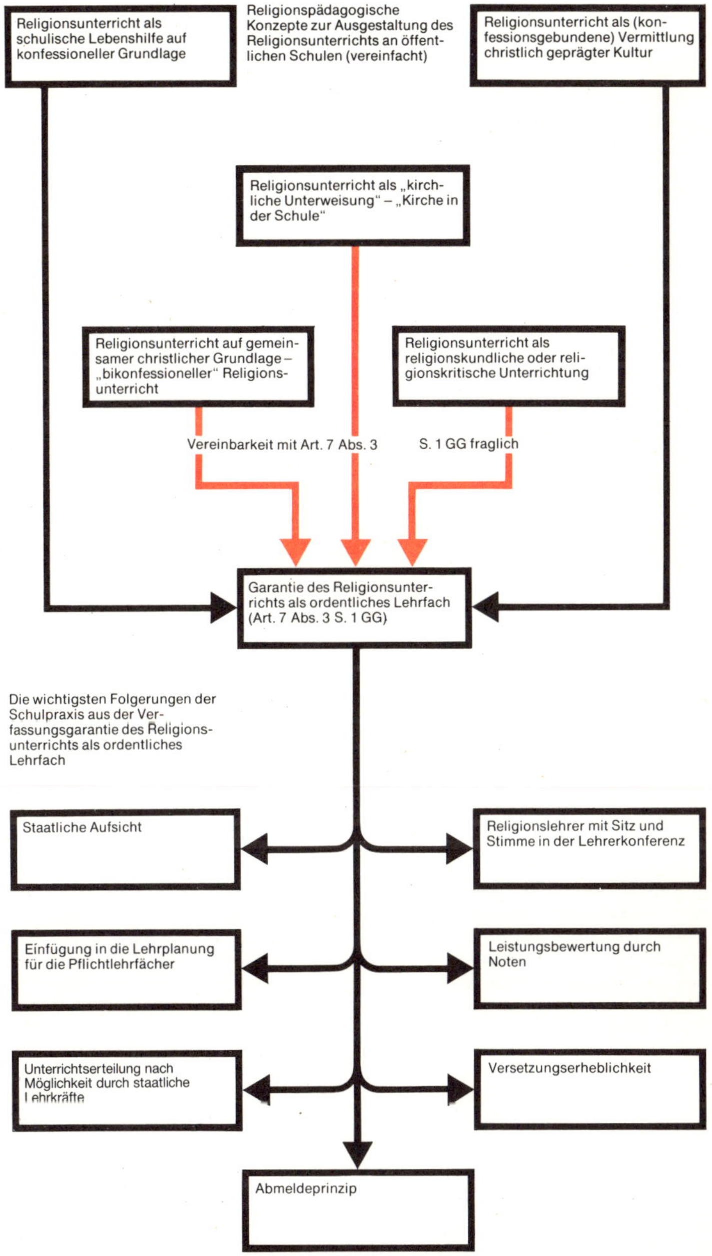

Bundeswehr

Nach dem Zweiten Weltkrieg wurde Deutschland entmilitarisiert und die Wehrmacht aufgelöst. Daher finden sich im Grundgesetz von 1949 nur einige Regelungen wehrrechtlicher Art: das Recht zur Kriegsdienstverweigerung (Art. 4 Abs. 3 GG), die Möglichkeit der Bundesrepublik, sich zur Wahrung des Friedens einem System kollektiver Sicherheit einzuordnen (Art. 24 Abs. 2 GG), das Verbot der Führung eines Angriffskrieges und die Bindung der Herstellung und Verbreitung von Kriegswaffen an die Genehmigung der Bundesregierung (Art. 26 Abs. 1 und 2 GG). In den 1955 in Kraft getretenen Pariser Verträgen, die die Aufnahme der Bundesrepublik Deutschland in die *NATO* und den Brüsseler Pakt regeln, der zur *Westeuropäischen Union (WEU)* erweitert wurde, verpflichtete sich die Bundesrepublik, durch die Aufstellung von Streitkräften einen eigenen Verteidigungsbeitrag zu leisten.

Die Schaffung der *Wehrverfassung* in Form von Grundgesetzergänzungen bzw. -änderungen vom 26. März 1954, vom 19. März 1956 und vom 24. Juni 1968 bildete die Grundlage für Aufbau und Aufgaben der Bundeswehr sowie für die Einführung der *allgemeinen Wehrpflicht* (Art. 12a GG). Die wichtigsten Wehrgesetze sind das Gesetz über die Rechtsstellung des Soldaten (Soldatengesetz), das Wehrpflichtgesetz, das Gesetz über den Wehrbeauftragten, die Wehrdisziplinarordnung, das Wehrstrafgesetz und das Zivildienstgesetz.

Mit der Gründung der Bundeswehr war der Wille verbunden, die Wehrverfassung organisch in die demokratische Verfassungsordnung einzubinden und den Führungsanspruch der Politik über das Militär sicherzustellen. Art. 1 Abs. 3 GG bindet die Bundeswehr als Teil der vollziehenden Gewalt an die Grundrechte als unmittelbar geltendes Recht. Zahlenmäßige Stärke und Grundzüge der Streitkräfteorganisation unterliegen parlamentarischem Beschlußrecht durch Aufnahme in den Haushaltsplan (Art. 87a Abs. 1 GG). Parlamentarische Kontrollrechte werden insbesondere durch den Verteidigungsausschuß (Art. 45a GG) in seiner Funktion als Fach- und ständiger Untersuchungsausschuß sowie durch den Wehrbeauftragten des Deutschen Bundestages (Art. 45b GG) wahrgenommen. Jeder Soldat hat das Recht, sich mit Beschwerden direkt an den Wehrbeauftragten zu wenden. Zur weiteren Sicherung des Primats der Politik übt der Verteidigungsminister im Rahmen der Richtlinienkompetenz des Bundeskanzlers (Art. 65 GG) die *Befehls- und Kommandogewalt* im Frieden aus (Art. 65a GG). Mit Verkündung des Verteidigungsfalles geht diese auf den Bundeskanzler über (Art. 115b GG). Der Verteidigungsfall wird von Bundestag und Bundesrat festgestellt (Art. 115a Abs. 1 GG, vgl. S. 158). Dem Ziel der Integration der Streitkräfte in die Gesellschaft diente die Entwicklung besonderer Grundsätze der *Inneren Führung* und die Einführung eines politischen Unterrichts.

Die Bundeswehr hat den Auftrag, die Handlungsfreiheit und Sicherheit der Bundesrepublik im Zusammenwirken der Teilstreitkräfte zu gewährleisten. Der Einsatz der Streitkräfte ist vom Grundgesetz auf den *Verteidigungsfall* begrenzt (Art. 87a Abs. 1 GG), im Inneren nur in wenigen Fällen möglich (Art. 87a Art. 3 und 4, Art. 35, Abs. 2 und 3 GG). Ihren Auftrag erfüllt die Bundeswehr als Bündnisarmee im Rahmen der NATO. Ein eigenes Oberkommando oder ein deutscher Generalstab besteht nicht. Statt dessen geht die operative Führung der Streitkräfte mit Ausnahme des Territorialheeres im Verteidigungsfall auf die NATO-Stäbe über. Die Luftwaffe ist bereits zu Friedenszeiten der NATO unterstellt. Als ranghöchster Soldat steht der *Generalinspekteur* an der Spitze der Streitkräfte. Gleichwohl ist er *nicht* der höchste Vorgesetzte der Streitkräfte, d. h. hinsichtlich der Kommandogewalt ist er nicht zwischen dem Verteidigungsminister und den Inspekteuren der Teilstreitkräfte (Heer, Luftwaffe, Marine) angesiedelt.

Organisatorisch gliedert sich die Bundeswehr in die Streitkräfte und die Bundeswehrverwaltung. Diese ist gemäß Art. 87b GG eine bundeseigene Verwaltung mit eigenem Verwaltungsunterbau. Die Bundeswehr ist eine konventionelle Streitmacht mit einem Friedensumfang von ca. 495 000 Soldaten einschließlich rund 6 000 Wehrübenden, von denen ca. 345 000 auf das Heer, 111 000 auf die Luftwaffe und 39 000 auf die Marine entfallen. Der Verteidigungsumfang beträgt etwa 1,3 Mill. Soldaten. Der Verteidigungshaushalt 1987 beträgt nach dem Haushaltsplan 50,9 Mrd. DM bei einem gesamten Bundeshaushalt von 268,5 Mrd. DM.

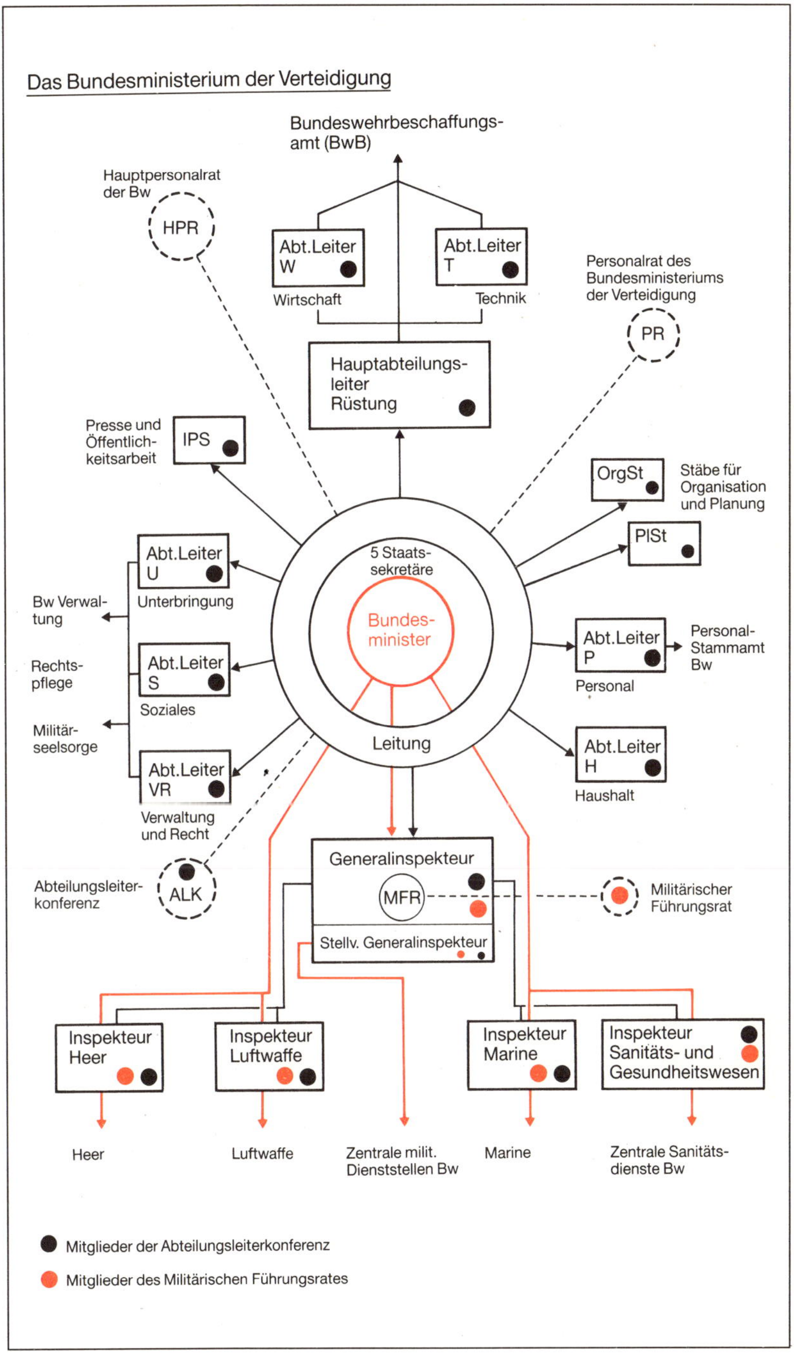
Das Bundesministerium der Verteidigung
Bundeswehrbeschaffungs-amt (BwB)
Hauptpersonalrat der Bw
HPR
Abt.Leiter W
Wirtschaft
Abt.Leiter T
Technik
Personalrat des Bundesministeriums der Verteidigung
PR
Hauptabteilungs-leiter Rüstung
Presse und Öffentlich-keitsarbeit
IPS
OrgSt
Stäbe für Organisation und Planung
PlSt
Abt.Leiter U
Unterbringung
Bw Verwal-tung
Rechts-pflege
Abt.Leiter S
Soziales
Militär-seelsorge
Abt.Leiter VR
Verwaltung und Recht
5 Staats-sekretäre
Bundes-minister
Leitung
Abt.Leiter P
Personal
Personal-Stammamt Bw
Abt.Leiter H
Haushalt
Abteilungsleiter-konferenz
ALK
Generalinspekteur
MFR
Stellv. Generalinspekteur
Militärischer Führungsrat
Inspekteur Heer
Inspekteur Luftwaffe
Inspekteur Marine
Inspekteur Sanitäts- und Gesundheitswesen
Heer
Luftwaffe
Zentrale milit. Dienststellen Bw
Marine
Zentrale Sanitäts-dienste Bw
Mitglieder der Abteilungsleiterkonferenz
Mitglieder des Militärischen Führungsrates

Wehrersatzwesen

Mit der Einfügung der Wehrverfassung in das Grundgesetz hat der Gesetzgeber eine dualistische Organisation der Bundeswehr festgelegt: neben den Streitkräften (Art. 87a GG) findet die Bundeswehrverwaltung (BWV) im Grundgesetz besondere Erwähnung (Art. 87b GG). Die organisatorische Spitze der Streitkräfte und der BWV befindet sich im Bundesministerium der Verteidigung (BMVg). Als bundeseigene Zivilverwaltung mit eigenem Verwaltungsunterbau dient die BWV den Aufgaben des Personalwesens und der Deckung des Sachbedarfs der Streitkräfte. Die Streitkräfte der Bundeswehr sind zwar keine ausschließliche Wehrpflichtarmee, aber ihr Wesen wird entscheidend von der allgemeinen Wehrpflicht geprägt. Etwas mehr als die Hälfte der Soldaten sind Wehrpflichtige.

Das *Wehrersatzwesen* umfaßt die Aufgaben, die mit der Sicherstellung der personellen Ergänzung der Streitkräfte durch Wehrpflichtige verbunden sind. Sie werden durch Wehrersatzbehörden als besondere Behörden der BWV wahrgenommen. Ihre hierarchische Organisationspyramide reicht von den Kreiswehrersatzämtern (KWEÄ) als Bundesunterbehörden über die Wehrbereichsverwaltungen (WBV) als Mittelbehörden und dem Bundeswehrverwaltungsamt (BWVA) als Oberbehörde bis zum BMVg, Abt. Verwaltung und Recht. Das BWVA leitet nach Weisung des BMVg bundesweit das Wehrersatzwesen, führt die Fachaufsicht über die WBV und verteilt den Bedarf der Teilstreitkräfte an Wehrpflichtigen auf die einzelnen KWEÄ. Die sechs WBV umfassen das gesamte Gebiet der Bundesrepublik. Sie sind direkt dem BMVg unterstellt, jedoch besitzt das BWVA fachliches Weisungsrecht. Die *Kreiswehrersatzämter* (KWEÄ) auf unterer Verwaltungsebene sind in der Regel für die Bürger die wichtigsten Behörden des Wehrersatzwesens, da sie den Vollzug der Wehrersatzaufgaben gemäß den Weisungen der übergeordneten Behörden gegenüber der Bevölkerung sicherzustellen haben und durch Verwaltungsakte in die Rechte der Bürger unmittelbar eingreifen dürfen.

Besondere Aufgaben der KWEÄ sind die *Musterung*, die *Einberufung* und Zuteilung von ungedienten und gedienten Wehrpflichtigen (Reservisten) gemäß den Anforderungen der Streitkräfte sowie die *Wehrüberwachung*. Die *Erfassung* fällt in die Kompetenz der Länder. Sie dient der Feststellung des wehrpflichtigen Personenkreises und der Anlage von Personennachweisen, die den KWEÄ zugeleitet werden. Der Wehrpflichtige ist verpflichtet, nach der Aufforderung durch die Meldebehörde die benötigten Angaben mündlich oder schriftlich zu erteilen und sich ggf. persönlich bei der Behörde zu melden. Ungediente Wehrpflichtige werden vor der Heranziehung zum Wehrdienst einer Musterung unterzogen. Zuständig ist grundsätzlich das KWEA des Bezirks, in dem der Wehrpflichtige seinen ständigen Wohnsitz hat. Die Musterung dient der Feststellung der körperlichen und geistigen Tauglichkeit, die in der Zuteilung eines Tauglichkeitsgrades Ausdruck findet. Der Musterungsausschuß des KWEA entscheidet nach Anhörung des Wehrpflichtigen über die Heranziehung zum Wehrdienst und die Art der Verwendung. Das Ergebnis wird in einem Musterungsbescheid mitgeteilt, gegen den mit aufschiebender Wirkung Widerspruch eingelegt werden kann. Erst nach Ablauf einer Frist wird der Musterungsbescheid vollziehbar. Der Vollzug erfolgt durch das KWEA mit der Einberufung zum Wehrdienst gemäß den Einberufungsanordnungen des Bundesministeriums der Verteidigung. Der Einberufungsbescheid enthält Ort und Zeit des Dienstantritts. Gegen den Einberufungsbescheid kann Widerspruch eingelegt werden, der jedoch keine aufschiebende Wirkung hat. Darüber hinaus ist Klage vor dem Verwaltungsgericht möglich.

Vor der Einberufung kann der Wehrpflichtige einer besonderen Eignungs- und Verwendungsprüfung unterzogen werden. Von der Musterung nach dem vollendeten 18. Lebensjahr bis zum vollendeten 32. (bei Unteroffizieren 45., bei Offizieren 60.) Lebensjahr unterliegen die Wehrpflichtigen der *Wehrüberwachung*, die besondere Pflichten gegenüber dem KWEA begründet (z. B. Meldung bei Wohnortwechseln oder längerer Abwesenheit).

Die KWEÄ entscheiden ebenfalls über zeitlich unbegrenzte oder befristete Wehrdienstausnahmen sowie über hier einzureichende Anträge auf Anerkennung als Kriegsdienstverweigerer nach Art. 4 Abs. 3 GG, soweit nicht das Bundesamt für Zivildienst zuständig ist (vgl. S. 458).

Gliederung der Bundeswehrverwaltung

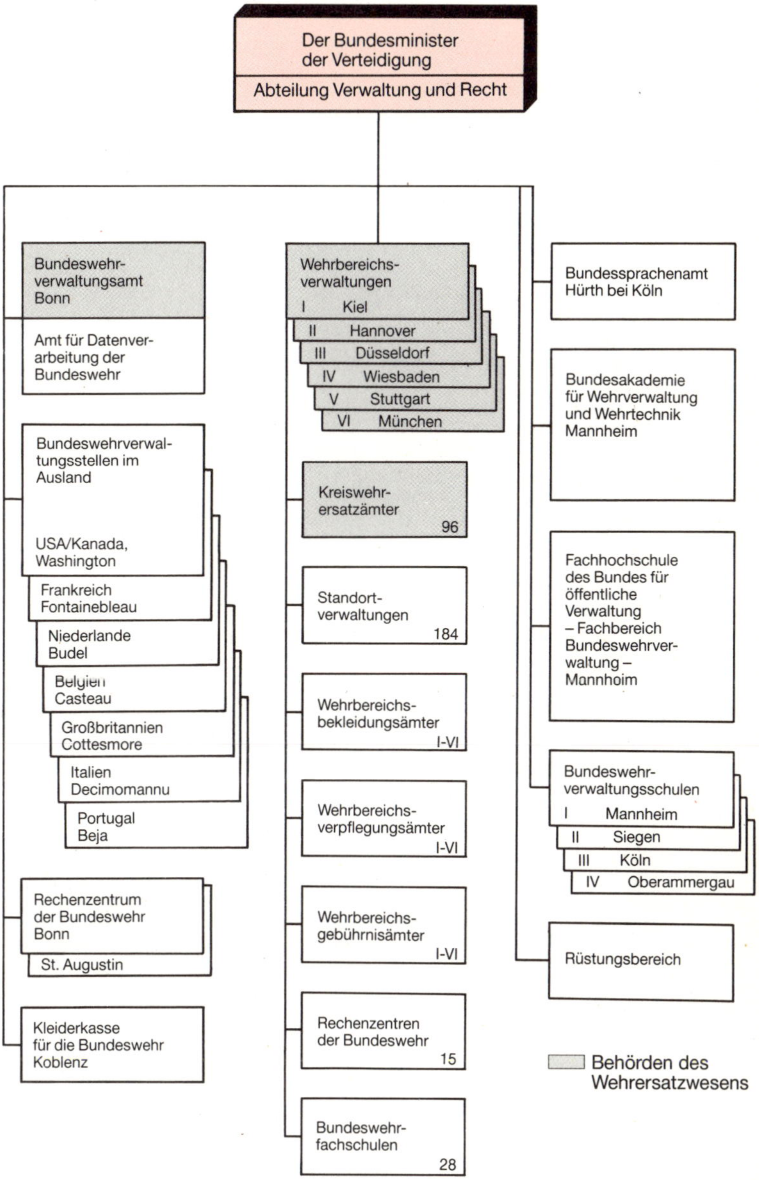

Wehrpflicht – rechtliche Stellung des Soldaten

Wehrpflicht ist die öffentlich-rechtliche Pflicht aller wehrpflichtigen Bürger in der Bundesrepublik, Wehrdienst in der Bundeswehr (vgl. S. 452) zu leisten. Der Wehrdienst kann auch auf einer freiwilligen Verpflichtung beruhen (bei Soldaten auf Zeit und Berufssoldaten). Unterschieden werden folgende *Wehrdienstarten:* Grundwehrdienst, Wehrdienst in der Verfügungsbereitschaft, Wehrübungen und unbefristeter Wehrdienst im Verteidigungsfall.

Die Einberufung zum Wehrdienst orientiert sich an der körperlichen und geistigen Tauglichkeit des Wehrpflichtigen sowie am Bedarf der Bundeswehr. Wehrdienstausnahmen auf Dauer (Ausmusterung wegen Untauglichkeit, Ausschluß oder Befreiung vom Wehrdienst) oder auf Zeit (Zurückstellung) sind aufgrund gesetzlich geregelter Gründe möglich. Vom Wehrdienst ausgeschlossen sind z. B. Wehrpflichtige mit erheblichen Verurteilungen durch ein deutsches Gericht und Personen, denen die Fähigkeit zur Bekleidung öffentlicher Ämter entzogen wurden. Eine Befreiung von Amts wegen erfolgt für Geistliche aller Konfessionen, Schwerbehinderte und Spätheimkehrer. Zurückstellung erfolgt für vorübergehend nicht Wehrdienstfähige sowie für Landtags- oder Bundestagskandidaten und Mandatsträger. Wehrpflichtige, für die eine Heranziehung zum Wehrdienst wegen persönlicher, insbesondere häuslicher, beruflicher oder wirtschaftlicher Gründe eine besondere Härte bedeuten würde, können ebenfalls zurückgestellt werden. Dies trifft z. B. zu, wenn die Versorgung der Familie oder hilfsbedürftiger Angehöriger gefährdet wäre, wenn der Wehrpflichtige für die Erhaltung und Fortführung des eigenen oder elterlichen Landwirtschafts- oder Gewerbebetriebes unentbehrlich ist sowie wenn ein bereits weitgehend geförderter Ausbildungsabschnitt unterbrochen würde (Lehre, Studium). Eine Freistellung vom Wehrdienst ist möglich, wenn der Wehrpflichtige sich mit Zustimmung der Behörde auf mindestens zehn Jahre zum Dienst im Zivil- oder Katastrophenschutz verpflichtet. Gleiches gilt bei Verpflichtung zum Polizeidienst, zum Bundesgrenzschutzdienst oder zur Leistung von Entwicklungsdienst. Art. 4 Abs. 3 GG garantiert das Recht auf Kriegsdienstverweigerung aus Gewissensgründen. Der anerkannte Kriegsdienstverweigerer hat ersatzweise *Zivildienst* zu leisten (vgl. S. 458).

Grundwehrdienst leisten Wehrpflichtige, die das 28. Lebensjahr (in Ausnahmefällen das 32. Lebensjahr) noch nicht vollendet haben. Ausgehend von der Grundausbildung über die Vollausbildung für einzelne Waffengattungen hat der Grundwehrdienst die Aufgabe, die volle Verwendbarkeit des Wehrpflichtigen in den Streitkräften zu gewährleisten. Nach ihrem Grundwehrdienst gehören Wehrpflichtige zur *Reserve.* Ungediente Wehrpflichtige bilden die Ersatzreserve.

Wegen der rückläufigen Jahrgangsstärken erwartet man für Ende der 80er Jahre eine Abnahme der Zahl der wehrdienstfähigen Wehrpflichtigen. Um den Friedensumfang der Bundeswehr von 495 000 Mann gewährleisten zu können, wurde daher beschlossen, ab Mitte 1989 den Grundwehrdienst von derzeit 15 Monaten auf 18 Monate zu verlängern. Zudem werden die Tauglichkeitskriterien geändert, die Wehrdienstausnahmen verringert und der Umfang der Freistellungen reduziert. Reservisten werden verstärkt zu Wehrübungen von bis zu drei Monaten Dauer pro Jahr herangezogen. Die Gesamtdauer der Wehrübungen beträgt für Mannschaften höchstens neun Monate, für Offiziere maximal 18 Monate.

Rechte und Pflichten des Soldaten regelt das *Soldatengesetz.* Die staatsbürgerlichen Rechte des Soldaten werden im Rahmen der Erfordernisse des militärischen Dienstes durch gesetzlich begründete Pflichten beschränkt. Grundpflicht des Soldaten ist es, der Bundesrepublik Deutschland treu zu dienen und das Recht und die Freiheit des deutschen Volkes tapfer zu verteidigen. Diese Grundpflicht umfaßt neben dem Eintreten für die freiheitliche demokratische Grundordnung die Pflicht zur Kameradschaft, zur Wahrheit und Verschwiegenheit, zur Disziplin, zur Gesunderhaltung und zum gemeinsamen Wohnen. Gemäß dem wechselseitigen Dienst- und Treueverhältnis ist der Staat zur Fürsorge für den Wehrdienstleistenden und dessen Familienangehörige verpflichtet. Näheres regelt das *Unterhaltssicherungsgesetz.* Das *Arbeitsplatzschutzgesetz* sichert den Arbeitsplatz und damit verbundene Sozialansprüche des Wehrpflichtigen.

Personal-Soll der Streitkräfte im Verteidigungsumfang (Soldaten) ohne Personalreserve

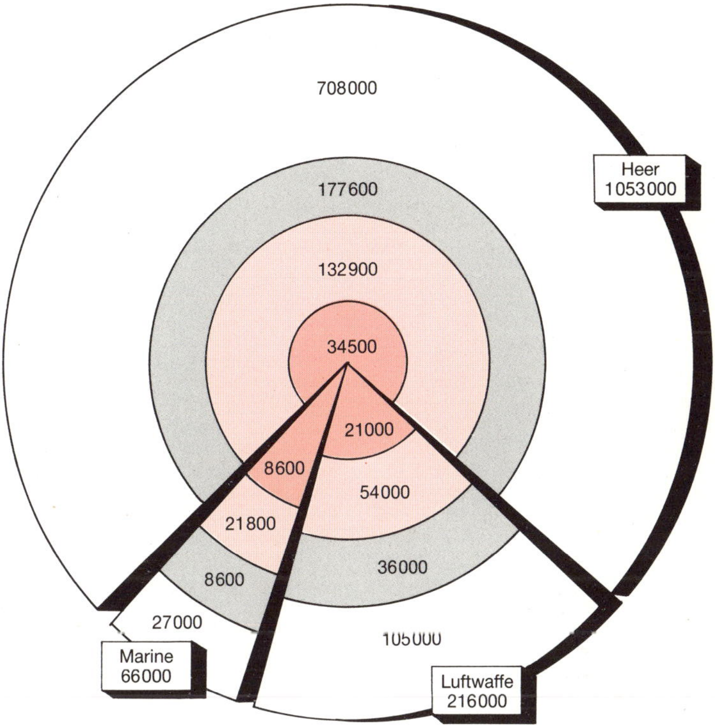

Berufssoldaten	64100	4,8%
Soldaten auf Zeit	208700	15,6%
Wehrpflichtige	222200	16,7%
Reservisten	840000	62,9%

Kriegsdienstverweigerung – Zivildienst

Das Grundgesetz schützt in Art. 4 Abs. 3 GG jeden Wehrpflichtigen davor, gegen sein Gewissen zum Kriegsdienst mit der Waffe gezwungen zu werden. Das Nähere im Sinne des Art. 4 Abs. 3 GG regelt seit 1983 nicht mehr das Wehrpflichtgesetz, sondern das Kriegsdienstverweigerungsgesetz.

Der Kerngehalt des unmittelbar wirkenden Grundrechts aus Art. 4 Abs. 3 GG, das in seinem sachlichen Gehalt nicht erst der Aktualisierung durch ein Gesetz bedarf, besteht darin, einen Kriegsdienstverweigerer vor dem Zwang zu bewahren, in einer Kriegshandlung einen anderen töten zu müssen, wenn ihm sein Gewissen eine Tötung grundsätzlich und ausnahmslos zwingend verbietet. Das Grundrecht setzt der ansonsten bestehenden Pflicht, sich im Kriegsfall an der bewaffneten Landesverteidigung zu beteiligen, eine unüberwindliche Schranke entgegen. Dem Kriegsdienstverweigerer darf aber auch schon in Friedenszeiten keine Ausbildung aufgezwungen werden, die einzig den Zweck hat, ihn auf eine Tätigkeit vorzubereiten, die er aus Gewissensgründen ablehnt. Zur Verweigerung des Zivildienstes („Totalverweigerung") berechtigt Art. 4 Abs. 3 GG nicht; gleichwohl darf durch Sanktionen (Bestrafung), die gegen den Ersatzdienstverweigerer ergriffen werden, nicht dessen Persönlichkeitssubstanz zerstört werden, und eine wiederholte Bestrafung ist nur in engen Ausnahmefällen zulässig.

Art. 4 Abs. 3 GG verwendet den Begriff des Gewissens im Sinne des allgemeinen Sprachgebrauchs. Als Gewissensentscheidung wird jede ernste sittliche, d. h. an den Kategorien von „Gut" und „Böse" orientierte Entscheidung angesehen, die der einzelne in einer bestimmten Lage als für sich bindend und unbedingt verpflichtend innerlich erfährt, so daß er gegen sie nicht ohne ernste Gewissensnot handeln könnte. Nicht ausreichend ist die lediglich ernsthafte und nachdrückliche Auffassung von guter politischer Ordnung und Vernunft. Die Gewissensbelastung muß sich gegen den Dienst mit der Waffe allgemein und schlechthin richten; die gewissensbedingte Ablehnung der Teilnahme an bestimmten Kriegen (zwischen bestimmten Gegnern oder mit bestimmten Waffen) reicht nicht aus.

Die Berechtigung der Kriegsdienstverweigerung wird nach dem Kriegsdienstverweigerungsgesetz in einem Verfahren festgestellt, das nach Gruppen von Wehrpflichtigen unterscheidet: Während die Normalfälle (über 80%) lediglich ein schriftliches Verfahren vor dem Bundesamt für Zivildienst (Köln) durchlaufen, sind für bestimmte Gruppen, hauptsächlich Einberufene, Soldaten, Reservisten und Wiederholungsantragsteller Ausschüsse und Kammern vorgesehen, die der Aufsicht des Verteidigungsministeriums unterstehen; diese können auch nach mündlicher Verhandlung entscheiden. In beiden Verfahrensarten hat die Bereitschaft des Kriegsdienstverweigerers, den für ihn gegenüber dem Wehrdienst um ein Drittel verlängerten Zivildienst abzuleisten, gewichtige Bedeutung als tragendes Indiz für das Vorliegen einer Gewissensentscheidung. Der Gesetzgeber wollte gerade durch die Verlängerung des Zivildienstes und sonstige Erschwerungen die früher übliche und als unbefriedigend empfundene „inquisitorische Gewissenserforschung" abschaffen oder zumindest abmildern (vgl. Urteil des Bundesverfassungsgerichts vom 24. 4. 1985). Gegen ablehnende Entscheidungen kann vor dem Verwaltungsgericht geklagt werden.

Der anerkannte Kriegsdienstverweigerer leistet den *Zivildienst* regelmäßig in einer zivilen Beschäftigungsstelle. Die für ihn geltenden gesetzlichen Regelungen, hauptsächlich das Zivildienstgesetz sehen im wesentlichen eine Gleichstellung in Rechten und Pflichten gegenüber den Soldaten vor, berücksichtigen dabei aber die „wesensverschiedenen Aufgabenbereiche". Nach Art. 12a Abs. 2 GG darf durch den Zivildienst und seine Ausgestaltung die Freiheit der Gewissensentscheidung nicht beeinträchtigt werden.

Die Zahl der Kriegsdienstverweigerer, die bis 1967 noch unter jährlich 10000 lag, hat sich (mit Ausschlägen, die auf Gesetzesvorhaben und -änderungen zurückzuführen sind) seit einigen Jahren auf etwas über 50000 jährlich eingependelt. Dem entspricht derzeit eine ausreichende Anzahl von Zivildienstplätzen, so daß jeder Kriegsdienstverweigerer auch tatsächlich mit einer Einberufung rechnen muß. Insgesamt haben bisher nahezu 400000 Bürger ihren Zivildienst abgeleistet.

Kriegsdienstverweigerung: Anerkennungsverfahren

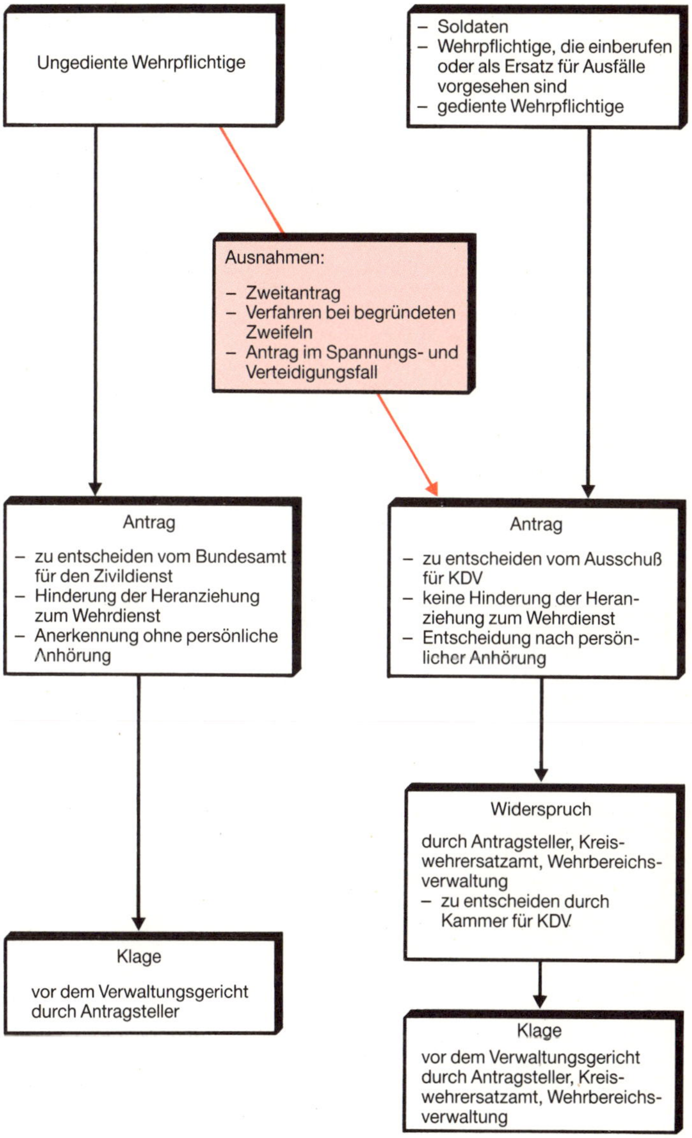

NATO

Nach Beendigung des Zweiten Weltkrieges sollten die Vereinten Nationen (vgl. S. 470) die Aufgaben internationaler Friedenssicherung übernehmen. Weil sich die Erwartungen einer globalen kollektiven Sicherheitsinstitution in der Praxis nicht erfüllten, wurden *regionale Systeme kollektiver Sicherheit* errichtet. Dabei unterschieden sich diese Systeme von Anfang an entsprechend ihrer inneren politischen Verfaßtheit. Das Bestreben der USA war es, in einem Eindämmungsbogen um das eurasische Landmassiv herum die UdSSR einzuhegen. Umgekehrt liegt die strategische Logik des sowjetischen Verhaltens darin, ein Sicherheitsglacis um den eigenen Bereich herum herzustellen und die Eindämmungszonen aufzulösen. Insgesamt hat sich diese geostrategische Struktur bis heute erhalten, trotz Veränderung der Paktsysteme. Ideologisch ist dieser *Ost-West-Gegensatz* durch die unterschiedlichen Vorstellungen von freier Wirtschaft und Demokratie im Westen und Kommunismus und Planwirtschaftssystemen im Osten bedingt. Auch unter den veränderten Bedingungen des Emanzipationsprozesses der dritten Welt bleibt der Ost-West-Konflikt schon wegen des hier vorhandenen industriellen und militärischen Potentials insbesondere der Führungsmächte der dominierende weltpolitische Gegensatz. Faktisch sind nur NATO und Warschauer Pakt wirksame Systeme kollektiver Sicherheit.

Die NATO wurde durch den *Nordatlantik-Vertrag* am 4. April 1949 in Washington ins Leben gerufen. Außer den Signatarstaaten des Brüsseler Paktes (Großbritannien, Frankreich, Benelux-Staaten) und den USA traten nacheinander auch Kanada, Norwegen, Dänemark, Island, Portugal, Italien, Griechenland, die Türkei und die Bundesrepublik Deutschland (5. Mai 1955) bei. Der Vertrag wurde auf unbefristete Zeit abgeschlossen, gemäß Art. 13 kann aber jedes Mitglied nach zwanzigjähriger Zugehörigkeit den Vertrag kündigen. Von dieser Möglichkeit hat bisher nur Frankreich Gebrauch gemacht, das 1966 aus dem militärischen Teil des Bündnisses austrat, jedoch weiterhin Mitglied des politischen Teils des Paktes blieb. 1982 trat Spanien dem Bündnis bei.

Der räumliche Geltungsbereich ist gemäß Art. 6 auf Europa, Nordamerika und den nordatlantischen Bereich nördlich des Wendekreises des Krebses beschränkt. Der Vertrag geht von der Prämisse aus, daß internationale Konflikte im Sinne der Grundsätze der UN – einschließlich ihres Selbstverteidigungsgedankens (Art. 51 der UN-Charta) – gelöst werden sollen. Der Charakter der Wert- und Zivilisationsgemeinschaft der NATO-Bündnispartner wird hervorgehoben (Präambel des Nordatlantik-Vertrages). Art. 5 des Vertrages führt aus, daß jeder bewaffnete Angriff, der sich im Vertragsgebiet gegen einen Unterzeichnerstaat richtet, als Aggression gegen sämtliche Mitgliedsstaaten angesehen wird.

Entscheidungen der NATO müssen einstimmig (Konsensprinzip) getroffen werden. Die Gemeinsamkeit des Handelns wird im *politischen* Bereich verbürgt durch Information, Konsultation und gemeinsame Beschlüsse; im *militärischen* Bereich geschieht dies durch Information, Integration und gemeinsame Entscheidungen. Höchstes Entscheidungsgremium ist der *Nordatlantikrat* mit einem *Generalsekretär* als Vorsitzendem. Die Mitgliedsländer werden durch *Ständige Vertreter* (Botschafter) repräsentiert. Im Nordatlantikrat erfolgt die politische Konsultation und Koordination. Militärische Angelegenheiten werden im *Ausschuß für Verteidigungsplanung* erörtert. Der *Militärausschuß* ist die höchste militärische Instanz des Bündnisses. Er besteht aus den Stabschefs aller an der militärischen Integration der NATO beteiligten Mitgliedsländer (für die Bundesrepublik Deutschland: der Generalinspekteur der Bundeswehr). Der Militärausschuß erläßt Weisungen an die *Obersten Alliierten Befehlshaber*.

Integration ist das wesentliche Charakteristikum der militärischen Organisation der NATO. Hierdurch verfügt das Bündnis über ein System, das nicht erst im Verteidigungsfall (klassisches Bündnisverfahren), sondern bereits in Friedenszeiten gemeinsame Kommandobehörden besitzt sowie Planung und Kontrolle der gemeinsamen Verteidigung erlaubt. Im Frieden verbleibt allerdings die Masse der Streitkräfte unter nationalem Oberkommando. Im *Spannungsfall* werden die Streitkräfte entsprechend ihrem Status für den Verteidigungsfall den NATO-Kommandobehörden unterstellt. Die der Territorialverteidigung dienenden Streitkräfte bleiben den nationalen Oberkommandos unterstellt.

Politische und militärische Struktur der NATO*

*Die Kommandostränge sind nur auszugsweise dargestellt.

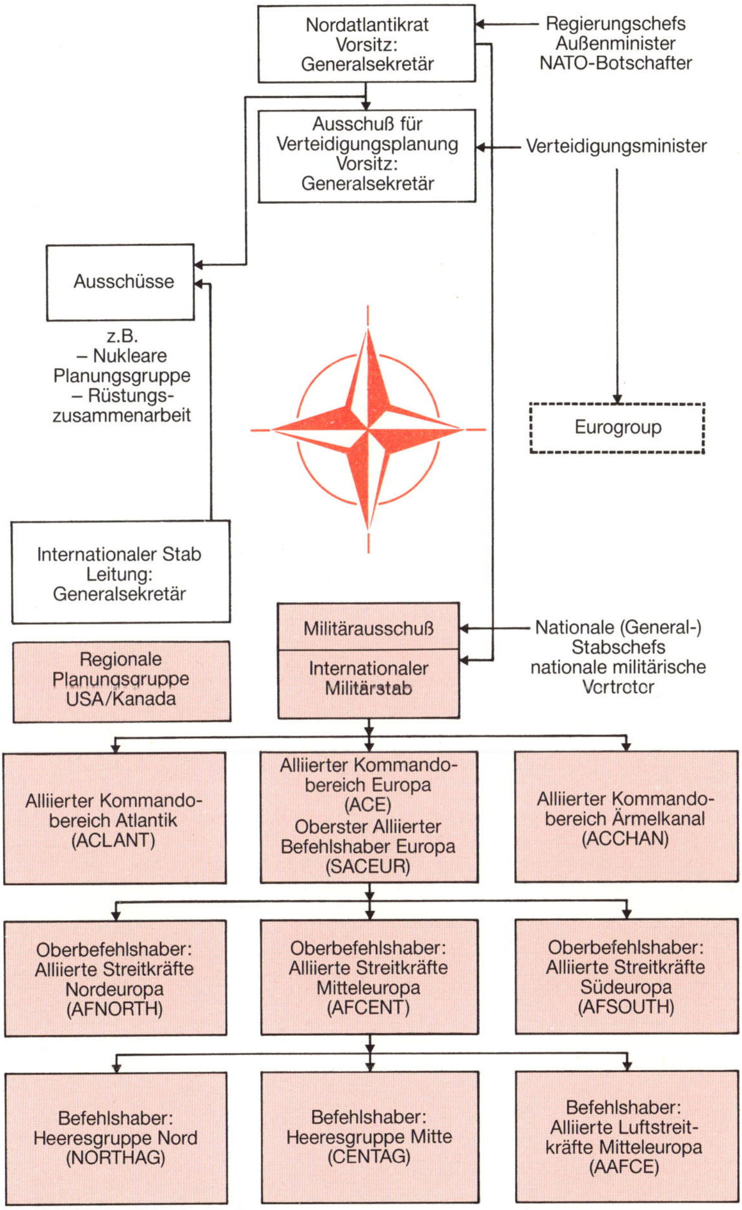

Abrüstung und Rüstungskontrolle

Rüstungskontrolle und Abrüstung bilden zusammen mit Abschreckung und Verteidigung integrale Bestandteile der westlichen Bündnispolitik. Rüstungskontrolle wird dabei definiert als die Gesamtheit aller Bemühungen, die existierenden Militärpotentiale zu verringern und ihren Gebrauch einzuschränken. Rüstungskontrolle und Abrüstung sollen die Transparenz des militärischen Bereichs und somit die Aussichten für eine Krisenbewältigung und Kriegsverhütung verbessern. Deshalb wird von Rüstungskontrolle und Abrüstung oft auch als *kooperativer Rüstungssteuerung* gesprochen.

Zwar gab es bereits vor 1945 eine Reihe von Kontroll- und Abrüstungsbemühungen, eine zentrale Bedeutung kommt ihnen jedoch erst seit Einführung der Atomwaffen angesichts des Rüstungswettlaufs zwischen den USA und der Sowjetunion zu. Als Haupthindernis für umfassende Abrüstungsschritte erwies sich neben den ideologischen Barrieren die ungleiche Streitkräftestruktur, bei der die konventionelle Übermacht der Sowjetunion der nuklearen Führungsrolle der USA gegenüberstand. Mit der Abkehr vom Anspruch auf vollständige und allgemeine Abrüstung und der Konzentration auf einzelne Abrüstungsschritte stellten sich erste Erfolge ein. Seit 1958 wurden über 20 bi- oder multilaterale Rüstungskontrollabkommen vereinbart. Sie lassen sich in drei Großgruppen unterteilen:

1. Bemühungen zur Unterbindung der Weiterverbreitung von Kernwaffen und zur Begrenzung von Nukleartests sowie Maßnahmen zur Verminderung der Atomkriegsgefahren;
2. amerikanisch-sowjetische Verhandlungen über die Begrenzung bzw. Reduzierung ihrer Kernwaffenarsenale und von Raketenabwehrsystem (SALT, START, INF-Verhandlungen und Genfer Gespräche seit 1985);
3. blockübergreifende Gespräche über vertrauensbildende Maßnahmen (KSZE/KVAE) und über den ausgewogenen Abbau konventioneller Streitkräfte in Mitteleuropa (MBFR).

Die überwiegende Zahl der zwischen 1958 und 1969 ausgehandelten Abkommen ist der ersten Kategorie zuzuordnen. So wurde etwa im Antarktisvertrag (1959) ein Verbot der militärischen Nutzung dieser Region vereinbart. Im Weltraumvertrag von 1967 untersagte man die Stationierung von Kernwaffen und Massenvernichtungsmitteln in einer Erdumlaufbahn und auf Himmelskörpern. Besonderes Augenmerk galt dem Bemühen, den Kreis atomwaffenbesitzender Staaten klein zu halten. So verbietet der Atomwaffensperrvertrag (1968) die Weitergabe von Nuklearwaffen und deren Technologie an Nichtkernwaffenstaaten. Bereits 1963 hatte man mit dem Atomteststoppvertrag Atomversuche in der Atmosphäre, im Weltraum und unter Wasser gebannt. Es erwies sich jedoch, daß „junge Atommächte" wie Frankreich und die Volksrepublik China oder sog. „Schwellenländer" solche Abkommen ablehnten.

Seit Ende der 60er Jahre konzentrierte sich das Augenmerk der Supermächte auf Verhandlungen über Schritte zur Begrenzung und Verringerung ihrer stark angewachsenen Nuklearwaffenarsenale. Kern dieser Bestrebungen bildeten die *SALT*-Verhandlungen (Strategic Arms Limitation Talks). In *SALT I* vereinbarte man Obergrenzen für Interkontinentalraketen und für Systeme zur Abwehr ballistischer Raketen (*ABM-Vertrag* 1972). Hierauf aufbauend wurde in *SALT II* (1979) ein Netzwerk von Begrenzungen für strategische Waffensysteme erarbeitet. Zweifel bezüglich der Überprüfbarkeit (Verifikation) und der Ausgewogenheit des Vertragswerkes sowie der Einmarsch sowjetischer Truppen in Afghanistan führten zur Nichtratifizierung durch die USA. 1983 scheiterten die Verhandlungen über Mittelstreckenwaffen (*INF* = Intermediate Range Nuclear Forces). Daraufhin brach die UdSSR auch die seit 1982 laufenden *START*-Gespräche (Strategic Arms Reduction Talks) ab. 1985 wurden in Genf die Gespräche wieder aufgenommen – nunmehr über die Bereiche der strategischen Waffen, der Mittelstreckensysteme und die Frage weltraumgestützter Raketenabwehrsysteme. Ein amerikanisch-sowjetischer Vertrag über den völligen Abbau der landgestützten Mittelstreckenwaffen wurde im Dezember 1987 in Washington geschlossen. Parallel dazu versucht man in Wien seit 1973, eine Einigung über beiderseitige ausgewogene Truppenreduzierungen in Mitteleuropa zu erzielen (*MBFR* = Mutual Balanced Forces Reductions). Konferenzen über die Sicherheit und Zusammenarbeit in Europa *(KSZE)* fanden seit 1973 statt. Sie werden fortgesetzt in der Konferenz über Vertrauensbildung und Abrüstung in Europa *(KVAE)* seit 1984 in Stockholm, die 1986 eine Reihe vertrauens- und sicherheitsbildender Maßnahmen vereinbarte.

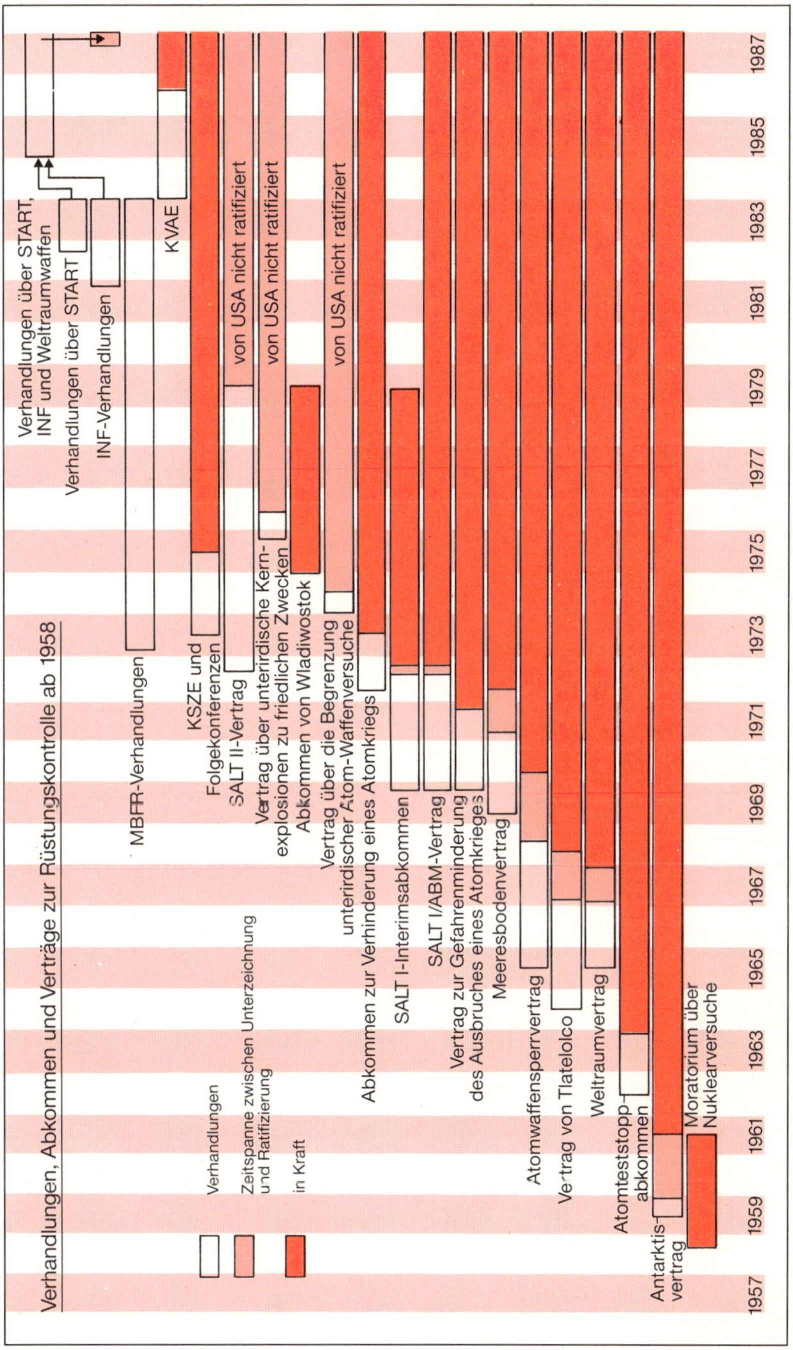
Verhandlungen, Abkommen und Verträge zur Rüstungskontrolle ab 1958
Verhandlungen
Zeitspanne zwischen Unterzeichnung und Ratifizierung
in Kraft
Verhandlungen über START, INF und Weltraumwaffen
Verhandlungen über START
INF-Verhandlungen
MBFR-Verhandlungen
KVAE
KSZE und Folgekonferenzen
SALT II-Vertrag
von USA nicht ratifiziert
Vertrag über unterirdische Kern-explosionen zu friedlichen Zwecken
von USA nicht ratifiziert
Abkommen von Wladiwostok
Vertrag über die Begrenzung unterirdischer Atom-Waffenversuche
von USA nicht ratifiziert
Abkommen zur Verhinderung eines Atomkriegs
SALT I-Interimsabkommen
SALT I/ABM-Vertrag
Vertrag zur Gefahrenminderung des Ausbruches eines Atomkrieges
Meeresbodenvertrag
Atomwaffensperrvertrag
Vertrag von Tlatelolco
Weltraumvertrag
Atomteststopp-abkommen
Antarktis-vertrag
Moratorium über Nuklearversuche
1957
1959
1961
1963
1965
1967
1969
1971
1973
1975
1977
1979
1981
1983
1985
1987

Auswärtige Gewalt, völkerrechtliche Vertretung und Gesandtschaftsrecht

Nach dem Grundgesetz ist im internationalen Verkehr grundsätzlich der Bundespräsident (vgl. S. 146) zur *völkerrechtlichen Vertretung* der Bundesrepublik Deutschland befugt. Dazu gehören insbesondere: 1. die Entsendung und der Empfang von diplomatischen Vertretern, 2. die internationalen Vertragsbeziehungen der Bundesrepublik Deutschland, 3. sonstige rechtlich erhebliche Erklärungen im internationalen Bereich, wie z. B. Anerkennung von Staaten und Regierungen, Proteste, Geltendmachung von Rechten und Vorbehalten, Klagen bei internationalen Gerichten.

Die verfassungsrechtliche Regelung über die Vertretung der Bundesrepublik Deutschland nach außen sagt noch nichts darüber, wer für die Akte der innerstaatlichen Willensbildung im Bereich der auswärtigen Angelegenheiten zuständig ist. Die Fülle der *auswärtigen Gewalt* liegt insoweit bei der Bundesregierung. Innerstaatlich sind die Akte der völkerrechtlichen Vertretung der Bundesrepublik Deutschland durch den Bundespräsidenten von der Gegenzeichnung des Regierungschefs bzw. des zuständigen Fachministers abhängig. Darüber hinaus bestimmt die Richtlinien der Politik – auch der Außenpolitik – der Bundeskanzler unter der parlamentarischen Kontrolle des Bundestages. Daher gibt es keine eigene Außenpolitik des Bundespräsidenten. Das erklärt auch die staatsrechtliche Praxis, daß die Bundesrepublik Deutschland auch in erheblichem Maße durch die Bundesregierung bzw. durch den Außenminister oder seine Bevollmächtigten im Zusammenwirken mit dem Bundespräsidenten nach außen vertreten wird. Ein Mitwirkungsrecht anderer Organe des Bundes an der auswärtigen Gewalt kommt nur in Betracht, sofern das Grundgesetz dies ausdrücklich vorsieht. Die Zustimmung des Bundestages ist bei Verträgen erforderlich, die die politischen Beziehungen des Bundes regeln oder sich auf Gegenstände der Bundesgesetzgebung beziehen (Art. 59 Abs. 2 GG). Hierzu zählen Verträge, die die Existenz des Staates, seine territoriale Integrität, seine Unabhängigkeit, seine Stellung oder sein maßgebliches Gewicht in der Staatengemeinschaft berühren. Daneben ist eine Zustimmung oder Mitwirkung des Bundesrates je nach Inhalt und Art des Vertrages erforderlich. Probleme könnten insoweit bei einer fortschreitenden Integration innerhalb der Europäischen Gemeinschaften auftreten, denen zunehmend Befugnisse in Bereichen übertragen werden, welche die innerstaatliche Zuständigkeit der Bundesländer berühren, weshalb eine angemessene Berücksichtigung dieser Belange durch die deutschen Vertreter in den Gemeinschaftsorganen gewährleistet sein muß.

Der völkerrechtliche Verkehr zwischen den Staaten als Völkerrechtssubjekten wird vorwiegend durch bestimmte Organe *(diplomatische Vertreter)* wahrgenommen. Die Rechtsstellung der diplomatischen Vertreter in ihrem Gastland richtet sich nach völkerrechtlichen Abkommen und Gewohnheitsrecht. Der Empfangsstaat ist verpflichtet, die Unverletzlichkeit des Diplomaten zu garantieren und Angriffe gegen seine Person, z. B. durch erhöhten strafrechtlichen Schutz, abzuwehren. Die Exterritorialität des Diplomaten bedeutet vor allem seine Befreiung von der Gerichtsbarkeit und von bestimmten Steuern des Empfangsstaates. Das Depeschenrecht betrifft die Befugnis zum geheimen und chiffrierten Nachrichtenverkehr. Ein Diplomat wird zwar nach den Gesetzen seines Heimatlandes ernannt, jedoch wird die Ernennung des Missionschefs nicht vollzogen, bevor der Empfangsstaat seine Zustimmung erteilt hat. Nach Erteilung des förmlichen Agrément (Zustimmung) kann die Tätigkeit des Missionschefs erst mit der Übergabe seines Beglaubigungsschreibens an das Staatsoberhaupt beginnen. Die diplomatische Tätigkeit wird beendet z. B. durch die beantragte Abberufung (freiwillige Demission), Erklärung des Missionschefs zur persona non grata (unerwünschte Person) oder durch Abbruch der diplomatischen Beziehungen.

Die diplomatische Tätigkeit wird in der Bundesrepublik Deutschland seit 1951 in bundeseigener Verwaltung vom Auswärtigen Amt (AA) wahrgenommen. Das AA besteht aus einer Zentrale in Bonn-Bad Godesberg sowie den diplomatischen und konsularischen Vertretern. Von besonderer Bedeutung sind die politische Abteilung, die Abteilung für Außenwirtschaftspolitik, Entwicklungspolitik und europäische wirtschaftliche Integration und die Rechts- und Konsularabteilung. Gegenwärtig unterhält die Bundesrepublik Deutschland diplomatische Beziehungen mit mehr als 160 Staaten, wobei allerdings ein Botschafter in mehreren Staaten akkreditiert sein kann.

Völkerrechtliche Vertretung und auswärtige Gewalt

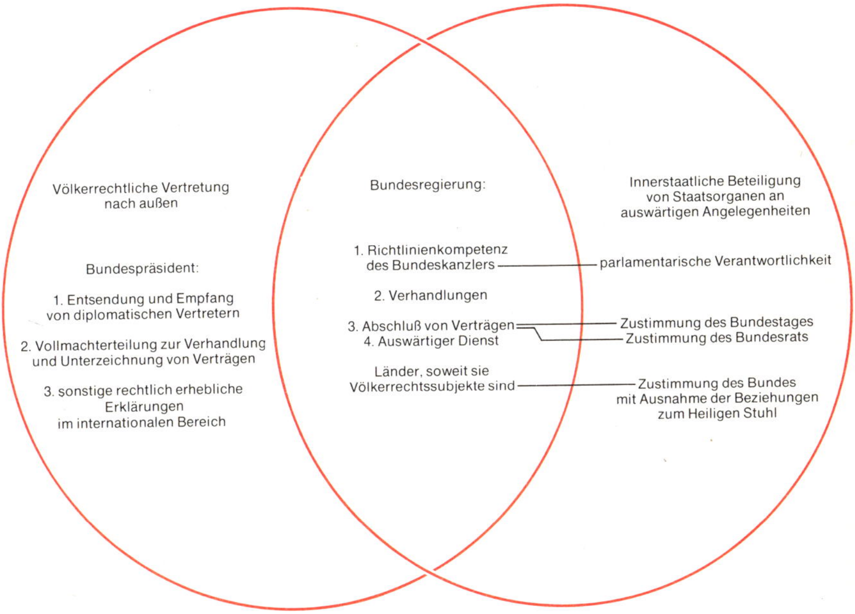

Organisationsschema des Auswärtigen Amts

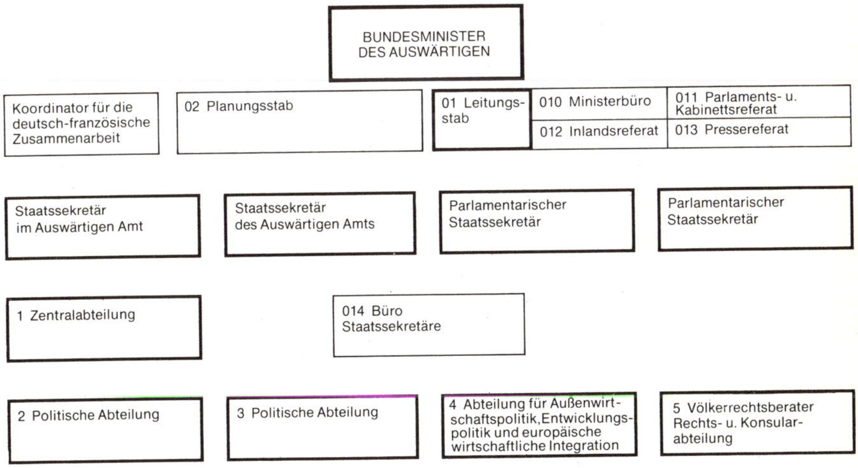

Völkerrecht – Völkerrechtliche Verträge

Das Völkerrecht ist historisch aus den Herrschaftsverhältnissen des europäischen Mittelalters erwachsen; erst im 19. und 20. Jahrhundert erlangte es weltweite Geltung, die es auch nach Erlangung der Unabhängigkeit der Staaten der dritten Welt behielt. Gemäß seiner Rechtsidee, die internationalen Beziehungen auf der Grundlage des Friedens und der Selbstbestimmung unter der Anforderung der Gerechtigkeit zu gestalten, regelt es in erster Linie die hoheitlichen Rechtsbeziehungen zwischen den voneinander rechtlich unabhängigen, obersten politischen Herrschaftsorganisationen. Das sind derzeit die Staaten und, von ihnen abgeleitet, die Staatenverbindungen. Sie sind dementsprechend die hauptsächlichen *Völkerrechtssubjekte*, d. h. die Träger völkerrechtlicher Rechte und Pflichten und die Adressaten völkerrechtlicher Normen. Das Allgemeine Völkerrecht ist eine dezentralisierte Rechtsordnung; es verfügt nicht über besondere Rechtsetzungs-, Vollzugs- und Rechtsprechungsorgane. Völkerrecht entsteht durch kollektives Verhalten der Völkerrechtssubjekte hauptsächlich in Form von: 1. Gewohnheitsrecht und allgemeinen Rechtsgrundsätzen (= Allgemeines Völkerrecht); 2. Vertragsrecht und, darauf gestützt, Beschlußrecht internationaler Staatenorganisationen, das die Parteien bindet (= Besonderes Völkerrecht). Nicht hierzu gehören die Entscheidungen internationaler Gerichtshöfe und die Völkerrechtslehre. Da Allgemeines Völkerrecht der universalen Anerkennung bedarf, ist seine Bildung und Weiterentwicklung, nicht zuletzt infolge der ideologischen Gegensätze der Staatenwelt, oftmals ein schwerfälliger, mit Unsicherheiten belasteter Vorgang. Über vertragliche Kodifikationen, z. B. des allgemeinen Vertragsrechts, Seerechts, Kriegsrechts, des diplomatischen und konsularischen Verkehrs wird versucht, diesen Mängeln teilweise abzuhelfen. Die internationalen Organisationen (vgl. S. 468) haben die Entwicklung des Völkerrechts beschleunigt. Die Entwicklung der Technik, u. a. zum Vordringen in den Weltraum und die Tiefsee, bewirkt neue Rechtsfragen, die nur auf der Ebene des internationalen Rechts gelöst werden können (Abgrenzung der Unterwasserzone, Recht auf die Stratosphäre).

Inhaltlich bestimmt das Allgemeine Völkerrecht zunächst den Kreis seiner Rechtssubjekte, insbesondere den Tatbestand „Staat“ sowie die räumlichen, personellen und sachlichen Grenzen für die Ausübung der Hoheitsgewalt eines Völkerrechtssubjekts; es untersagt sachfremde, willkürliche Anknüpfungen, z. B. im Staatsangehörigkeits-, Steuer- oder Wettbewerbsrecht. Es regelt die Rechtsformen des internationalen Verkehrs und der Zusammenarbeit, z. B. des diplomatischen und konsularischen Verkehrs, des Vertragsrechts, der Staatenimmunität und der friedlichen Streitbeilegung. Es enthält materielle Rechtssätze bezüglich zahlreicher internationaler Sachgebiete, z. B. das Kriegs-, Neutralitäts- und Besatzungsrecht, das See-, Luft-, Weltraumrecht, das internationale Wirtschafts- und Verkehrsrecht, das Fremdenrecht, den Schutz der Menschenrechte und das Deliktsrecht. Diese und weitere Sachbereiche bilden auch den Gegenstand zahlreicher zwei- und mehrseitiger Verträge und internationaler Organisationen. Hauptverpflichtungen des Allgemeinen Völkerrechts sind das Gewaltverbot, das Verbot der Intervention in die inneren Angelegenheiten eines anderen Völkerrechtssubjekts sowie die Pflicht zur friedlichen Streitbeilegung. Unbefriedigend bleibt, daß kein allgemeines obligatorisches Streitbeilegungssystem besteht, weshalb bloße Machtpositionen zu Lasten von Rechtspositionen begünstigt werden.

Völkerrecht und innerstaatliches Recht sind grundsätzlich getrennte Rechtskreise (vgl. S. 202); das Völkerrecht bindet nicht unmittelbar die innerstaatliche Rechtsunterworfenen, sondern nur kraft eines innerstaatlichen Rechtsanwendungsbefehls, der z. B. in der Verfassung oder durch ein Gesetz erteilt sein kann, vgl. Art. 25 und 59 Abs. 2 GG. Während die Bindung an völkerrechtliche Verträge mit deren Ratifikation (Unterzeichnung durch das Staatsoberhaupt) und den Austausch entsprechender Urkunden entsteht, bedürfen sie zur innerstaatlichen Wirksamkeit der Zustimmung der für die Willensbildung in auswärtigen Angelegenheiten zuständigen Organe (in der Bundesrepublik Deutschland: Bundestag und Bundesrat), zumeist durch ein Ratifikationsgesetz. So erlangt der Vertrag innerstaatlich den Rang eines einfachen Gesetzes, für sein Verhältnis zum innerstaatlichen Recht gelten damit die allgemeinen Grundsätze.

Entstehung und Wirksamwerden völkerrechtlicher Verträge

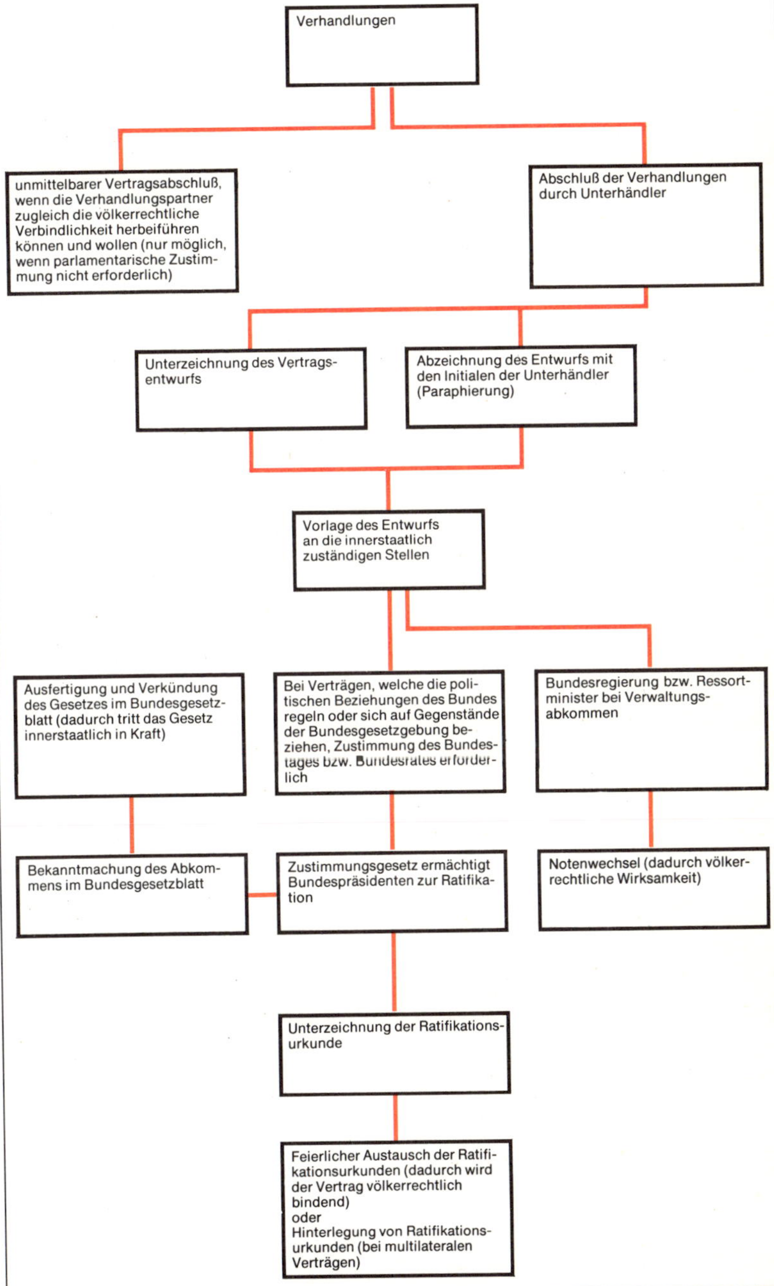

Internationale Organisationen

Das Brüsseler Jahrbuch der Internationalen Organisationen führt rund 370 internationale Organisationen auf. Als früheste internationale Organisationen sind die Heilige Allianz und vor allem die Haager Friedenskonferenzen von 1899 und 1907 sowie der Völkerbund zu nennen.

Der Begriff Internationale Organisation ist die völkerrechtliche Kurzform für verschiedene Bezeichnungen wie „zwischenstaatliche“, „amtliche internationale“, „öffentliche internationale“ Organisation. Im Völkerrecht (vgl. S. 466) bezeichnet man als internationale Organisation eine durch Vertrag gebildete und autonom organisierte *völkerrechtliche Verbindung* von mehreren Staaten zur Verfolgung gemeinsamer Ziele der Mitgliedsstaaten. Die autonome Organisation bedeutet die Einrichtung eines eigenen Organs, das für alle Mitgliedsstaaten eine einheitliche Zuständigkeit ausübt.

Gemeinschaftsinterne Institutionen, Unterorganisationen oder unselbständige Einheiten einer Organisation sind deshalb keine internationale Organisation. Dies gilt z. B. für die Europäische Kernenergie-Agentur, die innerhalb der OECD tätig ist, für das Europäische Währungsabkommen, die Europäische Verkehrsministerkonferenz und das GATT. Allen diesen Organisationen fehlt die erforderliche organisatorische Verselbständigung. Die internationalen *(zwischenstaatlichen)* Organisationen sind zu unterscheiden von den supranationalen *(überstaatlichen)* Organisationen, die eine von den Mitgliedsstaaten unterschiedene Hoheitsgewalt ausüben. Das ist z. B. bei der gemeinsamen Kommission der Europäischen Gemeinschaften der Fall.

Die internationalen Organisationen kommen in der Regel auf der Grundlage von völkerrechtlichen Verträgen zustande, sie sind allerdings nur dann Völkerrechtssubjekte, wenn sie als solche anerkannt werden. Alle Staaten sind frei zu entscheiden, ob sie einer internationalen Organisation Völkerrechtsfähigkeit zubilligen wollen oder nicht. Für die Vereinten Nationen (vgl. S. 470) ist eine solche Anerkennung ausnahmsweise nicht erforderlich, da diese universalen Charakter besitzen. Die internationalen Organisationen begründen nur in bestimmten Fällen Recht, z. B. die Vereinten Nationen und die NATO. Im Gegensatz dazu steht die Rechtsetzungsbefugnis von supranationalen Organisationen (z. B. Europäische Gemeinschaften). Als Völkerrechtsquelle sind die von den internationalen Organisationen gefaßten Beschlüsse insofern zu werten, als das Recht zu solchen Beschlüssen auf dem Gründungsstatut der internationalen Organisationen beruht. Eine rechtliche Bindung tritt aber nur für die Unterzeichnerstaaten des Gründungsvertrages ein. Diese Rechtsetzung – ebenso wie die der supranationalen Organisationen – wird auch als internationale Gesetzgebung bezeichnet. Die internationalen Organisationen verfügen grundsätzlich auch über das Gesandtschaftsrecht (z. B. diplomatische Vertretung der Europäischen Gemeinschaften).

Die internationalen Organisationen lassen sich in politische, militärische und wirtschaftliche (z. B. Rat für gegenseitige Wirtschaftshilfe [RGW]) Organisationen unterscheiden. Zu den politischen sind der Nordatlantik-Pakt (NATO), der Warschauer Pakt, SEATO und CENTO zu zählen, zu den unpolitischen vor allem Organisationen mit gemeinsamen technischen Aufgabenstellungen wie der Weltpostverein. Die internationalen Organisationen können zeitlich befristete Aufgaben verfolgen (z. B. die Internationale Ruhrbehörde nach dem Zweiten Weltkrieg), insbesondere, wenn der Gründungsvertrag bereits eine zeitliche Begrenzung vorsieht (z. B. NATO, Westeuropäische Union). Zugenommen hat in jüngster Zeit die Zahl universeller und vor allem regionaler internationaler Organisationen, insbesondere auf dem Gebiet technischer und wirtschaftlicher Zusammenarbeit.

Da die internationalen Organisationen auf dem Territorium eines Mitgliedsstaates ihren Sitz haben und dort tätig sind, genießen die Delegierten in der Regel diplomatische Privilegien, allerdings nicht den vollen diplomatischen Schutz. Internationale Organisationen genießen in engem Rahmen je nach ihrer Eigenart auch Grundrechtsschutz. Z. B. können sich ESRO und Euratom als Träger wissenschaftlicher Institute auf die Wissenschaftsfreiheit nach Art. 5 Abs. 3 GG berufen.

Internationale Organisationen

Regionale Organisationen:	z. B.	OAS (Organisation Amerikanische Staaten) Arabische Liga, Europarat, OAU (Organisation für Afrikanische Einheit)
Regionale Organisationen zur Verteidigung:	z. B.	NATO (Nordatlantikpakt) Warschauer Pakt
Humanitäre Organisationen:	z. B.	Internationales Komitee vom Roten Kreuz, UNRRA (Weltflüchtlingshilfe) UNHCR (Hohe Kommission der UN für Flüchtlinge)
Organisationen mit sozialen, wissenschaftlichen und ökonomischen Zielen:	z. B.	ILO (Internationale Arbeitsorganisation) WHO (Weltgesundheitsorganisation) CERN (Europäische Kernforschungsorganisation) WMO (Weltorganisation für Meteorologie) FAO (Welternährungsorganisation der Vereinten Nationen) OPEC (Organisation erdölexportierender Länder)
Sonstige:		BIZ (Bank für Internationalen Zahlungsausgleich) IBRD (Internationale Bank für Wiederaufbau und Entwicklung) IWF (Internationaler Währungsfond)
Mitgliedschaft der Bundesrepublik Deutschland:	u.a.	UNO (seit 18.9.73), ADB, CCD, EG (EWG, EGKS, Euratom), ECE, Europarat, EWA, FAO, GATT, IAEA, IBRD, ICAO, IDA, IDB, IFC, ILO, IMCO, IMF (IWF), ITU, NATO, OECD, UNCTAD, UNESCO, UNIDO, UPU, WEU, WHO, WMO

Vereinte Nationen (UNO)

Die Vereinten Nationen waren ursprünglich ein Kriegsbündnis von anfänglich 26, bis Ende des Zweiten Weltkrieges 47 Staaten gegen die Achsenmächte. Nach Konferenzen in Moskau 1943, Teheran 1943, Dumbarton Oaks 1944 und Jalta 1945 wurde 1945 in San Franzisco die United Nations Organization (UNO) aufgrund der Charta vom 26. 6. 1945, in Kraft getreten am 24. 10. 1945, gegründet. Mittlerweile sind nahezu alle Staaten der Welt Mitglieder der UNO (derzeit nicht z. B. Schweiz, Lichtenstein, Monaco, Vatikan). Die *UN-Charta* ist ein völkerrechtlicher Vertrag und die Verfassung der UNO. Zu den zahlreichen UNO-Einrichtungen gehören u. a.: Kinderhilfswerk (UNICEF); UNO-Konferenz für Handel und Entwicklung (UNCTAD); Organisation für industrielle Entwicklung (UNIDO).

Hauptziele der UNO sind die Friedensbewahrung durch kollektive Sicherheit und friedliche Streitbeilegung, die Förderung der internationalen Zusammenarbeit, insbesondere bei der Hebung des Lebensstandards, der Kultur und der Menschenrechte. Diese Ziele werden auf der Grundlage bestimmter Grundsätze des Völkerrechts angestrebt. Die wichtigsten sind: Souveräne Gleichheit und Nichtdiskriminierung der Mitglieder; das Interventionsverbot; das Selbstbestimmungsrecht; das Gewaltverbot in den internationalen Beziehungen; die Pflicht, Streitigkeiten, die den internationalen Frieden oder die internationale Sicherheit gefährden, auf friedlichem Wege beizulegen; nach Treu und Glauben zusammenzuarbeiten; das Recht der individuellen und kollektiven Selbstverteidigung gegen bewaffnete Angriffe. Die UNO selbst ist gehalten, sich nicht in Angelegenheiten einzumischen, die wesentlich der inneren Zuständigkeit eines Mitgliedstaates unterfallen.

Organe der UNO sind: Generalversammlung, Sicherheitsrat, Wirtschafts- und Sozialrat, Treuhandschaftsrat, Internationaler Gerichtshof (vgl. S. 472), Generalsekretär. Im Rahmen ihrer Organisationsgewalt können sie sich Hilfsorgane schaffen. Die *Generalversammlung*, die jährlich mindestens einmal tagt, besteht aus allen Mitgliedsstaaten mit je einer Stimme. Sie ist zuständig zur Erörterung aller Angelegenheiten im Rahmen der Charta und kann, vorbehaltlich der Zuständigkeit des Sicherheitsrates für bei ihm anhängige Fragen der Friedensstörung oder -bedrohung, Empfehlungen an die Mitgliedsstaaten oder den Sicherheitsrat richten. Abgesehen von Organisationsakten, wie z. B. Aufnahme, Ausschluß von Mitgliedern oder Bestellung von Organen, sind Beschlüsse der Generalversammlung grundsätzlich nicht bindend. Beschlüsse werden mit Mehrheit, in wichtigen Fällen mit $^2/_3$-Mehrheit gefaßt. Der *Sicherheitsrat* besteht aus fünfzehn Mitgliedern, davon fünf ständigen (VR China, Frankreich, Großbritannien, USA, UdSSR) und zehn nichtständigen, die auf zwei Jahre von der Generalversammlung gewählt werden. Er ist vorrangig zuständig für die Aufrechterhaltung des internationalen Friedens und der Sicherheit. So stellt er das Bestehen einer Friedensbedrohung, eines Friedensbruchs oder eines Aggressionsaktes fest und kann Empfehlungen oder bindende Entscheidungen zur Aufrechterhaltung oder Wiederherstellung von Frieden und Sicherheit treffen; das kann bis zum Einsatz bewaffneter Streitkräfte gehen. Die Mitgliedsstaaten sind verpflichtet, Entscheidungen des Sicherheitsrates auszuführen. Jedes Mitglied des Sicherheitsrates hat eine Stimme. Beschlüsse in Verfahrensfragen werden mit mindestens neun Stimmen gefaßt, in allen übrigen Fragen gleichfalls, doch ist hier zusätzlich erforderlich, daß kein ständiges Mitglied dagegen stimmt (sog. Vetorecht). Infolge der Gegensätze zwischen den Atomgroßmächten funktionierte das kollektive Sicherheitssystem der UNO bislang nur sehr beschränkt. Zahlreiche Staaten suchen Sicherheit nach wie vor über regionale Militärallianzen (NATO, Warschauer Pakt).

Das UNO-System hat sich seit 1945 zu einem sehr komplexen, funktional und regional ausdifferenzierten System von Hauptorganen, Nebenorganen und Sonderorganisationen mit unterschiedlichem organisatorisch-strukturellem Aufbau entwickelt. Neben den etwa 15 Sonderorganisationen, die eine eigene Mitgliedschaft und ein eigenes Budget haben und über den Wirtschafts- und Sozialrat mit den UNO-Hauptorganen institutionell verbunden sind, bestehen die Internationale Atomenergie-Organisation (IAEA) und das Allgemeine Zoll- und Handelsabkommen (GATT). Die IAEA ist wegen der Bedeutung ihrer Aufgabenstellung mit dem Sicherheitsrat und der Generalversammlung, das GATT aufgrund seiner Rechtsform mit dem Wirtschafts- und Sozialrat organisatorisch verknüpft.

Organisation der Vereinten Nationen

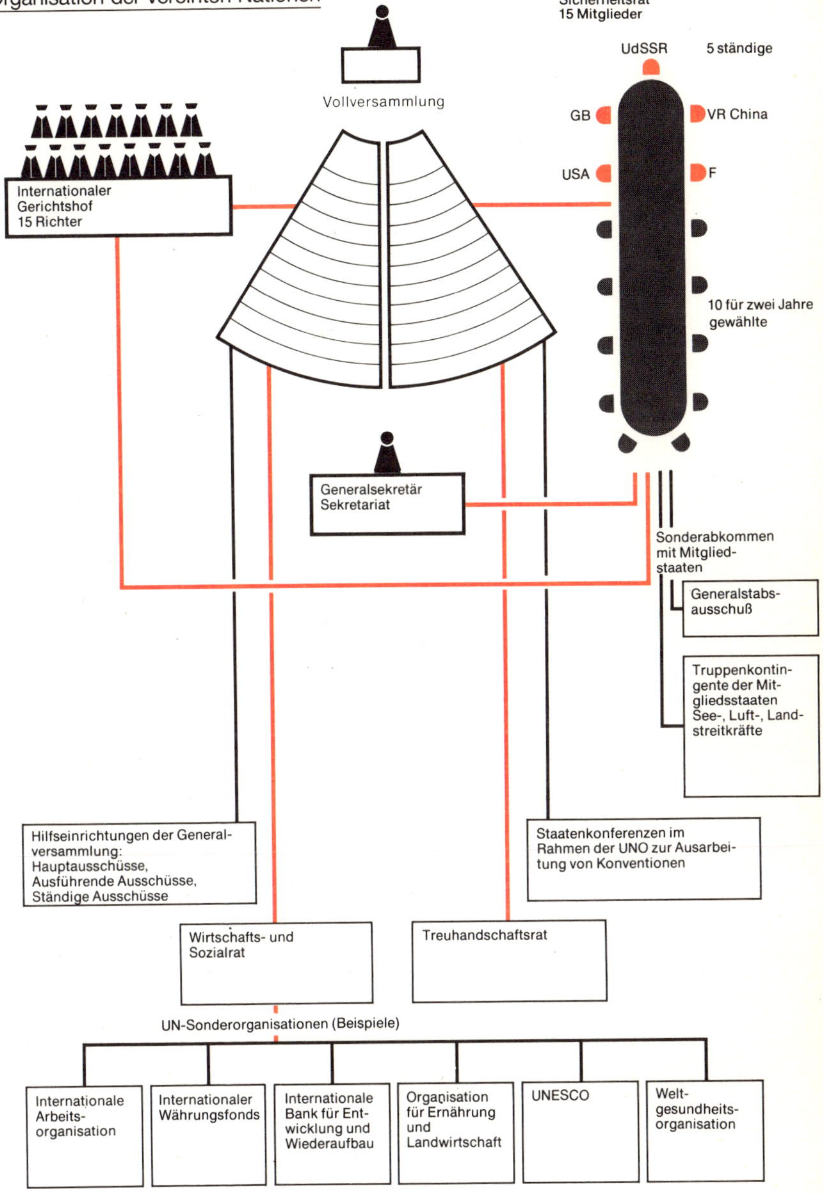

Internationale Gerichtsbarkeit – Internationaler Gerichtshof

Der Internationale Gerichtshof (IGH) mit Sitz in Den Haag ist eines der sechs Hauptorgane der Vereinten Nationen (UNO). Er besteht aus dem Präsidenten, dem Vizepräsidenten und 13 weiteren Richtern aus allen Erdteilen und Rechtssystemen. Ist in einem Verfahren ein Richter Staatsangehöriger einer streitenden Partei, so hat deren Prozeßgegner das Recht, für die Dauer des Verfahrens einen weiteren Richter zu benennen. Nach seinem Statut besitzt der IGH Zuständigkeiten im streitigen und im gutachterlichen Verfahren.

Der IGH übt streitentscheidende Gerichtsbarkeit aus, wenn zwei oder mehr Staaten einen Fall zur Entscheidung bei ihm anhängig gemacht haben. Im Rahmen dieser sog. obligatorischen Gerichtsbarkeit kann die Rechtshängigkeit durch gemeinsame oder getrennte Einreichung von Schriftsätzen begründet werden oder dadurch, daß eine Partei durch schlüssiges Verhalten die Zuständigkeit des IGH anerkennt. Weiter kann seine Kompetenz durch Vertrag oder durch Empfehlung des Sicherheitsrates der UNO nach Art. 36 Ziffer 2 des Statuts begründet werden. Gibt ein Staat eine Erklärung im Sinne der Fakultativklausel des Art. 35 Ziffern 2 und 3 des Statuts ab, so ist die obligatorische Zuständigkeit des IGH von vornherein auch in allen Streitfällen mit Staaten begründet, die ihrerseits eine entsprechende Erklärung abgegeben haben. Allerdings haben bislang weniger als 40 Staaten die obligatorische Zuständigkeit des IGH anerkannt, was dessen tatsächliche Bedeutung erheblich mindert. Bisweilen sehen vertragliche Vereinbarungen im Rahmen von internationalen Organisationen den Gerichtshof auch als Berufungsinstanz neben anderen internationalen Rechtssprechungsorganen vor.

Der IGH entscheidet selbst über seine Zuständigkeit. Bei seiner Sachentscheidung richtet er sich nach geltendem Völkerrecht. Sofern er dazu ausdrücklich von den Parteien ermächtigt ist, darf er auch auf Billigkeitserwägungen zurückgreifen. Das Urteil ergeht nach einem teils schriftlichen, teils mündlichen Verfahren und wird stets in öffentlicher Sitzung verkündet. In ihm kann auf Antrag auch über die Kostenfrage entschieden werden. Entsprechend angelsächsischer Rechtstradition dürfen einzelne Richter ihre von der Mehrheit des Gerichtshofs abweichende Begründung (concurring opinion) oder ihre Ablehnung (dissenting opinion) der Entscheidung dem Urteilstext in einem Sondervotum anfügen. Von dieser Möglichkeit wird häufig Gebrauch gemacht. Das Urteil des IGH ist endgültig und für die Parteien bindend. Seine Wirkung kann bei der Auslegung von Kollektivverträgen auch auf am Verfahren beteiligte Drittstaaten ausgeweitet werden. Seine Durchsetzung erfolgt durch freie Unterwerfung der betroffenen Staaten. Nötigenfalls kann der UNO-Sicherheitsrat angerufen werden, der aber nur bei unmittelbarer Friedensbedrohung Sanktionen beschließen darf.

Als richterliches Hauptorgan der UNO ist der IGH ferner auf Ersuchen eines Organs derselben zur Erstattung von Rechtsgutachten zuständig. Diese sind nicht bindend und dürfen nicht über den Streitgegenstand eines zwischenstaatlichen Disputes entscheiden. Der IGH hat von 1945 bis 1986 29 Verfahren durch Urteil beendet und 17 Rechtsgutachten erstattet. Er hat damit in beachtlichem Umfang zur Fortbildung des Völkerrechts beigetragen.

Die Zuständigkeit des IGH kann mit der des seit 1899 bestehenden *„Ständigen Schiedsgerichtshof"* konkurrieren. Dieser bietet lediglich einen Mechanismus zur schriftlichen Streitschlichtung an. Die internationale Schiedsgerichtsbarkeit im Haag ist seit der Tätigkeit des IGH fast bedeutungslos geworden. Ein Schiedsgerichtshof umfaßt meist nur drei Schiedsrichter, von denen zwei je von den Parteien ernannte gemeinsam den neutralen Vorsitzenden kooptieren. Seine Zuständigkeit ist wie beim IGH auf den gemeinsamen Parteiwillen gegründet. Im Verfahren beider Gerichte dürfen die Parteien das anzuwendende Recht weitgehend vorschreiben. Daneben sind in jüngerer Zeit zunehmend Schiedsgerichte zur Beilegung spezieller Streitigkeiten (Entschädigungsansprüche aus Enteignungen, Grenzfragen) eingesetzt worden, unter denen dem seit 1981 bestehenden Iran-United States Claims Tribunal in Den Haag zur Entscheidung über gegenseitige vermögensrechtliche Forderungen große Bedeutung zukommt.

Internationaler Gerichtshof

(Sitz: Den Haag seit 1945)

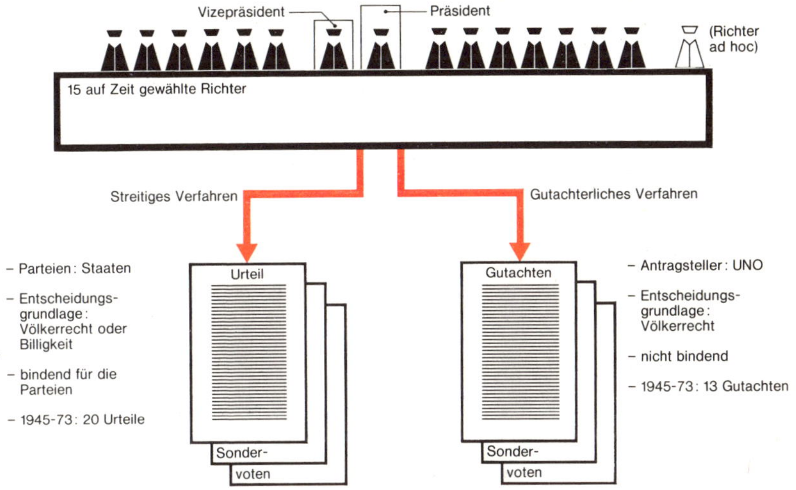

Internationale Schiedsgerichtsbarkeit
„Ständiger Schiedsgerichtshof" seit 1899

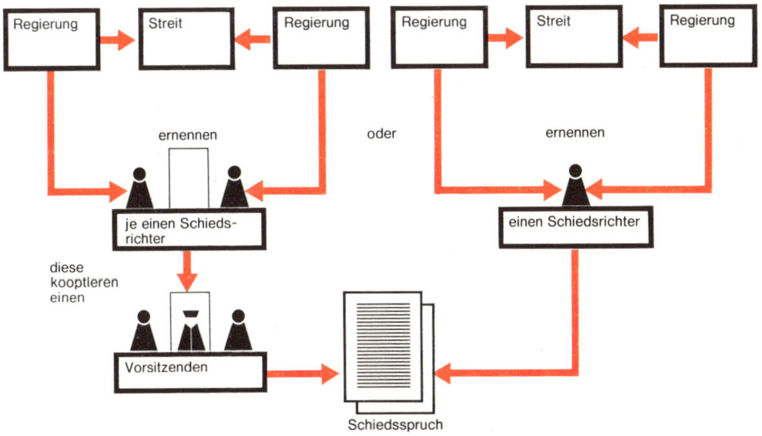

Entwicklungshilfe

Entwicklungshilfe umfaßt sämtliche Maßnahmen privater und staatlicher, nationaler und internationaler Organisationen zur Unterstützung und Förderung der Entwicklungsländer in Afrika, Asien und Lateinamerika. Die Maßnahmen der Entwicklungshilfe für die meist bevölkerungsreichen Länder mit hoher Arbeitslosigkeit und niedrigem Lebensstandard sollen u. a. das wirtschaftliche Wachstum begünstigen, das durch Kapitalarmut und den geringen Stand des technischen Wissens gehemmt wird. Wesentliche Maßnahmen sind u. a. die Verbesserung der Verkehrsverbindungen, die Gründung oder Verbesserung von Einrichtungen für Bildung und Gesundheit, d. h. Schulen und Krankenhäuser, ferner die Entsendung von Fachleuten (Entwicklungshelfern). Das Entwicklungshelfer-Gesetz von 1969, das verschiedentlich novelliert wurde, betrifft die Rechtsverhältnisse der Entwicklungshelfer und regelt die Anerkennung bestimmter Institutionen als Träger des Entwicklungsdienstes.

In der Bundesrepublik Deutschland koordiniert das 1961 gegründete Bundesministerium für wirtschaftliche Zusammenarbeit (BMZ) die Aufgaben des Bundes auf dem Gebiet der Entwicklungspolitik. Die Entwicklung technischer Hilfsprojekte nimmt im Auftrag des BMZ die Gesellschaft für technische Zusammenarbeit (GTZ), Sitz Eschborn, wahr. Für die nationale Entwicklungshilfe sind außerdem der deutsche Entwicklungsdienst (DED) und für die Finanzhilfe die Kreditanstalt für Wiederaufbau (KfW) tätig. Die staatliche Entwicklungshilfe wird von einer Reihe privater Organisationen (z. B. terres des hommes), kirchlicher Hilfswerke (z. B. Brot für die Welt, Adveniat) und kommunaler Städtepartnerschaften ergänzt.

Neben dem BMZ ist das Auswärtige Amt für Entwicklungshilfe zuständig. In der Bundesrepublik wurde ein Fonds für Entwicklungshilfe eingerichtet, der über die rund 195 Mill. DM Zinsen des Sondervermögens aus dem Europäischen Wiederaufbauprogramm (European Recovery Program, ERP) verfügen kann.

1986 leistete die Bundesrepublik Deutschland insgesamt 11,4 Mrd. DM Entwicklungshilfe. Gemessen am Bruttosozialprodukt beträgt die deutsche Leistung 0,61 %, während die Vereinten Nationen einen Anteil von 0,7 % fordern. Auf europäischer Ebene unterstützt vor allem die Organisation für wirtschaftliche Zusammenarbeit und Entwicklung (OECD) durch den Ausschuß für Entwicklungshilfe (DAC = Development Assistance Committee) die internationale Entwicklungshilfe. Der DAC vergibt selbst keine Mittel, führt aber umfangreiche Jahresprüfungen durch.

Die öffentliche Entwicklungshilfe besteht zu zwei Dritteln aus finanziellen Zuschüssen. Rund 15 % der öffentlichen Entwicklungshilfe werden in Form der bilateralen Nahrungsmittelhilfe geleistet.

Die Entwicklungshilfepolitik richtet sich zunehmend auf einen fairen Interessenausgleich zwischen Industrie- und Entwicklungsländern; beide Gruppen sind voneinander abhängig, weil die Industrieländer auf die Rohstoffe, die Entwicklungsländer zu deren Abbau und Verwertung aber wiederum auf fremde Technologie angewiesen sind.

Unter weltumfassenden Aspekten haben insbesondere die Vereinten Nationen (vgl. S. 470) Leitvorstellungen für die nationale und internationale Koordinierung der öffentlichen und privaten Entwicklungshilfe formuliert. In den 1960er Jahren erklärte die Generalversammlung der Vereinten Nationen dieses Jahrzehnt zur ersten Entwicklungsdekade und proklamierte als Ziele: 1. Das wirtschaftliche Wachstum der Dritten Welt sollte am Ende der Dekade einen Zuwachs von mindestens 5 % des Bruttosozialproduktes haben. 2. Zur Verringerung des Einkommensgefälles zwischen Industrie- und Entwicklungsnationen sollte sich bis 1975 der Lebensstandard verdoppeln. 3. Die Erhöhung der Industrieproduktion der Entwicklungsländer sollte 8,5 %, die Erhöhung ihrer landwirtschaftlichen Produktion 4 % jährlich betragen. Da diese Zielvorstellungen vor allem politisch motiviert und der Maßnahmenkatalog nicht genügend detailliert waren, wurden sie nicht verwirklicht. Als Ziel für die weltweite Entwicklungspolitik der zweiten Dekade in den 1970er Jahren wurde von den Vereinten Nationen ein generelles Wachstum des Bruttosozialproduktes der Entwicklungsländer um mindestens 7 % vorgesehen, was allerdings ebenfalls nicht erreicht wurde.

Öffentliche Entwicklungshilfe der westlichen Industrienationen (1987)

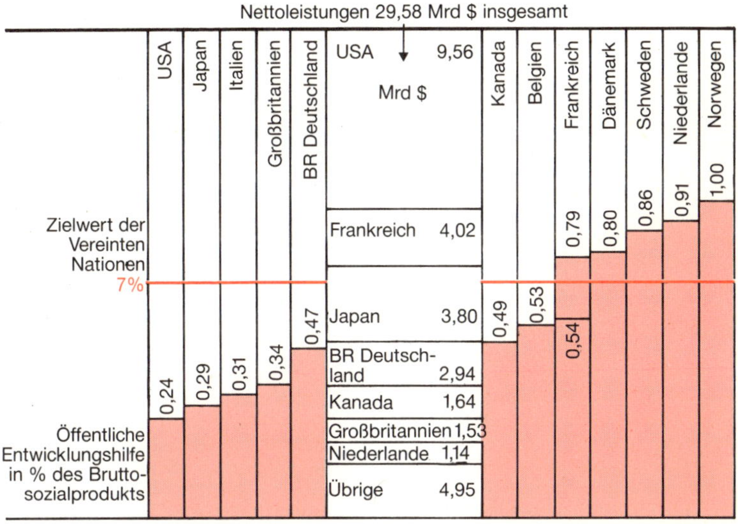

Die 20 Entwicklungsländer mit dem höchsten Schuldenstand (in Mrd. US-Dollar)

Land	Schuldenstand			Geleistete Schuldenrückzahlungen		Gesamtbetrag der Währungsreserven			
	1982	1983	1984	1982	1983	1982	1983	1984	1985
Brasilien	92,0	96,6	105,4	19,8	16,0	4,0	4,6	12,0	11,6
Mexiko	84,8	88,0	94,7	14,0	15,7	1,7	4,7	8,0	...
Korea. Republik	39,4	42,0	44,4	6,4	6,5	2,8	2,4	2,8	2,9
Argentinien	38,8	41,7	44,3	6,4	5,1	2,7	2,6	2,7	...
Indonesien	27,9	31,6	32,7	3,6	3,6	4,2	4,8	5,7	5,9
Venezuela	31,1	30,2	28,7	6,7	5,1	10,0	11,1	12,3	13,7
Ägypten	23,4	24,7	28,2	3,1	3,7	1,3	1,5	1,4	1,4
Indien	22,6	24,6	26,6	1,6	1,8	4,5	5,2	6,0	6,6
Türkei	19,0	20,4	24,1	2,0	2,7	1,2	1,4	2,1	...
Philippinen	21,7	21,0	23,0	3,2	3,2	1,7	0,9	0,9	1,1
Chile	17,9	18,9	20,6	3,8	2,7	2,5	2,6	2,8	3,0
Israel	20,2	20,6	20,6	2,5	2,5	3,9	3,7	3,1	3,7
Jugoslawien ...	18,8	20,5	20,5	4,3	3,6	0,9	1,1	1,2	1,2
Algerien	19,1	18,5	18,4	4,9	5,8	2,6	2,1	1,7	3,0
Malaysia	11,4	16,4	16,5	1,2	1,6	3,9	3,9	3,8	5,0
Thailand	11,5	13,6	15,9	2,0	2,3	2,7	2,6	2,7	3,0
Griechenland ..	13,1	14,6	15,6	2,3	2,5	1,0	1,0	1,1	1,0
Portugal	12,9	13,7	14,1	2,1	2,2	6,1	5,6	5,7	6,6
Nigeria	12,9	14,4	14,1	2,3	2,5	1,6	1,0	1,5	1,7
Saudi-Arabien..	14,7	16,1	13,8	3,4	4,5	29,7	27,5	24,9	25,2
Zusammen	553,8	588,1	622,2	95,6	93,6	89,0	90,3	102,4	...

Internationale wirtschaftliche Zusammenarbeit – Weltwirtschaftsordnung

Die liberale Wirtschaftsauffassung des 19. Jahrhunderts ist Ausgangspunkt des ersten Versuchs zur Schaffung allgemein anerkannter Regeln für die internationalen Wirtschaftsbeziehungen. Die merkantilistische Epoche im 17. und 18. Jahrhundert war noch die Zeit nationaler Protektionismen und zahlreicher Handelskriege. Erst Mitte des 19. Jahrhunderts kam es – ausgehend vom wirtschaftlich und politisch führenden England – zu einer Liberalisierungsbewegung (Handelsvertrag mit Frankreich, in dem erstmals die Meistbegünstigungsklausel formuliert wurde). Die verstärkte Freizügigkeit der internationalen Warenströme wurde unterstützt durch den allgemeinen Übergang zum Goldstandard. Ende des 19. Jahrhunderts wiederum versuchten die jungen Industrienationen, die Konkurrenzfähigkeit ihrer Industrien durch Schutzzölle zu sichern. Spätere Ansätze zu Freihandel scheiterten (Erster Weltkrieg, Weltwirtschaftskrise Ende der 1920er Jahre). Erst das Ordnungsvakuum nach dem Zweiten Weltkrieg ermöglichte und forderte zugleich eine neue Konzeption weltwirtschaftlicher Zusammenarbeit und internationaler Ordnungspolitik.

Unter *Weltwirtschaft* ist heute das Netz internationaler Wirtschaftsbeziehungen zu verstehen, das die einzelnen Volkswirtschaften bzw. Staatengruppen auf den Gebieten des internationalen Handels-, Dienstleistungs- und Kapitalverkehrs miteinander verbindet. Die Gründung des Internationalen Währungsfonds und die der Weltbank nach dem Ende des Zweiten Weltkrieges schufen die institutionellen Voraussetzungen für die Wiederbelebung der weltwirtschaftlichen Beziehungen; während sich die beiden genannten Organisationen auf den Währungsbereich beziehen, sollte das GATT der Wiederherstellung eines möglichst freien Welthandels dienen.

Das *GATT* (General Agreement on Tariffs and Trade) ist ein weltweites Handelsabkommen seit 1948 mit derzeit 83 Parteien, davon über zwei Drittel Entwicklungsländern, und mit einem Anteil von über 80% des Welthandels. Hauptziel des GATT ist es, durch Senkung der Zölle und Abbau sonstiger Handelsbeschränkungen den Welthandel auf der Grundlage der Meistbegünstigung und Nichtdiskriminierung zu fördern. Diesem Ziel dienen vor allem die Zollverhandlungsrunden. Bis 1961 verhandelten gleichzeitig die jeweils an einem Zollsatz interessierten Haupthandelspartner miteinander; die Ergebnisse kamen im Wege der *Meistbegünstigung* (Verpflichtung zur Einräumung der jeweils günstigsten Bedingungen) allen übrigen Parteien zugute, eine Art von zweiseitig-mehrseitigem Verfahren, das bis dahin im Welthandel unbekannt war und große praktische Vorteile hat.

Bis in die 1960er Jahre hinein schien damit eine hinreichende Basis für das Wachstum des Welthandels und die globale Ausdehnung der internationalen Wirtschaftsbeziehungen zu einer echten Welt-Wirtschaft gewährleistet. Seitdem wird diese Entwicklung durch verschiedene Momente bedroht, unter denen die Währungskrisen an erster Stelle zu nennen sind. Die Gründung der *Europäischen Wirtschaftsgemeinschaft* trug zunächst nicht nur zu einem schnellen Wachstum des innergemeinschaftlichen Handels bei; auch gegenüber Drittländern dominierte anfangs eine liberale Außenhandelspolitik. In der Zwischenzeit stellt die Reglementierung im Gemeinsamen Agrarmarkt und dessen Abschottung eine ernste Belastung für die gesamte Weltwirtschaft dar.

Die meisten Mitgliedsstaaten des *Rats für gegenseitige Wirtschaftshilfe* (RGW) haben ihre Integrationsbestrebungen von vornherein auf Autarkie ausgerichtet. Gleichwohl hat der hohe Bedarf an westlicher Technologie die Wirtschaftsbeziehungen mit den westlichen Ländern sprunghaft intensiviert, doch ist durch die Inkonvertibilität ihrer Währungen mit dem Zwang zum bilateralen Warenaustausch das weitere Wachstum begrenzt.

Die Entwicklungsländer beklagen seit Jahren die unbefriedigende Entwicklung der Austauschverhältnisse und fordern eine neue Weltwirtschaftsordnung. Diese soll den Markt durch internationale Planung ersetzen bzw. ergänzen, die auf die Kolonialisierung zurückgeführten Nachteile ausgleichen und eine gleichmäßige Beteiligung aller Staaten am wirtschaftlichen Erbe der Menschheit gewährleisten. Die Zukunft einer effizienteren und gerechteren Weltwirtschaftsordnung wird angesichts unterschiedlich ausgerichteter politischer Blöcke davon abhängen, ob berechtigte Reformbestrebungen sich in tragfähige Kompromisse umsetzen lassen, die der heutigen weltwirtschaftlichen Realität eines von vielen Machtzentren abhängigen Systems Rechnung tragen.

Weltwirtschaftliches Ungleichgewicht

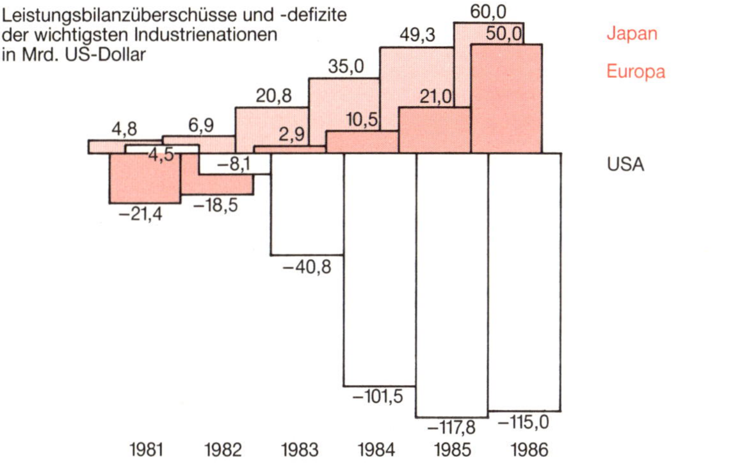

Anteil der Industrieländer am Welthandelsumsatz

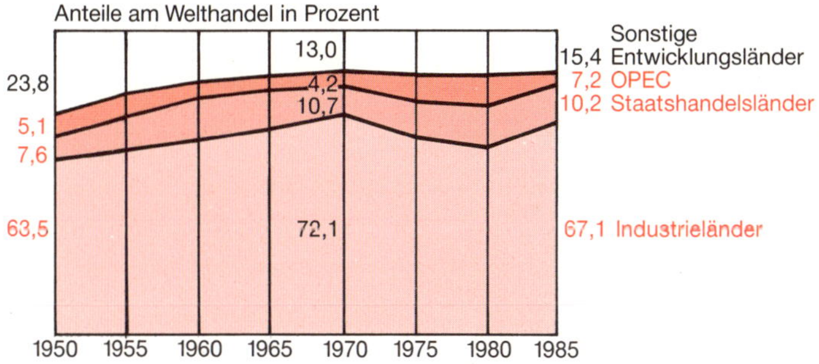

Weltwirtschaftsgipfel

Die bisherigen Weltwirtschaftsgipfel

Die bisherigen Weltwirtschaftsgipfel
15.–17. 11. 1975 in Rambouillet
27.–28. 6. 1976 in Puerto Rico
7.–8. 5. 1977 in London
16.–17. 7. 1978 in Bonn
28.–29. 5. 1979 in Tokio
22.–23. 6. 1980 in Venedig
20.–21. 7. 1981 in Ottawa
4.–6. 6. 1982 in Versailles
28.–30. 5. 1983 in Williamsburg
7.–9. 6. 1984 in London
2.–4. 5 1985 in Bonn
4.–6. 5. 1986 in Tokio
8.–10. 6. 1987 in Venedig

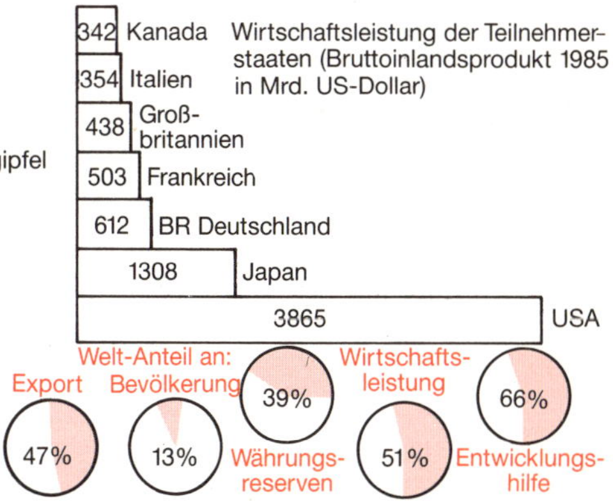

Europarat

Bereits vor dem Zweiten Weltkrieg hatten Politiker wie A. Briand, G. Stresemann und R. N. Graf Coudenhove-Kalergie eine europäische Einigung angestrebt. Im Mai 1948 kam es in Den Haag zum Kongreß der europäischen Bewegung, an dem über 700 Vertreter des öffentlichen Lebens der meisten europäischen Staaten teilnahmen. In dem abschließenden Memorandum an die europäischen Regierungen wurde die Bildung eines Europarats gefordert. Der französische Außenminister G. Bidault ergriff 1948 auf der Tagung der fünf Mitgliedsstaaten des Brüsseler Pakts (vgl. S. 460) die Initiative zu ersten zwischenstaatlichen Verhandlungen. Dabei zeigten sich bereits die bis heute bestehenden Meinungsverschiedenheiten zwischen den einzelnen europäischen Staaten über den Weg zur europäischen Einheit. Während die Föderalisten einen europäischen Bundesstaat forderten, lehnten die britischen Vertreter eine Organisation mit supranationalem Charakter ab; die französischen Politiker nahmen eine „integrationistische" Haltung ein. Nach schwierigen Verhandlungen wurde am 5. Mai 1949 in London das Statut des Europarats von zehn europäischen Staaten unterzeichnet (Großbritannien, Frankreich, Belgien, Niederlande, Luxemburg, Italien, Irland, Dänemark, Norwegen und Schweden). Als Sitz wurde Straßburg bestimmt.

Nach Art. 1 der Satzung hat der Europarat „zur Aufgabe, eine eigene Verbindung zwischen seinen Mitgliedern zum Schutze und zur Förderung der Ideale und Grundsätze, die ihr gemeinsames Erbe bilden, herzustellen und ihren wirtschaftlichen und sozialen Fortschritt zu fördern". In den folgenden Jahren traten noch weitere Staaten dem Europarat bei: Griechenland, Türkei, Island, Österreich, die Bundesrepublik Deutschland (1951), Zypern, Schweiz, Malta, Portugal, Spanien und Liechtenstein. Griechenland kam nach dem Militärputsch 1967 der drohenden Aufhebung seiner Mitgliedschaft zuvor und schied am 12. 12. 1969 wieder aus, trat aber – nach der Wiederherstellung demokratischer Verhältnisse – am 7. 11. 1974 wieder bei.

Politische Organe des Europarats sind die *Beratende Versammlung* und das *Ministerkomitee*. Dieses – auch als Ministerrat bezeichnet – setzt sich aus den Außenministern der Mitgliedsstaaten zusammen, die sich durch ein Regierungsmitglied vertreten lassen können. Der Präsident des Ministerkomitees wird nicht gewählt, die Mitgliedsstaaten haben dieses Amt vielmehr nacheinander in der Reihenfolge der Unterschriften beim Londoner Vertrag inne. Der Ministerrat entscheidet bindend über Fragen der inneren Organisation des Europarats und ist ausschließlich zum Abschluß von Abkommen zuständig. Er kann Empfehlungen an die Regierungen der Mitgliedsstaaten geben, die allerdings keine rechtlichen Verpflichtungen schaffen. Die Beratende Versammlung besteht aus 180 Mitgliedern, von denen achtzehn aus der Bundesrepublik Deutschland kommen. Jedes nationale Parlament bestimmt die Vertreter aus den Reihen seiner Abgeordneten entsprechend der Stärke der einzelnen Parteien. Daneben besteht ein gemeinsames Komitee als Verbindung zwischen Ministerrat und Beratender Versammlung. Auf Empfehlung des Ministerkomitees wird von der Beratenden Versammlung ein Generalsekretär ernannt; das Generalsekretariat bilden über 600 Beamte aus allen Mitgliedsstaaten.

Von besonderer Bedeutung ist die am 28. September 1953 wirksam gewordene *Europäische Menschenrechts-Konvention* (vgl. S. 140). Nach Wahrnehmung aller innerstaatlichen Rechtsmittel kann jede Vertragspartei oder natürliche Person über den Generalsekretär die Menschenrechts-Kommission anrufen, soweit sich die Beschwerde gegen die Verletzung der Konvention durch einen Unterzeichnerstaat richtet und dieser, im Fall von Individualbeschwerden, die Zuständigkeit der Konventionsorgane anerkannt hat. Der Bericht der Kommission ist Grundlage für die Behandlung der Beschwerde vor dem *Europäischen Gerichtshof für Menschenrechte*, dessen Urteile für die Parteien bindend sind und möglicherweise auch Entscheidungen des Bundesverfassungsgerichts widersprechen können.

Ferner wurden im Rahmen des Europarats bisher über 100 Abkommen zur Regelung von Problemen mit gegenüberschreitender Bedeutung (Rechtshilfe, Soziales, Verkehr) erarbeitet, die zur innerstaatlichen Anwendbarkeit der Ratifikation durch die zuständigen nationalen Organe bedürfen.

Der Europarat

(Sitz: Straßburg)

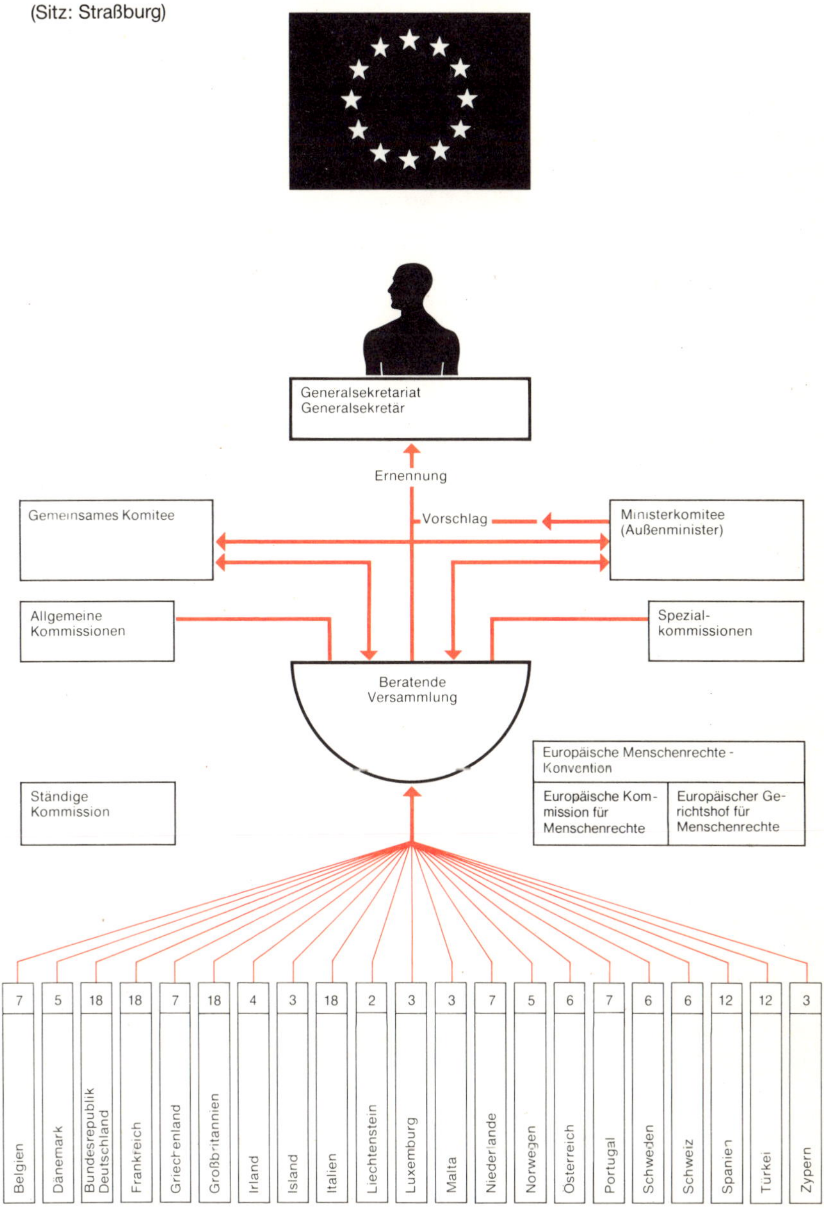

Mitgliedsstaaten
Mit Anzahl der entsandten Mitglieder

Sechs europäische Staaten stimmten dem Plan des französischen Außenministers Robert Schumann vom 9. Mai 1950 zu, einen gemeinsamen Markt für Kohle und Stahl zu schaffen. Unter der Leitung des französischen Wirtschaftspolitikers Jean Monnet erarbeiteten die Bevollmächtigten Frankreichs, Italiens, der Bundesrepublik Deutschland, Belgiens, der Niederlande und Luxemburgs den Vertrag zur Gründung der *Europäischen Gemeinschaft für Kohle und Stahl (EGKS),* der Mitte 1952 für diese Montanunion in Kraft trat. Die Mitgliedsstaaten verpflichteten sich, im Bereich von Kohle, Stahl, Eisenerz und Schrott die Zölle, mengenmäßigen Beschränkungen, Preis- und Frachtdiskriminierungen, Grenzabfertigungsgebühren und Währungsbeschränkungen schrittweise abzubauen. Die EGKS entwickelte eine gemeinsame Industriepolitik für Kohle und Stahl und schuf erstmals Kartellrechtsvorschriften auf europäischer Ebene. Zusammen mit einem gemeinsamen Außenzolltarif ermöglichte dies die rationelle Entwicklung der Produktion in den Mitgliedsstaaten und entzerrte den Wettbewerb, der in diesem Wirtschaftszweig teilweise ruinös geworden war.

Die Finanzierung der Gemeinschaftsaufgaben wird durch eine Umlage auf den Umsatz der Kohle- und Stahlerzeuger gesichert (erste „europäische Steuer"). Unter Leitung des Belgiers Paul-Henri Spaak wurden zur Fortsetzung der europäischen Integration zwei weitere Verträge ausgearbeitet, die am 25. März 1957 in Rom von den Regierungen der sechs Mitgliedsstaaten unterzeichnet wurden. Dies war die Gründung der *Europäischen Wirtschaftsgemeinschaft (EWG)* und der *Europäischen Atomgemeinschaft (Euratom).* Die Vertragsstaaten verpflichteten sich, untereinander alle Zoll- und sonstigen Handelsschranken schrittweise abzubauen, und schufen gegenüber Drittländern einen gemeinsamen Außenzolltarif. Diese Zollunion war der Beginn der wirtschaftlichen Integration, der eine Wirtschafts- und Währungsunion folgen soll. Die Mitgliedsstaaten haben sich verpflichtet, für ihre Wirtschaft gemeinsame Regeln und Normen zu entwickeln. Dies erfordert eine gemeinsame Wirtschafts- und Technologiepolitik, Verkehrs-, Regional- und Sozialpolitik, Umwelt- und Energiepolitik sowie gemeinsames Vorgehen in der Außenpolitik.

Seit Inkrafttreten der „Römischen Verträge" am 1. Januar 1958 bestehen drei verschiedene Gemeinschaften, die auf jeweils eigenen Gründungsakten beruhen. Daran hat sich – rechtlich gesehen – bis heute nichts geändert, da eine formelle Vereinigung der drei Gemeinschaften bisher noch nicht verwirklicht wurde. Gleichwohl ist aber davon auszugehen, daß die drei nach ihren Sachgebieten verschiedenen Gemeinschaften nach ihrem politisch-rechtlichen Aufbau eine Einheit bilden.

Die Europäischen Gemeinschaften (EG) unterhalten mit rund 100 Ländern diplomatische Beziehungen. Sie sind durch Assoziierungsabkommen u.a. mit der Türkei und Malta, durch Handelsabkommen mit Drittländern verbunden. Mit den Ländern der Europäischen Freihandelszone (EFTA) und anderen bestehen Freihandelsabkommen (Israel, Finnland, Norwegen, Österreich, Schweden, Schweiz). Das Europäische Parlament ist an der wirtschaftlichen und finanziellen Zusammenarbeit der Gemeinschaft mit 47 Ländern Afrikas des karibischen und pazifischen Raumes (AKP-Länder) aufgrund des Vertrages von Lomé vom 28. Februar 1975 unmittelbar beteiligt. Er wurde 1979 durch ein zweites und 1984 durch ein drittes Abkommen zwischen 66 AKP-Staaten und der EWG abgelöst. Die Beziehungen der EG zur DDR spiegeln die bei Abschluß der Verträge bestehenden und aufrechtzuerhaltenden besonderen wirtschaftlichen Beziehungen der Mitgliedsstaaten wider: Der Handel zwischen beiden Teilen Deutschlands ist Bestandteil des innerdeutschen Handels, Bestimmungen des Gemeinschaftsrechts finden keine Anwendung; Importe aus der DDR können innerhalb der EG ungehindert zirkulieren.

Erstmals wurden die vertraglichen Grundlagen der Gemeinschaften mit der *„Einheitlichen Europäischen Akte"* vom Februar 1986 geändert: Vorgesehen ist, bis 1992 einen europäischen Binnenmarkt zu schaffen, die Rechte des Europäischen Parlaments und der EG-Kommission zu stärken sowie das bisher geltende Prinzip der Einstimmigkeit durch das Mehrstimmigkeitsprinzip zu ersetzen. Mit der Verwirklichung des EG-Binnenmarktes Ende 1992 werden auch die Grenzkontrollen innerhalb der EG enden, die nicht zuletzt dem Ausgleich der bisher unterschiedlichen Mehrwertsteuersätze dienten.

AKP-Abkommen

Zollbegünstigte afrikanische Länder des AKP-Abkommens

Zollbegünstigte Gebiete des Mittelmeerraumes

Organe der Europäischen Gemeinschaften

Vor dem 1. Juli 1967 bestanden für jede der drei Europäischen Gemeinschaften gesonderte Exekutivorgane, nämlich die Hohe Behörde der Montanunion, die EWG-Kommission und die Euratom-Kommission, sowie drei Ministerräte als Legislative. Das Europäische Parlament und der Europäische Gerichtshof hingegen waren schon seit ihrem Bestehen als gemeinsame Organe für alle drei Gemeinschaften tätig. Es stellte sich jedoch als notwendig heraus, auch die Exekutiv- und Legislativorgane zu vereinigen, um eine einheitliche und rationelle Arbeit zu ermöglichen. Durch den am 1. Juli 1967 in Kraft getretenen Vertrag über die Fusion der Organe der Europäischen Gemeinschaften (EG) wurden ein einheitlicher Ministerrat gebildet und die Verschmelzung der Kommissionen von EWG, Euratom und der Hohen Behörde zu einer einheitlichen Kommission vollzogen. Die Gemeinschaften selbst bestehen rechtlich selbständig nebeneinander fort, bis auch sie durch Errichtung eines gemeinsamen Vertrages zusammengefaßt werden. In den Bereichen, für die die Gemeinschaften nach den Verträgen zuständig sind, haben die Mitgliedsstaaten die Entscheidungsbefugnis auf die gemeinsamen europäischen Organe übertragen.

Die *Kommission* der EG besteht aus siebzehn Mitgliedern, die von den Regierungen der Mitgliedstaaten für jeweils vier Jahre ernannt werden. Die Kommissionsmitglieder sind von ihren Regierungen vollkommen unabhängig und dürfen keine Weisungen entgegennehmen. Wegen ihres Initiativrechts für die Vorschläge an den Ministerrat wird die Kommission auch der „Motor" der EG genannt. Zugleich ist sie aber auch ausführendes Organ für alle Beschlüsse des Ministerrats. Für ihre Arbeit steht ihr eine umfangreiche Verwaltung zur Verfügung, die in zwanzig *Generaldirektionen* und eine Anzahl *gemeinsamer Dienste* gegliedert ist. Daneben wird sie noch von mehreren Ausschüssen beraten. Sie verwaltet außerdem die ihr angegliederten Fonds, wie den Europäischen Sozialfonds, den Europäischen Entwicklungsfonds und den Ausrichtungs- und Garantiefonds für die Landwirtschaft. Der Sitz der gemeinsamen Kommission ist Brüssel.

Der *Ministerrat* ist die Legislative der EG und setzt sich aus je einem Mitglied der Regierung der Mitgliedsstaaten zusammen. Je nach dem Beratungsgegenstand wird er von den entsprechenden Ressortministern gebildet. Im Zusammenwirken mit der Kommission und dem Parlament trifft er die grundsätzlichen gesetzgeberischen Entscheidungen auf den Gebieten, die den EG durch die Verträge übertragen worden sind. Neben dem Ministerrat gibt es noch einen Rat der ständigen Vertreter, der sich aus Beamten der Mitgliedsstaaten im Botschafterrang zusammensetzt, mit der Aufgabe, die jeweiligen Arbeiten des Ministerrates vorzubereiten. Ministerrat und Rat der ständigen Vertreter haben ihren Sitz ebenfalls in Brüssel.

Das *Europaparlament*, in den Verträgen Versammlung genannt (ständiger Sitz: Luxemburg, tagt in Straßburg), umfaßt z. Zt. 518 Abgeordnete, die seit 1979 direkt vom Volk in den Mitgliedsstaaten gewählt werden (vgl. S. 492).

Der *Europäische Gerichtshof* der EG überwacht die Rechtmäßigkeit des Handelns von Rat und Kommission und sichert die Wahrung des Rechts bei der Anwendung und Auslegung der Gemeinschaftsverträge (vgl. S. 490).

Der jetzt 189 Mitglieder umfasssende *Wirtschafts- und Sozialausschuß* hat die Aufgabe, den Rat und die Kommission beratend zu unterstützen; er besteht aus Vertretern der verschiedenen Gruppen des wirtschaftlichen und sozialen Lebens. Seine Mitglieder werden vom Rat auf Vorschlag der Regierungen für vier Jahre ernannt und sind weisungsgebunden.

Dem seit 1977 tätigen, nun zwölf Mitglieder zählenden *Europäischen Rechnungshof* obliegt als unabhängigem Hilfsorgan die externe Kontrolle des Gesamthaushalts der EG und des Finanzgebarens ihrer Institutionen. Er hat nicht den Status eines EG-Organs erhalten, ist aber unter verschiedenen Aspekten dem Gerichtshof gleichgestellt worden (z. B. eigener Haushalt). Die Mitglieder werden durch einstimmigen Beschluß des Rats ernannt; ihre Unabhängigkeit ist am Status der Richter des Europäischen Gerichtshofs orientiert. Der Rechnungshof prüft auch die außerhalb des EG-Haushaltsplans abgewickelte Anleihe- und Darlehenstätigkeit der Gemeinschaften. Im Hinblick sowohl auf das wachsende Finanzvolumen und die zunehmende Eigenständigkeit der EG als auch auf die weiter abnehmenden Kontrollmöglichkeiten der nationalen Institutionen gewinnt der Europäische Rechnungshof ständig an Bedeutung.

Europäische Gemeinschaften: Historische Entwicklung ihrer Organe

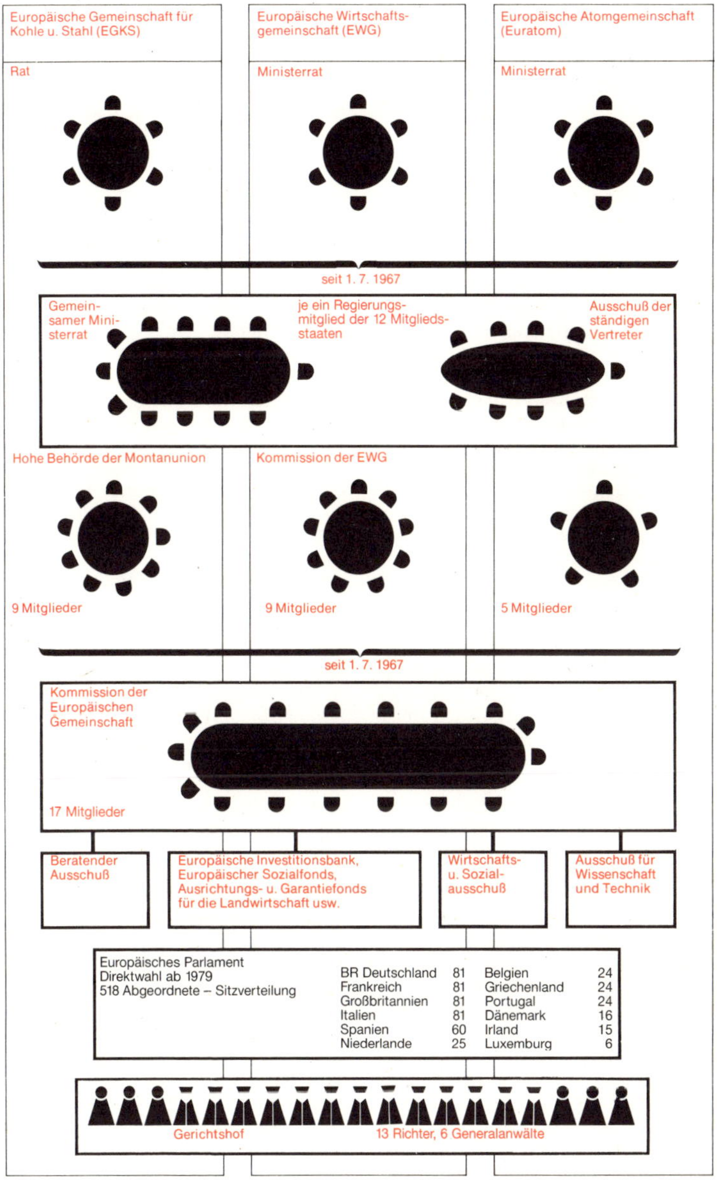

Gemeinschaftsrecht

Als Europäisches Gemeinschaftsrecht wird das Recht der drei Europäischen Gemeinschaften (EG) bezeichnet. Das *primäre Gemeinschaftsrecht* besteht aus dem Recht der drei Verträge (EGKS-Vertrag von 1952 und Römische Verträge von 1957) zur Gründung der Europäischen Gemeinschaft für Kohle und Stahl (EGKS), der Europäischen Wirtschaftsgemeinschaft (EWG) und der Europäischen Atomgemeinschaft (EURATOM) und aus den zusätzlichen Protokollen und Abkommen, auf die in den Verträgen Bezug genommen wird (z. B. Protokoll über den innerdeutschen Handel, Beitrittsakte). *Sekundäres Gemeinschaftsrecht* ist das aufgrund der Verträge von den Organen der EG (vgl. S. 482) gesetzte Recht. Allen drei Verträgen gemeinsam sind allgemeine Bestimmungen über Aufgaben und Ziele der Gemeinschaften, über die Errichtung und das Funktionieren eines Gemeinsamen Marktes, ein Organisationsrecht, in dem die Errichtung der Gemeinschaften, die Schaffung, Willensbildung und das Zusammenwirken der Organe und deren Aufgaben bestimmt sind. Schließlich enthalten die Verträge Vorschriften über den Rechtsschutz und die Gerichtsverfassung.

Das Gemeinschaftsrecht ist weder Völkerrecht noch nationales deutsches Recht. Seine Eigenart beruht auf der Übertragung nationaler Hoheitsrechte durch die Mitgliedsstaaten in funktional begrenztem Umfang auf zwischenstaatliche Organisationen, denen dadurch eigene Hoheitsgewalt im Gebiet der Mitgliedsstaaten eingeräumt wurde *(Supranationalität)*. Die Gemeinschaftsrechtsordnung ist daher nicht aus dem nationalen Recht abgeleitet, sondern originär und autonom. Normen des Gemeinschaftsrechts haben gleichermaßen Geltung in allen Mitgliedsstaaten und können im Durchgriff Wirkungen für die Organe der Mitgliedsstaaten und den einzelnen entfalten. Für das Sekundärrecht folgt dies direkt aus den Verträgen. Die gleiche Wirkung haben nach der Rechtsprechung des Europäischen Gerichtshofes (vgl. S. 490) Normen des Primärrechts, wenn sich nach Wortlaut, Inhalt und Auslegung ermitteln läßt, daß sie ohne weitere Mitwirkung des Mitgliedsstaates Rechtswirkungen für den einzelnen entfalten können (self-executing). Im Falle einer Kollision von nationalem Recht mit einer Norm des Gemeinschaftsrechts hat letztere Vorrang vor der nationalen Norm.

Neben den im EWG-Vertrag selbst gewährten Grundfreiheiten (z. B. Diskriminierungsverbot, Freiheit des Waren-, Personen- und Kapitalverkehrs) hat der Europäische Gerichtshof (vgl. S. 490) auf der Grundlage der gemeinsamen Verfassungsüberlieferungen der Mitgliedsstaaten weitere Grundrechte der Person und aus dem Rechtsstaatsprinzip fließende Regeln als allgemeine Rechtsgrundsätze des Gemeinschaftsrechts anerkannt, auf die sich der einzelne Bürger berufen kann. Solange dieser gemeinschaftsrechtliche Grundrechtsschutz prinzipiell und in der Praxis dem Grundrechtsschutz durch das Grundgesetz adäquat ist, überprüft das Bundesverfassungsgericht (vgl. S. 216) nach seiner jüngsten Rechtsprechung Gemeinschaftsakte nicht mehr auf ihre Vereinbarkeit mit den deutschen Grundrechten.

Das Gemeinschaftsrecht enthält zur Erfüllung der in den Gründungsverträgen der Gemeinschaften genannten Ziele einen Katalog rechtlicher Handlungsformen. Die *Verordnung* des EWG- und EURATOM-Vertrages und die *allgemeine Entscheidung* des EGKS-Vertrages ist in allen ihren Teilen verbindlich und gilt ohne weiteren nationalen Hoheitsakt in jedem Mitgliedsstaat. Die *Richtlinie* des EWG- und EURATOM-Vertrages und die *Empfehlung* des EGKS-Vertrages richten sich an die Mitgliedsstaaten – letztere auch an einzelne Unternehmen – und schreiben verbindlich das zu erreichende Ziel vor, lassen jedoch die Wahl der Mittel und Form frei. Die *Entscheidung* kann sich an Mitgliedsstaaten oder an den einzelnen Bürger richten und ist in allen ihren Teilen verbindlich. Empfehlungen und *Stellungnahmen* sind unverbindlich, können rechtlich jedoch insofern relevant sein, als sie z. B. nachfolgende Maßnahmen blockieren oder erst ermöglichen können. Autoren der Rechtsakte sind der Rat und die Kommission, die „nach Maßgabe des Vertrages“ oder „im Rahmen der Bedingungen dieses Vertrages“ tätig werden.

In den Katalogen der drei Verträge sind nicht alle Rechtsakte der Gemeinschaftsorgane aufgeführt. Es sind weiterhin denkbar Beschlüsse im Rahmen des Verfahrens der autonomen Vertragsänderung und Beschlüsse zur Schließung von Vertragslücken. Rat und Kommission geben sich Geschäftsordnungen. Schließlich können die Gemeinschaftsorgane auch Verträge völkerrechtlicher Art abschließen.

Rechtsquellen des Gemeinschaftsrechts

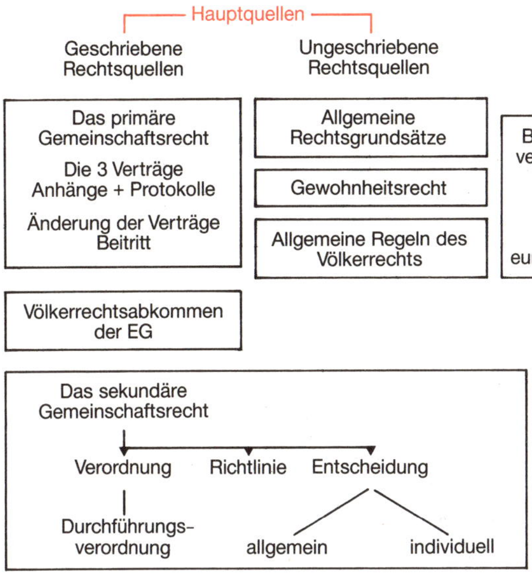

Beispiel für Verordnung und Entscheidung

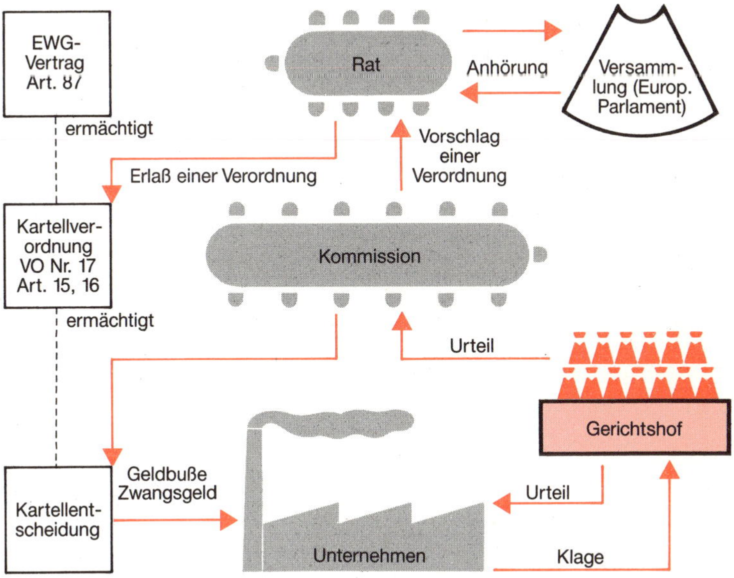

Marktordnungen der Gemeinschaft – Europäischer Agrarmarkt

Jeder Mitgliedsstaat der Europäischen Gemeinschaften (EG) verfolgte vor der Schaffung des Gemeinsamen Marktes eine eigene Agrarpolitik, bei der hauptsächlich die nationale Landwirtschaft durch eine Fülle von Subventionen und Zollschranken gegen Einfuhren geschützt wurde. Bei der Errichtung eines gemeinsamen Agrarmarktes konnte daher nicht in gleicher Weise verfahren werden wie bei der Beseitigung von Handelsschranken und Wettbewerbshindernissen im Industriegüterbereich. Die unterschiedlichen nationalen Agrarsysteme ließen sich nicht angleichen. Man beschloß deshalb eine einheitliche Agrarpolitik zur zentralen Steuerung der europäischen Landwirtschaft. Die europäische Agrarpolitik bewirkt den Schutz der Produzenten durch Agrarmarktordnungen.

Die rechtliche Grundlage für eine gemeinsame Agrarpolitik bilden Art. 38–47 des EWG-Vertrages (EWG-V). Art. 3 nennt fünf Ziele: 1. Produktivitätssteigerung in der Landwirtschaft, 2. angemessene Lebenshaltung der in der Landwirtschaft Tätigen, 3. Stabilisierung der Märkte, 4. Sicherstellung der Versorgung und 5. Belieferung der Verbraucher zu angemessenen Preisen. Zur Erreichung dieser Ziele sieht Art. 40 Abs. 2 EWG-V drei Organisationsformen vor: 1. gemeinsame Wettbewerbsregeln, 2. die bindende Koordinierung der unterschiedlichen nationalen Marktordnungen und 3. die Schaffung einer europäischen Marktordnung.

Kern der *Marktordnungen* ist die Festlegung eines einheitlichen Preisniveaus für den Binnenmarkt und die Absicherung dieses Preisniveaus durch Maßnahmen für den Binnenmarkt *(Interventionssystem)* und gegenüber Drittländern. Die Marktordnungen enthalten neben gemeinsamen Handelsregelungen zwischen den Mitgliedsstaaten einerseits und Drittländern andererseits auch Maßnahmen der Preisregelung; hierzu gehören sowohl die Abschöpfung bei der Einfuhr aus Drittländern als auch Erstattungen beim Export in Drittländer. Ferner sehen die Marktordnungen Währungsausgleichsabgaben, innergemeinschaftliche Beihilfen sowie Interventionen auf dem Binnenmarkt vor. Die Organe der EG setzen jährlich Richt- und Interventionspreise für Gemeinschaftserzeugnisse fest.

Wenn der Produzent für sein Erzeugnis einen Preis erzielt, der unter dem dafür geltenden Richtpreis liegt und sich dem Interventionspreis nähert, so sind die Interventionsstellen verpflichtet, die ihnen angebotenen Produkte durch Stützungskäufe zum Interventionspreis aufzukaufen, um so den Marktpreis zu halten. Da Richt- und Interventionspreis meist über dem Weltmarktpreis liegen, werden Exporteuren von landwirtschaftlichen Überschüssen Exportbeihilfen gewährt, um auf dem Weltmarkt wettbewerbsfähig zu sein. Um die Landwirte der Mitgliedsstaaten vor billigen Einfuhren aus Drittländern zu schützen, werden diese Importe durch Abschöpfungen an der Grenze des Einfuhrlandes auf den Binnenmarktpreis angehoben. Dies betrifft jedoch nur diejenigen Produkte, die den Gemeinschaftsprodukten Konkurrenz machen können.

Das gegenwärtige System der Agrarpreisfestsetzungen führt zu einer Fülle von Schwierigkeiten und Unzulänglichkeiten. An der Agrarpolitik entzünden sich stets neue Krisen der Gemeinschaft. Teilweise sind die von den Organen festgesetzten Preise zu niedrig, um allen Landwirten ein angemessenes Einkommen zu sichern. Volkswirtschaftlich gesehen sind die Preise wiederum zu hoch. Durch die fortschreitende Modernisierung und Mechanisierung landwirtschaftlicher Betriebe produzieren die Landwirte im Hinblick auf die ihnen garantierten hohen Preise mehr, als der Markt verkraften kann. Die so entstandenen Überschüsse müssen, sofern sie nicht abgesetzt werden können, vernichtet oder unter großem finanziellen Aufwand eingelagert werden. Überschüsse, die auf dem Weltmarkt ihren Absatz finden sollen, müssen subventioniert werden. Der Verbraucher trägt auf zweierlei Weise die Kosten: Er muß volkswirtschaftlich zu hohe Preise für Agrarprodukte hinnehmen und muß als Steuerzahler die Beseitigung, Lagerung oder Ausfuhr von Überschüssen finanzieren.

Die 1988 unter Vorbehalt verabschiedete Reform der EG-Agrarpolitik betrifft die Stillegung von Ackerflächen, die Eindämmung der Agrarausgaben, die Einführung von Produktionsobergrenzen, bei deren Überschreiten die Garantiepreise für die Bauern gesenkt werden. Es bleibt jedoch die Frage, ob nicht das Marktordnungs- und Preissystem der EG-Agrarpolitik von Grund auf zu ändern ist.

Das Abschöpfungssystem am Beispiel der EG-Getreidemarktordnung

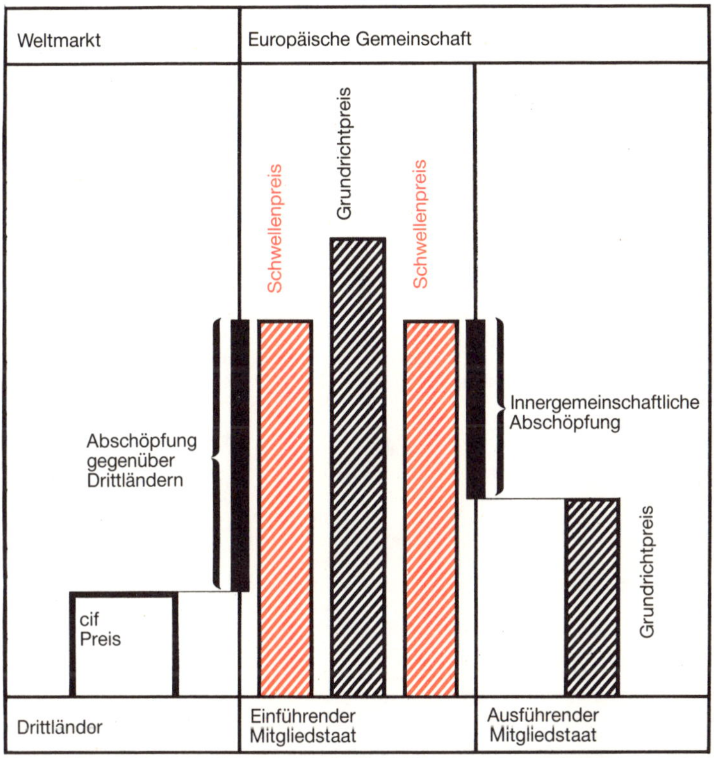

cif = cost for insurance and freight, d.h. cif-Preise sind Weltmarktpreise einschließlich Versicherungs- und Frachtkosten

Die EG-Agrarpolitik

	Ziel	Bestandsaufnahme heute	Ziel erreicht:
1.	Ein einheitlicher EG-Markt ohne Schranken zwischen den Mitgliedern	Freier Warenverkehr, aber Währungsabgaben an den Grenzen	teilweise
2.	Steigerung der landwirtschaftl. Leistungsfähigkeit	Landwirtschaftl. Produktivität wächst schneller als in der Industrie	ja
3.	Einkommenserhöhung der Landwirte	Einkommensanstieg, aber wachsende Einkommenskluft zwischen den Landwirten	teilweise
4.	Gleichgewicht zwischen Angebot und Nachfrage	Überproduktion bei manchen Produkten verursachen enorme Kosten	nein
5.	Sicherung der Nahrungsmittelversorgung	Bisher keine Nahrungsmittelknappheit	ja
6.	Angemessene Verbraucherpreise	EG-Preise meist über Weltmarktniveau, vorübergehend aber auch darunter	teilweise

Europäisches Währungssystem

Die währungspolitischen Ereignisse des Jahres 1969 (Abwertung in Frankreich, Aufwertung in der Bundesrepublik Deutschland, Übergang zu einem System freier Wechselkurse der Währungen der anderen Mitgliedsstaaten der Europäischen Gemeinschaften (EG) machten deutlich, daß die EG auf dem bis dahin erreichten Stand einer Zoll- und Agrarunion nicht verbleiben konnten. Die von den national gesteuerten Volkswirtschaften verursachten Spannungen im Währungsbereich gefährdeten auch bis dahin errungene Erfolge im Bereich der Freizügigkeit; verstärkt wurde diese kritische Lage durch die im August 1971 erfolgte Aufhebung der Goldkonvertibilität des Dollars.

Dies alles förderte Absichten zur Schaffung einer engeren währungspolitischen Zusammenarbeit, deren erstes Ergebnis der Beschluß über die Errichtung einer Wirtschafts- und Währungsunion auf der Haager Gipfelkonferenz der Staats- und Regierungschefs vom 1./2. 12. 1969 war. Auf der Grundlage der im Anschluß hieran erarbeiteten Pläne fiel im März 1971 die Entscheidung zur stufenweisen Einführung einer solchen Union, innerhalb derer u.a. ein einheitlicher Währungsraum errichtet werden sollte, gekennzeichnet durch die volle und irreversible Konvertibilität der Währungen, die Verringerung der Bandbreite der Wechselkurse und die unwiderrufliche Festsetzung der Paritätsverhältnisse als unerläßliche Voraussetzungen für die Schaffung einer einheitlichen Währung sowie die Tätigkeit eines gemeinschaftlichen Zentralbankensystems. Im April 1972 wurde der Europäische Wechselkursverbund („Währungsschlange“) gegründet, innerhalb dessen die Bandbreiten zwischen den Währungen der Mitgliedsstaaten durch Interventionen der Zentralbanken auf den jeweiligen Devisenmärkten auf eine Spanne von ± 2,25% verringert werden sollten. In diesem System konnten sich langfristig aber nur die Währungen der Bundesrepublik Deutschland und der Benelux-Staaten behaupten, während die der übrigen Mitgliedsstaaten frei „floateten“, bedingt auch durch die von der Erhöhung der Ölpreise verursachte Wirtschaftskrise.

Die Errichtung des Europäischen Währungssystems (EWS) wurde im Grundsatz vom Europäischen Rat am 6./7. 7. 1978 beschlossen und seine Grundzüge in der Entschließung vom 5. 12. 1978 festgelegt. Wesentlicher Bestandteil des EWS sind feste, nur in engen Bandbreiten (von ± 2,25%, für die italienische Lira ± 6%) schwankende Wechselkurse; die ihnen zugrundeliegenden Leitkurse dürfen bereits in der ersten Stufe der Entwicklung zu einer vollständigen Währungsunion nur im gegenseitigen Einvernehmen der beteiligten Mitgliedsstaaten geändert werden. Bei divergierenden wirtschaftlichen Entwicklungen (Inflationsgefälle) folgt hieraus die Gefahr erheblicher Handelsprobleme, falls die Leitkurse nicht rechtzeitig geändert werden. Die zunächst nur für eine erste Stufe des EWS festgelegten und nach Ablauf von zwei Jahren weiter zu entwikkelnden Elemente sind beibehalten worden; im einzelnen handelt es sich um die Einführung einer *Europäischen Währungseinheit (ECU),* eines Wechselkurs- und Interventionsmechanismus sowie verschiedener Kreditmechanismen.

Die ECU löste die bis 1981 bestehenden Rechnungseinheiten ab. Sie entspricht einem Währungskorb, in dem die am EWS beteiligten Währungen in speziellen Gewichtungen rechnerisch zusammengefaßt werden. Die Beträge der einzelnen Währungen entsprechen dem Anteil jedes Mitgliedsstaates am Gemeinschaftsbruttosozialprodukt und am innergemeinschaftlichen Handel, sind also unterschiedlich. Wenn sich die Gewichte und Werte der Einzelwährungen ändern, muß auch der Wert der ECU geändert werden. Der Währungskorb der ECU wird alle fünf Jahre oder auf Antrag (Änderung des Gewichts einer Währung um 25%) überprüft und angepaßt.

Die ECU dient als Bezugsgröße für Interventionen im Wechselkursbereich, als Rechengröße im Interventions- und Kreditbereich sowie als Abrechnungsinstrument zwischen den nationalen Währungsbehörden. Der Wechselkurs- und Interventionsmechanismus beruht auf einem System von ECU-bezogenen Leitkursen für jede Währung der Mitgliedsstaaten, wobei sich allerdings Griechenland, Großbritannien, Portugal und Spanien hieran bislang nicht beteiligen. Anpassungen der Leitkurse erfolgen im gegenseitigen Einvernehmen nach Konsultation aller am Wechselkursmechanismus beteiligten Länder und der Kommission. Seit Inkrafttreten des EWS im Jahre 1978 ist es zu mehr als zehn Änderungen von Leitkursen einzelner bzw. mehrerer Mitgliedsstaaten gekommen.

Chronologische Entwicklung der „Währungsschlange“ (Europäischer Wechselkursverbund) und des Europäischen Währungssystems (EWS)

24. 4.1972 Inkrafttreten des „Baseler Abkommens“ vom 10.4.1972. Errichtung des Europäischen Währungsverbundes, Verringerung der Bandbreiten auf ±2,25% innerhalb der EWG („Schlange im Tunnel“). Teilnehmer: Belgien, Bundesrepublik Deutschland, Frankreich, Italien, Luxemburg, Niederlande

1. 5.1972 Beitritt Dänemarks, Großbritannien und Irlands zur „Währungsschlange“

23. 5.1972 Beitritt Norwegens zur „Währungsschlange“

23. 6.1972 Austritt Großbritanniens und Irlands aus der „Währungsschlange“

27. 6.1972 Austritt Dänemarks aus der „Währungsschlange“

10.10.1972 Wiedereintritt Dänemarks in die „Währungsschlange“

13. 2.1973 Austritt Italiens aus der „Währungsschlange“

12. 3.1973 Übergang zum Floating gegenüber dem Dollar. Beibehaltung der Bandbreiten unter den Teilnehmerländern der „Währungsschlange“, Aufwertung der D-Mark um 3,0%

14. 3.1973 Beitritt Schwedens zur „Währungsschlange“

29. 6.1973 Aufwertung der D-Mark um 5,5%

17. 9.1973 Aufwertung des Gulden um 5,0%

16.11.1973 Aufwertung der norwegischen Krone um 5,0%.

21. 1.1974 Ausscheiden Frankreichs aus der „Währungsschlange“

10. 7.1975 Wiedereintritt Frankreichs in die „Währungsschlange“

15. 3.1976 Erneuter Austritt Frankreichs aus der „Währungsschlange“

18.10.1976 Abwertung der dänischen Krone um 4,0%, der norwegischen und der schwedischen Krone um je 1%; Aufwertung der D-Mark um 2,0%

4. 4.1977 Abwertung der dänischen und der norwegischen Krone um je 3,0%, der schwedischen Krone um 6,0%

29. 8.1977 Abwertung der dänischen Krone um 5,0%, Ausscheiden Schwedens aus der „Währungsschlange“

13. 2.1978 Abwertung der norwegischen Krone um 8,0%

16.10.1978 Aufwertung des belgischen Franc und des holländischen Gulden um je 2,0% und der D-Mark um 4,0%

12.12.1978 Austritt Norwegens aus der „Währungsschlange“

13. 3.1979 Errichtung des Europäischen Währungssystems. Teilnehmer: Belgien, Dänemark, Bundesrepublik Deutschland, Frankreich, Irland, Italien, Luxemburg, Niederlande

24. 9.1979 Abwertung der dänischen Krone um 3,0%, Aufwertung der D-Mark um 2,0%

30.11.1979 Abwertung der dänischen Krone um 4,75%

23. 3.1981 Abwertung der italienischen Lira um 6,0%

5.10.1981 Aufwertung der D-Mark und des holländischen Gulden um je 5,5%; Abwertung des französischen Franc und der italienischen Lira um je 3,0%

22. 2.1982 Abwertung des belgischen Franc um 8,5%, der dänischen Krone um 3,0%

14. 6.1982 Aufwertung der D-Mark und des holländischen Gulden um je 4,25%; Abwertung des französischen Franc um 5,75%, der italienischen Lira um 3%

21. 3.1983 Aufwertung der D-Mark um 5,5%, des holländischen Gulden um 3,5%, der dänischen Krone um 2,5% und des belgischen Franc um 1,5%; Abwertung des französischen Franc und der italienischen Lira um je 2,5%, des irischen Pfund um 3,5%

22. 7.1985 Abwertung der italienischen Lira um 5%, Aufwertung der übrigen Währungen um 2%

7. 4.1986 Aufwertung der D-Mark und des holländischen Gulden um 3%, des belgischen und des Luxemburger Franken um 1%, Abwertung des französischen Franc um 3%

4. 8.1986 Abwertung des Irischen Pfund um 8%

12. 1.1987 Aufwertung der D-Mark und des holländischen Gulden um 3%; des belgischen und des Luxemburger Franken um 2%

European Currency Unit (ECU)

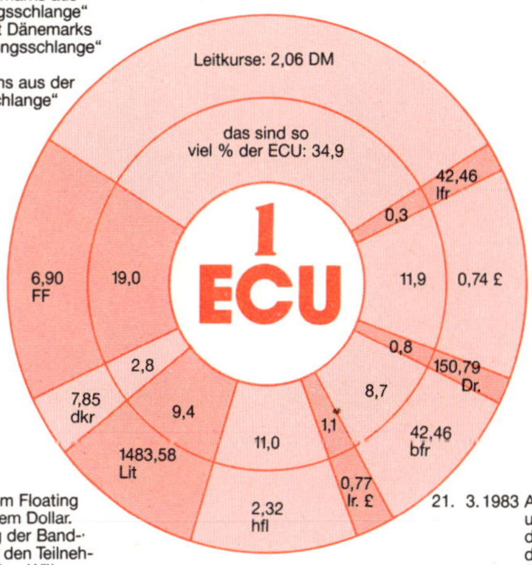

Europäische Währungseinheit (Stand: 12.1.1987)

Europäischer Gerichtshof

Der Europäische Gerichtshof mit Sitz in Luxemburg ist zu unterscheiden vom Europäischen Gerichtshof für Menschenrechte in Straßburg (vgl. S. 140). Der Europäische Gerichtshof wurde als gemeinsames Organ der Europäischen Gemeinschaften (EG) aufgrund des Abkommens vom 25. 3. 1957 gegründet und bildet innerhalb der Gemeinschaften die richterliche Gewalt. In ähnlicher Form hatte er bereits zuvor als Gerichtshof der Europäischen Gemeinschaften für Kohle und Stahl mit einer auf den Rahmen des Montan-Vertrages von 1951 beschränkten Zuständigkeit bestanden.

Seit dem 7. Oktober 1958 wurden die Kompetenzen des Europäischen Gerichtshofs durch die Verträge über die Europäische Wirtschaftsgemeinschaft und über die Europäische Atomgemeinschaft erweitert (vgl. S. 480). Die Anwendung der gemeinsamen Grundsätze und Rechtsnormen der drei Verträge hat häufig eine Umgestaltung der nationalen Rechtsvorschriften der Mitgliedsstaaten der Gemeinschaften zur Folge, die schwierige Rechtsfragen auf dem Gebiet des öffentlichen Rechts und des Privatrechts aufwerfen. Da weiterhin durch die Verträge der EG ein Wirtschaftssystem bundesstaatlicher Art zwischen den Mitgliedsstaaten geschaffen wurde, ergab sich die Notwendigkeit einer einheitlichen Rechtsprechungskontrolle.

Die Zuständigkeiten des Europäischen Gerichtshofs werden in verschiedener Hinsicht wahrgenommen: In seiner *zwischenstaatlichen* Funktion sind dem Gerichtshof alle Streitigkeiten zwischen zwei Mitgliedsstaaten vorzulegen, soweit es um die Auslegung und Anwendung der Gemeinschaftsverträge geht. Der Gerichtshof wird dadurch jedoch nicht zu einem internationalen Gericht, sondern bleibt ein internes Gericht der Unterzeichnerstaaten. Der Europäische Gerichtshof entscheidet in diesem Zusammenhang ebenfalls über Verstöße von Mitgliedsstaaten gegen ihre Verpflichtungen aufgrund der Verträge. In seiner *verfassungsrechtlichen* Funktion ist der Gerichtshof der Hüter der Verfassungsstruktur der Gemeinschaftsverträge, insbesondere des Verhältnisses zwischen den der Organen der EG (Rat, Kommission und Parlament), etwa im Rahmen des Haushaltsrechts. Der Europäische Gerichtshof hat ferner eine *verwaltungsrechtliche* Funktion, da er sowohl die Rechtmäßigkeit des Handelns der Europäischen Gemeinschaftsorgane als auch die Auslegung der Verträge durch die Organe überwacht.

Der Gerichtshof kann durch Urteil eine von den Gemeinschaftsorganen erlassene und daraufhin angefochtene Entscheidung bestätigen oder für nichtig erklären. Dies geschieht nach Erhebung einer Anfechtungsklage z. B. wegen Unzuständigkeit, Verletzung wesentlicher Formvorschriften und Ermessensmißbrauch durch Gemeinschaftsorgane. Die Klage kann von allen Unterzeichnerstaaten und unter eingeschränkten Voraussetzungen auch von juristischen und natürlichen Personen erhoben werden. Die Klagebefugnis von Privatpersonen gegen Gemeinschaftsentscheidungen ist nach dem Vertrag zur Gründung der Europäischen Wirtschaftsgemeinschaft und dem EURATOM-Vertrag nur gegeben, wenn es sich um Individualentscheidungen oder um solche Entscheidungen handelt, die zwar als Verordnung ergangen sind, den einzelnen aber individuell und unmittelbar betreffen. In Verfahren vor nationalen Gerichten haben diese das Recht und ggf. die Pflicht, eine Vorabentscheidung des Europäischen Gerichtshofs zu entscheidungserheblichen Fragen betreffend die Gültigkeit und die Auslegung von Gemeinschaftsrecht einzuholen. Die endgültige Entscheidung bleibt dem nationalen Gericht vorbehalten, das aber an die Vorabentscheidung gebunden ist.

Der Europäische Gerichtshof besteht aus Richtern, die von den Regierungen der Mitgliedsstaaten im gegenseitigen Einvernehmen auf sechs Jahre ernannt werden. In der Mehrzahl der Fälle entscheidet nicht das Plenum, sondern eine Kammer des Europäischen Gerichtshofs. Der Gerichtshof wählt seinen Präsidenten auf drei Jahre und ernennt einen Kanzler. Bei seinen Sitzungen wird er durch Generalanwälte unterstützt, die unparteilich die Schlußanträge begründen. Das Verfahren des Gerichtshofs findet in einer der Amtssprachen statt und ist kostenfrei.

Die Gemeinschaftsverträge geben dem Europäischen Gerichtshof auch die Zuständigkeit zur Abgabe von Gutachten. Bei Zweifeln über die Vereinbarkeit eines geplanten internationalen Übereinkommens mit dem EWG-Vertrag können der Rat, die Kommission oder ein Mitgliedsstaat zuvor ein Gutachten einholen. Schließlich wird der Europäische Gerichtshof auch als Schiedsgericht tätig.

Der Gerichtshof der Europäischen Gemeinschaften

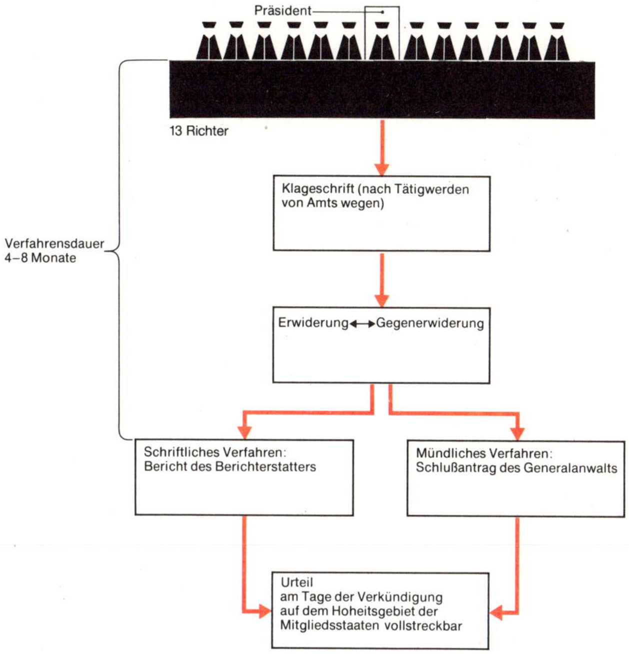

Europaparlament

Das Europaparlament (in den Gründungsverträgen als „Versammlung" bezeichnet), ist neben Rat, Kommission und Gerichtshof eines der Organe der Europäischen Gemeinschaften (vgl. S. 482). Es besteht aus Vertretern der Völker der in den Gemeinschaften zusammengeschlossenen Staaten. Seine Hauptarbeitsorte sind Straßburg (Plenum) und Brüssel (Ausschüsse), sein ständiger Sitz ist Luxemburg; über eine Änderung dieser Aufteilung wird beraten.

Die erste Direktwahl der Mitglieder des Europaparlaments fand 1979 statt, bis dahin wurden die Abgeordneten aus der Mitte der staatlichen Parlamente ernannt. Die Wahl der jetzt 518 Abgeordneten erfolgt bislang noch nicht nach einem einheitlichen Wahlsystem, sondern auf der Grundlage nationaler Wahlgesetze (für die Bundesrepublik Deutschland z. B. gilt die 5%-Klausel). Die Wahlperiode umfaßt 5 Jahre. Die jedem Mitgliedsstaat zugestandene Zahl an Mandaten berücksichtigt die unterschiedliche Bevölkerungszahl, bevorzugt jedoch die kleineren Mitgliedsstaaten, die überproportional repräsentiert sind. Die Abgeordneten genießen Immunität und sind nicht an Weisungen gebunden; nur ein geringer Teil übt neben dem europäischen noch ein nationales Mandat aus. Das Parlament hat sich eine eigene Geschäftsordung gegeben.

Die ins Europaparlament gewählten Abgeordneten haben sich zu übernationalen parteipolitischen Fraktionen zusammengeschlossen, deren Übernationalität durch die Geschäftsordnung gefördert und unterstrichen wird; diese versieht z. B. in erster Linie die Fraktionen mit Rechten (Rede- und Antragsrechte, Ausschußbildung). Das Parlament verfügt über ein Präsidium und ein Sekretariat. Seine Entscheidungen und Stellungnahmen werden durch Berichte der zur Zeit 18 ständigen Ausschüsse vorbereitet, bei deren Besetzung die Fraktionen und die Herkunftsländer der Abgeordneten proportional berücksichtigt werden.

Die Kompetenzen des Europaparlaments sind begrenzt, so fehlen ihm legislative Kompetenzen völlig. Seine wesentliche Bedeutung liegt in seiner Beratungs- und Kontrollfunktion sowie dem politischen Gewicht seiner Stellungnahmen. Immerhin haben die Staats- und Regierungschefs der EG beschlossen, für alle wesentlichen Entscheidungen zur Vollendung des europäischen Binnenmarkts mit dem Europaparlament zu kooperieren (Luxemburger Beschlüsse vom 2.12. 1985). Trotz der sicherlich eingetretenen Stärkung der Rolle des Parlaments reichen seine Tätigkeiten und Befugnisse für eine demokratische Legitimierung der Gemeinschaften nicht aus, vor allem unter Berücksichtigung des weiten Umfangs, in dem den nationalen Parlamenten Befugnisse entzogen und auf den Ministerrat, zusammengesetzt aus Vertretern der nationalen Exekutiven, übertragen worden sind.

Gegenüber dem Rat hat das Parlament vor allem beratende Funktion. Insbesondere in den Fällen, in denen dieser Rechtsetzungsbefugnisse ausübt, muß das Parlament zu den von der Kommission vorgelegten Vorschlägen angehört werden; in der Praxis wird es allerdings zumeist auch dann konsultiert, wenn dies der EWG-Vertrag nicht ausdrücklich vorschreibt. Die Stellungnahmen des Parlaments binden den Rat jedoch nicht. Durch eine gemeinsame Erklärung von Rat, Kommission und Parlament ist 1975 ein „Konzertierungsverfahren" eingeführt worden, um bei von einander abweichenden Meinungen dieser Organe die Standpunkte anzunähern. Dies hat die Einflußmöglichkeiten des Parlaments erheblich gestärkt.

Seit der Änderung des Haushaltsverfahrens 1975 besitzt das Parlament ein echtes Mitentscheidungsrecht über den Haushalt der Gemeinschaft: Es bildet mit dem Rat die „Haushaltsbehörde". Mit der gemeinsamen Erklärung von Parlament, Rat und Kommission vom 30. 6. 1982 sollen früher aufgetretene Meinungsverschiedenheiten, namentlich über obligatorische und nichtobligatorische Ausgaben der Gemeinschaft, verhindert werden.

An Kommissionsakten wirkt das Parlament grundsätzlich nicht mit, jedoch nehmen Kommissionsbeamte an den Arbeiten der Parlamentsausschüsse über Kommissionsvorschläge teil.

Die Kontrollbefugnisse des Parlaments gegenüber der Kommission, zumeist ausgeübt durch ein mündliches und schriftliches Fragerecht, gipfeln in der Befugnis, die Kommission durch ein Mißtrauensvotum geschlossen zum Rücktritt zwingen zu können. Eine wichtige Kontrollbefugnis folgt vor allem aus der Kompetenz, der Kommission die Entlastung zur Ausführung des Haushaltsplans zu erteilen oder zu verweigern.

Organe der Europäischen Gemeinschaften

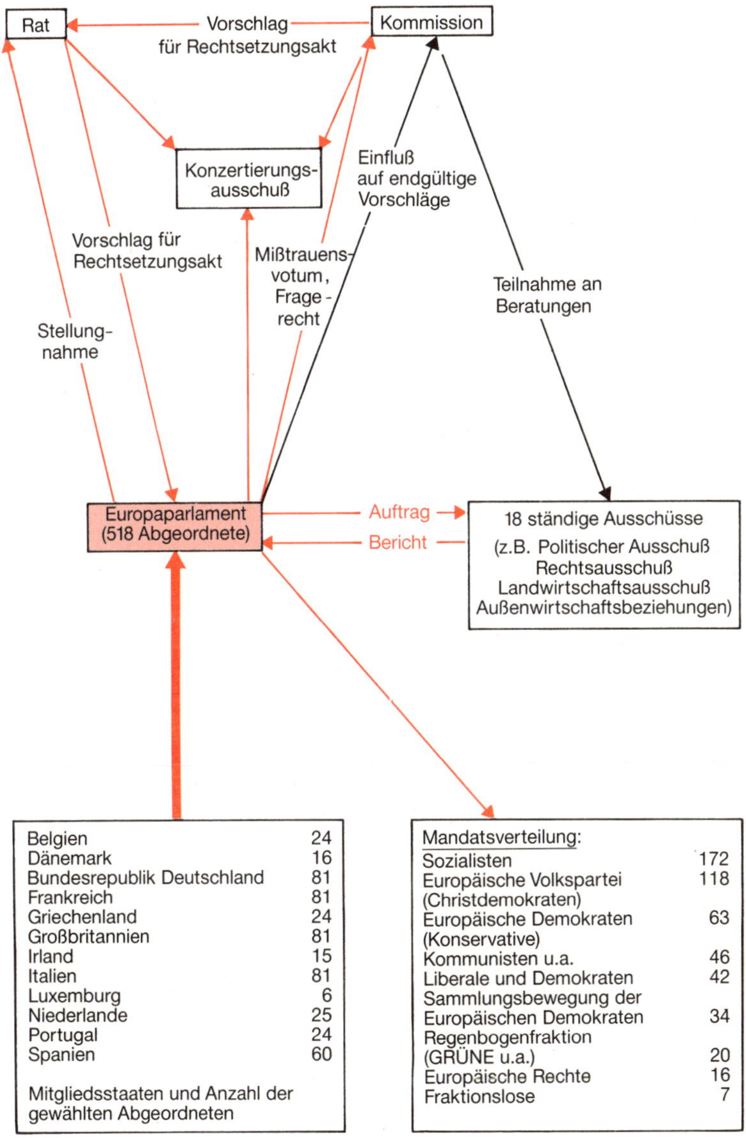

Bibliographie

Vorbemerkung

Um die Literatur einem größeren Leserkreis zugänglich zu machen, haben wir auf fremdsprachige Titel weitgehend, auf Zeitschriftenaufsätze ganz verzichtet. Folgende Abkürzungen wurden verwendet: Bd., Bde., Bden. = Band, Bände, Bänden; bearb. v. = bearbeitet von; begr. v. = begründet von; dt. Übers. = deutsche Übersetzung; hg. v. = herausgegeben von; Nachdr. = Nachdruck; Neuaufl. = Neuauflage; Neuausg. = Neuausgabe; Neubearb. = Neubearbeitung; Neudr. = Neudruck; Sonderausg. = Sonderausgabe.

Die Entwicklung des Staates in Deutschland

Apelt, W.: Geschichte der Weimarer Verfassung. München–Berlin [2]1964.
Bergsträsser, L.: Geschichte der politischen Parteien in Deutschland. München [11]1965.
Boldt, H.: Deutsche Verfassungsgeschichte. 2 Bde. München 1984; Neuaufl. 1989 vorgesehen.
Botzenhart, M.: Deutscher Parlamentarismus in der Revolutionszeit 1848–1850. Düsseldorf 1977.
Bracher, K. D.: Die Auflösung der Weimarer Republik. Villingen/Schwarzwald 1955; [5]1971; 2. Nachdr. d. 5. Aufl. Düsseldorf 1984.
Bracher, K. D.: Die deutsche Diktatur. Entstehung, Struktur, Folgen des Nationalsozialismus. Köln–Berlin [3]1970.
Bracher, K. D./Schulz, G./Sauer, W.: Die Nationalsozialistische Machtergreifung. Studien zur Errichtung des totalitären Herrschaftssystems in Deutschland 1933/34. 3 Teile. Köln–Opladen 1962; Nachdr. Berlin–Frankfurt–Wien 1974 und 1984.
Burg, P.: Der Wiener Kongreß. Der Deutsche Bund im europäischen Staatensystem. München 1984.
Die Deutsche Revolution von 1848/49. Hg. v. *D. Langewiesche.* Darmstadt 1983.
Deutschland zwischen Revolution und Restauration. Hg. v. *H. Berding* und *H. P. Ullmann.* Königstein/Ts. 1981.
Die deutschen Parteien 1830–1914. Parteien und Gesellschaft im konstitutionellen Regierungssystem. Hg. v. *G. A. Ritter.* Göttingen 1985.
Das Ende der Parteien 1933. Hg. v. *E. Matthias* und *R. Morsey.* Düsseldorf [2]1979.
Friedrich, C. J.: Der Verfassungsstaat der Neuzeit. Heidelberg 1953.
Gebhardt, B.: Handbuch der deutschen Geschichte. Hg. v. *H. Grundmann.* 4 Bde. Stuttgart [9]1970–1976 (als Tb. München 1973 ff.).
Gesellschaft, Parlament und Regierung. Zur Geschichte des Parlamentarismus in Deutschland. Hg. v. *G. A. Ritter.* Düsseldorf 1974.
Grosser, D.: Vom monarchischen Konstitutionalismus zur Parlamentarischen Demokratie. Die Verfassungspolitik der deutschen Parteien im letzten Jahrzehnt des Kaiserreiches. Den Haag 1970.
Hahn, H.-W.: Geschichte des Zollvereins. Göttingen 1984.
Hartung, F.: Deutsche Verfassungsgeschichte vom 15. Jahrhundert bis zur Gegenwart. Stuttgart [9]1969.
Hildebrand, K.: Das Dritte Reich. München–Wien [3]1987.
Huber, E. R.: Deutsche Verfassungsgeschichte seit 1789. 7 Bde. Stuttgart 1957–84.
Innenpolitische Probleme des Bismarck-Reiches. Hg. v. *O. Pflanze.* München–Wien 1983.
Das kaiserliche Deutschland. Hg. v. *M. Stürmer.* Düsseldorf 1970; Nachdr. Düsseldorf 1984.
Kimminich, O.: Deutsche Verfassungsgeschichte. Baden-Baden [2]1987.
Kolb, E.: Die Weimarer Republik. München–Wien [2]1988.
Lexikon zur Parteiengeschichte. Die bürgerlichen und kleinbürgerlichen Parteien und Verbände in Deutschland. Hg. v. *D. Fricke* u.a. Leipzig–Köln 1983–86.
Moderne deutsche Sozialgeschichte. Hg. v. *H. U. Wehler.* Königstein [5]1981.
Moderne deutsche Verfassungsgeschichte. Hg. v. *E. Böckenförde.* Königstein/Ts. [2]1981.
Nationalsozialistische Diktatur 1933–1945. Hg. v. *K. D. Bracher, M. Funke* und *H.-A. Jacobsen.* Düsseldorf 1983.
Neumann, S.: Die Parteien der Weimarer Republik. Stuttgart u.a. [5]1986.
Pollmann, K. E.: Parlamentarismus im Norddeutschen Bund 1866–1870. Düsseldorf 1985.
Reformen im rheinbündischen Deutschland. Hg. v. *E. Weis.* München 1984.
Ritter, G. A.: Die deutschen Parteien 1830–1914. Göttingen 1985.
Reichsgründung 1870/71. Hg. v. *Th. Schieder* und *E. Deuerlein.* Stuttgart 1970.
Siemann, W.: Die Frankfurter Nationalversammlung 1848/49 zwischen demokratischem Liberalismus und konservativer Reform. Bern–Frankfurt am Main 1976.
Valentin, V.: Geschichte der Deutschen Revolution von 1848–1849. 2 Bde. Neudr. Köln–Berlin 1977.
Die Weimarer Republik. Hg. v. *M. Stürmer.* Düsseldorf [2]1985.
Weimar. Selbstpreisgabe einer Demokratie. Hg. v. *K. D. Erdmann* und *Hagen Schulze.* Düsseldorf 1980.
Die Weimarer Republik 1918–1933. Politik–Wirtschaft–Gesellschaft. Hg. v. *K. D. Bracher, M. Funke* und *H.-A. Jacobsen.* Düsseldorf 1987.
Zippelius, R.: Allgemeine Staatslehre. München [9]1985.

Deutschland nach dem Zweiten Weltkrieg

Behr, W.: Bundesrepublik Deutschland–Deutsche Demokratische Republik. Systemvergleich Politik–Wirtschaft–Gesellschaft. Stuttgart 1979.
Berliner Demokratie 1919–1985. Hg. v. der *Historischen Kommission zu Berlin.* Bd. 1: *Büsch, O./Haus, W.:* Berlin als Hauptstadt der Weimarer Republik 1919–1933. Berlin 1987. Bd. 2: *Reichardt, H. J./Kotowski, G.:* Hauptstadt im Nachkriegsdeutschland und Land Berlin 1945–1985. Berlin 1987.

Borowsky, P.: Deutschland 1963–1969. Hannover 1983.
Borowsky, P.: Deutschland 1970–1976. Hannover 1980.
Bruns, W.: Deutsch-deutsche Beziehungen. Opladen [3]1982.
Die Bundesrepublik Deutschland. Hg. v. *W. Benz.* 3 Bde. Frankfurt am Main 1983.
Bundesrepublik Deutschland und Deutsche Demokratische Republik. Die beiden deutschen Staaten im Vergleich. Hg. v. *E. Jesse.* Berlin [4]1985.
DDR. Dokumente zur Geschichte der Deutschen Demokratischen Republik 1945–1985. Hg. v. *Hermann Weber.* München 1986.
DDR-Handbuch. Hg. v. *Bundesminister für innerdeutsche Beziehungen.* 2 Bde. Köln [3]1985.
Deutsche Geschichte 1962–1983. Dokumente in 2 Bden. Hg. und kommentiert v. *J. Wilharm.* Frankfurt am Main 1985.
Dokumente des geteilten Deutschland. Hg. v. *I. v. Münch.* 2 Bde. Stuttgart [2]1976.
Geschichte der Bundesrepublik Deutschland. Hg. v. *K. D. Bracher* u.a. 5 Bde. Stuttgart–Wiesbaden 1980–1987.
Kalter Krieg und Deutsche Frage. Deutschland im Widerstreit der Mächte 1945–1952. Hg. v. *J. Foschepoth.* Göttingen 1985.
Kleßmann, Chr.: Die doppelte Staatsgründung. Deutsche Geschichte 1945–1955. Göttingen [4]1986.
Ress, G.: Die Rechtslage Deutschlands nach dem Grundlagenvertrag vom 21. Dezember 1972. Heidelberg 1978.
Roggemann, E.: Die DDR-Verfassungen. Berlin [3]1980.
Steininger, R.: Deutsche Geschichte 1945–1961. Darstellung und Dokumente. 2 Bde. Frankfurt am Main 1983.
Vorgeschichte der Bundesrepublik Deutschland. Hg. v. *Josef Becker, Th. Stamm* und *P. Waldmann.* München 1979.
Weber, Hermann: Geschichte der DDR. München 1985.
Wetzlaugk, U.: Die Alliierten in Berlin. Berlin 1987.
Zuerrer, W.: Politische, wirtschaftliche und militärische Zusammenschlüsse und Pakte der Welt. St. Augustin [13]1987.
Zivier, E. R.: Der Rechtsstatus des Landes Berlin. Berlin [4]1987.

Staatsrechtliche Grundlagen der Bundesrepublik Deutschland

Battis, U./Gusy, Chr.: Einführung in das Staatsrecht. Heidelberg [2]1986.
Das deutsche Bundesrecht. Taschenkommentar. Grundgesetz für die Bundesrepublik Deutschland. Hg. v. *K.-H. Seifert* und *D. Hömig.* Baden-Baden [2]1985.
Deutsches Staatsangehörigkeitsrecht. Bearb. v. *H. Weidelener* und *F. Hemberger.* München [2]1986.
Ellwein, Th./Hesse, J. J.: Das Regierungssystem der Bundesrepublik Deutschland. Opladen–Wiesbaden [6]1987.
Grawert, R.: Staat und Staatsangehörigkeit. Berlin 1973.
Handbuch des Verfassungsrechts. Hg. v. *E. Benda, W. Maihofer* und *H.-J. Vogel.* 2 Bde. Berlin–New York 1983; Nachdr. 1984.
Hesse, K.: Grundzüge des Verfassungsrechts der Bundesrepublik Deutschland. Heidelberg [14]1984.
Hesse, K.: Der unitarische Bundesstaat. Karlsruhe 1962.
Reuter, K.: Föderalismus. Grundlagen und Wirkungen in der Bundesrepublik Deutschland. Heidelberg–Hamburg 1983.
Seifert, J.: Das Grundgesetz und seine Veränderung. Verfassungstext von 1949 sowie sämtliche Änderungsgesetze im Wortlaut. Neuwied–Darmstadt 1983.

Grundsätze der Staatsorganisation in Bund und Ländern

An den Grenzen der Mehrheitsdemokratie. Hg. v. *B. Guggenberger* und *C. Offe.* Berlin–München 1983.
von Beyme, K.: Die parlamentarischen Regierungssysteme in Europa. München [2]1975.
Der bürgerliche Rechtsstaat. Hg. v. *M. Tohidipur.* 2 Bde. Frankfurt am Main 1978.
Hamm-Brücher, H.: Der Politiker und sein Gewissen. München [2]1987.
Zur heutigen Problematik der Gewaltenteilung. Hg. v. *H. Rausch.* Darmstadt 1969.
Heun, W.: Das Mehrheitsprinzip in der Demokratie. Berlin–München 1983.
Horn, W.: Der Rechtsstaat. Informationen zur politischen Bildung. München 1983.
Karpen, U.: Die geschichtliche Entwicklung des liberalen Rechtsstaates. Vom Vormärz bis zum Grundgesetz. Hg. v. *G. Rüther.* Mainz 1984.
Kipke, R.: Die Untersuchungsausschüsse des Deutschen Bundestages. Berlin 1984.
Kunig, Ph.: Das Rechtsstaatsprinzip. Tübingen 1986.
Nohlen, D.: Wahlrecht und Parteiensystem. Opladen–Wiesbaden 1986.
Parlamentarismus. Hg. v. *K. Kluxen.* Königstein/Ts. [5]1980.
Rechtsstaatlichkeit und Sozialstaatlichkeit. Hg. v. *E. Forsthoff.* Darmstadt 1968.
Rich, A.: Radikalität und Rechtsstaatlichkeit. Zürich. 1978.
Sarstedt, W.: Rechtsstaat als Aufgabe. Hg von *G. Sarstedt.* Berlin–New York 1987.
Scheuner, U.: Das Mehrheitsprinzip in der Demokratie. Opladen 1973.
Schweitzer, C.-Chr.: Der Abgeordnete im parlamentarischen Regierungssystem in der Bundesrepublik. Opladen 1979.
Seifert, K.-H.: Bundeswahlrecht. Berlin [3]1976.
Thaysen, U.: Parlamentarisches Regierungssystem in der Bundesrepublik Deutschland. Opladen 1979.
Troitzsch, K. G.: Volksbegehren und Volksentscheid. Eine vergleichende Analyse direktdemokratischer Verfassungsinstitutionen unter besonderer Berücksichtigung der Bundesrepublik und der Schweiz. Meisenheim a. Gl. 1979.

Formen der politischen Meinungsbildung

von Arnim, H.: Parteienfinanzierung. Eine verfassungsrechtliche Untersuchung. Wiesbaden 1982.
von Beyme, K.: Interessengruppen in der Demokratie. München [5]1980.
von Beyme, K.: Parteien in westlichen Demokratien. München [2]1984.
Brand, K.-W./Büsser, D./Rucht, D.: Aufbruch in eine andere Gesellschaft. Neue soziale Bewegungen in der Bundesrepublik. Frankfurt am Main–New York 1983.
Bürgerinitiativen und repräsentatives System. Hg. v. *B. Guggenberger* und *U. Kempf.* Opladen [2]1984.
Handbuch des deutschen Parteiensystems. Hg. v. *H. Kaack* und *R. Roth.* Opladen 1980.
Hartmann, J.: Verbände in der westlichen Industriegesellschaft. Ein international vergleichendes Handbuch. Frankfurt am Main 1985.
Haungs, P.: Parteiendemokratie in der Bundesrepublik Deutschland. Berlin [2]1981.
Kleinsteuber, H. J.: Rundfunkpolitik in der Bundesrepublik. Opladen 1982.
Koschnik, W. J.: Standard-Lexikon für Mediaplanung und Mediaforschung. München u. a. 1988.
Langguth, G.: Protestbewegung. Köln 1983.
von La Roche, W./Maaßen, L.: Massenmedien. Fakten – Formen – Funktionen in der Bundesrepublik Deutschland. Heidelberg 1983.
Leibholz, G.: Strukturprobleme der modernen Demokratie. Karlsruhe [3]1967. Neuausg. Frankfurt am Main [1974 ?].
Meyn, H.: Massenmedien. München 1985.
Mintzel, A.: Die Volkspartei. Typus und Wirklichkeit. Opladen 1984.
Parteienhandbuch. Hg. v. *R. Stöss.* 2 Bde. Opladen 1983–84.
Pluralismus. Hg. v. *F. Nuscheler* und *W. Steffani.* München [3]1976.
Tsatsos, D./Morlok, M.: Parteienrecht. Eine verfassungsrechtliche Einführung. Heidelberg 1982.
Verbände und Staat. Hg. v. *U. von Alemann* und *R. G. Heinze.* Opladen 1979.

Grundrechte

Alexy, R.: Theorie der Grundrechte. Frankfurt am Main 1986.
Bonner Kommentar. Kommentar zum Bonner Grundgesetz. 9 Bde. Heidelberg. Loseblatt. Stand 1986.
Clemens, Th./Trittel, M.: Einführung in das öffentliche Recht: Grundrechte. Hamburg [4]1985.
Geiger, W.: Zur europäischen Geschichte der Grundrechte. In: Festschrift für Wolfgang Zeidler. Hg. v. *W. Fürst.* 2 Bde. Berlin 1987.
Friedrich, W. J.: Vereine und Gesellschaften. München [5]1987.
Gallwas, H. U.: Grundrechte. Frankfurt am Main 1985.
Grundgesetz – Kommentar. Hg. v. *I. von Münch.* 3 Bde. Bd. 1 München [3]1985; Bd. 2 München [2]1983; Bd. 3 München [2]1983.
Herzog, R.: Grundrechte aus der Hand des Gesetzgebers. In: Festschrift für Wolfgang Zeidler. Hg. v. *W. Fürst.* 2 Bde. Berlin 1987.
Kühnhardt, L.: Die Universalität der Menschenrechte. München 1987.
Leibholz, G./Rinck, H. J./Hesselberger, D.: Grundgesetz für die Bundesrepublik Deutschland. Kommentar anhand der Rechtsprechung des BVerfG. Köln. Loseblatt. Stand Dez. 1986.
Heyde, W.: Der Regelungsspielraum des Gesetzgebers bei vorbehaltslos gewährleisteten Grundrechten. In: Festschrift für Wolfgang Zeidler. Hg. v. *W. Fürst.* 2 Bde. Berlin 1987.
Lepa, M.: Der Inhalt der Grundrechte. Köln [5]1985.
von Mangoldt, H./Klein, F./Starck, Chr.: Das Bonner Grundgesetz. München [3]1985.
Maunz, Th./Dürig, G./Herzog, R.: Grundgesetz-Kommentar. 4 Bde. München [6]1987. Loseblatt. Stand Jan. 1987.
Schmidt-Bleibtreu, B./Klein, F.: Kommentar zum Grundgesetz für die Bundesrepublik Deutschland. Neuwied [6]1983.
Vogelgesang, K./Starck, Chr.: Grundrecht auf informationelle Selbstbestimmung? Baden-Baden 1987.

Staatsorganisation des Bundes

Datenhandbuch zur Geschichte des Deutschen Bundestages 1949–1982. Bearb. v. *P. Schindler,* hg. v. *Presse- und Informationszentrum des Deutschen Bundestages.* Baden-Baden [3]1984.
Datenhandbuch zur Geschichte des Deutschen Bundestages 1980–1984. Fortschreibungs- und Ergänzungsband. Bearb. v. *P. Schindler,* hg. v. *Presse- und Informationszentrum des Deutschen Bundestages.* Baden-Baden 1986.
Ellwein, Th.: Regieren und Verwalten. Eine kritische Einführung. Opladen 1976.
Faber, H.: Verwaltungsrecht. Tübingen 1987.
Handschuh, E.: Gesetzgebung. Programm und Verfahren. Hamburg–Heidelberg 1982.
Oberreuter, H.: Notstand und Demokratie. München 1978.
Öffentliche Verwaltung in der Bundesrepublik Deutschland. Hg. v. *K. König.* Baden-Baden 1981.
Planungsorganisation. Die Diskussion um die Reform von Regierung und Verwaltung des Bundes. Hg. v. *R. Mayntz* und *F. W. Scharpf.* München 1973.
Rausch, H.: Der Bundespräsident. Hg. v. der *Bayerischen Landeszentrale für politische Bildungsarbeit.* München 1979.
Rausch, H.: Bundestag und Bundesregierung. Eine Institutionenkunde. München [4]1976.
Rudzio, W.: Das politische System der Bundesrepublik Deutschland. Eine Einführung. Opladen [2]1987.
Schäfer, Friedrich: Der Bundestag. Eine Darstellung seiner Aufgaben und seiner Arbeitsweise. Opladen [4]1982.
Scholl, U.: Der Bundesrat in der deutschen Verfassungsentwicklung. Berlin 1982.
Spath, F.: Das Bundespräsidialamt. Düsseldorf [2]1982.

Stern, K.: Das Staatsrecht der Bundesrepublik Deutschland. 5 Bde. vorgesehen. Bd. 1 München [2]1984. Bd. 2 München 1980.
Ziller, G.: Der Bundesrat. Düsseldorf [7]1984.

Länder der Bundesrepublik Deutschland

Baden-Württemberg. Eine politische Landeskunde. Bearb. v. *H. G. Wehling.* Stuttgart u. a. 1981.
Beutler, B.: Das Staatsbild in den Länderverfassungen nach 1945. Berlin 1973.
Faber, H./Schneider, Hans Peter: Niedersächsisches Staats- und Verwaltungsrecht. Frankfurt am Main 1983.
Friedrich, M.: Landesparlamente in der Bundesrepublik Deutschland. Opladen 1975.
Geschichte der deutschen Länder. Territorien-Ploetz. Hg. v. *G. W. Sante.* 2 Bde. Würzburg 1964–71.
Haungs, P.: 40 Jahre Rheinland-Pfalz. Eine politische Landeskunde. Mainz 1986.
Nordrhein-Westfalen. Eine politische Landeskunde. Hg. v. d. *Landeszentrale für politische Bildung Nordrhein-Westfalen.* Köln u. a. 1984.
Politische Kultur und politisches System in Hessen. Hg. v. *J. Schissler.* Frankfurt am Main 1981.
Das Regierungssystem des Freistaats Bayern. Hg. v. *R. L. Bocklet.* München 1979–82.
Niedersachsen – Politische Landeskunde. Bearb. v. *D. Storch.* Hg. v. d. *Niedersächsischen Landeszentrale für politische Bildung.* Hannover 1988.
Schneider, Herbert: Länderparlamentarismus in der Bundesrepublik. Opladen 1979.
Verfassung von Berlin. Kommentar. Hg. v. *G. Pfennig* und *M. J. Neumann.* Berlin [2]1987.

Kommunale Selbstverwaltung

Engeli, C./Haus, W.: Quellen zum modernen Gemeindeverfassungsrecht in Deutschland. Stuttgart u. a. 1975.
Die Gemeindeordnungen und die Kreisordnungen in der Bundesrepublik Deutschland. Bearb. v. *G. Schmidt-Eichstaedt, I. Stade, M. Borchmann.* Mithg. v. der *WIBERA Wirtschaftsberatungs AG Düsseldorf.* Stuttgart u. a. Loseblatt Stand Sept. 1987.
Handbuch der kommunalen Wissenschaft und Praxis. Hg. v. *G. Püttner.* 6 Bde. Berlin u. a. [2]1981–85.
Heffter, H.: Die deutsche Selbstverwaltung. München [2]1969.
Klein, A.: Parteien und Wahlen in der Kommunalpolitik. In: Kommunalpolitik im Wandel der Gesellschaft. Hg. v. *O. W. Gabriel.* Königstein/Ts. 1979.
Der Kreis. Ein Handbuch. Hg. v. *Verein für die Geschichte der Deutschen Landkreise e. V.* 5 Bde. Köln u. a. 1972–85.
Löffler, B./Rogg, W.: Kommunalwahlen und kommunales Wahlverhalten. In: Kommunalpolitik in Baden-Württemberg. Hg. v. *T. Pfizer* und *H. G. Wehling.* Stuttgart u. a. 1985.
Machalet, M.: Die Berliner Bezirksverwaltung. Stuttgart [2]1974.
Marcus, P.: Das kommunale Finanzsystem der Bundesrepublik Deutschland. Darmstadt 1987.
Schirrmacher, E.: Stadtvorstellungen. Die Gestalt der mittelalterlichen Städte. Erhaltung und planendes Handeln. München–Zürich 1988.
Tigges, H.: Das Stadtoberhaupt. Baden-Baden 1988.
von Unruh, G.-Ch.: Der Kreis. Ursprung und Ordnung einer kommunalen Körperschaft. Berlin–Köln 1965.
Wie funktioniert das ? Städte, Kreise und Gemeinden. Bearb. von *W. Haus, G. Schmidt-Eichstaedt* und *R. Schäfer.* Mannheim–Wien–Zürich 1986.

Rechtssystem und Rechtsprechung

Baur, F./Walter, G.: Einführung in das Recht der Bundesrepublik Deutschland. München [5]1987.
Bretzinger, O. N.: Bürgerliches Recht und Zivilprozeßrecht. Anspruch – Urteil – Vollstrekkung. Baden-Baden 1988.
Brox, H./Welker, W.-D.: Zwangsvollstrekkungsrecht. Köln u. a. 1986.
Habscheid, W. J.: Freiwillige Gerichtsbarkeit. München [7]1983.
Jauernig, O.: Zivilprozeßrecht. München [22]1988.
Kommentare zum Bürgerlichen Gesetzbuch. Bearb. v. *G. Brüggemeier* u. a. Darmstadt–Neuwied 1987.
Larenz, K.: Methodenlehre der Rechtswissenschaft. Berlin–Heidelberg–New York [5]1983.
Mitteis, H./Lieberich, H.: Deutsche Rechtsgeschichte. München [17]1985.
Palandt, O.: Bürgerliches Gesetzbuch. Kommentar. Bearb. v. *P. Bassenge* u. a. München [47]1988.
Rechtswörterbuch. Bearb. v. *D. Guntz* u. a. Hg. v. *C. Creifelds* und *L. Meyer-Gossner.* München [9]1988.
Wolf, M.: Gerichtsverfassungsrecht aller Verfahrenszweige. München [6]1987.

Gerichtsbarkeiten

Aus 100 Jahren Verwaltungsgerichtsbarkeit. Festschrift. Hg. v. *M. Baring.* Köln [2]1964.
Ax, R.: Abgabenordnung und Finanzgerichtsordnung. Stuttgart [11]1986.
Bley, H.: Grundzüge einer Sozialgerichtsbarkeit. Funktion, Institution, Verfahren. Berlin 1976.
Brehm, W.: Freiwillige Gerichtsbarkeit. Stuttgart 1987.
Brunner, R.: Jugendgerichtsgesetz. Kommentar. Berlin [8]1986.
Eisenberg, U.: Jugendgerichtsgesetz. Mit Erläuterungen. München [2]1985.
Entwicklung des Sozialrechts, Aufgabe der Rechtsprechung. Festgabe aus Anlaß des 100jährigen Bestehens der sozialgerichtlichen Rechtsprechung. Hg. v. *Deutschen Sozialrechtsverband e. V.* Köln 1984.
Erichsen, H. U.: Verwaltungsrecht und Verwaltungsgerichtsbarkeit. Auf 2 Bde. berechnet. Bd. 1 München [2]1984.

Geck, W. K.: Wahl und Amtsrecht der Bundesverfassungsrichter. Baden-Baden 1986.
Gräber, F.: Finanzgerichtsordnung mit Nebengesetzen. Bearb. v. *R. von Groll.* München ²1987.
Grunsky, W.: Arbeitsgerichtsgesetz. Kommentar. München ⁵1987.
Herzog, R./Schick, W.: Verfassungs- und Verwaltungsgerichtsbarkeit. München ²1976.
Heyde, W.: Die Rechtspflege in der Bundesrepublik Deutschland. Hg. v. d. *Bundeszentrale für politische Bildung.* Bielefeld ³1972.
Hoppenz, R.: Familiensachen. Kommentar anhand der Rechtsprechung des Bundesgerichtshofs. Heidelberg 1986.
Joachim, H. G.: Der ehrenamtliche Richter beim Arbeits- und Sozialgericht. Freiburg i. Br. ⁴1986.
Klein, F.: Der Zugang zum Bundesfinanzhof. Nichtzulassungsbeschwerde, Revision. Heidelberg 1986.
Lechner, H.: Bundesverfassungsgerichtsgesetz. Kurzkommentar. München ³1973.
Maunz, Th./Schmidt-Bleibtreu, B./Klein, F.: Bundesverfassungsgerichtsgesetz. 2. Aufl. München. Loseblatt. Stand 1987.
Meyer-Ladewig, J.: Sozialgerichtsgesetz. München ³1987.
Mueller-Kinet, H.: Die höchste Gerichtsbarkeit im deutschen Staatenbund. 1806–1866. Frankfurt am Main–Bern 1975.
Pestalozza, Chr.: Verfassungsprozeßrecht. München ²1982.
Schoreit, A.: Gerichte und Justizbehörden der Bundesrepublik. Heidelberg ⁴1986.
Starck, Chr./Stern, K.: Landesverfassungsgerichtsbarkeit.. 3 Bde. Baden-Baden 1983.
Stern, K.: Verfassungsgerichtsbarkeit des Bundes und der Länder. Textsammlung mit Einführung. Loseblatt. Hamburg 1978.
Ule, C. H.: Verwaltung und Verwaltungsgerichtsbarkeit. Berlin 1979.
Vogel, H.: Prozeßkostenhilfe im familiengerichtlichen Verfahren. Essen 1984.

Verwaltung

Badura, P. u. a.: Allgemeines Verwaltungsrecht. Hg. v. *H.-U. Erichsen* und *W. Martens.* Berlin ⁸1988.
Kaiser, J. H.: Verwaltung und Verwaltungswissenschaften in der Bundesrepublik Deutschland. Baden-Baden 1983.
König, K./von Oertzen, H. J./Wagener, F.: Öffentliche Verwaltung in der Bundesrepublik Deutschland. Baden-Baden 1981.
Mayntz, R.: Soziologie der öffentlichen Verwaltung. Heidelberg–Karlsruhe 1978.
Personal- und Organisationsaufgaben in der öffentlichen Verwaltung am Beispiel oberster Bundesbehörden. Gutachten des Präsidenten des Bundesrechnungshofes. Stuttgart u. a. 1988.
Püttner, G.: Allgemeines Verwaltungsrecht. Düsseldorf ⁶1983.
Röber, M.: Organisationsstruktur und Planungsorganisation. Frankfurt am Main–Bern 1981.
Verwaltungslexikon. Hg. v. *P. Eichhorn.* Baden-Baden 1985.
Verwaltungsvereinfachung und Verwaltungspolitik. Hg. v. *Th. Ellwein* und *J. J. Hesse* unter Mitarbeit v. *W. Bruder.* Baden-Baden 1985.
Wolff, H. J./Bachof, O.: Verwaltungsrecht. 3 Bde. Bd. 1: Öffentliche Verwaltung, Grundlagen des materiellen Verwaltungsrechts, Allgemeine Institutionen des Verwaltungsrechts. München ⁹1978. Bd. 2: Besonderes Organisations- und Dienstrecht. München ⁵1987. Bd. 3: Ordnungs-, Leistungs- und Verwaltungsverfahrensrecht. München ⁴1978.
Zuviel Staat? Die Grenzen der Staatstätigkeit. Hg. v. der *Landeszentrale für politische Bildung Baden-Württemberg.* Stuttgart u. a. 1982.

Öffentliche Sicherheit und Ordnung (Innere Verwaltung)

Arzneimittelrecht. Kommentar. Hg. v. *A. Sander* und *H.-O. Scholl.* Köln 1977.
Das Arbeitsgebiet der Bundesstatistik 1981. Hg. vom *Statistischen Bundesamt.* Wiesbaden 1981.
Borgs-Maciejewski, H./Ebert, F.: Das Recht der Geheimdienste. Kommentar. Stuttgart u. a. 1986.
Breuer, H./Krupp, H. J./Appel, G.: Statistik im Spannungsfeld der Gesellschaft. Hamburg 1984.
Drews, B. u. a.: Gefahrenabwehr. Köln u. a. ⁹1986.
Einwag, A./Schoen, G. D.: Bundesgrenzschutzgesetz. München ²1985.
Ganßner, W.: Abwehrbereit. Demokratie und Verfassungsschutz. Hg. v. d. *Bayerischen Landeszentrale für politische Bildungsarbeit.* München 1985.
Goetz, V.: Allgemeines Polizei- und Ordnungsrecht. Göttingen ⁹1988.
Handbuch des Ausländerrechts der Bundesrepublik Deutschland. Begr. v. *R. Schiedermair,* fortgef. v. *M. Wollenschläger.* Frankfurt am Main ²1985. Loseblatt. Stand 1986.
Hailbronner, K.: Ausländerrecht. Heidelberg 1984.
Kanein, W./Renner, G.: Ausländergesetz. Kommentar. München ⁴1988.
Medert, K. M./Süssmuth, W.: Paß- und Personalausweisrecht. Kommentar. Bd. 1: Personalausweisrecht des Bundes und der Länder. Stuttgart u. a. 1987.
Medert, K. M./Süssmuth, W.: Melderechtsrahmengesetz (MRRG) mit den Meldedaten-Übermittlungsverordnungen des Bundes. Baden-Baden 1986.
Melderecht des Bundes und der Länder. Kommentar. Bearb. v. *K. Medert* und *W. Süssmuth.* Köln 1981. Loseblatt. Stand 1986.
Ohrband, W.: Der Grenzschutz in Deutschland seit dem Deutschen Reich von 1871 unter besonderer Berücksichtigung des Bundesgrenzschutzes. Diss. Speyer 1985.
Pharmazeutische Gesetzeskunde. Hg. v. H. Hügel, J. Fischer und *B. Köhm.* Stuttgart ²⁶1987.
Riegel, R.: Bundespolizeirecht. München 1985.

Roewer, H.: Nachrichtendienstrecht in der Bundesrepublik Deutschland. Köln u. a. 1987.
Scholz, R./Pitschas, R.: Informationelle Selbstbestimmung und staatliche Informationsverantwortung. Berlin 1984.
Verfassungsschutz und Rechtsstaat – Beiträge aus Wissenschaft und Praxis. Hg. v. *Bundesministerium des Innern.* Köln u. a. 1981.

Planung und Bauverwaltung

Battis, U./Krautzberger, M./Löhr, R. P.: Baugesetzbuch. München [2]1987.
Benz, A.: Regionalplanung in der Bundesrepublik Deutschland. Münster 1983.
Denkmalrecht der Länder und des Bundes. Hg. v. *R. Stich* und *W. E. Burhenne.* Berlin u. a. 1983.
Erbguth, W.: Raumordnungs- und Landesplanungsrecht. Köln u. a. 1983.
Erfahrungen mit der Sanierung nach dem Städtebauförderungsgesetz – Perspektiven der Stadterneuerung. Bearb. v. *R. Autzen* u. a. Hg. v. *Bundesminister für Raumordnung, Bauwesen und Städtebau.* Bonn 1986.
Fickert, H. C./Fieseler, H.: Baunutzungsverordnung. Köln u. a. [5]1985.
Finkelnburg, K./Ortloff, K. M.: Öffentliches Baurecht. München [2]1986.
Grundriß der Raumforschung. Hg. v. der *Akademie für Raumforschung und Landesplanung.* Hannover. 1982.
Grundriß der Stadtplanung. Hg. v. der *Akademie für Raumforschung und Landesplanung.* Hannover 1983.
Schäfer, R./Schmidt-Eichstaedt, G.: Erfahrungen mit dem Bundesbaugesetz. Melle 1984.
Schmidt-Eichstaedt, G.: Einführung in das neue Städtebaurecht. Stuttgart 1987.
Schulz zur Wiesch, J.: Regionalplanung in Hessen. Stuttgart 1977.
Schutz und Pflege von Baudenkmälern in der Bundesrepublik Deutschland. Hg. v. *A. Gebeßler* und *W. Eberl.* Köln u. a. 1980.

Umweltschutz

Bender, B./Sparwasser, R.: Umweltrecht. Heidelberg 1988.
Bodenschutzkonzeption der Bundesregierung. Bundestagsdrucksache 10/2977 vom 7. 3. 1985. Bonn 1985.
Dicke Luft in Europa. Aufgaben und Probleme der europäischen Umweltpolitik. Hg. v. *B. Weber* und *L. Gündling.* Heidelberg 1988.
Handbuch für Planung, Gestaltung und Schutz der Umwelt, Hg. v. *K. Buchwald* und *W. Engelhardt.* 4 Bde. München 1978–80.
Handwörterbuch des Umweltrechts. Hg. v. *O. Kimminich* u. a. 2 Bde. Berlin 1986–87.
Hösel, G./von Lersner, H.: Recht der Abfallbeseitigung des Bundes und der Länder. Berlin 1972. Loseblatt. Stand 1987.
Hübler, K.-H./Bachmann, G./Hucke, J.: Bodenschutz. Stuttgart 1988.
Koch, E. R./Varenholt, F.: Zur Lage der Nation. Umweltatlas der Bundesrepublik. Hamburg 1987.
Kommunale Umweltschutzberichte. Hg. v. *Deutschen Institut für Urbanistik* und vom *Umweltbundesamt.* Berlin 1982 ff.
Kramer, R./Zerlett, G.: Deutsches Strahlenschutzrecht. 2 Bde. Stuttgart u. a. [2]1980–83.
Müller, Edda: Innenwelt der Umweltpolitik. Opladen 1986.
Ronellenfitsch, M.: Das atomrechtliche Genehmigungsverfahren. Berlin 1983.
Stich, R./Porger, K.-W.: Immissionsschutzrecht des Bundes und der Länder. Stuttgart 1983. Loseblatt. Stand 1986.
Storm, P.-Chr.: Umweltrecht. Textausgabe. München [4]1987.
Umweltgutachten 1987. Bundestagsdrucksache 11/1568 vom 21. 12. 1987. Bonn 1987.

Verkehr, Post und Medien

Aberle, G.: Öffentlicher Personennahverkehr in der Fläche. Organisatorische und finanzpolitische Reformvorschläge. Darmstadt 1987.
Altmannsperger, H. J.: Gesetz über das Postwesen. Kommentar. Heidelberg 1986 ff. Loseblatt.
Anbert, J.: Fernmelderecht I. Hamburg [3]1974.
Anbert, J./Klingler, U.: Fernmelderecht II. Heidelberg u. a. [3]1976.
Barth, H.: Handbuch Btx-Recht. Heidelberg 1984.
Bethge, H.: Rundfunkfreiheit und öffentlichrechtlicher Organisationsvorbehalt. Die Verfassungsmäßigkeit des Bayerischen Medienerprobungs- und Entwicklungsgesetzes (MGg). Baden-Baden 1987.
Bullinger, M./Gödel, Chr.: Landesmediengesetz Baden-Württemberg. Baden-Baden 1986.
Finger, H. J.: Eisenbahngesetze. München 1984.
Frieseke, A.: Bundeswasserstraßengesetz. Kommentar. Köln u. a. 1981.
Fuhr, E. W.: ZDF-Staatsvertrag. Mainz [2]1985.
Geigel, R.: Der Haftpflichtprozeß. Mit Einschluß des materiellen Haftpflichtrechts. Hg. v. *G. Schlegelmilch.* München [19]1986.
Giemulla, E./Lau, U./Barton, D.: Luftverkehrsgesetz. Kommentar. Frankfurt am Main 1985.
von Hartlieb, H.: Handbuch des Film-, Fernseh- und Videorechts. München [2]1984.
Hoppe, W./Schlarmann, H.: Rechtsschutz bei der Planung von Straßen und anderen Verkehrsanlagen. München [2]1981.
Jagusch, H./Hentschel, P.: Straßenverkehrsrecht. München [27]1983.
Kabel, R.: Chancen der Telekommunikation. Berlin 1987.
Kodal, K./Krämer, H.: Straßenrecht. München [4]1985.
Löffler, M./Ricker, R.: Handbuch des Presserechts. München [2]1986.
Medienrecht – Rundfunk, neue Medien, Presse. Bearb. v. *W.-D. Ring.* München u. a. Loseblatt. Stand 1987.
Postverfassungsrecht. Bearb. v. *W. Hempell.* Bd. 4, Teil 1: Der Dienst bei der Deutschen Bundespost. Hg. v. *J. Delfs.* Heidelberg 1983.
Scherer, J.: Nachrichtenübertragung und Datenverarbeitung im Telekommunikationsrecht. Baden-Baden 1987.

Salzwedel, J.: Wege- und Verkehrsrecht. In: Besonderes Verwaltungsrecht. Hg. v. *I. von Münch.* Berlin–New York [7]1985.
Schmitt, Herbert: Binnenschiffahrtsstraßen-Ordnung. Köln [4]1985.
Seeschiffahrtsstraßen-Ordnung und andere Seeverkehrsvorschriften. Hg. v. *W. H. Lampe.* Herford [26]1986.
Verbraucherschutz: Handbuch des Verbraucherrechts. Hg. v. der *Arbeitsgemeinschaft der Verbraucher* und dem *Deutschen Gewerkschaftsbund.* Neuwied 1976ff. Loseblatt.
Wussow, W.: Unfallhaftpflichtrecht. Köln u.a. [13]1985.

Staatliche Wirtschaftsordnung

Badura, P.: Wirtschaftsverwaltungsrecht. In: Besonderes Verwaltungsrecht. Hg. v. *I. von Münch.* Berlin–New York [7]1985.
Baumbach, A./Hefermehl, W.: Kommentar zum Wettbewerbsrecht. München [15]1988.
Denecke, J./Neumann, D.: Arbeitszeitordnung. München [10]1987.
Emmerich, V.: Das Recht des unlauteren Wettbewerbs. München [2]1987.
Fromm, F./Nordemann, W.: Urheberrecht. Kommentar. Stuttgart u.a. [6]1986.
Gesetz zur vorläufigen Regelung des Rechts der Industrie und Handelskammern. Kommentar zum Kammerrecht der Bundesrepublik und der Länder. Begr. v. *G. Frentzel* und *E. Jäkel,* bearb. v. *E. Jäkel* und *W. Junge.* Köln [4]1982.
Henn, G.: Patent- und Know-how-Lizenzvertrag. Heidelberg 1988.
Hubmann, H.: Urheber- und Verlagsrecht. München [6]1987.
Hubmann, H.: Gewerblicher Rechtsschutz. München [5]1988.
Immenga, U./Mestmäcker, E.-J.: GWB. Kommentar zum Kartellgesetz. München 1981.
Jarass, H. D.: Wirtschaftsverwaltungsrecht und Wirtschaftsverfassungsrecht. Frankfurt am Main [2]1984.
Kolbenschlag, H. u.a.: Die Deutsche Handwerksordnung. Köln. Loseblatt. Stand 1987.
von Landmann, R./Rohmer, G.: Gewerbeordnung und ergänzende Vorschriften. Kommentar. München [14]1987ff. Loseblatt.
Mörtel, G./Metzner, R.: Gaststättengesetz. Kommentar. München [4]1987.
Müller-Henneberg, H./Schwartz, G.: Gesetz gegen Wettbewerbsbeschränkungen und Europäisches Kartellrecht. Gemeinschaftskommentar. Köln [4]1987.
Öffentliche Unternehmen und ökonomische Theorie. Hg. v. *Th. Thiemeyer.* Baden-Baden 1987.
Schulte, R.: Patentgesetz. Kommentar. Köln u.a. [4]1987.
Siegert, A./Musielak, H.-J.: Das Recht des Handwerks. München [2]1984.
Stober, R.: Ladenschlußgesetz. Köln u.a. 1986.
Urheberrecht. Kommentar. Hg. v. *G. Schrikker.* München 1987.

Öffentliche Finanzwirtschaft

Arndt, H. W.: Steuern, Sonderabgaben und Zwangsanleihen. Zur „Abgabenerfindungskompetenz“ des Bundesgesetzgebers. Köln 1983.
Arndt, H. W./Zierhinger, S.: Steuerrecht. Heidelberg 1986.
Haller, H.: Die Steuern. Grundlinien eines rationalen Systems öffentlicher Abgaben. Tübingen [3]1981.
Beckermann, H. u.a.: Lehrbuch der Einkommensteuer. Herne [5]1987.
Boening, W.: Finanzkontrolle im föderativen Staat. Heidelberg 1982.
Dornbusch, H. L.: Entwicklung wesentlicher Daten der öffentlichen Finanzwirtschaft in der Bundesrepublik Deutschland von 1976–1986. Bonn 1987.
Das Einkommensteuerrecht. Kommentar zum Einkommensteuergesetz. Begr. v. *E. Littmann.* Hg. von *H. Bitz* und *J. P. Meincke.* Stuttgart 1985.
Der Finanzplan des Bundes 1987 bis 1991. Hg. v. *Bundesministerium der Finanzen.* Bonn 1987.
Geyer, H. u.a.: Budgetpolitik im Wandel. Berlin 1986.
Guth, W.: Das internationale Finanzsystem in der Bewährungsprobe. Konstanz 1983.
Handbuch der Finanzwissenschaft. Hg. v. *F. Neumark* unter Mitwirkung von *N. Andel* und *H. Haller.* 4 Bde. Tübingen [3]1977–1983.
Jakob, W.: Steuern vom Einkommen. Stuttgart 1980.
Jürgens, G.: Finanzverfassung. Steuern und öffentlicher Haushalt. Regensburg 1981.
Klein, F.: Ehe und Familie im Steuerrecht als verfassungsrechtliches Problem. In: Festschrift für Wolfgang Zeidler. Hg. v. *W. Fürst.* 2 Bde. Berlin 1987.
Lechner, H. H.: Währunspolitik. Berlin 1988.
Lehrbuch des öffentlichen Finanzrechts. Hg. v. *F. Klein.* Neuwied 1987.
Lexikon der deutschen und internationalen Besteuerung. Hg. v. *W. H. Wacker.* München [2]1982.
Lipps, W.: Außensteuerrecht. Grundriß für Studium und Praxis. Baden-Baden [2]1987.
Pezzer, H.-J.: Verfassungsrechtliche Perspektiven der Familienbesteuerung. In: Festschrift für Wolfgang Zeidler. Hg. v. *W. Fürst.* 2 Bde. Berlin 1987.
Rasenack, Chr.: Steuern und Steuerverfahren. Heidelberg 1985.
Schmitt, Wolfgang: Steuern als Mittel der Einkommenspolitik. Frankfurt am Main u.a. 1984.
Schulz, Harald: Grundlagen und System der Einkommenbesteuerung. Herne [4]1986.
Sigg, W.: Die Stellung der Rechnungshöfe im politischen System der Bundesrepublik Deutschland. Berlin 1983.
Strickrodt, G.: Handwörterbuch des Steuerrechts. Hg. in Verbindung mit dem *Deutschen Wissenschaftlichen Steuerinstitut der Steuerberater und Steuerbevollmächtigten e. V.* 2 Bde. München [2]1981.
Tiedtke, K.: Einkommensteuer- und Bilanzsteuerrecht. Berlin 1983.

Tipke, K.: Steuerrecht. Ein systematischer Grundriß. Köln [11]1987.
Vogel, K.: Doppelbesteuerungsabkommen. München 1983.
Weber-Fas, R.: Grundzüge des allgemeinen Steuerrechts der Bundesrepublik Deutschland. Tübingen 1979.
Wieser, H.: Öffentliche Finanzwirtschaft. Heidelberg [8]1986.
Zimmermann, H.: Finanzwissenschaft. Eine Einführung in die Lehre von der öffentlichen Finanzwirtschaft. München [4]1985.

Ordnung des Arbeitslebens

Aab, H. R.: Arbeitslosenversicherung und Arbeitslosigkeit. Konstanz 1979.
Arbeitskampfrecht. Hg. v. *W. Däubler.* Baden-Baden [2]1987.
Arbeitsmarktpolitik. Hg. v. *H. Lampert.* Stuttgart 1979.
Baumann, H.: Arbeitskampf, Staatsneutralität und Arbeitslosenversicherung. Berlin 1986.
Benda, E.: Sozialrechtliche Eigentumspositionen im Arbeitskampf. Baden-Baden 1986.
Benner, W.: Versicherungspflicht und Versicherungsfreiheit in der Kranken-, Renten- und Arbeitslosenversicherung. Heidelberg 1985.
Däubler, W.: Das Arbeitsrecht. Leitfaden für Arbeitnehmer. 2 Bde. Reinbek [4]1986.
Denecke, J.: Arbeitszeitordnung: Nebst der Arbeitszeitregelung für Jugendliche nach dem Jugendarbeitsschutzgesetz ... Kommentar. Begr. v. *J. Denecke,* fortgef. v. *D. Neumann.* München [10]1987.
Dersch, H./Neumann, D.: Bundesurlaubsgesetz. München [6]1981.
Fitting, K./Auffahrt, F./Kaiser, H.: Betriebsverfassungsgesetz. Handkommentar. München [15]1987.
Gagel, A.: Arbeitsförderungsgesetz. Kommentar unter Mitarbeit v. *M. Friedrich-Marczyk* u. a. München 1979 ff. Loseblatt.
Gamillscheg, F.: Kollektives Arbeitsrecht. München [6]1984.
Handbuch der Arbeitsbeziehungen. Hg. v. *G. Eindruweit* u. a. Berlin 1985.
von Hoyningen-Huene, G.: Kündigungsvorschriften im Arbeitsrecht. München 1985.
Jessen, J. u. a.: Arbeit nach der Arbeit. Schattenwirtschaft, Wertewandel und Industriearbeit. Opladen–Wiesbaden 1987.
Kühn, H.: Betriebliche Arbeitsschutzpolitik und Interessenvertretung der Beschäftigten. Frankfurt am Main 1982.
Müller, Gerhard: Arbeitskampf und Recht. Grundsätze der Tarifvertragsautonomie. Wiesbaden 1987.
Pietzcker, J.: Recht auf Arbeit. Bonn 1984.
Riese, M.: Die Messung der Arbeitslosigkeit. Berlin 1986.
Rothe, K.: Arbeitslosigkeit als politische Herausforderung. Berlin 1983.
Rüthers, B.: Grauzone Arbeitsrechtspolitik. Osnabrück 1986.
Schaub, G.: Arbeitsrechtliche Formularsammlung und Arbeitsgerichtsverfahren. München [4]1986.
Schmidt, Rainer: Offene und verdeckte Arbeitslosigkeit in der Bundesrepublik. Tübingen 1986.
Schneider, Friedrich/Großmann, R.: Arbeitsrecht. Bonn [7]1986.
Scholz, R.: Die Aussperrung im System von Arbeitsverfassung und kollektivem Arbeitsrecht. Berlin 1980.
Simons, R.: Staatliche Gewerbeaufsicht und gewerbliche Berufsgenossenschaften. Entstehung und Entwicklung der dualen Aufsichtssysteme im Arbeitsschutz in Deutschland von den Anfängen bis zum Ende der Weimarer Republik. Frankfurt am Main 1984.
Söllner, G.: Grundriß des Arbeitsrechts. München [9]1987.
Therborn, G.: Arbeitslosigkeit. Strategien und Politikansätze in den OECD-Ländern. Hamburg 1985.

Sozialverwaltung

Berthold, N.: Rückwirkungen ausgewählter Systeme der sozialen Sicherung auf die Funktionsfähigkeit der Marktwirtschaft. Berlin 1987.
Breitrück, N. u. a.: Zahlenwerk zur Sozialversicherung in der Bundesrepublik Deutschland. Gegenwärtiger Stand und bisherige Entwicklung. Berlin [2]1987.
Dornbusch, H. L.: Die Ausgaben des Bundes im Bereich der sozialen Sicherung. Bonn 1984.
Einführung in das Wirtschafts-, Arbeits- und Sozialversicherungsrecht. Hg. v. *M. Löwisch.* Heidelberg 1985.
Frerich, J.: Sozialpolitik. Das Sozialleistungssystem der Bundesrepublik Deutschland. München 1987.
Hentschel, V.: Geschichte der deutschen Sozialpolitik 1890–1980. Frankfurt am Main 1983.
Igl, G.: Pflegebedürftigkeit und Behinderung im Recht der sozialen Sicherheit. Baden-Baden 1987.
Isensee, J.: Privatautonomie der Individualversicherung und soziale Selbstverwaltung. Köln 1980.
Lampert, H.: Sozialpolitik. Berlin–Heidelberg–New York 1985.
Leopold, D.: Die Selbstverwaltung in der Sozialversicherung. St. Augustin [3]1980.
Martin, H.: Sozialgesetzbuch – SGB IV. Gemeinsame Vorschriften der Sozialversicherung IV. Buch. Kommentar. Frankfurt am Main 1977 ff. Loseblatt.
Molitor, B.: Soziale Sicherung. München 1987.
Müller, Joachim u. a.: Sozialstaat und soziale Sicherung. Regensburg [3]1984.
Pelikan, W.: Rentenversicherung. München [3]1975.
Schmähl, W. u. a.: Soziale Sicherung 1975–1985. Verteilungswirkungen sozialpolitischer Maßnahmen in der Bundesrepublik Deutschland. Frankfurt am Main–Bern 1986.
Schulin, B.: Sozialversicherungsrecht. Mit einer Einführung in die übrigen Gebiete des Sozialrechts. Düsseldorf 1985.

Schulze, Erich: Kommentar zum Künstlersozialversicherungsgesetz (KSVG). Wilhelmshaven 1983.
Das Sozialsystem der Bundesrepublik Deutschland. Hg. v. *H. Lampert* und *G. Kühlewind.* Nürnberg 1984.
Unsere Sozialversicherung. Hg. v. d. *Bundesversicherungsanstalt für Angestellte.* Berlin ^{15}1987.
Die Sozialversicherung und ihre Finanzierung – Bestandsaufnahmen und Perspektiven. Hg. v. *K.-J. Bieback.* Frankfurt am Main 1986.

Bildung und Wissenschaft

Bormann, M.: Bildungsplanung in der Bundesrepublik Deutschland. System und Grundlagen. Opladen 1978.
Dauenhauer, E.: Berufsbildungspolitik. Heidelberg–New York 1981.
Enzyklopädie Erziehungswissenschaft. Handbuch und Lexikon. Hg. v. *D. Lenzen.* 11 Bde. Stuttgart 1984–85.
Fend, H.: Gesamtschule im Vergleich. Bilanz und Ergebnis des Gesamtschulversuchs. Weinheim–Basel 1982.
Forschungs- und Technologiepolitik in der Bundesrepublik Deutschland. Hg. v. *W. Bruder.* Wiesbaden 1986.
Grund- und Strukturdaten 1985/86. Hg. v. Bundesminister für Bildung und Wissenschaft. Bonn (jährlich).
Thieme, W.: Deutsches Hochschulrecht. Köln 1986.
Turner, G.: Freiheit der Forschung. Ihre Grenzen und die Verantwortung des Wissenschaftlers. Ulm 1986.
Verfassungsrechtliche Fragen des Hochschulzugangs. Hg. v. *U. Karpen.* Tübingen 1978.
Wörterbuch der Weiterbildung. Hg. v. *G. Dahm* u. a. München 1980.

Staat, Kirchen und Glaubensgemeinschaften

von Campenhausen, A.: Staatskirchenrecht. München ^{2}1983.
Die deutschen Konkordate und Kirchenverträge der Gegenwart. Hg. v. *W. Weber.* 2 Bde. Göttingen 1962–71.
Friesenhahn, E./Scheuner, U.: Handbuch des Staatskirchenrechts der Bundesrepublik Deutschland. 2 Bde. Berlin 1974–75.
Handbuch des katholischen Kirchenrechts. Hg. v. *J. Listl* u. a. Regensburg 1983.
Stein, A.: Evangelisches Kirchenrecht. Neuwied u. a. ^{2}1985.
Wolf, K.: Kirchenrecht. Düsseldorf 1984.

Verteidigung und Wehrverfassung

Abrüstung und Rüstungskontrolle. Dokumente. Hg. v. *Auswärtigen Amt.* Bonn 1983.
Buchbender, O. u. a.: Sicherheit und Frieden. Herford ^{2}1985.
Brecht, H.-Th.: Kriegsdienstverweigerung und Zivildienst. München ^{2}1987.
Die Bundeswehr. Eine Gesamtdarstellung. Hg. v. *H. Walitschek* und *H. Reinfried.* 14 Bde. Regensburg 1979–1985.
Link, W.: Der Ost-West-Konflikt. Stuttgart u. a. 1980.
Miliz als Vorbild? Zum Reservistenkonzept der Bundeswehr. Hg. v. *D. Bald.* Baden-Baden 1987.
Schachtschneider, K.: Wehrersatzwesen. Heidelberg–Hamburg ^{7}1985.
Scherer, W.: Soldatengesetz. Kommentar. München ^{6}1986.
Weißbuch 1985. Zur Lage und Entwicklung der Bundeswehr. Hg. v. *Bundesminister der Verteidigung.* Bonn 1985.
Wie funktioniert das? Die Bundeswehr. Bearb. v. *W. Scheven* und *H. Schmidt-Petri.* Mannheim–Wien–Zürich 1987.

Auswärtige Angelegenheiten

ABC der Vereinten Nationen. Hg. v. *Auswärtigen Amt.* Bonn 1987.
Adebahr, H./Maenning, W.: Außenhandel und Weltwirtschaft. Berlin 1987.
Berber, F.: Lehrbuch des Völkerrechts. 3 Bde. Bd. 1 München ^{2}1975, Bd. 2 München ^{2}1969, Bd. 3 München ^{2}1977.
Betriebliche Kooperation mit den Entwicklungsländern. Hg. v. *W. Koenig.* Tübingen 1987.
Capotorti, E. u. a.: Der Vertrag zur Gründung der Europäischen Union. Kommentar zu dem vom Europäischen Parlament am 14. 2. 1984 verabschiedeten Entwurf. Baden-Baden 1986.
Fastenrath, U.: Kompetenzverteilung im Bereich der auswärtigen Gewalt. München 1986.
Foders, F.: Handelspolitik und weltwirtschaftliche Integration von Entwicklungsländern. München 1987.
Forum der Welt. 40 Jahre Vereinte Nationen. Hg. v. *P. S. Opitz* und *V. Rittberger.* Bonn 1986.
Geiger, R.: Grundgesetz und Völkerrecht. Die Bezüge des Staatsrechts zum Völkerrecht und Europarecht. München 1985.
Geiger, R.: Recht der internationalen Beziehungen. Ein Führer durch internationale Abkommen und Organisationen. München ^{3}1982.
Handbuch des Europäischen Rechts. Hg. v. *H. von der Groeben, J. Thiesing* und *C. D. Ehlermann.* Baden-Baden. Loseblatt. Stand 1987.
Hüfner, K.: Die Vereinten Nationen und ihre Sonderorganisationen. Strukturen, Aufgaben, Dokumente. Bonn 1986.
Kimminich, O.: Einführung in das Völkerrecht. München u. a. ^{3}1987.
von Mangoldt, H.: Die Schiedsgerichtsbarkeit als Mittel internationaler Streitschlichtung. Berlin 1974.
Nödinger, H. E.: Verschuldung von Entwicklungs- und Schwellenländern. Grüsch 1987.
Otzen, H.: Soziale Weltwirtschaft. Stuttgart–Wiesbaden 1987.
Rosenne, S.: The International Court of Justice. Leyden 1957.
Seidl-Hohenveldern, I.: Lexikon des Völkerrechts. Neuwied–Darmstadt 1985.
Seidl-Hohenveldern, I.: Das Recht der interna-

tionalen Organisationen einschließlich der supranationalen Gemeinschaften. Köln u.a. [4]1984.
Seidl-Hohenveldern, I.: Völkerrecht. Köln [6]1987.
Sicherheitspolitik. Analysen zur politischen und militärischen Sicherheit. Hg. v. *K. D. Schwarz.* Bad Honnef [3]1978.
Unser, G.: Die UNO. Aufgaben und Strukturen der Vereinten Nationen. München [3]1986.
Weber, Hermann/von Wedel, H.: Grundkurs Völkerrecht. Das internationale Recht des Friedens und der Friedenssicherung. Frankfurt am Main 1977.
Wörterbuch des Völkerrechts. Begr. v. *K. Strupp,* hg. v. *H.-J. Schlochauer.* 3 Bde. mit Registerband. Berlin [2]1960–62.

Europäische Gemeinschaften

Berger, V.: Rechtsprechung des Europäischen Gerichtshofes für Menschenrechte. Köln u.a. 1987.
Beutler, B.: Die Europäische Gemeinschaft. Rechtsordnung und Politik. Baden-Baden [3]1987.
Bleckmann, A.: Europarecht. Das Recht der Europäischen Wirtschaftsgemeinschaft. Köln u.a. [4]1985.
Bleckmann, A.: Studien zum Europäischen Gemeinschaftsrecht. Köln u.a. 1986.
Boest, R.: Die Agrarmärkte im Recht der EG. Baden-Baden 1984.
Der Europäische Gerichtshof als Verfassungsgericht und Rechtsschutzinstanz. Stellung, Funktion und Verfahren. Hg. v. *S. Schwarze.* Baden-Baden 1983.
Europa: Verträge und Gesetze. Hg. v. *C. Schöndube.* Bonn [5]1982.
Europarecht von A – Z. Vom Gemeinsamen Markt zur Europäischen Union. Hg. v. *R. von Borries.* München 1982.
EWG-Vertrag. Grundlage der Europäischen Gemeinschaft. Text des EWG-Vertrages und die ergänzenden Bestimmungen nach dem Stand vom 25. März 1987. Bearb. v. *Th. Läufer.* Bonn 1987.
Glaesner, H.: Das Recht als Gestaltungsmittel der Politik der EG. Baden-Baden 1986.
Gottmann, O.: Der gemeinsame Agrarmarkt. Baden-Baden. Loseblatt. Stand 1987.
von der Groeben, H.: Die Europäische Gemeinschaft und die Herausforderung unserer Zeit. Baden-Baden 1987.
Hamson, C. J.: Gerichtshof der Europäischen Gemeinschaften. Luxemburg 1976.
Ipsen, H. P.: Europäisches Gemeinschaftsrecht in Einzelstudien. Baden-Baden 1984.
Kommentar zum EWG-Vertrag. Hg. v. *E. Grabitz,* bearb. v. *A. Frohnmeyer.* München. Loseblatt. Stand 1986.
Das Recht der Europäischen Gemeinschaft. Textsammlung. Hg. v. *B. Beutler* u.a. Baden-Baden. Loseblatt. Stand 1987.
Schweitzer, M./Hummer, W.: Europarecht. Das institutionelle Recht der Europäischen Gemeinschaften. Das materielle Recht der EWG. Frankfurt am Main [2]1985.
Weidenfeld, W.: 30 Jahre EG. Bilanz der europäischen Integration. Bonn 1987.

Register

Kursive Seitenzahlen kennzeichnen Hauptfundstellen

C

D

E

F

G

H

I

J

W

Z